主　　编：叶　青
副主编：张　栋　阮忠良　杜文俊
撰稿人：（以编写章节先后为序）

叶　青	邓晓霞	周登谅	张　栋	阮忠良
黄伯青	周雪祥	王俊民	许建丽	刘　红
杜文俊	潘新法	张忠平	何俊辉	李　翔
凌淑蓉	杨　坤	薛　振	孙剑明	张本勇
杨可中	安文录	李　鹏	陈海锋	王　戬
王强之	时明清			

法学格致文库

穷究法理 探求真知

案例刑事诉讼法学

叶青 主编

中国法制出版社

前　言

　　刑事诉讼法学是一门实践性、应用性都极强的部门法学，法学院校（系）的学生或是社会上一般读者，如果只是从法典文本或是解读法典文本和概念、理论的知识性的教材入手，那么可以说你是不可能真正地把握刑事诉讼法学精髓的，也无助于提高自身运用刑事诉讼法学知识和法条来解决实践问题的能力。这也是我们高校教师在教授本门课程时，特别强调学生要"以理论为支撑，以法律为依据，以案例为导引"，达到"问题与主义结合、概念与案例结合、理论与实践结合、课堂与法庭结合"的教学效果之初衷所在。我们编写本书的最直接的目的就是想帮助广大法科学生和读者提高运用刑事诉讼法学理论知识解决司法实践问题的能力，同时，我们也想为法科教师们提供一本适合对刑事诉讼法学课程进行案例教学的教材。

　　为了能够实现我们的编写目的和保证编写质量，我们编写组成员中除了华东政法大学诉讼法学研究中心和上海社会科学院法学研究所的教研人员外，还特别邀请了来自检察院、法院的资深检察官、法官及律师担任撰稿人，充分体现了法学理论工作者与法律实务工作者的结合，为本教材案例来源的原始性与实践性提供了很好的基础，同时，也大大地提升了以案释法、以案说理的水平，强化了对法科学生和读者运用法律解决实际问题的能力培养。本教材可以被选作为培养应用型创新性法律人才的教学之用。

　　本书主编为上海社会科学院副院长、法学研究所所长、华东政法大学诉讼法学研究中心主任、博士生导师叶青教授担任；副主编由华东政法大学诉讼法学研究中心副主任、硕士生导师、法学博士张栋副教授、上海市第二中级人民法院副院长阮忠良高级法官、上海社会科学院法学研究所刑法研究室副主任、硕士生导师、法学博士、闸北区人民检察院副检察长杜文俊副研究员担任。其他编写者分别为：王俊民教授（华东政法大学诉讼法学研究中心副主任、硕士生导师）、李翔副教授（华东政法大学刑法学研究中心硕士生导师、法学博士、杨浦区人民检察院副检察长）、杨可中副教授（华东政法大学诉讼法学研究中心硕士生导师）、孙剑明副教授（华东政法大学诉讼法学研究中心硕士生导师）、周雪祥副教授（华东政法大学诉讼法学研究中心硕士生导师）、许建丽副教授（华东政法大学诉讼法学研究中心硕士生导师）、王戬副教授（华东政法大学诉讼法学研究中心硕士生导师、法学博士、静安区人民检察院副检察长）、周登谅副教授（华东理工大学法学院法律系主任、硕士生导师、法学博士）、安文录副研究员（上海社会科学院法学研究所硕士生导师、法学博士）、邓晓霞讲师

(华东政法大学诉讼法学研究中心秘书长、法学博士)、刘红讲师(华东政法大学诉讼法学研究中心法学博士)、薛振(上海市高级人民法院刑一庭庭长)、黄伯青(上海市第二中级人民法院法官、法学博士)、张本勇(上海市高级人民法院研究室科长、法学博士)、凌淑蓉(上海市闸北区人民法院副院长)、杨坤(上海市闸北区人民法院刑庭法官)、潘新法、张忠平、何俊辉、李鹏(上海市闸北区人民检察院检察官)、陈海锋助理研究员(上海社会科学院法学研究所诉讼法研究室法学博士)、王强之(华东政法大学诉讼法学研究中心法学博士生)、时明清(君合律师事务所上海分所律师、法学硕士)。

本书具体分工如下:

叶　青　第一章、第六章

邓晓霞　第二章

周登谅　第三章

张　栋　第四章、第五章

阮忠良、黄伯青　第七章

周雪祥　第八章

王俊民　第九章

许建丽　第十章

刘　红　第十一章

杜文俊、潘新法、张忠平、何俊辉　第十二章

李　翔　第十三章

凌淑蓉、杨　坤　第十四章、第十五章

薛　振　第十六章

孙剑明　第十七章

张本勇　第十八章

杨可中　第十九章、第二十章

安文录　第二十一章

杜文俊、李　鹏　第二十二章

陈海锋　第二十三章

王　戬　第二十四章

王强之、时明清　第二十五章、第二十六章

本教材首先由主编确定全书体例和编写要求,然后各撰稿人负责分工写作,最后由主编统稿审定。在教材编写过程中,邓晓霞博士、张环、沈湻洁承担了大量编务工作,中国法制出版社的刘峰编辑和谢雯编辑为本书的编写提出了许多宝贵的意见,并为本书的出版付出了辛勤劳动,在此我们深表感谢。

叶青

2013年8月4日于淮海苑

目录*

第一章 刑事诉讼法学概述（1例） ……………………………… （1）
　　第一节　刑事诉讼和刑事诉讼法 ………………………………… （1）
　　第二节　刑事诉讼法的制定目的、任务和价值（1例） ………… （2）

第二章 刑事诉讼法的历史发展（3例） ………………………… （6）
　　第一节　外国刑事诉讼的历史发展（1例） ……………………… （6）
　　第二节　中国刑事诉讼法的历史发展（2例） …………………… （13）

第三章 刑事诉讼理论基本范畴（6例） ………………………… （23）
　　第一节　刑事诉讼目的（1例） …………………………………… （23）
　　第二节　刑事诉讼主体（1例） …………………………………… （28）
　　第三节　刑事诉讼客体（1例） …………………………………… （31）
　　第四节　刑事诉讼职能（1例） …………………………………… （35）
　　第五节　刑事诉讼结构（1例） …………………………………… （37）
　　第六节　刑事诉讼价值（1例） …………………………………… （40）

第四章 刑事诉讼的基本原则（18例） …………………………… （43）
　　第一节　基本原则概述 …………………………………………… （43）
　　第二节　职权原则（2例） ………………………………………… （44）
　　第三节　独立行使司法权原则（2例） …………………………… （47）
　　第四节　专门机关与群众相结合原则（1例） …………………… （50）
　　第五节　以事实为依据，以法律为准绳原则（1例） …………… （53）
　　第六节　分工负责、互相配合、互相制约原则（1例） ………… （56）
　　第七节　公民适用法律一律平等原则（1例） …………………… （59）
　　第八节　法律监督原则（3例） …………………………………… （61）
　　第九节　民族语言文字原则（1例） ……………………………… （65）
　　第十节　罪从判定原则（1例） …………………………………… （67）
　　第十一节　保障诉讼参与人依法享有诉讼权利原则（1例） …… （68）
　　第十二节　依法不追究原则（3例） ……………………………… （71）

---

* 本书共收录真实、典型案例258个。除编号案例外，本书还含有大量解释性、辅助理解的小案例。

第十三节　国家主权原则(1例) ……………………………………… (74)

第五章　刑事诉讼中的专门机关和诉讼参与人(11例) ……………… (77)
　　第一节　刑事诉讼中的专门机关(3例) ……………………………… (77)
　　第二节　诉讼参与人(8例) …………………………………………… (84)

第六章　刑事诉讼的基本制度(1例) …………………………………… (96)
　　第一节　刑事管辖制度 ………………………………………………… (96)
　　第二节　刑事回避制度 ………………………………………………… (98)
　　第三节　刑事辩护制度(1例) ………………………………………… (99)

第七章　刑事诉讼证据(27例) ………………………………………… (104)
　　第一节　刑事证据的概述(4例) ……………………………………… (104)
　　第二节　证据的种类(8例) …………………………………………… (110)
　　第三节　刑事证据分类(5例) ………………………………………… (127)
　　第四节　诉讼证明(4例) ……………………………………………… (134)
　　第五节　证据规则(6例) ……………………………………………… (142)

第八章　刑事强制措施制度(8例) ……………………………………… (151)
　　第一节　强制措施的适用目的(1例) ………………………………… (151)
　　第二节　拘传的适用(1例) …………………………………………… (154)
　　第三节　取保候审的适用(1例) ……………………………………… (156)
　　第四节　监视居住的适用(2例) ……………………………………… (158)
　　第五节　拘留的适用(1例) …………………………………………… (161)
　　第六节　逮捕的适用(2例) …………………………………………… (164)

第九章　刑事附带民事诉讼(13例) …………………………………… (171)
　　第一节　刑事附带民事诉讼的概念和特点(3例) …………………… (171)
　　第二节　附带民事诉讼的历史沿革 …………………………………… (174)
　　第三节　附带民事诉讼的意义(1例) ………………………………… (178)
　　第四节　附带民事诉讼当事人(5例) ………………………………… (181)
　　第五节　附带民事诉讼的赔偿范围(2例) …………………………… (187)
　　第六节　附带民事诉讼的审理原则(1例) …………………………… (193)
　　第七节　附带民事诉讼的审理(1例) ………………………………… (195)

第十章　期间和送达(21例) …………………………………………… (198)
　　第一节　期间(16例) ………………………………………………… (198)
　　第二节　送达(5例) …………………………………………………… (211)

第十一章 立案程序(5 例) ……………………………………………… (217)
第一节 立案程序概述 ……………………………………………… (217)
第二节 立案的材料来源和条件(1 例) ……………………………… (219)
第三节 立案程序(2 例) …………………………………………… (224)
第四节 立案的监督(2 例) ………………………………………… (229)

第十二章 侦查程序(43 例) ……………………………………………… (233)
第一节 侦查概述(10 例) …………………………………………… (233)
第二节 侦查行为(18 例) …………………………………………… (238)
第三节 侦查终结(2 例) …………………………………………… (257)
第四节 人民检察院对直接受理案件的侦查(3 例) ………………… (261)
第五节 补充侦查(5 例) …………………………………………… (265)
第六节 侦查监督(3 例) …………………………………………… (270)
第七节 技术侦查措施(2 例) ……………………………………… (274)

第十三章 起诉程序(3 例) ……………………………………………… (278)
第一节 起诉的概念和意义 ………………………………………… (278)
第二节 公诉程序(2 例) …………………………………………… (279)
第三节 自诉程序(1 例) …………………………………………… (296)

第十四章 审判程序概述(4 例) ………………………………………… (301)
第一节 审判的概念、特征和任务(3 例) ………………………… (301)
第二节 刑事审判的模式 …………………………………………… (309)
第三节 刑事审判的原则 …………………………………………… (313)
第四节 审级制度(1 例) …………………………………………… (318)
第五节 审判组织 …………………………………………………… (322)

第十五章 第一审程序(4 例) …………………………………………… (328)
第一节 第一审程序的概念和意义 ………………………………… (328)
第二节 公诉案件的第一审普通程序(2 例) ……………………… (328)
第三节 自诉案件的第一审程序(1 例) …………………………… (348)
第四节 简易程序(1 例) …………………………………………… (355)

第十六章 第二审程序(12 例) …………………………………………… (361)
第一节 第二审程序概述(2 例) …………………………………… (361)
第二节 第二审程序的提起(3 例) ………………………………… (370)
第三节 第二审程序的审理(2 例) ………………………………… (378)
第四节 第二审程序的裁判(2 例) ………………………………… (387)

第五节　对扣押、冻结在案财物的处理(2例) ············ (392)
　　第六节　在法定刑以下判处刑罚的核准程序(1例) ········ (397)

第十七章　死刑复核程序(2例) ·························· (399)
　　第一节　死刑复核程序概述 ··························· (399)
　　第二节　判处死刑立即执行案件的复核程序(1例) ········ (401)
　　第三节　判处死刑缓期二年执行案件的复核程序(1例) ···· (409)

第十八章　审判监督程序(4例) ·························· (413)
　　第一节　审判监督程序概述(1例) ····················· (413)
　　第二节　申诉材料与审查处理(1例) ··················· (417)
　　第三节　审判监督程序的提起(1例) ··················· (422)
　　第四节　依照审判监督程序对案件的重新审判(1例) ······ (431)

第十九章　各种判决裁定的执行程序(14例) ················ (437)
　　第一节　执行程序概述(2例) ························· (437)
　　第二节　各种判决、裁定的执行程序(12例) ············· (439)

第二十章　执行的变更程序(11例) ························ (448)
　　第一节　死刑、死缓执行的变更(3例) ·················· (448)
　　第二节　监外执行(3例) ····························· (451)
　　第三节　减刑和假释程序(2例) ······················· (454)
　　第四节　对新罪、漏罪和申诉的处理(3例) ·············· (457)

第二十一章　未成年人刑事案件诉讼程序(13例) ············ (460)
　　第一节　未成年人犯罪案件诉讼程序概述 ··············· (460)
　　第二节　未成年人刑事诉讼的方针和原则(4例) ·········· (461)
　　第三节　未成年人案件的诉讼程序(9例) ················ (467)

第二十二章　单位犯罪追诉程序研究(23例) ················ (482)
　　第一节　单位犯罪案件诉讼程序概述(4例) ·············· (482)
　　第二节　单位犯罪诉讼程序中的诉讼代表人制度(4例) ···· (486)
　　第三节　单位犯罪强制措施的运用(5例) ················ (492)
　　第四节　单位犯罪中的自诉、上诉、抗诉(4例) ·········· (495)
　　第五节　单位犯罪中辩护权的行使(3例) ················ (501)
　　第六节　单位犯罪中的不起诉和简易程序(3例) ·········· (504)

第二十三章　当事人和解的公诉案件诉讼程序(3例) ········· (508)
　　第一节　刑事和解程序概述(1例) ····················· (508)

  第二节 刑事和解的程序(2例) ·· (516)

第二十四章 刑事赔偿程序(3例) ·· (524)

  第一节 刑事赔偿概述(1例) ·· (524)
  第二节 刑事赔偿范围(1例) ·· (526)
  第三节 刑事赔偿程序(1例) ·· (530)

第二十五章 依法不负刑事责任的精神病人的强制医疗程序(3例) ············ (538)

  第一节 强制医疗程序概述(2例) ·· (538)
  第二节 强制医疗程序的适用条件 ·· (541)
  第三节 强制医疗决定的作出(1例) ··· (541)
  第四节 强制医疗的审理 ·· (543)
  第五节 强制医疗的执行和解除 ··· (544)
  第六节 强制医疗程序的法律监督 ·· (545)

第二十六章 犯罪嫌疑人、被告人逃匿、死亡违法所得的没收程序(2例) ··· (546)

  第一节 违法所得没收程序概述(2例) ······································ (546)
  第二节 违法所得没收程序的功能、性质及特点 ························· (547)
  第三节 违法所得没收程序案件范围 ·· (549)
  第四节 违法所得没收程序的适用条件 ···································· (550)
  第五节 违法所得的范围及管辖 ··· (551)
  第六节 违法所得没收的具体程序 ·· (552)
  第七节 违法所得没收程序的强制措施 ···································· (555)

第一章 刑事诉讼法学概述

第一节 刑事诉讼和刑事诉讼法

一、刑事诉讼的含义及特征

刑事诉讼是国家专门机关在当事人及其他诉讼参与人的参加下,依照法律规定的程序,解决被追诉者刑事责任问题(定罪量刑)的活动。在我国,所谓的专门机关是指公安机关、安全机关、人民检察院和人民法院。当事人是指犯罪嫌疑人、被告人、自诉人、被害人、附带民事诉讼原告和被告。

刑事诉讼的特征是:

1. 刑事诉讼是专门机关行使和实现国家刑罚权的活动。国家具有一系列权力,行使惩罚犯罪的刑罚权是其中一项十分重要的权力。刑事诉讼不同于民事诉讼和行政诉讼的关键点就在于它是专门解决涉嫌犯罪人的刑事责任问题的活动,具有鲜明的国家强制性和威慑力。专门机关根据宪法和法律赋予的职权,办理刑事案件和执行刑事裁决,即对刑事案件进行立案侦查、审查起诉、开庭审判和执行刑罚等活动,最终实现国家对犯罪人的刑罚权。

2. 刑事诉讼是专门机关的活动与当事人及其他诉讼参与人的活动之有机结合。从刑事诉讼的开始到终结,专门机关确实都是居于主导的地位,但是这并不意味着它仅仅只是专门机关的活动。没有诉讼参与人,尤其是当事人的参与,也就没有诉讼。刑事诉讼的中心问题在于解决犯罪嫌疑人、被告人的刑事责任,如果没有犯罪嫌疑人、被告人的参加,刑事诉讼活动就失去了目的和意义,所以各国法律均规定当被追诉者死亡,就不再对他提起检控,正在进行的诉讼活动也必须终止。如果没有自诉人向法院提起控诉,自诉案件的审判程序也不会启动。当然,司法实践中,如果没有被害人、证人、鉴定人、辩护人或代理人等参与活动,专门机关要查清案件事实真相,准确地断案判决,也将不可能实现。

3. 刑事诉讼是严格依照法定程序进行的活动。在刑事诉讼过程中,专门机关和诉讼参与人都必须根据国家法律规定的刑事诉讼法律关系和刑事诉讼程序、规则进行,如果违反了刑事诉讼的程序与规则,将会造成冤假错案或导致司法不公,轻则关系到涉案公民的基本人权的损害,重则涉及社会的稳定与和谐。

4. 刑事诉讼是国家用以调整社会关系的一种带有强制性的特殊活动。刑事诉讼所调整的是社会根本利益中受到刑法保护并为犯罪行为所侵害的那部分社会关系,这部分社会关系只能用刑罚这种极端形式强行实现其他手段实现不了的调整。

二、刑事诉讼法的概念、渊源和效力

刑事诉讼法是国家的基本法律之一,属于程序法律性质。它是国家制定或认可的有关专门机关和诉讼参与人进行刑事诉讼活动的法律规范的总称。它是专门机关办理刑事案件的操作规程,也是诉讼参与人在刑事诉讼活动中享受权利和履行义务的法律依据。

在刑事诉讼理论上,刑事诉讼法的概念有广义和狭义之分。广义的刑事诉讼法主要是指国家机关制定的一切有关刑事诉讼程序的法律、法规、条例、规定和司法解释。狭义的刑事诉讼法就是指一国成文的刑事诉讼法典。在我国,它就是指现行的《中华人民共和国刑事诉讼法》。我国现行的《刑事诉讼法》是1979年7月1日制定通过,经过1996年3月17日第八届全国人大第一次修正和2012年3月14日第十一届全国人大第二次修正,于2013年1月1日生效施行,总共有290条。

刑事诉讼法的渊源,就是刑事诉讼法的表现形式或称为刑事诉讼法的来源。在我国,刑事诉讼法的渊源,具体表现为:一是《宪法》。如《宪法》第135条规定:"人民法院、人民检察院和公安机关办理刑事案件,应当分工负责、互相配合、互相制约,以保证准确有效地执行法律";二是全国人民代表大会制定的法律。如《刑事诉讼法》、《律师法》、《法院组织法》、《检察院组织法》等;三是全国人民代表大会常务委员会制定的条例、决定。如2004年8月28日制定的《关于完善人民陪审员制度的决定》,2005年2月28日制定的《关于司法鉴定管理问题的决定》等;四是全国人民代表大会及其常务委员会所作的立法解释。如2012年12月26日公布的《全国人大常委会法制工作委员会、最高人民法院、最高人民检察院、公安部、国家安全部、司法部关于实施刑事诉讼法若干问题的规定》;五是最高人民法院、最高人民检察院的司法解释。如2012年12月24日公布的《最高人民法院关于适用〈中华人民共和国刑事诉讼法〉的解释》,2012年10月16日公布的最高人民检察院《人民检察院刑事诉讼规则(试行)》;六是国务院及其主管部门颁布的有关规定。如2012年12月13日公安部公布的《公安机关办理刑事案件程序规定》;七是有关国际条约。如我国签署加入的联合国《反腐败国际公约》、《少年司法最低限度标准规则》、《禁止酷刑和其他残忍、不人道或有辱人格待遇或处罚公约》。

刑事诉讼法的效力,是指刑事诉讼法的适用范围,即刑事诉讼法在什么地方、对什么人和在什么时间内具有效力。凡是在中华人民共和国领域内(包括领陆、领水、领空)犯罪需要追究刑事责任的案件,一律按照中国刑事诉讼法规定的诉讼程序处理。按照国际法的规定,凡是在中国船舶、飞机、使馆、领馆馆舍内犯罪的,均适用中国刑事诉讼法。凡是按照刑法规定构成犯罪,并且需要追究刑事责任的中国公民和外国人、无国籍人,一律适用中国的刑事诉讼法。但是对于享有外交特权和豁免权的外国人犯罪应当追究刑事责任的,则通过外交途径解决。刑事诉讼法的生效时间由各国法律明确规定。刑事司法实践中,不论办理的刑事案件是刑事诉讼法生效前或者生效后的,现行刑事诉讼法一律适用。

第二节 刑事诉讼法的制定目的、任务和价值

一、刑事诉讼法的制定目的

我国《刑事诉讼法》第1条即开宗明义地规定:"为了保证刑法的正确实施,惩罚犯罪,

保护人民,保障国家安全和社会公共安全,维护社会主义社会秩序,根据宪法,制定本法。"具体地讲,我国制定刑事诉讼法的目的有三:一是保证实体法刑法的正确实施;二是惩罚犯罪、保护人民;三是保障国家安全、社会公共安全和社会秩序。

二、刑事诉讼法的任务

我国《刑事诉讼法》第2条对本法的任务作了明确的规定。对于我国刑事诉讼法的任务,可作如下解读:

一是,保证准确、及时查明犯罪事实,正确应用法律,惩罚犯罪分子。这是第一位的任务。准确和及时是辩证的统一,两者不可偏废。准确是目的,是前提,是对案件性质的要求。及时是手段,是对案件时间量的要求,及时是准确前提下的及时,及时离开了准确,也就失去其存在的意义,不是放纵犯罪,就是冤枉无辜。

二是,保障无罪的人不受刑事追究。惩治犯罪与保护无辜,是刑事诉讼法的任务中对立统一的两个方面。只有保障无罪的人不受刑事追究,才能充分调动广大人民群众同犯罪分子作斗争的积极性,可以协助司法机关查明犯罪案件的事实真相,准确及时地惩罚犯罪分子。

三是,维护社会主义法制,尊重和保障人权,保护公民的人身权利、财产权利、民主权利和其他权利,保障社会主义建设事业的顺利进行。这是刑事诉讼法的根本任务所在。

三、刑事诉讼法的价值

刑事诉讼法的价值,是指刑事诉讼法及其实施能够满足国家、社会及其一般成员的特定需要而对国家、社会及其一般成员所具有的效用和意义。刑事诉讼法的价值源自于刑事诉讼法的内在属性和国家、社会及其一般成员对于刑事诉讼法的需要。它一般包涵有秩序、公正、效益等内容。

从刑事诉讼法学理论上来讲,刑事诉讼法的价值可以分为工具价值和本体价值。刑事诉讼法对刑法实施的保证,即为工具价值。它主要表现为:(1)明确了国家刑罚权的主体及其实现的程序与规则;(2)保证了专门机关的权力行使和权力制约的原则与步骤;(3)规定了运用证据的规则,保证准确地认定案件事实;(4)科学地设计了追诉犯罪人刑事责任的程序系统,保证刑事案件从实体上最终得到公正处理;(5)保障刑法高效率地实施。

刑事诉讼法的本体价值,主要表现为:(1)其规定的诉讼结构、原则、制度和程序,体现了一个国家民主、人权、法治的现状和水平,是是否公正乃至社会公正的重要标志;(2)因社会犯罪现象的复杂性、多变性,而法律永远是具有滞后性的司法实践现状,故要求司法工作人员针对不同的案情运用法律处理案件,刑事诉讼法在一定程度上也就弥补了刑法的不足,并创制着刑法;(3)刑事诉讼法在特定情况下也可限制刑法的实施。如告诉才处理的刑事自诉案件,自诉人不告诉的则刑事自诉程序也即不会启动,刑法也就不会被具体适用于具体的案件当事人。

【典型案例】
【案例1-2-01】
1994年8月5日,河北石家庄西郊玉米地里发生了一起凶杀案,被害人康某被人奸杀。同年9月23日，聂树斌在石家庄电化厂宿舍被捕。次年3月15日，石家庄中院以故意杀人罪、强奸罪判处被告人聂树斌死刑。聂树彬不服，上诉于河北省高级人民法院。4月25日，河北省高级人民法院裁定维持原判，两天后，聂树斌被执行死刑。十年后的2005年，河南警方对外来务工人员进行例行排查，王书金向警方交代了数起强奸杀人案，其中包括导致聂树斌被判死刑的那起案件。这样一来，同一案件出现两名案犯，到底谁是真凶，一出扑朔迷离的现实版《罗生门》正式上演。

调查发现，自1993年至1995年间，王曾多次作案，奸杀多人。在起诉时，检方仅指控了王书金除聂树斌案以外的其他三起强奸杀人罪行。2007年3月，被告人王书金一审被判死刑立即执行。王随即提出上诉，理由是警方漏诉了其一桩罪行，即聂树斌案。王并认为自己的该节犯罪不但属于自首，而且属于重大立功，依法应予减轻处罚。2013年6月25日，河北省高级人民法院在邯郸中级人民法院再次开庭审理了王书金故意杀人、强奸上诉一案。此次开庭，距离前次开庭，已经经过了六年时间。对于一审已被判处死刑立即执行的王书金本人，以及十八年前被执行了死刑的聂树斌的家人，无疑都是漫长而残酷的等待。此案经过半天的审理，匆匆地休庭了。现在，两案都到了关键时刻，王书金本人的命运以及聂树斌家人的期盼，都停在了悬而未决的十字路口。可以说，通过审视这两件迷雾重重的案子，社会公众也都在试问刑事诉讼法的制定目的与任务能否最终得到实现吗？

【法理与法律适用分析】

聂树斌案是2012年《刑事诉讼法》再次修正时被司法界乃至整个社会舆论高度关注的一起"冤假错案"，不仅其家属不断地信访、上访，其律师也多方奔走呼吁最高人民法院、最高人民检察院介入启动再审程序重审，社会公众更是认为"一案两凶"就是错案无疑，强烈要求宣告聂树斌无罪，还其清白，以体现司法公正。

刑事诉讼制度从来就是一个国家政治状况的反光镜，每一项政治结构上的重大变动都将带动刑事诉讼法的重新修订。党的十八大报告明确提出，"加快社会主义法治国家建设，法治是治国理政的基本方式。要推进严格执法、公正司法，保证有法必依、执法必严、违法必究。"全面贯彻实施新《刑事诉讼法》，实现提升人权保障新要求，是时代的呼唤与执政党的新号召，理应成为司法机关践行司法为民宗旨的实践行动。德国著名法学家拉德布鲁赫也指出："如果将法律理解为社会生活的形式，那么作为形式的法律的程序法，则是这种形式的形式，它如同桅杆顶尖，对船身最轻微的运动也会作出强烈的摆动。在程序法的发展过程中，以其清晰的对比反衬出社会生活的逐渐变化。"2012年《刑事诉讼法》再次修正所确立的"国家尊重和保障人权"的理念已逐渐深入人心，成为指导国家政治领域行为的基本价值准则之一。

从王书金案开庭所展示的证据材料看，其供认时并不知道聂树斌案，在供认后，他还带领侦查人员指认过杀人现场。这样看来，王的供述有可能是真实的。聂树斌案的死刑判决从定罪证据的证明要求看，事实并不清楚、证据也不确实充分，几乎完全是依靠刑讯逼供就判了死刑。按照"疑罪从无"的原则，聂树斌或许也不该被定罪处死。最高人民法院常务副院长沈德咏大法官撰文指出："错放一个有罪之人，司法公正的天塌不下来的，错判一个无罪之人，司法公正的天就会塌下来！"

综上所述，我们认为惩罚犯罪与保障人权必须并重，保障无辜的人不受刑罚追究是刑事诉讼法的重要任务之一，应当在司法实践中得到切实的体现。

【法条链接】
《刑事诉讼法》
　　第一条　为了保证刑法的正确实施,惩罚犯罪,保护人民,保障国家安全和社会公共安全,维护社会主义社会秩序,根据宪法,制定本法。
　　第二条　中华人民共和国刑事诉讼法的任务,是保障准确、及时地查明犯罪事实,正确应用法律,惩罚犯罪分子,保障无罪的人不受刑事追究,教育公民自觉遵守法律,积极同犯罪行为作斗争,维护社会主义法制,尊重和保障人权,保护公民的人身权利、财产权利、民主权利和其他权利,保障社会主义建设事业的顺利进行。
　　第一百九十五条
　　……
　　证据不足,不能认定被告人有罪的,应当作出证据不足、指控的犯罪不能成立的无罪判决。

【典型案例目录索引】
十字路口的聂王两案
载《新民周刊》2013年第26期。

【参考阅读的文献资料】
1. 万毅:《程序如何正义——中国刑事诉讼制度改革纲要》,中国人民公安大学出版社2004年版。
2. 叶青主编:《刑事诉讼法:案例与图表》,法律出版社2012年版。
3. 赵凌、林战:"错案密集平反:最高法的想法和办法",载《南方周末》2013年6月13日第1版。
4. 张刘涛:"萧山劫杀冤案'真凶'昨受审",载《东方早报》2013年5月23日长三角版。

第二章 刑事诉讼法的历史发展

第一节 外国刑事诉讼的历史发展

一、外国刑事诉讼立法的发展

（一）外国奴隶制社会的刑事诉讼立法

原始社会没有严格意义上的法,在原始社会中调整氏族成员行为的规范是风俗习惯,当时的风俗习惯既有实体性的也有程序性的,部落成员自觉遵守这些习惯并以公众舆论与神明惩罚相联系的恐惧心理、集体情感维系着习惯的权威性。法律是随着人类文明进程的推进,随着国家的产生而产生的。随着人类社会出现的三次社会大分工,原始公社的解体,社会分裂为阶级,人类社会出现了第一个国家,即奴隶制国家,奴隶制国家将渗透了阶级内容的民族习惯和新确立的行为规则认可为法,形成了不成文的习惯法,以后又逐渐形成成文法,在当时表现为诸法合体的成文法中刑事诉讼这种国家活动就有了较统一的形式和程序制度,迄今发现的奴隶制国家的成文法典中最著名和最具代表性的有古巴比伦的《汉穆拉比法典》、古罗马的《十二铜表法》。

《汉穆拉比法典》是在公元前18世纪左右由古巴比伦王国第六代国王汉穆拉比在位时颁布的。该法典原文刻在黑色玄武岩的大椭圆形古柱上,故又称石柱法,它是人类历史上保存得最完整的成文法典。在古巴比伦王国刑事诉讼和民事诉讼没有明确的划分,《汉穆拉比法典》是诸法合体。该法典分序言、本文和结束语三部分。其中有大量的程序法规范,它对控告、传唤证人、举证责任、法官责任、神明裁判等都作了规定,如第1条至第5条属于保证法院公正裁判的规定。第1条规定:"倘自由民宣誓揭发自由民之罪,控其杀人,而不能证实,揭人之罪者应处死。"第2条规定:"倘自由民控自由民犯巫蛊之罪而不能证实,则被控犯巫蛊之罪者应行至于河而投入之。倘彼为河所占有,则控告者可以占领其房屋;倘河为之洗白而彼仍无恙,则控彼巫蛊者应处死,投河者取得控告者之房屋。"又如第126条是关于作证宣誓程序的规定:"倘自由民本未失物,而云:我失物,并诬告其邻人,则其邻人应对神发誓,检举其并未失物,而此自由民应按其所要求之物加倍交给邻人。"

古代罗马人在法律的划分、法律的一般理论和实施方法等方面作出了杰出的贡献。罗马法的全面发展持续了一千年,现今可考的罗马成文法典为《十二铜表法》。《十二铜表法》产生于约公元前450年,因把奴隶制法刻在十二块铜牌上而得名,该法按内容分为十二表,前三表是程序规范,如第一表传唤,第二表审理,第三表执行。第一表第5条规定:"如当事人双方能自行和解,则讼争即认为解决。"第7条规定:"诉讼当事人的一方过了午时仍不到场的,长官应即判到场的一方胜诉。"就《十二铜表法》程序部分的排列和规定而言,反映了当时立法者对诉讼活动客观规律的深刻认识,令人叹服。

除上述两法外较早进入奴隶制国家的古埃及、古印度、古希腊等都制定了涉及刑事诉讼程序内容的成文法典,但因种种原因或没有保存或只有一些残存。如同属两河流域国家但先于《汉穆拉比法典》的《苏美尔法典》、古希腊的《德拉柯法典》(公元前621年雅典执政官德拉柯制定)、《梭伦立法》(公元前594年雅典执政官梭伦制定)等等。

继罗马法之后,公元5至9世纪的欧洲又形成了日耳曼法。日耳曼法是在日耳曼国家中适用于日耳曼人的一系列法典的总称。尽管日耳曼法是日耳曼部落在原有习惯法的基础上发展而成的,却在西欧发展史上占有重要地位。日耳曼法确立了神明裁判制度和公开审判的原则,这对后世影响深远,至今审判公开原则已成为现代诉讼的一项重要原则。此外,属于日耳曼法的《萨克森法典》规定法院从黎明到日落进行审判,日落后法院不能再行使权力,如今一些国家将此类限制扩展到了逮捕和讯问等侦查程序,据分析,现代英美国家的陪审制度也与取法于那些实行日耳曼法的法兰克王国的相似制度。

奴隶制刑事诉讼立法反映了奴隶制社会的阶级本质,反映了奴隶制社会初期即从氏族制度过渡到奴隶制国家时期司法权与行政权的合一,而在奴隶制社会的强盛期,司法权则不同程度从行政权中被分离,刑事诉讼基本上实行弹劾式诉讼的特点,神判色彩较浓重。

(二)外国封建制社会的刑事诉讼立法

封建制生产关系在奴隶制社会末期产生和发展起来,进而占据主导地位,并最终导致奴隶制社会崩溃瓦解,人类进入封建社会。外国封建制刑事诉讼法是以存在1200年之久的欧洲中世纪刑事诉讼法为代表的,因为古巴比伦、古埃及、古希腊或因战争或因分裂而亡都未进入封建社会,古印度也一直未形成统一的封建制国家。古罗马也因日耳曼人的南侵而亡,自公元5世纪日耳曼人入侵罗马帝国并建立法兰克王国开始,欧洲进入了封建制的中世纪时代。法兰克王国是领主农奴制封建国家,其成文法主要有《蛮族法典》和《撒里克法典》,其法律旨在确保地主阶级私有权时,仍带有奴隶制法律的特征,且诉讼制度有较浓重的宗教色彩。法官由国王任命,人判神判并用。公元9世纪中叶法兰克王国分裂为法兰西、德意志、意大利三个封建王国,这些封建王国的刑事诉讼法既有《撒里克法典》内容的沿袭,又有伴随12世纪后罗马法的复兴,古罗马的诉讼制度赋予封建王权的新内容,至封建社会末期即君主专制时期,资本主义生产关系开始萌芽,封建制的法律也不得不适应这一变化而调整自己的规范内容。

在封建制度下法国的法律经历了由习惯法到罗马法再到王室立法的发展过程(从9世纪到18世纪),1670年制定的刑事诉讼法是这一发展历程的重要成果之一。法国的司法审判先采用"神明裁判"与"司法决斗",后采用形式证据制度,并实行纠问式诉讼制度。

日耳曼习惯法和罗马法对德国法的产生和发展产生了重要影响。德国封建社会的早期沿袭日耳曼人的习惯采取弹劾式诉讼。1220年德国编成了《萨克森法典》,其中对刑事诉讼规则作出了规定。《加洛林纳法典》共179条,包含刑法和刑事诉讼法两方面的内容,确立了纠问式诉讼制度,刑事诉讼分为侦查和审判两个阶段,实行"有罪推定"和刑讯制度,审理不公开,判决分为有罪判决、无罪判决和存疑判决。

俄国直接从部落习惯法转化为早期封建制法。11世纪出现的《罗斯法典》是在习惯法和立法的基础上汇编而成的。1479年颁布和1550年颁布的两部《律书》(前者称"大公律书",后者称"沙皇律书"或"第二律书")对法院的权限、诉讼费用、诉讼程序作出了规定。1649年制定的《会典》采用了纠问式诉讼制度。1833年编纂了《俄罗斯帝国法律全书》,该书在修订和补充时增补了《1664年审判条例》作为第16卷,对法定证据制度作出了详细的规定。

日本仿效中国隋唐法律制度进行本国法律的编纂,其第一部成文法《大宝律令》以唐朝《永徽律》为蓝本。同唐律一样,它也是诸法合体、以刑为主的法典,此后制定的法律也有这一特点。日本古代的法律成为中华法系的组成部分。

英国法制独立发展形成了不同于欧洲大陆的显著特色。1066年诺曼人在威廉公爵的率领下侵入不列颠全岛,在英国建立起王权统治。国王向各地派出巡回法官并以巡回法官的判决为判例,在遵循先例的原则下通过这些判例使各地存在的习惯法逐渐统一,形成适用于全国的普通法,其后又陆续制定了一些成文法,但大多是习惯法或判例汇集而成的。12至13世纪英国统治集团内部权力斗争加剧,诸侯为摆脱王权的控制而开始了反对国王的战争,迫使国王约翰在1215年6月15日签署了旨在限制国王权力的《自由大宪章》,其中第38条规定:"任何自由人如未经其同级贵族之依法裁判,或经国法判决,皆不得被逮捕、监禁、没收财产、剥夺法律保护权、流放,或加以任何其他损害。"由此确立了"正当程序"的原则,这给英美法系各国的刑事诉讼法带来了深远的影响,此外,在英国实行的对抗制诉讼程序和陪审团制度也延续至今。

(三)资本主义国家的刑事诉讼立法

资本主义国家的刑事诉讼法是资产阶级革命胜利的产物。资产阶级革命在不同的国家有不同的发展过程,各国的历史条件也有差异,因而不同的资本主义国家的刑事诉讼法在表现形式上也有不同的特点。

以罗马法为传统的大陆法系国家在资产阶级取得政权后大力加强立法工作,健全资本主义法制,它们改变了中世纪的刑民混杂、实体法与程序法不分的法律体系,制定了各个部门的法典。1808年法国所制定的刑事诉讼法典是资本主义国家也是人类历史上第一部刑事诉讼法典。该法典是由拿破仑亲自主持编纂的,基本实行职权主义的诉讼程序,建立了起诉、预审、审判职权分离的原则和依重罪、轻罪、违警罪分设法院的司法体系,并确立了内心确信的证据制度和其他一系列具有现代精神的诉讼原则、制度和规则。《法国刑事诉讼法典》不仅对欧洲大陆诸国产生了深远的影响,而且其影响远及欧洲其他地区、亚洲等许多国家,这些国家也随后相继制定了刑事诉讼法典。如1865年意大利制定了《意大利刑事诉讼法典》,德国于1877年制定了《刑事诉讼法》,日本也于1880年制定了《治罪法》。这些国家的刑事诉讼法在资产阶级"民主"、"自由"、"人权"口号的指导下规定了一系列刑事诉讼原则,如司法独立、控诉原则(不告不理原则)、审判公开、言词原则(法庭审理必须以口头方式进行)、直接原则(法官、陪审官必须在亲自直接接触案件材料的基础上作出裁决)、被告人辩护权、无罪推定、自由心证等等。

在自由资本主义时期大陆法系国家的刑事诉讼法相对稳定,到了帝国主义时期特别是第二次世界大战以前一些实行军国主义的国家,如德国、意大利、日本等,为实行法西斯化的需要破坏了原来刑事诉讼法中规定的民主原则,第二次世界大战结束后各国为适应新的形势需要纷纷修改或重新制定刑事诉讼法典。法国于1957年和1958年先后两次修订刑事诉讼法典,以后又多次修改。联邦德国于1950年彻底废除了纳粹时期颁布的法律,恢复了1877年的刑事诉讼法,并于1965年再次修改公布。法德两国修改后的新刑诉法仍保持大陆法系职权主义诉讼的特点,但增添了许多加强诉讼民主、人权保障的内容。日本由于战后受美国影响较大,其1948年制定的新刑事诉讼法就较多地反映了英美刑事诉讼法的特点,具有较强烈的当事人主义色彩,如实行起诉状一本主义和令状主义、废除预审制、强化公审中心主义和控辩双方的对抗作用、限制口供的证据能力、限制传闻证据、赋予被告人以保释的权利等。更值得关注的是,二战后的意大利对1930年颁布的刑事诉讼法典进行过数次大的修改,1955年通过的刑事诉讼改革法案仍保持大陆法系职权主义诉讼的特点。然而1988年对刑事诉讼法典的再次修改则移植了英美法系对抗式(当事人主义)的诉讼制度,从而重新设计和调整了意大利的刑事诉讼程序。

英美法系国家的刑事诉讼法是以英国和美国为代表的,英国在封建时期的刑事诉讼制度就不同于中世纪的欧洲国家,它实行的是习惯法制度,属于普通法系,以法院的判例为法律的主要渊源。由于英国资产阶级革命的妥协性使这种状况基本保留了下来,因此英国没有一部完整的刑事诉讼法典,所谓的刑事诉讼法只是习惯、判例和法令的总称。但在20世纪80年代以来英国也制定了若干用来规范刑事诉讼活动的成文法律,如1984年的《警察与刑事证据法》,1985年的《犯罪起诉法》,1997年的《治安法官法》,1994年的《刑事审判与公共秩序法》等。原为英国殖民地的一些国家,如加拿大、澳大利亚等国也基本上继承了英国的法律制度。

美国原为英国的殖民地,独立后的法律制度虽仍沿用了英国的法律制度,但也加强了成文法的制定。比如1789年纽约州制定了刑事诉讼法典,继后各州也制定了刑事诉讼法典,1911年联邦国会通过了《美国诉讼法典》,二战后各州相继重订了刑事诉讼法典。美国还为联邦法院制定了一些刑事诉讼法,如1945年《联邦刑事诉讼规则》、1967年《联邦上诉刑事规则》、1975年《联邦证据规则》等,美国刑事诉讼立法还有一个显著的特点就是把刑事诉讼的一些人身权利保障和其他重要原则规定在宪法中成为宪法原则,如美国1791年生效的宪法修正案第4条至第8条规定了一系列刑事诉讼原则,如公民不受无理逮捕、搜查与扣押;不得强迫任何人证明自己有罪;刑事被告人享有迅速公开审判、通知其被控犯罪的性质和理由,准予与对方证人对质,接受律师帮助等权利。

除美国外,其他一些原为英国殖民地的国家和地区,如加拿大、澳大利亚、中国香港等,基本沿用英国的刑事诉讼制度。其中加拿大的情形有点特殊,首先它拥有一部全国统一适用的刑事法典,该法典自1892年问世以来,已历经百余年,虽不断地进行局部更新,但整体上仍维系旧的框架和格局。其次,该法典融刑事实体法与程序法一体,是一部综合的刑事法典,这显然与其他成文法国家刑法与刑事诉讼法分立的情况不同。最后,该法典虽然构成加拿大刑事立法的主干,但在适用时又直接受制于宪法,有别于那些在刑事司法中不直接适用宪法规定的国家所施行的制度。

(四)前苏联东欧社会主义国家的刑事诉讼立法

十月革命的胜利宣告了人类历史上第一个社会主义国家的诞生,年轻的苏维埃在面临打击剥削阶级的反抗,巩固新生政权的任务前将创立刑事法律作为极其重要的工作。1917年11月24日由俄罗斯社会主义联邦苏维埃共和国人民委员会颁布了关于法院的第1号令,并在1918年又两次颁布号令,摧毁了旧法院、旧法律,建立了苏维埃法院和社会主义法律,1923年2月15日全俄中央执行委员会批准施行了《苏俄刑事诉讼法典》,其后进行多次修改增删。这部法典奠定了前苏联社会主义刑事诉讼法的基础。1961年1月1日起又施行了新的《苏联刑事诉讼法典》，并在1972年、1973年、1985年对该法典的157个条文作了新的修改和补充。

东欧的波兰、捷克斯洛伐克、保加利亚、罗马尼亚、南斯拉夫等国在革命胜利后相继制定颁布了刑事诉讼法典，1967年以后大多数国家又重新制定了新的刑事诉讼法典，如罗马尼亚、德意志民主共和国于1968年，波兰于1969年，匈牙利于1973年，保加利亚于1974年颁布了新的刑事诉讼法典。

二、外国刑事诉讼模式的沿革

刑事诉讼模式是不同刑事庭审方式的本质特征所构成的相互区别的诉讼类型，从国外诉讼发展史来看大概经历了以下诉讼模式，即从早期的弹劾式、纠问式诉讼模式到近现代的职权主义、当事人主义（或对抗式）诉讼模式和混合式的诉讼模式。

（一）弹劾式诉讼模式

弹劾式诉讼模式主要在奴隶制和封建制早期的国家实行。较典型地体现在古罗马共和国时期、法兰克王国前期及英国的封建时期。

弹劾式诉讼的主要特征体现为：

1. 私人告诉，实行"不告不理"原则。这期间，国家没有专门负责追诉犯罪的机关。对犯罪的控诉通常由被害人或其代理人作为原告直接提起，只有当原告起诉到法院或其他裁判机构后，诉讼才会被启动。没有原告、法官不主动追究。按古罗马时期的表述，即"无原告即无法官"，也就是实行"不告不理"原则。

2. 原告与被告的诉讼地位平等。双方享有同等权利，承担同等义务。审判以言词辩论的方式进行；审理中注重发挥争讼双方的作用，可以互相对质和辩论；

3. 法官处于消极仲裁者的地位。法官不在开庭前审查案件事实和核对证据，没有收集、调查证据的义务，只负责在法庭上听取当事人的陈述和辩论，审查当事人提供的证据，认定案件事实并作出裁决。

弹劾式刑事诉讼制度是人类文明的一大进步。它已具备了现代诉讼的基本结构。首先，它明确区分了控诉与审判职能，有利于防止法官集控诉和审判职权于一身，独断专行，滥用职权。其次，原告和被告诉讼地位平等，双方在法庭上进行平等的对抗和辩论，有利于法官听取双方的意见，居中进行裁判，公正处理案件。当然，在弹劾式诉讼下，由于缺乏专门的国家侦查和追诉机关，也必然影响对犯罪的有效追究和及时惩罚，而且法官在法庭审理中过于消极的态度也不利于准确查明案情。

（二）纠问式诉讼模式

纠问式诉讼模式是继弹劾式之后出现并盛行于欧洲中世纪中后期的诉讼制度，是封建社会的主要刑事诉讼形式。

纠问式诉讼的主要特征体现为：

1. 司法机关主动追究犯罪，控诉与审判职能不分。由于没有设立专门的侦查、起诉机关，侦查权、控诉权、审判权统一由司法官员行使，拥有司法权力的官员一旦发现犯罪，无论被害人是否提出控告，都可以依职权主动追究犯罪，即"不告也理"，将控告权、审判权集于官吏一身是这种诉讼形式的最显著特点；

2. 在纠问式诉讼中司法官是唯一的诉讼主体,原告和被告都没有现代法律意义上的当事人地位,被告更是处于只承担诉讼义务的被追究的客体地位,不享有任何诉讼权利;

3. 庭审前的调查活动是秘密进行的,审判一般也不公开;纠问式诉讼的审理不允许当事人在法庭上辩论,审讯通常不公开进行,判决主要以审讯被告人的书面记录为根据,因此,这种诉讼模式往往采用书面审理的方式。

4. 刑讯逼供盛行甚至合法化。纠问式诉讼通常与野蛮的刑讯紧密结合在一起,被告成为被拷问的对象,刑讯公开甚至合法化。

纠问式诉讼是封建专制集权在诉讼中的表现,与弹劾式诉讼相比,在诉讼的民主性方面无疑是倒退了,但它确立了追究犯罪的职权应由国家机关承担的原则,用法定证据制度代替神明裁判制度,这些都是诉讼制度上的进步。

(三)职权主义诉讼模式

职权主义诉讼模式继承了纠问式诉讼的某些特征,主要为德国、法国等大陆法系国家所采用。与传统的纠问式诉讼有所不同的是,在职权主义诉讼中,开始出现了专门的追诉主体,早在12世纪法国就出现了代表国家参加诉讼的代理人,这种代理人是现代检察制度的雏形,一般认为检察制度形成于17世纪,法国国王路易十四颁布法令要求各级法院设置检察官,检察官对刑事案件行使侦查起诉权,检察制度由此得以确立。

职权主义诉讼模式强调国家的干预和国家司法机关的职权作用:在侦查阶段,侦查机关的侦查行为通常不公开且自由度强,虽然目前大陆法系国家普遍允许律师参与侦查程序并承认嫌疑人的沉默权,但嫌疑人的权利仍受到一定的限制,控辩双方在事实上处于不平等的地位;在起诉阶段,检察官需将案卷材料、证据连同起诉状一并移送法院,以便法院在开庭审理前了解和熟悉案件的全部事实和证据,决定是否启动审理程序;在审判阶段,庭审以法官对案件的调查来推动,法官对查明案件事实负有责任并可采取必要措施主动收集证据,控辩职能弱化,双方虽有对抗性活动,但受到法官的限制和干预且不为法官所重视,追诉机关与嫌疑人地位不平等,警、检、法虽有职能分工,但在打击、控制犯罪的共同目标下共同应对被告人,庭前彻底审查、庭中的积极调查使法官缺乏中立立场且使控辩双方的有限对抗失去实际意义,在法庭上,由于攻防手段的悬殊,辩方难以真正与占优势的控方相抗衡。

职权主义是资产阶级将公正、理性、人权等观念融入纠问制度,同时摈弃其野蛮、落后的因素并在此基础上加以改造的结果,职权主义诉讼中控诉、辩护、审判职能分立,互相制约,以保障实现诉讼过程及结果的公正性。

(四)当事人主义诉讼模式

当事人主义诉讼又称对抗制诉讼,主要为英美法系国家所采用。当事人主义诉讼由弹劾式诉讼发展而来,其主要特征是强调控辩双方当事人的平等地位,注重发挥当事人双方的诉讼积极性。在侦查阶段,控辩双方当事人作为平等对抗的诉讼主体均有独立调查和收集证据的权利,法律赋予被告一系列的诉讼权利以保障被告方足以与控方相抗衡;在起诉阶段,检察官向法院起诉时一般都只需移送一份起诉状和证据清单,而案件材料及证据不随案移送,奉行"起诉状一本主义",在美国检察官可以同辩护方通过辩诉交易处理刑事案件。在审判阶段,案件事实的发现委之于控辩双方的举证和辩论,在法庭调查中实行交叉询问制度;法官保持消极中立的地位,一般不依职权主动地调查收集证据,庭审进程由控辩双方通过举证、质证、辩论来推动，法官处于主持者的地位而不是审问者的地位，其主要职责是评断控辩双方在举证、质证等活动中是否违反有关规则，并在此基础上进行裁判。

当事人主义诉讼模式和职权主义诉讼模式的关键区别在于控、辩、审三大诉讼主体发挥各自功能的方式不同。当事人主义诉讼模式是通过控辩双方作用与反作用来达到制约政府权力、揭示案件事实真相的目的，当事人诉讼模式体现了证据调查活动中的竞争机制，这种带有强烈对抗色彩的制度建立在这样的认识之上，即控辩双方的对抗被认为是发现案件真实的理想方式。职权主义的拥护者认为发挥法官的主观能动性有利于防止诉讼受控辩双方法庭技巧甚至伎俩的影响而难以发现案件的客观真实，法官主动依职权调查才是发现案件真实情况的法宝。从实际功效来看，二者各有所长，各有所短。在诉讼的公正性方面，当事人主义诉讼模式优于职权主义诉讼模式；在诉讼效率方面，职权主义诉讼模式优于当事人主义诉讼模式。职权主义诉讼强调打击和控制犯罪，关注刑事诉讼的安全价值，而当事人主义诉讼则强调正当程序，看重刑事诉讼的自由价值。由于二种诉讼模式各有优劣，近现代以来，特别是二战后两种诉讼形式相互借鉴、吸收、取长补短的趋势已经越来越明显。不同国家的诉讼模式也在不断地发生调整和改变。如二战后的日本，其刑事诉讼虽留有职权主义诉讼的痕迹，但主要表现为浓厚的当事人主义色彩。1988年意大利对刑事诉讼法典的修改则移植了英美法系对抗式的诉讼制度，诉讼模式从职权主义基本转变为当事人主义。

【典型案例】

【案例2-1-01】

1963年3月3日凌晨，亚利桑那州凤凰城一名18岁的剧场服务员在下班回家的路上突然遇到了一个陌生人，陌生人把她拖进车里，随后在僻静的地方强奸了她。一周后，23岁的米兰达因涉嫌抢劫、绑架和强奸罪名被警方逮捕。他在警局接受了两个小时的讯问并在一份自白书上签名。但是事后，他说并不知道"宪法第五修正案"赋予了他沉默的权利，也不知道自己有取得律师帮助的权利，而警察也没有告诉过他。他的律师在法庭上抗议说，根据宪法，米兰达的坦白不可以作为对所犯罪行供认不讳的证据。法庭最终判定供认出于自愿，虽然警察没有宣告其应有权利，但证据仍然有效。米兰达被判20年监禁。其后他以自己"没有被告知权利"作为理由，一直上诉到联邦最高法院，接受最高法院的复审。1966年，沃伦首席大法官主持的联邦最高法院作出裁决，指出公民在接受讯问以前有权知道自己的宪法第五修正案权利，警察有义务将它告诉嫌犯，告知权利之后，才能讯问。因此，米兰达一案被宣布无效，发回重审。著名的"米兰达规则"（又称"米兰达警告"）由此确立，其完整内容为：(1)有权保持沉默；(2)如果选择回答，那么所说的一切都可能在法庭上作为对其不利的证据；(3)有权在审讯时要求律师在场；(4)如果没有钱请律师，法庭有义务为其指定律师。

【法理与法律适用分析】

当事人主义诉讼模式认为平等对抗才是发现案件真相的理想方式，在诉讼中通过控辩双方的平等对抗，来达到制约政府权力、揭示案件事实真相的目的。在美国，20世纪60年代进行的正当程序革命极大地推动了刑事诉讼中的人权保障。沃伦担任首席法官的美国联邦最高法院通过包括米兰达案件在内的一系列重要判例强化了对犯罪嫌疑人、被告人的权利保障,强调尊重个人价值和自由,"米兰达规则"的适用,使犯罪嫌疑人、被告人可以不作出对自己不利的行为,不说出对自己不利的话,犯罪嫌疑人、被告人可以保持沉默,等到有律师提供法律帮助的时候再决定该做什么,该说什么。这一规则的确立加强了犯罪嫌疑人、被告人的防御力量,从而平衡控辩双方的诉讼力量,在程序上保障了被告方的诉讼权益。"米兰达规则"也是美国程序正义的一系列思想的集中体现,该案在美国刑事诉讼历史上具有里程碑意义。

【典型案例目录索引】
1. 陈光中:《刑事诉讼法学教学案例》,法律出版社2003年版,第7-17页
2. 刘根菊:《刑事诉讼法教学案例》,中国政法大学出版社1999年版,第7-9页

【参考阅读的文献资料】
1. 宋英辉等著:《外国刑事诉讼法》,北京大学出版社2011年版。
2. 陈瑞华:《比较刑事诉讼法》,中国人民大学出版社2010年版。
3. 宋世杰:《外国刑事诉讼法比较研究》,中国法制出版社2006年版。
4. [瑞士]萨拉·J. 萨默斯:《公正审判:欧洲刑事诉讼传统与欧洲人权法院》,朱奎彬、谢进杰译,中国政法大学出版社2012年版。

第二节 中国刑事诉讼法的历史发展

【典型案例】
【案例2-2-01】
清代同光年间发生在浙江余杭县城的杨乃武与小白菜一案是当时轰动朝野的一件著名公案,被后人称为"晚清四大冤案"之首(其他三个冤案分别是:杨三姐告状案、张文祥刺马案、淮安奇案)。该案审理历经四年之久,案情复杂、过程曲折。

杨乃武是浙江余杭县人,于同治12年(1873年)乡试中举。小白菜原名叫毕秀姑,因为比较喜欢穿绿衣、系白裙而被称为"小白菜",同治11年嫁于豆腐店伙计葛连品。婚后,二人租住在杨乃武家中,因杨乃武经常教小白菜读书识字,被葛连品怀疑二人之间有奸情。同治12年,葛连品搬出杨家之后暴病而亡。葛母怀疑葛连品是被杨乃武和小白菜下毒害死,旋即向县衙告状。杨乃武与小白菜在县衙被屈打成招,被处以斩决。其间,杨家人三次进京控诉。负责案件监督的中央司法机关都察院3次将案件发回重审。发回重审的过程中只有第二次未进行刑讯。杨乃武与小白菜都翻供,致使难以定案。

光绪元年(1875年),户部给事中边宝泉上奏朝廷,对该案提出异议,并请提交刑部审办。12月,18名浙江籍京官联名上书要求重新勘验,加之当时很有影响力的《申报》对此案进行的跟踪报道,最后朝廷下旨命刑部复查。刑部接手此案后,将证人、被告人和葛连品的尸体解赴至京,于光绪2年12月在海会寺开棺复验,结果验得葛连品并非中毒而死。至此,这一桩轰动朝野的案件方得以真相大白。

【法理与法律适用分析】
清朝因袭历朝封建政制,实行地方行政、司法合一的体制。地方司法审判是清代整个司法审判活动的基础,州县有权判决笞、杖刑事案件;督抚终结地方司法审判和司法事务,有权判决徒刑案件。从州县到督抚形成刑事案件逐级审查复核的司法体系。基于司法行

政合一的体制,当时审判程序主要是按行政原理设计,主审官员在审判中完全处于支配地位,当事人在诉讼中的活动主要是招供并认罪,为取得招供,法律承认肉刑的作用。从本案来看,刑讯逼供、不重视科学检验和秘密审判是导致该冤案的主要原因。

一、中国奴隶制社会的刑事诉讼法

我国古代从夏商到西周是奴隶制国家,那里虽然没有刑事诉讼法的名称,但实际上已经有了刑事诉讼制度和审判制度与程序的规定。在我国虞、舜时代,《尚书》中记载了虞、舜时期就有"皋陶"作为刑官,可见当时已有了刑事诉讼,在先秦的典籍中特别是儒家《周礼》中也明确记载了有关的诉讼制度,如五听制度,即"以五声听狱讼,求民情:一曰辞听;二曰色听;三曰气听;四曰耳听;五曰目听。"规定了两造审理及诉讼费用等内容,"明清于两辞","以两造禁民讼,入束矢于朝,然后听之;以两剂禁民狱,入钧金三日,乃致于朝,然后听之",还规定了人证、书证等证据种类。当时已有刑、民之分,凡"以财货相告者"称为"讼",凡"告以罪名者"称为"狱",法官审理案件称为"听讼","断狱"。公元前976年周穆王即位后便命令司寇制作《吕刑》,其中既有刑事实体法的规定,也有刑事程序法的规定,我国古代奴隶制的诉讼制度到了西周已发展得相当完备,从自诉、起诉、审理、上诉、判决到执行都有相应的规定。

我国奴隶制国家的刑事诉讼制度有如下特点:

1. 公开确认奴隶主在诉讼中的特权,否定奴隶有诉讼的权利。我国西周时期实行"礼不下庶人,刑不上大夫",刑事法律主要是为镇压奴隶而制定的,奴隶无权进行诉讼活动,奴隶主阶级即使犯了罪在法律上也享有豁免的特权,在诉讼中处于特权地位,如我国古代规定的所谓"凡命夫命妇,不躬坐诉讼"的诉讼制度,即凡大夫和大夫以上的贵族及其配偶为诉讼当事人的无须自己亲自受审,可以委派其子弟或下属代理,但普通平民进行诉讼均须自己亲自出庭受讯。

2. 国王掌握最高刑事司法权。在奴隶制社会确立王权至上的专制政体,国王是国家的最高统治者也是最高的司法审判官,掌握决定诉讼胜败的大权,重大案件由他最后裁决。早在《尚书·盘庚》中就有记载商王自称:"惟予一人有佚罚",明确宣布自己握有生杀予夺大权,在殷墟甲骨文的卜辞中也有"贞,王闻惟辟","贞,王闻不惟辟"的记载。

3. 司法组织渐完备,办案依一定的规则。据《周礼》《礼记》等记载,西周在中央司法机关设最高法院官大司寇卿一人为秋官之正;设小司寇中大夫二人为秋官之副;设士师下大夫四人为秋官之考,辅佐大小司寇工作。而士是一般法官,其品级有乡士、遂士、县士、方士、都士等,分别掌管六乡、六郊、六遂、邑、都家以及吏民之狱讼。在审级上据《礼记》记载,一个案件要经三个审级才能定案,乡士等将管辖区内的刑事案件审结后报朝廷大司寇,大司寇审结如还上诉的由大司寇报告周王,周王或令三公、六卿会审或直接由自己审理作出最后判决。周朝的民事案件要求双方当事人都要到庭,刑事案件要求原告交诉状,被告交辩状,并要交一定的诉讼费用,刑事案件在交纳费用以后三日开庭,重大刑事案件规定受理后五、六天至十来天开庭,疑难案件三年审结。

4. 刑事诉讼中具有神判色彩。神判法同奴隶制社会生产力落后和文明开化程度较低有密切关系,我国古代就有以兽触人的神判法,东汉王充在《论衡·是应》中就有"皋陶治狱,其罪疑者,令羊触之,有罪则触,无罪则不触"的记载,《墨子·明鬼》中记载了齐庄王以神羊断两臣之三年之讼的故事,并称断案的结果"齐人莫不见,远者莫不闻,著在齐之春秋"。在诉讼中借助于"神"的力量来决定争讼的胜败充分反映了当时人类认识能力的局限性。

二、中国封建社会的刑事诉讼法

中国的封建社会从战国时期到明清经历了两千多年的漫长历史,在战国时期魏国的李悝编纂了《法经》,这是我国古代第一部比较系统的刑事法典,该法分为6篇,其中的囚法、捕法两篇属于刑事诉讼法的规定,商鞅变法后将《法经》加以完善形成《秦律》,汉承秦制在保留囚法、捕法等6篇的同时增设3篇,共9篇,改"法"为"律",称《九章律》,但仍只有囚律、捕律与诉讼有关的内容。魏时定魏法,共计18篇,晋更增为20篇,均含捕律、告劾律、系讯律、断狱律。南北朝删订律书,《梁律》改"捕"为"讨捕";《齐律》设斗讼、捕亡两篇,北周改"告劾"为"告言"。隋《大业律》分告劾、捕亡、断狱诸篇,将"斗讼"改为"斗"。

唐朝制定的《唐律》为中华法系的代表,唐朝以隋代法律为蓝本,先后形成《武德律》、《贞观律》、《永徽律》和《开元律》,现仅有《永徽律》完整保存下来,《永徽律》是我国最早最完整的封建刑律,产生于我国封建社会的鼎盛时期,总结了封建法律制定和司法实践的经验,分12篇,共502条,其斗讼律规定如何控告犯罪,捕亡律规定追捕罪人之事,断狱律则集中规定审讯和决断案件,唐朝除"律"以外还包括"令"、"格"、"式"三种,其中捕亡令等也含有刑事诉讼法的内容,唐代律令为后世法律树立了典范,影响远及日本、越南等东亚、东南亚诸国。

五代、宋、金都在唐律的基础上进行增减,与唐律大同小异。元代纂定新律,与唐宋有了一定的差异,称《至元新格》,共20篇,其第13篇为诉讼篇(与告劾律相同)、第18篇为捕亡,第20篇为平反(与前代断狱律相同),并改"斗讼"为"斗殴",后又修订为《大元通制》。诉讼篇着重规定如何控诉犯罪,但其篇名"诉讼"后来演变为近现代的诉讼法典的名称。明律、清律集中国古代法律之大成,也设诉讼、捕亡、断狱诸篇,都是由唐律发展而来的。

我国封建社会刑事诉讼法的特点有:

1. 司法与行政不分,无独立的审判机构,由皇帝执掌最高审判权,实行皇权至上制度。皇帝被认为是"受命于天",拥有国家最高的统治权,执掌国家的立法和司法权,地方审判权由地方行政官吏直接掌握,地方各级行政长官要亲自审理案件或者由辅佐官吏代行政长官处理案件,行政长官拥有决定权,在封建社会的各个朝代,中央和地方机构职权虽有变化,但皇权至上,司法与行政不分的制度并没有变化。

2. 维护封建等级特权制度。公开规定官僚和地主阶级享有特权,如秦律规定宗室贵族和有爵位者犯罪都可赎刑,汉朝有"先请"之制,对贵族官僚治罪要先奏请皇帝批准或减刑。魏律中有"八议"制度,法律规定对八种人犯罪可以享有宽免特权,"八议"即议亲、议故、议贤、议能、议功、议贵、议勤、议宾。这八种人犯了死罪官府要先奏请审议,议定后再奏皇帝裁决,可以减免刑罚。唐律除规定"八议"外,还规定有"请"、"减"、"赎"、"官当"等制度,进一步扩大了封建地主、贵族官僚在刑事诉讼中所享有的特权范围。唐律还规定根据提供证据人的社会地位高低来判断其所提供证据证明力大小的问题,地位高的人不仅在诉讼证据制度中享有特权,而且在审判制度上也享有特权,例如规定对享有"议"、

"请"、"减"特权的人员在审判时就不得拷问。

3. 刑讯逼供,罪从供定,实行口供中心主义。我国历代封建王朝的刑事诉讼法对刑讯逼供都有明文规定。根据《云梦秦简》的记载,秦王朝的律令中即有笞掠的规定:"凡讯狱,必先尽听其言而书之,各展其辞。虽知其言也,勿庸辄诘。其辞已尽书而无解,乃以诘者诘之。诘之又尽听书其解辞,又视其无解者以复诘之。诘之极而数池,更言不服,其律当笞掠者,乃笞掠。"①汉律规定:"会狱,吏因责如章告劾,不服,以掠笞定之。"②唐律中也有拷掠的规定,正如马克思所说:"中国法里一定有笞杖,和中世纪刑律的内容连在一起的诉讼形式一定是拷问。"③封建制刑事诉讼实行刑讯逼供制度与被告口供中心主义的证据制度密切相关,封建法律规定"断案必取输服供词","无供不录案",因此口供是定案必不可少的证据,刑讯成了获取口供的必要手段,"搖楚之下,何求而不得?"我国自秦朝开始就有刑讯制度,到了魏晋南北朝时期刑讯已经合法化,自唐朝后法律上虽然出现了限制非法刑讯的规定,但实际上这些规定并没有起到阻止刑讯的作用,相反在某些方面非法刑讯还有所发展和泛滥,刑讯逼供是封建制刑事诉讼的本质特征。

4. 设立了较为完备的追诉程序,实行多级别的复审制度。秦汉以后至明清,被害人告诉、知情人告诉、官吏告发、犯罪人自首,均可成为司法机关审理案件的缘由,自隋唐始,审判机关发现犯罪可直接进行纠问,历代封建刑事诉讼法都重视强制措施在追诉、审判中的运用,法典中都有"捕亡"或类似专篇规定,规定的强制手段有逮捕、囚禁、追摄、勾问、保候等。在法庭审判上一般由一个法官独任,少数重大案件则由若干法官会同审判,如唐朝的三司(大理寺、刑部、御史台)推事、明朝的三法司(刑部、大理寺、都察院)及厂、卫会审等。

案件一般均应经过复审,如初审机关将案件主动移送上级审判机关复核审查,上级审判机关根据被告人初审判决不服的申诉进行复核复查,前者属移送复审,后者为申诉复审。另外,我国封建刑事诉讼法中较有特色的是死刑复核制度,自秦代开始,死刑案件通常要由中央有关司法机关审查后上请皇上核准,明清将死刑分为立决和秋后决两种,实行两种复核程序。对立决案件要求先报中央有关部门审核或会审后再报奏皇帝裁决。对秋后决的案件明朝实行朝审制度,清朝实行秋审和朝审两种制度。死刑复核制度体现了"慎刑"思想。

三、半殖民地半封建社会的刑事诉讼法

(一)清末时期的刑事诉讼法

1840年鸦片战争以后,中国逐步沦为半殖民地半封建社会,外国资本主义的侵入使中国的经济结构和阶级结构发生了显著变化,侵略者们确立的领事裁判权攫取了清帝国的一部分司法权。在这种情势下,清朝政府在进入20世纪后为顺应新的形势和收回治外法权,模仿西方资本主义国家的法制,开始了中国法制的改革和发展。1902年清政府下诏宣布立法的宗旨云:"参酌各国法例","务期中外通行","与各国无大悬绝",并设立法律修订馆,委派沈家本、伍廷芳等人为修律大臣负责修订现行律例。沈家本十分重视诉讼法的

---

① 《睡虎地秦墓竹简》,文物出版社1978年版,第246页。
② 《汉书》九传(三),中华书局1962年版,第2660页。
③ 《马克思恩格斯全集》(第一卷),第178页。

编纂,认为刑事与诉讼法为体和用的关系,"体不全,无以标立法之宗旨;用不备,无以收行法之实效。二者相因,不容偏废"。① 在他的主持下,积极翻译西方国家的法典、法规,并以资本主义国家特别是德、日等大陆法系国家的司法组织和诉讼程序法典为范本开始编纂诉讼程序与单独的法院组织法律。1906 年 4 月 25 日编成《大清刑事民事诉讼草案》,《大清刑事民事诉讼草案》编成后沈家本等奏请清王朝最高当局批准试行,但是在各地方将军督抚都统等官僚的竭力反对下其试行遭到搁置,直至辛亥革命爆发仍未颁行。但从我国诉讼法的历史发展来看,这个草案却有一定的积极意义:(1)在我国历史上第一次把诉讼程序法与实体法分开。我国过去没有单独的诉讼法典,而是将有关诉讼程序的内容附于实体法中。(2)正确反映了诉讼法与实体法的关系,二者相互依存,不可分割。(3)在我国历史上第一次规定了律师制度,该法典对律师资格、注册登记、职责、违纪处分等内容作了明确的规定。(4)反映了诉讼法制发展的潮流和趋势,体现了诉讼法在国家法制中的重要地位。

1906 年 12 月 12 日编成了《大理院审判编制法》,该法强调了司法独立原则,并规定了审判合议制度和检察官的审判监督机制。1907 年又编成了《法院编制法》,其中也规定了大量审判及检察权行使的内容。

根据修律馆的分工,从 1907 年起由沈家本等人负责起草刑事诉讼律和民事诉讼律,于 1911 年 1 月 24 日编成了《大清刑事诉讼律》草案,共 6 编 515 条,第 1 编总则,第 2 编一审,第 3 编上诉,第 4 编再理,第 5 编特别诉讼程序,第 6 编裁判及执行。该草案规定了告劾式诉讼程序,实行不告不理;检察官行使国家公诉权;审判官采用自由心证查明案件事实;采直接审判、言词辩论等原则,实行审判公开和辩护制度等等。该草案由于清末帝制的废除而未及颁行,但其仍多次为民国时期的国民政府和北洋军阀政府所援用,对我国诉讼法制的发展也起了一定的推动作用。

(二) 中华民国时期的刑事诉讼法

中华民国分为三个时期:南京临时政府时期(1912 年 1 月 ~ 1912 年 3 月)、北洋政府时期(1912 年 ~ 1928 年)、国民党政府时期。

1911 年 10 月 10 日,辛亥革命爆发,推翻了清政府,结束了长达二千多年的封建君主专制统治,成立了孙中山领导的南京临时政府。1911 年 12 月各省都督的代表制定了《临时政府组织大纲》,是以美国的国家制度为蓝本,确立了三权分立原则,规定临时中央审判所行使司法权。1912 年 2 月 7 日孙中山在南京公布《中华民国临时约法》,确认三权分立制度,规定法院是行使司法权的机关,实行司法独立和审判公开的原则,并规定了人民的诉讼权利。南京临时政府还颁布了大总统令废除了刑讯制度,规定"不论行政司法官署及何种案件一概不准刑讯,鞠狱当视证据之充实与否,不当偏废口供"。② 此外,南京临时政府还草拟了《中央裁判所官职令草案》、《律师法草案》,规定慎选法官,建立律师制度、陪审制度和辩护制度,要求诉讼文明办法,尊重法律并公开进行。南京临时政府虽然只存续了三个月,却在司法领域进行了多项重大改革,借鉴了欧美资产阶级的法律制度,否定了封建社会的苛政酷刑,将近代的法律思想和人道主义精神融入刑事诉讼制度中,尽管存在

---

① 沈家本:《修订法律大臣沈家本等奏进呈诉讼法拟请先行试办折》。
② 《辛亥革命资料》,中华书局 1961 年版,第 215 页。

一定的局限性且未能完全付诸实施,但其历史功绩是不能抹杀的。

北洋政府时期,军阀专权,局势动荡,1912年袁世凯就任民国大总统之职,因民国法律还没有制定颁布,于是下令准许暂时援用清朝颁布和草拟的法律,1921年北洋政府将前清的《刑事诉讼律》修改为《刑事诉讼条例》,颁布后于1922年1月全面施行。北洋政府还于1914年颁布了《地方审判厅刑事简易庭暂行规则》、《审检厅处理简易案件暂行细则》和《私诉暂行规则》,于1920年颁布《处刑命令暂行条例》、1922年颁布《刑事简易程序暂行条例》等单行法规。此外,北洋政府还颁布了一系列刑事特别法规,如1912年的《戒严法》、1913年的《惩治盗匪法》、1914年的《治安警察法》、1915年的《陆军审判条例》和1918年的《海军审判法》。

国民党政府执政期间立法院于1931年10月28日颁布了《法院组织法》,1928年7月立法院颁布了《中华民国刑事诉讼法》和《中华民国刑事诉讼法施行法》,1934年这两部法律得到修正并于次年颁布施行。此外,还制定了一系列单行法规,如1927年11月18日颁布施行的《惩治盗匪暂行条例》、1931年1月31日颁布《危害民国紧急治罪法》、1948年4月2日颁布《特种刑事法庭审判条例》等。国民党政府的《刑事诉讼法》是在继承北洋政府《刑事诉讼条例》基础上并进一步取法德国、日本等大陆法系的刑事诉讼的基础上制定的,该法采职权主义的诉讼模式,规定了起诉便宜原则、直接审理原则、自由心证原则、审判公开原则等,1949年以后国民党政府的《刑事诉讼法》只在台湾地区得以继续实施,该法经过多次修改沿用至今。

四、新中国的刑事诉讼法

新民主主义革命时期,人民民主政权所从事的立法和司法活动为中华人民共和国刑事诉讼的立法和实践提供了一定经验。早在1931年以前,工农民主政权便在各根据地建立起革命法庭或裁判部,在中央实行审判权与司法行政权分离的"分立"制,在地方实行"合一制",审判机关的组织体系分为四级,实行二审终审制。检察机关附设在审判机关内,实行"审检合一制",工农民主政权通过颁布《裁判条例》和有关《司法程序》的训令,确立了一系列诉讼原则和审判制度,其中包括:审判权统一由司法机关行使原则、公开审判原则、禁止刑讯逼供原则、合议和陪审制度、死刑复核制度。抗日战争时期,冀鲁豫边区、陕甘宁边区等地的抗日民主政权颁布了单行保障人权的条例,如《陕甘宁边区保障人权财权条例》,规定了在司法活动中保障公民人身自由的程序要求。解放战争时期人民民主政权确立了合法的传讯、拘捕和搜查程序以及审判权统一由司法机关行使,禁止使用肉刑和乱打乱杀,实行案件复核、平反已决案件、便利群众的原则、制度。

1949年10月1日中华人民共和国成立,标志着我国的法制建设和刑事诉讼立法进入了一个新的历史发展时期,刑事诉讼法的发展经历了以下阶段:

(一)新中国成立初期的刑事诉讼法规

从新中国成立初期到1979年的30年间,我国没有制定刑事诉讼法典,只是在《宪法》和颁布的若干单行法律法规中规定了司法机关体系及若干刑事诉讼原则和程序。

中央人民政府于1950年颁布了《人民法院组织通则》,1951年9月又颁布了《中华人民共和国人民法院暂行组织条例》、《中央人民政府最高人民检察署暂行组织条例》和《各级地方人民检察署组织通则》,1954年9月,第一届全国人民代表大会在制定颁布宪法的同时制定颁布了《中华人民共和国人民法院组织法》、《中华人民共和国人民检察院组织法》,同年12月颁布了《中华人民共和国拘留逮捕条例》。与此同时刑事诉讼法的起草工作也在进行,1954年中央人民政府法制委员会起草了《中华人民共和国刑事诉讼条例》草案,1955年最高人民法院下发了《审理刑、民案件程序总结》,1957年又在进一步调查研究、总结司法实践经验和借鉴外国立法例(主要是苏联)的基础上拟出了《中华人民共和国刑事诉讼法草案(草稿)》,同年6月修订为《中华人民共和国刑事诉讼法(初稿)》。后来因种种原因而暂停,直到1962年中央主管部门在1957年初稿的基础上广泛征求意见反复修改,于1963年4月形成《中华人民共和国刑事诉讼法草案(初稿)》,条文有所删减,后因"四清"运动及"文化大革命"这一法律起草活动又停顿下来。

(二)我国第一部刑事诉讼法及其修改

1976年粉碎"四人帮"后,刑事诉讼法的制定重获契机,1979年2月成立的全国人大常委会法制工作委员会在1963年初稿的基础上起草了新的《刑事诉讼法草案》(修正一稿、修正二稿),1979年6月《刑事诉讼法草案》(修正二稿)提请第五届全国人民代表大会第二次会议审议,于1979年7月1日正式通过,同年7月7日公布,1980年1月1日起施行。

此后全国人民代表大会常务委员会对刑事诉讼法又进行了若干修改、补充,主要的法律法规有《全国人民代表大会常务委员会关于迅速审判严重危害社会治安的犯罪分子的程序的决定》、《全国人民代表大会常务委员会关于国家安全机关行使公安机关的侦查、拘留、预审和执行逮捕职权的决定》、《全国人民代表大会常务委员会关于刑事案件办案期限的补充规定》。

1979年刑事诉讼法是中华人民共和国第一部刑事诉讼法,实践证明它的实施对于惩治犯罪,维护社会治安,保障公民合法权益和完善社会主义法制发挥了重大作用,但随着我国市场经济的建立和社会主义民主与法制建设的发展,刑事犯罪日趋复杂,执法环境也发生了变化,因此有必要对刑事诉讼法进行补充和修改。根据第八届全国人民代表大会常务委员会的立法规划,全国人民代表大会常务委员会法制工作委员会从1993年起开始对《刑事诉讼法》的实施情况和存在的问题展开调查研究,广泛征求意见,并委托专家提出《刑事诉讼法修改建议稿》供立法部门参考,1995年12月全国人民代表大会常务委员会法制工作委员会拟订了《中华人民共和国刑事诉讼法修正案(草案)》提交全国人民代表大会常务委员会第十七次会议进行初步审议。1996年2月对其进行了第二次审议,1996年3月5日召开的第八届全国人民代表大会第四次会议审议了《中华人民共和国刑事诉讼法修正案(草案)》,1996年3月17日修正案以《全国人民代表大会关于修改〈中华人民共和国刑事诉讼法〉的决定》的名称通过,自1997年1月1日起施行。

为了更好地贯彻修改后的刑事诉讼法,1998年最高人民法院、最高人民检察院、公安部、国家安全部、司法部、全国人大法工委联合制定、下发了《关于刑事诉讼法实施中若干问题的规定》,最高人民法院、最高人民检察院、公安部也分别制定了关于执行中华人民共和国刑事诉讼法的司法解释、规则、规定等,这些规范性文件对于丰富我国刑事诉讼的立法起了积极作用。

1996年刑事诉讼法的修改是我国刑事诉讼制度和司法制度的重大改革,反映了我国改革开放以来立法、司法领域发生的观念变化,它不仅为实现司法公正提供了重要的立法保障,同时也促进了程序公正和保障人权意识的提高。这次修改不仅涉及具体程序的改变,更涉及一些基本制度和原则的变化。如在诉讼原则中吸收了无罪推定的合理内核,确立了未经人民法院依法判决,对任何人都不得确定有罪原则;改革了刑事辩护制度,允许律师在侦查阶段的有限介入;改革了刑事强制措施,完善了取保候审和监视居住制度;废止了免于起诉制度,明确定罪权由法院行使;取消开庭前的实质审查,改革法庭调查程序,扩大控、辩方对法庭审判的参与权;加强刑事被害人的保障,使其有当事人的诉讼地位和诉讼权利等等。

(三)2012年刑事诉讼法的修改及主要内容

自1996年刑事诉讼法修订并实施以来,该法在惩罚犯罪与保障人权两方面都发挥了积极的作用,但随着我国市场经济、社会主义民主与法制建设的深入发展,该法的局限性也日益明显,难以适应现代司法实践的需要,迫切需要再次修改以适应我国民主与法制建设发展的新需要,解决司法实践中的突出问题。2003年刑事诉讼法的再修改被纳入第十届全国人大常委会立法规划。2004年底,中共中央转发《中央司法体制改革领导小组关于司法体制和工作机制改革的初步意见》,提出了改革和完善诉讼制度等10个方面的35项改革任务,其中许多内容涉及刑事诉讼法的修改。2009年,第十一届全国人大常委会再次将《刑事诉讼法》修订列入立法规划。与此同时,中央政法机关开始单独或联合出台司法解释或者规范性文件以推进刑事司法改革。期间比较重要的有:2010年出台的二个证据规定,即《关于办理死刑案件审查判断证据若干问题的规定》和《关于办理刑事案件排除非法证据若干问题的规定》;以及2010年的《关于规范量刑程序若干问题的意见(试行)》,2011年的《最高人民检察院关于办理当事人达成和解的轻微刑事案件的若干意见》等等,这些司法解释为《刑事诉讼法》的修改作了理论和立法的铺垫,创造了良好的条件。2011年8月24日,《中华人民共和国刑事诉讼法修正案(草案)》(以下简称《修正案(草案)》)正式提请第十一届全国人大常委会第二十二次会议进行初次审议。2011年12月26日,第十一届全国人大常委会第二十四次会议再次对《修正案(草案)》进行了审议。2012年3月14日第十一届全国人民代表大会第五次会议通过了《全国人民代表大会关于修改〈中华人民共和国刑事诉讼法〉的决定》。该法自2013年1月1日起施行。

此次修正的《刑事诉讼法》增、删、改共计149条,其中增加66条,修改82条,删除一条。主要内容有:增加"尊重和保障人权"的规定;改革完善辩护制度,赋予侦查阶段的聘请的律师以辩护人地位。强调实体辩护与程序辩护并重,扩大法律援助适用的阶段和案件范围;完善证据制度,增加规定"不得强迫任何人证实自己有罪",增加了对非法证据的审查与排除规定;完善强制措施制度;改革完善了侦查阶段讯问犯罪嫌疑人程序,加强对公权力的制约,要求对讯问过程进行录音或者录像;完善侦查措施,增加技术侦查手段等特殊侦查手段;完善第一审程序中的证人、鉴定人出庭制度;扩大简易程序的适用范围;改革二审程序及死刑复核程序;完善执行程序,对暂予监外执行进行了完善,创立了社区矫正制度;增设了特别程序,包括未成年人刑事诉讼程序,当事人和解的公诉案件诉讼程序,犯罪嫌疑人、被告人逃匿、死亡案件违法所得的没收程序,依法不负刑事责任的精神病人的强制医疗程序。

此次刑事诉讼法的修改进一步体现了惩罚犯罪与保障人权并重、实体公正与程序公正并重的理念,进一步调整国家权力与公民权利的关系,调整了公安、司法机关的权力配置与平衡,着力解决司法实践中,尤其是冤错案件中暴露出来的诉讼程序方面的突出问题,该法的再次修改也是我国刑事诉讼制度进一步民主化、法治化和科学化的体现。当然,修正后的刑事诉讼法还存在有待改进的地方,如对于国家专门机关的权力制约不足,有的制度和条文可操作性不强,尚待司法解释和其他规范性文件对这些地方加以解释和补充,从而保证刑事诉讼法得到正确有效的实施。

【典型案例】

【案例 2-2-02】

宁波市东钱湖旅游度假区建设局局长助理章国锡,2010 年 7 月被宁波市鄞州区人民检察院立案侦查,当年 8 月 5 日被逮捕,2011 年 3 月 22 日被起诉。检察机关指控,章国锡在 2005-2009 年担任宁波市东钱湖旅游度假区建设局项目经办人、前期办副主任、主任期间,利用职务之便,为他人谋利,多次非法收受他人贿赂 7.6 万元。2011 年 6 月 20 日,鄞州区人民法院在二次延期审理后再次开庭审理此案。被告人辩护律师称被告人章国锡有罪口供是通过刑讯逼供以及变相刑讯逼供、诱供、欺骗等手段取得,因而其有罪供述不能作为定案的证据。对此,检方拒绝提供录像,只递交一份侦查机关盖章和侦查人员签名的"关于依法办案、没有刑讯逼供、诱供等违法的情况说明"。宁波市鄞州区人民法院经审理认为,被告人章国锡及其辩护人指出侦查机关违法获取章国锡审判前有罪供述,并且提供了相应的证据和线索。检方在庭上提交的证据不足以证明侦查机关获取被告人章国锡审判前有罪供述的合法性,因而章国锡审判前的有罪供述不能作为定案的根据。法院一审审理认定,章国锡利用职务上的便利,为他人谋取利益,非法收受他人贿赂 6,000 元,其行为构成受贿罪,判处免予刑事处罚。该案被法律界认为是中国首例"非法证据排除"案例。

【法理与法律适用分析】

刑事非法证据排除规则通常是指在刑事诉讼中,侦查机关及其工作人员使用非法手段取得的证据不得在刑事审判中被采纳的规则。非法证据排除规则的确立有利于规范公权力的行使,制止司法人员的非法取证行为,防止或减少冤假错案。该规则的确立也是一国诉讼文明和程序正义彰显,体现了刑事诉讼法对人权、民主和自由等价值的追求。1998 年《最高人民法院关于执行〈刑事诉讼法〉若干问题的司法解释》第 61 条规定:"严禁以非法的方法收集证据。凡经查证确实属于采用刑讯逼供或者威胁、引诱、欺骗等非法的方法取得的证人证言、被害人陈述、被告人供述,不能作为定案的根据。"最高人民法院、最高人民检察院、公安部、国家安全部、司法部于 2010 年 6 月 13 日颁行的《关于办理刑事案件排除非法证据若干问题的规定》中也对非法证据排除作了详细规定。2012 我国刑事诉讼法修改的重要内容之一是增加了对非法证据审查与排除的规定,这也是我国从立法层面上首次确立了非法证据排除的相关规则。章国锡案作为我国首个非法证据排除的典型案例,也反映我国刑事诉讼法中人权保障理念和实践的发展与进步。

【法条链接】

《刑事诉讼法》

第五十六条 法庭审理过程中,审判人员认为可能存在本法第五十四条规定的以非法方法收集证据情形的,应当对证据收集的合法性进行法庭调查。

当事人及其辩护人、诉讼代理人有权申请人民法院对以非法方法收集的证据依法予以排除。申请排除以非法方法收集的证据的,应当提供相关线索或者材料。

第五十七条 在对证据收集的合法性进行法庭调查的过程中,人民检察院应当对证据收集的合法性加以证明。

现有证据材料不能证明证据收集的合法性的,人民检察院可以提请人民法院通知有关侦查人员或者其他人员出庭说明情况;人民法院可以通知有关侦查人员或者其他人员出庭说明情况。有关侦查人员或者其他人员也可以要求出庭说明情况。经人民法院通知,有关人员应当出庭。

第五十八条 对于经过法庭审理,确认或者不能排除存在本法第五十四条规定的以非法方法收集证据情形的,对有关证据应当予以排除。

【典型案例目录索引】
1. 杨乃武与小白菜的故事
载《法制资讯》2009年第9期。
2. 章国锡受贿案
载《北大法宝》2011年中国法院裁判文书数据库。

【参考阅读的文献资料】
1. 郎胜主编:《中华人民共和国刑事诉讼法释义》,法律出版社2012年版。
2. 陈光中主编:《刑事诉讼法》,北京大学出版社2012年版。
3. 叶青主编:《刑事诉讼法》,中国人民大学出版社2012年版。
4. 樊崇义主编:《2012年刑事诉讼法解读与适用》2012年版。
5. 徐忠明、杜金:"杨乃武冤案平反的背后:经济、文化、社会资本的分析",载《法商研究》2006年第3期。
6. 陆永棣:"仵作的迷惑与衙门的迷失——晚清杨乃武案成冤的一个侧面",载《法治研究》2007年第3期。
7. 韩剑尘:"清末杨乃武与小白菜案研究综述",载《法律文献信息与研究》2010年第2期。

第三章 刑事诉讼理论基本范畴

第一节 刑事诉讼目的

一、刑事诉讼目的之内涵

对刑事诉讼目的之内涵的界定,学术界较有代表性的观点主要有以下两种:

1. 所谓刑事诉讼目的,是指国家进行刑事诉讼所要达到的具体目标,是统治者按国家和社会的需要基于对刑事诉讼固有属性的认识,预先设计的关于刑事诉讼结果的理想模式。[①]

2. 在界定刑事诉讼目的时应考虑两个方面的问题。第一,作为哲学范畴,目的是表示在人的有意识的活动中,按照自己的需要和对象本身的固有属性预先设计,并以观念形式预先存在于人们头脑之中的活动结果。第二,刑事诉讼作为解决社会冲突的手段的属性,是特殊主体在特殊领域中实施的认识活动,是国家解决纷争、控制社会的手段。基于上述考虑,所谓刑事诉讼目的,就是以观念形式表达的国家进行刑事诉讼所要期望达到的目标,是统治者按照自己的需要和基于对刑事诉讼及其对象固有属性的认识预先设计的关于刑事诉讼结果的理想模式。[②]

不难发现,这两种观点对刑事诉讼目的的界定基本上是一致的。二者所反映出的共同点有:首先,刑事诉讼目的具有国家性。刑事诉讼目的"虽然以观念的形式预先存在,但它是作为国家的意志而并非是直接的实践主体的意志体现于刑事诉讼的规范中的。……作为刑事诉讼目的,只能是国家的。"[③]其次,刑事诉讼目的具有客观性和进而作出的带有预期性的目标。最后,刑事诉讼目的具有国家强制性。作为一种国家意志的体现,刑事诉讼目的是以国家强制力为后盾的,只有这样才能保障其能够有效地得到实践。

应该说,上述特点已基本上揭示了刑事诉讼目的的内在属性,向人们展示刑事诉讼目的作为刑事诉讼基本理论范畴所具备的特质。我们认为,所谓刑事诉讼目的,是指国家进行刑事诉讼所期望达到的,基于对刑事诉讼的基本规律和固有属性的理性认识而作出的预期目标。

二、刑事诉讼目的理论在我国的发展与现状

关于刑事诉讼目的理论的内容,我国的理论界主要存在以下三种观点:

---

① 参见陈光中、陈瑞华、汤维建:"市场经济与刑事诉讼法学的展望",载《中国法学》1993 年第 5 期。
② 参见宋英辉:《刑事诉讼目的论》,中国人民公安大学出版社 1995 年版,第 2-3 页。
③ 参见宋英辉:《刑事诉讼目的论》,中国人民公安大学出版社 1995 年版,第 3 页。

(一) 以惩罚犯罪作为刑事诉讼目的

该观点指出:"我国刑事诉讼法是人民民主的工具,其基本功能是从诉讼程序方面保证刑法的正确实施。因此,保证正确有效地揭露犯罪、惩罚犯罪是刑事诉讼法的首要任务。"[1]这一观点在很长一段时间内是我国刑事诉讼法学中的通论。在新刑事诉讼法颁布以后,仍有学者主张这一观点。"我国奉行的是以安全为核心的刑事诉讼目的体系,以有效控制犯罪作为基本目标"。[2]

(二) 惩罚犯罪和保障人权并重的观点

在对前一种观点进行反思的基础上,有学者主张,我国刑诉的基本目的应概括为惩罚犯罪与保障人权的统一。前一目的要求公安、司法机关依据刑诉法规定的原则和程序,有效地行使法律赋予的职权,充分发挥主观能动性,及时地揭露犯罪,全面地证实犯罪,准确地惩罚犯罪;后一目的则要求保障无罪的人不受刑事追究、保护有罪被告人的合法权益以及辩护人的诉讼权利,同时还应保护自诉人、被害人、证人以及一般公民的合法权益。而保障人权的核心内容则主要是指保护被告人及其辩护人的权力。[3]

(三) 直接目的与根本目的的层次说

在对刑事诉讼所体现的诸项价值进行综合评价和对刑事诉讼根本属性进行深入分析的基础上,我国学者提出,刑事诉讼目的可以分为直接目的与根本目的。直接目的应概括为"控制犯罪与保障人权",根本目的则是维护我国宪法制度及其赖以巩固与发展的秩序。其中,"控制犯罪"的含义比"惩罚犯罪"更为广泛,将其作为刑事诉讼的直接目的也更确切。因为"惩罚犯罪"只强调适用实体刑法的后果,只反映刑诉法作为保证刑法得以适用的程序法的依附属性,因而它本身并不是刑事诉讼的目的,其目的在于通过适用刑罚等活动来抑制犯罪。[4]

三、刑事诉讼目的理论研究的反思

随着我们对诉讼理论进行深入的研究和探讨,尤其是近年来对于诉讼本质属性的研究中,已有的刑事诉讼目的理论的缺陷得以暴露出来。其中一些问题值得我们加以认真的反思。

(一) 刑事诉讼目的"双重论"的理论误区

无论是"惩罚犯罪与保障人权"还是"直接目的与根本目的",都可以被视为一种刑事诉讼的双重目的理论。二者共同关注的问题仍旧是惩罚(控制)犯罪与保障人权。我们认为,这一看似全面、辩证的理论实有重大的漏洞。

当代刑事诉讼的构造和运作表明,刑事诉讼显然不能单纯地被理解为一种打击犯罪的活动,因为除了检察机关实施指控以外,还有被告方的辩护和人民法院的居中裁判。况且,依大陆法之诉讼理论,检察机关在提起公诉时除了要实现追诉犯罪的目的外,还负有客观性及合法性之义务,即检察官在诉讼中不能被视为一方当事人,而是承担着"保障终

---

[1] 陈光中主编:《刑事诉讼法学》,中国政法大学出版社1990年版,第54-55页。
[2] 参见宋英辉:《刑事诉讼目的论》,中国人民公安大学出版社1995年版,第83页。
[3] 参见徐静村主编:《刑事诉讼法学(上册)》,法律出版社1997年版,第53-71页。
[4] 参见李心鉴:《刑事诉讼构造论》,中国政法大学出版社1992年版,第137-139页。

局裁判之正确性与客观性"和"防止任何无辜者被恣意追诉或定罪"的"法律守护人"①。可见,即便检察机关有打击犯罪的追求,这也仅仅是其所展开的诉讼活动的组成部分,因而将打击犯罪作为诉讼目的难免有以偏概全之嫌。

那么"双重论"中的"保障人权"能否被看做是一种修正或调和呢？我们认为,这其中也存有重大的误解。不可否认的是,在刑事诉讼中应当保障诉讼参加人的人权,这早已成为当代各国所公认的做法,然而问题恰恰在于能否将保障诉讼参加人的人权作为诉讼的目的呢？我们认为,二者显然不可混同。刑事诉讼目的应当有明确的指向,并且应体现刑事诉讼活动的特性,而人权保障则可以看做是具有较强共性的法律原则,在刑事诉讼中保障人权本就是对这种共性的体现,因而将"保障人权"作为诉讼目的则既无必要,也容易造成人们对于真正的诉讼目的的忽视。

因此,无论是"惩罚犯罪"还是"保障人权",都没有真正揭示刑事诉讼的目的是什么,而将二者并立作为我国刑事诉讼目的的做法同样没能解决问题,甚至其危害更大,这也意味着我们需要对相关问题作出进一步的反思。

（二）刑事诉讼目的与刑事诉讼主体目的的混同

在明确了刑事诉讼目的"双重论"的理论误区后,另一个问题也值得我们关注,即刑事诉讼目的与刑事诉讼主体目的的常常被混同。

在刑事诉讼中,各诉讼主体的目的往往与其所承担的诉讼职能相对应。就控诉方而言,尽管当代检察理论认为检察官在诉讼中负有一定的客观性及合法性义务,但必须承认的是其在诉讼中的重要目的仍在于使其指控得以成立,从而实现追诉犯罪、维护社会公共秩序。就辩护方而言,其目的则表现为促使控诉方的指控不成立以免除或减轻可能遭受的惩罚。至于作为裁判方的法官,其在诉讼中应当利益无涉、保持中立,他(她)既不能和控诉方一起来追诉或打击犯罪,也没有义务来帮助被告人来对抗指控。

而就刑事诉讼目的而言,它应当具有概括性,也就是说刑事诉讼目的应当是各刑事诉讼主体所共同遵循的目的。单个刑事诉讼主体的目的显然不能替代刑事诉讼目的。考察我国现有的刑事诉讼目的理论,不难发现,无论是惩罚犯罪或控制犯罪,还是维护社会秩序等诉讼目的的价值预设都是强调国家与社会的公共利益高于公民的个人利益。而保障人权的诉讼目的只是作为前者的辅助和补充。由此造成刑事诉讼目的理论内部严重的矛盾与失调。

四、我国刑事诉讼目的的定位

应当承认的是,不同诉讼主体参加刑事诉讼的目的是不同的,这也是刑事诉讼得以存在的前提,因为如果这三方主体的目的是完全一致的话,刑事诉讼也就没有必要展开,相关的刑事诉讼程序也是多余的。

在承认不同诉讼主体持有不同诉讼目的的同时,并不意味着刑事诉讼目的是不起作用的。相反刑事诉讼目的应该是更高层次的目的,它对各方的诉讼目的起着统率和指引的作用。我们认为,刑事诉讼目的应当具备以下几个特性：

---

① 林钰雄:《检察官论》,法律出版社2008年版,第14-17页。

(一)整体性

刑事诉讼目的不是某一刑事诉讼主体的具体目的,而是整合了所有诉讼主体之目的并加以抽象为一个关于刑事诉讼结果的预期目标。

(二)单一性

刑事诉讼目的之所以能够统筹全局,其中关键的原因在于它应当是单一的而非复合的目的。复合意味着不同目的之间可能存在难以调和的矛盾,从而难以发挥指引和协调作用。

(三)客观性

刑事诉讼目的不是凭空就能捏造出来的,它是在对刑事诉讼基本规律和固有属性的理性认识的基础上总结得来的。

迄今为止,人类社会的各种对抗中,刑事诉讼中国家与个人的对抗无疑是最为激烈的。控辩双方往往很难同时满意裁判的结果。但通过某种方式让双方都接受这个结果则是可能的。这种方式就是给予双方充分的机会参与诉讼、表达本方的观点并提出证据加以证明。当双方都享有充分的机会进行表达与对抗后,裁判结果也就更容易被他们接受,刑事诉讼的目的也就得以实现了。进一步来说,如果刑事诉讼程序的设计能够充分地尊重和体现控辩双方为之冲突的利益,将"潜在的实体冲突显现为程序冲突",并"一步步地暴露证成和消解程序性冲突而达到对实体性冲突的消灭和控辩双方对立双方的心理调适"。[①]实际上,刑事诉讼目的在此已经得到体现,即刑事诉讼是以消解控辩双方的刑事冲突为目的。

消解控辩双方的刑事冲突,它从更高的层次上为刑事诉讼提出预期目标,也是对刑事诉讼基本规律和固有属性的正确认识和客观反映,同时它还避免了复合目的观点内部存在难以调和的矛盾。因此,我们赞同这一观点,即刑事诉讼目的可以界定为消解控辩双方的刑事冲突。

【典型案例】

【案例3-1-01】

2006年6月18日至7月2日被告人邱兴华因为怀疑其女儿不是其亲生,遂与其妻何冉凤两次到陕西省汉阴县铁瓦殿抽签求卦,并留宿殿内。在此期间,因邱兴华私自移动殿内两块石碑与殿内管理人员宋道成发生争执。且邱兴华怀疑殿内主持熊万成有调戏何冉凤的行为,遂对熊万成和铁瓦殿心怀怨恨,产生杀人灭殿之恶念。2006年7月14日(农历6月19日),被告人邱兴华乘铁瓦殿内举行观音会,殿内的管理人员均留在殿内之机,于当晚赶到铁瓦殿。乘主持熊万成等五名殿内管理人员和吴大地等五名香客在火炉房烤火之机,从厨房柴堆处拿了一把砍柴用的弯刀,放在自己曾睡觉的男香客房床下。当日深夜,被告人邱兴华等10人熟睡后,持事先准备的弯刀到各寝室,依次向管理人员熊万成、宋道成、王保堂、陈世秀、程仕斌和香客吴大地、熊辉寿、朝扬富、罗朝新、罗土生(12岁)的头部各砍数刀。随后,被告人邱兴华又找来斧头,再次向每人头部砍击,致十人全部死亡。尔后,被告人邱兴华又将熊万成的器官眼球、心、肺、脚筋剜出,将心肺烹炒。次日天亮后,被告人邱兴华从熊万成的房内搜出一黑色帆布包,将里面的钱清点。在一笔记本的末页上

[①] 参见梁玉霞:《论刑事诉讼方式的正当性》,中国法制出版社2002年版,第57页。

写下署名为"邱金发"的借据,后将722.2元钱拿走。又将道观内一只白公鸡杀掉,用食指蘸鸡血在一硬纸板的两面分别写到:"古仙地　不淫乱　违者杀　公元06"、"圣不许将奸夫淫婆以零六年六二十晚"的字样,放在正殿门口。然后将牛毛毡和柴等易燃物抱进厨房旁边陈世秀的寝室,将杀人工具弯刀、斧头及小刀等物放在柴堆上,放火燃烧。被告人邱兴华于7月15日下午7时许逃离铁瓦殿。

2006年7月30日晚11时许,在湖北省随州市曾都区万福店农场,武汉至安康铁路复线施工地一临时工棚内,被告人邱兴华持一把铁铲劈向照看工地材料的周建平,周建平见状躲避,背部被铁铲划伤。被告人邱兴华将棚内的一黑色旅行包抢走。因包内无钱,遂将包丢弃在路边棉花地里。

2006年7月31日上午,被告人邱兴华逃至随州市万福店农场魏岗村二组村民魏义凯家,以帮魏义凯补盆和合伙做干鱼生意为名,骗得魏的信任。后在其家用餐时,发现魏家有钱。当日下午,被告人邱兴华再次来到魏家,吃完晚饭后趁其魏义凯、徐开秀夫妇和女儿魏金梅休息之机,用斧头和弯刀向三人的头部连砍数下。将三人砍伤后,抢得现金1302元及雨伞、手提灯,后逃离现场。8月1日凌晨,被告人邱兴华乘K357次列车返回安康。2006年8月19日被告人邱兴华潜逃回家时被公安机关抓获归案。魏义凯因医治无效,于2006年9月9日死亡,徐开秀、魏金梅的伤情经鉴定系重伤。

2006年8月20日因涉嫌故意杀人罪被陕西省汉阴县公安局刑事拘留,同月29日经汉阴县人民检察院批准,由汉阴县公安局执行逮捕。

2006年10月19日,陕西省安康市中级人民法院作出一审判决,被告人邱兴华犯故意杀人罪,判处死刑,剥夺政治权利终身;犯抢劫罪,判处死刑,剥夺政治权利终身,并处没收财产人民币五千元。数罪并罚,决定执行死刑,剥夺政治权利终身,并处没收财产人民币五千元。

一审宣判后,邱兴华提起了上诉。2006年12月8日,陕西省高院二审,在庭审中,法庭主要围绕此案两大争议焦点:即对犯罪的原因的认定和是否采纳"司法精神病"鉴定申请展开,控辩双方在法庭上展开激烈辩论。邱兴华的辩护律师当庭提出请求对邱兴华进行司法精神病鉴定的要求,因其未提交出有说服力的证据,未得到法庭的采纳。经过审理,二审法院认为原审判决认定上诉人的犯罪事实清楚,证据确实充分,定罪准确,量刑适当,审判程序合法。故依照《刑事诉讼法》的有关规定作出驳回上诉,维持原判的终审裁定。

【法理与法律适用分析】

邱兴华杀人案曾在国内引起较大的轰动,然而本案的处理并非没有争议。例如,有学者认为法院驳回其辩护律师所提出的司法精神病鉴定申请的做法并不恰当。综观整个案件的处理,可以发现"惩罚犯罪"的目的被贯彻的异常坚决,而"保障人权"却不尽如人意。

不可否认的是,邱兴华的罪行相当严重且社会影响极为恶劣,通过追究其刑事责任可以维护社会治安并防止更多的人成为受害者。然而,刑事司法除了要打击、控制犯罪外,也不能忽视人权保障,在司法程序中这又具体体现为对犯罪嫌疑人、被告人各项诉讼权利的保障。

从诉讼目的的角度来看,邱兴华案以及大量其他的刑事案件均暴露出以往理论的一些误区,尤其是将某一诉讼主体的目的看成是刑事诉讼的目的并用于指导刑事司法。显然，让犯罪嫌疑人和被告人去承担"惩罚犯罪"的目的是不恰当的，这无异于让他们自我归罪。而作为裁判者的法院也不适合将"惩罚犯罪"作为目的，这与其诉讼角色存在冲突。

我们主张将诉讼目的界定为消解控辩双方的刑事冲突，这既能避免诉讼主体实施与自身角色相矛盾的行为，也有助于消解理论上的矛盾。为了实现这一目的，应当确保各方的有效参与，通过正当程序来形成裁判的结果。

【法条链接】

《刑事诉讼法》

第一条 为了保证刑法的正确实施，惩罚犯罪，保护人民，保障国家安全和社会公共安全，维护社会主义社会秩序，根据宪法，制定本法。

【典型案例目录索引】

邱兴华故意杀人案

载 http://www.124aj.cn/news/2008/9/8/2630E74I62GDGAE20.html。

【参考阅读的文献资料】

1. 宋英辉：《刑事诉讼目的论》，中国人民公安大学出版社1995年版。
2. 梁玉霞：《论刑事诉讼方式的正当性》，中国法制出版社2002年版。
3. 郝银钟："刑事诉讼目的双重论之反思与重构"，载《法学》2005年第8期。
4. 李长城："刑事诉讼目的新论"，载《中国刑事法杂志》2006年第1期。
5. 肖仕卫："纠纷解决：一种新的刑事诉讼目的观"，载《中国刑事法杂志》2010年第9期。

第二节 刑事诉讼主体

一、刑事诉讼主体理论在我国的发展

受前苏联刑事诉讼主体理论的影响，中华人民共和国成立后的一段时期内，曾有学者主张将所有参与刑事诉讼的国家机关和诉讼参与人都视为刑事诉讼主体。至20世纪70年代末和80年代初，相当多的学者基于"刑事诉讼是一种行政性治罪活动"的认识，认为被告人、被害人、辩护人等并不具有与国家专门机关进行平等对话、理性交涉的能力和资格，当然也就不具有刑事诉讼主体这一身份。[1]然而，对于前苏联的刑事诉讼主体理论，目前的学者界主要有两种做法。一是基本认可，即将刑事诉讼主体等同于刑事诉讼法律关系主体。持这种观点的学者认为，凡是在刑事诉讼中享有某种诉讼权利并承担某种诉讼义务的人，都应该是诉讼主体。

另一种做法是，将刑事诉讼主体与刑事诉讼法律关系主体区分开来。比较有代表性的观点有以下几种：(1)根据刑事诉讼参与者在诉讼中所处的地位和所起的作用来界定刑事诉讼主体。因此凡具有独立的诉讼地位，并对刑事诉讼的产生、发展和结局有决定性作用的机关和个人，就是刑事诉讼主体。因而，刑事诉讼主体包括公安机关、人民检察院、人

---

[1] 参见陈瑞华：《刑事诉讼的前沿问题》，中国人民大学出版社2000年版，第154–155页。

民法院、被告人、自诉人、附带民事诉讼原告人和被告人。①（2）凡是在刑事诉讼中承担控诉、辩护、审判、监督职能的机关和个人都是刑事诉讼主体。据此,刑事诉讼主体包括执行控诉职能的公诉机关及协助的侦查机关、自诉案件中的自诉人;执行辩护职能的被告人及其法定代理人;执行审判职能的法院以及执行监督职能的专门机关。②（3）划定诉讼主体范围的界限,需要掌握两个标准:第一,必须符合诉讼主体理论产生和存在的目的;第二,必须符合"诉讼主体"自身的含义。就前一项标准而言,诉讼主体理论产生的目的在于确立被告人程序主体地位的需要,界定并保障各诉讼主体的权利义务关系。就后一项标准而言,诉讼主体在诉讼享有能够根据自己的意志自主行动的权利,而不依附于其他的诉讼主体而存在。据此,我国刑事诉讼主体的范围包括:审判机关、检察机关、侦查机关、自诉人、被害人、犯罪嫌疑人、被告人。③

二、我国刑事诉讼主体范围的确定

（一）确定刑事诉讼主体范围的理论依据

我们认为,科学的理论依据,不仅能够帮助我们正确界定刑事诉讼主体的范围,而且有助于凸显刑事诉讼主体理论的价值,并推动刑事诉讼中相关理论的研究与发展。

第一,"诉讼性"是确定刑事诉讼主体范围的根本依据。我国学者指出,刑事诉讼基本构造的特点是,控、辩、裁三方分立构成刑诉构造的主体;控辩双方既对立又统一,既配合又制约,形成特有的相互关系。④也就是说,典型的诉讼程序必须由控、辩、裁三方同时参加,并且都应当发挥特定的作用。既然控、辩、裁三方是刑诉构造中不可或缺的组成人员,那么这三方都应被视为刑事诉讼主体。

第二,"主体性"是确定刑事诉讼主体范围的核心依据。从哲学意义上讲,主体是相对于客体而言的。确定刑事诉讼主体在一定程度上也是为了将其与刑事诉讼客体区分开来。关于"主体性",我国学者在考察犯罪嫌疑人、被告人的主体性时曾指出,"应当看他们（犯罪嫌疑人与被告人）在诉讼中有无基本的人格尊严,能否在涉及个人基本权益的事项上拥有影响和选择权,能否积极主动地决定自己的诉讼命运"。⑤可见,作为诉讼主体其人格必须得到尊重,这种尊重则体现在他能够自主地参与和决定与自身权益有关的事项,而不须依附于他人来决定自己的命运。

（二）我国刑事诉讼主体的范围

基于上述理论依据,我们认为我国刑事诉讼主体范围的确定应考虑两个方面的问题:一是刑事诉讼主体应体现刑事诉讼基本构造的要求,符合"诉讼性"的基本诉讼理念。二是刑事诉讼主体应具备独立自主的意志,有权自主地参与并决定与自身权益有关的事项,并且不能依附于其他主体。因此,我们认为我国的刑事诉讼主体应包括:人民法院、检察

---

① 参见胡锡庆:"略论我国刑事诉讼主体",载《法学研究》1986年第1期。
② 参见吴杰、宋英辉、洪道德:"刑事诉讼主体论",载《中外法学》1991年第4期。
③ 参见宋英辉主编:《刑事诉讼原理》,法律出版社2003年版,第178－179页。
④ 所谓刑诉构造是指,由一定的诉讼目的所决定的,并由主要诉讼程序和证据规则中的诉讼基本方式所体现的控诉、辩护、裁判三方的法律地位和相互关系。参见李心鉴:《刑事诉讼构造论》,中国政法大学出版社1992年版,第150页。
⑤ 参见陈瑞华:《刑事诉讼的前沿问题》,中国人民大学出版社2000年版,第158页。

机关、侦查机关、自诉人、犯罪嫌疑人、被告人。

值得指出的是,我们之所以没有将被害人列入刑事诉讼主体,其原因在于,尽管被害人在刑事诉讼中属于控诉一方并且往往同控诉机关一起执行控诉职能,但是在公诉案件中被害人只能依附于控诉机关,如何追诉犯罪的决定权则主要掌握在控诉机关手中,被害人的主体性便大大削弱。但这并不意味着被害人绝对不可能成为诉讼主体,在自诉案件中被害人就可以自诉人的身份提起诉讼并成为刑事诉讼主体。因此,我们认为无须将之单列为刑事诉讼主体。况且,不将其作为刑事诉讼主体也不意味着被害人的合法权益得不到有效的保护。

【典型案例】

【案例3-2-01】

文某系某大学外贸系学生,在课余时间以1万元作为本钱做起了狗生意。2001年初,他花了大价钱买回了一只德国狼犬,并把发财的希望寄托在这只狗身上。然而3月的一天,这只狼犬被人偷走,文某四处打听未果,遂向当地派出所报案。

4月14日,文某偶然听别人说偷狗的是几个小孩,其中一个就住在温江县粮食局南关仓库。他当即与女朋友一起到该仓库找到了这个名叫"彦彦"的年仅15岁的男孩,但"彦彦"不承认曾偷过狼犬,文某认为"彦彦"在撒谎,便在一顿拳打之后将其拖到自己的住处。文某首先叫"彦彦"解下裤子上的腰带,后亲自动手扒光"彦彦"全身衣服,再次进行殴打,并威胁说要放狼狗咬他,逼其交代出偷狗"同伙"。疼痛难忍、惧怕狼狗的"彦彦"只得"交代"出另外两名"同伙",11岁的"涛涛"和10岁的"冬冬"。文某立即会同其朋友找到正在玩电脑游戏的小孩并将其带回家中,文某和他的四位朋友立即对他们进行"审问"。文某充当起"主审官",他先叫3名少年跪下,将3少年的手反背起,后用腰带抽打3人背部,并与朋友一起动手把3个小孩衣服脱光并命令其全部趴在地上,最后把他们拖进厕所,用冷水淋透3个孩子的全身,时值春末夏初,夜晚气温仅有10余度,3名少年是在经不住这一系列的"审讯",被迫"交代"出与另外8名"同伙"偷了狗。审讯完毕,文把3个小孩分别关进了关狗的铁笼中,并用铁锁锁住,同时文将其养的另外一只狼狗放在院子里守在笼外。

第二日和第三日的白天,文某带他们出去找狗,晚上则被重新投进狗笼,到第三天晚上,"彦彦"被放回家中。第四天,文某继续带"冬冬"上街找狗。中午时分,"涛涛"趁文某的女朋友洗衣服之机逃走,晚上"冬冬"一人仍睡着狗笼。第五天到第七天,"冬冬"除了吃饭和上厕所才能离开狗笼外,其余时间一直被关在狗笼里。第八天,即4月23日白天,文某和其女友因为要参加一位朋友的婚礼,为了防止其逃跑,他临走时又把拴狗的铁链一头拴在"冬冬"的颈上,一头拴在钢管上。

4月24日早上,经当地群众举报,"冬冬"终于被闻讯赶来的干警救出,此时"冬冬"已被"关押"长达8天之久,文某则被警方以涉嫌非法拘禁罪抓获,5月8日经检方的批准,对其执行逮捕。2001年7月13日,法院对其判处有期徒刑2年零6个月。

【法理与法律适用分析】

根据传统的诉讼理论,刑事诉讼主体是具有独立的诉讼地位,承担控诉、辩护、审判等职能,并对刑事诉讼的产生、发展和结局有决定性作用的机关和个人。就具体的诉讼职能而言,控诉职能只能由公安机关和检察机关来承担,审判职能只能由法院来承担,除此之外其他任何组织或个人都不得行使对应的权力。

在本案中,尽管文某曾向派出所报案,但这并不意味着他有权剥夺他人的自由,更无权对他人实施体罚。在我国,侦查案件的权力属于公安机关,审判案件的权力则属于人民法院。文某的行为严重侵害了他人的人身自由和健康权利,已经构成犯罪。当然,在被公安机关抓获后,文某的身份已经转换成了案件中的犯罪嫌疑人,成为法律规定的一种诉讼主体,相应地,他在诉讼中主要承担辩护职能。

【法条链接】
《刑事诉讼法》
第三条　对刑事案件的侦查、拘留、执行逮捕、预审,由公安机关负责。检察、批准逮捕、检察机关直接受理的案件的侦查、提起公诉,由人民检察院负责。审判由人民法院负责。除法律特别规定的以外,其他任何机关、团体和个人都无权行使这些权力。

第四条　国家安全机关依照法律规定,办理危害国家安全的刑事案件,行使与公安机关相同的职权。

【典型案例目录索引】
文某非法拘禁案
载陈光中主编:《刑事诉讼法教学案例》,法律出版社2003年版,第25-26页。
【参考阅读的文献资料】
1. 刘涛:《刑事诉讼主体论》,中国人民公安大学出版社2005年版。
2. 吴杰、宋英辉、洪道德:"刑事诉讼主体论",载《中外法学》,1991年第4期。
3. 佟秀芝、冯振堂:"论刑事诉讼主体",载《政法论坛》,1992年第6期。
4. 李登华、刘闻生:"刑事诉讼主体新论",载《法学评论》,1994年第5期。

第三节　刑事诉讼客体

一、刑事诉讼客体理论的发展概况

从哲学认识论的角度来说,客体是与主体相对应的一个概念,它是主体认识的对象。因而刑事诉讼主体与刑事诉讼客体的基本关系便是认识与被认识的关系。关于刑事诉讼客体,我国刑事诉讼法并未作出明确的规定,并且相关理论的研究也远比不上刑事诉讼主体等范畴在理论界所受到的重视程度。近年来刑事诉讼客体理论才受到学界的关注并被列入相关研究的范围内。

考察刑事诉讼客体的源流,一般认为它是德国、日本和我国台湾地区刑事诉讼法学中的重要概念。根据考证,诉讼客体理论在民国时期就有学者对此加以研究,其中较为成熟的观点是由蔡枢衡先生提出的。他认为,刑事诉讼客体是国家对于特定被告有无刑事处分权及其范围。由于每一案件都有一个特定的事实,此特定的事实所包含之实体法律关系,即为审判之客体。同时他还提出了"客体单一不可分"的理论,即"一个客体不得分为二个以上之单位"。[1]

---

[1] 参见陈瑞华:《刑事诉讼的前沿问题》,中国人民大学出版社2000年版,第171页。

我国台湾地区刑事诉讼客体理论的研究是在民国时期的研究的基础上发展起来的。现行台湾地区关于刑事诉讼客体理论的通说认为：刑事诉讼的客体是指刑事案件。有学者主张作为刑事诉讼的客体，案件由两个要素所构成：一为被告人，二为犯罪事实。另外，值得一提的是，刑事诉讼客体理论中有两大基本原理，即案件的单一性和案件的同一性。前者从刑事实体关系出发，主张同一刑事案件是不可分的，这里既包括被告的单一，也包括案件的单一；后者则强调案件在诉讼中应自始至终保持前后同一。[①]

然而，对于这一问题我国大陆学者却持有不同的看法。有学者认为，将"案件"作为刑事诉讼客体是不妥当的，原因在于案件的范围会随着诉讼的发展变化而进行相应的调整，以"案件"作为诉讼客体，在范围界定上往往宽严失当，令人无从把握。并且传统的"一人一事"的界定标准也会出问题。事实认定的终结并不意味着诉讼的结束，诉讼还要继续进行至被告人的刑事责任完全确定为止。因此被追诉人的刑事责任问题才是刑事诉讼客体之核心内容。[②]

二、刑事诉讼客体的界定

在如何界定刑事诉讼客体的问题上，我们认为应当考虑以下几个问题：

第一，从表面上看，将刑事诉讼客体界定为刑事案件似乎是恰当的，因为在整个诉讼过程中，无论是侦查、检察机关还是法院，都是围绕某一具体的刑事案件来展开工作的，从查获犯罪嫌疑人和犯罪事实，到将其交付审判这一过程符合认识论的基本规律，是诉讼主体对诉讼客体的认识过程。但倘若我们将刑事案件加以分解的话，便如学者所主张的案件应包括被告人和犯罪事实这两个构成要素，可以发现被告人已经在无形中被纳入刑事诉讼客体的范畴。尽管作为涉嫌犯罪的人，被告人势必与刑事案件发生联系并成为被调查的对象，但这并不意味着被告人丧失了诉讼主体的地位。可见，这一界定已经与刑事诉讼主体理论形成了冲突。尤其值得强调的是，作为诉讼主体之一的被告人当然有权通过参与整个诉讼活动来影响最终判决的作出，也就是说解决诉讼客体的问题时，被告人应当以主体的身份参加而不是被当做客体来处置。

第二，一般认为，刑事诉讼客体是刑事诉讼主体认识活动所针对的对象。然而这一对象究竟应当如何界定则反过来又影响诉讼客体理论的科学性。我们认为，传统理论主张将刑事案件作为诉讼客体是值得商榷的。就案件的处理而言，尽管查获犯罪人、查明犯罪事实是进行诉讼所不可或缺的前提与基础，然而被告人刑事责任问题的解决意味着诉讼的真正终结。无论是控诉机关，还是被告人本人，他们所关注的不仅仅是案件事实的本身，更在于案件的处理结果，即被告人最终是否承担刑事责任的问题。刑事案件的构成要素固然是我们需要认知的对象，并且它对于案件的最终处理往往起到决定作用，但就其本身而言并不能作为诉讼客体。简单来说，就是被告人本人并不是诉讼客体，被告人的刑事责任问题才是诉讼客体。

第三，尽管将刑事案件当做诉讼客体的观点欠缺妥当，但是将案件的单一性和案件的同一性作为诉讼客体理论的理论基础却是可行的。案件的单一性表现为被告的单一和犯

---

① 陈瑞华：《刑事诉讼的前沿问题》，中国人民大学出版社 2000 年版，第 172-175 页。
② 参见宋英辉主编：《刑事诉讼原理》，法律出版社 2003 年版，第 187 页。

罪事实的单一。遇有共同犯罪或存在数个独立犯罪事实的情形,都应视为数个案件。案件单一性的功能在于单一案件确定单一的刑事责任,亦即一案一责任。只有这样,共同犯罪中给予不同的被告人分别作出判决确定各自的刑事责任才能得到合理解释。同理,对于一人犯数罪的案件,法院会依据各个不同的罪行作出判决再进行数罪并罚从而确定被告人的刑事责任,这也是对"一案一责任"原则的承认,不承认之,则数罪并罚也无从谈起。

案件的同一性则是涉及到判决与起诉之间的关系。一方面,法院的判决应当受到检察官起诉的犯罪事实的范围的限制,但对于其所引用的法律条文则可以适当变更;另一方面,就法院已作出判决的同一案件,检察官不得就该案件重新起诉。案件同一性的功能在于,同一案件只能作出一次刑事处罚,亦即一案一处罚。这与"一事不二诉"和"一事不二判"①的原则是不谋而合的。

一案一责任、一案一处罚分别从实体法与程序法的角度来界定被告人的刑事责任问题,因而构成了刑事诉讼客体理论的理论基础。

综上,我们认为,刑事诉讼客体是指刑事诉讼主体所共同关注的对象,其核心内容是犯罪嫌疑人、被告人的刑事责任问题。

【典型案例】

【案例3-3-01】

1994年7月30日、8月16日,河北省承德市先后发生了两起杀害出租车司机的恶性案件。数月后,专案组通过秘密调查获悉,位于市郊的大石庙镇庄头营村村民陈国清"近来情绪反常,郁闷不乐"。11月3日至18日,陈国清、杨士亮、何国强先后被采取强制措施。1996年2月24日,该村另一村民朱彦强也被逮捕。警方认定他们就是抢劫杀害两名出租车司机的凶手。在侦查程序中,4名被告人均作了有罪供述。根据承德市检察院的指控,1994年7月30日杀害出租车司机刘福军的案件系陈国清、何国强所为(以下简称7.30案);1994年8月16日杀害出租车司机张明则是4人共同作案(以下简称8.16案)。两起抢劫杀人案中所劫财物,第一次为300余元,第二次为400余元,以及传呼机、车钥匙等。

一审时,4名被告人全部当庭翻供,称他们是在刑讯逼供的情况下,被迫向公安机关承认抢劫杀人,并且当庭展示身上的伤痕。这一翻供未获法庭采纳。承德中院下达一审判决,以抢劫罪判处4人死刑,剥夺政治权利终身。1996年10月6日,河北高院以"原判决事实不清"为由,裁定撤销原判,发回重审。

1997年8月12日,承德中院重审后以与第一次判决同样的事实和理由,第二次判处4名被告人死刑,剥夺政治权利终身。但是,第二次判决书中没有出现"事实清楚,证据充分,足以认定"的表述。1998年2月16日,河北高院再次以"事实不清"为由裁定撤销原判,发回重审。

1998年10月13日,承德中院以抢劫罪第三次判处4名被告人死刑,剥夺政治权利终身。1998年12月21日,河北高院第三次裁定撤销原判,发回重审。

2000年10月20日,承德中院第四次以抢劫罪分别判处陈国清、杨士亮死刑,何国强死缓,朱彦强无期徒刑,4人均被剥夺政治权利终身。

---

① 一事不二诉,是指就同一诉讼客体,不得提起两次起诉;一事不二判,意指同一客体已经有实体上的判决,该判决也未受到合法的撤销,就不得再由同级或下级法院再次作出实体法上的裁判。

2003年7月22日,河北高院公开审理此案。2004年3月26日河北高院做出终审判决:判处被告人陈国清、杨士亮、何国强死缓,判处朱彦强无期徒刑,4人均被剥夺政治权利终身。其后,被告人的家属辗转于最高法院和河北高院之间进行申诉,认为该案是一起由刑讯逼供所导致的冤案,要求法院予以纠正。对于他们的申诉,最高法院和河北高院目前尚未做出处理决定。

【法理与法律适用分析】

在当代的刑事诉讼中,犯罪嫌疑人和被告人尽管作为被调查和被追诉的对象,且人身自由经常受到束缚,但这并不妨碍其作为诉讼主体来参加诉讼,其人格尊严与合法权益应当受到尊重和保护。而刑事诉讼客体则应指向犯罪嫌疑人和被告人的刑事责任,其理论基础是案件的单一性和案件的同一性。前者(单一性)的功能在于单一案件确定单一的刑事责任,亦即一案一责任;后者(同一性)的功能在于,同一案件只能作出一次刑事处罚,亦即一案一处罚。刑事诉讼客体的确定必须遵循"一事不二诉"和"一事不二判"的原则,只有这样才能避免由重复追诉、重复审判造成的侵犯犯罪嫌疑人、被告人合法权益的后果。

本案曾在国内的学术界引起过广泛的关注与讨论,尤其是三次被发回重审的做法更是备受诟病。诚如我国学者所言,本案可能属于带有"极端性"的案例,其中存在大量的问题,例如二审法院对同一案件,可以作出几次撤销原判、发回重审的裁定?二审法院以"事实不清、证据不足"为由发回原审法院重审是否违背了无罪推定的精神?检察机关对一个人的同一行为可以提起几次公诉?一个人因为同一行为,究竟要承受几次生命、自由或财产被剥夺的危险?[①]

本案中存在的重复追诉、重复审判的做法已经严重违背了一事不再理的诉讼法理,完全无视"一案一责任"和"一案一处罚"的基本要求,进而使得刑事诉讼客体的确定失去意义。同时这也说明,尽管犯罪嫌疑人、被告人被作为诉讼主体,但因为其身份的特殊性,难免会遭遇被"客体化"的局面。因而,只有合理地界定刑事诉讼客体,严格遵循一事不再理的诉讼法理,才能真正确立犯罪嫌疑人、被告人的诉讼主体地位,才能将追诉犯罪与保障人权协调起来。

【法条链接】
无

【典型案例目录索引】
河北承德四农民抢劫杀人案
参见《无辜男子5次被判死刑10年后发现另有真凶》,《法制早报》2005年3月31日。

【参考阅读的文献资料】
1. 张小玲:《刑事诉讼客体论》,中国人民公安大学出版社2010年版。
2. 李昌林:"诉判同一与变更罪名",载《现代法学》2003年第4期。
3. 张小玲:"我国刑事诉讼客体再探究",载《政法论坛》2010年第1期。

[①] 参见陈瑞华:《问题与主义之间——刑事诉讼基本问题研究》,中国人民大学出版社2003年版,第297-298页。

第四节　刑事诉讼职能

一、刑事诉讼职能的概念

刑事诉讼职能,是指根据法律的规定,国家专门机关和诉讼参与人在刑事诉讼中所承担的职责和所发挥的特定作用。

在刑事诉讼活动中,各个诉讼法律关系的主体都有其特定的诉讼目的。为了实现这些目的,他们担当不同的诉讼角色,通过其具体的行为来发挥不同的功能和作用。

我们知道,典型的刑事诉讼至少应包括三方主体。首先是行使国家追诉权的侦查机关和检察机关,二者通过侦查、审查起诉、提起公诉、支持公诉等诉讼活动来追诉犯罪。其在诉讼中承担的是控诉职能。其次,行使辩护权的犯罪嫌疑人和被告人。最后,行使审判权的人民法院。这三方主体在诉讼中的目标不同,所承担的角色和功能也不同。同时都是诉讼中不可或缺的组成人员。因此,诉讼职能的界定应当围绕这三方主体展开。

二、刑事诉讼职能的范围

目前的通说认为,刑事诉讼职能采"三职能说",即控诉职能、辩护职能和审判职能。这三项职能构成刑事诉讼程序中最重要的内容,彼此之间,相互联系,相互制约。

第一,控诉职能。控诉职能是指特定主体向人民法院提起诉讼并出庭支持公诉,要求追究被告人因其犯罪行为所应承担的刑事责任的职责与功能。

在我国,行使控诉职能的主体是控诉机关和被害人。也就是说,我国实行的不是单一的国家追诉权,也不是单一的当事人追诉主义,而是采用混合起诉主义。其中,国家公诉机关是主要的追诉主体,被害人提起的自诉则处于辅助地位。故起诉在我国又分为公诉和自诉。

第二,辩护职能。辩护职能是指针对控诉方的指控,对其进行反驳和申辩的职责和功能。辩护职能是与控诉职能相对应的一项职能。

在刑事诉讼中,犯罪嫌疑人、被告人是公诉机关和自诉人所指控的对象,因而辩护职能的主体便是犯罪嫌疑人与被告人。并且他们在整个刑事诉讼的过程中都有权行使辩护权以维护自身的合法权利。同时,我们认为完整的辩护权,应当既包含犯罪嫌疑人、被告人的辩护权,也包括辩护人的辩护权。

第三,审判职能。审判职能是指人民法院对刑事案件进行审理并作出裁判所遵循的方式和所发挥的作用。

在我国,典型意义上的诉讼便体现在审判阶段。这是因为在审判阶段控辩双方同时参加并进行相互间的对抗,法庭则居中进行裁判,控、辩、裁三方共同参加并完成审判活动。通过审判活动,控诉与辩护之间进行对抗的效果得以体现,国家法律所规定的诉讼目的也得到实现,因而审判是整个诉讼活动的总结。审判职能的有效行使,对于完成刑事诉讼的任务,维护社会秩序与安全,解决控辩双方的冲突,都具有重要的意义。

【典型案例】

【案例3-4-01】

1999年2月10日晚,河池市东江中学老师覃某与女友开摩托车途经东棉坳地段时,被两名歹徒用棍打倒,身中三十多刀。覃某的女友逃脱后报警。警方接到线索,案发当晚,原河池市东江镇的兰永奎和覃俊虎曾在案发地附近出现过,有重大作案嫌疑。3月2日晚,民警们对兰永奎和覃俊虎拳打脚踢。犯罪嫌疑人最终只好按照审讯人员的提示和诱导,作出了结伙在东棉坳抢劫、杀人的虚假供述。在批捕起诉审查和审判等环节中,公安部门出具了一份所谓"侦查程序合法,没有体罚虐待过犯罪嫌疑人"的书面证明材料,证明没有刑讯逼供。2000年7月,法院终审分别判处覃俊虎和兰永奎死刑缓期二年执行和无期徒刑。后真正的凶手投案自首,2003年6月,法院开庭重审本案,宣判覃俊虎、兰永奎无罪。

【法理与法律适用分析】

在刑事诉讼中,控诉职能主要由检察机关行使,辩护职能由犯罪嫌疑人和被告人行使,审判职能则由法院行使。同时,根据诉讼职能区分理论的要求:控诉、辩护、裁判三项职能必须由三方独立的主体分别承担,而不能由两方或一方承担;任何一方主体不得通过实施诉讼行为,承担或者协助承担其他诉讼主体的诉讼职能;诉讼主体不得被迫实施与自己本应承担的诉讼职能完全相冲突的诉讼行为。

在本案中,侦查人员采取刑讯的手段迫使两名犯罪嫌疑人兰某和覃某承认自己实施了犯罪,这无异于让他们自证其罪。这样,本应行使辩护职能的主体同时被迫承担了控诉职能,而这两项职能显然是矛盾的。倘若没有真凶的投案自首,两名被告人也许仍在服刑。可见,在诉讼职能确定之后,只有严格遵循职能区分理论的要求,并严格保障犯罪嫌疑人、被告人的各项诉讼权利,才能防止强迫自证其罪的发生。

【法条链接】

《刑事诉讼法》

第三条　对刑事案件的侦查、拘留、执行逮捕、预审,由公安机关负责。检察、批准逮捕、检察机关直接受理的案件的侦查、提起公诉,由人民检察院负责。审判由人民法院负责。除法律特别规定的以外,其他任何机关、团体和个人都无权行使这些权力。

第三十二条　犯罪嫌疑人、被告人除自己行使辩护权以外,还可以委托一至二人作为辩护人。

【典型案例目录索引】

东棉坳案

载张军、陈卫东主编:《新刑事诉讼法案例解读》,人民法院出版社2012年版,第57页。

【参考阅读的文献资料】

1. 樊崇义、张建伟:"刑事诉讼职能论",载《现代法学》1992年第4期。
2. 汪建成、王明达:"刑事诉讼职能研究",载《政法论坛》2001年第1期。
3. 陈国庆:"论检察机关刑事诉讼职能的完善",载《法学家》2007年第4期。

第五节 刑事诉讼结构

一、刑事诉讼结构的概念和基本类型

(一)刑事诉讼结构的概念

刑事诉讼结构,又称刑事诉讼形式或刑事诉讼构造。关于刑事诉讼结构的概念,我国学界的观点并不一致,并且就概念的名称上也有出入。总的来说,对于刑事诉讼结构的概念的解释主要有以下几种观点:

第一,刑事诉讼形式是指,国家专门机关在当事人和其他诉讼参与人的参加下进行刑事诉讼的基本方式和结构。[①]

第二,刑事诉讼形式,是指进行刑事诉讼所采用的诉讼形式,具体说就是司法机关和当事人在刑事诉讼中的地位、诉讼权利和义务及相互关系。[②]

第三,刑事诉讼结构,是指国家为进行刑事诉讼而设立的框架,也是确定刑事诉讼主体范围、地位及其在刑事诉讼中的相互关系。[③]

第四,刑事诉讼构造,是由一定的诉讼目的所决定的,并由主要诉讼程序和证据规则中的诉讼基本方式所体现的控诉、辩论、裁判三方的法律地位和相互关系。[④]

(二)当代刑事诉讼结构的基本类型

1. 职权主义诉讼结构

一般认为,职权主义诉讼结构主要由大陆法系国家所采纳。其优势在于能够确保惩罚犯罪的高效率。这种结构的特点是:

(1)在侦查阶段,犯罪嫌疑人作为被侦查的对象,不享有与国家侦查机关平等的诉讼地位。且犯罪嫌疑人很难与侦查机关进行平等对抗,同时他负有容忍侦查机关讯问的义务。

(2)在起诉阶段,主要实行起诉法定主义,即检察机关在证据充分时就必须提起公诉。职权主义一般禁止检察官与被告人之间进行类似于英美法系的辩诉交易。

(3)在审判阶段,法官主导整个审判程序,从传唤询问证人、鉴定人,到讯问被告人都由法官负责。在必要时,法院有权直接收集证据以查明案情。

2. 当事人主义诉讼结构

当事人主义诉讼结构主要为英美法系国家所采纳,它侧重于对犯罪嫌疑人、被告人的人权保障,并且设计了一套较为复杂的诉讼规则,因而也导致了诉讼效率低下的缺陷。其主要特点是:

(1)在侦查阶段,犯罪嫌疑人与侦查机关是平等的诉讼主体,双方都有权收集证据来支持本方的主张。犯罪嫌疑人在讯问中享有沉默权。

[①] 参见陈光中主编:《刑事诉讼法学》,中国政法大学出版社1990年版,第9页。
[②] 参见陈卫东、张弢:"论我国的刑事诉讼形式",载《诉讼法学论丛》(1986-1987)。
[③] 参见胡锡庆主编:《新编中国刑事诉讼法学》,华东理工大学出版社1998年版,第45页。
[④] 参见胡锡庆主编:《新编中国刑事诉讼法学》,华东理工大学出版社1998年版,第45页。

(2)在起诉阶段,实行起诉便宜主义,检察机关对于需要起诉的案件,在满足一定条件的情况下,可以作出不起诉的决定。同时,控辩双方可以进行辩诉交易,前提是被告人承认犯有某种罪行,而一旦被告人予以否认则案件应交付审判。

(3)在审判阶段,审判的过程主要是由控辩双方控制,法官则处于消极中立的地位。

3. 混合式诉讼结构

这种诉讼结构是在对当事人主义和职权主义进行吸收和借鉴的基础上形成的,主要代表国家是日本。混合式诉讼结构既有当事人主义的因素,也有职权主义的因素。其主要特点是:

(1)在侦查阶段,犯罪嫌疑人享有沉默权,可以委托辩护人帮助辩护,有权就非法拘禁申请法官进行审查。犯罪嫌疑人及其辩护人享有一定的侦查权。在侦查程序中,警察进行初步侦查,检察官进行补充侦查,在必要时检察官也可以进行自行侦查。

(2)在起诉阶段,实行起诉书一本主义,即在起诉时仅向法院提交起诉书,其内容大致包括:被告人的姓名、公诉事实、罪名。被告人及其辩护人有权查阅控诉机关所掌握的证据材料。对于检察官的不起诉决定,专门的检察委员会可以自行或根据申请人的申请对其加以审查,从而防止检察官滥用职权。

(3)在审判阶段,当事人双方掌控证据调查的进行,对于鉴定结论和证人证言控辩双方可以进行交叉询问。法院则主要负责确认或变更证据调查的范围、顺序或方法,在听取当事人双方意见后,法院可以依职权展开必要的调查。

二、我国的刑事诉讼结构

一般认为,我国的刑事诉讼模式接近于大陆法系职权主义模式,近年来随着司法改革的进行也吸收了英美法系当事人主义模式的一些要素。

我们认为,要深刻认识我国诉讼结构可以通过对不同诉讼阶段的结构的分析来实现。

首先,侦查阶段的结构。在我国,侦查程序结构带有较为明显的纠问式的特点。侦查机关在实施各种专门调查工作和采取强制措施时,除逮捕需要由检察机关批准外,基本上都可以自行作出决定。

其次,起诉阶段的结构。在这一阶段,一般也只有两方主体,即检察机关和被告人。其中,检察机关既是控诉方也是裁判者。因而实际上是行使了控诉与裁判的双重职能。

最后,审判阶段的结构。刑事诉讼法经过修改后,吸收了当事人主义的长处,采控辩对抗,审判居中的庭审方式。这一阶段的诉讼结构,在主体上包括控诉、辩护和审判三方主体;在运作方式上,弱化了法官的庭前审查,强化了控辩双方在庭审中的对抗。法官主要负责主持庭审,只在必要的情况下才依职权讯问被告人、讯问证人。

【典型案例】

【案例3-5-01】

2000年3月8日,吕西娟因房产官司找西安市中级人民法院院长朱庆林上访时,"二人发生争执",西安中院以吕西娟"严重妨碍法院民事诉讼活动",对吕拘留15天。3月10日,吕西娟因涉嫌"故意杀人罪"被刑事拘留,由公安机关负责侦查。4月7日,吕西娟被西安市检察院批准逮捕。同时,"长期与院长不和"的西安中院法官杨清秀则涉嫌"挑唆吕西娟谋杀"院长也被捕。2000年9月18日,西安市检察院以故意杀人罪(未遂)对吕、杨二人提起公诉。

起诉书指控,"被告人吕西娟因对其夫张发明遗产继承纠纷案一审判决不服","为寻求帮助,吕经人介绍认识了被告人杨清秀。该杨因在法院改革中不服从单位工作分配,其无理要求没有得到满足,竟把矛头指向院长朱庆林,采取诬告、威胁和长期不上班等手段发泄对朱庆林的怨恨。在吕找杨后,杨以为有机可乘……多次煽动吕去找朱庆林闹事……并对吕说:你这一闹,就会轰动西安市。在被告人杨清秀的唆使下,3月8日上午8时20分左右,吕西娟来到西安市中级人民法院朱庆林办公室,将办公室门反锁,指责、威胁朱庆林。当朱庆林提出要外出开会时,被告人吕西娟乘朱庆林不备,将其打倒在地,并抓住朱庆林的领带紧勒其脖颈,致朱庆林一过性脑缺血昏迷,后被及时赶到的法院干警解救脱险。被告人吕西娟被当场抓获。"

在西安市中级人民法院受理本案后,二名被告人多次申请西安中院整体回避,请求异地审理,但均被驳回。2000年12月25日,因"涉及个人隐私",西安中院"依法转入不公开开庭审理"。法院认为,"被告人杨清秀为了达到其个人搞乱法院、整倒院长的险恶用心,竟采用借刀杀人的手段,唆使他人犯罪,其行为已构成故意杀人罪;被告人吕西娟在被告人杨清秀的欺骗、引诱、教唆下,勒杀院长朱庆林,其行为亦构成故意杀人罪。"

经过审理,西安中院判处杨清秀有期徒刑15年,剥夺政治权利三年;判处吕西娟有期徒刑13年,剥夺政治权利两年。

杨、吕均不服,随即上诉。一个半月后,陕西省高院未经开庭审理下达终审裁定:"驳回上诉,维持原判。"

【法理与法律适用分析】

一般认为,刑事诉讼结构是由刑事诉讼目的决定的,同时又反作用于刑事诉讼目的,其基本功能在于规范刑事诉讼主体的行为。刑事诉讼主体依其各自的职能实施具体的诉讼行为并形成相互之间的诉讼法律关系。

在我国,不同诉讼阶段的诉讼结构并不相同。在侦查、起诉阶段,并不存在典型的控、辩、裁三方组成的构造,而往往是由追诉机关同时兼任裁判方。这种诉讼结构有利于发挥侦控机关的积极性、提高追诉的效率,但其与诉讼规律却相违背,往往容易导致权力滥用。事实上,只有在审判阶段才会出现典型的控、辩、裁三方的组合。在这一阶段,刑事程序必须遵循如下要求:第一,控诉和裁判分离。第二,控辩平等对抗。第三,裁判者必须保持中立。只有中立,才能确保所作出的裁判的公正性与权威性。

在本案中,从吕西娟因涉嫌故意杀人被刑事拘留开始,到西安中院作出一审有罪判决为止,我们可以发现案件的处理基本上体现了各个阶段的诉讼结构。但诚如研究者们所指出的,由于本案中被害人身份的特殊性,难免会造成人们对于受案法院公正性的怀疑。我们知道,在一个典型的控、辩、裁三方组合的构造中,不仅要确保控诉和裁判分离、控辩平等对抗,还要确保裁判者的中立性,否则刑事审判只会流于形式,法院裁判的公正性和权威性根本无法保障。

在本案中,针对两名被告人所提出的集体回避的申请,法院以"被害人朱某已经自行回避,且审理案件的法官虽与被告人是同事关系但不存在任何个人恩怨"为由驳回申请。但是,本案就发生在法院的办公室、被害人是法院的院长、被告人和证人都是该法院的法官,在这种情况下仍然坚持由本院审理不仅有违回避制度的精神,而且也是对诉讼结构的某种颠覆。

【法条链接】

无

【典型案例目录索引】

西安中院法官谋杀院长案

http://blog.ifeng.com/article/1572954.html.

【参考阅读的文献资料】

1. 李心鉴:《刑事诉讼构造论》,中国政法大学出版社1992年版。
2. 宋振武:"刑事诉讼的功能性结构及其法理学分析",载《现代法学》2006年第1期。
3. 孙记:"我国的刑事诉讼结构——一个亟待澄清的概念",载《浙江社会科学》2008年第10期。

第六节 刑事诉讼价值

一、刑事诉讼价值的概念

受哲学认识论中的价值概念的影响,传统观点认为,刑事诉讼价值,是指刑事诉讼立法及其实施能够满足国家、社会及其一般成员的需要而具有的功能或属性。应该说,单从认识论的角度来看,这一界定还是较为恰当的,但对于刑事诉讼而言,这样的界定恐怕难以体现其特有的价值。对此,我国学者早已进行了反思,其中较有代表性的观点是:"对刑事诉讼价值的研究,应当摆脱哲学认识论的束缚,走向哲学伦理学的视角,即应当摆脱那种将价值定位于认识论上的主体与客体之间关系的观念",之所以这样是因为,"刑事诉讼活动绝不仅仅是以维护国家和社会整体利益为目的的活动,刑事诉讼的总体目标应当是使国家、社会整体利益与嫌疑人、被告人个人利益得到大体上的平衡,并为此而确保诉讼过程的公正性、人道性和合理性。"[①]由此,该研究者提出了新的刑事诉讼价值的概念,即刑事诉讼价值是指刑事诉讼程序在设计和运作中所体现的基本价值标准。

我们认为,传统的刑事诉讼价值概念带有明显的机械性的缺点,是对哲学中价值概念的简单套用,因而很难用于指导刑事诉讼实践,并且也不利于刑事诉讼基本理论的研究。对于刑事诉讼价值的定位,在整个刑事诉讼制度体系中具有统筹全局的作用,它应当体现一些基本的价值标准,这些标准不能依附于某一方诉讼主体的利益而应当具备可以得到各方普遍接受的能力。因此,我们认为刑事诉讼价值可以界定为,依国家立法机关通过立法所设计的,由特定诉讼主体及其他诉讼参与人参加的刑事诉讼程序其自身所应当体现的基本价值标准。

二、刑事诉讼价值目标

传统观点认为,由于刑事诉讼主体需要的多层次性和多元性,所以刑事诉讼价值目标也就具有多样性。一般来说,刑事诉讼价值目标主要包括秩序、公正、效率、人权。这一目

[①] 参见陈瑞华:《刑事诉讼的前沿问题》,中国人民大学出版社2000年版,第84、85页。

标体系揭示了刑事诉讼的实体目的,也揭示了刑事诉讼存在的正当性与合法性根基,因而被我国学者称为"目的价值观"。

然而"目的价值观"的缺陷在于,它并没有突破传统法律价值理论的窠臼,诚如学者所指出的,它没有对刑事诉讼中的价值问题作出具体的和有针对性的探讨,而这是由于我国长期以来片面重视哲学认识论、忽视哲学伦理学的结果,这种将价值定位于认识论上的主体与客体之间的关系的观念,只能推导出"价值就是有用性"的结论。[1]诸如自由、人权、秩序、效率之类的价值既可以被视为一般法理学意义上的价值,也可以成为刑法、刑诉法、民法、民诉法等部门法的价值。这种生搬硬套不仅难以自圆其说,同时在某种程度上也容易形成对诉讼价值理论作出进一步探讨的障碍。

同时,我国学者也指出,"刑事诉讼除了目的意义上的自由、秩序价值外,还必须具备一种形式价值,即刑事程序本身必须具备形式理性,保持中立、平等、公开和参与性,这些形式价值实际上也是对人的需要的满足,因此也应当是构成刑事诉讼价值体系的重要组成部分,刑事诉讼的价值体系应当是一个由目的价值系统和形式价值系统共同构成的多元价值体系。而对此,目的价值观的理论阐释是无能为力的。"[2]应该说,这一分析是颇为深刻的,这也意味着"目的价值观"最起码难以单独成为刑事诉讼的价值目标。

在对"目的价值观"反思的基础上,"过程价值观"逐渐进入我们的视野,该价值观是建立在这样一种认识的基础上提出的:即刑事诉讼绝不仅仅是一种以查明真相为目标的认识活动,而还应包含着一系列诉讼价值的实现和选择过程。从哲学伦理学的角度来看,价值也就是人们值得追求和向往的"善",而"善"又可以分为"作为方法的善"和"作为目的的善"。[3]据此,刑事诉讼的程序也可以有两项独立的价值标准:一是外在价值或工具价值,二是内在价值或固有价值。前者是指刑事诉讼程序对于实现某一外在目标是否存在有用性;后者是指刑事诉讼程序本身是否具有独立的内在优秀品质,使控辩双方真正受到公正的对待。

【典型案例】

【案例3-6-01】

2002年7月12日凌晨,河北省唐山市南堡开发区发生一起蒙面入室杀人案(致两人重伤)。南堡公安分局在侦查此案中,将冀东监狱二支队政治处主任李久明列为犯罪嫌疑人。2002年7月4日至24日,南堡公安分局局长王建军、副局长杨策等人将在押的李久明提至唐山市公安局刑警一大队审讯。期间,10名干警在李久明手指、脚趾捆上电线,反复、轮流、长时间用手摇电话机电击李久明,迫使李编造了"杀人"过程。后李久明翻供,王建军、杨策等人再次将其从看守所提至玉田县公安局进行长达七天八夜的审讯,进行残忍的刑讯逼供,直到李供认"杀人"。

2002年11月,李久明被判处死刑,缓期二年执行。2004年6月8日,被羁押于浙江省温州市公安机关的死刑犯蔡明新供认曾于2002年在唐山市南堡杀人。河北省高级人民法院于2004年8月将李久明案发回重审,最终认定真凶为蔡明新,遂于2004年11月将李久明无罪释放。2004年12月,河北省河间市人民检察院对王建军等12名犯罪嫌疑人分

---

[1] 参见陈瑞华:《刑事诉讼的前沿问题》,中国人民大学出版社2000年版,第84页。
[2] 万毅:"刑事诉讼价值评论",载《法学论坛》2003年第5期。
[3] 参见陈瑞华:《刑事诉讼的前沿问题》,中国人民大学出版社2000年版,第85-92页。

别立案侦查,2005年1月提起公诉。2005年5月,法院以刑讯逼供罪判处王建军、杨策有期徒刑二年,参与刑讯逼供的其他人员也分别得到依法处理。

【法理与法律适用分析】

刑事诉讼不仅是一种以查明真相为目标的认识活动,也包含了一系列诉讼价值的选择和实现过程。因而,就其价值目标而言,应当兼顾"目的价值"和"过程价值",二者是相互作用、相互影响的,过程价值是目的价值得以实现的有效保障,而目的价值又为过程价值提供了目标和导向。目的价值一般包括秩序、公正、效率、人权等。过程价值则强调程序本身须具备形式理性,包括裁判中立、控辩平等、程序公开和有效参与等目标。

就本案而言,公安机关为了查明真相而对"犯罪嫌疑人"李久明实施残酷的刑讯,迫使其承认自己"杀人",后导致其被法院判处死缓。直到2004年真凶出现后,李久明才被无罪释放。尽管实施刑讯逼供的办案人员被追究了刑事责任,但不得不反思的是,通过刑讯的方式所获取的有罪证据是导致李久明蒙冤的直接源头,而刑讯盛行的重要原因就在于,出于某种需要,办案人员通常将查明"真相"作为首要甚至唯一目标,至于采取何种手段则在所不问。

可以看出,在司法实务中刑事诉讼价值目标常常会出现某种偏向,例如过于注重秩序的维护而忽略人权保障、为了追求办案效率而忽略程序的公正。对此,学术界早已作出反思,同时新刑诉法也首次提出要"尊重和保障人权",这一目标的实现不仅要重视案件事实的查明,同时也要注重程序的公正性。因此,在未来的刑事司法中,必须兼顾"目的价值"和"过程价值",真正做到尊重人的尊严,确保控辩双方的平等对抗和裁判者的中立裁判,才能有效地避免冤假错案的发生。

【法条链接】

《刑事诉讼法》

第二条 中华人民共和国刑事诉讼法的任务,是保证准确、及时地查明犯罪事实,正确应用法律,惩罚犯罪分子,保障无罪的人不受刑事追究,教育公民自觉遵守法律,积极同犯罪行为作斗争,维护社会主义法制,尊重和保障人权,保护公民的人身权利、财产权利、民主权利和其他权利,保障社会主义建设事业的顺利进行。

【典型案例目录索引】

李久明案

张军、陈卫东主编:《新刑事诉讼法案例解读》,人民法院出版社2012年版,第1页。

【参考阅读的文献资料】

1. 锁正杰:"刑事程序价值论:程序正义与人权保障",载《中国法学》2000年第5期。
2. 万毅:"刑事诉讼价值评论",载《法学论坛》2003年第5期。
3. 陈建军:"刑事诉讼的目的、价值及其关系",载《法学研究》2003年第4期。
4. 曾友祥:"刑事诉讼价值的历史嬗变",载《政法论坛》2006年第3期。
5. 曾友祥:"刑事诉讼价值的六个基本特征",载《中山大学学报》2006年第3期。
6. 陈岚:"浅论刑事诉讼的价值和目的",载《湖北社会科学》2011年第12期。

第四章 刑事诉讼的基本原则

刑事诉讼基本原则是刑事诉讼法所规定的,贯穿刑事诉讼的全过程或主要诉讼阶段,对刑事诉讼具有指导作用,在刑事诉讼立法和司法中应当遵循的基本准则。刑事诉讼基本原则具有规范性、科学性、概括性、普适性和指导性等特点,具有指导刑事诉讼立法和司法、弥补法律规定的漏洞等功能。我国刑事诉讼基本原则体系虽与国际上其他国家的刑事诉讼原则体系有共同的一面,但更多地表现出自己的特征,这与我国的历史传统及基本国情有关,随着民主、法治进程的加快,这些基本原则体系有向国际通行的基本原则靠拢的趋势。

第一节 基本原则概述

刑事诉讼基本原则是由刑事诉讼法规定的,贯穿于刑事诉讼的全过程或主要诉讼阶段,公、检、法机关和诉讼参与人进行刑事诉讼活动都必须遵循的基本行为准则。

作为刑事诉讼法确立的基本行为准则,刑事诉讼基本原则具有以下特点:

1. 刑事诉讼基本原则体现刑事诉讼活动的基本规律。这些基本法律准则有着深厚的法律理论基础和丰富的思想内涵。例如,审判公开原则要求法院的审判活动从形式到内容应当向社会公开,使得审判活动受到社会公众的广泛监督,这是审判程序公正的基本保证,也是司法审判活动的基本要求。

2. 刑事诉讼基本原则是由刑事诉讼法明确规定的法律原则。刑事诉讼基本原则必须由法律作出明确规定,那些在法律适用过程中应当遵循的政治或理论原则,只要没有由刑事诉讼法作出明确规定,就不属于刑事诉讼的基本原则。我国刑事诉讼法规定的基本原则包括两大类:一类是刑事诉讼和其他性质的诉讼必须共同遵守的原则,我们称之为一般原则。如:以事实为根据,以法律为准绳原则;公民在法律面前一律平等原则;各民族公民有权使用本民族语言文字进行诉讼原则;审判公开原则;保障诉讼参与人的诉讼权利原则;等等。另一类是刑事诉讼所独有的基本原则,即刑事诉讼的特有原则。如:侦查权、检察权、审判权由专门机关依法行使原则;人民法院、人民检察院依法独立行使职权原则;分工负责、互相配合、互相制约原则;犯罪嫌疑人、被告人有权获得辩护原则。

3. 刑事诉讼基本原则一般贯穿于刑事诉讼全过程,具有普遍的指导意义。刑事诉讼基本原则是规范和调整整个刑事诉讼程序的原则,适用于刑事诉讼的各个阶段,不仅国家专门机关及其工作人员应当遵守,而且各诉讼参与人也应当遵守。一些具体的制度或原则,由于只适用于刑事诉讼的某一阶段或仅对某一专门机关或诉讼参与人有约束力,只解决具体的诉讼问题,因此不是刑事诉讼的基本原则,如:两审终审、上诉不加刑等。

4. 刑事诉讼基本原则具有法律约束力。基本原则虽然较为抽象和概括,但各项具体的诉讼制度和程序都必须与之相符合。各项具体制度、程序是刑事诉讼基本原则的具体化,如果违背了这些制度和程序,就违反了刑事诉讼的基本原则,就必须承担一定的法律后果。

刑事诉讼基本原则是刑事诉讼法确立的基本法律规范,是公安司法机关长期实践经验和优良传统的总结,反映了刑事诉讼的客观规律和基本要求,对于刑事诉讼立法和实践具有重大的指导意义。首先,合理的刑事诉讼原则体系有利于促进我国刑事诉讼立法的科学化。刑事诉讼基本原则是在司法实践中逐渐总结出来而为法律所明确规定的,对刑事诉讼立法具有重要的指导意义。完善的刑事诉讼基本原则体系有利于指导立法机关合理设定公安司法机关的地位及相互关系,从而建立科学的程序机制,建立合理的刑事诉讼法律体系。其次,刑事诉讼基本原则还指导着刑事诉讼活动的开展,对公安司法机关及诉讼参与人正确理解刑事诉讼法,提高依法办案和依法诉讼的自觉性,确保刑事诉讼活动的正确、合法、及时进行有重大作用。总之,刑事诉讼基本原则是与刑事诉讼的目的和任务紧密相连的,是指导人们实现刑事诉讼惩罚犯罪、保障人权价值目标的重要保证。

第二节　职权原则

一、职权原则的含义

职权原则就是追究犯罪、惩罚犯罪的权力由国家专门机关专属行使的原则。其具体内容体现在《刑事诉讼法》第3条的规定中:"对刑事案件的侦查、拘留、执行逮捕、预审,由公安机关负责。检察、批准逮捕、检察机关直接受理的案件的侦查、提起公诉,由人民检察院负责。审判由人民法院负责。除法律特别规定的以外,其他任何机关、团体和个人都无权行使这些权力。人民法院、人民检察院和公安机关进行刑事诉讼,必须严格遵守本法和其他法律的有关规定。"

二、职权原则的内容

职权原则可以从以下三个方面来理解:

第一,根据法律规定,只有公、检、法三机关有权行使侦查权、检察权和审判权,其他机关、团体和个人都无权行使这些权力。由此可见,侦查权、检察权和审判权具有专属性和排他性。刑事案件的侦查权,原则上只能由公安机关来行使。无论是立案调查、采取侦查手段还是适用强制措施,任何机构包括行政执法机构和个人均无权运用侦查权,除非法律另有规定。如:(1)国家安全机关对危害国家安全的刑事案件行使侦查权;(2)人民检察院对负责由其直接受理的案件行使侦查权;(3)军队保卫部门对军队内部发生的刑事案件行使侦查权;(4)监狱对罪犯在监狱内犯罪的案件行使侦查权。而对于检察权只能由人民检察院行使,审判权只能由人民法院行使。

第二,侦查权、检察权、审判权必须分别由公安机关、人民检察院、人民法院行使。既不能由其中任何一个机关同时行使这三种权力,也不能相互混淆、相互取代。

第三,公安机关、人民检察院、人民法院行使职权,必须严格遵守法律规定。公检法三机关在进行刑事诉讼活动中,必须严格遵守《刑法》、《刑事诉讼法》和其他法律的有关规定,依法办案,决不允许有法不依,滥用权力。

确立这一原则的意义在于：(1)有利于各专门机关正确行使国家权力，保障法律的统一性和权威性；(2)有利于保障刑事诉讼活动及时启动和正常进行，防止相互推诿，保障及时追究犯罪；(3)有利于保障公民合法权益，维护社会秩序。

贯彻职权原则的要求是：(1)侦查权、检察权、审判权由专门机关行使，这是国家赋予的权力，也是国家要求其应尽的职责。专门机关必须各司其职，各尽其责，防止相互推诿，有案不追诉。(2)专门机关追究犯罪必须依法进行，防止非法行为的发生；防止行政机关团体和个人对国家司法权的非法干扰；充分发挥检察机关的法律监督职能，加强依法监督，保障法律的正确实施。(3)要严格遵守法定的程序办案，纠正重实体、轻程序的错误观念。在刑事诉讼中，能否严格依照法律程序办案，是衡量一个国家法治发展进程的重要标志，也是防止滥用司法权和保障公民合法权益的重要措施。对于违反法定程序的行为，必须依法追究，从而正确贯彻职权原则。

【典型案例】

【案例4-2-01】

1999年至2011年间陈某在担任云南省建设厅、省住建厅副厅长，兼任云南省房地产业协会理事长期间，利用职务便利，贪污公款69,800元；为相关公司及个人谋取利益，非法收受人民币90万元，港币2万元；不认真履行云南省流动人口出租房昆明试点建设项目指挥部指挥长的职责，导致云南省人民政府的惠民举措得不到落实和国家优惠减免的8,112,959.96元费用流失。对此，云南省昆明市检察机关进行立案侦查，侦查中，陈某拒不交代部分犯罪事实，检察机关采用拷打等方式进行讯问，陈某交代了所有事实。侦查终结，事实清楚、证据确实充分，检察机关以贪污罪、受贿罪、玩忽职守罪将陈某公诉至云南省昆明市中级人民法院。2012年5月10日上午云南省昆明市中级人民法院依法公开开庭审理，法院没有当庭作出判决，择日宣判。

【法理与法律适用分析】

侦查权原则上由公安机关行使。我国《刑事诉讼法》第18条第2款规定："贪污贿赂犯罪，国家工作人员的渎职犯罪，国家机关工作人员利用职权实施的非法拘禁、刑讯逼供、报复陷害、非法搜查的侵犯公民人身权利的犯罪以及侵犯公民民主权利的犯罪，由人民检察院立案侦查。对于国家机关工作人员利用职权实施的其他重大的犯罪案件，需要由人民检察院直接受理的时候，经省级以上人民检察院决定，可以由人民检察院立案侦查。"本案中陈某涉嫌贪污、受贿、玩忽职守罪名，属于职务犯罪的范畴，应当由检察机关进行侦查，并提起公诉。另外，依照职权原则内容，公安机关、人民检察院、人民法院行使职权，必须严格遵守法律规定，决不允许有法不依，滥用权力。我国《刑事诉讼法》第50条规定："审判人员、检察人员、侦查人员必须依照法定程序，收集能够证实犯罪嫌疑人、被告人有罪或者无罪、犯罪情节轻重的各种证据。严禁刑讯逼供和以威胁、引诱、欺骗以及其他非法方法收集证据，不得强迫任何人证实自己有罪。"本案中，侦查机关采用刑讯逼供方式进行取证是严重违法行为。法院依法进行公开审判则是行使审判权的体现。

【典型案例】

【案例4-2-02】

2010年11月26日20时左右，被害人胡某、惠某被怀疑在北京财富中心管理的御金台公寓内盗窃财物，而被带至保卫室办公室内，非法限制人身自由。保安部副经理许某、主管董甲、董乙,带班主任于某、石某、马某、李某,保安员庞某,8名被告人在处理此事时,对两被害人进行讯问和殴打,致使惠某轻微伤,胡某轻伤。并逼迫两人写下认罪书。两被害人一直到第二天13时才被民警解救出来。

案发后,8名被告人被检察院以非法拘禁罪向北京市朝阳区人民法院提起公诉。8人共同赔偿了两位被害人经济损失。

朝阳法院经审理认为,许某、董乙等8人非法拘禁他人,其行为已触犯了刑律,构成非法拘禁罪,应予惩处。因被害人在被拘禁过程中遭受殴打,故对8被告人依法从重处罚。本案中,许某在众被告人中职务最高,有能力控制、支配其他职员的行为,遇事却不能正确处理,反而指挥他人实施犯罪行为,自身也积极参与,较之其他被告人应当承担更重的刑事责任。其他被告人均积极参与非法拘禁和殴打行为,系共同的实行犯,彼此作用相当。被告人许某、董甲、董乙、于某、石某、马某、庞某均系接电话通知自动到案,并能够如实供述,属自首,可依法从轻处罚。8被告人对基本犯罪事实当庭均自愿认罪,能够积极赔偿被害人的经济损失,可酌予从轻处罚。

最终,法院以非法拘禁罪判处许某、李某有期徒刑10个月,其余被告人被判处有期徒刑9个月。

【法理与法律适用分析】

自由权是宪法赋予公民的基本权利。宪法第37条规定:"中华人民共和国公民的人身自由不受侵犯。任何公民,非经人民检察院批准或者决定或者人民法院决定,并由公安机关执行,不受逮捕。禁止非法拘禁和以其他方法非法剥夺后者限制公民的人身自由,禁止非法搜查公民的身体。"我国《刑事诉讼法》第3条规定:"对刑事案件的侦查、拘留、执行逮捕、预审,由公安机关负责。检察、批准逮捕、检察机关直接受理的案件的侦查、提起公诉,由人民检察院负责。审判由人民法院负责。除法律特别规定的以外,其他任何机关、团体和个人都无权行使这些权力。人民法院、人民检察院和公安机关进行刑事诉讼,必须严格遵守本法和其他法律的有关规定。"由此可见,只有公、检、法三机关有权行使侦查权、检察权和审判权,其他机关、团体和个人都无权行使这些权力。

本案中,胡某、惠某虽然涉嫌盗窃,但依照法律规定,应当由公安机关行使侦查权,并视情况依法作出处理。但是,本案中,8名被告却没有在第一时间报案,而是胡某、惠某采取限制人身自由、殴打的方式,自行解决,这种行为显然是错误的,严重侵犯了胡某、惠某的人身权利,同时也侵犯了司法机关应有的侦查权、检察权及审判权。另外,检察院将8名被告诉至法庭,法院进行审判,正是检察院依法行使公诉权、法院依法行使审判权的体现。

【法条链接】

《宪法》

第三十七条 中华人民共和国公民的人身自由不受侵犯。

任何公民,非经人民检察院批准或者决定或者人民法院决定,并由公安机关执行,不受逮捕。

禁止非法拘禁和以其他方法非法剥夺或者限制公民的人身自由,禁止非法搜查公民的身体。

第一百二十三条 中华人民共和国人民法院是国家的审判机关。

第一百二十九条 中华人民共和国人民检察院是国家的法律监督机关。

《刑事诉讼法》

第三条 对刑事案件的侦查、拘留、执行逮捕、预审,由公安机关负责。检察、批准逮捕、检察机关直接受理的案件的侦查、提起公诉,由人民检察院负责。审判由人民法院负责。除法律特别规定的以外,其他任何机关、团体和个人都无权行使这些权力。

人民法院、人民检察院和公安机关进行刑事诉讼,必须严格遵守本法和其他法律的有关规定。

第四条 国家安全机关依照法律规定,办理危害国家安全的刑事案件,行使与公安机关相同的职权。

《监狱法》

第六十条 对罪犯在监狱内犯罪的案件,由监狱进行侦查。侦查终结后,写出起诉意见书或者免予起诉意见书,连同案卷材料、证据一并移送人民检察院。

【典型案例目录索引】

1. 王某等6人非法拘禁案

——王某等6人是否有权私自对小偷作出处理

载王册、宋家宁主编:《刑事诉讼法案例评析》,中国人民公安大学出版社2005年版,第32-33页。

2. 故意伤害案

——村委会能否对张某故意伤害一事作出调解,私了案件?

载王新清主编:《以案说法——刑事诉讼法篇》,中国人民大学出版社2006年版,第4-5页。

【参考阅读的文献资料】

1. 陈光中:《刑事诉讼法》(第三版),北京大学出版社、高等教育出版社2009年版。
2. 宋英辉:《刑事诉讼法学》(第二版),中国人民大学大学出版社2011年版。
3. 叶青:《刑事诉讼法学》(第三版),上海人民出版社、北京大学出版社2013年版。
4. 潘牧天:《刑事诉讼法案例教程》,法律出版社2006年版。

第三节 独立行使司法权原则

一、独立行使司法权原则的内容

《刑事诉讼法》第5条规定:"人民法院依照法律规定独立行使审判权,人民检察院依照法律规定独立行使检察权,不受行政机关、社会团体和个人的干涉。"这一规定就是我们确立人民法院、人民检察院依法独立行使司法权原则的法律依据,这一原则在我国《宪法》和《人民法院组织法》、《人民检察院组织法》中都有相关规定。

依法独立行使司法权原则主要包括以下三方面的内容:

1. 人民法院、人民检察院在法律规定的范围内独立行使审判权、检察权,不受行政机关、社会团体和个人的干涉。人民法院和人民检察院是法定的司法机关,审判权和检察权也是《宪法》明确赋予人民法院和人民检察院的专门职权。因此,任何行政机关、社会团体和个人应当尊重、支持人民法院和人民检察院依法独立行使职权,而不得以任何方式干涉其行使法定职权。

2. 人民法院行使审判权和人民检察院行使检察权,都必须严格遵守宪法和法律的各项规定。它们必须在法定的权限范围内开展工作;它们必须严格依照法律的规定行使职权,不得以任何借口滥用职权,从而实现程序和实体的双重公正。

3. 审判权、检察权是人民法院、人民检察院各自作为一个组织整体独立行使。也就是说,有权独立行使审判权、检察权的是人民法院、人民检察院,而不是某个审判人员和检察人员可以独立行使审判权或检察权。

贯彻独立行使司法权原则,有利于保障人民法院、人民检察院正确行使法律赋予的职权,充分发挥其职能作用,防止和排除行政机关、社会团体和个人对审判、检察工作的干扰,维护司法行为的纯洁性,树立司法机关的权威性,实现司法公正,保障法律的正确统一实施。

二、独立行使司法权与党的领导、人大和社会的监督

正确理解和执行独立行使司法权原则,应当注意处理好以下几个方面的关系:

1. 正确处理党的领导和独立行使司法权的关系。作为执政党的中国共产党,是我国社会主义建设事业的领导核心。坚持党对司法机关的领导,是我国宪法的明确规定,也是人民法院、人民检察院依法独立行使审判权、检察权的保证。因此,各级人民法院和人民检察院在刑事诉讼中应当自觉接受同级党委的领导和监督,可以说党的领导与司法机关独立行使司法权在本质上是一致的。但自觉接受党的领导和监督,并不意味着党组织可以替代司法机关行使司法权,包办具体的业务工作。党的领导只能是组织上和思想上的,不是具体干涉司法业务工作。只有加强和改善党的领导,使之与司法机关的独立行使职权相结合,才能有效地保证法律的正确实施。

2. 正确处理国家权力机关和独立行使司法权的关系。根据我国宪法的规定,各级人民法院、人民检察院都是由各级国家权力机关产生,都要对同级国家权力机关负责并报告工作,自觉接受监督。接受国家权力机关的监督与依法独立行使法定职权并不矛盾,而且有利于人民法院和人民检察院排除各种干扰,严格依法办案。各级国家权力机关如果发现人民法院、人民检察院处理具体案件有错误,有权提出纠正意见。各级国家权力机关对人民法院和人民检察院的监督应当以集体方式进行,不能代替、包办司法机关的具体工作,也不得随意干涉司法机关独立行使职权。

3. 正确处理社会监督和独立行使司法权的关系。社会监督包括人民群众监督、社会团体监督、新闻舆论监督等。法律规定"不受行政机关、社会团体和个人的干涉",这里的"干涉"特指干扰司法机关正常诉讼活动进行的非法行为,如以言代法、以权压法等,而不是正常的工作建议和批评意见。人民法院和人民检察院独立行使司法权与接受社会监督是统一的,而不是对立的。当前,在司法实践中,司法机关实行的审务公开、检务公开,虚心听取各方面的批评和意见,就是人民法院和人民检察院自觉接受社会监督的一种有效形式,有利于人民法院、人民检察院及时改进工作,更加认真地履行自己的职责,增强法制的权威性。

【案例4-3-01】1997年8月,河南省郑州市发生一起交通肇事案,肇事者张金柱将骑自行车的苏东海、苏雷父子撞上,其中一人事后抢救无效死亡,另一人被拖行数百米,场景惨烈。事后,河南媒体《大河文化报》第一时间作出报道,随后《南方都市报》、《焦点访谈》等多家媒体也予以了报道和关注。经查明,张金柱原为郑州市公安局分局局长,作为

公安人员的张金柱点燃了大众的怒火,瞬时群情激奋。媒体更加以大肆渲染,要求严格执法、从严惩治。在此情形下,郑州市中院依法审理,以交通肇事罪和故意伤害罪作出判决,判处张金柱死刑。张金柱不服,河南省高院维持原判。而若干年后的今天,2009年发生的"杭州飙车案",肇事者却被判处3年有期徒刑。由此可见法律的天平有时会因外界的因素而有失公平。在第一起案件中,法官显然受到了来自媒体、社会等司法机关以外的压力,独立审判受到了严重影响。这起原本普通的交通肇事案,就这样在媒体和群众的呼声中,失去了法律的天平。就连最后的判决书中法官也称"不杀不足以平民愤。"张金柱的律师也曾说过"张金柱是死在媒体的舆论下"。

【典型案例】

【案例4-3-02】

犯罪嫌疑人常某捕前系某县国土资源局副局长。自2008年2月至2011年5月间,常某利用职权为他人谋取利益,收受贿赂共计人民币5万余元。经群众举报,某县人民检察院对该案进行立案侦查。在掌握了进一步证据的情况下,某县人民检察院依法决定对常某实施逮捕。正当县人民检察院准备对常某受贿的犯罪事实进行进一步调查之时,该县副县长叶某由于与常某交情深厚,开始出面阻止检察机关依法办案。该副县长指责某县人民检察院目无领导,无组织无纪律,事先不请示汇报即逮捕县国土资源局副局长,并建议县委严肃处理某县人民检察院检察长。检察机关依照法律规定依法对常某逮捕,并提起公诉。

【法理与法律适用分析】

我国《宪法》第131条规定:"人民检察院依照法律规定独立行使检察权,不受行政机关、社会团体和个人的干涉。"同时,我国《刑事诉讼法》第5条规定:"人民法院依照法律规定独立行使审判权,人民检察院依照法律规定独立行使检察权,不受行政机关、社会团体和个人的干涉。"可见检察权独立既是宪法性原则,又是刑事诉讼法规定的基本原则。这意味着:第一,人民法院、人民检察院在法律规定的范围内独立行使审判权、检察权,不受行政机关、社会团体和个人的干涉。第二,人民法院行使审判权和人民检察院行使检察权,都必须严格遵守宪法和法律的各项规定。第三,审判权、检察权是人民法院、人民检察院各自作为一个组织整体独立行使。只有独立行使检察权,才能维护司法行为的纯洁性,树立司法机关的权威,实现司法公正,保障法律正确统一实施。

本案中,常某涉嫌受贿罪,理应由检察院进行立案侦查,如果事实清楚、证据确实充分,则应当提起公诉。叶某作为副县长无权对检察院的侦查工作进行干涉,检察权应独立行使,不受叶某的领导。叶某对检察工作进行阻挠是错误的,检察院依照法律规定依法对常某逮捕,并提起公诉是正确的。

【法条链接】

《宪法》

第一百二十六条 人民法院依照法律规定独立行使审判权,不受行政机关、社会团体和个人的干涉。任何公民,非经人民检察院批准或者决定或者人民法院决定,并由公安机关执行,不受逮捕。

第一百三十一条 人民检察院依照法律规定独立行使检察权,不受行政机关、社会团体和个人的干涉。

《刑事诉讼法》

第五条 人民法院依照法律规定独立行使审判权,人民检察院依照法律规定独立行使检察权,不受行政机关、社会团体和个人的干涉。

《人民法院组织法》

第四条 人民法院依照法律规定独立行使审判权,不受行政机关、社会团体和个人的干涉。

《法官法》

第八条 法官享有下列权利:

……

(二)依法审判案件不受行政机关、社会团体和个人的干涉;

……

《人民检察院组织法》

第九条 人民检察院依照法律规定独立行使检察权,不受其他行政机关、团体和个人的干涉。

《检察官法》

第九条 检察官享有下列权利:

……

(二)依法履行检察职责不受行政机关、社会团体和个人的干涉;

……

【典型案例目录索引】

1. 石家庄爆炸案

——区委书记出面干涉,影响法官判案

载陈光中主编:《刑事诉讼法教学案例》,法律出版社2007年版,第35页。

2. 沈阳市中院贾永祥等司法腐败案

——人民代表大会及其常委会履行对司法的监督权

载樊崇义主编:《刑事诉讼法学案例教程》,知识产权出版社2003年版,第65-67页。

【参考阅读的文献资料】

1. 陈卫东:《刑事诉讼法学研究》,中国人民大学出版社2008年版。
2. 陈卫东:《刑事诉讼法学研究》,中国人民大学出版社2008年版。
3. 叶青:《刑事诉讼法学》(第三版),上海人民出版社、北京大学出版社2013年版。
4. 陈光中:《刑事诉讼法教学案例》,法律出版社2007年版。

第四节 专门机关与群众相结合原则

一、专门机关与群众相结合原则的含义和内容

《刑事诉讼法》第6条规定:"人民法院、人民检察院和公安机关进行刑事诉讼,必须依靠群众。"这是确立专门机关和群众相结合原则的法律依据。

专门机关,是指在刑事诉讼中依法行使侦查权、检察权和审判权的机关,主要是公安机关、人民检察院和人民法院。专门机关与群众相结合就是指公、检、法三机关在刑事诉

讼中必须坚持贯彻执行群众路线,充分发挥人民群众的智慧和力量,把专门机关的业务工作与依靠广大群众很好地结合起来。

专门机关与群众相结合原则是我国刑事诉讼独具特色的一项基本原则。刑事诉讼法对贯彻这一原则作了明确的规定,主要体现在以下几个方面:

1. 依靠群众,查明案情。如《刑事诉讼法》第50条规定,必须保证一切与案件有关或者了解案情的公民,有客观地充分地提供证据的条件,除特殊情况外,可以吸收他们协助调查。

2. 方便群众揭露犯罪。《刑事诉讼法》相关条款规定:公安机关、人民检察院或者人民法院对于报案、控告、举报,都应当接受;报案、控告、举报可以用书面或者口头提出;侦查人员询问证人和被害人,可以到证人的所在单位或者住处进行等。

3. 接受群众监督。如人民法院审判刑事案件除法律规定不公开的外,一律公开进行,允许群众旁听,允许新闻记者报道。对不公开审理的案件,应当当庭宣布不公开审理的理由;实行人民陪审员制度;司法机关不予立案的,要将不立案的原因通知控告人,控告人如果不服,可以申请复议等多种形式接受群众监督。

二、贯彻专门机关和群众相结合原则的要求

专门机关与群众相结合,是长期以来我国司法实践经验的总结。坚持专门机关与群众相结合原则,在司法实践中具有重要意义。正确贯彻专门机关与群众相结合原则,司法机关必须做到以下几个方面:

1. 司法人员必须牢固树立相信群众、依靠群众的观念,克服忽视或轻视群众的观念。在实际工作中,要相信群众的智慧和力量,积极地深入群众进行调查研究,收集证据。特别是在科学技术日益发达的今天,应当明确任何侦查技术都无法替代人民群众的智慧和力量,这也是唯物主义历史观的客观要求。

2. 司法人员必须善于做群众工作,总结群众工作经验,深入实际,引导群众,发挥人民群众参与诉讼的积极性,同时采取各种措施方便群众参与诉讼。

3. 要尊重群众,尊重被害人、证人等诉讼参与人的诉讼地位,切实维护他们在诉讼中的合法权益。依法保障报案人、举报人和其他一切证人的权利,解除他们的后顾之忧。

4. 在专门机关与群众相结合中,专门机关处于主导地位。刑事诉讼的整个过程都是由专门机关主持。群众的意见和群众提供的材料,必须由专门机关分析研究,去伪存真,不能盲目轻信。

【典型案例】

【案例4-4-01】

武汉"12.1"银行爆炸案。2011年12月1日下午5时30分许,武汉市洪山区雄楚大街建设银行一网点门前人行道上发生爆炸,致2人死亡、15人受伤。案发后,湖北省、武汉市领导高度重视,要求全力侦破案件。湖北省公安厅、武汉市公安局迅速组成联合破案专班,全面展开侦破工作。公安部刑侦、爆炸等方面专家也专程赴武汉指导破案。

警方连夜调取现场周边视频录像,开展调查、走访,很快锁定作案嫌疑人为一中等身材男子,其作案时骑一辆白色摩托车、戴白色头盔。4日,指挥部果断决定:发布悬赏通告,最大限度发动群众举报线索。当天,武汉警方官方微博"平安武汉"第一时间发布警方征集线索的悬赏通告,各网站、新闻媒体相继转发,群众举报电话络绎不绝。当晚10时,警

方通过群众举报的线索与侦查明确的对象碰撞成功。经过细致判断、分析,警方确定:在武汉从事空调修理、曾暂住在东湖新技术开发区关东街刘家嘴的王海剑(24岁,襄阳市枣阳人)有重大嫌疑。

经进一步追踪侦查,警方及时查获王海剑案发前多处租住地,但未发现王海剑。武汉警方当即部署全警力量,在王海剑可能藏身、落脚的地方张网布控、巡逻排查;并严守各个出城路口,严防王海剑出逃武汉。再次发动群众协助缉捕,向社会公开王海剑照片和基本情况,广大人民群众积极参与,纷纷提供相关线索。

16日上午10时许,专班民警接到群众举报,一名疑似王海剑长像的人在武昌某医院出现。指挥部迅速组织数十名民警快速出击,严密布控,细致摸排,于中午12时,在医院内发现王海剑,抓捕民警迅速冲上去,实施精确抓捕,将其成功擒获。

经初步审查,王海剑交代了其自制爆炸装置企图抢劫运钞车钱款而实施爆炸的作案过程。2012年5月14日,武汉市中级人民法院对备受关注的武汉建行网点爆炸案作出一审宣判,该案主犯王海剑因犯爆炸罪被判处死刑,剥夺政治权利终身;从犯王伟犯爆炸罪,判处有期徒刑10年,剥夺政治权利一年;从犯王安安犯爆炸罪,判处有期徒刑6年。

【法理与法律适用分析】

《刑事诉讼法》第6条规定,人民法院、人民检察院和公安机关进行刑事诉讼,必须依靠群众。这是确立专门机关和群众相结合原则的法律依据。第50条还规定:"必须保证一切与案件有关或者了解案情的公民,有客观地充分地提供证据的条件,除特殊情况外,可以吸收他们协助调查。"由于犯罪活动进行的隐蔽性,案件的侦查一开始往往难以搜集有利证据,及时打击犯罪嫌疑人,追究其刑事责任。这就要求专门机关必须相信群众、依靠群众、深入群众进行调查,调动广大人民群众打击犯罪的积极性,及时有效地惩罚犯罪。

本案中,银行爆炸案发生后,犯罪嫌疑人随即逃跑,进行隐藏。警方通过调查、走访,并通过媒体的转发、群众的举报,随即确定了犯罪嫌疑人王海剑。但当警方进一步追踪侦查时,犯罪嫌疑人却再次逃跑。侦查工作陷入困境,在这种情况下,广大人民积极参与,纷纷提供相关线索,专班民警接到群众举报,一名疑似王海剑长像的人在武昌某医院出现。随即警方进行严密布控,将王海剑成功抓获。在本案中,无论是发现犯罪嫌疑人,还是追捕犯罪嫌疑人,人民群众都发挥了极大地作用,提供了重要线索,为办案机关侦破案件创造了条件。

【法条链接】

《刑事诉讼法》

第六条 人民法院、人民检察院和公安机关进行刑事诉讼,必须依靠群众,必须以事实为根据,以法律为准绳。对于一切公民,在适用法律上一律平等,在法律面前,不允许有任何特权。

第五十条 审判人员、检察人员、侦查人员必须依照法定程序,收集能够证实犯罪嫌疑人、被告人有罪或者无罪、犯罪情节轻重的各种证据。严禁刑讯逼供和以威胁、引诱、欺骗以及其他非法方法收集证据,不得强迫任何人证实自己有罪。必须保证一切与案件有关或者了解案情的公民,有客观地充分地提供证据的条件,除特殊情况外,可以吸收他们协助调查。

【典型案例目录索引】

1. 马某贪污案

——监狱职工举报,案件告破

载陈卫东主编：《刑事诉讼法案例分析》（第二版），中国人民大学出版社2005年版，第29页。

2. 光学仪器厂被盗案

——老工人提供线索，赃款被追回

载武延平、刘根菊、杨雄编著：《刑事诉讼法案例教程》，北京大学出版社2003年版，第37页。

【参考阅读的文献资料】
1. 陈光中：《刑事诉讼法》（第三版），北京大学出版社、高等教育出版社2009年版。
2. 陈卫东：《刑事诉讼法学研究》，中国人民大学出版社2008年版。
3. 宋英辉：《刑事诉讼法学》（第二版），中国人民大学出版社2011年版。
4. 叶青：《刑事诉讼法学》（第三版），上海人民出版社、北京大学出版社2013年版。

第五节 以事实为依据，以法律为准绳原则

一、以事实为依据，以法律为准绳原则的含义和意义

《刑事诉讼法》第6条规定，人民法院、人民检察院和公安机关进行刑事诉讼……必须以事实为依据，以法律为准绳。这一规定确立了以事实为依据，以法律为准绳的原则，同时该原则也被我国宪法确定为进行诉讼的原则。该原则体现了我国实事求是的思想路线和依法办案的诉讼法制精神，在刑事诉讼基本原则体系中处于核心地位。

以事实为依据，是指在刑事诉讼中，司法机关及其工作人员对于刑事案件中的实体问题和程序问题作决定时，必须以查证属实的证据和依据这些证据所认定的案件事实为基础，而不能以主观臆断或者推测想象等作为依据。以事实为依据的"事实"，具体指查证属实的证据及根据这些证据认定的事实，包括实体法上的事实和程序法上的事实。实体法上的事实是指构成犯罪的事实以及证明犯罪情节轻重的事实，如犯罪的时间、地点、目的、手段、过程和危害结果等。程序法上的事实，是指在刑事诉讼过程中，处理程序问题的事实，如羁押期限、回避、强制措施等适用的事实。

以法律为准绳，即要求司法机关在办理刑事案件过程中，所作出的案件实体问题和程序问题方面的决定，必须以刑事实体法和刑事程序法和其他法律的有关规定为标准。也就是说，刑事实体问题，要坚持罪刑法定原则；刑事诉讼问题，要严格遵守法律程序。

以事实为依据，以法律为准绳，是正确处理刑事案件不可分割的两个方面。两者互相联系，缺一不可。事实是前提，是基础和依据，法律是处理案件的标准尺度，离开了正确认定案件的事实，就缺乏定案的根据，更谈不上适用法律；反之，离开了正确应用法律，也就谈不上对正确认定的事实作出正确的处理。所以，以事实为依据，以法律为准绳，是一个有机的整体，只有将二者有机结合起来，才能保证刑事诉讼的正确进行。贯彻该原则具有重要意义：(1)坚持党的实事求是的思想路线，在刑事诉讼中，要求办案人员深入实际，调查研究，以客观存在的事实作为处理案件的依据；(2)有利于维护法律的权威，保护国家利益和公民的合法权益；(3)有助于保障刑事诉讼任务的实现。由于以事实为依据，以法律为准绳原则在刑事诉讼基本原则中处于核心地位，它的贯彻执行，将能够带动其他原则的实现，从而实现诉讼任务。

二、贯彻以事实为依据以法律为准绳原则的要求

首先,司法机关及其工作人员应当遵循唯物主义认识论的要求,客观全面地收集证据和认定案件事实,善于查明事实真相。

其次,必须坚持重证据,重调查研究,不轻信口供,严禁刑讯逼供和以威胁、引诱、欺骗以及其他非法方法收集证据。只有被告人口供,没有其他证据,不能对被告人定罪量刑。

最后,司法人员应当不徇私、不枉法,坚持有法必依、执法必严,忠于事实,忠于法律。

【典型案例】

【案例4-5-01】

赵作海案。1998年2月15日,河南省商丘市柘城县老王集乡赵楼村赵振晌的侄子赵作亮到公安机关报案,其叔父赵振晌于1997年10月30日离家后已失踪4个多月,怀疑被同村的赵作海杀害,公安机关当年进行了相关调查。1999年5月8日,赵楼村在挖井时发现一具高度腐烂的无头、膝关节以下缺失的无名尸,公安机关遂把赵作海作为重大嫌疑人于5月9日刑拘。1999年5月10日至6月18日,赵作海做了9次有罪供述。2002年10月22日,商丘市人民检察院以被告人赵作海犯故意杀人罪向商丘市中级人民法院提起公诉。2002年12月5日商丘中院作出一审判决,以故意杀人罪判处被告人赵作海死刑,缓期二年执行,剥夺政治权利终身。省法院经复核,于2003年2月13日作出裁定,核准商丘中院上述判决。

2010年4月30日,赵振晌回到赵楼村。商丘中院在得知赵振晌在本村出现后,立即会同检察人员赶赴赵楼村,经与村干部座谈、询问赵振晌本人及赵振晌的姐姐、外甥女等,确认赵振晌即是本案的被害人。同时并从赵振晌本人处了解到:1997年10月30日(农历9月29日)夜里,其对赵作海到杜某某家比较生气,就携自家菜刀在杜某某家中照赵作海头上砍了一下,怕赵作海报复,也怕把赵作海砍死,就收拾东西于10月31日凌晨骑自行车,带400元钱和被子、身份证等外出,以捡废品为生。因去年得偏瘫无钱医治,才回到了村里。

2010年5月9日上午,河南高级人民法院召开新闻发布会,向社会通报赵作海案件的再审情况,认定赵作海故意杀人案系一起错案。河南省高院于2010年5月8日作出再审判决:撤销省法院复核裁定和商丘中院判决,宣告赵作海无罪。立即派人赶赴监狱,释放赵作海,并安排好其出狱后的生活。2010年5月17日上午,赵作海领到国家赔偿金和困难补助费65万元,并表示对赔偿满意,要开始新生活。

【法理与法律适用分析】

我国《刑事诉讼法》第6条规定,人民法院、人民检察院和公安机关进行刑事诉讼,必须依靠群众,必须以事实为根据,以法律为准绳。第160条规定,公安机关侦查终结的案件,应当做到犯罪事实清楚,证据确实、充分,并且写出起诉意见书,连同案卷材料、证据一并移送同级人民检察院审查决定;同时将案件移送情况告知犯罪嫌疑人及其辩护律师。第168条规定,人民检察院审查案件的时候,必须查明:犯罪事实、情节是否清楚,证据是否确实、充分,犯罪性质和罪名的认定是否正确。第195条规定,在被告人最后陈述后,审判长宣布休庭,合议庭进行评议,根据已经查明的事实、证据和有关的法律规定,分别作出以下判决:案件事实清楚,证据确实、充分,依据法律认定被告人有罪的,应当作出有罪判决。本案中,公检法机关有着极大的过错:

首先,商丘市一些公安机关的工作人员表示,在这起案件中,有些疑点没引起足够重

视：一是警方确认无头、无四肢尸体为赵作海所杀后,没有追查凶器,也没有确定凶器所能造成的伤痕是否与尸体的伤痕相符。这些,不符合我国法律对杀人罪定性的要求;二是当时尸体高度腐败,警方先后做了四次 DNA 都未确定死者身份。所以警方把尸体确定为赵振响,有主观色彩;三是当时警方根据残尸,对死者身高进行了确定,为 1.70 米。但实际上,失踪的赵振响身高只有 1.65 米左右。

其次,由于证据不足,商丘市检察院在两次退卷后,拒绝再次接卷。而警方坚持认为赵作海是杀人凶手,不能放人,造成赵作海在看守所长期羁押。在清理超期羁押的案件时,商丘市委政法委等多次就该案召集开会,研讨案情。检察院后提出:公安向检方移卷,要提供 DNA 的鉴定。但由于 DNA 鉴定没有结果,检察院最后放弃了这一疑点,进行了公诉。

再次,从法院环节来看,从 2002 年 11 月 11 日公诉,到当年 12 月 5 日判决,该案的审理在法院仅经过 20 多天。法院全部采信了公诉人的意见,而公诉人的意见其实就是公安部门的意见。在法院庭审时,赵作海和他的辩护律师都否认了杀人一事。但法院认为,赵作海曾经在公安环节做了 9 次杀人的笔录,所以当庭否认未杀人不可信。这样,"赵作海"案失去了最后一次纠错的机会。

正是因为公安机关的侦查活动、检察机关的审查起诉活动以及法院的审判活动没有严格遵循"以事实为依据,以法律为准绳"的原则,没有做到事实清楚、证据确实充分的证明标准,才导致了最终的冤案发生。尤其侦查机关以推测的想象作为依据,没有重视调查研究,反而采取刑讯逼供的方式获取犯罪嫌疑人的有罪供述,程序严重违法。只有"以事实为依据,以法律为准绳",尊重案件实体和程序问题,严格依法办案,才能维护司法权威,实现司法公正。

【法条链接】
《刑事诉讼法》
第六条 人民法院、人民检察院和公安机关进行刑事诉讼,必须依靠群众,必须以事实为根据,以法律为准绳。对于一切公民,在适用法律上一律平等,在法律面前,不允许有任何特权。

第一百六十条 公安机关侦查终结的案件,应当做到犯罪事实清楚,证据确实、充分,并且写出起诉意见书,连同案卷材料、证据一并移送同级人民检察院审查决定;同时将案件移送情况告知犯罪嫌疑人及其辩护律师。

第一百六十八条 人民检察院审查案件的时候,必须查明:
(一)犯罪事实、情节是否清楚,证据是否确实、充分,犯罪性质和罪名的认定是否正确;
……

第一百九十五条 在被告人最后陈述后,审判长宣布休庭,合议庭进行评议,根据已经查明的事实、证据和有关的法律规定,分别作出以下判决:
(一)案件事实清楚,证据确实、充分,依据法律认定被告人有罪的,应当作出有罪判决;
……

《法官法》
第七条 法官应当履行下列义务:
……
(二)审判案件必须以事实为根据,以法律为准绳,秉公办案,不得徇私枉法;

《检察官法》

第八条 检察官应当履行下列义务：

......

（二）履行职责必须以事实为根据，以法律为准绳，秉公执法，不得徇私枉法；

......

【典型案例目录索引】

1. 湖北"杀妻骗保"案

——正确运用办案经验，防止冤假错案

载郭欣阳著：《刑事错案评析》，中国人民公安大学出版社2010年版，第33-41页。

2. 叶某犯爆炸罪案

——轻信口供，办错案

载王佳著：《追寻正义：法制视野下的刑事错案》，中国人民公安大学出版社2011年版，第29-35页。

【参考阅读的文献资料】

1. 宋英辉：《刑事诉讼法学》（第二版），中国人民大学大学出版社2011年版。
2. 叶青：《刑事诉讼法学》（第三版），上海人民出版社、北京大学出版社2013年版。
3. 龙宗智、杨建广：《刑事诉讼法》，高等教育出版社2010年版。
4. 叶青：《刑事诉讼法：案例与图表》，法律出版社2009年版。

第六节 分工负责、互相配合、互相制约原则

一、分工负责、互相配合、互相制约原则的含义

《刑事诉讼法》第7条规定："人民法院、人民检察院和公安机关进行刑事诉讼，应当分工负责，互相配合，互相制约，以保证准确有效地执行法律。"我国《宪法》第135条对此有相同的规定。这是确立司法机关分工负责、互相配合、互相制约的原则的法律依据。

分工负责，是指人民法院、人民检察院和公安机关在进行刑事诉讼时，应当严格依据法律规定的职权，各负其责，各尽其职，不允许互相取代或者互相推诿。根据《刑事诉讼法》的规定，在刑事诉讼中分工负责主要体现在三个方面：第一是诉讼职能上的分工。侦查职能由公安机关行使。人民检察院、军队的保卫部门、监狱的侦查部门，对法律规定的特定范围的案件行使侦查职能；检察职能由人民检察院行使；审判职能由人民法院行使。第二是职权上的分工。公安机关负责侦查、拘留、执行逮捕、预审；人民检察院负责检察、批准逮捕，对直接受理案件的侦查和提起公诉；人民法院负责审判。第三是在受理刑事案件管辖上的分工。其中既有公检法三机关的立案分工，又有本部门受理刑事案件的级别分工，还有地方司法机关与专门司法机关受理案件的分工。

互相配合，是指人民法院、人民检察院、公安机关在进行刑事诉讼时，应当在分工负责的基础上，互相支持、互相合作，协调一致，共同完成揭露犯罪、证实犯罪，惩罚犯罪，保障无罪的人不受刑事追究的诉讼任务。互相配合，指的是公、检、法三机关在诉讼过程中"职

责关系"的配合,而不是"职能关系"的配合。所谓"职责关系"就是公检法三机关在办案程序上的关系,主要体现在公安机关的侦查、检察机关的起诉、人民法院的审判的先后承接、互为基础的关系,如侦查是为起诉做准备和服务,而起诉是为审判做准备和服务。所谓"职能关系"是指侦查职能、检察职能和审判职能之间的关系。各种职能都有其特定的运作目标,各个目标的实现,形成彼此制约机制,从而防止权力的滥用,保证准确执行法律,实现诉讼任务。因此,互相配合决不能是职能关系上的配合,否则必将模糊职能分工的界限,导致无原则的配合,不利于诉讼任务的实现。

互相制约,是指人民法院、人民检察院和公安机关在刑事诉讼中,按照职能分工和诉讼程序的要求,相互约束,相互制衡,以防止可能发生的偏差和错误,及时发现和纠正错误,确保正确执行法律,完成诉讼任务。根据刑事诉讼法的规定,我国公、检、法三机关在刑事诉讼中的互相制约可以从以下两个方面来理解:(1)在公安机关和检察机关之间:一方面公安机关逮捕犯罪嫌疑人必须经人民检察院依法审查批准,对人民检察院不予批准的,公安机关有申请复议和提请复核的权力;另一方面对公安机关移送起诉的案件,人民检察院有权依法决定不起诉,对人民检察院决定不起诉有异议的,公安机关可以要求复议和提请复核。(2)在检察机关和审判机关之间:人民法院对人民检察院提起公诉的案件可以依法作出无罪或者免予刑事处罚的判决;人民检察院认为人民法院的判决、裁定有错误时,有权依法提起抗诉。

二、贯彻分工负责、互相配合、互相制约原则的要求

分工负责、互相配合、互相制约是一个有机联系的整体。分工负责是互相配合、互相制约的基础,没有明确的职权分工,就无所谓互相配合、互相制约。分工负责,有利于调动各方的积极性;互相配合,有利于完成共同的诉讼任务;互相制约,有利于充分发挥各机关的诉讼职能。互相制约是三个相互关系的核心。此外,互相配合和互相制约是辩证的统一,不能孤立地强调一面,忽视另一面。如果只讲配合,就会影响到诉讼中错误的及时发现和纠正;反之,只讲制约不讲配合,就容易消耗力量,延误诉讼,不利于刑事诉讼顺利高效地推进,妨碍刑事诉讼任务的全面实现。因此,在司法实践中必须正确理解分工负责、互相配合、互相制约的辩证关系,才能正确贯彻实施这一原则。

正确贯彻本原则,首先要求公、检、法各机关在办案过程中,严格依照法律规定,积极主动地完成法律赋予各自的职责。其次,互相配合是建立在以事实为依据,以法律为准绳原则的基础上,反对不讲原则的配合。不允许越权的配合,做好本职工作就是最好的配合。配合的目的就是为了准确有效地打击犯罪,保护公民的合法权益,实现司法公开、公正。再次,在刑事诉讼中,在坚持互相制约的同时,要强化检察机关的法律监督职能。互相监督是不能代替人民检察院作为国家专门法律监督机关所进行的监督的。

【典型案例】
【案例 4-6-01】
1991 年,被告人陈某先后在江苏省高淳县盗窃 13 起,后被抓获并羁押在高淳县看守所。三天后,被告人陈某伙同两位两名狱友采用蹬墙、挖洞的手段挖通床铺下的通风洞,并结伙逃跑。1995 年,被告人陈某再次因盗窃罪被劳动教养 3 年。2011 年,屡教不改的被告人陈某又伙同张某在安徽省蚌埠等地盗窃作案 14 起。公安机关立即展开侦查,并于 2011 年 8 月,将被告人陈某等人抓获归案。

公安机关侦查终结后,遂移送检察院审查起诉。检察机关认为关于张某盗窃的事实,缺少一项关键证据,遂退回公安机关进行补充侦查。公安机关补充侦查后,检察院认为此案已事实清楚、证据确实充分,遂以盗窃罪、脱逃罪将被告人陈某公诉至安徽省蚌埠市蚌山区人民法院。同时,以盗窃罪将同案犯张某公诉至法院。

蚌山区法院审理后认为,被告人陈某、张某行为均构成盗窃罪,系共同犯罪。盗窃数额特别巨大。陈某在依法被关押期间脱逃,其行为构成脱逃罪。被告人陈某在1985年因犯伪造国家货币罪被判处有期徒刑5年,1989年7月释放,后于1991年重新犯罪,系累犯,应当从重处罚。陈某到案后对于公安机关尚未掌握的同种犯罪行为予以交代,可酌情从轻处罚。被告人张某在共同犯罪中,起次要作用,系从犯,应当从轻、减轻、或免除处罚,本院予以减轻处罚。被告人归案后,如实供述自己的犯罪事实,认罪态度较好,法院依法予以从轻处罚。

因此,蚌山区法院一审以盗窃罪、脱逃罪,两罪并罚判处被告人陈某有期徒刑17年,并处罚金人民币30,000元;以盗窃罪判处被告人张某有期徒刑七年六个月,并处罚金人民币10,000元。

【法理与法律适用分析】

我国《宪法》第135条规定:"人民法院、人民检察院和公安机关办理刑事案件,应当分工负责,互相配合,互相制约,以保证准确有效地执行法律。"《刑事诉讼法》第7条规定:"人民法院、人民检察院和公安机关进行刑事诉讼,应当分工负责,互相配合,互相制约,以保证准确有效地执行法律。"这就要求公、检、法各机关在刑事诉讼中各负其责,严格按照法律的规定相互配合,及时有效地打击犯罪。同时强化检察院的法律监督职能,确保法律的正确实施,实现司法公正。

本案中,公安机关负责对犯罪嫌疑人进行抓捕、侦查,检察院负责对案件进行审查起诉,并分别向人民法院提起公诉,法院负责对案件进行依法审理,正是分工负责的体现。在打击犯罪过程中,公安机关的侦查、检察机关的起诉、人民法院的审判先后承接、互为基础,侦查是为起诉做准备和服务,而起诉是为审判做准备和服务,体现了互相配合的原则。检察院对于公安机关移送审查起诉的张某盗窃的部分犯罪事实认为证据不足而退回补充侦查,正是检察院对公安机关侦查工作的制约,从而保证正确运用法律,防止司法机关滥用职权。

【法条链接】

《宪法》

第一百三十五条　人民法院、人民检察院和公安机关办理刑事案件,应当分工负责,互相配合,互相制约,以保证准确有效地执行法律。

第一百三十一条　人民检察院依照法律规定独立行使检察权,不受行政机关、社会团体和个人的干涉。

《刑事诉讼法》

第七条　人民法院、人民检察院和公安机关进行刑事诉讼,应当分工负责,互相配合,互相制约,以保证准确有效地执行法律。

【典型案例目录索引】

1. 苏某等故意伤害案
——公检法分工负责、互相配合、互相制约

载王册、宋家宁主编:《刑事诉讼法学案例评析》,中国人民公安大学出版社2005年版,第41-42页。

2. 孙某故意伤害案

——公检法分工负责、互相配合、互相制约

载陈光中主编:《刑事诉讼法教学案例》,法律出版社2007年版,第41页。

【参考阅读的文献资料】

1. 陈光中:《刑事诉讼法》(第三版),北京大学出版社、高等教育出版社2009年版。
2. 陈卫东:《刑事诉讼法学研究》,中国人民大学出版社2008年版。
3. 叶青:《刑事诉讼法学》(第三版),上海人民出版社、北京大学出版社2013年版。
4. 龙宗智、杨建广:《刑事诉讼法》,高等教育出版社2010年版。

第七节 公民适用法律一律平等原则

一、公民适用法律一律平等原则的含义

《刑事诉讼法》第6条规定,人民法院、人民检察院和公安机关进行刑事诉讼……对于一切公民,在适用法律上一律平等。在法律面前,不允许有任何特权。该规定确立了我国刑事诉讼中对一切公民在适用法律上一律平等的基本原则。同时,该原则也是"中华人民共和国公民在法律面前一律平等"的宪法原则在刑事诉讼中的具体体现。

公民适用法律一律平等原则是指,司法机关在进行刑事诉讼时,对于一切公民,不分民族、种族、性别、职业、职务、社会地位、宗教信仰、家庭出身、教育程度、财产状况、居住期限等,在适用法律上一律平等,不允许有任何特权,也不允许有任何歧视。具体来说,本原则包含两方面的含义:第一,司法机关在进行刑事诉讼时,对一切公民的犯罪行为,不管其社会地位高低、家庭出身、宗教信仰如何,都必须严格依法处理。该立案的立案,该逮捕的逮捕,该起诉的起诉,需要定罪判刑的定罪判刑,不允许任何人凌驾于法律之上以及触犯法律而不受法律制裁的情形存在。第二,司法机关在进行刑事诉讼时,对于一切公民的合法权益,都必须依法予以保护。包括犯罪嫌疑人、被告人、被执行刑罚的罪犯的合法权益,都要依法保护,不得以任何借口限制或者剥夺诉讼参与人依法享有的诉讼权利,侵犯公民的合法权益。

二、贯彻公民适用法律一律平等原则的要求

在司法实践中贯彻公民适用法律一律平等原则时,应当注意以下几项要求:

第一,要求司法机关进行刑事诉讼,必须严格执法,坚持司法公正。对于任何公民构成犯罪的行为,都要依法进行追究,不能"以罚代刑"、"以行政处分代替刑事处罚"。

第二,要求对所有诉讼参与人都要平等对待,保障一切诉讼参与人充分行使诉讼权利,平等履行诉讼义务。例如,凡是知道案件事实的人,不论其社会地位高低,都应当履行作证的义务。

第三,要求司法机关给予一切公民平等的司法保护权。在刑事诉讼中,对于某些因经济困难或者其他原因没有委托辩护人的,本人及其近亲属可以向法律援助机构提出申请。对符合法律援助条件的,法律援助机构应当指派律师为其提供辩护。犯罪嫌疑人、被告人

是盲、聋、哑人,或者是尚未完全丧失辨认或者控制自己行为能力的精神病人,没有委托辩护人的,人民法院、人民检察院和公安机关应当通知法律援助机构指派律师为其提供辩护。犯罪嫌疑人、被告人可能被判处无期徒刑、死刑而没有委托辩护人的,司法机关应当通知法律援助机构指派律师为其提供辩护,协助其实现刑事辩护权。

第四,要求司法机关在进行刑事诉讼中,始终要坚持以事实为依据,以法律为准绳。任何脱离和违背法律的行为,都是违背本原则的。

【典型案例】

【案例4-7-01】

被告人陈希同任北京市市长、市委书记期间,自1991年7月至1994年11月,在对外交往中接受贵重礼物22件,总计价值人民币555,956.2元,不按照国家有关规定交公,由个人非法占有。被告人陈希同任北京市市长期间,于1990年和1992年指使、纵容王宝森动用财政资金,在北京市八大处公园和怀柔县雁栖湖畔修建两座豪华别墅。违规建造别墅及购置设备款共计人民币3,521万元。陈希同任北京市委书记后,自1993年1月至1995年2月,经常带情妇某某与王宝森等人,到两座别墅吃住享乐,两座别墅成为陈希同、王宝森享乐的场所。其间,耗用服务管理费人民币240万元,吃喝挥霍公款人民币105万元。一审法院认定陈希同犯贪污罪,判处有期徒刑十三年,犯玩忽职守罪,判处有期徒刑四年,决定执行有期徒刑十六年。赃物予以没收,上缴国库。

陈希同不服,提出上诉,最高人民法院经审理查明,驳回上诉,维持原判。

【法理与法律适用分析】

我国《宪法》第4条规定了,中华人民共和国各民族一律平等。《刑事诉讼法》第6条规定,人民法院、人民检察院和公安机关进行刑事诉讼……对于一切公民,在适用法律上一律平等。在法律面前,不允许有任何特权。这可以看出,法律面前人人平等有两方面的含义,一是司法机关在进行刑事诉讼时,对一切公民的犯罪行为,不管其社会地位高低、家庭出身、宗教信仰如何,都必须严格依法处理;二是司法机关在进行刑事诉讼时,对于一切公民的合法权益,都必须依法予以保护。

在本案中,陈某虽然担任了北京市市长、市委书记,作为国家的高级干部,但他知法犯法,不遵守国家的有关规定,触犯了法律,理应同其他人一样受到法律的制裁,其特殊身份并不能成为其逃脱法律制裁的挡箭牌,法律面前人人平等,对一切公民的犯罪行为,不管其社会地位高低、家庭出身、宗教信仰如何,都必须严格依法处理,如此才能保证司法公正,实现司法正义。

【法条链接】

《宪法》

第四条第一款 中华人民共和国各民族一律平等。国家保障各少数民族的合法的权利和利益,维护和发展各民族的平等、团结、互助关系。禁止对任何民族的歧视和压迫,禁止破坏民族团结和制造民族分裂的行为。

《刑事诉讼法》

第六条 人民法院、人民检察院和公安机关进行刑事诉讼,必须依靠群众,必须以事实为根据,以法律为准绳。对于一切公民,在适用法律上一律平等,在法律面前,不允许有任何特权。

【典型案例目录索引】
1. 湖南蒋艳萍案
——人大代表举报,蒋某终受罚
载陈卫东主编:《刑事诉讼法案例分析》(第二版),中国人民大学出版社2005年版,第32-33页。
2. 李纪周玩忽职守、受贿案
——中纪委调查,高官受罚
载王册,宋家宁主编:《刑事诉讼法学案例评析》,中国人民公安大学出版社2005年版,第38-40页。

【参考阅读的文献资料】
1. 陈光中:《刑事诉讼法》(第三版),北京大学出版社、高等教育出版社2009年版。
2. 陈卫东:《刑事诉讼法学研究》,中国人民大学出版社2008年版。
3. 宋英辉:《刑事诉讼法学》(第二版),中国人民大学大学出版社2011年版。
4. 叶青:《刑事诉讼法学》(第三版),上海人民出版社、北京大学出版社2013年版。

第八节 法律监督原则

一、法律监督原则的含义

《刑事诉讼法》第8条规定:"人民检察院依法对刑事诉讼实行法律监督。"该规定确立了人民检察院对刑事诉讼实行法律监督的诉讼原则。

法律监督原则,是指作为国家法律监督专门机关的人民检察院,除履行法律赋予的诉讼职能外,还要对刑事诉讼全过程实行法律监督,及时发现并纠正刑事诉讼中的违法行为,保证法律的正确实施。

法律监督原则在刑事诉讼中具有特定的含义,它与公、检、法三机关互相制约不能等同。法律监督是宪法和刑事诉讼法赋予人民检察院的一项专门职能,是其他司法机关所没有的,这种监督是单向的。公检法三机关是互相制约中的互相监督,只能是专门机关监督的必要补充。把两种监督结合起来,是完成刑事诉讼任务的需要。此外,人民检察院在刑事诉讼中的法律监督与法纪监督也不同。前者的监督对象是参加刑事诉讼活动的司法机关。监督的范围是司法机关在刑事诉讼中是否依法办案。监督的目的是保证在刑事诉讼中正确有效地执行法律,实现诉讼任务。这种监督的依据是刑事诉讼法,其后果是程序性的法律后果。而后者监督的对象是国家工作人员、国家机关工作人员。监督的范围是监督对象在履行职务中是否违法。监督的目的是保证国家工作人员、国家机关工作人员在履行职务中遵纪守法,保障公民合法权益不被非法侵犯,其结果是引起对构成犯罪的被监督对象追究刑事责任。

二、法律监督原则的内容

人民检察院对刑事诉讼的法律监督贯穿于刑事诉讼的全过程,概括起来主要体现在以下四个方面:

一是立案监督。人民检察院认为公安机关应当立案侦查的案件而不立案侦查的,应当要求公安机关说明理由;人民检察院认为其立案理由不能成立的,有权通知公安机关立案,公安机关接到通知后应当立案。

二是侦查监督。人民检察院审查逮捕、起诉时,应当审查公安机关的侦查活动是否合法,发现违法情况,应当通知公安机关纠正,公安机关应当将纠正情况通知人民检察院;人民检察院还可以根据需要,派员参加公安机关对重大案件的讨论和其他侦查活动,发现有违法情况,有权要求纠正。

【案例4-8-01】自2005年至2006年间,被告人杨某、王某夫妇及被告人郭某某等共计42人利用网络从事赌博活动。被告人杨某、王某作为网络赌博的大股东,非法经营"东方2"、"大联盟"等赌博网站,以吸收发展被告人郭某某等总代理商、代理商、会员三级下线为途径,大肆吸收赌博资金高达58亿元,从中非法获利近50万元。公诉机关欲对被告人杨某、王某等42人提起公诉,后由于被告人杨某10人因案件事实不清、证据不足退回公安机关补充侦查,故仅对被告人郭某某等32名被告人提起公诉。2007年9月20日,辽宁省抚顺市顺城区人民法院公开开庭审理这起建国以来最大的一起利用互联网赌博案。本案中,检察机关对于公安机关移送审查起诉的案件提起公诉后,发现部分犯罪事实不清、证据不足,遂将其退回公安机关进行补充侦查,正是检察院对公安机关行使侦查监督权的体现。

三是审判监督。人民法院审判公诉案件,人民检察院应当派员出庭支持公诉,并对审判活动是否合法进行监督;人民检察院发现人民法院审判案件违反法定程序的,有权提出纠正意见;认为人民法院的判决、裁定有错误时,有权依法抗诉。

【案例4-8-02】杨某原为祁阳县交通局局长。2005年,杨某利用职务之便,为永州市旺达公司祁阳分公司拍卖得到了祁阳县交通局下属企业交通运输总公司,之后杨某收受人民币74万元。此外,杨某在运输路线审批、工程承包等方面还受贿4万元。江永县法院一审判处有期徒刑五年并处没收财产20万元。一审判决后,永州市检察院认为"个人受贿数额在十万元以上的,处十年以上有期徒刑或者无期徒刑,可以并处没收财产情节",杨某受贿78万元均无异议,在没有自首、立功等法定从轻、减轻情节情况下,起点刑应在十年以上。遂向永州市中级人民法院提起抗诉。永州中级人民法院指令江永县人民法院另行组成合议庭再审。2010年1月6日江永县人民法院判决:本院结合其犯罪情节及认罪态度考虑,认为其判处有期徒刑五年,罪刑相适应,抗诉机关的抗诉理由不成立,本院不予采纳。

本案中,人民检察院认为江永县法院的判决有错误,量刑畸轻,遂向永州市中级人民法院提起抗诉,行使检察院对法院审判活动的监督权,是正确行使法律监督权的体现。

四是执行监督。人民检察院发现执行机关执行刑罚的活动有违法情况时,应当通知执行机关纠正;如果认为人民法院的减刑、假释裁定不当的,有权提出书面纠正意见,人民法院应当在法定期限内重新审查。

【典型案例】

【案例4-8-03】

犯罪嫌疑人沈建国因怀疑其经营的"奔驰饭店"的看门人赵长林偷了其存放在店内的猎枪,于1995年11月18日9时纠集犯罪嫌疑人刘忠山、佟建国租车到怀来县东花园镇东榆林村将赵长林带回店内,逼问赵长林是否偷枪,赵长林不承认,沈建国即令赵长林跪下并打其耳光,还指挥犯罪嫌疑人刘忠山一起踢打被害人的头、背等部位,将被害人踢倒在地。并让犯罪嫌疑人佟建国叫来犯罪嫌疑人张德新劝赵长林,赵长林仍否认偷枪。沈建国说:"你们给我整他,必须给我整出来,打死他我去偿命。"张德新遂拿出铁锨照赵长林的腰、臂部击打,并将铁锨把打断。刘忠山、沈建国先后用铁锨把击打赵长林的腰、臂部数下。此外,犯罪嫌疑人沈建国、刘忠山、张德新、佟建国还对赵长林施以拳脚,赵长林被打之下谎称枪在其母亲家中,沈建国便指使刘忠山、张德新、佟建国开车带赵长林去取枪,路上赵长林仍称没有偷枪,三犯罪嫌疑人又将赵长林带回饭店。沈建国、刘忠山再次踢打赵长林,将其踢倒在地,后又将裤子扒掉,沈建国用旅游鞋猛击赵长林的生殖器,将赵打昏。后被害人赵长林被其家属解救,于1995年11月20日送往医院,经抢救无效于1995年11月28日死亡。经法医鉴定:赵长林系被他人殴打全身致重型颅脑损伤,颅内血肿,脑疝形成,挤压综合症,肾功能衰竭死亡。

案发后,犯罪嫌疑人刘忠山外逃。河北省怀来县公安局于1995年11月27日传唤了犯罪嫌疑人沈建国、张德新、佟建国,三人供述了殴打赵长林的全部事实,但公安机关当日只将沈建国收容审查。1996年5月13日,将张德新收容审查。1996年12月30日,怀来县公安局以"主犯在逃、证据不足"为由,收取沈建国、张德新各4万元保证金后取保候审。1998年7月3日,怀来县公安局从沈建国、张德新的保证金中扣除5万元,赔偿被害人赵长林医药费后结案。被害人家属多次控告均没有结果。

1999年3月5日,被害人赵长林之父赵仕科等人在听到张家口市人民检察院的立案监督宣传后,到张家口市人民检察院控告,要求对犯罪嫌疑人沈建国等人重新立案。检察机关受案后,经过认真调查,于1999年3月25日由怀来县人民检察院向怀来县公安局发出要求说明不立案理由通知书。怀来县公安局回复:主犯在逃,证据不足。怀来县人民检察院经审查,认为公安机关不立案理由不能成立,遂依法通知公安机关立案,公安机关接通知后立案侦查。但沈建国于立案当日外逃。公安机关将4人报捕后,怀来县人民检察院于1999年4月16日作出批准逮捕决定。鉴于公安机关对此案立而不侦、捕而不获的实际情况,张家口市人民检察院和怀来县人民检察院把立案监督向侦查监督、审判监督延伸,展开了立案监督、侦查监督和审判监督三位一体的监督。检察机关积极协助公安机关抓捕在逃犯罪嫌疑人,终于将4名犯罪嫌疑人全部捉拿归案。此案于1999年8月18日提起公诉后,张家口市人民检察院检察长列席张家口市中级人民法院审判委员会,确保了此案的公正判决。1999年11月3日,张家口市中级人民法院以故意伤害罪一审判处被告人沈建国死刑,剥夺政治权利终身;判处被告人刘忠山死刑,缓期二年执行,剥夺政治权利终身;判处被告人张德新有期徒刑十三年,剥夺政治权利二年;判处被告人佟建国有期徒刑八年。

通过办理此案,怀来县人民检察院还依法立案监督了沈建国的妹妹沈占兰窝藏案,沈占兰被判处有期徒刑一年,缓刑二年。检察机关还查办了怀来县公安局原预审科副科长刘某某徇私枉法案,刘某某已被逮捕并已提起公诉。

【法理与法律适用分析】

《刑事诉讼法》第8条规定:"人民检察院依法对刑事诉讼实行法律监督。"该规定确立了人民检察院对刑事诉讼实行法律监督的诉讼原则。同时,我国《宪法》、《人民检察院组织法》等也对其进行了规定。按照此规定,人民检察院有权对刑事诉讼的立案、侦查、审判、执行全过程进行诉讼监督。从而保证国家工作人员、国家机关工作人员在履行职务中遵纪守法,保障公民合法权益不被非法侵犯,并对构成犯罪的被监督对象追究刑事责任。

本案中,公安机关对于沈建国等人不依法立案,而将其取保候审。对此人民检察院依法进行立案监督,认为公安机关不立案理由不能成立,遂依法通知公安机关立案。公安机关遂将其立案侦查。同时,鉴于公安机关对此案立而不侦、捕而不获的实际情况,张家口市人民检察院和怀来县人民检察把立案监督向侦查监督、审判监督延伸,展开了立案监督、侦查监督和审判监督三位一体的监督。在本起案件中,检察院依法行使了法律监督权,对本案件相关过程进行合法有效的监督,保障了被害人的合法权益,及时追究犯罪行为,是正确行使职权的体现。

【法条链接】

《宪法》

第一百二十九条　中华人民共和国人民检察院是国家的法律监督机关。

《刑事诉讼法》

第八条　人民检察院依法对刑事诉讼实行法律监督。

第一百一十一条　人民检察院认为公安机关对应当立案侦查的案件而不立案侦查的,或者被害人认为公安机关对应当立案侦查的案件而不立案侦查,向人民检察院提出的,人民检察院应当要求公安机关说明不立案的理由。人民检察院认为公安机关不立案理由不能成立的,应当通知公安机关立案,公安机关接到通知后应当立案。

第一百七十一条第二款　人民检察院审查案件,对于需要补充侦查的,可以退回公安机关补充侦查,也可以自行侦查。

《人民检察院组织法》

第五条　各级人民检察院行使下列职权:

……

(三)对于公安机关侦查的案件,进行审查,决定是否逮捕、起诉或者免予起诉;对于公安机关的侦查活动是否合法,实行监督。

(四)对于刑事案件提起公诉,支持公诉;对于人民法院的审判活动是否合法,实行监督。

(五)对于刑事案件判决、裁定的执行和监狱、看守所、劳动改造机关的活动是否合法,实行监督。

【典型案例目录索引】

1. 非法经营犯罪案

——人民检察院以检察建议实施法律监督

载樊崇义主编:《刑事诉讼法学案例教程》,知识产权出版社2003年版,第69页。

2. 钱某投毒案

——法院定性错误,检察院抗诉

载陈光中主编:《刑事诉讼法教学案例》,法律出版社2007年版,第42-43页。

【参考阅读的文献资料】

1. 陈光中:《刑事诉讼法》(第三版),北京大学出版社、高等教育出版社2009年版。

2. 宋英辉:《刑事诉讼法学》(第二版),中国人民大学大学出版社2011年版。

3. 叶青:《刑事诉讼法学》(第三版),上海人民出版社、北京大学出版社2013年版。

4. 龙宗智、杨建广:《刑事诉讼法》,高等教育出版社2010年版。

第九节 民族语言文字原则

一、民族语言文字原则的含义和内容

《刑事诉讼法》第 9 条规定,各民族公民都有用本民族语言文字进行诉讼的权利。人民法院、人民检察院和公安机关对于不通晓当地通用的语言文字的诉讼参与人,应当为他们翻译。在少数民族聚居或者多民族杂居的地区,应当用当地通用的语言进行审讯,用当地通用的文字发布判决书、布告和其他文件。这一规定确立了使用本民族语言文字进行诉讼的原则,是我国宪法关于"各民族一律平等"、"各民族都有使用和发展自己的语言文字的自由"的规定在刑事诉讼中的具体体现。

这一原则主要包括以下内容:

1. 各民族公民在刑事诉讼中,无论是当事人还是其他诉讼参与人,都有权使用本民族的语言文字进行诉讼。各民族公民在刑事诉讼中,有权使用本民族的语言进行陈述、回答提问、发表意见、进行辩论;有权用本民族的文字书写诉状、证词、供述和辩解、鉴定结论,以及其他有关意见或材料。

2. 司法机关应使用当地通晓的语言、文字进行诉讼。如果诉讼参与人不通晓当地语言、文字,司法机关要为他们提供翻译。这一规定,不仅适用于我国的少数民族公民,而且也适用于在少数民族地区参与诉讼的汉族公民,以及在我国参加诉讼的外国公民和无国籍人。

3. 在少数民族聚居或者多民族杂居的地区,对案件的审理应当用当地通用的语言进行;起诉书、不起诉书、判决书、裁定书及其他诉讼文书,应当用当地通用的一种或几种文字;对于不通晓当地通用文字的诉讼参与人,向其送达的诉讼文书应当用他所通晓的文字,或者聘请翻译人员为其翻译诉讼文书的内容。

贯彻实施本原则具有重要意义。首先,有利于贯彻民族平等政策,加强民族团结,增强民族凝聚力;其次,有利于保障各民族的诉讼参与人能够平等地享有和充分行使各项法定的诉讼权利;再次,有利于及时查明案件事实,正确处理案件,保证诉讼的顺利进行;最后,有利于保证人民法院实现公开审判,有利于接受群众监督,加强对少数民族公民进行法制宣传教育,增强其法制观念。

二、贯彻民族语言文字原则的要求

贯彻本原则要求:(1)司法人员必须牢固树立民族团结的思想,克服大汉族主义和狭隘民族主义思想,在刑事诉讼中,坚决反对任何妨碍民族团结的行为。(2)必须大力加强对少数民族地区本民族司法干部的培养。这是实现民族平等的需要,也是保证刑事诉讼顺利进行,保证案件质量的需要。(3)在少数民族地区的司法机关中,应当设立或聘请适当的翻译人员,以保证诉讼的需要,保证司法机关和当地群众联系的需要。

【典型案例】
【案例 4-9-01】
被告人陈某,男,40 岁,回族人。2010 年 10 月 12 日,陈某因邻里矛盾,与王某发生争执,事后陈某怀恨在心,感觉尊严受到侮辱,非要报复一下王某。随后,陈某便携带一根木

棒,埋伏在王某下班回家的路途中,陈王某不备,持棒将其打成重伤。路人发现王某后,将其送往医院,并报警。警方立即展开调查,随即抓捕了犯罪嫌疑人陈某。检察院以故意伤害罪起诉至人民法院。开庭审理时,因被告人听不懂汉语,无法用汉语进行诉讼。为维护当事人的合法权益,使其在诉讼过程中能够充分表达自己的真实意愿,承办法官征得当事人同意后,邀请了法院一位熟悉少数民族语言的法官参与庭审诉讼提供少数民族语言翻译,使得该案顺利审理。

【法理与法律适用分析】

《刑事诉讼法》第9条规定,各民族公民都有用本民族语言文字进行诉讼的权利。人民法院、人民检察院和公安机关对于不通晓当地通用的语言文字的诉讼参与人,应当为他们翻译。在少数民族聚居或者多民族杂居的地区,应当用当地通用的语言进行审讯,用当地通用的文字发布判决书、布告和其他文件。这一原则也是我国宪法关于"各民族一律平等"、"各民族都有使用和发展自己的语言文字的自由"的规定在刑事诉讼中的具体体现。

在本案中,陈某作为少数民族,有权使用少数民族的语言进行诉讼,行使自己的诉讼权利,法官不得禁止被告人的请求,应当为不通晓当地语言的参与人配备翻译,不得强迫其按照当地语言进行诉讼,本案中法官做法正是遵循这一原则的体现,有利于加强民族团结,保障各民族诉讼参与人正确行使权利。

【法条链接】

《宪法》

第一百三十四条 各民族公民都有用本民族语言文字进行诉讼的权利。人民法院和人民检察院对于不通晓当地通用的语言文字的诉讼参与人,应当为他们翻译。

《刑事诉讼法》

第九条 各民族公民都有用本民族语言文字进行诉讼的权利。人民法院、人民检察院和公安机关对于不通晓当地通用的语言文字的诉讼参与人,应当为他们翻译。在少数民族聚居或者多民族杂居的地区,应当用当地通用的语言进行审讯,用当地通用的文字发布判决书、布告和其他文件。

【典型案例目录索引】

1. 阿某受贿、巨额财产来源不明案

——法院拒绝翻译,侵害被告人诉讼权利

载陈卫东主编:《刑事诉讼法案例分析》(第二版),中国人民大学出版社2005年版,第39页。

2. 吐尔地沙木沙克等破坏易燃易爆设备案

——法院聘请翻译参与诉讼,保障被告人诉讼权利

载梅新和、陈新城编著:《刑事诉讼实务问答与案例精析》,法律出版社2008年版,第161-163页。

【参考阅读的文献资料】

1. 陈光中:《刑事诉讼法》(第三版),北京大学出版社、高等教育出版社2009年版。
2. 陈卫东:《刑事诉讼法学研究》,中国人民大学出版社2008年版。
3. 宋英辉:《刑事诉讼法学》(第二版),中国人民大学出版社2011年版。
4. 叶青:《刑事诉讼法学》(第三版),上海人民出版社、北京大学出版社2013年版。

第十节 罪从判定原则

一、罪从判定原则的含义

《刑事诉讼法》第12条规定,未经人民法院依法判决,对任何人都不得确定有罪。这一规定确立了罪从判定原则。罪从判定原则有丰富的内涵,但其核心内容主要有以下几个方面:

1. 确定被告人有罪的权力由人民法院统一行使。对被告人的被控行为进行审理,并依法确认是否有罪,所犯何罪以及科处相应刑罚是审判权的固有之义,也是世界各国的立法通例。人民法院是我国法定的唯一审判机关,代表国家统一行使审判权。因此,由人民法院统一行使定罪权是其性质所决定的。

2. 在人民法院依法作出的有罪判决发生法律效力之前,不得将任何人确定有罪。在刑事诉讼中,被追究刑事责任者,在被起诉到法院之前,都是处于犯罪嫌疑人的地位,而不是罪犯。在被起诉到法院后,是处于被告人的地位,只有被人民法院作了有罪判决后,才成为罪犯。

3. 人民法院判决被告人有罪,必须严格依照法定程序进行公开、公正的审理,并给予被告人一切辩护上所需的保障。在法庭审理过程中,充分听取被告人及其辩护人的辩护意见,保障被告人的质证权,在获得确实可靠的证据的基础上对被告人作出是否有罪的裁决。

二、贯彻罪从判定原则的意义

在司法实践中贯彻实行这项原则,有重要意义:(1)有利于在刑事诉讼过程中区分犯罪嫌疑人、被告人和罪犯的不同诉讼地位,有利于切实保障犯罪嫌疑人、被告人各项诉讼权利,特别是以辩护权为核心的广泛诉讼权利;(2)有利于保障公民合法权益,体现诉讼民主、诉讼文明,有利于实现诉讼公正。我国实行罪从判定原则,既最大限度地吸收了"无罪推定"理论的合理因素,又避免了其本身存在的局限性,是一种实事求是的哲学观。这项原则的确立,反映我国刑事诉讼更加尊重人权,保障人权,注重对公民合法权益的保障。

【典型案例】
【案例4-10-01】

2008年5月6日晚,某县农民张某参加朋友聚会归来,受到同村患有间歇性精神病的田某的袭击。5月7日下午,田某再见到张某时又袭击张某,结果反遭到张某之妻和张某之父的殴打,并被捆绑囚禁。当晚,张某在其父示意下,召集全村居民户主开会,商讨如何处理田某。因该村居民平时多次受到过田某的袭击,会上有25户居民代表(全村只有3户没派代表参加会议)在张某的煽动和怂恿下,一致同意将田某处死,并在张某准备好的纸上签了名。张某还觉不妥,又在签名上写了"同意惩处田某之死"几个字。

当天深夜,张某、张父和张妻黄某一起动手,不顾田某的呼喊和哀告,将其扔进村中一个积满了水的粪窖里。张父唯恐田某不死,又找来一个棍子,按住已经从水中浮起来的田某用力向下插,直至田某沉入水底窒息死亡。此案案发后,当地公安机关、检察机关经过侦查和核实,确认张某、张父及张妻的行为已经构成故意杀人罪,并将其依法逮捕。

【法理与法律适用分析】

《刑事诉讼法》第12条规定:"未经人民法院依法判决,对任何人都不得确定有罪。"这包括以下几层含义:一是确定被告人有罪的权力由人民法院统一行使。二是在人民法院依法作出的有罪判决发生法律效力之前,不得将任何人确定有罪。三是人民法院判决被告人有罪,必须严格实体法和程序法有关要求进行。

本案中,张某、张父及张妻的行为严重违反了"罪从判定"原则,根据此原则只有人民法院有权依法判定被告人有罪,而所谓的居民大会并无权行使审判权,判定其他人有罪,处以死刑,张某等这种做法是犯罪行为,应当受到法律的制裁。

【法条链接】

《刑事诉讼法》

第十二条 未经人民法院依法判决,对任何人都不得确定有罪。

【典型案例目录索引】

1. 云南杜培武案

——办案人员有罪推定,造就错案

载王册、宋家宁主编:《刑事诉讼法学案例评析》,中国人民公安大学出版社2005年版,第48-51页。

2. 刘某故意杀人案

——族长召集全村会议,处死村民

载陈卫东主编:《刑事诉讼法案例分析》(第二版),中国人民大学出版社2005年版,第45-46页。

【参考阅读的文献资料】

1. 陈光中:《刑事诉讼法》(第三版),北京大学出版社、高等教育出版社2009年版。
2. 陈卫东:《刑事诉讼法学研究》,中国人民大学出版社2008年版。
3. 宋英辉:《刑事诉讼法学》(第二版),中国人民大学大学出版社2011年版。
4. 叶青:《刑事诉讼法学》(第三版),上海人民出版社、北京大学出版社2013年版。
5. 潘牧天:《刑事诉讼法案例教程》,法律出版社2006年版。

第十一节 保障诉讼参与人依法享有诉讼权利原则

一、保障诉讼参与人依法享有诉讼权利原则的内容和意义

《刑事诉讼法》第14条规定:"人民法院、人民检察院和公安机关应当保障犯罪嫌疑人、被告人和其他诉讼参与人依法享有的辩护权和其他诉讼权利。"

"诉讼参与人对于审判人员、检察人员和侦查人员侵犯公民诉讼权利和人身侮辱的行为,有权提出控告。"《刑事诉讼法》新增"未成年人犯罪案件诉讼程序"一章,明确规定"对于未成年人犯罪案件,在询问和审判时,应当通知犯罪嫌疑人、被告人的法定代理人到场。"这一法律规定确立了我国刑事诉讼中保障诉讼参与人依法享有诉讼权利的原则。

保障诉讼参与人诉讼权利原则包括三方面的内容:第一,人民法院、人民检察院和公安机关对所有诉讼参与人依法享有的诉讼权利,都应当给予保障。刑事诉讼并非专门机

关单方面的活动,它有赖于诉讼参与人的共同参与。诉讼参与人都以不同的方式参与刑事诉讼活动。由于他们参加诉讼的法律关系不同,《刑事诉讼法》赋予各种诉讼参与人的权利也不同。保障诉讼参与人依法享有的诉讼权利,是揭露犯罪、证实犯罪、保障刑事诉讼顺利进行的必要条件。司法机关只有充分保障诉讼参与人行使法定权利,才能保证正确地实现自己的诉讼任务。第二,对于未成年的犯罪嫌疑人、被告人的诉讼权利,依法应当给予特别的保护。由于生理和心理等方面的原因,未成年人往往缺乏充分、合理地行使其诉讼权利的能力,这不仅会妨碍诉讼的顺利进行,也会影响到对未成年的犯罪嫌疑人、被告人的合法权益的保护。因此,在诉讼中,应当尽可能地通过各种途径来保障其合法权益的实现。第三,赋予诉讼参与人控告权。诉讼参与人在刑事诉讼过程中,如果遭受审判人员、检察人员和侦查人员对其诉讼权利、人身权利的侵犯,有权提出控告。这是赋予诉讼参与人采取法律手段维护自己合法权益的权利。

保障诉讼参与人依法享有的诉讼权利,具有重要的意义:实行这一原则是程序公正的必然要求,是司法文明的重要标志,也是社会主义民主和法制在刑事诉讼中的体现;实行这一原则,才能发挥诉讼参与人参加诉讼的积极性,协助司法机关查明犯罪、惩罚犯罪,保障当事人和其他诉讼参与人实体合法权益的实现;通过保障诉讼参与人依法享有的权利,有利于实现诉讼结果的公正,防止冤枉无辜,同时在诉讼过程中能够实现对诉讼参与人的人格尊重,有利于实现惩治犯罪与保障人权的统一。

二、贯彻保障诉讼参与人依法享有诉讼权利原则的要求

在刑事诉讼中,要切实贯彻保障诉讼参与人依法享有的诉讼权利原则必须做到以下两点:(1)审判人员、检察人员和侦查人员必须详尽告知义务,即必须详尽告知诉讼参与人依法享有的诉讼权利。我国现阶段公民的法律知识较为有限,作为刑事诉讼参与人,其法律知识也是有限的,如果不告知他们享有哪些法定诉讼权利,何时可以行使有关诉讼权利,他们的合法权利可能就不能及时行使,其合法权益可能得不到有效保护,势必影响整个诉讼的进程和诉讼任务的完成。(2)司法机关要为诉讼参与人行使诉讼权利提供必要的便利和条件,不得故意刁难和妨碍诉讼参与人行使诉讼权利。例如,我国《刑事诉讼法》规定,犯罪嫌疑人、被告人因经济困难没有委托辩护人,而犯罪嫌疑人、被告人又需要辩护人帮助其辩护的,法律援助机构应当指派律师为其提供辩护,协助其行使辩护权。

【典型案例】

【案例4-11-01】

被告人,陈某,男,35岁,壮族人。2005年6月8日,某市居民食用长寿熟食店生产、销售的咸水鸭等熟食后,发生了大规模的中毒事件,其中22人住院。市防疫站接到报告后,立即派工作人员前往调查,经调查后发现:被告人陈某为了赚钱,将一批农药中毒而死的鸭子低价买回,经过初步清洗,未经检测,即做成熟鸭销售,在6月7日部分居民食用该咸水鸭发生腹泻现象后,被告人陈某并没有采取措施处理此事,反而认为出不了大事,继续销售剩余的鸭子。市防疫站查清事实后,立即命令长寿熟食店停业,并将此事移交到公安部门。公安机关在证据确凿的情况下,以涉嫌生产、销售不符合卫生标准的食品罪立了案,并对陈某采取了取保候审的强制措施。在公安机关第一次讯问犯罪嫌疑人时,公安机关即明确告知陈某有权聘请律师提供法律帮助、代理申诉和控告等一系列犯罪嫌疑人享

有的诉讼权利。在法定的期间内，公安机关将此案移送人民检察院审查起诉。人民检察院在审查该案的过程中，发现犯罪嫌疑人陈某还没有委托辩护人，即通知陈某可以聘请律师为他提供辩护。在审查起诉期间，辩护人王某依照法律规定到人民检察院查阅、摘抄、复制了本案的诉讼文书、技术性鉴定资料，并经证人和有关单位同意，向他们收集了与本案有关的材料。

7月28日，人民法院依法受理了此案。由于被告陈某为少数民族，且不通汉语，提出要求使用自己民族语言，庭中又没有懂少数民族语言的人，法院遂聘请有关人员为其翻译。期间，辩护人王某提出辩护意见：被告人陈某的行为不构成生产、销售不符合卫生标准的食品罪，因为陈某没有犯罪故意。法院在经过认真审查后认为，被告人陈某在获知部分市民因食用中毒的咸水鸭腹泻的情况下，已明知这种咸水鸭是不符合卫生标准的，但为牟取暴利，仍继续出售剩余的咸水鸭，在犯罪主观状态上已构成了故意，符合生产、销售不符合卫生标准的食品罪的构成要件。

同时，辩护人王某又代表当事人陈某提出申请审判人员甲回避，合议庭认为此回避申请符合法定条件，同意了被告人的申请，另派审判员乙组成了合议庭，经过合议庭评议，对被告人陈某判处有期徒刑3年，罚金2万元。在判决宣布后，被告人陈某当庭不服，在法定期间内向上一级人民法院提起了上诉。上一级人民法院经过认真审理，认为原判决认定事实清楚，证据确实充分，程序合法，依法驳回了被告人的上诉。

【法理与法律适用分析】

《刑事诉讼法》第14条规定："人民法院、人民检察院和公安机关应当保障犯罪嫌疑人、被告人和其他诉讼参与人依法享有的辩护权和其他诉讼权利。"这包括三方面含义：一是人民法院、人民检察院和公安机关对所有诉讼参与人依法享有的诉讼权利，都应当给予保障。二是对于未成年的犯罪嫌疑人、被告人的诉讼权利，依法应当给予特别的保护。三是赋予诉讼参与人控告权。

本案中，在侦查阶段公安机关依法保障了犯罪嫌疑人委托律师帮助的权利，在审查起诉阶段检察院告知其可以委托辩护人，是保障其委托辩护人的权利的要求。同时，辩护人到检察院查阅、复制、摘抄相关材料以及向有关证人询问，正是行使阅卷权和调查取证权的体现。在审判阶段，陈某作为少数民族人员，有使用自己民族语言的权利，对此法院予以了保障。辩护人王某在法庭上对控方的定性进行辩论，是行使辩护权的体现，同时当事人拥有申请回避的权利，对此法院依法予以了保障。在判决宣布后，陈某提出上诉，则是正确行使上诉权的体现。

【法条链接】

《宪法》

第一百二十五条　人民法院审理案件，除法律规定的特别情况外，一律公开进行。被告人有权获得辩护。

《刑事诉讼法》

第十四条　人民法院、人民检察院和公安机关应当保障犯罪嫌疑人、被告人和其他诉讼参与人依法享有的辩护权和其他诉讼权利。

第二十八条　审判人员、检察人员、侦查人员有下列情形之一的，应当自行回避，当事人及其法定代理人也有权要求他们回避：

......

第三十三条　犯罪嫌疑人自被侦查机关第一次讯问或者采取强制措施之日起，有权委托辩护人；在侦查期间，只能委托律师作为辩护人。被告人有权随时委托辩护人。

侦查机关在第一次讯问犯罪嫌疑人或者对犯罪嫌疑人采取强制措施的时候，应当告知犯罪嫌疑人有权委托辩护人。人民检察院自收到移送审查起诉的案件材料之日起三日以内，应当告知犯罪嫌疑人有权委托辩护人。人民法院自受理案件之日起三日以内，应当告知被告人有权委托辩护人。犯罪嫌疑人、被告人在押期间要求委托辩护人的，人民法院、人民检察院和公安机关应当及时转达其要求。

......

第三十八条　辩护律师自人民检察院对案件审查起诉之日起，可以查阅、摘抄、复制本案的案卷材料。其他辩护人经人民法院、人民检察院许可，也可以查阅、摘抄、复制上述材料。

第四十一条第二款　辩护律师经人民检察院或者人民法院许可，并且经被害人或者其近亲属、被害人提供的证人同意，可以向他们收集与本案有关的材料。

第二百一十六条第一款　被告人、自诉人和他们的法定代理人，不服地方各级人民法院第一审的判决、裁定，有权用书状或者口头向上一级人民法院上诉。被告人的辩护人和近亲属，经被告人同意，可以提出上诉。

【典型案例目录索引】

1. 刘某故意伤害案

——审判长拒绝被害人发问，侵害其诉讼权利

载武延平、刘根菊、杨雄编著：《刑事诉讼法案例教程》，北京大学出版社2003年版，第38页。

2. 杨某涉嫌爆炸罪案

——程序不公正，被告人权利屡遭侵犯

载樊崇义主编：《刑事诉讼法学案例教程》，知识产权出版社2003年版，第74－75页。

【参考阅读的文献资料】

1. 陈光中：《刑事诉讼法》（第三版），北京大学出版社、高等教育出版社2009年版。
2. 陈卫东：《刑事诉讼法》，中国人民大学出版社2008年版。
3. 叶青：《刑事诉讼法学》（第三版），上海人民出版社、北京大学出版社2013年版。

第十二节　依法不追究原则

一、依法不追究原则的情形

《刑事诉讼法》第15条确立了具有法定情形的不予追究刑事责任原则，规定有下列情形之一的，不追究刑事责任，已经追究的，应当撤销案件，或者不起诉，或者终止审理，或者宣告无罪。依法不追究刑事责任的情形有如下六种：

1. 情节显著轻微，危害不大，不认为是犯罪的。犯罪的显著特征在于社会危害性，有些行为虽然具有社会危害性，但性质不严重，情节显著轻微，危害不大，没有达到构成犯罪的程度，不应追究刑事责任，也就没有必要进行追诉。

【案例 4-12-01】2008 年 11 月,被告人张某因生活琐事与邻居李某在院门口发生口角,继而双方发生扭打。在扭打过程中,张某随手拿起旁边的塑料棒打击李某左臂,李某挣扎逃跑,并报案。公安机关随即立案进行调查,后经法医鉴定李某所受伤害为轻微伤,公安机关认为张某犯罪情节显著轻微,危害不大,便撤销案件。后经双方当事人和解,达成协议,张某对李某医药费等予以赔偿。本案中,张某行为显著轻微,危害不大,没有达到犯罪的程度,依照刑诉法规定,理应不予追究其刑事责任。公安机关的做法符合法律规定。

2. 犯罪已过追诉时效期限的。法律规定对已过追诉时效期限的不再追究刑事责任,是因为犯罪经过一定期限后,犯罪分子对社会已无危害,没有必要再追究其刑事责任。但是人民法院、人民检察院和公安机关已经采取强制措施,而逃避侦查和审判的,不受追诉时效的限制。

3. 经特赦令免除刑罚的。这是指虽然确有犯罪事实存在,但国家颁布了特赦令,不再予以追究犯罪人的刑事责任。特赦是国家针对特殊的罪犯赦免其刑罚的制度,特赦令具有特别法的效力。根据我国《宪法》第 67 条规定,全国人民代表大会常务委员会有权决定特赦,特赦可以减轻或者免除罪犯的刑罚。当最高国家权力机关已经发布特赦令,公、检、法机关就应当根据特赦令不再追究。

4. 依照刑法告诉才处理的犯罪,没有告诉或者撤回告诉的。根据我国刑法规定,告诉才处理的犯罪有:侮辱罪、诽谤罪、暴力干涉婚姻自由罪、虐待罪、侵占罪。这些犯罪以被害人的告诉作为追究刑事责任的前提条件,被害人及其法定代理人没有告诉或者告诉后又撤回的,则不予追究刑事责任。

5. 犯罪嫌疑人、被告人死亡的。这里是指被告人在追诉前或在诉讼过程中已经死亡的。我国刑法实行罪责自负原则,被告人既然已经死亡,已无科刑对象,再继续追究其刑事责任就无实际意义了。

【案例 4-12-02】杨某系北京某食品有限公司职工,因爱慕他人,对其妻王某遂起杀意。2010 年 4 月 27 日晚,杨某驾车将妻子王某带至通州区马驹桥镇,用三个塑料袋套住王某头部,并用塑料胶带缠绕王某颈部及双手腕部将王某杀害并将王某尸体掩埋于北京市通州区。随后,杨某到公安机关自首。公安机关侦查终结移送检察院审查起诉,检察院认为事实清楚、证据确实充分遂决定向人民法院提起公诉。在此期间,杨某却因畏罪心理,终日惶恐,情绪极不稳定,在看守所内撞墙而死。检察院于是作出不起诉决定。被害人家属无理取闹,认为检察院徇私枉法。本案,被告人杨某在追诉前或在诉讼过程中已经死亡,按照刑诉法规定,被告人既然已经死亡,已无科刑对象,再继续追究其刑事责任已无意义,检察院做法符合法律规定。

6. 其他法律规定免予追究刑事责任的。这是指除了《刑事诉讼法》和《刑法》规定的以外,其他法律中规定免予追究刑事责任的,人民法院、人民检察院和公安机关应当依法不予追究。

二、贯彻依法不追究原则的要求

贯彻依法不予追究的原则,应当根据案件的不同情况和诉讼的不同阶段作出不同的处理。在立案前的审查中,如果发现存在上述六种情形之一的,作出不立案的决定。在立案后的诉讼过程中,发现案件具有上述六种情形之一的,应当根据相应的诉讼程序,作出相应的处理,终止诉讼活动。在侦查阶段应由侦查机关决定撤销案件;在审查起诉阶段,应由检察机关作出不起诉的决定;在审判阶段,属于《刑事诉讼法》第 15 条规定的第一种情形的,应当判决宣告无罪,属于其他五种情形的,应当裁定终止审理,宣告不予追究刑事责任。

实行依法不追究原则,可以保障国家追诉权能够得到统一正确的行使,防止扩大追诉范围,保障依法不应追究刑事责任的人不被追究,从而保护公民的合法权益。此外,实行依法不追究原则,也可以避免司法机关进行无效劳动,节省司法资源,提高诉讼效率。

【典型案例】
【案例 4-12-03】
王某是某市机械制造厂的职工,1998 年 1 月在上班工作中,由于机器故障,车床压模轮轴突然加速旋转,王某躲闪不及,右小臂被卷进车床,随后共花费医疗费 8,842 元。出院后,单位以"无法适应工作"为由解除了王某劳动合同,并且拒不支付住院期间工资。王某因为多次讨要自己的医疗费和工资 10,762 元未果,同年 9 月 27 日,王某申请劳动仲裁,由于超过工伤后申请劳动仲裁 60 天的时效,王某申请被驳回。10 天后,王某将该厂告上法院,结果败诉。被逼无奈,王某趁老板出差之际混进办公室,窃取 10,762 元。在得知窃贼为王某后,该厂老板并未及时报案,而是先寻找王某下落。

2004 年 11 月初,该老板与王某在饭店邂逅,遂将王某扭送到了公安局。12 月 4 日,因为盗窃罪,王某被检察院提起公诉。经过法庭审理,法院判决,该案已经超过追诉时效,应不予追究王某的刑事责任,决定终止审理。

【法理与法律适用分析】
《刑事诉讼法》第 15 条规定,有下列情形之一的,不追究刑事责任,已经追究的,应当撤销案件,或者不起诉,或者终止审理,或者宣告无罪:(1)情节显著轻微、危害不大,不认为是犯罪的;(2)犯罪已过追诉时效期限的。同时《刑法》对于"犯罪已过追诉时效期限"有如下规定,法定最高刑为不满 5 年有期徒刑的,经过 5 年。

本案中,根据《刑法》有关规定,应对王某判处 3 年以下有期徒刑,故其追诉时效适用《刑法》第 87 条第一款规定。但是,由于案发后被害人未能及时报案,同时根据《刑事诉讼法》有关规定,王某盗窃罪已过追诉时效,应当不予追究其刑事责任,所以法院终止审理是正确的做法,符合法律规定。

【法条链接】
《刑事诉讼法》
第十五条 有下列情形之一的,不追究刑事责任,已经追究的,应当撤销案件,或者不起诉,或者终止审理,或者宣告无罪:
(一)情节显著轻微、危害不大,不认为是犯罪的;
(二)犯罪已过追诉时效期限的;
(三)经特赦令免除刑罚的;
(四)依照刑法告诉才处理的犯罪,没有告诉或者撤回告诉的;
(五)犯罪嫌疑人、被告人死亡的;
(六)其他法律规定免予追究刑事责任的。

【典型案例目录索引】
1. 林玉兰被诉诽谤案
——双方和解,原告撤诉
载陈光中主编:《刑事诉讼法教学案例》,法律出版社2007年版,第49-50页。
2. 程某故意杀人案
——犯罪分子藏匿16年,难逃法律制裁
载樊崇义主编:《刑事诉讼法学案例教程》,知识产权出版社2003年版,第77-78页。
【参考阅读的文献资料】
1. 陈光中:《刑事诉讼法》(第三版),北京大学出版社、高等教育出版社2009年版。
2. 陈卫东:《刑事诉讼法学研究》,中国人民大学出版社2008年版。
3. 宋英辉:《刑事诉讼法学》(第二版),中国人民大学大学出版社2011年版。
4. 叶青:《刑事诉讼法学》(第三版),上海人民出版社、北京大学出版社2013年版。
5. 王新清:《以案说法——刑事诉讼法篇》,中国人民大学出版社2005年版。

第十三节 国家主权原则

一、国家主权原则的内容

《刑事诉讼法》第16条规定:"对于外国人犯罪应当追究刑事责任的,适用本法的规定。对于享有外交特权和豁免权的外国人犯罪应当追究刑事责任的,通过外交途径解决。"这一规定是国家主权原则在刑事诉讼中的具体体现。

刑事司法中贯彻执行的国家主权原则,也叫追究外国人刑事责任适用我国刑事诉讼法的原则。其主要内容包括以下两个方面:

1. 外国人在我国领域内犯罪,或在我国领域外对我国国家和公民犯罪的,凡应当追究刑事责任的,应由我国司法机关依照我国《刑事诉讼法》规定的程序进行追究。这里的外国人,是指不具有中华人民共和国国籍的人,包括具有外国国籍的人,无国籍的人和国籍不明的人。外国人的"犯罪",包括在我国主权领土范围内(领空、领陆、领水及我国的船舶、飞行器等)的犯罪,也包括在我国主权领土范围外针对我国及我国公民的犯罪。适用我国《刑事诉讼法》的程序,是指我国的司法机关对于外国人犯罪有司法管辖权,即立案侦查权、适用强制措施权、审判权和执行权。

2. 对享有外交特权和豁免权的外国人犯罪应当追究刑事责任的,通过外交途径解决。这一规定是保证某些从事外交工作的外国人执行职务的需要,也是国际惯例和国与国之间平等互惠原则的要求。根据1986年9月5日公布施行的《中华人民共和国外交特权与豁免权条例》的规定,享有外交特权和豁免权的人包括:外国驻中国使馆的外交代表以及他们的家属;来中国访问的外国国家元首、政府首脑、外交部长及其他具有同等身份的官员;途经中国的外国驻第三国的外交代表和与其共同生活的配偶及未成年子女;持有中国外交签证或者持有外交护照来中国的外交官员;经中国政府同意给予外交特权和豁免权的其他来中国访问的外国人士。

二、贯彻国家主权原则的要求

在刑事司法中贯彻国家主权原则,要求司法机关做到以下两个方面:一是对于外国人犯罪的案件,凡是依法有管辖权的,应当敢于行使司法管辖权,严格按照我国的法律规定,以及我国参加的国际条约的规定,认真追究其刑事责任,通过公正的诉讼程序来维护国家刑事司法主权。二是,凡是属于享有外交特权和豁免权的人的犯罪案件,我国司法机关不得以任何借口行使刑事司法管辖权,只能通过外交途径解决。同时,对于任何国家,无论强弱、大小,都应同等对待。

【典型案例】

【案例4-13-01】

被告人怀特,男,28岁,法国人。2000年9月22日,怀特与同机组人员在某国境内驾驶一架民航客机执行航空任务。怀特在登机时就将事先准备好的一把长约二尺的匕首和重约两公斤的炸药带入飞机驾驶舱。北京时间9时30分,该客机载客110人由某国的一城市飞往另一城市。11时15分,怀特趁领航员上厕所之际,将机械师骗出驾驶舱,随后锁上驾驶门,持刀威胁正在驾驶飞机的机长向北飞行。机长被迫改变方向,使飞机进入中国领空,14时50分,该机因需加油降落于我国某地的农田里。怀特被我国司法机关抓获。经查,怀特为法国普通公民,不享有外交特权与豁免权。怀特称自己是法国人,不受中国刑事诉讼法管辖。

【法理与法律适用分析】

《刑事诉讼法》第16条规定:"对于外国人犯罪应当追究刑事责任的,适用本法的规定。对于享有外交特权和豁免权的外国人犯罪应当追究刑事责任的,通过外交途径解决。"

本案中,怀特行为已经涉嫌犯罪,但并不属于享有外交特权和豁免权的外国人,因此对其追诉应当适用我国《刑事诉讼法》。我国公安机关有权对其侦查,并由检察院向法院提起公诉,这是维护我国刑事司法主权的必然要求。

【法条链接】

《刑事诉讼法》

第十六条 对于外国人犯罪应当追究刑事责任的,适用本法的规定。对于享有外交特权和豁免权的外国人犯罪应当追究刑事责任的,通过外交途径解决。

【典型案例目录索引】

1. 拉希姆·穆罕默德等盗窃案

——外国人犯罪,法院判决被逐出境

载杨华、李艳玲、曹晓霞主编:《刑事诉讼法案例点评》,中国人民公安大学出版社2005年版,第25页。

2. 汤姆故意伤害案

——追究外国人刑事责任适用我国刑事诉讼法

载梅新和、陈新城编著:《刑事诉讼实务问答与案例精析》,法律出版社2008年版,第161-163页。

【参考阅读的文献资料】

1. 陈光中:《刑事诉讼法》(第三版),北京大学出版社、高等教育出版社2009年版。
2. 陈卫东:《刑事诉讼法学研究》,中国人民大学出版社2008年版。
3. 宋英辉:《刑事诉讼法学》(第二版),中国人民大学大学出版社2011年版。
4. 叶青:《刑事诉讼法学》(第三版),上海人民出版社、北京大学出版社2013年版。
5.《中华人民共和国刑事诉讼法(案例应用版)》,中国法制出版社2009年版。

第五章 刑事诉讼中的专门机关和诉讼参与人

第一节 刑事诉讼中的专门机关

刑事诉讼中的专门机关,是指依照法定职权进行刑事诉讼活动的国家机关,主要包括人民法院、人民检察院、公安机关。另外,还包括国家安全机关、军队保卫部门、监狱、海关走私犯罪侦查部门等。在刑事诉讼中,各专门机关的地位和作用是不同的,这些机关分别行使侦查、检察、审判、执行的职权,实行分工负责、互相配合、互相制约的原则,共同完成打击犯罪与保护人权的任务,保障公共安全,维护社会秩序。

一、人民法院

根据《宪法》第 123 条和《人民法院组织法》第 1 条的规定,人民法院是国家的审判机关。人民法院的任务是审判刑事案件、民事案件和行政案件,并且通过审判活动,惩办一切犯罪分子,解决民事、行政纠纷,以保卫人民民主专政制度,维护社会主义法制和社会秩序,保护社会主义全民所有的财产、劳动群众集体所有的财产,保护公民私人所有的财产,保护公民的人身权利、民主权利和其他权利,保障社会主义建设事业的顺利进行,并教育公民忠于社会主义祖国,自觉地遵守宪法和法律。

《刑事诉讼法》第 3 条规定,审判由人民法院负责。第 12 条规定,未经人民法院依法判决,对任何人都不得确定有罪。可见,人民法院是唯一有权审理和判决刑事案件的专门机关,审判是刑事诉讼的核心阶段,只有经过人民法院审判,才能确定被告人是否有罪,应否判处刑罚及判处何种刑罚。

《人民法院组织法》第 2 条规定,中华人民共和国的审判权由下列人民法院行使:地方各级人民法院;军事法院等专门法院;最高人民法院。

地方各级人民法院包括高级人民法院、中级人民法院和基层人民法院。

省、自治区、直辖市设高级人民法院。高级人民法院审判下列案件:(1)法律、法令规定由它管辖的第一审案件;(2)下级人民法院移送审判的第一审案件;(3)对下级人民法院判决和裁定的上诉案件和抗诉案件;(4)人民检察院按照审判监督程序提出的抗诉案件。

省辖市、地、州、盟设中级人民法院。中级人民法院审判法律、法令规定由它管辖的第一审案件、基层人民法院移送审判的第一审案件、对基层人民法院判决和裁定的上诉案件和抗诉案件,以及人民检察院按照审判监督程序提出的抗诉案件。中级人民法院对它所受理的案件,认为案情重大应当由上级人民法院审判时,可以请求移送上级人民法院审判。

市辖区、县、自治县、县级市、旗设基层人民法院。基层人民法院根据地区、人口和案件情况可以设立若干人民法庭,行使部分审判权。人民法庭是基层人民法院的组成部分,它的判决和裁定就是基层人民法院的判决和裁定。基层人民法院受理除上级人民法院管辖的第一审案件外的所有第一审案件。

专门人民法院是在上述普通法院之外设立的专门性人民法院。我国目前建立的专门法院有军事法院、铁路运输法院和海事法院。其中海事法院没有刑事案件审判权。

最高人民法院是我国最高审判机关。管辖法律规定由其管辖的第一审案件和认为应当由自己管辖的第一审案件,管辖对高级人民法院、专门人民法院的判决和裁定上诉和抗诉案件,对最高人民检察院按照审判监督程序提起再审的案件进行审判,对于在审判过程中如何具体适用法律、法令的问题,进行解释。

人民法院上下级之间是监督关系。根据《宪法》第127条及《人民法院组织法》及《刑事诉讼法》的相关规定,上级人民法院监督下级人民法院的审判工作,最高人民法院监督地方各级人民法院和专门人民法院的审判工作。人民法院的监督不是通过对具体案件的指导实现的,各级人民法院依照职权独立地进行审判,上级人民法院不应对下级人民法院正在审理的案件作出决定,指令下级人民法院执行。下级人民法院也不应将案件在判决之前报送上级人民法院,请求审查批示。上级人民法院应当通过二审程序、审判监督程序、死刑复核程序维持下级人民法院正确的判决和裁定,纠正错误的判决和裁定来实现监督。这种审判监督表现在以下方面:(1)通过第二审程序审查下级人民法院未发生法律效力的一审裁判认定事实是否清楚,适用法律是否正确,诉讼程序是否合法,如有错误则按法定程序予以纠正;(2)通过审判监督程序纠正下级人民法院已发生法律效力的确有错误的裁判;(3)最高人民法院和高级人民法院通过对判处死刑立即执行和死刑缓期两年执行案件的死刑复核程序对下级人民法院审判的死刑案件实行监督;(4)最高人民法院通过依法解释法律、法令等方法,指导、监督各级人民法院的审判工作;(5)通过检查工作、总结经验,发现问题,对下级法院的审判工作实施监督和指导。

二、人民检察院

《宪法》第129条,《人民检察院组织法》第1条规定,中华人民共和国人民检察院是国家的法律监督机关,是代表国家行使检察权的专门机关。根据《刑事诉讼法》第3条和第8条的规定,人民检察院在刑事诉讼中的职权包括三个方面:检察机关直接受理的案件的侦查;代表国家提起公诉;依法对刑事诉讼活动实行法律监督。

根据《宪法》和《人民检察院组织法》的规定,人民检察院的组织设置是:

1. 最高人民检察院。最高人民检察院是全国检察院的领导机关。其主要职责是:领导地方各级人民检察院和专门人民检察院的工作;对全国的重大刑事案件行使检察权;对各级人民法院已经发生效力的判决和裁定,如果发现确有错误,按照审判监督程序提出抗诉;依法对监狱、看守所的活动进行监督;依法对刑事诉讼、民事诉讼和行政诉讼实行法律监督;对检察过程中具体应用法律、法令的问题进行解释;制定检察工作条例、细则和办法;规定各级人民检察院的人员编制。

2. 地方各级人民检察院。地方各级人民检察院分为:(1)省、自治区、直辖市人民检察院;(2)省、自治区、直辖市人民检察院分院,自治州和省辖市人民检察院;(3)县、市、自治县和市辖区人民检察院。其中,省一级人民检察院和县一级人民检察院,根据工作需要,提请本级人民代表大会常务委员会批准,可以在工矿区、农垦区、林区等区域设置人民检察院,作为派出机构。此外,为适应检察工作的需要,地方各级人民检察院还先后在监狱、劳教所、看守所设立了驻监、驻所检察室,在税务机关设立了税务检察室。地方各级人民检察院的主要职责是:对本辖区内的重大刑事案件行使检察权;对需要提起公诉的案件进行审查,决定是否提起公诉;依法对刑事诉讼进行法律监督。

3. 专门人民检察院。专门人民检察院是在最高人民检察院领导下,在特定的行业部门和组织系统内设立的检察机关。我国的专门人民检察院有中国人民解放军军事检察院和铁路运输检察院。军事检察院是设立在中国人民解放军中的专门法律监督机关,对现役军人实施的违反职责罪和其他刑事案件依法行使检察权。军事检察院分三级:中国人民解放军军事检察院,大军区级军事检察院和基层军事检察院。铁路检察院包括铁路运输检察院分院和基层铁路运输检察院。

我国检察机关实行双重领导体制:一方面,各级人民检察院由同级人民代表大会产生,对它负责,受它监督;另一方面,最高人民检察院领导地方各级人民检察院和专门人民检察院的工作,上级人民检察院领导下级人民检察院的工作,并可以直接参与指挥下级检察院的办案活动。在刑事诉讼中,这种领导与被领导的关系表现为:上级人民检察院,包括最高人民检察院可以直接参加并领导下级人民检察院对自侦案件的侦查工作;可以对下级人民检察院的审查批捕和审查起诉活动进行指导和作出指示;对上级检察机关的指令或决定,下级检察机关应当执行;上级检察机关可以决定撤销下级检察机关不正确的不起诉决定,可以向同级人民法院撤回下级人民检察院对同级人民法院提起的不正确的抗诉;最高人民检察院通过对检察工作具体应用法律问题的解释指导各级人民检察院的工作。

在我国的生活中,监督机制广泛存在,如党纪监督、政纪监督、社会监督、审计监督、舆论监督、群众监督等。与之相比,人民检察院的法律监督具有以下几个特点:一是专门性,即人民检察院既不行使行政职权,也不行使审判职权,而是以法律监督的统一正确实施为专门职责。二是监督的强制性和有效性,为了充分发挥检察机关法律监督的作用,维护法律的尊严,法律赋予检察机关相应的职权和手段,如对于贪污贿赂、渎职等职务犯罪有权直接立案侦查;对于构成犯罪需要追究刑事责任,代表国家提起公诉。对于错误判决有权提起抗诉从而启动二审程序和审判监督程序;对于公安机关应当立案而不立案并且不立案的理由不能成立的,有权通知公安机关立案;对于侦查、审判活动的违法行为有权提出意见,要求纠正等。三是监督范围和对象的特定性,检察机关对有关国家机关实行法律监督,即对公安机关、人民法院、监狱、看守所和劳动教养机关的活动是否合法进行监督,而不是对所有国家机关实行普遍意义上的监督;对国家工作人员的法律监督仅限于对依照刑法规定构成职务犯罪的案件进行监督,而不是对所有国家工作人员一般违反党纪、政纪的案件进行监督;对公民实行法律监督,只限于对违反刑法,需要追究刑事责任的案件进行监督。

【案例5-1-01】2007年7月,被告人张嵩在中国移动某营业厅做实习员工,利用工作便利,将某机主的3个好号码和所存23,982元话费,过户到以自己照片办理的名为胡聪的假驾驶证名下,后又将此3个号码以人民币73,500元卖给他人。2008年12月,武汉市硚口区人民法院一审以盗窃罪、诈骗罪数罪并罚判处张嵩有期徒刑9年6个月,并处罚金15,000元,赃款人民币49,518元,予以追缴。一审宣判后,武汉市硚口区人民检察院提出抗诉,认为一审量刑畸重,张嵩的利用职务之便将他人号码过户的行为构成职务侵占罪,随后的卖号行为构成诈骗罪,张嵩的行为构成牵连犯,应以诈骗罪一罪论处。武汉市人民检察院支持硚口区人民检察院抗诉,但是认为其抗诉理由不当,认为过户行为应当构成盗窃罪,应以盗窃罪一罪论处,盗窃数额为手机内所存话费即23,982元。

武汉市中级人民法院经审理后认为,张嵩将他人的3个手机号码及预存话费变卖,是盗窃后的销赃行为,不成立牵连犯,不应重复归罪,应以盗窃罪一罪论处。且电话号码是电子代码,根据国家有关规定它本身不具有价值,但是在市场交易中,它又有市场需求,能实现其经济价值,由于其价值具有不确定性,从有利于被告人的原则出发,对张嵩取得号码后卖给他人获取钱财的数额不宜认定为盗窃的犯罪数额,本案盗窃数额为电话号码的预存话费23,982元。张嵩以非法占有为目的,秘密窃取他人电话号码和话费人民币23,982元,数额巨大,其行为已构成盗窃罪。张嵩盗窃电话号码变卖所得系非法收入,依法应予以追缴。湖北省武汉市中级人民法院作出二审终审判决,以盗窃罪判处罪犯张嵩有期徒刑6年,并处罚金,追缴赃款及非法所得人民币73,500元。

依据《刑事诉讼法》第217条规定:"地方各级人民检察院认为本级人民法院第一审的判决、裁定确有错误的时候,应当向上一级人民法院提出抗诉。"由此可见,人民检察院对于错误判决有权提起抗诉从而启动二审程序。本案中,硚口区人民检察院认为法院量刑畸重提出上诉。同时上级人民检察院依法对下级人民检察院行为进行纠正,这充分体现了检察院的法律监督职能以及上级对下级人民检察院的领导作用。

三、公安机关

我国公安机关是各级行政机关即各级人民政府的组成部分,是国家的治安保卫机关。公安机关的任务是:维护社会秩序,预防犯罪,侦查和打击危害国家安全的犯罪和其他刑事犯罪,保护国家、集体和个人所有的合法财产,保护公民的人身安全和其他合法权益,保卫人民民主专政,保卫社会主义制度,保障社会主义现代化建设的顺利进行。从性质上来看,公安机关与人民检察院和人民法院不同。根据宪法的规定,人民检察院和人民法院由同级人大及其常委会产生并对其负责,因而属司法机关。公安机关属同级人民政府的一个职能部门,在性质上属行政机关。

公安机关均设置在各级人民政府之中。中央人民政府即国务院设有公安部,是全国公安机关的领导机关;省、自治区、直辖市的人民政府设有公安厅(局);地区行政公署和自治州、省或者自治区辖市、盟的人民政府设有公安处(局);县、自治县,县级市、旗的人民政府设有公安局,直辖市和其他设区的市的市辖区人民政府设有公安分局。铁路、民航、水运等系统的公安部门,是公安机关的组成部分。公安派出所是基层公安机关的派出机构,履行基层公安机关的部分职责。

公安机关既是各级人民政府的职能部门,行使行政管理职能,也是参与刑事诉讼的重要专门机关,其工作范围和职权非常广泛。在刑事诉讼中,公安机关的主要任务是负责刑事案件的侦查和部分刑罚的执行。公安机关有权进行勘验、检查、搜查、扣押、鉴定、通缉、讯问犯罪嫌疑人、询问证人和被害人等活动;有权采用拘传、取保候审、监视居住、拘留等强制措施;有权提请检察机关批准逮捕,对人民检察院不批准逮捕的决定有权要求复议和提请复核;逮捕犯罪嫌疑人一律由公安机关执行,并负责对在押犯罪嫌疑人看管;对侦查终结的案件,有权提出起诉意见。此外,对于判处管制、宣告缓刑、剥夺政治权利、假释和暂予监外执行的罪犯,公安机关有执行、监督和考察的权能。

四、其他专门机关

刑事诉讼中的专门机关是除了人民法院、人民检察院、公安机关之外,还有其他机关参与刑事诉讼,担负重要的刑事诉讼职能。

1. 国家安全机关是国家的安全保卫机关,是各级人民政府的组成部分。为了适应改革开放形势下对敌斗争的需要,加强同危害国家安全的犯罪做斗争,有效地保卫国家安全,1983年6月,第六届全国人民代表大会第一次会议决定设立国家安全机关。根据《全国人民代表大会常务委员会关于国家安全机关行使公安机关的侦查、拘留、预审和执行逮捕的职权的决定》,国家安全机关承担原由公安机关主管的间谍、特务案件的侦查工作。《刑事诉讼法》第4条规定,国家安全机关依照法律规定,办理危害国家安全的刑事案件,行使与公安机关相同的职权。由此进一步明确了国家安全机关在刑事诉讼中的地位和职权。

【案例5-1-02】1994年6月李庆生去中国台湾定居,其后中国台湾间谍机关频繁与其接触,以金钱、美色为诱饵不断对其策反。1997年11月李庆生在台湾参加间谍组织,接受了台湾间谍机关搜集大陆情报的任务和间谍活动专业训练,领取了活动经费,配备了间谍活动工具,规定了化名,约定了暗语及通联方法。此后近6年来,李庆生在安徽利用其合法身份,广泛搜集大陆有关政治、经济、军事领域的情报,并以出境探亲或利用台湾间谍机关交通人员入境交接的方式,向台湾间谍机关报送,还多次赴台接受台湾间谍机关的训练指导。张新民等人接受台湾间谍机关指派担任李庆生的专勤交通,自1999年以来先后轮流在香港、上海、合肥、安庆、广州、厦门等地与李庆生交接情报、传递指令、输送间谍活动经费和间谍活动工具近20次。2003年9月张新民入境活动时被国家安全机关抓获。安庆市中级人民法院一审以间谍罪分别判处李庆生、张新民有期徒刑11年、10年。依据《刑事诉讼法》第4条规定:国家安全机关依照法律规定,办理危害国家安全的刑事案件,行使与公安机关相同的职权。办案中,张某、李某因涉嫌间谍罪,属于危害国家安全的犯罪,理应由国家安全机关进行侦查,并交由人民法院进行审判。

2. 军队保卫部门是中国人民解放军的政治安全保卫机关,负责侦查军队内部发生的刑事案件。1993年12月29日第八届全国人大常委会第五次会议通过的《全国人民代表大会常务委员会关于中国人民解放军保卫部门对军队内部发生的刑事案件行使公安机关的侦查、拘留、预审和执行逮捕的职权的决定》规定,中国人民解放军保卫部门承担军队内部发生的刑事案件的侦查工作,同公安机关对刑事案件的侦查工作性质相同。军队保卫部门在刑事诉讼中,可以行使宪法和法律规定的公安机关的侦查、拘留、预审和执行逮捕的职权。2012年修正的刑事诉讼法第290条对此作出了进一步规定。

3. 1994年12月29日颁布实施的《监狱法》第60条规定,对罪犯在监狱内犯罪的案件,由监狱进行侦查。在侦查中,监狱享有同公安机关侦查案件相同的职权,如讯问犯罪嫌疑人、询问证人、勘验、检查、搜查、扣押、鉴定等。侦查终结后,监狱认为应当追究犯罪嫌疑人刑事责任的,将起诉意见书、案件材料和主要证据等一并移送人民检察院审查起诉。此外,根据刑事诉讼法和监狱法的有关规定,监狱在刑事诉讼过程中还享有一些其他职权,如在罪犯服刑期间,发现在判决时所没有发现的新的罪行,有权移送人民检察院处理;对罪犯应予监外执行的,有权提出书面意见,报省、自治区、直辖市监狱管理机关批准;被判处死缓的罪犯,在执行期间,如果没有故意犯罪的,2年后有权提出减刑建议,报省、自治区、直辖市监狱管理机关审核后,报请相应的高级人民法院裁定;对罪犯在执行期间具备法定的减刑、假释条件的,有权提出减刑或假释建议,报人民法院审核裁定;在刑罚执行过程中,如果认为判决确有错误或罪犯提出申诉的,有权转交人民检察院或人民法院处理。

4. 为了加大对走私犯罪的打击力度,为严厉打击走私犯罪活动,1999年1月,经国务院批准,组建了走私犯罪侦查局(公安部二十四局),设在海关总署,受海关总署和公安部双重领导,以海关总署领导为主。走私犯罪侦查局在广东分署、各直属海关及其分支机构设立了42个走私犯罪侦查分局和116个走私犯罪侦查支局。2001年,经国务院批准,海关总署广东分署、部分直属海关走私犯罪侦查分局列入所在省、自治区、直辖市公安厅(局)序列。2002年12月,经国务院办公厅批准,海关总署走私犯罪侦查局更名为海关总署缉私局,各海关走私犯罪侦查分局更名为海关缉私局,各海关走私犯罪侦查支局更名为海关缉私分局。缉私警察是对走私犯罪案件依法进行侦查、拘留、执行逮捕、预审的专职刑警队伍。各走私犯罪侦查机关负责其所在海关业务管辖区域内的走私犯罪案件的侦查工作。

【典型案例】
【案例5-1-03】

2010年10月20日23时许,被告人药家鑫驾驶红色雪佛兰小轿车从西安长安送完女朋友返回西安,当行驶至西北大学长安校区外西北角学府大道时,撞上前方同向骑电动车的张妙,后药家鑫下车查看,发现张妙倒地呻吟,因怕张妙看到其车牌号,以后找麻烦,便产生杀人灭口之恶念,遂转身从车内取出一把尖刀,上前对倒地的被害人张妙连捅数刀,致张妙当场死亡。杀人后,被告人药家鑫驾车逃离现场,当车行至郭杜十字时再次将两情侣撞伤,逃逸时被附近群众抓获,后被公安机关释放。经法医鉴定:死者张妙系胸部锐器刺创致主动脉、上腔静脉破裂大出血而死亡。

案发当晚,在翰林路北段附近同一时间段内还发生了一起交通事故。专案组对在此事故中的肇事车雪佛兰克鲁兹进行了认真勘查,并和"10·20"案件现场物证进行比对,认定该肇事车应和"10·20"案件受害人被撞击的车辆为同一辆车,从而认定雪佛兰克鲁兹车主有重大作案嫌疑。专案组很快查到车主名叫药家鑫,于10月22日将其抓获,药家鑫对自己10月20日晚将受害人撞倒后又杀害的犯罪事实供认不讳。11月23日晚,疑犯药家鑫被长安警方依法刑事拘留。11月25日,经长安检察机关批准,因涉嫌故意杀人罪,疑犯药家鑫被依法逮捕。

2011年1月11日,经公安机关侦查终结,西安市检察院认为事实清楚、证据确实充分,以故意杀人罪对药家鑫提起了公诉。同年4月22日在西安市中级人民法院一审宣判,药家鑫犯故意杀人罪,被判处死刑,剥夺政治权利终身,并处赔偿被害人家属经济损失45,498.5元。5月20日,陕西省高级人民法院对药家鑫案二审维持一审死刑判决。并依法报请最高人民法院进行核准。最高人民法院经复核认为,第一审判决、第二审裁定认定的事实清楚,证据确实、充分,定罪准确,量刑适当,审判程序合法,故依法作出核准死刑的裁定。2011年6月7日上午,药家鑫被执行死刑。

【法理与法律适用分析】

我国《刑事诉讼法》第3条规定,对刑事案件的侦查、拘留、执行逮捕、预审,由公安机关负责。检察、批准逮捕、检察机关直接受理的案件的侦查、提起公诉,由人民检察院负责。审判由人民法院负责。除法律特别规定的以外,其他任何机关、团体和个人都无权行使这些权力。人民法院、人民检察院和公安机关进行刑事诉讼,必须严格遵守本法和其他法律的有关规定。由此可见,只有公、检、法三机关有权行使侦查权、检察权和审判权,其他机关、团体和个人都无权行使这些权力。本案中,在药某交通肇事,并杀死被害人后,公安机关专案组随即着手进行侦查,是公安机关依法刑事侦查权的体现。并且公安机关在对药某逮捕之前,依法定程序向检察院提请批准逮捕。检察院依法决定逮捕。公安机关侦查终结后,检察院依法行使公诉权,向法院提起公诉。法院依法进行审理。正是公检法各自行使自己职权的体现。第216条规定,被告人、自诉人和他们的法定代理人,不服地方各级人民法院第一审的判决、裁定,有权用书状或者口头向上一级人民法院上诉。对于一审判决,药家鑫不服,以量刑过重为由,提出上诉,体现了上级法院对下级法院的监督。第235条规定,死刑由最高人民法院核准。而最终的死刑判决,由最高人民法院来进行核准,正是法律明确授予的职权。

【法条链接】

《刑事诉讼法》

第三条　对刑事案件的侦查、拘留、执行逮捕、预审,由公安机关负责。检察、批准逮捕、检察机关直接受理的案件的侦查、提起公诉,由人民检察院负责。审判由人民法院负责。除法律特别规定的以外,其他任何机关、团体和个人都无权行使这些权力。

人民法院、人民检察院和公安机关进行刑事诉讼,必须严格遵守本法和其他法律的有关规定。

第四条　国家安全机关依照法律规定,办理危害国家安全的刑事案件,行使与公安机关相同的职权。

第七十八条　逮捕犯罪嫌疑人、被告人,必须经过人民检察院批准或者人民法院决定,由公安机关执行。

第一百六十七条　凡需要提起公诉的案件,一律由人民检察院审查决定。

第二百一十六条　被告人、自诉人和他们的法定代理人,不服地方各级人民法院第一审的判决、裁定,有权用书状或者口头向上一级人民法院上诉。

第二百二十五条　第二审人民法院对不服第一审判决的上诉、抗诉案件,经过审理后,应当按照下列情形分别处理:

(一)原判决认定事实和适用法律正确、量刑适当的,应当裁定驳回上诉或者抗诉,维持原判;

……

第二百三十五条　死刑由最高人民法院核准。

……

【典型案例目录索引】

1. 赵某受贿案

——上级法院依法对下级法院进行审判监督

载杨华、李艳玲、曹晓霞主编:《刑事诉讼法案例点评》,中国人民公安大学出版社2005年版,第9页。

2. 宋某等涉黑案

——公安机关依法行使侦查权打击黑恶势力

载陈光中主编:《刑事诉讼法教学案例》,法律出版社2007年版,第23-24页。

【参考阅读的文献资料】

1. 陈光中:《刑事诉讼法》(第三版),北京大学出版社、高等教育出版社2009年版。
2. 宋英辉:《刑事诉讼法学》(第二版),中国人民大学大学出版社2011年版。
3. 叶青:《刑事诉讼法学》(第二版),上海人民出版社、北京大学出版社2010年版。
4. 陈卫东:《刑事诉讼法原理与案例教程》(第二版),中国人民大学出版社2011年版。

第二节 诉讼参与人

一、诉讼参与人概述

诉讼参与人是指在刑事诉讼过程中享有一定的诉讼权利,承担一定的诉讼义务的除国家专门机关工作人员以外的人。根据《刑事诉讼法》第106条的规定,诉讼参与人具体是指当事人、法定代理人、诉讼代理人、辩护人、证人、鉴定人和翻译人员。

根据诉讼参与人与案件结局的利害关系及对刑事诉讼进程的影响,诉讼参与人一般可分为两大类:一是当事人;二是其他诉讼参与人。这两类诉讼参与人在诉讼地位、参与诉讼活动的范围和方式以及对刑事诉讼过程的影响程度等方面有着很大的差异。凡是与案件结局有着直接的利害关系,对刑事诉讼进程发挥着较大影响的诉讼参与人,就是当事人。当事人包括:被害人、自诉人、犯罪嫌疑人、被告人、附带民事诉讼的原告人和被告人。凡是与案件没有直接利害关系,而是基于其他原因参加刑事诉讼的人,就是其他诉讼参与人,包括法定代理人、诉讼代理人、辩护人、证人、鉴定人和翻译人员。

诉讼参与人要成为当事人必须同时具备两项条件:(1)与案件的最终结局有直接的利害关系。这是实体条件。换言之,当事人的合法权益可能会受到刑事诉讼活动过程和结局的直接影响。这种影响既可以是有利影响,也可以是不利影响;这种合法权益可以是人的自由、财产、隐私,也可以是人的生命。刑事诉讼的开始和进行,使当事人的这些实体权益处于待判定的状态。刑事诉讼活动的最终结束,会使当事人的这些实体权益或者受到有利的影响,如获得了财产,权益得到了恢复和补偿等;或者受到了不利影响,如失去了财产、生命、自由等。(2)当事人必须在诉讼中拥有较广泛的诉讼权利,并能对诉讼过程和诉讼结局发挥比其他诉讼参与人更大的影响,这是程序条件。一般而言,当事人在刑事诉讼中要么处于原告(公诉案件被害人除外)的地位,要么处于被告的地位,他们的诉讼活动对诉讼的启动、发展和终结起着关键的推动作用。

通常而言,当事人享有广泛的诉讼权利,如使用用本民族语言文字进行诉讼的权利;在具有法定理由时有申请侦查人员、检察人员、审判人员或者书记员、鉴定人、翻译人员回避的权利;对于侦查人员、检察人员、审判人员侵犯其诉讼权利或者对其人身进行侮辱的行为,有进行控告的权利;在法庭审理过程中,有权参加法庭调查和法庭辩论,向证人发问并质证,辨认物证和其他证据,并就证据发表意见,申请通知新的证人到庭和调取新的物证,申请重新勘验或者鉴定,互相辩论的权利,等等。相较于当事人,其他诉讼参与人参加诉讼的目的是为了协助一方当事人充分有效地承担诉讼职能,或为诉讼各方提供证据材料,或为诉讼的顺利进行提供服务,这些诉讼参与人的实体权益不因刑事诉讼的进行而处于待定状态,也不会因为诉讼的结束而受到有利或不利的影响。诉讼参与人不承担独立的诉讼职能,不对诉讼的启动、发展和终结产生较大的影响和推动作用。

二、当事人

(一)被害人

被害人是其人身、财产或者其他权益遭受犯罪行为直接侵害的人。在刑事诉讼中,被害人可能以多种诉讼角色参加诉讼活动:在人民检察院代表国家提起公诉的刑事案件中,以个人身份参与诉讼,并与人民检察院共同行使控诉职能的称为被害人;在法定的自诉案件中,被害人以自诉人身份提起刑事诉讼,称为自诉人;在刑事诉讼中,由于被告人的犯罪行为而遭受物质损失的被害人,有权提起附带民事诉讼,称为附带民事诉讼原告人。这里所称的被害人,仅指公诉案件中以个人身份承担部分控诉职能的诉讼参与人。《刑事诉讼法》第106条规定的被害人一般仅指公诉案件的被害人。需要注意的是,公诉案件被害人承担的控诉职能并不影响检察机关对公诉的提起,提起公诉只能由人民检察院代表国家进行,被害人是否要求对涉嫌犯罪的人进行追诉不影响公诉的进行。

被害人与其他当事人拥有一些共同享有的诉讼权利,如有权使用本民族语言文字进行诉讼;对于侦查人员、检察人员和审判人员侵犯其诉讼权利和人身侮辱的行为,有权提出控告;对于符合法定情形的法定人员有权提出回避申请;有权参加法庭调查、法庭辩论,有权对已发生法律效力的判决、裁定,向人民法院或人民检察院提出申诉;等等。被害人在刑事诉讼中除享有一些共有的诉讼权利以外,还享有一些特有诉讼权利,如对侵犯其合法权利的犯罪嫌疑人、被告人,有权向公安机关、人民检察院或者人民法院报案或者控告,要求公安司法机关依法追究犯罪、查获犯罪、惩罚犯罪,保护其合法权利;对公安机关应当立案而不立案的,有权向人民检察院提出意见,请求人民检察院责令公安机关向检察机关说明不立案的理由;自刑事案件移送审查起诉之日起,有权委托诉讼代理人参加诉讼,维护其合法权益;对人民检察院作出的不起诉决定不服的,有权向上一级人民检察院提出申诉;对不服地方各级人民法院的第一审判决和生效裁判的,有权请求人民检察院抗诉和进行申诉;等等

被害人在享有上述诉讼权利的同时,还必须承担一定的诉讼义务,如应当如实向公安机关、人民检察院、人民法院及其工作人员作出陈述,如果故意捏造事实,提供虚假陈述,情节严重的,应当承担法律责任;接受公安司法机关的传唤,按时出席法庭参加审判;在法庭上接受询问和回答,并遵守法庭纪律等。

【案例5-2-01】17岁合肥市某学院学生陶某,因追求初中女同学周岩未成,心生怨恨,欲报复周岩。2011年9月17日晚,陶某将打火机油灌到饮料瓶中,来到周岩家中,将瓶中的燃油泼向周岩并点燃,致使周岩被烧至重伤并毁容。事发后,因涉嫌犯故意伤害

罪,陶某被提起公诉。周岩作为被害人也提起了附带民事诉讼。安徽省合肥市包河区人民法院未成年人审判庭将开庭审理此案。本案被告人涉嫌故意伤害,为公诉案件,被害人承担的控诉职能并不影响检察机关对公诉的提起,提起公诉只能由人民检察院代表国家进行。同时依据《最高人民法院关于刑事附带民事诉讼范围问题的规定》第1条:"因人身权利受到犯罪侵犯而遭受物质损失或者财物被犯罪分子毁坏而遭受物质损失的,可以提起附带民事诉讼。"本案周岩作为被害人,在追究陶某刑事责任的同时,也可以提起附带民事诉讼。

(二)自诉人

自诉人是指在自诉案件中,以自己的名义直接向人民法院提起诉讼的人。自诉人是法律规定的自诉案件中特有的当事人,相当于自诉案件的原告。自诉人通常是该案件的被害人。刑事自诉程序由于自诉人的告诉而启动,如果没有自诉人的告诉,就没有刑事自诉案件的审判。公诉案件中向公安司法机关控告和报案的被害人不属自诉人,无权直接启动审判程序。

自诉案件中,自诉人的地位相当于原告,承担控诉职能,具有独立、完整的诉讼地位。自诉人的起诉、撤诉、与被告人和解、上诉等行为,足以导致诉讼程序的开始、发展和终止。如果自诉案件中的被告人提出反诉的,自诉人则具有双重身份:在其自行提起的自诉中是自诉人,行使控诉职能;在反诉中是被告人,行使辩护职能。

自诉人在刑事自诉案件中的诉讼权利主要有:可以直接向人民法院提起自诉;可以随时委托诉讼代理人;告诉才处理的案件和被害人有证据证明的轻微刑事案件中,在人民法院宣告判决前,有权同被告人自行和解或者撤回自诉;在告诉才处理的案件和被害人有证据证明的轻微刑事案件中,有权在人民法院的主持下与被告人调解;对于符合法定情形的法定人员有权提出回避申请;有权参加法庭调查和法庭辩论,并对对第一审人民法院尚未发生法律效力的判决、裁定提出上诉;对人民法院已经发生法律效力的判决、裁定提出申诉;等等。

自诉人在刑事自诉案件中的诉讼义务主要有:(1)按时出庭并遵守法庭纪律的义务。自诉人经两次依法传唤,无正当理由拒不到庭的,或者未经法庭许可中途退庭的,人民法院将按照撤诉处理。(2)承担举证责任的义务。自诉案件的证明责任由自诉人承担,自诉人对自己的主张和请求如果提不出证据证明,人民法院将说服自诉人撤回自诉,经说服不予撤诉的,人民法院将裁定驳回自诉。自诉人经说服撤回自诉或者人民法院裁定驳回起诉后,再次提起自诉时,自诉人应当提出新的足以证明被告人有罪的证据。(3)不得捏造事实诬告陷害他人或者伪造证据,否则应当承担法律责任。

【案例5-2-02】被告人李某与被害人黄某均在某商贸城经营服装生意。因做生意双方起了矛盾。2010年10月29日下午,两人再次为生意发生争执,李某遂去厕所用塑料袋装了一袋粪便,追着黄某泼洒、涂抹到黄某的脸上,黄某去医院被诊断为轻度颅脑损伤、脑震荡等。事发后,李某自动投案,并自愿给付了黄某两千元赔偿款。事后,黄某以侮辱罪将李某告上法庭。在开庭前,李某和黄某达成和解协议,李某愿意主动赔偿黄某经济损失1万余元。黄某遂向港北区人民法院申请撤回起诉。广西壮族自治区贵港市港北区人民法院审理后认为,被告人李某使用暴力方法,以侮辱的手段公然贬损他人人格,情节严重,其行为已构成侮辱罪。自诉人控诉被告人李某犯侮辱罪罪名成立。此案件已经提交法庭审理,不能撤回。

刑事自诉程序由自诉人的告诉而启动,如果没有自诉人的告诉,就没有刑事自诉案件的审判。本案件,李某涉嫌侮辱罪属于自诉案件范畴,应当由黄某向法院提起自诉。同时《刑事诉讼法》第206条还规定,人民法院对自诉案件可以进行调解;自诉人在宣告判决前,可以同被告人自行和解或者撤回自诉。本案件虽然已经提交人民法院,但是尚未进行法庭宣判,因此,本案黄某有权撤回自诉,法院应当予以准许。法院拒绝的做法是错误的。

(三)犯罪嫌疑人、被告人

对公诉案件而言,犯罪嫌疑人和被告人是同一种人在不同诉讼阶段的不同称谓。受刑事追诉者在检察机关向法院提起公诉以前,称为"犯罪嫌疑人",在检察机关正式向法院提起公诉以后,则称为"被告人"。在自诉案件中,自诉人直接向人民法院提起自诉,案件已经人民法院受理即直接进入审判阶段,因此,在自诉案件中,受刑事追诉者统称为被告人。

刑事诉讼是一种旨在对犯罪嫌疑人、被告人的刑事责任进行认定的活动。没有犯罪嫌疑人、被告人的参与,刑事诉讼就无法进行。犯罪嫌疑人、被告人一旦死亡,刑事诉讼活动即告终止。可以说,犯罪嫌疑人、被告人是刑事诉讼中的核心人物,具有十分重要的诉讼地位。一方面,犯罪嫌疑人、被告人是拥有一系列诉讼权利的诉讼主体,居于当事人的地位。这一地位标志着他们不是被动地接受传讯、追诉和审判,消极地等待国家专门机关处理的客体,而是可通过积极主动的防御活动与追诉一方展开对抗,并对裁判活动施加积极影响的独立的一方当事人。人类社会进步的历史,从一定意义上也可以说是被追诉者由诉讼客体向诉讼主体逐渐转化的演变过程。被追诉者诉讼权利的保障已经成为人权保障的热点和敏感问题。另一方面,犯罪嫌疑人、被告人对案件的陈述是审查认定案件事实的重要证据来源。根据《刑事诉讼法》的规定,严禁以刑讯逼供和以威胁、引诱、欺骗以及其他非法方法收集证据不得强迫任何人证实自己有罪,以确保犯罪嫌疑人、被告人的供述出于自愿而不受强迫。尽管如此,犯罪嫌疑人对侦查人员的提问,应当如实回答,这是其法定的义务。而其对案件的供述和辩解对于查明案件真实情况,打击犯罪和保障无罪的人不受刑事追究具有非常重要的证据价值。

【案例5-2-03】1998年4月,昆明市公安局通讯处女警员王晓湘和该市路南县公安局副局长王俊波双双被枪杀,惨死在一辆"昌河"微型车上。这桩残忍的凶杀案震惊全省,缉拿疑犯成为警方的重点任务。昆明市公安局组建了专案组,当时的刑侦支队副政委秦伯联、刑侦三大队大队长宁兴华奉命具体负责侦破工作。1998年7月2日,王晓湘的丈夫杜培武被警方以涉嫌故意杀人刑事拘留,随后被逮捕。杜从此开始了他噩梦般的日子。检察官在起诉书中说,昆明市公安局戒毒所警员杜培武被拘留后,在刑侦三大队办公室,被告人秦伯联、宁兴华采用不准睡觉连续审讯、拳打脚踢或者指使、纵容办案人员对杜滥施拳脚,用手铐把杜吊挂在防盗门上,反复抽垫凳子或拉拽拴在杜培武脚上的绳子,致使杜双脚悬空、全身重量落在被铐的双手上。杜培武难以忍受,喊叫时被用毛巾堵住嘴巴,还被罚跪、遭电警棍击打,直至杜屈打成招,承认了"杀人"的犯罪"事实",指认了"作案现场"。1999年2月5日,根据警方的侦查结果和检察院的指控,杜培武被昆明市中级法院以故意杀人罪一审判处死刑。判决下达后,杜培武大呼冤枉,在向高级法院上诉时提出,他是被刑讯逼供才违心承认杀人的。1999年10月20日,云南省高级法院鉴于"杜案"扑朔迷离，案情中疑点难释，遂改判杜培武死刑缓期2年执行。当年11月12日，杜培武被送进云南省第一监狱服刑。2000年6月，昆明警方破获一起特大杀人盗车团伙。其中一名案犯供述，1998年的王晓湘、王俊波被害案是他们干的。枪杀王晓湘、王俊波的真凶、"杀人魔王"杨天勇等人就此落入法网，顿时证明杜培武显属无辜。云南省高级法院公开宣告杜培武无罪。随后，检察官向法院起诉指控两名被告——昆明市公安局刑侦支队副支队长宁兴华、政委秦伯联犯有刑讯逼供罪。法院经审理后查明事实，认定两名被告犯有刑讯逼供罪，判处宁兴华有期徒刑一年零六个月、缓刑二年，以刑讯逼供罪判处秦伯联有期徒刑一年、缓刑一年。

刑事诉讼中犯罪嫌疑人、被告人享有广泛的诉讼权利。这些诉讼权利按其性质和作用的不同，可分为防御性权利和救济性权利两种。防御性权利，是指犯罪嫌疑人、被告人为对抗追诉方的指控，抵销其控诉效果所享有的诉讼权利，如有权拒绝回答侦查人员提出的与本案无关的问题；有权自行或在辩护人协助下获得辩护；有权参加法庭辩论，对事实的认定和法律的适用发表意见，并且可以与控诉方展开辩论；有权向法庭作最后陈述，等等。救济性权利，是指犯罪嫌疑人、被告人对国家专门机关所作的对其不利的行为、决定或裁判，要求另一专门机关予以审查并作出改变或撤销的诉讼权利，如对法定人员符合法定情形下的回避申请权；有申请变更强制措施的权利；对审判人员、检察人员和侦查人员侵犯公民诉讼权利和人身侮辱的行为，有权提出控告；有提出上诉、申诉的权利，等等。

除了以上诉讼权利以外，犯罪嫌疑人、被告人还享有一系列程序保障。这些程序保障对维护犯罪嫌疑人、被告人的诉讼主体地位具有非常重要的意义。这些程序保障有：在未经人民法院依法判决的情况下，不得被确定有罪；获得人民法院的公开审判；获得人民法院独立、公正的审判；在刑事诉讼过程中，不受审判人员、检察人员、侦查人员以刑讯逼供、威胁、引诱、欺骗及其他非法方法进行的讯问；不受强迫证实自己有罪；不受侦查人员实施的非法逮捕、拘留、取保候审、监视居住等强制措施；不受侦查人员的非法搜查、扣押等侦查行为；在提出上诉时不得被加重刑罚；等等。

法律在赋予被追诉者诉讼权利的同时，也对其施加了一定的义务，根据刑事诉讼法的规定，犯罪嫌疑人、被告人必须承担的诉讼义务主要有：(1)接受追诉部门强制处分、协助国家机关顺利完成刑事诉讼的义务，在符合法定条件的情况下承受逮捕、拘留、监视居住、取保候审、拘传等强制措施。接受在以取得并保全证据为目的的检查身体和体液采集等措施。(2)对侦查人员的讯问，应当如实回答。(3)按时出席法庭审判，并遵守法庭纪律，听从审判人员的指挥。(4)对于生效的裁定和判决，有义务执行或协助执行。

(四)附带民事诉讼当事人

附带民事诉讼当事人包括附带民事诉讼原告人和附带民事诉讼被告人。《刑事诉讼法》第99条规定：如果是国家财产、集体财产遭受损失的，人民检察院在提起公诉的时候，可以提起附带民事诉讼。

在刑事诉讼中，附带民事诉讼原告人和被告人作为刑事诉讼的当事人享有的一般诉讼权利主要有：(1)使用本民族语言文字进行诉讼；(2)申请回避权；(3)对于侦查人员、检察人员和审判人员侵犯其诉讼权利和人身侮辱的行为，有权提出控告；(4)参加法庭调查和法庭辩论；(5)对于地方各级人民法院已经发生法律效力的判决、裁定，有权提出申诉。

附带民事诉讼原告人和被告人作为刑事诉讼的当事人享有的特殊诉讼权利主要有：

(1)委托诉讼代理人;(2)为了解决生产或生活上的困难,有权要求先予执行;(3)为了保证赔偿的实现,有权要求公安司法机关采取保全措施;(4)请求人民法院主持调解或者自行和解;(5)原告人可以撤诉,被告人可以反诉;(6)对地方各级人民法院第一审尚未发生法律效力的判决和裁定的附带民事诉讼部分,附带民事诉讼的当事人及他们的法定代理人有权提出上诉。

(五)单位当事人

当事人通常都是自然人,但在一些特殊情况下,单位也可以成为刑事诉讼的当事人。随着我国社会主义市场经济的发展和改革开放的深入进行,单位作为犯罪嫌疑人、被告人、被害人以及附带民事诉讼原告人或被告人等参与刑事诉讼的情况越来越多。

1. 单位犯罪嫌疑人、被告人。单位犯罪已经成为一种普遍的社会现象。自1987年海关法颁布以来,我国已有数十部单行法律法规规定单位也可构成犯罪,并且规定了对有罪的单位适用"单罚制"或"双罚制"的刑罚处罚方式。我国1997年修订后的刑法,正式确立了有关单位犯罪的制度。根据刑法第30条的规定,公司、企业、事业单位、机关、团体实施的危害社会的行为,法律规定为单位犯罪的,应当负刑事责任。第31条规定,单位犯罪的对单位判处罚金,并对其直接负责的主管人员和其他责任人员判处刑罚。也就是实行所谓的"双罚制",既处罚单位,又处罚直接责任人员。

【案例5-2-04】1996年2月间,公司经理周某在召开的公司业务会上,研究石油以销计酬,挂钩销售事宜时,决定由石油公司运输各类成品油给下属各加油站销售,不开销售发票,由公司业务员统一核算结账,并用收款收报和公司的增值税提货单收款作为公司账外经营收入记载的方法,达到账外偷税的目的。该决定做出后,该石油公司从1996年5月至1997年1月间,在从事汽油、柴油、煤油的销售活动中,设立账外账,将部分汽油、柴油、煤油的销售收入不通过公司的财务进行核算,而是账外另设经营账,隐匿成品油销售收入134.9万多元,不向国家税务机关申报纳税,从中偷税9.8万元。1997年8月,税务机关在查账中发现了该石油公司偷税的事实。经检察机关立案侦查,查实该公司偷逃税的犯罪事实后,向人民法院提起公诉,人民法院审理后,认定该石油公司构成偷税罪,判处罚金7万元;判处直接责任人周某有期徒刑4年。依据我国《刑法》有关规定,单位犯罪大都采取"双罚制",这就使单位与单位内部的法定代表人或直接责任人员经常会同时成为案件的犯罪嫌疑人或被告人。本案中,该石油公司与周某实行双罚,对单位判处罚金,对直接责任人员周某判处有期徒刑4年,均符合法律的规定。

在单位犯罪的情况下,单位可以独立成为犯罪嫌疑人、被告人,与作为自然人的直接负责的主管人员和其他直接责任人员一起参与刑事诉讼。其中,主管人员和其他直接责任人员参与刑事诉讼的方式、诉讼权利、诉讼义务和普通的刑事犯罪嫌疑人、被告人相同。但单位如何参与刑事诉讼却一直都存有争议,刑事诉讼法对此也没有做出明确规定。据此,相关司法解释专门对单位犯罪案件的审理程序做出了一些特别规定。根据这些规定,刑事案件被告人是单位的,涉嫌单位参加刑事诉讼的诉讼代表人,应当是单位的法定代表人或者主要负责人;法定代表人或者主要负责人被指控为单位犯罪直接负责的主管人员的,应当由单位的其他负责人作为被告单位的诉讼代表人出庭。在审判阶段,被告单位的诉讼代表人与被指控为单位犯罪直接负责的主管人员是同一人的,人民法院应当要求人民检察院另行确定被告单位的诉讼代表人出庭。

2. 单位被害人。被害人一般是指自然人，但单位也可以成为被害人。首先，单位会在物质、名誉、信誉等方面受到犯罪行为的侵害，受害单位和自然人一样，有得到物质赔偿的要求，也有追诉犯罪、惩罚犯罪行为人的愿望。其次，单位被害人具有进行诉讼活动的诉讼权利能力和诉讼行为能力，能够行使当事人的诉讼权利，并承担当事人的诉讼义务。单位虽然不能像自然人那样可以亲自进行诉讼，但可以通过法定代表人表述自己的意志，维护自己的合法权益。最后，允许单位以被害人的身份参加刑事诉讼，有利于保护国家、集体的合法利益，维护和发展社会主义市场经济。单位被害人参与刑事诉讼时，应由其法定代表人作为代表参加刑事诉讼。根据刑事诉讼法的规定，法定代表人也可以委托诉讼代理人参加刑事诉讼。单位被害人在刑事诉讼中的诉讼权利和诉讼义务，与自然人作为被害人时大体相同，但也有其特殊之处，主要表现在单位被害人可以通过其法定代表人参加诉讼，行使诉讼权利，承担诉讼义务。单位法定代表人在诉讼中地位独特，他既非被害人，也非证人，其代表单位所作的陈述在证据种类中属于被害人陈述，其参与诉讼行为的后果归于单位。

三、其他诉讼参与人

根据《刑事诉讼法》第106条第4项的规定，诉讼参与人包括当事人、法定代理人、诉讼代理人、辩护人、证人、鉴定人和翻译人员。因此，其他诉讼参与人是指除当事人以外参加刑事诉讼活动的人，包括法定代理人、诉讼代理人、辩护人、证人、鉴定人和翻译人员。他们在刑事诉讼中不是独立承担诉讼职能的诉讼主体，但他们同样依法享有参加诉讼活动所必需的诉讼权利，承担相应的诉讼义务。

（一）法定代理人

法定代理人是由法律规定的对被代理人负有专门保护义务并代其进行诉讼的人。其代理权的产生是基于法律的规定，而不是基于被代理人的意思表示。法定代理人的范围包括被代理人的父母、养父母、监护人和负有保护责任的机关、团体的代表。

在刑事诉讼中，法律一般只对未成年人、无行为能力人和限制行为能力人设立法定代理人。法定代理人参与刑事诉讼的职责是依法保护无行为能力人或者限制行为能力人的人身权利、财产权利、诉讼权利以及其他一切合法权利，同时，法定代理人有责任监督被代理人的行为。法定代理人有独立的诉讼地位，享有法律赋予的诉讼权利和承担相应的诉讼义务。法定代理人享有广泛的与被代理人相同的诉讼权利，但法定代理人不能代替被代理人作陈述，也不能代替被代理人承担与人身有关的特定诉讼义务，比如不得代替被代理人进行供述、辩解或陈述等。

法定代理人的代理权限很大程度依附于被代理人的诉讼权利，如被告人、自诉人的法定代理人，不服地方各级人民法院第一审的判决、裁定的，有权向上一级人民法院上诉，而被害人的法定代理人对第一审的判决不服的，只能请求人民检察院抗诉，而无权独立地提起上诉，附带民事诉讼当事人的法定代理人，只能对地方各级人民法院第一审的判决、裁定中的附带民事诉讼部分提出上诉，无权对刑事部分提起上诉。

【案例5-2-05】2007年4月11日下午，山西省安泽县17岁的少年许某在荒地放牛时将地边的杂草和松针点燃，后被父亲训斥和殴打。4月11日晚至12日上午，心里憋着闷气的许某先后在小南岭、界牌岭一带故意放火34处，引发森林火灾。经鉴定，过火面积为862.5公顷，损失为198.45万元。检察机关遂以放火罪将被告人许某公诉至山西省临汾市中级人民法院。同时,安泽县府城国营林场向许某及其法定代理人许父提出刑事附带民事索赔 198.45 万元。2007 年 5 月 25 日,临汾市中级法院公开开庭审理此案。宣判后,许父认为许某为未成年人,法院判决过重,遂不经许某同意,直接向上级人民法院提起上诉,要求上级人民法院对该案再次审理。《刑事诉讼法》第 216 条规定:"被告人、自诉人和他们的法定代理人,不服地方各级人民法院第一审的判决、裁定,有权用书状或者口头向上一级人民法院上诉。"本案中,因为许某是未成年人,许父在刑事诉讼中作为他的法定代理人有独立的诉讼地位,有权直接提出上诉,这是法律赋予的诉讼权利,如此能够更好地保护被告人的合法权益,使其受到公正的审判。

(二)诉讼代理人

诉讼代理人是基于被代理人的委托而代表被代理人参与刑事诉讼的人。依据《刑事诉讼法》第 106 条的规定,公诉案件的被害人及其法定代理人或者近亲属有权委托诉讼代理人;自诉案件的自诉人及其法定代理人有权委托诉讼代理人;附带民事诉讼原告人、被告人及其法定代理人有权委托诉讼代理人。

诉讼代理人不同于法定代理人。诉讼代理人是基于被代理人的委托,依据委托协议而进行的代理,因此,诉讼代理也称意定代理或授权代理。诉讼代理人的职责是帮助被代理人行使诉讼权利,在被代理人授权或者委托范围内进行诉讼活动,既不能超越代理权限,也不能违背代理人的意志。

依据《刑事诉讼法》第 32 条和第 45 条的规定,律师、人民团体或者被代理人所在单位推荐的人、被代理人的监护人和亲友等可以被委托担任诉讼代理人。上列人员如果是正在被执行刑罚或者依法被剥夺、限制人身自由的人,不得担任诉讼代理人。

(三)辩护人

辩护人是指在刑事诉讼中接受犯罪嫌疑人、被告人及其法定代理人的委托,或者接受人民法院的指定,依法为犯罪嫌疑人、被告人进行辩护,以维护其合法权益的人。

我国刑事诉讼辩护人有如下特征:(1)辩护人参加诉讼、进行辩护的权利源自犯罪嫌疑人、被告人的委托或法院的指定;(2)辩护人与犯罪嫌疑人、被告人是刑事诉讼辩护职能的承担主体,在刑事诉讼中与控方主张相对立;(3)辩护人参加诉讼的宗旨是协助犯罪嫌疑人、被告人行使辩护权,依事实和法律维护犯罪嫌疑人、被告人的合法权益;(4)辩护人是具有独立地位的、不附属于犯罪嫌疑人、被告人的诉讼参与人。

辩护人同代理人不同,辩护人在刑事诉讼中有独立的诉讼地位,他可以独立于犯罪嫌疑人和被告人的意见之外,以自己的意见进行辩护活动。由于犯罪嫌疑人和被告人在刑事诉讼中处于被动不利的地位,而诉讼的结果又与他们息息相关,所以,为了达到切实帮助犯罪嫌疑人和被告人的目的,以实现刑事诉讼中控诉和辩护的力量均衡,刑事诉讼法赋予了辩护人一系列的权利,如阅卷权、会见通信权、言论豁免权等。

在我国刑事诉讼中,可以依法接受委托担任犯罪嫌疑人、被告人的辩护人的人包括:律师;人民团体或者犯罪嫌疑人、被告人所在单位推荐的人;犯罪嫌疑人、被告人的监护人、亲友。

【案例 5-2-06】2012 年 4 月 24 日,丹东市中级人民法院对谢亚龙受贿案开庭审理。整个审讯过程历时 12.5 小时,法院一共对谢亚龙提出 12 项指控,谢亚龙否认了其中 8 项,分别是 1、3、4、5、7、8、10 和 11 项。同时,谢亚龙上午在法庭翻供,称遭受刑讯逼供。在上午的庭审过程中,谢亚龙自称遭受了刑讯逼供,并列举了部分事实,根据谢亚龙律师的介绍,谢亚龙曾在看守所内遭到了吊打、电击、抽耳光、不让睡觉、言语侮辱等刑讯逼供措施。辩护人当庭提供了非法证据取证的线索,并对谢亚龙作无罪辩护。公诉人也当庭提交了办案人员没有刑讯逼供的书面证明。辩护人应当协助犯罪嫌疑人、被告人行使辩护权,依事实和法律维护犯罪嫌疑人、被告人的合法权益。《刑事诉讼法》第50条规定:"审判人员、检察人员、侦查人员必须依照法定程序,收集能够证实犯罪嫌疑人、被告人有罪或者无罪、犯罪情节轻重的各种证据。严禁刑讯逼供和以威胁、引诱、欺骗以及其他非法方法收集证据,不得强迫任何人证实自己有罪。"同时第56条第二款规定:"当事人及其辩护人、诉讼代理人有权申请人民法院对以非法方法收集的证据依法予以排除。申请排除以非法方法收集的证据的,应当提供相关线索或者材料。"在本案中,被告人谢亚龙称其遭到刑讯逼供,为此辩护人积极行使辩护权,提供非法证据排除的相应线索,以及为被告人作无罪辩护,这些都是辩护人积极行使辩护权的体现。

（四）证人

在刑事诉讼中,证人是指就自己知道的案件情况向公安机关、人民检察院、人民法院做出陈述的当事人以外的人。证人只能是自然人。国家机关、企业、事业单位或者人民团体,不能成为证人,因为他们不能像自然人一样感知案件事实,无法享有证人的诉讼权利或者承担证人的诉讼义务。

《刑事诉讼法》第60条规定,凡是知道案件情况的人,都有作证的义务。但生理上、精神上有缺陷或者年幼,不能辨别是非、不能正确表达的人,不能作为证人。

证人是独立的诉讼参与人,同案件结果之间没有任何直接的利害关系,但证人证言的内容对查清案件事实,正确处理案件却非常关键,所以为了能够保障证人能够真实地提供证言,刑事诉讼法赋予证人一系列权利,如证人有权查阅证言笔录,并在发现笔录的内容与作证的内容不符时要求予以补充或者修改;证人有权对于其因作证而产生的经济损失要求补偿;有权向人民法院、人民检察院、公安机关请求予以保护;有权对于公安司法机关工作人员侵犯其诉讼权利或者人身侮辱的行为提出控告,等等。同时,证人也应依法承担如不得作伪证、遵守法庭纪律、没有正当理由不得拒绝出庭或出庭后拒绝作证等义务。

（五）鉴定人

刑事诉讼中的鉴定人是指接受公安司法机关的指派或者聘请,运用自己的专门知识或者技能对刑事案件中的专门性问题进行分析判断并提出专业性鉴定意见的人。

为了保障鉴定人进行科学的鉴定,鉴定人有权了解与鉴定有关的案件情况,有权查阅与鉴定事项有关的案卷材料,必要时,经侦查人员、审判人员同意,可以参加勘验与检查;有权要求指派或者聘请的机关提供足够的鉴定材料,在提供的鉴定材料不充分、不具备作出鉴定结论的条件时,有权要求有关机关补充材料,否则有权拒绝鉴定。

鉴定人要如实作出鉴定,不得故意作出虚假鉴定。如果故意作出虚假鉴定要承担相应的法律责任。对于在鉴定过程中了解的案件情况和有关人员的隐私,鉴定人应当保密。鉴定人出庭作证的,应说明作出鉴定结论的根据和理由,并接受公诉人、当事人和辩护人、诉讼代理人以及审判人员的发问、询问。

【案例5-2-07】2002年6月24日晚,秦皇岛卢龙县潘庄镇某村民家中发生大火,村民在救火中发现东屋地面上有一具烧焦的女尸后向公安机关报了案,事后经事主辨认死者系其妻滕某。经警方现场勘查,认定该案为杀人焚尸案。在案件侦破过程中,村民马某被认定为犯罪嫌疑人,但在三次传讯马某过程中马某均否认自己有犯罪行为。2002年10月20日,马某被警方拘留并供述了杀害滕某的犯罪经过。法院开庭审理此案,庭审中马某予以翻供,称自己的有罪供述是受外界压力所致。

公诉机关认为,根据案发现场提取的平面鞋印、立体鞋印与马某的脚印进行比对,可以得出:滕某被杀焚尸案现场提取的鞋印是马某所留。但3名参加鉴定的鉴定人未在鉴定上签字。后两名助理研究员补签了签名,但主检研究员仍未签字。马某的辩护人认为,鉴定程序违法提请法院重新鉴定。后经再次鉴定,马某辩护人认为仍不能作为证据使用。

法院经审理认为,公安部首次出具的物证鉴定结论,在程序上具有明显瑕疵。第二次出具的函件也不是规范的鉴定结论,现场勘查笔录、尸检鉴定等,只能证实滕家曾经起火、滕某被焚尸的事实。证人证言也只证实了马某对滕某有过动手动脚的行为,具有作案嫌疑。此外,滕某尸体被烧焦,面目全非,确认是滕某的只有其丈夫,没有相关的刑事科学技术鉴定支持。故根据《刑事诉讼法》"疑罪从无"的规定,认定公诉机关指控马某故意杀人的罪名不成立。河北省秦皇岛市中级人民法院经过两次重审对马某做出了无罪释放的判决。庭审结束后,检察机关提起了抗诉。河北省高级人民法院经审理做出对马某无罪释放的判决。

依据我国《刑事诉讼法》第145条规定:"鉴定人进行鉴定后,应当写出鉴定意见,并且签名。鉴定人故意作虚假鉴定的,应当承担法律责任。"在本案中,正是因为鉴定人的程序瑕疵,才导致了鉴定结论的无效,最终使得被告人被宣判无罪释放。鉴定人应当运用自己的专门知识或者技能对刑事案件中的专门性问题进行分析判断并提出专业性鉴定意见,以保证科学地作出鉴定,保证准确地打击犯罪,并保障人权。

(六)翻译人员

翻译人员是指在刑事诉讼过程中接受公安司法机关的指派或者聘请,为参与诉讼的外国人、少数民族人员、盲人、聋人、哑人等进行语言、文字或者手势翻译的人员。

为了翻译工作的准确及时,从而保障诉讼参与人的合法权益和刑事诉讼的顺利进行,翻译人员应当具备一定的条件,其要能够胜任语言文字翻译工作,有为当事人及其他诉讼参与人提供翻译的能力。翻译人员与案件或者案件当事人有利害关系的应当回避。在诉讼进行中,翻译人员有权了解与翻译有关的案件情况,有权要求公安司法机关提供与翻译内容有关的材料,有权查阅记载其翻译内容的笔录,如果笔录同实际翻译内容不符,有权要求修正或补充。

此外,翻译人员对提供翻译活动所获知的案件情况和他人的隐私,应当保密。应当如实进行翻译,如果有意弄虚作假,隐瞒、歪曲或伪造的,要承担法律责任。

【典型案例】
【案例5-2-08】

张某,男,26岁,无业;李某,男,20岁,无业;赵某,男,17岁,某职高学生。2002年5月8日晚9时许,张某无事闲逛,路过某市第三互感器厂,遂翻墙进入厂区内。他看见有一大捆铜线,顿生贪念,想把铜线弄出去卖钱。于是他把工厂的围墙拆了一个洞,把铜线从洞里扔到了墙外的公路上,随后自己也从洞口爬了出去。张某正想把铜线弄走时,碰见要回家的李某和赵某,李某见状便拉住张某的衣领说:"你偷东西,我要送你去派出所。"张某十分害怕,便同李某和赵某商量说,你们不要声张,待铜线卖出后得到的钱3人均分。李某和赵某见铜线数量不少便欣然同意,于是3人一起抬着铜线往废品收购站走去。刚走出约20米便被该工厂保卫人员发现,遂将3人一起扭送至公安派出所。公安机关接受案件后对张、李、赵分别进行了讯问,又到现场进行了勘察,拍摄了照片。侦查终结后,将案件移送该区人民检察院审查起诉,经审查后检察院将该案向区法院提起公诉。法院在开庭审判时,张某和李某分别聘请朱律师和陈律师为其辩护,赵某没有聘请辩护人,由他的父亲出庭为他辩护。被盗的工厂委派保卫科长参加诉讼,要求追究被告人的刑事责任。法庭经过审理依法判处张某有期徒刑4年;李某有期徒刑2年;赵某有期徒刑半年,缓刑1年。宣判后张某的父亲依法为其提起上诉,李某的母亲依法为其提起上诉,赵某没有上诉。

【法理与法律适用分析】

依据我国《刑事诉讼法》第106条的规定,诉讼参与人具体是指当事人、法定代理人、诉讼代理人、辩护人、证人、鉴定人和翻译人员。由此,诉讼参与人一般可分为两大类:一是当事人;二是其他诉讼参与人。当事人包括:被害人、自诉人、犯罪嫌疑人、被告人、附带民事诉讼的原告人和被告人。凡是与案件没有直接利害关系,而是基于其他原因参加刑事诉讼的人,就是其他诉讼参与人,包括法定代理人、诉讼代理人、辩护人、证人、鉴定人和翻译人员。本案中,张某、李某、赵某属于犯罪嫌疑人、被告人的范畴。而抓获张某等犯罪嫌疑人的保卫人员则属于证人。依据《刑事诉讼法》第32条规定,犯罪嫌疑人、被告人可以委托律师以及监护人、亲友等作为自己的辩护人。因此,朱律师和陈律师以及赵某的父亲属于辩护人的范畴。《刑事诉讼法》第216条规定,被告人的辩护人和近亲属,经被告人同意,可以提出上诉。张某的父亲和李某的母亲提出上诉,行使了辩护人的部分权利,不是完整意义上的辩护人。根据刑事诉讼法的规定,法定代表人也可以委托诉讼代理人参加刑事诉讼。因此,保卫科长属于工厂的诉讼代理人。综上所述,张某、李某、赵某以及保卫科长均属于当事人范畴,其他则属于其他诉讼参与人范畴。

【法条链接】

《刑事诉讼法》

第一百零六条 本法下列用语的含意是:

(一)"侦查"是指公安机关、人民检察院在办理案件过程中,依照法律进行的专门调查工作和有关的强制性措施;

(二)"当事人"是指被害人、自诉人、犯罪嫌疑人、被告人、附带民事诉讼的原告人和被告人;

(三)"法定代理人"是指被代理人的父母、养父母、监护人和负有保护责任的机关、团体的代表;

(四)"诉讼参与人"是指当事人、法定代理人、诉讼代理人、辩护人、证人、鉴定人和翻译人员;

(五)"诉讼代理人"是指公诉案件的被害人及其法定代理人或者近亲属、自诉案件的自诉人及其法定代理人委托代为参加诉讼的人和附带民事诉讼的当事人及其法定代理人委托代为参加诉讼的人;

……

【典型案例目录索引】

1. 谭某盗窃案

——警察出庭作证

载陈光中主编:《刑事诉讼法教学案例》,法律出版社2007年版,第30页。

2. 王某杀人、贪污案

——公安、检察院对各自领域内的犯罪行使侦查权

载武延平、刘根菊、杨雄编著:《刑事诉讼法案例教程》,北京大学出版社2003年版,第15页。

【参考阅读的文献资料】

1. 陈光中:《刑事诉讼法》(第三版),北京大学出版社、高等教育出版社2009年版。
2. 王册、宋家宁:《刑事诉讼法学案例评析》,中国人民大学出版社2005年版。
3. 叶青:《刑事诉讼法学》(第三版),上海人民出版社、北京大学出版社2013年版。
4. 陈卫东:《刑事诉讼法原理与案例教程》(第二版),中国人民大学出版社2011年版。

第六章 刑事诉讼的基本制度

第一节 刑事管辖制度

一、刑事管辖的概念和意义

我国刑事诉讼中的管辖,指公安机关、人民检察院、人民法院三机关直接受理具体案件和人民法院组织系统内审判第一审案件权限范围的划分。

管辖制度设立的意义在于:一是,明确管辖就可以充分发挥司法机关各部门应有的职能作用;二是,明确、合理地确定各司法机关对所发案件的管辖范围,就可以保证各机关各司其职,从而使案件得到及时、正确地处理;三是,对管辖的规定,体现了原则性与灵活性相结合的精神,以保证公正、高效地协调解决职权行使交叉可能影响案件及时查办的问题。

二、立案管辖的概念

立案管辖,又称职能管辖,指公安机关(包括国家安全机关)、人民检察院和人民法院之间,在直接受理刑事案件上的权限分工。

根据我国长期以来的司法实践经验,立法上划分立案管辖的根据主要是以下三点:(1)犯罪案件的性质和社会危害性的严重程度不同;(2)有利于准确、及时地查明案情,有利于制服犯罪分子;(3)权限划分同公安司法机关在刑事诉讼中所承担的具体任务和所赋予的法定职责相适应。

三、立案管辖的具体内容

(一)人民法院直接受理的案件

人民法院直接受理的案件称之为自诉案件。根据《刑事诉讼法》第204条规定,自诉案件包括三种类型的案件:(1)告诉才处理的案件;(2)被害人有证据证明的轻微刑事案件;(3)被害人有证据证明对被告人侵犯自己人身、财产权利的行为应当依法追究刑事责任,而公安机关或者人民检察院不予追究被告人刑事责任的案件。

(二)人民检察院直接受理的案件

根据《刑事诉讼法》第18条规定,人民检察院直接受理立案侦查的案件范围是:(1)刑法分则第八章规定的贪污贿赂犯罪及其他章节中明确依照第八章相关条文定罪处罚的犯罪案件;(2)刑法分则第九章规定的渎职犯罪案件;(3)国家机关人员利用职权实施的侵犯公民人身权利和民主权利的犯罪案件;(4)国家机关工作人员利用职权实施的其他重大的犯罪案件,需要由人民检察院直接受理的时候,经省级以上人民检察院决定,可以由人民检察院立案侦查。

(三)公安机关受理的案件

公安机关是国家的治安保卫机关,在刑事诉讼中的主要职责是负责刑事案件的侦查。《刑事诉讼法》第18条第1款规定:"刑事案件的侦查由公安机关进行,法律另有规定的除外。"

国家安全机关具有国家公安机关的性质,根据全国人大常委会于1983年9月2日通过的《关于国家安全机关行使公安机关的侦查、拘留、预审和执行逮捕的职权的决定》有关规定,国家安全机关承担原由公安机关主管的间谍、特务案的侦查工作。《刑事诉讼法》第4条规定:"国家安全机关依照法律规定,办理危害国家安全的刑事案件,行使与公安机关相同的职权。"

四、审判管辖

所谓审判管辖就是指人民法院组织系统内部,在审判第一审刑事案件上的分工。审判管辖包括级别管辖、地区管辖和专门管辖。

(一)级别管辖

级别管辖,指各级人民法院之间,即基层人民法院、中级人民法院、高级人民法院和最高人民法院之间,在审判第一审案件上的分工。

中级人民法院管辖下列第一审刑事案件:(1)危害国家安全、恐怖活动案件;(2)可能判处无期徒刑、死刑的案件。高级人民法院管辖的第一审刑事案件,是全省(自治区、直辖市)性的重大刑事案件。最高人民法院管辖的第一审刑事案件,是全国性的重大刑事案件。大量的第一审刑事案件,在司法实践中都由基层人民法院负责审判。

《最高人民法院关于适用〈中华人民共和国刑事诉讼法〉的解释》(以下简称《刑诉解释》)第12条至18条对在执行《刑事诉讼法》有关级别管辖规定时可能遇到的问题作出应当如何处理的司法解释,如数罪并罚案件,一人犯数罪、共同犯罪和其他需要并案审理的案件,其中一人或者一罪属于上级人民法院管辖的,全案由上级人民法院管辖。

(二)地区管辖

地区管辖,指同级人民法院之间按行政区域划分的对审判第一审刑事案件管辖权限的分工。

地区管辖的分工,主要是从有利于人民法院就地调查取证,节约人力、时间,及时查明案情,便于诉讼参与人出庭和扩大法制宣传教育等方面考虑规定的。

《刑事诉讼法》第24条规定,刑事案件由犯罪地的人民法院管辖。如果由被告人居住地的人民法院审判更为适宜的,可以由被告人居住地的人民法院管辖。最高人民法院《刑诉解释》第2条规定,所谓犯罪地是指,犯罪行为发生地和犯罪结果发生地。针对或者利用计算机网络实施的犯罪,犯罪地包括犯罪行为发生地的网站服务器所在地、网络接入地,网站建立者、管理者所在地,被侵害的计算机信息系统及其管理者所在地,被告人、被害人使用的计算机信息系统所在地,以及被害人财产遭受损失地。第3条则规定,被告人的户籍地为其居住地。经常居住地与户籍地不一致的,经常居住地为其居住地。经常居住地为被告人被追诉前已连续居住一年以上的地方,但住院就医除外。

(三) 专门管辖

专门管辖,指专门人民法院对刑事案件的管辖范围。在我国刑事司法实践中,专门人民法院是指军事法院和铁路运输法院,它们有各自独立的案件管辖范围。

第二节 刑事回避制度

一、回避制度的含义

回避制度,指法律所规定的与案件当事人有某种利害关系的审判人员、检察人员、侦查人员,以及书记员、鉴定人、翻译人员,不得参加案件诉讼活动的一种诉讼制度。

二、回避制度设立的目的和意义

回避制度的根本目的,是通过维护裁判者的消极中立的立场来确保司法的公正,防止在处理案件时先入为主或徇私舞弊。实行回避制度的意义在于:(1)有利于案件的公正审判;(2)有利于消除当事人及其法定代理人的思想顾虑;(3)有利于防止发生司法腐败行为。

三、回避的适用情形和人员

(一) 回避的适用情形

根据《刑事诉讼法》和有关司法解释的规定,司法人员及其诉讼参与人适用回避的情形主要有:(1)是本案的当事人或者是当事人的近亲属的;(2)本人或者他的近亲属和本案有利害关系的;(3)担任过本案的证人、鉴定人、辩护人、诉讼代理人的;(4)与本案当事人有其他关系,可能影响公正处理案件的,如法官应当严格执行回避制度,如果其与本案当事人委托的律师有亲朋、同学、师生、曾经同事等关系,可能影响案件公正处理的,应当自行申请回避;(5)审判人员、检察人员、侦查人员等接受当事人及其委托的人的请客送礼,违反规定会见当事人及其委托人的。

(二) 适用回避的人员

适用回避的人员为六种人,即侦查人员、检察人员、审判人员以及在侦查、起诉、审判活动中的书记员、翻译人员和鉴定人。

四、回避的处理程序

(一) 回避的提出

可以是自行回避,也可以是申请回避或者指令回避。

1. 自行回避,指回避的适用人员在受理案件时发现自己有刑事诉讼法规定的回避情形的,应当主动提出回避,不承担该案的诉讼任务。

2. 申请回避是指当事人及其法定代理人、辩护人、诉讼代理人认为审判人员、检察人员、侦查人员及书记员、翻译人员、鉴定人有法定应当回避的情形,向人民法院、人民检察院或公安机关提出要求有关人员回避的申请。

3. 指令回避是指审判人员、检察人员、侦查人员、书记员、翻译人员、鉴定人有法定应当回避的情形而未自行回避,当事人及其法定代理人也没有提出申请要求他们回避,由办案机关有决定权的负责人或组织作出决定指令有关人员的回避。

（二）回避的决定

审判人员、检察人员、侦查人员的回避,分别由人民法院院长、人民检察院检察长和公安机关负责人决定;法院院长的回避,由本院审判委员会决定;检察长和公安机关负责人的回避,由同级人民检察院检察委员会决定;书记员、鉴定人和翻译人员的回避,在侦查阶段由侦查机关负责人决定,在审查起诉阶段由人民检察院检察长决定,在审判阶段由人民法院院长决定。

（三）回避的复议

刑事诉讼中的"决定",一般是一经作出即具有法律效力。当事人及其法定代理人、辩护人、诉讼代理人对驳回回避申请的决定如不服时,可以向作出决定的机关申请复议一次。

（四）回避的效力

对侦查人员的回避作出决定前,侦查人员不能停止对案件的侦查。但是,对检察人员、审判人员的回避一经提出,诉讼活动一律暂停进行。

第三节　刑事辩护制度

一、辩护制度的概念和基本内容

辩护制度,是法律规定的关于辩护权、辩护种类、辩护方式、辩护人的范围、辩护人的责任、辩护人的权利与义务等一系列规章制度的总称。

辩护制度的健全与完善与否,现已成为衡量一个法治国家刑事诉讼民主化与科学化的重要标志之一。刑事辩护权是专属于犯罪嫌疑人、被告人的一项最重要的诉讼权利,受到各国立法者的高度重视。近代辩护制度,特别是律师辩护制度,是欧美资产阶级革命的产物,是资产阶级同封建司法制度特别是同它的诉讼制度斗争的胜利成果。

2007年10月28日第十届全国人大常委会第三十次会议通过了修改的《中华人民共和国律师法》。它的颁布实施为维护当事人的合法权益,维护法律的正确实施,维护社会公平正义提供了法律保障。

我国辩护制度的内容包括:辩护权、辩护种类、辩护方式、辩护人的范围、辩护人的责任、辩护人的权利与义务等。概括地讲,可归纳为以下三方面:一是,犯罪嫌疑人、被告人有自行辩护的权利;二是,犯罪嫌疑人、被告人有权获得辩护人的帮助;三是,司法机关特别是人民法院,有义务保障犯罪嫌疑人、被告人获得有效辩护。

二、实行辩护制度的意义

首先,实行辩护制度,有利于司法机关正确处理案件,防止办案人员的主观片面性,做到兼听则明,以避免冤假错案的发生。

其次,实行辩护制度,有利于公安司法机关维护犯罪嫌疑人、被告人的合法权益,充分体现尊重和保障人权的现代司法理念。

最后,实行辩护制度,有利于更好地完成刑事诉讼法的教育任务。

三、辩护人的概念和范围

辩护人，指接受犯罪嫌疑人、被告人的委托或人民法院的指定，帮助犯罪嫌疑人、被告人行使辩护权，以维护其合法权益的人。辩护人的范围包括：(1)律师；(2)人民团体或者犯罪嫌疑人、被告人所在单位推荐的人；(3)犯罪嫌疑人、被告人的监护人、亲友。

《刑事诉讼法》第32条第2款和最高人民法院《刑诉解释》第35条规定，下列人员不得被委托担任辩护人：(1)正在被执行刑罚或者处于缓刑、假释考验期间的人；(2)依法被剥夺、限制人身自由的人；(3)无行为能力或者限制行为能力的人；(4)人民法院、人民检察院、公安机关、国家安全机关、监狱的现职人员；(5)人民陪审员；(6)与本案审理结果有利害关系的人；(7)外国人或者无国籍人。但上述第(4)、(5)、(6)、(7)项规定的人员，如果是被告人的监护人、近亲属，由被告人委托担任辩护人的，人民法院可以准许。

犯罪嫌疑人、被告人依法可以委托1至2人作为辩护人。一名律师不得同时接受两个以上(含两个)犯罪嫌疑人、被告人的委托，做他们的共同辩护人。根据《刑事诉讼法》的规定，在侦查期间，犯罪嫌疑人及其近亲属只能委托具有律师身份的人担任辩护人。

四、辩护人的诉讼地位和职责

辩护人，包括辩护律师，在刑事诉讼中的法律地位是独立的诉讼参与人，是犯罪嫌疑人、被告人合法权益的专门维护者。他既不受公诉人意见的左右，也不受犯罪嫌疑人、被告人及其法定监护人无理要求的约束；既不能成为"第二公诉人"，也不是犯罪嫌疑人、被告人的"代言人"或"传声筒"。辩护律师与出庭公诉的检察人员的诉讼地位应当是平等的，他们均服从法庭审判人员的指挥，依法履行各自的诉讼职能。

辩护人的责任是根据事实和法律，提出证明犯罪嫌疑人、被告人无罪、罪轻或者减轻、免除其刑事责任的材料和意见，维护犯罪嫌疑人、被告人的诉讼权和其他合法权益。

五、辩护的种类和方式

我国辩护制度中辩护种类有以下三种：一是，自行辩护。指犯罪嫌疑人、被告人自己针对指控进行反驳、申辩和辩解的行为。根据《刑事诉讼法》的规定，犯罪嫌疑人、被告人的自行辩护权贯穿整个刑事诉讼全过程。自行辩护是目前我国犯罪嫌疑人、被告人进行辩护的最重要的途径。二是，委托辩护。犯罪嫌疑人或者被告人为维护其合法权益，依法有权委托律师或者其他公民协助其进行辩护。三是，指定辩护。指人民法院、人民检察院和公安机关为因经济困难或者具有其他法定原因而本人无力聘请辩护人的犯罪嫌疑人、被告人通知法律援助机构指派律师进行辩护。

犯罪嫌疑人、被告人没有委托辩护人而具有下列情形之一的，人民法院、人民检察院和公安机关应当通知法律援助机构为其指派律师提供辩护：(1)盲、聋、哑人或者尚未完全丧失辨认或者控制自己行为能力的精神病人；(2)未成年人；(3)可能被判处无期徒刑、死刑的人；(4)经法定程序依法不负刑事责任的精神病人。

最高人民法院《刑诉解释》第43条规定，具有下列情形之一，被告人没有委托辩护人的，人民法院可以通知法律援助机构指派律师为其提供辩护：(1)共同犯罪案件中，其他被告人已委托辩护人的；(2)有重大社会影响的案件；(3)人民检察院抗诉的案件；(4)被告人的行为可能不构成犯罪;(5)有必要指派律师提供辩护的其他情形。

这里需要特别说明的是,我国进行辩护的方式分口头辩护和书面辩护两种,且具有同等法律效力。

六、辩护人的权利和义务

根据《刑事诉讼法》和《律师法》的规定,我国辩护人所具有的具体辩护权主要表现为:(1)独立辩护权;(2)阅卷权和会见通信权;(3)调查取证权;(4)提出法律适用意见权;(5)出庭质证、辩论权;(6)提出上诉权;(7)有要求公安司法机关对采取强制措施超过法定期限的犯罪嫌疑人、被告人解除强制措施的权利;(8)拒绝辩护权;(9)保密权;(10)申诉和控告权。辩护人所具有的主要义务有:(1)遵守看守所、法庭等场所规则的义务;(2)保密义务;(3)及时告知义务;(4)依法依规履职义务;(5)承担法律援助义务;(6)无正当理由不得拒绝辩护和出庭辩护。

【典型案例】

【案例6-3-01】

2009年,重庆市黑社会性质团伙主要嫌疑人龚刚模被起诉。龚刚模曾任重庆银钢集团销售公司总经理,成立了重庆万贯财务公司。2005年,东方资产管理公司重庆办事处将21亿元不良债权以4300万元卖予万贯财务公司。龚刚模还与法院官员勾结,低价拍卖了重庆"奥妮土地"。有犯罪前科的万州人樊奇杭得到龚刚模资助发放高利贷,并于2006年8月开始购买了多支枪械弹药。2009年6月3日,龚刚模指使他人在重庆江北区爱丁堡小区门前枪杀了重庆男子李明航。

2009年7月10日起重庆开展了一系列针对当地黑帮组织的"打黑除恶专项行动"。被认为是自中华人民共和国建立后类似行动中规模最大的。龚刚模等34人的涉黑案被称为重庆"打黑第一案"。龚于2009年6月被捕。2010年1月3日龚刚模等被检察院以故意杀人罪及有关黑社会、枪支、毒品、赌场、行贿的9项罪名提起公诉。2月10日在重庆市第一中级人民法院进行了宣判,一审判处主要嫌疑人樊奇杭、吴川江死刑,龚刚模无期徒刑。5月31日,重庆市高级人民法院二审维持了一审的判决。

龚刚模原辩护律师系北京康达律师事务所合伙人、专职律师,中国社会科学院研究生院民商法硕士李庄。当地检察院在查办龚案时怀疑李庄唆使犯罪嫌疑人及证人伪造证据,令犯罪嫌疑人谎称被警方刑讯逼供。检察院随后以辩护人毁灭证据、伪造证据、妨害作证等罪名对其提起公诉。该案于2009年末2010年初进行了一审和二审,李庄二审被判处有期徒刑一年六个月。2011年4月进行了李庄遗漏罪行的审理,但最后因证据存疑,检方撤诉。李庄于2011年6月11日刑满出狱。

这一刑事案件被称为李庄伪证案,俗称李庄案。该案被中国诸多媒体所报道,其关于律师职业道德和人身权利、执业权利及更多内幕的争议,在社会上,特别是中国法律界引起了诸多讨论。

【法理与法律适用分析】

涉嫌犯罪的嫌疑人和被告人依法有权委托律师为自己进行辩护,接受委托的律师也就有权依法独立开展辩护活动,行使诸如阅卷权、会见权、通信权、调查取证权、提出适用法律意见权、出庭质证、辩论权、提出上诉权和保密权等法定的权利。但是要注意的是,辩护律师行使上述权利的目的,是为了履行自己作为独立的诉讼参与人、犯罪嫌疑人和被告人合法权益的专门维护者的职责,即根据事实和法律,提出证明犯罪嫌疑人、被告人无罪、罪轻或者减轻、免除其刑事责任的材料和意见,维护犯罪嫌疑人、被告人的诉讼权利和其他合法权益。

任何犯罪嫌疑人、被告人无论他触犯了何种罪行,即使是死罪,只要其在诉讼过程中,他就有权委托辩护律师帮助他进行辩护,公安司法机关不但要保证他委托律师辩护的权利,而且还要保证他可以得到有效的辩护。任何公安司法机关及其工作人员不得以任何借口,非法剥夺犯罪嫌疑人、被告人及其辩护人的辩护权,甚至以莫须有的罪名和不实证据随意抓捕辩护律师,以公权压制私权,破坏辩护律师的正当执业权和侵害辩护律师的人身自由权和人格名誉权。

当然,辩护律师应当根据事实和法律进行辩护,不得捏造事实和歪曲法律。受委托或者指定的辩护律师,在履行职责过程中,不得帮助犯罪嫌疑人、被告人编造口供、串供、伪造、毁灭证据或者威胁、引诱证人提供不实证据,意图使犯罪嫌疑人、被告人逃避法律的制裁。否则,辩护律师不但不能提出中肯的辩护意见以维护犯罪嫌疑人、被告人的合法权益,相反,还会适得其反,甚至还会使自己身陷囹圄,身败名裂。李庄案即是一个明证。

这里,我们需要指出的是,在有些地方的公安司法机关的领导和工作人员的思想上还是存有辩护律师是替"坏人讲话的,是来捣乱的,是严打和打黑的阻力",故而在实践中,就处处刁难辩护律师履行职责,致使辩护律师会见难、取证难、阅卷难、发问难、质证难。最近,最高人民法院常务副院长沈德咏在《人民法院报》上撰文充分肯定了辩护律师在防范冤假错案上的重要作用。他指出辩护制度的设计,就在于与控诉方形成一种诉讼对抗关系,防止对犯罪的指控成为一种潜在的犯罪认定。从防范冤假错案角度而言,推而广之,从确保所有刑事案件审判的公正性、合理性、裁判可接受性而言,辩护律师都是法庭最可信赖和应当依靠的力量。我们法院的审判人员思想深处有无轻视刑事辩护、不尊重律师依法履职的问题?工作关系上有无存在重视法检配合而忽视发挥律师作用的问题?法官是否恪守了司法中立的原则和公正的立场?对此,我们必须认真进行深刻反思。要充分认识到,律师是法律职业共同体的重要一员,是人民法院的同盟军,是实现公正审判、有效防范冤假错案的无可替代的重要力量。要充分相信绝大多数律师是具备良好职业素养的,是理性、客观、公正、中肯的,是人民法院可以依靠而且应当依靠的重要力量。

【法条链接】

《刑事诉讼法》

第三十二条　犯罪嫌疑人、被告人除自己行使辩护权以外,还可以委托一至二人作为辩护人。下列的人可以被委托为辩护人:

(一) 律师;

(二) 人民团体或者犯罪嫌疑人、被告人所在单位推荐的人;

(三) 犯罪嫌疑人、被告人的监护人、亲友。

正在被执行刑罚或者依法被剥夺、限制人身自由的人,不得担任辩护人。

第三十五条　辩护人的责任是根据事实和法律,提出犯罪嫌疑人、被告人无罪、罪轻或者减轻、免除其刑事责任的材料和意见,维护犯罪嫌疑人、被告人的诉讼权利和其他合法权益。

第四十二条　辩护人或者其他任何人,不得帮助犯罪嫌疑人、被告人隐匿、毁灭、伪造证据或者串供,不得威胁、引诱证人作伪证以及进行其他干扰司法机关诉讼活动的行为。

违反前款规定的,应当依法追究法律责任,辩护人涉嫌犯罪的,应当由办理辩护人所承办案件的侦查机关以外的侦查机关办理。辩护人是律师的,应当及时通知其所在的律师事务所或者所属的律师协会。

《律师法》

第三十六条　律师担任诉讼代理人或者辩护人的,其辩论或者辩护的权利依法受到保障。

第三十七条　律师在执业活动中的人身权利不受侵犯。

律师在法庭上发表的代理、辩护意见不受法律追究。但是,发表危害国家安全、恶意诽谤他人、严重扰乱法庭秩序的言论除外。

律师在参与诉讼活动中涉嫌犯罪的,侦查机关应当及时通知其所在的律师事务所或者所属的律师协会;被依法拘留、逮捕的,侦查机关应当依照刑事诉讼法的规定通知该律师的家属。

【典型案例目录索引】

1. 李庄案始末

载《南方周末》2010年1月6日。

2. 对话李庄:李庄案若平反不会是我个人的胜利

载《潇湘晨报》2011年11月23日。

3. 王全章律师被靖江法院拘留

载《东方早报》2013年4月6日。

【参考阅读的文献资料】

1. 陈光中、汪海燕:"侦查阶段律师辩护问题研究——兼论修订后的〈律师法〉实施问题",载《中国法学》2010年第1期。

2. 陈瑞华:"论量刑辩护",载《中国刑事法杂志》2010年第8期。

3. 李鸣杰:"戴着锁链跳舞——当前律师刑事辩护的执业环境及其应对之道",载《法治研究》2010年第11期。

4. 陈卫东:"刑事诉讼管辖异议的解决——韩凤忠、邵桂兰贩卖毒品一案的思考",载《法学》2008年第6期。

第七章 刑事诉讼证据

证据是认定案件事实的基础。从实然的角度,先有案件事实发生,然后相应的证据随之产生;然而从司法程序的角度,却是先有证据,然后才有案件事实的确定。司法的目的是查清已然发生的事实,然而时空的不可逆转性,使得我们无法让已经发生的事件重复再现,只能依靠事件发生时遗留的痕迹(也就是证据)去探究事实的真相。证据对于裁判的意义就在于此。

第一节 刑事证据的概述

一、刑事证据的概念

证据,即为证明待证事实的依据。从其最朴素的功能及特征出发,证据应当是一种已为人知的事实,而该项已知的事实能够用来证明未知事实的一部分或者全部。证据普遍存在于人们的日常生活中,故广泛意义上的证据,人们并不陌生,在哲学、自然科学及社会科学领域,人们均需要运用证据来论证一些设定的理论及证明自然和社会现象发生的原因。整个人类社会就是伴随着人们的主观意识对客观外界的不断发现和认识而进步的,这一进步是人们不断运用已知去敲开未知大门的过程,这里的"已知"就是一般意义上的证据。马克思通过深入了解恩格斯的公司经营运作方式来论证资本经营的实质,并产生"剩余价值"的理论;牛顿从苹果落地的已知现象中研究出"万有引力定律"等等,在这些科学成果的论证过程中,当然少不了证据的证明功能所发挥的支持理论的作用。

刑事诉讼中的证据与一般意义上的证据具有如下的区别:

1. 调整和约束的机制不同。刑事证据的采用要受法律的调整和约束,一般意义上的证据,虽然在认识和运用过程中也必须遵守一定的规律和规则,但却不必受法律的限制。刑事证据在收集和运用、审查和判断等方面,都必须受到刑事诉讼法的调整。

2. 时间限制要求不同。刑事证据的运用要受诉讼时间的限制,一般证据在收集、运用的过程中没有时间方面限制的要求,所以,使用者可以根据需要随时收集、运用,不会因为超过一定时间就失去证明效力或者不允许使用。刑事证据的收集、审查判断和运用都要受到相应的诉讼期限的限制,正在探索中的举证时效问题若能够被立法所确认,刑事证据的时间限制要求将更加严格。

3. 运用证据的主体不同。刑事证据的运用主体是法律特殊规定的,一般证据适用的主体没有限制,任何人都可以收集和提出并运用;而刑事诉讼证据的运用主体则是由刑事诉讼法明确规定的,即公安司法机关和一定的诉讼参与人,所以一般证据的运用主体范围比刑事诉讼证据的适用主体更具有广泛性。

4. 证据的适用范围不同。刑事证据的适用范围受到刑法、刑事诉讼法及其他相关法律的调整,一般证据适用范围非常广泛,日常生活、工作、学习、科研等领域往往都涉及一般证据的运用,而刑事证据只适用于解决刑事案件中有关犯罪嫌疑人、被告人是否犯罪,犯什么罪,应否处以处罚,处什么刑罚等实体问题和解决该实体问题相关的程序问题的证明,故它的适用范围受到刑法、刑事诉讼法及其他相关法律的严格界定。

5. 证据主客观条件的制约不同。刑事证据要受主客观条件的制约,一般证据既可以是对过去事物的分析,也可能是对现在或者将来的一种假说或判断,而刑事证据的收集、审查判断以及最终运用,均受到司法人员的主观条件以及整个办案过程中的客观条件的限制和影响。

通过以上比较分析,可以掌握刑事证据的一些重要属性。那么,究竟如何确定我国刑事证据的概念?我国《刑事诉讼法》第48条第1款规定,可以用于证明案件事实的材料,都是证据。第2款规定了刑事证据的八种表现形式。第3款规定,证据必须经过查证属实,才能作为定案的根据。第50条规定,审判人员、检察人员、侦查人员必须依照法定程序,收集能够证实犯罪嫌疑人、被告人有罪或者无罪、犯罪情节轻重的各种证据。严禁刑讯逼供和以威胁、引诱、欺骗以及其他非法方法收集证据,不得强迫任何人证实自己有罪。必须保证一切与案件有关或者了解案情的公民,有客观地充分地提供证据的条件,除特殊情况外,可以吸收他们协助调查。根据我国《刑事诉讼法》的上述规定,结合上述有关刑事证据的特性,我们可以从理论上对刑事证据的定义作如下的表述:刑事证据是司法机关的办案人员,依照法定程序收集和认定的,用以确定犯罪嫌疑人、被告人有罪或无罪,罪轻或罪重,或免予刑事处分的一切实体事实和相应的程序事实。

二、刑事证据的特征

我国传统的法学理论在阐述刑事证据时,非常强调证据必须具备客观性、关联性、法律性,而从上述刑事证据定义的表述中,我们也可以看到刑事证据必须具备这三个特征:

1. 客观性。客观性是刑事证据的首要属性和最基本的特征。它是指证据必须是一种客观存在的事实,而非想象、估计、猜测、推论和没有根据的道听途说。对刑事证据的客观性,一般应从如下三个方面去理解:首先,不论刑事证据的表现形式是以人的思维反映为特征的主观意识,还是不以人的意志为转移的客观实物形态,刑事证据的内容必须具有实际存在的属性。换句话说,刑事证据的存在本身是不以人的意志为转移的,是独立于各诉讼主体的主观意志之外的客观存在,任何人都不能用主观臆断来代替这种事实的客观内容。其次,刑事证据作为一种诉讼证明手段,必须在诉讼过程中被一定的诉讼主体发现、收集、审查判断,并最终运用其来判明案件事实。其中,发现刑事证据既是最初的证明环节,同时也决定了刑事证据能否被纳入诉讼轨道而成为证明的工具与手段的前提条件,因此,刑事证据的客观存在应当是一种人们能够凭借自己的感官或相应的仪器设备来发现和认识的事实。再者,从马克思主义的辩证唯物主义认识论出发,物质是第一性,意识是第二性的,但人的意识又不是被动地接受第一性,而是积极、能动地反映作为第一性的物质,所以,人们最终是能够认识刑事证据的客观属性的。人们认识手段的提高,增强了一定的诉讼主体尤其是公安司法机关发现和收集证据的能力,比如红外线摄影仪的发明,使得侦查人员可以发现肉眼所无法发现的由红外线辐射所反映的事实,这一事实的客观存在被体现在证据中,就应当首先被侦查人员发现和认识。

正确认识刑事证据的客观属性,对于引导树立正确的证据观,指导司法实践中收集和审查判断刑事证据的方法,有着十分重要的意义。诉讼主体尤其是办案人员在收集、审查判断及运用每一项证据的过程中,都应该认识到,证据的客观性要求办案人员必须摒弃主观臆测和擅断,忠于事实真相,客观、全面地进行调查取证工作。

【案例7-1-01】犯罪嫌疑人胡某因妻子施某提出离婚而怀疑妻子有外遇,遂起杀妻之念。某日,胡某从一楼杂物间拿来榔头到二楼卧室,从施背后用榔头猛砸施头部五、六下,经医院抢救被害人脱险,后经法医鉴定构成重伤。在审理过程中,胡某的供述与施某的陈述不相一致。施某认为其丈夫、婆婆和小姑一起打她、掐她,身上被打伤了好几处,之后头部被打几下就不省人事。胡某的母亲、妹妹和女儿(13岁)的陈述则都是说被害人是在卧室被打伤,女儿是第一个发现,并且叫来了奶奶和姑姑。法医的鉴定结论证明施某只有头部受重创,身上并没有伤痕。施某头顶有一伤痕,造成头骨粉碎,后脑勺有三处伤痕,致使后脑勺扁平,头的右侧面还有一处伤痕。本案中胡某女儿的证言起着关键的作用。法医的鉴定结论也证明施某只有头部受到重创,身上没有伤痕,施某陈述其身上受到丈夫、婆婆、小姑一起殴打,应该有伤痕,与鉴定结论相矛盾。法医的鉴定结论与证人证言相互印证,证据事实是客观存在的,无论施某出于什么样的心理歪曲事实都是无法改变客观存在的证据事实。

2. 关联性。又称相关性,是指作为证据的事实,不仅是客观存在的,而且必须是同案件有客观联系的事实。证据的关联性就实质而言,也是证据的客观性表现,是证据客观属性的一种联系的和动态的反映。证据是客观存在的事实,但并不是所有的客观事实都是证据。对证据关联性的理解应从以下三方面着手:第一,证据反映的事实必须是一种法律可调整的与案情有关的事实,即该证据所反映的事实的形成与案件事实的发生过程有着直接或者间接的联系;第二,与案件客观联系的事实从整体上讲应该包括有罪或无罪,罪重或罪轻的全部事实。从这个角度讲,证据的关联性并不是同诉讼主体的诉讼主张相关,更不能根据自己的控辩主张来判断证据的关联性,它不由主观的欲望和擅念来选择,而应首先遵守案件的客观事实,即证据的客观性是证据的关联性的必要前提。第三,从证据同案件事实的关联对定案的不同证明要求角度分析,作为认定被告人及犯罪嫌疑人有罪的证据,必须同犯罪事实存在客观的联系。这种联系如果就单个的证据而言仅仅是条件联系的话,那么其最终的结果则必须是与指控的犯罪事实有着必然客观联系的刑事证据所支持的。反之,若是无罪的证据,则正是排除了同指控的犯罪事实的必然联系。

正确认识证据的关联性,对于准确判断刑事证据的有效性及其相应的证明价值有着重要的意义。应该讲,任何与案情不具有客观联系的事实,都不能被判定为证明被告人或者犯罪嫌疑人有罪的有效证据。反之,只要排除了指控犯罪的刑事证据同案情之间的客观联系,也就证实了指控的案件事实不存在或者非被指控的被告人或者犯罪嫌疑人所为。证据的关联性指导我们避免在办案中将某些和案件事实之间没有客观联系的事实作牵强附会、生拉硬扯的联系,从而造成办案过程中人力、物力、财力的浪费,影响诉讼的效率。

【案例7-1-02】1996年6月21日下午5时,被告人朱某以处理纠纷为由将被害人李某骗至家中,后朱某提出要与李某发生两性关系,遭到拒绝,遂采取暴力手段将李某强奸。

控方的证据主要有案发时李某所穿的健美裤、左手腕部扭伤的诊断、证人向某证明朱某有小偷小摸恶习的证言、张某证明李某不可能跑到朱某家中的证言、梁某证明被告人曾调戏过梁某的证言。法院经审理认为，本案的控诉证据不足以证明朱某有罪，认定朱某强奸罪的证据不足，指控的罪名不成立。这就涉及证据的一个重要属性，关联性问题。经审查控方所提供的证据，其最大的缺陷在于多数证据不具有关联性，因而不具备成为定案根据的资格。

3. 法律性。又称合法性，是指证据必须是法定的诉讼主体依照法定的程序加以收集和认定的符合法律所规定的表现形式的事实。关于证据是否具有法律性，我国法学界迄今存在争议。我们认为，刑事证据应具备法律性，理由如下：首先，寻求证据往往首先根据法律关系确定要证明的法律事实，然后再去探询、收集能够证明该法律事实的证据，因此围绕证据展开的活动应当是人们一种有意识和有目的的活动，而这些活动开展的全部内容必须确立在一个基本的前提下，即我们已经制定了评价相关事实的法律尺度，并在其指导下收集和运用证据。由此，我们可以发现，证据作为法律生活中证明法律事实的一种认识工具，其存在本身就离不开法律。被证据证明的事实脱离了法律，这种事实存在就没有现实的意义。其次，刑事证据必须是以合法的证据形式表现出来的事实。我国《刑事诉讼法》第48条第2款规定了八种证据表现形式：物证；书证；证人证言；被害人陈述；犯罪嫌疑人、被告人供述和辩解；鉴定意见；勘验、检查、辨认、侦查实验等笔录；视听资料、电子数据。所以，在我国的刑事诉讼中只有以这八种合法的形式表现出来的证据事实才具有证据的资格。最后，刑事证据的收集、审查判断及运用的主体、程序均由刑事诉讼法严格规定。我国《刑事诉讼法》第48条第3款规定，一切证据必须经过查证属实，才能成为定案的根据，这一规定使得证据运用程序必须最终落实在"查证属实"的基础上，否则就不能作为"定案根据"的价值。同时，《刑事诉讼法》第50条又进一步规定公安司法人员必须严格依照法定程序和合法手段收集、运用刑事证据，严禁刑讯逼供和以威胁引诱以及其他非法的方法收集证据。故此，刑事证据只有通过法定的主体依照合法程序和手段收集、审查判断和运用，才能保障其以法定的表现形式被纳入诉讼轨道，并有效地证明犯罪嫌疑人或被告人有罪或无罪，重罪或轻罪的法律事实。

【案例7-1-03】在苗某贪污受贿案中，一审法院认定苗某犯贪污罪的主要证据之一，系苗某的供述笔录。经审查发现苗某的供述与该笔录的同步录音录像严重不符，故二审法院裁定发回重审。一审法院重审后对苗某该份供述笔录予以排除，并认为公诉机关指控苗某犯有贪污罪的证据不足，不予认定。我们认为，刑事诉讼中，应当严格审查包括被告人供述在内证据的真实性、合法性和关联性，尤其对辩护人提出的合理辩解应当进行认真审查和核实，严格依照刑事诉讼法及相关司法解释处理，对于非法证据应当予以排除。

三、刑事证据的意义

刑事证据在刑事诉讼中占据十分重要的地位，并对刑事诉讼任务的完成有着核心的作用，没有证据就没有诉讼。具体地说，刑事证据的主要意义如下：

1. 提高诉讼效率。讲求诉讼效率，要求投入尽可能少的司法资源取得尽可能多的诉讼成果，即降低诉讼成本，提高诉讼效率，减少案件拖延和积累的现象。在刑事诉讼法上设定最佳的程序模式,构建合理的刑事证据制度,有利于使犯罪分子及时得到惩罚,无罪的人早日免受刑事追究,被害人及时得到精神上和物质上的补偿,有利于节约司法成本,缓解办案经费紧张,提高诉讼效率。

2. 保障司法公正。刑事证据制度是刑事诉讼的重要组成部分,是程序公正的重要保障。程序公正的实现要求刑事证据制度必须满足以下两个条件:一是法官在诉讼过程中的中立性。目前各国刑事证据制度一般都要求法官在整个诉讼过程中保持中立,唯有诉讼中保持中立,才能保证法官作出公正的判决,实现司法公正。二是刑事诉讼主体的主动性。法官在刑事诉讼中处于消极中立的地位,当事人主导诉讼主张和举证,有利于发现案件事实,维护司法正义。

3. 保障刑法的实现。刑法所规定的具体犯罪构成依赖于确实、充分的证据来证实,没有足够的证据任何犯罪构成都是不可证明的。所以,刑法的实现必然依赖于刑事证据制度各原则、规则以及司法者主观能动的司法活动。

4. 保障无罪的人免受刑事追究。刑事诉讼活动的主要目的是查明案情,而其唯一的手段是运用证据,包括收集、审查判断、确认证据。只有依照法定刑事证据制度的原则、规则才能达到上述目的。在现代社会中,刑事诉讼的人权保障理念越来越受到世界各国的推崇,越来越多的国家在刑事诉讼中寻求被害人和被告人利害冲突双方的诉讼权利的平衡,改变以往对诉讼参与人诉讼权利的忽视,更多地关心和增强对诉讼参与人的保护。任何不遵从刑事证据制度要求的刑事诉讼活动,不但不利于查明案情,而且易于造成无辜者受到刑事追究。

5. 实现刑罚的教育目的。一方面证据所反映的案件事实本身可以使广大群众从生动的实例中接受直接的教育,从而增强群众对犯罪危害性的认识,激发他们同犯罪作斗争的积极性。另一方面,通过证据,尤其是犯罪嫌疑人、被告人的供述和辩解,往往可以反映出一些单位在管理制度上的疏漏,从而促使这些单位防微杜渐,消除犯罪隐患。

【典型案例】

【案例7-1-04】

曹冬才案。1995年7月,益阳市建筑设计院决定从当月起,对拖欠该院公款的职工采取逐月扣发部分工资的方法收回欠款。同年9月,设计院扣发本案自诉人段庆中当月的工资200元,以偿还其夫李冬生原在该院工作期间所欠的公款。段发现后,于9月5日到该院财务室擅自从院长曹冬才的工资袋中拿走200元,留下一张内容为"借曹冬才工资200元抵李冬生奖金"的字据附在曹的工资袋中。9月7日,设计院对此事作出决定,让段退回曹冬才200元钱,并作出检查,扣发其当月奖金,缓发其高温补贴。为此,段与曹发生争执。期间,曹为摆脱段的纠缠,用手推开段,致段侧面倒在身边的漆木沙发扶手上,接着滚落在地。后经法医鉴定,段被致左肾挫伤,血尿持续14天,多处软组织挫伤,属轻伤。段庆中向益阳市赫山区人民法院提起自诉。曹冬才的辩护人认为,段庆中的伤情鉴定纯属虚假,其所谓的挫伤、血尿等情况均不属实。一审法院认为,被告人曹冬才故意伤害他人身体,其行为已经构成故意伤害罪,但犯罪情节轻微,因此判决免予刑事处罚。曹不服提起上诉。二审法院经审理,查实段庆中的病历记载有明显的改动,据此作出的伤情鉴定也不真实。经重新鉴定,认为不能对段庆中作出肾挫伤构成轻伤的肯定结论。遂撤销一审法院的判决,宣告曹冬才的行为不构成犯罪。

【法理与法律适用分析】

对于曹冬才案,本案证据中的关键争议焦点,是对自诉人段庆中受伤状况的法医鉴定。正是由于在这一问题上的不同认识,导致一审法院与二审法院对曹冬才的刑事责任问题得出了不同的结论。本案一审法院在运用鉴定结论判断案件事实时之所以发生错误,主要就是认为鉴定结论是专家的意见,故具备完全的正确性,并且据此将专家意见等同于"科学证据"而忽视了对证据的认真审查,做出了错误的判决。应当指出,证据的客观性并非总是触手可及地显现出来,向办案人员展示着案件的事实真相。我们承认证据的客观性,是承认证据作为案件事实遗留下来的碎片,能够在不同程度上、从不同的侧面反映客观事实;但证据本身并不直接等于客观事实,我们在运用证据认定案件事实时,必须认真审查,正确运用,剔除证据在形成和使用过程中所附着的误导人们的主观倾向,发挥主观能动性在运用证据中的积极作用,唯此才可以在证据的基石上成功重构事实的大厦。正因为如此,我国刑事诉讼法明确规定,任何种类的证据,都必须经过查证属实,才能作为定案的根据。

【法条链接】

《刑事诉讼法》

第四十八条 可以用于证明案件事实的材料,都是证据。

证据包括:

(一)物证;

(二)书证;

(三)证人证言;

(四)被害人陈述;

(五)犯罪嫌疑人、被告人供述和辩解;

(六)鉴定意见;

(七)勘验、检查、辨认、侦查实验等笔录;

(八)视听资料、电子数据。

证据必须经过查证属实,才能作为定案的根据。

【典型案例目录索引】

1. 刑事诉讼证据关联性的判定及相应规则的设置

——藏彪被控强奸宣告无罪案

载《中国审判案例要览》1998年刑事审判案例卷,中国人民大学出版社1999年版,转引自宋随军、姜涛等主编:《刑事诉讼证据实证分析》,法律出版社2006年版,第10页。

2. 专家法律意见书不能作为证据使用

——胡某故意伤害罪案

载《证据学论坛》(第8卷),中国检察出版社2004年出版,转引自刘品新著:《刑事证据疑难问题探索》,中国检察出版社2006年版,第12页。

【参考阅读的文献资料】

1. 周国均、刘根菊:《刑事证据种类和分类的理论与实务》,中国政法大学出版社1992年版。

2. 江伟主编:《证据法学》,法律出版社1999年版。

3. 樊崇义等:《刑事证据法原理与适用》,中国人民公安大学2001年版。
4. 俞亮著:《证据相关性研究》,北京大学出版社2008年版。
5. 张晋红、易萍:"证据的客观性研究",载《法律科学》2001年第4期。

第二节 证据的种类

一、物证

（一）物证的概念和特征

物证是以其外部特征、内在物质属性及其存在方位等证明案件真实情况的物体和痕迹。物证的物体形式通常是以固态、液态和气态形式体现;物证的痕迹形式是指在外界因素作用下一个客体留在另一个客体上的印迹。物证一般有以下四种具体表现形式:第一,犯罪工具,这是最常见的物证,有的物证本身就具有明显的犯罪特征,如犯罪分子印制伪钞的印版。有的则本身不具有犯罪工具属性,只是被犯罪分子利用成为一种物证,如用来杀人的手术刀、农药、药用手钳等等;第二,留有犯罪痕迹的物品,比如现场的脚印、指纹、汗渍、精斑等等;第三,犯罪的对象物,比如赃款、赃物、放火案中的被烧房产、设备、被害人的尸体等等;第四,其他可供揭露的犯罪行为,查获犯罪分子的物品,比如犯罪分子遗留在现场的烟蒂、鞋、纽扣、头发等等。

刑事物证是一种广泛存在且十分重要的证据,它具有下列主要特征:(1)物证具有特有的外部特征、明确的内在属性以及特定的存在方位。物证是以其外部特征、内在物质属性及其存在方位等对案件发挥证明作用的,这是物证不同于其他种类证据的最显著的特征,是物证特有的与案件的关联方式。比如,刺死被害人的匕首,其外部特征必须同被害人致命伤的形状特征相同。(2)物证具有案件与调查对象的同时联系性。物证之所以能体现证明价值,是因为它与案件存在关联的同时,又与调查对象存在关联,从而使得调查对象同案件联系起来。如果只是与案件或者调查对象联系,那么就不能体现其证明价值,因而也就不是物证。比如,犯罪现场发现的"指印",如果不能确定其系案发时所留(与案件联系)或者无从对比(与调查对象联系),该"指印"就没有物证的证明价值。(3)物证具有不可替代性。作为物证使用的物体和痕迹都有各自不同的特征,而且这些特征是在特定的环境中形成的。因此,在通常情况下它不能用其他的物体和痕迹来替代,否则就不能反映与特定环境中形成的特定案件的关联性。故在司法实践中,物证被要求提交原物,只有在原物提交确实困难时,才能提交复制品、照片,而这恰恰是物证不可替代性特征的具体表现。(4)物证具有较强的客观性和可靠性。一是因为物证以物体、痕迹方式存在,是独立于人的意志之外的,是不以人的意志为转移的客观事实;二是大量的物证与案件、调查对象的联系是运用科学技术确定的,因而具有较强的可靠性。(5)物证具有较强的稳定性。一是因为与物证本身的物质形态有关,大量的物证形态以固态反映,其特征较为稳定;二是因为对于形态特征易变化的物证,实践中已经形成一整套科学的提取、固定和保全手段。(6)物证具有证明的被动性和片段性。物证客观的存在于社会中,其本身是无意识的,因而它是不会自动地、直接地证明案件事实,它需要人们去发现、识别并将它纳入诉讼程序中运用。另外,单一的物证只能反映案件事实的某一方面而缺乏案件全貌的反映性,因而,物证要与其他证据结合起来才能发挥出它的证明作用。

(二)物证的收集和保全

物证收集的途径很多,主要是通过勘验、检查、搜查和扣押等侦查或调查手段来获取,但也有不少物证是犯罪嫌疑人或者被告人以及其他单位或者个人主动向司法人员提供的。物证在收集过程中应该注意以下几个问题:

1. 物证收集要及时。这是由物证本身的特点所决定的。作为具有一定物力和化学属性的物证,往往具有同一般物质一样容易受自然或人为因素影响而变形、消失的共性,如雪地上的脚印可能因阳光照射融化而消失;泥地上的脚印可能被人们无意间地反复走动而走形甚至根本无法再辨认;有的物证也可能被人有意隐匿、销毁。所以,及时收集是防止物证因自然因素或人为因素而破坏、丧失的重要保障,也是确保物证能够被有效运用的条件之一。

2. 收集物证要细致。物证可能会因其体积太小或者痕迹不显眼,或者被其他东西覆盖等各种足以导致认识障碍的因素而被忽略,也可能因犯罪分子故意隐匿、伪装而不易发现。这就要求办案人员在收集物证时一定要有敏锐的洞察力和认真细致的工作作风,只有坚持一丝不苟的工作态度,才能最大限度地避免因工作粗心所导致的不必要的认识障碍。

3. 收集的物证要真实。真实有效的物证是在案件事实的影响下产生的,故物证具有不可替代性。物质的真实客观性也体现在其与案件之间的客观联系性。

4. 收集物证应充分利用科技手段。如红外线摄影仪可以发现肉眼无法发现的热辐射物质;运用DNA技术可以鉴别唾液、汗渍的个性特征。

关于物证的固定和保全,刑事诉讼法规定了一系列的方法,如规定对于扣押的物品、文件,要妥善保管或者封存,不得使用或损毁。在勘验、搜查中发现的可以证明被告人或犯罪嫌疑人有罪或无罪的各种物品和文件,应当扣押。刑事诉讼法同时规定,对于扣押的物品和文件,应当会同在场的见证人和被扣押物品的持有人查点清楚,当场开列清单一式两份,由侦查人员、见证人和持有人签名盖章,一份交给持有人,另一份附卷备查。

(三)物证的审查判断

物证的审查一般应从以下几个方面进行:

1. 审查物证是否伪造。伪造的物证在一定情况下可能会扰乱或阻碍侦查人员的视线,故应从物证的来源上分析研究其有无伪造和发生差错的可能,防止犯罪分子利用伪造的证据来以假乱真,逃避罪责或嫁祸于人。

2. 审查物证与案件的关系。通过审查各种物证的外部特征及其性质与案件事实之间的联系,可以解决物证对案情的有效证明价值问题。在分析研究物证的外部特征及其性质时,要注意时间、条件对物证的影响。确定物证案件事实的联系时一定要坚持以事实为根据的原则,而不能根据事物的表象作简单的、机械的联系,更不能主观臆断、牵强附会。

3. 审查物证的来源。不同的来源会对其真实性带来影响。经勘验、检查、搜查、提取和扣押的物证,没有相应的笔录证明其来源,应予以排除。

4. 审查物证是否为原物。对不能反映原始物证的外形、特征的复制品应予以排除。

【案例7-2-01】被告人云某同被害人谢某为同一学校教师。2008年9月23日20时许,两人到单位值班,喝酒闲聊。期间,云某与谢某因言语不合,发生争执,云某持铁锤击打谢某头部数下,致其倒地,并将谢抱到床上又移至地下。后云某用镰刀、铅笔刀割腕自杀晕倒。谢某经抢救无效死亡,云某则于9月25日伤愈出院。一审法院以故意杀人罪判决云某死刑,剥夺政治权利终身。本案的主要证据就是现场勘查提取的物证和云某的供述。能否认定云某犯有杀人罪,关键就是对本案的物证进行审查、判断。本案扣押的物品为染有血迹的长袖线衣一件、小铁锤一个、镰刀片一个。物品均为原物,附有扣押物品清单,能够证明扣押物品的来源。物品上的血迹经过了物证检验,证明是人血。小铁锤木柄上、镰刀片、云某的衣服、现场门外木靠椅椅面上的可疑斑迹均与云某的血迹一致。现场提取多处血迹、血斑,经检验均为人血。现场砖炕棉被上、北侧地面上的暗红色可疑斑迹以及砖炕墙面上的擦拭状可疑斑迹均与谢某的血型一致,均为"B型"。现场东墙及东侧地面上、小铁锤木柄上、镰刀片、云某衣服上、现场门外木靠椅椅面上的可疑斑迹均与云某的血型一致,均为"A型"。经过对物证的审查,可以最大限度地确定物证的关联性、合法性和客观性,以最大限度地证明案件事实。

二、书证

(一)书证的概念和特征

书证是以文字、符号、图画等所表达的思想内容来证明案件真实情况的书面文件或其他物品。

书证的表现形式可以是手书或者印刷的文件及其他书面材料,也可以是记载了一定案情内容的竹木、金属、石砖、摄影照片或其他物品。但不论书证的表现形式如何,其记载的内容必须能反映一定的案情,并能够据此查明案件的真实情况,否则就不是书证。如在交通肇事案现场发现的一本被告人亲笔书写的反映受贿内容的日记本,就该案来讲,笔记本是物证,而不是书证,因为能证明案情的,不是它所记载的内容,而是它留在肇事现场的位置和其他一些外部特征。

书证的主要特征有:1. 书证具有思想内容的证明性。书证是以文字、符号、图画等所表达的思想内容来证明案件真实情况的,这是书证区别其他证据最重要的特征。这个特征表明,一定的物质载体如果没有文字、符号、图画等来表达思想内容或者即便文字、符号、图画等来表达思想内容却与案件不存在联系,就不可能是书证。2. 书证具有证明的直接性、明确性和主动性。在通常情况下,在以文字为基本意思表示形式的书证内容中,人们可以直接判明其与案件的联系,它一般不需要通过中间环节而直接起到证明案件事实的作用,不像物证那样通常经过一定的科学技术运用才能起到证明作用。一旦经查证属实书证意思表示的真实性,书证便能够比较直观地证明一定的案件事实。3. 书证具有证明的稳定性。书证是诉讼开始之前,人的意思表示在一定的物质载体上的凝固,是有关事实的历史记载或犯罪事实的真实写照,一般而言,不论时间长短只要该物体没有毁坏、污染,就能凭借有关的文字、符号、图画等起到证明作用,而不像证人证言等言词证据易受人的主观意志影响,或因时间久远而淡忘记忆不清,影响其证明力。

(二)书证的收集和保全

收集书证的途径和方法与物证收集的途径和方法相同。书证的保全,通常的做法有:

1. 将书证编号入卷。原件不能入卷的,除在扣押书证的清单上注明发现和缴获的情况外,还应对文件的封面、编号、标题等进行拍照并附加说明后存入案卷。保密文件的原件,必须按照保密法的规定即要收发手续退回原发文机关。

2. 对于黄色书刊、淫秽画片等,应开列清单,然后予以封存,不得扩散。

3. 不得丢失或损坏。

(三)书证的审查判断

书证一般应审查以下几个方面的问题:

1. 审查书证是否伪造。犯罪分子可能会出于各种动机伪造书证,故必须查明书证是否存在案件事实本身的影响下形成的。

2. 审查书证是否在暴力、胁迫、欺诈等情况下做成。即必须查明书证的书写制作内容是否反映了书写或制作人的真实意思表示。只有这样,才能判明其对书写或制作内容是否真实的情况。

3. 审查书证的内容与案情是否有出入。有些书证虽然不是在外力影响下制作的,但是由于人们主观上的原因,如记忆力、认识水平等也可能使书证的内容出错。

4. 审查书证与案件事实之间的关系。书证在某些情况下可以反映出其与案件事实之间的直接联系,但有时候则必须将它同其他证据联系起来分析对比,方能看出联系,如车船票、规章制度、邮票等,往往也要放入其他证据大环境中去分析对照,才能判定其有无证明力。

5. 审查书证是否为原件。对于不能反映原始书证的复制件应予以排除。

【案例7-2-02】1996年2月17日,浙江快威电脑通信系统有限责任公司向原中国人民建设银行杭州市分行营业部申请贷款人民币80万元。同月26日,被告人沈某利用其为快威公司董事长的职务便利擅自决定将其中50万元人民币划款至杭州农业生产资料公司所设银行账户内,代杭州信达电子技术公司归还该公司于同年2月2日向农资公司的借款。该款至今未能归还。本案的争议焦点是该电子公司在1997年3月7日划至快威公司账下的80万元人民币究竟是为偿还上述债务还是其借给快威公司的一笔资金,与前述债务无关。对此争议问题有说服力的凭证是快威公司当时的记账凭证。沈某仅提供了快威公司出具的记账凭证复印件,说明当时信达公司划款80万元是用于归还债务。对此记账凭证,法院经调查快威公司的原始记账凭证,该凭证证实快威公司是将该款作为借款记账,因而该项资金往来与沈某1996年2月挪用的50万元的事实并无因果关系,沈某并未将该挪用资金归还。因此,对该记账凭证复印件,法院"以真实性不足,不予采信"。

三、证人证言

(一)证人证言的概念和特征

证人证言是证人向司法机关就自己所知道的案件情况所作的陈述。证人,是指知道案件情况,能够辨别是非和正确表达的人。生理上、精神上有缺陷或者年幼,不能辨别是非、不能正确表达的人,不能作为证人。一个在案发当时能正确辨别是非的人,但在司法人员向其收集证言时他却无法正确表达的人也不能成为证人;反之亦然。证人的身份取决于是否直接或间接地知道案件事实,故证人只能由知道案件事实的人来担任,不能由其他人来代替,更不能委托他人以自己的名义代理作证。证人也不能同时兼有其他诉讼参与人的身份。总之,证人的身份具有不可替代性。

证人证言的内容应当是对查明案件事实有证明价值的一切事实。证人证言的形式可以是口头方式,也可以是书面或录音、录像方式。

证人证言有助于司法人员进一步收集证据,鉴别其真伪,正确认定案件事实,有力地揭露犯罪分子的谎言,促使其认罪服法,从而为顺利地实现刑事诉讼的各项任务创造有利条件。

证人证言的主要特征有:

1. 内容的特定性。证人证言只能是证人对自己所感知的案件事实进行描述,而不能对所感知的案件事实作出分析、推断或结论,不论是事实性的还是法律性的,只能对已经发生的案件事实进行描述,而不能凭自己的想象,猜想、推测可能还会发生什么。

2. 证言具有较强的主观性。证人证言的形成由感知、记忆和表达三阶段构成,是证人的主观感性认识对客观世界的反映,其过程必然遵循认识论和心理学的普遍规律,是人的思维过程和心理对客观事物能动反映的产物,所以证人证言具有较强的主观性。

3. 证言具有较大的易变性。证人证言往往会随着证人的心理活动、思维变化而发生变化,不如物证、书证稳定。像证人的记忆力因素,多次作证间隔时间长短因素,证人与案件及当事人关系因素,办案人员对待证人的态度因素等等,都可能引起证人证言的改变。

(二)证人证言的收集和固定

证人证言应当由司法人员通过询问的方式来收集。询问前应当告知证人如实作证的法律义务和违反该义务必须承担的法律责任。询问证人是以口头方式进行。司法人员对证言的收集,要严格遵守《刑事诉讼法》第122条、第123条、第124条的规定进行。经过询问之后,如果证人自愿书写亲笔证词,则司法人员应当允许并为其创造自愿笔述的条件。对已经提供了证言的证人,人民法院、人民检察院、公安机关和国家安全机关有义务保障其本人及近亲属的安全。对证人及其亲属进行威胁、侮辱、殴打或者打击报复,构成犯罪的,依法追究刑事责任;尚不够刑事处罚的,依法应给予治安管理处罚,从而为鼓励群众积极同犯罪行为作斗争创造良好的法治环境,也为诉讼创造良好的证源条件。证人证言的固定方法主要有笔录法和录音录像法。

(三)证人证言的审查判断

《刑事诉讼法》第59条规定:"证人证言必须在法庭上经过公诉人、被害人和被告人、辩护人双方质证并且查实以后,才能作为定案的根据。法庭查明证人有意作伪证或者隐匿罪证的时候,应当依法处理。"根据这一规定,证人证言必须通过质证方式查证属实才能作为定案的根据。故此,对证人证言的审查判断就成为该项证据材料能否成为有效证据的关键环节。一般来说,对证人证言应从以下几个方面进行审查质证:

1. 审查证人与当事人或者案件结果之间有无利害关系。通过了解证人与案件及案中当事人之间的关系情况,掌握其是否有可能受当事人或有利害关系人指使、收买或威胁,而作不真实的证言;了解证人的政治面貌、思想品质和作证的思想基础,以判断证言的可靠程度。

2. 审查证人证言的来源。证言的来源直接关系证据的客观真实性。亲身耳闻目睹,直接感受的,其真实性较大;反之,是传闻的,其真实程度则相对减弱,道听途说或随意推测则是不可靠的。

3. 审查取得证言的方法。收集证人证言,既要注重其内容的客观真实性,也要注意收集证言的程度、手段的合法性。如果采用暴力、威胁等方法取得的证言,或证人未签字的笔录,或未经法庭质证的证言,等等,都不具有法律效力,不能成为对案件事实有证明作用的定案根据。

4. 证人证言与其他证据是否一致。在一个案件中,证人证言和其他证据都是证明同一案件事实的,故按形式逻辑推定,他们之间应当是一致的。如果证人证言与案件的其他证据发生矛盾,就说明证人证言或者其他证据是不真实的。这就需要对证人证言或其他证据作进一步查证,排除矛盾,最后才能确定其证言的真伪。

5. 对于幼年证人的证言,刑事诉讼法并没有规定幼年证人作证的年龄界限,司法实践中应根据法定的"能辨别是非,能正确表达"的条件来判断其有效性。要注意幼年证人富于幻想,容易受外界影响的心理特征,在审查过程中,要综合分析幼年证人的年龄、智商,并注意其回答问题的内容、语言是否与其年龄、智商相适应,前后陈述是否有矛盾以及造成矛盾的原因等等。

【案例7-2-03】2005年9月27日16时许,被告人杨某在北京市丰台区五里店南里27号楼,因感情问题与被害人李某发生争执。杨某手持菜刀砍击李某的颈部,造成李某左侧颈主动脉破裂、右侧颈静脉完全离断,致李某急性失血性休克死亡。本案共有18位证人,证人证言较多且庞杂,如何对证人证言进行审查,在本案中得到了体现。第一,本案的18位证人的证言,大部分是基于证人直接感知,其证言的可靠性较高。第二,证人当某系被害人的男朋友,与案件当事人有利害关系,但是其所作证言有多位证人证实,具有较高的客观性。证人朱某系本案接警民警,与案件当事人没有利害关系,中立性较高,其证言可靠性也比较高。证人石某、田某、宋某、张某均为被害人的朋友,与当事人有利害关系,但是其所作证言仅是证明被告人与被害人的关系,不是本案直接重要的证据,对案件事实的认定关系不大,不会对案件事实的认定造成根本性的影响。证人施某、严某均为被告人的亲戚,与当事人有利害关系,但是,其立场较为中立,做出了不利于被告人的证言,证言可靠性较高。证人尹某是被告人的同事,与案件没有太大的利害关系,且其证明内容与案件事实没有直接关系,对案件事实的认定没有根本性的影响。证人王某系被害人的共同租住人,立场较为中立,其辨认出共同使用的菜刀,对案件具有重要的意义。第三,证人证言之间,证人证言与其他证据之间没有矛盾,能够很好地相互印证。综上,本案虽然没有直接的证据,但是这些证人证言与其他的证据相结合,形成了证据链条,能够得出唯一的结论,可认定被害人李某系被告人杨某杀害。

四、被害人陈述

(一)被害人陈述的概念和特征

被害人陈述,指被害人就人身、财产和其他合法权利受侵害的情况下,向司法机关所作的陈述。被害人陈述的内容一般包括以下两个方面:第一,是对犯罪分子侵害过程的事实陈述;第二,是对其了解的犯罪分子进行检举揭发。至于被害人提出自己对犯罪的处理意见的陈述,实际上是一种诉讼请求,而不是对案件事实的陈述故不能视作该种证据的内容。

被害人是包括自诉案件的自诉人在内的受到犯罪行为直接侵害的诉讼参与人。被害人是诉讼当事人,是一种独立的诉讼主体,其陈述是一种独立的诉讼证据,在法定证据种类中,自诉人陈述被划归被害人陈述,故被害人陈述包括自诉人陈述。

被害人陈述在一般情况下往往能较全面、详细地反映案情的细节,故常常成为司法人员迅速破案,查明案情,促使犯罪分子认罪服法的重要依据,它对确定侦查方向,查获犯罪人,都具有重要作用。

被害人陈述的主要特征有:

1. 被害人陈述具有内容的特定性。被害人陈述具有证据意义的内容表现为就自己遭受犯罪行为侵害的事实,包括犯罪行为造成其人身伤害、经济损失的事实,而不应当包含被害人提出的诉讼请求,被害人对犯罪行为及案件性质的分析判断、对案件处理中涉及相关法律问题的理解及对犯罪嫌疑人、被告人刑事处理的想法和意见。

2. 被害人陈述具有证明的直接性。被害人是遭受犯罪行为直接侵害的人,对犯罪行为、受害经过以及造成的危害后果等主要案件事实一般都有比较清楚的了解,所作的陈述比较详细、具体,信息量比较大,对案件一般具有直接的证明作用。

3. 被害人陈述具有不可替代性。被害人与证人一样,具有不可替代的特征。对于被害人亲历的案件事实、被害经过,被害人自己清楚,不能由其他没有感知过该事实的人来替代被害人本人陈述,特别对于有生命危险的被害人应当在挽救其生命的同时,抓紧时机取得其陈述。

4. 被害人陈述具有证明的倾向性。被害人在其人身直接遭受犯罪侵害的刑事案件中,往往是仅次于犯罪嫌疑人、被告人口供的重要证据来源,但被害人因其与刑事案件之间密切的利害关系以及被害人要求严厉惩罚犯罪人的心理状态,使得被害人陈述内容一般都不利于犯罪嫌疑人、被告人,有比较明显的倾向性。

(二)被害人陈述的收集和保全

被害人陈述的收集和保全的要求和方法基本同证人证言,但在收集过程中还要注意几个问题:

1. 询问前,要向被害人说明必须如实陈述的法律义务,并向其说明诬告应承担的法律责任。

2. 遭受犯罪侵害严重受伤的被害人在征询前,应事先与医务人员取得联系并通过医务人员确认其辨别是非和正确表达的能力,以免造成被害人不必要的意外事故或导致无效的陈述。

(三)被害人陈述的判断

由于被害人与案件事实之间的特殊利害关系,故司法机关既要十分重视,又不能盲目轻信,必须认真进行审查、判断,经查证属实后,方可作为定案的根据。一般来说,对被害人陈述的审查判断,应注意以下几个方面:

1. 审查被害人与被告人的关系。如果被害人在案发前与被告人素昧平生,则提供虚伪陈述的可能性就较小。如果被害人与被告人在案发前原本互相间有着错综复杂的密切联系,甚至彼此有恩怨情仇,则其陈述虚伪的可能性就大。

2. 审查被害人身份、道德品质情况。一般说来,被害人的道德品质的好坏,会影响其陈述的真实性。当然,在审查中不能仅凭这一点下判断,否则就有可能犯经验主义的错误,应综合其陈述的来源和内容以及同其他证据之间的对比情况进行全面的分析、判断。

3. 审查被害人陈述的来源,分析其内容的合理性。如果被害人是根据直接感受的犯罪事实所作的陈述,则其陈述的情节一般具有合理性,反之,若本身是他人传闻的,甚至来源于自身的主观猜测和想象,则其陈述的情节往往不清楚甚至互相矛盾。

4. 对幼年被害人陈述的判断,应当注意幼年人的心理和生理特点,必须认真、仔细、耐心;特别要注意其陈述的内容是否超过了他正常的智力水平和表达能力,要查明在其陈述的背后是否有事先的诱导和威逼。

【案例7-2-04】邓某是一起贪污受贿案的关键证人,曾出庭指证唐某的受贿行为。2007年6月20日上午,唐某召集十余人,将邓某从县运管所办证大厅拖至对面的中国银行营业部暴打一顿,并让邓某当着数百名围观群众当街下跪,逼迫他签下1.2万元的"欠条"和承认自己在法庭上作伪证的"证明"。据邓某陈述,1996年,经他"引路",他的姨夫李某及好友张某向时任县农机局局长的唐某行贿4万元,唐某于1997年安排二人在农机站任职。两年后,唐某因工作需要调离现任岗位,李某和张某遂要求唐某退还行贿的款项,遭到唐某的拒绝。故李某和张某两人向有关部门举报了唐某受贿的事实。2001年12月21日,法院开庭审理此案,邓某作为关键证人,出庭指证了唐某的受贿行为。法院经过审理,判处唐某有期徒刑二年,缓刑二年。唐某怀恨在心,伺机报复,于是发生了2007年6月20日的事情。在接受检察机关的询问中,被害人邓某哭诉道:"他们逼我跪在滚烫的水泥地上,周围有三四百名群众围观,十几个人对我拳打脚踢……"并撩起上衣,露出了其缠满绷带的腰背。另据邓某陈述,2001年至2003年,唐某还曾多次委托朋友劝说邓推翻证词,均被邓拒绝。2007年7月19日,公安机关以涉嫌打击、报复证人罪提请检察院批准逮捕唐某。2007年8月24日,法院一审以打击报复证人罪判处唐某有期徒刑二年。本案的证据焦点是被害人陈述的特点及其对该陈述的审查和认定。本案中,被害人陈述能够生动地反映案件事实发生的来龙去脉,有利于法官对证据的审查判断,查明事实的真相。

五、犯罪嫌疑人、被告人的供述和辩解

(一)犯罪嫌疑人、被告人的供述和辩解的概念和特征

犯罪嫌疑人、被告人的供述和辩解,又简称"口供",一般是指犯罪嫌疑人、被告人向司法机关就其被指控的犯罪事实,所作的口头或书面的供述、申辩和解释。其内容包括两个方面:一是供认犯罪事实的陈述;二是说明自己无罪和罪轻的辩解。

犯罪嫌疑人、被告人的供述和辩解的主要特征是:

1. 证明案件事实的全面性、直接性。犯罪嫌疑人、被告人是案件事实的直接当事人,如果是他实施了犯罪行为,那么他就是最了解案件情况的人,他对于自己是否实施犯罪,以及犯罪的具体情节,比任何人都清楚、详细、全面。反之,他对于冤捕、冤诉、冤审、冤判的情况心里也最明白,他所作的无罪的申辩和解释,也会有助于办案人员进一步收集证据,查清案件真相。因此,犯罪嫌疑人、被告人的供述和辩解在整个刑事诉讼过程中对于办案人员认识案件事实的原貌,把握案件事实的细节,正确地认识案件性质是十分重要的。这体现了口供具有极大的证明价值的特点,尤其对于案件事实的直接证明往往是其他的证据所不能比拟的。

2. 口供内容的虚假性。任何一种证据都存在虚假的可能性,但口供内容的虚假性却是相伴而生的一大特点,犯罪嫌疑人、被告人在诉讼中处于被追诉的极为不利的特殊地位,决定这一特点产生的规律性。一般而言,逃避或减轻处罚是犯罪嫌疑人、被告人的本能反应,他们为了自己或同伙逃避制裁或企图减轻处罚,往往会以各种手段和方式作虚伪的陈述,或进行

顽固抵赖，或作避重就轻的供述。此外，还有出于哥们义气而大包大揽，掩护他人，或虚假地夸大供述自己的罪行，以表示自己"真诚坦白"或嫁祸于人，虚假检举等等。因此，犯罪嫌疑人、被告人的口供因其诉讼地位和复杂的心理活动的影响而呈现真真假假、虚虚实实的情况，所以办案人员对口供应有不可不信、不可全信的心理准备，强化对其他证据的收集。

3. 口供的易变性。在刑事诉讼中，口供经常出现反复或推翻的情况。口供易变的原因复杂，有的是受羁押所其他犯罪嫌疑人、被告人的教唆或影响而翻供；有的是获悉其亲友受迫使、某些被害人或证人受收买而改变陈述或证言的消息后而翻供；有的是迫于讯问的压力甚至遭受刑讯逼供而作的口供，在审判时翻供；等等。对此，办案人员收集口供时，应当注意收集程序的合法化，同时注重对口供合理性的全面分析，找出翻供或可能翻供的原因，并特别注意对口供以外的证据的收集，运用其他证据来分析判断口供的真实性和可靠性。

（二）运用犯罪嫌疑人、被告人的供述和辩解的法律要求

由于口供在刑事诉讼中是一种重要的证据来源，又因其主体在刑事诉讼中所处的可能被科刑的特殊地位，从而决定了其口供内容的真假相掺性。对此，司法人员不能盲目相信，当然也不能简单否定，而应当以辩证和客观的态度来分析和判断，决不能将口供作为定案的唯一有效的证据。《刑事诉讼法》第53条规定："对一切案件的判处都要重证据，重调查研究，不轻信口供。只有被告人供述，没有其他证据的，不能认定被告人有罪和处以刑罚；没有被告人供述，证据确实、充分的，可以认定被告人有罪和处以刑罚。"这条规定，是辩证唯物主义思想在我国证据问题上的集中体现，是司法人员在诉讼中正确对待口供判定案件的重要规则。

（三）犯罪嫌疑人、被告人的供述和辩解的收集和保全

收集口供必须严格依照我国法定的讯问程序和手段进行，讯问中严禁刑讯逼供、诱供和骗供。讯问中要允许犯罪嫌疑人、被告人作合理的辩解。

保全口供的常见方法有笔录法、亲笔供词法和录音录像法。

（四）犯罪嫌疑人、被告人的供述和辩解的审查判断

口供所具有的特点决定了审查判断口供的重要价值。对口供一般应注意从以下几个方面审查判断：

1. 审查犯罪嫌疑人、被告人口供的目的和动机。掌握其供述和辩解是在什么情况下提出的，是真诚的认罪，还是被迫交代；是因心存侥幸而避重就轻，还是因其他目的而虚构夸大。针对翻供，则要分析其翻供的动机是什么。搞清了犯罪嫌疑人、被告人提供口供的动机、目的，就能正确判断其口供的真实、有效性。

2. 审查犯罪嫌疑人口供的收集是否合法。一是审查司法人员在讯问被告人、犯罪嫌疑人时，是否严格遵守法定的讯问程序；二是审查在讯问中是否有刑讯逼供、诱供、骗供的现象的发生。这一程序审查不仅是保障犯罪嫌疑人、被告人合法权益的重要环节，也是确保口供真实的必要法律条件。以刑讯逼供等非法手段取得的口供应予以排除。

3. 审查犯罪嫌疑人、被告人口供是否合理。由于刑事诉讼法强调了重证据、重调查研究，不轻信口供的原则，故在审查口供时，应结合具体的案情和已掌握的证据，并根据一般的生活逻辑，来分析判断口供的合情合理性。对不合情理、自相矛盾的口供，应进一步调查核实，找出口供矛盾的原因，以求得合理解决。

4. 审查被告人、犯罪嫌疑人口供与其他证据是否一致，有无矛盾。这一审查环节需要

将口供同其他证据联系起来,通过对比、印证,来判断其口供的真实有效性。发现口供同其他已掌握的证据互相矛盾,就应当具体分析,弄清矛盾的症结,排除证据间的互相矛盾,并从中排除虚假的证据。

5. 审查共同犯罪案件中共犯口供之间是否一致。如果口供一致,应考虑有无事先通谋、串供的可能,如果口供间有出入或矛盾,则不应简单地肯定或否定,而应当通过对质、侦查实验、司法鉴定等法律所允许的手段进行认真核查,并从中确定真实有效的口供。

6. 正确对待被告人、犯罪嫌疑人翻供。如果翻供的内容确有证据印证并能查证属实,应该予以采信。不能简单地将翻供定性为犯罪嫌疑人、被告人认罪态度不好。

【案例7-2-05】2007年3月31日晚,被告人卞某为归还赌债而起意抢劫,并事先乘车选择了上海市南汇区东海农场附近为抢劫地点。同年4月2日20时许,卞某携带匕首拦乘了被害人顾某驾驶的黑色无牌照桑塔纳轿车到达上述地点后,趁顾某不备,对顾某实施扼压颈部、刺戳胸腹部等行为,致顾某因被扼颈及刺破左肺和胸主动脉而机械性窒息合并失血性休克死亡。卞某驾驶劫得的轿车逃离现场,欲向刘某出售该车,后被公安人员抓获。一审法院经审理认为,卞某的行为已经构成抢劫罪。卞某所提受刘某指使抢劫杀人的辩解及其辩护人提出的具有自首情节的意见不能成立,不予采纳,判处卞某死刑,剥夺政治权利终身,并处没收个人全部财产。一审宣判后,被告人卞某提出上诉辩称,没有因赌博欠债,也没有预谋抢劫杀人,本案系因刘某与顾某发生争执时其上去劝架而用匕首误伤顾某。二审经审理认为,原判认定卞某犯抢劫罪的事实清楚,证据确实、充分,适用法律正确,量刑适当,审判程序合法。依法裁定驳回上诉,维持原判,并依法报请最高人民法院核准。本案证据焦点是被告人卞某的供述前后不一致时的审查和认定。在一审审理过程中,卞某辩称系受刘某教唆、指使而抢劫杀人。在二审中提出,没有因赌博欠债,也没有预谋抢劫,本案系因刘某与顾某发生争执时其上去劝架而用匕首误伤顾某。可见,被告人在审前、一审、二审期间的供述和辩解有变化,前后有矛盾之处。被告人在二审中翻供,推卸自己的责任,导致其二审供述和先前供述不一致,自相矛盾。

六、鉴定意见

(一)鉴定意见的概念

鉴定意见,是指鉴定人根据公安、司法机关的指派或者聘请,运用自己的专门知识或者技能对案件中需要解决的专门性问题进行鉴定后所作的书面意见。2012年修订的《中华人民共和国刑事诉讼法》将"鉴定结论"修改为"鉴定意见"。这样表述更科学、准确,更符合鉴定活动的本质特征。在刑事诉讼过程中通过鉴定活动对案件中涉及的某些专门性问题作出鉴别与判断,鉴定结果对案件的认定往往会起到决定性的作用,但鉴定只是鉴定人依据其个人掌握的专门知识对有关专门性问题作出的检验、鉴别和判断,是鉴定人提供鉴定意见的一种服务行为,鉴定意见是案件中诸多证据的一种证据,并非结论,需要办案人员认真审查和核实后,方可作为证据使用。将"鉴定结论"修改为"鉴定意见",可摆正此类证据在诉讼活动中的位置,转变办案人员的观念,发挥主动性和能动性,提高办案质量。

(二)鉴定意见的特点

1. 鉴定意见是对案件中某个需要解决的专门性问题提出的分析、判断意见,不是对于法律适用问题提出意见。

2. 鉴定意见具有一定的科学性、客观性。鉴定意见是鉴定人运用专门知识或者技能，凭借科学设备和仪器，对案件专门性问题从科学技术角度提出的分析、判断意见，而不是对其直接感知或者传闻的案件事实所作的陈述，这点有别于证人证言。

（三）鉴定意见的作用

1. 鉴定意见是物证、书证、视听资料等发挥证据作用的必要手段。犯罪现场遗留的与案件有关的血迹、指纹、毛发等痕迹、物品，只有通过鉴定方式才能与犯罪嫌疑人的相应特征作同一认定，从而对认定案件事实发挥作用。

2. 鉴定意见是审查判断其他证据的重要手段。将鉴定意见与其他证据进行印证，能够发现其他证据存在的缺陷和问题，有助于准确认定事实。

（四）鉴定人资格

鉴定意见本质上是鉴定人就案件某一专门性问题所作的一种判断意见。鉴定人是否具备主体资格，会直接影响鉴定意见的正确性和合法性。《刑事诉讼法》第144规定，为了查明案情，需要解决案件中某些专门性问题的时候，应当指派、聘请有专门知识的人进行鉴定。鉴定人应当具备的条件是：

1. 具有解决案件专门性问题的专门知识或者技能。
2. 与案件事实或者当事人没有利害关系。
3. 由公安司法机关的指派或者聘请。鉴定人不同于证人。证人不能兼做鉴定人。在诉讼之前已经了解案件的情况的人，应当作证人。
4. 鉴定人是自然人。

（五）鉴定意见的范围

刑事诉讼中需要鉴定的专门性问题很多，常见的有：(1)法医类鉴定，包括法医病理鉴定、法医临床鉴定、法医精神病鉴定、法医物证鉴定和法医毒物鉴定。(2)物证类鉴定，包括文书鉴定、痕迹鉴定和微量鉴定。(3)声像资料鉴定，包括对录音带、录像带、磁盘、光盘、图片等载体上记录的声音、图像信息的真实性、完整性及其所反映的情况过程进行的鉴定和对记录的声音、图像中的语言、人体、物体作出种类或者同一认定。

（六）鉴定意见的审查

鉴定意见是鉴定人就专门性问题发表的专业性意见，并非最终结论，因此，对鉴定意见不宜直接采纳，仍应对其进行审查后再确认其证据效力。2012年最高人民法院《刑诉解释》第84条规定了对鉴定意见应着重审查以下内容：

1. 鉴定机构和鉴定人是否具有法定资质。
2. 鉴定人是否存在应当回避的情形。
3. 检材的来源、取得、保管、送检是否符合法律、有关规定，与相关提取笔录、扣押物品清单等记载的内容是否相符，检材是否充足、可靠。
4. 鉴定意见的形式要件是否完备，是否注明提起鉴定的事由、鉴定委托人、鉴定机构、鉴定要求、鉴定过程、鉴定方法、鉴定日期等相关内容，是否由鉴定机构加盖司法鉴定专用章并由鉴定人签名、盖章。
5. 鉴定程序是否符合法律、有关规定。
6. 鉴定的过程和方法是否符合相关专业的规范要求。
7. 鉴定意见是否明确。

8. 鉴定意见与案件待证事实有无关联。
9. 鉴定意见与勘验、检查笔录及相关照片等其他证据是否矛盾。
10. 鉴定意见是否依法及时告知相关人员,当事人对鉴定意见有无异议。

(七)鉴定意见的证据效力

2012年最高人民法院《刑诉解释》中还规定对鉴定意见审查后不得作为定案根据的具体情形,也是对违反法定程序所作的鉴定意见的证据效力进行了明确,第85条规定鉴定意见具有下列情形之一的,不得作为定案的根据:

1. 鉴定机构不具备法定资质,或者鉴定事项超出该鉴定机构业务范围、技术条件的。
2. 鉴定人不具备法定资质,不具有相关专业技术或者职称,或者违反回避规定的。
3. 送检材料、样本来源不明,或者因污染不具备鉴定条件的。
4. 鉴定对象与送检材料、样本不一致的。
5. 鉴定程序违反规定的。
6. 鉴定过程和方法不符合相关专业的规范要求的。
7. 鉴定文书缺少签名、盖章的。
8. 鉴定意见与案件待证事实没有关联的。
9. 违反有关规定的其他情形。

此外,《刑事诉讼法》第187条,《刑诉解释》第86条还规定了不出庭作证的鉴定人鉴定意见的证据效力,即经人民法院通知,鉴定人拒不出庭作证的,鉴定意见不得作为定案的根据。

七、勘验、检查、辨认、侦查实验等笔录

(一)勘验、检查、辨认、侦查实验等笔录的概念

勘验、检查、辨认、侦查实验等笔录,是指侦查人员对与犯罪有关的场所、物品、尸体和人身进行勘验、检查、辨认或者进行侦查实验所作的书面记载。包括勘验笔录、检查笔录、辨认笔录、侦查实验笔录。勘验笔录,是指办案人员对于案件有关的场所、物品、尸体依照法定程序进行勘查、检验而作的一种客观记录。勘验笔录的内容分为现场勘验笔录、物体检验笔录和尸体检验笔录。勘验笔录的形式包括文字记载、绘制的图样、照片、复制的模型材料和录像等。检查笔录,是指办案人员对被害人、犯罪嫌疑人、被告人的人身进行检验和观察后所作的客观记载。检查笔录以文字记载为主,也可以采取拍照、录像等其他有利于准确、客观记录的方法。辨认,是指在侦查人员主持下,由证人、被害人或者犯罪嫌疑人对与案件有关的物品、尸体、场所或者犯罪嫌疑人进行辨别、确认的活动。辨认笔录是客观记录证人、被害人或者犯罪嫌疑人辨认过程及辨认结果的书面载体。辨认笔录的形式包括文字、拍照、录像等。侦查实验,是指侦查人员为了确定与案件有关的某一事件或者事实在某种条件下能否发生和后果如何,而实验性地重演该事件或者现象的一种侦查活动。侦查实验笔录是侦查人员按照法定格式制作的,用于描述和证明实验过程中发生的具有法律意义的事实状况的书面记录。侦查实验笔录以文字记载为主,以照片或者录音、录像、绘图、制作模型等固定实验情况。

(二)勘验、检查、辨认、侦查实验等笔录的特点

勘验、检查、辨认、侦查实验等笔录是一种独立的证据,也是一种固定和保全有关证据材料的方法。它不同于物证、书证、鉴定意见等证据,有其独有的特点。

1. 具有综合证明性。勘验、检查、辨认、侦查实验等笔录所反映的案件信息内容全面,记载的不是案件某个单一的事实或者个别的证据材料,而是可能包含多种证据及各种证据材料之间的存在的关系,各种证据形成、存在的具体环境条件等多项内容的综合性证据材料。

勘验、检查笔录中大量记载的可能是物证的状态、位置、各物证之间的空间关系等情况,但这只是固定物证的一种方式,不是物证本身,也不是物证的复制品。如交通肇事的现场勘验笔录,要详细记载肇事的现场状况、物品、尸体的情况,被害人的受伤害情况,还要附加绘图、照片、现场录像等,使物证的某些情况得以固定,但它不是这些物证本身。现场勘验笔录,不仅能提供物证进入诉讼,作为运用物证的根据,而且能较全面地反映与犯罪现场有关的各种证据状况及环境、条件,从而提供物证本身并不携带的证据信息,能够帮助办案人员更加全面准确地了解案情。

勘验、检查、辨认、侦查实验等笔录是在诉讼过程中,由执行勘验、检查、辨认、侦查实验的侦查、司法人员依照法定的形式制作形成的。与书证有着明显的差异。书证是在诉讼活动外形成的,制作主体可能是任何人。

2. 具有较强的客观性。勘验、检查笔录是公安司法人员对于勘验、检查对象情况进行观察,就其观察所见作出的客观、如实的记录;辨认笔录客观记载辨认经过和结果;侦查实验笔录是对模拟实验情况观察的记载,不是对案件情况进行分析判断的结论,不包含主观分析成分。因而不同于鉴定人对于案件中特定的专门性问题提供分析、判断意见的鉴定意见。

(三)勘验、检查、辨认、侦查实验等笔录的作用

1. 是保全证据的手段。勘验、检查笔录可以及时将物体的特征和现象全面准确地记录下来,起到固定和保全证据的作用。

2. 是发现调查线索,分析案件情况的依据。如勘验笔录可以为恢复现场原状提供依据;通过辨认笔录可以为直接判明案件有关事实提供依据。

3. 为某些专门性鉴定提供材料。如法医学鉴定可以利用人体检查笔录记载的内容作出鉴定。

4. 可以审查鉴别证据的真伪。勘验、检查笔录是对于有关勘验、检查对象情况的客观记载,侦查实验笔录客观记载所观察的模拟实验情况,其内容可用以鉴别其他证据,特别是被害人陈述、犯罪嫌疑人、被告人的供述、证人证言的真实性。

5. 是了解侦查活动是否符合法定程序,勘验、检查、辨认中收集的证据是否可靠的途径。

(四)对勘验、检查、辨认、侦查实验等笔录的审查

根据2012年最高人民法院《刑诉解释》的相关规定,对勘验、检查笔录应当着重审查以下内容:

1. 勘验、检查是否依法进行,笔录的制作是否符合法律、有关规定,勘验、检查人员和见证人是否签名或者盖章。

2. 勘验、检查笔录是否记录了提起勘验、检查的事由,勘验、检查的时间、地点,在场人员、现场方位、周围环境等,现场的物品、人身、尸体等的位置、特征等情况,以及勘验、检查、搜查的过程;文字记录与实物或者绘图、照片、录像是否相符;现场、物品、痕迹等是否伪造、有无破坏;人身特征、伤害情况、生理状态有无伪装或者变化等。

3. 补充进行勘验、检查的,是否说明了再次勘验、检查的原由,前后勘验、检查的情况是否矛盾。

辨认笔录具有下列情形之一的,不得作为定案的根据:
1. 辨认不是在侦查人员主持下进行的。
2. 辨认前使辨认人见到辨认对象的。
3. 辨认活动没有个别进行的。
4. 辨认对象没有混杂在具有类似特征的其他对象中,或者供辨认的对象数量不符合规定的。
5. 辨认中给辨认人明显暗示或者明显有指认嫌疑的。
6. 违反有关规定、不能确定辨认笔录真实性的其他情形。

对侦查实验笔录应当着重审查实验的过程、方法,以及笔录的制作是否符合有关规定。侦查实验的条件与事件发生时的条件有明显差异,或者存在影响实验结论科学性的其他情形的,侦查实验笔录不得作为定案的根据。

【案例7-2-06】2002年7月14日晚,被告人余某因怀疑被害人王某偷他的手机,而与之发生争执,后王某被公司值班的保安人员和余某看管。期间,王某两次逃走,被保安人员和余某、李某发现并带回看管。7月15日清晨5时许,王某趁洗澡之机再次逃脱。当日6时许,余某、李某在公司锅炉房内找到王某,合力将王某按倒在地上,采取用手捂嘴、用铁丝勒颈的手段,致王某死亡。之后,两人将王某的尸体抬到附近配电房侧的小巷内,由余某伪造了王某跳墙摔下的假象。一审法院认定上述事实的证据有:证人秦某等17名证人证言;现场勘验勘查笔录;法医鉴定结论;被告人余某、李某的供述。一审以故意杀人罪,判处余某死刑,缓期二年执行,判处李某无期徒刑。一审宣判后,余某、李某均不服,提出上诉。广东省高院经开庭审理认为,除被告人余某、李某的有罪供述,余某指认的作案地点和作案工具铁丝圈以及放置尸体的小巷,没有其他直接证据证实两上诉人实施了杀人行为。两人的有罪供述前后之间、相互之间存在矛盾,也缺乏其他证据相互印证。且侦查机关获取有罪供述的程序有瑕疵。公诉机关提供的诸多证人证言证实了事件大致发生、发展的过程,也能反映出两上诉人有作案的动机和重大嫌疑,但无法确证他们实施杀人作案。因此,就全案现有证据来说,证据还没有达到确实充分,能得出唯一结论的程度。其中最为突出的疑点就是勘验、检查笔录中记载的情况与被告人供述等其他证据无法相互印证,存在无法解释和排除的矛盾。具体而言:第一,除被告人余某在侦查阶段的有罪供述外,没有其他直接证据可以证实两被告人实施了杀人行为。公诉机关提供的17个证人的证言只能证明本案的部分事实,即包括事件的起因、被害人王某3次逃跑后相关人员寻找及发现被害人尸体等事实,但无法证实最主要、最关键的事实,即余某实施故意杀人行为的事实。现场提取的血迹(DNA鉴定为被害人王某的血)和物证铁丝圈均不能证实余某和李某到过现场;第二,两人对作案工具、作案地点、作案方式的供述,始终无法吻合,两人有关杀人行为过程的有罪供述也无法与本案的其他证据相互印证;第三,两被告人对作案的具体位置指认不一致;第四,现场勘查及现场照片显示被害人口、鼻均有血迹,在放置尸体的现场发现了多处血迹,而在勒死被害人的锅炉旁现场及移尸过程中却未发现任何的物证,因此,认定勒死被害人的现场在锅炉房内及移尸情节的证据不足。二审法院遂作出余某、李某无罪的判决。

八、视听资料、电子数据

(一)视听资料、电子数据的概念

视听资料,是指以录音、录像、电子计算机或者其他高科技设备所存储的信息证明案件真实情况的资料。按照视听资料的表现形式，可以分为录音资料、录像资料、计算机存储的资料和其他音像资料等。电子数据，是指以储存的电子化信息资料来证明案件真实情况的电子物品或者电子记录，常见的有电子邮件、电子数据交换、网上聊天记录、网络博客、手机短信、电子签名、域名等类型。

（二）视听资料、电子数据的特点

1. 具有形象性、直观性、生动性。视听资料是运用录音、录像和其他高科技设备存储的有关案件的各种信息，能够再现案件发生时的各种声音、形象，生动、直观地展现一定的法律行为或者案件事实。

2. 具有高度的物质依赖性。视听资料所记录的声音、形象和信息，必须运用现代化的科技手段，使之固定或者存储于有形物质中。电子数据的产生、储存、传输、出示等，必须借助计算机技术、存储技术、网络技术，否则无法发挥证据效力。

3. 具有便利高效性。视听资料、电子数据所涵盖的信息量丰富，稳定性较强，可以反复使用，从而提高证据的利用率。

4. 具有客观性、准确性。视听资料是高科技设备机械运动的结果，电子数据的存储、传输过程有完备的安全保障系统，其所反映的客观事实、信息数据在没有人为因素蓄意篡改或者技术差错影响的情况下，很少受到主观因素的影响，客观性强。

（三）视听资料、电子数据的作用

1. 有利于公安司法机关准确查明案情，查获犯罪人。如录像资料的记录可以反映某一事件发生的连续的过程，使办案人员直观感受被记录事件的存在及特定的人或者物与事件的联系，从而准确查明案情。

2. 可以直接证明案件的有关情况。如计算机存储的运行程序可以证明与计算机运行过程有关的情况，通过对计算机程序的运行分析，可以了解是否存在非法侵入计算机系统窃取资料或者破坏系统等事实。

3. 是审查判断其他证据的重要手段。

（四）对视听资料、电子数据的审查

根据2012年最高人民法院《刑诉解释》的相关规定对视听资料应当着重审查以下内容：

1. 是否附有提取过程的说明，来源是否合法。

2. 是否为原件，有无复制及复制份数；是复制件的，是否附有无法调取原件的原因、复制件制作过程和原件存放地点的说明，制作人、原视听资料持有人是否签名或者盖章。

3. 制作过程中是否存在威胁、引诱当事人等违反法律、有关规定的情形。

4. 是否写明制作人、持有人的身份，制作的时间、地点、条件和方法。

5. 内容和制作过程是否真实，有无剪辑、增加、删改等情形。

6. 内容与案件事实有无关联。

对电子邮件、电子数据交换、网上聊天记录、博客、微博客、手机短信、电子签名、域名等电子数据，应当着重审查以下内容：

1. 是否随原始存储介质移送；在原始存储介质无法封存、不便移动或者依法应当由有关部门保管、处理、返还时，提取、复制电子数据是否由二人以上进行，是否足以保证电子数据的完整性，有无提取、复制过程及原始存储介质存放地点的文字说明和签名。

2. 收集程序、方式是否符合法律及有关技术规范；经勘验、检查、搜查等侦查活动收集的电子数据,是否附有笔录、清单,并经侦查人员、电子数据持有人、见证人签名;没有持有人签名的,是否注明原因;远程调取境外或者异地的电子数据的,是否注明相关情况;对电子数据的规格、类别、文件格式等注明是否清楚。

3. 电子数据内容是否真实,有无删除、修改、增加等情形。

4. 电子数据与案件事实有无关联。

5. 与案件事实有关联的电子数据是否全面收集。

对电子数据有疑问的,应当进行鉴定或者检验。视听资料、电子数据具有经审查无法确定真伪的;制作、取得的时间、地点、方式等有疑问,不能提供必要证明或者作出合理解释的情形的,不得作为定案的根据。

【案例7-2-07】1992年6月23日夜9时许,被害人胡某在家使用录音机时,被告人陈某进屋后要求与其发生性关系。在遭到胡某拒绝后,陈某强行脱胡衣裤,胡某竭力反抗并呼救。此时胡某家人赶到解救了胡某,并向派出所报案。7月1日,胡某发现案发时录音机未关,已将6月23日晚的情况记录了下来,遂将录音带复制两份后,将其中一份作为证据向公安机关提供。陈某入狱后以自己和胡某是通奸关系和录音带有问题为由,提出申诉,并委托律师将作为证据的录音带从法院借出,找到电视台和广播电台有关人员出具证明,证实录音带的背景声音和案发时间的电视伴音不吻合。法院依据这一新的证据通过再审改判陈某无罪。被害人胡某不服这一判决,向省高级人民法院提出申诉。省高级人民法院立案再审时发现,胡某未交出的录音带和先前交出的,即案件中作为证据使用的录音带在电视背景和搏斗声音内容等方面均不一致。经鉴定后确认先前交出的录音带被作了变造处理。

【典型案例】

【案例7-2-08】

邓履超案。1996年8月16日上午10时许,被告人邓履超伙同被告人孙涛、谢笃泉进入被害人撒猛家中,用刀刺死撒猛及其儿子撒杰,撒猛、撒杰被刺致心脏破损而死。后联防队员李顺荣接报来到现场,进屋后被谢笃泉连刺数刀,当场死亡。控方提供了现场所提取的三棱刀、血脚印以及分别从被害人、被告人衣服上、三棱刀、手套上所发现的血迹等物证,法医对三名被害人尸体所做的法医鉴定结论,被告人的供述,证人丁成胜、郑云芳、黎永明的证言。一审法院认定,三名被告人的行为已经构成故意杀人罪和抢劫罪,对三名被告人均判处死刑,剥夺政治权利终身。一审判决宣告后,三名被告人均提出上诉。二审法院经审理后,驳回上诉,维持原判。

证据种类是诉讼法律对证据所做的一种划分。《刑事诉讼法》第48条第2款根据证据事实的表现形式对证据作了具体的划分。这一划分的意义在于规范了证据的划分标准和方法,并从法律上对证据的有效表现形式作了强制性的界定,这就意味着超出这一界定的证据表现形式是无效的,即不能成为有效的证据。我国《刑事诉讼法》第48条规定:"可以用于证明案件事实的材料,都是证据。证据有以下八种:(1)物证;(2)书证;(3)证人证言;(4)被害人陈述;(5)犯罪嫌疑人、被告人供述和辩解;(6)鉴定结论;(7)勘验、检查、辨认、侦查实验等笔录;(8)视听资料、电子数据。"

【法理与法律适用分析】

物证在本案中的运用主要见于两处。一是对确认犯罪嫌疑人发挥了一定作用。现场提取到的两个血脚印与谢笃泉所穿的一双皮鞋,经比对之后互相吻合,现场提取的沾有血迹的三棱刀经谢笃泉辨认系其使用的杀人工具。在被告人邓履超、孙涛、谢笃泉的衣服上均提取到了与被害人李顺荣血型相同的血迹。上述物证与被告人的认罪供述及证人丁成胜的证人证言相结合，可以认定三名被告人为杀害被害人的凶手。本案中运用物证的第二处，是在对被告人孙涛的量刑当中。被告人孙涛在一审中提出了自己属于从犯，且案发后投案自首的情节，一审法院也认可了其确有自首行为。但是，对自首的犯罪分子是否从宽处理，人民法院尚需结合犯罪情节酌情裁量。在考虑对被告人孙涛量刑的因素时，法院注意到孙在杀人时所用的三棱刀这一物证，该三棱刀的长度较普通刀具长许多，孙涛用该刀具将无辜的7岁儿童撒杰连刺6刀，每刀皆对穿儿童身体，由此可见其杀人行为的凶残程度。法院因此未对孙涛从轻处罚。在对孙涛量刑之中，三棱刀这一物证与其他证据一起，起到了必要的证明作用。

【法条链接】

《刑事诉讼法》

第五十三条第一款　对一切案件的判处都要重证据，重调查研究，不轻信口供。只有被告人供述，没有其他证据的，不能认定被告人有罪和处以刑罚；没有被告人供述，证据确实、充分的，可以认定被告人有罪和处以刑罚。

第五十九条　证人证言必须在法庭上经过公诉人、被害人和被告人、辩护人双方质证并且查实以后，才能作为定案的根据。法庭查明证人有意作伪证或者隐匿罪证的时候，应当依法处理。

第一百二十二条　侦查人员询问证人，可以在现场进行，也可以到证人所在单位、住处或者证人提出的地点进行，在必要的时候，可以通知证人到人民检察院或者公安机关提供证言。在现场询问证人，应当出示工作证件，到证人所在单位、住处或者证人提出的地点询问证人，应当出示人民检察院或者公安机关的证明文件。

询问证人应当个别进行。

第一百二十三条　询问证人，应当告知他应当如实地提供证据、证言和有意作伪证或者隐匿罪证要负的法律责任。

第一百二十四条　本法第一百二十条的规定，也适用于询问证人。

【典型案例目录索引】

1. 证人资格与拒证特权

——龙梅英传播淫秽物品案

载《中国审判案例要览》1997年刑事审判案例卷，中国人民大学出版社1998年版，转引自宋随军、姜涛等主编：《刑事诉讼证据实证分析》，法律出版社2006年版，第63页。

2. 同案被告人供述效力及补强规则

——李龙翔被控盗窃宣告无罪案

选自《诉讼法论丛》第3卷，法律出版社1999年版，第298页。

3. 视听资料及其价值分析

——王文娟、杨梦兰走私毒品案

选自上海市高级人民法院编：《人民法院裁判文书选》(2000卷)，法律出版社2001年版，第109页。

4. 鉴定程序的启动对鉴定结论证明价值的影响

——刘四华被控故意杀人宣告无罪案

载《中国审判案例要览》1998年刑事审判案例卷,中国人民大学出版社1999年版,转引自宋随军、姜涛等主编:《刑事诉讼证据实证分析》,法律出版社2006年版,第158页。

5. 勘验、检查笔录的认证

——顾伟被控故意伤害致人死亡宣告无罪案

选自《刑事审判参考》2001年第1辑,法律出版社2001年版。

【参考阅读的文献资料】

1. 江伟主编:《证据法学》,法律出版社1999年版。
2. 刘金友主编:《证据法学》,中国政法大学出版社2001年版。
3. 樊崇义主编:《证据法学》,法律出版社2001年版。
4. 卞建林主编:《证据法学》,中国政法大学出版社2002年版。
5. 陈永革:"论主要证据",载《人大复印资料·诉讼法学·司法制度》1999年第3期。

第三节 刑事证据分类

一、证据分类的概念和意义

证据分类,并非出于法律的规定,而是学理上对证据所作的一种划分。证据分类,指法学理论上按一定的标准,从不同的视角把证据划分为不同的类别,以便侦查、检察、审判人员掌握不同类型证据所具有的特点和规律,从而更有效地运用证据,认定案情。

我国根据历年来的证据立法和司法实践的实际经验,结合我国的辩证唯物主义哲学观所指导的证据理论,同时借鉴国外的各种分类学说的合理成分,对法定的八种证据再进行学理重组分类。我国诉讼法学界将八种法定证据各类依照四个设定的理论标准进行分类,而每种分类又采取二分法,即:控诉证据与辩护证据;原始证据与传来证据;直接证据和间接证据;言词证据和实物证据。这些分类是在设定不同的理论视角的基础上,根据相关证据的共同属性而划分的。所以,某一个案件中的某一项证据,一般具有多种属性。如被害人指控被告人犯罪的陈述,从其证据表现形式上分类属于言词证据;从其来源分类,属于原始证据;从证明作用分类,属于控诉证据;从证明关系上来分类,属于直接证据。

证据的理论分类不仅有利于学术上对证据的特点、规律进行更深一层次的分析和研究,而且也便于在工作中正确地收集、审查、判断和运用各种证据。

二、控诉证据和辩护证据

按照证据与被告人、犯罪嫌疑人的利害关系为标准,可将证据划分为控诉证据和辩护证据。

控诉证据亦称为不利于被告人、犯罪嫌疑人的证据,它是肯定被告人、犯罪嫌疑人有罪和加重其罪责的证据。控诉证据是对被告人、犯罪嫌疑人进行立案侦查、控诉和人民法院制作有罪判决、加重刑罚的根据。

辩护证据,亦称有利于被告人、犯罪嫌疑人的证据。其作用是否定被告人、犯罪嫌疑人有罪或减轻其罪责。辩护证据是犯罪嫌疑人、被告人及其辩护人反驳控诉,进行辩解以及人民法院制作无罪判决、减轻或免除刑罚的根据。

《刑事诉讼法》第50条规定,审判人员、检察人员、侦查人员必须依照法定程序,收集能够证实犯罪嫌疑人、被告人有罪或者无罪、犯罪情节轻重的各种证据。严禁刑讯逼供和以威胁、引诱、欺骗以及其他非法方法收集证据,不得强迫任何人证实自己有罪。必须保证一切与案件有关或者了解案情的公民,有客观地充分地提供证据的条件,除特殊情况外,可以吸收他们协助调查。第52条第1款规定,人民法院、人民检察院和公安机关有权向有关单位和个人收集、调取证据。有关单位和个人应当如实提供证据。从这些规定中可以看出,司法人员收集的证据和单位、个人提供的证据,按照与被告人、犯罪嫌疑人的利害关系,可分为控诉和辩护证据。其意义在于要求司法人员在诉讼过程中必须客观全面地收集对被告人、犯罪嫌疑人有利或不利的证据,并进行认真审查和科学判断,防止主观片面。

划分控、辩两类证据是符合案情的客观实际的。被告人、犯罪嫌疑人是否实施了犯罪行为是客观存在的,案件一旦发生,必然会在客观外界遗留下一定的痕迹,在人们头脑中留下反映形象。表明有罪、罪重或无罪、罪轻的客观事实材料,是具有哲学第一性的材料,是不以人的意志为转移的,这是划分控、辩证据的客观根据。这类划分也是符合认识规律的。对一个案件的证据事实,开始时不可能一下子确认其证明效力和证明作用,而是有一个不断认识、筛选的过程。其中,有罪、罪重或无罪、罪轻的证据材料,是在充分排除了被告人、犯罪嫌疑人无罪、罪轻可能的基础上,才能成为有效的有罪或罪重证据,否则,其证明效力就往往是靠不住的,反之亦然。

划分控、辩两类证据也是规范法庭审判秩序的需要。在对抗制的法庭审理活动中,证据调查主要由控辩双方举证、质证交互进行。控方对控诉证据进行举证,然后由辩方质证;辩方对辩护证据进行举证,然后由控方质证。控、辩两类证据反映了证据对控辩双方在法庭审理中的不同意义,反映了证据在证明作用上归属控辩双方的不同阵营。

把证据划分为控、辩证据是有一定条件的,是相对而言的。具体表现为:(1)控辩双方是对立统一、互为条件、相辅相成的。即辩护证据是相对于控诉存在,没有控诉证据就没有辩护证据;(2)有些证据事实常常同时包含控辩两方面的内容,具有控诉和辩护的双重属性;(3)控、辩证据在一定条件下可以相互转化。促使其转化的条件有:第一,司法人员深入调查研究和对全案证据的综合分析、全面判断,这是最主要的条件;第二,借助刑事科学技术鉴定、法医鉴定、侦查实验的手段。

明确了控、辩证据的相对性和对某一证据事实证明作用认识有可变性,有助于司法人员保持清醒的认识,注意客观全面地收集证据;同时,这一分类要求司法人员对已收集证据作用的认识不能一成不变,而应摒弃机械静止的形而上学观点,用发展和辩证的哲学观指导对案情的认识,并不断根据案情的具体变化调整自己已有的认识,尽力做到主客观统一,保证办案质量。

【案例7-3-01】被告人姚某曾任西安台球股份有限公司经理,后任西安阿里山饭店总经理。一审法院认定姚某犯罪事实如下:一、姚某在任西安台球股份有限公司经理期间,明知该公司无履行能力,却于1992年8月27日与西安钟楼饭店商品部达成购买60台彩电的协议,骗取该饭店的罗兰士牌彩电60台,价值99,000元,用以折抵台球公司所欠的部分债务。二、姚某在任西安阿里山饭店总经理期间,利用职权,两次向承包该饭店装饰工程的西安北方装饰安装工程处经理侯某索要现金4万元。事情败露后,姚某串通侯某,向侯某写了借条,又让侯某写了收条,以此来掩盖其索贿的罪行。三、姚某将阿里山饭店收入的房租费36,000元,以饭店互助金的名义存入银行,并将存折交给饭店副总经理郝某。姚某与郝某两次取款17,000元,姚某侵吞12,000元。四、姚某利用职权先后三次向西安阿里山饭店工程部借款15,920元用于归还其债务,至今未还。一审据此判决姚某犯诈骗罪、受贿罪及贪污罪。宣判后,姚某不服,提起上诉。二审经审理撤销原审判决,仅判决被告人犯受贿罪。本案判决之所以会出现较大的差异,关键在于证据的收集上。一审法院对一些有利于被告人的证据未予以重视和收集,如对于姚某签订彩电购销合同的过程及事后准备履行合同的事实、对于姚某使用房租中的12,000元并补写借款字据的事实、对姚某借用公款15,920元均经主管人员同意并有借款手续的事实都未予重视,因而也未全面收集,从而作出错误的判决。二审法院在审理中,既重视和收集有罪证据,又重视和收集无罪证据,因而能全面准确地认定案件事实,使案件得到正确的处理。

由此可以看出,在刑事诉讼中控诉证据和辩护证据,哪个充分、确实程度更高,法庭的审判就偏向哪方,即如果控诉证据确实、充分,并排除无罪和罪轻的可能性,那么法院将确定检察院的指控成立;反之,如果案内的辩护证据尚未排除,就不能作出有罪或罪重的判决。

三、原始证据和传来证据

证据按照不同的来源作为分类标准,可划分为原始证据和传来证据。

凡是直接从第一来源(第一手材料)获得的证据材料就是原始证据。例如:被告人、犯罪嫌疑人的供述和辩解,被害人陈述,现场目击证人各自提供的证言,与案件有关的各种账册、单据、文件和信件的原件,犯罪现场遗留的尸体、物品、痕迹等。原始证据的特点就是同待证事实距离最近,没有经过其他中间环节的转述与传抄,能比较客观地、真实地反映案件的本来面貌。

凡是从间接的非第一来源获得的证据材料,就是传来证据。例如:证人转述他人的证言,书证的抄件、影印本,复印的各种证物和复制品,犯罪现场的照片、模型、录像等。传来证据经过了中间环节的转述和转抄,同待证事实的距离较远,因而失真的可能性也较大,传递的次数一般与其证明力成反比。所以传来证据的证明力相对于原始证据要小。因此,在司法实践中,应尽可能使用原始证据。

强调原始证据的诉讼证明价值,不等于因此否定传来证据的作用。司法实践中往往一开始难以收集原始证据,常常是通过传来证据去发现和收集原始证据;传来证据还可以作为审查判断原始证据的重要依据;在无法收集或难以提取原始证据的情况下,传来证据可以替代原始证据起到一定的证明作用,如被害人在临死前向参加抢救的医护人员所作的陈述,往往因被害人的死亡而无法再收集,但医护人员的传言可发展成为重要的证据。

但是,鉴于传来证据是非直接来源于案件待证事实的证据,所以,收集、审查和运用传来证据,应当遵守以下规则:(1)应尽可能收集最接近原始证据、抄传或转述次数最少的传来证据,且经查证属实并能够反映原始证据的外形、特征或者内容;(2)原则上应收集和提取原始证据,只有在原始证据的收集和提取确有困难的情况下,才能使用传来证据;(3)不能收集使用道听途说、来源不明的传言。

【案例7-3-02】公诉机关指控张某利用担任某电器厂厂长的职务便利,侵吞该厂销售款100余万元。一审庭审过程中,公诉人提供了包括该厂财务账册原件、复印件在内的大量证据,交法庭质证。辩护人随后当庭提供了针对控方财务账册复印件的一份财务凭证原件,藉以证明起诉指控张某侵吞其中16万元的一笔事实不清,证据不足。法庭综合全案证据,秉承证据原件优先采用的原则,最终采纳了辩方提供的财务凭证原件作为定案证据,对控方证明同一笔事实的财务复印件不予认可。

四、直接证据和间接证据

按照单一证据对案件主要事实的反映程度作为分类标准,可以划分为直接证据和间接证据。

直接证据,指能够单独地反映案件主要事实的证据。所谓案件主要事实,是指是否存在犯罪事实和谁是实施犯罪行为的人的事实。

凡是能够单独地反映犯罪事实存在或不存在的,以及谁是犯罪人或不是犯罪人这两方面事实的证据,就是直接证据。一般来说,司法实践中常见的直接证据有被告人的供述和辩解,被害人指认某人犯罪的控诉,现场目击证人指认或否认某人犯罪的证言,能直接再现被告人、犯罪嫌疑人犯罪事实的视听资料,等等。直接证据一般较多地表现为言词证据,但言词证据不都是直接证据。

直接证据最显著的特征是单一证据与案件主要事实之间在内容上的吻合,因此,它能够对案件的主要事实直接加以证明,无需借助其他证据。由于直接证据多表现为人的言词证据,这就必然导致直接证据具有一定的可变性、反复性,其虚假可能性也往往较大。

直接证据的收集、审查和运用,应遵守如下规则:(1)要准确识别直接证据。只有能够单独直接证明案件主要事实的证据才是直接证据。(2)要依法收集直接证据。严禁使用非法手段收集直接证据。(3)要严格审查判断直接证据,做到重证据、不轻信口供,运用直接证据定案,一般应有若干间接证据加以互相印证。(4)孤证不能定案。虽然直接证据单独直接证明案件主要事实,但决不意味其在诉讼过程中可以单独完成对案件认定的任务,因为它本身的真实性也需要其他证据来加以印证。

间接证据指不能单独地反映案件主要事实,而需同其他证据联系起来并用推理方法来反映案件主要事实的证据。间接证据在司法实践中的表现形式远远多于直接证据,几乎包容了除犯罪嫌疑人、被告人口供以外所有的法定证据种类。

间接证据的特点主要是:(1)对案件主要事实的证明是间接的。任何一个单独的间接证据都不能直接证明案件的主要事实,而只能从一个侧面证明案件中的部分事实或个别情节。(2)对案件主要事实的证明方法是推断的。间接证据要完成对案件主要事实的证明,就必须与其他证据事实联系起来,一环扣一环,形成一个完整的、严密的逻辑证明体系,以推理方法,在最终排除所有其他可能性之后,才能作为最后的定案根据。(3)间接证据的实物证据形式较多,故具有稳定性,其客观性也较强。

间接证据的作用,具体表现为:(1)间接证据往往是侦查破案的先导。一般情况下,尤其是故意犯罪,往往都具有蓄意性、预谋性、隐蔽性,故在侦查阶段,往往很难取得直接证据。但是,犯罪行为人却不可避免地会在犯罪现场留下各种痕迹、物品,从而造成获取大量间接证据的有利条件。很多罪犯在大量的间接证据面前,往往不得不供认自己的罪行。(2)间接证据是审查判断直接证据是否真实的重要手段。(3)在无法取得直接证据时,间接证据确实、充分也可定案。完全用间接证据定案的情况虽然不多,但随着侦查技术力量的不断增强,提取和鉴别各种物证、痕迹的能力大大提高,间接证据在诉讼中大量增加,从而为司法实践中运用间接证据定案创造了有利条件。(4)运用间接证据定案有利于锻炼司法人员判断案情的思维技能,培养其思维的灵活性。从一定意义上讲,会不会巧用间接证据,是衡量现代侦查、检察、审判人员素质优劣和办案能力强弱的重要标志。

由于间接证据本身的特点,司法人员在运用时必须遵循下列规则:(1)间接证据本身必须真实可靠,应当在时间上、内容上与案件事实本身一致。(2)每一个间接证据都应与案件事实有客观联系,各个间接证据之间应当组成一个完整的证据体系,一组一组地证明案件事实。间接证据之间必须协调一致,不能有矛盾。(3)作为认定案件事实根据的所有间接证据的总和,只能得出唯一的结论,应当排除其他任何矛盾和怀疑。

【案例7-3-03】被害人章某与被告人张某系母女关系。被告人张某与被告人杨某系同学关系。因杨某多次向张某借钱,引起章某不满。因章某阻止张某与杨某进行交往,张某与杨某遂共谋将章某杀害。张某、杨某根据事先预谋先后在医院配得安眠药,并由杨某在医院窃得胰岛素一盒。后张某在咖啡中加入安眠药骗章某喝下。随后,趁章某昏睡之机,张某将胰岛素注入章某体内。次日,张某又用磨刀石、木凳猛砸章某头部。期间,杨某赶到现场后,又与张某共同将章某双手绑住,并由杨某坐在章某身上,由张某用小木凳猛砸章某头部,致章某死亡。嗣后,张某将章某尸体掩埋在阳台上,还将存款金额为8万元人民币的存折及股票磁卡交予杨某,藏匿在杨某的家中。公诉机关提出的认定上述事实的证据有:1.《勘验检查笔录》证明,张某家室内十分凌乱,地面上有大量的水泥灰。南卧室北墙、东墙、南墙等处均有点状血迹。阳台南墙下有一水泥块,水泥块中起获尸体一具。该尸体经张某指认系其母亲章某。2.《尸体检验报告》证明,尸体已经高度腐败,呈巨人观。尸体头部有多处皮裂创,脑组织液化发黑,头面部多处皮肤颜色较深,解剖见头部右顶部有一颅骨压痕,身体右侧第4、5、6肋骨前段骨折。取死者胃组织及其内容物检出安定成分。结论是章某生前被他人用钝器打击头面部等处致脑损伤死亡。3.《搜查证》以及《搜查笔录》证明,侦查人员在杨某家中查获户名为章某的交通银行定期储蓄存单9张、中国民生银行磁卡一张、广大证券交易卡一张。4. 证人李某的证言证实,李某在羁押期间,听张某讲,张某系受杨某指使杀人的。杨某前后向张某借款近二万元,张某的母亲章某因此阻止张某与杨某交往。杨某提议将章某杀死,并且提供给张某安眠药、胰岛素、针筒等。嗣后,张某在家中将安眠药掺入咖啡中,让其母亲章某喝下,又趁章某熟睡之后,将胰岛素注入章某体内。在杨某的催促下,张某使用小板凳砸其母亲章某头部。5. 证人赵某的证言证实,2000年8月底,有一体形较胖的女子到其店中买过两次水泥。赵某经照片辨认,被告人张某系购买水泥的女子。6. 证人金某的证言证实,被告人杨某与张某关系较好。杨某无正当收入,经常向他人借钱,章某因杨某向张某借钱一事对杨某不满,而杨某也对章某怀恨在心。7.《精神医学复核鉴定书》证实,被鉴定人张某为轻度精神发育迟滞,作案行为虽有现实动机,但受智能低下的影响,对作案行为的实质性辨认能力不全,应评定为具有限制刑事责任能力。上述案情中,依据能否单独、直接地说明案件的主要事实,可以将证据划分为两类。其中一类证据的特点时,仅仅依靠自身并不能够直接地指明张某、杨某是否杀害了章某这一案件的主要事实。具体来说,本案中的勘验检查笔录、尸体检验报告仅能说明章某系生前被他人用钝器打击头面部等处致颅脑损伤死亡的,并且被用水泥埋于自家阳台。而公安机关制作的搜查笔录和在杨某家中查出的户名为章某的交通银行定期存折、中国民生银行磁卡一张、光大证券交易卡一张,也不能直接说明章某系被杨某所杀。此外,证人赵某的证言及辨认笔录也只能说明,被告人张某在8月底买过两次水泥。而证人金某的证言也只能说明杨某无正当收入,经常向他人借钱,被害人章某曾因杨某向张某借钱对杨某表示不满,导致杨某对章某心存怨恨,因此,杨某具有杀人的犯罪动机。精神疾病司法鉴定专家委员会出具的鉴定书,仅能说明被告人张某的刑事责任能力问题。也就是说,单独地分析这些证据,并不能够起到证明案件主要事实的作用。而另一类证据,证人李某的证言,即李某在羁押期间,听张某讲述,与杨某共谋杀害章某的经过。尽管李某的证言内容并不是在案件事实的直接作用下产生的,不是直接来源于案件事实,而是在案发后听张某讲述的案件情况,但是并不影响其对案件主要事实的单独的说明作用。因此,其对案件的证明作用是不容忽视的,加之同前一类的证据相互印证,充分证明了案件事实,使得法院最终做出了被告人张某、杨某犯故意杀人罪的有罪判决。

这个案例解释了直接证据和间接证据的划分在实践中的重要作用,同时也点出了直接证据和间接证据在运用时应当注意的问题。一般来讲,在刑事案件中直接证据的数量一般较少,且不容易获取,但是其能单独指明犯罪是否为犯罪嫌疑人、被告人所为,而无须经过推理过程。直接证据通常来源比较少,收集比较困难,一般表现为言词证据,很容易受到主客观因素的影响,因此失真的可能性比较大、不稳定性较强,具有多变性、不固定性的特点;而间接证据对案件的主要事实往往不能起到直接的证明作用,只能证明案件主要事实的某个片段,需要与其他证据相结合才能形成一个相互依赖、相互连接的证据锁链,在使用间接证据证明案件的过程中,必须经过推理作为桥梁连接各个间接证据从而构成完整的证明体系,才能证明案件的主要事实。在刑事诉讼中,间接证据通常来源比较多,比较容易取得,多表现为物证、鉴定结论、勘验检查笔录等,不易受主客观影响而变化,具有较强的稳定性,失真的可能性相对直接证据来说比较小。

五、言词证据和实物证据

以证据的表现形式为分类标准,可划分为言词证据和实物证据。

以人的语言表述作为存在和表现形式的证据,称为言词证据。我国刑事诉讼法所规定的证人证言、被害人陈述、犯罪嫌疑人、被告人的供述和辩解、鉴定结论,都属于言词证据。鉴定结论被划为言词证据,是因为鉴定结论是鉴定人对有关案件的某个或某些专门问题的看法,而这种看法,是通过书面意见来表达的人的陈述。

凡以实物形态作为存在和表现形式的证据,称为实物证据。法定证据种类中的物证、书证、勘验、检查笔录及视听资料属于实物证据。

言词证据的表现形式是主观的,但其内容必须是客观真实的,言词证据一般是通过询问或讯问方法收集。实物证据的外在表现形式具有客观性,但其内容必须是真实的,且与案件事实是相关的;实物证据主要是通过勘验、检查、搜查和扣押等方式来收集。

言词证据由于是以人的表述来反映案件事实的,所以它能直接反映案件的事实,尤其是案件的主要事实,但同时受主观感知能力和表述能力、思想感情等因素的影响,往往不能完全、客观地反映案件事实,甚至夸大、缩小或歪曲案件事实,所以在审查判断言词证据时必须充分考虑上述各种因素。而实物证据具有较强的客观实在性,能被人们的感官直接感知,除被伪造的情况外,一般能客观反映案件事实,且证明力也较大,因为实物证据一般不太容易受人的主观因素支配而随意更改、变化,但也有可能受自然因素影响而遭侵蚀,导致失真。所以,在审查判断实物证据时应充分注意这一点。

【案例7-3-04】被告人吴某因赌博负债,图谋绑架人质敲诈勒索。1991年2月17日上午10时许,吴某将朱某的儿子朱某某从小学骗出,绑架至郊县某汽车站附近的配电房。因人质无处藏身,吴某又害怕罪行暴露,即用小孩的书包被带猛勒朱某某,当场将其勒死。当日下午,吴某窜至市区,将事先写好的一封匿名信投寄朱某某家开始勒索,指使李某到约定的地点取勒索款,并且许愿以事成后给500元酬金。根据吴某被抓获后的供述,公安机关在某汽车站配电房内找到了朱某某的尸体。在本案的审理过程中,对证据的审查和核实是一个至关重要的步骤。根据不同证据的特点,采取不同的方法调查、核实,终于使事实真相浮出水面。在庭审中,吴某对字迹鉴定结论提出异议,辩称匿名信不是他一人所为,系其与李某共谋绑架、杀害朱某某。对于吴某的上述辩解和翻供,法院又进行了重新的核查和补充调查。通过对匿名信的复查鉴定,同时将第二封信送请鉴定,确认这两封信均为吴某一人所写,并且排除了李某书写的可能。本案有机地把言词证据如字迹鉴定结论、被告人供述、证人证言和实物证据如物证、书证、音像证据结合起来,相互印证,相互补充,克服了各自的弱点,发挥了各自的优势,组成了牢固的证据体系,使案件事实清楚无疑。在本案审理中,从法院对证据调查核实的过程可以看出,言词证据和实物证据这两种不同类型的证据在证据运用上的差异性。

【典型案例】

【案例7-3-05】

施东风抢劫案。2009年12月23日19时许,被告人施东风在某市甲区五路桥附近988路公交车站,趁被害人张丽丽不备,抢走被害人手中电脑包一个,内有宏基471G型笔记本电脑一台,价值人民币1,783.6元。张丽丽急速追赶,抓住施东风不放,并大声喊叫。施东风用预先准备好的折叠刀刺向张丽丽,待张丽丽松手,立即逃跑。证实施东风抢劫犯罪事实的证据有:施东风的有罪供述;张丽丽的陈述;证人吕梁的证言;鉴定结论;笔记本电脑等物证。

【法理与法律适用分析】

本案中的物证笔记本电脑已依法返还被害人,有物品返还清单和照片固定证据并提交法庭。依据相关的法律规定,对于依法应当返还的物证,可以拍摄或者制作足以反映原物外形或者内容的照片、录像或者复制品。物证的照片、录像或者复制品,经与原物核实无误或者经鉴定证明为真实的,或者以其他方式确能证明其真实的,可以作为定案的根据。本案中的重要证据笔记本电脑虽然已经返还,但是根据扣押的物品清单、返还物品清单和照片能够反映原物情况,因此可以采纳为证据,可以作为定案的依据。扣押的物品折叠刀是原物,且附有扣押物品清单和照片作证,符合法律规定的程序,可以作为定案的依据。

【法条链接】

《刑事诉讼法》

第五十条 审判人员、检察人员、侦查人员必须依照法定程序,收集能够证实犯罪嫌疑人、被告人有罪或者无罪、犯罪情节轻重的各种证据。严禁刑讯逼供和以威胁、引诱、欺骗以及其他非法方法收集证据,不得强迫任何人证实自己有罪。必须保证一切与案件有关或者了解案情的公民,有客观地充分地提供证据的条件,除特殊情况外,可以吸收他们协助调查。

第五十四条　采用刑讯逼供等非法方法收集的犯罪嫌疑人、被告人供述和采用暴力、威胁等非法方法收集的证人证言、被害人陈述，应当予以排除。收集物证、书证不符合法定程序，可能严重影响司法公正的，应当予以补正或者作出合理解释；不能补正或者作出合理解释的，对该证据应当予以排除。

在侦查、审查起诉、审判时发现有应当排除的证据的，应当依法予以排除，不得作为起诉意见、起诉决定和判决的依据。

第五十九条　证人证言必须在法庭上经过公诉人、被害人和被告人、辩护人双方质证并且查实以后，才能作为定案的根据。法庭查明证人有意作伪证或者隐匿罪证的时候，应当依法处理。

第六十条　凡是知道案件情况的人，都有作证的义务。

生理上、精神上有缺陷或者年幼，不能辨别是非、不能正确表达的人，不能作证人。

【典型案例目录索引】

1. 原始证据和传来证据的划分及其价值分析

——王胜平盗窃案

载宋随军、姜涛等主编：《刑事诉讼证据实证分析》，法律出版社2006年版，第233页。

2. 控诉证据和辩护证据的划分及其价值分析

——吕振祖挪用公款案

选自上海市高级人民法院编：《人民法院裁判文书选》（2000卷），法律出版社2001年版，第81-84页。

3. 主体证据和补强证据的划分及其价值分析

——高博故意杀人案

载宋随军、姜涛等主编：《刑事诉讼证据实证分析》，法律出版社2006年版，第255页。

【参考阅读的文献资料】

1. 张继成："控诉证据、辩护证据和定案证据刍议"，载《法商研究》1997年第4期。
2. 周森："试论我国证据法中的原始证据优先规则"，载《理论界》2006年第3期。
3. 李忠诚："职务犯罪案件中的证据研究"，载《人民检察》2011年第1期。
4. 林喜芬："对我国物证证据的多维思考"，载《四川警察学院学报》2010年第3期。
5. 宋英辉："直接、言词原则与传闻证据规则之比较"，载《比较法研究》2003年第5期。

第四节　诉讼证明

一、证明的概念和意义

刑事诉讼中的证明，指侦查、检察和审判人员运用依法收集的证据，为确定案件中某些待证事实所进行的活动。

证明的基础是证据，没有证据的证明，只能是一种主观臆断，而证据价值的实现，又必须经过证明活动。证明的过程，就是司法人员收集、保全证据，对证据进行审查判断，并据以对案件作出符合实际的结论所进行的一系列诉讼活动。证明贯穿于从立案到作出判决的全部诉讼过程。

证明是查清案件事实的基本方法。除风土人情、历史事件、自然现象、已决事实、公证事实等免证事实不需要证明，而用直接确认的方法解决外，大部分案件事实，特别是案件主要事实，都需要通过证明的方法来完成对案件事实的认定过程。

证明在刑事诉讼中具有非常重要的意义。它是司法人员掌握案情的唯一方法，是司法人员深入查证，判断案情的最基本的活动方式，只有准确完成证明任务，才能正确应用法律，惩罚犯罪分子，保障无罪的人不受刑事追究，顺利完成刑事诉讼法所规定的各项任务。

二、证明对象

刑事诉讼中的证明对象，又称"待证事实"，指司法机关在办案过程中需要用证据加以证实的一切案件事实。换言之，凡是需要依靠证据加以确定的案件事实都是证明对象。

证明对象的范围，是由每个具体案件的具体情况所决定的。从司法实践看，刑事案件需要证明的事实，一般都是与定罪量刑有关的事实，即实体法事实和程序法事实。

1. 实体法事实。主要包括两方面的内容：一是有关犯罪构成要件的事实。具体有：(1)犯罪事实是否发生；(2)犯罪是否为被告人所实施；(3)犯罪的行为和结果，犯罪的时间、地点、方法、手段；(4)被告人犯罪的故意或过失、动机和目的；(5)行为是否属正当防卫、紧急避险；(6)是否有不追究刑事责任的情况；(7)其他与犯罪有关的事实，诸如是否有依法应从重、从轻、减轻处罚的情节等。二是犯罪嫌疑人、被告人的个人情况等，如姓名、性别、年龄、民族、文化、职业、是否有前科、犯罪后态度等等。

2. 程序法事实。指解决诉讼程序问题与被告人定罪量刑有关的具有法律意义的事实。具体有：(1)是否具有应当回避的事实；(2)对犯罪嫌疑人、被告人是否采取强制措施的事实；(3)是否超越诉讼期限的事实；(4)是否违反诉讼程序并可能影响正确判决的其他事实等。

【案例7-4-01】公诉机关指控被告人李某犯盗窃罪的四节事实中有两节事实是：1. 2007年9月，在广东省韶关市国美电器城市广场店，李某伙同他人，以选购数码相机为名，乘营业员不备，窃得索尼T20型数码相机1台，价值人民币1,900元。2. 2007年7月31日，李某在上海市天目西路地平线手机市场五楼，将1部诺基亚N95型手机以人民币4,700元的价格销售给手机经销者冯某。经查，该手机系2007年7月15日上海宽点通讯有限公司位于上海市打浦路某商场一楼B9手机专柜的被盗赃物，价值人民币6,400元。对于这两节指控事实，李某辩称未实施犯罪行为，其辩护人提交了李某不在犯罪现场的证据。法院对此作出如下评判：(1)关于2007年9月的一节指控事实，控方证人陈某证实，2007年9月初，广东省韶关市国美电器城市广场店被窃1部索尼T20型数码相机；经辨认作案人系李某。但是李某辩称其于2007年9月14日之前一直在原籍，没有离开过；其辩护人提供了李某当时在原籍取款记录的证据，证明被告人没有作案时间。而公诉机关表示不进行笔迹鉴定，不能排除证人辨认有误的可能性。故法院认为对该节事实仅有证人陈某的陈述和辨认笔录，证据不充分，不予认定，采纳被告人的辩解。(2)关于2007年7月31日的一节事实，有控方证人冯某的笔录证实。而辩护人辩称，证人冯某的笔录证实事发是在8月初，而8月初李某因收购赃物被江苏公安机关羁押，没有作案时间，故该节指控不能成立。法院经向公安机关调查核实，公安机关承办人员称，当时在对证人冯某制作笔录时可能在被告人作案时间上没有问清楚。法院认为，从现有证据看，冯某的笔录均称被告人李某向其销赃是在8月初,而李某在8月1日已被江苏警方抓获,不存在作案的可能性,故采纳被告人的辩解及辩护人的相关辩护意见,对于该节事实,不予认定。

三、证明责任

证明责任,指负有运用证据证明案件事实的法律义务。包括三个方面的内容:(1)提出证明主张;(2)收集或提出有关证据;(3)运用证据证明这一主张,并使这一主张达到法定的证明要求。只有同时承担这三个方面的责任,才是证明责任。

提出证据的责任,指司法机关和诉讼参与人所负有的提出证明所需要的有关证据的责任。提出证据责任是证明责任的重要组成部分,凡是负有证明责任的必须负提出证据的责任。有的诉讼当事人仅负有提出证据责任,或者说他仅有作为证据来源提出证据的义务,而没有作为诉讼证明主体所负有的运用证据证明案件事实的责任。

《刑事诉讼法》第50条规定:"审判人员、检察人员、侦查人员必须依照法定程序,收集能够证实犯罪嫌疑人、被告人有罪或者无罪、犯罪情节轻重的各种证据。严禁刑讯逼供和以威胁、引诱、欺骗以及其他非法方法收集证据,不得强迫任何人证实自己有罪。必须保证一切与案件有关或者了解案情的公民,有客观地充分地提供证据的条件,除特殊情况外,可以吸收他们协助调查。"根据这一规定,我国公诉案件的证明责任是由公安、国家安全、检察、审判四家司法机关共同承担。侦查机关、检察机关在侦查和审查批捕以及审查起诉过程中,指控某公民涉嫌犯罪时,必须依法承担足以证明该公民犯罪的证据的责任,否则就不能依法行使法定的追诉权。同样,人民法院判决时,也必须审查核实控告方提出的有罪证据,罪重证据和辩护方反驳控诉提出的证据,如果证据不足,不能认定被告人有罪的,应当作出证据不足,指控犯罪不能成立的无罪判决。

我国自诉案件中,自诉人负有证明责任。《刑事诉讼法》第204条规定:"自诉案件包括下列案件:(1)告诉才处理的案件;(2)被害人有证据证明的轻微刑事案件;(3)被害人有证据证明对被告人侵犯自己人身、财产权利的行为应当依法追究刑事责任,而公安机关或者人民检察院不予追究被告人刑事责任的案件。"从上述规定中可以看出,构成自诉案件的条件中,必须包括"被害人有证据证明……"的条件。同时,《刑事诉讼法》第205条还规定,人民法院对"缺乏罪证"的自诉案件,如果自诉人提不出补充证据,应当说服自诉人撤回自诉,或者裁定驳回。由此可见,自诉案件的自诉人不能按照法律所规定的证明要求完成证明责任的,则必须承担不利于自己的控诉的法律后果。虽然刑事诉讼法同时规定,在法庭审理过程中,审判人员对证据有疑问,需要调查核实,可以在宣布休庭后对证据进行调查核实,但这一规定仅仅是在自诉人已经提供了一定的证据后,审判人员对证据产生疑问时,才履行一定的证明责任。很显然,在自诉案件的诉讼审理程序中,人民法院并不承担证明的主要责任,而应由自诉人承担证明的主要责任。关于自诉案件的被告人依法提起反诉的,则负有对反诉内容证明的责任。

刑事被告人、犯罪嫌疑人原则上不承担证明自己有罪或无罪的义务。犯罪嫌疑人、被告人往往处于被剥夺或限制人身自由的强制措施状态下,本身不具备收集证据的条件。另外,被告人、犯罪嫌疑人是处在被控告的地位,而证明责任是控诉权的派生,没有控诉便没有证明责任,因此,被告人、犯罪嫌疑人不应该负证明责任。如果把证明责任转给被告人、犯罪嫌疑人,便容易使司法人员推卸自己的证明责任,从而也削弱了其责任心,在司法实践中,就可能会出现强制被告人、犯罪嫌疑人履行证明责任,甚至出现刑讯逼供现象。立法将证明责任规定由被告人、犯罪嫌疑人承担,也容易使有些司法人员把沉默不语或不能证明自己无罪的被告人、犯罪嫌疑人认定为有罪,搞"有罪推定"。在刑事诉讼中,被告人、犯罪嫌疑人有反驳指控的辩护权利,即有权根据事实和法律,提出证明自己无罪、罪轻或者减轻、免除其刑事责任的材料和意见。辩护权的行使完全是由被告人、犯罪嫌疑人的自由意志支配的,任何机关、团体、个人不得剥夺或限制,除非其本身决定放弃权利。至于《刑事诉讼法》第93条规定,犯罪嫌疑人对侦查人员的提问,应当如实回答。这是对包括犯罪嫌疑人在内的所有诉讼法律关系主体,包括证人、鉴定人、翻译人员等的一项共同的诉讼活动要求,他并不意味着犯罪嫌疑人负有证明责任。作为司法机关不能只根据犯罪嫌疑人的沉默或作虚伪陈述而予以定罪,即对案件事实的供认,不适用默认原则。反之,若有口供以外充分、确实的证据证明犯罪嫌疑人有罪的情况下,对始终沉默或作虚伪陈述的犯罪嫌疑人,可以在起诉后的审判中作为一项从重处罚的酌定情节。

六届全国人大常委会第二十四次会议通过的《关于惩治贪污罪贿赂罪的补充规定》(简称《补充规定》)第11条规定:"国家工作人员的财产或支出,明显超过合法收入,差额巨大的,可以责令说明来源。本人不能说明其来源是合法的,差额部分以非法所得论。处5年以下有期徒刑或者拘役,并处或单处没收其财产的差额部分。"这是我国刑法所规定的唯一对被告人、犯罪嫌疑人实行"有罪推定"的条款,但这是在法律有特别规定的情况下,被告人、犯罪嫌疑人才负有提出证据的责任,这并不是完全意义上的证明责任,而仅仅是一定的举证责任,且仅限于此种案件。1997年3月14日八届全国人大第五次会议通过、并于1997年10月1日正式施行的我国《刑法》修正案第8章第395条所规定的罪状明确了六届人大第二十四次会议通过的前述《补充规定》中第11条规定的"巨额财产来源不明罪",从而使我国刑事诉讼举证责任上的这一特例被进一步法典化。

综上所述,我国刑事诉讼中证明责任的特点是:(1)司法机关负有证明责任,并且在诉讼中起着法定作用;(2)自诉人、反诉人及附带民事诉讼的原告负有一定的证明责任;(3)被告人、犯罪嫌疑人及其辩护人一般不负证明责任。

【案例7-4-02】公诉机关指控,2006年3月18日12时40分许,被告人朱某骑电动自行车沿三泉路由南向北行驶,至1015弄弄口时,遇到被害人钱某徒步由东向西过马路。朱某所骑电动自行车左侧车身擦及并撞到钱某,致其摔倒后颅脑受伤,经医院抢救无效于同月21日死亡。事发后朱某骑车逃离现场,后在三泉路、共康路口被追赶上来的民警抓获。经交通事故责任认定书认定,朱某负事故主要责任。公诉人当庭宣读并出示了证人证言笔录、验伤通知书、居民死亡医学证明书、交通事故认定书及朱某的部分供述等证据,证明朱某的行为已构成交通肇事罪,要求依照《刑法》第一百三十三条之规定,追究其刑事责任。被告人辩称并未撞到被害人,其辩护人认为:1. 被告人的电动自行车左侧车身不可能"擦及"或"撞到"被害人。2. 公诉机关提供的证据无法证明被告人的行为构成交通肇事罪。3. 公诉机关提供的证据不足以证明被告人与被害人接触而发生交通事故,因此被告人离开现场的行为不属于"逃离现场"。4. 被害人的死亡是由于其家属转院不当所造成,与被告人无关。法院根据控方提供的证据和辩方的辩护意见,评判如下:1. 根据证人证言、被害人尸体检验报告、书证尸体照片及鉴定人的当庭证言,排除了被害人因被其他车辆擦撞而倒地、因自身突发疾病而倒地死亡、因受到惊吓自行倒地的可能;并结合被告人在犯罪现场所作陈述,认定被害人死亡系其交通肇事所致,即与被害人受伤的客观情况相吻合。2. 根据证人严某、倪某、张某的证言及被告人在犯罪现场的陈述,认定被告人肇事后逃逸的事实。3. 根据书证验伤通知书、病历卡,认定被害人家属转院符合常情且手续完备。故对被告人及其辩护人提出的辩解、辩护意见不予采纳。

四、证明标准

刑事诉讼中的证明标准,指法律规定的专门机关的办案人员运用证据证明案件事实所要达到的程度。这既是对证据的质量要求,也是对证明活动的质量要求。根据刑事诉讼法的有关规定和诉讼理论,我国的刑事诉讼证明标准是:案件事实清楚,证据确实充分。

《刑事诉讼法》第 53 条规定,对一切案件的判处都要重证据,重调查研究,不轻信口供。只有被告人供述,没有其他证据的,不能认定被告人有罪和处以刑罚;没有被告人供述,证据确实、充分的,可以认定被告人有罪和处以刑罚。第 160 条规定,公安机关"对于犯罪事实清楚,证据确实、充分"的案件,可以移送人民检察院审查起诉。第 168 条规定,人民检察院审查起诉的时候,必须查明"犯罪事实、情节是否清楚,证据是否确实、充分"。另外,第 195 条还规定,人民法院根据已经查明的事实、证据和有关的法律规定,案件事实清楚,证据确实、充分,依据法律认定被告人有罪的,应当作出有罪判决。由此可见,无论是侦查、审查起诉,还是依法作出判决,法律都要求在证明要求上达到"案件事实清楚,证据确实、充分"的程度。

案件事实清楚,指构成犯罪的各种事实情节或者定罪量刑所依据的各种事实情节,都必须是真实的、清楚的。证据的确实、充分,是对证据质量的法律要求,"确实"是对证据在质上的要求,是指所有的证据都必须经过查证属实,真实可靠,具有真实性和证明力。具体的要求是:一是据以定案的单个证据必须经过查证属实;二是单个证据与案件事实必须存在客观联系;三是单个证据必须具有相应的证明力。"充分"是对证据在量上的要求,是指案件的证明对象都有相应的证据证明其真实可靠,排除其他任何可能性。具体的要求是:一是所有的证明对象都有依法收集到的相应的证据;二是所有的证明对象都有相应的证据证明;三是所有的证据在数量上都能排除其他任何可能性,能够作出肯定无疑的唯一结论。衡量证据的确实、充分,根据《办理死刑案件证据规定》,应同时具备五个条件:一是定罪量刑的事实都有证据证明;二是每一个证据均经过法定程序查证属实;三是证据与证据之间,证据与案件事实之间不存在矛盾或者矛盾得到合理排除;四是共同犯罪案件中被告人的地位、作用均已查清;五是根据证据推断案件事实的过程符合逻辑和经验规则,由证据得出的结论为唯一结论。

当然,从人的科学认识规律的角度出发,在刑事诉讼的不同阶段,其证明标准应有所不同,随着刑事诉讼的发展,应该是一个由低到高的渐进过程。相对而言,立案阶段的证明标准较低,而刑事判决阶段的证明标准最高。在立案阶段,证明标准是具有所认为的犯罪事实和需要追究刑事责任的刑法判断。在逮捕犯罪嫌疑人、被告人时的证明标准是有证据证明有犯罪事实,可能判处徒刑以上刑罚,采取取保候审、监视居住等方法不足以防止发生社会危险性的。对于适用拘留或者回避等诉讼程序,刑事诉讼法也规定了不同的证明标准。但当侦查终结以后,不论是人民检察院的审查起诉,还是人民法院的裁判,刑事诉讼法都要求犯罪事实清楚,证据确实、充分。由此可见,犯罪事实清楚,证据确实、充分的证明标准是刑事诉讼法针对刑事案件认定处理提出的要求,并不是刑事诉讼一开始就能达到的。这说明随着刑事诉讼活动的进行,专门机关办案人员对案件的认识不断深化,刑事诉讼法对刑事诉讼证明的要求也相应提高,直至达到犯罪事实清楚,证据确实、充分的证明标准。

【案例7-4-03】检察机关指控:1998年至事发,被告人沈某与离家出走的孙某同居。期间,沈某发现孙某吸毒,曾多次提供钱款帮助孙某戒毒,但未果。后孙某因吸毒不断而向沈某索要钱财,沈某又借给孙6万元。2000年10月初,沈某安排孙某借住在某号楼504室。同年10月18日至19日间,沈某至上述住处,使用煤气杀人的手法,将孙某杀死。10月21日18时许,沈某到公安派出所报案称,当日下午3时许,发现孙某死于他上述借住处。警方接报后,即派员至现场勘查发现,孙某倒在卧室地上已死亡;灶间煤气管脱落,分析存在他杀的可能。尸检后又发现孙某心血中的一氧化碳含量高达65.69%,确认系煤气中毒死亡。公安人员又对沈某在10月21日的行踪进行全面调查,发现沈某不具备该日到达过现场的时间条件,且沈某在报案前应知道孙某已经死亡。在侦查阶段,沈某未就指控的故意杀人事实作过供述。

本案控诉方提供的证据之间有诸多的矛盾点,辩护方提出所发现证明被告人无罪的证据与控诉方的证据形成对抗,疑点无法排除,亦无法得出合乎逻辑的唯一解释。在侦查机关竭尽全力收集的证据中,又缺少了以下几个关键点,并已无法再予补充。

其一,本案缺乏孙某具体死亡时间以及沈某是否有作案时间和两者的关联。这是本案证据的关键之所在。嫌疑人有无作案时间,在死者死亡发生时是否到过现场,这是首先而且必须查清的。因为即使有多种证据材料可以证明嫌疑人是杀害被害人的"凶手",但是只要有一项证据确实证明嫌疑人在死者死亡发生时没有到过杀人现场或没有作案时间,原先的证据均没有实质意义。其二,本案的具体犯罪手段无证据证实,难以准确认定谁是杀人的行为人。在对杀人案件的司法认定中,应当运用证据确认死者确系他杀。对死亡原因的准确确认关系着实际有无故意杀人行为的发生。其三,沈某缺乏明确的作案动机。故意杀人是非法剥夺他人生命的行为,一般都有明确的、具体的原因,且这些动机、目的一般都会有证据可以证明,所以运用证据查明行为人的具体动机、目的,有助于查明杀人的真正行为人,同时也能够证明案件性质。查明行为人有无杀人动机和目的的前提是查明被害人和杀人的行为人。其四,本案现有证据无法确认沈某是唯一进入现场的人。故意杀人案件的情节体现着杀人行为的实施过程,直接反映案件的具体事实。如果行为人对于具体情节的供述与侦查、司法机关实际掌握的证据不符,则不能轻易作出判断。公安机关痕迹鉴定的四把铁门钥匙中仅有沈某持有的一把被配制过,其它均未配制。控诉方据此排除其他人有作案的可能,以此证明沈某是唯一进入现场的人。但经审查证据发现,该铁门钥匙除由沈某配制过外,最初的钥匙持有人亦配制过,且以同一把钥匙进行多次配制的概率并不高。同时,根据查证的证据,本案铁门钥匙经手人和持有人先后有数人,沈某单独持有不具有唯一性。此外,孙某的社会关系错综复杂,且死前仍在吸食毒品,孙某的死是否还存在其他缘由,从本案现有的证据来看,无法排除。以此认定沈某是唯一进入现场的作案人证据不足。

综上,本案诉讼证据相互之间缺乏关联,不具有排他性,无法确认控诉方指控的事实和罪名成立。

【典型案例】

【案例7-4-04】

沈达明故意杀人、盗窃案。2004年8月19日，被告人沈达明隐瞒已婚的事实，并编造了部分个人简历，在圆缘苑婚姻介绍所进行登记。同年9月8日，经圆缘苑婚姻介绍所介绍，沈达明结识了刘某。此后，沈达明向刘某谎称自己经营电梯业务，并称公司员工安装电梯时发生事故，急需筹集医药费。刘某信以为真，向沈达明表示愿意将自己的住房出售，帮助其筹措医药费。9月22日，沈达明陪同刘某至房产公司办理房屋买卖手续，并由房产公司支付给刘某购房款14.7万元。次日上午，沈达明陪同刘某到银行取出现金14万余元后，又一起到沈的暂住处。当沈要求刘某将携带的钱款交给其支付医药费时，刘某表示要陪沈一同去医院看望受伤的员工，还表示要和沈一同在该处生活。沈达明发现谎言将被揭穿，遂与刘某发生口角。在双方争执过程中，沈达明用双手猛掐刘某的颈部，后又用三星手机充电器的电线紧勒刘的颈部并打上死结，致刘某死亡。嗣后，沈达明将刘某的尸体藏匿于该处室内，并窃取了刘的钱款14万余元。嗣后，沈对刘某的尸体进行肢解，再将尸块分别装入垃圾袋中。尔后，沈达明又外出购买了一只红黑色相间的旅行箱，并将装有尸块的垃圾袋装入该旅行箱，再将该旅行箱留置于暂住处内。9月26日上午，沈达明租乘一辆私人汽车回到暂住处后，将装有尸块的旅行箱运回原籍江苏省吴江市住处藏匿。后沈达明先将住处花坛边的红色砖块用铁丝绑在尸块上，再将绑有砖块的尸块抛入住处附近的新开河内及他处。一审法院判处被告人沈达明死刑，缓期二年执行。二审法院经复核裁定，核准以故意杀人罪、盗窃罪，判处被告人沈达明死刑，缓期二年执行。

【法理与法律适用分析】

本案能够认定被告人沈达明实施犯罪，致被害人刘某死亡的直接证据除了被告人的有罪供述外，没有其他直接证据可以佐证，但相关的间接证据可以形成较为完整的证据锁链，能够证实被告人的有罪供述。此外，侦查人员根据技侦材料整理的被害人失踪前后的被告人行动的轨迹表明，被告人在被害人失踪前一直与被害人在一起。虽然不能作为证据使用，但可作为判断被告人具有作案的时间和条件时参考。另外，该案证据瑕疵方面能合理排除：第一，关于桂林西街作为本案杀人第一现场的确定，证据均停留在证人证言及被告人的供述上，没有其他物证印证，而证人证言等的证明效力相对于物证而言要低一些。事实上，作为第一现场的桂林西街没有留下丝毫物证，警方多次勘查现场，且将卫生间浴缸拆除后对下水道作细致勘查。由于勘查日期与作案日期相隔时间较长，且作案后沈达明退租给他人长期使用，未能从上述勘查地点获取相关证据。第二，被害人的尸体高度腐败，缺少部分尸块，具体死亡原因无法确定，但法医尸检报告能够反映被害人的舌骨骨折，虽系先证后供，但与被告人供述没有矛盾。

现有证据可以认定被告人沈达明是杀害被害人刘某的行为人，且能够认定沈达明在刘某死后，盗窃了刘某随身携带的14万余元现金。鉴于警方在没有掌握杀人的确切证据的前提下，沈达明对杀人分尸的事实如实作了供述，其供述经查证属实，对固定本案的其他证据起了一定的作用，故可对沈达明酌情从宽处罚。

【法条链接】
《刑事诉讼法》

第四十九条　公诉案件中被告人有罪的举证责任由人民检察院承担，自诉案件中被告人有罪的举证责任由自诉人承担。

第五十三条　对一切案件的判处都要重证据，重调查研究，不轻信口供。只有被告人供述，没有其他证据的，不能认定被告人有罪和处以刑罚；没有被告人供述，证据确实、充分的，可以认定被告人有罪和处以刑罚。

证据确实、充分，应当符合以下条件：

（一）定罪量刑的事实都有证据证明；

（二）据以定案的证据均经法定程序查证属实；

（三）综合全案证据，对所认定事实已排除合理怀疑。

第一百六十条　公安机关侦查终结的案件，应当做到犯罪事实清楚，证据确实、充分，并且写出起诉意见书，连同案卷材料、证据一并移送同级人民检察院审查决定；同时将案件移送情况告知犯罪嫌疑人及其辩护律师。

第一百七十二条　人民检察院认为犯罪嫌疑人的犯罪事实已经查清，证据确实、充分，依法应当追究刑事责任的，应当作出起诉决定，按照审判管辖的规定，向人民法院提起公诉，并将案卷材料、证据移送人民法院。

第二百零四条　自诉案件包括下列案件：

（一）告诉才处理的案件；

（二）被害人有证据证明的轻微刑事案件；

（三）被害人有证据证明对被告人侵犯自己人身、财产权利的行为应当依法追究刑事责任，而公安机关或者人民检察院不予追究被告人刑事责任的案件。

第二百零五条　人民法院对于自诉案件进行审查后，按照下列情形分别处理：

（一）犯罪事实清楚，有足够证据的案件，应当开庭审判；

（二）缺乏罪证的自诉案件，如果自诉人提不出补充证据，应当说服自诉人撤回自诉，或者裁定驳回。

自诉人经两次依法传唤，无正当理由拒不到庭的，或者未经法庭许可中途退庭的，按撤诉处理。

法庭审理过程中，审判人员对证据有疑问，需要调查核实的，适用本法第一百九十一条的规定。

【典型案例目录索引】

1. 证明概念重塑及其价值分析

——贾锡岩、张秀君生产销售伪劣产品案

选自《天津法院案例选》，法律出版社2001年版，第233页。

2. 证明对象：实体法事实

——吴汉荣被控玩忽职守宣告无罪案

选自北京市海淀区人民法院编著：《审判案例选析》，中国政法大学出版社1997年版，第80页。

3. 公诉方的证明责任

——窦沛颖、冼晓玲被控贪污宣告无罪案

载乔宪志主编:《1999年上海法院案例精选》,上海人民出版社2000年版,第255页。

4. 自诉人的证明责任

选自刘家琛主编:《刑事诉讼案例选编》,法律出版社1997年版,第44页。

5. 事实推定和法律推定

——王卫明强奸案

上海市高级人民法院编:《人民法院裁判文书选》(2000年卷),法律出版社2001年版,第46-47页。

6. 有罪判决的证明标准

选自刘家琛主编:《刑事诉讼案例选编》,法律出版社1997年版,第36页。

【参考阅读的文献资料】

1. 陈刚:"证明责任概念辨析",载《现代法学》1997年第2期。
2. 孙远:"证明对象、要件事实与犯罪构成",载《政治与法律》2011年第8期。
3. 段厚省:"论证明对象对法官证明评价的影响",载《法律适用》2008年第21期。
4. 余茂玉:"论量刑事实的证明责任和证明标准",载《人民司法》2011年第7期。
5. 霍海红:"证明责任配置裁量权之反思",载《法学研究》2010年第1期。
6. 聂立泽:"主客观相统一原则与刑事证明标准的层次性研究",载《法学评论》2011年第2期。

第五节 证据规则

一、传闻证据规则

传闻,指陈述人在庭审活动或者诉讼之外所作出的,用以证明案件事实的一种陈述。传闻证据规则是英美法系国家的一项重要证据规则。所谓传闻证据,一般是指以下两种证据资料:一是证人于庭审以外对直接感知的案件事实亲笔所写的陈述书及他人制作并经本人认可的陈述笔录;二是证人于庭审之上就他人所感知的事实向法庭所作的转述。按照传闻证据规则,如果某人的证言属于传闻证据,那么就应当排除,除非它属于法律规定的例外情形。确立传闻证据规则的理由主要是因为传闻证据在诉讼中的使用剥夺了诉讼双方包括被告人对原始人证的询问和反询问的权利,同时也违反了刑事诉讼的直接审理原则,不利于法官获得正确的心证。例如,美国《联邦证据规则》规则801(c)规定,传闻是指陈述者在审判或听证之外所作的陈述,将其作为证据提出用以证明主张事实的真实性。规则802规定,传闻证据不得采纳,除非本规则或最高法院根据立法制定的规则或国会立法另有规定外。规则803就对传闻规则的例外情形作出了多达24种的详尽规定。此外,少数大陆法系国家在当今也有限制地在立法上确立了传闻证据规则。

中华人民共和国第十一届全国人民代表大会第五次会议于2012年3月14日通过的《全国人民代表大会关于修改〈中华人民共和国刑事诉讼法〉的决定》,修正后的我国《刑事诉讼法》第59条规定,证人证言必须在法庭上经过公诉人、被害人和被告人、辩护人双方质证并且查实以后,才能作为定案的根据。该条款在某种程度上确立了我国的传闻证据规则。有助于防止不真实、不可靠可能性的证据作为定案根据,保障控辩双方能够行使法律规定的交叉询问的权利。

【案例7-5-01】李某、艾某、唐某均为同学关系。2007年12月1日中午,艾某与唐某、李某因故在电话中发生争执,双方约在学校的第二教学楼二楼碰头解决纠纷。艾某随即纠集杨某、宋某等人,杨某又纠集了陈某。杨某、宋某、陈某等人赶到第二教学楼二楼后,艾某告知原由并要求他们先躲藏于三楼,到时下来帮艾一起殴打对方。李某则在与唐某一起前往第二教学楼的途中,在校内百货店内购买了一把单刃水果刀。当日下午2时许,艾某与李某、唐某在相约地点碰面后,双方即起争执、冲突,杨某、宋某、陈某等人随即冲下楼与李、唐互殴。斗殴中,李某持上述单刃水果刀刺戳杨某颈部等处,造成杨某颈部降主动脉大部断离致失血性休克而当场倒地后死亡。公诉机关起诉指控李某犯故意伤害罪,艾某犯聚众斗殴罪。法院经过法庭审理,对出庭作证的控方证人陈某的证言,公诉机关当庭宣读的证人唐某、宋某等人证言,现场查获的犯罪工具单刃水果刀一把以及其他证据予以确认,并据此认定上述犯罪事实。法院认为,公诉机关起诉罪名成立,分别判处两名被告人刑罚。上述证人陈某、唐某、宋某,均为在斗殴现场人员,三人的陈述内容为各自在现场所感知的斗殴情况,唐某还陈述逃离斗殴现场后,李某告诉唐,李在斗殴中用水果刀划了对方一个人的脖子。

本案证人唐某、宋某没有到庭作证,他们在公安机关所作的证言由公诉人在法庭审理中宣读,证人唐某、宋某的证言为传闻证据;陈某、唐某、宋某均在斗殴现场,其各自对斗殴现场情况的陈述,是他们对案件事实的直接感知,该三名证人的证言为本案的原始证据。因此,唐某、宋某的证言,既是传闻证据,但同时又是原始证据。另外,唐某证言中关于李某告诉唐在斗殴中用刀划对方一人脖子的内容,系唐转述李的说法,并非唐亲眼目睹,因此这部分证言为传来证据。

二、非法证据排除规则

非法证据排除规则,指对于那些通过非法程序或手段取得的证据,应予以排除的规则。现代国家的刑事诉讼法都禁止以违反法律的方式获取证据,然而对非法获得的证据能否获得证据能力,成为定案根据,各国的态度既有共识,又多有相异的处置,而这也从一个侧面反映各国刑事诉讼价值观的取向。美国是实行非法证据排除规则的主要国家。自1914年开始,美国联邦最高法院通过一系列判例确定,通过违法的、无根据的搜查和没收所获得的证据,以及通过违法发现、收集的证据均应无效,也即"毒树之果"的理论。但自20世纪60年代中期起,美国急剧动荡的社会形势迫使美国政府打出了"法和秩序"的旗帜。而后美国联邦最高法院通过判例确认了非法证据排除规则的一系列例外。英国、德国和法国等国家与美国的态度有别,这些国家并不一般地排斥违法取得的物证,而是注意违法的严重程度以及排除违法证据对国家利益的损害程度,进行利益衡量,赋予法官一定程度的对于证据取舍的自由裁量权。

我国非法证据排除规则的建立及逐步完善有个过程。按照1998年我国《最高人民法院关于执行〈中华人民共和国刑事诉讼法〉若干问题的解释》第61条和最高人民检察院《人民检察院刑事诉讼规则》第265条的规定,我国刑事诉讼中的非法证据排除规则主要集中针对证人证言、被害人陈述、犯罪嫌疑人或被告人供述等言词证据上,不涉及物证、书证等实物证据,排除的条件是实施了刑讯逼供或威胁、引诱、欺骗等非法的方法,而不是一般违法收集。按照2010年两高三部(最高人民法院、最高人民检察院、公安部、国家安全部、司法部)的《关于办理刑事案件排除非法证据若干问题的规定》,非法证据的范围除了非法言词证据,还包括非法实物证据,明确规定:"物证、书证的取得明显违反法律规定,可能影响公正审判的,应当予以补正或者作出合理解释,否则,该物证、书证不能作为定案的根据。"同时,对启动非法证据调查程序、证明证据合法性的举证责任及证明标准等做了规定。关于非法证据调查程序的启动,被告人及其辩护人提出审判前供述是非法取得的,法庭应当要求提供涉嫌非法取证的人员、时间、地点、方式、内容等相关线索或者证据;而审前供述合法性的举证责任由控方承担,在控方不举证,或者已提供的证据不够确实、充分的情况下,则应当承担不能以该证据证明指控的犯罪事实的法律后果和责任。在2010年两高三部(最高人民法院、最高人民检察院、公安部、国家安全部、司法部)的《关于办理死刑案件审查判断证据若干问题的规定》中还进一步细化了对于明显违法取得的种类证据的排除。包括经勘验、检查、搜查提取、扣押的物证,没有勘验、检查、搜查、提取、扣押的笔录,不能证明物证、书证来源的;以刑讯逼供等非法手段取得的口供;以暴力、威胁等方法取得的证人证言等。

　　修正后的我国刑事诉讼法第50条规定,审判人员、检察人员、侦查人员必须依照法定程序,收集能够证实犯罪嫌疑人、被告人有罪或者无罪、犯罪情节轻重的各种证据。严禁刑讯逼供和以威胁、引诱、欺骗以及其他非法方法收集证据,不得强迫任何人证实自己有罪。必须保证一切与案件有关或者了解案情的公民,有客观地充分地提供证据的条件,除特殊情况外,可以吸收他们协助调查。第54条规定,采用刑讯逼供等非法方法收集的犯罪嫌疑人、被告人供述和采用暴力、威胁等非法方法收集的证人证言、被害人陈述,应当予以排除。收集物证、书证不符合法定程序,可能严重影响司法公正的,应当予以补正或者作出合理解释;不能补正或者作出合理解释的,对该证据应当予以排除。在侦查、审查起诉、审判时发现有应当排除的证据的,应当依法予以排除,不得作为起诉意见、起诉决定和判决的依据。第55条规定,人民检察院接到报案、控告、举报或者发现侦查人员以非法方法收集证据的,应当进行调查核实。对于确有以非法方法收集证据情形的,应当提出纠正意见;构成犯罪的,依法追究刑事责任。第56条规定,法庭审理过程中,审判人员认为可能存在本法第54条规定的以非法方法收集证据情形的,应当对证据收集的合法性进行法庭调查。当事人及其辩护人、诉讼代理人有权申请人民法院对以非法方法收集的证据依法予以排除。申请排除以非法方法收集的证据的,应当提供相关线索或者材料。第57条规定,在对证据收集的合法性进行法庭调查的过程中,人民检察院应当对证据收集的合法性加以证明。现有证据材料不能证明证据收集的合法性的,人民检察院可以提请人民法院通知有关侦查人员或者其他人员出庭说明情况;人民法院可以通知有关侦查人员或者其他人员出庭说明情况。有关侦查人员或者其他人员也可以要求出庭说明情况。经人民法院通知,有关人员应当出庭。第58条规定,对于经过法庭审理,确认或者不能排除存在本法第54条规定的以非法方法收集证据情形的,对有关证据应当予以排除。上述规定,使我国的非法证据排除规则的科学体系初步完善,使其具有比较强的操作性。

　　【案例7-5-02】在苗某贪污、受贿上诉案中,一审法院认定苗某犯贪污罪的主要证据之一,系苗某的供述笔录。二审经审查发现苗某的供述与该笔录的同步录音录像严重不符,故裁定发回重审。一审法院重审后对苗某该份供述笔录予以排除,并认为指控的贪污罪证据不足,不予认定。我们认为,刑事诉讼中,应当严格审查包括被告人供述在内的证据真实性、合法性和关联性,尤其对辩护人提出的合理辩解应当进行认真审查和核实,严格依照刑事诉讼法及相关司法解释处理,对于非法证据应当予以排除。

三、补强规则

补强规则,指为了保护被告人的权利,防止案件事实的误认,对某些证明力显然薄弱的证据,要求有其他证据予以证实才可以作为定案证据的规则。该规则作为对证据证明力自由判断原则的一项例外,形成于18世纪后半叶的英国,当时主要作用于被告人自白,目的在于保障被告人的基本权利。而后随着西方资产阶级革命的兴起和推动,该规则在西方证据法中成为一项重要的证据规则,其适用范围也已经超出了被告人自白。《日本刑事诉讼法》第319条第2款规定:"无论是否在公审庭上作出的供述,当该供述是对被告人不利的唯一的证据时,不得认定被告人有罪。"我国《刑事诉讼法》第53条都规定,只有被告人供述,没有其他证据的,不能认定被告人有罪和处以刑罚。跟前者相比,我国补强规则的范围相对较窄,仅限于口供,即仅对被告人的口供要求补强,口供必须有补强证据才能据以定案。

【案例7-5-03】1998年6月21日下午,被告人徐世库在锦江山公园门前与娄秀美(经鉴定系精神病患者)相遇,便以帮助找工作为由将娄秀美安排在宾馆住宿,22日晚9时许,被告人徐世库又将娄秀美领至鸭绿江公园内,违背娄秀美意志,强行将娄奸淫。在案件审理过程中,徐世库的辩护人提出,被害人的证言是处于精神疾病发病状态作出的,其不能正确地表述事情经过,依法不能作为本案的定案依据;另外,从对被害人所作的司法鉴定书的结论看,被害人无性自我防卫能力,那么她所作的被强奸的证言不必然可信。本案的争议焦点是,精神上有缺陷的被害人在对案件事实的认知和表述上存在一定的困难,但尚未丧失正确认知、正确表达能力而作的陈述是否具有可采性,如果具有可采性,是否需要补强证据证明。

法院经审理认为,起诉书指控被告人徐世库对娄秀美实施强奸行为的事实,被告人徐世库虽曾在侦查阶段有过供述,但庭审时翻供,起诉又不能提供相关物证和其他证据佐证;另外,本案唯一证据只有娄秀美的陈述,而根据我国《刑事诉讼法》第60条第2款的规定,娄秀美系精神分裂症患者,属于精神上有缺陷的人,其陈述没有其他证据佐证,不予采纳。遂以被告人徐世库犯有强奸罪的证据不足,犯罪不能成立为由,判决被告人徐世库无罪。

被害人陈述是指刑事被害人就其受犯罪行为侵害的情况和其他与案件有关的情况向公安司法机关所作的陈述。由于案件的诉讼过程和诉讼结果与被害人有着直接的利害关系,被害人对被害经过一般能够进行充分陈述,从而揭露有关犯罪事实和犯罪人。但由于被害人在受到犯罪侵害时心理状态异常,或者生理上、精神上有缺陷,虽能对案件事实进行认知和表达,但是存在困难,此时所作的陈述就很有可能不具有准确性。为了准确认定案件事实,正确适用法律,对待这种证据必须谨慎。没有其他的证据相互印证的,不能采信。我国《刑事诉讼法》明确了不仅口供需要补强证据,而且证人证言、被害人陈述在一定情况下也需要补强证据。这是一种立法突破。本案审理中法院鉴于娄秀美具有精神分裂症，属于精神上有缺陷的人，在受到犯罪侵害后虽能对案件事实进行认知和表达，但是这种认知和表达是存在困难的，其陈述没有其他证据佐证，法院出于谨慎考虑，对被害人陈述不予采纳。这符合《刑事诉讼法》第60条第2款的立法精神，也符合诉讼规律和证据规则的要求。

【案例7-5-04】被告人夏甲受被告人迪某指使，纠集被告人夏乙，携带由迪某交予运往上海的藏在两只背包内的海洛因，经云南省西双版纳傣族自治州、河南省郑州市和周口市等地，于2010年6月5日乘坐由周口至上海的长途汽车前往上海，欲将海洛因交给迪某。当长途汽车行至京沪高速公路上海江桥收费站时，公安人员将夏甲、夏乙抓获，分别从其携带的包内查获海洛因712.21克、683.79克。当晚，公安人员至上海市昌化路某号501室将迪某抓获，查获海洛因0.95克。被告人迪某到案后始终否认指使夏甲、夏乙运输海洛因。但是，夏甲、夏乙均指证受迪某指使运输海洛因。其中夏甲供述，2010年5月27或28日，夏甲在昆明时，迪某打手机给夏甲，叫夏甲找个人一起到缅甸靠近西双版纳边境处拿两个包，送到上海再交还给迪某，给2万元酬劳。次日，夏甲找到正好也在昆明的夏乙。6月2日上午，夏甲和夏乙到缅甸一家宾馆见到迪某，每人收下一个公文包。夏甲和夏乙在将毒品运往上海途中被公安人员抓获，包内海洛因被查获。夏乙与夏甲供述一致。

本案证明迪某运输毒品的直接证据是两名同案被告人夏甲、夏乙的口供，两名同案被告人的口供还得到了其他证据的补强，其他证据能够印证两名同案被告人的口供真实可信。其一，《机场旅客离港信息》、昆明中国南方航空出具的机票信息单，分别证实夏甲、夏乙于2010年6月4日13时05分，乘坐西双版纳至郑州的航班；其二，从夏甲、夏乙处查获的《河南省周口市运输客票发票联》两张，证实两人于6月5日乘长途车往上海；其三，《机场旅客离港信息》、云南祥鹏航空有限责任公司的机票信息，证实迪某于2010年6月4日14时50分乘飞机离开昆明；其四，云南旅客住宿查询记录，证实迪某于2010年6月4日8时入住当地宾馆，夏乙、夏甲于2010年6月3日入住西双版纳景洪市的吉祥宾馆，退宿时间为6月4日。

上述证据反映出三名被告人于同一天离开云南，走不同路线，但于同一天到达上海，这些都能印证夏甲、夏乙所说的替迪某把包从缅甸边境途经云南送到上海，然后再交还给迪某的运输毒品过程。在同案被告人的口供得到其他证据补强的情况下，可以采信同案被告人的口供，作为定案的证据，本案因此认定迪某构成运输毒品罪，并予以处罚。

四、意见证据规则

意见证据，指证人根据其感知的事实作出的推断性证言，包括普通证人证言和专家证言。按照意见证据规则，对于普通证人证言，一般不能采纳，除非法律另有规定；对于专家证言，一般可以采纳。在英美证据法中，意见证据不可采主要基于以下两方面的原因：第一，就所证明的事实，证人的意见不具有相关性：如果待证事实属于需要专业知识的事实，非专家证人的意见显然没有任何证明价值；如果待证事实属于不需要专业知识的事实，由于事实裁判者同样可以进行判断或推论，证人的意见又显得没有充分的相关性。第二，该一般原则可以阻止证人侵越事实裁判者的权力。英美证据法理论将证人视为一种证据方法，其作用在于将其亲自体验的事实如实地提出于法庭；而依据一定的证据材料作出推断或结论，则属于裁判职能,应当由陪审团(或法官)负责。由此我们说,区别证人职能与裁判职能正是意见证据规则的一项重要的理论基础。美国《联邦证据规则》规则701规定,如果证人并非作为专家作证,那么他以意见或推理结论的形式作出的证言仅限于以下情况:(a)合理建立在证人感知的基础上;(b)有助于正确理解该证人的证言或确定争议事实。规则702规定,如果科学的、技术的或其他专门知识能帮助事实审理者理解证据或确定争议事实,凭其知识、技能、经验、训练或经教育具备专家资格的证人可以意见或其他形式作证。

我国《关于办理死刑案件审查判断证据若干问题的规定》第12条第3款规定:"证人的猜测性、评论性、推断性的证言,不能作为证据使用,但根据一般生活经验判断符合事实的除外。"据此,在我国刑事证据规则体系中已建立起了意见规则,虽然该规则针对死刑案件,但具有刑事诉讼的普遍规范意义。

【案例7-5-05】公诉机关指控:1998年底,被告人侯某与余某在家乡摆酒结婚,后生育一子。两人先后到广东打工。2010年10月,侯某得知余某与男青年黄某有不正当的男女关系,便多次劝阻并殴打余某。同年11月18日晚上10时许,侯某到余某工作的内衣厂找余某,在四楼天台发现余某与黄某睡在一起,便从天台附近拿起两块砖头,上前砸打黄某的头部。余某对侯进行阻拦,侯某将余推开后用打碎的砖块继续打击黄某的头部,致黄某倒地。黄某后被送医院抢救无效死亡。经法医鉴定,黄某符合被钝器多次打击致颅骨骨折、严重颅脑损伤死亡。

本案适用了意见证据规则的例外情形,证人为法庭提供了自己看见事件或者自己所感知事实所作的描述性意见或专业知识意见,与案件事实具有关联性,具有证明力,可以被采纳为证据。在本案证据中,证人余某的证言:"侯某突然冲到阳台,凶神恶煞般地手持一块砖头击打躺在地上的黄某的头部,砖头断成两块。"这是证人对看见被告人实施犯罪时外表反映的状况所作出的合理描述性意见,证明被告人侯某当时杀人的凶恶情形;证人李某的证言:"侯某来到出租屋时,满脸都是血,喘着大气",这是证人对看见被告人实施犯罪后外表反映的状况所作出的描述性意见。

上述两证人的描述性意见都证明侯某在杀人过程中,手段凶狠、不计后果,在主观上有间接杀人的故意。证人张某等证言:"见到阳台上躺着一个大约20多岁的男子,呼吸急促,头部下面流了很多的血。"这是证人凭借其经验或者常识对被害人的年龄、受伤的状况产生的一种推测意见,对认定黄某遇害及其伤情有补强作用。法医学鉴定结论证实黄某符合被钝器多次打击致颅骨骨折、严重颅脑损伤而死亡。这是专家对被害人的死亡原因,运用特殊知识所提供的意见证据。这些专业知识,一般来说法官并不具备。如果没有专家提供的意见证据予以协助,是难以得出正确的结论。在本案中,专家作出的鉴定结论与证人余某的证言能够相互佐证,可以推定出黄某的死亡是侯某用砖头多次打击致颅骨骨折,严重颅脑损伤死亡。证明侯某在客观上具有间接故意杀人的行为。

当然,以上仅是可以采纳的意见证据的范围,实践当中,是否可以采纳,还要经过庭审质证或者交叉讯问的程序性保障措施,对证据进行筛选,然后再由法官根据具体案情,运用自由裁量权对证据进行综合判断最终决定。

【典型案例】
【案例7-5-06】
雍成辉非法持有毒品案。被告人雍成辉于2009年4月25日22时许,在上海市曹安路某旅店房间内,应涉案关系人张凌云(另案处理)的要求,帮张带"半套"冰毒,并离开该旅店。次日零时许,雍成辉重新回到旅店,并将"半套"冰毒交给张凌云。张凌云按其与购毒人员刘新保的事先约定,与刘新保进行毒品交易。在李凌云将上述毒品贩卖给刘新保时,被公安人员当场抓获。根据张凌云的交代,公安人员又将雍成辉抓获。经鉴定,涉案毒品净重13.42克,从中检出甲基苯丙胺成分。认定案件事实的主要证据有:(1)张凌云的供述证实,2009年4月25日22时许,我听到雍成辉在电话里准备向别人购买冰毒,于是我叫他帮忙给我带"半套"冰毒给我朋友,他答应了。次日凌晨0时30分许,雍成辉回到房间,并将冰毒给我。雍成辉从别人那里拿"半套"冰毒不会超过人民币5,000元,张凌云从雍成辉那里拿再给他些费用的话,不会超过人民币5,500元。张凌云在旅店门口以人民币6,100元的价格贩卖给刘时被民警抓获。(2)证人庞晨证实,2009年4月25日晚,雍成辉出去前问我是否需要冰毒,可以帮我带回来,我说不要。我女朋友李凌云听到后,说她朋友要,于是雍成辉答应李凌云拿"半套"冰毒回来给李。(3)证人阮可薇证实,2009年4月25日晚,我在旅店房间(卧室)内,看见"万宝路"(即雍成辉)给了李凌云一包东西,李当时还问东西分量足吗?"万宝路"讲放心!分量足的。后来,李凌云说她朋友在酒店下面送钱来了,她去取钱,等拿到钱再和"万宝路"结账。(4)被告人雍成辉辩解,涉案毒品是受张凌云之托,在张凌云与"上家"联系后,代张凌云从"上家"处取得,不存在贩卖毒品的事实。

证据规则,指证据运用过程中应当遵守的法律准则。证据规则实际上就是对证据运用即诉讼证明活动的限制,其核心问题是规范证据的可采性,解决证据的资格问题。证据规则的主要作用在于防止主观臆断,保证证明的准确性。下面介绍几个主要的证据规则:

【法理与法律适用分析】

本案争议的关键点在于,对于涉案关系人张凌云供述的不同判断将直接关系到对被告人的定罪量刑。具体而言,被告人雍成辉是构成贩卖毒品罪还是构成非法持有毒品罪,分歧的焦点在于对涉案关系人张凌云供述这一证据证明力认定的差异,即仅凭该证据是否足以认定被告人雍成辉构成贩卖毒品罪,抑或需要其他证据进行补强。

张凌云的供述在本质上仍然是口供。虽然口供属于直接证据,可能是案件最真实、最全面、最具体的证据材料,在刑事诉讼中具有极为重要的作用,但因口供与案件的定罪量刑之间有着直接的利害关系,因而口供也存在真实与虚假并存的显著特点。

本案张凌云既可作出雍成辉向其贩卖毒品的供述,也可作出雍成辉明知其要向他人贩卖毒品的供述,同样也可以作出雍成辉仅是帮其代购毒品的供述。如果没有其他证据补强,就承认涉案关系人供述的证明力,并以该供述作为其他被告人的定罪依据,以"口供"否定"口供",无异于以一个不确定的因素去证明另一个不确定的因素,其结论将依旧是不确定的。因此,在无法对张凌云的供述进行证据补强的情况下,不能以一个未经其他证据予以佐证的"口供"去推翻另一个与之内容不同的"口供",故仅凭涉案关系人张凌云的供述,没有其他证据补强佐证,则不能认定雍成辉构成贩卖毒品罪。

涉案关系人张凌云与被告人雍成辉的供述存在明显的出入。如果采信张凌云的供述,必须有其他的证据对张凌云供述的真实性和可靠性予以补强或者佐证,不能仅凭张凌云的单一"口供"去否定与之内容有明显出入的被告人的"口供"。本案在对张凌云供述的证明力无法进行证据补强的前提下,应当以非法持有毒品罪对雍成辉定罪处刑。

【法条链接】
《刑事诉讼法》

第五十条 审判人员、检察人员、侦查人员必须依照法定程序,收集能够证实犯罪嫌疑人、被告人有罪或者无罪、犯罪情节轻重的各种证据。严禁刑讯逼供和以威胁、引诱、欺骗以及其他非法方法收集证据,不得强迫任何人证实自己有罪。必须保证一切与案件有关或者了解案情的公民,有客观地充分地提供证据的条件,除特殊情况外,可以吸收他们协助调查。

第五十四条 采用刑讯逼供等非法方法收集的犯罪嫌疑人、被告人供述和采用暴力、威胁等非法方法收集的证人证言、被害人陈述,应当予以排除。收集物证、书证不符合法定程序,可能严重影响司法公正的,应当予以补正或者作出合理解释;不能补正或者作出合理解释的,对该证据应当予以排除。

在侦查、审查起诉、审判时发现有应当排除的证据的,应当依法予以排除,不得作为起诉意见、起诉决定和判决的依据。

第五十五条 人民检察院接到报案、控告、举报或者发现侦查人员以非法方法收集证据的,应当进行调查核实。对于确有以非法方法收集证据情形的,应当提出纠正意见;构成犯罪的,依法追究刑事责任。

第五十六条 法庭审理过程中,审判人员认为可能存在本法第五十四条规定的以非法方法收集证据情形的,应当对证据收集的合法性进行法庭调查。

当事人及其辩护人、诉讼代理人有权申请人民法院对以非法方法收集的证据依法予以排除。申请排除以非法方法收集的证据的,应当提供相关线索或者材料。

第五十七条 在对证据收集的合法性进行法庭调查的过程中,人民检察院应当对证据收集的合法性加以证明。

现有证据材料不能证明证据收集的合法性的,人民检察院可以提请人民法院通知有关侦查人员或者其他人员出庭说明情况;人民法院可以通知有关侦查人员或者其他人员出庭说明情况。有关侦查人员或者其他人员也可以要求出庭说明情况。经人民法院通知,有关人员应当出庭。

第五十八条 对于经过法庭审理,确认或者不能排除存在本法第五十四条规定的以非法方法收集证据情形的,对有关证据应当予以排除。

第五十九条 证人证言必须在法庭上经过公诉人、被害人和被告人、辩护人双方质证并且查实以后,才能作为定案的根据。法庭查明证人有意作伪证或者隐匿罪证的时候,应当依法处理。

【典型案例目录索引】

1. 证明概念重塑及其价值分析
——贾锡岩、张秀君生产销售伪劣产品案
选自《天津法院案例选》,法律出版社2001年版,第233页。

2. 证明对象:实体法事实
——吴汉荣被控玩忽职守宣告无罪案
选自北京市海淀区人民法院编著:《审判案例选析》,中国政法大学出版社1997年版,第80页。

3. 公诉方的证明责任

——窦沛颖、冼晓玲被控贪污宣告无罪案

载乔宪志主编:《1999年上海法院案例精选》,上海人民出版社2000年版,第255页。

4. 自诉人的证明责任

——选自刘家琛主编:《刑事诉讼案例选编》,法律出版社1997年版,第44页。

5. 事实推定和法律推定

——王卫明强奸案

上海市高级人民法院编:《人民法院裁判文书选》(2000年卷),法律出版社2001年版,第46-47页。

6. 有罪判决的证明标准

——选自刘家琛主编:《刑事诉讼案例选编》,法律出版社1997年版,第36页。

【参考阅读的文献资料】

1. 刘善春等著:《诉讼证据规则研究》,中国法制出版社2000年版。
2. 刘国清等著:《刑事证据规则实务》,上海社会科学院出版社2001年版。
3. 沈德咏主编:《刑事证据制度与研究》,法律出版社2002年版。
4. 谭永多著:《刑事证据规则理论与适用》,人民法院出版社2003年版。
5. 沈德咏等主编:《刑事证据制度与理论(中)》,人民法院出版社2006年版。

第八章 刑事强制措施制度

第一节 强制措施的适用目的

【典型案例】
【案例8-1-01】

韩城公捕大会。据韩城网报道,2012年4月20日上午,陕西渭南韩城市在市体育场召开公拘公捕公判大会,对"3·24"民杨夜市团伙斗殴案和"4·03"状元东街故意伤害案的张海洋等53名犯罪嫌疑人进行刑事拘留和逮捕,对王争宏等7名被告进行公开宣判,展示严打成果,震慑违法犯罪,鼓舞群众士气,彰显了市委、市政府打击犯罪维护安定的坚强决心。

为严厉打击各种犯罪,震慑犯罪分子,切实保障人民群众生命财产安全,维护社会稳定,为经济社会快速健康发展营造和谐稳定的社会环境,我市于4月20日在体育场举行公捕公判大会。市级领导班子有关成员出席会议,市直机关、企事业单位干部职工,本市部分中小学师生、韩城武警等官兵及市民参加了公捕宣判大会。

会上,市委常委、政法委书记张喜同志严正警告那些违法犯罪分子,天网恢恢,疏而不漏,悬崖勒马,回头是岸;正告那些蠢蠢欲动企图作案的人,如果胆敢顶风作案,以身试法,必将受到法律的严惩。同时呼吁广大民众要关心平安,呵护平安,共建平安,要积极参与到镇办、社区、单位组织的平安创建活动之中去,深入开展"警民共建"、"警校共建"等活动,多了解关心支持政法工作,多提宝贵建议,主动为社会治安做出贡献。

今年3月份开始,韩城市按照中省渭南政法工作会议精神和市委市政府总体部署,开展了"百日严打会战",以"两抢一盗"、黑恶势力、"黄赌毒"以及群众关注关心、影响群众安全感的刑事和治安案件为主开展专项斗争。特别是"3·24"民杨夜市团伙斗殴案发生后,社会各方面高度关注,市委、市政府高度重视,召开专题会议,成立专案组,抽调精兵强将,昼夜侦破,公安局、检察院、法院齐心协力,奋战十个昼夜,案件主犯张海洋等21名犯罪分子归案,给犯罪分子以沉重打击。1-4月份,破获刑事案件138起,治安案件156起,抓获犯罪嫌疑人93人,摧毁犯罪团伙4个,全市刑事发案同比下降了19.2%。下一阶段,我们将继续保持严打高压态势,扎实开展"百日严打会战",重拳出击,有案必破,打黑除恶,全力做好治安防范和社会稳定工作,深化"平安韩城"创建活动,切实提高人民群众的安全感和满意率。①

另,2012年6月25日在第25个国际禁毒日来临之际,四川达州大竹县公安局在新华

---
① http://news.0913114.cn/NewsShow-4788.html.

广场召开了公捕大会,宣布了对王任辉、张曦等三十名犯罪嫌疑人逮捕决定。① 26 日,四川绵阳市禁毒委、市综治委、市中级人民法院在铁牛广场召开了城区公捕公判毒品犯罪嫌疑人暨公开销毁毒品大会。在会上,市公安局、市中级人民法院对 38 名毒品犯罪嫌疑人进行了公开逮捕和公开宣判。②

此外,以媒体不完全统计,2010 年 3 月至 7 月间各地有公开报道的公捕公判大会有:3 月 23 日,湖南永兴县举行打黑除恶公捕公判大会,60 名疑犯被公开逮捕,20 名被告被公开宣判。4 月 20 日,湖南郴州市举行"打黑除恶"公捕公判大会,对 32 名犯罪嫌疑人公开逮捕,对 15 名犯罪分子公开宣判。上万名群众和学生前来观看。4 月 28 日,湖北省十堰市竹山县,对 14 名疑犯和罪犯进行了公捕公判。4 月 29 日,湖南省湘乡市公捕公判大会宣布逮捕 27 名犯罪嫌疑人,对 9 名严重刑事犯罪分子进行宣判。5 月 11 日,山东青岛岛城各区市警方召开"两抢一盗"公捕大会,当天,六区四市警方共对 156 名涉及"两抢一盗"的犯罪嫌疑人公开宣布逮捕,部分区市同时开展公判。5 月 18 日,山东胶南市召开公捕公判大会,对 20 名刑事犯罪嫌疑人公开宣布逮捕,对 12 名严重刑事犯罪分子进行公开宣判。5 月 21 日,贵阳市小河区举行严打"两抢一盗"公捕公判大会,对 56 名犯罪嫌疑人宣读了逮捕决定。5 月 25 日,陕西横山举行打黑除恶大会,共 23 名犯罪嫌疑人被公捕,其中包括 13 名"砍刀队"成员。5 月 31 日,湖南耒阳市举行公捕公判大会,对 36 名嫌犯实施公开逮捕,对 8 名嫌犯实施拘留,对 20 名被告人进行公开宣判。6 月 18 日,湖南娄底涟源市对 13 名涉毒犯罪嫌疑人公开逮捕,对 14 名涉毒犯罪分子进行了公开宣判。6 月 21 日,贵州省桐梓县召开公捕公处大会,对 100 多名涉嫌贩毒、抢劫、抢夺、盗窃的违法涉案人员进行了公开逮捕和给予宣布劳动教养决定。7 月 6 日,湖北丹江口市举行公捕公判大会,35 名违法犯罪分子被公开拘留、公开逮捕、公开宣判。7 月 14 日,湖南娄底市"优化涟钢及其周边环境"公捕公判大会在涟钢青山运动场举行,32 名犯罪嫌疑人被公开逮捕,20 名被告人被公开宣判。7 月 16 日,湖南湘潭市"平安省运行动"公捕公判大会在湘钢俱乐部举行,40 名犯罪嫌疑人被公开逮捕,10 名被告被公开宣判。

【法理与法律适用分析】

强制措施的适用目的是什么?翻开任何一本刑事诉讼法教材都会显示刑事诉讼传统理论均认为是为了保障刑事诉讼活动的顺利进行。而刑事诉讼活动的障碍一般认为属于主观性、可能性障碍,主要有:犯罪嫌疑人、被告人逃逸、隐藏、逃避侦查和审判;以串供、转移、毁灭等方式妨碍、干扰办案机关查证;继续犯罪、危害社会;自杀等。③ 在论及强制措施适用的意义时,除了普遍认可其具有排除上述障碍的功能外,不少学者还认为强制措施"对于社会上的不法分子和不安定分子起到威慑作用,警告其不得轻举妄动,以身试法,可以有效地预防犯罪、减少犯罪,同时安定民心,增强广大公民的安全感,以利社会安定。"④ 或简洁表述:"可以威慑和教育社会上潜在的犯罪分子。"⑤当然,也有学者不认同"威慑"

---

① http://dz.dz169.net/dzyw/2012/0626/60270.html.
② 《绵阳晚报》2012 年 6 月 27 日。
③ 胡锡庆主编:《诉讼原理》,中国政法大学出版社 2002 年版,第 282 页。
④ 陈光中主编:《刑事诉讼法学(新编)》,中国政法大学出版社 1996 年版,第 203 页。
⑤ 孙长永主编:《刑事诉讼法学》,中国检察出版社 2002 年版,第 125 页。

作用,认为是将强制措施的功能扩大化,是"功能异化"。①

公捕大会,即在公共场所(如广场、礼堂、体育馆等)以召开群众大会的形式对较多数量的犯罪嫌疑人宣布并执行逮捕。公捕大会前或后,通常还押解犯罪嫌疑人挂牌游街示众。召开公捕大会无外乎如下目的:第一,结合犯罪率上升、案件增多、社会影响大的特点,号召群众揭发和打击犯罪;第二,震慑犯罪分子,杀鸡儆猴,弘扬正气,促使高危人群自首,遏制犯罪;第三,营造强大的舆论氛围,对群众开展法制教育;第四,表明政府打击犯罪的信心和决心,提供社会安全感。②

问题是公捕大会能够达到执法人员预想的目的吗?公捕大会与文明司法、尊重和保障人权的诉讼理念吻合吗?公捕大会是强制措施适用目的应有的反映形式吗?

应该看到,我国有"治乱世用重典"的法制传统,有着视法为"惩罚"和"威严"象征的法文化,有着"嫉恶如仇"与"平民愤"的民族品性,特别是建国以来群众运动式政治斗争模式的广泛采用,③使得公捕大会在我国的盛行有着较为深厚的社会基础。公捕大会也许能够产生短暂的"遏制"效果,但不能真正实现执法人员所预想的目的,也不能营造正义氛围,体现文明司法、尊重和保障人权的诉讼理念,更与适用强制措施的目的相悖。

在公捕大会上,执法人员为了达到他们所认为的目的,用捆绑、挂牌、游街等方法将犯罪嫌疑人展示于公众面前,使其感到强烈的耻辱、羞愧,同时昭示专政工具的强大、威严。公捕大会的整个过程其实是以合法的形式宣扬暴力,以暴制暴,而犯罪嫌疑人只是一种泄愤的工具,全无尊严和人格,公众感受到的是公权力行驶者的盛气凌人、不容藐视和法律的凶猛和残酷,而非公正和理性。试想,它能传达给社会和公众甚至是犯罪嫌疑人多少正面的意义呢?是不是想告诉公众暴力和群众运动是实现正义最好最简捷的途径?它所营造的"萧杀"气氛能够一劳永逸打造"平安社会"?④ 在公捕大会上受到羞辱的犯罪嫌疑人及其亲属是悔恨多于仇恨?看来,公捕大会实现不了执法人员所预想的目的。

公捕大会在公众场合大张旗鼓的宣告对犯罪嫌疑人的逮捕,结合捆绑、挂牌和游街等手段,明白无疑告诉公众犯罪嫌疑人是"犯罪分子"。这是给犯罪嫌疑人在事实上定罪,并且在相当的群体范围内宣告有罪。这种做法,明显违背了无罪推定的刑事诉讼基本原则,违背了我国刑事诉讼法"未经人民法院依法判决,对任何人都不得确定有罪"的规定。公捕大会实质上是有罪推定思想在司法实践上的典型表现之一。犯罪嫌疑人不一定是被告人,被告人也不一定是罪犯,哪怕是罪犯,法律可以剥夺其财产、自由甚至生命,但不能剥夺其人格权。而公捕大会的种种常见做法,严重侵害了犯罪嫌疑人的名誉和人格尊严。刑事诉讼的任务不仅有惩罚犯罪,新《刑事诉讼法》特别强调还要有尊重和保障人权。犯罪嫌疑人不是诉讼客体,而是诉讼主体。不论是法律所强调的保障人权还是诉讼主体理论,他们共同的内容是保障人的价值和尊严,特别是犯罪嫌疑人、被告人的应当享有的基本的人格尊严和人道待遇。这些都是诉讼正义的底线要求。看来,公捕大会不能营造正义氛围,体现不了文明司法及尊重和保障人权的诉讼理念。

---

① 叶青主编:《刑事诉讼法学》(第二版),上海人民出版社2010年版,第171页。
② 申君贵、臧艳华:"公捕大会应依法禁止",载于《法学》2007年第2期。
③ 申君贵、臧艳华:"公捕大会应依法禁止",载于《法学》2007年第2期。
④ 2010年7月14日,湖南娄底市"优化涟钢及其周边环境"公捕公判大会在涟钢青山运动场举行,32名犯罪嫌疑人被公开逮捕,20名被告人被公开宣判。在2009年当地也曾开展过此类专项活动。

诉讼理论公认，强制措施不是惩罚手段，而是保障手段，保障刑事诉讼的顺利进行。公捕大会是对犯罪嫌疑人的人格羞辱和有罪宣告，它的性质更似惩罚。从公捕大会所要达到的目的看，不仅与逮捕这种强制措施"保障刑事诉讼顺利进行"的目的没有交集，而其着力点全在刑事诉讼之外。另外，刑事诉讼强调及时性，而公捕大会为了制造声势，提高宣传教育效果，加大打击力度，需要凑到一定规模的人数，执法人员往往对犯罪嫌疑人拘而不逮（个别的还有逮而复逮）。拘而不逮不仅容易造成羁押超期，也会延长追诉时间。看来，公捕大会更与适用强制措施的目的相悖。

综上所述，公捕大会就是活脱脱一场"暴力表演"，[①]漠视正当程序，与文明进步的司法理念相悖。其实，我国刑事诉讼法和最高人民法院、最高人民检察院的相关司法解释早就明文禁止公捕大会的行为，但法律上缺乏违反禁止规定的惩戒措施，执行也极其不力，实践中屡屡可见的公捕大会，使得禁止规定如空气一般。当前，除了应当在立法上建立和完善禁止公捕大会的相关具体规定外，在理论上批判公捕大会，转变执法人员对公捕大会的错误观念和认识，使他们能够在心理上自觉抵制这种群众运动方式浓重、违背程序正义的手段，显得尤其迫切。

第二节　拘传的适用

【典型案例】

【案例8-2-01】

央视记者李敏涉嫌受贿犯罪被异地拘传案。[②] 2008年12月4日晚，山西省太原市杏花岭区检察院4名检察官着便装敲开了中央电视台法制栏目女记者李敏的家门，他们出示了拘传证以及最高检指定管辖的函件，上面写着李敏涉嫌犯罪。在当地派出所查验了山西检方的相关手续后，李敏被4名检察官带走。

而在此前不久，杏花岭区检察院曾是李敏的采访对象。该院被举报以刑事手段插手经济纠纷，涉嫌滥用职权。很快，一些对检察院携私报复的怀疑充斥舆论。

12月9日，最高人民检察院正式回应：2008年10月，山西省太原市杏花岭区人民检察院在侦查一起贪污犯罪案件中，发现记者李敏收受犯罪嫌疑人弟弟的贿赂，利用其记者的职务之便，为请托人谋取利益，涉嫌受贿犯罪。最高检同时确认，该案是最高检逐级指定杏花岭区检察院管辖的，案件正在进一步侦查中。

【法理与法律适用分析】

央视女记者李敏被异地拘传一案，经媒体公开后在社会上引起了较大的反响。是司法机关对媒体记者（还是国家级权威媒体）的打击报复？还是媒体利用新闻报道权谋取私利并涉嫌犯罪？一时议论纷纷。由于案件原委复杂，公开透明且经查证的材料有限，央视女记者李敏被异地拘传一案的是是非非，这里不做评论。只就太原市杏花岭区人民检察院对李敏采取异地拘传措施谈谈看法。

拘传，是指公安机关、人民检察院和人民法院对未被羁押的犯罪嫌疑人、被告

[①] 申君贵、臧艳华："公捕大会应依法禁止"，载《法学》2007年第2期。

[②] 《北京晚报》2008年12月25日。

强制其到案接受讯问或者审判的一种强制措施。拘传的功能比较单一，就在于保证专门机关对未经羁押的犯罪嫌疑人、被告人到案接受讯问和审判，以保证刑事诉讼的顺利进行。

拘传的对象是未经羁押（即拘留和逮捕）的犯罪嫌疑人和被告人。在刑事诉讼中，已被专门机关采用拘留或逮捕方法的犯罪嫌疑人、被告人，无需拘传就可直接运用提讯的方法实现对被告人的讯问或审判。未经羁押的，既可以是没有对其采用任何强制措施的犯罪嫌疑人、被告人，也可以是已经对其采用了取保候审或监视居住的犯罪嫌疑人、被告人。

关于拘传的适用条件，《刑事诉讼法》第64条作了原则性的规定，即由专门机关"根据案件情况"决定是否采用。从司法实践的情况看，通常是对犯罪嫌疑人、被告人经合法传唤无正当理由不到案的适用拘传。当然专门机关有权不经传唤直接拘传，例如，有拒绝传唤可能的；无法传唤的；情况比较紧急的等。

对犯罪嫌疑人或者被告人适用拘传时，由案件经办人填写《呈请拘传报告书》，经本部门负责人审核后，由区、县级以上专门机关主管领导的批准，签发拘传证（人民法院用拘传票）。在拘传证上要记明被拘传人的姓名、性别、年龄、依据、住所、案由、拘传的理由、应押送的处所及签发的日期，并由签发人签名或盖章。

执行拘传时，应当在被拘传人所在的市、县内的地点进行。被拘传人的工作单位、户籍地与居住地不在同一市、县的，拘传应当在被拘传人的工作单位所在地的市、县进行；特殊情况下，也可以在被拘传人户籍地或者居住地的市、县内进行。专门机关在本辖区以外拘传犯罪嫌疑人、被告人的应当通知当地的专门机关，当地的专门机关应当予以协助。

执行拘传的公安司法人员不得少于2人，拘传时应当向被拘传人出示拘传证，并责令被拘传人在拘传证上签名（盖章）、按指印。如果被拘传人抗拒拘传，执行拘传的人员可以使用适当的强制方法，强制其到案。

犯罪嫌疑人、被告人到案后，办案人员应当责令其在拘传证上填写到案时间，然后立即着手对其进行讯问。讯问结束后，应当由被拘传人在拘传证上填写讯问结束时间。被拘传人拒绝填写的，办案人员应当在拘传证上注明。

讯问结束后，如果不需要对被拘传人采取其他强制措施的，应当将其放回，恢复其人身自由。如果被拘传人符合其他强制措施如拘留、逮捕的条件，应当依法变更其他强制措施，但应当在拘传期间内作出批准或不批准的决定，如果拘传时限届满仍不能作出批准决定的，应当立即结束拘传，将其放回。

拘传持续的时间从犯罪嫌疑人到案时开始计算。一次拘传持续的时间，不得超过12小时；案情特别重大、复杂，需要采取拘留、逮捕措施的，拘传持续的时间不得超过24小时。不得以连续拘传的形式变相拘禁犯罪嫌疑人。拘传时，应当保证犯罪嫌疑人的饮食和必要的休息时间。

结合李敏案看，太原市杏花岭区人民检察院接受最高人民检察院等上级检察院的指定承办李敏案，似乎无可厚非。太原市杏花岭区人民检察院前往北京对李敏适用拘传措施也是其办案的应有手段。但按照《刑事诉讼法》的规定，异地拘传应有当地专门机关的协助，太原市杏花岭区人民检察院没有主动寻求协助，而是在北京李敏住所地派出所的被动"协助"下对李敏执行拘传,①这是检察院适用异地拘传程序的一个重大瑕疵。另外,检察院以拘传将李敏带离北京也有违刑诉法的规定。侦查阶段适用拘传,目的在于及时地讯问拘传对象以有利于查清案件事实,因而,强制到案及讯问是拘传构成不可分割的两个组成部分。根据刑诉法规定,讯问应在犯罪嫌疑人所在的市、县内的地点进行,李敏不论居住或是工作的地点都在北京而非太原市。法律之所以要求异地拘传应有当地专门机关的协助,其中就有当地专门机关提供讯问场地便利的考虑。如果讯问地点在太原市杏花岭区人民检察院所在地,那只有这样一种可能,即对李敏采取拘留或逮捕等羁押措施,因为《刑事诉讼法》规定,羁押后的讯问应在看守所进行。但遗憾的是,拘传不是羁押。

第三节 取保候审的适用

【典型案例】

【案例8-3-01】

梁丽"捡金"案。2008年12月9日,深圳机场清洁工梁丽为同事顶班在机场B号楼二楼出发大厅进行清洁工作。在19号登记柜台旁打扫卫生时,梁丽发现在靠近垃圾桶附近有一辆行李车上放着类似方便面箱的小纸箱(内放有价值超过300万元的黄金手饰),两个大人带着一个小孩在嗑瓜子;稍后再来时,发现人不在而小纸箱仍在。出于清洁工的职责和习惯,梁丽将纸箱搬进清洁车,其后梁丽将该纸箱交给同事曹万义,说可能是电瓶,委托其代为放置,并转交给认领的人;在早餐时间,梁丽还告诉多名同事,其捡到了很重的东西,可能是电瓶。期间,梁丽一直没有打开纸箱查看。

下午下班后,梁丽将无人认领的纸箱用自行车带回住处放置于床底下。大约16时多,同事曹万义找到梁丽,并称有乘客已报警说丢了东西;梁丽回答明天上交。根据《深圳机场旅客遗失物品的管理规定》,凡捡拾到旅客遗失物品原则上当天(最迟不晚于次日9时)由捡拾物品的本人或单位相关负责人交候机楼失物招领处。

大约晚上18点左右,三名警察从其他途径知道梁丽捡到物品,并上门询问;梁丽在经过短暂的询问后很快承认,并将床底的纸箱拽出来。警察打开纸箱查看无误,将梁丽与家人一起带回机场分局刑警队。②

公安机关认为,警方在询问梁丽的前20分钟,其都只说从机场带回了矿泉水和洗手液,未提那个纸箱;直到警方认为其态度不够配合并提出要进行搜查时,梁丽才拿出涉案的黄金饰品,随后,警方又从梁丽丈夫的衣服口袋搜出部分饰品,说明其主观上有非法占有的目的;梁丽声称的纸箱在垃圾桶旁边与事实不符,实际上离最近的垃圾桶也有11米多,该纸箱是在柜台的1米黄线处;梁丽捡到纸箱后并没有其所述的在现场等待三四分钟,而是在33秒时间内拿走纸箱。③为此,隔日,梁丽被正式拘留;2009年1月14日,梁丽以涉嫌盗窃被正式逮捕;同年3月12日,梁丽因涉嫌盗窃罪被公安机关移送起诉。此后,

---

① 太原市杏花岭区人民检察院在李敏住所对其适用拘传时,李敏报警,住所地派出所警察接警后赴李敏家中处理。

② 宋毅、高靖、谢孝国:"本报记者昨天回放'梁丽案'现场,力图重现案发前后的波谲云诡——从清洁工到囚徒的10小时逆转",载《羊城晚报》2009年5月16日。

③ 刘春林:"清洁工'捡金'案,检方决定不起诉",载《南方都市报》2009年9月26日。

该案由深圳市人民检察院移送到宝安区人民检察院审查起诉,并发回公安机关补充侦查两次,最终公安机关于 8 月 13 日将补查结果报送检察院;9 月 10 日,宝安区人民检察院将梁丽的强制措施从逮捕改为取保候审;9 月 13 日,宝安区人民检察院以案件重大复杂,延长半个月审查期限;9 月 25 日,检方最终作出证据不足不起诉的决定,梁丽案的刑事程序至此基本结束;在看守所度过 9 个月后,梁丽本人彻底恢复自由。

【法理与法律适用分析】

梁丽捡金案发生后在社会引起了强烈的反响,特别是社会对"捡东西还算犯罪"有很大的争议。当然,从最终公安机关、检察机关公布的案件信息来看,梁丽的确不是一般的"捡",而有非法占有的动机,且其在陈述"捡"的物品和过程都与实际有出入;不仅如此,对梁丽的行为是"盗窃"还是"侵占"也引起激烈的争论,公安机关和检察机关也有分歧。本案的事实现在已经水落石出,梁丽也早已重新走上人生的道路;但我们发现梁丽案反映了中国刑事案件的一个基本特征,即高羁押率、低取保候审率的现实。

虽然梁丽案发生在 2009 年前后,当时的适用还是 1996 年的《刑事诉讼法》,而现行《刑事诉讼法》对取保候审的修改并不大,主要是增加了适用取保候审的情形、取保候审应遵守的规定等内容。从现在的相关规定看,梁丽案仍然是滥用羁押措施的一种表现,也反映了我国取保候审存在的困境。

取保候审,是指公安机关、人民检察院和人民法院责令犯罪嫌疑人、被告人提供担保,保证其不逃避侦查或审判,并随传随到的一种强制方法。根据《刑事诉讼法》第 65、66 条的规定,取保候审的适用条件,首先,专门机关对具有下列情形之一的犯罪嫌疑人、被告人,可以适用取保候审:(1)可能判处管制、拘役或者独立适用附加刑的;(2)可能判处有期徒刑以上刑罚,采取取保候审不致发生社会危险性的;(3)患有严重疾病、生活不能自理,怀孕、正在哺乳婴儿的妇女,采取取保候审不致发生社会危险性的;(4)羁押期限届满,案件尚未办结,需要采取取保候审的。其次,被取保候审人能够提供符合法律要求的担保,即提供保证人或者交纳保证金。

从已经公开的有关梁丽的案情看,5 月 31 日,梁丽的律师向宝安区人民检察院提交了变更强制措施的申请后,但检察院迟迟没有作出回复;①一直到该年 9 月 10 日才将强制措施变更为取保候审。虽然我国有关的法律规范并没有规定检察机关对这种申请给予回应的具体时间,确是法律的不完善之处;但从最终取保候审的时间看,最初检察机关是认为其不符合条件的,否则也不至于到最后才予以取保候审。从本案看,首先,梁丽涉及的金额超过 300 多万元,如为盗窃罪,最高刑期可达无期徒刑或死刑;如是侵占罪,最高刑期是 5 年有期徒刑。显然不符合第一种取保候审的情形。其次,虽然梁丽在被取保候审后发现有子宫肌瘤,且恶性的可能性大,但在最初羁押时并没有发现这方面的问题;当然,梁丽也不属于生活不能自理、怀孕或正在哺乳婴儿的妇女。因此,梁丽可能属于第二种情形,但要看是否符合"不致发生社会危险性"。另外,也有对梁丽案件的侦查、审查起诉期限有质疑,认为超期一个多月。② 从上述的案情介绍看,梁丽案并没有超期。从 3 月 14 日被移送

---

① 高靖、宋毅、贺文:"律师为梁丽申请取保候审,检察院对此未回应",载 http://www.ycwb.com/news/2009-06/05/content_2152600.htm(金羊网),2012 年 7 月 24 日访问。

② 黄晏铭:"梁丽案的超期羁押才是亮点",载 http://guancha.gmw.cn/content/2009-09/24/content_984086.htm(光明网—光明观察),2012 年 7 月 24 日访问。

检察机关审查起诉,还存在深圳市人民检察院与宝安区人民检察院之间的移送管辖、两次退回公安机关补充侦查、检察机关自己的审查起诉期间,直至到9月13日,宝安区人民检察院还延长了审查的期限,都在法律规定的范围内,完全合法。

至此,我们看到,梁丽能否被申请取保候审,关键是如对其采取取保候审是否会发生社会危险性。我们无法得知当时宝安区人民检察院在考虑是否给梁丽取保候审时是否进行了社会风险的评估,但我们认为梁丽是完全符合取保候审的要求的。从一般风险评估的内容看,无非是犯罪嫌疑人案发前后的表现、一贯表现、居住条件、保证条件等。但从梁丽的一贯表现看,从已有的证人证明,梁丽是个守本分的人,平时没有偷鸡摸狗之事;其在机场工作多年,夫妻二人都有固定工作。从本案看,事前无预谋,也无前科。事中,虽有侵占的意图,但主要是占小便宜的动机为主,而且不知或不信是黄金等贵重物品,也和许多同事提起,决没有占有大量他人财物的故意。事后,不仅在知道有人报案后,也承诺隔日归还;赃物也只是放在一般的床底,没有刻意隐藏的意思,而且在询问不久就交代;本人也没有要逃匿的意思。更为重要的是,检察机关早就对盗窃罪有分歧,而作为受害人也在找到赃物后决定不追究梁丽的责任。在这些因素下,我们无法看出梁丽可能给社会带来什么危险性,但检察院却两度驳回梁丽家属提出的取保候审的请求。从最后的取保候审来看,检察机关也是以保证人担保的形式进行的,这就意味着取保候审的条件其实在一开始就是具备的。

梁丽至多被认为是一时糊涂,不懂法律,没有拾金不昧的精神而已。道德不高尚,但绝对不是犯罪。因此,从一开始就不应该羁押,而在申请变更强制措施时,检察机关更应该及时自我改正、自找台阶,而不是姗姗来迟的羁押梁丽9个多月。不仅影响其就业,对其身心造成极大摧残,而且也对其未成年的子女造成不良的冲击。

第四节　监视居住的适用

【典型案例】
【案例8-4-01】

吸毒女色诱盗窃案。据红网永兴2012年4月29日的消息,湖南永兴警方通过蹲点守候成功抓获涉嫌色诱盗窃的两名女吸毒人员曹某和王某。

4月25日,永兴县公安局马田派出所所长刘绍云带领民警在辖区开展"三访三评"大走访活动时,有群众反映:在马田墟老火车站一带,有两名吸毒女子经常借机专找老人实施盗窃,给附近居民和过往群众带来极大恐慌,群众反映强烈。该所所长刘绍云对此非常重视,在逐步掌握了她们的活动规律后,4月27日上午,蹲点守候的民警在马田墟老火车站将正欲实施盗窃的犯罪嫌疑人曹某、王某抓获。

经审讯,她们交待为了筹集毒资,当天利用色诱的办法正盗窃一名姓刘的老人2760元现金时被民警抓获。同时,她们还交待在马田墟老火车站利用同种办法盗窃多名老人钱物的犯罪事实。目前,犯罪嫌疑人曹某因涉嫌盗窃罪已被永兴警方刑事拘留,犯罪嫌疑人王某因患有严重疾病被永兴警方实施监视居住。[①]

---

① 何忠雄:"两吸毒女色诱老人盗窃,永兴警方蹲点守候抓现行",载http://hunan.sina.com.cn/news/shms/2012-04-30/25575.html(新浪新闻),2012年7月25日访问。

另据娄底新闻网报道,2012年4月24日晚上,湖南省冷水江市公安局治安大队根据群众举报,在冷水江市某市场内捣毁一个地下"六合彩"黑庄点,现场抓获正在接受投注"六合彩"码单的刘某及投注"六合彩"码单的赌博人员姜某、陈某,收缴登记"六合彩"码单的账本3个。

通过审讯,刘某自2011年9月至2012年4月期间,接受他人投注地下"六合彩"共计26期,涉案金额5万余元。民警乘胜追击,再次布网,于4月25日凌晨6时许在冷水江市某院子里将段某抓获,收缴码单19张。据段某供述,她于2012年4月开始接受刘某等多人投注地下"六合彩"码单8期,涉案金额7万余元。

目前,犯罪嫌疑人刘某已被刑事拘留,段某因在哺乳期,被监视居住。①

【法理与法律适用分析】

监视居住是逮捕的替代措施,也就是对罪该逮捕,但因客观情况使得逮捕会产生不良后果,或适用监视居住更好,则不用逮捕。上述两个小案例都是警方根据涉案犯罪嫌疑人的具体情况,采用监视居住的典型事例,反映了监视居住对逮捕的替代作用和人权保障功能。

监视居住,是指公安机关、人民检察院和人民法院限令犯罪嫌疑人、被告人在规定的期限内不得离开住处或指定的居所,限制其人身自由的一种强制方法。根据现行《刑事诉讼法》第72条的规定,人民法院、人民检察院和公安机关对符合逮捕条件,有下列情形之一的犯罪嫌疑人、被告人,可以监视居住:(1)患有严重疾病、生活不能自理的;(2)怀孕或者正在哺乳自己婴儿的妇女;(3)系生活不能自理的人的唯一扶养人;(4)因为案件的特殊情况或者办理案件的需要,采取监视居住措施更为适宜的;(5)羁押期限届满,案件尚未办结,需要采取监视居住措施的。此外,对于符合取保候审条件,但犯罪嫌疑人、被告人不能提出保证人,也不交纳保证金的,可以监视居住。

在上述的第一个案例中,两名吸毒女因吸毒需要,多次色诱老人,利用老人警惕性低、防护能力弱的特点,实施盗窃。考虑到吸毒犯的特点,两人完全可能再次实施新的盗窃犯罪、甚至逃跑,警方完全可以予以逮捕;但因犯罪嫌疑人之一的王某患有严重疾病需要治疗,看守所对其的治疗可能造成不便。在第二个案例中,犯罪嫌疑人刘某、段某以接受他人投注"六合彩"多次,涉案金额分别达5万余元、7万余元,根据现行《刑法》可能要被判处有期徒刑以上刑罚;而且职业性赌博犯罪具有复发性,犯罪嫌疑人可能逃跑或再犯罪,具有逮捕的必要性。但考虑犯罪嫌疑人的不同情况,对刘某直接予以刑事拘留,而段某因处于哺乳期,符合不予逮捕的条件。当地警方对王某因疾病、段某因哺乳不能逮捕而分别予以监视居住,体现了《刑事诉讼法》的人权保障精神。

【典型案例】

【案例8-4-02】

监视居住逃脱案。据中国法院网2007年6月12日报道,受公安机关委托的某保安服务管理中心的保安队长何某在对犯罪嫌疑人监视居住过程中,因麻痹大意,致使犯罪嫌疑人脱逃。

江西梧州当地公安机关决定在涉嫌诈骗罪的犯罪嫌疑人徐某(哺乳期)家中对徐某监

---

① 曹友云:"因六合彩,哺乳妈妈被监视居住",载 http://www.Ldnews.cn/Police/culture/201205/20120503200635.html(娄底新闻网),2012年7月25日访问。

视居住,由城西派出所执行。派出所因警力有限,遂于 2006 年 1 月与抚州某保安服务管理中心签订保安合同,约定由保安服务管理中心提供保安服务,负责犯罪嫌疑人人身安全及防止犯罪嫌疑人自杀、自残、逃跑等。合同签订后,保安服务管理中心派何某等 6 名保安分三班对徐某进行监视居住,每班一男一女两名保安,何某任队长,派出所每天派民警上门检查。

2006 年 6 月 27 日晚 8 时许,何某与同事杨某(女,另案处理)至徐某家接班,杨某反锁好大门后将钥匙交给何某,何某习惯性地将钥匙放在客厅茶几的小抽屉中,便坐在客厅看电视。因何某不够警惕,在沙发上看电视后睡着,钥匙被徐某拿走开门出逃。凌晨 6 时许,何某醒来发现徐家大门被打开,徐某及儿子失踪,何某叫醒杨某四处寻找,但未找到。公安机关出动大批警力追捕,但徐某至今未仍归案。①

另据山西新闻网 2010 年 10 月 12 日报道,因涉嫌参与一起刑事案件,汾阳男子李建朝被文水县公安局实施监视居住。但因公安局工作人员失误,李建朝被超期实施强制措施 18 天,李遂将文水县公安局告上法庭,索赔 71,841.6 元。

2008 年 7 月 1 日,文水县公安局因怀疑汾阳人李建朝参与一起刑事案件,对其实施了刑事拘留。当年 7 月 30 日,由于证据不足,文水县公安局解除了对李建朝的拘留。因案件尚未办结,文水县公安局又对李建朝实施了取保候审。2009 年 8 月 14 日,文水县公安局在对李建朝解除取保候审的同时,以无法排除其犯罪嫌疑人身份为由,对其实施了监视居住。今年 3 月 4 日,李建朝被解除监视居住。至此,文水县公安局对他监视居住超过法律规定期限 18 天。

当地公安局解释:该局早在今年 1 月 4 日就已做出了对他提前撤销监视居住的决定,却一直没有人通知他。文水县公安局工作人员的解释是,"那一段正赶上过年,没顾上通知你来办手续。"

记者从文水县公安局了解到,1 月 4 日,因期限届满,该局确实已解除了对李建朝的监视居住。因为工作人员失误未及时通知李建朝,直到 3 月 4 日李建朝到文水县公安局询问情况才得知。②

【法理与法律适用分析】

监视居住对人身自由的限制更强,其适用的条件和执行的措施也更为严格。根据《刑事诉讼法》第 72、73、75、76 条的规定,对符合逮捕条件的犯罪嫌疑人,有怀孕或者正在哺乳自己婴儿的妇女,可以监视居住;监视居住由公安机关执行;监视居住应当在犯罪嫌疑人的住处进行。被监视居住的人应当遵循多项规定,如未经执行机关批准不得离开执行监视居住的处所;在传讯的时候及时到案;不得以任何形式干扰证人作证;将护照等出入境证件、驾驶证件交执行机关保存等。对被执行监视居住的犯罪嫌疑人可以采取电子监视、不定期检查等监视方法对其遵守监视居住规定的情况进行监督。

在第一个案例中,考虑到犯罪嫌疑人徐某需要哺乳婴儿,当地公安机关没有对其进行逮捕而是予以监视居住;监视居住的地点在徐某家中。负责执行的城西派出所则因警力

---

① 傅晓晖:"因疏忽致监视居住嫌犯逃脱,受托保安失职获刑",载 http://old.chinacourt.org/html/article/200706/12/251228.shtml(中国法院网),2012 年 7 月 25 日访问。

② 《汾阳男子状告文水公安局》,载 http://news.daynews.com.cn/show/1039603.html(山西新闻网),2012 年 7 月 25 日访问。

不足与当地保安服务中心合作,由保安中心负责监视,以保障犯罪嫌疑人的人身安全,也防止其自杀、自残或逃跑;公安机关也每天派民警上门检查。总体上,当地警方的做法都是符合《刑事诉讼法》有关监视居住要求的。不过由于负责具体执行的保安因玩忽职守,对犯罪嫌疑人缺少应有的警惕,对有关的保安措施也没有实施到位,致使犯罪嫌疑人逃脱,无法及时到案。为此,一方面,该保安中心应当协同当地警方立即对违反监视居住义务的徐某进行逮捕,并不再予以监视居住。

当然,该案件发生在2012年《刑事诉讼法》实施前,如在现在,也可以对犯罪嫌疑人进行电子监控,将出入境证件、身份证件、驾驶证件等交执行机关保存,从而加强预防,使犯罪嫌疑人难以逃脱,即使逃跑也难以在社会上躲藏。

另外,根据《刑事诉讼法》第77条的规定,监视居住的最初期限为六个月;虽然没有明确这是人民法院、人民检察院和公安机关可以分别对犯罪嫌疑人、被告人予以监视居住六个月还是一共可以执行六个月,但每个机关最多只能执行六个月的监视居住是肯定的。期限届满的,应当及时解除监视居住,并及时通知被监视居住人和有关单位。

在第二个案例中,文水县公安局在对犯罪嫌疑人李建朝实施监视居住时,因到期而未及时解除,造成当事人合法权益受到侵害。从案件中看到,李建朝从2009年8月14日被从取保候审变更为监视居住,这个变更是错误的。根据现行的《刑事诉讼法》第72、79条的规定,监视居住首先应当是罪该逮捕的人,而本案中变更强制措施的理由是"无法排除犯罪嫌疑",显然还没有达到需要逮捕的程度,更谈不上需要用监视居住来替代。

即使按照监视居住决定来执行,从2009年8月14日至2010年2月14日则满六个月,但直到3月4日李建朝才被解除强制措施,超期18天。从记者的调查中看出,当地公安机关其实早在2010年1月4日即作出了解除李建朝监视居住的决定,但由于恰值春节期间,工作人员在忙于自己过年,却忘记通知李建朝,违法了《刑事诉讼法》的相关规定。

第五节 拘留的适用

【典型案例】

【案例8-5-01】

《网络报》记者关键被异地拘留。① 2008年12月14日,一条"记者调查太原房产商土地违规时离奇失踪"的帖子在网上广泛传播,将记者被抓的风波再次推向高潮。失踪的记者叫关键,是北京《网络报》记者。11月底,关键被单位派到太原采访调查一家房地产企业涉嫌土地违规问题。12月1日下午,关键给报社总编辑打完电话后便失去了联系。他在太原所住酒店的监控录像显示,关键是在酒店大厅被5名男子带走。

在案件毫无进展、关键下落不明的情况下,网络报总编辑助理李双龙把消息发到网上。第二天,新华网山西频道就爆料,关键因涉嫌受贿于12月1日被河北省张家口市警方带走。张家口市警方随后也证实了刑拘关键的消息,并称关键"涉嫌非公务人员受贿罪",但具体案情还要保密。

---

① 《北京晚报》2008年12月25日。

北海律师伪证案①

北海律师伪证案始于杨在新等4名律师于2010年8、9月份接受委托办理"11.17杀人抛尸案",在此案的审理过程中三名证人宋启玲、杨炳燕和潘凤和先后被拘留,在2011年6月13日,杨在新等4名律师忽然被北海市公安局以"妨害作证"(即刑法306条)刑事拘留或监视居住。

导致四名律师同时被采取强制措施的,是一起发生在2009年的故意伤害致死案件。北海市人民检察院起诉书中指控,这起刑事案件由第一被告人裴金德与死者黄焕海发生口角引起,裴金德在第一现场参与了对黄焕海的殴打,并指使被告人裴贵、杨炳棋、黄子富等人挟持黄焕海乘出租车到北海市水产码头,裴金德随后乘摩托车赶到,几个人"对黄焕海拳打脚踢进行殴打,将黄焕海殴打致死"。

2010年9月,罗思方、梁武诚、杨忠汉及杨在新分别受被告人裴金德、裴贵、黄子富、杨炳棋的委托担任他们的辩护人,正式介入此案。同年9月19日,杨在新律师和杨忠汉律师同时对宋启玲、潘凤和、杨炳燕三名证人进行了调查。根据律师的调查笔录显示,三名证人均证实裴金德没有在第一现场殴打黄焕海,这意味着起诉书指控的主要事实根本不能成立。此案之后在2010年9月底和10月中旬开了两次庭,但因为控方提交给法院的证据自相矛盾,并且控辩双方证据完全对立,因此法院至今没有裁决。

但在2011年4月,三名证人陆续被北海市公安局以伪证罪刑事拘留。两个月之后,杨在新在内的四名辩护律师以涉嫌辩护人妨碍作证罪被北海市公安局采取强制措施。"6月14号上午突然将杨在新带走,之后毫无音讯,一直到18号下午北海市公安局海城分局才给我拘留通知书。"杨在新妻子黄女士告诉记者。被拘留的律师杨忠汉的家属也收到了同样内容的刑事拘留通知书。然而,另外两位被拘留的律师罗思方与梁武诚的家属则一直未收到公安机关的任何通知。

北海律师伪证案在国内产生了广泛的影响,特别对律师界震动很大。国内一些在刑事辩护领域颇有影响的律师迅速为杨在新等提供辩护等法律帮助。至今,此案还在诉讼中,尚无司法定论。

【法理与法律适用分析】

在现实生活中,亲人突然不知所踪,其家人会多么的焦虑和不安。如果不知所踪还伴有被一些不明身份之人带走的情节,那其家人不仅是焦虑和不安,可能更多的是恐慌。在和平时期,如果失踪不是出于其自身、意外或者犯罪的原因,而是专门机关对其采取拘留等强制措施造成,那么这种措施是有违人性的,在人权保障上是存在重大缺陷的。2012年《刑事诉讼法》对拘留(包括逮捕)执行的相关修改,极大地改变了这种状况,凸显了《刑事诉讼法》在人权保障方面的进步。下面就拘留的相关规定结合案例谈一点看法。

拘留,是指公安机关、人民检察院在对直接受理案件的侦查中,遇有法定的紧急情况,暂时将现行犯或重大嫌疑人予以羁押的一种强制方法。

拘留的适用对象,《刑事诉讼法》规定为现行犯或者重大嫌疑人。所谓现行犯,是指正在犯罪或犯罪后即时被发现的犯罪嫌疑人。所谓重大嫌疑人,是指一定证据证明其有实

---

① http://news.ifeng.com/mainland/detail_2011_06/21/7157411,2012年7月22日访问。

施犯罪重大可能性的人。这两种对象属于犯罪嫌疑人范畴。

拘留的适用情形是:(1)正在预备犯罪、实行犯罪或者在犯罪后即时被发觉的;(2)被害人或者在场亲眼看见的人指认他犯罪的;(3)在身边或者住处发现有犯罪证据的;(4)犯罪后企图自杀、逃跑或者在逃的;(5)有毁灭、伪造证据或者串供可能的;(6)不讲真实姓名、住址,身份不明的;(7)有流窜作案、多次作案、结伙作案重大嫌疑的。这里需要指出的是,根据《刑事诉讼法》第163条的规定,人民检察院只能对上述(4)、(5)两种情形的对象适用拘留。此外,被取保候审、监视居住的犯罪嫌疑人、被告人违反规定,情节严重的,需要予以逮捕的,可以对犯罪嫌疑人、被告人先行拘留。

公安机关在执行拘留的时候,必须出示拘留证,宣布拘留,并责令被拘留人在拘留证上签名或者盖章。被拘留人拒绝签名或者盖章的,应当加以注明。然后,将被拘留人强制带走,立即送看守所羁押,至迟不得超过24小时。对于符合法定的拘留情形,因情况紧急来不及办理拘留手续的,应当在将犯罪嫌疑人带至公安机关后立即办理法律手续。公安机关在异地执行拘留的时候应当通知被拘留人所在地的公安机关,被拘留人所在地的公安机关应当予以配合。

拘留后,除无法通知或者涉嫌危害国家安全犯罪、恐怖活动犯罪通知可能有碍侦查的的情形以外,应当在24小时以内,通知被拘留人的家属(逮捕后,除无法通知以外,应当在24小时以内,通知被拘留人的家属)。有碍侦查的情形消失以后,应当立即通知被拘留人的家属。公安机关、检察机关对于被拘留的人,应当在拘留后的24小时以内进行讯问。在发现不应当拘留的时候,必须立即释放,发给释放证明。

人民检察院拘留犯罪嫌疑人的羁押期限为14日,在特殊情况下可以延长1日至3日。公安机关对被拘留的人,认为需要逮捕的,应当在拘留后的3日以内,提请人民检察院审查批准。在特殊情况下,提请审查批准的时间可以延长1日至4日。实际上,公安机关的拘留时间一般为7日。但对于流窜作案、多次作案、结伙作案重大嫌疑的,提请审查批准的时间可以延长至30日。人民检察院应当自接到公安机关提请批准逮捕书后的7日以内,作出批准逮捕或者不批准逮捕的决定。

结合"关键受贿"、"北海律师伪证"两案,都存在拘留后不及时通知甚至不通知家属的问题,这在司法实践中绝不是个别的现象。这里有两个主要问题需要注意:第一,拘留(包括逮捕)后不及时通知甚至不通知家属,在2012年《刑事诉讼法》修改前,有其法律上的原因。原《刑事诉讼法》规定,在无法通知和有碍侦查的情况下,可不通知。其中,"有碍侦查"弹性太大,办案人员的裁量权或随意性过多,不符合法制原则,因此,修改后的《刑事诉讼法》只保留了拘留措施中涉嫌危害国家安全犯罪、恐怖活动犯罪通知可能有碍侦查的情形可不通知的特殊规定,最大程度地压缩了办案人员的随意性。以现在的《刑事诉讼法》看关键受贿、北海律师伪证两案,他们既无身份不明的无法通知情形,案件也不属危害国家安全犯罪、恐怖活动犯罪,都应当在拘留后24小时内通知家属。第二,在北海律师伪证案中,由于被拘留的对象有律师身份,根据《律师法》的规定,律师被拘留、逮捕后,应通知其家属、律师事务所和律师协会。北海警方的做法也有违此规定。

第六节 逮捕的适用

【典型案例】
【案例8-6-01】
辛某盗窃案。某居民小区近期屡次发生入室盗窃案件,公安机关接到群众举报后,将几天来一直在某居民小区外徘徊、游荡的辛某带至派出所盘问。辛某吞吞吐吐,顾左右而言其他,而且拒不讲明他的姓名、住址,后经公安机关多番对其做思想工作,辛某说他叫张强,住该小区外的一条小巷内。公安机关从辛某身上搜出管制刀具一把和专用撬锁工具若干。辛某假称,他来到该小区是想揽点活,给人做些修理门窗之类的杂活。由于不知道该小区由谁管理修理事项,所以没敢进小区,只是在外面徘徊。后经公安机关了解情况,辛某的家并不在该市,而且其暂时住所也不在该小区附近。因而,公安机关准备对其采取逮捕措施,并已报人民检察院批准逮捕。

【法理与法律适用分析】
本案中,辛某不讲真实姓名、住址,身份不明有重大嫌疑,对其能否采取逮捕强制措施,关键看是否具备逮捕的条件。

逮捕是公安机关、人民检察院和人民法院依法剥夺犯罪嫌疑人、被告人的人身自由、予以羁押,并进行审查的一种最严厉的强制方法。适用逮捕有以下三种情形:

第一种情形,具备下列二个条件的应当予以逮捕:1. 有证据证明有犯罪事实。所谓"有证据证明有犯罪事实"是指同时具备下列情形:(1)有证据证明发生了犯罪事实。犯罪事实既可以是单一犯罪行为的事实,也可以是犯罪嫌疑人实施的数个犯罪行为中的一个。对实施多个犯罪行为或者共同犯罪案件的犯罪嫌疑人,具有下列情形之一即可:有证据证明犯有数罪中的一罪的;有证据证明犯有多次犯罪中的一次犯罪的;共同犯罪中已有证据证明有犯罪行为的。(2)有证据证明犯罪事实是犯罪嫌疑人实施的;(3)证明犯罪嫌疑人实施犯罪行为的证据已经查证属实的。"有证据证明有犯罪事实"其实质在于确保逮捕的对象达到应被追究刑事责任的起点要求。2. 可能判10年有期徒刑以上刑罚的。

第二种情形,具备下列三个条件的应当予以逮捕:
1. 有证据证明有犯罪事实。
2. 可能判处徒刑以上刑罚的。
3. 具备下列三种情况之一:(1)采取取保候审尚不足以防止发生下列社会危险性的:①可能实施新的犯罪的;②有危害国家安全、公共安全或者社会秩序的现实危险的;③可能毁灭、伪造证据、干扰证人作证或者串供的;④可能对被害人、举报人、控告人实施打击报复行为的;⑤企图自杀或者逃跑的。(2)曾经故意犯罪的。(3)身份不明的。

第三种情形,可以予以逮捕。包括违反取保候审、监视居住规定,情节严重的。

本案中如对辛某采取逮捕措施,无需考虑第三种情形而应在第一种或第二种情形中考虑,但这两种情形的第一条件均为:有证据证明有犯罪事实。但本案公安机关还尚未掌握辛某其他与犯罪事实有关的任何材料。因此,辛某并不符合逮捕的条件,人民检察院也不会批准逮捕,对辛某采取刑事拘留强制措施更恰当一些。

拘留是公安机关和人民检察院在办理直接受理的案件中,对于现行犯或者重大嫌疑分子,在法定的紧急情况下,暂时剥夺其人身自由、予以羁押,并进行审查的一种强制方法。拘留的对象是对现行犯或者重大嫌疑分子,并在法定的紧急情况下适用的,根据《刑事诉讼法》第80条规定,法定紧急情形有:(1)正在预备犯罪、实行犯罪或者在犯罪后即时被发觉的;(2)被害人或者在场亲眼看见的人指认他犯罪的;(3)在身边或者住处发现有犯罪证据的;(4)犯罪后企图自杀、逃跑或者在逃的;(5)有毁灭、伪造证据或者串供可能的;(6)不讲真实姓名、住址,身份不明的;(7)有流窜作案、多次作案、结伙作案重大嫌疑的。在本案中,辛某不讲真实姓名、住址,身份不明,身上又携带管制刀具等危险工具,因而有重大嫌疑,所以,公安机关对其采取刑事拘留强制措施比较恰当。同时,本案中辛某并不符合流窜作案的情形,根据《公安机关办理刑事案件程序规定》第125条第3款的规定,流窜作案,是指跨市、县管辖范围连续作案,或者在居住地作案后逃跑到外市、县继续作案。从案情看,辛某在其他地方尚未有作案嫌疑,虽然其家并不在该市,但不能认定辛某为流窜作案。

综上,只要符合针对现行犯或者重大嫌疑分子,并在法定的紧急情况下适用,无论其罪行轻重,经审查后是否需要逮捕,都可予以先行拘留。但若是对罪该逮捕的现行犯,具备逮捕条件的犯罪嫌疑人、被告人,在无上述法定紧急情形时,也应依法采取逮捕措施,而不应先行拘留,拘留并不是逮捕前的必经步骤。

【典型案例】

【案例8-6-02】

钱某伤害案。钱某是某市市人大代表。2002年7月5日晚与朋友在某酒店吃饭时与邻桌的王某发生争执,王顺手抄起餐台上的一把餐刀向钱某刺去,钱某反手一推将王某扎伤。110巡警到场,将王某送往医院并将钱某带走。后王某经鉴定为重伤,公安机关遂于7月6日决定对钱某予以拘留。后于7月30日提请人民检察院对钱某批准逮捕。人民检察院审查认为钱某的行为属于正当防卫,于8月10日作出不批准逮捕的决定。公安机关不服,向检察院复议,未被接受。遂向上一级人民检察院申请复核。在此期间,钱某一直被押,直到9月30日,上级检察机关作出不批准逮捕的决定,公安机关才将钱某释放,并对该案侦查终结移送检察院审查起诉。该案于10月20日由人民检察院提起公诉,在庭审过程中,人民法院认为,应对钱某实施逮捕,于是派法警将其逮捕归案。

【法理与法律适用分析】

逮捕后的羁押期限与办案期限是两种不同的期限,羁押期限是为保证刑事诉讼活动顺利进行,对尚未经过审判的犯罪嫌疑人和被告人实施暂时剥夺人身自由、在专门场所内受到监管的时限规定。办案期限是办案部门办理案件所必须遵守的时限规定。我国《刑事诉讼法》对未决犯罪嫌疑人、被告人的羁押与各诉讼阶段的办案期限上合二为一,没有分开计算,这容易造成在押犯罪嫌疑人、被告人羁押期限的延长。

首先,公安机关提请批准逮捕超过了法定期限。根据《刑事诉讼法》第89条第1、2款规定:"公安机关对被拘留的人,认为需要逮捕的,应当在拘留后的3日以内,提请人民检察院审查批准。在特殊情况下,提请审查批准的时间可以延长1日至4日。对于流窜作案、多次作案、结伙作案的重大嫌疑分子,提请审查批准的时间可以延长至30日。"本案不属于可延长的情况,最多7日内要完成公安机关提请审查批准逮捕,7月6日拘留,30日才报请批捕,超出17天提请批准逮捕明显违法。

其次,人民检察院应当自接到公安机关提请批准逮捕书后的7日以内进行审查,应当根据情况分别作出批准逮捕或者不批准逮捕的决定。对于批准逮捕的决定，公安机关应当立即执行，并且将执行情况及时通知人民检察院。对于不批准逮捕的，人民检察院应当说明理由，需要补充侦查的，应当同时通知公安机关。本案中，对钱某的行为是故意伤害还是正当防卫，公安机关和检察机关固然存在分歧，但公安机关于7月30日报请逮捕，人民检察院于8月10日才作出不批准逮捕的决定违法。人民检察院批准逮捕也超过了7日审查的法定期限。

再次，人民检察院不批准逮捕的，公安机关应当在接到通知后立即释放，并且将执行情况及时通知人民检察院。对于需要继续侦查，并且符合取保候审、监视居住条件的，依法取保候审或者监视居住。本案中，公安机关认为人民检察院不批准逮捕决定错误时，可以要求复议，但必须将拘留对象立即释放，或者变更为取保候审或者监视居住，并将执行回执在收到不批准决定书后3日内送达作出不批准逮捕决定的人民检察院，从案情看公安机关的做法是错误的。

同时，公安机关于8月10日向上一级人民检察院申请复核，上级检察机关于9月30日作出不批准逮捕的决定。《刑事诉讼法》第90条规定："公安机关对人民检察院不批准逮捕的决定，认为有错误的时候，可以要求复议，但是必须将被拘留的人立即释放。如果意见不被接受，可以向上一级人民检察院提请复核。上级人民检察院应当立即复核，作出是否变更的决定，通知下级人民检察院和公安机关执行。"虽然我国有关的法律规范上一级检察机关必须立即复核，但并没有规定检察机关对这种复核给予回应的具体时间，这也是法律的不完善之处。从最终做出不批准逮捕决定来看，上一级检察机关是认为钱某不符合逮捕条件的，但检察机关作出复核决定的时间显然超过了必要的限度，上级检察机关作出复核决定合法，但不合理。

公安机关在办案的过程中对钱某采取刑事拘留强制措施没有履行报请手续。根据《宪法》第74条和《全国人民代表大会和地方各级人民代表大会代表法》第32条的规定，县级以上的各级人民代表大会代表，非经本级人民代表大会主席团许可，在本级人民代表大会闭会期间，非经本级人民代表大会常务委员会许可，不受逮捕或者刑事审判。本案中，钱某持刀伤人，其犯罪时即被发现，具有危险性，公安机关应予以先行拘留。但因其具有市人大代表身份，依法对其拘留在市人大闭会期间要报请市人大常委会批准。

《刑事诉讼法》第154条规定："对犯罪嫌疑人逮捕后的侦查羁押期限不得超过2个月。案情复杂、期限届满不能终结的案件，可以经上一级人民检察院批准延长1个月。"公安机关于7月6日决定对钱某予以拘留，直到9月30日才对该案侦查终结移送检察院审查起诉，超过普通刑事案件2个月的侦查羁押期限，期间钱某一直被押。检察机关认为钱某系正当防卫，一般正当防卫不认为存在社会危险性，即不符合逮捕的条件，可变更成取保候审或监视居住的强制措施，进而侦查机关羁押期限届满，案件尚未办结，也需要采取取保候审或监视居住。

在逮捕的执行上，人民法院法警逮捕钱某的做法不当，应当由公安机关执行逮捕决定。根据《刑事诉讼法》第78条的规定，逮捕犯罪嫌疑人、被告人，必须经过人民检察院批准或者人民法院决定，由公安机关执行。公安机关逮捕人的时候，必须出示逮捕证，以表明是依法行使职权。人民检察院或者法院只有决定权，而没有执行权。

【法条链接】
《刑事诉讼法》
第六十四条 人民法院、人民检察院和公安机关根据案件情况,对犯罪嫌疑人、被告人可以拘传、取保候审或者监视居住。
第六十五条 人民法院、人民检察院和公安机关对有下列情形之一的犯罪嫌疑人、被告人,可以取保候审:(一)可能判处管制、拘役或者独立适用附加刑的;(二)可能判处有期徒刑以上刑罚,采取取保候审不致发生社会危险性的;(三)患有严重疾病、生活不能自理,怀孕或者正在哺乳自己婴儿的妇女,采取取保候审不致发生社会危险性的;(四)羁押期限届满,案件尚未办结,需要采取取保候审的。
取保候审由公安机关执行。
第六十九条 被取保候审的犯罪嫌疑人、被告人应当遵守以下规定:(一)未经执行机关批准不得离开所居住的市、县;(二)住址、工作单位和联系方式发生变动的,在二十四小时以内向执行机关报告;(三)在传讯的时候及时到案;(四)不得以任何形式干扰证人作证;(五)不得毁灭、伪造证据或者串供。
人民法院、人民检察院和公安机关可以根据案件情况,责令被取保候审的犯罪嫌疑人、被告人遵守以下一项或者多项规定:(一)不得进入特定的场所;(二)不得与特定的人员会见或者通信;(三)不得从事特定的活动;(四)将护照等出入境证件、驾驶证件交执行机关保存。
被取保候审的犯罪嫌疑人、被告人违反前两款规定,已交纳保证金的,没收部分或者全部保证金,并且区别情形,责令犯罪嫌疑人、被告人具结悔过,重新交纳保证金、提出保证人,或者监视居住、予以逮捕。
对违反取保候审规定,需要予以逮捕的,可以对犯罪嫌疑人、被告人先行拘留。
第七十二条 人民法院、人民检察院和公安机关对符合逮捕条件,有下列情形之一的犯罪嫌疑人、被告人,可以监视居住:(一)患有严重疾病、生活不能自理的;(二)怀孕或者正在哺乳自己婴儿的妇女;(三)系生活不能自理的人的唯一扶养人;(四)因为案件的特殊情况或者办理案件的需要,采取监视居住措施更为适宜的;(五)羁押期限届满,案件尚未办结,需要采取监视居住措施的。
对符合取保候审条件,但犯罪嫌疑人、被告人不能提出保证人,也不交纳保证金的,可以监视居住。
监视居住由公安机关执行。
第七十三条 监视居住应当在犯罪嫌疑人、被告人的住处执行;无固定住处的,可以在指定的居所执行。对于涉嫌危害国家安全犯罪、恐怖活动犯罪、特别重大贿赂犯罪,在住处执行可能有碍侦查的,经上一级人民检察院或者公安机关批准,也可以在指定的居所执行。但是,不得在羁押场所、专门的办案场所执行。
指定居所监视居住的,除无法通知的以外,应当在执行监视居住后二十四小时以内,通知被监视居住人的家属。
被监视居住的犯罪嫌疑人、被告人委托辩护人,适用本法第三十三条的规定。
人民检察院对指定居所监视居住的决定和执行是否合法实行监督。
第七十五条 被监视居住的犯罪嫌疑人、被告人应当遵守以下规定:(一)未经执行机关批准不得离开执行监视居住的处所;(二)未经执行机关批准不得会见他人或者通信;(三)在传讯的时候及时到案;(四)不得以任何形式干扰证人作证;(五)不得毁灭、伪造证据或者串供;(六)将护照等出入境证件、身份证件、驾驶证件交执行机关保存。

被监视居住的犯罪嫌疑人、被告人违反前款规定,情节严重的,可以予以逮捕;需要予以逮捕的,可以对犯罪嫌疑人、被告人先行拘留。

第七十六条　执行机关对被监视居住的犯罪嫌疑人、被告人,可以采取电子监控、不定期检查等监视方法对其遵守监视居住规定的情况进行监督;在侦查期间,可以对被监视居住的犯罪嫌疑人的通信进行监控。

第七十九条　对有证据证明有犯罪事实,可能判处徒刑以上刑罚的犯罪嫌疑人、被告人,采取取保候审、监视居住等方法,尚不足以防止发生下列社会危险性的,应当予以逮捕:(一)可能实施新的犯罪的;(二)有危害国家安全、公共安全或者社会秩序的现实危险的;(三)可能毁灭、伪造证据,干扰证人作证或者串供的;(四)可能对被害人、举报人、控告人实施打击报复的;(五)企图自杀或者逃跑的。

对有证据证明有犯罪事实,可能判处十年有期徒刑以上刑罚的,或者有证据证明有犯罪事实,可能判处徒刑以上刑罚,曾经故意犯罪或者身份不明的,应当予以逮捕。

被取保候审、监视居住的犯罪嫌疑人、被告人违反取保候审、监视居住规定,情节严重的,可以予以逮捕。

第八十条　公安机关对于现行犯或者重大嫌疑分子,如果有下列情形之一的,可以先行拘留:(一)正在预备犯罪、实行犯罪或者在犯罪后即时被发觉的;(二)被害人或者在场亲眼看见的人指认他犯罪的;(三)在身边或者住处发现有犯罪证据的;(四)犯罪后企图自杀、逃跑或者在逃的;(五)有毁灭、伪造证据或者串供可能的;(六)不讲真实姓名、住址,身份不明的;(七)有流窜作案、多次作案、结伙作案重大嫌疑的。

第八十三条　公安机关拘留人的时候,必须出示拘留证。

拘留后,应当立即将被拘留人送看守所羁押,至迟不得超过二十四小时。除无法通知或者涉嫌危害国家安全犯罪、恐怖活动犯罪通知可能有碍侦查的情形以外,应当在拘留后二十四小时以内,通知被拘留人的家属。有碍侦查的情形消失以后,应当立即通知被拘留人的家属。

第八十四条　公安机关对被拘留的人,应当在拘留后的二十四小时以内进行讯问。在发现不应当拘留的时候,必须立即释放,发给释放证明。

第八十九条　公安机关对被拘留的人,认为需要逮捕的,应当在拘留后的三日以内,提请人民检察院审查批准。在特殊情况下,提请审查批准的时间可以延长一日至四日。

对于流窜作案、多次作案、结伙作案的重大嫌疑分子,提请审查批准的时间可以延长至三十日。

人民检察院应当自接到公安机关提请批准逮捕书后的七日以内,作出批准逮捕或者不批准逮捕的决定。人民检察院不批准逮捕的,公安机关应当在接到通知后立即释放,并且将执行情况及时通知人民检察院。对于需要继续侦查,并且符合取保候审、监视居住条件的,依法取保候审或者监视居住。

第九十一条　公安机关逮捕人的时候,必须出示逮捕证。

逮捕后,应当立即将被逮捕人送看守所羁押。除无法通知的以外,应当在逮捕后二十四小时以内,通知被逮捕人的家属。

第九十二条 人民法院、人民检察院对于各自决定逮捕的人,公安机关对于经人民检察院批准逮捕的人,都必须在逮捕后的二十四小时以内进行讯问。在发现不应当逮捕的时候,必须立即释放,发给释放证明。

第九十五条 犯罪嫌疑人、被告人及其法定代理人、近亲属或者辩护人有权申请变更强制措施。人民法院、人民检察院和公安机关收到申请后,应当在三日以内作出决定;不同意变更强制措施的,应当告知申请人,并说明不同意的理由。

第九十七条 人民法院、人民检察院或者公安机关对被采取强制措施法定期限届满的犯罪嫌疑人、被告人,应当予以释放、解除取保候审、监视居住或者依法变更强制措施。犯罪嫌疑人、被告人及其法定代理人、近亲属或者辩护人对于人民法院、人民检察院或者公安机关采取强制措施法定期限届满的,有权要求解除强制措施。

第一百一十七条第二款 传唤、拘传持续的时间不得超过十二小时;案情重大、复杂,需要采取拘留、逮捕措施的,传唤、拘传持续的时间不得超过二十四小时。

不得以连续传唤、拘传的形式变相拘禁犯罪嫌疑人。传唤、拘传犯罪嫌疑人,应当保证犯罪嫌疑人的饮食和必要的休息时间。

【参考阅读的文献资料】

1. 赖玉中:《刑事强制措施体系研究》,中国政法大学出版社2012年版。
2. 郭华主编:《强制措施制度》,中国人民公安大学出版社2011年版。
3. 张智辉主编:《强制措施立法完善研究》,中国检察出版社2010年版。
4. 杨雄:《刑事强制措施的正当性基础》,中国人民公安大学出版社2009年版。
5. 孙连钟:《刑事强制措施问题研究》,知识产权出版社2007年版。
6. 李斌杰:《公安基层所队适用公安行政强制措施236问》,中国法制出版社2006年版。
7. 郭立新:《检察机关侦查实务》(举报初查、立案技巧、强制措施卷),中国检察出版社2005年版。
8. 张建良:《刑事强制措施要论》,中国人民公安大学出版社2005年版。
9. 徐永康:"我国刑事诉讼观念百年省思——以刑事强制措施的规定为视角",载《社会科学家》2012年1月期。
10. 宋英辉、王贞会:"刑事强制措施修改若干问题",载《暨南学报(哲学社会科学版)》2012年1月期。
11. 王贞会:"刑事强制措施限制适用的宪政基础",载《中国刑事法杂志》2012年1月期。
12. 张芸:"非羁押性强制措施适用探析",载《人民检察》2011年18期。
13. 卞建林:"我国刑事强制措施的功能回归与制度完善",载《中国法学》2011年6月期。
14. 王圣扬:"我国刑事强制措施立法的问题与完善",载《学术界》2011年10月期。
15. 梁玉霞:"逮捕中心化的危机与解困出路——对我国刑事强制措施制度的整体检讨",载《法学评论》2011年4月期。
16. 郑锦春、任勇飞:"对我国刑事强制措施制度改革完善之思考",载《中国刑事法杂志》2011年5月期。

17. 吴样有、朱明利:"对捕后变更强制措施强化法律监督的几点建议",载《人民检察》2010年5月期。

18. 谢佑平、张海祥:"论刑事诉讼中的强制措施",载《北京大学学报(哲学社会科学版)》2010年2月期。

19. 简洪军、李心玲:"强制措施法律监督乏力的原因分析和解决路径",载《人民检察》2009年15期。

20. 李忠诚:"刑事强制措施体系的选择与完善",载《人民检察》2009年21期。

21. 秦宗文、朱昊:"强制措施外部控制问题探讨",载《中国刑事法杂志》2009年9月期。

22. 张毅、季国强:"和谐语境下'外地人'轻微犯罪适用强制措施之思考",载《法学杂志》2007年5月期。

23. 宋英辉:"完善刑事强制措施的理念与总体构想",载《人民检察》2007年14期。

24. 杨宇冠:"刑事强制措施适用原则的比较考察",载《人民检察》2007年14期。

第九章 刑事附带民事诉讼

第一节 刑事附带民事诉讼的概念和特点

一、刑事附带民事诉讼的概念

【案例9-1-01】牛某伤人案。1998年9月2日下午3时,被告人牛某帮助其妻在集市卖布头。刚饮过酒的被害人李某走过来指着一块布头让牛某拿给他,说要做衬衣,牛某说布头太小不够做衬衣的料,但还是拿给了他。李某接过布头看了一眼,即扔到牛某脸上,牛某拿过布头也抽了李某脸部一下,两人发生口角,被他人劝开。牛某怕事态扩大,急忙收拾部分布头便离开了市场。

当天下午5时许,牛某返回市场取剩下的布头时,被等候原地多时的李某发现。李某追上去用拳头击打牛某脸部,将其近视镜打碎在地,碎片划破了牛某的眼皮,但牛某没有还手。因李某身体强壮高大,牛某身体瘦小,李某便用右臂夹着牛某颈部,继续殴打牛某。为逃脱挨打,牛某情急之下掏出水果刀朝李某乱捅,但李某并未停止对牛某殴打,直到牛某将其左腹部捅伤,他才将牛某放开。在市场管理人员赶到后,牛某将水果刀交给管理人员,次日向公安机关投案自首。经法医鉴定,李某腹部之伤为重伤。

经侦查终结,人民检察院依法提起公诉,被害人李某提起附带民事诉讼,要求牛某赔偿医疗费用等经济损失。人民法院经审理认为牛某的行为属正当防卫,不构成犯罪,宣告无罪,并驳回李某的附带民事诉讼请求。

（一）刑事附带民事诉讼的概念及理解

刑事附带民事诉讼是指司法机关在刑事诉讼过程中,在解决被告人刑事责任的同时,附带解决因被告人犯罪行为所造成的物质损失而进行的诉讼活动。由于这种损害赔偿是在刑事诉讼中附带解决的,因此称为刑事附带民事诉讼,简称附带民事诉讼。

刑事附带民事诉讼既不是刑事诉讼本身,也不是纯粹的民事诉讼。它不是解决被告人的刑事责任问题,而是着眼于被害人因被告人的犯罪行为造成的物质损失的赔偿问题。

（二）附带民事诉讼提起的条件

1. 刑事部分已经立案,即刑事案件成立。被告人的行为构成犯罪,刑事诉讼正在进行,是附带民事诉讼存在的基础。对于《刑事诉讼法》第99条中的"犯罪行为",若按照审判的一般原理,必须等到案件庭审结束时才可以判定被告人行为是否为犯罪行为,但此时再提起附带民事诉讼便失去了设立这一制度的本意,似为不妥。因此,这里的"犯罪行为"应理解为"被追究为犯罪的行为",只能是具有程序意义的,即"被司法机关认为构成犯罪而被追究刑事责任"的行为,只要被告人的行为被司法机关认为构成犯罪、需要追究刑事责任而立案,由被告人行为所造成物质损失的被害人就有权对此提起附带民事诉讼。

2. 被告人的犯罪行为造成了被害人的物质损失。

首先,附带民事诉讼是一种被告人的犯罪行为同时为侵权行为的特殊损害赔偿诉讼。所以附带民事诉讼的提起必须以被害人的物质受到损失为前提。根据《最高人民法院关于刑事附带民事诉讼范围问题的规定》,"物质损失"是指被害人因犯罪行为已经遭受的实际损失和必然遭受的损失。

其次,被害人的物质损失必须是由被告人的行为直接引起的。主要包括,犯罪行为实施中给被害人造成的损失,比如致人伤害后的医疗费,损害财物后的修理费,以及犯罪行为将来使被害人必然遭受的损失,比如误工费等等。如果不是直接造成的,有关人员就不能就此提出附带民事诉讼。

【案例9-1-02】2001年8月,某工厂女工赵某在下班途中,被一歹徒拦路强奸。赵某及时向公安机关报了案,并将此事告诉了邻居及丈夫。一周以后,夫妻之间因此而发生冲撞,被害人赵某服毒自杀,幸亏及时抢救才得以复生。破案后,赵某向人民法院请求提起刑事附带民事诉讼,让被告人赔偿因服毒住院而花费的医药费。法院审理认为,提起附带民事诉讼只能以犯罪行为直接引起的物质损失为条件,直接物质损失或为因犯罪行为导致被害人人身伤残而产生的医疗费及相关费用,或为在犯罪、抢劫等犯罪行为中致使被害人遭受的物质损失。本案中,被害人服毒自杀的直接导火索是夫妻发生的口角而不是被告人的犯罪行为,故法院驳回了其附带民事诉讼请求。

3. 附带民事诉讼应该在刑事诉讼过程中提起。此处的"刑事诉讼过程中"仅仅是指案件立案后至一审法院审理完毕之前的阶段。因为只有这样,才符合附带民事诉讼程序设立的精神,实现其设立的目标,即节省司法资源,保障被害人的合法权益。

在"案例9-1-01"中,虽然法院最后判决牛某无罪,但根据以上法理分析,首先,牛某用刀捅李某致其重伤,公安机关也已立案,即已经具备了提起附带民事诉讼的基础。其次,李某在刑事诉讼过程中提出的赔偿医疗费、住院费的附带民事诉讼请求属于牛某的行为直接造成的物质损失,即符合附带民事诉讼提起的条件。所以,法院驳回李某的附带民事诉讼请求的做法是不对的。应该在判决被告人牛某无罪的同时做出附带民事诉讼判决。

二、刑事附带民事诉讼的特点

1. 附带民事诉讼是一种依附性的民事诉讼。附带民事诉讼对刑事诉讼的依附性主要体现在:实体上,它以被告人的犯罪行为存在且造成了物质损失为前提;程序上,它与刑事诉讼部分由同一审判组织合并审理,在刑事诉讼中认定被告人有罪的证据同时可以作为认定被告人行为构成民事侵权的证据。

2. 附带民事诉讼的标的是基于刑事诉讼被告人的同一犯罪行为产生的。被告人的同一行为,既是刑法上的犯罪行为又是民法上的侵权行为,它同时引起了刑事和民事两种法律责任。正因为这两种法律责任根源于同一违法行为,因而有可能而且有必要在同一个诉讼过程,即刑事诉讼过程中一并加以解决。

3. 附带民事诉讼活动仍受到相应的民事法律规范调整。附带民事诉讼虽然从属于刑事诉讼,但本质上还是一种民事诉讼。在实体问题上如物质损失的赔偿范围,由民法的相关规定决定。在程序上受民事诉讼法规范的调整与约束,如当事人、诉讼代理人、共同诉讼人范围的确定,对妨害民事诉讼的强制措施,诉讼保全和先行给付,调解、执行等。

【案例9-1-03】李某、刘某在同一单位但素有隔阂,李某对刘某的升迁嫉妒愤恨,便假意邀请刘某至家中,对其殴打、辱骂,纠缠达数小时之久,最终刘某不堪其辱而跳楼,摔成重伤。检察院以非法拘禁罪对李某提起刑事诉讼,刘某父母在刑事诉讼过程中提起附带民事诉讼,要求被告人李某赔偿附带民事诉讼原告人的住院治疗费25,628元、再次手术费25,000元、误工费15,000元、伤残补助费及护理费18万元,合计245,628元。

法院审理后,依据《中华人民共和国刑法》、《中华人民共和国民法通则》、《中华人民共和国民事诉讼法》的相关规定作出如下判决:(1)被告人李某犯非法拘禁罪,判处有期徒刑三年,缓刑四年。(2)附带民事诉讼原告人刘某损失医疗费33,428元、误工费1,524.88元、护理费3,049.76元、营养费980元、伤残补助费56,797.4元、伤残护理费36,500元,合计132,280.04元。被告人李某赔偿附带民事诉讼原告人刘某92,596.028元,扣除李某已支付的7,800元,其余84,796.028元,在判决生效后一个月内支付44,796.028元,余款在判决生效后第二个月起六十日内付清。附带民事诉讼原告人刘某的其余损失自理。

在案件中,刘某因患重伤,由其法定代理人刘某父母代为提起附带民事诉讼,但原告人仍为刘某本人;还有最后判决中对赔偿费用的决定等都是在依据民法上的有关规定①而作出的。故附带民事诉讼虽然在刑事诉讼程序中,但仍要受到民事法的调整。

三、附带民事诉讼与一般民事诉讼的区别

1. 受理的范围不同。附带民事诉讼的范围,按照现行法律规定,限于就犯罪行为引起物质损失而提起的诉讼;一般民事诉讼则受理各种公民之间、法人之间、其他组织之间以及他们相互之间因财产关系和人身关系提起的民事诉讼。

2. 审理的程序不同。附带民事诉讼依附性决定了其在审理程序上从属于刑事诉讼法。如:(1)管辖。附带民事诉讼的管辖法院随刑事诉讼的管辖法院而定。(2)审判组织。附带民事案件原则上由审理刑事部分的同一审判组织来审理。(3)审理期间、送达。民事诉讼法规定,因正当理由而耽误期限的,"在障碍消除后的十日内,可以申请顺延期限";刑事诉讼法则规定,要在障碍消除后五日内申请。为了不使附带民事诉讼拖延刑事诉讼的进程,附带民事诉讼的期间、送达,从属于刑事诉讼法的规定。

3. 诉讼费用不同。按照民事诉讼法的规定,当事人进行民事诉讼,应当依照规定交纳诉讼费用。但按照现行刑事诉讼法的规定,刑事诉讼则无需交纳诉讼费用。所以附带民事诉讼可以按照刑事诉讼法的规定,免交诉讼费用。刑事诉讼中由刑庭将附带民事案件转交民庭处理的,也无需缴付诉讼费用。②

---

① 参见《民法通则》第119条:侵害公民身体造成伤害的,应当赔偿医疗费、因误工减少的收入、残废者生活补助费等费用;造成死亡的,并应当支付丧葬费、死者生前扶养的人必要的生活费等费用。

② 参见《最高人民法院关于适用〈中华人民共和国刑事诉讼法〉的解释》第162条:人民法院审理附带民事诉讼案件,不收取诉讼费。

【法条链接】

《刑事诉讼法》

第九十九条第一款　被害人由于被告人的犯罪行为而遭受物质损失的,在刑事诉讼过程中有权提起民事诉讼。

《最高人民法院关于适用〈刑事诉讼法〉的解释》

第一百六十三条　人民法院审理附带民事诉讼案件,除刑法、刑事诉讼法以及刑事司法解释已有规定的以外,适用民事法律的有关规定。

【典型案例目录索引】

1. 多次盗窃电力设备的定罪,隐瞒、掩饰犯罪所得、犯罪所得收益罪的罪名认定及盗窃罪能否提起附带民事诉讼

——赵学义等盗窃、李财旺掩饰、隐瞒犯罪所得、犯罪所得收益案

载《辽宁省高级人民法院案例指导》总第一辑。

2. 家庭暴力受害人能否提起附带民事诉讼

载《新版以案说法·刑事诉讼法篇》第3辑。

【参考阅读的文献资料】

1. 叶青主编:《刑事诉讼法学》(第二版),上海人民出版社,北京大学出版社2010年版。
2. 程荣斌、姜小川:《刑事诉讼法·案例·法规·试题》,中国法制出版社2006年版。
3. 樊崇义:《刑事诉讼法学案例教程》,知识产权出版社2003年版。
4. 刘金友、奚玮:《附带民事诉讼原理与实务》,法律出版社2005年版。

第二节　附带民事诉讼的历史沿革

附带民事诉讼制度,源于古代社会的赎罪制度。原始社会,与生产力的低下对应的是制度的落后,"复仇"即所谓"以牙还牙,以眼还眼"的盛行。到了原始社会末期,顺应生产力的进步,赔偿金代替了复仇,并一直延续了下来。后来演变为古代社会法律文献中的以赔偿金赎罪的制度。犯罪人向君主缴纳赎罪金,逐渐发展为今日刑法上的罚金制度。而向被害人交纳赎罪金,赔偿损失,则为今日的附带民事诉讼制度的渊源。

一、外国历史上的附带民事诉讼制度

按照古巴比伦《汉穆拉比法典》的规定,法院在审理刑事案件时,很多情况下是以刑事损害赔偿代替刑罚。如该法规定,在强盗逃跑"不能捕到"或盗卖他人财物的罪犯"已死"等情况下,则以"犯罪集体负责"的形式,由村社和长者或罪犯家属给以物质损害赔偿(第23条、12条)。

在古罗马,绝大多数情况下,被害人可以对犯罪人附带或单独要求损害赔偿。因为当时刑事诉讼除极少数涉及颠覆政府,叛国投敌的案件外,都被看做"私诉"。例如《十二铜表法》就明确规定,折断自由民一骨的,处300亚士的罚金;如被害人为奴隶,处150亚士的罚金。对他人偶然侵害的,应负赔偿之责(第八表之三、五)。又规定,在夜间窃取耕地的庄稼或放牧的,如为未成年人,则处由长官酌情鞭打,并处赔偿双倍于损害的罚金。现行窃盗被捕的,如为未成年人,由法官酌处笞刑、责令赔偿损失(第八表之九、十四)。此外,在古希腊,古日耳曼的法律中,也有类似的规定。

二、我国历史上的附带民事诉讼制度

在我国,"赎刑"制度由来已久,早在《尚书·舜典》中就有"金作赎刑"的记载。孔安国注云:"误而入刑、出金以赎罪"。就是说,凡过失犯罪的,可以出金赎罪。但这时的赎刑实质上是以变相罚金的形式代替判处实刑,而不包含向被害人进行刑事损害赔偿的内容。因此,这时的赎刑制度还看不出有附带民事诉讼的意义。

秦汉时期,赎刑制度更普遍、更法律化了。这时的赎刑制度已经有某些附带民事诉讼的成分。从《睡虎地秦墓竹简》看,赎刑的适用相当普遍,而且,除了向统治阶级缴纳赎金外,对于盗窃案件和抢劫案件,已经有在判处犯罪人刑罚的同时,强制其对受害人归还赃物和赔偿损失的个别的明确规定。如《秦律》规定:"盗窃犯行窃后,将所窃出卖,另买他物,均应给还原主"。

《唐律》作为我国封建专制制度的第一部最为完备的法律,在刑律上已将刑事损害赔偿制度化、法律化了。它规定:

1. 过失杀伤人和诬告犯罪,如不判实刑而判赎刑时,赎铜要交给被伤损之家和被诬告者。《狱官令·四十》规定:"伤损于人,及诬告得罪,其人应合赎者,铜入被告及伤损之家"。这时赎铜不以实际所受损失为数额限制,而是以应判实刑的数额折合为赎铜数额。

2. 对财产不法侵害。《唐律》规定了"备偿"(赔偿)制度。虽然其中大多是属于民事损害赔偿范围,但也不可否认有不少是属于刑事损害赔偿的范围。如规定:"六赃"中,凡是双方都犯罪所造成的"赃"罪,其"赃"物没官,否则返还原主。再如,负债违约不予偿还,除了要进行刑罚外,还要"各令备偿"。又如,因不修堤防或修而失时构成犯罪的,"主司杖七十,毁害人家、漂失财物者,坐赃论减五等",要赔偿损失。

3. 窃犯毁损天尊像、佛像的,故意毁人碑碣及石兽的,除了要进行刑罚外,还要"各令修立",恢复原状。

4. 贼盗罪征收原赃还失主,如有不足,被害人得请求赔偿。但赔偿数额加上退赃不许超过实际损害额,对超额受赔的办罪。

元代法律规定,对杀伤人犯,除科刑外,仍征养济、养赡、医药费用,或征烧埋银,根据《元史·刑法志》规定:"杀人者,将其财产断付死者之家,伤害致死者,追给埋葬银,伤人致笃疾者,将其财产之半,付被害人为养赡费。"

由此可见,在我国古代,"赎刑"制度在刑事诉讼程序上表现为:在判决犯罪人刑罚的同时,不需根据被害人的请求,即可判令赔偿,而且赔偿的数额一般并不根据被害人受损失的程度,而是根据犯罪人应受刑罚的程度来确定。由于我国古代诸法合一,刑民不分,无所谓刑庭、民庭的分立,由官府在审理刑事案件的时候,一并追究犯罪人的刑事责任和附带的民事责任,所以虽有附带民事诉讼的内容和成分,但并不具有现代的附带民事诉讼制度的意义。即使是在清末沈家本主持下,以德国、日本刑事诉讼法为蓝本所编订的《大清刑事诉讼律草案》中,也并没有规定附带民事诉讼制度的内容。

三、当代各国附带民事诉讼制度

现代意义上的附带民事诉讼是在生产力进一步发展,民事流转进一步加强,民事诉讼与刑事诉讼分离,而刑事诉讼被确定为以决定被告人刑罚问题为主要任务之后才出现的。

纵观各国,对于解决由刑事被告人的犯罪行为所引起的损害赔偿问题,主要有三种基本方式:第一是作为一种原则,把它主要交由刑事诉讼程序附带予以解决,这就是法国、德国、苏联类型的现代意义上的附带民事诉讼的解决方式;第二是允许在一定情况下,可以通过刑事诉讼附带予以解决,而在其余情况下可以通过民事诉讼程序或其他单独诉讼程序予以解决,这就是英国立法上的"混合"式的解决方式,这种方式不是典型意义上的附带民事诉讼的解决方式;第三是把它完全交由民事诉讼程序来解决,这就是美国和日本现行立法的解决方式。

法国治罪法最早体现了现代意义上的附带民事诉讼制度。1908年《法国刑事诉讼法》则第一次以刑事诉讼法典的形式把这一制度固定下来,称为"私诉"。在法国,刑事诉讼被认为是实行"公法"上的刑罚权的"公诉",而"私诉"是专指刑事诉讼中提起私法上请求权的民事诉讼。该法典总则第3条规定,民事私诉可以与刑事公诉同时提起,并由同一审判官合并处理;也可以与刑事公诉分别提起。分别提起时,不问刑事公诉的提起是在民事私诉起诉前或起诉后,在刑事公诉判决以前,民事私诉应中止进行。该法还规定,请求赔偿损害的民事诉讼权,可以对被告人及被告人的继承人行使。① 民事私诉的请求范围,只限于赔偿损害及返还赃物。②

1877年《德国刑事诉讼法典》没有采取"公诉"、"私诉"并列,"私诉"附带于"公诉"的制度。该法中所谓的"私诉",是专指被害人提起的刑事诉讼,即自诉而言。该法"第五编"立"补偿被害人"专章,规定被害人或者他的继承人在刑事诉讼中,可以向被告人提出因犯罪行为而产生的包括财产权在内的要求权,但以这种要求权属于普通法院管辖而尚未系属于另一法院为限,在地方法院审理的案件中,只限于这种要求权的范围属于它所管辖的为限。③ 该法还规定,如果不能证明被告人有罪,而且提出的要求补偿申请是没有理由的,或者在刑事诉讼中不宜对申请进行处理,特别是在如果对申请进行处理就会拖延诉讼进行或这一申请是不能许可的时候,也可以对申请不作裁判,在诉讼程序的任何阶段,都可作出裁定。④ 可见,这种"补偿被害人"的诉讼制度,与法国的私诉制度是有所区别的,而且这种补偿之诉,在刑事诉讼中限制条件较多,不像法国私诉那样在刑事诉讼中适用得广泛。

英国早在《1870年没收法》中就规定,被害人有权提起因犯罪行为所造成损害的赔偿之诉,⑤但诉讼方式可以有三种:一是被害人可向刑事损害赔偿委员会请求赔偿,二是被害人可对犯罪人提起民事诉讼;三是法律上规定,法庭可以根据自己的职权或根据受害人的请求,在判刑时以"赔偿令"的形式责令犯罪人赔偿受害人的损失。这里,前两种方式都是要在刑事案件审理终结后才能提起诉讼,因此,并不属于刑事诉讼附带民事诉讼的范围。只有在第三种形式,当被害人提出赔偿请求的情况下,才属于附带民事诉讼的范围。

美国刑事诉讼中没有附带民事诉讼这样的诉讼形式。被害人只能在刑事案件审理终结后,才能按民事诉讼程序,提起因犯罪而造成损失的赔偿之诉。

---

① 参见《法国刑事诉讼法》第2条。
② 参见《法国刑事诉讼法》第161、172、366条。
③ 参见《德国刑事诉讼法》第403条。
④ 参见《德国刑事诉讼法》第405条。
⑤ 参见《哈里斯刑法》第56章第4节。

日本在二战以前，也采取法国的"附带公诉之私诉制度"。1890 年《日本刑事诉讼法》除规定被害人因重罪、轻罪、违警罪所生损害，无论金额多少，于公诉第二审判之前，不论何时均可附带于公诉而提起私诉外，还规定了私诉可以刑事被告人或其继承人为被告人。① 二战以后，日本刑事诉讼法受美国刑事诉讼法的影响，彻底抛弃了原来的公诉附带私诉制度，仅规定在裁判中可以宣告发还赃物，在侦查中对于没有扣押必要的赃物可以发还被害人，但都以发还被害人的理由明显为限。而且，在这些情况下，也不妨碍利害关系人依照民事诉讼程序主张其权利。② 至于刑事损害赔偿的诉讼，刑事诉讼法不再予以规定，而是以美国方式按民事诉讼程序解决。

前苏联在十月革命胜利后，从第一部刑事诉讼法典开始，到《苏联和各加盟共和国刑事诉讼纲要》和《苏俄刑事诉讼法典》及各加盟共和国的刑事诉讼法典，都明确规定了刑事诉讼中的附带民事诉讼制度。这种制度规定："因犯罪行为而受到物质损害的人，在进行刑事诉讼时，有权向被告人或对被告人行为负有物质责任的人提出民事诉讼，由法院与刑事案件一并审理"。③ 根据苏联法学家的解释："刑事诉讼附带民事诉讼是在刑事诉讼中由机关、团体或公民提出和处理的关于赔偿犯罪所直接造成的物质损害的要求。这一要求可由犯罪所损害的机关、团体、公民或检察长（如果为维护国家利益、社会利益或公民权利所必需）向刑事被告人提出，或向对刑事被告人负有物质责任的人提出。"

四、我国近现代附带民事诉讼制度

在我国，现代意义上的附带民事诉讼制度，是在推翻清朝封建专制统治之后出现的。1921 年北洋政府公布了《刑事诉讼条例》，依照德、日刑事诉讼法，在第 3 条中规定了附带民事诉讼制度："因犯罪而受损害之人于刑事诉讼程序得附带提起民事诉讼，对于被告及依民法负赔偿责任之人，要求恢复其原状。"国民党政府在 1928 年 7 月公布的《刑事诉讼法》第 506 条和 1935 年 7 月公布的《刑事诉讼法》第 491 条中，都一字不差地照抄了北洋政府《刑事诉讼条例》第 3 条的规定。

新中国的附带民事诉讼制度，是在新民主主义革命时期根据地的附带民事诉讼制度的基础上建立起来的。早在 1942 年 10 月，《晋察冀边区惩治贪污条例》中就规定："犯本条之罪者，其所得之财物属于公有者应予追缴，属于私人者视其性质分别予以没收或发还受害人一部或全部，无法追缴时没收其财产抵偿。但财产不及或仅及应追缴之价额时，应酌留其家属之生活费。"

1946 年 3 月《苏皖边区第一行政区惩治汉奸施行条例》规定，被害人及群众团体，对于叛国罪犯可进行清算，要求赔偿损失。1946 年 8 月 1 日试行的《冀南区诉讼简易程序试行法》第 38 条明确规定："刑事案件受害人于刑事诉讼程序中得提起附带民事诉讼，请求判令被告赔偿其损害部分。"其后，《辽北省各市县旗人民法院的组织职权、义务及办事细则（草案）》也规定，在刑事诉讼过程中，"可对原告人提起的民事部分同时审理之"。④

新中国成立后，在废除国民党《六法全书》和确立解放区的司法原则的基础上，逐步建

---

① 参见 1890 年《日本刑事诉讼法》第 1－4 条。
② 参见现行《日本刑事诉讼法》第 123、124、347 条。
③ 参见《苏联和各加盟共和国刑事诉讼纲要》第 25 条，《苏俄刑事诉讼法典》第 29 条。
④ 参见《辽北省各市县旗人民法院的组织职权、义务及办事细则（草案）》第 17 条。

立了我国附带民事诉讼制度。解放初期,最高人民法院在《大城市法院刑事案件程序的初步总结》中,明确提出了"在审理过程中,对刑事附带民事诉讼可以予以合并审理",在裁判时,要评议"附带民事诉讼如何解决"。我国 1954 年法院组织法还明确规定:"地方各级人民法院设执行员,办理民事案件判决和裁定的执行事项,办理刑事案件判决和裁定中关于财产部分的执行事项。"

从 20 世纪 50 年代初到刑事诉讼法公布施行,在起草刑事诉讼法的整个过程中,我国对附带民事诉讼制度是重视的。从 1954 年"草案"、1957 年"草稿"到 1963 年"初稿",都对附带民事诉讼制度作了专门规定。1979 年公布的我国刑事诉讼法典,1997 年 1 月 1 日实施的修订后的刑事诉讼法以及刚刚通过的新刑事诉讼法,均对附带民事诉讼制度作出专章规定,标志着我国附带民事诉讼制度正式确立。

第三节 附带民事诉讼的意义

根据诉讼法基本原理,刑事诉讼属于"公诉",而民事诉讼属于"私诉"。"公诉"以实行国家刑罚权为目的,而"私诉"则以解决损害赔偿为目的。"公诉"的原因在于国家利益被侵害,"私诉"的原因是个人权利遭受了侵害,二者各异。"私诉"本属民诉,一般不应附带于"公诉",但由于二者是由于同一犯罪行为引起的,为提高诉讼效率,防止裁判抵触,因而使"私诉"附带于"公诉"。

附带民事诉讼制度,不仅在诉讼法上有经济、便利、减少讼累的意义,而且从诉讼法保障实体法实施的意义上来说,它不仅有及时满足被害人"民法"上赔偿损害要求的作用,而且在"公法"上,对于保护社会秩序、惩罚犯罪,也有重要意义。

一、有利于正确处理刑事案件

附带民事诉讼制度有利于全面地查明案情,准确地对被告人定罪量刑。在刑事诉讼过程中,合并审理刑事案件附带民事案件,可以全面查明被告人是否有罪及其罪行是否造成了物质损失、损失的程度等等。

在一些情况下,被告人的行为所造成的物质损失程度,是对被告人定罪量刑的决定性因素。例如破坏社会主义市场经济秩序罪中的各种案件,如偷税、抗税等;侵犯财产罪中的各种案件,如盗窃、诈骗等;渎职罪中的收受贿赂、玩忽职守等。

在另外一些情况下,被告人的行为所造成的物质损失程度,是对被告人量刑的一个重要情节。例如危害公共安全罪中放火、决水、爆炸等使公私财产遭受损失还是重大损失;在交通肇事罪中使公私财产遭受重大损失还是特别严重损失;在侵犯公民人身权利、民主权利罪中,被告人的行为是否造成了物质损失以及损失的程度,也是衡量其罪行是否严重或特别严重的一个参考性的情节。在刑事诉讼中,只有及时、全面地查明上述种种情况,才能准确地对被告人定罪量刑。

二、是惩罚犯罪的一个有力手段

犯罪分子实施各种犯罪活动,不仅破坏社会主义法制、破坏社会秩序,危害国家和公民的安全,而且往往使国家、集体或个人的财产遭受损失。惩罚犯罪不仅需要正确运用刑罚手段,而且也需要正确运用经济手段。对犯罪分子人身的强制惩罚,并不能补偿和代替犯罪行为直接造成的国家、集体或个人的物质损失。不正确运用刑罚手段严厉打击犯罪,就不能发挥刑罚的威慑作用。同样,不注意正确运用经济手段与犯罪作斗争,使犯罪分子在经济上占到了便宜,也不能充分发挥法律的警戒作用。

我国在开展严厉打击刑事犯罪活动的斗争以前,各种犯罪活动曾猖獗一时。有的犯罪分子扬言,搞犯罪活动,虽然可能被定罪判刑,但"这是痛苦一阵子,享乐一辈子的生意"。这种情况的出现,尽管与当时用刑罚手段打击不力有重要的关系,但也不能不看到,这与当时没有注意正确运用经济手段与犯罪作斗争,使犯罪分子在经济上占到了便宜有着直接的关系。有不少犯罪分子,以享乐为根本目的,以攫取公私财产为根本手段,其信条是"活着干,死了算",对这样的犯罪分子,只要能在经济上占到便宜,不惜冒坐牢甚至杀头的危险。单纯地对他们进行刑罚,起不到惩戒作用。

在刑事诉讼过程中,对犯罪分子所造成的物质损失,依照附带民事诉讼法的规定,从严追究损害赔偿的民事责任。这样一来,犯罪分子的嚣张气焰受到了致命的打击,使他们感到,进行犯罪活动,会"赔了夫人又折兵"。坚持附带民事诉讼制度,在刑事诉讼中,依法追究犯罪分子的犯罪行为所引起的损害赔偿的民事责任,对于有效地打击犯罪,惩戒、教育、改造犯罪分子有着不可忽视的重要作用。

三、有利于正确执行我国的惩办与宽大相结合刑事政策

【典型案例】

【案例9-3-01】

桑某某故意伤害案。被告人桑某某系在校高中生。2010年9月的一天晚上,被害人刘维涛和他的几个同学因为琐事在博山盛达广场超群网吧附近殴打了被告人桑某某,桑某某对此一事怀恨在心。2010年9月24日22时许,被告人桑某某在博山区实验中学宿舍楼附近找到刘维涛质问,用拳头打刘维涛面部三四下。经鉴定,刘维涛鼻骨骨折、构成轻伤。

在法院审理过程中,被害人刘维涛向法院提起刑事附带民事诉讼,要求被告人桑某某及其监护人桑红亮、华淑香赔偿其经济损失。被告人桑某某的父母系下岗职工,经济条件一般,但是桑某某的父母四处借钱筹款,积极赔偿被害人的经济损失。后经法院主持调解,双方当事人自愿达成调解协议,被告人桑某某的父母赔偿附带民事诉讼原告人刘维涛的所有经济损失共计人民币5.6万元。赔偿款付讫后,被害人刘维涛及其法定代理人均对赔偿表示满意,对被告人桑某某的犯罪行为表示谅解,书面请求人民法院对被告人桑某某从宽处罚,给被告人重新改过的机会。法院在社会调查中还查明,被告人桑某某案发前没有受过任何法律处罚,平时在校表现良好,犯罪后认罪、悔罪态度很好,被取保候审期间遵守相关规定。其父母收入较稳定,身体健康,表示将来对被告人桑某某进行更严格的教育和监管。

公诉机关指控,被告人桑某某的行为已经构成故意伤害罪。由于被告人桑某某系未成年人,依法应当从轻或减轻处罚,公诉机关建议对桑某某判处一年以下有期徒刑并适用缓刑。

被告人桑某某对指控罪名无异议,请求对其从宽处罚。被告人桑某某的辩护人提出:

被告人桑某某系未成年人犯罪,依法应当从宽处罚,考虑到被告人桑某某认罪态度好,其父母已经积极赔偿被害人了的经济损失,得到了被害人的充分谅解,为了更好地挽救失足青少年,希望人民法院对被告人桑某某免予刑事处罚,以便改过以新。

博山区人民法院认为,被告人桑某某故意伤害他人身体,致人轻伤,其行为已构成故意伤害罪。公诉机关指控被告人桑某某犯故意伤害罪成立。被告人桑某某犯罪时未满18周岁,系未成年人,归案后能够如实坦白犯罪事实,认罪态度好,确有悔罪表现,且犯罪情节轻微,并已按协议赔偿了被害人的经济损失,得到了被害人的谅解,依法可对其免予刑事处罚。

【法理与法律适用分析】

惩办与宽大相结合是我国基本的刑事政策。坚持附带民事诉讼制度,查明犯罪行为所造成的物质损失情况,并查明被告人如何对待其民事责任的态度,根据实际情况作出的赔偿,降低犯罪造成的后果。我国刑法也规定,被告人认罪、悔罪的态度和表现是决定从重、从轻处罚的一个情节,是决定是否宣告缓刑、实行减刑,假释的必要条件。本案中,被告人及其法定代理人在案件处理过程中,能够正确对待自己的错误及应承担的民事责任,并能够力所能及的给予被害人一定的经济补偿,这样的表现促使法院作出最终的免于刑事处罚决定。可见,实行附带民事诉讼制度,对正确执行我国宽严结合的刑事政策十分必要。

四、有利于保证公民和国家、集体财产不受侵犯

我国宪法规定,社会主义公共财产神圣不可侵犯;公民的合法的私有财产不受侵犯。实行附带民事诉讼制度,允许对因犯罪行为而遭受物质损失的公民在刑事诉讼过程中提起附带民事诉讼,当国家、集体的财产遭受犯罪侵害时,允许人民检察院在提起公诉的时候,提起附带民事诉讼,并规定司法机关有义务保障已经提起的附带民事诉讼,这样就能及时、有效并最大限度地保障公民和国家、集体的财产免遭犯罪侵害,或者把这种侵害所造成的损失降低到最低程度。

【法条链接】

《最高人民法院关于刑事附带民事诉讼范围问题的规定》

第四条 被告人已经赔偿被害人物质损失的,人民法院可以作为量刑情节予以考虑。

《最高人民法院关于适用〈刑事诉讼法〉的解释》

第一百三十九条 被告人非法占有、处置被害人财产的,应当依法予以追缴或者责令退赔。被害人提起附带民事诉讼的,人民法院不予受理。追缴、退赔的情况,可以作为量刑情节考虑。

【典型案例目录索引】

故意杀人案死刑判决通过民事调解工作改判死缓

——梁玥故意杀人案

载《辽宁省高级人民法院案例指导》总第一辑。

【参考阅读的文献资料】

1. 叶青:《中国审判制度研究》,上海社会科学院出版社2002年版。
2. 叶青:《刑事诉讼法学教学研究资料汇编》(第二辑 2006-2010),北京大学出版社2010年版。

3. 李春雷:《中国近代刑事诉讼制度变革研究》,北京大学出版社2004年版。
4. 樊崇义主编:《刑事诉讼法学》,中国政法大学出版社2009年版。
5. 杨立新:"刑事附带民事诉讼制度的完善与再修改",载《人民检察》2004年第7期。

第四节　附带民事诉讼当事人

附带民事诉讼当事人是指因犯罪而遭受物质损失的自然人和法人,以及对刑事被告人犯罪行为造成的物质损失负有民事赔偿责任的自然人和法人,包括附带民事诉讼原告人、被告人、第三人。

一、附带民事诉讼原告人

【案例9-4-01】张某放火案。2000年7月,某市太行机械厂(属国有企业)工人张某因厂领导对其停薪留职心生怨恨,于该月20日放火烧毁厂房一间,并当场烧死该厂工人李某、烧伤袁某。经法医鉴定,袁某为一度烧伤。7月22日,公安机关将张某逮捕归案,张某对其行为供认不讳。2000年9月1日,市人民检察院向市人民法院提起公诉。李某的父亲和袁某向法院提起附带民事诉讼,该太行机械厂也就自己的损失提起了附带民事诉讼。

(一)附带民事诉讼原告人的概念和条件

附带民事诉讼原告人是指因犯罪而遭到物质损失,依法在刑事诉讼中可以提出赔偿要求的自然人和法人。附带民事诉讼原告人应当具备如下条件:

1. 侵害民事原告人权益的是犯罪行为。这里指的"犯罪"必须是构成犯罪的行为,而不是指不构成犯罪的一般违法行为。如果侵害来自一般违法行为,损失确实存在,只可以通过民事诉讼程序解决。

2. 附带民事诉讼原告人因犯罪受到物质损失。

3. 附带民事诉讼原告人必须是在刑事诉讼中依法提出民事赔偿的请求。受损害的人虽受犯罪侵害,由于各种原因,在刑事诉讼中没有提出民事赔偿的请求,或者虽提出请求,但提出的时间超出了法律规定的提起附带民事诉讼的期限,或者依法提出请求,但法院认为有必要依法移交民事法庭裁决时,就不能被认定为附带民事诉讼的原告人,损害赔偿只能通过民事法庭来解决。

4. 必须是符合法定条件的人。《刑事诉讼法》第99条规定,被害人死亡或者丧失行为能力的,被害人的法定代理人、近亲属有权提起附带民事诉讼。

(二)附带民事诉讼原告人的范围

1. 作为刑事案件被害人的自然人。我国《刑事诉讼法》第99条规定,被害人由于被告人的犯罪行为而遭受物质损失的,在刑事诉讼过程中,有权提起附带民事诉讼。根据这一法律规定,在我国并不只有被害人能以公民的名义提起附带民事诉讼,其他因犯罪行为受到损失的公民也可以成为附带民事诉讼原告人。

首先,当遭受物质损失的被害人死亡或被宣告死亡之后,其法定继承人有权在刑事诉讼中提起附带民事诉讼。我国《宪法》第13条第2款规定:"国家依照法律规定保护公民的私有财产权和继承权。"法定继承人依照法律规定有权继承被害人的合法财产,而被害人因犯罪而遭受的物质损失是其合法财产的组成部分，根据全面继承的原则，法定继承人当然有权继承被害人提起附带民事诉讼请求赔偿损失的债权。

其次，因犯罪行为而遭受物质损失的其他公民，也应当包括在民事原告人的范围内。因为犯罪而遭受物质损失的，并不仅限于被害人或其法定继承人。如为被害人承担丧葬费、医疗费、差旅费、护理费、营养费等经济损失的单位或个人，在被害人死亡、而他又没有更为亲近的人提起赔偿损害请求时，也可作为民事原告人。但其请求范围仅限于救助被害人、以消除犯罪危害后果所必要的费用。

2. 作为刑事案件被害人的法人。关于机关、团体、企事业单位等作为附带民事诉讼原告人的问题，在我国法学界和司法实践中存在着分歧，主要涉及对于《刑事诉讼法》第99条第1、2款如何理解的问题。持否定观点的人认为，凡是国家、集体财产因犯罪受到损害的，依法应当由检察机关提起附带民事诉讼；持肯定观点的人认为，如果是国家财产、集体财产由于被告人的犯罪行为而遭受损失的，有些国家机关、企业事业单位，在刑事诉讼过程中，有权提起附带民事诉讼，根据是：

首先，《刑事诉讼法》第99条第2款规定，在上述机关、单位遭受损失时，"人民检察院在提起公诉的时候，可以提起附带民事诉讼。"所谓"可以"，是"以上述机关、单位当然可以"为前提的。

其次，《刑事诉讼法》第99条第1款规定，被害人遭受物质损失的，有权提起附带民事诉讼。而上述机关、单位既然也是被告人犯罪行为的受害者，所以也完全可以以被害人的身份，提起附带民事诉讼。

再次，允许机关、团体、企业事业单位提起附带民事诉讼，并不等于否定人民检察院必要时提起附带民事诉讼的权利。人民检察院作为我国的法律监督机关，当国家财产、集体财产遭受犯罪侵害时，只要认为必要，就可以提起附带民事诉讼，而不以受害单位的意志为转移。但是当人民检察院认为没有必要以检察院的名义提起附带民事诉讼时，也不应因此而剥夺了受害单位单独提起附带民事诉讼的权利。笔者同意肯定之观点。

"案例9-4-01"中，袁某因其人身权利受到张某犯罪行为侵犯而遭受物质损失，所以有权提起附带民事诉讼；根据上述法理分析，李某已经死亡，李某的父亲继承其提起附带民事诉讼请求赔偿损失的债权，也是适格的附带民事诉讼当事人；太行机械厂的厂房因被告人的放火行为而毁坏，遭受物质损失，该厂是被害人，有权提起附带民事诉讼，但同时该厂又是国有企业，所以在受损失单位未提起附带民事诉讼的情况下，人民检察院可以在提起公诉时附带提起。

(三) 附带民事诉讼原告人范围理论中存在的争议

1. 关于人民检察院提起附带民事诉讼的法律地位问题。我国《刑事诉讼法》规定，当国家财产、集体财产遭受损失时，人民检察院在提起公诉的时候，可以提起附带民事诉讼。在这种情况下，关于人民检察院的法律地位问题，在诉讼理论上存在不同见解。但是最新通过的《最高人民法院关于适用〈刑事诉讼法〉的解释》规定，人民检察院提起附带民事诉讼的，应当列为附带民事诉讼原告人。由此明确了人民检察院在附带民事诉讼中的当事人地位。

但笔者仍倾向于相反的观点，即人民检察院在刑事诉讼中虽然有权提起公诉，但这并不等于说人民检察院是当事人。因为人民检察院在刑事诉讼中依法提起诉讼追究被告人的刑事责任,这是履行国家法律监督职责的体现,它并不是刑事案件的当事人。同样道理,当它提起附带民事诉讼,要求追究被告人的民事赔偿责任的时候,也是履行国家的法律监督机关的职责。所以作为刑事案件的公诉人和民事案件的起诉人,它只是程序意义上的诉讼主体,但在实体意义和实质意义上,它既不是刑事案件的原告人,也不是民事案件的原告人,而只是国家的法律监督者。因此,当人民检察院提起附带民事诉讼的时候,它并没有取代国家机关、社会团体、企事业单位而作为附带民事诉讼原告人的法律地位。

【案例9-4-02】被告人李某,系鸿发公司业务发展经理。1998年9月12日,李某来到新丰县,住在锦绣饭店(经济性质为国有)。夜间,李某酒后吸烟入睡,烟头引起火灾,造成数人死亡和直接经济损失人民币25万元的严重后果。此案经公安机关侦查终结,人民检察院经审查认为李某行为已经构成失火罪,于是依法向新丰县人民法院提起公诉,同时提起了附带民事诉讼。法院经过审理,查明犯罪事实和证据,认定被告人李某犯失火罪,依法判处有期徒刑6年,赔偿部分经济损失人民币20万元。

本案中,因李某犯罪行为给国有性质的锦绣饭店带来严重的经济损失,根据刑事诉讼法的规定,人民检察院有权提起附带民事诉讼。但要注意的是,在这一诉讼行为中,人民检察院仍然作为国家法律监督者,只有在处于原告人地位的国家机关、社会团体、企事业单位没有提起诉讼的情况下,才可以代表国家提起附带民事诉讼。

2. 关于保险人提起附带民事诉讼的问题。随着保险业的发展,在司法实践中出现了大量保险人因被告人的犯罪行为而遭受财产损失的情况,主要是被保险人在因犯罪行为遭受物质损害后,由保险人依据保险合同向被保险人支付一定数额的保险赔偿金。例如,保险人与投保人签订了人身或财产等保险合同。

投保人因受犯罪侵害,人身或财产遭受损失,保险公司便要根据保险合同支付保险金。保险人有无权利在刑事诉讼中提起附带民事诉讼。我们认为,应根据情况区别对待。对于财产保险,保险人预付赔偿金的,保险人有权提起,否则无权提起。但是对于人身保险,不论保险人是否预付了保险金,保险人都不得在刑事诉讼中提起附带民事诉讼。因为人身损害赔偿的请求权不能转移,在人身保险中不存在保险人代位追偿的问题。

【典型案例】

【案例9-4-03】

1996年3月,石某以14万元的价格购买了湘江丰田双排座130汽车一辆,于同年3月6日向A市人民保险公司投保了车辆损失险:保险期是1996年3月6日至1998年3月5日;保险金额为14万元。1997年12月25日,石某驾车途中,与一辆逆行的东风车相撞,石某当场死亡,驾驶的丰田车也被损坏。公安交警大队经勘查和鉴定分析,认定东风车司机无证驾车、逆行行驶,应负肇事的全部责任。

案发后,人民保险公司经过验损,推定丰田130汽车全部损坏,赔偿石某家属14万元。因石某在单位参加了人寿保险公司的简易人身保险,获得赔偿金6,000余元。肇事者李某于1998年2月1日被逮捕。5月15日案件移送人民检察院审查起诉。

【法理与法律适用分析】

本案中,根据刑事诉讼法及司法解释的规定,石某的近亲属有权提起附带民事诉讼确定无疑。至于A市人民保险公司,根据《中华人民共和国财产保险合同条例》①第19条②之规定,因为石某向其投了车辆损失财产保险且案发后已经付了赔偿金给被害人家属,所以被害人家属应当在接受预付赔偿金之后将提起附带民事诉讼的权利移交给保险人,即A市人民保险公司此时也有权提起附带民事诉讼。另外,关于人寿保险公司是否可以提起附带民事诉讼,基于人身损害赔偿请求权不得转移,所以尽管人寿公司已经预付了赔偿金,根据《保险法》第46条③的规定,也不能取得代为求偿权,即无权在刑事诉讼中提起附带民事诉讼,法院也不得因被保险人已经得到人身保险金而剥夺被害人提起附带民事诉讼的权利。

二、附带民事诉讼被告人

(一)附带民事诉讼被告人的概念和条件

附带民事诉讼被告人是指因犯罪行为造成他人物质损失以及应对被告人的犯罪行为依法应承担赔偿责任的当事人,他们可以是自然人也可以是法人、企事业单位。在我国,附带民事诉讼被告人必须具备三个条件:

1. 刑事被告人的犯罪行为必须造成被害人物质损失。如果被告人的行为不是构成犯罪的行为,或虽构成犯罪,但没有对被害人造成物质损失,或虽造成被害人物质损失,但损失不属于法定的赔偿范围,那么刑事被告人就不能成为民事被告人。

2. 对刑事被害人受到的物质损失在法律上承担赔偿责任。刑事被告人必须在对损害负赔偿责任的情况下,他才是附带民事被告人。根据我国《民法通则》第133条④的规定,刑事被告人是有民事行为能力的成年人的,应对自己的行为独立地负赔偿责任;刑事被告人是有民事行为能力的未成年人的,应与其监护人共同负赔偿责任;刑事被告人是有财产的限制民事行为能力或无民事行为能力人的,应与其监护人共同负赔偿责任,但单位担任监护人的除外;刑事被告人是无财产的限制民事行为能力、无民事行为能力人的,则其监护人应负赔偿责任。

3. 被害人在对刑事被告人提起附带民事诉讼,后者才能成为附带民事被告人。在实践中,被害人可能会因为各种原因,在刑事诉讼中没能提起附带民事诉讼,而是在其后单独提起民事诉讼。此时,便不能根据附带民事诉讼的审理机制来判断当事人的适格性。

(二)附带民事诉讼被告人的范围

1. 刑事被告人本人。在刑事被告人具有完全民事行为能力和独立民事责任能力的情况下,附带民事诉讼被告人即为刑事被告人本人。

2. 未成年刑事被告人的监护人。在刑事被告人是未成年人或其他无民事行为能力

---

① 《中华人民共和国财产保险合同条例》已经被《国务院关于废止2000年底以前发布的部分行政法规的决定》于2001年10月6日废止。

② 参见《中华人民共和国财产保险合同条例》第19条,保险标的发生保险范围内的损失,应当由第三者负责赔偿的,……,保险方可按照保险合同规定,先予赔偿,但投方必须将先第三方追偿的权利转让给保险方,……。

③ 参见《中华人民共和国保险法》第46条,被保险人因第三者的行为而发生死亡、伤残或者疾病等保险事故的,保险人向被保险人或者受益人给付保险金后,不享有向第三者追偿的权利,但被保险人或者受益人仍有权向第三者请求赔偿。

④ 参见《民法通则》第133条:无民事行为能力人、限制民事行为能力人造成他人损害的,由监护人承担民事责任。监护人尽了监护责任的,可以适当减轻他的民事责任。有财产的无民事行为能力人、限制民事行为能力人造成他人损害的,从本人财产中支付赔偿费用。不足部分,由监护人适当赔偿,但单位担任监护人的除外。

人、限制行为能力人的情况下,因此负有民事赔偿责任的监护人,则为附带民事诉讼被告人。在刑事被告人与其监护人共同负赔偿责任的情况下,监护人可以作为共同附带民事诉讼被告人。刑事被告人不足赔偿的部分,由监护人赔偿。

3. 当有完全赔偿责任的刑事被告人在刑事诉讼过程中死亡,其法定继承人可以成为附带民事诉讼被告人。

4. 机关、团体、企事业单位的工作人员,例如火车司机、汽车驾驶员、医务人员等,在执行职务中因过失犯罪而造成公民、法人财产损失的,刑事被告人所在的机关、团体、企业事业单位可以成为附带民事诉讼被告人。

【典型案例】
【案例9-4-04】
被害人管某在奎屯市购买沥青10吨,于2003年11月7日租车向某县城拉运。途径某镇时,工商局某分局的工作人员马某、孙某对管某拉运的沥青强行检查,认为该沥青为假冒伪劣产品,并予以扣留。管某不服,与工作人员争吵,不久双方动起手来。其间,马某用一木棒将管某的右腿打伤(后确诊为粉碎性骨折),随后将其带到工商分局留置了数日。2004年1月16日,管某向某区人民法院提起了刑事自诉附带民事诉讼。

【法理与法律适用分析】
本案中,马某系工商局的工作人员,在执行职务过程中侵犯了公民的合法权益,造成了物质损失。根据《民法通则》第121条的规定:国家机关或者国家机关工作人员在执行职务中,侵犯公民、法人的合法权益造成损害的,应当承担民事责任。因此在这种情况下,要把工商分局作为附带民事诉讼被告人,由它负责赔偿被害人损失,然后再向造成损害的刑事被告人酌情追偿。但后者已并非属附带民事诉讼的性质了。

5. 未被追究刑事责任的其他共同侵权人。在共同侵权的情况下,共同侵权人负连带责任。只要其中一个共同侵权人被提起附带民事诉讼,其他共同侵权人是否构成犯罪,是否被追究刑事责任,都应成为附带民事诉讼共同被告人。如果被害人或者其法定代理人、近亲属仅对部分共同侵害人提起附带民事诉讼的,人民法院应当告知其可以对其他共同侵害人,包括没有被追究刑事责任的共同侵害人,一并提起附带民事诉讼,但共同犯罪案件中同案犯在逃的除外。

另外,根据《最高人民法院关于适用〈刑事诉讼法〉的解释》规定,共同犯罪案件,同案犯在逃的,不应列为附带民事诉讼被告人。逃跑的同案犯到案后,被害人或者其法定代理人、近亲属可以对其提起附带民事诉讼,但已经从其他共同犯罪人处获得足额赔偿的除外。

【典型案例】
【案例9-4-05】
甲某等共同绑架案。1991年11月1日,甲(21岁)向其女友乙(18岁)提出,绑架某市环宇精抛材料厂厂长之子刘某(15岁)作人质,以勒索钱财,乙同意,又提议绑架人手不够,遂找来丙(16岁,学生)、丁(25岁)共同预谋绑架一事,丙、丁亦表示同意。11月10日晚,甲、丙、丁携带口罩、绳索、伤湿止痛膏、刀子等作案工具,在刘某就读的学校附近等候,由乙将刘某骗出来。当乙将刘某骗到甲、丙、丁等候的地方时,甲、丙、丁猛然将刘某按倒在地,将刘某绑架。甲随后把事先打印好的索要3万元人民币的恐吓信贴到刘家门上。刘家马上报案,在公安机关追捕过程中,甲等四人情急之下将刘某杀死,乙在逃亡中不慎死亡,其余三人被缉拿归案,后人民检察院向中级法院提起公诉,被害人家属一并提起以甲、乙、丙、丁为被告人的附带民事诉讼。

【法理与法律适用分析】

根据以上附带民事诉讼被告人确定的法理依据,首先,甲和丁具有完全民事行为能力和独立民事责任能力,所以他们既是刑事被告人也是附带民事被告人;其次,案中的丙只有16岁且为学生,不能以自己的劳动收入为主要生活来源,为限制行为能力的未成年人,所以他的法定监护人应为附带民事被告人,在附带民事诉讼中承担赔偿责任;最后,因为刑事被告人乙已经死亡,故不再追究其刑事责任,但根据法律规定,其遗产继承人依法负有赔偿责任。只是,继承人的赔偿责任以遗产为限,遗产不够赔偿附带民事原告被损害数额的,继承人没有代为赔偿的义务。综上,该附带民事诉讼应该以甲、乙的遗产继承人、丙的监护人和丁为被告。

【法条链接】

《刑事诉讼法》

第一百零六条

……

(六)"近亲属"是指夫、妻、父、母、子、女、同胞兄弟姐妹。

《最高人民法院关于适用〈中华人民共和国刑事诉讼法〉的解释》

第一百三十八条第一款 被害人因人身权利受到犯罪侵犯或者财物被犯罪分子毁坏而遭受物质损失的,有权在刑事诉讼过程中提起附带民事诉讼;被害人死亡或者丧失行为能力的,其法定代理人、近亲属有权提起附带民事诉讼。

第一百四十二条 国家财产、集体财产遭受损失,受损失的单位未提起附带民事诉讼,人民检察院在提起公诉时提起附带民事诉讼的,人民法院应当受理。

第一百四十三条 附带民事诉讼中依法负有赔偿责任的人包括:(一)刑事被告人以及未被追究刑事责任的其他共同侵害人;(二)刑事被告人的监护人;(三)死刑罪犯的遗产继承人;(四)共同犯罪案件中,案件审结前死亡的被告人的遗产继承人;(五)对被害人的物质损失依法应当承担赔偿责任的其他单位和个人。……

【典型案例目录索引】

1. 警察抓捕犯罪嫌疑人受轻微伤能否提起刑事附带民事诉讼

载叶青主编:《刑事诉讼法学教学研究资料汇编 第二辑》(2006-2010),北京大学出版社2010年版,第272-273页。

2. 人民检察院对刑事附带民事诉讼的处理

——汤某某故意伤害案

载刘家琛主编:《刑事诉讼法及司法解释案例评析》,人民法院出版社2005年版,第537-539页。

3. 交通肇事之肇事车主及被挂靠人承担民事赔偿责任的认定

载王振清:《审判前沿:新类型案件审判业务》(总第23集),法律出版社2008年版。

【参考阅读的法律文献】

1. 叶青:《刑事诉讼法学教学研究资料汇编》(第二辑2006-2010),北京大学出版社2010年版。

2. 叶青主编:《刑事诉讼法:案例与图表》,法律出版社2007年版。

3. 王俊民:"附带民事诉讼当事人范围新问题探究",载《法学》2002年第2期。

4. 李明生、孔繁平、文先保:"为了国家和集体的财产——山东省栖霞市检察院民行检察部门参与提起刑事附带民事诉讼的探索",载《人民检察》2004年第11期。

5. 柳忠卫、黄士元:"检察机关代表被害人提起附带民事诉讼的正当性研究——以侵犯国家和社会利益犯罪为范例的考察",载《法学论坛》2007年第6期。

6. 肖建华:"刑事附带民事诉讼制度的内在冲突与协调",载《法学研究》2001年第6期。

7. 杨立新:"刑事附带民事诉讼制度的完善与再修改",载《人民检察》2004年第7期。

第五节 附带民事诉讼的赔偿范围

一、附带民事诉讼现行法定赔偿范围

【典型案例】

【案例9-5-01】

余某故意伤害案。被告人余某对李某、韩某夫妇在其楼前卖早点影响其休息而心怀不满。1998年12月6日清晨,余某被窗外的搭棚卖早点的声音吵醒后,便冲出门外,将棚子砸倒,并顺手抄起搭棚用的铁棍猛击李、韩头部,见李某苏醒后又再次用铁棍击打其头部。随后,余某到公安机关报案。李某、韩某被他人送往医院,李某因抢救无效死亡,经法医鉴定,系被他人用铁质钝器打击头部致颅脑损伤而死,韩某损伤程度为轻微伤(偏重)。

检察院以故意伤害罪向法院提起公诉,李某之妻韩某提起附带民事诉讼。要求余某赔偿因其犯罪行为造成的医药费8,287元、丧葬费7,830元、死亡补偿费7.1105万元及抚养费、赡养费、精神损失费、误工费等经济损失,共计人民币28.2930万元。

法院经审理认为,余某的行为符合故意杀人罪的犯罪特征,已构成故意杀人罪。鉴于其有投案自首、认罪态度较好等情节,可以从轻处罚。附带民事诉讼原告人提出的诉讼请求中,医药费2,788.7万元,车费690元,丧葬费6,168.2元,死伤鉴定费600元,就医陪伴人员住宿费1,564元,误工费2,018元,总计3.8927万元,应予支持,此外还应一次性赔偿原告人提出的死亡补偿费、抚养费、赡养费等1.8073万元。1999年5月6日法院作出判决:被告人余某犯故意杀人罪,判处死刑,缓期两年执行,剥夺政治权利终身;赔偿附带民事诉讼原告人经济损失5.7万元。

【法理与法律适用分析】

根据刑法及刑事诉讼法有关规定,附带民事诉讼的赔偿请求应局限在"由于被告人的犯罪行为而遭受物质损失"范围内。"物质损失"的基本含义应该是:

1. 是由被告人的犯罪行为造成的损失。损害事实与被告人的犯罪行为之间必须具有因果联系,如果损害事实与被告人的犯罪行为之间没有因果联系,就不能作为附带民事诉讼的赔偿范围。

2. 是因被告人的犯罪行为直接遭受的损失以及间接损失。例如在伤害案件中,前者如被害人支付的医疗费用,后者如被害人因伤不能工作而造成的收入减少。

3. 被告人犯罪行为造成的损失,既包括被害人已经受到的损失,也包括一些必然遭受的损失。这种必然遭受的损失应当是合理的,具体范围应当按照民事实体法有关规定来确定。

2001年12月4日《最高人民法院关于刑事附带民事诉讼范围问题的规定》对附带民事诉讼的范围规定为:因人身权利受到犯罪侵犯而遭受物质损失或者财物被犯罪分子毁坏而遭受物质损失的,可以提起附带民事诉讼。被害人因犯罪行为遭受的物质损失,是指被害人因犯罪行为已经遭受的实际损失和必然遭受的损失。[①] 另外,《最高人民法院适用〈中华人民共和国刑事诉讼法〉的解释》规定,国家机关工作人员在行使职权时,侵犯他人人身、财产权利构成犯罪,被害人或者其法定代理人、近亲属提起附带民事诉讼的,人民法院不予受理,但应当告知其可以依法申请国家赔偿。

本案中,附带民事诉讼原告人提出的医药费、车费、丧葬费、死亡鉴定费、等均属于与损害事实有因果关系的被告人的伤害行为引起的、直接的、已经遭受的物质损失,误工费、死亡补偿费以及抚养费、赡养费等属于被告人的伤害行为引起的、间接的、必然遭受的物质损失,所以法院支持其诉讼请求,但由于其请求数额明显高于其实际受到的损失数额,所以降低了各赔偿项目的数额。至于精神损害赔偿请求,因不属于现行法律中的法定赔偿范围,所以法院对此不予支持。

二、附带民事诉讼赔偿范围新问题

(一)侵犯财产型案件被害人所受到的损失

【案例9-5-02】

梁某诈骗案。2009年7月份,被告人梁某以记者身份取得被害人陈某及其母亲的信任后,先以给陈某找工作为由骗取被害人陈某现金5万元人民币,后又以给陈某购买报社集资房为由骗取现金16万元人民币,两次共计骗取陈某现金21万元人民币。

甘肃省某某市人民检察院以被告人梁某犯诈骗罪向市人民法院提起公诉。被害人陈某同时提起附带民事诉讼。一审法院审理认为:被告人梁某以非法占有为目的,采取虚构事实,隐瞒真相的手段,骗取他人现金21万元,数额特别巨大,其行为已构成诈骗罪,并且因强奸犯罪被判刑,刑满释放后5年内又重新故意犯罪,属累犯,应依法从重处罚。附带民事诉讼原告陈某的诉讼请求符合法律规定,予以支持。

据此,依据《中华人民共和国刑法》第二百六十六条、第六十五条、第三十六条,《中华人民共和国刑事诉讼法》九十九条,《中华人民共和国民法通则》第一百零六条、第一百三十四条一款(四)项之规定,判决如下:一、被告人梁某犯诈骗罪,判处有期徒刑13年,并处罚金人民币5,000元;二、被告人梁某向刑事附带民事诉讼原告陈某返还人民币210,000元。

【法理与法律适用分析】

对于因诈骗、抢劫、侵占等非法占有、处置被害人财产,公检法三机关办理刑事案件时,一直援用《刑法》第64条规定,犯罪分子违法所得的一切财物,应当予以追缴或者责令退赔。因此侵犯财产型案件被害人所受到的损失,一般均不作为附带民事诉讼受理。《最高人民法院关于适用〈中华人民共和国刑事诉讼法〉的解释》规定,被告人非法占有、处置被害人财产的,应当依法予以追缴或者责令退赔。被害人提起附带民事诉讼的,人民法院

---

① 参见《最高人民法院关于刑事附带民事诉讼范围问题的规定》第1、2条。

不予受理。追缴、退赔的情况,可以作为量刑情节考虑。在此问题上存在的不同看法一直难以得到统一认识。

一种观点认为追缴赃款、赃物的行为,是刑法意义上的司法机关职权行为,即使属于被害人受到的物质损失,也无法纳入附带民事诉讼范畴。理由是:

第一,犯罪分子违法所得财物和犯罪分子的行为造成的物质损失是两个不同的概念。前者是指犯罪分子用违法犯罪的手段所获得的财物,如盗窃、贪污所得的钱物等,而后者则是犯罪分子的行为给被害人造成的物质损失,如伤害、杀人等所带来的医疗、丧葬费用等,用《刑法》第64条的规定无法解决,只能通过附带民事诉讼的方法来弥补被害人的损失。

第二,违法得到的财物,如果也适用民事诉讼的方法来解决,那么有的案件,如走私等犯罪案件,就没有人提起附带民事诉讼,犯罪分子违法所得的财物就无法追缴。因此,把追缴赃款赃物也纳入附带民事诉讼是不可取的。现在公检法机关依照职权直接处理赃款赃物,主动解决被害人的物质损失,既简便易行,又便于保护被害人的合法权益。

还有一种观点认为被害人因被告人犯罪而失去的财物,也是被告人犯罪行为造成的物质损失。既然是犯罪行为造成的物质损失,就应当通过附带民事诉讼的方法来处理。理由是:

第一,《刑法》第64条规定包括两方面含义:一是由司法机关将犯罪分子违法所得的赃物依法采取诉讼保全措施,案件审结时或者没收上缴国库或者发还被害人;二是如果犯罪分子违法所得的财物还存在,应责令其退赔。这种形式的民事处理方法,从民法的角度来讲叫返还财产,恢复原状或者赔偿损失。既然是民事问题,那么就应当通过民事诉讼的方法来处理。

第二,被害人因被告人的犯罪行为而失去的财物,也属于因犯罪行为而造成的损失。既然如此,就应当依照《刑事诉讼法》第99条的规定,允许被害人提起附带民事诉讼,通过附带民事诉讼的程序处理。司法机关直接处理赃款赃物,容易出现问题,如发还的赃物,不是被害人原来的物品,或者该发还的没有发还,甚至不是犯罪所得的财物,却误认为赃款赃物发还等。因此,仅凭司法机关自己擅断处理,难免不出问题。如果采用附带民事诉讼的方法解决,就可将赃款赃物的处理完全置于当事人的监督之下,既有利于司法机关严肃执法,也便于充分保护当事人的合法权益。

第三,将赃款赃物的处理问题纳入民事诉讼的范畴来解决,对于被告人违法所得的财物,并非无法解决,可以根据《刑法》或《民事通则》的有关规定,予以没收。总之,如果把《刑法》第64条的规定纳入民事诉讼的范畴来解决,利多弊少。

笔者认为,对犯罪分子所得赃物可适用附带民事诉讼的方式解决,被害人因财产型犯罪受到的损失可提起附带民事诉讼。理由是:

1. 是世界各国通常做法。如1808年的法兰西刑诉法典第61条、172条、366条,以及1890年的日本刑诉法典第1至第4条都有返还财物包括在附带民事诉讼中的规定。奥地利刑事诉讼法第369条规定,附带民事诉讼请求的范围包括退还夺自被害人的物品。联邦德国刑事诉讼法第403条也规定民事原告人"可以向被告人提出因犯罪行为而产生的包括财产权在内的要求权。"

2. 从我国立法和法理角度来讲,公民和法人因被告人的犯罪行为而失去的财物,可以认为是"被害人由于被告人的犯罪行为造成的物质损失"。既然如此,《刑法》第64条中需退还或者退赔被害人因被告人的犯罪行为而失去的财物时,可以按照《刑事诉讼法》第99

条的规定,通过附带民事诉讼的程序处理。

3.《刑法》第64条规定的内容,可以依公检法三机关的职权主动进行处理,不必通过附带民事诉讼的程序解决,如果在司法机关发还或者作退赔处理后,被害人认为自己因犯罪的行为所受到的损失没有得到全部补偿而提起附带民事诉讼的,法院应予受理。经过审查,如果认为被害人的损失已得到补偿,应驳回起诉。如果被害人确有损失存在,应当进行审判,不论被告人是否有能力赔偿都应依法做出判决。

本案中,对于被害人提出的附带民事诉讼请求,一审法院应该在受理后进行审查。如果被害人及其近亲属因为被告人侵犯财产的行为受到了其他的伤害而提出附带民事诉讼请求,比如因为财产丢失而导致被害人自杀等等,则不论是否财产已经返还,都应该受理。如果被害人及其近亲属仅仅因为遭受侵犯的财产提出附带民事诉讼请求,则要审查被害人的损失是否已经得到补偿,如未得到补偿或只得到部分补偿,则应受理其附带民事请求;如已得到补偿,则应裁定驳回起诉。

(二)直接损失与间接损失

因犯罪行为造成的损失是否包括间接损失,在理论界和司法实践中一直有争议。

一种观点认为赔偿的只能是犯罪行为直接造成的损失,间接的损失不能赔偿。理由是:

第一,对于造成的损失究竟是直接损失,还是间接损失。虽然《刑法》第36条和《刑事诉讼法》第99条都没有作出明确规定,但是民法理论都认为赔偿的只能是犯罪行为直接造成的损失,即犯罪行为和损失的结果之间必须具有直接的因果关系,如果不具有直接的因果关系则不能赔偿。

第二,间接的损失无法计算,也无法衡量。与犯罪行为有直接因果关系的损失比较明显,容易计算。若是将间接损失都计算在内,则被告人多数都没有赔偿能力,即使判决也无法执行。

第三,目前的司法实践中,一般是根据被告人的实际履行能力进行判决,赔偿的范围一般都限于犯罪行为直接造成的损失,间接造成的经济损失不予赔偿。

还有一种观点认为不论是直接损失还是间接损失,只要是犯罪行为造成的损失就应赔偿。理由是:

第一,不论《刑法》第36条,还是《刑事诉讼法》第99条,对损失是直接的还是间接的都没有作出明确的规定。因此,不论是间接的损失,还是直接的损失,只要是犯罪行为造成的损失应予以赔偿。

第二,从实际的情况来看,间接的损失并不是都不赔偿,而且赔偿间接损失的情况还占多数。如涉及到人身伤亡的案件,犯罪行为致害的对象是人身,并没有直接使被害人的物质受到损害,但赔偿的却是因人身伤亡而造成的经济损失。这些都是间接的损失,而不是直接的损失。

第三,从实际情况看,间接的或者直接的经济损失很难区分,究竟何为间接,何为直接,也不好确定一个标准。因此凡是被害人由于被告人的行为受到了损失,就应予以赔偿。

笔者认同第二种观点。理由是:

1.从法律规定来看。不论《刑法》第36条,还是《刑事诉讼法》第99条均明确规定,凡是因被告人的犯罪行为造成的经济损失或物质损失，均可以提起附带民事诉讼。因此仅受理杀人、伤害、交通肇事等少数人身损害案件附带民事诉讼，对其他类型的刑事案件被害人提出的附带民事诉讼请求不予受理，没有法律依据。

2. 从被害人损失范围看。物质损失是有形的经济损失。直接损失是现有财产和利益的损失，又可称为实际损失或积极损失；间接损失指必然会失去的将来能得到财产和利益，又称为消极损失或可得利益损失。因此具有必然性、可期性、合理性的间接损失，应当确定为是因犯罪行为造成的损失，应当列入附带民事诉讼赔偿范围。

3. 从犯罪行为与造成损失的因果关系看，犯罪行为造成的损失都应予以赔偿。客观存在的损失是由犯罪行为造成的，而这种客观存在的损失必须是被害人合法的利益，如果不是被害人合法的利益，即使是直接造成的损失也不应予以赔偿。

(三) 精神损失

附带民事诉讼范围是否包括公民的姓名、肖像、名誉权受到犯罪行为侵害造成的精神损失，基于现行的《刑事诉讼法》第99条规定附带民事诉讼范围是因犯罪行为造成的物质损失，《最高人民法院关于适用〈中华人民共和国刑事诉讼法〉的解释》也规定因受到犯罪侵犯，提起附带民事诉讼或者单独提起民事诉讼要求赔偿精神损失的，人民法院不予受理。

《民法通则》颁布以前，公民的姓名、肖像、名誉、荣誉权受到犯罪行为侵害，是不能提附带民事诉讼的。但是，《民法通则》颁布后，公民的姓名、肖像、名誉、荣誉权受到犯罪行为侵犯时，是否可以提起附带民事诉讼，仍有不同的看法：

一种观点认为公民姓名、肖像、名誉、荣誉权受到犯罪行为侵害时，被害人不能提起附带民事诉讼。理由是：

第一，根据《刑法》第36条和《刑事诉讼法》第99条规定，造成经济损失或物质损失才可提起附带民事诉讼，因而姓名、肖像、名誉、荣誉权受到犯罪行为侵害时，也就不能提起附带民事诉讼。

第二，关于公民的姓名、肖像、名誉、荣誉权受到侵害的赔偿问题，虽在《民法通则》中作了规定，但是附带民事诉讼问题不只是单纯的民事问题，而是犯罪行为造成的，在刑事诉讼的过程中予以解决的民事赔偿问题，所以，在处理这类问题时，不能以《民法通则》为依据，而应以《刑法》、《刑事诉讼法》的规定为依据。

还有一种观点认为被害人的姓名、肖像、名誉、荣誉权受到犯罪行为的侵害时，可以向被告人提出附带民事诉讼的请求。理由是：

第一，附带民事问题，实际上解决的是被告人的犯罪行为所造成的民事赔偿问题。根据《民法通则》第120条的规定，公民的姓名权、肖像权、名誉权、荣誉权受到侵害时，有权要求停止侵害，恢复名誉，消除影响，赔礼道歉，并可以要求赔偿损失。公民的姓名、肖像、名誉、荣誉权的赔偿问题也是民事赔偿问题，只要这种赔偿是犯罪行为引起的，被害人当然可以提起附带民事诉讼。

第二，刑事诉讼法虽然只规定了物质损失应予赔偿，但是依据后法优于前法的原则，应当认为《民法通则》的相关解释修改了刑事诉讼法的规定。再者，附带民事诉讼问题，实际上是解决民事问题，解决民事问题应当以《民法通则》为准。因此，对侵害公民的姓名、肖像、名誉、荣誉权的犯罪行为，当然可以提起附带民事诉讼。

第三，如果不允许被害人就被告人侵犯他人的姓名、肖像、名誉、荣誉权的犯罪行为提起附带民事诉讼,被害人不仅要提出刑事自诉,而且还要提出民事诉讼,人民法院也要对同一事实进行两次审判。既不方便被害人,也给人民法院带来一些不必要的麻烦。若允许被害人就侵害姓名、肖像、名誉、荣誉权的犯罪行为提起附带民事诉讼,那么就可以避免这种状况,既方便当事人,又方便人民法院,这也正是设立附带民事诉讼制度的目的。

第四,侵害姓名等人身权利,没有达到犯罪的程度,尚且要负民事赔偿责任,而达到犯罪程度,即损害更加严重了,可以不负赔偿责任,于理不合。

笔者认为,是否允许被害人就犯罪造成的精神损害提起附带民事诉讼要求赔偿,应严格按照《刑法》第36条、《刑事诉讼法》第99条的规定掌握,不是犯罪行为造成的经济损失或物质损失,就不能提起附带民事诉讼。

从现行的法律规定看,根据《民法通则》第120条规定,侵害公民的姓名、肖像、名誉、荣誉权,应承担停止侵权,直至赔偿的责任。给被害人造成精神损害的且危害性重于民事侵权的犯罪行为,理当允许被害人提出附带民事诉讼的赔偿请求,但我国的司法实践在该问题上的做法还不稳定。最高人民法院于1993年公布的《最高人民法院关于审理名誉权若干问题的解答》中表明"侵犯名誉权构成犯罪,被害人可以提起附带民事诉讼"。但是2002年最高人民法院在《最高人民法院关于人民法院是否受理刑事案件被害人提起精神损害赔偿民事诉讼问题的批复》中指出:"根据刑法第36条和刑事诉讼法99条以及我院《关于刑事附带民事诉讼范围问题的规定》第1条第2款的规定,对于刑事案件被害人由于被告人的犯罪行为而遭受精神损失提起的附带民事诉讼,或者在该刑事案件审结以后,被害人另行提起精神损害赔偿民事诉讼的,人民法院不予受理。"

从世界各国法律规定看,已有不少国家将精神损失列为附带民事诉讼的赔偿范围。如法国刑事诉讼法第3条第2款规定,民事诉讼应包括作为起诉对象的罪行所造成的物质的、肉体的和精神的全部损失。德国也有类似法律规定,应将侮辱和伤害身体而受损失包括在附带民事诉讼的请求范围内。

【法条链接】
《刑法》

第六十四条 犯罪分子违法所得的一切财物,应当予以追缴或者责令退赔;对被害人的合法财产,应当及时返还;违禁品和供犯罪所用的本人财物,应当予以没收。没收的财物和罚金,一律上缴国库,不得挪用和自行处理。

第六十七条第一款 犯罪以后自动投案,如实供述自己的罪行的,是自首。对于自首的犯罪分子,可以从轻或者减轻处罚。其中,犯罪较轻的,可以免除处罚。

第二百三十二条 故意杀人的,处死刑、无期徒刑或者十年以上有期徒刑;情节较轻的,处三年以上十年以下有期徒刑。

《刑事诉讼法》

第九十九条第一款 被害人由于被告人的犯罪行为而遭受物质损失的,在刑事诉讼过程中,有权提起附带民事诉讼。

《最高人民法院关于刑事附带民事诉讼范围问题的规定》

第一条第一款 因人身权利受到犯罪侵犯而遭受物质损失或者财物的犯罪分子坏而遭受物质损失的,可以提起附带民事诉讼。

第二条 被害人因犯罪行为遭受的物质损失,是指被害人因犯罪行为已经遭受的损失和必然遭受的损失。

第五条 犯罪分子非法占有、处置被害人财产而使其遭受物质损失的,人民法院应当依法予以追缴或者责令退赔。被追缴、退赔的情况,人民法院可以作为量刑情节予以考虑。

【典型案例目录索引】

1. 被害人是否有权就被告人犯罪行为引起的精神损害获得赔偿?

载陈卫东主编:《刑事诉讼法学原理与案例教程》,中国人民大学出版社2008年版,第261-279页。

2. 对于犯罪嫌疑人非法占有的财物能否提起附带民事诉讼?

载王新清主编:《新版以案说法:刑事诉讼法篇》(第3辑)。中国人民大学出版社2006年版,第351-354页。

【参考阅读的法律文献】

1. 李春雷:《中国近代刑事诉讼制度变革研究》,北京大学出版社2004年版。
2. 郑禄、姜小川主编:《刑事程序法学》,群众出版社2001年版。
3. 邵世星、刘远:《刑事附带民事诉讼疑难问题研究》,中国检察出版社2002年版。
4. 刘金友、奚玮:《附带民事诉讼原理与实务》,法律出版社2005年版。
5. 胡锡庆、叶青:《诉讼法学专论》,中国法制出版社2000年版。
6. 张忠斌:"刑事附带民事诉讼中赔偿问题的探讨",载《人民司法》2002年第2期。
7. 杨立新:"刑事附带民事诉讼制度的完善与再修改",载《人民检察》2004年第7期。

第六节 附带民事诉讼的审理原则

【典型案例】

【案例9-6-01】

广州毒酒案。2004年5月11日,从广州市白云山区一市民怀疑饮用散装白酒中毒死亡开始,短短10天内,先后有14人饮用假酒死亡、39人受伤。5月19日,广州警方连续奋战抓获了19名犯罪嫌疑人,扣押了大量含有甲醇的散装白酒和工业酒精,成功侦破此案。2004年12月7日,程才明等15名被告人和涉案的广州市巨禾化工有限公司、广州市晋化化工物资有限公司在广州市中级人民法院出庭受审。上述被告人被指控犯生产、销售有毒、有害食品罪以及销售不符合卫生标准食品罪。庭审中,两被告单位已被工商部门吊销营业执照,法庭裁定对两单位终止审理。

2005年1月24日,广州市中级人民法院开庭审理刑事附带民事诉讼部分,包括62名死伤者家属提出赔偿其高达400万元的经济损失。对于62名附带民事诉讼原告的起诉,15名被告人先是纷纷向原告表示忏悔之意后又说很愿意赔偿,但经济实力有限,因此对此赔偿数额是有心无力。其中一名女被告人哭诉,自己也是受害者,如果要赔,那就尽最大努力,有多少赔多少。

一审法院在最短的时间内依据法定的审理原则和审理程序作出判决:程才明犯销售有毒食品罪,被判处死刑,并没收个人全部财产;其他14名被告被判处1年半至13年不等有期徒刑。法院同时还对附带民事诉讼进行了合并判决,62名原告分别获得经济赔偿

3,000元至12万元，赔款金额共计130余万元。一审判决后，程才明等四名被告人提出上诉，26名受害者的家属也不满赔偿结果提出上诉。二审法院经审查，维持了一审法院的判决。

【法理与法律适用分析】

附带民事诉讼审理的原则，在我国立法中并无明文规定。根据《刑事诉讼法》和《民事诉讼法》的基本原则及相关规定，结合附带民事诉讼的特点，附带民事诉讼审理的原则主要体现在如下方面：

1. 刑事、民事案件合并处理的原则。根据《刑事诉讼法》第102条规定，附带民事诉讼要由审判刑事案件的同一审判组织进行审理，只有为了防止刑事案件审判的过分迟延，才可以在刑事案件判决后，由同一审判组织继续审理附带民事诉讼。即使是公安机关、检察机关在侦查、审查起诉时，刑事案件作出正确处理的同时，对于已经提起的附带民事诉讼，亦应作出相应的正确处理。

本案中，广州中级法院通过将刑事部分与附带民事部分由同一审判组织合并审理，不仅节约了司法资源，节省了时间，而且通过综合考虑被告人的刑事责任和民事责任，保证了最后判决的可执行性和可接受性。

2. 简化诉讼程序的原则。附带民事诉讼虽然也要严格遵守法定的诉讼程序，但与民事诉讼程序相比，有不少简化之处。如，允许民事当事人用口头方式进行起诉和答辩，允许在刑事诉讼过程中提起附带民事诉讼，允许民事当事人用口头方式进行答辩，当事人无需交纳诉讼费用等。

3. 对提起的附带民事诉讼及时审理的原则。在刑事诉讼中，被害人对被告人犯罪行为所造成的损失提起附带民事诉讼。随着诉讼进程的推移，被告人的犯罪行为被证实。司法机关对已经提起的附带民事诉讼要进行及时处理。

4. 实事求是确定赔偿的原则。实事求是是我们各项工作的指导思想，也是我国附带民事诉讼立法、司法的根本原则。要实事求是地对待被告人和被害人的赔偿要求，一要查明真相，二要分清是非，三要合理认定。首先，要正确确定被告人应承担赔偿责任的程度和数额；其次，要查明被告人的实际赔偿能力；最后，要根据被告人应承担赔偿的责任程度、数额，被告人实际的赔偿能力，实事求是地解决被告人的赔偿问题。

法院在审理本案过程中，根据实事求是原则，确定各被告人应当承担巨额的赔偿费，但经查明被告人的赔偿能力不一且非常有限，所以结合各被告人的罪行严重性以及实际的赔偿能力，还有各受害人的受损害程度，作出62名原告分别获得经济赔偿3,000元至12万元的判决，虽然受害人不服判决而上诉，但最终还是维持了原判，因为它于法于理都是符合诉讼原则的。

5. 着重调解的原则。用调解方式解决民事纠纷，这是我国民事诉讼的突出特点，也是我国民事诉讼基本原则之一，附带民事诉讼也应当完全适用。司法机关处理附带民事诉讼时，通过调解，促使双方当事人达成协议，以解决民事案件，这既有利于简化诉讼程序，方便当事人诉讼，又有利于实事求是地确定赔偿问题，迅速、彻底地解决民事纠纷。但并不是每一附带民事诉讼都要把调解作为必经的程序，在执行调解程序时，必须坚持以事实为根据、以法律为准绳，尊重民事当事人的意愿等原则。

在这一重大毒酒案中，广州市中级法院正是秉承了这一系列的附带民事诉讼审理原则,使得案件在最短的时间内得到了了结。节约了司法资源,减轻了当事人的诉累。通过明确赔偿原则,把犯罪者个人责任与连带责任相结合,坚持赔偿数额与损害程度相适应,使被害人的合法权益得到了最大程度的保护。

【法条链接】

《刑事诉讼法》

第一百零二条 附带民事诉讼要由审判刑事案件的同一审判组织进行审理,只有为了防止刑事案件审判的过分迟延,才可以在刑事案件判决后,由同一审判组织继续审理附带民事诉讼。

《最高人民法院关于适用〈中华人民共和国刑事诉讼法〉的解释》

第一百五十三条 人民法院审理附带民事诉讼案件,可以根据自愿、合法的原则进行调解。经调解达成协议的,应当制作调解书。调解书经双方当事人签收后,即具有法律效力。

调解达成协议并即时履行完毕的,可以不制作调解书,但应当制作笔录,经双方当事人、审判人员、书记员签名或者盖章后即发生法律效力。

【典型案例目录索引】

魏某某刑事自诉附带民事诉讼案

载杨华、李艳玲、曹晓霞主编:《刑事诉讼法案例点评》,中国人民公安大学出版社2005年版,第202－203页。

【参考阅读的法律文献】

1. 王新清:《以案说法——刑事诉讼篇》,中国人民大学出版社2002年版。
2. 王幼章:《刑事判案评述》,人民法院出版社2004年版。
3. 杨华、李艳玲、曹晓霞主编:《刑事诉讼法案例点评》,中国人民大学出版社2005年版。
4. 刘新仿等编:《刑事诉讼法实务与案例评析(上、下)》,中国工商出版社2002年版。

第七节 附带民事诉讼的审理

【典型案例】

【案例9-7-01】

郭某故意伤害案。郭某因楼房渗水问题与邻居李某及其妻张某发生争执。在抓扯中,郭某不小心把李某推下楼梯,李某当场死亡,还用手将张某的头部打伤,经市法医活体检验鉴定中心鉴定:李某系从高处跌下造成的颅脑损伤而死亡;张某的损伤为多发性软组织挫伤及左耳挫伤,系轻伤。2002年7月18日,被告人郭某在父母陪同下到公安机关投案自首。

2003年3月15日,某市的区人民检察院以故意伤害罪对郭某提起公诉。在诉讼过程中,被害人张某又向法院提起附带民事诉讼。该区法院审查后认为应该受理,于3月28日向郭某送达了附带民事诉讼起诉状副本。受理后,法院先对双方当事人进行了调解,但张某情绪激动,没有达成调解协议,于是案件转入审判程序。在审理中,附带民事诉讼的原告人张某因无法对其要求赔偿经济损失10万元人民币的诉讼请求提出充分证据,未经法庭许可中途退庭,该法院的审判员于是宣布休庭,并劝张某继续参加庭审。重新开庭后,经过法庭辩论,张某提出要与附带民事诉讼被告人调解结案。经双方同意,在审判员的主持下,双方达成调解协议。

【法理与法律适用分析】

人民法院受理附带民事诉讼后,应当及时向附带民事被告人,送达附带民事起诉状副本,或者口头告知起诉的内容,并制作笔录。被告人是未成年的,应当将附带民事起诉状副本送达他的法定代理人,或者将口头起诉的内容告知他的法定代理人。人民法院送达附带民事起诉状副本时,还要根据刑事案件审理期限,确定被告人提交民事答辩状的期限。

人民法院对附带民事诉讼案件可以先行调解。法院应当根据查清的事实,在自愿、合法的基础上进行。经调解的,应当及时制作调解书,送达双方当事人后即发生法律效力。调解达成协议并当庭执行完毕的,可以不制作调解书,但是,经双方当事人、审判人员、书记员签名或者盖章后即生效。调解未达成协议或者调解书未送达前当事人一方反悔的,民事诉讼应通过审判解决。

法院受理附带民事诉讼后,只要不会过分拖延刑事诉讼部分的进行,应由同一审判组织来在审理两个诉讼部分。审理时,应合理协调两种程序,本着"先刑后民"、减少重复劳动的原则进行。法庭审理刑事案件所调查核实的证据,查清案件事实情况,适用于附带民事诉讼,不需要重复调查。

开庭时,审判长应一并查明刑事当事人与附带民事当事人的身份等事项;宣布案由时应一并宣布附带民事诉讼的案由;宣布合议庭成员、书记员、公诉人、鉴定人、翻译人员后,要和告知刑事当事人一样,同时告知附带民事诉讼当事人有申请回避的权利和庭审中的其他诉讼权利。法庭调查阶段,在公诉人宣读起诉书后,应接着由附带民事诉讼原告人宣读附带民事起诉状,或口头陈述附带民事诉讼请求。被害人或其法定代理人就刑事问题向被告人发问后,附带民事诉讼原告人或其法定代理人、委托代理人等,经审判长许可,可以对刑事被告人就有关附带民事诉讼的事实情况发问。法庭宣读未到庭的证人证言笔录、鉴定人的鉴定结论和其他作为证据的文书时,应包括有关附带民事诉讼的各种证据,附带民事诉讼的当事人都有权对此发表意见。在法庭审理过程中,附带民事诉讼当事人有权就民事部分申请通知新的证人到庭、调取新的物证、申请重新鉴定或勘验。法庭辩论时,根据刑事诉讼法和民事诉讼法的规定,有附带民事诉讼的法庭辩论的顺序为:在公诉人发言后,由附带民事诉讼原告人及其诉讼代理人发言,在刑事被告人陈述辩护,辩护人进行辩护后,由附带民事诉讼被告人及其诉讼代理人答辩,然后双方依次就刑事问题进行辩论,就附带民事诉讼问题进行辩论。在被告人最后陈述阶段,根据刑事诉讼法和民事诉讼法的有关规定,应先由刑事被告人作最后陈述,然后由审判长按照附带民事诉讼原告人、被告人的顺序,征求他们的最后意见。根据《民事诉讼法》第141条的规定,此时法庭还可以对附带民事诉讼问题进行调解。合议庭在评议和宣判时,应对刑事部分和附带民事部分一并进行评议和作出判决、宣判。经评议,即使认定公诉案件被告人的行为不构成犯罪,对已经提起的附带民事诉讼,仍应由该审判组织作出刑事附带民事判决。

根据民事诉讼的处分原则,附带民事诉讼在审结之前,原告人要求撤诉的,人民法院应当允许。但是,国家、集体财产遭受损失,被告人又有赔偿能力的,人民检察院或者受损害单位不能要求撤诉,因为对国家、集体财产,任何人无权随意处置。

根据《刑事诉讼法》第216条、第217条的规定,附带民事诉讼的当事人和人民检察院,对地方各级人民法院一审判决、裁定附带民事部分不服,有权提出上诉或抗诉。第二审人民法院对附带民事上诉或抗诉的案件进行审理时,如果发现刑事部分有错误,必须予以纠正的,应当按照审判监督程序解决。这样既严格执行了法律,又可纠正一审不当的判决。对判决的刑事部分提起上诉或抗诉的案件,附带民事部分没有上诉或抗诉的,该部分判决也不能生效。刑事部分的上诉或抗诉对民事部分有连带上诉的作用。因为刑事部分认定的案件事实适用于附带民事部分,刑事部分事实认定如果有错误,势必影响民事部分的判决。

人民法院受理附带民事诉讼以后,为了保证作出赔偿经济损失的判决能够顺利执行,在必要的时候,可以查封、扣押被告人的财产和采取其他财产保全措施。人民法院采取财产保全措施,一般应根据附带民事诉讼原告人的请求。如果认为必要,也可依照职权作出财产保全决定。对被告人的财产采取财产保全措施时,应以个人的财产为限;查封、扣押的数量,应以足够赔偿为限。

本案中,法院对于附带民事诉讼的审理基本符合法律规定的程序,例如审查、受理、送达诉讼文书、先行调解以及庭审中的各个环节。但是也存在不合理之处,例如:法院在审查附带民事诉讼原告人的起诉状后,认为应该受理,根据刑事诉讼法的规定,应在决定受理后的5日内送达附带民事诉讼起诉状副本,显然该法院的送达时间已经违反了法律的规定;其次,在审理过程中,附带民事原告人中途退庭,根据《刑诉解释》第158条①规定,应当按自行撤诉处理,而不是休庭,所以法院的做法是错误的。

【法条链接】

《刑法》

第三十六条第一款 由于犯罪行为而使被害人遭受经济损失的,对犯罪分子除依法给予刑事处罚外,并应根据情况判处赔偿经济损失。

《最高人民法院关于适用〈中华人民共和国刑事诉讼法〉解释》

第一百五十三条 人民法院审理附带民事诉讼案件,可以根据自愿、合法的原则进行调解。经调解达成协议的,应当制作调解书。调解书经双方当事人签收后,即具有法律效力。

调解达成协议并即时履行完毕的,可以不制作调解书,但应当制作笔录,经双方当事人、审判人员、书记员签名或者盖章后即发生法律效力。

【典型案例目录索引】

曹某过失致人死亡附带民事诉讼案

载杨华、李艳玲、曹晓霞主编:《刑事诉讼法案例点评》,中国人民公安大学出版社2005年版,第115-116页。

【参考阅读的文献资料】

1. 陈光中:《刑事诉讼法教程》,中国城市出版社2001年版。
2. 陈卫东:《刑事诉讼法教学参考书》,中国人民大学出版社2004年版。
3. 叶青主编:《刑事诉讼法学》(第二版),上海人民出版社、北京大学出版社2010年版。

---

① 参见《最高人民法院关于适用〈中华人民共和国刑事诉讼法〉若干问题的解释》第158条:附带民事诉讼原告人经传唤,无正当理由拒不到庭,或者未经法庭许可中途退庭的,应当按撤诉处理。

第十章　期间和送达

第一节　期　间

一、期间的概述

刑事诉讼期间,是指公安机关、人民检察院、人民法院进行刑事诉讼,以及诉讼当事人和其他诉讼参与人参加刑事诉讼必须遵守的时间期限。

期间由法律直接规定,又称为法定期间。法律规定的期间有两类:司法机关应当遵守的期间和当事人以及其他诉讼参与人应当遵守的期间。

期日与期间不同。它是指司法机关和诉讼参与人共同进行刑事诉讼活动的特定时间,如人民法院在法律规定的一审期间内指定一日对案件开庭审理。期间和期日的区别是:(1)规定的来源不同:期间由法律规定;期日由司法机关具体承办人确定。(2)遵守的对象不同:期间由司法机关或诉讼参与人一方遵守;期日往往需要双方共同遵守。(3)起止日期的规定不同:期间有明确的开始、结束时间;期日只规定开始的时间,不规定终止的时间。(4)稳定性不同:期间稳定不变,法律明确规定,不能任意变更;期日由司法机关指定,遇重大理由时可以调整。

刑事诉讼中的期间对刑事诉讼活动具有重要意义。其主要表现是:首先,有利于增加司法人员的诉讼法制观念和责任心,提高办案效率,以保证诉讼活动的顺利进行,保证准确、及时、合法地处理案件。其次,能够有效地保护当事人的合法权益不受侵犯,防止对犯罪嫌疑人、被告人久押不结、不判、以捕代罚等违法现象发生。最后,有利于维护国家法律的严肃性,保障法律的统一正确实施。在法定的期间内所进行的诉讼活动,是产生法律效力的诉讼活动。

二、法定期间

2012 年修正后的《刑事诉讼法》对各种诉讼行为的期间作出了更加明确、具体的规定。概括起来,主要有:

(一)强制措施期间

对犯罪嫌疑人、被告人传唤、拘传持续的时间不得超过 12 小时;案情重大、复杂,需要采取拘留、逮捕措施的,传唤、拘传持续的时间不得超过 24 小时。

人民法院、人民检察院和公安机关对犯罪嫌疑人、被告人取保候审最长不得超过 12 个月,监视居住最长不得超过 6 个月。

公安机关对被拘留的人认为需要逮捕的,应当在拘留后 3 日内提请人民检察院审查批准。特殊情况下,可以将提请审查批准的时间延长1日至4日;对于流窜作案、多次作案、结伙作案的重大嫌疑分子,提请审查批准的时间可以延长至30日。人民检察院应当在接到公安机关提请批准逮捕书的7日以内,作出批准逮捕或者不批准逮捕的决定。人民检察院对直接受理的案件中被拘留的人,认为需要逮捕的,应当在14日以内作出决定。在特殊情况下,决定逮捕的时间可以延长1日至3日。

【案例10-1-01】2009年8月1日,犯罪嫌疑人李某(男,34岁)和谭某(男,37岁)因涉嫌聚众斗殴罪被传唤至区公安分局,二人如实供述了犯罪事实。据此,8月3日,区公安分局以涉嫌聚众斗殴罪决定对李某和谭某立案侦查,并将二人刑事拘留。当日,区公安分局因群体性事件突发出警,遂于8月5日对李某和谭某进行了讯问。8月16日,决定将李某和谭某二人刑事拘留延长至30日。拘留期间,李某和谭某共同聘请了一名律师。律师申请会见李某和谭某,公安机关经审查批准会见。结合本案来看,首先,区公安分局在对二人进行拘留后并未将这一拘留情况及时告知被拘留人家属,违反了刑诉法的相关规定。新刑诉法第83条第2款规定:"拘留后,应当立即将被拘留人送看守所羁押,至迟不得超过24小时。除无法通知或者涉嫌危害国家安全犯罪、恐怖活动犯罪通知可能有碍侦查的情形以外,应当在拘留后24小时以内,通知被拘留人的家属。有碍侦查的情形消失以后,应当立即通知被拘留人的家属。"其次,更重要的是,即使发生了群体性事件突发而出警,也应当在法律规定的拘留期限内对被拘留人李某和谭某进行讯问,而不是任意拘留。区公安分局在对李某和谭某拘留2日以后才进行讯问,显然这一做法违反了法律关于拘留期限的规定。再次,区公安分局决定将李某和谭某二人刑事拘留延长至30日的做法也是错误的,根据相关法律条文的规定,公安局只有在认为对被拘留人需要逮捕提请检察院审查批捕时才能延长对被拘留人的拘留期限,本案中区公安分局擅自决定延长对被拘留人李某和谭某的拘留期限这一严重超期羁押的做法严重违反了刑诉法的相关规定。

(二)司法机关办理犯罪嫌疑人、被告人被羁押案件的期间

司法机关处理公诉案件受期限约束是以犯罪嫌疑人、被告人被羁押为前提。如果犯罪嫌疑人、被告人未被羁押,法律对司法机关办理案件没有期限约束。

1. 逮捕后的侦查羁押期限

法律规定的侦查羁押期间既适用于公安机关负责立案侦查的案件,也适用于人民检察院直接立案侦查的案件。对犯罪嫌疑人逮捕后的侦查羁押期限不得超过2个月。案情复杂、期限届满不能终结的案件,可以经上一级人民检察院批准延长1个月;对于交通十分不便的边远地区的重大复杂案件,重大的犯罪集团案件,流窜作案的重大复杂案件,犯罪涉及面广、取证困难的重大复杂案件,在上述3个月侦查羁押期限内不能侦查终结的,经省、自治区、直辖市人民检察院批准或决定,可以延长2个月;对犯罪嫌疑人可能判处10年以上刑罚的,依照前述规定延长2个月,仍不能侦查终结的,经省、自治区、直辖市人民检察院批准或决定,可以再延长2个月;因为特殊原因,在较长时间内不宜交付审判的特别重大复杂案件由最高人民检察院报请全国人大常委会批准延期审理。

根据《刑事诉讼法》第158条的规定,在侦查期间,发现犯罪嫌疑人另有重要罪行的,自发现之日起重新计算侦查羁押期限。犯罪嫌疑人不讲真实姓名、住址,身份不明的,应当对其身份进行调查,侦查羁押期限自查清其身份之日起计算,但是不得停止对其犯罪行为的侦查取证。对于犯罪事实清楚,证据确实、充分,确实无法查明其身份的,也可以按其

自报的姓名起诉、审判。

最高人民检察院直接立案侦查的案件,符合《刑事诉讼法》第 154 条、156 条和第 157 条规定的条件,需要延长犯罪嫌疑人侦查羁押期限的,由最高人民检察院依法决定。

2. 审查起诉期间

人民检察院对于公安机关移送起诉的案件,应当在 1 个月以内作出决定,重大、复杂的案件,可以延长半个月。对于需要补充侦查的案件,无论是人民检察院自行补充侦查或退回公安机关补充侦查,都应在 1 个月以内补充侦查完毕。退回补充侦查以两次为限。

【案例 10-1-02】1999 年 8 月,某市印染厂女工赵某突然失踪,其家人发现她失踪后多方寻找未果,几天后,在郊区一片废弃的建筑工地上发现其尸体。该市公安局经立案、侦查,认为该市印染厂的司机钱某有嫌疑。侦查终结后,公安局于 1999 年 10 月 31 日将案件移送至该市检察院审查起诉。市检察院接到公安局移送起诉的案件后,由检察员孙某一人对犯罪嫌疑人钱某进行了讯问,即认为证据不足,遂于 11 月 12 日退回公安局补充侦查。12 月 10 日,公安局补充侦查完毕,再次移送起诉。市检察院经过审查,认为证据仍然不足以证明钱某实施了杀人行为,遂于 2000 年 1 月 5 日作出了证据不足不起诉的决定。市检察院公开宣布该不起诉决定,并于 1 月 7 日将不起诉决定书送达了公安局、犯罪嫌疑人钱某、被害人赵某的母亲李某。该案的退回补充侦查和审查起诉的期间均在法律规定的期间内。根据新刑诉法第 171 条第 4 款规定,证据不足的不起诉,需要经过二次补充侦查,才能做出不起诉决定。思考本案中公检法机关行为的不当之处。

3. 一审审理期间

(1)公诉案件审理期间。根据《刑事诉讼法》第 202 条规定,人民法院审理公诉案件,应当在受理后 2 个月以内宣判,至迟不得超过 3 个月。对于可能判处死刑的案件或者附带民事诉讼的案件,以及对于交通十分不便的边远地区的重大复杂案件,重大的犯罪集团案件,流窜作案的重大复杂案件,犯罪涉及面广、取证困难的重大复杂案件,经上一级人民法院批准,可以延长 3 个月;因特殊情况还需要延长的,报请最高人民法院批准。

【案例 10-1-03】从 2000 年 11 月至 2001 年 6 月,被告人杜某某(女)、项某某(女)和孙某(女)多次单独或结伙介绍他人卖淫,从中获取好处费。其中被告人杜某某介绍他人卖淫 2 次,获利 3,000 余元;被告人项某某介绍他人卖淫 4 次,获利 1,000 余元;被告人孙某介绍他人卖淫 3 次,其中一次为介绍不满 14 周岁幼女卖淫,获利 4,000 余元。2001 年 11 月,被告人杜某某、项某某分别被公安机关抓获,被告人孙某闻讯后,在其男友李某的帮助下,逃至某县藏匿起来。2002 年 5 月,公安机关将孙某和李某抓获归案。2002 年 9 月,某市某区人民检察院以被告人杜某某、项某某、孙某涉嫌介绍卖淫罪、被告人李某涉嫌包庇罪,向某区人民法院提起公诉。法院经过不公开开庭审理,认为本案事实清楚,证据确实、充分,被告人杜某某、项某某、孙某均构成介绍卖淫罪,且均属情节严重,检察机关指控的罪名成立。被告人李某明知其女友孙某犯罪后正被公安机关缉捕而故意帮助其逃匿,其行为构成窝藏罪,检察机关指控的包庇罪罪名不当。2002 年 11 月,某区人民法院对本案做出了一审判决。本案中根据 1996 年刑诉法的规定,该区人民法院作出判决已经超出一审审理期限。为了进一步规范法院一审案件的审理期限,照顾到某些案件事实复杂的现实情况,2012 年刑诉法对于一审审理期限做了修改,将人民法院审理公诉案件的一审期限调整为 2 个月,至迟不得超过 3 个月。

(2) 自诉案件审理期间。人民法院审理自诉案件的期限,被告人被羁押的,适用公诉案件的规定,未被羁押的,应当在受理后6个月以内宣判。

(3) 简易程序审理期间。适用简易程序审理案件,人民法院应当在受理后20日以内审结。对可能判处的有期徒刑超过3年的,可以延长至一个半月。

4. 二审审理期间

根据《刑事诉讼法》第232条规定,第二审人民法院受理上诉、抗诉案件,应当在2个月以内审结。对于可能判处死刑的案件或者附带民事诉讼的案件,以及对于交通十分不便的边远地区的重大复杂案件,重大的犯罪集团案件,流窜作案的重大复杂案件,犯罪涉及面广、取证困难的重大复杂案件,经省、自治区、直辖市高级人民法院批准或者决定,可以延长2个月;因特殊情况还需要延长的,报请最高人民法院批准。最高人民法院受理上诉、抗诉案件的审理期限,由最高人民法院决定。

【案例10-1-04】2005年4月,北京某汽车有限责任公司销售分公司经理黄某与本单位副经理李某、销售科长郭某一起,将本公司13万余元贷款投入他们在深圳开办的一家美食城,该美食城因为经营管理不善亏损,贷款无法收回。另外,李某在担任北京某汽车有限公司经销部副部长期间,从某公司收货款20万元,并提走2辆高级轿车。后李某将该公司欠该汽车公司的贷款冲减了32万余元,从而将这20万元货款非法占有。2006年12月,北京市石景山区人民检察院以黄某、李某、郭某涉嫌挪用公款、贪污罪提起公诉。一审法院审理后认为,三被告人不具有国家工作人员身份,其行为不构成挪用公款罪而构成挪用资金罪;对人民检察院指控李某非法占有该汽车公司20万元货款的行为,认定不构成贪污罪。后以挪用资金罪分别判处三被告人有期徒刑1年零6个月至6个月不等的刑罚。

一审宣判后,人民检察院于2007年3月10日依法提出抗诉。2007年4月30日,北京市第一中级人民法院经审理认为,三被告人均系某汽车集团(国有企业)委派的干部,是国家工作人员,利用职务便利挪用公款13万余元进行营利活动,构成挪用公款罪;李某具备贪污罪的主体身份,其行为已构成贪污罪;检察机关的抗诉理由成立,予以采纳。于是撤销一审判决,分别改判黄某、李某、郭某有期徒刑3年、13年、1年。

5. 再审程序审理期间

人民法院按照审判监督程序重新审判的案件,应当在作出提审、再审决定之日起3个月以内审结,需要延长期限的,不得超过6个月。接受抗诉的人民法院按照审判监督程序审判抗诉的案件,审理期限适用前述规定;对需要指令下级人民法院再审的,应当自接受抗诉之日1个月以内作出决定,下级人民法院审理案件的期限适用前述规定。

【案例10-1-05】2004年5月熊某因涉嫌杀妻被起诉,某县人民法院一审判处其有期徒刑15年,熊某未上诉。人民检察院抗诉后,某市中级人民法院终审判处熊某无期徒刑。熊某之父以熊某没有杀妻为由向某市中级人民法院提出申诉,某市中级人民法院一年多未予以答复。无奈,熊父又向某省人民检察院提出申诉。其时,杀害熊某妻子的真凶已经被公安机关抓获。某省人民检察院认为原判确有错误,遂按审判监督程序向某省高级人民法院提起抗诉。该法院接到抗诉后于2006年4月20日制作了再审决定书,并且于2006年6月25日将该起案件审理完毕。思考本案中审判监督程序和运行有何错误。

(三) 申诉、上诉和抗诉的期间

被害人如果不服人民检察院的不起诉决定,可以在收到决定书后7日以内向上一级人民检察院提出申诉。被不起诉人如果对于人民检察院因"犯罪情节轻微,依照刑法规定不需要判处刑罚或者免除刑罚的"而作出的不起诉决定,可以自收到决定书后7日以内向人民检察院申诉。当事人等不服人民法院已经发生法律效力的判决、裁定的申诉,刑事诉讼法无明确的期限规定。

不服第一审判决的上诉、抗诉期限为10日;不服第一审裁定的上诉、抗诉期限为5日。被害人及其法定代理人不服地方各级人民法院第一审判决的,自收到判决书后5日以内,有权请求人民检察院提出抗诉。人民检察院自收到被害人及其法定代理人的请求后5日以内,应当作出是否抗诉的决定,并且答复请求人。

【案例10-1-06】犯罪嫌疑人吴某(女,30岁),某公司普通职员;雷某(男,30岁),个体运输司机,系犯罪嫌疑人吴某丈夫。雷某因嫌跑运输收入低,于是便伙同他人进行盗窃,让吴某为其放风,吴某认为这是犯法的事情,不愿意干并劝雷某也不要作奸犯科。雷某非但不听,还威胁吴某一定要为其盗窃时放风,否则就让吴某"没好果子吃",吴某害怕被雷某殴打于是屈服于雷某的淫威之下,不得不去为雷某盗窃时在一旁为其放风。案发后,吴某认罪态度较好且主动交代了自己的犯罪事实,因此检察院认为吴某犯罪情节轻微,依照刑法规定可以免除刑罚,因此作出不起诉的决定。吴某于10月16日收到检察院的不起诉决定书,但是吴某认为自己的行为不构成犯罪,而非检察院认定的犯罪情节显著轻微免于处罚的情形,遂于10月18日到检察院进行申诉。检察院依据《刑事诉讼法》有关期间的规定,接受了吴某的申诉。

(四)通知、送达期间

通知、送达的期限,是指司法机关发送通知或者送达诉讼文件应当遵守的期限。拘留后,应当立即将被拘留人送看守所羁押,至迟不得超过24小时。除无法通知或者涉嫌危害国家安全犯罪、恐怖活动犯罪通知可能有碍侦查的情形以外,应当在拘留后24小时以内,通知被拘留人的家属。有碍侦查的情形消失以后,应当立即通知被拘留人的家属。逮捕后,应当立即将被逮捕人送看守所羁押。除无法通知的以外,应当在逮捕后24小时以内,通知被逮捕人的家属。指定居所监视居住的,除无法通知的以外,应当在执行监视居住后24小时以内,通知被监视居住人的家属。

根据《刑事诉讼法》第182条的规定,人民法院决定开庭审判后,应当确定合议庭的组成人员,将人民检察院的起诉书副本至迟在开庭10日以前送达被告人及其辩护人。人民法院确定开庭日期后,应当将开庭的时间、地点通知人民检察院,传唤当事人,通知辩护人、诉讼代理人、证人、鉴定人和翻译人员,传票和通知书至迟在开庭3日以前送达。公开审判的案件,应当在开庭3日以前先期公布案由、被告人姓名、开庭时间和地点。

(五)其他诉讼期间

1. 委托律师及其他辩护人、诉讼代理人的期限

根据《刑事诉讼法》第33条规定,犯罪嫌疑人在被侦查机关第一次讯问或者采取强制措施之日起有权委托辩护人;在侦查期间,只能委托律师作为辩护人。被告人有权随时委托辩护人。侦查机关在第一次讯问犯罪嫌疑人或者对犯罪嫌疑人采取强制措施的时候,应当告知犯罪嫌疑人有权委托辩护人。人民检察院自收到移送审查起诉的案件材料之日起3日以内,应当告知犯罪嫌疑人有权委托辩护人。人民法院自受理自诉案件之日起3日以内,应当告知被告人有权委托辩护人。人民法院、人民检察院和公安机关应当及时转

达其要求。犯罪嫌疑人、被告人在押的,也可以由其监护人、近亲属代为委托辩护人。辩护人接受犯罪嫌疑人、被告人委托后,应当及时告知办理案件的机关。

《刑事诉讼法》第44条规定,公诉案件的被害人及其法定代理人或者近亲属,附带民事诉讼的当事人及其法定代理人,自案件移送审查起诉之日起,有权委托诉讼代理人。人民检察院自收到移送审查起诉的案件材料之日起3日以内,应当告知被害人及其法定代理人或者其近亲属、附带民事诉讼的当事人及其法定代理人有权委托诉讼代理人。自诉案件的自诉人及其法定代理人,附带民事诉讼的当事人及其法定代理人,有权随时委托诉讼代理人。人民法院自受理自诉案件之日起3日以内,应当告知自诉人及其法定代理人、附带民事诉讼的当事人及其法定代理人有权委托诉讼代理人。

【案例10-1-07】2002年1月9日,犯罪嫌疑人张某与王某一起去一家网吧玩电子游戏。二人玩了一上午的游戏,中午因费用问题与网吧老板发生争吵,被老板骂了几句,二人遂怀恨在心,伺机报复。当晚23时许,二人带上事先准备的汽油,趁人不备,将汽油洒在网吧的木质大门、窗户上,用打火机点燃。由于网吧出口已被大火封住,结果正在上网的人员中有6人死亡、17人受伤。市公安局立即组织侦查人员对案件进行侦查,经检察院批准对两名犯罪嫌疑人执行了逮捕。张某的父亲请求会见张某并为其聘请律师,被侦查人员以侦查阶段无权委托辩护人为由予以拒绝。案件侦查终结后移送至市人民检察院审查起诉,市人民检察院于接到案件材料之日起的第5日告知张某和王某有权委托辩护人。经审判,法院依法判决被告人张某无期徒刑,剥夺政治权利终身,被告人王某有期徒刑15年。本案中公安局在其进行的诉讼程序中的违法之处有:侦查人员不应以侦查阶段无权委托辩护人为由拒绝犯罪嫌疑人张某的父亲为其聘请律师的要求。根据《刑事诉讼法》第33条规定,犯罪嫌疑人自被侦查机关第一次讯问或者采取强制措施之日起,有权委托辩护人。检察院进行的诉讼程序中的违法之处有:检察院不应在接到案件材料之日起的第5日才告知犯罪嫌疑人有权委托辩护人。检察院应在收到案件材料之日起3日内告知犯罪嫌疑人有权委托辩护人。

2. 移送案件材料期限

根据《刑事诉讼法》第220条的规定,当事人通过原审人民法院提出上诉的,原审人民法院应当在3日以内将上诉状连同案卷、证据移送上一级人民法院,同时将上诉状副本送交同级人民检察院和对方当事人;当事人直接向第二审人民法院提出上诉的,第二审人民法院应当在3日以内将上诉状交原审人民法院送交同级人民检察院和对方当事人。第224条规定,第二审人民法院决定开庭审理的案件,第二审人民法院应当在决定开庭审理后及时通知人民检察院查阅案卷。人民检察院应当在1个月内查阅完毕。人民检察院查阅案卷的时间不计入审理期限。

3. 死刑执行期限

下级人民法院接到最高人民法院执行死刑的命令后,应当在7日以内交付执行。

【案例10-1-08】2003年7月15日上午,被告人崔某某驾车行驶在某某市南内环西街,因与被害人所驾车辆互相侧挂而发生口角,争吵过程中,崔某某从车内拿出一把水果刀向被害人胸部连刺三刀,致被害人心脏破裂当场死亡。市公安局接到报案后,迅速派人赶赴现场将崔某某抓获,并将其刑事拘留,而后即向他的家人送达了拘留通知书。7月25日,经市人民检察院批准,市公安局对崔某某执行了逮捕,同时向他的家人送达了《逮捕通知书》。8月29日,公安局侦查终结,将案件移送人民检察院审查起诉。9月26日,市人民检察院以被告人崔某某犯故意伤害罪向市中级人民法院提起公诉。市中级人民法院经过公开开庭审理,于10月24日作出一审判决,以故意伤害(致死)罪判处被告人崔某某死刑,剥夺政治权利终身。10月31日,崔某某向省高级人民法院提出上诉。11月28日,省高级人民法院经审理后,作出终审裁定,驳回崔某某的上诉,维持原判,并经死刑核准程序核准死刑,同时下达执行死刑的命令。12月5日,罪犯崔某某被提执行死刑。经一审、二审和死刑复核程序,被告人崔某某被判处死刑,剥夺政治权利终身。判决已执行。

4. 变更执行的监督期限

人民检察院认为暂予监外执行不当的,应当自接到通知之日起1个月以内将书面意见送交决定或者批准暂予监外执行的机关;决定或批准暂予监外执行的机关接到人民检察院的书面意见后,应当立即对该决定进行重新核查。

人民检察院认为人民法院减刑、假释的裁定不当,应当自收到裁定书副本后20日以内,向人民法院提出书面纠正意见。人民法院应当在收到纠正意见后的1个月内重新组成合议庭进行审理,作出最终裁决。

5. 申请恢复期间的期限

当事人由于不能抗拒的原因或者有其他正当理由而耽误期限的,在障碍消除后5日以内,可以申请继续进行应当在期满以前完成的诉讼活动。

三、期间的计算

(一)期间的计算标准

我国刑事诉讼的期间以时、日、月为计算单位。以时计算的,如传唤、拘传持续的时间不得超过12小时;案情重大、复杂,需要采取拘留、逮捕措施的,传唤、拘传持续的时间不得超过24小时。以日计算的,如人民法院应当至迟在开庭10日以前将人民检察院起诉书副本送达被告人及其辩护人。以月计算的,如对于补充侦查的案件,应当在1个月以内补充侦查完毕。

(二)期间的计算方法

根据《刑事诉讼法》第103条第2款的规定,期间开始的时和日不算在期间以内。以时为单位计算的期间,开始的时不算在期间内。例如6日上午9时拘传犯罪嫌疑人,拘传期限12小时,应从6日上午10时起算。以日为单位计算的期间,开始的日不算在期间内。例如被告在5月4日接到判决书,上诉期限为10日,应从5月5日起算至5月14日。

根据最高人民法院的解释,以月计算的期限,自本月某日至下月某日为一个月,半月一律按15日计算期限。如,本月1日收案至下一个月1日的审查起诉期间。如果期满月相当于开始月的某日实际不存在时,应当将期满日向前移,也即以期满月的最后一日为期满日。

而不得向后顺延到再下1个月。例如,人民检察院1月31日将案卷退回公安机关补充侦查,公安机关补充侦查的期满之日本应是"2月31日",但是由于2月份没有31日,所以此时的期满之日应是当年2月的最后一日,即28或者29日。

根据《刑事诉讼法》第103条第4款规定,期间的最后一日为节假日的,以节假日后的第一日为期满日期,但犯罪嫌疑人、被告人或者罪犯在押期间,应当至期满之日为止,不得因节假日而延长。如被告人上诉期的届满之日为10月1日,则应顺延至十一国庆节后的第一个工作日。

【案例10-1-9】李某因涉嫌抢劫罪,于2003年8月4日被依法逮捕,至10月4日羁押期满。由于10月4日尚在法定节假日之中,故此对李某的羁押期限顺延至节假日后的第一个工作日,即10月8日。这种做法显然是错误的。对于犯罪嫌疑人、被告人或者罪犯在押期间,因为涉及当事人的人身自由,应当至期间届满之日为止,不得顺延期间。

根据《刑事诉讼法》第103条第3款规定,法定期间不包括路途上的时间。上诉状或者其他文件在期满前已经交邮的,不算过期。例如公安机关在异地执行拘留后带回本地,则返回途中所需的时间就不能计算在拘留后应当在24小时以内讯问的时间上,通过邮寄的上诉状或者其他文件只要是在法定期间内交邮的即使司法机关收到时已过法定期限也不算过期,上诉状或其他文件是否在法定期限内交邮以当地邮局所盖邮戳为准。

【案例10-1-10】2005年4月5日,王某因收受贿赂被人民法院一审判处有期徒刑5年,并于当日收到判决书。王某认为量刑过重,决定提起上诉,并于法定期间内将上诉状交邮,二审法院于4月18日收到上诉状。根据刑事诉讼法规定,不服判决的上诉、抗诉期限为10日,其期间的计算应从收到判决书的第2日起计算。本案中的上诉期间应从4月6日起计算,到4月15日为期间届满,4月15日当天是期间的最后一天。上诉状在期限届满前已经交邮的,即使文书到达司法机关时已经超过法定期限,仍然认为有效。本案中上诉状已于法定上诉期间内交邮,虽二审法院收到时已是4月18日,看似已过法定期限,但按照法律规定不算过期,仍应有效。

【案例10-1-11】吴某因抢劫被某区人民法院依法审理。2000年9月22日,吴某因抢劫罪被判处有期徒刑5年。吴某收到判决书后的第8天不服一审判决,向上级人民法院提出上诉。因上诉状是在国庆节前一天即9月30日寄出的,上级人民法院接到上诉状时已是10月8日。但上级人民法院还是接受了吴某的上诉,按照第二审程序进行了审理并依法予以改判,判处吴某有期徒刑3年。我国《刑事诉讼法》规定:法定期间不包括路途上的时间;上诉状或者其他文件在期满前已经交邮的,不算过期;期间届满之日如果是法定假日的,应当顺延至法定节假日后的第一个工作日。此案的被告人吴某于9月22日收到判决书,上诉期限的起算日期应为9月23日,不服判决的上诉期限是10日,原本终止日期为10月2日,但由于是在国庆节期间(国庆节放假时间为1日至7日),所以上诉期限的终止日期为10月8日。吴某于9月30日将上诉状寄出,根据法律的规定,应属于在上诉期间内提出上诉,二审法院虽然接到上诉状时已经是判决宣告后的第16天即10月8日,但是根据法律规定仍然是在上诉期内,二审法院依据《刑事诉讼法》有关期间的规定,接受了吴某的上诉,并按照第二审程序进行了审理的做法是正确的,是符合法律规定的。

【案例10-1-12】被告人刘某,原系某局副局长,因在任期间多次利用职权,收受贿赂,为他人办事,被知情人举报。此案经人民检察院侦查、起诉,人民法院依法受理,1999年4月5日,刘某因受贿罪被判处有期徒刑10年。刘某收到判决书后,认为量刑过重,于是让其妻代为上诉。其妻于4月14日将上诉状交邮,二审法院于4月18日接到上诉状,认为刘某的上诉已经超过法定期限,遂驳回上诉。我国刑事诉讼法的规定:"期间以时、日、月计算。期间开始的时和日不算在期间以内。法定期间不包括路途上的时间。上诉状或者其他文件在期满前已经交邮的,不算过期。""不服判决的上诉和抗诉的期限为10日,不服裁定的上诉和抗诉的期限为5日,从接到判决书、裁定书的第二日起算。"根据这两条规定考察本案上诉期限,刘某于4月5日收到判决书,上诉期限的起算日期应为4月6日,终止日期为4月15日,刘某的妻子于4月14日将上诉书交邮,根据法律规定,应属于在上诉期内提起上诉,二审法院从自己接到上诉书的日期(4月18日)认定上诉超过法定期限遂作出驳回上诉的决定是错误的,侵犯了刘某依法享有的诉讼权利。

(三)特殊情况的有关期间计算

1. 重新计算期间的法定情形

(1)在侦查期间,发现犯罪嫌疑人另有重要罪行的,自发现之日起重新计算侦查羁押期限。

(2)公安机关补充侦查完毕后移送人民检察院,人民检察院重新计算审查起诉期限。

(3)人民检察院审查起诉的案件,改变管辖的,从改变后的人民检察院收到案件之日起计算审查起诉期限。

(4)人民法院改变管辖的案件,从改变后的人民法院收到案件之日起计算审理期限。

(5)在人民法院审判案件过程中,人民检察院补充侦查的案件,补充侦查完毕移送人民法院后,人民法院重新计算审理期限。

(6)第二审人民法院发回原审人民法院重新审判的案件,原审人民法院从收到发回的案件之日起,重新计算审理期限。

2. 不计入法定期间的法定情形

(1)对犯罪嫌疑人作精神病鉴定的期间不计入办案期限。

【案例10-1-13】高某因涉嫌对郑某实施强奸犯罪被逮捕。在侦查中,他说确实与郑某发生了性关系,但发生性关系是在郑某自愿的情况下进行的,不是强奸。侦查机关在进一步调查中,发现被害人可能患有精神病,需要对其进行鉴定。我国《刑事诉讼法》规定,对犯罪嫌疑人作精神病鉴定的期间不计入办案期限。由于法律规定不计入办案期限的仅限于对犯罪嫌疑人作精神病鉴定的期间,不包括对被害人作精神病鉴定的期间,因此,对被害人进行精神病鉴定的期间应计入办案期限。

(2)对犯罪嫌疑人的拘留期间不计入侦查羁押期限内。

(3)犯罪嫌疑人不讲真实姓名、住址,身份不明的,侦查羁押期限自查清其身份之日起计算,但是不得停止对其犯罪行为的侦查取证。对于犯罪事实清楚,证据确实、充分,确实无法查明其身份的,也可以按其自报的姓名起诉、审判。

(4)法院中止审理的期限不计入审理期限。

(5)法院审理期间,对被告人作精神病鉴定的时间不计入审理期限。

四、期间的恢复

期间的恢复,指刑事诉讼当事人因某种特殊的原因未能在法定期间内进行特定的诉讼活动,经人民法院许可,可以继续进行诉讼活动。设立期间恢复制度有利于司法机关完成其职责和保护当事人的合法权益,保证诉讼活动的顺利进行。《刑事诉讼法》第104条规定:"当事人由于不能抗拒的原因或者有其他正当理由而耽误期限的,在障碍消除后5日以内,可以申请继续进行应当在期满以前完成的诉讼活动。前款申请是否准许,由人民法院裁定。"

在刑事诉讼中,耽误期间的情况是客观存在的,既有正当理由的耽误,也有无正当理由的耽误。当事人如果耽误了期间,就要承担一定的法律后果。如被告人耽误了上诉期,就失去了上诉权,就要承担判决、裁定生效的后果。鉴于当事人耽误期间的原因中确有不可抗拒的原因或其他正当理由的情形,为充分保护当事人的合法权益,刑事诉讼法规定当事人由于不可抗拒的原因或有其他正当理由耽误期间的,可以申请恢复诉讼期间。根据刑事诉讼法第104条的规定,期间的恢复必须具备以下条件:

第一,只有当事人才有权提出恢复期间的申请。其他诉讼参与人无权提出。

第二,期间的耽误是由于不能抗拒的原因或有其他正当理由。如遭受自然灾害、患有严重疾病或未收到诉讼文书等。

第三,当事人的申请应当在障碍消除后的5日以内,向审判本案的人民法院提出。

第四,必须经人民法院裁定允许。人民法院在接到当事人的申请后,经过审查,认为当事人所述情况确实属于不能抗拒的原因或者其他正当理由的,应当裁定准许其继续进行未完成的诉讼活动。如果认为当事人不是因为不能抗拒的原因或其他正当理由而耽误期限的,则裁定驳回。

【案例10-1-14】某县基层人民法院以故意毁坏他人财物罪判处被告人韩某有期徒刑1年缓刑1年,赔偿被害人经济损失3,000元。被告人韩某接到判决书后,认为法院判决过重,因此找人写了上诉状,准备向上级人民法院上诉。在其准备寄上诉状的前一天晚上,由于连天暴雨,冲毁了铁路,邮局停业,上诉状无法寄出。等到铁路恢复运营,邮局恢复营业时,已超过法定上诉期限。被告人韩某在铁路通车的第三天直接找到了上级人民法院说明了情况,上级人民法院审查了被告人上诉超过期限的原因,最后接受了韩某的上诉,并对案件进行了审理。

我国《刑事诉讼法》第104条规定,"当事人由于不能抗拒的原因或者有其他正当理由而耽误期限的,在障碍消除后5日以内,可以申请继续进行应当在期满以前完成的诉讼活动。前款申请是否准许,由人民法院裁定。"根据本条规定,诉讼当事人耽误诉讼期限的,符合以下条件时,应申请继续进行应在期满以前完成的诉讼活动:①耽误期限是由于不能抗拒的原因或者有其他正当理由;②当事人应在障碍消除后5日以内提出申请。另外,当事人申请应由法院审查并作出是否准许的裁定。根据上述法律规定,在本案中被告人韩某在提出上诉之前,因暴雨冲毁铁路导致邮局不能营业,上诉书不能寄出,属于当事人由于不能抗拒的自然灾害而耽误诉讼期限,而且韩某在障碍消除的第三天就赶到了二审法院说明情况,符合法律规定的条件,二审法院经过审查,接受了韩某的上诉,是正确的做法。

【案例10-1-15】犯罪嫌疑人谢某,女,33岁,某汽车公司司机;吴某,男,35岁,某单位锅炉工,系谢某的丈夫。吴某曾和他人一起制作并贩卖淫秽录像带,吴某让谢某去替他拉买主,开始谢某不愿意干,认为此事是违法之事,并劝说吴某也别干此事。吴某非但不听,还强迫谢某去卖录像带,扬言说:"你不干我就杀死你。"谢某迫于吴某的淫威,不得不去拉买主。案发后,谢某认罪态度较好,并主动交待自己的罪行,于是人民检察院认为谢某犯罪情节轻微,依照刑法规定可以免除刑罚,遂作出不起诉决定。谢某于6月13日收到不起诉的决定,但她认为自己不构成犯罪,而不是人民检察院认定的犯罪情节轻微,于是决定第二天去向人民检察院申诉。但6月13日夜,谢某睡觉时忘了煤气灶上还烧着一壶水,壶水烧开后溢出将火扑灭,致使谢某煤气中毒,其妹下夜班发现后将其送往医院抢救,到6月22日才脱离危险。谢某于6月24日向人民检察院提出申请,要求准许她继续申诉,人民检察院批准了谢某的申请,同意她提交申诉状。本案中谢某不服检察院不起诉决定进行申诉的期间为7日,则这7日应为6月14日至6月20日。谢某于6月24日才向人民检察院提出申请,但人民检察院依然予以受理,这种做法是正确的。根据《刑事诉讼法》第104条规定:"当事人由于不能抗拒的原因或者有其他正当理由而耽误期限的,在障碍消除后5日以内,可以申请继续进行应当在期满以前完成的诉讼活动。"谢某的行为符合这一条规定的情况。

【典型案例】

【案例10-1-16】

从2002年5月至2003年年底,被告人高某某等五人先后从几家汽车租赁公司租赁各种轿车20余辆,以每辆汽车3万元左右的低价抵押出去,以此向别人借高利贷用于自己挥霍,涉案总金额高达120余万元。2004年2月底,根据被害人的报案和指认,某某市公安局一举将高某某等五名犯罪嫌疑人全部抓获,并经市人民检察院批准依法逮捕。由于案情复杂,公安机关虽经两个月的侦查,仍然不能结案。经报省人民检察院批准,侦查期限延长1个月。5月底,公安机关侦查终结,将案件移送检察机关审查起诉。检察机关审查后认为主要犯罪事实不清、证据不足,决定退回公安机关补充侦查。公安机关经过1个月的补充侦查以后,再次向检察机关移送起诉。检察机关审查后,认为证据方面仍然存在很多问题,再次退回公安机关补充侦查。公安机关在第二次补充侦查时提出,该案的案情复杂、涉及面广、取证困难,在1个月的补充侦查期间无法结案,因此,再次向检察机关申请延长侦查羁押期限。检察机关认为,根据有关法律规定,补充侦查期间不能延长羁押期限,因而不批准公安机关的申请。公安机关只好按照法律规定在1个月之内完成了第二次补充侦查,并移送人民检察院审查起诉。人民检察院经审查后向人民法院提起公诉,人民法院经公开审理后,最终做出了判决。某某市中级人民法院一审以合同诈骗罪判处被告人高某某有期徒刑15年,分别判处其他四名被告人3年至10年不等的有期徒刑。判决后,五名被告人均提出上诉,二审法院最终维持了一审判决。

【法理与法律适用分析】

侦查羁押期限是指侦查机关将犯罪嫌疑人逮捕羁押以后,对案件进行侦查活动的法定期限。对犯罪嫌疑人来讲,侦查羁押期限就是他在侦查阶段被羁押的期限;对侦查机关来讲,侦查羁押期限就是犯罪嫌疑人被羁押后的侦查工作期限。法律之所以要规定侦查羁押期限,是因为犯罪嫌疑人被羁押以后,人身自由被完全剥夺,而且在人民法院正式判决有罪以前,还不能确定他就是罪犯。为了切实保护犯罪嫌疑人的人身权利,使应该受到刑罚惩罚的人及时受到惩罚,使不该受刑事追究的人早日得到解脱,同时为了保证刑事诉讼活动的顺利进行,法律对侦查羁押期限作出了明确的规定。

另外,法律还规定,在侦查期间发现犯罪嫌疑人另有重要罪行的,自发现之日起重新计算侦查羁押期限。犯罪嫌疑人不讲真实姓名、住址,身份不明的,应当对其身份进行调查,侦查羁押期限自查清其身份之日起计算,但是不得停止对其犯罪行为的侦查取证。对于犯罪事实清楚,证据确实、充分,确实无法查明其身份的,也可以按其自报的姓名起诉、审判。

通过上述分析,我们可以看出,由于涉及犯罪嫌疑人的人身自由和权利问题,法律对侦查羁押期限作了严格的规定,侦查机关不能超期羁押和超期办案。同时,考虑到刑事案件的复杂性,法律还明确规定了延长羁押期限的条件和程序,以保证侦查活动的顺利进行。对于补充侦查的期限,法律明确规定就是1个月,没有规定可以再延长。因此,本案中公安机关在侦查阶段的2个月法定期限内没有办结案件,经上一级人民检察院批准延长1个月的侦查期限是完全正常的和合法的。但是,对于需要补充侦查的案件,无论是人民检察院自行补充侦查或退回公安机关补充侦查,都应在1个月以内补充侦查完毕。退回补充侦查以两次为限。因此,公安机关要求延长补充侦查的羁押期限,没有法律依据,人民检察院不批准其要求也是应该的和正确的。

【法条链接】
《刑事诉讼法》

第一百零三条 期间以时、日、月计算。期间开始的时和日不算在期间以内。法定期间不包括路途上的时间。上诉状或者其他文件在期满前已经交邮的,不算过期。期间的最后一日为节假日的,以节假日后的第一日为期满日期,但犯罪嫌疑人、被告人或者罪犯在押期间,应当至期满之日为止,不得因节假日而延长。

第一百零四条第一款 当事人由于不能抗拒的原因或者其他正当理由而耽误期限的,在障碍消除后五日以内,可以申请继续进行应当在期满以前完成的诉讼活动。

第一百五十四条 对犯罪嫌疑人逮捕后的侦查羁押期限不得超过二个月。案情复杂、期限届满不能终结的案件,可以经上一级人民检察院批准延长一个月。

第一百五十六条 下列案件在本法第一百五十四条规定的期限届满不能侦查终结的,经省、自治区、直辖市人民检察院批准或者决定,可以延长二个月:

(一)交通十分不便的边远地区的重大复杂案件;
(二)重大的犯罪集团案件;
(三)流窜作案的重大复杂案件;
(四)犯罪涉及面广,取证困难的重大复杂案件。

第一百五十七条 对犯罪嫌疑人可能判处十年有期徒刑以上刑罚,依照本法第一百五十六条规定延长期限届满,仍不能侦查终结的,经省、自治区、直辖市人民检察院批准或者决定,可以再延长二个月。

第一百六十五条 人民检察院对直接受理的案件中被拘留的人,认为需要逮捕的,应当在十四日以内作出决定。在特殊情况下,决定逮捕的时间可以延长一日至三日。对不需要逮捕的,应当立即释放;对于需要继续侦查,并且符合取保候审、监视居住条件的,依法取保候审或者监视居住。

第一百六十九条 人民检察院对于公安机关移送起诉的案件,应当在一个月以内作出决定,重大、复杂的案件,可以延长半个月。

人民检察院审查起诉的案件,改变管辖的,从改变后的人民检察院收到案件之日起计算审查起诉期限。

第一百七十一条　人民检察院审查案件,可以要求公安机关提供法庭审判所必需的证据材料;认为可能存在本法第五十四条规定的以非法方法收集证据情形的,可以要求其对证据收集的合法性作出说明。

人民检察院审查案件,对于需要补充侦查的,可以退回公安机关补充侦查,也可以自行侦查。

对于补充侦查的案件,应当在一个月以内补充侦查完毕。补充侦查以二次为限。补充侦查完毕移送人民检察院后,人民检察院重新计算审查起诉期限。

对于二次补充侦查的案件,人民检察院仍然认为证据不足,不符合起诉条件的,应当作出不起诉的决定。

第二百零二条　人民法院审理公诉案件,应当在受理后二个月以内宣判,至迟不得超过三个月。对于可能判处死刑的案件或者附带民事诉讼的案件,以及有本法第一百五十六条规定情形之一的,经上一级人民法院批准,可以延长三个月;因特殊情况还需要延长的,报请最高人民法院批准。

第二百零六条第二款　人民法院审理自诉案件的期限,被告人被羁押的,适用本法第二百零二条第一款、第二款的规定;未被羁押的,应当在受理后六个月以内宣判。

第二百一十四条　适用简易程序审理案件,人民法院应当在受理后二十日以内审结。对于可能判处的有期徒刑超过三年的,可以延长至一个半月。

第二百三十二条　第二审人民法院受理上诉、抗诉案件,应当在二个月以内审结。对于可能判处死刑的案件或者附带民事诉讼的案件,以及有本法第一百五十六条规定情形之一的,经省、自治区、直辖市高级人民法院批准或者决定,可以延长二个月。因特殊情况还需要延长的,报请最高人民法院批准。

最高人民法院受理上诉、抗诉案件的审理期限,由最高人民法院决定。

第二百四十七条　人民法院按照审判监督程序重新审判案件的,应当在作出提审、再审决定之日起三个月以内审结,需要延长期限的,不得超过六个月。

接受抗诉的人民法院按照审判监督程序审判抗诉的案件,审理期限适用前款规定;对需要指令下级人民法院再审的,应当自接受抗诉之日起一个月以内作出决定,下级人民法院审理案件的期限适用前款规定。

【典型案例目录索引】
1. 杨志杰爆炸案
　　——超期羁押
载宋英辉主编:《刑事诉讼法》,清华大学出版社2007年版,第178-179页。
2. 副局长蒋某受贿案
　　——期间计算
载叶青主编:《刑事诉讼法:案例与图表》,法律出版社2009年版,第92-93页。

【参考阅读的文献资料】
1. 陈卫东主编:《刑事诉讼法》,中国人民大学出版社2008年版。
2. 陈光中主编:《刑事诉讼法》,北京大学出版社2009年版。
3. 宋英辉主编:《刑事诉讼法学》,北京师范大学出版社2010年版。
4. 孙彩虹主编:《刑事诉讼法学——理论·实务·案例》,中国政法大学出版社2011年版。

5. 潘牧天:《刑事诉讼法案例教程》,法律出版社 2006 年版。
6. 魏建文、王文寨:"刑事诉讼期间的规定亟须修改完善",载《中国检察官》2010 年第 7 期。
7. 谢佑平、万毅:"法理视野中的刑事诉讼效率和期间:及时性原则研究",载《法律科学〈西北政法学院学报〉》2003 年第 2 期。
8. 刘玫:"刑事诉讼法定期间问题研究",载《诉讼法论丛》(第 9 卷),法律出版社 2004 年版。

第二节 送达

一、送达的概念和意义

刑事诉讼文书送达,是指公安机关、人民检察院、人民法院按照法定的程序和方式,将诉讼文书送交诉讼参与人和有关单位的活动。送达本质上是司法机关的一种告知活动,具有以下特征:

第一,送达的主体只能是公安机关、人民检察院、人民法院,而送达的对象可以是诉讼参与人,也可以是有关单位,包括司法机关。因此,诉讼参与人向司法机关递交诉讼文书或者相互之间传递诉讼文书的行为,不是刑事诉讼中的送达。

第二,送达的诉讼文件是司法机关依照职权制作的,例如传票、通知书、不起诉决定书、起诉书、判决书、裁定书、调解书等,每一种诉讼文件都有相应的法律效力。

第三,送达的程序和方式法律有明确规定。实施送达行为,必须严格依照法律规定的程序和方式进行,否则不能产生送达的法律效力。

送达是一项严肃的法律活动,是诉讼程序的组成部分,直接关系到整个刑事诉讼活动能否顺利的进行。只有按照刑事诉讼法规定的期间和程序,将有关诉讼文件送达诉讼参与人和有关单位,才能使诉讼参与人和有关单位及时了解其中的内容,按照规定参加诉讼活动,行使诉讼权利,履行诉讼义务。

二、送达回证

送达回证,又称送达证、送达证书,指司法机关制作的用以证明送达行为及其结果的诉讼文件。送达回证的内容包括:送达机关和送达文书的名称;被送达人的姓名(名称)、职业职务、住所地或者经常居住地;送达方式;送达人和受送达人的签名或盖章;签收日期等。

送达回证是送达人完成送达任务的凭证,也是被送达人接收或者拒收送达的诉讼文件的证明,同时也是检查司法机关是否按照法定的程序和方式送达诉讼文件,认定当事人及其他诉讼参与人的诉讼行为是否有效的依据。

三、送达的方式、手续和期限

(一)送达的方式和手续

根据《刑事诉讼法》以及最高人民法院司法解释的规定,送达的方式有以下几种:
1. 直接送达。根据《刑事诉讼法》第 105 条第 1 款的规定,送达传票、通知书和其他诉讼文件应当交给收件人本人。这种送达方式为直接送达。收件人本人在送达回证上签收的日期为送达的日期。

【案例10-2-01】2006年9月,某市某区人民检察院以受贿罪对某甲提起公诉。该区人民法院在开庭前3日将传票送到被监视居住的某甲的住处,交给其本人。但某甲认为,他的行为构成公司、企业人员受贿罪而不是受贿罪,并以此为由拒绝接收传票。人民法院的送达人员认为某甲所说并不构成其拒绝接收传票的理由,后经说服教育,某甲同意接收传票,并在送达回证上签名。

2. 间接送达。《刑事诉讼法》第105条第1款规定,如果收件人不在,可以交给他的成年家属或所在单位的负责人代收。这是间接送达的一种方式。代收人应当在送达回证上记明代收理由和收到的日期并签名或盖章。间接送达还包括了以下几种方式:

(1) 委托送达。委托送达,指司法机关直接送达诉讼文书有困难的,委托收件人所在地的司法机关代为送交收件人的送达方式。根据《最高人民法院关于适用〈中华人民共和国刑事诉讼法〉的解释》的规定,委托送达的,应当将委托函、委托送达的诉讼文书及送达回证寄送受托法院。受托法院收到后,应当登记,在十日内送达收件人,并将送达回证寄送委托法院;无法送达的,应当告知委托法院,并将诉讼文书及送达回证退回。

(2) 邮寄送达。邮寄送达,指司法机关在直接送达有困难的情况下,通过邮局将诉讼文书、送达回证用挂号方式邮寄给收件人的送达方式。收件人签收挂号邮寄的诉讼文书后即认为已经送达。挂号回执上注明的日期为送达日期。

【案例10-2-02】自诉人田雅轩与被告人程自平于1987年相识并开始来往。1992年12月,程自平向田雅轩谎称自己已经与妻子王某离了婚,同时向邻居和同事等多人宣传自己离婚之事。田雅轩误以为程自平确实已与配偶离婚,即从1992年年底起在未办理结婚登记的情况下开始与程自平以夫妻名义同居生活。1995年6月,田雅轩发现程自平没有离婚的事实后,向新疆乌鲁木齐市沙依巴克区人民法院提起自诉,指控被告人程自平犯重婚罪,要求追究其刑事责任。经法院公开审理后判处被告人程自平犯重婚罪,判处有期徒刑一年,缓刑一年。由于地域广阔、距离遥远,法院遂将判决书、送达回证通过邮局用挂号方式邮寄送达给被告人。

(3) 转交送达。转交送达,指司法机关将诉讼文书交收件人所在机关、单位代收后再转交给收件人的送达方式。通常适用于军人、正在服刑的犯人、正在劳动教养的人。根据《最高人民法院关于适用〈中华人民共和国刑事诉讼法〉的解释》的规定,诉讼文书的收件人是军人的,可以通过其所在部队团级以上单位的政治部门转交。收件人正在服刑的,可以通过执行机关转交。收件人正在被采取强制性教育措施的,可以通过强制性教育机构转交。由有关部门、单位代为转交诉讼文书的,应当请有关部门、单位收到后立即交收件人签收,并将送达回证及时寄送人民法院。

【案例10-2-03】范某某系某部队现役军人,2010年5月30日晚,范某某发现妻子田某与王某发生了性关系后决定找王某算账,遂于次日凌晨找到王某家中。双方由口角发生至互殴,王某将范某某打成重伤。王某于案发当日投案自首,检察院遂将王某以故意伤害罪向人民法院提起公诉。鉴于被害人身份特殊,法院将开庭传票通过被害人所在部队的政治部门转交送达给被害人,后被告人王某依法经法院审理被判处刑罚。

3. 留置送达。《刑事诉讼法》105条第2款规定,收件人本人或者代收人拒绝接收或者拒绝签名、盖章的时候,送达人可以邀请他的邻居或者其他见证人到场,说明情况,把文件留在他的住处,在送达回证上记明拒绝的事由,送达的日期,由送达人签名,即认为已经送达。这种送达方式,即为留置送达,它同直接送达和间接送达产生同样的法律和诉讼效果。留置送达必须具备一定条件,即只有在收件人或代收人拒绝接受诉讼文书或者拒绝签名、盖章时才能采用。虽然留置送达与直接送达具有同等的法律效力,但适用时应注意:调解书不适用留置送达。当事人或者其指定的代收人拒绝签收调解书,说明当事人已反悔,不能将调解书留在受送达人的住所。

【案例10-2-04】2002年5月,被告人杨某某因驾驶车辆造成一人死亡的重大交通事故,涉嫌交通肇事罪被依法逮捕。后杨某某的家人积极同受害人家属协商赔偿事宜,并最终达成了协议,进行了赔偿。经杨某某家人的担保,杨某某被取保候审。7月底,被告人杨某某被人民检察院提起公诉。人民法院受理案件后,依照法律进行了一系列开庭前的准备工作。审判人员先是电话通知杨某某到人民法院领取开庭传票,杨某某拒绝领取。后来,人民法院派人到杨某某家里送达传票,杨某某闻讯后两次故意躲避。人民法院第三次送达时,终于见到了杨某某本人。但杨某某以交通事故赔偿问题已经解决为由,拒绝接收开庭传票,也不在送达回证上签字。送达人员对其进行了耐心细致的说服教育工作,但杨某某仍然拒绝签收。无奈之下,送达人员只好依照法律规定实施留置送达。他们找来杨某某的两位邻居作为送达的见证人,当场向他们简要说明了上述情况,把传票留在了杨某某的住处,并在送达回证上注明杨某某拒绝签收,邻居见证、留置传票和送达日期等情况,由送达人员和两位见证人一同签了名。半个月后,人民法院对杨某某交通肇事一案进行了公开开庭审理,杨某某按时出庭受审。随后人民法院作出了一审判决。

送达人应当按照法律规定进行送达。如果送达人不按法律规定送达,为不合法送达,由此引起的法律后果应由送达人负责。如果送达人依法送达后,收件人不按诉讼文件的要求行使诉讼权利或履行诉讼义务,由此产生的法律后果则应由收件人自行负责。

(二) 送达的期限

严格按照法律规定的期限送达,是合法送达的要求之一,它与按照法定程序送达同等重要。刑事诉讼法对某些诉讼文件的送达,明确规定了期限。例如,《刑事诉讼法》第182条规定,人民法院应当将人民检察院的起诉书副本至迟在开庭10日以前送达被告人及其辩护人;人民法院在应当将开庭的时间、地点通知人民检察院,传唤当事人,通知辩护人、诉讼代理人、证人、鉴定人和翻译人员,传票和通知书至迟在开庭3日以前送达。《刑事诉讼法》第196条第2款规定,当庭宣告判决的,应当在5日以内将判决书送达当事人和提起公诉的人民检察院;定期宣告判决的,应当在宣告后立即将判决书送达当事人和提起公诉的人民检察院。判决书应当同时抄送辩护人、上诉代理人。

【典型案例】

【案例10-2-05】

2000年7月初,韩某得知某市汽车修配厂要建家属楼,即找到某市汽车修配厂厂长伍某,要求承建该厂的家属楼,伍某表示同意。韩某又找到某县第三建筑公司施工队。韩某与队长李某联系,李某同意承建,亦愿意付5%的业务费给韩某使用。同年7月12日,某市汽车修配厂以伍某为代表,与某县第三建筑公司签订了承建该楼的建筑合同。合同签订后,李某先后以该建筑投资总额的5%的比例,共提取5万余元的业务费交与韩某。韩某于同年12月份的一天晚上,带现金2万元交与被告人伍某。伍推脱并说:"这要不得,会出问题的。"韩说:"这是我得的那一份,拿出一点给你用。"韩某说完,将2万元送给伍某便走了。次日,被告人伍某将这2万元交给妻子夏某。夏问伍:"怎么这么多钱?"被告回答:"这是我与朋友做生意赚的钱。"夏将这2万元存入银行。2001年7月间的一天下午3时许,韩某用报纸包起现金3万元到伍某的办公室,见被告单独一人在办公室时,又将3万元交给伍某,并说:"这3万元给你用。"伍某说:"我现在不缺钱用",将钱推给韩,韩说:"你收好,朋友有钱大家用,不要让别人看见。"韩将钱丢进伍某办公桌的抽屉里。5时许,被告将这3万元钱带到某县工商银行营业部经其姐姐以其外甥林某的名义存入银行。案发后,被告人伍某的妻子代伍某退现金2万元及3.1万元存单一张。

某市吴山区人民检察院以伍某犯有受贿罪,向吴山区人民法院提起公诉。吴山区人民法院于开庭前5日将传票送至被监视居住的伍某处,交给其本人。但伍某认为,检察机关的起诉书中指控罪名有误,他虽于1998年受聘为某市汽车修配厂厂长,但身份是以工代干的企业工人,而非国家工作人员,构成的是商业受贿罪,不是受贿罪,并以此为理由拒收传票。人民法院的同志认为伍某所说并不构成其拒绝接收传票的理由,虽经说服教育,伍某仍不在传票上签字,于是送达人找了伍某的一些邻居,向他们说明情况,把传票留在其住处,并在送达回证上说明了伍某拒绝接收传票的理由、送达的日期,并由有关人员签了名。

【法理与法律适用分析】

刑事诉讼中的送达,是指公安机关、人民检察院、人民法院等司法机关依照法律规定的方式和程序,将有关诉讼文书送交给诉讼参与人或者司法机关的诉讼活动。送达在刑事诉讼中具有重要意义,它对刑事诉讼的顺利开展和进行有保障作用。收件人只有及时收到诉讼文书,才能了解有关情况,顺利参与诉讼活动。而反之,如果诉讼文书不能依法及时送达,则势必造成刑事诉讼的混乱,诉讼参与人诉讼权利的实现也会受到影响,刑事诉讼的进程将受到阻碍。同时,送达也是法律文书产生效力的条件之一。法律文书即使内容正确,也是依法作出的,但如果不能按法律规定的方式和程序送达,也不会产生应有的法律效力。

本案中出现的情况即为留置送达。根据《刑事诉讼法》105条第2款规定,收件人本人或者代收人拒绝接收或者拒绝签名、盖章的时候,送达人可以邀请他的邻居或者其他见证人到场,说明情况,把文件留在他的住处,在送达回证上记明拒绝的事由,送达的日期,由送达人签名,即认为已经送达。伍某拒绝接收传票,送达人邀请他的邻居到场,说明情况,把文件留在被告人住处,并在送达回证上记名拒绝的事由、送达日期,由送达人签名,这一做法符合法律规定,传票视为已经送达。留置送达与交给收件人本人具有同等的法律效力。

【法条链接】

《刑事诉讼法》

第一百零五条 送达传票、通知书和其他诉讼文件应当交给收件人本人;如果本人不在,可以交给他的成年家属或者所在单位的负责人员代收。

收件人本人或者代收人拒绝接收或者拒绝签名、盖章的时候,送达人可以邀请他的邻居或者其他见证人到场,说明情况,把文件留在他的住处,在送达证上记明拒绝的事由、送达的日期,由送达人签名,即认为已经送达。

《最高人民法院关于适用〈中华人民共和国刑事诉讼法〉的解释》

第一百六十七条 送达诉讼文书,应当由收件人签收。收件人不在的,可以由其成年家属或者所在单位负责收件的人员代收。

收件人或者代收人在送达回证上签收的日期为送达日期。

收件人或者代收人拒绝签收的,送达人可以邀请见证人到场,说明情况,在送达回证上注明拒收的事由和日期,由送达人、见证人签名或者盖章,将诉讼文书留在收件人、代收人的住处或者单位;也可以把诉讼文书留在受送达人的住处,并采用拍照、录像等方式记录送达过程,即视为送达。

第一百六十八条 直接送达诉讼文书有困难的,可以委托收件人所在地的人民法院代为送达,或者邮寄送达。

第一百六十九条 委托送达的,应当将委托函、委托送达的诉讼文书及送达回证寄送受托法院。受托法院收到后,应当登记,在十日内送达收件人,并将送达回证寄送委托法院;无法送达的,应当告知委托法院,并将诉讼文书及送达回证退回。

第一百七十条 邮寄送达的,应当将诉讼文书、送达回证挂号邮寄给收件人。挂号回执上注明的日期为送达日期。

第一百七十一条 诉讼文书的收件人是军人的,可以通过其所在部队团级以上单位的政治部门转交。

收件人正在服刑的,可以通过执行机关转交。

收件人正在被采取强制性教育措施的,可以通过强制性教育机构转交。

由有关部门、单位代为转交诉讼文书的,应当请有关部门、单位收到后立即交收件人签收,并将送达回证及时寄送人民法院。

《公安机关适用刑事羁押期限规定》

第四十一条 公安机关执行本规定通知有关单位、人员时,如情况紧急或者距离被通知的有关单位、人员路途较远,可以通过电话、传真等方式先行通知,再送达有关文书。

【典型案例目录索引】

1. 眭甲受贿罪一案
——留置送达相关案例

载陈光中主编:《刑事诉讼法教学案例》,法律出版社2003年版,第140页。

2. 杨某某交通肇事案
——留置送达相关案例

载潘牧天主编:《刑事诉讼法案例教程》,法律出版社2006年版,第121页。

3. 田某故意杀人案
——留置送达相关案例

载潘牧天主编:《刑事诉讼法案例教程》,法律出版社2006年版,第156页。

【参考阅读的文献资料】
1. 陈卫东:《刑事诉讼法》,中国人民大学出版社2008年版。
2. 陈光中:《刑事诉讼法》,北京大学出版社2009年版。
3. 孙彩虹:《刑事诉讼法学——理论·实务·案例》,中国政法大学出版社2011年版。
4. 潘牧天:《刑事诉讼法案例教程》,法律出版社2006版。
5. 荣庆、王成、陈彦:"法院移送给公安机关立案侦查的文书副本应送达检察院——由一起立案监督的公诉重婚案引起的思考",载《中国刑事法杂志》2004年第1期。
6. 雷明鑫:"不起诉决定书应向辩护律师送达",载《人民检察》2000年第4期。
7. 周建国:"谈减刑、假释裁定书副本的送达",载《检察实践》2000年第3期。

第十一章 立案程序

第一节 立案程序概述

一、立案与立案程序

刑事诉讼中的立案是指公安机关、人民检察院和人民法院对于报案、控告、举报、自首或自诉等的相关材料在各自的职权范围内进行审查，以确定是否存在犯罪事实、是否需要追究刑事责任，从而决定是否要对案件进行侦查或审判的诉讼活动。狭义的立案仅指公安机关、人民检察院或人民法院在对控告、举报、报案、自首或自诉等材料进行审查后作出的具体决定，从而为侦查或审判提供法律依据。广义的立案不仅包括立案的决定，还包括不立案的决定、立案的具体过程和立案监督等内容。广义的立案也称为立案程序，其是与侦查程序、审查起诉程序、审判程序和执行程序并列的诉讼程序，是刑事诉讼的开始和必经程序，具有独立的地位和重要的意义。狭义的立案只是立案程序的一种结果，以对立案材料的审查为基础。

刑事公诉案件的立案，主要是指侦查立案，由公安机关、检察机关或其他具有侦查职能的国家机关对需要侦查的刑事案件进行立案，从而启动侦查；当然在检察机关决定公诉后，法院也要对检察机关移送的案件进行审查，目的是对公诉案件是否符合开庭审理的条件进行审查，但主要是程序性审查，也会对不符合条件的案件予以退回，或不予受理、终止审理，与立案的作用基本相同。刑事自诉案件的立案是指审判立案，由法院对自诉人提交的相关材料进行审查，以决定是否符合审判的条件；法院的这种审查是实质性审查，其条件要求较为严格。

立案与破案不同。立案只要求有犯罪事实发生，需要追究刑事责任即可；立案的目的是为了侦查案件，从而发现案件事实。破案则是案件在侦查阶段的一种处理方式，是立案后的结果之一。

立案与销案相对。销案是对已经立案的案件，经侦查机关侦查后，发现没有犯罪事实或不需要追究刑事责任，从而撤销案件的一种侦查活动。销案也是侦查机关在立案后，经对案件进行侦查后的一种处理措施，与破案同属于侦查的结果。

广义上的立案作为我国刑事诉讼的一个重要程序阶段，具有以下特征：

1. 立案是法律赋予公安司法机关的权力。根据《刑事诉讼法》第107条的规定，公安机关或者人民检察院发现犯罪事实或者犯罪嫌疑人，应当按照管辖范围，立案侦查；第110条规定，人民法院、人民检察院或者公安机关对于报案、控告、举报和自首的材料，应当按照管辖范围，迅速进行审查，认为有犯罪事实需要追究刑事责任的时候，应当立案；认为没有犯罪事实,或者犯罪事实显著轻微,不需要追究刑事责任的时候,不予立案。第112条规定,对于自诉案件,被害人有权向人民法院直接起诉。由此可见,公安机关和人民检察院对案件有立案侦查权,人民法院有立案审判权;除此之外,其他任何机关和个人都没有此项权力;三机关根据法定的权限,分别独立行使相关权力,不得相互取代和干涉。

2. 立案是刑事诉讼的必经阶段。我国刑事公诉案件一般经历立案、侦查、审查起诉、审判和执行等环节,每一个阶段都是独立的,也是不可缺失的。这种把刑事诉讼分阶段的方式也被称为"刑事诉讼阶段论",与英美法系的以审判为中心的"审判中心论"相对应。对于公诉案件,立案侦查与立案审判都是必经阶段;对于刑事自诉案件,立案审判是其必经阶段。

3. 立案是刑事诉讼的开始阶段。我国的刑事诉讼实行阶段论,每一个阶段都是按照刑事诉讼的规律进行的,因而也是不可颠倒的。立案是刑事诉讼各阶段的开始,只有经过立案,才能进行侦查或审判。这是认识规律在诉讼中的体现,反映了对事物的认识从感性到理性、从表象到本质的规律。这也是无罪推定原则在刑事诉讼中的体现,基于对犯罪的初步认识,只有通过立案审查并作出立案决定才能将案件推进到更为深入的阶段。

4. 立案为刑事诉讼的其他程序进行提供依据。刑事公诉案件因为案情相对复杂,需要国家机关介入案件,查明案件事实,而查明案件事实的侦查对当事人权利的影响巨大,因此不能轻易开启该程序。立案程序通过书面化的审查和部分任意性措施的采取,使对案件的认识达到一定的程度,进而得出结论,从而为侦查提供依据。刑事自诉案件通过法院对案件的实质性审查,确保案件的开庭审理具有较为充足的证据基础,为审判的顺利进行提供保障。

二、立案的任务

立案的任务是刑事诉讼在立案阶段所要达成的目标。在立案阶段,公安司法机关的任务就是通过对报案、控告、举报、自首或自诉等材料的审查,从而确定是否存在犯罪事实、有无必要追究刑事责任,从而为后续的侦查或审判提供依据。根据我国刑事诉讼法及相关法律解释的规定,立案的任务包括:

1. 接收相关材料,并分流案件。公安司法机关应当对报案、控告、举报、自首或自诉的材料进行接收,无论其是否属于自己的管辖范围。对于属于自己管辖的,则予以审查决定是否立案;如果不属于自己管辖的范围,则应转交相应的主管机关处理,并且通知报案人、控告人、举报人;对于不属于自己管辖的案件而又需要立即采取紧急措施的,应当先采取措施,然后移送有关主管机关。

2. 审查相关材料。公安司法机关根据各自的管辖范围,对接收的相关材料进行审查,以确定是否符合立案的条件。这里的审查是书面审查,审查人员一般并不与有关当事人或举报人、控告人等进行接触或对其询问;但根据《人民检察院刑事诉讼规则(试行)》的相关规定,检察机关可以对其管辖的案件在立案时进行询问、查询、勘验、鉴定、调取证据材料等任意性侦查措施。这是刑事诉讼立案阶段的主要任务。

3. 决定是否立案,并接受相关监督。公安司法机关根据刑事诉讼法及相关解释规定了的立案条件和标准,在现有材料的基础上对是否能够立案,在审查的基础上作出决定。对于不立案的,要通知控告人,并接受控告人的复议申请进行复议;对于不该立案而立案或该立案而未立案,要接受检察机关的监督,说明相关理由,对于检察机关作出的立案决定予以执行;对检察机关的决定可以申请复议、复核。

三、立案的意义

1. 刑事立案作为刑事诉讼的必经阶段,具有重要的积极意义:

(1)有利于准确及时打击犯罪。通过立案程序,确定对犯罪案件的侦查权力、侦查组织及可以采取的相关措施,有利于犯罪事实的揭露和犯罪人的发现,从而及时打击犯罪。

(2)有利于对人权的保障。我国的侦查措施多为强制性的,一旦启动,将对普通公民及嫌疑人的权利造成较大的影响。与惩罚犯罪相对应的诉讼目标之一就是保障人权,任意启动侦查则与保障人权的目标相背离;通过严格的立案程序,限制任意启动立案程序,则有利于人权的保障。

(3)有利于对侦查权的控制。在我国刑事诉讼中,除了逮捕由检察机关批准或人民法院决定外,大部分的侦查措施都是由侦查机关自行授权、自行控制,缺乏外在力量的制约。通过设立较高标准的立案条件,摒弃随意立案,从而节制侦查权力的使用。

(4)有利于对司法现状的了解和司法政策的制订。通过严格的立案程序,对符合一定条件的案件进行登记立案侦查或审判,并对相关数据进行分析总结,可以对一定时期的社会司法现状,特别是刑事司法状况有较为准确的认识,也可为司法政策的制订提供依据。

2. 各国的刑事诉讼启动程序大体可以分为随机型模式和程序型模式,[1]我国则属于程序型模式。我国的这种启动模式也有负面的影响:

(1)较高的立案条件可能导致立案的困难。虽然设置较高的立案条件使得公安司法人员慎重立案,避免随意启动立案程序,但也可能因此导致许多案件难以达到立案条件而被排除在司法程序之外,无法得到司法救济。

(2)可能导致案件统计的黑洞。由于程序型启动的标准较高,许多案件因不符合相关条件而没有登记立案,使得许多案件并没有被纳入司法统计的范围内,由此造成司法统计的黑洞,也会影响司法政策的正确制订。

(3)可能导致违法办案的存在。由于接受报案、控告、举报和自首的材料有限,而立案的要求又较高,为了能正确的审查案件,公安司法人员,特别是侦查人员就会采取一定的措施去收集相关线索,典型的如检察人员的初查等,但这并没有法律依据,由此导致公安司法人员违法办案,影响司法权威。

第二节 立案的材料来源和条件

一、立案的材料来源

立案的材料主要是指公安机关和人民检察院自行发现的或举报人、报案人、控告人或自首的犯罪嫌疑人提供的与犯罪有关的材料。根据刑事诉讼法及相关司法解释的规定,立案的材料来源主要有以下几种。

---

[1] 樊崇义:《刑事诉讼法学》,中国政法大学出版社2009年版,第337页。

(一) 公安机关、检察机关自行发现

根据《刑事诉讼法》第107条的规定,公安机关或者人民检察院发现犯罪事实或者犯罪嫌疑人,应当按照管辖范围,立案侦查。

公安机关是我国的主要侦查机关,也是社会治安保卫机构,其在日常的社会秩序维持和刑事案件办理过程中可能会发现有关的犯罪事实或犯罪嫌疑人材料。检察机关是我国的法律监督机关,也是职务犯罪案件的侦查机关,其在履行法律职责的过程中也可能会发现一些犯罪的线索材料等。作为与犯罪行为作斗争的两个机关,一旦发现有关的犯罪材料,应当立即进行审查,确定有无必要立案追究。

除了公安机关、检察机关外,我国还有其他承担侦查职责的机构,如军队内的保卫机构、监狱内的侦查机构、海关缉私侦查部门和国家安全机关等,这些机关或部门在行使侦查权力和其他职责时也可能会发现有关犯罪事实的材料,进而根据管辖范围对材料进行审查立案。

(二) 有关单位和个人的举报和报案

根据《刑事诉讼法》第108条第1款的规定,任何单位和个人发现有犯罪事实或者犯罪嫌疑人,有权利也有义务向公安机关、人民检察院或者人民法院报案或者举报。

报案是指单位或个人对其发现的犯罪事实或犯罪嫌疑人向公安司法机关报告的行为;举报则是指当事人以外的人就其了解的犯罪事实或犯罪嫌疑人向公安司法机关报告的行为。报案相对于举报,主体更广,但内容没有后者详细和具有针对性。

除此之外,行政机关在进行行政管理的过程中也会发现许多犯罪的线索,有的是被行政执法的案件涉及犯罪,需要移送公安司法机关追究刑事责任;有的虽本身不涉嫌刑事犯罪,但其为其他刑事案件的发现提供了重要线索。根据《行政执法机关移送涉嫌犯罪案件的规定》和《最高人民检察院、全国整顿和规范市场经济秩序领导小组办公室、公安部、监察部关于在行政执法中及时移送涉嫌犯罪案件的意见》的相关规定,行政机关也需要将这些犯罪的线索或材料移送公安司法机关处理。

(三) 刑事被害人的报案或控告

根据《刑事诉讼法》第108条第2款的规定,被害人对侵犯其人身、财产权利的犯罪事实或者犯罪嫌疑人,有权向公安机关、人民检察院或者人民法院报案或者控告。

刑事被害人的报案和控告是刑事诉讼立案材料的主要来源。一方面,刑事被害人是人身或财产受到犯罪直接侵害的人,其有强烈的惩罚犯罪的动机,因此乐于提供犯罪线索或材料;另一方面,刑事被害人与犯罪嫌疑人有直接或间接的接触,对犯罪事实或犯罪嫌疑人有较多的了解,因而提供的犯罪线索或材料也更为翔实、准确。相对于有关单位和个人的报案或举报,刑事被害人的报案或控告,对象更具针对性、主体具有单一性、内容具有准确性,并成为最为重要的来源之一。

由于刑事被害人可能因犯罪而失去行为能力或死亡,因此,其法定代理人也可以报案或控告。

(四) 犯罪人自首

根据《刑事诉讼法》第108条第3、4款的规定,犯罪人向公安机关、人民检察院或者人民法院自首的,相应机关都应当接受,并根据各自的管辖范围自行审查或移送审查。

自首是指实施犯罪行为的人自动投案,如实交代自己的罪刑并接受审查或审判的行为。犯罪发生后,犯罪人或出于减轻处罚、或为忏悔犯罪、或出于坦白等目的,向公安司法机关主动交代自己的罪刑,从而与被害人的报案或控告一起成为最为重要的立案材料来源。

在我国的自首,除了可以向公安司法机关,也可以向犯罪人所在单位、城乡基层组织或其他有关负责人自首;在因各种客观原因无法立即投案的,也可以通过委托他人或电话等方式代为投案。所有的自首都应在侦查机关发现该犯罪行为前、或虽发现但并未抓获犯罪嫌疑人前进行。

二、立案的条件

立案的条件是指立案所必须具备的理由和根据。根据《刑事诉讼法》第110条的规定,人民法院、人民检察院或者公安机关对于报案、控告、举报和自首的材料,经审查,认为有犯罪事实需要追究刑事责任的时候,应当立案;认为没有犯罪事实,或者犯罪事实显著轻微,不需要追究刑事责任的时候,不予立案,并且将不立案的原因通知控告人。

1. 根据上述规定,侦查立案的条件一般包括事实条件和法律条件。
(1)事实条件。

立案的事实条件,即"有犯罪事实",是指有符合刑法规定的犯罪行为的发生,且有一定的证据予以证明。事实条件是立案的首要条件,也是客观的条件。

由于立案是刑事诉讼的开始,随之将对案件采取各种措施予以侦查,对当事人和社会都将产生一定的影响,因此,立案应当具有一定的事实基础,不是凭空臆造。但由于立案只是刑事诉讼的开始,许多案件的情节还需要在侦查中予以查实,因此,对立案的事实条件也不能过于苛刻。

对于事实条件,一般认为应符合以下几点要求:

①有犯罪事实而非其他事实,这里要严格区分犯罪事实与一般的违法事实、违纪事实、违反道德伦理的事实等。

②这里的犯罪事实要有一定的证据予以证明,但这里的证明只需对犯罪事实的发生产生确信,至于犯罪事实的具体内容的证明则没有具体要求。不过随着"从人到案"侦查模式的发展,要求侦查人员能及时采取侦查措施,减少不必要的审查环节和权力制约;[①]为此,对犯罪事实的证明要以"有理由相信"为标准,即有一定的证据,使人合理的相信犯罪事实的存在。

③这里对犯罪事实的确认是公安司法人员通过审查确认的,具有程序意义,不具有实体意义,不得作为对犯罪嫌疑人或被告人实施处罚的依据。

(2)法律条件。

立案的法律条件,即"需要追究刑事责任",是指根据刑事法律的相关规定,该犯罪事实具有应受刑事处罚性;无需追究刑事责任的,则不符合立案条件;可能免于刑事处罚的,并不影响其立案。

根据《刑事诉讼法》第15条的规定,具有下列情形之一的,不追究刑事责任,因此也就不能立案;即使立案,发现有其情形之一的,也需要撤销案件:(1)情节显著轻微、危害不

[①] 马静华:"侦查到案制度比较研究",载《中国法学》2009年第5期。

大,不认为是犯罪的;(2)犯罪已过追诉时效期限的;(3)经特赦令免除刑罚的;(4)依照刑法告诉才处理的犯罪,没有告诉或者撤回告诉的;(5)犯罪嫌疑人、被告人死亡的;(6)其他法律规定免予追究刑事责任的。

2. 由于自诉案件是被害人及其法定代理人直接向法院提起控告,为考虑顺利进行审判的需要,相关法律及司法解释对自诉案件的立案做了不同于侦查立案的规定。

(1)事实条件。相对于侦查立案,后续的行为是进行侦查,从而收集证据,查获犯罪嫌疑人;但在自诉案件中的立案是为审判作准备,其要求的事实条件要高于侦查立案。这里的事实条件包括以下几个方面:①刑事案件的被害人提出控诉,如果被害人死亡、丧失行为能力或者因受强制、威吓等原因无法告诉,或者是限制行为能力人以及由于年老、患病、盲、聋、哑等原因不能亲自告诉,其法定代理人、近亲属可以代为告诉;②有明确的被告人,且能及时找到被告人,我国刑事诉讼中并没有缺席审判制度;③具体的诉讼请求;④有证明被告人犯罪事实的证据,且证据充分。

虽然对该事实条件的实质审查是由法官进行的,但其结论也只是程序性的;法院仍然需要通过法庭审判确定罪名与刑罚;法官对事实条件的审查不同于庭审,是一种书面审查,以便于法院尽快确定是否符合受理案件的条件。

(2)法律条件。审判立案的特殊性使得在自诉案件的立案法律条件上也有所不同。根据法律及相关司法解释的规定,自诉案件的立案法律条件除应当包括一般立案的条件外,还包括:①属于自诉案件的范畴,具体包括告诉才处理的案件,如侮辱诽谤案、暴力干涉婚姻自由案等;人民检察院没有提起公诉,被害人有证据证明的轻微刑事案件,如故意伤害案,非法侵入住宅案等;被害人有证据证明对被告人侵犯自己人身、财产权利的行为应当依法追究刑事责任,而公安机关或者人民检察院已经作出不予追究的书面决定的案件。②属于相应法院的管辖范围。③该犯罪事实未被处理过,如未曾因证据不足而撤诉;未曾调解结案等。

3. 对于公诉案件的审判立案,由于此类案件在审前程序中已经过侦查机关的侦查和检察机关的审查起诉,相对于自诉案件当事人证据收集能力较弱和法律知识欠缺等问题,公诉案件一般有较为扎实的证据事实基础,而法律程序上也较为完备,因此,法院对检察机关移送起诉的案件一般进行形式审查。其立案的条件主要包括:(1)明确的指控犯罪事实;(2)所有的案件材料和证据;(3)对于因证据不足而宣判无罪的案件和撤诉的案件再行起诉,须有新的事实和证据材料;(4)属于相应法院的管辖范围;(5)不属于不应追究刑事责任的情形。

相对于自诉案件,公诉案件的审判立案对证据充分性并没有要求,这与法官审查的方式有关。

4. 立案的具体标准。

虽然我国刑事诉讼法及相关司法解释对侦查立案与审判立案都规定了立案的条件,但这些规定相对于数百种具体的犯罪仍然显得过于原则,从而可能给公安司法人员的审查立案造成困难,为此,最高人民法院、最高人民检察院和公安部在不同时期,分别以独立或联合的方式制订了一些司法解释、部门规章,统一了立案的尺度。立案标准的制订与施行,有利于公安司法人员正确执法,防止权力滥用和司法腐败,也有利于人权保障。

【典型案例】

【案例 11-2-01】

2011年7月18日下午5时，安徽宿松县洲头派出所接到群众报警，称辖区坝头村坝头街附近有个小女孩被其母亲吊在家中。接到报警后，该所迅速组织民警赶至现场。民警从门缝中发现小女孩的双手被绳索捆绑，吊在一楼的柱子上面一动不动，楼房的大门被紧锁。民警立即从附近居民家中借来一把大铁锤，将门锁砸开。民警快速解开捆住女孩双手的绳索，通过简单急救后，将其送往洲头乡卫生院救治。经查，刘某丈夫常年在外务工，由于自身不懂文化知识，加之小梅的学习成绩一直很差，从2011年2月份开始，她便对小梅采取了棍棒教育。只要发现小梅不听话，就采用打骂、冻饿、暴晒、捆绑等方式对其实施虐待，直至案发。①

【法理与法律适用分析】

单位和个人的举报或报案是宪法赋予的法定权利，也是我国当前刑事立案材料的重要来源。根据《宪法》第27、28条的规定，国家有维护社会秩序、镇压和制裁犯罪活动、惩办和改造犯罪分子的任务；同时，一切国家机关和国家工作人员要密切联系人民，倾听人民的意见和建议，接受人民的监督。《刑事诉讼法》第6条也规定，公安司法机关办案应当依靠群众。在本案中，刘某的行为已经构成对女儿的虐待，不再是家务事的范畴。根据《刑事诉讼法》的规定，任何知情的群众都有权向司法机关报案。

【法条链接】

《刑事诉讼法》

第一百零七条 公安机关或者人民检察院发现犯罪事实或者犯罪嫌疑人，应当按照管辖范围，立案侦查。

第一百零八条 任何单位和个人发现有犯罪事实或者犯罪嫌疑人，有权利也有义务向公安机关、人民检察院或者人民法院报案或者举报。

被害人对侵犯其人身、财产权利的犯罪事实或者犯罪嫌疑人，有权向公安机关、人民检察院或者人民法院报案或者控告。

公安机关、人民检察院或者人民法院对于报案、控告、举报，都应当接受。对于不属于自己管辖的，应当移送主管机关处理，并且通知报案人、控告人、举报人；对于不属于自己管辖而又必须采取紧急措施的，应当先采取紧急措施，然后移送主管机关。

犯罪人向公安机关、人民检察院或者人民法院自首的，适用第三款规定。

第一百零九条 报案、控告、举报可以用书面或者口头提出。接受口头报案、控告、举报的工作人员，应当写成笔录，经宣读无误后，由报案人、控告人、举报人签名或者盖章。

接受控告、举报的工作人员，应当向控告人、举报人说明诬告应负的法律责任。但是，只要不是捏造事实，伪造证据，即使控告、举报的事实有出入，甚至是错告的，也要和诬告严格加以区别。

公安机关、人民检察院或者人民法院应当保障报案人、控告人、举报人及其近亲属的安全。报案人、控告人、举报人如果不愿公开自己的姓名和报案、控告、举报的行为，应当为他保守秘密。

---

① 参考"安徽宿松—生母虐待女儿被举报 孩子双手被捆绑吊2小时。"载于 http://news.hefei.cc/2011/0719/020068708.shtml。

第一百一十条　人民法院、人民检察院或者公安机关对于报案、控告、举报和自首的材料,应当按照管辖范围,迅速进行审查,认为有犯罪事实需要追究刑事责任的时候,应当立案;认为没有犯罪事实,或者犯罪事实显著轻微,不需要追究刑事责任的时候,不予立案,并且将不立案的原因通知控告人。控告人如果不服,可以申请复议。

【典型案例目录索引】
1. 宋英辉主编:《刑事诉讼法案例教程》,知识产权出版社2005年版,第217－235页。
2. 王册、宋家中:《刑事诉讼法案例评析》,中国人民公安大学出版社2005年版,第230－245页。

【参考阅读的文献资料】
1. 陈卫东:《刑事诉讼法学研究》,中国人民大学出版社2008年版。
2. 陈卫东:《刑事诉讼法学研究》,中国人民大学出版社2008年版。
3. 叶青:《刑事诉讼法学》(第三版),上海人民出版社、北京大学出版社2013年版。
4. 陈光中:《刑事诉讼法教学案例》,法律出版社2007年版。

第三节　立案程序

立案程序是指立案的具体过程,一般包括立案材料的受理、立案材料的审查和立案审查后的处理。

一、立案材料的受理

立案材料的受理是指公安机关、人民检察院和人民法院对举报、报案、控告、自首或自诉的案件材料收受的活动。根据《刑事诉讼法》第108条第3款的规定,公安机关、人民检察院或者人民法院对于报案、控告、举报,都应当接受。对于不属于自己管辖的,应当移送主管机关处理,并且通知报案人、控告人、举报人;对于不属于自己管辖而又必须采取紧急措施的,应当先采取紧急措施,然后移送主管机关。

【典型案例】
【案例11－3－01】
2012年11月,在各大论坛中一篇名为《日照网友反映官员豪宅违法,全家人遭到威胁报复》的贴文引发网友热议。爆料人网友张世叶称,日照市东港区现任人大副主任陈某是标准"房叔",日照市市直四区原两城镇政府建设的楼房有16套,这16套应该是分给两城镇政府工作人员,而陈某将其占为己有。另外,陈某还在日照市城关三村等地拥有多处房产。在发帖举报后,有网友还在大众论坛上传恐吓短信内容图片称,举报人张世叶全家都受恐吓,上至60多岁老人,下至7岁孩子,生命危在旦夕,请网友们给予支持。网上举报是否属实?发帖人及家人是否受到了人身威胁?30日上午,日照市有关方面向大众网回应称:近日,有网友发帖称《日照网友反映官员豪宅违法,全家人遭到威胁报复》,日照市纪委对此非常重视,11月27日即组成调查组调查核实情况。[①]

---

① 参考大众网新闻"网友曝官员私占16套公房遭恐吓,日照纪委正调查",http://www.dzwww.com/shandong/sdnews/201211/t20121130_7748710.htm。

【法理与法律适用分析】

根据《刑事诉讼法》第 109 条规定,报案、控告、举报可以用书面或者口头提出。接受口头报案、控告、举报的工作人员,应当写成笔录,经宣读无误后,由报案人、控告人、举报人签名或者盖章。接受控告、举报的工作人员,应当向控告人、举报人说明诬告应负的法律责任。但是,只要不是捏造事实,伪造证据,即使控告、举报的事实有出入,甚至是错告的,也要和诬告严格加以区别。公安机关、人民检察院或者人民法院应当保障报案人、控告人、举报人及其近亲属的安全。报案人、控告人、举报人如果不愿公开自己的姓名和报案、控告、举报的行为,应当为他保守秘密。

此外,《刑事诉讼法》第 204、205 条对自诉案件的立案作了规定;同时,最高人民法院、最高人民检察院和公安部对各自机关内部的案件受理程序都有相应的司法解释或内部规定。

根据上述内容,立案材料的受理一般包括如下内容:

1. 公民可以以口头和书面等形式提供证据材料。报案、控告、举报、自首或自诉都是公民的权利,一般对具体的形式并没有要求,既可以是口头形式,也可以是书面形式;以口头形式提供的,公安司法人员应当接受,并制作笔录,经由报案人、控告人、举报人等人员阅读或听取后无异议的,由其签名或者盖章。

不过随着各种现代科技的发展,视听产品、电子产品等各类新技术产品得到了广泛的使用,视听资料、电子资料等各种形式的证据资料在刑事诉讼中的作用也越来越大,公民应当也可以以这种形式提交有关证据资料。

2. 公安司法人员对所有的报案、控告、举报、自首都应当立即接受,并及时根据管辖范围进行分流。

【典型案例】

【案例 11-3-02】

据浙江《都市快报》2012 年 11 月 22 日报道,①报社接到电话珠宝商李先生称:11 月 10 日下午 5 点,珠宝公司关门,李先生让收银员小唐快递两块金条:一块重 1,000.06 克,一块重 1,012.32 克。5 点 40 分左右,快递员小徐收件,以普通包裹打包运走。11 月 11 日中午 11 点多,包裹送达深圳,黄金加工厂徐经理打开包装,发现是个空盒!按照当天即时金价每克 351 元计算,不翼而飞的两块金条,总价值 706345.38 元。运费 48 元的包裹寄时重近 3 公斤,运到深圳只有 780 克。李先生提供的监控录像完整记录了收银员小唐填写单据,把金条装箱、打包,交给快递员的全过程。小唐说:"我在店里做了五年多,以前更重的货也送过,没出过错。金条用报纸包好,再用黄色胶带密封。装在箱底,塞满报纸。最后用胶带封死整只纸箱。"快递员小徐昨天照常上班,他回忆说:"我收到包裹后称了一下,算上包装将近 3 公斤,收运费 48 元。送货过程里我绝对没拆开过包裹,里面装什么东西我也不知道。"在深圳黄金加工厂,包裹由门卫签收。11 日下午 1 点多,加工厂徐经理亲自拆包,全过程都有监控录像。徐经理把视频传到杭州,纸箱还是原来那个,拆开后只剩报纸。徐经理说:"拆包前,胶带没有撕开过的痕迹。我也称了一下,包裹重量只有 780 克。马上和快递公司联系,再打电话给杭州李经理,然后报警。"另当《都市快报》记者采访该快递

---

① "珠宝商寄两公斤黄金价值 70 万 快递弄丢赔 5 万",载于 http://zj.qq.com/a/20121122/000015.htm.

公司媒体部的周经理。周经理说:"杭州公司内部没有查出问题。具体细节和监控视频不能公布,也不方便给李先生看。

【法理与法律适用分析】

本案遇到的问题是:两地警方都未立案。罗湖警方认为,寄出地点在杭州,不能在深圳立案。而11月11日下午,李先生向杭州小营派出所报案。派出所开始表示,只有深圳警方给出书面的不予立案文件,才会介入调查。但之后又以案发地在深圳为由拒绝立案。此案最终被两地的司法机关拒绝刑事立案。

这个案件按照刑事案件的立案条件来看:(1)事实条件清楚。符合刑法中职务侵占或盗窃罪的构成条件;受害人有录像和书面证据证明黄金丢失。(2)法律条件符合。需要追究刑事责任的案件。两地公安机关拒绝立案的争议焦点在于均认为不属于他们管辖。根据各自的职能,我国法律对公安机关、人民检察院和人民法院的管辖范围做了详细的规定,但普通公民可能缺少相应的法律知识而对其知之甚少。为了能及时打击犯罪,保护公民的合法权利,虽然公安司法机关在职能上有区分,但都必须接受报案、举报、控告或自首,从而能鼓励公民与犯罪行为积极作斗争。对此《刑事诉讼法》第108条第3款的规定,公安机关、人民检察院或者人民法院对于报案、控告、举报,都应当接受。对于不属于自己管辖的,应当移送主管机关处理,并且通知报案人、控告人、举报人;对于不属于自己管辖而又必须采取紧急措施的,应当先采取紧急措施,然后移送主管机关。对属于自己管辖的,可以及时对相关材料进行审查,以确定是否需要立案,从而启动侦查或审判,追究犯罪;对不属于自己管辖的,及时移送主管机关,并告知相关当事人,避免举报人、报案人、控告人等;如果需要采取紧急措施的,则应及时采取相关措施,然后再作案件分流。

公安机关接受案件应制作《接受刑事案件登记表》,作为公安机关受理刑事案件的原始材料存档备查。

检察机关对案件的受理统一由人民检察院举报中心负责,其他内设机构和人员对接受的举报犯罪案件线索应转交举报中心;有关机关或部门移送人民检察院或检察院自侦部门发现的犯罪案件线索,由自侦部门负责接受和审查。经检察院集体研究,举报中心分别把案件转交本院相关部门或转交有管辖权的人民检察院处理;同时,对县处级干部的要案线索一律上报省级人民检察院备案,其中涉嫌犯罪数额特别巨大或者犯罪后果特别严重的,层报最高人民检察院备案;厅局级以上干部的要案线索一律报最高人民检察院备案。

3. 公安司法机关应告知控告人、举报人相关法律责任,防止诬告。控告人、举报人的控告、举报可能出于各种目的,有的是如实反映情况,有的是出于报复陷害,有的则是伸张正义。接受材料的公安司法机关工作人员应当在接受材料前,告知相关人员如实提供证据的义务和诬告需要承担的法律责任。但由于普通公民可能对事实不是很了解,或出于法律认识不清等原因,存在控告、举报不实的情况,但只要不是故意捏造事实、伪造证据,就不应当按诬告处理,以保护公民同犯罪作斗争的积极性。

4. 公安司法机关应保障提供材料人员及其亲属的安全,并为其保密。报案人、举报人和控告人向公安司法机关提供有关犯罪的材料,由此可能导致罪犯的报复,为鼓励公民同犯罪行为作斗争,公安司法机关应根据相关当事人的要求,并根据案件的实际情况,制定措施,保障有关当事人的人身、财产安全;对犯罪分子可能威胁有关当事人的亲属的,公安司法机关也应为他们提供安全保障。作为安全保障的一部分,公安司法机关还应根据有关人员的要求,对其姓名和报案、举报或控告的行为予以保密,以防被打击报复。严禁将举报材料转给被举报单位和被举报人;对故意泄密或打击报复举报人、报案人或控告人的行为,应当予以严厉惩处。

二、立案材料的审查

对立案材料的审查,是指公安机关、人民检察院和人民法院根据各自的管辖范围,依据相关法律规定对有关材料进行检查、核实,以确定是否立案的过程。根据《刑事诉讼法》第110条的规定,人民法院、人民检察院或者公安机关对于报案、控告、举报和自首的材料,应当按照管辖范围,迅速进行审查。

立案材料的审查是立案程序的关键。公安司法机关根据各自的管辖范围,对相关的材料进行审查,以确定其是否符合立案的条件。审查的内容包括事实审查和法律审查。事实审查就是对犯罪事实的有无进行审查,以合理相信为标准;法律审查是对是否符合相关法律要件的审查。立案审查的方式主要是书面审查、秘密审查,也可以要求报案人、举报人或控告人予以说明相关情况。

根据最高人民检察院刑事诉讼规则的规定,人民检察院对于自侦案件的审查可以进行初查。由于职务犯罪的复杂性、隐蔽性、广泛影响性和公诉的严肃性,自侦部门在对既有材料进行审查后,出于慎重考虑,可能需要初查。初查由检察长或检察委员会决定,由自侦部门或举报中心进行。初查只能采取不限制被查对象人身、财产权利的方式,如询问、查询、勘验、鉴定、调取材料等,不得采取查封、冻结、扣押等方式。初查虽是由检察机关针对职务犯罪进行,但本身不属于侦查,属于任意性的调查措施。

对自诉案件的审查,有别于为侦查而对控告、举报、报案或自首材料的立案审查。根据刑事诉讼法和最高法院解释的规定,其审查的内容主要为自诉案件特别规定的事实条件和法律条件,审查的形式只能为书面审查,不得主动进行任何形式的调查。

三、立案审查后的处理

公安司法机关对立案材料审查后,应当作出是否立案的决定。根据《刑事诉讼法》第110条的规定,公安司法机关在对立案材料进行审查后,认为有犯罪事实需要追究刑事责任的时候,应当立案;认为没有犯罪事实,或者犯罪事实显著轻微,不需要追究刑事责任的时候,不予立案,并且将不立案的原因通知控告人。

对立案材料审查后的决定主要是立案或不立案,但由于公安机关、检察机关和人民法院在各自的性质、职责上的差别,其在立案审查后的处理上有所差别。

(一)立案

公安司法机关对立案材料审查后,认为有犯罪事实且需要追究刑事责任的,作出立案决定。接受材料的公安机关经对材料审查后,应当制作《刑事案件立案报告书》,报县级以上公安机关负责人批准立案;对疑难、复杂、重大、特别重大案件决定立案侦查时,同时拟定侦查工作方案。

检察机关在接受材料后的7日内审查完毕,认为符合立案条件的,经检察长批准,决定立案,并制作立案决定书;对人大代表立案的,还应向该代表所属的人民代表大会主席团或常委会通报。

人民法院在接受材料后,对自诉案件15日内审查完毕并作出决定,符合立案条件的,应当决定开庭审判,并通知自诉人或代为告诉人;对公诉案件在7日内审查完毕,简易程序案件则应在3日内审查完毕,并根据刑事诉讼法和最高院司法解释相关规定准备庭审。

(二)不立案

公安司法机关在对立案材料审查后,认为没有犯罪事实,或虽有犯罪事实,但事实显著轻微,无需追究刑事责任的,则不予立案;有控告人的,要及时将不立案的原因告知控告人。

公安机关在审查后,认为有上述不立案的情形的,或存在其他依法不追究刑事责任情形的,接受单位应制作《呈请不予立案报告书》,经县级以上公安机关负责人批准,不予立案;对于有控告人的,还应制作《不予立案通知书》,在7日内送达控告人。

检察机关在审查后,只有认为在没有犯罪事实、或事实不清且证据不足、或具有《刑事诉讼法》第15条规定的情形之一的、或没有构成犯罪的,经提请检察长决定,不予立案;被害人是控告人的,此时应制作写明案由、案件来源、决定不立案的原因和法律依据的不立案通知书,由侦查部门在15日内送达被害人,并告知控告申诉检察部门;对未构成犯罪,但又需要追究党纪、政纪责任的,则应移送有关主管机关处理。

人民法院对公诉案件在法定的审查期间内审查完毕,对检察院再次起诉没有新的事实和证据的已撤诉案件、或符合刑事诉讼法第15条第(2)至(6)项规定的情况,应当不予受理。

对自诉案件在法定期间内审查完毕,有下列情形之一的,应驳回起诉或说服自诉人自行撤回起诉:(1)不符合最高人民法院司法解释规定的立案条件的;(2)证据不充分的;(3)犯罪已过追诉时效期限的;(4)被告人死亡的;(5)被告人下落不明的;(6)除因证据不足而撤诉的以外,自诉人撤诉后,就同一事实又告诉的;(7)经人民法院调解结案后,自诉人反悔,就同一事实再行告诉的。

对立案后出现下列情形的,也应驳回起诉或说服自诉人撤回起诉:(1)虽已立案,经审查后缺乏罪证而又未能补充证据的;(2)存在共同侵害人的情况下,自诉人在对部分侵害人的起诉被判决后再就同一事实起诉其他共同侵害人;(3)存在共同被害人的情况下,部分共同被害人在被通知参加其他被害人提起的诉讼时不参加或不出庭,而后又单独提出诉讼的。

(三)其他处理形式

公安机关在对立案审查后,除了立案或不立案外,还存在以下几种处理方式:(1)对于审查后认为有犯罪事实但不属于自己管辖的案件,则应经县级以上公安机关负责人批准签发《移送案件通知书》,在24小时内移送有管辖权的机关,必要时还应采取紧急措施后再移送;(2)对于属于自诉的案件,则直接移交有管辖权的人民法院,并通知当事人;(3)对不属于犯罪但需要给予行政处罚的,依法直接给予行政处罚。

人民检察院在对案件在7日内审查完毕后,存在以下几种处理:(1)不属于人民检察院管辖的,移送有关主管机关,并通知报案人、控告人、举报人、自首人,必要时先采取紧急措施后再移送;(2)属于人民检察院管辖的,则根据各级人民检察院的职能分工,分别移送到相关人民检察院;(3)对属于错告的,如已造成被控告人、被举报人不良影响的,应向有关部门予以澄清;属于诬告的,应追究相关人员的法律责任。

【法条链接】

《刑事诉讼法》

第一百一十条 人民法院、人民检察院或者公安机关对于报案、控告、举报和自首的材料,应当按照管辖范围,迅速进行审查,认为有犯罪事实需要追究刑事责任的时候,应当立案;认为没有犯罪事实,或者犯罪事实显著轻微,不需要追究刑事责任的时候,不予立案,并且将不立案的原因通知控告人。控告人如果不服,可以申请复议。

【典型案例目录索引】

1. 陈卫东主编:《刑事诉讼法学原理与案例教程》,中国人民大学出版社2008年版,第291-304页。

2. 潘牧天主编:《刑事诉讼法案例教程》,法律出版社2006年版,第169-180页。

【参考阅读的文献资料】

1. 陈卫东:《刑事诉讼法学研究》,中国人民大学出版社2008年版。

2. 叶青:《刑事诉讼法学》(第三版),上海人民出版社、北京大学出版社2013年版。

3. 陈光中:《刑事诉讼法教学案例》,法律出版社2007年版。

第四节 立案的监督

立案程序是刑事诉讼的开始,一旦立案,即将进行刑事侦查或审判,由此可能给被举报人、被控告人的人身、财产等权利造成很大的影响,因此立案应当慎重。司法实践中也存在有案不立、不该立而立、或以罚代立等情形,这是对权力的滥用,应当值得警惕。为防止打击犯罪不力或冤枉无辜,保障公民的合法权益,对立案进行监督是立案程序的重要内容。

一、立案监督概述

立案监督是指有监督权的机关或公民对公安司法机关的立案过程和立案结果的一种监视、审查和督促的活动。狭义的立案监督仅仅指法律监督机关即人民检察院对公安机关的立案活动进行的监督,广义的立案监督不仅包括检察机关对公安机关的立案活动监督,还包括公民对公安机关的立案监督、人民检察院的立案监督、人民法院的立案监督,以及检察机关对法院的立案监督、上级人民法院对下级人民法院的立案监督等内容。

人民检察院是我国的法律监督机关,其对刑事诉讼立案活动的监督是立案监督中最为重要的形式,也是我国刑事诉讼中法律监督原则在立案程序中实施的体现。

立案监督不仅包括对立案过程的监督,也包括对立案结果的监督;鉴于立案过程本身期限较短,而且立案过程的主要环节为立案审查,其是以秘密的、书面化的形式进行的,因此,立案的监督主要体现为对立案结果的监督。

二、检察机关的立案监督

检察机关的立案监督主要是指通过检察机关进行的监督,包括检察机关依职权进行的监督和依当事人的申请进行的监督,既包括检察机关对公安机关、人民法院的监督,也包括上级检察机关对下级检察机关的监督、检察机关内部各部门之间的监督。

根据《刑事诉讼法》第111条的规定,人民检察院认为公安机关对应当立案侦查的案件而不立案侦查的,或者被害人认为公安机关对应当立案侦查的案件而不立案侦查,向人民检察院提出的,人民检察院应当要求公安机关说明不立案的理由。人民检察院认为公安机关不立案理由不能成立的,应当通知公安机关立案,公安机关接到通知后应当立案。此外,《刑事诉讼法》第217条,及最高人民法院、最高人民检察院和公安部对各级机关内部立案的操作程序都有细则规定。

(一)对公安机关的立案监督

1. 监督的情形:(1)检察机关发现公安机关可能存在应当立案侦查而不立案侦查的;(2)被害人及其法定代理人、近亲属或行政执法机关认为公安机关应当立案侦查的案件而不立案侦查,向人民检察院提出的;(3)有证据证明公安机关违法立案,且已采取强制措施或强制性措施,还未批捕或移送审查起诉的;(4)不服公安机关立案决定的投诉。

2. 监督的具体程序:对于上述第(1)种情形和第(3)种情形,由检察机关的审查逮捕部门进行审查,对于第(2)种情形由控告申诉部门审查,对于第(4)种情形,可以移送立案的公安机关处理。审查依据相关事实和法律进行,控告申诉部门审查中可以要求被害人提供相关材料。

【案例11-4-01】对于上一节珠宝商丢失黄金案,①李先生不服公安机关的不立案决定如何依法保护自己的合法权益?

【法理与法律适用分析】

受害人在被公安机关拒绝立案后,根据刑事诉讼法的规定可以向人民检察院提出立案监督。经调查、核实有关证据材料,人民检察院如果认为不立案理由成立的,控告申诉部门在10日内将不立案的理由和根据告知被害人;认为需要公安机关说明不立案或立案理由的,由审查逮捕部门制作《要求说明不立案理由通知书》或《要求说明立案理由通知书》,经检察长批准,送达公安机关;认为没有犯罪事实发生,或者犯罪情节显著轻微不需要追究刑事责任,或者具有其他依法不追究刑事责任情形的,及时答复投诉人或者行政执法机关;不属于被投诉的公安机关管辖的,应当将有管辖权的机关告知投诉人或者行政执法机关,并建议向该机关控告或者移送;公安机关尚未作出不予立案决定的,移送公安机关处理。

对于需要说明理由的,公安机关应当在收到通知书后7日内作出书面说明,反映不立案或立案的情况、依据和理由,连同有关证据材料复印件回复检察机关;公安机关如主动立案或撤销立案的,应当将《立案决定书》或《撤销案件决定书》复印件及时送达检察机关。

人民检察院的审查逮捕部门对相关理由进行调查核实,可以询问办案人员和有关当事人,查阅、复印公安机关刑事受案、立案、破案等登记表册和立案、不立案、撤销案件、治安处罚、劳动教养等相关法律文书及案卷材料,公安机关应当配合。人民检察院经调查核实,认为公安机关不立案或者立案理由不成立的,应当制作《通知立案书》或者《通知撤销案件书》,说明依据和理由,经检察长或者检察委员会决定,连同证据材料移送公安机关执行;通知立案的,还要抄报上一级人民检察院备案。

---

① 参见本书【案例11-3-02】。

公安机关应当在收到《通知立案书》后15日以内决定立案,并将《立案决定书》复印件及时送达人民检察院。公安机关对《通知撤销案件书》没有异议的应当立即撤销案件,并将《撤销案件决定书》复印件及时送达人民检察院;认为人民检察院撤销案件通知有错误的,应当在5日以内经县级以上公安机关负责人批准,要求同级人民检察院复议。

人民检察院应对复议进行审查,且在收到《要求复议意见书》和案卷材料后7日以内作出是否变更的决定,并通知公安机关。公安机关不接受人民检察院复议决定的,应当在5日以内经县级以上公安机关负责人批准,提请上一级人民检察院复核。

上级人民检察院应当在收到《提请复核意见书》和案卷材料后15日以内作出是否变更的决定,通知下级人民检察院和公安机关执行。上级人民检察院复核认为撤销案件通知有错误的,下级人民检察院应当立即纠正;上级人民检察院复核认为撤销案件通知正确的,下级公安机关应当立即撤销案件,并将《撤销案件决定书》复印件及时送达同级人民检察院。

监督立案后三个月未侦查终结的,人民检察院可以发出《立案监督案件催办函》,公安机关应当及时向人民检察院反馈侦查进展情况。

对于由公安机关管辖的国家机关工作人员利用职权实施的重大犯罪案件,人民检察院通知公安机关立案而不立案的,经省级以上人民检察院批准,人民检察院可以直接立案侦查。

(二)对检察机关及其内设部门的立案监督

1. 监督的情形:(1)接受备案的上级检察机关或其他上级检察机关认为下级检察机关的处理不当;(2)对由上级检察机关举报中心移送到下级检察机关的案件,下级检察机关逾期未回复上级检察机关举报中心的;(3)检察机关侦查部门逾期未回复举报中心的;(4)侦查部门的不予初查或初查后不予立案的决定不当的;(5)检察机关自侦部门应当立案而不报请立案侦查的;(6)控告人对检察机关不立案决定不服,要求复议的。

2. 监督的程序:对于第(1)种情形,收到备案的人民检察院应在10日内通知下级人民检察院予以纠正。对于第(2)种情形,下级检察机关应在3个月内将处理情况回复上级检察机关的举报中心,逾期未回复的,举报中心应当催办。对于第(3)种情形,侦查部门在1个月内未将处理情况回复举报中心的,举报中心应当催办,侦查部门应当说明理由。对于第(4)种情形,举报中心认为本院侦查部门对于移交的案件线索决定不予初查或初查后不予立案的决定不当的,应报经分管检察长同意,提请检察长或检察委员会决定。对于第(5)种情形,应当提出报请立案侦查的建议,报经分管检察长同意后,送侦查部门。侦查部门同意报请立案侦查的,应当在报经检察长批准作出立案决定后将立案决定书复印件送侦查监督部门或者公诉部门;不同意报请立案侦查的,应当书面说明不立案理由,报分管检察长同意后回复侦查监督部门或者公诉部门。侦查监督部门或者公诉部门认为不立案理由不能成立的,应当报分管检察长同意后,报请检察长决定。对于第(6)种情形,对于被害人是控告人的刑事案件,检察机关决定不立案的,应制作不立案通知书,将案由、案件来源、决定不立案的原因和法律依据由侦查部门在15日内送达控告人;控告人不服的,可以在收到不立案通知书后10日内提出复议申请;控告申诉部门应在收到复议申请的30日内作出复议决定。

(三)对法院的立案监督

对法院驳回起诉或不予受理的裁定,检察机关认为确有错误的,可以提出抗诉,抗诉期限为自收到裁定书后5日内;抗诉须通过原审人民法院,并同时将抗诉书抄送上一级检察机关;上一级检察机关认为抗诉不当的,可以撤回抗诉。

三、其他立案监督的形式

除上述几种立案监督外,还存在以下几种监督形式:

1. 对于有控告人的案件,公安机关决定不予立案的,应制作《不予立案通知书》,在7日内送达控告人;控告人不服的,可以在收到通知书后7日内向原决定的公安机关申请复议;原决定的公安机关应当在收到复议申请后的10日作出决定,并通知控告人。

2. 对于被害人有证据证明的被告人侵犯自己人身、财产权利的行为应当追究刑事责任的,而公安机关或人民检察院不予追究的,被害人及其法定代理人可以直接向法院提起自诉。

【案例11-4-02】对于上一节珠宝商丢失黄金案,①如果公安机关和人民检察院都不予对该案提出刑事追究,李先生也可以向人民法院提起自诉。

3. 对于人民法院不予受理或驳回起诉的裁定,自诉人及其法定代理可以上诉,自收到裁定后的5日内向上一级人民法院提出。

【法条链接】

《刑事诉讼法》

第一百一十一条　人民检察院认为公安机关对应当立案侦查的案件而不立案侦查的,或者被害人认为公安机关对应当立案侦查的案件而不立案侦查,向人民检察院提出的,人民检察院应当要求公安机关说明不立案的理由。人民检察院认为公安机关不立案理由不能成立的,应当通知公安机关立案,公安机关接到通知后应当立案。

第一百一十二条　对于自诉案件,被害人有权向人民法院直接起诉。被害人死亡或者丧失行为能力的,被害人的法定代理人、近亲属有权向人民法院起诉。人民法院应当依法受理。

【典型案例目录索引】

1. 武延平等编著:《刑事诉讼法案例教程》,北京大学出版社2003年版,第121-133页。

2. 田应梅著:《刑事诉讼法案例评析与思考》,知识产权出版社2011年版,第117-129页。

【参考阅读的文献资料】

1. 陈卫东:《刑事诉讼法学研究》,中国人民大学出版社2008年版。
2. 叶青:《刑事诉讼法学》(第三版),上海人民出版社、北京大学出版社2013年版。
3. 陈光中:《刑事诉讼法教学案例》,法律出版社2007年版。

---

① 参见本书【案例6-3-02】。

第十二章 侦查程序

第一节 侦查概述

一、侦查概念和特征

侦查,指由特定的司法机关为收集证据,查明、证实犯罪和抓获犯罪嫌疑人而依法采取的专门调查工作和有关强制性措施。《刑事诉讼法》第106条第1项规定,"侦查"是指公安机关、人民检察院在办理案件过程中,依照法律进行的专门调查工作和有关强制性措施。

侦查的法律定义,表明了侦查具有下列特征:

(一)侦查的主体是特定的司法机关

【典型案例】

【案例12-1-01】[①]

宁某,男,某村村民,无业,曾因盗窃罪被有关部门劳教一年零六个月。

1999年6月12日夜晚,宁某家附近的一家乡镇工厂财务室被盗,丢失人民币现金2万余元及德生牌收音机一台。案发后,该厂保卫科科长张某立即带人展开"侦查"。

根据厂内工人吴某、余某等人的证言,得知在失窃的前两天宁某曾经"鬼鬼祟祟地在工厂内转悠",张某等人怀疑此案系宁某所为。6月13日上午,张某带着厂里的保卫干事李某、杜某去找宁某,路上正好碰见宁某,便将其带回厂保卫科"问话"。宁某在回答时显得支支吾吾,张某等人便确信东西是宁某偷的,于是从宁某身上搜出钥匙打开了宁某家的房门,对宁某家进行了搜查,结果一无所获。回到保卫科,张某等人用绳子将宁某绑在了暖气管上,并对宁某讲"你一天不说实话,就关你一天。什么时候说实话了,就放你走。"6月14日下午,宁某被关了近30个小时后,承认东西是他偷的,东西藏在她父母家的地窖里。张某立即带人去宁某的父母家进行搜查,在地窖里找到了工厂丢失的财物。当晚,张某等人向镇派出所报案,并将宁某及相关证据移送公安机关。

本案的核心问题是该工厂的保卫科是否有权力进行侦查。

法律将侦查设定为一种职权行为,是国家司法权的重要组成部分。在刑事诉讼中,依法享有侦查权的机关由两部分组成:

1.《宪法》和《刑事诉讼法》规定当然享有侦查权的司法机关

(1)公安机关。《刑事诉讼法》第18条规定,刑事案件的侦查由公安机关进行,法律另有规定的除外。这表明公安机关是侦查的主要主体。

[①] 王新清、王彧:《新版以案说法——刑事诉讼法篇》,中国人民大学出版社2006年版,第151-152页。

【案例12-1-02】①2006年7月16日,陕西省安康市汉阴县平梁镇铁瓦殿发生一起特大杀人案件,该殿6名管理人员和4名香客被残杀。案发后,陕西省公安厅厅长王锐率刑侦技术人员会同公安部专家组立即赶赴现场组织开展侦破工作。经深入调查,很快确定此案系邱兴华(男,47岁,石泉县后柳镇一心村二组农民)所为。公安部、省公安厅随即在全国、全省发出A级通缉令,同时组织大量警力在邱兴华可能藏身的深山密林中开展搜捕。经30余天的全力追捕,邱兴华于2006年8月19日晚8时许落入法网。

本案是一起典型的故意杀人案件,依法应由公安机关立案侦查。

(2)国家安全机关。《刑事诉讼法》第4条规定,国家安全机关依照法律规定,办理危害国家安全的刑事案件,行使与公安机关相同的职权。因此,国家安全机关也是侦查主体之一。

【案例12-1-03】②1997年8月,时任辽宁省锦州输油管理处党委书记等职的付健,在其亲友吕逸群(另立案处理)来锦州与其商量向境外情报机构提供情报以获取报酬时,付健考虑后表示同意。之后,吕逸群给付健规定了化名、交接情报的联络方法和暗语,同时为其提供了美能达相机、数码录音笔和芯片等工具,并先后8次布置付健收集我国秘密、情报的任务。

1997年8月至2002年5月,付健利用其职务便利,窃取、搜集了大量涉及我国政治、经济、军事等的国家秘密和情报。付健为境外情报机构窃取、非法提供国家秘密、情报,每月从境外情报机构拿到的工资和奖金总计60,900美元。

2002年5月17日,付健因涉嫌为境外窃取、非法提供国家秘密、情报罪,被辽宁省锦州市国家安全局拘传,同年6月26日被刑事拘留。

本案系一起典型的危害国家安全犯罪,其侦查主体依法应为国家安全机关。

(3)人民检察院。《刑事诉讼法》第18条第2款规定,贪污贿赂犯罪,国家工作人员的渎职犯罪,国家机关工作人员利用职权实施的非法拘禁、刑讯逼供、报复陷害、非法搜查的侵犯公民人身权利的犯罪以及侵犯公民民主权利的犯罪,由人民检察院立案侦查。对于国家机关工作人员利用职权实施的其他重大的犯罪案件,需要由人民检察院直接受理的时候,经省级以上人民检察院决定,可以由人民检察院立案侦查。《刑事诉讼法》第171条第2款规定,人民检察院对公安机关移送起诉的案件,经审查认为需要补充侦查的,可以退回公安机关补充侦查,也可以自行侦查。可见,人民检察院享有充分的侦查权,也是重要的侦查主体之一。

【案例12-1-04】③云南省原省长李嘉廷,男,58岁,云南省石屏县人,彝族,因涉嫌受贿罪经最高人民检察院决定立案侦查,于2001年9月6日被刑事拘留,同年10月10日被逮捕。侦查终结后,此案移送北京市人民检察院,由北京市人民检察院第二分院提起公诉。北京市第二中级人民法院于2003年4月9日至10日开庭审理了此案。

经审查,1994年上半年至2000年7月,李嘉廷在担任云南省人民政府省长等职期间,利用职务便利,为10人谋取利益,先后30次伙同其子李勃(另案处理)或单独收受他人钱财总计折合人民币1,800余万元。2003年5月9日,李嘉廷被法院判处死刑,缓期两年执行。

---

① 杨正鸣、倪铁:《侦查学案解》,复旦大学出版社2011年版,第30页。
② 杨正鸣、倪铁:《侦查学案解》,复旦大学出版社2011年版,第27-28页。
③ 杨华等主编:《刑事诉讼法案例点评》,中国人民公安大学出版社2005年版,第40页。

本案中,李嘉廷涉嫌的罪名是受贿罪,因此侦查的主体依法应为人民检察院。

2. 因法律特别规定在特定情况下享有侦查权的机关

依据《刑事诉讼法》第 290 条的规定,军队保卫部门对军队内部发生的刑事案件行使侦查权。对罪犯在监狱内犯罪的案件由监狱进行侦查。因此,军队保卫部门、监狱的有关部门作为法律特别授权的侦查机关,在特定的范围内享有侦查权,也是侦查的主体之一。

【案例 12-1-05】①某日凌晨 5 时,某边防战士胡某因欠钱太多,无颜面对即将来队看望他的父母,便乘站岗之机携带执勤用的 81 式半自动步枪一支和私藏的 21 发子弹逃离连队,进入他国境内,后来在企图越境回国时被邻国边防人员抓获。经过交涉,他国将其本人及枪、弹一并交还我方。

本案为军队内部发生的刑事案件,应由军队保卫部门行使侦查权。

【案例 12-1-06】②常某因犯抢劫罪被亳州市中级法院判处无期徒刑,2003 年进入蚌埠监狱服刑,在服刑期间常某虽然也因为能够认真接受教育改造,获得两次减刑,但是在此后的改造中放松对监规的遵守,2010 年 11 月常某因为私藏违禁品被查处,在受到蚌埠监狱给予的警告处理后,常某不但不认真反省,反而怀疑猜测可能检举他违规行为的其他服刑人员,意图报复,借口同监区服刑人员姚某辱骂自己,用拳击打姚的头面部,致其鼻骨骨折。案件发生后,蚌埠监狱迅速查明犯罪事实,认真做好被害人伤情鉴定,并对常某予以立案。

本案为罪犯在监狱内犯罪的案件,由监狱进行侦查。

另外,根据现行《海关法》的规定,国家在海关总署设立专门侦查走私犯罪的公安机构,配备专门的缉私警察,负责对其管辖的走私犯罪案件的侦查、拘留、执行逮捕、预审。因此,海关侦查走私犯罪的公安机构也是侦查的主体之一。

【案例 12-1-07】③2008 年 6 月 12 日上午,由被告人程某担任船长、被告人许某担任业务的船只抵达香港码头。中午 12 时,为年取非法利益,被告人程某、许某等人将一香港人送来的一批电子产品藏匿于船只的货柜内,准备将货物不报关偷运回内地。后被海关查获,当场缴获 IC 芯片、摄像头等无合法证明的电子产品一批,共计偷逃税款 54 万元人民币。

本案为走私犯罪,海关侦查走私犯罪的公安机构有侦查权。

综上所述,"案例 12-1-02"中,该工厂的保卫科由于不是国家机关,依法显然不属于侦查的主体,无权进行侦查。

此外,值得注意的是我国的人民法院是国家的审判机关,不享有侦查权。

(二)侦查活动具有特定的内容

法律规定侦查的内容有两个方面:

其一,专门调查工作,指刑事诉讼法规定的讯问犯罪嫌疑人、询问证人、被害人,勘验、检查、搜查,扣押物证、书证,鉴定和通缉等为收集证据、查明案件事实而进行的调查工作。

其二,有关的强制性措施,指刑事诉讼法规定的为了收集证据、查明案件事实和查获犯罪嫌疑人而采取的限制、剥夺人身自由或对人身、财物进行的强制的措施。具体包括强

---

① 案例来源:http://zhidao.baidu.com/question/98011949.html,浏览日期:2012 年 5 月 18 日。
② 案例来源:http://www.jcrb.com/jcpd/jckx/201103/t20110331_523237.html,浏览日期:2012 年 5 月 18 日。
③ 于志刚:《案例刑法学各论》,中国法制出版社 2010 年版,第 83 页。

制性方法和刑事诉讼强制措施,前者如强制检查、强制扣押等,后者如拘传、逮捕等。

【案例12-1-08】①2010年9月8日晚上8点10分左右,上海市闵行区莲花南路一家超市底楼的金饰店内发生一起抢劫案,三名蒙面歹徒在1分50多秒时间内抢走了价值数十万元的黄金首饰。案发后,上海市公安局立即抽调精干警力组成联合专案组,赶往现场侦查取证。

侦查人员调取了案发时的监控画面,画面显示当天晚上8点07分,三名蒙着面罩、身穿迷彩服的男子从后门进入超市,随后快速接近金饰店柜台。其中一人用铁锤敲碎柜台玻璃,另一人随后抢夺项链、戒指等黄金饰品,还有一人则手持枪状物体将呼救的营业员逼开,然后在超市内丢弃了一个饮料瓶,饮料瓶在落地的瞬间扬起了一阵轻烟。得手后,三人朝超市外一河道旁的树林中跑去,很快消失在夜幕中。

经过细致的现场勘查和调查走访,侦查人员很快获取了犯罪嫌疑人的有关犯罪信息,歹徒在砸玻璃时留下了血迹,逃跑时又在小树林里扔下了一只蒙面头套。在与公安部有关信息系统比对后,侦查人员发现有一名犯罪嫌疑人曾参与了2009年7月发生在贵州省习水县的一起抢劫案(未侦破)。侦查人员随即与当年遭抢的女出租车司机取得了联系,从而找到了本案的突破口。女司机表示犯罪嫌疑人当时曾经问她"每个月的板板费是多少","而"板板费"是重庆綦江地区的方言,即每个月必须向公司上交多少费用。綦江与习水县相邻,这为侦查工作进一步明确了方向。

2010年9月14日,专案组在重庆綦江发现了42岁的犯罪嫌疑人张某,通过攻心战使张某认罪伏法。通过张某提供的线索,侦查人员又分别抓获了另外两名犯罪嫌疑人,并缴获部分被抢的金饰品。之后,三名犯罪嫌疑人被押解回沪。

本案中,公安机关即特定的司法机关,其通过调取案发时监控画面、现场勘查、调查走访、系统信息比对等专门调查工作以及抓获犯罪嫌疑人、缴获部分被抢金饰品、将犯罪嫌疑人押解回沪等强制性措施,收集证据,查明、证实了犯罪。

(三)侦查活动必须严格依法进行

侦查活动可以采取强制性措施,但强制性措施稍有不当,就会发生侵犯公民人身权利或财产权利的现象,这与刑事诉讼法关于实现惩治犯罪和保护人权相统一的立法宗旨是相悖的,同时也不利于查明案件真相,树立司法权威。我国《刑事诉讼法》第50条规定,审判人员、检察人员、侦查人员必须依照法定程序,收集能够证实犯罪嫌疑人、被告人有罪或者无罪、犯罪情节轻重的各种证据。严禁刑讯逼供和以威胁、引诱、欺骗以及其他非法方法收集证据,不得强迫任何人证实自己有罪。因此,侦查机关必须严格依法行使侦查权,防止违法行为发生,保障公民不受非法行为侵害。

【案例12-1-09】②2002年7月12日凌晨,唐山市南堡开发区发生一起蒙面入室杀人案,致两人重伤。南堡公安分局在侦查此案过程中,将冀东监狱二支队政治处主任李久明列为犯罪嫌疑人。南堡公安分局局长王建军、副局长杨策等人将李久明提至唐山市公安局刑警一大队。审讯期间,多名干警在李久明手指、脚趾上捆上电线,反复、轮流、长时间由手摇电话机电击李久明,迫使李编造了杀人过程。后李久明翻供,王建军等人再次将

---

① 杨正鸣、倪铁:《侦查学案解》,复旦大学出版社2011年版,第44—45页。
② 王新清、王彧:《新版以案说法——刑事诉讼法篇》,中国人民大学出版社2006年版,第80页。

李从看守所提至玉田县公安局,进行残忍的刑讯逼供,直到李供认"杀人"。2002年11月,李久明被判处死刑,缓期两年执行。

2004年6月,"7·12"案杀人真凶蔡明新在浙江温州市被公安机关抓获,李久明于2004年11月被无罪释放。王建军等参与刑讯逼供的民警被检察机关立案侦查,被分别被判处有期徒刑两年等刑罚。

我国《刑事诉讼法》第115条规定,当事人和辩护人、诉讼代理人、利害关系人对于司法机关及其工作人员有下列行为之一的,有权向该机关申诉或者控告:(1)采取强制措施法定期限届满,不予以释放、解除或者变更的;(2)应当退还取保候审保证金不退还的;(3)对与案件无关的财物采取查封、扣押、冻结措施的;(4)应当解除查封、扣押、冻结不解除的;(5)贪污、挪用、私分、调换、违反规定使用查封、扣押、冻结的财物的。

受理申诉或者控告的机关应当及时处理。对处理不服的,可以向同级人民检察院申诉;人民检察院直接受理的案件,可以向上一级人民检察院申诉。人民检察院对申诉应当及时进行审查,情况属实的,通知有关机关予以纠正。

(四)侦查内容的隐蔽性和形式的公开性

侦查的隐蔽性,指为了防止被侦查对象毁灭证据、串供、逃跑或其他意外事件,侦查的内容,包括侦查计划、侦查对象、侦查范围、侦查方式、侦查获得的证据以及报案人、控告人、举报人等侦查秘密,不得对外泄露。

侦查的公开性,指侦查的形式,如拘留、逮捕犯罪嫌疑人,对其住处进行搜查等,必须是公开的。

二、侦查的目的

我国刑事诉讼法的根本目的是惩罚犯罪和保障人权的统一。侦查程序作为其中的一个阶段,具有与其一致的具体目的。根据我国刑事诉讼法的精神,侦查阶段的具体目的应当是收集确实、充分的证据,查明案件事实,查获犯罪嫌疑人。

【案例12-1-10】[①]1994年1月20日晚上,佘祥林患有精神病的妻子张在玉失踪,张在玉的表姐于同年1月22日晚向警方报案。1994年4月11日上午11时,湖北京山县雁门口镇派出所接到报案称,在吕冲村附近一堰塘里发现一具女尸浮在水面,派出所民警即赶往现场。张在玉的亲属被警方叫去认尸,张的哥哥看到死者的身高、胖瘦、头发的扎法和张在玉很相似,但死者面貌已浮肿难辨。而张在玉的母亲当时一口咬定死者就是张在玉,并说出了一些身体上的特征,这些与此后的尸检情况一致。佘祥林及其哥哥并未见到尸体。由于当时办案经费所限,警方并未进行DNA检测。法医的尸检报告显示,死者张在玉系被钝器击伤后沉入水中溺水窒息而亡。

作为重点嫌疑对象,张在玉的丈夫佘祥林被侦查人员锁进视野。同年4月12日下午,佘祥林被侦查人员带走,他从警察口里得知妻子死亡的消息,当时他要求去辨认尸体,遭到了拒绝。4月13日,对佘祥林的正面审讯持久不下。但有证人谈到,佘祥林一次和他闲谈,谈到他老婆失踪的事情时,佘祥林说他老婆一般不会走,要走了死都不死在附近。侦查人员据此分析佘祥林很可能是异地作案抛尸。

[①] 杨正鸣、倪铁:《侦查学案解》,复旦大学出版社2011年版,第14—15页。

同年4月15日，无名女尸被发现四天之后，侦查人员对佘祥林的审讯有了重大突破。佘祥林承认："张在玉是我弄死的"。4月22日，佘带着侦查人员来到抛尸现场，指认了单独作案的杀人路线及沉尸手法。经多次退回补充侦查、起诉、审判，1998年6月15日，佘祥林被判处有期徒刑15年，剥夺政治权利5年。其上诉亦被驳回。

2005年3月28日，张在玉突然回到了自己家中。2005年4月13日上午9时，湖北省京山县人民法院重新审理了佘祥林案，当庭宣判佘祥林无罪。

本案中，侦查机关过于追求实现侦查的具体目的，却忽视了侦查行为的根本目的是惩罚犯罪和保障人权的统一，致使侦查程序走入歧途，制造了一起冤假错案。

【法条链接】

《刑事诉讼法》

第四条　国家安全机关依照法律规定，办理危害国家安全的刑事案件，行使与公安机关相同的职权。

第十八条　刑事案件的侦查由公安机关进行，法律另有规定的除外。

贪污贿赂犯罪，国家工作人员的渎职犯罪，国家机关工作人员利用职权实施的非法拘禁、刑讯逼供、报复陷害、非法搜查的侵犯公民人身权利的犯罪以及侵犯公民民主权利的犯罪，由人民检察院立案侦查。对于国家机关工作人员利用职权实施的其他重大的犯罪案件，需要由人民检察院直接受理的时候，经省级以上人民检察院决定，可以由人民检察院立案侦查。

自诉案件，由人民法院直接受理。

第一百零六条　本法下列用语的含意是：

（一）"侦查"是指公安机关、人民检察院在办理案件过程中，依照法律进行的专门调查工作和有关的强制性措施；（二）"当事人"是指被害人、自诉人、犯罪嫌疑人、被告人、附带民事诉讼的原告人和被告人；（三）"法定代理人"是指被代理人的父母、养父母、监护人和负有保护责任的机关、团体的代表；（四）"诉讼参与人"是指当事人、法定代理人、诉讼代理人、辩护人、证人、鉴定人和翻译人员；（五）"诉讼代理人"是指公诉案件的被害人及其法定代理人或者近亲属、自诉案件的自诉人及其法定代理人委托代为参加诉讼的人和附带民事诉讼的当事人及其法定代理人委托代为参加诉讼的人；（六）"近亲属"是指夫、妻、父、母、子、女、同胞兄弟姊妹。

第一百一十三条　公安机关对已经立案的刑事案件，应当进行侦查，收集、调取犯罪嫌疑人有罪或者无罪、罪轻或者罪重的证据材料。对现行犯或者重大嫌疑分子可以依法先行拘留，对符合逮捕条件的犯罪嫌疑人，应当依法逮捕。

第一百一十四条　公安机关经过侦查，对有证据证明有犯罪事实的案件，应当进行预审，对收集、调取的证据材料予以核实。

第二百九十条　军队保卫部门对军队内部发生的刑事案件行使侦查权。对罪犯在监狱内犯罪的案件由监狱进行侦查。军队保卫部门、监狱办理刑事案件，适用本法的有关规定。

第二节　侦查行为

侦查行为，是指既包括侦查机关进行专门调查工作的行为，又包括侦查机关为防止现行犯、犯罪嫌疑人继续犯罪、逃跑、毁灭证据或自杀而采取的强制措施。根据《刑事诉讼法》的有关规定，我国的侦查体系应包括下列内容：讯问犯罪嫌疑人，询问证人、被害人，勘验、检查，搜查，扣押物证、书证，鉴定，通缉等行为；拘传，取保候审，监视居住，拘留和逮捕。

拘传等强制措施前面章节已有论述，本节主要论述几种专门性调查活动。

一、讯问犯罪嫌疑人

讯问犯罪嫌疑人，指侦查人员依照刑事诉讼法规定的程序，就案件事实以及与案件相关的其它问题以言词的方式，对依法被指控有犯罪嫌疑的人进行提问并要求回答的一种侦查行为。

《刑事诉讼法》第116条至第121条对讯问犯罪嫌疑人的程序作了规定，应当严格执行。

1. 讯问主体

讯问犯罪嫌疑人，必须由检察机关、公安机关（含国家安全机关和其他享有侦查权的机关）的侦查人员进行，其他人员无此权力。

【案例12-2-01】①成都某区法院对主犯李某某判强奸罪有期徒刑十年，剥夺政治权利一年，其余二人分别被判处有期徒刑八年。该案上诉到成都中级法院后，由律师介入，担任李某某的第一辩护人。中院以程序不合法发回重审。二000年九月，武候法院以(2000)武刑初字条283号《刑事判决书》判决强奸罪不成立。

经审理查明，讯问人员未在笔录上签字核对，并有一人讯问的情况，违反了刑事诉讼法。所有的讯问笔录均无讯问人员的签字核对。一九九九年八月十三日晚上由侦查人员雷某、周某某分别讯问了李某某、周某、刘某、简某等人，但从时间上看有同时讯问的情况，如晚11时50分至次凌晨三时20分讯问李某某，而讯问刘某也基本上是这个时间，讯问时显然是一个人。在法庭上，三被告也陈述了是一人讯问。

讯问的时候，侦查人员不得少于二人。讯问双人制有利于工作，保证办案质量；也可以互相监督，防止违法行为发生；同时有利于保障侦查人员安全，防止行凶报复，防止犯罪嫌疑人的诬陷。

2. 讯问的地点和时间

对于已经被拘留或者逮捕的犯罪嫌疑人，应当在拘留或逮捕后24小时内，在羁押场所进行讯问。犯罪嫌疑人被送交看守所以后，侦查人员对其进行讯问，应当在看守所内进行。如发现错误拘捕的，应立即释放，并发给释放证明。对于需要逮捕而证据不足的，可以先采取取保候审或监视居住。

对于未被拘留或逮捕的犯罪嫌疑人，可以传唤到犯罪嫌疑人所在市、县的指定地点或到他的住处进行讯问，但是应当出示人民检察院或公安机关的证明文件。对在现场发现的犯罪嫌疑人，经出示工作证件，可以口头传唤，但应当在笔录中注明。

适用传唤或拘传方式讯问犯罪嫌疑人的，持续时间不得超过12小时；案情特别重大、复杂，需要采取拘留、逮捕措施的，传唤、拘传持续的时间不得超过二十四小时；不得以连

---

① 案例来源：http://www.66law.cn/goodcase/698.aspx，浏览日期：2012年5月18日。

续传唤、拘传的形式变相拘禁犯罪嫌疑人。传唤、拘传犯罪嫌疑人,应当保证犯罪嫌疑人的饮食和必要的休息。

【典型案例】

【案例 12-2-02】①

一个冬天的晚上 10 点,天下着雨,在偏僻山区小镇——安徽省黄山市歙县某镇,一辆大卡车沿着公路疾驶,正要经过镇政府大院门口时,车上人猛然发现路边横卧着一人。随着一声刺耳的刹车声,车子猛地停了下来,司机急忙下车查看,只见地上的人已经没了呼吸。此时,手表的指针指向 10 点 05 分,四周悄无一人。司机的第一反应是交通事故,而且很可能肇事车辆已溜之大吉,弄不好自己反倒被牵扯进去。为了尽快摆脱干系和保护现场,他们以最快速度赶到了镇政府报案。

县交警大队交警迅即赶到了现场。但是经过仔细勘查现场和进行尸表检验,交警排除了交通事故致人死亡的可能性。随即,此案被移交给了当地公安局。这个小镇人口不多,死者的身份很快就被查出,是当地一家饭店的女老板潘月芬,时年 20 岁。尸检结果显示:被害人系被外力作用于颈部,造成气管横断呼吸衰竭而死。

根据案发现场和死者被害前行踪,结合对女老板为人品行的调查,初步排除了仇杀和谋财害命两种可能,而与生活作风相关的情杀动机成为警方主要侦查方向。那么,究竟是谁下了如此毒手呢?很快,一个当地干部群众都很熟悉的人物被警方列为了重点怀疑对象。据传与这个女老板关系暧昧,在她临死的当晚还曾会过面的男子不是别人,就是这家饭店的常客、当地镇长胡某某。具有讽刺意味的是,他当时还是潘月芬被害案的专案组群众方的组长,在十来天的调查侦查过程中却没有半点异常反应。

公安人员听到群众反映并初步核实胡某某与潘月芬有染后,当机立断将胡传唤隔离,三天后予以刑事拘留,同时警方仔细搜查了胡的住所。这边虽未搜到任何物证或有价值的线索,那边的审讯却取得了"突破性"进展,胡某某招供出了犯罪过程。

【法理与法律适用分析】

本案中,侦查阶段对犯罪嫌疑人第一次有罪供述的获取程序显然不合法。根据《刑事诉讼法》规定,对被告人传唤不得超过 12 小时,案情特别重大、复杂,需要采取拘留、逮捕措施的,传唤持续的时间不得超过 24 小时,且不得连续传唤,而本案中公安机关对被告人传唤已达 72 小时。

3. 讯问的次序和内容

侦查人员在讯问犯罪嫌疑人的时候,应当首先讯问犯罪嫌疑人是否有犯罪行为,让他陈述有罪的情节与无罪的辩解,然后向他提出问题。犯罪嫌疑人对侦查人员的提问,应当如实回答。但是对于本案无关的问题,有拒绝回答的权利。

侦查人员在讯问犯罪嫌疑人的时候,应当告知犯罪嫌疑人如实供述自己罪行可以从宽处理的法律规定。

4. 讯问特定犯罪嫌疑人的特殊要求

讯问不满 18 岁的未成年犯罪嫌疑人时,可以通知其法定代理人到场;讯问聋、哑的犯

---

① 案例来源:http://old.jfdaily.com/newspaper/shfzb/page_12/200906/t20090629_688948.html,浏览日期:2012 年 5 月 18 日。

罪嫌疑人时,应当有通晓聋、哑手势的人参加,并将这种情况记明笔录;讯问不通晓当地语言文字的人、外国人和无国籍人,应当为他们提供翻译人员。

【案例12-2-03】①2001年4月,河南省某县的一座古墓被盗。侦查人员勘验了现场,并在现场发现了犯罪嫌疑人留下的一把凿子。根据辨认,这把凿子是住在被盗古墓附近某村的木匠姜某(聋哑人)的。侦查人员初步判断姜某有作案嫌疑,决定传唤姜某进行讯问。

考虑到姜某是聋哑人,侦查人员又不懂哑语,无法交流,公安机关特地从聋哑学校请来了哑语教师充当翻译。通过讯问,侦查人员得知姜某的这把凿子在案发前一个月丢失了,而且案发当晚姜某正在邻村干活,根本不具有作案的时间。侦查人员遂排除了姜某的作案嫌疑,调整了侦查方向。

5. 讯问的禁止性规定

《刑事诉讼法》第50条规定,侦查人员必须依照法定程序讯问犯罪嫌疑人,"严禁刑讯逼供和以威胁、引诱、欺骗以及其他非法方法收集证据,不得强迫任何人正视自己有罪。"最高人民检察院和最高人民法院也通过司法解释强调:非法收集的言词证据不能作为定案的证据。

【典型案例】

【案例12-2-04】②

1998年2月15日,河南省商丘市柘城县老王集乡赵楼村赵振晌的侄子赵作亮到公安机关报案,其叔父赵振晌于1997年10月30日离家后已失踪4个多月,怀疑被同村的赵作海杀害,公安机关当年进行了相关调查。1999年5月8日,赵楼村在挖井时发现一具高度腐烂的无头、膝关节以下缺失的无名尸体,公安机关遂把赵作海作为重大嫌疑人于5月9日刑拘。5月10日至6月18日,赵作海做了9次有罪供述。2002年10月22日,商丘市人民检察院以被告人赵作海犯故意杀人罪向商丘市中级人民法院提起公诉。2002年12月5日商丘中院作出一审判决,以故意杀人罪判处被告人赵作海死刑,缓期二年执行,剥夺政治权利终身。省法院经复核,于2003年2月13日作出裁定,核准商丘中院上述判决。

2010年4月30日,赵振晌回到赵楼村。商丘中院在得知赵振晌在本村出现后,立即会同检察人员赶赴赵楼村,经与村干部座谈、询问赵振晌本人及赵振晌的姐姐、外甥女等,确认赵振晌即是本案的被害人。同时并从赵振晌本人处了解到:1997年10月30日(农历9月29日)夜里,其对赵作海到杜某某家比较生气,就携自家菜刀在杜某某家中照赵作海头上砍了一下,怕赵作海报复,也怕赵作海被砍死,就收拾东西于10月31日凌晨骑自行车,带400元钱和被子、身份证等外出,以捡废品为生。因去年得偏瘫无钱医治,才回到村里。

而根据赵作海的说法,其在讯问阶段遭受到刑讯逼供:③

新京报:现在感觉身体怎么样?

赵作海:一入狱开始,头总是嗡嗡地叫,叫的常睡不着觉,这都是当时审讯时候落下的毛病,打的。

新京报:你当时在派出所两天,在县公安局一个多月,在哪里挨打了?

---

① 王新清、王彧:《新版以案说法——刑事诉讼法篇》,中国人民大学出版社2006年版,第158—159页。
② 案例来源:http://www.anhuinews.com/zhuyeguanli/system/2010/05/09/002903162.shtml,浏览日期:2012年5月18日。
③ 资料来源:http://tkz1234.blog.sohu.com/151387567.html,浏览日期:2012年5月18日。

赵作海：都挨打了。在刑警队挨打最厉害。

新京报：你还记得当时怎么打你吗？

赵作海：拳打脚踢，从抓走那天就开始打。你看我头上的伤，这是用枪头打的，留下了疤。他们用擀面杖一样的小棍敲我的脑袋，一直敲一直敲，敲的头发晕。他们还在我头上放鞭炮。我被铐在板凳腿上，头晕乎乎的时候，他们就把一个一个的鞭炮放在我头上，点着了，炸我的头。

【法理与法律适用分析】

本案中，侦查人员的刑讯逼供行为导致了冤假错案的发生，严重侵害了公民的合法权利。2010年5月5日下午，河南省高级人民法院在听取了商丘中院关于赵作海案件情况汇报后，决定启动再审程序。5月7日下午，商丘中院递交了对赵振响身份确认的证据材料。5月8日下午，省法院张立勇院长亲自主持召开审委会，河南省人民检察院副检察长贺恒扬列席审判委员会，对案件进行了认真研究，认为赵作海故意杀人一案是一起明显的错案。审判委员会决定：一、撤销省法院（2003）豫法刑一复字第13号刑事裁定和商丘市中级人民法院（2002）商刑初字第84号刑事判决，宣告赵作海无罪。二、省法院连夜制作法律文书，派员立即送达判决书，并和监狱管理机关联系放人。三、安排好赵作海出狱后的生活，并启动国家赔偿程序。

6. 讯问笔录

犯罪嫌疑人的供述和辩解，是法定的一种证据。因此，讯问犯罪嫌疑人应当制作笔录。

《刑事诉讼法》第120条规定，讯问笔录应当交犯罪嫌疑人核对，对于没有阅读能力的，应当向他宣读。如果记载有遗漏或差错，犯罪嫌疑人可以提出补充或者改正。犯罪嫌疑人承认笔录没有错误后，应当签名或者盖章。侦查人员也应当在笔录上签名。犯罪嫌疑人要求自行书写供述的，应当准许。必要的时候侦查人员也可以要犯罪嫌疑人亲笔书写供词。

【典型案例】

【案例12-2-05】

1996年1月2日晚，云南省财贸学院学生陈兴会被人杀害并残忍地分尸，作为其同学兼男友的孙万刚被认定为唯一的犯罪嫌疑人。1996年9月20日，孙万刚被昭通地区中级人民法院以故意杀人罪判处死刑，剥夺政治权利终身。孙万刚提出上诉。

1997年9月，云南省高级人民法院经审理认为本案疑点不少，裁定发回重审。1998年5月，昭通地区中级人民法院仍以相同的理由作出同样的判决。孙万刚又上诉至云南省高级人民法院。1998年11月，云南省高级人民法院仍认为本案有疑点而改判孙万刚死刑，缓期两年执行。进监狱后，孙万刚及其家人从未停止申诉。2003年，云南省高级人民法院就该案启动了再审程序，2004年1月15日，云南省高级人民法院作出终审判决，宣告孙万刚无罪。

【法理与法律适用分析】

"本案在程序方面存在许多比较严重的问题，比如在侦查阶段，孙万刚作的其中一份重要有罪供述，是巧家县公安局办案民警代他签的字……"。①

---

① 参见杨建广：《刑事诉讼法判例研究》，高等教育出版社2005年版，第34-36页。

为防止侦查人员刑讯逼供、指供、诱供等违法行为,《刑事诉讼法》第121条规定,侦查人员在讯问犯罪嫌疑人的时候,可以对讯问过程进行录音或者录像;对于可能判处无期徒刑、死刑的案件或者其他重大犯罪案件,应当对讯问过程进行录音或者录像。录音或者录像应当全程进行,保持完整性。

二、询问证人和被害人

(一)询问证人

询问证人,指侦查人员为查明案件事实,用言词的方式,向知道案情并能辨别是非、正确表达的人进行询问,调查了解与案件有关的事实的侦查行为。询问证人是一种常用的侦查行为,几乎在每一个刑事案件中,都有通过询问证人了解案件的有关情况。

《刑事诉讼法》第122条至124条规定,询问证人应遵守以下程序:侦查人员询问证人,可以在现场进行,也可以到证人所在单位、住处或者证人提出的地点进行。在必要的时候,可以通知证人到人民检察院或者公安机关提供证言。在现场询问证人,应当出示工作证件,到证人所在单位、住处或者证人提出的地点询问证人,应当出示人民检察院或者公安机关的证明文件。

【典型案例】

【案例12-2-06】①

某市中级人民法院(2001)某刑一初字114号《刑事判决书》认定案件基本案情:1996年2月25日(农历正月初七)下午,被告人储某前往某地甲家找乙打麻将,遇见前去甲家的被告人易某、钟某。因乙不在家,储某即提出将刚才在途中遇见的一女青年绑架后卖到外地,易某、钟某两人同意。3人遂趁被害女青年牛某从庙后厕所出来不备之机,将其劫持到邻近甲家的柴棚内隐藏。因怕被害人父母寻找其女,傍晚时分,又将被害人转移至庙后半坡甲家的一号棚内,将其轮奸。随后,3被告人又挟持被害人向某某沟方向走去。当行至某某峡附近时,储某提出如果将该女卖到外地,恐怕她将3人轮奸的事实告发,所以还是将她杀死了事。易某、钟某表示同意。于是经商议后,易某即趁被害人牛某不备,用石头向其头部猛击一下,储某、钟某遂采用掐脖子、悟口鼻的方法,将被害人杀死。作案后,由储某提出,3人将被害人尸体移至附近的崖下,扔进浅水潭内,伪造成不慎摔死的现场。3被告人逃离现场。经法医鉴定,牛某(女,死年21岁)系被他人堵塞呼吸道(包括捂口、捂鼻或压迫颈部)至机械性窒息死亡。

某市中级人民法院判决储某、易某、钟某犯绑架妇女罪、故意杀人罪,判处死刑立即执行,剥夺政治权利终身。三被告人不服,相继上诉至陕西省高级人民法院。2003年4月17日,陕西省高级人民法院对该案进行了二审终审审理,改判储某、易某、钟某犯故意杀人罪、绑架妇女罪,判处死刑,缓期二年执行。

【法理与法律适用分析】

本案中,辩护律师的辩护意见主要是该案中部分证人证言无效。2002年2月2日,律师到甲家所在的某县某村镇某家滩移民村,见到该村村长并递交了有关调查手续后,开始向该村的知情群众进行调查询问。经对10余名证人详细询问,共取得证言11份;最终除

---

① 案例来源:http://www.110.com/ziliao/article-224567.html,浏览日期:2012年5月18日。

3~4 名知情人因联络困难无法见到外,该案主要知情人均被认真调查取证。而调查结果中能够肯定的事实是,当地公安机关在该案的侦查过程中,确实曾多次将该村的十余名证人及三名被告人同时放置、关押在同一房屋内,并且在向证人取证时,确实有使用违法询问方式和手段的问题。因此,这部分证人是在集体被关押、非法限制人身自由的条件下,由办机关采用违法手段、审讯方式取到的证言,应依法而认定无效。《刑事诉讼法》第122条第2款规定,询问证人应当个别进行,因此本案中侦查人员的行为违反了刑事诉讼法的规定,所获取的证人证言无效。

我国刑事诉讼法还规定,询问证人,应当告知他应当如实地提供证据、证言和有意作伪证或者隐匿罪证要负的法律责任。

(二)询问被害人

《刑事诉讼法》第125条规定,询问被害人适用询问证人的各项规定。

【典型案例】

【案例 12-2-07】[①]

2001 年 3 月 29 日,美合墟村人王佛军的女友何紫娟在澄迈昆仑农场喝茶时,一名岭仓村青年担走其摩托车油箱盖,被她责骂后才归还。何紫娟将此事告诉男友王佛军,王非常生气。从而激发了美合墟青年报复岭仓村青年的念头。

第4天的晚上,得知岭仓村青年在昆仑农场喝茶,王佛军、邱明强等数名美合墟青年在美合墟公庙附近的球场集中密谋,并持木棍在公庙附近公路边埋伏守候。次日凌晨1时许,王和明等12名岭仓村青年乘摩托车从昆仑农场返回村里,途经美合墟大榕树路段时,王佛军冲上公路喊"停车",埋伏在路边的邱明强等立即用石头、木棍袭击岭仓村青年。之后,邱明强等人立即逃离现场。岭仓村青年王和明被打伤后,经送往医院抢救无效死亡。

案发后,参与打架斗殴的犯罪嫌疑人邱其强、黎兴乐、王佛军、王澄发、陈世彪等人被公安机关逮捕。2003 年 9 月,海南省人民检察院海南分院以故意伤害罪对他们提起公诉。王和明的父母双亲也提起了刑事附带民事赔偿。该案一审判决后,王和明父母以及陈世彪不服,向海南省高级人民法院提出上诉。省高级人民法院将该案发回重审。

海南中级人民法院(现海南省第一中级人民法院)经审理后作出判决。法院以故意伤害罪判处邱其强、黎兴乐等人无期徒刑,剥夺政治权利终身,判处王佛军有期徒刑 15 年,剥夺政治权利 5 年。王和明的父母在这起案件中获赔 66,026.8 元。而对提起上诉的陈世彪,法院改判其无罪,也不承担民事赔偿。

【法理与法律适用分析】

改判的原因,海南省海南中级人民法院做了说明,陈世彪在法庭上否认参与作案,同案的其他被告在法庭上也否认在作案现场看见陈世彪。而对于一些被害人的陈述,从笔录上可以看出,侦查机关在对被害人王康江等人进行询问时,是集中进行的,程序违法。所以询问笔录和辨认笔录丧失证据的证明效力,不能作为定案的证据。故法院宣告陈世彪无罪,也不承担民事赔偿。

---

① 案例来源:http://news.sina.com.cn/s/2004-10-16/10173939458s.shtml,浏览日期:2012 年 5 月 18 日。

三、勘验、检查

勘验、检查,指侦查人员对犯罪有关的场所、物品、人身、尸体进行勘察和检验,以发现和收集与犯罪有关的物品、痕迹、伤情或者生理状况等的侦查行为。

（一）勘验、检查的作用

1. 通过现场勘验,可以发现和收集与犯罪有关的痕迹、物品,及其在现场所处方位,为判断案情,确定侦查方向提供依据。

2. 通过对尸体、场所的勘验,可以确定被害人死亡的时间和原因,可以推断作案的手段、过程、凶器的类型等情况,从而可以推断作案的人数、作案条件、犯罪嫌疑人的特点,有利于正确确定侦查范围。

3. 通过对人身检查,可以确定被害人、犯罪嫌疑人的某些生理特征、伤害情况以及其他特征,有助于判断案情性质,查明案件事实。

【案例12-2-08】[1]被告人杨淑敏与被害人梁德宏(男,殁年52岁)同村居住。梁德宏让杨淑敏帮忙购买一辆农用运输车,杨淑敏表示同意。2007年4月3日早晨,杨淑敏用一黑色拎包装了四瓶啤酒来到梁家,二人吃过早餐后一起到银行将梁德宏的1.7万元购车款存入杨淑敏持有的建设银行卡(户名杨淑艳,系杨淑敏之姐)内。当日下午,杨淑敏给梁德宏打电话后到梁家,二人看了一会儿电视连续剧《像风一样离去》,此时杨淑敏产生杀死梁德宏占有购车款的念头,遂趁梁不备,用随身携带的闭路电视线套住梁的脖子,转身背起梁拖往厨房。此时,杨淑敏听见梁家房后有摩托车的声音,怕被人发觉,遂背着梁挪至厨房西侧暗处,让其头朝下趴在水缸上。梁德宏因颈部被勒致机械性窒息死亡。后杨淑敏拽出闭路电视线,到院内拿起装有四个啤酒瓶的黑色拎包,跳过梁家东侧院墙逃离现场。

侦查过程中公安机关通过现场勘验检查,制作了勘验、检查笔录,并对足迹进行了鉴定,证实被害人梁德宏家院内留有多枚足迹,其中位于院内东南侧地面上的一枚清晰立体足迹具有鉴定价值。公安机关将该足迹与杨淑敏所穿鞋子一起送到专业机构进行足迹鉴定,结论为该足迹系杨淑敏右脚鞋子所留。这是证明杨淑敏发案当天下午到过被害人家的重要客观性证据。通化气象站2007年4月地面月报表显示,案发当天下过三场雪:第一场是10时41分至12时33分,第二场是13时39分至16时27分,第三场是17时28分至18时18分。公安人员拍摄这枚足迹的时间是当日20时39分。从照片上看,该足迹周围地面已基本被积雪覆盖,但这枚立体足迹十分清晰,上面只有少许积雪。显然,该足迹是在地面已经被积雪覆盖以后所留。如果系当天上午所留,则该足迹早就与周围地面一样被积雪覆盖,不可能到20时39分还那样清晰。足迹上有少许积雪,说明该足迹留下以后还下过雪,故该足迹也不可能是18时18分雪停以后所留。据此推断,该足迹只能是案发当天下午18时18分之前所留。从该足迹所处位置及朝向来看,其处于被害人家房门外与东侧院墙之间,脚尖朝向东南。这与被告人供述其作案后于16时30分许从被害人家东侧院墙翻墙逃跑的时间和路线完全吻合。

吉林省通化市人民检察院以被告人杨淑敏犯故意杀人罪,向通化市中级人民法院提起公诉。通化市中级人民法院认为,被告人杨淑敏图财害命,故意杀死被害人梁德宏,其

---

[1] "在被告人翻供的情况下如何根据供证关系定案",载《刑事审判参考》2010年总第72期。

行为已构成故意杀人罪,应予严惩。杨淑敏见财起意而引发本案,具有明确、具体的犯罪动机。其在侦查机关的有罪供述能够得到其他证据的印证,已经形成完整的证据链条,足以认定。杨淑敏的翻供内容与其他证据相矛盾,翻供理由不成立,判决被告人杨淑敏犯故意杀人罪,判处死刑,剥夺政治权利终身。被告人杨淑敏提起上诉,二审维持原判。

(二)勘验、检查的种类及其程序

1. 现场勘验:侦查人员对刑事案件的犯罪现场依法进行勘察和检验的一种侦查行为。实施犯罪活动的地点,遗留有与犯罪有关物品、痕迹的场所,都是犯罪现场,刑事案件大部分都有犯罪现场。

2. 物证勘验:侦查人员对已经获得的物品和痕迹进行验证,以确定其对案件有无联系,有无证明意义的一项侦查行为。

3. 尸体检验:包括对尸表勘检和对尸体解剖的检验。这是用来查明死亡时间、致死原因,查明作案的工具、手段和方法,为揭露犯罪提供依据的一项侦查行为。

4. 人身检查:侦查人员为了确定被害人、犯罪嫌疑人的某些特征、伤害情况或者生理状况,对他们的身体进行查看、检验的一种侦查行为。人身检查的结论属于勘验、检查笔录范围的,是可以作为诉讼证据的。在我国,不能对证人进行人身检查。

5. 侦查实验:侦查人员为了查明与案件有关的某些事实或者行为,在某些情况下能否发生,而按照原来的条件进行模拟实验的一种侦查活动。

6. 复验、复查:人民检察院审理案件时,认为公安机关的勘验、检查可能有错误,要求公安机关重新进行的勘验、检查活动。

【案例12-2-09】①2006年10月29日凌晨1时许,被告人寸跃先携带匕首到云南省鹤庆县辛屯镇妙登村委会大妙登村杨续正(被害人,女,殁年77岁)家,潜入卧室实施盗窃,把杨及其孙子寸小懂(被害人,殁年12岁)惊醒,杨续正叫喊,寸跃先持匕首划向杨的颈部,杨被划后叫寸小懂快跑,寸跃先又持匕首朝杨的颈部切割数刀,致杨当场死亡。寸小懂乘机从卧室跑到院内,寸跃先追上后,将寸小懂拖至堂屋,持匕首切割其颈部,致寸小懂当场死亡。寸跃先蘸了被害人的血在卧室地上写下"寸立刚(杨续正之子)抢生意"字样,后逃离现场,并在逃跑途中将作案时所穿戴的手套、皮鞋和作案工具匕首丢弃。同年11月3日,寸跃先在家中被公安人员抓获归案。

本案侦查机关进行了现场勘验检查,并对被害人尸体进行了检验。现场勘验检查笔录,所证案发现场的情况与寸跃先所供作案过程、作案后蘸血在地板上写字等情节吻合。其中的尸体检验报告,证实杨续正系被他人用锐器多次切割颈部致右颈内静脉断离引起急性失血性休克死亡;寸小懂系被他人用锐器切割颈部致左颈内静脉破裂、右颈总动脉断离、右颈内静脉断离引起急性失血性休克死亡,与寸跃先所供用刀划割被害人颈部的情节相符。

大理白族自治州中级人民法院认为,被告人寸跃先在盗窃过程中持刀行凶,致二人死亡,其行为已构成抢劫罪。寸跃先犯罪手段残忍,罪行极其严重,应依法惩处。依照《中华人民共和国刑法》第二百六十三条、第二百六十九条、第四十八条、第五十七条第一款之规定,以抢劫罪判处被告人寸跃先死刑,剥夺政治权利终身,并处没收个人全部财产。

---

① "死刑案件如何切实贯彻证据裁判原则",载《刑事审判参考》2009年总第69期。

四、搜查

搜查,指侦查人员为收集物证、书证,查获犯罪嫌疑人,依法对犯罪嫌疑人以及可能隐藏犯罪嫌疑人或者罪证的人身、物品、住处和其他有关场所,进行搜索的一种侦查行为。

搜查是正常行为,需经过县级以上侦查机关负责人批准。进行首次应当由侦查人员进行,为了实现搜查任务,防止发生违法行为,进行搜查的侦查人员应当在二人以上。此外,任何机关、团体和个人都无权进行搜查。进行搜查,必须出示搜查证,这是合法搜查与非法搜查的区分标志。在执行逮捕、拘留的时候,遇有紧急情况,不另用搜查证也可以进行搜查。在搜查时,应当有被搜查人或者他的家属、邻居或其他见证人在场。

搜查妇女的身体,应当由女工作人员进行。

搜查的范围,可以对可能隐藏犯罪或者犯罪证据的人的身体、物品、住处和其他有关的地方进行搜查。

搜查应当当场制作笔录,并由搜查人、见证人、被搜查人签名。如果被搜查人在逃或者拒绝签名、盖章,或者被搜查人的家属拒绝签名、盖章,应当在笔录中记明。

对搜查中发现的对案件有证明意义的赃款、赃物、违禁品,以及其他实物证据,依法扣押的,应当开列扣押清单。

【案例12-2-10】①2006年年底,被告人周正龙产生了拍摄假华南虎照片骗取政府奖金的想法。2007年9月27日,周正龙将一张华南虎墙画制成的平面模型摆放在镇坪县城关镇文彩村艾蒿坪附近的草坪上进行拍照,随后委托其妻罗大翠堂弟谢坤元代为冲洗照片,因所拍摄的底片图像模糊而未冲洗出照片。同年10月3日,被告人周正龙携带从谢坤元处借来的一部"长城牌"全自动胶片相机和一部"佳能牌"EOS400D数码相机,在镇坪县城关镇文彩村神洲湾马道子林区艾蒿坪某处,把自制的华南虎平面模型放在树下草丛中,拍摄假华南虎照62张。此后,周多次向他人谎称自己拍摄到了活体野生华南虎,并借此骗取了镇坪县政府部门和陕西省林业厅的信任,并由此获取陕西省林业厅奖金2万元。2008年4月,被告人周正龙又让他人协助制作木质虎爪模具,伪造华南虎脚印并拍照,谎称自己又发现了野生华南虎活动的踪迹。2008年5月18日,公安机关在对被告人周正龙住宅依法进行搜查的过程中,从其住处发现子弹93发,后经技术鉴定为军用子弹。经查,军用子弹的使用应以有权配备相应枪支为前提,但本案被告人没有合法的佩枪资格,且被告人非法持有弹药的数量较大,具有相当的社会危害性,法院一审判决被告人周正龙犯诈骗罪,判处有期徒刑两年,并处罚金2,000元;犯非法持有弹药罪,判处有期徒刑一年零六个月。总和刑期三年零六个月,决定执行有期徒刑两年零六个月,二审认为原判决认定事实清楚正确,证据确实充分,定罪准确,审判程序合法,但量刑改为有期徒刑两年零六个月,宣告缓刑,缓刑考验期三年。

五、查封、扣押物证、书证

查封、扣押物证、书证,指侦查人员通过勘验、搜查行为,或者其他途径,发现能够证明

---

① "陕西省安康市中级人民法院(2008)安中刑终字第91号刑事判决书",载《刑事审判参考》2009年总第68期。

犯罪嫌疑人有罪或者无罪的各种物品和文件，依法予以扣押的行为。

（一）查封、扣押物证、书证的程序要求

1. 查封、扣押物证、书证，作为侦查行为，只能由侦查人员进行，而且必须由二人以上侦查人员进行，并要有见证人到场。

2. 查封、扣押物品、文件范围，只限于可以用作证明犯罪嫌疑人有罪、无罪的各种物品、文件，包括信件、照片、可疑字迹以及明令规定的违禁品，而与本案无关的物品、文件不得扣押。

3. 对那些与案件有无关系一时不易分清的，可以先行查封、扣押，经查清与案件无关的，应立即退还。

4. 查封、扣押物证、书证，应当场向持有人、见证人清点清楚，并制作扣押清单，证明所扣押的物品的具体情况，一式两份，有关人员在上面签字、盖章或捺手印，一份交给原件持有人，一份附卷备查。

5. 查封、扣押物品要妥善保管，不得使用、毁坏或丢弃。

【案例12－2－11】①被告人徐光全以"军基重地"、"枪林弹雨"、"少尉"的网名通过互联网聊天方式与网名先后为"枪械"、"军工厂"的李同文（另案处理）相识。后徐光全于2004年10月至2005年4月间，先后多次在北京市昌平区西关环岛等地，购买李同文出售的仿制64式手枪13支，64式手枪弹400余发。并将购买的枪支、弹药通过互联网向杨庆林、胡召元、史成林、张阳、张巍、王猛、李巍、杨威、肖磊、王世远、张建强、郭奎君、马杰、崔铁军、沈迪勋15人贩卖，贩卖出仿制64式手枪12支（其中2支手枪被退回），64式手枪弹300余发。

被告人徐光全于2005年4月13日被抓获，从徐光全处查获并扣押了仿制六四式手枪3支，子弹66发。另外，被告人张建强于2002年非法持有单管猎枪一支，该枪已被依法扣押收缴；被告人马杰于2005年1月，购买了他人用马杰相片伪造的姓名为"高瑞"的假居民身份证一张。马杰用该假居民身份证办理了银行卡，并通过银行卡获得了买卖枪支、弹药的赃款人民币一千元。

（二）查封、扣押犯罪嫌疑人的邮件、电报

邮件、电报的扣押特殊性，因为邮件和电报直接涉及限制公民的通信自由宪法权。因此，必须严格控制，并且需要经过特殊的程序进行。

（三）查询、冻结犯罪嫌疑人的存款、汇款

查询、冻结犯罪嫌疑人的存款、汇款，是侦查行为，采用这种侦查行为应经县以上人民检察院的检察长或者公安机关负责人批准。并应当填写"查询犯罪嫌疑人存款通知书"通知有关的金融机构、邮电机关执行。

对于犯罪嫌疑人的存款、汇款，侦查机关不得重复冻结，在查询时发现存款、汇款已经被冻结的，不论是出自何种原因被冻结，都不得重复冻结。对于冻结的存款、汇款，侦查机关不得扣划。对于已冻结的存款、汇款，经查明与案件无关，应当在3日以内解除冻结。

【案例12－2－12】②2011年9月至10月期间，被告人王某从他人处购入商户名称为"锦之绣陶瓷经营部"、终端编号为00044167和商户名称为"合肥新站区甚是箱包店"、终

---

① "徐光全等十六人非法买卖枪支案"，载《刑事司法指南》2007年第1集，总第29集。
② 根据上海市第二中级人民法院(2012)沪二中刑终字第179号《刑事裁定书》改编。

端编号为00042886的二台POS机,经对外招揽,并主要在上海的暂住地,在没有任何实物交易的情况下,为他人刷卡套现共计人民币15,302,000元(以下币种均为"人民币"),并向他人收取手续费从中牟利。2011年10月19日,王某在上述地点再次实施上述非法活动时被公安人员人赃俱获。

侦查过程中,公安机关依法开具《查询存款通知书》,向中国银行股份有限公司安徽省分行个人金融部调取了涉案POS机基本信息、《历史交易流水信息表》、《牡丹灵通卡账户历史明细清单》、《理财金账户历史明细清单》、《新线借记卡历史交易明细清单》,发现从2010年9月起,被告人王某利用终端编号为00044167的POS机为他人套现2笔,共计396,000元;利用终端编号为00042886的POS机为他人套现23笔,共计14,906,000元,以上两项共计15,302,000元。

检察机关以王某违反国家规定,以虚构交易的方式向信用卡持有人直接支付现金,情节特别严重,涉嫌非法经营罪提起公诉。一审法院判决王某犯有非法经营罪,判处有期徒刑六年,二审维持原判。

六、鉴定

鉴定,是法定的一种侦查行为,是侦查机关为了查明案情,指派或者聘请具有专门知识的人,对案件中有关专门化问题进行比对、分析和鉴别,作出推断结论的一种活动。

(一)鉴定的范围和种类

在侦查程序的鉴定范围,仅限于与案件有一定联系的物品、文件、痕迹、人身和尸体。常用的鉴定种类有:(1)法医鉴定;(2)司法精神病鉴定;(3)司法会计鉴定;(4)刑事技术鉴定;(5)一般技术鉴定;(6)其他方面的鉴定。

【案例12-2-13】2008年10月18日15时许,被害人李某乘坐出租车时,出租车在淮海路高安路发生交通事故,李某受伤,因车祸致右膝肿胀疼痛住入华东医院,经检查,X光片显示:"右股骨髁上骨折"。入院第六天(2008年10月23日)李某突发性神志不清,CT显示:颅脑部右顶叶疑大面积脑梗。于入院后第八天(2008年10月25日)诊断为脑疝、呼吸衰竭死亡。

2008年10月30日徐汇交警支队委托司法鉴定中心作尸表检定,司法鉴定科学技术研究所司法鉴定中心出具[2008]尸检字第751号鉴定意见书,意见为,尸体检验发现:李某双侧眼睑皮肤青紫,顶枕部偏左侧皮肤擦挫伤。躯干部左侧、左上肢及双侧下肢多处皮肤擦挫。根据尸体检验并经过案情分析:李家珍的死亡原因符合道路交通事故致颅脑损伤。鉴定结论为李家珍系道路交通事故致颅脑损伤死亡。

李某家人对该鉴定意见提出异议,并要求警方对李家珍的尸体进行解剖检验,重新做司法鉴定。2009年2月,上海市徐汇区公安分局委托上海市司法鉴定中心进行尸体解剖鉴定。市司法鉴定中心出具沪冏鉴中心[2009]病鉴字第1号鉴定意见书,意见为:被鉴定人李某2008年10月18日发生交通事故致右股骨髁上骨折、多处软组织损伤等,受伤时病史记载未见神经系统阳性体征,头颅CT检查及尸体解剖均未见颅骨骨折、颅内出血及脑组织挫伤,故可排除被鉴定人颅脑损伤死亡,被鉴定人系缺血性脑卒中的诱发因素。因此,被鉴定人李某系在原有疾病的基础上,遭受交通事故致右股骨髁上骨折等,后发生缺血性脑卒中伴多器官功能衰竭死亡。本次交通事故与其死亡之间存在间接因果关系。法院最后也采信沪司鉴中心(2009)病鉴字第1号法医病理司法鉴定意见,免于被告人刑事责任。

(二)鉴定人的确定及其条件

凡是需要采用鉴定行为查明案情事实的,应当选择鉴定人。作为侦查行为的鉴定,凡侦查机关内部具有解决案件中专门问题的鉴定人,应当正式指定他对案件中专门问题进行鉴定。凡是需要聘请外单位的鉴定人进行鉴定的,应当适时办理委托鉴定手续。

鉴定人应具备以下条件:具有解决案件中专门问题的知识和技能;与案件及其当事人没有利害关系,不具有法律规定的回避条件情形;工作态度认真负责,工作作风细致、严谨。

【案例12-2-14】[①]被告人杨某于2007年10月5日晚骑一辆无牌照自行车途经上海市芷江西路、普善路路口时,受到上海市公安局闸北分局(以下简称闸北公安分局)芷江西路派出所巡逻民警依法盘查,由于杨某不配合,被带至该所询问,以查明其所骑自行车的来源。杨某因对公安民警的盘查不满,通过电子邮件、电话等方式多次向公安机关投诉。闸北公安分局派员对杨某进行了释明和劝导。杨在所提要求未被公安机关接受后,又提出补偿人民币一万元。杨因投诉要求未获满足,遂起意行凶报复。2008年6月26日,杨某来沪后购买了单刃尖刀、防毒面具、催泪喷射器等工具,并制作了若干个汽油燃烧瓶。

同年7月1日上午9时40分许,杨某携带上述作案工具至上海市天目中路578号闸北公安分局北大门前投掷燃烧瓶,并戴防毒面具,持尖刀闯入该分局底楼接待大厅,朝在门内东侧办公桌前打电话的保安员顾建明头部砍击。随后,杨某闯入大厅东侧的治安支队值班室,持尖刀分别朝方福新、倪景荣、张义阶、张建平等四名民警的头面、颈项、胸、腹等部位捅刺、砍击。接着,杨某沿大楼北侧消防楼梯至第9层,在消防通道电梯口处遇见民警徐维亚,持尖刀朝徐的头、颈、胸、腹等部位捅刺。后杨某继续沿大楼北侧消防楼梯上楼,在第9至10层楼梯处遇见民警王凌云,持尖刀朝王的右肩背、右胸等部位捅刺。杨某至第11层后,在1101室门外,持尖刀朝民警李珂的头、胸等部位捅刺。此后,杨某沿大楼北侧消防楼梯至第21层,在大楼北侧电梯口,持尖刀朝民警吴钰骅胸部捅刺。吴钰骅被刺后退回2113室。杨某闯入该室,持尖刀继续对民警实施加害,室内的李伟、林玮、吴钰骅等民警遂与杨某搏斗,并与闻讯赶来的容侃敏、孔中卫、陈伟、黄兆泉等民警将杨某制服。其间,民警李伟右侧面部被刺伤。被害人方福新、张义阶、李珂、张建平被锐器戳刺胸部伤及肺等致失血性休克;被害人倪景荣被锐器戳刺颈部伤及血管、气管等致失血性休克;被害人徐维亚被锐器戳刺胸腹部伤及肺、肝脏等致失血性休克,上述六名被害人经抢救无效而相继死亡。被害人李伟外伤致面部遗留两处缝创,长度累计达9.9厘米,并伤及右侧腮腺;被害人王凌云外伤致躯干部遗留缝创,长度累计大于15厘米,右手食指与中指皮肤裂伤伴伸指肌腱断裂,李、王二人均构成轻伤。被害人吴钰骅外伤致右上胸部软组织裂创长为3厘米;被害人顾建明外伤致头皮裂创长为5.1厘米,吴、顾二人均构成轻微伤。

庭审中辩护人提出司法鉴定科学技术研究所司法鉴定中心不具备鉴定资质,建议对杨某重新进行精神病司法医学鉴定的意见。

[①] 根据上海市高级人民法院(2008)沪高刑终字第131号《刑事裁定书》改编。

法庭经审理查明,《司法鉴定许可证》和证人朱广友的证言等证据证实,司法鉴定科学技术研究所司法鉴定中心根据《全国人民代表大会常务委员会关于司法鉴定管理问题的决定》的规定,经司法行政部门审核后予以登记并公告,取得了包括法医精神病鉴定等业务范围的《司法鉴定许可证》。因此,该鉴定中心依法具备鉴定资质。司法鉴定科学技术研究所司法鉴定中心的《鉴定意见书》及鉴定人管唯的当庭说明反映,该鉴定中心接受公安机关的委托后,鉴定人审查了本案的有关材料,结合送检材料及精神检查所见,杨某有现实的作案动机,对作案行为的性质、后果有客观的认识,根据有关诊断标准,杨某无精神病,作案时对自己的行为存在完整的辨认和控制能力,按照有关技术规范,应评定为完全刑事责任能力。

现有证据表明,本案对杨某进行司法鉴定的鉴定机构及鉴定人均有资质,鉴定人除对杨某进行检查性谈话外,还审查了本案相关材料,鉴定程序规范、合法,鉴定依据的材料客观,鉴定结论符合杨某的作案实际情况。本案无证据证实存在鉴定人不具备相关鉴定资格、鉴定程序不符合法律规定、鉴定材料有虚假、鉴定方法有缺陷、鉴定结论与其他证据相矛盾或者鉴定人应当回避而没有回避等情形。杨某具有完全刑事责任能力的鉴定结论,符合刑事证据合法性、客观性、关联性的基本特征,应予采信。

(三)鉴定程序

鉴定程序,指侦查机关的侦查人员适用鉴定这种侦查行为来查明案情的程序,而不是进行鉴定的方法、步骤。(1)选择鉴定人。(2)侦查机关向鉴定人送交足够的有关鉴定材料,包括对比样本,介绍必要的案情,并明确提出需要通过鉴定解决的问题,但不得暗示或者强迫鉴定人作出倾向性的结论。(3)应当要求鉴定人在鉴定之后,及时出具明确的而不是模棱两可的鉴定结论,并且签名以示负责。如果是多人一起进行鉴定的,凡意见一致,共同做出鉴定结论的,共同在鉴定结论上签名;如果意见不一致,可以分别制作鉴定结论。鉴定单位在鉴定结论上盖公章是必要的,但不能代替鉴定人在鉴定结论上签名。(4)对人身伤害的医学鉴定有争议需要重新鉴定或者对精神病的医学鉴定,由省级人民政府指定的医院进行,鉴定人进行鉴定后,应当写出鉴定结论,并且由鉴定人签名,医院加盖公章。(5)侦查机关的办案人员,对于鉴定结论应当进行审查,必要时,经批准,可以进行补充鉴定或重新鉴定。

鉴定人故意做虚假鉴定的,应当依法追究其法律责任。对犯罪嫌疑人作精神病鉴定的,不计入办案期限。

【案例12-2-15】[1]2009年5月14日,海南省定安县检察院在审查批捕犯罪嫌疑人王文、王日武、吴育煌涉嫌故意毁坏财物一案中,发现定安县公安局侦查人员在对该案中有关物品提请价格鉴定和重新鉴定时,仅由侦查人员口头向派出所所长请示同意后,即向物价部门提出重新鉴定申请。而且在申请重新鉴定时没有另行指派和聘请鉴定人。另外,该案有关犯罪嫌疑人对鉴定结论没有异议且未提出重新鉴定申请,定安县公安局仅凭犯罪嫌疑人家属的申请,在申请鉴定主体不符的情况下便委托重新鉴定。该院认为,上述行为违反了刑事诉讼法的有关规定,为此依法向定安县公安局发出《纠正违法通知书》,要求立即予以纠正。定安县公安局近日予以纠正,并对办案民警予以行政警告处分。

---

[1] "违反程序申请重新鉴定",载《检察日报》2009年8月2日第2版。

(四) 鉴定结论的告知

原则上侦查机关应当将用作证据的鉴定意见告知犯罪嫌疑人、被害人,如果犯罪嫌疑人、被害人提出申请,可以补充鉴定或者重新鉴定。有的鉴定结论只用作了解案件的某些现象;或者用作排除某种嫌疑情况,并不用做确定犯罪事实、追究犯罪嫌疑人刑事责任的依据;或者用作决定撤销案件的依据。这种鉴定结论一般不告知犯罪嫌疑人和被害人。

【案例12-2-16】[①] 被告人王逸因对父母长期干涉其婚姻以及将家中9万元房款给其妹妹王迪一人买房等缘故,遂认为父母偏向其妹妹,因此与家人产生严重隔阂。又因自己长期身体不好,乃怀疑父母有意延误自己的治疗,是想害死自己,逐渐产生了报复家人的念头。1999年5月28日下午1时许,王逸在南通市人民东路41号医疗器械化学试剂专业商店购得硫酸1瓶,回家后即将半瓶硫酸悄悄倒入茶杯中,尔后打电话约其母亲倪玉兰、妹妹王迪、妹夫黄健、姨侄黄某一起到其居所吃饭。当晚20时30分左右,王逸乘被害人王迪和黄某要回家之机,端着盛有硫酸的茶杯,佯装与母亲倪玉兰送王迪和黄某下楼。当倪玉兰问及其端茶杯干什么时,王逸谎称是开水,口渴要喝。在行至学田新村94A幢住宅东侧暗处时,被告人王逸说了声"对不起你们了"后,突然将硫酸泼向王迪、黄某、倪玉兰。王迪、黄某被泼硫酸后因痛苦发出尖叫,王逸即将自己的外套脱给其妹妹王迪,并到楼上端水给王迪冲洗。经南通市公安局法医鉴定,被害人王迪、黄某、倪玉兰的损伤程度均为重伤。其中被害人王迪、黄某的伤残等级达到三级,被害人倪玉兰的伤残等级为九级。

案发后,被告人王逸的父母反映王逸平时精神不正常,南通市崇川区公安分局先后于1999年6月7日、6月30日分别委托江苏省南通市精神疾病鉴定委员会和江苏省精神疾病鉴定委员会对王逸进行了两次精神疾病司法鉴定,结论均为"王逸患有精神分裂症,作案时无责任能力"。据此公安机关将鉴定意见告知了被告人、被害人,并将王逸释放。对此鉴定结论,被害人王迪难以接受,通过各种方式提出异议,多次要求公安、检察机关对王逸重新进行精神疾病鉴定。南通市崇川区公安分局又委托司法部司法鉴定科学技术研究所对王逸作了精神疾病司法鉴定,该所于1999年12月2日作出鉴定书,结论为"王逸无精神病,作案系情绪反应所致。王逸具有完全责任能力"。

南通市中级人民法院经审理后认为:被告人王逸以泼硫酸的手段故意伤害他人身体,致三人重伤,其行为已构成故意伤害罪。王逸伤害直系亲属,不属于家庭纠纷激化所引发,完全是其个人偏狭心理所致,且手段特别残忍,后果特别严重,依法应予从严惩处。其犯罪行为给附带民事诉讼原告人王迪、黄某造成的经济损失,依法应当赔偿。南通市人民检察院起诉指控的罪名成立,应予支持。

对于辩护人依据江苏省精神疾病鉴定委员会和南通市精神疾病鉴定委员会出具的两份鉴定结论,提出被告人王逸作案时患有精神分裂症,不负刑事责任的辩解意见,经查:上述两份鉴定结论所依据的材料只有王逸的供述、王逸母亲倪玉兰及其男友的陈述,且这些材料经庭审质证,不能相互印证,具有明显的片面性。鉴定人员也未到案发地进行调查,未向被告人的父亲、妹妹、被告人的同事了解情况,因此,认定被告人作案时没有犯罪动机和目的,没有预谋,不尽客观科学。对这两份鉴定结论不予采信。司法部司法鉴定科学研

[①] "多份鉴定结论互相矛盾的应如何审查采信",载《刑事审判参考》2002年总第26期。

究所鉴定人员除依据送检的材料外,还到案发地进行了实地调查、了解,在此基础上作出的鉴定结论比较客观、公正,应予采信。依法判决被告人王逸犯故意伤害罪,判处死刑,剥夺政治权利终身;一审宣判后,被告人王逸没有上诉,公诉机关也没有抗诉。南通市中级人民法院依法报请江苏省高级人民法院核准对被告人王逸的死刑判决。

在复核期间,因为前3次精神病鉴定结论相互矛盾,江苏省高级人民法院认为有必要进行重新鉴定,于是依法组织医学专家,对被告人王逸进行了第四次精神疾病鉴定,并于2000年10月20日作出"被告人王逸患有精神分裂症,无刑事责任能力"的鉴定结论。因四份鉴定结论意见分歧很大,江苏省高级人民法院决定委托最高人民法院司法鉴定中心组织精神病学专家对王逸进行第五次复核鉴定,结论为王逸在犯罪时具有限制刑事责任能力。据此,江苏省高级人民法院复核认为,被告人王逸故意伤害他人身体,致人重伤,其行为已构成故意伤害罪,且手段特别残忍,致三人重伤其中二人严重残疾,后果特别严重,依法应从严惩处。鉴于被告人王逸作案时不能完全辨认、控制自己的行为,故可以从轻处罚。原审人民法院认定被告人王逸为完全刑事责任能力人,判处死刑不当,应予改判。依照《中华人民共和国刑法》第二百三十四条第二款、第五十七条第一款、第十八条第三款和《最高人民法院关于执行(中华人民共和国刑事诉讼法)若干问题的解释》第二百七十六条之规定,于2001年4月27日判决:被告人王逸犯故意伤害罪,判处死刑,缓期二年执行,剥夺政治权利终身。

七、通缉

【案例12-2-17】①犯罪嫌疑人马加爵原系云南大学生命科学院生物技术专业学生。案发前不久,在该校学生公寓内因琐事与同学发生争执,认为邵瑞杰等人说其人品差、性格古怪等,诋毁了自己名声,为此他非常气愤,感到很绝望,于是,决意杀害邵瑞杰、杨开红和龚博,又因担心同宿舍的唐学李妨碍其作案,便决定将其一起杀害。犯意确定后,马加爵购置了铁锤,制作了假身份证,购买了火车票,以便作案后逃跑。2004年2月13日至15日,犯罪嫌疑人马加爵采取"用铁锤击打头部致颅脑损伤"的同一犯罪手段,将唐学李等4人逐一杀害,并把被害人的尸体藏匿于宿舍衣柜内。15日晚,马加爵乘坐由昆明至广州的火车逃离现场。

23日中午,昆明市公安局接到报案,立即派员赶赴现场,经现场勘查和调查走访,警方很快将马加爵锁定为重大作案嫌疑人。24日,云南省公安厅向全省发出通缉令,并迅速向公安部做了汇报。公安部立即于3月1日在全国范围内发布A级通缉令,公开悬赏通缉犯罪嫌疑人马加爵,同时派出专家组赴云南指导缉捕工作。经过严密布控,3月15日晚7点30分,马加爵在海南省三亚市落入法网。

【案例12-2-18】②王某,男,25岁,家住某市大兴路一单位的家属院。2001年年初的一天,王某伙同中学时的同学陆某、相某等8人持刀流窜到该市土门俱乐部附近的花园,抢劫一对恋人。几天后的晚上,该团伙8人流窜到环城公园门口,将一女青年骗到公

---

① 杨华、李艳玲、曹晓霞主编:《刑事诉讼法案例点评》,中国人民公安大学出版社2005年版,第16页。
② 王新清主编:《以案说法》(刑事诉讼法篇),中国人民大学出版社2006年版,第181页。

园内,对该女青年实施轮奸。同年4月28日凌晨2时许,王某伙同相某等6人在该市的环城公园内持刀抢劫一女青年,并将其轮奸。同年5月下旬,王某、陆某等人持刀在该市南大街附近抢劫一出租车司机,并将司机捅成重伤。公安机关接到群众报案后,立即组织力量展开侦查,几日内该团伙6人落网,但王某于5月底潜逃。同年9月27日,王某被公安部列为网上A级逃犯,在全国范围内通缉。

案发后,王某仓皇潜逃回老家,四处躲藏。2002年6月30日中午,公安机关接到群众举报,称发现王某踪迹。7月1日凌晨0时15分,民警在王某老家附近的一工厂内,将其抓获。

(一)通缉的概念和特征

通缉,指公安机关对依法应当逮捕而在逃的犯罪嫌疑人,以发布通缉令的方式,通报有关地区的公安机关和广大群众,缉拿其归案的一种侦查行为。[①]

从通缉的概念中可以看出,通缉的对象必须具备两个条件:一是犯罪嫌疑人应当被依法逮捕;二是犯罪嫌疑人已经在逃。司法实践中,公安机关对通缉的使用是比较慎重的,一般仅对罪行比较严重的在逃犯罪嫌疑人适用通缉,对应该逮捕但罪行不太严重的在逃犯罪嫌疑人则发出协查通报,要求其他公安机关协助查获缉拿。

通缉是各地公安机关协同打击犯罪的重要形式,也是公安机关积极发动群众同犯罪作斗争的重要手段,是缉拿在逃犯罪嫌疑人的有效措施,它具有如下特征:

1. 主体的特定性。通缉是特殊的侦查行为,并非所有侦查机关都有权适用,根据我国《刑事诉讼法》的相关规定,适用通缉行为的主体仅为公安机关,县级以上的公安机关才有权发布通缉令,其他任何机关、团体、单位、组织和个人都无权行使通缉权力。人民检察院和其他侦查机关,如果需要使用通缉措施,要商请公安机关进行,由公安机关发布通缉令。

2. 性质的协作性。通缉是各地公安机关之间,在分工负责的基础上所进行的通力合作,协同追捕在逃的犯罪嫌疑人。只有公安机关之间、各地区之间通力协作,通缉作为一种侦查方式,才能发挥巨大的震慑作用。

3. 范围的特定性。有权适用通缉的公安机关,只能在本辖区内发布对特定犯罪嫌疑人的通缉令,若超出自己的辖区,则要报请有关的上级机关在特定的辖区内发布相应的通缉令。针对特殊的犯罪嫌疑人,若要全国通缉,则应当层报公安部,发布全国通缉令。

4. 通缉对象的特定性。通缉对象只能是依法应当逮捕而又在逃的犯罪嫌疑人。如果依法不应当逮捕,或者不是犯罪嫌疑人,则不能适用通缉措施。[②]

5. 行为的谨慎性,方式的多样性。通缉作为一种对在逃的犯罪嫌疑人有巨大震慑作用的侦查方式,公安机关发布通缉令的行为也是十分谨慎的,必须由特定的主体,经过严格的审批手续才能发布通缉。而发布通缉令的方式可以是多样的,可以印发传单,张贴通缉令,也可以在报纸、期刊上刊载通缉令,还可以在广播、电视台上发布,甚至还可以在因特网上公布通缉令等。

(二)通缉的程序

1. 决定通缉。侦查机关经过分析案情,认定犯罪嫌疑人依法应当逮捕,应先提请人民

[①] 叶青主编:《刑事诉讼法学》(第二版),上海人民出版社、北京大学出版社2010年版,第272页。

[②] 叶青主编:《刑事诉讼法学》(第二版),上海人民出版社、北京大学出版社2010年版,第273页。

检察院批准逮捕。经批准逮捕,但发现犯罪嫌疑人在逃的,如需要通缉的,应向有关公安机关汇报,由公安机关负责人决定通缉。

2. 发布通缉令。通缉令是公安机关向本辖区发布的缉拿依法应当逮捕而在逃的犯罪嫌疑人的特殊命令。① 通缉令中应当尽量写明被通缉人的姓名、别名、曾用名、绰号、性别、年龄、民族、籍贯、出生地、居住地、职业、公民身份号码、衣着和体貌特征、特别记号(如伤疤、跛脚等)等。除了保密需要之外,还应当写明案发的时间、地点和简要的案情,并加盖发布机关的公章,写明日期和联系方式等。

3. 通缉令的发布机关和方法。县级以上的公安机关可以在本辖区内发布通缉令,超出辖区范围的,应当层报省、自治区、直辖市公安机关,或者公安部在全国范围内发布通缉令。相邻地区有固定协作关系的公安机关,可按协作规定互相抄发通缉令,并报上一级公安机关备案。通缉令发送的范围,由签发通缉令的公安机关负责人决定。

4. 补发通缉通报。在通缉令发出后,侦查机关如果发现新的重要情况,可以补发通缉通报,通报必须注明原通缉令的编号和日期,以便更好的追捕在逃犯罪嫌疑人。

5. 执行通缉令。有关公安机关接到通缉令后,应当及时布置查缉,采取有效措施控制被通缉人可能藏匿的地点。在抓获犯罪嫌疑人后,应当迅速通知通缉令发布机关,并报经抓获地县级以上公安机关负责人批准后,凭通缉令羁押。原通缉令发布机关应当立即进行核实,并及时依法处理。为发现重大犯罪的线索,追缴涉案财物、证据等,查获犯罪嫌疑人,必要时经县级以上公安机关负责人批准,可以发布悬赏通告。悬赏通告应当写明悬赏对象的基本情况和赏金的具体数额。

6. 撤销通缉令。犯罪嫌疑人自首、被击毙或者被抓获归案的,经核实之后,发布通缉令的机关应当在原发布通缉令的范围内,撤销通缉令,以免浪费人力、物力、财力。

【法条链接】

《中华人民共和国刑事诉讼法》

第一百一十六条 讯问犯罪嫌疑人必须由人民检察院或者公安机关的侦查人员负责进行。讯问的时候,侦查人员不得少于二人。

犯罪嫌疑人被送交看守所羁押以后,侦查人员对其进行讯问,应当在看守所内进行。

第一百一十七条 对不需要逮捕、拘留的犯罪嫌疑人,可以传唤到犯罪嫌疑人所在市、县内的指定地点或者到他的住处进行讯问,但是应当出示人民检察院或者公安机关的证明文件。对在现场发现的犯罪嫌疑人,经出示工作证件,可以口头传唤,但应当在讯问笔录中注明。

传唤、拘传持续的时间不得超过十二小时;案情特别重大、复杂,需要采取拘留、逮捕措施的,传唤、拘传持续的时间不得超过二十四小时。

不得以连续传唤、拘传的形式变相拘禁犯罪嫌疑人。传唤、拘传犯罪嫌疑人,应当保证犯罪嫌疑人的饮食和必要的休息时间。

第一百一十八条 侦查人员在讯问犯罪嫌疑人的时候,应当首先讯问犯罪嫌疑人是否有犯罪行为,让他陈述有罪的情节或者无罪的辩解,然后向他提出问题。犯罪嫌疑人对侦查人员的提问,应当如实回答。但是对与本案无关的问题,有拒绝回答的权利。

---

① 叶青主编:《刑事诉讼法学》(第二版),上海人民出版社,北京大学出版社2010年版,第273页。

侦查人员在讯问犯罪嫌疑人的时候,应当告知犯罪嫌疑人如实供述自己罪行可以从宽处理的法律规定。

第一百二十一条 侦查人员在讯问犯罪嫌疑人的时候,可以对讯问过程进行录音或者录像;对于可能判处无期徒刑、死刑的案件或者其他重大犯罪案件,应当对讯问过程进行录音或者录像。

录音或者录像应当全程进行,保持完整性。

第一百二十二条 侦查人员询问证人,可以在现场进行,也可以到证人所在单位、住处或者证人提出的地点进行,在必要的时候,可以通知证人到人民检察院或者公安机关提供证言。在现场询问证人,应当出示工作证件,到证人所在单位、住处或者证人提出的地点询问证人,应当出示人民检察院或者公安机关的证明文件。

询问证人应当个别进行。

第一百二十三条 询问证人,应当告知他应当如实地提供证据、证言和有意作伪证或者隐匿罪证要负的法律责任。

第一百二十六条 侦查人员对于与犯罪有关的场所、物品、人身、尸体应当进行勘验或者检查。在必要的时候,可以指派或者聘请具有专门知识的人,在侦查人员的主持下进行勘验、检查。

第一百三十三条 为了查明案情,在必要的时候,经公安机关负责人批准,可以进行侦查实验。

侦查实验的情况应当写成笔录,由参加实验的人签名或者盖章。

侦查实验,禁止一切足以造成危险、侮辱人格或者有伤风化的行为。

第一百三十四条 为了收集犯罪证据、查获犯罪人,侦查人员可以对犯罪嫌疑人以及可能隐藏罪犯或者犯罪证据的人的身体、物品、住处和其他有关的地方进行搜查。

第一百三十五条 任何单位和个人,有义务按照人民检察院和公安机关的要求,交出可以证明犯罪嫌疑人有罪或者无罪的物证、书证、视听资料等证据。

第一百三十六条 进行搜查,必须向被搜查人出示搜查证。

在执行逮捕、拘留的时候,遇有紧急情况,不另用搜查证也可以进行搜查。

第一百三十七条 在搜查的时候,应当有被搜查人或者他的家属,邻居或者其他见证人在场。

搜查妇女的身体,应当由女工作人员进行。

第一百三十八条 搜查的情况应当写成笔录,由侦查人员和被搜查人或者他的家属,邻居或者其他见证人签名或者盖章。如果被搜查人或者他的家属在逃或者拒绝签名、盖章,应当在笔录上注明。

第一百三十九条 在侦查活动中发现的可用以证明犯罪嫌疑人有罪或者无罪的各种财物、文件,应当查封、扣押;与案件无关的财物、文件,不得查封、扣押。

对查封、扣押的财物、文件,要妥善保管或者封存,不得使用、调换或者损毁。

第一百四十四条 为了查明案情,需要解决案件中某些专门性问题的时候,应当指派、聘请有专门知识的人进行鉴定。

第一百四十五条 鉴定人进行鉴定后,应当写出鉴定意见,并且签名。

鉴定人故意作虚假鉴定的,应当承担法律责任。

第一百四十六条　侦查机关应当将用作证据的鉴定意见告知犯罪嫌疑人、被害人。如果犯罪嫌疑人、被害人提出申请,可以补充鉴定或者重新鉴定。

第一百四十七条　对犯罪嫌疑人作精神病鉴定的期间不计入办案期限。

第一百五十三条　应当逮捕的犯罪嫌疑人如果在逃,公安机关可以发布通缉令,采取有效措施,追捕归案。

各级公安机关在自己管辖的地区以内,可以直接发布通缉令;超出自己管辖的地区,应当报请有权决定的上级机关发布。

《公安机关办理刑事案件程序规定》

第二百六十五条　应当逮捕的犯罪嫌疑人如果在逃,公安机关可以发布通缉令,采取有效措施,追捕归案。

县级以上公安机关在自己管辖的地区以内,可以直接发布通缉令;超出自己管辖的地区,应当报请有权决定的上级公安机关发布。

通缉令发送范围,由签发通缉令的公安机关负责人决定。

第三节　侦查终结

【典型案例】

【案例 12 - 3 - 01】①

程某,安徽人,男,28 岁,某公司搬运工。2003 年 11 月,程某被一公司录用为搬运工,平日里在公司从事打扫卫生、搬运等工作。程某在工作中发现该公司的仓库里有很多货物而且夜间的安全保卫并不严格,便觉得有机可乘,能趁机发一笔财。2003 年 12 月 24 日凌晨 1 时许,程某携带扳手、钳子等工具潜到公司,将仓库门撬开,进入仓库,盗走了一箱电脑配件。回到住处后,程某思来想去总是觉得偷少了,遂决定再回公司仓库去多拿点。考虑到自己一个人能拿的东西有限,程某又找来了自己的老乡熊某(男,26 岁,无业)帮忙。二人在仓库里共盗走电脑配件 5 箱,折合人民币 3 万余元。12 月 26 日,二人将偷来的配件在某电子市场里变卖。该公司在发现被盗后立即报警,警方根据线索将正准备回老家躲避的程某、熊某二人抓获。并收集到以下证据:

(1)公司经理于某证言:公司库房被盗后程某没有再来上过班,公司给他打电话他也不接。

(2)经现场勘查提取到两名犯罪嫌疑人的鞋印,经鉴定与程某、熊某二人所穿之鞋吻合。

(3)犯罪嫌疑人程某承认自己盗窃以及伙同熊某共同盗窃的供述。根据程某的供述,警方找到了被程某遗弃的盗窃工具,经痕迹检验,确系本次案件中所使用的犯罪工具。

(4)犯罪嫌疑人熊某承认自己伙同程某共同盗窃的供述。

(5)熊某的房东南某的证言:12 月 24 日凌晨两点多,有一个人来找熊某,两个人一起出去了,直到第二天才回来。

(6)程某女友商某的证言:12 月 24 日凌晨一点多,程某搬回来一箱东西,过了一会就出去了。凌晨四点多程某和熊某二人又搬回来几箱东西,并让自己不要声张。

---

① 王新清主编:《以案说法》(刑事诉讼法篇),中国人民大学出版社 2006 年版,第 184 页。

（7）电子市场某摊位老板杨某的证言：12月26日，程某和熊某二人带着几箱电脑配件到他这里来卖，价格很低。

（8）经检验，程某，熊某卖到电子市场的那些配件确是某公司所丢失的那些东西。

根据以上证据材料，在办理齐全各类法律手续后，公安机关决定侦查终结，制作了侦查终结报告和起诉意见书，将此案移送检察机关审查起诉。

一、侦查终结的概念和意义

侦查终结，指侦查机关对于由自己立案侦查的案件，经过一系列的侦查活动，认为案件事实已经查清，证据确实充分，足以认定犯罪嫌疑人是否犯罪和应否对其追究刑事责任而决定结束侦查，依法对案件做出相应处理或提出处理意见的诉讼活动。[1]

侦查终结的意义在于：(1)侦查终结，标志着侦查任务的完成，或者终止本案诉讼活动，或者把本案的诉讼推向下一程序；(2)停止对不承担刑事责任者的追溯，维护其合法权益；(3)通过侦查终结，适时将事实清楚，证据确实、充分，依法应当追究刑事责任的案件，及时移送人民检察院审查起诉，为提起公诉奠定可靠基础。

二、侦查终结的条件

根据我国《刑事诉讼法》第160条的规定，侦查终结必须具备下列条件：

1. 犯罪事实清楚。查明案件事实是侦查程序的主要任务，只有完成这个任务，才具备侦查终结的基本条件。犯罪事实清楚，是指犯罪嫌疑人有罪或者无罪，罪重或者罪轻的全部事实、情节都已经查清，侦查机关认为，有关犯罪的时间、地点、行为手段、行为过程以及行为结果等都已查清，有关犯罪线索也全部查清，并没有遗漏罪行，也没有遗漏犯罪嫌疑人。

2. 证据确实、充分。经过侦查活动，搜集确实、充分的证据，是侦察程序的任务，也是侦察终结的第二个条件。证据确实、充分，要求通过侦查获得的证据是真实可靠的，能够足以证明所认定的有罪或者无罪的事实。犯罪嫌疑人的罪行得到证实，或者犯罪嫌疑得到澄清，证据与证据之间的矛盾得到排除，能够相互印证。

3. 犯罪的性质和罪名认定正确。这是指根据已经查明的事实和有关实体法律的规定，足以对犯罪嫌疑人所犯罪行的性质和罪名做出正确的认定。

4. 法律手续完备。在侦查活动中，侦查人员使用的各种诉讼文书是依法侦查的凭证。在侦查终结时，对各种诉讼文书应当进行清理、核对，检查各种应当具备的诉讼文书是否齐全，如居留证、逮捕证、讯问笔录、搜查证等。凡是应当具备的诉讼文书，都不能遗漏。如果发现短缺，应当及时予以补齐。法律手续完备，是侦查终结必不可少的程序性条件。

三、侦查终结案件的处理

根据《刑事诉讼法》第160、161条的相关规定，侦查终结的案件，应当根据案件的不同情况，做出移送审查起诉或者撤销案件的决定。

1. 侦查机关侦查终结的案件，如果侦查机关认为案件事实清楚、证据确实、充分，依法

---

[1] 叶青主编：《刑事诉讼法学》（第二版），上海人民出版社，北京大学出版社2010年版，第275页。

应当追究犯罪嫌疑人刑事责任的,侦查机关应当出具起诉意见书,连同案卷材料、证据等一并移送同级人民检察院审查决定是否起诉。共同犯罪的案件,侦查机关应当写明每个犯罪嫌疑人在犯罪过程中的地位、作用、具体罪责和认罪的态度,并分别提出处理意见,供起诉机关参考。① 若被害人提出附带民事诉讼的,应当记录在案,移送审查起诉时,应当在起诉意见书中末页注明,如果案件被撤销,应及时告知被害人另外向人民法院提起民事诉讼。此外,根据《刑事诉讼法》第158条第二款的规定,犯罪嫌疑人不讲真实姓名的案件,侦查机关应当对其身份进行调查,对于犯罪事实清楚,证据确实、充分,确实无法查明其身份的,也可以按其自报的姓名起诉和进行审判。

2. 侦查机关在侦查过程中,发现依法不应对犯罪嫌疑人追究刑事责任的,应当作出撤销案件的处理决定,并制作撤销案件决定书。其中,"依法不应对犯罪嫌疑人追究刑事责任的"是指犯罪嫌疑人的行为不构成犯罪、没有犯罪事实或者具有《刑事诉讼法》第15条规定的六种情形之一,因而不追究刑事责任。撤销案件后,犯罪嫌疑人已经被逮捕的,应当立即释放,发给释放证明,并通知原批准逮捕的人民检察院。在侦查过程中,发现犯罪嫌疑人不够刑事处罚需要行政处理的,经县级以上公安机关批准,对犯罪嫌疑人依法予以行政处理或者移交其他有关部门处理。②

四、侦查羁押期限

我国刑事诉讼法中对从立案到侦查终结之间的侦查期限并没有做强制性规定。这是因为,侦查工作具有一定的特殊性,不同的案件,根据具体的情况,侦查的难度也有不同,从立法上很难具体规定从立案开始到侦查终结到底应该在多长时间内完成。因此,在司法实践中,如果犯罪嫌疑人没有被采取强制措施,侦查是不受任何诉讼期限限制的。但是,一旦犯罪嫌疑人的人身自由受到限制,即处于羁押状态,出于对犯罪嫌疑人人身自由权利的保护,侦查机关的侦查活动不能无限制的进行下去,需要受到侦查羁押期限的限制。因此,所谓的侦查羁押期限,仅涉及到犯罪嫌疑人被依法刑事拘留或逮捕到侦查终结的期间规定。

(一)一般侦查羁押期限

《刑事诉讼法》第154条规定:"对犯罪嫌疑人逮捕后的侦查羁押期限不得超过二个月。"这是一般刑事案件的侦查羁押期限的规定,即一般的侦查羁押期限从犯罪嫌疑人被逮捕后开始起算,不得超过两个月。侦查机关一般应当按照法律规定,依法在这个期限内完成整个刑事案件的侦查,使案件侦查终结。另外,如果犯罪嫌疑人在逮捕之前已经被拘留的,拘留的期限不包括在侦查羁押期限内,而是由法条另行规定拘留的期限。

(二)特殊侦查羁押期限

侦查工作是一项十分复杂的工作,刑事案件的简繁难易是不同的。实践证明,很多刑事案件由于涉案面广、案情复杂、取证困难等特别的因素,很难在两个月内侦查终结,因此,法律根据案件的具体情况,需要做出不同的延长规定。侦查机关应当在符合法定条件

---

① 叶青主编:《刑事诉讼法学》(第二版),上海人民出版社、北京大学出版社2010年版,第276页。
② 叶青主编:《刑事诉讼法学》(第二版),上海人民出版社、北京大学出版社2010年版,第276页。

时履行相应的审批手续和程序，便可以延长相应的侦查羁押期限。我国刑事诉讼法对相应的侦查羁押期限具体规定在以下几个方面：

1. 对案情复杂的犯罪嫌疑人逮捕后的侦查羁押期限在 2 个月届满时不能侦查终结的案件，可以经上一级人民检察院批准延长 1 个月。

2. 根据案件的具体情况，某些案件在上述期限届满时仍不能侦查终结的，经省、自治区、直辖市人民检察院批准或者决定，可以延长 2 个月：(1)交通十分不便的边远地区的重大复杂案件；(2)重大的犯罪集团案件；(3)流窜作案的重大复杂案件；(4)犯罪涉及面广，取证困难的重大复杂案件。

3. 对犯罪嫌疑人可能判处 10 年以上有期徒刑刑罚的案件，按照规定，在上述侦查羁押期限届满仍不能侦查终结的，经省、自治区、直辖市人民检察院批准或者决定，可以再延长 2 个月。

4. 因为特殊原因，侦查机关在较长时间内不宜交付审判的特别重大复杂的案件，应当由最高人民检察院报请全国人民代表大会常务委员会批准延期审理。

在处理上述的延长期限时应当注意，公安机关对案件提请延长侦查羁押期限时，应当在羁押期限届满前 7 日内提出，并书面呈报延长羁押期限案件的主要案情和延长羁押期限的具体理由，人民检察院应当在羁押期限届满之日前做出延长或不延长的决定。

另外，对于直接由最高人民检察院直接立案侦查的案件，符合法律的相关规定的，确需延长犯罪嫌疑人的侦查羁押期限的，由最高人民检察院依法决定。

(三)不计算侦查羁押期限的情形

对于犯罪嫌疑人不讲真实姓名、住址，犯罪嫌疑人身份不明的，我国刑事诉讼法规定应当依法对其身份进行调查，侦查羁押期限自查清其身份之日起计算，但是不得停止对其犯罪行为的侦查取证。对于犯罪事实清楚，证据确实、充分，确实无法查明其身份的，也可以按其自报的姓名起诉、审判。

另外，对于被逮捕的犯罪嫌疑人依法应当做精神病鉴定的，其鉴定期间的时间不计入办案期限。该情形只限定于做精神病鉴定，而对犯罪嫌疑人作其他鉴定的时间则应当计入侦查羁押期限。

(四)侦查羁押期限的重新计算

在侦查期间，发现犯罪嫌疑人另有重要罪行的而尚未处理的，自发现之日起依照刑事诉讼法第 154 条的规定重新计算侦查羁押期限。公安机关在侦查期间，发现犯罪嫌疑人另有重要罪行，需重新计算侦查羁押期限的，由公安机关自行决定，不再经人民检察院批准，但必须报人民检察院备案，并受人民检察院监督。

【案例 12-3-02】①侯某，男，河北人，曾因犯抢劫罪、强奸罪被判处有期徒刑 6 年半。刑满释放后，他在非法劳务市场寻找工作时结识了王某(曾因犯盗窃罪被判处有期徒刑两年)和胡某(曾因盗窃被劳动教养两年)。由于工作难找，他们三人就动起了歪心思，想通过抢劫黑出租车司机来发财。2002 年 1 月至 2003 年 5 月间，他们在北京、河北两地疯狂流窜作案，多次进行抢劫、盗窃，犯罪手段极其残忍。该团伙先是骗乘被害人的出租车，行至偏僻之处再实施抢劫，遇到反抗就行凶杀人，然后抛尸荒郊，劫走汽车、现金等财物。到

---

① 王新清主编：《以案说法》(刑事诉讼法篇)，中国人民大学出版社 2006 年版，第 182 页。

侯某被逮捕时止，其团伙已经发展至17人，成员来自河北、山西、山东、天津、内蒙古、北京、黑龙江、甘肃等地。他们合伙杀人抢劫4起，抢劫机动车14起，持刀抢劫13起，抢夺1起，盗窃机动车24起，入室盗窃7起，雇佣杀人(未遂)1起，致4人死亡，劫取现金97万余元，桑塔纳轿车11辆。2003年5月，侯某被公安部门缉拿归案。由于本案案情重大，虽经公安机关侦查人员努力工作，仍不能在两个月内侦查完毕，于是公安机关报请上一级人民检察院批准，延长羁押期限1个月。后来由于该案犯罪涉及面广，又属于流窜作案，调查取证难度大，为了侦查工作的需要，在报请省级人民检察院批准后又延长了两个月。在延长期满后，公安机关仍不能侦查终结，又报经省级人民检察院批准，再次延长两个月。

【法条链接】

《刑事诉讼法》

第一百四十七条　对犯罪嫌疑人作精神病鉴定的期间不计入办案期限。

第一百五十四条　对犯罪嫌疑人逮捕后的侦查羁押期限不得超过二个月。案情复杂、期限届满不能终结的案件，可以经上一级人民检察院批准延长一个月。

第一百五十六条　下列案件在本法第一百五十三条规定的期限届满不能侦查终结的，经省、自治区、直辖市人民检察院批准或者决定，可以延长二个月：

(一)交通十分不便的边远地区的重大复杂案件；

(二)重大的犯罪集团案件；

(三)流窜作案的重大复杂案件；

(四)犯罪涉及面广，取证困难的重大复杂案件。

第一百五十七条　对犯罪嫌疑人可能判处十年有期徒刑以上刑罚，依照本法第一百五十六条规定延长期限届满，仍不能侦查终结的，经省、自治区、直辖市人民检察院批准或者决定，可以再延长二个月。

第一百五十八条　在侦查期间，发现犯罪嫌疑人另有重要罪行的，自发现之日起依照本法第一百五十四条的规定重新计算侦查羁押期限。

犯罪嫌疑人不讲真实姓名、住址，身份不明的，应当对其身份进行调查，侦查羁押期限自查清其身份之日起计算，但是不得停止对其犯罪行为的侦查取证。对于犯罪事实清楚，证据确实、充分，确实无法查明其身份的，也可以按其自报的姓名起诉、审判。

第一百六十条　公安机关侦查终结的案件，应当做到犯罪事实清楚，证据确实、充分，并且写出起诉意见书，连同案卷材料、证据一并移送同级人民检察院审查决定；同时将案件移送情况告知犯罪嫌疑人及其辩护律师。

第四节　人民检察院对直接受理案件的侦查

【典型案例】

【案例12-4-01】[①]

原审被告人冯洲，男，汉族，1958年4月27日出生，广东省阳江市人，高中文化，原系阳江市江城区岗列镇南排管理区党支部书记。因受贿案于2000年1月17日被刑事拘留，

---

① 摘自广东省高级人民法院刑事判决书：[2002]粤高法审监刑再字第4号。

同月28日被逮捕,2001年1月18日二审宣判后被释放。2003年9月23日再被逮捕。

原终审判决查明:上诉人冯洲自1997年7月始任江城区岗列镇南排管理区党支部书记。1999年初,工程承包人陈积强承接阳江市投资集团总公司发包的在南排管理区开发的填土工程。在该工程开展期间,南排管理区的村民因征地问题未得到解决而多次阻止陈积强填土工程的开展。同年3月的一天,陈积强邀冯洲到市区大金湾酒店吃饭,并送给冯洲一个存有余额10万元的存折,要求冯洲为其理顺村民关系。后来,冯洲曾多次做群众的思想工作,因该工作难做,冯曾叫陈积强取回存折,陈积强未取,冯一直也没有退回给陈。破案后,在冯洲的住宅缴获余额10万元的存折。

原终审判决认为:冯洲是被聘用的国家干部和村基层组织南排管理区的党支部书记,在开展填土工程期间政府没有委托南派管理区来处理群众的征地纠纷。因此,冯洲的行为不属于全国人大常委会《关于〈中华人民共和国刑法〉93条第2款的解释》的规定中所列举的协助人民政府从事的行政管理工作。因此,冯洲的行为不具备受贿罪的客观要件,不构成受贿罪,因此二审法院判决冯洲无罪。

再审法院认定:根据阳江市江城区人事局"江人字[1995]2号"文证实冯洲是经过公开考核正式录用的国家干部;江阳市江城区岗列镇委"关于岗列镇南排管理区党(总)支部委员会换届选举的批复"证实:1997年7月17日起冯洲任南排管理区党支部书记,据此,冯洲的身份是国家工作人员,对于冯洲及其辩护人提出冯洲不是国家工作人员没有证据支持,不予采纳。因此,被告人冯洲身为国家工作人员,在履行职责处理群众阻挠施工队填土工程事件中,收受施工队负责人送的10万元,已构成受贿罪,应依法惩处。广东省人民检察院抗诉认为冯洲构成受贿罪的理由成立。

据此,再审法院依法作出判决:

一、撤销江阳市中级人民法院2001年1月16日[2000]阳中法刑终字第34号刑事判决。

二、被告人冯洲犯受贿罪,判处有期徒刑五年。

【案例12-4-02】[1]

被告人莫兆军,男,1963年8月15日出生于广东省四会市,汉族,中专文化,原是四会市人民法院审判员,于2002年10月22日被刑事拘留,同年11月4日被逮捕,2003年9月4日被取保候审。

广东省肇庆市中级人民法院审理肇庆市人民检察院指控被告人莫兆军犯玩忽职守罪一案,于2003年12月4日做出[2003]肇刑初字第26号刑事判决,判决莫兆军无罪。宣判后,肇庆市人民检察院以该判决认定莫兆军不构成犯罪确有错误为由,提出抗诉。

原审判决认定:2001年11月14日,张坤石和陆群芳夫妇因民事借款合同纠纷在莫兆军担任审判员的一审判决中败诉而服毒自杀,而肇庆市人民检察院认为被告人莫兆军在审理民事借款纠纷一案中,有严重不负责任,不正确履行职责的玩忽职守行为,因而要求肇庆市人民法院以玩忽职守罪追究莫兆军的刑事责任。而一审法院认定被告人莫兆军对当事人张坤石夫妇自杀这一超出正常的后果不可能预见、主观上没有过失的罪过;其在审

---

[1] 摘自广东省高级人民法院刑事裁定书:[2004]粤高法刑二终字第24号。

理民事案件中履行了一名法官的基本职责，没有不履行或不正确履行工作职责，致使公共财产、国家和人民利益遭受重大损失的玩忽职守行为，且张坤石夫妇自杀死亡的后果与被告人莫兆军履行职务的行为之间没有刑法上的因果关系。因此，一审法院判决被告人莫兆军的行为不构成犯罪。

在二审判决中，广东省高级人民法院认定：被告人莫兆军正确的履行了法官在民事案件审理过程中的职责，该案的证据均可以证明被告人已正确履行自己的职责，不存在玩忽职守行为。而张坤石夫妇选择在法院门口服毒自杀，是他们对于败诉的结果有怨气而做出的极端选择，上述后果与被告人莫兆军的职务行为之间没有刑法意义上的因果关系，甚至张坤石夫妇的子女也无法预料到其父母的行为及后果，因此广东省高级人民法院依法作出二审裁定：驳回抗诉，维持原判。

【案例12-4-03】[①]

吕某，50岁，某市劳动局基建办副主任。2003年，该劳动局新建办公楼，吕某利用主管内部装饰材料购买工作的便利，勾结本单位基建办工作人员方某，用销毁购货发票、伪造发票虚报现金、虚报购货价格、向供货商索要回扣等方法，贪污公款13万余元。其中吕某分得8万余元，方某分得5万余元。2004年该市人民检察院举报中心接到举报线索后，立即将线索转给该院反贪局进行侦查。2004年4月，吕某、方某的犯罪事实已经基本查明。吕某、方某在发觉罪行败露后，密商对策，准备用威胁供货商、开假证明等方法销毁证据。鉴于此种情况，经人民检察院决定，公安机关执行，将吕某、方某二人依法逮捕。

人民检察院对直接受理案件的侦查，又称自侦案件。它是指刑事诉讼法根据职能管辖所确定的由人民检察院直接受理的刑事案件的侦查。[②] 我国的刑事诉讼法对检察院直接受理案件的侦查有明确的规定，人民检察院对国家工作人员实施的贪污、贿赂、挪用公款、渎职犯罪等一部分刑事案件行使侦查权，这是与实施法律监督相联系的权力。

人民检察院对于直接受理的刑事案件的侦查，适用刑事诉讼法关于侦查的一般性规定，但是由于人民检察院作为国家的法律监督机关的特殊性质和人民检察院自侦案件本身所具有的特殊性，因此，我国的刑事诉讼法对其作了特别的规定，主要表现为关于强制性措施的适用，以及侦查终结后对案件的处理。

一、人民检察院的拘留和逮捕决定权

我国刑事诉讼法规定，人民检察院直接受理的案件中，若符合相关的法律规定，需要拘留犯罪嫌疑人的，由人民检察院直接作出决定，由公安机关执行。这表明，人民检察院在直接受理的案件的侦查过程中，发现有下列两种情形的，有权决定拘留犯罪嫌疑人：一是犯罪嫌疑人犯罪后企图自杀、逃跑或者在逃的；二是犯罪嫌疑人有毁灭、伪造证据或者串供的可能的。人民检察院的拘留决定权对于及时侦破案件有着非常重要的意义，但是在适用的过程中应当注意两点：第一，人民检察院必须依法作出拘留决定并交由有关的公安机关执行，其并没有执行拘留的权力；第二，人民检察院依法决定拘留的人，应当负责讯

[①] 王新清主编：《以案说法》（刑事诉讼法篇），中国人民大学出版社2006年版，第187页。
[②] 叶青主编：《刑事诉讼法学》（第二版），上海人民出版社、北京大学出版社2010年版，第278页。

问,应当在拘留后24小时内进行讯问,在发现不应当拘留的情形的时候,必须立即释放,并发给释放证明,对于需要逮捕而证据还不充足的,可以变更强制措施为取保候审或监视居住。

人民检察院对直接受理的案件中被拘留的人,认为需要逮捕的,应当在10日以内做出决定。在特殊的情况下,决定逮捕的时间可以延长1日至4日。对不需要逮捕的,应当立即释放;对于需要继续侦查,并且符合取保候审或监视居住条件的,依法变更强制措施为取保候审或监视居住。

二、人民检察院自侦案件侦查终结后的处理

根据刑事诉讼法第166条和《人民检察院刑事诉讼规则》的相关规定,人民检察院直接受理的案件,在侦查终结后,有三种处理方式:提起公诉、不起诉和撤销案件。

(一)提起公诉

人民检察院自侦案件侦查终结后,认为犯罪嫌疑人犯罪事实清楚,证据确实、充分,足以认定犯罪嫌疑人构成犯罪,依法应当追究刑事责任的,人民检察院应当作出提起公诉的决定。首先,侦查人员应当写出侦查终结报告,并制作起诉意见书,报送侦查部门负责人审核、检察长批准;其次,经检察长批准提出起诉意见书的,侦查部门应当将起诉意见书以及其他案件材料一并移送本院审查起诉部门审查;最后,审查起诉部门审查后,根据检察长或检察委员会的决定做出是否提起公诉的决定。

另外,如果是国家或者集体财产遭到损失的,侦查部门在提出公诉意见的同时,也可以提出附带民事诉讼意见。

(二)不起诉

人民检察院自侦案件侦查终结后,发现有《刑事诉讼法》第173条规定的情形,认为犯罪事实清楚,证据确实、充分,足以认定犯罪嫌疑人构成犯罪,但是犯罪情节轻微,依照刑法规定不需要判处刑罚或者应当免除刑罚的,侦查人员应当写出侦查终结报告,并制作不起诉意见书,报送侦查部门负责人审核,检察长批准;经检察长批准提出不起诉意见书的,侦查部门应当将不起诉意见书以及其他案件材料一并移送本院审查起诉部门审查。

上述的"犯罪情节轻微,依照刑法规定不需要判处刑罚"是指《刑法》第13条规定的情形;"应当免除刑罚的"是指《刑法》中有"应当(可以)免除刑罚"字样的条款中规定的情形,如对预备犯、中止犯、胁从犯等就应当或可以免除刑罚。[①]

(三)撤销案件

人民检察院直接侦查的案件,在侦查过程中发现有足够的证据证明犯罪嫌疑人的行为不构成犯罪,或者依法不应当追究刑事责任的情形,应当撤销案件的,由侦查部门制作撤销案件意见书,报经检察长或者检察委员会决定后撤销案件。

上述的"不应当追究刑事责任"的情况和公安机关撤销案件的情形是相同的,即具备《刑事诉讼法》第15条规定的六种情形之一或经侦查认为没有犯罪事实发生的,就属于"不应当追究刑事责任",人民检察院就应当撤销案件。

人民检察院撤销案件的决定,应当分别送达犯罪嫌疑人所在的单位和犯罪嫌疑人。

---

① 叶青主编:《刑事诉讼法学》(第二版),上海人民出版社,北京大学出版社2010年版,第279页。

如果犯罪嫌疑人在押,应当制作决定释放通知书,通知公安机关依法释放。公安机关应当立即释放,并发给释放证明。

【法条链接】

《刑事诉讼法》

第十五条 有下列情形之一的,不追究刑事责任,已经追究的,应当撤销案件,或者不起诉,或者终止审理,或者宣告无罪:

(一)情节显著轻微、危害不大,不认为是犯罪的;

(二)犯罪已过追诉时效期限的;

(三)经特赦令免除刑罚的;

(四)依照刑法告诉才处理的犯罪,没有告诉或者撤回告诉的;

(五)犯罪嫌疑人、被告人死亡的;

(六)其他法律规定免予追究刑事责任的。

第十八条 刑事案件的侦查由公安机关进行,法律另有规定的除外。

贪污贿赂犯罪,国家工作人员的渎职犯罪,国家机关工作人员利用职权实施的非法拘禁、刑讯逼供、报复陷害、非法搜查的侵犯公民人身权利的犯罪以及侵犯公民民主权利的犯罪,由人民检察院立案侦查。对于国家机关工作人员利用职权实施的其他重大的犯罪案件,需要由人民检察院直接受理的时候,经省级以上人民检察院决定,可以由人民检察院立案侦查。

自诉案件,由人民法院直接受理。

第六十六条 人民法院、人民检察院和公安机关决定对犯罪嫌疑人、被告人取保候审,应当责令犯罪嫌疑人、被告人提出保证人或者交纳保证金。

第七十三条 监视居住应当在犯罪嫌疑人、被告人的住处执行;无固定住处的,可以在指定的居所执行。对于涉嫌危害国家安全犯罪、恐怖活动犯罪、特别重大贿赂犯罪,在住处执行可能有碍侦查的,经上一级人民检察院或者公安机关批准,也可以在指定的居所执行。但是,不得在羁押场所、专门的办案场所执行。

指定居所监视居住的,除无法通知的以外,应当在执行监视居住后二十四小时以内,通知被监视居住人的家属。

被监视居住的犯罪嫌疑人、被告人委托辩护人,适用本法第三十三条的规定。

人民检察院对指定居所监视居住的决定和执行是否合法实行监督。

第五节 补充侦查

一、补充侦查的种类和方式

《刑事诉讼法》第88条、第171条和第198条规定,补充侦查在程序上有以下三种情况:审查批捕时的补充侦查、审查起诉时的补充侦查和法庭审理阶段的补充侦查。

补充侦查可采取两种形式:即退回补充侦查和检察院自行补充侦查。(1)退回补充侦查,指决定补充侦查的机关将案件退回原侦查机关进行补充侦查。(2)检察院自行补充侦查,指决定补充侦查的检察机关自行对案件进行补充侦查。但并不是三类补充侦查都适

用这两类方式,不同的补充侦查采取不同的侦查方式:一种或两种。具体如下:

1. 审查批捕阶段的补充侦查方式

《刑事诉讼法》第 88 条规定,人民检察院对于公安机关提请批准逮捕的案件,经审查后认为尚不符合逮捕要求的,作出不批准逮捕的决定,并说明理由。如果是案件的事实不清,或者证据不足,需要补充侦查的,应当通知公安机关。根据这些规定,审查批捕时的补充侦查,由人民检察院退回公安机关进行;补充侦查的通知和不批准逮捕的决定同时作出。公安机关在补充侦查期间,可以对犯罪嫌疑人采取取保候审或者监视居住。

【案例 12-5-01】①犯罪嫌疑人刘某某因琐事同被害人谢某发生纠葛后,于 2008 年 6 月 20 日 20 时许,纠集"老三"等人至南翔镇胜辛南路、嘉美路路口南侧一水泥路,当被害人谢某途经该处时,"老三"等人在刘某某的指示下对被害人谢某实施了殴打。当日被害人谢某到嘉定区南翔医院验伤,并拍摄 X 光片(验伤结论:神清、头面部肿、皮下淤血,以右侧为显著,左肩膀明显红肿痛。X 片:头颅诸骨未见明显骨折。建议 CT)。7 月 16 日被害人谢某因头痛至嘉定区中心医院,通过 CT 检查,发现右额颞顶慢性硬膜下血肿。7 月 21 日进行了钻孔引流术。经鉴定,被害人谢某头部右侧额颞顶慢性硬膜下血肿,右侧脑室受压,中线略移,并出现头痛等神经系统症状和体征,已构成重伤。

公安机关提请批准逮捕,侦监部门认为,由于本案伤害实行犯均为到案,且医学鉴定及医院诊疗、验伤结论都未能证明被害人谢某右额颞顶慢性硬膜下血肿形成原因以及是否有对应性体表伤痕的情况,故被害人谢某右额颞顶慢性硬膜下血肿形成是否为本案故意伤害行为造成的事实不清,证据不足,必须补充侦查予以证明,遂退回补充侦查。

经进一步补充侦查,收集补充了被害人谢某的医疗记录材料和医师专业证明即相关知情人的证明材料,可以排除造成被害人脑部损伤引发脑内血肿存在其他外力作用的情况,足以认定系本案犯罪嫌疑人刘某某指使其他人实施伤害行为所致,两者之间具有直接因果关系。后某区检察院以涉嫌故意伤害罪对犯罪嫌疑人刘某某批准逮捕。

2. 审查起诉阶段的补充侦查及其方式

《刑事诉讼法》第 171 条规定,在提起公诉程序中,人民检察院对公安机关侦查终结移送审查起诉的案件,经审查后,认为案件的事实不清,证据不足,可以做出退回公安机关补充侦查,也可以自行侦查。对于退回补充侦查的案件,人民检察院应指明需要补充侦查的内容。

因此,审查起诉阶段的补充侦查方式,人民检察院可以将案件退回公安机关补充侦查,也可以由检察院自行补充侦查。

补充侦查的案件应当在一个月内完成。经过补充侦查后,人民检察院仍认为,还有某些事实不清或者证据仍不充分时,可以再次退回补充侦查,同样还要指明补充侦查的内容。

补充侦查以两次为限。它既包括检察机关自行补充侦查,又包括退回公安机关补充侦查,总计不得超过两次。

经两次退回补充侦查后,不能再作出退回补充侦查。

---

① 徐燕平主编:《刑事疑难案例研究》,上海交通大学出版社 2010 年 6 月版,第 7 页。

【案例12-5-02】①2008年9月25日凌晨1时许,被害人王权喝完水感觉不适,后经送医抢救无效死亡。经法医鉴定,王权系因毒鼠强中毒死亡。

经过大量走访调查,警方认为被害人王权的妻子杨莲有重大作案嫌疑。2008年12月22日,警方在杨莲的住处将其抓获归案。在案件的侦破过程中,杨莲一直拒不认罪,坚称丈夫是误食了她下了老鼠药的蛋糕而死亡。案件的侦破顿时陷入了僵局。2009年3月23日,昌宁县公安局以杨莲涉嫌故意杀人罪向昌宁县检察院移送审查起诉。

昌宁县检察院经审查后认为,指控杨莲涉嫌故意杀人罪,事实不清、证据不足,尤其是其供述与案件事实不符,不具备起诉条件,但由于该案在侦查阶段公安机关已投入较大警力和精力,退回公安机关侦查,从而获取新的证据的可能性不大。昌宁县检察院决定自行补充侦查,并请公安机关配合,成立了"9·24"命案办案组。经过10多天的外围证据收集,进一步固定了证据,找到了案件突破口。

在证据面前,杨莲推翻了她在侦查阶段供述的虚假辩解,揭开了事实真相。原来,近年来,杨莲背着丈夫长期与他人发生不正当关系,王权得知后,经常对其拳脚相向。眼看与他人的露水鸳鸯做不成了,丈夫又如此对待自己,在经过一番思想斗争后,杨莲萌发了毒死丈夫的念头。据杨莲交代,丈夫平时喜欢在睡前饮酒,并在每次饮酒后起床倒水喝,于是在案发当晚,她趁王权入睡之际,偷偷将事先藏放在家中的老鼠药倒入平时丈夫喝水的玻璃杯中,加入开水后摆在电视机旁。大约30分钟后,王权果然起身喝水,随即中毒身亡。

经昌宁县检察院依法上报保山市检察院提起公诉,保山市中级法院开庭审理此案,在法庭上,杨莲对检察机关指控的犯罪事实供认不讳,请求从轻判处。法院认为,杨莲主观恶性深,不足以从宽处罚。考虑到当事人有两个年龄较小的孩子且家庭困难,量刑时可与普通的故意杀人案有所区别。最终,法院判处杨莲死刑,缓期二年执行。

(三)法庭审理阶段的补充侦查及其方式

法庭审理阶段的补充侦查有两种情况:

1. 人民检察院主动要求退回补充侦查

《刑事诉讼法》第198条和第199条规定,在法庭审理过程中,检察人员(即公诉人)发现提起公诉的案件需要补充侦查的可以向法庭提出建议而启动的补充侦查。人民法院应当延期审理。人民检察院要求补充侦查的应当在1个月以内补充侦查完毕。

2. 合议庭建议补充侦查

最高人民法院《刑诉解释》第226条的规定,合议庭在审理过程中,发现被告人可能有自首、立功等法定量刑情节,而起诉和移送的证据材料中没有这方面的证据材料的,合议庭可以建议人民检察院补充侦查。

法庭审理时的决定补充侦查权属于人民检察院,而不属于人民法院。

【案例12-5-03】②2007年9月27日凌晨,被告人黄某至本市晋元路228弄28号301室,入室窃得被害人施某索尼C22型笔记本电脑一台、索尼PSP1000型掌上游戏机一台(以上物品经鉴定价值共计人民币9,049元)以及现金人民币26,000元。侦查机关于

---

① 根据"出轨妻子'喂'丈夫吃老鼠药"改编,载《检察日报》2009年10月23日第6版。
② 根据上海市闸北区人民法院(2008)闸刑初字第357号判决书改编。

2007年9月28日对案发现场进行勘查,绘制现场方位图一份,制作现场勘查笔录一份,拍摄了现场概貌,并在客厅沙发的一张A4纸张上提取到了一枚指纹,经鉴定,现场提取的指纹是被告人黄某的右手拇指所留。后被告人黄某在杭州火车东站被公安机关抓获。检察机关认为被告人黄某以非法占有为目的,采用秘密窃取的方法,入户盗窃他人财物,数额巨大,其行为已触犯《中华人民共和国刑法》第二百六十四条,以盗窃罪提起公诉。

被告人黄某自始至终否认其犯罪事实,辩称案发时不在上海,并提供了其当时在宁波的确切地址和证明其不在案发现场的相关人员的联系方式,要求法院进行核实。检察机关当庭建议休庭,并建议延期审理。庭后检察机关通过被告人黄某提供的线索进行核实,逐一排除了其辩解。后法院恢复庭审,被告人黄某当庭认罪,但是对于盗窃的具体财物作了罪轻的辩解,称只有笔记本电脑和掌上游戏机,并无现金。后法院依法作出一审判决,判处被告人黄某有期徒刑8个月,罚金一千元,后被告人黄某没有提起上诉。

(四)退回补充侦查后的处理

原认定犯罪事实清楚,证据不够充分的,在补充证据后,制作《补充侦查报告书》,移送人民检察院审查;对于有些证据无法补充的,应当说明。

在补充侦查过程中,发现新的犯罪嫌疑人或者新的罪行,需要追究刑事责任的,应重新制作《起诉意见书》,移送人民检察院审查。

发现原认定的犯罪事实有重大变化,不应当追究刑事责任的,应重新提出处理意见,并将处理结果通知退查的人民检察院。

原认定犯罪事实清楚,证据确实、充分,退回补充侦查不当的,应当在《补充侦查报告书》中说明理由,移送人民检察院审查。

【案例12-5-04】①2004年9月3日凌晨,罪犯梅荣宝伙同刘军等人对阳某实施强奸。公安机关将梅荣宝、刘军抓获归案。同年9月20日,梅荣宝的家属聘请被告人肖芳泉作为梅荣宝的辩护人,委托费用为人民币5,000元。同年11月3日至11月13日期间,被告人肖芳泉未经侦查机关许可,两次伙同被告人梅素琴(梅荣宝的姐姐)等人与阳某见面,并以支付人民币3,000元精神补偿费(已支付1,500元)的手段诱使阳某违背事实作虚假陈述,意图使梅荣宝无罪释放。11月13日,被告人肖芳泉与江西海融律师事务所另一律师对阳某作了一份调查笔录。在该份笔录中,阳某作了虚假陈述,称系自愿和梅荣宝发生性关系。之后,被告人肖芳泉将该笔录提交检察机关,并以此为由向法院申请阳某出庭作证,为梅荣宝作无罪辩护。被告人阳某在接受赣州市章贡区人民法院的询问时,对刘军、梅荣宝强奸的事实作了虚假陈述。后经公安机关补充侦查,查明阳某系在收取梅荣宝家属贿赂的情况下改变陈述,肖芳泉违反刑事诉讼法的规定,擅自向被害人调查取证,并贿买被害人作虚假陈述,梅素琴在肖芳泉的指引下,出资收买被害人作虚假陈述。经庭审,一审法院于2005年7月以强奸罪判处梅荣宝有期徒刑十年。

经公安机关侦查,将被告人肖芳泉、梅素琴移送检察机关审查起诉,检察机关以被告人肖芳泉、梅素琴涉嫌妨害作证罪,阳某涉嫌包庇罪提起公诉,法院一审依法判决被告人肖芳泉犯妨害作证罪,判处有期徒刑一年六个月;被告人梅素琴犯妨害作证罪,判处有期徒刑一年,缓刑二年;被告人阳某犯包庇罪,判处管制一年。

---

① "辩护人妨害作证罪中的'证人'是否包括被害人",载《刑事审判参考》2007年总第56期。

【典型案例】
【案例12-5-05】
　　被告人杜益敏以非法占有为目的,于2003年至2006年7月,虚构投资房地产、投资越南和青田矿山、开发丽水市火柴厂地块等名义,以月息1.8%-10%的高额利息为诱饵,在浙江省丽水市向社会公众非法集资;期间,还成立"空壳"公司,以个人名义,公司担保,设点向社会公众非法集资,共计非法集资人民币7亿余元。被告人将集资款用于归还欠款、支付高额利息、购买房产、挥霍等,至案发尚有1.25760253亿元不能归还,数额特别巨大。
　　浙江省丽水市人民检察院以被告人杜益敏犯集资诈骗罪,向丽水市中级人民法院提起公诉,该案审理期间,丽水市人民检察院根据《中华人民共和国刑事诉讼法》第一百六十五条第二项的规定,要求补充侦查并建议对该案延期审理。公诉机关补充侦查后,其中4户增加集资数额共计560.7万元;10户增加集资余额共计778.25万元;9户核减集资余额共计538.288万元。综上,集资余额增加239.962万元,即至案发尚有1.28159873亿元未归还。丽水市中级人民法院作出一审判决,被告人杜益敏犯集资诈骗罪,判处死刑,剥夺政治权利终身,并处没收个人全部财产。
　　补充侦查,是指公安机关或人民检察院依照法定程序,在原有侦查工作的基础上,就案件出于某种原因,没有完成的侦查任务,或者是案件部分事实不清,或者是案件的部分证据不足,重新进行的收集证据的侦查活动。

【法理与法律适用分析】
　　本案中补充侦查是在法庭审理阶段,检察机关主动要求补充侦查。这是基于集资诈骗罪系涉众型案件的特点决定的,被告人虚构集资用途、以高额利息为诱饵,在浙江省丽水市向社会公众非法集资人民币7亿余元,此类案件时间跨度大、被害人多、涉案金额大、证据庞杂,侦查机关往往通过被害人的报案开展侦查,通过被害人提供的借条、收据、欠款清单、相关合同等书证,以及查询相关公司的银行账户明细,确定相应的定案数额。侦查机关的侦查是有期限的,在正常的侦查阶段有的被害人未能向侦查机关报案,侦查机关在特定的办案期限内也一时难以穷尽所有的情况;同时基于法庭审理过程中,被告人、辩护人提出辩解的某些起诉书认定的事实需要进一步补充和核实证据。在本案中案件已经移送法院审判,在法庭审理过程中有被害人向侦查机关报案,为了进一步查明案件的事实,同时也是出于诉讼效率的考虑,检察机关要求补充侦查并建议对该案延期审理。
　　本案中通过补充侦查,检察机关分别增加和核减了部分集资数额,总计的集资余额增加239.962万元,案件事实进一步查清,保障了被告人和被害人的合法权利,法院也在此基础上依法作出了判决。

【法条链接】
《刑事诉讼法》
　　第十八条　刑事案件的侦查由公安机关进行,法律另有规定的除外。
　　贪污贿赂犯罪,国家工作人员的渎职犯罪,国家机关工作人员利用职权实施的非法拘禁、刑讯逼供、报复陷害、非法搜查的侵犯公民人身权利的犯罪以及侵犯公民民主权利的犯罪,由人民检察院立案侦查。对于国家机关工作人员利用职权实施的其他重大的犯罪案件,需要由人民检察院直接受理的时候,经省级以上人民检察院决定,可以由人民检察院立案侦查。

自诉案件,由人民法院直接受理。

第六十六条 人民法院、人民检察院和公安机关决定对犯罪嫌疑人、被告人取保候审,应当责令犯罪嫌疑人、被告人提出保证人或者交纳保证金。

第七十三条 监视居住应当在犯罪嫌疑人、被告人的住处执行;无固定住处的,可以在指定的居所执行。对于涉嫌危害国家安全犯罪、恐怖活动犯罪、特别重大贿赂犯罪,在住处执行可能有碍侦查的,经上一级人民检察院或者公安机关批准,也可以在指定的居所执行。但是,不得在羁押场所、专门的办案场所执行。

指定居所监视居住的,除无法通知的以外,应当在执行监视居住后二十四小时以内,通知被监视居住人的家属。

被监视居住的犯罪嫌疑人、被告人委托辩护人,适用本法第三十三条的规定。

人民检察院对指定居所监视居住的决定和执行是否合法实行监督。

第一百七十一条 人民检察院审查案件,可以要求公安机关提供法庭审判所必需的证据材料;认为可能存在本法第五十四条规定的以非法方法收集证据情形的,可以要求其对证据收集的合法性作出说明。

人民检察院审查案件,对于需要补充侦查的,可以退回公安机关补充侦查,也可以自行侦查。

对于补充侦查的案件,应当在一个月以内补充侦查完毕。补充侦查以二次为限。补充侦查完毕移送人民检察院后,人民检察院重新计算审查起诉期限。

对于二次补充侦查的案件,人民检察院仍然认为证据不足,不符合起诉条件的,应当作出不起诉的决定。

【典型案例目录索引】

杜益敏集资诈骗案

载《刑事审判参考》2009年总第70期。

【参考阅读的文献资料】

1. 黄烨:"论补充侦查",载《中国刑事法杂志》2005年第4期。
2. 左德起、韩阳:"论审查起诉中的补充侦查",载《国家检察官学院学报》2003年第3期。
3. 云山城:"完善补充侦查若干问题的思考",载《中国人民公安大学学报》2006年第6期。

第六节 侦查监督

一、侦查监督程序的职责和任务

人民检察院对侦查活动的监督,就是对公安机关的侦察活动是否合法实行监督。内容包括发现并且纠正公安机关在讯问犯罪嫌疑人、询问证人、讯问被害人、勘验检查、扣押物证与书证、鉴定等具体侦查行为中的违法乱纪现象。根据法律及相关司法解释的规定,侦查监督的内容主要是发现和纠正以下违法行为:(1)对犯罪嫌疑人刑讯逼供、诱供的;(2)对被害人、证人以体罚、威胁、诱骗等非法手段收集证据的;(3)伪造、隐匿、销毁、调换或者私自涂改证据的;(4)徇私舞弊,放纵包庇犯罪分子的;(5)故意制造冤假错案的;(6)

在侦查活动中利用职务之便谋取非法利益的;(7)在侦查过程中不应当撤案而撤案的;(8)贪污、挪用、调换所扣押、冻结的款物及其孳息的;(9)在侦查中有其他违反刑事诉讼法有关规定的行为的。

在进行侦查监督时,人民检察院可以适时介入侦查,参与重大案件的讨论。

人民检察院在进行侦查监督时,可以要求侦查机关开展补充侦查。

人民检察院可以要求侦查机关提供法庭审判所必需的证据材料。

侦查监督部门的职责和任务,贯穿于从刑事立案到侦查终结的全过程,既包括了对适用法律、定性等实体公正方面的监督,也包括对收集证据、自行逮捕等程序公正方面的监督,工作方向主要是针对公安机关等侦查机关的侦查活动,工作的重心要放在引导侦查取证工作,保证侦查活动的依法进行上。

【案例12-6-01】[1]2011年12月8日11时50分许,犯罪嫌疑人艾某在天目西路、光复路口将0.22克海洛因以人民币100元卖给举报人周某,成交时被当场抓获。上海市公安局某分局以犯罪嫌疑人艾某涉嫌贩卖毒品罪提请上海市某区人民检察院批准逮捕。

上海市某区人民检察院经审查,发现该局承办民警的下列取证行为,违反了相关法律规定:在本案中民警张某于2011年12月8日出具证言,证实其亲眼目睹了犯罪嫌疑人艾某的贩毒经过,并参与了抓捕。经该院审查,重新询问了有关证人,证实了案发当日参与抓捕的民警是李某,而非张某,且无证据证明张某案发时在现场,因此张某的该份证言缺乏真实性,不能采信。此外,民警李某、社保队员夏某系本案的目击证人,但该局承办民警未向上述二人取证并提供证言。经对全案证据材料分析,该院认为现有证据不足以证实犯罪嫌疑人艾某实施了贩毒行为,故该院以事实不清,证据不足,对艾某作出不予批准逮捕的决定。

同时该局承办民警在侦查取证过程中,未依照法定程序,全面、客观地收集、审查、核实能够证实犯罪嫌疑人艾某有罪或者无罪、犯罪情节轻重的各种证据,违反了《中华人民共和国刑事诉讼法》第四十三条、《关于办理死刑案件审查判断证据若干问题的规定》第三条的规定。根据《中华人民共和国刑事诉讼法》第八条、第七十六条之规定,向该局发出了《纠正违法通知书》。

二、侦查监督的途径和措施

人民检察院主要通过和采取以下途径和措施,对公安机关的侦查活动实行法律监督:

1. 通过审查逮捕、审查起诉程序,发现和纠正侦查机关侦查活动中的违法行为。
2. 派员参加侦查机关对重大案件的讨论和其他侦查活动,履行侦查监督职责。
3. 当诉讼参与人对侦查人员在侦查活动中侵犯其诉讼权利和人身权利的行为提出控告时,人民检察院及时接受并及时审查,发现违法及时纠正,依法处理。
4. 通过审查公安机关执行人民检察院批准或者不批准逮捕决定情况,发现违法情形,履行侦查监督职责。

人民检察院进行侦查监督的具体手段主要有两种:

一是口头提出纠正方式。对于情节较轻的违法行为,如属个别侦查人员的违法,应当

---

[1] 根据上海市闸北区人民检察院侦监科提供的材料改编。

向违法者本人口头提出纠正意见;对于带有普遍性的违法行为,应当向侦查机关的负责人提出纠正意见。检察人员参加讯问犯罪嫌疑人、勘验现场等侦查活动中发现侦查人员有违法行为应及时提出。

二是书面纠正方式。对于侦查机关在侦查活动中比较严重的违法行为,应当报请检察长批准后,向其发出《纠正违法通知书》。《纠正违法通知书》是一种重要的检察监督文书,一经发出,便具有法律效力,侦查机关应立即纠正违法行为并将纠正的情况回复检察机关。

【案例12－6－02】①犯罪嫌疑人孙某因涉嫌盗窃罪于2008年4月8日被依法批准逮捕,捕后侦查羁押期限应为同年6月8日。2008年5月30日,上海市某区看守所向孙某盗窃案的承办单位本区公安分局刑侦支队送交了《羁押期限届满通知书》。同年6月6日,区看守所电话通知区公安分局督察部门和办案单位:孙某盗窃案侦查羁押期限即将届满。同日,驻所检察室也向孙某盗窃案承办人催办,承办人称该案已结案,准备移送区检察院审查起诉。直至6月11日,驻所检察室得知该案仍未换押,即致电区检察院公诉科催办,获悉该案于当日才由公安机关移送检察院审查起诉,侦查羁押期限已超过3日。通过调查取证,确认了上述违法事实,区检察院于2008年6月26日,向区公安分局制发《纠正违法通知书》,提出纠正意见。事后,公安机关就此事进行了整改并将有关处理事项回复检察院。

【典型案例】
【案例12－6－03】
2010年1月5日15时30分许,犯罪嫌疑人邱甲、金某、李某、江某、邱乙、顾某经共谋,将被害人王某骗出并带至本市桃园旅馆201、203房间,采用暴力、胁迫手段轮流对王某实施奸淫,致其轻伤。

公安机关提请批准逮捕,侦监部门在审查逮捕金某等6人强奸时,发现多处监督线索。一是遗漏本案共犯。卷宗材料显示,本案被害人系由证人陆某约出后到作案地点,且有线索显示陆某可能知道金某等人欲强奸被害人,其有共犯嫌疑;二是遗漏重大犯罪事实。经过讯问发现,多名犯罪嫌疑人均被提及曾多次与其他女性发生性关系,且采取了暴力、胁迫手段,并了解到其中一名犯罪嫌疑人手机中存有相关视频。公安机关扣押了该手机,但并未随案移送,而且对相关事实未予立案侦查;三是遗漏的犯罪事实涉及多名案外人员。多名犯罪嫌疑人的供述证实,尚有多名未涉嫌本案的案外人员,伙同他们共同实施了前述多次轮奸行为。后侦监部门增加认定多起犯罪事实,并依法追加多名犯罪嫌疑人到案。

侦查监督,指人民检察院作为国家专门的法律监督机关,依法对侦查机关刑事侦查活动的合法性进行的监督。根据我国法律规定,除公安机关之外,国家安全机关、军队保卫部门、海关、走私犯罪侦查局也依法行使相应的刑事侦查权。所以,人民检察院进行侦查监督的对象,就是这些侦查机关的侦查活动。

【法理与法律适用分析】
侦查监督的目的是规范侦查行为,提高侦查的质量与水平,从而促进司法的公正文

---

① 上海市人民检察院研究室《上海检察机关案例汇集(第一卷)》,第516页。

明。侦查是公权力,在行使过程中有无枉法、徇私,放纵或冤枉;有无遗漏或错误;通常都是通过对侦查行为是否规范来行使监督的,即获取证据的途径方式是否合法正当,有无刑讯逼供,诱供诱证;取证是否全面、客观;采取强制措施或侦查措施是否依法等等。本案中公安机关存在遗漏犯罪嫌疑人、犯罪事实的情况,尽管可能公安人员不是出于徇私舞弊,放纵包庇犯罪分子的目的,但从客观公正的角度看,公安机关的行为使得一些犯罪嫌疑人得不到应有的处罚,被害人的合法权利没有得到全面的保护,从总体上看案件事实也没有能够查清。为此,检察机关通过行使侦查监督职能,通过追捕程序,将其余的同案犯抓获到案;通过立案监督程序,促使公安机关立案侦查;同时及时介入侦查,对证据的搜集、提取、固定及侦查取证的方向,提出意见和建议,确保了刑事诉讼的顺利进行。

【法条链接】
《刑事诉讼法》
第五十条 审判人员、检察人员、侦查人员必须依照法定程序,收集能够证实犯罪嫌疑人、被告人有罪或者无罪、犯罪情节轻重的各种证据。严禁刑讯逼供和以威胁、引诱、欺骗以及其他非法方法收集证据,不得强迫任何人证实自己有罪。必须保证一切与案件有关或者了解案情的公民,有客观地充分地提供证据的条件,除特殊情况外,并且可以吸收他们协助调查。

第五十四条 采用刑讯逼供等非法方法收集的犯罪嫌疑人、被告人供述和采用暴力、威胁等非法方法收集的证人证言、被害人陈述,应当予以排除。收集物证、书证不符合法定程序,可能严重影响司法公正的,应当予以补正或者作出合理解释;不能补正或者作出合理解释的,对该证据应当予以排除。

在侦查、审查起诉、审判时发现有应当排除的证据的,应当依法予以排除,不得作为起诉意见、起诉决定和判决的依据。

第五十五条 人民检察院接到报案、控告、举报或者发现侦查人员以非法方法收集证据的,应当进行调查核实。对于确有以非法方法收集证据情形的,应当提出纠正意见;构成犯罪的,依法追究刑事责任。

第九十八条 人民检察院在审查批准逮捕工作中,如果发现公安机关的侦查活动有违法情况,应当通知公安机关予以纠正,公安机关应当将纠正情况通知人民检察院。

【典型案例目录索引】
发挥信息共享优势,立案监督显成效
上海市人民检察院研究室《上海检察机关案例汇集(第一卷)》,第560页。

【参考阅读的文献资料】
1. 刘志远、赵景川:"侦查监督制度的功能定位与重构——兼论侦查程序中被害人的权利保护",载《法学杂志》2008年第6期。
2. 王文生:"论宽严相济刑事政策在侦查监督中的运用",载《当代法学》2011年第3期。
3. 单民、上官春光:"检察机关侦查监督的定位与空间",载《人民检察》2011年第10期。

第七节 技术侦查措施

随着社会的不断发展，犯罪手段方法也层出不穷，犯罪嫌疑人不断利用现代科学技术方法等实施新的犯罪，而在这种新时期的背景之下，技术侦查手段就显得尤为突出重要。而随着科学技术的不断发展，其在侦查活动中的重要性也与日俱增。

一般而言，所谓技术性侦查措施，是指利用现代科学知识、方法和技术的各种侦查手段的总称。[1]从广义上看，在侦查中，多数案件都需要运用某些技术手段，如在现场勘验、检查中某些仪器设备的使用，为鉴别与判断某些事实而进行的鉴定等。从这种意义上讲，多数案件都存在技术侦查的问题。然而，在我国的侦查理论与实务中，"技术侦查"这一概念多数情况下专指侦查中某些特殊手段的运用，即"技术侦察"，而不是一般意义上的鉴定活动或勘验、检查中某些仪器的使用。[2]一般来说，根据有关规定，国家安全法和人民警察法所规定的"技术侦察"，是指国家安全机关和公安机关为了侦查犯罪而采取的特殊侦查措施，即侦查机关在秘密的前提下，应用现代科学技术与刑事犯罪做斗争的一种秘密侦查手段。

但是从理论和实践中来看，仅仅将"技术侦查措施"界定为秘密的专门技术手段，不论是从司法实践还是从"技术侦查措施"的字面含义上来看，都欠妥当。从广义上来看，技术性侦查措施不仅包括秘密的专门技术手段，还应当包括许多公开的在侦查过程中的专业技术手段。这些侦查技术措施包括：测谎检查、网上查控、模拟画像、刑事鉴定、会计资料勘验、脑纹识别、通讯工具控制等等。

还需要注意的是，技术侦查作为一种侦查手段，其获得的某些信息和结果并不能作为直接证据证明犯罪嫌疑人的犯罪事实，但是可以作为一种线索或一种与犯罪嫌疑人周旋的侦查手段，从而有利于全案的侦破。

另外，技术侦查的适用上有着严格的条件限制：一是时间上的限制，必须是在公安机关或人民检察院立案后，才能实施技术侦查措施。二是所针对的犯罪种类的限制，必须是公安机关侦查的危害国家安全犯罪、恐怖活动犯罪、黑社会性质的组织犯罪、重大毒品犯罪或者其他严重危害社会的犯罪案件或者人民检察院侦查的重大的贪污、贿赂犯罪案件以及利用职权实施的严重侵犯公民人身权利的重大犯罪案件，才能实施技术侦查措施。三是在审批过程中有严格的限制，必须根据侦查犯罪的需要，经过严格的批准手续，按照规定交有关机关执行技术侦查措施。四是技术侦查具有有效期限，技术侦查的批准决定自签发之日起三个月以内有效，对于不需要继续采取技术侦查措施的，应当及时解除；对于复杂、疑难案件，期限届满仍有必要继续采取技术侦查措施的，经过批准，有效期可以延长，每次不得超过三个月。

【典型案例】

【案例12-7-01】[3]

2006年3月21日上午。明光市嘉山集乡平湖村的几个村民沐浴着大好春光在黄冲

---

[1] 宋英辉："刑事程序中的技术侦查研究"，载《法学研究》2000年第3期，第73页。
[2] 杨正鸣、倪铁主编：《侦查学案解》，复旦大学出版社2011年版，第102页。
[3] 杨正鸣、倪铁主编：《侦查学案解》，复旦大学出版社2011年版，第103-104页。

水库北侧山坡上修剪树枝。突然,一个村民无意间发现一土坑里赫然躺着一具男尸。这一爆炸新闻惊动了附近的村庄,明光市公安局迅速成立了专案组。经过查证,死者为平湖村花冲里村民组 38 岁的光棍汉周玉来。而根据举报死者周玉来与其二嫂因二嫂在外与其他男人勾三搭四而结怨不浅,曾扬言,二嫂若仍是执迷不悟,他会让她后悔一辈子!可二嫂对此并没有什么反应,依然我行我素。

得知这一线索,公安干警们立即传讯死者 28 岁的二嫂支某和她现在的姘居情人徐某。可这两人被带回明光公安局时,均大呼冤枉,表示对六弟的死并不知情,尤其是支某发誓说,她只做过对不起二哥的事,绝对没有想过去杀六弟。面对如此情况,办案人员不得不暂停审理,在没有足够证据的情况下,不能武断的得出结论。

经过专案组反复研究,决定利用心理测试技术,也就是测谎仪,来突破嫌疑人的心理防线。结合案件,他精心编制了一组激励测试,三组 CQT(准绳)、六组 GKT(情景测试),共计十组问题,给两名犯罪嫌疑人进行测试,经过 7 个小时的测试,根据图谱分析,公安果断否定了这两人的作案可能。

为了进一步查明情况,专案组人员不辞劳苦,通过各种途径深入调查走访。根据群众反映周玉来生前兄弟关系极其复杂这一线索,有两个人这时进入了公安干警的视线。这两人均为死者的亲兄弟,周玉贵(死者的三哥)和周玉明(死者的五哥),亲生兄弟自相残杀的确不可思议,但这两人曾因家庭琐事与死者结怨颇深,很有作案可能。2006 年 3 月 30 日,专案组传讯了死者的三哥周玉贵,准备对其进行测试。同上次一样精心制定了详细的测试计划,编制了一组激励测试,四组 MGQT(多目标准绳),七组 GKT(情景测试),共计十二组测试问题。经过十个小时的测试,其 MGQT 综合得分为 −5 分,根据图谱结果和侦查人员的经验分析,周玉贵与周玉来被杀一定有着必然的联系,应是知情者。

专案组将周玉贵先行释放,并实施秘密监控,3 月 31 日早晨,传讯了周玉明,并对他进行心理测试。经过这次心理测试,僵持了数十个小时的周玉明终于熬不住了,他扑通一声跪倒在地说:"我错了,千不该万不该,我不该下手太重了。"就这么一句话,他的心理防线彻底崩溃了。经过 15 个小时的斗智斗勇,在测谎技术和强有力的科学证据面前,犯罪嫌疑人周玉明彻底交代了 2 月 12 日晚 8 时,与周玉贵共同谋杀六弟的犯罪事实。

【法理与法律适用分析】

在上述案件的侦破过程中,运用到了测谎检查这一技术性侦查措施。所谓的测谎检查,是指专门的技术人员按照一定的规则,运用测谎仪器设备记录测谎对象在回答其所设置的问题的过程中某些设定参量的变化,并通过分析测谎仪器设备所记录的图谱,对被测谎对象在回答有关问题时是否说谎做出判断的活动。[①]

在技术侦查的测谎技术应用中应当注意:我国的刑事诉讼法及相关的法律规定都没有将测谎所得的结果作为直接证据使用,而使用测谎这一技术侦查措施,其最主要的目的是为借助测谎这一科技手段,将测谎检查和其所得的结果作为判别真伪,获取线索和证据的一种方式和途径,从以上的案例中就可以清晰地看出,测谎技术的使用,对整个案件的侦破起到了关键性的作用。当然,测谎的结果也可能因为测试人员的专业素质,被测试对象的心理素质、测试条件、测试题目的选择等多种因素而出现不同的结果,影响到侦查人

---

① 杨正鸣、倪铁主编:《侦查学案解》,复旦大学出版社 2011 年版,第 104 页。

员对测谎结果的判断。因此,侦查机关在使用测谎技术的时候,不能过于依赖测谎结果,以免造成冤假错案。

【案例 12-7-02】[①]

2007年11月24日,三门峡市公安局湖滨区分局刑警大队从侦破一起抢劫案件入手,果断实施并案侦查,成功运用DNA鉴定刑事科学技术,一举侦破发生在去年湖滨区的一起强奸杀人案、两起强奸案,一个强奸、杀人、抢劫、负案累累的犯罪嫌疑人终于落入法网。

11月5日18时40分,天色渐暗,卫某回家经过铝厂转盘,当由北向南行至贺家庄公路涧河桥北30米处,身后突然蹿出一男子,猛的用胳膊将其勒倒在地。卫某还未反应过来,已被该男子拖至西边的草丛中。卫某开始呼喊,该男子掐住卫某脖子威胁,卫某不停的反抗。这时,不远处有行人走来,该男子慌忙将卫某手提包抢走离开。等卫某回过神来,那男子已不知去向,卫某才想起赶紧报警。

该案引起了湖滨区公安分局领导的高度重视。经过大量细致艰苦的工作,民警锁定一个名叫白山峰的男子。受害人卫某看到他户籍资料照片时,一眼就辨认出,白山峰就是当晚对她实施抢劫的犯罪嫌疑人。

经审讯,犯罪嫌疑人白山峰对其于11月5日晚抢劫卫某的犯罪事实供认不讳。案件侦破到此似乎告一段落,可民警并没有停止审讯,而是继续深挖余罪。民警将其与在之前一年的系列强奸杀人联系起来,在案发现场勘察中,现场提取到了遗留在现场的嫌疑人的几根毛发,以及一只旧皮鞋、几枚衬衣纽扣。现场的毛发成为认定嫌疑人的重要因素。民警将提取到的毛发和犯罪嫌疑人白山峰被提取的验材一并送往三门峡市公安局刑科所DNA室进行检验。11月24日上午,鉴定结果做出:白山峰DNA与之前强奸杀人案现场所留的犯罪嫌疑人DNA一致。至此,该市系列强奸杀人案件成功告破。

【法理与法律适用分析】

上述的案例是一则利用刑事鉴定中的DNA鉴定技术查找犯罪嫌疑人,并成功突破案件的真实案例。刑事鉴定是指侦查机关为查明案情,指派或聘请具有专门知识的人,对于犯罪案件有关的物品、文件、痕迹、人身、尸体等专门性问题进行审查、检验、鉴别和评定的一项技术性侦查措施。[②]

刑事鉴定是获取证据的重要侦查措施,它以解决某些专门性问题来弥补侦查人员知识水平的不足,帮助司法机关判明证据的真伪,从而达到确认犯罪嫌疑人,查清犯罪事实的目的。刑事技术鉴定,必须由县级以上公安机关刑事技术部门或者其他专职人员负责进行,一般的侦查人员没有接受过正式的培训和专业的知识技巧,是无权进行刑事鉴定的,否则会造成鉴定结果的非科学性,给查清事实真相造成一定的困难。

【法条链接】

第一百四十八条 公安机关在立案后,对于危害国家安全犯罪、恐怖活动犯罪、黑社会性质的组织犯罪、重大毒品犯罪或者其他严重危害社会的犯罪案件,根据侦查犯罪的需要,经过严格的批准手续,可以采取技术侦查措施。

人民检察院在立案后,对于重大的贪污、贿赂犯罪案件以及利用职权实施的严重侵犯

[①] 杨正鸣、倪铁主编:《侦查学案解》,复旦大学出版社2011年版,第113页。
[②] 杨正鸣、倪铁主编:《侦查学案解》,复旦大学出版社2011年版,第114页。

公民人身权利的重大犯罪案件,根据侦查犯罪的需要,经过严格的批准手续,可以采取技术侦查措施,按照规定交有关机关执行。

追捕被通缉或者批准、决定逮捕的在逃的犯罪嫌疑人、被告人,经过批准,可以采取追捕所必须的技术侦查措施。

第一百四十九条 批准决定应当根据侦查犯罪的需要,确定采取技术侦查措施的种类和适用对象。批准决定自签发之日起三个月以内有效。对于不需要继续采取技术侦查措施的,应当及时解除;对于复杂、疑难案件,期限届满仍有必要继续采取技术侦查措施的,经过批准,有效期可以延长,每次不得超过三个月。

第一百五十条 采取技术侦查措施,必须严格按照批准的措施种类、适用对象和期限执行。

侦查人员对采取技术侦查措施过程中知悉的国家秘密、商业秘密和个人隐私,应当保密;对采取技术侦查措施获取的与案件无关的材料,必须及时销毁。

采取技术侦查措施获取的材料,只能用于对犯罪的侦查、起诉和审判,不得用于其他用途。

公安机关依法采取技术侦查措施,有关单位和个人应当配合,并对有关情况予以保密。

第一百五十一条 为了查明案情,在必要的时候,经公安机关负责人决定,可以由有关人员隐匿其身份实施侦查。但是,不得诱使他人犯罪,不得采用可能危害公共安全或者发生重大人身危险的方法。

对涉及给付毒品等违禁品或者财物的犯罪活动,公安机关根据侦查犯罪的需要,可以依照规定实施控制下交付。

第十三章 起诉程序

第一节 起诉的概念和意义

一、起诉的概念

刑事诉讼中的起诉,是指法定的机关或个人,依照法律规定向有管辖权的法院提出控告,请求法院对指控的内容进行审判,以确定被告人刑事责任并依法予以刑事制裁的诉讼活动。起诉是刑事诉讼程序中的重要环节。根据行使诉讼权的主体不同,刑事起诉可以分为公诉与自诉两种方式。公诉是指由行使国家公诉权的检察机关,向法院提出诉讼请求,要求法院通过审判确定被告人刑事责任并予以相应制裁的一种诉讼活动。自诉是指由被害人或其法定代理人以及其他法律规定享有起诉权的个人或团体,直接向有管辖权的法院提出追究被告人刑事责任的诉讼活动。我国刑事诉讼实行以公诉为主,自诉为辅的原则。与其他诉讼阶段相比,起诉具有以下特征:

从性质上看,起诉是特定的机关或个人向行使审判权的法院提出的一种诉讼请求,内容是要求法院通过审判确定被控告人犯有某种罪行并给予相应的刑事制裁,使社会正义通过公正的程序合理地得以伸张的活动。

从权利(权力)上看,向审判机关控告犯罪、要求惩罚犯罪是法律赋予国家专门机关的职权,是遭受犯罪行为侵害的被害人及其他有关公民的重要诉讼权利;也是审判机关行使国家审判权,对犯罪人定罪量刑的权力体现。

从程序上看,起诉是刑事诉讼中一个独立且重要的诉讼阶段,它上承侦查,下启审判,是正确追究和惩罚犯罪的必经程序和重要保障。有些刑事案件可以不经过侦查,但任何刑事案件交付审判都必须经过起诉程序。从效力上看,起诉是审判的前提和依据,是任何审判都不可缺少的必要诉讼条件,如果未经合法有效的起诉,法院就不能对刑事案件进行审理,也就不能对任何人适用刑罚处罚。

从诉讼职能上看,起诉属于控诉职能,即由国家专门机关对危害统治阶级利益的犯罪行为,代表国家进行追诉,或者由遭受侵害的被害人为维护自己的合法权益提出控告,目的都是要求国家审判机关对被告人进行审理和惩罚。这与审判职能和辩护职能既截然有别,又共同构成刑事诉讼中的三大主要职能。

二、起诉的意义

起诉职权的运用和效果,对审判权能有重要的影响。起诉,是刑事审判产生和存在的前提,没有起诉,也就没有审判。换言之,作为刑事诉讼制度的重要组成部分,其作用首先体现在通过对犯罪的追究,为审判及处罚创造条件,奠定基础,以实现国家对犯罪的追究与制裁;其次,体现了控诉犯罪与审判犯罪的分工,调整了起诉与侦查,起诉与审判之间在权力、职能、程序上的相互关系,从而在制度上为使刑事案件得到正确处理提供了保障;再次,确定了被告人的诉讼地位,使他面临国家的审判,可能遭受严厉的刑事制裁;但同时从另一角度保障了被告人的合法权益,使刑事被告人区别于刑事罪犯,从封建纠问式诉讼中的诉讼客体成为诉讼主体,避免遭到任意的审讯和处罚。

首先,不告不理是现代刑事诉讼的一项基本原则,起诉决定着对犯罪行为追诉机制的正式启动,是审判程序之前的必经程序。所以,起诉是刑事审判的前提,没有起诉也就没有审判。

其次,起诉的内容决定了审判的范围。当社会主体的权益受到犯罪行为侵害时,需要借助国家审判的力量予以保护,惩罚犯罪,恢复权利的正常状态。而起诉正是向审判活动提供对象,将犯罪事实引渡到审判机关面前的一种活动。

最后,起诉程序对于保证准确地惩罚犯罪,保障无辜的人及依法不受刑事追究的人免受刑事追究,实现程序公正都具有非常重要的意义。在公诉案件中,检察机关通过审查起诉和提起公诉活动,可以对侦查机关侦查终结后移送起诉的案件从认定事实到适用法律进行全面审查,监督侦查工作依法进行;将符合起诉条件的人起诉到法院,保障准确惩罚犯罪,而使无辜的人和依法不受追诉的人尽早从刑事诉讼程序中解脱出来。在自诉案件中,通过提起自诉和对自诉的审查,既能够解决人民群众告状难的问题,也可以保证案件处理的准确性,顺利实现诉讼公正与效率的双重价值。

第二节 公诉程序

一、审查起诉

(一)审查起诉的概念

审查起诉是指人民检察院在起诉阶段,为了确定侦查终结的刑事案件是否应当提起公诉,而对侦查机关确认的犯罪事实和证据、犯罪性质和罪名进行审查核实,并作出处理决定的一项诉讼活动。其内容包括:对公安机关移送的案件或者自侦终结的案件,从事实和法律两方面进行全面审查;根据审查情况依法分别作出起诉或者不起诉的决定,并制作相应的法律文书;根据作出的决定,按照法律规定对案件作出程序上的处理。此外,这也是人民检察院对侦查活动实行法律监督的一项重要手段。

我国的刑事诉讼构造,将审查起诉作为侦查与审判之间的一个独立的诉讼阶段。审查起诉是刑事诉讼公诉案件的必经程序,作为连接侦查与审判的纽带,对于刑事案件的正确处理,实现刑事诉讼的任务,保证人民检察院正确地提起公诉,发现和纠正侦查活动中的违法行为,具有重要意义:

首先,对于审判程序而言,它是人民检察院实现法庭公诉职能的最基本的准备工作。通过审查和必要的侦查,做到案件事实清楚,证据确实充分,符合起诉条件的依法提起公诉,为在法庭上揭露、证实犯罪,请求法院依法惩罚犯罪分子提供证据。

其次,相对于侦查程序而言,审查起诉作为刑事诉讼的第二阶段,对侦查终结后移送审查起诉的案件,从事实认定到法律适用进行全面审查,监督侦查工作依法进行,相当于对侦查工作进行质量检验和把关。监察侦查活动是否合法,发现侦查活动有违反法律的情况时,应当及时提出纠正意见,对构成犯罪的,要依法追究刑事责任,从而督促侦查机关严格依法办事。

最后,在公诉案件中,通过审查起诉,可以将符合起诉条件的人依法起诉到人民法院,保证准确惩罚犯罪,而尽早使无辜的人及依法不受刑事处罚的人从刑事程序中解脱出来。在自诉案件中,通过提起自诉和对自诉的审查,可以保证案件处理的准确性,实现公正和效率。

（二）受理移送起诉的案件

根据我国刑事诉讼法的相关规定,人民检察院对于公安机关移送审查起诉的案件,应当在7日内进行审查。审查的期限计入人民检察院审查起诉期限。人民察院对于公安机关移送审查起诉的案件,应当在收到审查起诉意见书后,指定检察人员审查案件是否属于本院管辖;起诉意见书以及案卷材料是否齐备;移送是否符合有关要求和规定,诉讼文书、技术性鉴定材料是否单独装订成卷等;对作为证据使用的实物是否随案移送,移送的实物与清单是否相符;犯罪嫌疑人是否在案以及采取强制措施的情况。经审查后,对具备受理条件的,填写受理审查起诉案件登记表,对于不符合形式审查条件的,应当要求公安机关在3日内补送。对于案卷装订不符合要求的,应当要求公安机关重新装订分类后再移送审查起诉。对于犯罪嫌疑人在逃的,应当要求公安机关采取必要措施保证犯罪嫌疑人到案后移送审查起诉;共同犯罪的部分犯罪嫌疑人在逃,应当要求公安机关在采取必要措施保证在逃的犯罪嫌疑人到案后另案移送审查起诉。

人民检察院受理同级公安机关移送审查起诉的案件,认为应当由上级人民检察院或者同级其他人民检察院起诉的,应当由受案的人民检察院将案件移送到有管辖权的人民检察院审查起诉,同时通知移送审查起诉的公安机关。

（三）审查起诉的内容

审查起诉的审查过程是一个验证真伪的过程。检察官在这一阶段不仅要对侦查终结的案件事实、证据进行审查,还要对案件的法律适用进行审查判断并作出相应的处置决定。根据《刑事诉讼法》第168条及相关规定,具体来说对案件进行审查判断的内容可以归纳为以下几个方面:

1. 犯罪嫌疑人身份状况是否清楚,包括姓名、性别、国籍、出生年月、职业和单位等。犯罪嫌疑人身份的审查是审查起诉中事实要素审查的重要内容之一,犯罪嫌疑人不讲真实姓名、住址,身份不明的,对于犯罪事实清楚、证据确实、充分的,也可以按自报的姓名移送人民检察院审查起诉。但在有的案件中,犯罪嫌疑人处在临界年龄14、16、18岁左右,此时查清年龄对于正确认定案件性质和确定其刑事责任具有至关重要的作用,如果不确实查清,就容易导致对案件性质认定和刑罚确定的错误。因此,在审查犯罪嫌疑人个人基本情况时发现犯罪嫌疑人姓名、年龄等不清楚时,应当积极地寻找犯罪嫌疑人的真实情况。

2. 犯罪事实、情节是否清楚,证据是否确实充分,犯罪性质和罪名的认定是否正确;有无法定的从重、从轻、减轻或者免除处罚情节;共同犯罪案件的犯罪嫌疑人在犯罪活动中的责任认定是否恰当。犯罪事实和情节清楚,是追究犯罪、惩罚犯罪的基本依据,是对案件进行事实审查的最基本的内容。犯罪事实、情节清楚的规定,要求检察机关不仅要查清主要的犯罪事实和情节,也要查清次要的犯罪事实和情节;对于每个犯罪嫌疑人的犯罪事实,都要查清其犯罪时间、地点、目的、动机、手段、后果、情节以及犯罪的全过程。既要查清犯罪嫌疑人的从重、加重情节,也要查清其从轻、减轻以及免除处罚的情节;在共同犯罪中,既要查清主犯的犯罪事实和情节,也要查清共犯的犯罪事实和情节,以及每个犯罪嫌疑人各自在犯罪中的地位及作用,以及应负的刑事责任等。对于认为犯罪性质和罪名认定不正确的,人民检察院提起公诉时应当重新确认犯罪性质和罪名。犯罪性质和罪名的正确认定是诉讼主张的一部分,这对提起公诉具有重要意义,也是评定公诉质量的重要尺度。

3. 证据是否确实、充分。犯罪事实和情节是否清楚,只有通过证据来加以证明,只有掌握了确实、充分的证据,才能准确认定犯罪事实。对于证据的审查,应当包括确实性和充分性两个方面。

(1)对于证据确实性的审查,主要包括三个方面,即证据的相关性、客观性和合法性。

第一,对证据相关性的审查。确定证据是否有相关性,主要看证据是否与案件定罪量刑有关的事实存在联系,这种联系的内容是所提出的证据对判断与案件定罪量刑有关的事实存在与否发挥作用的可能性。没有相关性的材料,就无法对案件事实起到任何证明作用,应当加以排除。

第二,对证据客观性的审查。证据具有客观性不仅是证据具有证明作用的必要条件,也是正确认定与案件定罪量刑有关事实的必要条件。证据的内容必须与证据形式相结合,才能起到证明或据以确认某待证事实存在与否的作用。案件事实发生以后,这种事实发生的信息便以不同的形式存在并能为人们所认知。当案件信息依附于人这一载体,证据的形式就表现为证人证言、被害人陈述、犯罪嫌疑人、被告人的供述和辩解等,而这些证据的客观性程度,又必然会受到人的知觉能力、记忆能力的限制,同时也会受到个人表达能力的限制。另一种情况下,案件事实的信息并不依附于人而存在,而是以在现场和现场外遗留的反映案件事实以及与之相关的事实的痕迹、物品、文字材料的形式存在,即案件事实以及与之相关的事实信息依附于物这个载体而表现出来。这些痕迹、物品、文字材料即为物证、书证。

第三,对证据的合法性审查。《刑事诉讼法》第50条规定:"审判人员、检察人员、侦查人员必须依照法定程序,收集能够证实犯罪嫌疑人、被告人有罪或者无罪、犯罪情节轻重的各种证据。严禁刑讯逼供和以威胁、引诱、欺骗以及其他非法方法收集证据,不得强迫任何人证实自己有罪。"证据的合法性审查的内容包括:证据是否符合法定形式,不属于任何一种证据形式的材料便不能作为证据使用;提供、收集证据的主体是否适格;收集证据的手段是否合法,通过违法手段取得的证据材料都不具有合法性;证据内容是否合法。

(2)证据充分性的审查。案件侦查终结、提起公诉和作出有罪判决的证明标准是一致的,即事实清楚、证据确实充分。关于证据充分的量度标准,应体现为:案件事实均有必要的证据予以证明,这是指司法机关所认定的对解决争讼有意义的事实均有证据作根据,没有证据证明的事实不能认定,应予舍弃。证据之间、证据与案件事实之间的矛盾得到合理排除,得出的结论是唯一的,排除了其他可能性,即是指全案证据不仅能证明认定的事实,还必须是根据它们只能作出这一结论,不存在其他可能性。

人民检察院审查起诉部门在对案件证据进行审查中,发现案件事实缺乏必要的证据予以证明,或者证据之间的矛盾得不到合理排除,或者得出的结论具有其他可能而得不到合理排除的,应当采取下列措施加以救济:对于缺乏某些为法庭审判所必需的证据、不需要退回补充侦查的案件,人民检察院应当书面列举这些证据要求公安机关提供;对于事实不清,证据不符合"确实、充分"要求而需要退回补充侦查的案件,人民检察院可以将案件退回公安机关补充侦查;对于法庭审判所必需的证据欠缺或者需要补充侦查的案件,人民检察院可以要求公安机关提供或者将案件退回公安机关,有条件和必要时,也可以自行补充法庭审判所必需的证据或者自行侦查。

4. 有无遗漏罪行和其他应当追究刑事责任的人。刑事诉讼中,审判权的行使是以起诉为前提的,受起诉范围的限制,正确、全面起诉直接关系到审判的质量,影响对被告人的定罪量刑。因此人民检察院起诉犯罪应当客观、全面,因此在审查起诉时要注意审查有无遗漏犯罪嫌疑人的罪行和其他应当追究刑事责任的人。要查清案件的全部犯罪事实,就必须查清犯罪嫌疑人的全部罪行,对共同犯罪案件,要查清所有实施犯罪的人。在某些犯罪中,犯罪嫌疑人实施的数行为触犯了不同的罪名,在对此种案件进行起诉审查时,无论该犯罪嫌疑人是被指控一罪还是数罪,均应注意审查是否遗漏了犯罪嫌疑人的其他罪行,以防止犯罪嫌疑人逃避应有的法律制裁。在共同犯罪中,如果侦查部门仅对部分犯罪嫌疑人移送审查起诉,检察机关在审查起诉时,应当注意审查未移送审查起诉的共同作案人的行为是否已经构成犯罪,以及侦查部门不将其移送审查的理由是否充分。其次,还应当充分注意该案是否是已查出的一名或数名犯罪嫌疑人所为,是否有隐瞒和包庇其他人的可能。如果确实遗漏犯罪嫌疑人的罪行和其他应当追究刑事责任的人,应当及时采取措施以纠正。

5. 是否属于不应当追究刑事责任的。在依法追究犯罪嫌疑人、被告人刑事责任的同时,还要注意不使无罪的人或者依法不应当追究刑事责任的人受到错误的追究。因此,人民检察院在对案件进行审查时,必须查明犯罪嫌疑人有无《刑事诉讼法》第15条规定的不应当追究刑事责任的情形:情节显著轻微、危害不大,不认为是犯罪的;犯罪已过诉讼时效期限的;经特赦令免除刑罚的;依照刑法告诉才处理的犯罪,没有告诉或者撤回告诉的;犯罪嫌疑人、被告人死亡的;其他法律规定免于追究刑事责任的。如果存在,就应当依法作出不起诉的决定。

6. 有无附带民事诉讼。对于国家财产、集体财产遭受损失的,应当审查是否需要由人民检察院提起附带民事诉讼。被害人由于被告人的犯罪行为遭受直接物质损失的,在刑事诉讼过程中,有权提起附带民事诉讼。因此,人民检察院在审查案件时还必须审查犯罪嫌疑人的行为是否给国家、集体财产和公民个人财产造成了损失。如果国家、集体财产受到损失,人民检察院在提起公诉时,可以主动提起附带民事诉讼;如果是公民的财产遭受损失,被害人没有提起附带民事诉讼的,人民检察院应当告知被害人有提起附带民事诉讼的权利。

7. 采取的强制措施是否适当。如果发现明显不适当,应立即采取措施加以纠正或弥补。

8. 侦查活动是否合法。人民检察院是国家的法律监督机关,审查起诉的过程也是对侦查工作进行法律监督的过程。因此,人民检察院对案件进行审查时,要注意审查侦查人员的侦查活动是否符合法定程序,法律手续是否完备,特别要查明在讯问犯罪嫌疑人和询问证人的过程中是否存在刑讯逼供和以威胁、引诱、欺骗以及其他非法方法收集证据的情况。如果发现侦查活动中有违反法律的行为,应当及时提出纠正意见,构成犯罪的,应当追究刑事责任。

9. 与犯罪有关的财物及其孳息是否查封、扣押、冻结并妥善保管以供核查。对被害人合法财产的返还和对违禁品或者不宜长期保存的物品处理是否妥当,移送的证明文件是否完备。

(四)审查起诉程序

1. 审查程序

(1)指定承办人。人民检察院受理移送审查起诉的案件,应当指定检察员或者经检察长批准代行检察员职务的助理检察员办理,也可以由检察长办理。

(2)审查。确定承办人之后即对案件进行全面审查。如前文所列,审查起诉的内容应当包括犯罪嫌疑人的身份情况,证据移送及其确实性、充分性情况,管辖权归属问题,侦查活动合法性及侦查结果,采取的强制措施及与犯罪相关的财物及孳息的查封、扣押、冻结情况等等。

在审查阶段,应当对起诉意见书及全部案卷材料和证据进行全面审查。本案人员接到案件后,应当及时地审查公安机关或刑事侦查部门移送的案件材料是否齐备,有无起诉意见书、证据材料和其他法律文书。仔细阅读起诉意见书,了解犯罪嫌疑人的犯罪事实、情节,犯罪性质和罪名以及要求起诉的理由,详细审阅案卷中的证据材料,按照法定审查起诉的五项内容逐项进行审查。发现疑问,可以向侦查人员询问,并应制作阅卷笔录。

(3)审查活动应当注意的程序规则。在审查起诉中,应当注意以下的程序规则:

① 讯问犯罪嫌疑人。《刑事诉讼法》第170条规定,人民检察院审查案件,应当讯问犯罪嫌疑人。讯问犯罪嫌疑人是人民检察院审查起诉的必经程序。这是人民检察院核实证据,正确认定案件事实,监督侦查活动是否合法所必需的。讯问犯罪嫌疑人还有助于直接了解犯罪嫌疑人的精神状态和悔罪态度,为其提供辩护的机会,倾听其辩解理由。因此,讯问犯罪嫌疑人意义重大,必须依法进行。根据刑事诉讼法的规定,讯问只能由检察人员进行,讯问犯罪嫌疑人时,应当告知其在审查起诉阶段所享有的诉讼权利。讯问犯罪嫌疑人应当由两名以上办案人员进行并应当制作笔录。

② 听取被害人意见。听取被害人意见应当由两名以上办案人员进行,并应当制作笔录。直接听取被害人意见有困难的,可以向被害人发出书面通知,要求其提出书面意见。在指定期限内未提出意见的,应当记录在案。这里"直接听取被害人的意见有困难",指路途遥远或者被害人人数众多、难以一一直接听取其意见等情况。询问路途遥远的被害人,必要时可以委托被害人所在地检察院指派检察人员进行。人民检察院自收到移送审查起诉的案件材料之日起3日内,应当告知犯罪嫌疑人有权委托辩护人,并应当告知被害人及其法定代理人或者近亲属有权委托诉讼代理人。

③ 听取犯罪嫌疑人、被害人委托的人的意见。询问犯罪嫌疑人、被害人委托的人时,应当由两个以上检察人员进行,并须向他们出示人民检察院的证明文件,询问前还要告知他们应当如实提供证据和陈述,询问应当个别进行,同时做好笔录。

④ 询问证人。承办人员审查中对证人证言笔录有疑问或者认为对证人的询问不够具

体全面的,应当对证人进行询问。询问应当由包括承办人在内的两名以上办案人员进行并制作笔录。证人路途遥远的,可以委托证人所在地检察院指派检察人员进行询问。

⑤ 鉴定和重新鉴定。人民检察院在审查起诉中认为对犯罪嫌疑人或被害人需要进行医学鉴定时,应当要求公安机关进行或者交由公安机关送有鉴定资格的医学机构进行;需要重新鉴定的,可以送交有鉴定资格的医学机构进行;发现有明显迹象表明犯罪嫌疑人有患精神病可能的,人民检察院应当依照有关鉴定程序的规定对犯罪嫌疑人进行鉴定;没有明显迹象表明犯罪嫌疑人有患精神病可能,犯罪嫌疑人的辩护人或亲属请求对犯罪嫌疑人进行鉴定的,人民检察院可以依照有关鉴定程序的规定对犯罪嫌疑人进行鉴定,并可以要求请求方承担鉴定费用。以鉴定为借口拖延诉讼期限的,人民检察院不予许可。

⑥ 重新勘验和检查。人民检察院认为需要重新勘验和检查的,应当要求公安机关进行,人民检察院派员参加;也可以由人民检察院进行,商请公安机关派员参加;必要时可以聘请专门技术人员参加。

⑦ 技术性鉴定材料的审查。人民检察院审查起诉部门对移送审查起诉案件中的技术性鉴定材料,可以送交检察技术人员进行审查。检察技术人员在审查后应当出具审查意见。由检察技术人员进行审查,目的在于及时审查起诉部门对技术性鉴定材料存在而又不能自行解答的问题,然后确定是否存在问题或是是否需要重新鉴定。检察技术人员对审查技术部门送交审查的技术性鉴定材料及时进行审查,并提出审查意见,有利于保障审查起诉的质量。

⑧ 对物证、书证、视听资料、勘查、检验笔录的复核。人民检察院审查起诉部门对物证、书证、视听资料、勘查、检验笔录存在疑问的,可以要求侦查人员提供物证、书证、视听资料、勘验、检查笔录获取、制作的有关情况,必要时也可以询问提供物证、书证、视听资料的人员并制作笔录,对物证、书证、视听资料进行技术鉴定。

⑨ 关于中止审查的问题。审查过程中犯罪嫌疑人潜逃的,人民检察院应当中止审查,并通知公安机关通缉。共同犯罪中部分犯罪嫌疑人潜逃,不影响对在案犯罪嫌疑人继续起诉,但对在逃嫌疑人应当中止审查,并通知公安机关通缉。中止审查应当有审查起诉部门负责人提出意见,报请检察长决定。中止审查的原因一旦消失,审查起诉部门负责人应当提出恢复审查意见,报请检察长决定。

⑩ 提出审查意见和审核。审查起诉案件的承办人,对案件审查后应当制作案件审查意见书,提出起诉或者不起诉以及是否需要提起附带民事诉讼的意见,经审查起诉部门负责人审核,报请检察长或检察委员会决定。

最后,为了切实保障当事人的合法诉讼权利,人民检察院在审查起诉中承担若干告知诉讼当事人所享有的诉讼权利的义务,其中包括告知申请回避权、告知委托辩护权、告知委托诉讼代理权等。其中告知委托辩护权和委托诉讼代理权是检察机关的法定义务。

2. 审查起诉后的处理

根据《刑事诉讼法》第172、173条的规定,人民检察院对案件审查以后,可以对案件作出如下处理:

第一,作出提起公诉的决定。人民检察院认为犯罪嫌疑人的犯罪事实已经查清,证据确实、充分,依法应当追究刑事责任的,应当作出起诉决定,按照审判管辖的规定,向人民法院提起公诉,并将案卷材料、证据移送人民法院。

第二,作出不起诉的决定。经审查发现犯罪嫌疑人没有犯罪事实,或者符合《刑事诉讼法》第15条规定,人民检察院应当作出不起诉的决定。对于犯罪情节轻微,依法不需要判处刑罚或者免除刑罚的,人民检察院可以作出不起诉的决定。对于决定不起诉的案件,应当同时对侦查中查封、扣押、冻结的财物结束查封、扣押、冻结。对被不起诉人需要给予行政处罚、行政处分或者需要没收违法所得的,人民检察院应当提出检察意见,移送有关主管机关处理。有关主管机关应当将处理结果及时通知人民检察院。

第三,作出退回补充侦查决定。根据《刑事诉讼法》第171条的规定,人民检察院审查案件,对于补充侦查的案件,应当在一个月以内补充侦查完毕,补充侦查以二次为限,对于二次补充侦查的案件,人民检察院仍然认为证据不足,不符合起诉条件的,应当作出不起诉的决定。

(五)审查起诉期限

人民检察院对于公安机关移送审查起诉的案件,应当在一个月以内作出决定,重大、复杂的案件,可以延长半个月。人民检察院审查起诉的案件,改变管辖的,从改变管辖后的人民检察院收到案件之日起计算审查起诉期限。退回补充侦查的,补充侦查完毕移送审查起诉后,审查起诉部门重新计算审查起诉期限。在审查起诉过程中中止审查后又恢复审查的,审查起诉期限应当累计计算。

二、不起诉

(一)不起诉的概念

不起诉,是指人民检察院对侦查机关侦查终结移送起诉的案件,经审查依法作出不将案件移送人民法院进行审判的一种处理决定。不起诉是人民检察院审查起诉的结果之一,具有终止诉讼的法律效力。

根据《刑事诉讼法》的规定,不起诉具体指人民检察院对公安机关侦查终结移送起诉的案件和自己侦查终结的案件进行审查后,认为犯罪嫌疑人的行为依法不应追究刑事责任,或者其犯罪情节轻微,未达到起诉条件,依照刑法规定不需要判处刑罚或者免除刑罚,以及对于补充侦查的案件,认为证据不足,不符合起诉条件,从而作出不将犯罪嫌疑人送交人民法院审判的决定。

(二)不起诉的种类

根据《刑事诉讼法》第171条第4款、第173条的规定,我国不起诉有三种情况:依法不追究刑事责任的不起诉,可简称为法定不起诉或者绝对不起诉;依法不需要判处刑罚或者可以免除刑罚的不起诉,可简称为酌定不起诉或者相对不起诉;证据不足不符合起诉条件的不起诉,可简称为证据不足不起诉或者存疑不起诉。

1. 法定不起诉

《刑事诉讼法》第173条规定,犯罪嫌疑人没有犯罪事实,或者有本法第十五条规定的情形之一的,人民检察院应当作出不起诉决定。

在审查起诉中,对犯罪事实和情节的审查时最主要的内容之一,这也是追究犯罪嫌疑人刑事责任的事实基础。因此,如果在审查起诉中发现,被侦查机关移送审查起诉的犯罪嫌疑人根本没有实施过该犯罪事实的,则应当作出不起诉的决定。

《刑事诉讼法》第15条规定的法定不起诉,有以下六种情形:

(1)情节显著轻微、危害不大,不认为是犯罪的。
(2)犯罪已过追诉时效期限的。
(3)经特赦令免除刑罚的。
(4)依照刑法告诉才处理的犯罪,没有告诉或者撤回告诉的。
(5)犯罪嫌疑人、被告人死亡的。
(6)其他法律规定免于追究刑事责任的。

2. 酌定不起诉

《刑事诉讼法》第173条第2款规定,对于犯罪情节轻微,依照刑法规定不需要判处刑罚或者免除刑罚的,人民检察院可以作出不起诉的决定。

根据这一规定,酌定不起诉必须同时具备两个条件:一是犯罪嫌疑人实施的行为触犯了刑律,符合犯罪构成要件,已经构成犯罪;二是犯罪行为情节轻微,依照刑法规定不需要判处刑罚或者免除刑罚。相对不起诉在刑法中的具体情形有:

(1)《刑法》第37条所规定,对于犯罪情节轻微不需要判处刑罚的。
(2)在中华人民共和国领域外犯罪,刑法规定应负刑事责任,但在国外已受过刑事处罚,可免除刑罚的。
(3)聋、哑人和盲人犯罪,可以从轻、减轻、免除处罚的。
(4)正当防卫或紧急避险超过必要限度,造成社会危害,应当酌情减轻刑事责任或者免除刑事责任的。
(5)预备行为构成犯罪,可以比照刑法该罪条款,从轻、减轻或免除刑事责任的。
(6)中止犯罪,可以减轻或者免除刑罚;共犯中起次要作用和辅助作用的从犯,比照主犯从轻、减轻或免除处罚的。
(7)胁从犯或被诱骗参加犯罪者,按照其犯罪情节,比照主犯从轻、减轻或免除刑罚的。
(8)有自首情节的罪行较轻的犯罪嫌疑人,或者罪行较重,犯罪后自首并有立功表现者,可以减轻或免除处罚的。

3. 证据不足不起诉

《刑事诉讼法》第171条第4款规定,对于二次补充侦查的案件,人民检察院认为证据不足,不符合起诉条件的,应当作出不起诉的决定。

根据《人民检察院刑事诉讼规则》第404条的规定,以下几种情形属于证据不足:
(1)犯罪构成要件事实缺乏必要的证据予以证明的。
(2)据以定罪的证据存在疑问,无法查证属实的。
(3)据以定罪的证据之间、证据与案件事实之间的矛盾不能合理排除的。
(4)根据证据得出的结论具有其他可能性,不能排除合理怀疑的。
(5)根据证据认定案件事实不符合逻辑和经验法则,得出的结论明显不符合常理的。

据此,证据不足不起诉的应当具备两个条件:一是案件经过二次补充侦查,这是程序条件;二是证据不足,不符合起诉条件,这是实质条件。案件事实清楚、证据确实充分是对案件提起公诉的标准,当经过二次补充侦查仍然不能达到这一标准的,人民检察院应当作出不起诉的决定。

(三)不起诉的程序

1. 决定不起诉

不起诉决定分别由检察长和检察委员会作出:对于补充侦查的案件,人民检察院仍然认为证据不足,不符合起诉条件的;对于犯罪情节轻微,依照刑法规定不需要判处刑罚或免除刑罚的,经检察委员会讨论决定,作出不起诉决定。

对于符合《刑事诉讼法》第15条规定的情形之一的案件,经检察长决定,作出不起诉决定。

2. 制作不起诉决定书

人民检察院作出不起诉决定后,应当制作不起诉决定书。不起诉决定书的内容主要包括:

(1)被不起诉人的基本情况,包括姓名、性别、出生年月日、出生地、民族、文化、职业、住址、身份证号码,是否受过刑事处罚,采取强制措施的种类、时间、决定机关。

(2)案由和案件来源。应当写明案件性质和由哪一侦查机关或部门侦查终结的,如果是上级人民检察院移交起诉的或者因审判管辖变更由同级法院移送审查起诉的,还要写明是由哪一人民检察院交由本院审查起诉或者由哪一人民检察院转至本院审查起诉的。

(3)案件事实。根据不起诉类型的不同,分别写明:①如果是根据《刑事诉讼法》第15条规定决定不起诉的,简要写明案件事实及《刑事诉讼法》第15条规定的情形之一。②如果是根据《刑事诉讼法》第171条第4款的规定不起诉的,简要写明经补充侦查仍然认为证据不足,不符合起诉条件的事实和理由。③如果是根据《刑事诉讼法》173条第2款规定决定不起诉的,应当简要写明案件事实和认定"犯罪情节轻微,依照刑法规定不需要判处刑罚或者免除刑罚"的根据。

(4)不起诉的法律根据和决定事项。

(5)有关告知事项。包括:①对于根据《刑事诉讼法》第173条第2款规定不起诉的,被不起诉人如果不服不起诉决定,可以自收到本决定书后7日以内向人民检察院申诉;②被害人如果不服不起诉决定的,可以自收到决定书后7日以内向人民检察院申诉。被害人也可以不经申诉,直接向人民法院起诉。

3. 不起诉决定书的宣读、送达和告知

不起诉的决定,由人民检察院公开宣布,并将不起诉决定的活动记入笔录。不起诉的决定应当送达被不起诉人及被不起诉人的所在单位。若被不起诉人限制人身自由的,应当立即宣布释放。有被害人的案件,还应将不起诉的决定书送达被害人或其近亲属及其诉讼代理人。

对于公安机关移送起诉的案件,人民检察院决定不起诉的,应当将不起诉书送达公安机关。

对于人民检察院直接立案侦查的案件决定不起诉后,审查起诉部门应当将不起诉书副本以及案件审查报告报送上一级人民检察院备案。

4. 对不起诉决定的复议、复核

对于公安机关移送起诉的案件,人民检察院决定不起诉的,应当将不起诉决定书送达公安机关,公安机关认为不起诉的决定有错误的,可以要求复议,如果意见不被接受,可以向上一级人民检察院提请复核。

公安机关认为起诉决定有错误、要求复议的,人民检察院审查起诉部门应当另行指定检察人员进行审查并提出审查意见,经审查起诉部门负责人审核后,报请检察长或者检察委员会讨论决定,并将复查决定通知公安机关。

对于复核的案件,上一级人民检察院收到公安机关提请复核的意见书,应当交由审查起诉部门办理。审查起诉部门指定检察人员进行审查并提出审查意见,经审查起诉部门负责人审核后,报请检察长或者检察委员会讨论决定,并将复查决定通知下级人民检察院和公安机关。改变下级检察院的决定,应当撤销下级人民检察院作出的不起诉决定,交由下级人民检察院执行。

5. 对不起诉决定的申诉

被害人的申诉。被害人对不起诉的决定不服,在申诉期限内提出的,由上一级人民检察院审查起诉部门受理;在申诉期限满之后再提出申诉,人民检察院是否受理,应根据案件的具体情况和申诉人提出的申诉理由决定。决定受理的,由作出不起诉决定的人民检察院控告申诉部门处理。被害人申诉期限为7日。

被不起诉人的申诉。被不起诉人对于人民检察院依照本法第173条第2款规定作出的不起诉决定不服,可以自收到决定书后7日以内向人民检察院申诉。一般是对作出不起诉决定的理由不服,这些理由是对被不起诉人进行行政处罚、行政处分或者没收其违法所得的根据。被不起诉人在申诉期限内向人民检察院提出申诉的,由作出决定的人民检察院审查起诉部门受理。

【典型案例】

【案例13-2-01】

犯罪嫌疑人施某某、李某某等17人,系福建省石狮市永宁镇西岑村、子英村人。因两村土地及排水问题发生纠纷,2008年12月17日上午8时许,施某某及李某某等人发生对峙,双方互相谩骂、互扔石头。在民警劝说下部分人员离开,但仍有村民继续叫骂并扔掷石头,致使二辆警车被砸损(经鉴定损失价值人民币761元),三名民警手部被打伤(经鉴定均未达轻微伤)。

福建省石狮市公安局对施某某、李某某等17人以涉嫌聚众斗殴罪向石狮市人民检察院提请批准逮捕,石狮市人民检察院依法作出逮捕决定。2010年3月16日,石狮市公安局将本案移送石狮市人民检察院审查起诉。审查起诉期间,两村达成和解协议,涉案人员也分别出具承诺书,保证遵纪守法。石狮市人民检察院认为:施某某等17人的行为均已涉嫌构成聚众斗殴罪,依法应当追究刑事责任。鉴于施某某等17人参与聚众斗殴的目的并非为了私仇或争霸一方,且造成的财产损失及人员伤害均属轻微,并未造成严重后果;两村村委会达成了和解协议,施某某等17人也出具了承诺书,保证以后遵纪守法,2010年4月28日,石狮市人民检察院根据《中华人民共和国刑事诉讼法》第一百四十二条第二款之规定,决定对施某某等17人不起诉。

【法理与法律适用分析】

根据《刑事诉讼法》的规定,不起诉具体指人民检察院对公安机关侦查终结移送起诉的案件和自己侦查终结的案件进行审查后,认为犯罪嫌疑人的行为依法不应追究刑事责任,或者其犯罪情节轻微,未达到起诉条件,依照刑法规定不需要判处刑罚或者免除刑罚,以及对于补充侦查的案件,认为证据不足不符合起诉条件,从而作出不将犯罪嫌疑人送交人民法院审判的决定。

在本案中,施某某等17人的行为已经触犯了《刑法》关于聚众斗殴罪的相关规定,符合了聚众斗殴罪的构成要件,构成了犯罪。但是在检察院审查起诉阶段发现,案件的起因是两村之间的土地及排水纠纷,聚众斗殴并非为了私仇或称霸一方,并且未产生严重的社会危害性,事后双方又达成了调解协议,施某某等17人亦能深刻反省并出具承诺书,因而检察院认为本案属于犯罪情节轻微,依法不需要判处刑罚或者免除刑罚的情况,检察院作出了不起诉的决定。正确作出不起诉决定,对于正确解决案件纠纷,协调社会关系,节约司法资源都有重大意义。

三、提起公诉

(一)提起公诉的概念

我国刑事诉讼法中提起公诉的概念有广义和狭义两种。广义上的提起公诉是指人民检察院对于公安机侦查终结或人民检察院自己侦查终结移送起诉的案件进行审查后,依法决定提起公诉或者不起诉的诉讼活动。狭义的提起公诉仅指人民检察院对于符合起诉条件的,代表国家作出起诉决定,并按照审判管辖的规定提交人民法院审判,予以定罪量刑的一种诉讼活动。下文中所涉及的提起公诉概念,仅指狭义的提起公诉。

提起公诉是启动刑事审判程序的机制之一,它依法定的程序要求进行;对于提起公诉的案件,行使公诉权的检察机关对其有着明确的实体判断,这种判断是依法律预定的实体标准进行的。人民检察院一旦提起公诉,只要符合法定的程序要求,即具有启动诉讼程序的诉讼效力,至于案件是否切实符合实体标准,则是正式审判所要审查和确认的内容。

(二)提起公诉的实体条件

《刑事诉讼法》第172条规定了检察院提起公诉的实体条件:"人民检察院认为犯罪嫌疑人的犯罪事实已经查清,证据确实、充分,依法应当追究刑事责任的,应当作出起诉决定,按照审判管辖的规定,向人民法院提起公诉,并将案卷材料、证据移送人民法院。"根据这一规定,提起公诉的三个实体条件为:

1. 犯罪事实已经查清

犯罪事实是对犯罪嫌疑人正确定罪量刑的基础。犯罪事实已经查清,是指犯罪嫌疑人全部的犯罪事实,包括犯罪的时间、地点、动机、目的、行为、手段、情节、过程、后果等都已经查明,没有漏罪或者遗漏犯罪嫌疑人等情况。

2. 证据确实、充分

证据是认定犯罪事实的客观依据。证据确实,是对证据质的要求,是指用以证明犯罪事实的每一项证据必须是客观真实存在的事实,同时又与犯罪事实有内在的联系,能够证明案件的事实真相。证据充分,是对证据量的要求,据以起诉的证据在量上达到使犯罪事实构成的每一部分都有相应的具有说服力和证明效力的证据得以证明,形成具备完整性的证据系列。

3. 依法应当追究刑事责任

人民检察院决定起诉的案件,不但认定犯罪嫌疑人的行为已经构成犯罪,而且依法应当追究刑事责任,否则就不能对其作出起诉决定。

是否应当追究刑事责任的判断建立在两个基础之上:一是事实基础;二是法律基础。确认应当追究刑事责任必须以已经查清的犯罪事实为依据,并在此基础上,依照现行、有效的法律来判断是否应当追究犯罪嫌疑人的刑事责任。被告人所实施的行为必须符合刑法所规定的应当追究刑事责任的法定条件,而排除不追究刑事责任的法定情形,这是提起公诉的必备条件。

对犯罪嫌疑人提起公诉,必须同时具备上述三项条件,任何一项缺失,都不能提起公诉。

(三)提起公诉的程序条件

提起公诉的程序条件,是指起公诉必须满足的法律所规定的一定程式的要求。提起公诉是否符合法定程式,是人民法院进行开庭前审查的对象。诉讼程式一般包括诉讼用语程式、文件程式和送达程式等,《刑事诉讼法》第181条规定:"人民法院对提起公诉的案件进行审查后,对于起诉书中有明确的指控犯罪事实的,应当决定开庭审判。"

根据这一规定,对于提起公诉的案件,首先起诉书中要有明确的指控犯罪事实。

"起诉书中有明确的指控犯罪事实"包含两项具体要求:

一是人民检察院提起公诉必须向人民法院移送起诉书。起诉书是人民检察院代表国家控诉犯罪嫌疑人并将其交付审判的标志,是启动审判的钥匙。人民检察院要求人民法院对其所指控为犯罪的被告人进行审判,必须作出明确的意思表示,这种意思表示依法必须是书面形式,即必须以起诉书形式提出。根据审判活动的实际需要,人民检察院移送的起诉书应当一式八份,每增加一名被告人增加起诉书5份,8份起诉书为正本1份,副本7份。起诉书正本和副本均移送人民法院,其中正本的受送达人为人民法院,因为起诉书是要求人民法院进行开庭审判的法律文书,提起公诉的行为所要启动的是人民法院的审判活动,它体现了人民检察院与人民法院间的互动关系。根据《刑事诉讼法》第182条的相关规定,起诉书副本应当之开庭前十日以前送达被告人及其辩护人,以便使被告人尽早了解被指控的犯罪事实,做好在法庭上进行辩护的准备。

二是起诉书应当明确记载指控的犯罪事实,这是对起诉书内容的要求。它包括三项内容:

(1)起诉书必须记载案件事实,这种事实又被称为诉因,也就是使某人依法对他人拥有提起诉讼权利的事实。起诉书不能仅提出开庭审判的要求而不写明诉因。

(2)起诉书记载的事实必须是犯罪事实,刑事诉讼的目的在于确认刑罚权的有无并在确认拥有刑罚权时实现刑罚权,在某一具体案件中刑罚权的存在是以犯罪的存在为条件的,人民检察院提起公诉指控的是被告人实施犯罪,审判活动也是围绕被告人是否构成犯罪,是否应负刑事责任和应负何种刑事责任而进行的,作为载明诉因的起诉书,记载的当然是指控的犯罪事实。

(3)起诉书记载的指控犯罪事实必须明确。对于指控犯罪事实,应当以准确、顺畅、简洁的文字风格在起诉书中加以表述。犯罪事实中的基本要素如时间、地点、目的、动机、手段、结果等应当表述清楚,必要的事实不能出现漏项。符合这一标准即可确认指控犯罪事实的明确。

此外,根据《刑事诉讼法》第172条的规定,人民检察院依法向法院提起公诉时,应当将案卷材料、证据材料移送人民法院。

(四)起诉书的制作和移送

1. 起诉书的制作

人民检察院对犯罪嫌疑人作出提起公诉决定后,必须制作"提起公诉决定书"。起诉书是刑事诉讼中的重要法律文件,是人民法院受理案件并对被告人进行审判的基础,也是进行法庭辩论和调查的基础。

起诉书的格式和内容一般包括以下几个部分:

(1)人民检察院名称、文件名称、编号。

(2)犯罪嫌疑人基本情况。姓名、性别、年龄、国籍、民族、籍贯、文化程度、单位、职业(职务)、住址、前科、所采取强制措施名称及决定执行年、月。如果是共犯案件,上述情况也都应逐项写明。

(3)案由及来源。所认定罪名、案件来源、起诉过程。

(4)犯罪事实情节及证据。概括写清犯罪构成各要素以及犯罪前表现、犯罪后态度以及应负的罪责。

(5)起诉理由。写明人民检察院依法起诉理由、法律依据。写明依据的法律条款具体规定,写明犯罪罪名的构成,应负刑事责任及负何种刑事责任。有无从重、加重、从轻、减轻的事实情节。

(6)结尾。"此致××××人民法院",担任起诉工作的检察人员职务、姓名,制作时间及检察院印章。

(7)附项。犯罪嫌疑人羁押处所,是否采取强制措施,案卷册数,赃物清单,证据目录,证人名单,主要证据复印件或照片。共犯案件中,还应包括不起诉部分的,不起诉决定书副本,刑事附带民事诉讼状等。

2. 起诉书的移送

起诉书制作完毕后,人民检察院将起诉书副本若干,连同案卷材料、证据材料一并移送同级人民法院审理。如果是共同犯罪案件,按共犯人数,向人民法院提交起诉书副本,如果有被害人案件,应将起诉书送达被害人。

四、出庭支持公诉

(一)出庭支持公诉的概念

出庭支持公诉,是指人民检察院将案件向人民法院提起公诉后,在法院开庭审判时,依法派员,以国家公诉人的身份出庭支持提出的指控,参加法庭调查和辩论,完成对被告人的指控,要求人民法院追究刑事责任的活动。《刑事诉讼法》第184条规定:"人民法院审判公诉案件,人民检察院应当派员出席法庭支持公诉。"根据此规定,对于所有的公诉案件,人民检察院都应当派员出庭支持公诉。

人民检察院的审查起诉、提起公诉和出庭支持公诉时公诉中紧密相关的三个阶段。审查起诉、提起公诉是出庭支持公诉的基础,出庭支持公诉是审查起诉、提起公诉的延续和发展。

出庭参与审判是检察官所有活动中最突出地展示职能特性的活动,出席法庭使检察官进入了一个由控诉、辩护和审判三方构成的诉讼结构,并在这一结构中发挥自己特定的诉讼职能,这一职能通过检察官在审判活动中所承担的一系列诉讼任务体现出来。

人民检察院出庭支持公诉的主要任务是:通过宣读起诉书、举证、质证、法庭辩论,维护提出的指控;进行法制宣传教育及对审判活动进行监督。

(二)公诉人在法庭上的地位与作用

在我国的刑事诉讼模式中,公诉人具有控诉方和监督方的双重身份。

从整个审判程序看,承担控诉职能的检察官发挥其功能的具体方式包括:

1. 出席第一审法庭。包括:(1)宣读起诉书,代表国家指控犯罪,提请人民法院对被告人依法审判;(2)讯问被告人;(3)询问证人、鉴定人;(4)出示物证、宣读书证、未到庭证人的证言笔录、鉴定人的鉴定结论、勘验、检查笔录和其他作为证据的文书,向法庭提供作为证据的视听资料供法庭播放;(5)对证据和案件情况发表意见,针对被告人、辩护人的辩护意见进行答辩,全面阐述诉讼主张,反驳不正确的辩护意见;(6)维护诉讼参与人的合法权益;(7)代表人民检察院对审判活动是否合法实行监督。

2. 出席第二审法庭。包括:(1)支持抗诉或者听取上诉人的上诉意见,对原审法院作出的错误判决或者裁定提出纠正意见;(2)维护原审人民法院正确的判决或者裁定,反驳无理上诉,建议法庭维持原判;(3)维护诉讼参与人的合法权益;(4)代表人民检察院对审判活动是否合法进行监督。

人民检察院的具体控诉职能的承担者是公诉人,为履行好公诉任务,公诉人在出席法庭前应当做好如下准备工作:

① 进一步熟悉案情,掌握证据情况。
② 深入研究与本案有关的法律政策问题。
③ 充实审判中可能涉及的专业知识,如医学知识、精神病学知识等案件事实、证据和法律所涉及的专业知识。
④ 拟定讯问被告人,询问证人、鉴定人和宣读、出示证据的计划,并制定质证方案。
⑤ 拟定答辩提纲,准备辩护意见。

(三)举证和辩论的技术方法

庭审中举证方式千变万化,公诉人控诉工作的负担加重,如何保证举证和辩论的质量和效率是几乎所有公诉人都关心的问题,在工作中不断总结经验,探索诉讼活动的规律并认识和掌握举证和辩论的技术方法显然是圆满完成控诉任务、充分发挥控诉职能作用的必要条件。

1. 询问证人。

(1)隔离询问。询问证人应当分别进行,隔离询问完毕认为需要对质的,可以建议法庭传唤有关被告人、证人同时到庭对质,对质应当在有把握获知案件真实情况下进行,没有把握时,应当慎用。

(2)避免可能影响客观真实的诱导性询问以及其他不当询问。刑事诉讼法并未明确规定禁止诱导性询问,只规定审判长可以制止提问与本案无关的问题。在当前的司法实践中,公诉人在意识到自己的提问属于诱导性提问且可能影响证言内容真实性时,应当自我克制,避免提出这类问题;当辩护方对证人进行诱导性提问可能影响证言内容的客观真实,确有必要时,可以要求审判长制止或者在辩护人询问完毕后要求对该项证言不予采纳。

除诱导性询问以外,诉讼中还可能存在影响证言客观真实性的其他不当询问,如使用眼色或形体动作进行暗示,对证人进行责备、训斥等,对这类不当询问,确有必要时,可以要求审判长制止或者在对方询问完毕后要求对该项证言不予采纳。

(3)询问证人的程序:证人在法庭上提供证言,公诉人首先应当要求证人就其所了解的与案件定罪量刑相关的事实进行连贯性陈述。证人连贯陈述之后,公诉人认为需要对证人发问的,应当按照《刑事诉讼法》第189条规定的顺序,经审判长许可后对证人进行发问。证人因精神紧张或其他原因无法连贯陈述的,公诉人也可以直接发问。对于辩护方提出的证人,公诉人根据证人当庭陈述的具体情况认为由辩护方首先发问更为适宜的,经辩护人提出或者审判长建议,也可以由辩护方首先发问。

证人连贯陈述后,应当针对证言中有遗漏、矛盾、模糊不清和有争议的内容发问,并着重围绕与定罪量刑紧密相关的事实进行。发问应当采取一问一答的形式,问题应当简洁、清楚。

证人连贯陈述后,公诉人对证人进行的发问属于补充性询问,这种询问的目的是弥补证言中的遗漏、排除证言中的矛盾和澄清证言中模糊不清的问题,并问清有争议问题的必要细节,为证据间的相互印证、强化证言的可行性,并进而为法庭辩论做好准备,因此应当有重点地进行。

(4)证人进行虚假陈述的,应当通过发问澄清事实,必要时还应当宣读证人在侦查、审查起诉阶段提供证言的笔录或者出示、宣读其他证据对证人进行询问。

(5)当事人和辩护人、诉讼代理人对证人发问后,公诉人可以根据证人回答的情况,再次对证人发问。

2. 讯问被告人。

(1)隔离讯问。讯问被告人应当分别进行,但对需要对质时也可以建议法庭传唤有关被告人以及证人到庭对质,没有确实把握和并非必要时,不必进行对质。

(2)避免可能影响客观真实的诱导性询问以及其他不当询问。辩护人对被告人进行诱导性询问可能影响陈述客观真实的,确有必要时,公诉人可以要求审判长制止或者要求对该项陈述不予采纳。

(3)被告人在庭审中的供述,这种当庭供述与在侦查、审查起诉时的陈述一致,或者不一致的内容,但不影响定罪量刑的,可以不宣读被告人陈述笔录。

(4)被告人在庭审中进行辩解,或者进行陈述但陈述的内容与侦查、审查起诉中的陈述不一致,足以影响定罪量刑的,公诉人可以先倾听其辩解和陈述,针对这种辩解和陈述对其进行讯问,并应当宣读被告人陈述笔录对其进行讯问,或者提出能够证明被告人犯罪及相关情节的其他证据进行证明。

(5)被告人在庭审中保持沉默或者拒绝陈述的,公诉人应当宣读被告人陈述笔录或者提出其他证据进行证明。庭审中应当注意扭转过分倚重被告人供述的习惯,依靠被告人供述以外的证据证明起诉书指控的犯罪事实。

3. 询问鉴定人。

询问鉴定人与询问证人的方法相似。应当注意的是:

(1)鉴定结论应当依科学原理、方法、仪器进行甄别检验、判断后得出,但鉴定结论(包括省级人民政府指定的鉴定机构中的人员作出的鉴定结论)并不等同于科学,也是需要进行审查的证据的一种,是否科学应在审查、判断后加以确认。

(2)对鉴定结论所涉及的专门知识,应当有所了解,即使并不是精通。如果不了解,那么在开庭前的准备工作中应当充实鉴定所涉及的专门知识。作为公诉人,办理案件中经常遇到法医学、司法精神病学、痕迹学等专门知识应当常备。

4. 出示物证。

公诉人向法庭出示物证,应当对该物证所要证明的内容、获取的情况作概括说明,并向当事人、证人等问明物证主要特征,让其辨认。出示物证可以结合宣读物证技术鉴定书进行。

5. 宣读书证、未到庭的证人的证言笔录,未到庭的被害人的陈述笔录,未到庭的鉴定人作出的鉴定书、勘验、检查笔录以及其他作为证据的文书。

(1)宣读书证。公诉人宣读书证,应当对书证所要证明的内容、获取情况作概括说明,向当事人、证人问明书证的主要特征并让其辨认。对该书证进行技术鉴定的,宣读书证可以结合宣读鉴定书进行。

(2)宣读未到庭的证人的证言笔录。除因健康、路途遥远等原因确属不宜或者不能出庭的以外,证人应当出庭作证。对未出庭的证人的证言,应当当庭宣读,对该证人的证言存在争议、确实需要证人到庭作证的,人民法院应当再次通知该证人出庭作证。根据《刑事诉讼法》第 187 条的规定:"公诉人、当事人或者辩护人、诉讼代理人对证人证言有异议,且该证人证言对案件定罪量刑有重大影响,人民法院认为证人有必要出庭作证的,证人应当出庭作证。"

(3)未到庭的被害人的陈述笔录、鉴定人的鉴定结论、勘验、检察笔录和其他作为证据的文书,也应当当庭宣读,并听取当事人、诉讼代理人、辩护人意见。

在法庭审理中,对起诉书记载的程序事实存在争议,应当出示、宣读有关诉讼文件、侦查或者审查起诉活动的笔录;不存在争议的,则不必宣读。

对于搜查、勘验、检查等活动中形成的笔录存在争议、确实需要公诉方负责侦查的公职人员以及搜查、勘验、检查等活动的见证人出庭陈述有关情况的,公诉人可以建议合议庭通知其出庭。

6. 辩论。

辩论应当注意以下问题:

(1)辩论的依据。辩论应当依据事实、证据和法律进行。无论需要反驳的辩论意见多么无理、刁钻乃至荒谬,都不能试图以压抑对方辩论权利的方式来保障控诉效果,也不能以同样无理、刁钻乃至荒谬的观点反驳对方,公诉人进行辩论的有力武器来自清楚无误的事实、确实、充分的证据以及明确的法律规定。

(2)同对方辩论应当针对不正确的辩论意见进行,对方提出的中肯的意见,应当认真听取,不能对对方所有的辩论意见持不分良莠一概予以反驳的偏执态度,这是公益原则的必然要求。

(3)法庭辩论中,公诉人与被害人、诉讼代理人意见不一致的,公诉人应当认真听取被害人、诉讼代理人的意见,但不必同其辩论,辩论意见的取舍,应当交由合议庭斟酌决定。

【典型案例】

【案例13-2-02】

被告人郑筱萸,原系国家医药管理局局长,曾任国家药品监督管理局局长。2007 年 3 月因涉嫌受贿、玩忽职守罪被依法逮捕。2007 年 3 月 8 日最高人民检察院立案侦查,4 月 4 日侦查终结,经北京市人民检察院将该案移交北京市人民检察院第一分院审查起诉。北京市人民检察院第一分院受理该案件后,在法定期限内告知了郑筱萸有权委托辩护人等诉讼权利,讯问了郑筱萸,审查了全部案件材料。2007 年 4 月 26 日,北京市人民检察院第一分院依法向北京市第一中级人民法院提起公诉。

【法理与法律适用分析】

狭义的提起公诉是指人民检察院对于侦查终结的案件审查后，认为符合起诉条件的，代表国家作出起诉决定，并按照审判管辖的规定提交人民法院审判，予以定罪量刑的一种诉讼活动。

检察机关决定对某一案件是否提起公诉，必须经过严格的审查起诉程序，确认案件犯罪事实已查清，证据确实充分，且依法应当追究刑事责任。同样，不论是什么案件，被告人是谁，只要满足了这三个实质条件，都应当提起公诉，将案件交由人民法院审判。本案中，郑筱萸原系国家医药管理局局长，曾任国家药品监督管理局局长，由于涉嫌受贿和玩忽职守罪，属于检察院自侦案件，因而由最高人民检察院侦查终结，移交给北京市人民检察院第一分院审查起诉。根据《刑事诉讼法》规定的审查起诉的内容，对案件进行严格审查，并遵照审查起诉的程序，依法告知了相关权利，并讯问了郑筱萸，审查了全部的案件资料，最终确定案件事实清楚，证据确实充分，依法向北京市第一中级人民法院提起公诉。

【法条链接】

《刑法》

第二十五条　共同犯罪是指二人以上共同故意犯罪。

二人以上共同过失犯罪，不以共同犯罪论处；应当负刑事责任的，按照他们所犯的罪分别处罚。

第二百九十二条　聚众斗殴的，对首要分子和其他积极参加的，处三年以下有期徒刑、拘役或者管制；有下列情形之一的，对首要分子和其他积极参加的，处三年以上十年以下有期徒刑：

（一）多次聚众斗殴的；

（二）聚众斗殴人数多，规模大，社会影响恶劣的；

（三）在公共场所或者交通要道聚众斗殴，造成社会秩序严重混乱的；

（四）持械聚众斗殴的。

聚众斗殴，致人重伤、死亡的，依照本法第二百三十四条、第二百三十二条的规定定罪处罚。

第三百八十五条　国家工作人员利用职务上的便利，索取他人财物的，或者非法收受他人财物，为他人谋取利益的，是受贿罪。

国家工作人员在经济往来中，违反国家规定，收受各种名义的回扣、手续费，归个人所有的，以受贿论处。

第三百八十六条　对犯受贿罪的，根据受贿所得数额及情节，依照本法第三百八十三条的规定处罚。索贿的从重处罚。

第三百九十七条　国家机关工作人员滥用职权或者玩忽职守，致使公共财产、国家和人民利益遭受重大损失的，处三年以下有期徒刑或者拘役；情节特别严重的，处三年以上七年以下有期徒刑。本法另有规定的，依照规定。

国家机关工作人员徇私舞弊，犯前款罪的，处五年以下有期徒刑或者拘役；情节特别严重的，处五年以上十年以下有期徒刑。本法另有规定的，依照规定。

《刑事诉讼法》

第一百七十条　人民检察院审查案件，应当讯问犯罪嫌疑人，听取辩护人、被害人及其诉讼代理人的意见,并记录在案。辩护人、被害人及其诉讼代理人提出书面意见的,应当附卷。

第一百七十二条　人民检察院认为犯罪嫌疑人的犯罪事实已经查清,证据确实、充分,依法应当追究刑事责任的,应当作出起诉决定,按照审判管辖的规定,向人民法院提起公诉,并将案卷材料、证据移送人民法院。

【典型案例目录索引】

1. 施某某等17人聚众斗殴案

2010年最高人民检察院第一批指导性案例(高检发研字[2010]12号)(检例第1号)。

2. 郑筱萸受贿、玩忽职守案

载《最高人民检察院公报》2007年第6期。

【参考阅读的文献资料】

1. 樊崇义主编:《刑事诉讼法学》(第二版),法律出版社2009年版。
2. 陈卫东主编:《刑事诉讼法学原理与案例教程》,中国人民大学出版社2008年版。
3. 陈光中主编:《刑事诉讼法》(第二版),北京大学出版社2009年版。
4. 奚玮、孙康:"论提起公诉的证明标准",载《中国刑事法杂志》2008年第1期。
5. 苏红:"关于完善我国提起公诉证据标准的几点反思",载《法制与社会》2009年第11期。

第三节　自诉程序

一、自诉案件的概念和特点

公诉是对犯罪有追诉权的国家机关,代表国家提请法院追究被告人刑事责任的诉讼,刑事诉讼中的自诉是相对于公诉而言的,它是指法律规定的享有自诉权的个人直接向有管辖权的人民法院提起的刑事诉讼。在我国,自诉案件是指法律规定的可由被害人或其法定代理人、近亲属直接向人民法院起诉,要求追究被告人刑事责任,人民法院能够直接受理的刑事案件。

我国刑事诉讼实行以公诉为主、自诉为辅的犯罪追诉机制,即在刑事犯罪实行国家追诉的同时,兼采被害人追诉主义。绝大多数刑事案件由人民检察院代表国家追诉的同时,只有部分刑事案件由被害人及其法定代理人、近亲属直接向人民法院提起自诉,由人民法院直接受理。我国实行公诉为主、自诉为辅的起诉目的是在保护国家利益、社会利益的同时,最大限度地保护被害人等的个人合法权益。

公诉与自诉在追诉主体、客体上的不同显而易见,二者虽同属于对犯罪的追诉权,但是性质有所差别;国家公诉采用的是"职权原则",而被害人自诉采用的是"不告不理"原则;另外二者在追诉程序上也大不相同。具体而言,与公诉案件相比,自诉案件具有以下特点:

1. 从犯罪客体来看,主要是侵犯公民个人权益方面的犯罪,比如侵犯公民的人身权利、财产权利、名誉权、婚姻自主权等。

2. 从起诉的对象看,相对于公诉案件,自诉案件一般是性质不太严重,社会危害性比较小的案件。

3. 从起诉程序看,被害人及其法定代理人等有能力依靠自己的力量承担诉讼。自诉案件一般有明确的被告,案情比较清楚,情节相对简单,无需专门的的取证手段和侦查措施,被害人及其法定代理人有能力自行提起诉讼和支持诉讼。如果案情复杂需要专门的侦查手段,被害人及其法定代理人没有能力查清案情或者收集、提供证据的,不宜作为刑事自诉案件处理。

二、自诉案件的范围

根据《刑事诉讼法》第204条及相关司法解释,自诉案件范围有以下几类:

(一)告诉才处理的案件

所谓告诉才处理的案件,指由被害人及其法定代理人、近亲属等提出告诉,人民检察院才受理的案件。告诉才处理的刑事案件具体包括以下几类:

1.《刑法》第246条规定的侮辱、诽谤案,但是严重危害社会秩序和国家利益的除外。
2.《刑法》第257条第1款规定的暴力干涉他人婚姻自由案。
3.《刑法》第260条第1款规定的虐待案。
4.《刑法》第270条规定的侵占财物案。

(二)被害人有证据证明的轻微刑事案件

轻微刑事案件,指犯罪事实、情节较为轻微,可能判处3年以下有期徒刑以及拘役、管制等较轻刑罚的案件。应当注意的是,这类案件强调被害人的举证责任,自诉能否成立在一定程度上取决于被害人有无证据或者证据是否充分,如果被害人没有证据的,人民法院将不予受理。如果被害人提出的证据不充分,不足以支持其起诉主张的,人民法院将裁定驳回自诉。被害人有证据证明的轻微刑事案件具体包括以下:

1.《刑法》第234条第1款规定的故意伤害案。
2.《刑法》第245条规定的非法侵入他人住宅案。
3.《刑法》第252条规定的侵犯通信自由案。
4.《刑法》第258条规定的重婚案。
5.《刑法》261条规定的遗弃案。
6.《刑法》分则第3章第1节规定的生产、销售伪劣商品案,但是严重危害社会秩序和国家利益的除外。
7.《刑法》分则第3章第7节规定的侵犯知识产权案,但是严重危害社会秩序和国家利益的除外。
8.属于《刑法》分则第4章、第5章规定的,对被告人可能判处3年以下有期徒刑的案件。

以上8项案件,被害人直接向人民法院起诉的,人民法院应当受理。对于其中证据不足,可以由公安机关受理的,或者认为对被告人可能判处3年有期徒刑以上刑事处罚的,应当移送公安机关立案侦查。被害人向公安机关控告的,公安机关应当受理。

(三)被害人有证据证明对被告人侵犯自己人身、财产权利的行为应当追究刑事责任,而公安机关或者检察院不予追究被告人刑事责任的案件依据有关司法解释,公安机关或者人民检察院不予追究被告人刑事责任的案件,指公安机关或人民检察院已作出不予追究的书面决定的案件,即公安机关、人民检察院已经作出不立案、撤销案件、不起诉等书面决定。

三、自诉案件的提起条件

依据自诉案件的特征和法律的规定,自诉案件提起诉讼的条件是:

(一)有适格的自诉人

在法律规定的自诉案件范围内,遭受犯罪行为直接侵害的被害人有权向人民法院提起自诉。被害人死亡、丧失行为能力或因受强制威吓等原因无法告诉,或因是限制行为能力以及年老、患病、盲、聋、哑等原因不能亲自告诉的,被害人的法定代理人、近亲属有权向人民法院起诉。

(二)有明确的被告人和具体的诉讼请求

自诉案件的刑事程序由于自诉人的起诉而引起,对于自诉案件,公安机关和人民检察院均不介入,因此没有公安机关的侦查和人民检察院的审查起诉。自诉人起诉时应明确提出控诉对象,如果不能提出明确的被告人或者被告人下落不明的,自诉案件不能成立。自诉人还应提出具体的起诉请求,包括指明控诉的罪名和要求人民法院追究被告人何种刑事责任。如果提起刑事附带民事诉讼,还应提出具体的赔偿请求。

(三)属于自诉案件的范围

属于自诉案件的范围,即属于《刑事诉讼法》第204条规定的告诉才处理的案件、被害人有证据证明的轻微刑事案件、被害人有证据证明对被告人侵犯自己人身权利、财产权利的行为应当追究刑事责任,而公安机关或者人民检察院不予追究被告人刑事责任的三类案件范围以及最高人民法院《刑诉解释》确定的具体的自诉案件范围。

(四)被害人有证据证明

被害人提起刑事自诉必须有能够证明被告人犯有被指控的犯罪事实的证据。

(五)属于受诉人民法院管辖

自诉人应当依据《刑事诉讼法》关于级别管辖和地域管辖的规定,向有管辖权的人民法院提起自诉。根据有关司法解释的规定,刑事自诉案件的自诉人、被告人一方或者双方是在港、澳、台居住的中国公民或者是其所在地是港、澳、台的,由犯罪地的基层人民法院审判。港、澳、台同胞告诉的,应当出示港、澳、台居民身份证或者其他能够证明本人身份的证明。

四、提起自诉的程序

自诉人应当向人民法院提交刑事自诉状。提起附带民事诉讼的,还应当提交刑事附带民事自诉状。自诉人书写自诉状有困难的,可以口头起诉,由人民法院工作人员作出告诉笔录,向自诉人宣读,自诉人确认无误后,应当签名或盖章。自诉状或者告诉笔录应当包括以下内容:

1. 自诉人被告人、代为告诉人的姓名、性别、年龄、民族、出生地、文化程度、职业、工作单位、住址。

2. 被告人犯罪行为的时间、地点、手段、情节和危害后果等。

3. 具体的诉讼请求。
4. 致送人民法院的名称及具状时间。
5. 证人的姓名、住址及其他证据的名称、来源等。

如果被告人是两个人以上的,自诉人在自诉时需按照被告人的人数提供自诉状副本。人民法院在收到自诉人的起诉状或口头起诉后,应立即按受理条件进行立案前的初步审查,对于符合受理条件的,应立即立案审理,并告知自诉人。对于不符合受理条件的,应迅速通知自诉人并告知不受理的理由。自诉人坚持告诉的,人民法院可以裁定驳回起诉。

【典型案例】
【案例13-3-01】

自诉人胡某以被告人胡桂才犯非法侵入住宅罪,并由此造成的经济损失唯有,于2011年6月15日向湖南省汝城县人民法院提起自诉。汝城县人民法院受理后,依法组成合议庭对案件进行公开审理,查明了案件事实,系被告人未经自诉人任何家庭成员同意,突然闯入自诉人家中,毁坏门窗并打击自诉人,造成自诉人财物损失及多处伤情,其家人也因此受到惊吓。法院在审理查明全部案件事实后,认定被告人胡桂才犯非法侵入住宅罪,判处有期徒刑六个月,缓刑一年,并赔偿自诉人胡某医疗费、护理费等合计9,875.79元。

【法理与法律适用分析】

自诉与公诉一样,都是启动审判程序的方式之一。自诉案件是法律规定的可由被害人或其法定代理人、近亲属直接向人民法院起诉,要求追究被告人刑事责任的案件。被害人自诉是一种最古老的起诉方式,对犯罪实行以国家公诉为主的同时,保留被害人一定的起诉权,有利于更好地兼顾国家利益和个人利益。把那些比较轻微的属于侵犯公民个人权益方面的犯罪,是否追究刑事责任的权力交给被害人行使,更有利于案件的解决。

根据《刑法》及《刑事诉讼法》的相关规定,自诉案件有一定的范围限制,只有属于法律明文规定的自诉案件,才可以由被害人直接向法院提起诉讼。本案是一个非法侵入住宅的案件,属于被害人有证据证明的轻微刑事案件,属于自诉案件的范围,胡某作为本案的被害人,有权向人民法院直接提起诉讼。对于属于本案管辖的符合自诉条件、程序的案件,人民法院应当立案审理,在查明事实的情况下,作出裁判。

【法条链接】
《刑法》

第七十二条 对于被判处拘役、三年以下有期徒刑的犯罪分子,同时符合下列条件的,可以宣告缓刑,对其中不满十八周岁的人、怀孕的妇女和已满七十五周岁的人,应当宣告缓刑:(一)犯罪情节较轻;(二)有悔罪表现;(三)没有再犯罪的危险;(四)宣告缓刑对所居住社区没有重大不良影响。

宣告缓刑,可以根据犯罪情况,同时禁止犯罪分子在缓刑考验期限内从事特定活动,进入特定区域、场所,接触特定的人。

被宣告缓刑的犯罪分子,如果被判处附加刑,附加刑仍须执行。

第二百四十五条 非法搜查他人身体、住宅,或者非法侵入他人住宅的,处三年以下有期徒刑或者拘役。

司法工作人员滥用职权,犯前款罪的,从重处罚。

《民法通则》

第一百一十九条 侵害公民身体造成伤害的,应当赔偿医疗费、因误工减少的收入、残废者生活补助费等费用;造成死亡的,并应当支付丧葬费、死者生前扶养的人必要的生活费等费用。

《刑事诉讼法》

第一百九十五条 在被告人最后陈述后,审判长宣布休庭,合议庭进行评议,根据已经查明的事实、证据和有关的法律规定,分别作出以下判决:(一)案件事实清楚,证据确实、充分,依据法律认定被告人有罪的,应当作出有罪判决;(二)依据法律认定被告人无罪的,应当作出无罪判决;(三)证据不足,不能认定被告人有罪的,应当作出证据不足、指控的犯罪不能成立的无罪判决。

第二百零四条 自诉案件包括下列案件:

(一)告诉才处理的案件;

(二)被害人有证据证明的轻微刑事案件;

(三)被害人有证据证明对被告人侵犯自己人身、财产权利的行为应当依法追究刑事责任,而公安机关或者人民检察院不予追究被告人刑事责任的案件。

第二百零五条 人民法院对于自诉案件进行审查后,按照下列情形分别处理:

(一)犯罪事实清楚,有足够证据的案件,应当开庭审判;

(二)缺乏罪证的自诉案件,如果自诉人提不出补充证据,应当说服自诉人撤回自诉,或者裁定驳回。

自诉人经两次依法传唤,无正当理由拒不到庭的,或者未经法庭许可中途退庭的,按撤诉处理。

法庭审理过程中,审判人员对证据有疑问,需要调查核实的,适用本法第一百九十一条的规定。

【典型案例目录索引】

胡桂才非法侵入住宅案

载于北大法律信息网,http://vip.chinalawinfo.com/case/displaycontent.asp?gid=118279757,访问于2012年7月21日。

【参考阅读的文献资料】

1. 陈光中主编:《刑事诉讼法》(第三版),北京大学出版社2009年版。
2. 卞建林:《刑事起诉制度的理论与实践》,中国检察出版社1993年版。
3. 刘德朝:"轻伤害案件的自诉与公诉",载《中国人民公安大学学报》2003年第1期。
4. 杨新京:"刑事自诉案件法律监督的现状与程序完善",载《人民检察》2009年第15期。
5. 宋高初:"我国刑事自诉负效益分析",载《法学评论》2005年第6期。

第十四章 审判程序概述

第一节 审判的概念、特征和任务

一、审判和刑事审判的概念

审判的概念表述有广义和狭义之分。狭义的审判,仅指法庭审理阶段的活动而言,换言之,仅仅指在开庭审理中,法官在控辩双方及其他诉讼参与人参加下开展案件庭审调查、法律评价和裁判活动的程序。广义的审判既包括狭义的审判,也包括审判前的诉讼准备阶段和诉讼结束阶段所开展的各项活动,如确定合议庭组成人员、庭前审查活动、向有关当事人及诉讼参与人送达开庭通知、公布案由、公告案件公开或不公开审理的理由、庭审后送达裁判文书等活动。

从审判活动的内在构成分析,可以将审判解析为审理和裁判两个部分。所谓审理,一般是指法院在控辩双方和其他诉讼参与人的参加下,查明事实,核实证据并适用法律的活动。所谓裁判,一般是指法院依据认定的证据和查明的事实及相关法律,对案件的实体和程序问题作出处理结论的活动。审理和裁判密切相连,审理是裁判的前提和基础,裁判是审理的目的和结果。

法院受理检察院提起的公诉及自诉人提起的自诉并作出立案决定后,刑事诉讼的审判程序即启动,诉讼进入审判阶段。审判阶段是体现和实现诉讼核心任务的中心环节,解决被告人的刑事责任问题。在我国诉讼法学界,对刑事审判的概念一般理解为法院在控辩双方及其他诉讼参与人的参加下,依照法定程序的相应职权,对于依法向其提出诉讼请求的刑事案件进行审理和裁判的诉讼活动。刑事审判由"刑事审理"和"刑事裁判"两部分构成。刑事审理,指法院在检察院、当事人及其他诉讼参与人的参加下,通过法庭听证、法庭辩论,在控辩双方质证的基础上,核定各种证据,查明案件事实并适用刑事法律的活动。刑事裁判,指法院在对案件审理的基础上,根据事实、依据法律,对被告人的刑事责任作出裁决的活动。

二、刑事审判的特征

1. 刑事审判主体的唯一性。刑事审判是特殊类型的国家职权活动,是国家实现刑罚权的必要途径。根据《刑事诉讼法》第 3 条的规定,人民法院是代表国家行使刑事职权的唯一合法机关。法官对案件的审理和裁判,不论是独任庭还是合议庭,不论是作出裁判还是进行调解,均以国家名义。法院是国家刑事审判职权的载体和代表,国家以法律形式授权法院内部具有审判员资格和陪审员资格的公民直接代表国家审理刑事案件并作出裁决或进行调解。

2. 参与刑事审判主体的多元性。刑事审判是多方诉讼法律关系主体共同参与的一项诉讼活动,既包括主持审判活动的主体,也包括出庭支持公诉和提起自诉或附带民事诉讼的原告主体,当然也包括必须参与庭审的刑事被告主体及可以缺席审判的附带民事被告主体,同时还包括因诉讼的某一方面需要而参与审理活动的辩护人、代理人、鉴定人、翻译人员等一般诉讼参与主体。刑事审判活动正是通过上述主体的一系列诉讼行为而完成其审判任务的。虽然各方面诉讼主体实施诉讼行为所追求的具体诉讼目标不同,但却统一在我国刑事刑事诉讼法所确定的审判活动的基本价值取向中。

【案例14-1-01】曹某某抢劫案。公诉机关某市某区人民检察院。

被告人曹某某,男,1980年9月28日出生,因本案于2004年7月10日被刑事拘留,同年8月12日被逮捕。现羁押于某市某区看守所。

辩护人陈某某,某市亚太长城律师事务所律师。

某市某区人民检察院以某某检刑诉(2004)633号起诉书指控被告人曹某某犯抢劫罪,于2004年11月5日向某市某区人民法院提起公诉。本院依法组成合议庭,公开开庭审理了本案。某市某区人民检察院指派检察员陈某某出庭支持公诉,被告人曹某某及其辩护人陈某某到庭参加诉讼。现已审理终结。

某市某区人民检察院指控,2003年5月9日晚,被告人曹某某到某市某路刘家宅89号其朋友姜某某暂住地,见被害人黄某与姜在屋内闲谈,即怀疑姜与其在谈朋友期间又与他人关系暧昧查获。被告人进入房间后,便责骂姜、黄两人,后又从碗橱里拿了一把菜刀欲砍黄某,被姜、黄两人夺下。僵持中,被告人曹某某提出其与姜谈朋友花费不少,要黄某赔偿精神损失费二万元。遭黄拒绝后,被告人又先后拿起菜刀和煤气灶等物向黄某砸去,致黄头皮挫裂伤、颈前软组织挫伤、左肘挫裂伤、右手挫伤。被告人还威胁黄某"拿不出钱来别想走"。黄在曹的逼迫下,不得已将装有人民币1,300元、驾驶证和身份证等物的皮夹交出后趁隙逃跑。2004年7月7日,被告人曹某某在原籍被抓捕归案。公诉机关以被害人的陈述笔录、证人证言笔录、验伤通知书、照片、工作情况和被告人的供述笔录等书证材料,认为被告人曹某某的行为已构成抢劫罪,要求依照《中华人民共和国刑法》第二百六十三条之规定,追究被告人的刑事责任。

被告人曹某某对起诉书指控的事实有异议,提出其与姜系恋爱关系,共同居住在刘家宅89号,且该房屋是其租借的,1,300元不是其逼迫被害人拿出。其辩护人提出本案的定性应为敲诈勒索罪,且是犯罪未遂。认为被告人与姜已同居,当其看见被害人欲抱姜时,情急之下冲进房内,并对被害人作出一些过激行为,索要二万元只是想得到补偿,并无抢劫的犯意,被害人的钱包也不是被告人逼迫拿出的。现被告人愿意退赔1,300元并对被害人的受伤进行赔偿。被告人系初犯、偶犯,建议对被告人适用缓刑。

经审理查明,被告人曹某某于2003年5月9日晚11时许,至刘家宅89号其女友姜某某的借住地,见被害人黄某与姜在房内闲谈,即怀疑姜与他人关系暧昧。进入房间后,其先责骂姜、黄两人,后又从碗橱里拿了一把菜刀欲砍黄某,被姜、黄两人夺下。僵持中,被告人曹某某提出其与姜谈朋友花费不少,要黄某赔偿精神损失费二万元。遭黄拒绝后,被告人又先后拿起铁锹等物向黄某砸去,致黄左肘挫裂伤等。被告人曹某某还威胁黄某"拿不出钱来就别想走",后在姜某某的极力拦阻下,被害人黄某趁隙离开。黄离开后,姜某某在床上发现了被害人黄某的皮夹,内有人民币1,300元、身份证、驾驶证等物,被告人将该钱款占为己有。2004年7月7日,被告人曹某某在原籍被抓获归案。在审理过程中,被告人在家属的帮助下,退赔了人民币2,000元。

某市某区人民法院认为,被告人曹某某敲诈勒索要他人财物,数额较大,其行为已构成敲诈勒索罪,依法应予惩处。在实施犯罪过程中,由于意志以外的原因未得逞,是犯罪未遂,依法可予从轻处罚。被告人到案后,退出了全部非法所得,可酌情予以从轻处罚。采纳被告人及辩护人的部分辩解及辩护意见。据此,依照《中华人民共和国刑法》第二百七十四条、第二十三条和第六十四条之规定,以被告人曹某某犯敲诈勒索罪,判处有期徒刑六个月;退出的非法所得,发还被害人。

3. 刑事审判的被动性和主动性。相比较我国的审前程序,审判程序具有启动被动性的特征。和世界上绝大多数国家一样,我国刑事审判程序原则上亦实行不告不理,即审判程序的启动必须以合法的起诉和上诉或抗诉为前提,没有合法的告诉程序,就不能激活审判职权并启动审判程序,使刑事案件进入审判流程。但同时,在我国的刑事审判程序中又包含了一定程度的程序启动的主动性,如我国的死刑复核程序和审判监督程序等特别审判程序均可由人民法院主动启动。我国刑事审判的主动性不仅体现在程序启动的方式上,同时还体现在刑事审判过程中,比如在"案例14-1-01"中,人民法院在作出一审判决时可以主动改变起诉罪名;又如二审法院应当不受上诉或抗诉范围的限制,实行全面审理原则等。我国刑事审判的被动性和主动性的二元结合体现出我国刑事审判所蕴含的多维价值取向,是不同于其他国家刑事审判的一项非常重要的法律特征。

4. 刑事审判中的中立性和独立性。刑事审判的中立性强调了审判主体在诉讼中的应然地位,它是由诉讼公正所引导的一项重要的法律原则。法院是唯一行驶国家审批权的机关,我国刑事诉讼法要求作为审判主体的法院在具体的审判过程中须保持与控辩双方的等位距离,从而使控辩双方能够保持相对的平衡,体现法治和正义的要求。相对于审判的被动性而言,中立性是其所追求的目的之一。同时,审判主体必须拥有依据事实和法律进行独立评价和自主裁决的权力,否则,其中立性就无从体现。强调审判主体在审判过程中的中立性和独立性的结合,是审判活动公正性的必要保障。在审判过程中,任何与案件有利害关系的法官均应回避与其自身利益存在冲突的刑事案件的审理活动,公正地确定被告人的刑事责任;同时,执行审判职能的法官在审判活动中应排除一切不当之干扰,在尊重事实和法律的前提下完成审判任务。

5. 刑事审判的强制性。刑事审判活动并不是建立在控辩双方的合意基础上,即刑事案件特别是公诉案件的发生、发展、终结不取决于控辩双方的意愿和选择,其诉讼结果并不以诉讼当事人的意志为转移。法官的裁决意志独立于控辩双方,并不是对双方意见简单的综合选择;在刑事自诉案件中,虽然当事人之间可以进行调解或和解,但其调解的事项仅限于当事人的诉权处分,而不能及于刑罚权。刑事审判的强制性还体现在其生效裁决的强制执行上。

6. 刑事审判的公开性。刑事审判的公开性是该项程序区别于刑事审前程序的一项重要的法律特征。我国刑事诉讼法要求刑事审理和裁判原则上应当公开进行,即审判活动应当在审判主体主持下,且由各方诉讼参与主体共同参与的过程中完成。是指审判活动应当公开进行,法庭的大门永远是敞开的,除了为了保护特定的社会利益依法不公开审理的案件外,都应当公开审理,将审判活动置于公众和社会的监督之下。即使依法不公开审理的案件,宣告判决也应当公开。这是摒除司法不公的最有力的手段。

7. 亲历性。是指案件的裁判者必须自始至终参与审理,审查所有证据,对案件作出判决须以充分听取控辩双方的意见为前提。

8. 公正性。公正是诉讼的终极目标,是诉讼的生命。审判应依照公正的程序进行,进而最大限度地实现实体上的公正。审判的公正性也源自于裁判者的独立性与中立性。

9. 终局性。是指法院的生效裁判对于案件的解决具有最终决定意义。判决一旦生效,诉讼的任何一方原则上不能要求法院再次审判该案件,其他任何机关也不得对该案重新处理,有关各方都有履行裁判或不妨害裁判执行的义务。这是由审判是现代法治国家解决社会纠纷和争端的最后一道机制的性质决定的。

三、刑事审判的任务

刑事审判的任务包括以下三个方面:

【案例14-1-02】邱某某贪污、受贿案。公诉机关某市某区人民检察院。

被告人邱某某,男,1952年9月4日出生于某市,汉族,大学文化,原系某市卫生局医政处助理调研员,住某市某某路650弄2号304室。因本案于2004年4月6日被刑事拘留,同月19日被逮捕。现羁押于某市某区看守所。

辩护人孙某某、丁某,某市某某某律师事务所律师。

某市某区人民检察院以某某检自侦诉(2004)9号起诉书指控被告人邱某某犯贪污罪、受贿罪,于2004年7月29日向某市某区人民法院提起公诉。某市某区人民法院依法组成合议庭,公开开庭审理了本案。某市某区人民检察院指派检察员张某某出庭支持公诉,被告人邱某某及其辩护人孙某某、丁某到庭参加了诉讼。本案经合议庭评议,审判委员会进行了讨论并作出决定,现已审理终结。

某市某区人民检察院指控,2001年3月26日,被告人邱某某在担任某市卫生局医政处主任科员期间,利用职务便利,擅自从某区体检站代管的某市体检管理费账户内领取金额为人民币148,398元的支票一张,解入某市申能汽车销售有限公司,以宁士国际贸易(某市)有限公司的名义,为自己购买一辆神龙富康DC7141DLC轿车,合计费用为人民币145,398元,某市申能汽车销售公司另退回邱某某现金人民币3,000元。同时,邱某某用虚假的某市鑫磊实业有限公司开出金额相同的各类化学试剂为内容的发票用于冲账,从中侵吞公款148,398元。

1998年,被告人邱某某要求各区县体检站统一购买并使用某市华泰生物工程有限公司生产的乙肝表原抗体试剂。为此,被告人邱某某于1999年6月收受某市华泰生物工程有限公司贿赂的人民币2万元。2004年4月6日,被告人邱某某在立案前主动供述了上述犯罪事实。公诉机关以证人证言笔录、职务证明、购车的相关凭证、司法会计查证报告、财务凭证和被告人的供述笔录等有关书证,认为被告人邱某某的行为已分别构成贪污罪、受贿罪,犯罪后自首,要求依照《中华人民共和国刑法》第三百八十二条、第三百八十五条、第六十九条和第六十七条之规定,依法追究被告人邱某某的刑事责任。

经某市某区人民法院审理后查明,被告人邱某某在担任某市卫生局医政处主任科员期间,利用分管全市初、高中体检工作及管理并核准使用各区、县体检站上交某市卫生局体检专项管理费的职务便利,擅自于2001年3月26日从某区体检站代管的市体检管理费账户内领取金额为人民币148,398元的支票一张,解入某市申能汽车销售有限公司,以宁士国际贸易(某市)有限公司的名义,为自己购买一辆神龙富康DC7141DLC轿车,合计费用为人民币145,398元,某市申能汽车销售公司另退回邱某某差价人民币3,000元。同时,邱某某用虚假的某市鑫磊实业有限公司开出金额为人民币148,398元的各类化学试剂为内容的发票用于平账。

某市某区人民法院认为,被告人邱某某利用职务便利,贪污公款人民币14万余元,依法应当在十年以上有期徒刑量刑。公诉机关指控被告人邱某某犯贪污罪的罪名成立,但指控其受贿的事实,因现有证据尚不足以认定被告人犯受贿罪,不予支持。被告人邱某某犯罪后自首,依法可予减轻处罚。邱某某到案后,退缴了全部赃款,可予酌情从轻处罚。据此,依照《中华人民共和国刑法》第三百八十二条、第三百八十三条第一款第一项、第六十七条和第六十四条之规定,以被告人邱某某犯贪污罪,判处有期徒刑五年;退缴的非法所得,发还被害单位。

1. 审查判断证据与犯罪事实。控方向法院提起指控,就必须承担举证责任。刑事审判的任务也是内容之一就是审查并判断控方提出的证据、指控的犯罪事实是否存在,是否为被告人所为,证据是否确实、充分。刑事审判的这一任务体现在判决书必须对控方指控的犯罪事实以及提供的证据作出认定与否的宣告。在"案例14-1-02"中,人民法院在审查全案证据及被告人的犯罪事实后认为,因现有证据尚不足以认定被告人犯受贿罪,对公诉机关指控被告人邱某某犯受贿的事实不予认定。

2. 审查有关程序性事项。审判不限于实体意义上的犯罪事实,还包括一些程序性事项。如法庭审理中,被告人提出口供系遭受刑讯逼供而来的,以及辩护人提出侦查取证行为违法,因此请求排除证据等事项,也都属于法院审判的范围。法院此时应传唤侦查人员出庭接受质证。不过,实践中我国法院传唤侦查人员出庭作证的还不多见。

【案例14-1-03】刘某破坏生产经营案。2007年12月至2009年5月,被告人刘某先后担任某市和雍贸易有限公司(以下简称和雍公司)销售员、店长、产品采购经理等职务,负责电脑产品的销售。其间,刘某为了达到扩大销售业绩以升职的个人目的,故意违反公司限价规定,以低于产品入库成本价销售电脑产品,但报给和雍公司的销售价格则高于限价,即电脑的实际销售价格与上报销售价格每台相差人民币(以下币种均为人民币)700元至1,000元不等。因和雍公司有不成文规定,当月向大宗客户销售电脑的货款可在两个月后入账,故刘某借机用后面收取的销售款来弥补前账,终因销量过大导致公司成本亏损。

经统计,2008年1月至2009年5月间,刘某负责销售的电脑产品共计4,088台,入库成本价(即购进电脑的裸机价)计1,393万余元,刘某报给公司的销售收入计1,470余万元,但刘某实际交给公司的销售款计859万余元。至案发,造成和雍公司成本计533万余元无法收回,且没有发现刘某有其他应收账款。

公诉机关指控被告人刘某的行为构成破坏生产经营罪,应依法追究刑事责任。

被告人刘某及其辩护人对起诉指控的事实、罪名均无异议。

某市某区人民法院经审理后认为,破坏生产经营罪是指行为人由于泄愤报复或者其他个人目的,毁坏机器设备、残害耕畜或者以其他方法破坏生产经营的行为。本案被告人刘某以追求销售业绩和升职为目的,擅自低于限价销售公司产品,造成公司巨额亏损,其行为无论是从主观目的还是从行为对象、客观后果来看,均不符合破坏生产经营罪的构成要件。被告人刘某利用担任公司销售员的职务便利,以低于公司规定限价的价格销售电脑,系滥用公司职权的行为,不符合故意毁坏财物罪的构成要件。刑法规定对公司人员滥用职权需定罪处罚的,必须具备国有公司人员的主体要件,被告人刘某系非国有公司人员,也不符合国有公司人员滥用职权罪的构成要件。据此,根据刑法第三条罪刑法定原则,宣告被告人刘某无罪。

一审判决后,被告人刘某没有上诉,检察机关亦没有抗诉,判决发生法律效力。

本案中,刘某主观上尽管为故意,但以追求销售业绩和升职为目的,其主观目的既不能认定为"泄愤报复"也不属于与泄愤报复具有同质性的"其他个人目的",故从主观方面来看,刘某的行为不构成破坏生产经营罪。刘某的行为虽然在客观上给本单位造成了经济损失,但本单位的整个经营行为还在正常进行,经营活动并没有受到影响也未归于失败。而且,刘某低价销售的电脑产品系公司库存商品,并不是经营活动中直接使用的开单电脑等设备,其行为不会也不可能使公司的生产经营活动遭到破坏。因此,从客观方面来看,刘某的行为也不构成破坏生产经营罪。刘某的行为客观上使财物(电脑)对其所有人(公司)而言造成了不正常的价值减损,并且主观上系故意,至于刘某的行为动机是谋求升职还是其他目的,并不影响故意毁坏财物罪的构成。因此,从表面上看,刘某的行为符合故意毁坏财物罪的构成要件。但问题的关键在于刘某系该公司负有电脑销售职责的人员,低于公司限价销售电脑的行为系滥用公司职权的行为,这与侵入他人股票账户低价抛售他人股票之类的行为具有本质区别,前者本身具有销售电脑的合法授权,而后者对他人股票账户的控制本身就是非法的,而这正是区分罪与非罪的关键。我们认为,对故意毁坏财物罪的解释应该进行目的性限缩,本案中刘某的行为虽然在形式上符合该罪的构成要件,但基于实质犯罪论立场,不应认定刘某的行为构成故意毁坏财物罪。此外,刑法第168规定了国有公司人员滥用职权罪。根据该罪规定,犯罪主体必须为国有公司人员。本案中,尽管被告人刘某滥用了公司赋予的职权,造成公司巨额损失,但其所在的和雍公司并不属于国有公司,故刘某为非国有公司人员,不具备国有公司人员滥用职权罪的主体要件,其行为亦不能以该罪定罪处罚。

3. 适用法律,对案件作出裁判。在认定指控的犯罪事实是否成立、证据是否确实充分之后,必须依据刑法和刑事诉讼法的相关规定,对被告人的行为是否构成犯罪、构成什么罪、是否需要判处刑罚、判处何种刑罚、刑罚如何执行、判决生效的时间和条件等作出裁判并予以公开宣告。在"案例14-1-03"中,人民法院经审理后发现刘某的行为虽然在客观上具有一定的社会危害性,但其并不符合现行刑法中任何罪名的规定,应当严格遵循罪刑法定原则宣告无罪。

刑事审判的三项任务紧密联系。法律适用是审查判断证据与犯罪事实以及进行程序性审查的结果,而在审查判断事实和证据以及进行程序性审查的过程中,同样存在法律适用问题。

四、刑事审判的意义

在现代法治社会,刑事审判具有维护追诉正当性、保护被告人不受错误追究、保障辩护权等多方面的意义。

1. 审判具有维护追诉正当性的意义。在现代社会,侦查机关、检察机关承担追诉犯罪维护社会秩序的职责,这种追诉必须具有正当性,即依法律规定的正当程序进行。然而,追诉行为本身极具攻击性,易偏离法律程序而侵犯公民权利,从而破坏法律秩序。法院通过审判,排除非法证据,能够起到纠正与遏止侦查机关、检察机关违法行为、维护追诉行为合法性与正当性的作用,从而维护法治。

2. 审判具有保护被告人不受错误追究的意义。检察机关、自诉人对被告人的指控,只是提出罪与刑的请求。法院通过审理,对检察机关以及自诉人的指控进行全面审查,包括证据的充分性、法律适用的准确性,就可以实现定罪量刑的准确性,最大限度地避免冤枉无辜。在"案例14-1-03"中,人民法院对于刑法对被告人的行为并未明文规定为犯罪行为的,遵循罪刑法定原则宣告无罪,保护被告人不受错误追究。

3. 审判具有保障辩护权实现的意义。被告人享有辩护权,审判为辩护权的行使提供了平台。只有通过审判,才能保障被告人的辩护权,使其获得公正的对待,也才能体现刑事司法制度的公信力。在"案例14-1-01"和"14-1-02"中,家属均为被告人聘请了辩护律师,使得被告人在辩护人的帮助下有效行使法律赋予的辩护权;同时,由于律师等辩护人广泛地参与刑事诉讼,促使人民法院必须以事实为根据,以法律为准绳,作出公正的判决,树立刑事司法公信力和权威。

五、刑事审判程序

刑事审判程序是指人民法院审判刑事案件的步骤和方式、方法的总和。我国刑事诉讼法规定了以下几种基本的审判程序:

(一)第一审程序

这是指人民法院根据审判管辖的规定,对人民检察院提起公诉和自诉人自诉的案件进行初次审判的程序。

(二)第二审程序

这是指人民法院对上诉、抗诉案件进行审判的程序。

(三)特殊案件的复核程序

包括死刑复核程序以及人民法院根据《刑法》第63条第2款的规定在法定刑以下判处刑罚的案件的复核程序。

(四)审判监督程序

这是对已经发生法律效力的判决、裁定,在发现确有错误时,进行重新审判的程序。根据审判监督程序进行审判的案件,如果原来是第一审案件,依照第一审程序进行审判;如果原来是第二审案件,则依照第二审程序进行审判。

【法条链接】

《刑法》

第三条　法律明文规定为犯罪行为的,依照法律定罪处刑;法律没有明文规定为犯罪行为的,不得定罪处刑。

《刑事诉讼法》

第三条　对刑事案件的侦查、拘留、执行逮捕、预审,由公安机关负责。检察、批准逮捕、检察机关直接受理的案件的侦查、提起公诉,由人民检察院负责。审判由人民法院负责。除法律特别规定的以外,其他任何机关、团体和个人都无权行使这些权力。

人民法院、人民检察院和公安机关进行刑事诉讼,必须严格遵守本法和其他法律的有关规定。

第五条 人民法院依照法律规定独立行使审判权,人民检察院依照法律规定独立行使检察权,不受行政机关、社会团体和个人的干涉。

第十一条 人民法院审判案件,除本法另有规定的以外,一律公开进行。被告人有权获得辩护,人民法院有义务保证被告人获得辩护。

第十二条 未经人民法院依法判决,对任何人都不得确定有罪。

第五十四条 采用刑讯逼供等非法方法收集的犯罪嫌疑人、被告人供述和采用暴力、威胁等非法方法收集的证人证言、被害人陈述,应当予以排除。收集物证、书证不符合法定程序,可能严重影响司法公正的,应当予以补正或者作出合理解释;不能补正或者作出合理解释的,对该证据应当予以排除。

在侦查、审查起诉、审判时发现有应当排除的证据的,应当依法予以排除,不得作为起诉意见、起诉决定和判决的依据。

第五十六条 法庭审理过程中,审判人员认为可能存在本法第五十四条规定的以非法方法收集证据情形的,应当对证据收集的合法性进行法庭调查。

当事人及其辩护人、诉讼代理人有权申请人民法院对以非法方法收集的证据依法予以排除。申请排除以非法方法收集的证据的,应当提供相关线索或者材料。

第五十七条 在对证据收集的合法性进行法庭调查的过程中,人民检察院应当对证据收集的合法性加以证明。

现有证据材料不能证明证据收集的合法性的,人民检察院可以提请人民法院通知有关侦查人员或者其他人员出庭说明情况;人民法院可以通知有关侦查人员或者其他人员出庭说明情况。有关侦查人员或者其他人员也可以要求出庭说明情况。经人民法院通知,有关人员应当出庭。

第五十八条 对于经过法庭审理,确认或者不能排除存在本法第五十四条规定的以非法方法收集证据情形的,对有关证据应当予以排除。

第九十九条 被害人由于被告人的犯罪行为而遭受物质损失的,在刑事诉讼过程中,有权提起附带民事诉讼。被害人死亡或者丧失行为能力的,被害人的法定代理人、近亲属有权提起附带民事诉讼。

如果是国家财产、集体财产遭受损失的,人民检察院在提起公诉的时候,可以提起附带民事诉讼。

第二百二十二条 第二审人民法院应当就第一审判决认定的事实和适用法律进行全面审查,不受上诉或者抗诉范围的限制。

共同犯罪的案件只有部分被告人上诉的,应当对全案进行审查,一并处理。

第二百三十五条 死刑由最高人民法院核准。

第二百三十六条 中级人民法院判处死刑的第一审案件,被告人不上诉的,应当由高级人民法院复核后,报请最高人民法院核准。高级人民法院不同意判处死刑的,可以提审或者发回重新审判。

高级人民法院判处死刑的第一审案件被告人不上诉的,和判处死刑的第二审案件,都应当报请最高人民法院核准。

第二百四十一条 当事人及其法定代理人、近亲属,对已经发生法律效力的判决、裁定,可以向人民法院或者人民检察院提出申诉,但是不能停止判决、裁定的执行。

第二百四十三条 各级人民法院院长对本院已经发生法律效力的判决和裁定,如果发现在认定事实上或者在适用法律上确有错误,必须提交审判委员会处理。

最高人民法院对各级人民法院已经发生法律效力的判决和裁定,上级人民法院对下级人民法院已经发生法律效力的判决和裁定,如果发现确有错误,有权提审或者指令下级人民法院再审。

最高人民检察院对各级人民法院已经发生法律效力的判决和裁定,上级人民检察院对下级人民法院已经发生法律效力的判决和裁定,如果发现确有错误,有权按照审判监督程序向同级人民法院提出抗诉。

人民检察院抗诉的案件,接受抗诉的人民法院应当组成合议庭重新审理,对于原判决事实不清楚或者证据不足的,可以指令下级人民法院再审。

【典型案例目录索引】
1. 上海市闸北区人民法院(2006)闸刑初字第734号刑事附带民事判决书。
2. 上海市闸北区人民法院(2004)闸刑初字第989号刑事判决书。
3. 上海市闸北区人民法院(2004)闸刑初字第645号刑事判决书。
4. 上海市静安区人民法院(2010)静刑初字第295号刑事判决书。

第二节 刑事审判的模式

刑事诉讼模式,又称刑事诉讼形式、刑事诉讼结构、刑事诉讼构造,是指控诉、辩护、审判三方在刑事诉讼中的法律地位和相互关系。审判模式是刑事诉讼模式在审判阶段的体现。所谓刑事审判模式,是指控诉、辩护、审判三方在刑事审判程序中的诉讼地位和相互关系,以及与之相适应的审判程序组合方式。

诉讼史上最初出现的刑事审判模式为弹劾式审判模式,实行于奴隶制社会。随着封建集权专制的形成,又出现了纠问式审判模式。现代刑事审判模式大体上分为当事人主义和职权主义两种,前者主要实行于英美法系国家,后者主要实行于大陆法系国家。两种审判模式各有所长,长期以来,相互之间取长补短。此外,还出现了兼采当事人主义和职权主义审判模式优点的混合式审判模式。

一、当事人主义审判模式

当事人主义审判模式,又称对抗制审判模式、抗辩式审判模式,是指法官(陪审团)居于中立且被动的裁判者地位,法庭审判的进行由控方的举证和辩方的反驳共同推动和控制的一种审判模式。当事人的积极性和法官的消极性是当事人主义审判模式最重要的特征。与职权主义相比,当事人主义审判模式有三个基本特征:

1. 法官消极中立。法官对于案件事实的调查持消极态度,即不主动查明案件事实。其态度的消极和地位的中立主要表现在两个方面:一是在开庭审理前不接触证据,起诉方起诉时不移送卷宗材料,以免法官形成预断;二是法官不主动出示证据、询问证人、调查事实,尤其不参与证据的收集。法官的作用主要是主持审判的进行,司掌控辩双方举证、质证和辩论的规则。同时,根据双方提出的证据和辩论对案件事实作出判断,并作出裁决。法官的消极性和中立性,增强了审判程序的形式公正性。

2. 控辩双方积极主动和平等对抗。控辩双方当事人积极主动地举证、质证并相互辩论,目的在于使法官(陪审团)形成有利于己方的判断。当事人之间的平等对抗得到了充分实现,表现为控方提出指控后,辩方享有充分反驳的权利;控辩双方都有权收集、提供证据,以证明自己的主张,反驳对方的主张;任何一方提供的证人都必须接受"交叉询问",即举证方对证人进行主询问后,由另一方进行反询问;双方都有权当庭反驳对方提出的任何一项事实主张;围绕案件事实和法律适用问题,双方可以进行针锋相对的辩论。控辩双方的积极主动和平等对抗,使审判程序充满了"诉讼竞赛"的气氛。

3. 控辩双方共同控制法庭审理的进程。尽管法官主持审判,但控辩双方控制法庭审理的进程。主要表现在两个方面:一是事实和证据的调查范围、方式取决于控辩双方,只要不违反规则,法官不能主动干预。二是基本上实行辩诉交易,控辩双方可在庭前进行交易。达成协议后,法官通常会尊重双方的选择,开庭时只要查明被告人认罪是在自愿、明知法律后果的情况下作出的,一般就不再进行事实和证据的调查,而迳行宣告判决。

二、职权主义审判模式

职权主义审判模式,又称"审问式"审判模式,是指法官在审判程序中居于主导和控制地位,而限制控辩双方积极性的审判模式。与当事人主义审判模式不同,法官的中心地位和在事实和证据调查中的积极作用,是职权主义审判模式的主要特点。职权主义审判模式也有三个基本特征:

1. 法官居于中心地位,主导法庭审理的进行。法官不仅仅是一个仲裁者,而且是一个积极的事实调查者。为了查明案件事实,法官有权而且有责任积极地行使调查权和审判决策、指挥权。法官的中心地位和主导作用主要表现在三个方面:一是公诉机关向法院提起诉讼时向法院随案移送案件的卷宗材料,以便法官开庭前对案件事实有初步的了解和制定庭审计划;二是可以主动收集证据,主动审问被告人,询问证人、鉴定人,主动出示并核实证据;三是案件的审理范围、审理方式、证人出庭、进程安排等均由法官决定。

2. 控辩双方的积极性受到抑制,处于消极被动的地位。检察机关将案卷材料和证据移送给法院以后,检察官出庭支持公诉只是当庭陈述公诉主张而已,并不需要主动向辩方出击。控辩双方需要向诉讼参与人发问或出示某项证据,必须在法官讯问和示证结束之后,而且要先征得法官的同意。在整个事实与证据调查过程中,控辩双方都处在被动、辅助、补充的地位。

3. 法官完全掌握程序控制权。尽管也重视和保障检察官和辩护人、被告人对法庭审理程序的参与权,但只是参与法官的调查程序而已,作为参与者的被动角色决定了他们并不分享程序的控制权。在审判程序中,控辩双方不仅要遵守法律规则,也要服从法官的安排和指挥。庭审通常按法官事先制定的计划进行,而法官如果认为有必要,则又可临时改变事先确定的案件事实和证据的调查范围。而控方或辩方试图调取新的证据、提供新的证人出庭或重新勘验、鉴定等,都只能向法官提出申请,法官有权依法拒绝申请。

三、混合式审判模式

当事人主义实行控辩双方当事人主导推进庭审进程之制,赋予被告人与检控方进行平等对抗的权利,具有鲜明的诉讼民主与程序公正的特点。但是,法官的过分消极被动和控辩双方对审判程序的控制权,又易造成审判效率和发现案件实体真实方面效率的降低,而且诉讼成本高昂。职权主义庭审模式因强调庭审法官的职权作用从而突出了国家的审判职能,固然有利于提高诉讼效率以及发现事实真相,但在一定程度上抑制了检控方与辩护方参与诉讼的积极性,程序的正义性略显不足。正是由于这两种审判模式都有优点和缺点,第二次世界大战后出现了互相借鉴吸收的改革趋势。英美法系国家开始强化法官对审判程序的控制作用,不再完全放任控辩双方对审判程序的主导;大陆法系国家则通过立法加强了诉讼程序中被告人的人权保障,允许庭审中控辩双方的交叉询问等。如今,纯粹的当事人主义审判模式或纯粹的职权主义审判模式已经不复存在。

一方面,由于一国的审判模式受其历史传统和法律文化的影响很大,因而尽管两种审判模式互相学习借鉴,取长补短,但当事人审判模式和职权主义审判模式依然保持了自己最主要的程序特征。另一方面,世界范围内出现了一种混合式审判模式。这种审判模式是指吸收当事人主义审判模式和职权主义审判模式的长处,使两种审判模式融合的一种审判模式。即使在这样一种混合的审判模式中,还是可以看出其中更多地体现了当事人主义审判模式或职权主义审判模式的一些程序特征。

采用混合式审判模式的国家以日本和意大利为代表。日本明治维新以后的刑事诉讼法受法国和德国刑事诉讼法的影响较大,审判模式属职权主义。"二战"后,日本法制受到美国法律制度的影响。从1948年重新制定刑事诉讼法开始至20世纪50年代末,日本的刑事审判模式完成了从以职权主义为主到以当事人主义为主的转型,但又与美国刑事审判模式不完全相同而形成了自己的特色。被告人享有沉默权,实行起诉状一本主义,法官在庭审前不得接触控方除起诉状以外的案卷证据,证据由控辩双方当庭提出,证人主要由双方传唤和当庭询问,法庭调查实行交叉询问程序,这些都是当事人审判模式的内容。但与英美法系不同的是,法官仍然主导审判程序并在事实与证据调查中起着积极的作用。为厂查明事实真相,法官可以依职权自行扩大证据调查范围,主动调查并提出证据,有权主动询问证人、鉴定人,有权对控辩双方提出的调查证据的请求进行审查并有权不予准许。此外,日本也没有实行由陪审团裁决事实的制度。

历史上,意大利的刑事诉讼法属职权主义模式,尤其是纳粹政权时期制定的1930年《刑事诉讼法》将国家职权主义推向极致。法官完全控制审判程序,被告人诉讼权利有限而且流于形式。"二战"后意大利的刑事司法制度不断改革,特别是于1988年修改刑事诉讼法,大量吸收英美法系当事人主义审判模式的内容,比如规定了控辩双方对证人、鉴定人实行交叉询问的程序;赋予被告人沉默权,规定如果被告人放弃沉默权便可以作为证人接受控辩双方的交叉询问;放弃了原有的卷宗移送主义,而采取有限的诉讼资料移送制度;等等。意大利的刑事审判模式依然保留着职权主义的一些重要特征,突出表现在法官在证据和事实调查中仍然处于主动的地位。例如,庭审过程中,法官可以驳回当事人提出的要求进行证据调查的申请;在控辩双方主导的交叉询问中可以向当事人提出新的问题;可以向证人、鉴定人发问;可以依当事人的申请或依职权决定将某一专门性问题提交鉴定;在法庭调查结束后,如果认为有必要,法官还可以决定调取新的证据材料。可见,意大利的刑事审判模式中虽然增加了当事人主义审判模式的许多重要内容,但法官并没有成为一个消极的仲裁者,而依然是一个积极地调查事实和证据并主导审判的程序控制者。

当然,日本、意大利等国的混合式审判模式也并非完美无缺,事实上,也都存在一些问题,也都在进一步改革之中。

四、我国刑事审判模式

我国 1979 年《刑事诉讼法》确立的刑事审判模式体现出超职权主义的特点。这一方面是因为封建社会二千年来一直实行纠问式诉讼模式,司法程序缺乏民主性和当事人缺乏主体地位已成传统;另一方面是因为新中国的刑事诉讼制度直接参照了前苏联的模式,基本上以前苏联的模式构建了我国的刑事审判制度,而前苏联的审判模式则与职权主义有着密切的联系。

1979 年《刑事诉讼法》确立的超职权主义审判模式具有以下四个特点:

1. 庭前审查为实体性审查。人民检察院提起公诉时,全案移送案卷和证据。负责案件审判的法官不仅阅卷,还要预先讯问被告人,询问证人、鉴定人,而且必要时进行勘验、检查、搜查、扣押等一系列补充收集证据、审查核实证据的活动。

2. 法官完全主导和控制审判程序,审判程序以法官积极主动的证据调查为中心。法庭调查以法官询问被告人、询问证人、被害人和出示证据、宣读作为证据的文书为主。在法庭审判过程中,合议庭认为案件证据不充分,或者发现新的事实,可以退回人民检察院补充侦查,也可以自行调查。

3. 被告人诉讼地位弱化,辩护权受到抑制。被告人实际上成为法官的审问对象,负有回答法官提问、配合法庭查明案件事实真相的义务,辩护权难以发挥作用。

4. 法官协助检察官行使控诉职能。由于法官积极履行查明案件事实并提供相应证据的职责,特别是由于刑事诉讼法规定了开庭的前提是法官认为案件事实清楚,证据确实充分,因此,一旦决定开庭审判,法官便更多地充当了第二公诉人的角色,事实上履行着控诉犯罪、证实犯罪的职能。法官与检察官实质上站在同一方共同对付被告人和辩护人。

传统的超职权主义审判模式存在着严重的危害。1996 年及 2012 年修订的《刑事诉讼法》对审判模式进行了重大改革,主要是吸收了英美法系当事人主义的对抗性因素,并适当保留了职权主义的某些特征。我国刑事审判模式的当事人主义改革主要体现在以下几个方面:

1. 庭前审查由实体性审查改为程序性审查,开庭前检察机关不再向法院移送全部案卷证据材料,而只移送有明确指控犯罪事实的起诉书、证据目录、证人名单以及主要证据复印件或照片。只要符合程序要件,法官必须开始审判程序。

2. 强化了控方的举证责任和辩方的辩护职能,弱化了法官的调查功能。控辩双方的证据都必须当庭由自己向法庭出示,而不再由法官出示;证人由控辩双方进行交叉询问,然后法官才可以询问;法官在法庭上不再主动调查事实和证据,将由法官对被告人的审问作为庭审调查的开始改为由公诉人开始对被告人进行讯问;除非为了核实证据的必要和辩护方提出了理由正当的证据调查申请,法官一般不再主动收集证据;法官也不再对查明案件事实负实质性的责任,如果庭审后案件事实不清,证据不足,法官只能作出证据不足,指控的罪名不能成立的无罪判决,而不能将案件退回补充侦查或主动收集补充新的证据。

3. 扩大了辩护方的权利范围,强化了庭审的对抗性。表现在辩护方有权收集和当庭提出证据,控辩双方可以在法庭调查阶段就进行辩论,控辩双方的积极活动对审判程序和裁判结果的影响有所增强。

上述改革使我国刑事审判模式具有当事人主义的特征,学界一般称其为"控辩式"。但是,这些改革还只是初步的,只是弱化了超职权主义而已,职权主义色彩仍然相当严重,平等对抗机制还没有完全形成。因此,刑事审判程序和审判方式的改革还须继续深化。

【法条链接】

《刑事诉讼法》

第一百八十一条 人民法院对提起公诉的案件进行审查后,对于起诉书中有明确的指控犯罪事实的,应当决定开庭审判。

第三节 刑事审判的原则

一、审判公开原则

(一)审判公开原则的概念

审判公开原则是指人民法院审理案件和宣告判决,都公开进行,允许公民到法庭旁听,允许新闻记者采访和报道,即把法庭审判的全部过程,除休庭评议案件外,都公之于众。审判公开是一项民主的审判原则,已为现代各国立法所普遍规定,《世界人权宣言》和《公民权利和政治权利国际公约》也予以确认,从而成为国际性的刑事司法准则。我国《宪法》第125条规定:人民法院审理案件,除法律规定的特别情况外,一律公开进行。《刑事诉讼法》第11条也规定:人民法院审判案件,除本法另有规定的以外,一律公开进行。这就是我国刑事诉讼中公开审判原则的法律依据。

就公开的内容而言,审判公开包括审理过程的公开和审判结果公开,也可以说审理公开和判决公开。审理过程公开就是要公开开庭,当庭调查事实和证据,当庭进行辩论;审判结果公开就是要公开宣告判决,包括公开判决的内容、判决的理由和依据。

就公开的对象而言,审判公开包括向当事人公开和向社会公开。向当事人公开要求法庭开庭审理,而不得进行书面审理,案件事实与证据的调查应当在当事人的参加下进行。向社会公开就是允许公民到场旁听审判过程,允许新闻记者向社会公开报道审判活动和审判结果。实际上,允许公民旁听和允许记者公开报道也可以理解为审判公开的形式。

(二)审判公开原则的意义

审判公开是诉讼民主的重要表现,是诉讼公正的重要保证。审判公开原则的意义主要体现在三个方面:

首先,审判公开将审判活动置于当事人和社会的监督之下,有利于保障审判的公正性。当事人和社会的公开监督,可以促使法院严格遵守法定程序,认真贯彻各项审判制度,尊重和保障诉讼参与人的诉讼权利,准确严格地适用法律,作出公正的裁判。

其次,有利于增强刑事司法的公信力和司法的权威性。审判公开增强了刑事司法的透明度,并且将刑事审判过程和审判结果置于当事人和公众的监督之下,不仅有助于防止司法腐败和司法权的滥用或专横行使,而且有利于当事人和公众对国家刑事司法活动的认同、信任和尊重,从而有利于提升刑事司法的公信力,增加刑事司法的权威性。

最后,审判公开有利于加强法制宣传,增强民众的法律意识。审判公开,公民有权旁听审判,记者可以报道,这也是让公民参与司法过程的一种形式。这种形式可以培育公众的法律意识,增强民主参与的积极性。同时,审判公开使审判过程成为教育当事人和公众增强法制观念的重要形式,从审判过程中获得的信息,当事人和公众可以丰富法律知识,增强权利意识和义务观念,提高公民同犯罪作斗争的自觉性和积极性。

(三)审判公开原则的例外

为了保护更重要的利益,各国法律都规定了审判公开原则限制适用的特别情形。这种限制主要表现在两个方面:一是法庭评议不公开;二是对部分案件不公开审理。

我国《刑事诉讼法》对审判公开原则适用的限制性规定与国外基本上相同。根据《刑事诉讼法》第183条、第274条的规定,下列案件不公开审理:(1)有关国家秘密的案件。其目的是防止泄露国家秘密,危害国家利益。是否属于国家秘密根据保密法确认。(2)有关个人隐私的案件。如强奸案件等。其目的是保护被害人或者其他人的名誉,防止对社会产生不利影响。(3)审判时被告人不满十八岁的案件。由于未成年人的心理和生理尚处于成长、发育状态,思想不稳定,容易受外界的影响,不公开审理,有利于对犯罪的未成年人的教育和挽救。此外,最高人民法院《刑诉解释》还规定,对于当事人提出申请的确属涉及商业秘密的案件,法庭应当决定不公开审理。对于不公开审理的案件,应当当庭宣布不公开审理的理由。不公开审理的案件,宣告判决一律公开进行。

(四)公开审判的基本要求

为真正实现公开审判,人民法院应做到以下两点:

1. 对于依法应当公开审判的案件,应在开庭前将案件的案由、被告人姓名以及开庭的时间、地点,以适当的方式、方法公之于众,以便群众能够到庭旁听,记者到庭采访。刑事诉讼法要求凡是公开审判的案件,应在开庭3日以前先期公布案由、被告人姓名、开庭时间和地点。司法实践中,公布的方法,多采用在法院门前公告牌公告的形式。对于影响较大或者教育意义深刻的案件,可采取新闻媒介报道等其他适当方式。

2. 建立一套与公开审判原则相配套的,便于群众旁听、记者采访的具体的工作制度,如旁听证发放制度、安全检查以及法庭安全保卫制度等,为群众旁听、记者采访提供切实的便利条件。

二、直接言词原则

(一)直接言词原则的概念

直接言词原则,是指法官必须在法庭上亲自听取当事人、证人及其他诉讼参与人的口头陈述,案件事实和证据必须由控辩双方当庭口头提出并以口头辩论和质证的方式进行调查。直接言词原则包括直接原则和言词原则两项原则,因二者均以有关诉讼主体出席法庭为先决条件,紧密联系,理论上合称为直接言词原则。

所谓直接原则,是指法官必须与诉讼当事人和诉讼参与人直接接触,直接审查案件事实材料和证据。直接原则又可分为直接审理原则和直接采证原则。前者的含义是,法官审理案件时,公诉人、当事人及其他诉讼参与人应当在场,除法律另有特别规定外,如果上述人员不在场,不得进行法庭审理。否则,审判活动无效。在这一意义上,直接审理原则也称为在场原则。直接采证原则是指,法官对证据的调查必须亲自进行,不能由他人代为实施,而且必须当庭直接听证和直接查证,不得将未经当庭亲自听证和查证的证据加以采纳,不得以书面审查方式采信证据。

所谓言词原则,是指法庭审理须以口头陈述的方式进行。包括控辩双方要以口头进行陈述、举证和辩论,证人、鉴定人要口头作证或陈述,法官要以口头的形式进行询问调查。除非法律有特别规定,凡是未经口头调查的证据,不得作为定案的依据采纳。

(二)直接言词原则的意义

直接言词原则对于实现公正审判有着重要的意义。

首先,有利于查明案件事实真相。法官直接听取控辩双方的陈述和辩论,参加证据调查,有利于审查判断证据的真实性,对案件事实作出准确的判断,形成可靠的心证,最终作出公正的裁判。

其次,有利于实现程序公正。当事人尤其是被告人直接参与法庭审理,其他诉讼参与人亲自到庭,使控辩双方能够平等地行使举证、质证和辩论的权利,保障了当事人的审判参与权,并使法律规定的各项审判制度、原则和程序得到真正的贯彻,有利于实现程序公正。

(三)直接言词原则的适用

我国刑事诉讼法虽然没有明确规定直接言词原则,但关于第一审程序和第二审程序的有关通知证人、鉴定人出庭的规定,关于控辩双方和被害人当庭质证的规定,关于公诉人、被害人、被告人、辩护人经审判长许可可以直接向证人、鉴定人发问的规定以及控辩双方当庭进行辩论和被告人有权进行最后陈述的规定等,都体现了审理的直接性和言词性原则。依据刑事诉讼法的规定,贯彻直接言词原则,人民法院应做到以下几点:

1. 及时通知有关人员出庭。
2. 开庭审理过程中,合议庭的审判人员必须始终在庭,参加庭审的全过程。
3. 所有证据包括法庭依当事人申请或依职权收集的证据,都必须当庭出示,当庭质证。证人出庭作证应作为一般原则,不出庭只能是例外。证人出庭作证,能有效贯彻直接言词原则,准确认定案件事实。
4. 保证控辩双方有充分的陈述和辩论的机会和时间。

直接言词原则在按普通程序审理的过程中应当严格遵循,但按简易程序审理的案件可以例外。因为简易程序的价值就在于提高审判的效率,如果完全按直接言词原则的要求进行举证、质证和辩论,就不再具有简易的特点和快捷的效果。

三、辩论原则

(一)辩论原则的含义

辩论原则是指在法庭审理中,控辩双方应以口头的方式进行辩论,法院裁判的作出应以充分的辩论为必经程序。

辩论原则包括以下几方面的内容:

1. 辩论的主体是控辩双方和其他当事人。处于对抗地位的控诉方和辩护方、附带民事诉讼的原告方和被告方是辩论的主体,都享有辩论的权利。

2. 辩论的内容是证据问题、事实问题和法律适用问题。从法律性质分,辩论的内容包括实体问题和程序问题。围绕案件实体事实和程序事实的辩论,主要针对证据能力和证据的证明力、证据的充分性以及程序的合法性展开。实体法和程序法的适用问题也是辩论的内容。

(二)辩论原则的意义

贯彻辩论原则,其重要意义主要有:

1. 保障被告人的辩护权。在侦查和审查起诉阶段,被告人的辩护缺乏有效的形式和手段。法庭审理是刑事诉讼的中心,贯彻公开原则,最利于辩论。辩论原则保障被告人及其辩护人能够充分地表达辩护意见。

2. 有利于准确认定事实和证据、适用法律,作出公正的判决。通过法庭充分的辩论,法官可以充分听取关于案件事实和法律适用的不同意见,作出公正的判决。

(三)辩论原则在我国的适用

适用辩论原则,需要注意以下两点:

1. 除了在法庭辩论阶段集中进行辩论以外,在法庭调查过程中,控辩双方也可以围绕某一证据的合法性、相关性问题进行辩论。

2. 法庭应当保障控辩双方有平等、充分的辩论机会。法庭应当引导辩论双方围绕案件争议焦点进行辩论。实践中有的法官预先规定辩护人发言的时间,已经构成对辩护方辩论权的限制,是错误的。

四、集中审理原则

(一)集中审理原则的含义

集中审理原则,又称不中断审理原则,是指"法院开庭审理案件,应在不更换审判人员的条件下连续进行,不得中断审理的诉讼原则"。该原则要求法庭对每个刑事案件的审理,除了必要的休息时间外,原则上应当是不中断地连续进行。换言之,法庭审理案件从开庭到判决应当尽可能地一气呵成,不应中断。

集中审理原则的内容主要包括:

1. 一个案件组成一个审判庭进行审理,每起案件自始至终亦应由同一法庭进行审判,而且在案件审理已经开始尚未结束以前不允许法庭再审理任何其他案件。这是为了防止因交叉审理而使法官、陪审员在不同案件之间造成混淆,保证合议庭对每个案件都能够形成系统完整的印象并作出准确的判断,从而保证裁判质量。

2. 法庭成员不可更换。法庭成员(包括法官和陪审员)必须始终在场参加审理。对于法庭成员因故不能继续参加审理的,应当及时替换。参与裁判制作的法官、陪审员必须参与案件的全部审理活动,接触所有的证据,全面听取法庭辩论,否则无法对案件形成全面的认知并作出公正的裁判。

3. 集中证据调查与法庭辩论。证据调查必须在法庭成员与控辩双方以及有关诉讼参与人均在场的情况下进行,证据调查与辩论应在法庭内集中完成。这体现了言词原则的要求,有利于贯彻审判公开原则、实现平等辩论、平等武装理念,也是保证法庭整体全面地发现事实、形成完整"心证",并作出正确裁判的重要条件。

4. 庭审不中断并迅速作出裁判。法庭审理应不中断地进行,法庭因故延期审理较长时间者,应重新进行以前的庭审。庭审结束后,应迅速作出裁判并予以宣告。这不仅是提高诉讼效率、及时实现刑罚权的需要,也是保障被告人迅速审判权的必然要求。

(二)集中审理原则的意义

集中审理原则与直接原则、言词原则、公开原则、平等辩论、平等武装、迅速审判等现代刑事审判特别是控辩式庭审诸原则密切相关。具体而言,集中审理原则的意义在于:

1. 通过以上系统的保障措施保证法庭审理顺利、迅速、公正地进行,有利于实现刑事审判公正与效率的双重价值目标。集中审理不仅是通过公正审判获得实体正义的保证,而且以高效率来获得公正价值的实现。集中审理原则无疑是加速审判终结、尽快实现正义所必要的技术要求,因此具有程序与实体的双重价值。

2. 有利于实现被告人的辩护权以及迅速审判权。集中审理原则要求集中所有的证据调查与法庭辩论,由此可以实现控辩平等对抗,避免法庭单方面接触控方证据而形成片面认识,而为被告人针对指控充分行使辩护权,发挥辩护职能的作用,提供了平台。许多国家法律明确规定被告人享有迅速审判权,这是维护被告人利益的需要,是人权保障理念高度发展的体现。为防止案件久拖不决,切实维护被告人的利益,我国也应赋予被告人迅速审判权,而集中审理原则则通过实现案件的快速审结,为被告人迅速审判权的实现提供保障。在"案例14-1-01"中,人民法院对于附带民事诉讼原告人在刑事案件审理过程中提起的附带民事诉讼与刑事部分予以一并审理,节约了司法资源,方便附带民事诉讼原告人参与诉讼,同时也使案件事实的认定保持一致。

3. 能让法官、陪审员通过集中、全面地接触证据对案件形成全面、准确的认识从而作出正确的裁判。在大陆法系国家,集中审理是法官形成心证的最佳方式,也是保证法官形成正确心证的手段和程序。台湾学者林山田则指出,"在此审理密集原则下,可促使法官在对其审理诉讼客体之内容记忆尚极清新时,即行判决,一方面可及早结案,另一方面亦可以免因中断后,续行审理时,因为法官对于诉讼客体已是记忆模糊,而未能作成公平合理之判决。"由此,集中审理被认为是诉讼上为发现实体真实,形成正确"心证",提升裁判品质的技术要求,与审判的基本原则言词辩论、直接主义之事实审理密不可分,是实现司法公正,维系程序正义不可或缺的一环。

4. 有利于实现审判监督,防止司法不公。集中进行证据调查与法庭辩论,有助于深入贯彻审判公开原则,让审判过程充满阳光,更利于当事人以及社会公众监督审判活动,这对于消除暗箱操作、防止司法不公,具有积极意义。

(三)集中审理原则的适用

集中审理原则所体现出来的理念,无疑是符合人类认识规律的,是对诉讼规律的科学总结,是人类认识成果的结晶,是审判活动应当遵循的基本原则。目前,集中审理原则已然成为现代法治发达国家广为进行的实践。德国、法国等大陆法系国家均在立法中明确规定集中审理原则,并通过强化各种审判程序之配合,促成集中审判之实施。如关于庭审不中断的要求,《德国刑事诉讼法典》第226条即规定,审判是在被召集作裁判人员、检察院和法院书记处一名书记员不间断地在场的情形下进行。《法国刑事诉讼法典》第307条规定:"审理不得中断,应当持续进行至重罪法院作出裁定,宣布审判结束为止。在法官和被告人必要的用餐时间内,审理可以暂停。"在意大利,根据其《刑事诉讼法典》第477条的规定,"法官只能根据绝对的必要性中断法庭审理"。《日本刑事诉讼规则》第179条之二规定:"法院对需要审理2日以上的案件,应当尽可能连日开庭,连续审理。"中国台湾地区"刑事诉讼法"第293条也规定,审判非一次期日所能终结者,除有特别情形外,应于次日连续开庭。关于庭审中断的时间限制,《意大利刑事诉讼法典》第477条规定,法庭审理中断的时间在任何情况下不得超过10日,《德国刑事诉讼法典》第229条亦规定为10日,我国台湾地区"刑事诉讼法"第293条将这一期限规定为15日,逾期应更新审判。关于法庭在庭审结束后应即作出裁判并予以宣布的要求,《德国刑事诉讼法典》第268条a第3款即规定:"在审判结束时应当宣告判决,至迟必须是在审判结束后第11日宣告判决,否则应当重新开始审判",第4款还规定:"如果延期宣告判决的,要尽可能地在宣告判决之前书面确定判决理由。"台湾地区"刑事诉讼法"第311条则规定:"宣示判决,应自辩论终结之日起14日内为之。"而英美法系控辩式庭审尤其是陪审团审判对该原则的要求更为严格,这不仅是因为强调被告人获得迅速审判的权利,而且因为陪审团审内在要求实现法庭审理的连续性与集中性。

我国最高人民法院于2002年8月12日公布的《关于人民法院合议庭工作的若干规定》第3条关于合议庭成员不得更换的规定、第9条关于合议庭评议案件时限的规定以及第14条关于裁判文书制作期限的规定,体现了集中审理原则的精神,是一个巨大的进步,对于实现审判公正、提高审判效率具有重要意义。但上述规定与集中审理原则的要求仍有一定的距离。为充分发挥合议庭的作用,进一步强化庭审功能,应确立并贯彻集中审理原则。

第四节 审级制度

【典型案例】

【案例14-4-01】

李某某、李某诈骗案。李某某、李某诈骗案经一审判决后,二审法院认为原判事实不清、证据不足,裁定撤销原判、发回重审。一审法院另行组成合议庭对该案进行重新审理,判决后,原审被告人李某某不服,提出上诉。在诉讼过程中,李某某申请撤回上诉。二审法院认为,上诉人李某某、原审被告人李某犯诈骗罪的事实清楚,证据确实、充分,定罪量刑并无不当,审判程序合法。上诉人李某某撤回上诉的申请符合法律规定。裁定准许上诉人李某某撤回上诉。具体情况如下:

一审查明的事实:被告人李某某、李某系父子。2000年6月,被告人李某通过他人介绍搭识了某市世强建筑安装工程有限公司总经理史某某,并将其父李某某介绍给史。之后,李某某谎称与某某省某某县发电厂签订了投资某某县电厂的意向书,其是负责该项目引资的,可以发包该工程项目。同时,外国财团投资资金也将于近期到位,目前尚缺一些前期费用,只要谁肯借钱,将来可将该工程给谁做等,骗得了史某某的相信。为了进一步取得史的信任,李某某还向史某某出示了投资合作协议书等材料,使史深信不疑。同年8月15日和10月15日,史某某分两次将人民币95万元作为前期费用送至李某某家中。被告人李某某、李某出具了承诺书,承诺史某某所出的资金全部用于开发某某县发电厂项目,史有承接该项目的优先权。同时,被告人李某还应史某某的要求,以某市中市电子产品维修中心（集体企业）冒充国营企业作为担保，出具了收到史某某95万元的借条。被告人李某某骗得钱款后，分别用于其他渠道投资或开办私营公司等，而对某某县发电厂却分文未投。案发后，被告人李某某、李某家属退赔了8万元。

一审判案理由：被告人李某某、李某采用虚构投资发电厂，可给他人承接工程项目，从而骗取他人的信任而骗得他人钱财，数额特别巨大，其行为已触犯《中华人民共和国刑法》（以下简称《刑法》）第二百六十六条之规定，构成诈骗罪，应当判处十年以上有期徒刑或者无期徒刑，并处罚金或没收财产。公诉机关指控的罪名成立，本院予以支持并依法对两名被告人予以惩处。被告人李某某既无外国财团资金投资，亦无经济实力与某某县发电厂合作并进行资金投资，却欺骗被害人史某某，承诺史肯借款100万元即可把发电厂项目工程给史做，从而骗取了史的信任。在骗得史借给95万元钱款后，被告人李某某并未将钱款投资某某县发电厂合作项目上，而是用于其他方面融资或借贷或开办私营公司等。被告人李某某所实施的行为主观上具有非法占有他人钱财的故意，客观上采用虚构事实和隐瞒真相的方法，将他人的钱财非法占为己有，其行为符合诈骗罪的构成要件，应认定构成诈骗罪。被告人李某明知其父李某某并没有外国财团投资，亦没有经济实力与某某县发电厂合作开发项目，仍帮助李某某一起欺骗被害人史某某，且在借条上和承诺书上签字或以单位名义进行担保，使李某某诈骗他人钱财的目的得以实现，李某的行为亦构成诈骗罪。被告人李某某、李某的辩解和两名辩护人提出辩护意见与本案查证的事实不符，均不予采纳。在实施犯罪过程中，被告人李某某从虚构事实到骗取钱财，最后占有钱财，均起主要作用，依照《刑法》第二十六条第一款之规定，在共同犯罪中起主要作用，是主犯；被告人李某帮助李某某虚构事实，在借条上签字或承诺担保，促使犯罪成功，依照《刑法》第二十七条第一款和第二款之规定，在其同犯罪中起辅助作用的，是从犯，应当从轻处罚。

一审定案结论：某市某区人民法院根据被告人李某某、李某的犯罪事实、情节、社会危害程度，所处的地位和作用，到案后的交代态度及悔罪表现等，根据上述法律规定及《刑法》第六十四条之规定，判决如下：被告人李某某犯诈骗罪，判处有期徒刑十五年，并处罚金人民币一万元；被告人李某犯诈骗罪，判处有期徒刑十年，并处罚金人民币一万元；退赔的赃款人民币八万元及还应追缴的赃款人民币八十七万元一并发还实在害人史某某。

二审情况：1. 被告人李某某不服，以其与史某某是借贷关系而非诈骗，且并未虚构事实为由提出上诉。2. 某市中级人民法院认为某市某区人民法院判决认定上诉人李某某和原审被告人李某犯诈骗罪的事实不清、证据不足。裁定撤销某市某区人民法院（2002）某刑初字第220号刑事判决；发回某市某区人民法院重新审判。

重审查明的事实：被告人李某某、李某系父子关系。本案证人阎某于2000年5月20日以某市新逸科技有限公司名义与某某省某某县发电厂签订投资合作协议书，约定由某市新逸科技有限公司投资和引进外资，共同开发某某发电厂，合同有效期至2000年12月30日止。被告人李某某对此项工程很感兴趣。经协商，李某某与阎某约定，以阎某名义进行某某电厂的开发，李某某负责投入资金和引进外资。2000年6月，李某某、李某经人介绍认识了某市世强建筑安装工程有限公司总经理史某某。之后，李某某、李某向史某某介绍了某某电厂的有关情况，并谎称外国财团投资资金即将到位。李某某遂以某某发电厂工程前期费用名义向史某某借款，并许诺将来史某某可以优先承接该工程。2000年8月15日和10月20日，史某某分别借给李某某人民币50万元和45万元。李某某以借款人名义分别写了借条。两份借条上写明的借款原因分别是"因开办公司急需启动资金"和"因公司急需资金周转",归还借款的时间分别是 2000 年 10 月份和 2000 年 11 月中旬。在这两份借条上,李某均以自己个人名义作了担保,另外还以李某担任法定代表人的某市中市电子产品维修中心的名义作了单位担保。李某某、李某在收取了 95 万元的钱款后,将其中的人民币 16 万元予以私自侵吞。案发后,李某某、李某家属退赔了 8 万元。

重审判案理由:上诉人李某某、李某以非法占有为目的,使用虚构事实、隐瞒真相的方法骗取被害人史某某人民币 16 万元,其行为均已构成诈骗罪,依法应予惩处。关于李某某所称其所借款项被他人诈骗、证人吴源兴的说法不能成立以及李某的辩护人称李某客观上未使用欺诈方法、主观上不具有占有目的,因而其行为不构成诈骗罪的辩解,关于李某某所陈述的借给吴源兴的 16 万元,综合证人吴源兴的前后证言考察,尽管其证言有所出入,但都说明一个结论,即吴源兴未收到李某某借给他的人民币 16 万元。据此,只能推定该 16 万元被李某某、李某共同隐匿或予以侵占。这样,李某某、李某在借款时编造了外国财团资金即将到位等条件,且处理该笔款项的范围已超出双方借条和口头约定范围,可以认定李某某、李某在向被害人史某某借款时,具有非法占有此部分借款的目的,并实施了虚构事实、隐瞒真相的行为,故对被其隐匿或侵占的 16 万元借款而言,李某某、李某的行为已构成诈骗罪。不采纳李某某以及李某辩护人的前述辩护观点。关于公诉机关所称李某某、李某所借其余 79 万元的行为也构成诈骗罪的观点,某市某区人民法院认为,李某某、李某在借款过程中,虽有编造外国财团资金即将到位等条件的欺诈行为,但尚不能反映两名被告人对此 79 万元有非法占有的目的,其中部分行为仍属民事欺诈的范围,而另有部分行为则由于证据不足的原因,难以认定为诈骗罪。理由是:其一,关于借给某某市口岸公司的人民币 50 万元和用于成立公司等费用的数万元。有证据证明李某某、李某将该 50 万元交给南京口岸公司,其目的是向加拿大亿万国际投资公司贷款人民币 16.5 亿元,以经营某某电厂项目。而花费在成立益鸣公司和联系某某电厂业务上的数万元人民币,也在情理之中,并未超出正常的使用范围。且借条上写明的借款原因是公司的成立和运作。双方口头协议的内容是借款用于某某工程的前期费用。因此,李某某、李某使用该笔借款的范围并未超出双方借条和口头约定的范围。此外,对此部分钱款而言,李某某、李某也未编造借款事由,其借款的原因真实存在。有证据证明,某某工程确有其事;在此工程中,阎某负责项目,李某某负责引进资金。故公诉机关所称的李某某、李某谎称与某某省某某县签订了投资某某县电厂意向书的指控有失实之处。综上,对与此部分款项有关的行为,不宜认定为诈骗罪。其二,关于李某某所辩称的借给贵州刘某某的人民币 25 万元。不排除西南纯昌交通能源开发公司关于借李某某人民币的书面申明系李某或其家属伪造的可能,但也难以排除李某某、李某被刘某某诈骗的可能性。在李某某、李某可能被刘某某诈骗的情况下,由于被告人李某某仍坚持该 25 万元是借给刘某某用于融资,以经营某某电厂的说法,且目前无相反证据否定李某某的辩解,故对此 25 万元,按有利于被告人的原则理解,其性质不宜认定为欺诈犯罪行为,不宜认定为诈骗罪。故采纳李某某、李某及其辩护人的部分辩解,对公诉机关的相关指控不予支持。在共同犯罪中,李某某是借款人,且以其为主处理所侵占款项,故其在共同犯罪中起主要作用,是主犯;李某仅是借款担保人,其仅起协助李某某处理所侵占款项的作用,故其在共同犯罪中,起次要作用,是从犯,依法应予以从轻处罚。李某对所犯罪行交代较为稳定,且有一定认罪悔罪表现,可依法适用缓刑。

重审定案结论:某市某区人民法院依据《中华人民共和国刑法》第二百六十六条、第二十五条、第二十六条、第二十七条、第七十二条和第六十四条之规定,判决如下:被告人李某某犯诈骗罪,判处有期徒刑七年,并处罚金人民币七千元;被告人李某犯诈骗罪,判处有期徒刑三年,宣告缓刑三年,并处罚金人民币三千元;尚未退赔的赃款人民币八万元,应予追缴,发还被害人史某某。

终审情况:判决后,上诉人李某某不服,提出上诉。诉讼过程中,李某某申请撤回上诉。某市中级人民法院认为,上诉人李某某、原审被告人李某犯诈骗罪的事实清楚,证据确实、充分,定罪量刑并无不当,审判程序合法。上诉人李某某撤回上诉的申请符合法律规定。裁定准许上诉人李某某撤回上诉。

一、审级制度的概念

审级制度是指法律规定案件起诉后最多经过几级法院审判必须终结的诉讼制度。

在刑事诉讼中,各国法院设置的级别不尽相同,有的设置四级,也有的设置三级。但就审级制度而言,基本上分为两类:一类是两审终审制,指不论法院组织设置几级,案件最多经过两级法院的审判即告终结;另一类是三审终审制,指不论法院组织设置几级,案件最多经过三级法院的审判即告终结。无论哪一类,最后一级法院对案件作出的判决、裁定均为终审判决、裁定,一经作出即发生法律效力。

我国人民法院分为四级,即最高人民法院、高级人民法院、中级人民法院和基层人民法院。我国实行两审终审制的审级制度。

二、两审终审制

《刑事诉讼法》第10条规定,人民法院审判案件,实行两审终审制。两审终审制,是指一个案件至多经过两级人民法院审判即告终结的制度,对于第二审人民法院作出的终审判决、裁定,当事人不得再提出上诉,人民检察院不得按照上诉审程序提出抗诉。根据两审终审制的要求,地方各级人民法院按照第一审程序对案件审理后所作的判决、裁定,尚不能立即发生法律效力;只有在法定上诉期限内,有上诉权的人没有上诉,同级人民检察院也没有抗诉,第一审法院所作出的判决、裁定才发生法律效力。在法定期限内,如果有上诉权的人提出上诉,或者同级人民检察院提出了抗诉,上一级人民法院应依照第二审程序对该案件进行审判。上一级人民法院审理第二审案件作出的判决、裁定,是终审的判决、裁定,立即发生法律效力。这样经过两级法院对案件审判后,该案的审判即告终结。

两审终审制的实质是允许一个案件经过两级法院审理,也最多只能经过两级法院审理的审级限制。但我国的两审终审制有以下三种例外:(1)最高人民法院审理的第一审案件为一审终审,其判决、裁定一经作出,立即发生法律效力,不存在提起二审程序的问题。(2)判处死刑的案件,必须依法经过死刑复核程序核准后,判处死刑的裁判,才能发生法律效力,交付执行。(3)地方各级人民法院根据《刑法》第63条第2款规定在法定刑以下判处刑罚的案件,必须经最高人民法院的核准,其判决、裁定才能发生法律效力并交付执行。

【法条链接】
《刑事诉讼法》
第十条 人民法院审判案件,实行两审终审制。

第二百二十五条　第二审人民法院对不服第一审判决的上诉、抗诉案件,经过审理后,应当按照下列情形分别处理:

(一)原判决认定事实和适用法律正确、量刑适当的,应当裁定驳回上诉或者抗诉,维持原判;

(二)原判决认定事实没有错误,但适用法律有错误,或者量刑不当的,应当改判;

(三)原判决事实不清楚或者证据不足的,可以在查清事实后改判;也可以裁定撤销原判,发回原审人民法院重新审判。

原审人民法院对于依照前款第三项规定发回重新审判的案件作出判决后,被告人提出上诉或者人民检察院提出抗诉的,第二审人民法院应当依法作出判决或者裁定,不得再发回原审人民法院重新审判。

《最高人民法院关于适用〈中华人民共和国刑事诉讼法〉的解释》

第三百零五条　上诉人在上诉期满后要求撤回上诉的,第二审人民法院应当审查。经审查,认为原判认定事实和适用法律正确,量刑适当的,应当裁定准许撤回上诉;认为原判事实不清、证据不足或者将无罪判为有罪、轻罪重判等的,应当不予准许,继续按照上诉案件审理。

被判处死刑立即执行的被告人提出上诉,在第二审开庭后宣告裁判前申请撤回上诉的,应当不予准许,继续按照上诉案件审理。

【典型案例目录索引】

1. 上海市闸北区人民法院(2002)闸刑初字第220号刑事判决书。
2. 上海市第二中级人民法院(2002)沪二中刑终字第437号刑事裁定书。
3. 上海市闸北区人民法院(2003)闸刑重字第1号刑事判决书。
4. 上海市第二中级人民法院(2004)沪二中刑终字第67号刑事裁定书。

第五节　审判组织

一、审判组织的概念和种类

审判组织是指人民法院审判案件的组织形式。

根据刑事诉讼法和人民法院组织法的规定,人民法院审判刑事案件的组织形式有三种,即独任制、合议制和审判委员会。

二、独任制

独任制,是指由审判员1人独任审判的制度。

根据《刑事诉讼法》第178条第1款的规定,独任制仅限于基层人民法院适用简易程序审判的案件。因为这类案件案情比较简单,情节比较轻微,由审判员1人进行审判,既可以保证办案质量,又可以节省司法资源,便于法院集中力量处理比较重大、复杂的案件。

审判员依法独任审判时,行使与合议庭的审判长同样的职权。适用独任审判,须按照刑事诉讼法规定的简易程序进行,依法应当公开审理的案件,都应当公开审理,并要认真执行回避、辩护、上诉等各项审判制度,切实保障当事人和其他诉讼参与人的诉讼权利。

三、合议制

合议制是一种集体审判的制度,即案件的审判,由审判人员数人组成合议庭进行。

合议制是人民法院审判案件的基本组织形式。除基层人民法院适用简易程序审判案件可以采用独任制外,人民法院审判刑事案件均须采取合议庭的组织形式。实行合议制,有利于发挥集体的智慧,集思广益,防止主观片面、个人专断和徇私舞弊。

(一)合议庭的组成方式

由于各级人民法院管辖的第一审刑事案件的情况不同,第一审和第二审的任务亦不同,法律对合议庭的组成有不同的规定。根据《刑事诉讼法》第178、238条的规定,合议庭的组成方式如下:

1. 基层人民法院和中级人民法院审判第一审案件,应当由审判员3人或审判员和人民陪审员共3人组成合议庭进行。

2. 高级人民法院、最高人民法院审判第一审案件,应当由审判员3~7人或者由审判员和人民陪审员共3~7人组成合议庭进行。

3. 中级以上人民法院审判上诉、抗诉案件,由审判员3~5人组成合议庭进行。

4. 高级人民法院和最高人民法院复核死刑案件、高级人民法院复核死刑缓期执行的案件,应当由审判员3人组成合议庭进行。

(二)合议庭的组成原则

合议庭的组成,应遵守以下原则:

1. 合议庭的成员人数应当是单数。该原则有利于合议庭在评议意见分歧时作出决定。

2. 合议庭的组成人员,只能由经过合法任命的本院的审判员和在本院执行职务的人民陪审员充任。

《刑事诉讼法》第13条规定:人民法院审判案件,依照本法实行人民陪审员陪审的制度。人民陪审员是指从人民群众中产生的非专职的参加合议庭的审判人员。根据刑事诉讼法第147条的规定,各级人民法院审判第一审案件,均可吸收人民陪审员作为合议庭成员参与审判,人民陪审员在人民法院执行职务期间,同审判员有同等的权利义务。这是人民群众参加国家管理的一种形式,体现了司法民主精神。人民法院应当切实实行陪审制度,进一步健全陪审制度,真正发挥人民陪审员在审判工作中的作用。

3. 合议庭由院长或者庭长指定审判员1人担任审判长;院长或者庭长参加审判案件的时候,自己担任审判长。在审判员不能参加合议庭的情况下,助理审判员由本院院长提出,经审判委员会通过,可以临时代行审判员职务,并可以担任审判长。应当注意,人民陪审员参加合议庭审判案件时,不能担任审判长。

4. 不得随意更换合议庭成员。根据最高人民法院2002年8月12日发布的《关于人民法院合议庭工作的若干规定》第3条的规定,合议庭组成人员确定后,除因回避或者其他特殊情况,不能继续参加案件审理的之外,不得在案件审理过程中更换。更换合议庭成员,应当报请院长或者庭长决定。合议庭成员的更换情况应当及时通知诉讼当事人。

(三)审判长选任制

为了充分发挥合议庭的作用,最高人民法院于2000年7月11日发布了《人民法院审判长选任办法》(试行),从而建立起了审判长选任制。其内容包括:。

1. 选任工作原则。包括:(1)依法实施;(2)德才兼备;(3)公开、平等、竞争、择优;(4)动态管理,优胜劣汰;(5)坚持民主集中制。

2. 审判长的配备。各级人民法院审判长的配备数额,应当根据审判工作的需要,参考本院合议庭的数量确定。最高人民法院审判长的配备数额,由最高人民法院确定。地方人民法院审判长的配备数额,由高级人民法院确定。

审判长一般由审判员担任。优秀的助理审判员被选为审判长的,应当依法提请任命为审判员。院长、副院长、审判委员会委员、庭长、副庭长参加合议庭审理案件时,依照法律规定担任审判长。

3. 审判长的条件。担任审判长,应当具备以下条件:(1)遵守宪法和法律,严守审判纪律,秉公执法,清正廉洁,有良好的职业道德。(2)身体健康,能够胜任审判工作。(3)最高人民法院、高级人民法院的审判长应当具有高等院校法律本科以上学历;中级人民法院的审判长一般应当具有高等院校法律本科以上学历;基层人民法院的审判长应当具有高等院校法律专科以上学历。(4)最高人民法院和高级人民法院的审判长必须担任法官职务从事审判工作5年以上;中级人民法院的审判长必须担任法官职务从事审判工作4年以上;基层人民法院的审判长必须担任法官职务从事审判工作3年以上。(5)有比较丰富的审判实践经验,能够运用所掌握的法律专业知识解决审判工作中的实际问题;能够熟练主持庭审活动;并有较强的语言表达能力和文字表达能力,能够规范、熟练制作诉讼文书。

经济、文化欠发达地区的人民法院,经本院审判委员会研究决定并报上一级人民法院批准,可以适当放宽审判长的学历条件和从事审判工作年限。

4. 选任程序。选任审判长,遵循以下程序:(1)公布待任审判长名额及要求;(2)由符合条件的法官提出书面申请或由庭长、主管院长从符合条件的法官中推荐人选;(3)根据选任条件对自荐和推荐人员进行资格初审,确定预选人员名单,并予以公示;(4)对预选人员进行审判业务考试、考核;(5)审判委员会综合考虑选任条件和考试、考核结果,确定任用名单并由院长公布。

5. 审判长的职责。审判长的职责是:(1)担任案件承办人,或指定合议庭其他成员担任案件承办人;(2)组织合议庭成员和有关人员做好庭审准备及相关工作;(3)主持庭审活动;(4)主持合议庭对案件进行评议,作出裁判;(5)对重大疑难案件和合议庭意见有重大分歧的案件,依照规定程序报请院长提交审判委员会讨论决定;(6)依照规定权限审核、签发诉讼文书;(7)依法完成其他审判工作。

6. 免职与惩戒。审判长在任职期间有下列情形之一的,应当免去审判长职务:(1)违法审判的;(2)受党纪、政纪处分的;(3)因身体状况难以继续担任审判长的;(4)本人提出辞职并被批准的;(5)调离审判工作岗位的;(6)依法被免除法官职务的;(7)其他不宜担任审判长的。免去审判长职务,由庭长报请院长提请审判委员会作出决定并由院长公布。

(四)合议庭的活动原则

1. 合议庭成员地位与权责平等原则。根据《关于人民法院合议庭工作的若干规定》第4条的规定,合议庭的审判活动由审判长主持,全体成员平等参与案件的审理、评议、裁判,共同对案件认定事实和适用法律负责。上述关于合议庭成员地位与权责的平等性的规定,有助于强化合议庭的功能。

《关于人民法院合议庭工作的若干规定》第 6 条规定,审判长履行下列职责:(1)指导和安排审判辅助人员做好庭前调解、庭前准备及其他审判业务辅助性工作;(2)确定案件审理方案、庭审提纲、协调合议庭成员的庭审分工以及做好其他必要的庭审准备工作;(3)主持庭审活动;(4)主持合议庭对案件进行评议;(5)依照有关规定,提请院长决定将案件提交审判委员会讨论决定;(6)制作裁判文书,审核合议庭其他成员制作的裁判文书;(7)依照规定权限签发法律文书;(8)根据院长或者庭长的建议主持合议庭对案件复议;(9)对合议庭遵守案件审理期限制度的情况负责;(10)办理有关审判的其他事项。

2. 审判长最后发表评议意见原则。《关于人民法院合议庭工作的若干规定》第 7 条规定:合议庭接受案件后,应当根据有关规定确定案件承办法官,或者由审判长指定案件承办法官。第 10 条规定:合议庭评议案件时,先由承办法官对认定案件事实、证据是否确实、充分以及适用法律等发表意见,审判长最后发表意见;审判长作为承办法官的,由审判长最后发表意见。对案件的裁判结果进行评议时,由审判长最后发表意见。审判长应当根据评议情况总结合议庭评议的结论性意见。

上述关于合议庭在评议时发表意见的先后顺序的技术性规定,有助于避免合议庭其他成员受审判长意见影响而导致审判长个人主导合议庭审判工作的弊端,对于充分发挥合议庭成员尤其是审判长以外的成员的积极性,正确发挥审判长的应有作用,具有重要的意义。附带指出,开庭审理和评议案件,必须由同一合议庭进行。另外,根据规定,合议庭成员进行评议的时候,应当认真负责,充分陈述意见,独立行使表决权,不得拒绝陈述意见或者仅作同意与否的简单表态。同意他人意见的,也应当提出事实根据和法律依据,进行分析论证。合议庭成员对评议结果的表决,以口头表决的形式进行。

3. 少数服从多数原则。合议庭成员在评议案件的时候,应当表明自己的意见。如果意见分歧,应按多数人的意见作出决定,但是少数人的意见应当写入笔录。评议笔录由书记员制作,由合议庭的组成人员在审阅确认无误后签名。评议情况应当保密。

4. 开庭审理并且评议后作出判决原则。合议庭开庭审理并且评议后,应当作出判决或者裁定。对于疑难、复杂、重大的案件,合议庭认为难以作出决定的,由合议庭提请院长决定提交审判委员会讨论决定。院长认为不必要的,可以建议合议庭复议一次。审判委员会的决定,合议庭应当执行。合议庭有不同意见的,可以建议院长提交审判委员会复议。

根据《关于人民法院合议庭工作的若干规定》第 9 条的规定,合议庭评议案件应当在庭审结束后 5 个工作日内进行。根据第 14 条的规定,合议庭一般应当在作出评议结论或者审判委员会作出决定后 5 个工作日内制作裁判文书。

裁判文书一般由审判长或者承办法官制作。但是审判长或者承办法官的评议意见与合议庭评议结论或者审判委员会的决定有明显分歧的,也可以由其他合议庭成员制作裁判文书。对制作的裁判文书,合议庭成员应当共同审核,确认无误后签名。

院长、庭长可以对合议庭的评议意见和制作的裁判文书进行审核,但是不得改变合议庭的评议结论。对评议结论有异议的,可以建议合议庭复议,同时应当对要求复议的问题及理由提出书面意见。合议庭复议后,庭长仍有异议的,可以将案件提请院长审核,院长可以提交审判委员会讨论决定。

合议庭对审判委员会的决定有异议,可以提请院长决定提交审判委员会复议一次。

四、审判委员会

审判委员会是人民法院内部设立的对审判工作实行集体领导的组织。

根据人民法院组织法的规定,各级人民法院均设立审判委员会。审判委员会由院长、庭长和资深审判员组成,参加审判委员会的成员称审判委员会委员。各级人民法院的审判委员会委员,由院长提请本级人民代表大会常务委员会任免。

审判委员会的任务是总结审判经验,讨论重大、复杂或者疑难的案件,讨论其他有关审判工作的问题。根据《刑事诉讼法》第180条的规定,对于疑难、复杂、重大的案件,合议庭认为难以作出决定的,由合议庭提请院长决定提交审判委员会讨论决定。审判委员会在对案件的实质处理上的职权,决定了它在诉讼中的地位,表明它具有审判组织的性质。

根据《关于人民法院合议庭工作的若干规定》的规定,合议庭应当依照规定的权限,及时对评议意见一致或者形成多数意见的案件直接作出判决或者裁定。但是对于下列案件,合议庭应当提请院长决定提交审判委员会讨论决定:(1)拟判处死刑的;(2)疑难、复杂、重大或者新类型的案件,合议庭认为有必要提交审判委员会讨论决定的;(3)合议庭在适用法律方面有重大意见分歧的;(4)合议庭认为需要提请审判委员会讨论决定的其他案件,或者本院审判委员会确定的应当由审判委员会讨论决定的案件。对于以上案例中,人民法院与人民检察院在案件事实认定与证据审查判断上存在分歧,导致对被告人定罪量刑存在重大分歧,由合议庭提请院长提交审判委员会讨论决定,这样的做法是正确的。

审判委员会会议由院长主持。在审判实践中,院长不能主持时可以委托副院长主持。审判委员会讨论案件和其他问题,实行民主集中制,各委员权利平等。审判委员会表决案件,应当在合议庭审理的基础之上进行,并应充分听取合议庭成员关于审理和评议情况的说明,慎重地考虑合议庭的评议结论。审判委员会对案件的决定,合议庭应当执行。如果有不同意见,可以建议院长提交审判委员会复议。复议后作出的决定,合议庭必须执行。

根据最高人民法院《刑诉解释》的规定,独任审判的案件,开庭审理后,独任审判员认为有必要的,也可以提请院长决定提交审判委员会讨论决定。

【法条链接】

《刑事诉讼法》

第十三条 人民法院审判案件,依照本法实行人民陪审员陪审的制度。

第一百七十八条 基层人民法院、中级人民法院审判第一审案件,应当由审判员三人或者由审判员和人民陪审员共三人组成合议庭进行,但是基层人民法院适用简易程序的案件可以由审判员一人独任审判。

高级人民法院、最高人民法院审判第一审案件,应当由审判员三人至七人或者由审判员和人民陪审员共三人至七人组成合议庭进行。

人民陪审员在人民法院执行职务,同审判员有同等的权利。

人民法院审判上诉和抗诉案件,由审判员三人至五人组成合议庭进行。

合议庭的成员人数应当是单数。

合议庭由院长或者庭长指定审判员一人担任审判长。院长或者庭长参加审判案件的时候,自己担任审判长。

第一百七十九条 合议庭进行评议的时候,如果意见分歧,应当按多数人的意见作出决定,但是少数人的意见应当写入笔录。评议笔录由合议庭的组成人员签名。

第二百四十五条 人民法院按照审判监督程序重新审判的案件,由原审人民法院审理的,应当另行组成合议庭进行。如果原来是第一审案件,应当依照第一审程序进行审判,所作的判决、裁定,可以上诉、抗诉;如果原来是第二审案件,或者是上级人民法院提审的案件,应当依照第二审程序进行审判,所作的判决、裁定,是终审的判决、裁定。

人民法院开庭审理的再审案件,同级人民检察院应当派员出席法庭。

第十五章 第一审程序

第一节 第一审程序的概念和意义

第一审程序,是指人民法院对人民检察院提起公诉或者自诉人提起自诉的刑事案件进行初次审判的程序。

由于案件的性质、危害程度以及提起控诉的主体的不同,我国刑事诉讼法对审判公诉案件和自诉案件的第一审程序分别作了规定,因此第一审程序又分为公诉案件的第一审程序和自诉案件的第一审程序和简易程序。其中,公诉案件的第一审程序主要包括:案件的受理和审查;组成合议庭;审判前的准备和法庭审判。对于自诉案件的审判程序根据其自身特点作了一些特殊规定,没有特殊规定的,应当参照公诉案件第一审程序进行。

第一审程序因具体审理方式、阶段等繁简不一,又可分为普通程序和简易程序。

第一审程序的主要任务是:通过确立审判原则和法定的审判方式、方法及其顺序,保障人民法院在公诉人、当事人和其他诉讼参与人的参加下,客观全面地审核证据,认定案件事实,正确适用法律,依法解决被告人的刑事责任问题,使有罪者受到法律制裁,无罪者不受刑事追究;同时,使旁听人员接受生动、具体的法制教育,通过庭审最大限度地实现刑事诉讼法的任务。

第一审程序在刑事诉讼中具有重要的意义:第一,就整个刑事诉讼活动过程来看,第一审程序是刑事诉讼的中心环节,审判是具有决定意义的阶段,而第一审程序又是其他审判程序的基础,无论是公诉案件还是自诉案件,都是从第一审开始,由人民法院进行实体审理。第一审以前的立案、侦查、审查起诉等,虽然也是不可缺少的诉讼程序,但它们都是为第一审正确审判提供材料,准备条件。而第一审以后的各个阶段,则是对第一审认定的事实、依据的证据和适用的法律等问题进行的复核。第二,第一审程序是实现刑事诉讼任务的主要阶段。第一审程序不仅可以使各项诉讼原则和制度得以贯彻实施,而且它还可以直接、具体、生动地对群众进行法制教育,保障准确、及时、合法地惩罚犯罪,并保证无罪的人不受刑事处罚。第三,从诉讼效率上看,第一审程序的正确适用,还可以减少上诉、抗诉、申诉,减轻法院和当事人不必要的负担,节约国家的司法资源,提高诉讼效率。

第二节 公诉案件的第一审普通程序

根据刑事诉讼法的规定,庭前程序包括对公诉案件的庭前审查和开庭审判前的准备两个部分。

一、对公诉案件的庭前审查

(一)庭前审查概述

对公诉案件的庭前审查,是庭前程序的主要内容,是指人民法院对人民检察院提起公诉的案件进行审查,从而决定是否开庭审判的诉讼活动。1996年《刑事诉讼法》规定移送"证据目录、证人名单和主要证据复印件或者照片",并不契合我国的刑事诉讼环境,因此,新修订的《刑事诉讼法》对1996年《刑事诉讼法》第150条的规定进行了扬弃,在第176条规定人民检察院向人民法院提起公诉时应当将案件材料、证据移送人民法院的同时,第181条又规定:"人民法院对提起公诉的案件进行审查后,对于起诉书中有明确的指控犯罪事实并且附有证据的,应当决定开庭审判。"这一规定表明,刑事诉讼法虽然将公诉案件移送方式回归案卷移送制度,但对于公诉案件的庭前审查程序仍坚持程序性审查的立场,即对案件是否具备法律规定的开庭审判条件进行审查,并不直接地对案件进行实体审理。

我国刑事诉讼庭前审查程序的目的主要是节约司法资源和保障被追诉人的权利:第一,通过庭前审查程序将检察机关不必要的诉讼排除在外,以避免在不必要的案件上耗费刑事审判程序,以最大限度地节约司法资源。第二,对检察机关的起诉进行审查,对明显不需要受刑事追诉的案件决定不启动审理程序,以避免被追诉人受到不当的刑事追诉,历经冗长的刑事追诉历程并受到羁押或者其他强制措施,从而最大限度地维护被追诉人的权利。

(二)庭前审查的法律性质

庭前审查,属于程序审查而不是实体审查,即在审查活动中,法官仅承担从程序法角度评判起诉的案件是否具备了开庭审判的程序性要件,是否应将被告人交付法庭,是对案件的接受和程序要件审查,而不涉及案件实体问题的裁判。

关于庭前审查程序的模式,主要发达国家主要有两种模式:完全实体性审查模式、完全程序性审查模式。日本以及一些英美法系国家实行的起诉状一本制度,但是其实行效果尚可,但我国如照搬此模式,则不能契合我国的刑事诉讼环境。另外,鉴于我国刑事司法资源尚处紧张的现状,我国对公诉案件的庭前审查也不宜照搬美国、德国模式在庭审前对案件进行实体审查模式对检察机关的起诉进行完全实体性审查,也不能引入控辩式和言词审查原则。在司法资源相对不足的当下,我国不宜在庭审前对公诉案件的起诉审查环节投入过多的司法资源,不宜设计繁琐的程序。因此,对于庭前审查程序应当坚持书面审理为主,以程序性审查为主。

(三)庭前审查的内容和任务

关于公诉案件开庭审判的条件,新修订的《刑事诉讼法》对1996年《刑事诉讼法》的规定从"犯罪事实清楚、证据从分"修改为"起诉书中有明确的指控犯罪事实",从而使得对公诉案件的庭前审查由原来的实体性审查转变为程序审查为主,即通过审阅移送的案卷材料,了解起诉书所指控的犯罪事实情况,把移送的证据同案件事实、情节加以对照,一般不应提审被告人、询问证人、被害人、鉴定人,亦不宜使用勘验、检查、扣押、鉴定、查询、冻结等方式调查核实证据。

具体而言,人民法院对人民检察院提起的公诉案件,应当在收到起诉书后,指定审判人员审查以下内容:

1. 案件是否属于某市某某区人民法院管辖。
2. 起诉书指控的被告人的身份、曾受到或者正在刑事处罚情况、实施犯罪的时间、地点、手段、犯罪事实、危害后果和罪名以及其他可能影响定罪量刑的情节等是否明确。
3. 起诉书中是否载明被告人被采取强制措施的种类、羁押地点、是否在案以及有无查封、扣押、冻结在案的被告人的财物及存放地点;是否列明被害人的姓名、住址、通讯方式,为保护被害人而不宜列明的,应当单独移送被害人名单。
4. 证明指控犯罪事实和情节轻重以及其他与量刑有关的各种证据是否完备,包括作为法定量刑情节的自首、立功、累犯、中止、未遂、防卫过当等证据。
5. 是否附有拟出庭作证的证人、鉴定人的姓名、住址、通讯方式明确的名单。
6. 已委托辩护人、代理人的,是否附有辩护人、代理人的姓名、住址、通讯方式明确的名单。
7. 提起附带民事诉讼的,是否附有相关证据材料。
8. 侦查、起诉程序的各种法律手续和诉讼文书复印件是否完备。
9. 有无《刑事诉讼法》第15条第(2)至(6)项规定的不追究刑事责任的情形。

(四)庭前审查处理

案件经人民法院审查后,应当根据不同情况分别处理:
1. 对于不属于某市某某区人民法院管辖或者被告人不在案的,应当决定退回人民检察院。
2. 对于需要补送材料的,应当通知人民检察院在3日内补送。
3. 对于根据《刑事诉讼法》第195条第(3)项规定宣告被告人无罪,人民检察院依据新的事、证据材料重新起诉的,人民法院应当依法受理。
4. 人民法院裁定准许人民检察院撤诉的案件,没有新的事实、证据,人民检察院重新起诉的,人民法院不予受理。
5. 对于《刑事诉讼法》第15条第(2)至(6)项规定的情形,应当裁定终止审理或者决定不予受理。
6. 对于被告人真实身份不明,但符合《刑事诉讼法》第158条第2款规定的,人民法院应当依法受理。

(五)审查时限

人民法院对于按照普通程序审理的公诉案件,决定是否受理,应当在七日内审查完毕。对于人民检察院建议按简易程序审理的公诉案件,决定是否受理,应当在三日内审查完毕。

二、庭前准备程序

人民法院决定开通审理后,应当根据《刑事诉讼法》第182条的规定,在开庭前做好与开庭有关的预备工作,以保证法庭审判的顺利进行。

1. 确定合议庭、独任庭的组成人员。合议庭有两种组成形式,可以由审判员组成合议庭,也可以由审判员和人民陪审员一起组成合议庭。合议庭的审判人员或者独任庭的审判员确定后,在开庭审判前,可以拟出法庭审理提纲:(1)合议庭成员在庭审中的具体分工;(2)起诉书指控的犯罪事实部分的重点和认定案件性质方面的要点;(3)讯问被告人时需要了解的案情要点;(4)控辩双方拟出庭的证人、鉴定人和勘验、检查笔录制作人名单;(5)控辩双方拟当庭宣读、出示的证人书面证言、物证和其他证据的目录;(6)庭审中可能出现的问题及拟采取的措施。

2. 将人民检察院的起诉书副本至迟在开庭10日以前送达被告人,人民检察院以量刑建议书提出量刑建议的,将量刑建议书一并送达被告人;对于被告人未委托辩护人的,告知被告人可以委托辩护人;对于符合《刑事诉讼法》第34条第2、3款规定的,应当通知法律援助义务指派律师为其提供辩护,对于符合《刑事诉讼法》第34条第1款规定的,应当告知被告人及其亲属可以向法律援助机构申请指派律师提供辩护。

3. 通知被告人、辩护人于开庭五日前提供出庭作证的身份、住址、通讯方式明确的证人、鉴定名单及不出庭作证的证人、鉴定人名单和拟当庭宣读、出示的证据复印件、照片。

4. 在开庭以前,审判人员可以召集公诉人、当事人及其法定代理人、辩护人、诉讼代理人,对回避、出庭证人名单、变更强制措施、非法证据排除、附带民事诉讼及调解等与审判有关的问题,了解情况,听取意见。

5. 将开庭的时间、地点在开庭3日以前通知人民检察院,传唤当事人,通知辩护人、诉讼代理人、证人、鉴定人和翻译人员,传票和通知书至迟在开庭3日以前送达。

6. 公开审判的案件,在开庭3日以前先期公布案由、被告人姓名、开庭时间和地点。

人民法院通知公诉机关或者辩护人提供的证人时,如果该证人表示拒绝出庭作证或者按照所提供的证人通讯地址未能通知到该证人的,应当及时告知申请通知该证人的公诉机关或者辩护人。在开庭以前,合议庭还应当确定值班的司法警察和其他人员,并事先交代有关任务事宜,以保障庭审顺利进行。

以上开庭前的准备程序的相关工作情况应当制作笔录,并由审判人员和书记员签名,附卷备查。

三、法庭审判方式

法庭审判方式,又称审判模式,是国家为实现一定的诉讼目的而设计的在审判中控诉、辩护、裁判三方面的法律地位和相互关系的格局。《刑事诉讼法》确立的刑事庭审方式有以下特点:(1)法庭审判活动实行控诉、辩护、审判分离的制度,三大诉讼职能各司其职、各负其责、相互配合,共同完成刑事审判任务;(2)强化控辩双方举证和辩论,在辩论中查明事实真相;(3)重视审判职能的发挥,保持审判人员在法庭上的主导地位,赋予法院对案件事实的调查权。

四、法庭审理程序

(一)开庭

1. 开庭前的准备工作

开庭审理前,书记员应当依次进行下列工作:(1)查明公诉人、当事人、证人及其他诉讼参与人是否已经到庭;(2)宣读法庭规则;(3)请公诉人、辩护人入庭;(4)请审判长、审判员、人民陪审员入庭;(5)审判人员就座后,当庭向审判长报告开庭前的准备工作已经就绪。

依法公开审理的案件,我国公民可以持有效证件旁听;因审判场所、安全保卫等客观因素需要限制旁听人数的,人民法院应当说明理由,旁听人员持人民法院发出的旁听证进出法庭。但是,未成年人(经法院批准的除外)、精神病人和醉酒的人以及其他不宜旁听的人,不得旁听。依法不公开审理的案件,任何公民包括与审理该案无关的法院工作人员和被告人的近亲属得不得旁听。被害人、诉讼代理、证人经人民传唤或者通知未到庭,不影响开庭审判的,人民法院可以开庭审理。法庭正面应当悬挂国徽,出庭的审判人员、书记员、公诉人、司法警察应当按照规定着装;出庭的辩护人、诉讼代理人、证人、鉴定人、勘验人、翻译人员和其他诉讼参与人应当整洁。

2. 开庭的具体程序

根据《刑事诉讼法》第185条的规定,开庭的具体程序包括:

(1)审判人员进入法庭时,法庭内全体人员应当起立。

(2)审判长宣布开庭,传被告人到庭后,应当查明被告人的基本情况:姓名、出生年月日、民族、出生地、文化程度、职业、住址或者单位的名称、住所地、诉讼代表人的姓名、职务;是否受过法律处分及处分的种类、时间;是否被采取强制措施及强制措施的种类、时间;收到人民检察院起诉书副本的日期;附带民事诉讼被告人收到民事诉状的时间。

(3)审判长宣布案件的来源、起诉的案由、附带民事诉讼原告人和被告人的姓名(名称)及是否公开审理。对于不公开审理的案件,应当当庭宣布不公开审理的理由。

(4)审判长宣布合议庭组成人员、书记员、公诉人、辩护人、鉴定人和翻译人员的名单。

(5)审判长应当告知当事人、法定代理人(附带民事诉讼原告人)在法庭审理过程中依法享有下列诉讼权利:可以申请合议庭组成人员、书记员、公诉人、鉴定人和翻译人员回避;可以提出证据,申请通知新的证人到庭、调取新的证据、重新鉴定或者勘验、检查,申请通知有专门知识的人出庭;被告人可以自行辩护;被告人(附带民事诉讼原告人)在法庭辩论终结后作最后的陈述。对共同犯罪的案件,应将各被告人同时传唤到庭,查明基本情况,告知各项诉讼权利,以免重复,节省开庭时间。

(6)审判长分别询问当事人、法定代理人是否申请回避,申请何人回避和申请回避的理由。如果当事人、法定代理人申请审判人员、出庭支持公诉的检察人员回避,合议庭认为符合法定情形的,应当依照规定处理;认为不符合法定情形的,应当当庭驳回,继续法庭审理。如果申请回避人当庭申请复议,合议庭应当宣布休庭,待作出复议决定后,决定是否继续法庭审理。同意或者驳回申请的决定及复议决定,由审判长宣布,并说明理由。必要时,也可以由院长到庭宣布。

【典型案例】

【案例15-2-01】

沈某故意伤害案。公诉机关某市某区人民检察院。

附带民事诉讼原告人左某某,男,1955年5月7日出生,系本案被害人。

诉讼代理人马某某,男,某市政协《联合时报》社情民意调查中心副主任,住某市某路3064号B楼1108室。

诉讼代理人林某某,女,《某市法治报》记者,住某市某路268弄1号4楼。

被告人沈某,男,1972年12月11日出生,因本案于2007年12月20日被取保候审。

辩护人朱某某,男,某市某某电动车有限公司总工程师。

某市某区人民检察院以某某检刑诉字(2008)第259号起诉书指控被告人沈某犯故意

伤害罪，于2008年5月9日向某市某区人民法院提起公诉。在诉讼过程中，被害人左某某以其因被告人的犯罪行为而受损为由向某市某区人民法院提起附带民事诉讼。某市某区人民法院受理后，依法组成合议庭，公开开庭进行了合并审理。某市某区人民检察院指派检察员柳某、代理检察员沈某某出庭支持公诉，附带民事诉讼原告人左某某及其诉讼代理人马某某、林某某，被告人沈某及其辩护人朱某某，证人王某某、姚某某、范某某、史某某，鉴定人胡某某到庭参加诉讼。在审理过程中，某市某某区人民法院依法准予公诉机关向某市某某区人民法院提出延期审理2次。现已审理终结。

某市某区人民检察院指控，2007年10月9日上午，被告人沈某和他人为选举业主委员会之事至某市某某路285弄18号综合改造办公室，找寻街道领导左某某要求解决相关问题。期间被告人沈某强行拉拽左某某左手，要求左一同前往房地局。后有人拨打110报警，制止了事态的发展。经鉴定，被害人左某某因外伤致左桡骨远端骨折，已构成轻伤。针对上述指控事实，公诉机关以被害人的陈述笔录、证人证言笔录、某市公安局的验伤通知书和损伤伤残鉴定中心的鉴定书等证据，认为被告人沈某故意伤害他人身体，致人轻伤，其行为已构成故意伤害罪，要求依照《中华人民共和国刑法》第二百三十四条第一款之规定，追究其刑事责任。附带民事诉讼原告人左某某以被告人沈某的犯罪行为给其身体和精神都造成极大的伤害为由涉讼，要求被告人沈某赔偿医疗费、交通费、鉴定费、家属误工费、保姆费、营养费和精神损失费等共计人民币8万元。针对上述诉请，附带民事诉讼原告人提交了医疗费、鉴定费、交通费等部分相关证据。

被告人沈某否认起诉书指控的事实。辩称其只是要拉左某某到房地局解决业主委员会选举一事，并不存在要伤害左某某的故意。辩护人认为被告人沈某的行为不构成故意伤害罪，理由是：1. 本案中，被告人客观上只是实施了拉的行为，主观上不具有要伤害左某某的故意，公诉机关以故意伤害罪起诉系适用法律不当。2. 被害人的受伤不是因为外力造成的，某市公安局伤残鉴定中心的鉴定有误。案发后，被害人左某某最早在某区中心医院作出的影像诊断是左侧桡骨下端陈旧性骨折。公安局伤残鉴定中心仅根据送检材料认定左某某因外伤致左桡骨远端骨折，只是对伤害的程度作出判断，并没有对该伤害是如何造成的作出结论。3. 证人证言涉嫌伪证串供，不能采信。当庭作证的几名证人，均无法说清当时在场的人员，更不能说清每个人所处的位置，而这些证人都是同一单位的同事，不应该发生说不清楚的情况。

对于附带民事诉讼的赔偿问题，被告人沈某及其代理人表示愿意承担被害人部分医疗和检查的费用，但所需费用应当按照法律规定的标准予以确认。

经审理查明，被告人沈某和他人为小区选举业主委员会之事于2007年10月9日上午10时40分许，至某市某路285弄18号综合改造办公室，找到正在开会的街道领导左某某，要求接待。左接待后，被告人沈某等人为让左某某与他们一同前往房地局解决问题，又返回会场。因左某某拒绝与他们一同前往，被告人沈某遂强行拉拽左某某，致左某某左桡骨远端骨折。后接报的民警赶到现场，将被告人沈某等人带至派出所。经鉴定，被害人左某某的伤势构成轻伤，可酌情给予治疗休息3至4个月，营养1至2个月，护理1至2个月。附带民事诉讼原告人左某某为治疗上述伤势而花费了医疗费、交通费、鉴定费和所需营养费、护理费等共计人民币4,599.3元。在审理过程中，被告人沈某自愿交付赔偿被害人左某某的经济损失款人民币3,000元。

上述事实,有均经庭审质证属实的被害人左某某的陈述笔录及当庭陈述,证人王某某、姚某某、范某某、史某某当庭所作的证言,证人常某某、颜庭来、王建海的证言笔录,相关书证、鉴定意见、病历资料以及被告人沈某的供述笔录和当庭供述等证据予以证实。

某市某区人民法院认为,被告人沈某故意伤害他人身体,致人轻伤,其行为已构成故意伤害罪,依法应予惩处。同时,被告人沈某还应承担相应的民事赔偿责任。公诉机关指控被告人沈某犯故意伤害罪的罪名成立。关于被告人沈某的辩解及其辩护人的辩护意见,经庭审质证查实,某区中心医院出具的X光报告单只是提供给临床医生作参考,而鉴定中心根据前后两次的摄片,发现左某某受伤部位有改变痕迹,从而做出左桡骨远端骨折的结论是可信的,且主检法医师当庭表示拉扯是可以造成该伤的,故应当认定左某某的伤势是沈某行为所致,而非陈旧性骨折;被告人沈某强行拉拽被害人左某某左手,要求其一同前往房地局,在左某某被拉离了座位,脸色发白并表示手很痛的情况下,沈某不但没有及时松手,反而持续较长时间,直到在他人指责和拨打了报警电话后,其才松手的这一事实,不仅有被害人的陈述,且有证人证言等证据予以佐证,足以认定被告人沈某主观上具有故意伤害他人的罪过,客观上实施了故意伤害他人的行为,故应当认定被告人沈某的行为构成故意伤害罪;上述证人证言均经过庭审质证属实,无证据证明证人之间有串供作伪证的行为。综上,对被告人的辩解及其辩护人的相关辩护意见,均不予支持。考虑到本案的起因是为解决业主委员会选举一事,不同于其他伤害案件,被告人沈某又系初犯,在审理过程中,其已先行交付某市某某区人民法院赔偿款人民币3,000元,此次犯罪情节尚属轻微,故可对其免予刑事处罚。对附带民事诉讼原告人左某某所提要求被告人沈某赔偿医疗费、交通费、鉴定费和所需的营养费、护理费等诉讼请求符合法律规定,某市某某区人民法院予以支持,实际赔偿数额根据有关鉴定书、单据、参照相关费用标准据实判决。关于附带民事诉讼原告人左某某要求赔偿其家属因护理造成的误工费及保姆费的诉请,于法无据,不予支持;关于精神损失费的诉请,不属于刑事附带民事诉讼赔偿的范围,亦不予支持。据此,依照《中华人民共和国刑法》第二百三十四条第一款、第三十七条、第三十六条第一款、《中华人民共和国民法通则》第一百一十九条和最高人民法院《关于审理人身损害赔偿案件适用法律若干问题的解释》第十七条第一款之规定判决被告人沈某犯故意伤害罪,免予刑事处罚;被告人沈某赔偿附带民事诉讼原告人左某某医疗费、鉴定费、交通费、营养费、护理费等经济损失共计人民币4,599.30元。

(二)法庭调查

在法庭调查过程中,人民法院应当先调查与定罪有关的事实、证据,再围绕与量刑有关的事实、证据进行调查,查明对被告人适用特定法定刑幅度以及其他从重、从轻、减轻或者免除处罚的法定或者酌定量刑情节。根据《刑事诉讼法》第186条至第193条的规定,法庭调查的具体步骤和程序如下:

1. 审判长宣布法庭调查开始后,应当首先由公诉人宣读起诉书;有附带民事诉讼的,再由附带民事诉讼的原告人或者其诉讼代理人宣读附带民事诉状。

2. 在审判长主持下,被告人、被害人可以就起诉书指控的犯罪事实分别进行陈述。

3. 在审判长主持下,公诉人可以就起诉书中指控的犯罪事实讯问被告人;被害人及其诉讼代理人经审判准许,可以就公诉人讯问的情况进行补充性发问;附带民事诉讼的原告人及其法定代理人或者诉讼代理人经审判长准许,可以就附带民事诉讼部分的事实向被告人发问;经审判长准许,被告人的辩护人及法定代理人或者诉讼代理人可以在控诉一方就某一具体问题讯问完毕后向被告人发问。控辩双方经审判长准许,可以向被害人、附带民事诉讼原告人发问。审判长或者独任审判员主持讯问、询问或者发问时,应当注意以下几点:(1)起诉书指控的被告人的犯罪事实为两起以上的,法庭调查时,一般应当就每一起犯罪事实分别进行;(2)对于共同犯罪中的被告人,应当分别进行讯问。合议庭认为必要时,可以传唤共同被告人同时到庭对质;(3)审判长对于控辩双方讯问、发问被告人、被害人和附带民事诉讼原告人、被告人的内容与本案无关或者讯问、发问的方式不当的,应当制止;(4)对于控辩双方认为对方讯问或者发问的内容与本案无关或者讯问、发问的方式不当并提出异议的,审判长应当判明情况予以支持或者驳回;(5)审判人员认为有必要时,可以向被告人、被害人及附带民事诉讼原告人、被告人讯问或者发问。

4. 证人、鉴定人到庭后,审判人员应当先核实证人、鉴定人的身份、与当事人以及本案的关系,告知证人、鉴定人应当如实地提供证言和有意作伪证或者隐匿罪证要负的法律责任。证人、鉴定人作证前,应当在如实作证的保证书上签名,不公开真实姓名的证人、鉴定人可以使用代号签名。向证人、鉴定人发问,应当首先由提请传唤的一方进行;发问完毕后,对方经审判长准许,也可以发问。审判长对于向证人、鉴定人发问的内容与本案无关或者发问的方式不当的,应当制止。对于控辩双方认为对方发问的内容与本案无关或者发问的方式不当并提出异议的,审判长应当判明情况予以支持或者驳回。审判人员认为有必要的,可以询问证人、鉴定人。向证人、鉴定人发问应当分别进行。证人、鉴定人经控辩双方发问或者审判人员询问后,审判长应当告知其退庭。证人、鉴定人不得旁听对本案的审理。对被告人、被害人、附带民事诉讼原告人和被告人、证人、鉴定人的讯问、发问或者询问时,发问的内容应当与案件事实相关,不得以诱导方式提问,不得威胁证人,不得损害证人的人格尊严。《刑事诉讼法》第 61 条还规定了对于证人作证的保护性措施:"对于危害国家安全犯罪、恐怖活动犯罪、黑社会性质的组织犯罪、毒品犯罪等案件,证人、被害人因在诉讼中作证,本人或者其近亲属的人身安全面临危险的,人民法院、人民检察院和公安机关应当采取以下一项或者多项保护措施:(1)不公开真实姓名、住址和工作单位等个人信息;(2)采取不暴露外貌、真实声音等出庭作证措施;(3)禁止特定的人员接触证人、被害人及其近亲属;(4)对人身和住宅采取专门性保护措施;(5)其他必要的保护措施。证人、被害人认为因在诉讼中作证,本人或者其近亲属的人身安全面临危险的,可以向司法机关提出予以保护的申请。"

5. 对指控的每一起案件事实,经审判长准许,公诉人可以提请审判长传唤证人、鉴定人和勘验、检查、辨认、侦查实验等笔录制作人出庭作证,或者出示证据,宣读未到庭的被害人、证人、鉴定人和勘验、检查笔录制作人的书面陈述、证言、鉴定意见及勘验、检查、辨认、侦查实验等笔录;被害人及其诉讼代理人和附带民事诉讼原告人及其诉讼代理人经审判长准许,也可以分别提请传唤尚未出庭作证的证人、鉴定人和勘验、检查、辨认、侦查实验等笔录制作人出庭作证,或者出示公诉人未出示的证据,宣读未宣读的书面证人证言、鉴定意见及勘验、检查、辨认、侦查实验等笔录。控辩双方要求证人出庭作证,向法庭出示物证、书证、视听资料、电子数据等证据,应当向审判长说明证据的来源和证明对象,审判长同意的,即传唤证人或者准许出示证据;审判长认为与案件无关或者明显重复、不必要的证据,可以不予准许。被告人、辩护人、法定代理人经审判长准许,可以在起诉一方举证提供证据后,分别提请传唤证人、鉴定人出庭作证,或者出示证据、宣读未出庭的证人的书面证言、鉴定人的鉴定意见。公诉人、当事人或者辩护人、诉讼代理人对与案件定罪量刑有重大影响的证人证言有异议的,应当在开庭以前向法庭申请证人出庭,人民法院认为确有必要的,应当通知证人出庭作证。公诉人、当事人或者辩护人、诉讼代理人当庭提出申请,合议庭认为符合法定情形的,应当依法通知证人出庭作证;认为不符合法定情形的,应当当庭驳回申请并说明理由,继续法庭审理。当庭出示的物证、书证、视听资料、电子数据等证据,应当先由出示证据的一方就所出示的证据的来源、特征等作必要的说明,然后由另一方进行辨认并发表意见。控辩双方可以互相质问、辩论。当庭出示的证据、宣读的证人证言、鉴定意见和勘验、检查笔录等,在出示、宣读后,应即将原件移交法庭。对于确实无法当庭移交的,应当要求出示、宣读证据的一方在休庭后三日内移交。对于公诉人在法庭上宣读、播放未到庭证人的证言的,如果该证人提供过不同的证言,法庭应当要求公诉人将该证人的全部证言在休庭后三日内移交。人民法院审查证人证言材料,发现与庭审调查认定的案件事实有重大出入,可能影响正确裁判的,应当决定恢复法庭调查。在"案例15-2-01"中,证人、鉴定人出庭作证,陈述案件事实或者就鉴定意见作出说明,接受控辩双方的质证。

6. 当事人和辩护人申请通知新的证人到庭,调取新的证据,申请重新勘验或者鉴定的,应当提供证人的姓名、证据的存放地点,说明所要证明的案件事实,要求重新鉴定或者勘验的理由。审判人员根据具体情况,认为可能影响案件事实认定的,应当同意该申请,并宣布延期审理;不同意的,应当告知理由并继续审理。公诉人要求出示开庭前送交人民法院的证据以外的证据,辩护人提出异议的,审判长认为该证据确有出示的必要,可以准许出示。如果辩护方提出新的证据要做必要的准备时,可以宣布休庭,并根据具体情况确定辩护方作必要准备的时间。确定的时间期满后,应当继续开庭审理。

7. 人民法院向人民检察院调取需要调查核实的与定罪、量刑有关的证据材料,或者根据当事人和辩护人、诉讼代理人的申请,向人民检察院调取在侦查、审查起诉中收集的与定罪、量刑有关的证据材料,应当通知人民检察院在收到调取证据材料决定书后三日内移交。人民法院认为没有必要调取当事人和辩护人、诉讼代理人申请调取的证据材料的,应当说明理由。在法庭调查过程中,合议庭对于证据有疑问的,可以告知出庭的检察人员、被告人及其辩护人作出说明或者补充证据;确有必要的,可以宣布休庭,对该证据进行调查核实。人民法院调查核实证据时,一般应当通知检察人员、辩护人到场。检察人员、辩护人一方或者双方不到场,不影响调查活动的进行,但应当记录在案。

(三)法庭辩论

合议庭认为本案事实已经调查清楚,应当由审判长宣布法庭调查结束,开始就全案事实、证据、适用法律、量刑等问题进行法庭辩论。

在法庭辩论阶段,审判人员引导控辩双方先辩论定罪问题。在定罪辩论结束后,审判人员告知控辩双方可以围绕量刑问题进行辩论,发表量刑建议或者意见,并说明理由和依据。根据《刑事诉讼法》第193条的规定,定罪辩论活动应当在审判长的主持下,按照下列顺序进行:公诉人发言;被害人及其诉讼代理人发言;被告人自行辩护;辩护人辩护;控辩双方进行辩论。量刑辩论活动应当在审判长的主持下,按照下列顺序进行:公诉人、自诉人及其诉讼代理人发表量刑建议或意见;被告人及其辩护人进行答辩并发表量刑意见。

公诉人的首轮发言通常被称为发表公诉词。公诉词应包括以下五项内容:第一,对法庭调查的简要概况;第二,进行证据分析,认定被告人的罪行;第三,进行案情分析,概况案情的全貌,揭露被告人犯罪的社会危害性;第四,分析被告人犯罪的思想根源和社会根源;第五,进行法律上的论证,指明被告人触犯的刑法条款,阐明被告人应负的法律责任。辩护人的首轮发言被称为发表辩护词。辩护词应当以法庭调查情况为基础,综合全案,根据事实和法律提出有利于被告人的材料和意见,部分地或全部地对控诉的内容进行申述、辩解、反驳控诉,以证明被告人无罪、罪轻,或者提出应当减轻,甚至免除刑事责任。在一轮辩论结束后,在审判长的主持下,控辩双方还可以再进行多轮辩论,如有未尽意见可在闭庭后提交书面意见。法庭应当保证控辩双方同等的发言机会。

在法庭辩论过程中,审判长对于控辩双方与案件无关、重负或者互相指责的发言应当制止;如果合议庭发现新的与定罪、量刑有关的事实,认为有必要进行调查时,审判长可以宣布暂停辩论,恢复法庭调查,待该事实查清后继续法庭辩论。

附带民事诉讼部分的辩论应当在刑事诉讼部分的辩论结束后进行。先由附带民事诉讼原告人及其诉讼代理人发言,然后由被告人及其诉讼代理人答辩。附带民事诉讼部分可以在法庭辩论结束后当庭调解。不能达成协议的,可以在判决前再行调解。

(四)被告人最后陈述

被告人最后陈述,指在法庭辩论结束后,被告人就自己是否有罪及罪行的轻重当庭进行最后辩护。合议庭应当保证被告人充分行使最后陈述的权利,但被告人多次重复自己的意见,审判长可以制止;如果陈述内容是蔑视法庭、公诉人、损害他人及社会公共利益或者与本案无关的,应当制止;在公开审理的案件中,被告人最后陈述的内容涉及国家秘密或者个人隐私的,也应当制止。

(五)评议和宣判

《刑事诉讼法》第195条规定,在被告人最后陈述后,审判长宣布休庭,合议庭进行评议。

1. 评议

合议庭应当根据已经查明的事实、证据和有关法律规定,并在充分考虑控辩双方意见的基础上,进行评议,确定被告人是否有罪,应否追究刑事责任;构成何罪,应否处以刑罚;判处何种刑罚;有无从重、从轻、减轻或者免除处罚的情节;附带民事诉讼如何解决;赃款赃物如何处理等,并依法作出判决。

合议庭评议时,应对必须作出决定的各个重要问题分层次逐个讨论;各种意见和决议都要如实记入评议笔录,不能只记表决结果。评议时,如果意见分歧,应当按多数人的意见作出决定,但是少数人的意见应当写入笔录,评议笔录由合议庭成员签名。一般情况下,合议庭经过开庭审理并且评议后,应当作出判决,但是对于疑难、复杂和重大案件,合议庭成员意见分歧较大,难以对案件作出决定的,由合议庭提请院长决定提交审判委员会讨论决定。对于审判委员会的决定,合议庭应当执行。

2. 宣判

宣判是法院将判决的内容想当事人和群众宣告,使得当事人和群众获知法院对案件的处理结果的诉讼行为。

宣判有当庭宣判和定期宣判两种。当庭宣判是在合议庭经过评议并作出决定后,立即复庭由审判长宣告判决的结果。当庭宣判后,应当在5日以内将判决书送达当事人、法定代理人、诉讼代理人、提起公诉的检察院、辩护人和被告人的近亲属。定期宣判是合议庭不审判的当天宣判,而是另行确定日期宣告判决结果。定期宣判,一般是由于案情重大复杂,或庭审中出现了新的情况,合议庭一时难以作出判决,可以另行指定日期,待判决作出后,再行宣判。合议庭应当在宣判前先期公布宣判的时间、地点,传唤当事人并通知公诉人、法定代理人、辩护人。但上述人员不到庭的,并不影响宣判的进行。对于定期宣判的,宣判后,应立即将判决书送达当事人、法定代理人、辩护人、被告人的近亲属和提起公诉的人民检察院。判决生效后还应当送达被告人的所在单位或者原户籍所在地的公安派出所。被告人是单位的,还应当送达被告人注册登记的工商行政管理机关。

除最高人民法院外,各级人民法院在宣告第一审判决和裁定时,应当明确告知当事人和他的法定代理人等,在法定期限内有权依法提出上诉。判决书应当写明上诉的期限和上诉的人民法院。

案件不论是否公开审理,宣告判决,一律公开进行。

【案例15-2-02】赵某某被控职务侵占宣告无罪案。公诉机关某市某区人民检察院。

被告人赵某某,男,1973年10月10日出生,汉族,大学文化,原系某市钟林电子科技有限公司财务。因本案于2006年4月24日被某市公安局某某分局刑事拘留,同年5月30日被逮捕,2007年9月13日被某市中级人民法院取保候审,2008年9月10日被某市某区人民检察院取保候审,2009年8月31日被某市某区人民法院取保候审,2010年8月30日被某市中级人民法院取保候审。

一审控辩意见:某市某区人民检察院指控,被告人赵某某在担任某市钟林电子科技有限公司(以下简称钟林公司)财务期间,于2003年11月,利用职务上的便利,擅自将钟林公司资金人民币(以下币种均为人民币)20万元划入由其负责的"帮帮算算"电脑服务社(以下简称"帮帮算算"),用于为其个人购买房产。被告人赵某某于2005年9月,将钟林公司存放在其个人银行卡账户内的资金92,903.11元提出占为己有。被告人赵某某于2005年12月,在已离开钟林公司但未进行交接的情况下,利用自己仍持有的钟林公司法人印章、财务专用章和支票购买证等从银行购买支票后,将该公司138,500元资金转入"帮帮算算"账户占为己有。

被告人赵某某否认自己的行为构成职务侵占罪,辩称自己是钟林公司的实际投资人。辩护人向本庭提供了证人证言及有关书证(收据、发票、送货单等),证明被告人赵某某是钟林公司的实际出资人,认为本案是公司出资人之间的民事股权纠纷,赵某某的行为不构成职务侵占罪。

一审查明的事实与证据:被告人赵某某与林某某原系单位同事,二人于2001年11月以各自亲属名义共同出资成立钟林公司。钟林公司注册资金50万元(实际并未到位),公司注册成立所需的办公所用房屋、注册账户实际存入资金、办公用品、房屋装修和委托代办机构成立公司等费用为林某某、赵某某二人共同出资,公司法定代表人为林某某的亲属杨某某,另一股东为赵某某的母亲赵某,杨某某、赵某二人股份分别占60%、40%,并不负责公司的日常经营和管理,也不负责公司的收益分配和债务承担。林某某任总经理,赵某某负责财务,二人共同销售林某某设计的软件及提供相关服务。其间,钟林公司曾借用"帮帮算算"名义对外销售。赵某某与林某某除作为公司股东分红外,还独自或共同使用单位资金为个人名义购买轿车、商品房以及国债。其中,赵某某于2003年11月10日,从钟林公司银行账户开出20万元支票(存根联有林某某的署名),转入"帮帮算算"账户,用于购买其个人房产。2005年9月,被告人赵某某因故离开钟林公司,带走钟林公司的银行空白支票、财务专用章、法人章、营业执照等物件,后赵某某将钟林公司的营业款存折挂失并将余款92,118.85元提出后归为己有。2005年12月20日,赵某某从钟林公司的银行账户中划出138,500元至帮帮算算银行账户。2004年前,林某某、赵某某二人使用钟林公司钱款共同购买了商品房。2004年11月,林某某书面请示杨某某,用公司钱款以个人名义购买国债32万余元(案发后归还给了钟林公司)。

另查明,钟林公司成立之初没有发票,有些软件销售业务借用了"帮帮算算"的发票及账户。"帮帮算算"是由被告人赵某某于2001年2月19日出资成立的。2001年12月至2002年6月,钟林公司借用"帮帮算算"发票并汇入"帮帮算算"账户的营业收入有39万余元。钟林公司自成立至2005年间,还存在用个人账户作为公司收支账户使用的情况。

关于赵某某于2005年12月20日从钟林公司的银行账户中划出138,500元至"帮帮算算"银行账户款项。2006年1月24日,赵某某致信钟林公司称:贵公司有一笔与"帮帮算算"应付款一直未付,我于2005年9月不再从事公司工作后,于2005年12月以支票形式支付到"帮帮算算"。这种做法经我反复考虑以为是不妥的,愿将该款缴回公司。2006年3月14日,赵某某开出贷记凭证138,500元解到钟林公司账户,因钟林公司原账户已销户,该贷记凭证被退票。案发后,赵某某于2006年5月19日委托家人将上述款项交到某市公安局宝山分局。

上述事实有书证中华人民共和国组织机构代码证、企业法人营业执照、验资证明表、某市东亚会计师事务所有限公司验资报告、交通银行进账单、本票、协议书、杨某某出具的关于委托协议和数据的情况说明、钟林公司出具的职务证明、某市司法会计中心出具的司法鉴定意见书、钟林公司提供的记账凭证、支票、账册、固定资产清单、某市商品预售房合同、办公用品照片、钟林公司提供的某市银行宝昌支行的账户信息、账号、支票、钟林公司2003年度分红明细、投资人年度分红决定、关于收回长期投资购买办公用房事宜的申请、商品房预售合同、某市银行本票、某市中星公司进账单、记账联、发票、银行账户综合信息、中国人民银行支付系统专用凭证、公安机关扣押物品清单、"帮帮算算"预算单、对外经营合同、钟林公司银行存款和现金明细表、资产负债表、年终投资人分红决定、聘请律师清算合同、退款凭证、收据、发票、送订货单、保修凭证、记账凭证、证人赵某、林某、林某某、杨某某、潘某某、蒋某某、沈某、花某某、费某某、徐某、杨某、任某某、张某、王某、吴某某、姚某某、周某某等人的证言笔录、林某某的当庭陈述笔录、视听资料谈话录音和被告人赵某某的供述笔录等证据予以证实,足以认定。

一审判案理由:

某市某区人民法院认为,现有证据证明:首先,被告人赵某某与林某某两人注册钟林公司时,股东名单上有赵某某母亲赵某某的名字,且赵占公司股份的40%;赵某某为公司注册、装修、添置办公用品等出过资,且公司运作后赵某某在其中负责财务管理,上述事实表明赵某某系钟林公司的实际股东和负责人之一。其次,在钟林公司收入使用上,赵、林二人均从公司账户上随意支取资金,如赵、林二人均以个人名义购买了汽车,赵、林以二人名合伙购买了商品房,林甚至以个人名义购买了国债,这表明赵某某、林某某二人均在不同程度上各自控制和使用钟林公司的财产。最后,案发时钟林公司的注册资金尚未到位,且钟林公司账户与林某某、赵某某等人的个人账户不分,个人财产与单位财产发生混同。上述事实表明,钟林公司在案发时尚不具备独立的单位所具有的注册资本金到位、单位财产与个人财产相分离等特征。

综上所述,公诉机关所指控的被告人赵某某利用职务之便非法占有本单位财物的事实,系合伙投资的合伙人个人之间的财产纠纷。公诉机关指控被告人赵某某构成职务侵占罪的事实不清,证据不足。辩护人提出被告人赵某某的行为不构成犯罪的辩护意见,予以采纳。

一审定案结论:

某市某区人民法院依照《中华人民共和国刑事诉讼法》第一百六十二条第三项之规定,对被告人赵某某宣告无罪。

一审宣判后,某市某区人民检察院提出抗诉提出,原审被告人赵某某利用职务便利,将公司钱款予以侵占的行为已构成职务侵占罪。某市某区人民法院对赵某某职务侵占案的判决定性错误,建议二审法院予以纠正。

某市人民检察院除支持原公诉机关的抗诉意见外,还出示了招商银行查询通知书,以证明赵某某明知钟林公司在招商银行的账户已被销户,而故意将钱款解往该账户,不具有还款的真实意图。

原审被告人赵某某辩解以及其辩护人提出的辩护意见与一审同。

二审法院某市第二中级人民法院对一审法院查明的事实和证据予以确认。

某市中级人民法院经审理后认为:钟林公司成立之时,林某某、赵某某均在国有公司工作,钟林公司系林、赵两人借用他人名义,虚假出资登记注册成立的公司。该公司除雇佣个别人员从事辅助性工作外,主要业务均由林、赵两人经办,所得收益也由两人随意支配,公司账户与个人账户混用。从历年的工资发放、年度分红情况以及2003年林某某之弟林某进入该公司并与林某某、赵某某平分红利而未进行股东变更等情况看,钟林公司未依照《公司法》的规定建立有限责任公司的管理和财务制度,因此,不能以有限责任公司应当具备的管理和财务制度标准来评判被告人赵某某的相关行为。抗诉机关认为钟林公司系有限责任公司的抗诉理由不能成立。原公诉机关指控赵某某于2003年11月10日从钟林公司银行账户开出20万元支票,转入"帮帮算算"账户,用于购买其个人房产。经查,"帮帮算算"曾于2002年4月1日打入钟林公司35万元,赵某某辩称该款系钟林公司的借款,且钟林公司的会计凭证上登记该款为短期借款。另查,根据钟林公司出纳沈某的销售记录,钟林公司借用帮帮算算发票,由相关单位汇入"帮帮算算"的营业收入有39万元左右,其中发票和支票相对应的单位只有9家,金额合计为62,000元。同期,钟林公司在"帮帮算算"账上的支出有:公司开办时购买空调及某某路购房8万元;经林同意后,为赵某某购买一辆夏利牌轿车12万元左右;钟林公司员工工资约5万元。从"帮帮算算"的银行账户明细表上看,"帮帮算算"有除此以外的钱款进账。因此,钟林公司与"帮帮算算"的往来账目不清,故不能认定赵某某侵占钟林公司财产,原公诉机关指控事实不清。原公诉机关指控赵某某于2005年9月离开钟林公司,侵占该公司92,118.85元;同年12月,赵某某从钟林公司的银行账户中又划出138,500元占为己有。经查,赵某某作为钟林公司出资人,与该公司另一出资人林某某产生纠纷,后于2005年9月离开该公司。在钟林公经营期间,2002年8月,赵提出将公司收益存入个人账户,林同意后,赵将公司65万元资金打入其个人账户,后用于购买商品房,户名是林某某和赵某某。2005年1月,赵某某为其妻子到加拿大留学动用公司16万元作为担保,林对此亦知情。2003年7月,林某某动用公司17万左右购买了由其本人所有的桑塔纳轿车。2004年11月,林某某动用钟林公司资金购买了32万余元国债归其个人所有。上述事实表明,在钟林公司经营期间,林、赵两人均随意动用公司资金,归己所有。抗诉机关认为,林某某动用公司资金购买国债有公司法定代表人杨某某的签字同意。经查,杨某某没有实际出资,也未参与公司管理,依法不具有对钟林公司财产的处置权,且在钟林公司的凭证上该款用途为差旅费,抗诉机关不能以杨的签字认为林某某获取财产具有公司法意义上的合法性。另外,抗诉机关以银行查询记录说明银行将该账户作为久悬账户进行销户以及销户前按规定应该电话通知原经办人,并以此证明赵某某明知该账户已被销户而故意开出贷记凭证付往该账户,其主观上并无还款意图。经查,银行的查询记录,不能证明银行在销户前确实已经通知赵某某本人,也没有其他证据证明赵某某明知该账户已被银行销户。基于赵某某确有还款行为,且在案发后将该款退缴至公安机关的事实,应认定赵某某有还款意图。综上,原公诉机关指控赵某某的上述事实,发生于钟林公司两名实际控制人产生纠纷之后,其间赵某某和林某某均利用自己的权利或便利控制公司财产,其实质属于钟林公司实际控制人之间的财产纠纷,不能认定原审被告人赵某某犯职务侵占罪。

某市中级人民法院根据《刑事诉讼法》第一百八十九条第(一)项的规定,作出裁定:驳回上诉,维持原判。

五、一审审理后的处理

人民法院应当根据案件的具体情形,分别作出裁判:

1. 起诉指控的事实清楚,证据确实、充分,依据法律认定被告人的罪名成立的,应当作出有罪判决。

2. 起诉指控的事实清楚,证据确实、充分,指控的罪名与人民法院审理认定的罪名不一致的,应当作出有罪判决。

3. 案件事实清楚,证据确实、充分,依据法律认定被告人无罪的,应当判决宣告被告人无罪。

4. 证据不足,不能认定被告人有罪的,应当以证据不足,指控的犯罪不能成立,判决宣告被告人无罪。

5. 案件事实部分清楚,证据确实、充分的,应当依法作出有罪或者无罪的判决;事实不清,证据不足部分,依法不予认定。

6. 被告人因满十六周岁,不予刑事处罚的,应当判决宣告被告人不负刑事责任。

7. 被告人是精神病人,在不能辨认或者不能控制自己行为时造成危害结果的,不予刑事处罚的,应当判处宣告被告人不负刑事责任;符合《刑事诉讼法》第284条规定的,决定予以强制医疗。

8. 犯罪已过追诉时效,并且不是必须追诉或者经特赦令免除刑罚的,应当裁定终止审理。

9. 被告人死亡的,应当裁定审理;对于根据已查明的案件事实和认定的证据材料,能够确认被告人无罪的,应当判决宣告被告人无罪。

关于人民法院改变罪名的问题,最高人民法院《刑诉解释》第241条第2项规定,人民法院可以更改起诉的罪名,没有刑事诉讼法上的根据,而且人民法院改变控方指控的罪名,一方面违反了控审分离原则,混淆了法官角色,另一方面剥夺了辩护权,使得辩方无法针对实质定罪的罪名进行有效辩护。人民法院如果认为人民检察院指控的罪名与指控的事实不符,应建议人民检察院改变罪名,重新起诉。如果人民检察院不同意变更指控罪名,人民法院应当首先控辩双方告知其改变指控罪名的意图,在控辩双方进行必要的准备后,再行审理。按照控审职能分离原则,法院应该不予支持检察院的指控。但在中国目前的社会背景下,这种理论是很难在现实中执行的。实际的状况是执行最高人民法院的司法解释,更改指控的罪名,判决有罪。

人民法院的刑事裁判文书中应当说明定罪、量刑理由,主要包括:(1)已经查明的与定罪、量刑有关的事实及其对认定罪名的作用;(2)是否采纳公诉人、当事人和辩护人、诉讼代理人发表的定罪、量刑建议、意见的理由;(3)人民法院认定罪名、量刑的理由和法律依据。判决书应当由审判人员和书记员署名,并且写明上诉的期限和上诉的法院。

六、补充侦查

在庭审过程中,公诉人发现案件需要补充侦查,提出延期审理建议的,合议庭应当同意。但是建议延期审理的次数不得超过两次。

人民检察院应当在提请人民法院恢复法庭审理时将补充侦查收集的证据一并移送人民法院。新的证据应当提供给辩护方并给其必要的准备时间。

法庭宣布延期审理后,人民检察院在补充侦查的期限内没有提请人民法院恢复法庭审理的,人民法院应当决定按人民检察院撤诉处理。

合议庭在案件审理过程中,发现被告人可能有自首、立功等法定量刑情节,而起诉和移送的证据材料中没有这方面的证据材料的,应当建议人民检察院补充侦查。

七、庭审笔录和录音录像

开庭审理的全部活动,应当由书记员制作成笔录,经合议庭成员和书记员审阅后,分别由审判人员和书记员签名。

庭审笔录中的出庭证人、鉴定人的证言部分,应当在庭审后交由证人、鉴定人阅读或者向其宣读。证人、鉴定人确认无误后,应当签名或者捺手印。

庭审笔录应当在庭审后交由当事人阅读或者向其宣读。当事人认为记录有遗漏或者有差错的,可以请求补充或者改正。当事人确认无误后,应当签名或者捺手印。

人民法院开庭审理第一审程序刑事案件,应当对庭审活动全程同步录音、录像。庭审录音录像应当由书记员或者其他工作人员自案件开庭时开始录制,并告知诉讼参与人,至闭庭时结束。除休庭和不宜录音录像的调解活动外,录音录像不得间断。书记员应将庭审录音录像的起始、结束时间及有无间断等情况记入法庭笔录。

八、法庭秩序

法庭秩序,指人民法院开庭审理案件时,为保证法庭审理的正常进行,所有的诉讼参与人和旁听人员都必须遵守的秩序和纪律。任何人参加法庭庭审都不得有妨碍法庭秩序的行为,否则,将受到训诫、责令退出法庭、罚款、司法拘留等法律制裁,构成犯罪的,追究刑事责任。

根据《人民法院法庭规则》规定,诉讼参与人应当遵守法庭规则,维护法庭秩序,不得喧哗、吵闹;发言、陈述和辩论,须经审判长许可。旁听人员必须遵守下列纪律:未经审判长许可,不得录音、录像和摄影;不得随意走动和进入审判区;不得发言、提问;不得鼓掌、喧哗、哄闹和实施其他妨害审判活动的行为。

根据《刑事诉讼法》第194条和最高人民法院《刑诉解释》的规定,在法庭审判过程中,如果诉讼参与人或者旁听人员违反法庭秩序,合议庭应当按照以下情形分别处理:

1. 对于违反法庭秩序情节较轻的,应当当庭警告制止并进行训诫。
2. 对于不听警告制止的,可以指令法警强行带出法庭。
3. 对于违反法庭秩序情节严重的,经报请院长批准后,对行为人处1,000元以下的罚款或者15日以下拘留。
4. 对聚众哄闹、冲击法庭或者侮辱、诽谤、威胁、殴打司法工作人员或者诉讼参与人,严重扰乱法庭秩序,构成犯罪的,应当依法追究刑事责任。

九、审理期限、延期审理和中止审理

(一)审理期限

为了能充分发挥法庭审判震慑犯罪的作用,切实保护公民的合法权益,《刑事诉讼法》第202条对第一审程序的审理期限作了明确规定:

1. 人民法院审理公诉案件,应当在受理后二个月以内宣判,至迟不得超过三个月。
2. 对于可能判处死刑的案件或者附带民事诉讼的案件,以及《刑事诉讼法》第156条规定的情形之一的,经上一级人民法院批准,可以延长三个月,这些情绪是:(1)交通十分不便的边远地区的重大复杂案件;(2)重大的犯罪集团案件;(3)流窜作案的重大复杂案件;(4)犯罪涉及面广,取证困难的重大复杂案件。因特殊情况还需延长的,报请最高人民法院批准。
3. 人民法院改变管辖的案件,从改变后的人民法院收到案件之日起计算审理期限。
4. 人民检察院补充侦查的案件的审理期限,自人民检察院提请人民法院恢复法庭审理之日起计算。
5. 《刑事诉讼法》第96条规定,犯罪嫌疑人、被告人被羁押的案件,不能在《刑事诉讼法》规定的一审期限内办结,应当对被告人予以释放,需要继续审理的,对被告人可以取保候审、监视居住。
6. 被告人作精神病鉴定的期间不计入第一审程序审理期限。

(二)延期审理

延期审理,指在法庭审判过程中,遇到影响进行审判的情形时,法庭决定宣告休庭,将案件的审理活动推迟,顺延时间,待阻碍审理进行的原因消失后继续审理。

《刑事诉讼法》第198条规定,遇有以下情形之一,影响审判进行的,可以延期审理:

1. 需要通知新的证人到庭,调取新的物证,重新鉴定或者勘验的。
2. 检察人员发现提起公诉的案件需要补充侦查,提出建议的。

3. 由于申请回避而不能进行审判的。

另外,在审判实践中,遇到下列情形之一的,也可以延期审理:(1)被告人因患病而神志不清或者体力不能承受审判的;(2)公诉人变更指控范围,指控被告人新的罪行的;(3)被告人及其辩护人要求重新进行辩护准备,申请延期审理的;(4)合议庭成员、书记员、公诉人或辩护人在审理过程中因为身体的原因,法庭审理无法继续进行。

根据《刑事诉讼法》第199条第2款规定,人民检察院要求补充侦查的,应当在1个月内补充侦查完毕。

(三)中止审理

中止审理是人民法院在审判过程中,因出现案件在较长时间内无法继续审理的情形,而作出的暂时停止正在进行的诉讼活动的一种决定,待该障碍情形消除后再恢复诉讼。

根据《刑事诉讼法》第200条规定,在审判过程中,被告人患有严重疾病,无法出庭的;被告人脱逃的;自诉人患有严重疾病,无法出庭,未委托诉讼代理人出庭的;由于不能抗拒的原因,致使案件在较长时间内无法继续审理的,可以裁定中止审理。

中止审理的原因消失后,应当立即恢复审理。中止审理的期间不计入审理期限。

十、人民检察院对审判活动的法律监督

人民检察院认为人民法院审理案件过程中,有违反法律规定的诉讼程序的情况,应当提出书面纠正意见,人民法院认为正确的,应当采纳。但是,在庭审过程中,人民检察院认为庭审活动违反法定程序的,应当在庭审后提出。

【法条链接】

《刑事诉讼法》

第十五条 有下列情形之一的,不追究刑事责任,已经追究的,应当撤销案件,或者不起诉,或者终止审理,或者宣告无罪:

(一)情节显著轻微、危害不大,不认为是犯罪的;

(二)犯罪已过追诉时效期限的;

(三)经特赦令免除刑罚的;

(四)依照刑法告诉才处理的犯罪,没有告诉或者撤回告诉的;

(五)犯罪嫌疑人、被告人死亡的;

(六)其他法律规定免予追究刑事责任的。

第三十四条 犯罪嫌疑人、被告人因经济困难或者其他原因没有委托辩护人的,本人及其近亲属可以向法律援助机构提出申请。对符合法律援助条件的,法律援助机构应当指派律师为其提供辩护。

犯罪嫌疑人、被告人是盲、聋、哑人,或者是尚未完全丧失辨认或者控制自己行为能力的精神病人,没有委托辩护人的,人民法院、人民检察院和公安机关应当通知法律援助机构指派律师为其提供辩护。

犯罪嫌疑人、被告人可能被判处无期徒刑、死刑,没有委托辩护人的,人民法院、人民检察院和公安机关应当通知法律援助机构指派律师为其提供辩护。

第五十八条 对于经过法庭审理,确认或者不能排除存在本法第五十四条规定的以非法方法收集证据情形的,对有关证据应当予以排除。

第五十九条　证人证言必须在法庭上经过公诉人、被害人和被告人、辩护人双方质证并且查实以后，才能作为定案的根据。法庭查明证人有意作伪证或者隐匿罪证的时候，应当依法处理。

第六十条　凡是知道案件情况的人，都有作证的义务。

生理上、精神上有缺陷或者年幼，不能辨别是非、不能正确表达的人，不能作证人。

第六十一条　人民法院、人民检察院和公安机关应当保障证人及其近亲属的安全。

对证人及其近亲属进行威胁、侮辱、殴打或者打击报复，构成犯罪的，依法追究刑事责任；尚不够刑事处罚的，依法给予治安管理处罚。

第六十二条　对于危害国家安全犯罪、恐怖活动犯罪、黑社会性质的组织犯罪、毒品犯罪等案件，证人、鉴定人、被害人因在诉讼中作证，本人或者其近亲属的人身安全面临危险的，人民法院、人民检察院和公安机关应当采取以下一项或者多项保护措施：

（一）不公开真实姓名、住址和工作单位等个人信息；

（二）采取不暴露外貌、真实声音等出庭作证措施；

（三）禁止特定的人员接触证人、鉴定人、被害人及其近亲属；

（四）对人身和住宅采取专门性保护措施；

（五）其他必要的保护措施。

证人、鉴定人、被害人认为因在诉讼中作证，本人或者其近亲属的人身安全面临危险的，可以向人民法院、人民检察院、公安机关请求予以保护。

人民法院、人民检察院、公安机关依法采取保护措施，有关单位和个人应当配合。

第九十六条　犯罪嫌疑人、被告人被羁押的案件，不能在本法规定的侦查羁押、审查起诉、一审、二审期限内办结的，对犯罪嫌疑人、被告人应当予以释放；需要继续查证、审理的，对犯罪嫌疑人、被告人可以取保候审或者监视居住。

第一百五十六条　下列案件在本法第一百五十四条规定的期限届满不能侦查终结的，经省、自治区、直辖市人民检察院批准或者决定，可以延长二个月：

（一）交通十分不便的边远地区的重大复杂案件；

（二）重大的犯罪集团案件；

（三）流窜作案的重大复杂案件；

（四）犯罪涉及面广，取证困难的重大复杂案件。

第一百七十一条　人民检察院审查案件，可以要求公安机关提供法庭审判所必需的证据材料；认为可能存在本法第五十四条规定的以非法方法收集证据情形的，可以要求其对证据收集的合法性作出说明。

人民检察院审查案件，对于需要补充侦查的，可以退回公安机关补充侦查，也可以自行侦查。

对于补充侦查的案件，应当在一个月以内补充侦查完毕。补充侦查以二次为限。补充侦查完毕移送人民检察院后，人民检察院重新计算审查起诉期限。

对于二次补充侦查的案件，人民检察院仍然认为证据不足，不符合起诉条件的，应当作出不起诉的决定。

第一百八十条　合议庭开庭审理并且评议后，应当作出判决。对于疑难、复杂、重大的案件，合议庭认为难以作出决定的，由合议庭提请院长决定提交审判委员会讨论决定。

审判委员会的决定,合议庭应当执行。

第一百八十一条 人民法院对提起公诉的案件进行审查后,对于起诉书中有明确的指控犯罪事实的,应当决定开庭审判。

第一百八十二条 人民法院决定开庭审判后,应当确定合议庭的组成人员,将人民检察院的起诉书副本至迟在开庭十日以前送达被告人及其辩护人。

在开庭以前,审判人员可以召集公诉人、当事人和辩护人、诉讼代理人,对回避、出庭证人名单、非法证据排除等与审判相关的问题,了解情况,听取意见。

人民法院确定开庭日期后,应当将开庭的时间、地点通知人民检察院,传唤当事人,通知辩护人、诉讼代理人、证人、鉴定人和翻译人员,传票和通知书至迟在开庭三日以前送达。公开审判的案件,应当在开庭三日以前先期公布案由、被告人姓名、开庭时间和地点。

上述活动情形应当写入笔录,由审判人员和书记员签名。

第一百八十三条 人民法院审判第一审案件应当公开进行。但是有关国家秘密或者个人隐私的案件,不公开审理;涉及商业秘密的案件,当事人申请不公开审理的,可以不公开审理。

不公开审理的案件,应当当庭宣布不公开审理的理由。

第一百八十四条 人民法院审判公诉案件,人民检察院应当派员出席法庭支持公诉。

第一百八十五条 开庭的时候,审判长查明当事人是否到庭,宣布案由;宣布合议庭的组成人员、书记员、公诉人、辩护人、诉讼代理人、鉴定人和翻译人员的名单;告知当事人有权对合议庭组成人员、书记员、公诉人、鉴定人和翻译人员申请回避;告知被告人享有辩护权利。

第一百八十六条 公诉人在法庭上宣读起诉书后,被告人、被害人可以就起诉书指控的犯罪进行陈述,公诉人可以讯问被告人。

被害人、附带民事诉讼的原告人和辩护人、诉讼代理人,经审判长许可,可以向被告人发问。

审判人员可以讯问被告人。

第一百八十七条 公诉人、当事人或者辩护人、诉讼代理人对证人证言有异议,且该证人证言对案件定罪量刑有重大影响,人民法院认为证人有必要出庭作证的,证人应当出庭作证。

人民警察就其执行职务时目击的犯罪情况作为证人出庭作证,适用前款规定。

公诉人、当事人或者辩护人、诉讼代理人对鉴定意见有异议,人民法院认为鉴定人有必要出庭的,鉴定人应当出庭作证。经人民法院通知,鉴定人拒不出庭作证的,鉴定意见不得作为定案的根据。

第一百八十八条 经人民法院通知,证人没有正当理由不出庭作证的,人民法院可以强制其到庭,但是被告人的配偶、父母、子女除外。

证人没有正当理由拒绝出庭或者出庭后拒绝作证的,予以训诫,情节严重的,经院长批准,处以十日以下的拘留。被处罚人对拘留决定不服的,可以向上一级人民法院申请复议。复议期间不停止执行。

第一百八十九条 证人作证,审判人员应当告知他要如实地提供证言和有意作伪证或者隐匿罪证要负的法律责任。公诉人、当事人和辩护人、诉讼代理人经审判长许可,可以对证人、鉴定人发问。审判长认为发问的内容与案件无关的时候,应当制止。

审判人员可以询问证人、鉴定人。

第一百九十条 公诉人、辩护人应当向法庭出示物证,让当事人辨认,对未到庭的证人的证言笔录、鉴定人的鉴定意见、勘验笔录和其他作为证据的文书,应当当庭宣读。审判人员应当听取公诉人、当事人和辩护人、诉讼代理人的意见。

第一百九十一条 法庭审理过程中,合议庭对证据有疑问的,可以宣布休庭,对证据进行调查核实。

人民法院调查核实证据,可以进行勘验、检查、查封、扣押、鉴定和查询、冻结。

第一百九十二条 法庭审理过程中,当事人和辩护人、诉讼代理人有权申请通知新的证人到庭,调取新的物证,申请重新鉴定或者勘验。

公诉人、当事人和辩护人、诉讼代理人可以申请法庭通知有专门知识的人出庭,就鉴定人作出的鉴定意见提出意见。

法庭对于上述申请,应当作出是否同意的决定。

第二款规定的有专门知识的人出庭,适用鉴定人的有关规定。

第一百九十三条 法庭审理过程中,对与定罪、量刑有关的事实、证据都应当进行调查、辩论。

经审判长许可,公诉人、当事人和辩护人、诉讼代理人可以对证据和案件情况发表意见并且可以互相辩论。

审判长在宣布辩论终结后,被告人有最后陈述的权利。

第一百九十四条 在法庭审判过程中,如果诉讼参与人或者旁听人员违反法庭秩序,审判长应当警告制止。对不听制止的,可以强行带出法庭;情节严重的,处以一千元以下的罚款或者十五日以下的拘留。罚款、拘留必须经院长批准。被处罚人对罚款、拘留的决定不服的,可以向上一级人民法院申请复议。复议期间不停止执行。

对聚众哄闹、冲击法庭或者侮辱、诽谤、威胁、殴打司法工作人员或者诉讼参与人,严重扰乱法庭秩序,构成犯罪的,依法追究刑事责任。

第一百九十五条 在被告人最后陈述后,审判长宣布休庭,合议庭进行评议,根据已经查明的事实、证据和有关的法律规定,分别作出以下判决:

(一)案件事实清楚,证据确实、充分,依据法律认定被告人有罪的,应当作出有罪判决;

(二)依据法律认定被告人无罪的,应当作出无罪判决;

(三)证据不足,不能认定被告人有罪的,应当作出证据不足、指控的犯罪不能成立的无罪判决。

第一百九十六条 宣告判决,一律公开进行。

当庭宣告判决的,应当在五日以内将判决书送达当事人和提起公诉的人民检察院;定期宣告判决的,应当在宣告后立即将判决书送达当事人和提起公诉的人民检察院。判决书应当同时送达辩护人、诉讼代理人。

第一百九十七条 判决书应当由审判人员和书记员署名,并且写明上诉的期限和上诉的法院。

第一百九十八条 在法庭审判过程中,遇有下列情形之一,影响审判进行的,可以延期审理:

(一)需要通知新的证人到庭,调取新的物证,重新鉴定或者勘验的;
(二)检察人员发现提起公诉的案件需要补充侦查,提出建议的;
(三)由于申请回避而不能进行审判的。

第一百九十九条 依照本法第一百九十八条第二项的规定延期审理的案件,人民检察院应当在一个月以内补充侦查完毕。

第二百条 在审判过程中,有下列情形之一,致使案件在较长时间内无法继续审理的,可以中止审理:
(一)被告人患有严重疾病,无法出庭的;
(二)被告人脱逃的;
(三)自诉人患有严重疾病,无法出庭,未委托诉讼代理人出庭的;
(四)由于不能抗拒的原因。
中止审理的原因消失后,应当恢复审理。中止审理的期间不计入审理期限。

第二百零一条 法庭审判的全部活动,应当由书记员写成笔录,经审判长审阅后,由审判长和书记员签名。

法庭笔录中的证人证言部分,应当当庭宣读或者交给证人阅读。证人在承认没有错误后,应当签名或者盖章。

法庭笔录应当交给当事人阅读或者向他宣读。当事人认为记载有遗漏或者差错的,可以请求补充或者改正。当事人承认没有错误后,应当签名或者盖章。

第二百零二条 人民法院审理公诉案件,应当在受理后二个月以内宣判,至迟不得超过三个月。对于可能判处死刑的案件或者附带民事诉讼的案件,以及有本法第一百五十六条规定情形之一的,经上一级人民法院批准,可以延长三个月;因特殊情况还需要延长的,报请最高人民法院批准。

人民法院改变管辖的案件,从改变后的人民法院收到案件之日起计算审理期限。

人民检察院补充侦查的案件,补充侦查完毕移送人民法院后,人民法院重新计算审理期限。

【典型案例目录索引】

1. 某市某区人民法院(2009)闸刑初字第660号刑事判决书。
2. 某市第二中级人民法院(2010)沪二中刑终字第333号刑事裁定书。
3. 某市某区人民法院(2008)闸刑初字第352号、某市第二中级人民法院(2009)沪二中刑终字第209号

第三节 自诉案件的第一审程序

【典型案例】

【案例15-3-01】

名颜公司、汤鸿公司诉王某某侵占案。自诉人:某市名颜化妆品有限公司(下简称名颜公司)。住所地某市甲区某某路789号315室。经营地某市某某路1383号14楼E、F座。

诉讼代表人陈某某,系该公司法定代表人。

诉讼代理人肖某,某市捷华律师事务所律师。

自诉人:某市汤鸿环保有限公司(下简称汤鸿公司)。住所地某市乙区某某镇某某公路2585号。经营地某市通用大厦1501室。

法定代表人汤某某,系该公司董事长。

诉讼代表人吴某,系该公司副总经理。

诉讼代理人肖某,某市捷华律师事务所律师。

被告人王某某,男,1959年3月12日出生,汉族,初中文化,某市锦晟净油机销售有限公司(下简称锦晟公司)法定代表人,住某市某某路29弄33号302室。现因本案于2005年11月8日被逮捕,羁押于某市某某区看守所。

辩护人吴某某,某市正达律师事务所律师。

自诉人名颜公司诉称,被告人王某某于2004年10月底11月初,受汤某某委托将名颜公司开具的一张金额为150万元的本票兑换成现金。后被告人王某某将本票兑换现金后予以侵吞。

自诉人汤鸿公司诉称,被告人王某某于2004年10月29日受汤某某委托将汤鸿公司开具的一张金额为150万元的本票兑换成现金,后被告人王某某只交付90万元,余款60万元被其侵吞。

针对上述指控,两自诉人以汤某某陈述笔录、证人证言笔录及相关书证等证据,认为被告人王某某的行为已构成侵占罪,请求依照《中华人民共和国刑法》第二百七十条之规定,追究其刑事责任并追缴被侵占款。

被告人王某某对控诉的事实予以否认,辩称其通过朋友王某兑换了300万元现金,后已全部交给了汤某某,且其有检举他人犯罪的立功表现。

被告人王某某的辩护人认为两自诉人控诉被告人王某某犯侵占罪依据不足。理由是:本案中并无证据证明王某某没有把209万元现金交给汤某某。汤某某把两张150万元的本票交给王某某兑换成现金,之前王某某已分四次将总额91万元的现金单独交给汤某某。因此,一对一给付已形成汤、王二人的交割惯例。虽然汤某某有证人证明他11月4日下午和晚上在开会和聚餐,但并没有证人证明他中午在哪里、在做什么,而王某某声明他是中午1点左右在家里小区把现金单独地交给了汤某某。因此最终王某某是否已足额把300万元现金交给了汤某某,这仅仅是民事行为中的"诚实信用",在民事诉讼中利用"证据优势原则"可以解决王某某是否应当返还余款210万元。而根据刑事诉讼的"严格证据原则",也无法排除王某某确实已经依交割惯例把余款209万元单独亲自交给了汤某某的可能性。本案的关键人物是王某,但至今自诉人都不能提供王某的有效证词指控王某某侵吞了这笔巨款。故如不能排除"王某某确实把余款单独亲自交给汤某某"这一合理怀疑,根据"疑罪从无"的原则,本案应以经济纠纷定性比较合理。

某市某某区人民法院经公开审理查明:

汤某某是汤鸿公司法定代表人,也是名颜公司的股东。2004年10月29日和11月初,汤某某为购买原材料,分别将汤鸿公司开具的一张金额为人民币150万元的本票和名颜公司开具的一张金额为人民币150万元的本票交给被告人王某某,要求其帮忙兑换为现金。事后,被告人王某某于10月29日至11月3日分四次以现金和汇款的方式向汤某某交付了人民币90万元。11月4日晚11时许,被告人王某某和其朋友王某一起赴澳门。

11月6日，王某某发短消息给汤某某称其在嘉兴办事。之后，汤某某无法联系到王某某，遂于同月11日报案。后被告人王某某派人送至汤某某办公室三张其单位锦晟公司出具的金额总计为210万元的期票（当时其账户内只有4万余元）。同月25日，王某某主动到公安机关说明情况，表示300万元已全部交付给汤某某，同日王某某被刑事拘留。

另查明，被告人王某某于2003年3月在浦东发展银行某区支行营业部开设了锦晟公司的基本账户。2004年10月29日和11月3日，王某某分别将两张金额为人民币150万元的本票解入锦晟公司的账户内，然后以订货费等名义共计提取了现金116万元，随后又开出本票180万元入某市祥罡投资咨询有限公司（下简称祥罡公司），祥罡公司开具七张本票到他人单位为王某某兑换了现金180万元，并于11月5日下午将180万元现金交给了王某某派来的人，同时收取了王某某事先写好收到日期为11月4日的收条。

某市某某区人民法院根据上述事实和证据认为，被告人王某某接受汤鸿公司法定代表人汤某某的委托，将名颜公司和汤鸿公司分别开具的金额为150万元的本票兑换成现金，但被告人王某某事后只交付给汤某某人民币90万元，余款人民币210万元拒不归还，其行为已构成侵占罪。自诉人名颜公司指控被告人王某某侵吞其单位人民币150万元、自诉人汤鸿公司指控被告人王某某侵吞其单位人民币60万元，被告人王某某构成侵占罪的罪名成立。虽然被告人王某某与汤某某先前交付90万元现金时，大多也是一对一，但因汤某某认可而无需其他证据佐证；现对于210万元的交付，因汤某某予以否认，就需要交款的王某某提供其他证据来佐证，现王某某提供不出其他证据，则应承担由此产生的法律后果；而且相关的书证和证人证言均证实180万元现金是在2004年11月5日才兑换出，王某某不可能在11月4日就将该180万元现金交给汤某某。庭审中，被告人王某某一直坚称其是委托朋友王某兑换成现金，但其并未提供王某的证词相佐证。况且，被告人王某某在汤某某报案后，还开具过三张共计金额为210万元的期票给汤某某，从而更印证了被告人王某某侵吞该210万元的事实，故被告人王某某相关辩解及其辩护人的相关辩护意见，某市某某区人民法院不予采纳。庭审中，被告人王某某称其有检举他人犯罪的立功情节，经查，被告人王某某检举的两起盗窃事实，其中，一起盗窃事实，公安机关在其检举之前已先行掌握；另一起盗窃事实，目前尚未查证，故被告人王某某的行为不属于立功。

某市某某区人民法院依照《中华人民共和国刑法》第二百七十条和第六十四条之规定，作出如下判决：

1. 被告人王某某犯侵占罪，判处有期徒刑四年，并处罚金人民币四千元。
2. 追缴赃款人民币210万元，分别发还自诉人名颜公司、汤鸿公司。

本案原是一起公诉案件。公诉机关某市某某区人民检察院以被告人王某某犯职务侵占罪，于2005年3月23日向某市某某区人民法院提起公诉。某市某某区人民法院经审理后认为，控辩双方争议的焦点是被告人王某某是否构成职务侵占罪的主体身份问题。

公诉机关起诉认定被告人王某某是某市汤鸿环保有限公司的财务科长，利用为本单位兑换300万元现金的职务便利，将其中的现金210万元予以侵吞，其行为已构成职务侵占罪。依据是：汤鸿公司提供的王某某的应聘书、任命书及试工劳动协议、2004年10月工资支付清单及签收单等书证和单位员工的证人证言。

辩护人认为，王某某不具有职务侵占罪的主体身份。理由是：1. 公诉人所提供的关于证明王某某是汤鸿公司财务经理的书证不符合证据要求，所有书证均无王某某的签名，都是由汤鸿公司单方面制作并提供的。所谓的《任命书》有两份，其中有一份由四名员工签名证明，而这四名证明员工分别是公司的会计、司机、销售人员，也就是说是公司的普通下级员工。按惯例，公司任命中层干部并不需要普通下级员工给予证明。2. 汤鸿公司的员工所作的证词都有一个共同点，那就是他们都是通过汤某某的介绍才知道王某某是公司的财务经理，既不是通过公司的任命而得知，也不是通过事实工作联系而得知；很少在公司看见过王某某，尤其是身为公司出纳和会计的宋瑾和肖红两人的笔录中更是明确表示她们只见过王某某一次，也就是送本票的那一次，在汤鸿公司的办公室里没有见过王某某。出纳和会计本来是财务经理最直接最重要的下属，他们之间的业务关系应该是最密切的，然而他们却几乎没有联系；也没有人与王某某发生过财务报销，领取工资或账务往来关系。3. 庭审调查证实，汤鸿公司系分别在通用大厦门口和门房间把两张本票交给王某某，而王某某则分别在自家小区内或虹桥机场将套现的现金交给汤某某。对于金额如此巨大的现金交接，却没有一个环节发生在办公室内，明显与常理不符。4. 汤鸿公司拿不出任何一张由王某某签字的凭证或文件，哪怕是一张报销单据。综上，王某某不是汤鸿公司的财务科长，与名颜公司也没有关系，不构成职务侵占罪的主体要件。

某市某某区人民法院认为，根据现有的书证和相关的证人证言，无法认定被告人王某某是某市汤鸿环保有限公司的财务科长。理由是：公诉机关提供的书证均无被告人签名，存在瑕疵；而证人证言都称是通过汤某某介绍才得知王某某是本单位财务科长，均不是通过任命和工作联系得知的，这与该单位出具的两份任命书存在矛盾；且被告人王某某在此期间，除了打理自己的公司外，还通过汤某某的介绍担任中汽租赁公司财务总监。可见，从证据显示，无法认定被告人王某某职务侵占罪的主体身份，故被告人王某某不构成职务侵占罪，采纳辩护人对此观点的辩护意见。

综上，某市某某区人民法院认为，认定被告人王某某构成职务侵占罪的主体身份依据不充分，现有证据尚不能认定被告人王某某的行为构成职务侵占罪，其行为只是一种民间委托关系，现王某某拒不归还，符合侵占罪的构成要件，可以认定为侵占罪，而侵占罪是自诉案件，不属公诉机关指控的范围。后检察院向某市某某区人民法院申请撤回起诉，某市某某区人民法院于2005年11月7日以（2005）闸刑初字第252号刑事裁定书，作出裁定：准许某市某某区人民检察院撤回起诉。并对自诉人提起的自诉依法进行了审理并作出相应的判决。

自诉案件是被害人直接向人民法院起诉，要求追究被告人的刑事责任的案件。自诉案件须经人民法院审查，符合自诉案件的受理条件，才能受理和进行审判。

一、提起自诉的条件

自诉人提起自诉必须符合条件，否则，人民法院不予受理。具体而言，人民法院受理的自诉案件必须符合下列条件：

1. 案件属于自诉案件的范围。根据《刑事诉讼法》第204条及《刑诉解释》的规定，自诉案件包括以下三类案件：(1) 告诉才处理的案件；(2) 被告人有证据证明的轻微刑事案件；(3) 被害人有证据证明对被告人侵犯自己人身、财产权利的行为应当依法追究刑事责任，而公安机关或者人民检察院不予追究被告人刑事责任的案件。

2. 属于某市某某区人民法院管辖。自诉人提起自诉的案件只有属于受诉人民法院管辖范围,该人民法院才能受理。

3. 刑事案件的被害人告诉的。根据《刑事诉讼法》及有关规定,自诉人享有自诉权,自诉案件原则上应当由被害人提起。但是,如果被害人死亡、丧失行为能力或者因受强制、威吓等原因无法告诉的,或者是限制行为能力人以及由于年老、患病、盲、聋、哑等原因不能亲自告诉,其法定代理人、近亲属代为告诉的,人民法院应当受理,但代为告诉人应当提供与被害人关系的证明和被害人不能亲自告诉的原因的证明。

4. 有明确的被告人、具体的诉讼请求和能证明被告人犯罪事实的证明。

5. 对于被害人有证据证明对被告人侵犯自己人身、财产权利的行为应当依法追究刑事责任,而公安机关或者人民检察院不予追究被告人刑事责任的案件,还应当符合《刑事诉讼法》第110条、第176条的规定,即应当提交公安机关、人民检察院已经作出了不追究犯罪嫌疑人刑事责任的书面决定。

二、提起自诉的程序

自诉人应当向人民法院提交刑事自诉状;提起附带民事诉讼的,还应当提交刑事附带民事自诉状。自诉人书写自诉状确有困难的,可以口头告诉,由法院工作人员作出告诉笔录,向自诉人宣读,自诉人确认无误后,应当签名或者盖章。自诉状或者告诉笔录应当包括以下内容:

1. 自诉人、被告人、代为告诉人的姓名、性别、年龄、民族、出生地、文化程度、职业、工作单位、住址。

2. 被告人犯罪行为的时间、地点、手段、情节和危害后果等。

3. 具体的诉讼请求。

4. 致送人民法院的名称及具状时间。

5. 证人的姓名、住址及其他证据的名称、来源等。

如果被告人是二人以上的,自诉人在告诉时须按被告人的人数提供自诉状副本。

三、自诉案件的审查

人民法院收到自诉状或者口头告诉后,应当按照自诉案件受理条件进行审查,对于犯罪事实清楚,有足够证据,符合相关条件的案件,应当作出立案决定;根据《刑事诉讼法》第205条第1款第2项的规定,对于具有下列情形之一的,应当说服自诉人撤回起诉,或者裁定驳回起诉:(1)不符合提起自诉的条件的;(2)证据不充分的;(3)犯罪已过追诉时效期限的;(4)被告人死亡的;(5)被告人下落不明的;(6)除因证据不足而撤诉的意外,自诉人撤诉后,就同一事实又告诉的;(7)经人民法院调解结案后,自诉人反悔,就同一事实再行告诉的。

人民法院应当在收到自诉状或者口头告诉第二日起15日内作出是否立案的决定,无论是否决定立案,都应当书面通知自诉人或者代为告诉人。

对于已经立案,经审查缺乏罪证的自诉案件,如果自诉人提不出补充证据,应当说服自诉人撤回起诉或者裁定驳回起诉;自诉人经说服撤回起诉或者被驳回起诉后,又提出了新的足以证明被告人有罪的证据,再次提起自诉的,人民法院应当受理。

自诉人明知有其他共同侵害人,但只对部分侵害人提起自诉的,人民法院应当受理,并视为自诉人对其他侵害人放弃告诉权利。判决宣告后自诉人又对其他共同侵害人就同一事实提起自诉的,人民法院不再受理。共同被害人中只有部分人告诉的,人民法院应当通知其他被害人参加诉讼。被通知人接到通知后表示不参加诉讼或者不出庭的,即视为放弃告诉权利。第一审宣判后,被通知人就同一事实又提起自诉的,人民法院不予受理。但当事人另行提起民事诉讼的,不受限制。

人民法院受理自诉案件后,对于当事人因客观原因不能取得并提供有关证件而申请人民法院调取证据,人民法院认为必要的,可以依法调取。

四、自诉案件的审理

根据《刑事诉讼法》第205条规定,人民法院对于提起自诉的案件进行审查后,决定受理的,应当开庭审判。自诉案件本身具有一定的特殊性,自诉案件的审理也具有一些异于公诉案件的特点:

1. 区分情况适用简易程序审理,或者参照公诉案件第一审程序审理。对于受理的自诉案件,案件事实清楚、证据确实充分,被告人承认自己所犯罪行,对自诉书指控的犯罪事实没有异议,且对适用简易程序没有异议的,人民法院可以适用简易程序审理。不适用简易程序审理的,审判程序按照公诉案件第一审程序的规定进行。需要注意的是,被告人实施的两个以上的犯罪行为,分别属于公诉案件和自诉案件的,人民法院可以在审理公诉案件时,对自诉案件一并审理。

2. 根据《刑事诉讼法》第206条第1款的规定,人民法院对告诉才处理和被害人有证据证明的轻微刑事案件,可以在查清事实、分清是非的基础上进行调解。但是,对于被害人有证据证明对被告人侵犯自己人身、财产权利的行为应当依法追究刑事责任,而公安机关或者人民检察院不予追究被告人刑事责任的案件,不适用调解。调解应当在自愿、合法,不损害国家、集体和其他公民利益的前提下进行。调解达成协议的,人民法院应当制作刑事自诉案件调解书,由审判人员和书记员署名,并加盖人民法院印章。调解书经双方当事人签收后即发生法律效力。调解没有达成协议或者调解书签收前当事人反悔的,人民法院应当进行判决。

3. 根据《刑事诉讼法》第206条第1款的规定,对于告诉才处理的案件、被害人有证据证明的轻微刑事案件,自诉人在宣告判决前可以同被告人自行和解或者撤回起诉。对于已经审理的自诉案件,当事人自行和解的,应当记录在案。对于自诉人要求撤诉的,经人民法院审查认为确属自愿的,应当准许。人民法院裁定准许自诉人撤诉或者当事人自行和解的案件,被告人被采取强制措施的,应当立即予以解除。根据《刑事诉讼法》第205条第2款的规定,自诉人经两次依法传唤,无正当理由拒不到庭的,或者未经法庭准许中途退庭的,人民法院应当决定按自诉人撤诉处理。自诉人是二人以上的,其中部分人撤诉的,不影响案件的继续审理。

4. 人民法院受理自诉案件后,对于当事人因客观原因不能取得并提供有效证据而申请人民法院调取证据,人民法院认为必要的,可以依法调取。另外,根据《刑事诉讼法》第205条第3款的规定,法庭审理过程中,审判人员对证据有疑问,需要调查核实的,可以宣布休庭,对证据进行调查核实。人民法院调查核实证据,可以进行勘验、检查、查封、扣押、鉴定和查询、冻结。

5. 在自诉案件审理过程中,被告人下落不明,致使案件在较长时间内无法继续审理的,可以中止审理。被告人归案后,应当恢复审理,必要时,应当对被告人依法采取强制措施。中止审理的期限不计入审判期限。

6. 审理自诉案件,应当参照《刑事诉讼法》第195条的规定,根据已经查明的事实、证据和有关的法律规定,分别判决:案件事实清楚,证据确实、充分,依据法律认定被告人有罪的,应当作出有罪判决;依据法律认定被告人无罪的,应当作出无罪判决。对于依法宣告无罪的案件,其附带民事诉讼部分应当依法进行调解或者一并作出判决。

7. 根据《刑事诉讼法》第207条的规定,告诉才处理和被害人有证据证明的轻微刑事案件的被告人或者其法定代理人在诉讼过程中,可以对自诉人提起反诉。反诉必须符合下列条件:(1)反诉的对象必须是本案自诉人;(2)自诉的内容必须是与本案有关的行为;(3)反诉的案件必须是告诉才处理和被害人有证据证明的轻微刑事案件。反诉案件适用自诉案件的规定,并应当与自诉案件一并审理。原自诉人撤诉的,不影响反诉案件的继续审理。

8. 根据《刑事诉讼法》第206条第2款的规定自诉案件的审理期限是,被告人被羁押的,适用公诉案件一审程序审理期限的规定;被告人未被羁押的,应当在受理后六个月以内宣判。

【法条链接】
《刑事诉讼法》

第一百一十二条 对于自诉案件,被害人有权向人民法院直接起诉。被害人死亡或者丧失行为能力的,被害人的法定代理人、近亲属有权向人民法院起诉。人民法院应当依法受理。

第一百七十六条 对于有被害人的案件,决定不起诉的,人民检察院应当将不起诉决定书送达被害人。被害人如果不服,可以自收到决定书后七日以内向上一级人民检察院申诉,请求提起公诉。人民检察院应当将复查决定告知被害人。对人民检察院维持不起诉决定的,被害人可以向人民法院起诉。被害人也可以不经申诉,直接向人民法院起诉。人民法院受理案件后,人民检察院应当将有关案件材料移送人民法院。

第二百零三条 人民检察院发现人民法院审理案件违反法律规定的诉讼程序,有权向人民法院提出纠正意见。

第二百零四条 自诉案件包括下列案件:
(一)告诉才处理的案件;
(二)被害人有证据证明的轻微刑事案件;
(三)被害人有证据证明对被告人侵犯自己人身、财产权利的行为应当依法追究刑事责任,而公安机关或者人民检察院不予追究被告人刑事责任的案件。

【典型案例目录索引】
1. 上海市闸北区人民法院(2005)闸刑初字第252号刑事裁定书。
2. 上海市闸北区人民法院(2005)闸刑初字第919号刑事判决书。

第四节 简易程序

【典型案例】
【案例15-4-01】

阿依古丽·马合木提(身份自报)盗窃案。公诉机关某市某区人民检察院。

被告人阿依古丽·马合木提,女,1979年1月1日出生于新疆维吾尔自治区阿克苏市,维吾尔族,小学文化,无业,住阿克苏市沙雅县人民北路25号(上述均自报)。因本案于2006年3月27日被刑事拘留,4月30日被逮捕。现羁押于某市某区看守所。

某市某区人民检察院以某某检刑诉字(2006)452号起诉书指控被告人阿依古丽·马合木提犯盗窃罪,于2006年7月3日向某市某区人民法院提起公诉。某市某区人民法院依法适用简易程序,实行独任审判,公开开庭审理了本案。被告人阿依古丽·马合木提及其翻译阿某某到庭参加诉讼。现已审理终结。

公诉机关指控被告人阿依古丽·马合木提于2006年3月26日晚10时许,在某市地铁一号线某某站站厅层的1-132商铺内,趁被害人王某某不备之机,窃得其上衣右侧口袋内1部价值人民币1,680元的三星E808型移动电话,后被被害人发现,将其扭获至公安机关。

上述事实,被告人在开庭审理过程中亦无异议,且有被害人王某某的陈述、证人那某某、赵某某、蒋某某的证言、某市公安局扣押、发还物品清单、物品财产估价鉴定结论书、工作情况、查询记录和书证照片等证据证实。

某市某区人民法院认为,被告人阿依古丽·马合木提盗窃公民财物,数额较大,其为已构成盗窃罪。依照《刑法》第二百六十四条之规定,以被告人阿依古丽·马合木提犯盗窃罪,判处有期徒刑八个月,并处罚金人民币一千元。

一、简易程序的概述

简易程序是相对于普通程序而言的,指基层人民法院对于案件事实清楚、证据充分,被告人承认自己所犯罪行,对指控的犯罪事实没有异议且对适用简易程序没有异议的刑事案件,依法适用较普通第一审程序相对简单的审判程序。简易程序不是普通程序的附庸,也不是普通程序的分支,而是与普通程序并存的一种独立的诉讼程序,但简易程序没有规定的要适用普通程序中的有关规定;如果发现不宜再适用简易程序,应及时变更转为普通程序重新审理。

简易程序是对第一审普通程序的简化,主要表现在以下几个方面:(1)审判组织的简化。《刑事诉讼法》第210条规定,对于可能判处三年有期徒刑以下刑罚的,可以组成合议庭进行审判,也可以由审判员一人独任审判。(2)庭审程序的简化。《刑事诉讼法》第213条规定,适用简易程序审理案件,不受刑事诉讼法关于公诉案件第一审普通程序案件中送达期限、讯问被告人、询问证人、鉴定人、出示证据、法庭辩论程序规定的限制。(3)审理期限的缩短。《刑事诉讼法》第213条规定,适用简易程序审理案件,人民法院应当在受理后20日以内审结;对可能判处的有期徒刑超过三年的,可以延长至一个半月。简化的目的在于在确保司法公正的同时,提高办案效率,节约司法资源。但在诉讼中也不可一味追究简化而忽略了保障被告人的诉讼权利,如申请回避、提供新的证据、进行辩论、自诉人申请撤诉、最后陈述、提起上诉等诉讼权利决不可因程序简化而任意限制甚至剥夺。

二、简易程序的适用条件

（一）适用简易程序的条件

根据《刑事诉讼法》第208条的规定,适用简易程序审理的案件应同时满足以下条件:

1. 属于基层人民法院管辖。相对于1996年《刑事诉讼法》,新修订的《刑事诉讼法》将可以适用简易程序审理的案件扩大到基层人民法院管辖的所有案件,这样可以提高诉讼效率,节约司法资源。在提高诉讼效率、保证案件质量的情况下,合理配置司法资源,集中精力审理被告人不认罪和疑难复杂的案件,实现案件繁简分流。

2. 案件事实必须事实清楚、证据充分。人民法院根据起诉书指控的事实,认为案件事实简单明确,易于审理,定罪量刑的证据客观全面,足以认定被告人有罪。

3. 被告人承认自己所犯罪行,对起诉书指控的犯罪事实没有异议。如果承认指控的主要犯罪事实,仅对个别细节提出异议;或者对犯罪事实没有异议,仅对罪名认定提出异议的,不属于不认罪,仍然可以适用简易程序,但应针对被告人有异议的部分重点进行调查、辩论。

4. 被告人对适用简易程序没有异议。被告人在了解简易程序的相关规定和适用该程序可能导致的后果后,仍同意适用简易程序。了解的内容应是刑事诉讼法关于简易程序的相关规定,如对可能判处三年以下有期徒刑刑罚的案件,适用简易程序审理的,可以组成合议庭进行审判,也可以由审判员一人独任审判。被告人可以根据上述法律规定和自己所犯罪行的情况进行考虑和权衡。

（二）不适用简易程序的情况

《刑事诉讼法》第209条从案件本身的社会危害性、社会影响以及被告人自身的认知能力以及案件之间的界限的把握等方面,明确了不适用简易程序审理的情形,有效防止简易程序的不当适用,更好保护公民的诉讼权利。不适用简易程序审理的四种情形有:

1. 被告人是盲、聋、哑人或者尚未完全丧失辨认或者控制自己行为能力的精神病人。这几类人属于部分刑事责任能力,有的在生理上有缺陷,有的在精神上有障碍,不能充分表达自己的意愿,应当充分保障他们的诉讼权利。《刑事诉讼法》第34条第2款规定,犯罪嫌疑人、被告人是盲、聋、哑人或者尚未完全丧失辨认或者控制自己行为能力的精神病人,没有委托辩护人的,人民法院、人民检察院和公安机关应当通知法律援助机构指派律师为其提供辩护。

2. 有重大社会影响的案件。"重大社会影响"一般是指社会影响大、关注度高、反映强烈的案件。尽管有些案件被告人的犯罪行为性质并不严重,犯罪事实也较为清楚,但是如果社会关注度高,也应当适用普通程序审理,以扩大案件审理的社会影响,回应关注,争取案件的处理取得良好的效果。

3. 共同犯罪案件中部分被告人不认罪或者对对适用简易程序有异议的。共同犯罪案件案情往往较为复杂,证据相互关联,如果部分被告人不承认犯罪事实或者不同意适用简易程序,就可能对全案的审理产生影响。因此,为慎重起见和更好地查清犯罪事实,只要有被告人不认罪或不同意适用简易程序,全案就不能适用简易程序审理。

4. 其他不宜适用简易程序审理的。此项为兜底条款,意在应对司法实践中可能出现的特殊情况。

三、适用简易程序的启动主体

根据《刑事诉讼法》第208条第1款的规定,简易程序的启动主体是人民法院,人民法院可以对符合法律规定条件的案件决定适用简易程序。

根据《刑事诉讼法》第208条第2款的规定,人民检察院具有适用简易程序的建议权。提起公诉前,人民检察院经审查,认为被告人符合《刑事诉讼法》第208条规定的三个条件,在提起公诉时,可以建议人民法院对提起公诉的案件适用简易程序审理。对于最终是否适用简易程序审理,由人民法院根据案件的情况和被告人的意见作出决定。人民法院在作出是否适用简易程序的决定时应当认真考虑检察院的建议。

启动简易程序,被告人同意适用是一个必要条件。人民法院决定适用的,应事先征求被告人的同意。人民检察院移交被告人同意适用简易程序意见书的,开庭前,人民法院不再征求被告人是否同意适用的意见。

四、简易程序中被告人辩护权的保障

适用简易程序审理案件,只是程序上的简化和省略,以提高诉讼效率,但不是对被告人应有诉权的简化和省略。对于包括辩护权在内的各项权利,应和适用普通程序审理一样,予以充分保障。

1. 开庭审理前,依法告知被告人可以委托辩护人。被告人符合法律援助条件的,应通知法律援助机构指派律师为被告人提供辩护。在自诉案件中,人民法院自受理案件之日起三日以内,应当告知被告人有权委托辩护人。

2. 开庭审理公诉案件,应通知辩护人出庭辩护;自诉案件的辩护人可以不出庭,但是应当将书面辩护意见在开庭前送交人民法院。适用简易程序审理未成年人犯罪案件,应当通知未成年被告人的辩护人出庭。

3. 应保障被告人及其辩护人在庭审中和控方的辩论权,辩护人的辩护权、出示、宣读证据以及请求证人出庭作证等要求,应和普通程序一样得到维护。

五、简易程序的审判组织

《刑事诉讼法》第210条规定,根据案情的不同明确了不同的审判组织,可以组成合议庭进行审判,也可以由审判员一人独任审判,同时兼顾了案件审理质量和诉讼效率。

1. 对可能判处三年有期徒刑以下刑罚的案件,属于较轻的刑事案件,可以组成合议庭进行审判,也可以由审判员一人独任审判。"三年有期徒刑以下刑罚",是指根据刑法规定,可能对被告人判处三年及其以下有期徒刑、拘役、管制、单处罚金、单处剥夺政治权利等刑罚。对于需要组成合议庭进行审判的,合议庭组成人员可以根据《刑事诉讼法》的规定,由审判员三人或者由审判员和人民陪审员共三人组成合议庭进行。一般情况下,对于被告人少、案件简单清楚、证据基本充分,被告人认罪、适用法律定罪量刑也较为明确,可能判处三年有期徒刑以下刑罚的案件,人民法院可以适用独任审判的形式,有利于及时结案、节约司法资源。另一种是案情相对复杂、证据之间存在疑问,人民法院认

为需要组成合议庭进行审判的可能判处三年有期徒刑以下刑罚的案件,可以组成合议庭进行审判。

2. 对可能判处三年以上有期徒刑的,应当组成合议庭进行审判。根据《刑法修正案(八)》的规定,数罪并罚的情况下,基层人民法院可对审理的案件最高判处二十五年有期徒刑。三年以上二十五年以下有期徒刑案件,属于比较严重的刑事案件,应当组成合议庭进行审理,由多名审判人员或人民陪审员合议,充分讨论,有利于进一步查明案件事实,有利于案件的公正审判。

六、简易程序的审理

1. 人民法院受理案件决定适用简易程序审理的,应确定审判组织形式:拟独任审判的,确定独任审判员;拟由合议庭审判的,确定合议庭组成人员。

2. 开庭审理前,人民法院应当将开庭的时间、地点通知人民检察院、自诉人、被告人、辩护人,也可以通知其他诉讼参与人。通知可以用简便方式,但应当记录在案。适用简易程序审理案件,不受刑事诉讼法关于送达期限规定的限制。

3. 对于公开审理的简易程序案件,应当在开庭三日以前先期公布案由、被告人姓名、开庭时间和地点。

4. 适用简易程序审理案件,审判人员宣布开庭,传被告人到庭后,应当查明被告人的基本情况,然后依次宣布案由、审判人员、书记员、公诉人、辩护人、诉讼代理人、鉴定人和翻译人员的名单,并告知被告人、辩护人可以申请回避等各项诉讼权利。

5. 根据《刑事诉讼法》第210条第2款的规定,人民检察院应当派员出席简易程序审理。控辩双方出庭参加法庭调查、辩论等庭审活动是对抗庭审模式的基本要求。如果公诉人员不出庭,审判人员既要宣读起诉书,代行公诉人职责,又要履行审判职责,在庭审中的地位较为尴尬,中立性就会遭到质疑。即便裁判结果公正,也难以使被告人信服,司法权威难以树立。提起公诉并出庭支持公诉是监察机关的法定职责,出庭支持公诉有利于查清案件事实,正确定罪量刑,重视被告人人身权利和诉讼权利,体现审判的公正性、严肃性。另外,检察机关派员出庭对庭审活动进行监督,更好发挥法律监督职能。

6. 被告人有辩护人的,辩护人应当出庭辩护;自诉案件中被告人有辩护人的,辩护人可以不出庭,但应当在开庭审判前将书面辩护意见送交人民法院。适用简易程序审理未成年人犯罪案件,应当通知未成年被告人的法定代理人、辩护人出庭。

7. 根据《刑事诉讼法》第211条的规定,公诉人或者自诉人宣读起诉书后,审判人员应当询问被告人对起诉书指控的犯罪事实的意见,告知被告人适用简易程序审理的法律规定,确认被告人是否同意适用简易程序审理。

8. 被告人可以就起诉书指控的犯罪事实进行陈述和辩护。公诉人、自诉人应当出示、宣读主要证据。被告人及其辩护人有证据出示的,审判人员应当准许。

9. 控辩双方对无异议的证据,可以仅就证据的名称及所要证明的事项作出的说明,并可当庭确认。对于法庭认为有必要调查核实的证据,控辩双方有异议的证据,或者控方、辩方要求出示、宣读的证据,应当出示、宣读,并进行质证。

10. 根据《刑事诉讼法》第212条的规定,经审判人员准许,被告人及其辩护人可以同公诉人、自诉人及其诉讼代理人相互辩论。控辩双方应主要围绕量刑及其他有争议的问题进行辩论。

11. 审判人员认为有必要的，可以讯问被告人。

12. 公诉人、被告人、自诉人、辩护人、诉讼代理人要求证人、鉴定人出庭的，人民法院可以准许。

13. 在案件审理过程中，发现对被告人可能判处三年以上有期徒刑，如果系由审判员一人独任审判的，应当转为普通程序重新审理。

14. 根据《刑事诉讼法》第213条的规定，适用简易程序审理的案件，在保证查清案件事实的基础上，可以不受刑事诉讼法关于讯问被告人、询问证人、鉴定人、出示证据、法庭辩论等程序规定的限制。但在宣告判决前应当听取被告人的最后陈述意见。

15. 适用简易程序审理的案件，人民法院一般应当当庭宣判，并在五日内将判决书送达当事人、提起公诉的人民检察院，并同时送达辩护人、诉讼代理人。

七、简易程序转为普通程序审理的情形

根据《刑事诉讼法》第215条的规定，适用简易程序审理案件，在审理过程中，发现不宜适用简易程序的，应当决定中止审理，按照公诉案件、自诉案件第一审普通程序重新审理：

1. 被告人的行为不构成犯罪或者被告人不负刑事责任的。
2. 公诉案件被告人当庭翻供，对于起诉指控的犯罪事实予以否认的。
3. 案件基本事实不清或者主要证据不足的。
4. 对被告人身份情况有争议，影响定罪量刑的。
5. 其他依法不应当或者不宜适用简易程序审理的。

人民法院对于简易程序转为普通程序的案件，应当通知人民检察院，对于起诉书副本已送达被告人的，还应当通知被告人及其辩护人。转为普通程序审理的案件，审理期限应当从决定转为普通程序之日起计算。

【法条链接】

《刑法》

第六十九条 判决宣告以前一人犯数罪的，除判处死刑和无期徒刑的以外，应当在总和刑期以下、数刑中最高刑期以上，酌情决定执行的刑期，但是管制最高不能超过三年，拘役最高不能超过一年，有期徒刑总和刑期不满三十五年的，最高不能超过二十年，总和刑期在三十五年以上的，最高不能超过二十五年。

数罪中有判处附加刑的，附加刑仍须执行，其中附加刑种类相同的，合并执行，种类不同的，分别执行。

《刑事诉讼法》

第九条 各民族公民都有用本民族语言文字进行诉讼的权利。人民法院、人民检察院和公安机关对于不通晓当地通用的语言文字的诉讼参与人，应当为他们翻译。

在少数民族聚居或者多民族杂居的地区，应当用当地通用的语言进行审讯，用当地通用的文字发布判决书、布告和其他文件。

第一百五十八条 在侦查期间，发现犯罪嫌疑人另有重要罪行的，自发现之日起依照本法第一百五十四条的规定重新计算侦查羁押期限。

犯罪嫌疑人不讲真实姓名、住址,身份不明的,应当对其身份进行调查,侦查羁押期限自查清其身份之日起计算,但是不得停止对其犯罪行为的侦查取证。对于犯罪事实清楚、证据确实、充分,确实无法查明其身份的,也可以按其自报的姓名起诉、审判。

第二百零八条 基层人民法院管辖的案件,符合下列条件的,可以适用简易程序审判:

(一)案件事实清楚、证据充分的;
(二)被告人承认自己所犯罪行,对指控的犯罪事实没有异议的;
(三)被告人对适用简易程序没有异议的。

人民检察院在提起公诉的时候,可以建议人民法院适用简易程序。

第二百零九条 有下列情形之一的,不适用简易程序:

(一)被告人是盲、聋、哑人,或者是尚未完全丧失辨认或者控制自己行为能力的精神病人的;
(二)有重大社会影响的;
(三)共同犯罪案件中部分被告人不认罪或者对适用简易程序有异议的;
(四)其他不宜适用简易程序审理的。

第二百一十条 适用简易程序审理案件,对可能判处三年有期徒刑以下刑罚的,可以组成合议庭进行审判,也可以由审判员一人独任审判;对可能判处的有期徒刑超过三年的,应当组成合议庭进行审判。

适用简易程序审理公诉案件,人民检察院应当派员出席法庭。

第二百一十一条 适用简易程序审理案件,审判人员应当询问被告人对指控的犯罪事实的意见,告知被告人适用简易程序审理的法律规定,确认被告人是否同意适用简易程序审理。

第二百一十二条 适用简易程序审理案件,经审判人员许可,被告人及其辩护人可以同公诉人、自诉人及其诉讼代理人互相辩论。

第二百一十三条 适用简易程序审理案件,不受本章第一节关于送达期限、讯问被告人、询问证人、鉴定人、出示证据、法庭辩论程序规定的限制。但在判决宣告前应当听取被告人的最后陈述意见。

第二百一十四条 适用简易程序审理案件,人民法院应当在受理后二十日以内审结;对可能判处的有期徒刑超过三年的,可以延长至一个半月。

第二百一十五条 人民法院在审理过程中,发现不宜适用简易程序的,应当按照本章第一节或者第二节的规定重新审理。

第二百一十六条 被告人、自诉人和他们的法定代理人,不服地方各级人民法院第一审的判决、裁定,有权用书状或者口头向上一级人民法院上诉。被告人的辩护人和近亲属,经被告人同意,可以提出上诉。

附带民事诉讼的当事人和他们的法定代理人,可以对地方各级人民法院第一审的判决、裁定中的附带民事诉讼部分,提出上诉。

对被告人的上诉权,不得以任何借口加以剥夺。

【典型案例目录索引】

上海市闸北区人民法院(2006)闸刑初字第586号刑事判决书。

第十六章 第二审程序

第一节 第二审程序概述

一、第二审程序的概念

第二审程序,又称上诉审程序,指刑事案件一审裁判法院的上一级法院依据有上诉权主体的上诉或者检察机关的抗诉,对一审尚未发生法律效力的裁判进行重新审理时所遵循的步骤、规则和方法。第二审程序并非定罪的必经程序。根据两审终审制原则,第一审裁判作出后,不能立即生效。但是,如果法定上诉、抗诉期内,没有合法上诉、抗诉,上诉、抗诉期满后,第一审裁判即发生法律效力。[①] 这是我国刑事普通审判程序中一个独立的诉讼阶段。

二、第二审程序的特征

我国刑事诉讼的第二审程序,虽统属于刑事审判阶段,但却是一个相对独立的诉讼阶段,具有如下特征:

其一,终局性特征。所谓终局性,有两层含义:就争议的解决途径而言,当诉讼进入审判程序,则意味着争议处理程序已经进入终端程序,在审判程序后,争议处理程序将终结;就审判程序本身而言,我国刑事诉讼的第二审程序是两审终审级制前提下的上诉审程序,如果当事人不服地方各级人民法院审理第一审案件所作出的裁判,或提起公诉的人民检察院认为该裁判确有错误,在法定的上诉或抗诉期限内可以向上一级人民法院提出上诉或抗诉。第二审法院就上诉或抗诉案件所作出的裁判为终审裁判,除依照法律规定需要特别程序核准以外,立即发生法律效力,并应依法交付执行,当事人不能再行上诉,人民检察院也不能再按上诉审程序抗诉。由于最高人民法院是我国的最高审判机关,具有最高审判权威,故由最高人民法院作出的一审裁判具有诉讼的终局性,二审终审制对经由最高人民法院作出的一审裁判不适用,这类案件不能进入第二审程序,它的判决、裁定作出后立即发生法律效力。

其二,被动性特征。第二审程序不是刑事诉讼的必经阶段,作为一项刑事普通程序,我国二审程序仍然遵循不告不理的原则,该程序的启动必须依赖上诉权人的上诉和检察机关的抗诉。如果没有上诉权人的上诉或检察机关的抗诉,以至上诉、抗诉期限届满,一审裁判就会如期发生法律效力,从而无从发生第二审程序。

---

① 陈卫东:《刑事诉讼法》,武汉大学出版社2010年版,第242页。

第三,全面性特征。实行全面审查原则是我国上诉审程序的重要特征。在第二审程序中,第二审人民法院要对第一审未生效的判决、裁定认定的事实是否清楚,证据是否确实、充分,定性是否准确,量刑是否适当,诉讼程序是否合法等诉讼事项进行全面复审,并可通过二审裁判解决复审中所发现的各种错误问题。通过二审人民法院对案件的全面审查,使正确的裁判得以维护,错误的裁判得以纠正,并藉此维护法律的正确实施,体现司法的尊严,保护诉讼当事人尤其是上诉被告人的合法权益。

三、第二审程序的地位、意义

第二审程序在整个刑事诉讼流程中具有十分重要的地位。该程序对第一审程序而言,是对第一审程序的监督和制约,是保障一审程序审判质量的重要途径。而对于执行程序而言,这一程序又是重要的前提,在刑事案件进入执行程序之前,为检察机关和有关的当事人提供一道具有全面监督性质的审理程序,有助于我们将刑事案件的执行工作把握得更加准确和可靠。

设立刑事第二审程序的基本价值取向在于保障刑事案件审理和裁判的正确性、公正性和司法权威性。其意义主要体现在以下几个方面:

首先,该程序的设立满足了司法机关及有关诉讼参与人正确认识案情,把握事实的需要,有利于案件客观真实的查明。发生在社会生活中的各类刑事案件的客观事实具有复杂性和既往性,要揭露和证实它往往十分困难。马克思主义认识论认为,人的正确认识结果有人往往不同,即使是同一个人在不同的时间和阶段对同一个事物的认识也会有所不同。因此,由不同的机关对案件进行重复性审查显然更有利于案件真实的发现,从而使审判结果更具有准确性和可靠性。

其次,第二审程序是当事人维护自身合法权益的一条重要途径。当事人对第一审裁判不满或者认为有错误要求重新审理时,法律应该提供进一步的救济手段。法律设立第二审程序,满足了当事人这一愿望,保障了当事人合法权益免受错案侵害。此外,第二审程序的设立,使上级人民法院获得了对下级人民法院进行直接监督的途径,能够有效防止审判权的滥用,以维护司法公正。因为在上级人民法院按照第二审程序对其下级人民法院的案件进行重新审判之后,不论是改判、发回重审,还是维持原判,都能够表明上级人民法院的审判工作起到引导和警示作用。[①] 显然,我国的第二审程序具有审判监督的职能。

最后,第二审程序能够增强法律和人民法院的权威,使程序公正的价值得到更充分的体现。在刑事诉讼中即使第一审是正确的,仍由更权威的审判机关再次对案件进行审理,对当事人而言,能缓解他们的不满情绪,使其更容易接受裁判结果,从而有利于判决更好地执行;对社会公众而言,经过第二审程序,正确的裁判结果得到才一次的证明,或者错误的裁判得到了纠正,公正的程序得到再一次的展示,从而增强了公众对人民法院的信任,也增强了人民法院裁判的权威性。

此外,第二审程序对整个国家法律的统一实施也具有非常重要的意义。在大陆法系国家,审判权呈等级式的集中状态,司法实务强调对法律的理解的统一性和精确性;在英美法系,审判权呈对等式分散状态,为贯彻平等原则,使法律不因人而异,对法律的一致性

---

① 宋英辉主编:《刑事诉讼法学》,北京师范大学出版社2010年版,第341页。

也比较看重。所以两种法系的国家都设立了上诉制度。同样,在我国的刑事诉讼中,下级人民法院为了使自己作出的裁判不被上级人民法院撤销,就必须精确地理解和适用法律。这样,上诉制度起到了促使法律统一理解和适用的重要作用。

四、第二审程序的功能属性及其任务

当今世界关于上诉审程序的功能属性有两种不同的认识:其一,复审说。该学说认为第二审程序应当是第一审程序的完全重复过程,实质上是第二次"一审",只不过是法院的审级不同而已。其二,事后审查说。即认为上诉审法院不应再简单重复一审程序,而应当只针对一审未生效裁判在认定事实和适用法律上是否存在错误进行审查。在世界各国的刑事审判实践中,多数国家采"事后审查说",而采"复审说"的较少。但不论是何种功能属性,其程序往往也是落实在未生效的司法救济性方面。

我国刑事第二审程序既不同于复审制,也不是完全的事后审查制。基于我国在刑事诉讼中强调的"公正优先、兼顾效率"的原则精神以及追求实体公正的基本价值取向,我国第二审程序体现出的功能属性既不是对一审程序的简单重复,也不是对原审起诉指控的复审,而是对第一审人民法院未生效裁判进行的全面审查,并在此基础上作出新的裁判。这从我国二审程序所设定的全面审查原则可见一斑。该程序具有一定的审判监督性质,监督的对象并不受原起诉和一审范围的限制。

正是基于我国第二审程序的上述功能属性,我国设定的刑事第二审程序的任务是通过审理上诉、抗诉案件,对第一审人民法院作出判决和裁定时认定事实、适用法律,以及诉讼程序是否正确、合法,进行全面的审查,依法维护正确的判决和裁定,纠正错误的判决和裁定,保障无罪的人不受刑事追究,促使犯罪人认罪服法,监督人民法院公正审判,使刑事案件得以正确处理,从而保障刑法和刑事诉讼法的正确实施。

【典型案例】

【案例16-1-01】

被告人周某原系某市工商银行会计,2000年4月27日,周某利用职务之便一次性挪用公款3万元,用于支付其丈夫恶性肿瘤的手术费。同年6月初,工商银行开始进行账目清查,得知案发后周某积极退赃,将挪用的公款如数还清。6月25日,区检察机关对周某以挪用公款罪向去人民法院提起公诉。一审法院经过审理判处周某有期徒刑4年,并告知周某如不服一审判决可以在收到判决书次日起10日内向市中级人民法院提出上诉。宣判后,周某经过咨询有关人士得知,挪用公款归个人使用没有超过3个月即已全部退还,不构成犯罪,遂在收到起诉书后的第5日提出上诉。市中级人民法院依法组成合议庭审理了此案,依法改判周某无罪,并告知此判决为终审判决。

【法理与法律适用分析】

我国刑事诉讼实行两审终审的审级制度,同一个案件,经过两级法院的两次审理和判决后,即告终结。《刑事诉讼法》第10条规定:"人民法院审判案件,实行两审终审制。"据此,地方各级人民法院审理第一审案件所作出的判决和裁定,如果被告人、自诉人等上诉权人不服,或者人民检察院认为有错误,在法定期限内,可以向上一级人民法院提出上诉或抗诉。上一级人民法院对上诉或抗诉案件所作出的第二审判决或裁定,是终审的判决、裁定,立即发生法律效力,上诉权人不能再上诉,人民检察院也不能再提出二审抗诉。周

某一案已经过去人民法院、市中级人民法院两次审理和判决,根据《刑事诉讼法》关于审级制度提供的审判程序,市中级人民法院作出的第二审判决是终审判决,一经宣告即发生法律效力。

我国规定两审终审的审级制度,一方面有利于保证裁判的准确性和案件审理的公正性,另一方面也可以保证及时惩罚犯罪分子,避免因审级过多而导致诉讼时间过长,浪费更多的司法资源。但是,应该注意的是,第二审程序并不是刑事诉讼的必经程序,只是部分被告人提出上诉或检察机关进行抗诉的案件才适用此程序。

关于在第二审程序中承担审判职能的合议庭组成人员的条件,《刑事诉讼法》第178条第4款明确规定:"人民法院审判上诉、抗诉案件,有审判员3人至5人组成合议庭进行。"可见,第二审程序只允许有审判员组成合议庭,不能吸收人民陪审员。《刑事诉讼法》对第二审法院合议庭组成人员的条件进行严格限定,主要是由第二审程序的特殊作用决定的。因为从第二审程序的性质和功能来看,第二审程序实质上是一种内置于审级制度的纠错程序,由专门从事法律工作的人员进行审判,在客观上有利于更好地保证审判质量,从而更好地维护法律的权威。

五、第二审程序的特有原则

刑事二审程序是整个刑事诉讼的重要一环,但又是相对独立的阶段。刑事第二审程序除了要遵守刑事诉讼的基本原则,还要遵守刑事二审程序的特有原则,即贯穿于刑事二审诉讼过程中,第二审人民法院必须遵循的基本准则。根据刑事诉讼法的有关规定,刑事第二审程序的特有原则有三项:保障上诉权原则、全面审查原则、上诉不加刑原则。

(一)保障上诉权原则

《刑事诉讼法》第14条第1款规定:"人民法院、人民检察院和公安机关应当保障犯罪嫌疑人、被告人和其他诉讼参与人依法享有的辩护权和其他诉讼权利。"较1996年的刑诉法,现行刑诉法强调了对犯罪嫌疑人、被告人和其他诉讼参与人诉讼权利的保障。上诉权是一项重要的诉讼权利,正是我国法律所着重保护的对象之一,这是我国多年努力推行程序正义与实体正义并重的成果。《刑事诉讼法》第216条也明确规定,当事人和他们的法定代理人等享有上诉权,"对被告人的上诉权,不得以任何借口加以剥夺"。这些都是保障上诉权原则在刑事诉讼法中的体现。

上诉权,指当事人及其法定代理人等不服人民法院第一审刑事判决、裁定,申请上一级人民法院对案件重新进行审判的权利。上诉权的灵魂是上诉自由,即上诉权的享有者有权按照自己的意愿,决定是否在法定的范围内行使这种权利,上诉权人并不因其行使上诉权而遭受于己不利的后果。

保障上诉权原则,指参加刑事诉讼的司法机关和司法人员有责任和义务为当事人和其他有关诉讼参与人依法自主地行使上诉权提供保障。保障上诉权原则的核心是对上诉自由的保障。具体而言,有以下几个方面:

首先,保障上诉权要求司法机关和司法人员严格遵守法律作出的禁止性规定,不能以任何借口剥夺和限制对当事人,尤其是被告人的上诉权。

其次,保障上诉权还要求国家司法机关和司法人员实施积极的行为,提供帮助,以使上诉权人能够正常行使上诉权。如人民法院必须将载有上诉权相关规定的一审判决书送达有关上诉权人;向相关人员解释上诉权人的范围和上诉的形式;向被告方上诉权人解释上诉不加刑原则的规定与含义等等。

最后,保障上诉权,还要求国家司法机关和司法人员应依法制止侵犯上诉权的行为,排除障碍。如及时地排除他人的非法干涉,消除外界的不良压力;人民检察院对于严重侵害上诉权的案件应提起抗诉等。

(二)全面审查原则

在世界范围内考察各国的上诉审程序,其特征主要表现在上诉审的范围是否受上诉请求的限制方面。通常有两种模式,即全面审理模式与部分审理模式。全面审理一般不受上诉范围的限制,二审对上诉案件进行全面审查,德国就是采这种模式。

部分审理仅限于对当事人在上诉状或复审申请书中所声明不服的部分进行审理,而非全面审查,日本是采这一模式的代表。在部分审理中还有法律审与事实审的区别。由于不同国家实行不同的审级制度,在一些实行三审终审制的国家,通常原审为事实审,而上诉审则为法律审。这主要是由于这些国家陪审团与专职法官的审判职责的分工以及原审和上级法院在设置陪审制的不同规定所致,上诉法院通常不考虑证据方面的问题,一般只对初审法院适用法律方面的错误予以重审。目前大多数国家不论大陆法系还是英美法系,多采部分审理模式。对于这种做法,国外的学者认为,这是刑事诉讼中"不告不理"、"一事不再理"、"辩论原则"等在上诉审程序中的体现。①

我国《刑事诉讼法》第222条规定:"第二审人民法院应当就第一审判决认定的事实和适用法律进行全面审查,不受上诉或者抗诉范围的限制。共同犯罪的案件只有部分被告人上诉的,应当对全案进行审查,一并处理。"由此可以看出,我国刑事第二审程序实行的是全面审查原则。其基本内容包括:

1. 第二审程序的审理范围不受上诉、抗诉内容的限制,第二审人民法院不仅要对上诉、抗诉部分进行审查,对未上诉、抗诉部分也要进行审查。

2. 第二审程序既是事实审,又是法律审,既要审查一审认定的事实是否清楚,也要审查一审认定的证据是否确实、充分,还要审查第一审裁判对实体法和程序法的适用是否正确。第二审程序依法可以对案件外的事实予以调查,通过调查取证而查清案件事实,当事人也可以在上诉后提出新的事实和证据,二审法庭将查证属实的新证据作为第二审人民法院定案的根据并作出裁判。

3. 在共同犯罪案件中,只有部分被告人提起上诉,或者人民检察院只就一审中的部分被告人的判决提出抗诉的,第二审人民法院应当对全案进行审查,一并进行处理。

4. 对于附带民事诉讼的上诉案件,应当对全案进行审查,即不仅审查附带民事诉讼部分,还应审查刑事诉讼部分,并藉此正确界定相关的民事责任。

根据我国刑事诉讼法学界的通说,全面审查原则是我国刑事第二审程序的重要特征,其设立的根据主要有以下几个方面:首先,它体现了实事求是、有错必纠的指导思想,是唯物辩证法普遍联系的原理在二审程序中的运用;其次,全面审查原则体现了人民法院对人民、对法律极端负责的精神;再次,实行全面审查原则有助于第二审人民法院对下级人民

---

① 陈卫东:《刑事二审程序论》,中国方正出版社1997年版,第64页。

法院的审判监督。① 可见,全面审查原则体现了我国刑事第二审程序积极追求裁判实体结果真实、准确的价值取向,表明我国第二审程序的设计具有积极能动的司法倾向,诉讼更侧重于维护国家和社会的公共利益。

(三)上诉不加刑原则

上诉不加刑原则是资产阶级民主革命的产物。立法上最早确立上诉不加刑原则的是1808年的法国刑事诉讼法典,它是从"禁止不利变更原则"中引申出来的。1877年《德意志刑事诉讼法典》吸收法国的这一原则,在第398条中明确规定:"被告一方对判决不服提出上诉时,新的判决不得处以比原判决更重的刑罚。"英美法系国家采取这一原则较晚,如英国一直到《1968年刑事上诉法》的颁布,确定上诉不加刑原则。目前,世界上大多数国家的刑事诉讼法都确认了上诉不加刑原则。

上诉不加刑是我国学者的一种简略而口语化的称谓,其在世界各国刑事诉讼法上有多种不同的表述,如德国称之为"禁止加重刑罚",而日本则谓之为以"禁止变更为不利"、罗马尼亚则以"不能给当事人带来麻烦"作为该原则的称谓,一般通称"禁止不利变更原则"。② 尽管各国对这一原则的表述不尽相同,但其基本内容和法律要求是相似的。目前,各国刑事诉讼法对上诉不加刑原则的适用范围,一般包括以下几个方面:(1)由被告人独立提起,或者他的法定代理人、辩护人提起,或者检察官为被告人的利益提起的上诉案件,适用上诉不加刑原则;(2)实行两审终审制的第二审,实行三审终审制的第二审、第三审,适用上诉不加刑原则;(3)对未上诉的共同被告人,适用上诉不加刑原则。

但是,各国在具体执行这一原则时,做法并不相同,各自有特殊的规定,主要表现为:(1)对被告人可以增加不属于刑罚性质的其他措施。如德国刑事诉讼法规定,可以判令拘留在医疗处所护理所、增加被告人的诉讼费用等。(2)在不加重原判决刑罚的情况下对被告人可以重新认定罪名,适用刑罚较重的罪名。(3)部分案件不适用上诉不加刑原则,如英国对治安法院审判的案件不适用上诉不加刑原则。

我国《刑事诉讼法》第226条规定:"第二审人民法院审理被告人或者他的法定代理人、辩护人、近亲属上诉的案件,不得加重被告人的刑罚。第二审人民法院发回原审人民法院重新审判的案件,除有新的犯罪事实,人民检察院补充起诉的以外,原审人民法院也不得加重被告人的刑罚。人民检察院提出抗诉或者自诉人提出上诉的不受前款规定的限制。"这是上诉不加刑原则在我国刑事诉讼法上的原则性规定。但是由于第二审案件在案件类型、所判罪名、刑种等一系列问题上具有复杂性,加上刑事诉讼法对上诉不加刑的规定比较简单,所以无论在理论上还是司法实践上,对这一原则的理解和运用都存在较多分歧。③

根据我国《刑事诉讼法》的规定,并结合我国最高人民法院的相关司法解释,在运用上诉不加刑原则时应注意以下五个方面的问题:

1. 人民检察院提出抗诉的或者自诉人提出上诉的案件不适用上诉不加刑原则。
2. 共同犯罪案件,只有部分被告人上诉的,对原审的其他被告人都不得加重刑罚;若

---

① 樊崇义主编:《刑事诉讼法》,中国政法大学出版社1996年版,第391页;王国枢主编:《刑事诉讼法学》,北京大学出版社1995年版,第336页;陈光中主编:《中国刑事诉讼程序研究》,法律出版社1993年版,第257页。
② 陈林林:"论上诉不加刑",载《法学研究》1998年第4期。
③ 陈卫东:《刑事二审程序论》,中国方正出版社1997年版,第76-94页。

检察机关只对部分被告人提出抗诉的,对未被提起抗诉的被告人不得加重刑罚。

3. 对被告人实行数罪并罚的,既不得加重决定执行的刑罚,也不能在维持原判决决定执行的刑罚不变的情况下,加重数罪中的某一罪或者几个罪的刑罚。

4. 对被告人判处拘役或者有期徒刑宣告缓刑的,不得撤销原判决原告的缓刑或者延长缓刑考验期。

5. 对事实清楚、证据充分,但判决的刑罚畸轻的案件,不得以事实不清或者证据不足发回原审人民法院重新审理。必须依法改判的,应当依照审判监督程序重新审理。

上诉不加刑原则广泛地为各国适用,设立该原则的意义主要表现在以下四个方面:首先,上诉不加刑原则的被告人行使上诉权的重要保障,有利于落实刑事诉讼法所规定的依法保障诉讼参与人诉讼权利原则;其次,上诉不加刑原则有利于充分贯彻我国的上诉制度和两审终审制度,从而实现上级人民法院对下级人民法院审判工作的有效监督;再次,该原则的设立,客观上有助于促进人民检察院积极履行法律监督职能,从而增强一审人民法院的审判责任心,提高办案质量;最后,上诉不加刑原则作为一项二审的审判原则,是各国刑事诉讼的通例,有助于我国刑事诉讼与国际刑事司法接轨。[1]

【典型案例】

【案例16-1-02】

2002年,被告人高某接管真州市中原区的大岗幼儿园并任该园园长,负责全面工作,被告人乔某系该幼儿园雇用的司机。高某明知该幼儿园用于接送幼儿的雅A55345号松花江牌面包车车况差,油路不畅,急需检修,仍要求乔某驾驶该车接送幼儿。2002年6月14日19时许,乔某驾驶该车送第一批幼儿回家途中,车辆又出故障,打不着火,无法将车上儿童送回家,遂打电话将此事告诉高某并请示怎么办。高某与孟某骑摩托车赶到现场后,见车辆仍未修好,由于时间较晚,高某就到附近租了一辆车,将留在故障车内的儿童全部送走,要求乔某和孟某继续修车,修好后再送园内其他幼儿。乔某和孟某对车进行简单修理后,又开车回到幼儿园送第二批幼儿回家。途中再次发生油路不畅,乔某让孟某用手扶着一塑料油壶,采取用油壶直接向该车汽化器供油的违规操作方法继续行驶。当该车行驶到中原区须水镇宋庄五队时,由于汽化器回火,引起汽车着火,将车上的三名儿童当场烧死,孟某严重烧伤后经医治无效后死亡,另有两名儿童被烧成重伤,面包车被烧毁。

案发后,被告人乔某逃离现场,后被群众扭送给赶到现在的公安人员;被告人高某当晚逃往西安,后于2002年6月17日到公安机关投案。真州市中原区人民检察院以被告人高某、乔某犯过失致人死亡罪,向真州市中原区人民法院提起公诉。真州市中原区人民法院经过审理,于2002年11月5日判决:被告人高某犯交通肇事罪,判处有期徒刑5年,被告人乔某犯交通肇事罪,判处有期徒刑5年。

一审宣判后,高某不服判决,提出上诉,理由是:他不懂驾驶技术和安全要求,没有实际驾车,在得知汽车有故障后,叫司机去修车,没有强令其驾驶,发生事故,完全是司机违规操作引起的,与他无关,其行为不构成交通肇事罪。退一步说,即使其行为构成犯罪,也有自首情节,原判量刑太重。乔某服判,没有提出上诉。真州市中级人民法院经过审理,

---

[1] 樊崇义主编:《刑事诉讼法学研究综述与评价》,中国政法大学出版社1991年版,第489页以下;陈光中主编《中国刑事诉讼程序研究》,法律出版社1993年版,第200页。

确认:上诉人高某及其辩护人关于高某的行为不构成交通肇事罪、原判量刑重的解释和辩护意见成立,应予采纳。一审判决对原审被告人乔某的定罪准确、量刑适当、审理程序合法,但对高某的定罪量刑不当,应予纠正。据此于 2003 年 3 月 26 日判决:(1)维持一审刑事判决中关于对原审被告人乔某的定罪及量刑部分;(2)撤销一审刑事判决中对上诉人高某的定罪及量刑部分;(3)上诉人高某犯教育设施重大安全事故罪,判处有期徒刑 5 年。

【法理与法律适用分析】

根据我国《刑事诉讼法》第 225 条至 227 条的规定,第二审法院对不服第一审判决的上诉、抗诉进行审理后,应按下列情形分别作出处理:

1. 原判决认定事实正确,证据确实、充分,适用法律正确,量刑适当的,应当裁定驳回上诉或抗诉,维持原判。

2. 原判决认定事实没有错误,但适用法律有错误或者量刑不当的,例如混淆了罪与非罪的界限,认定犯罪性质不准、罪名不当,量刑畸轻、畸重,或者重罪轻判,或者轻罪重判的,第二审法院应当撤销原判,重新判决,并在判决中阐明改判的根据和理由。

3. 原判决事实不清或者证据不足的,可由二审法院查清事实后改判,也可以裁定撤销原判,发回原审人民法院重新审判。

本案中,高某明知该车油路堵塞需要检修,不履行职责将该车交给专业人员修理以排除危险,却让原审被告人乔某使用这个已经确实存在安全隐患的车辆接送幼儿,是非常危险的,也是严重违法的行为。在本案中,造成车毁人亡、4 死 2 伤的严重后果,固然是乔某违反交通运输法规的行为直接造成的,但却与高某明知车辆(教育教学设施)有危险而仍将它继续投入使用的行为有因果关系。高某的行为有严重的社会危害性,应当以教育设施重大安全事故罪追究其刑事责任。一审中判决高某犯交通肇事罪是不准确的。

需要注意的是,在被告人上诉的案件中,二审法院认为原判决认定事实没有错误,只是认定罪名不当,必须依法改判,重新确定罪名。二审改判的罪名是否能中院原判决认定的罪名呢? 或者说,在不加重原判决刑罚的基础上,可不可以改变原判决的罪名呢? 这主要涉及到上诉不加刑原则的适用范围问题。

《最高人民法院关于适用〈中华人民共和国刑事诉讼法〉的解释》第 325 条第 2 项规定:"原判事实清楚,证据确实、充分,只是认定的罪名不当的,可以改变罪名,但不得加重刑罚。"这充分说明,罪名的加重并不一定等于刑罚的加重。因此,二审法院改判时,可以适用比原判较重的罪名。这是不受上诉不加刑原则的限制的。但是,如果由于罪名的变更而需要改变刑罚时,则要受到上诉不加刑原则的限制,改判的刑罚不得重于原判的刑罚。所以,本案中,二审法院在不加重原判刑罚的情况下,可以改变原判的罪名。真州市中级人民法院的做法是符合法律规定的。

【法条链接】

《刑事诉讼法》

第十条　人民法院审判案件,实行两审终审制。

第一百七十八条　基层人民法院、中级人民法院审判第一审案件,应当由审判员三人或者由审判员和人民陪审员共三人组成合议庭进行,但是基层人民法院适用简易程序的案件可以由审判员一人独任审判。

高级人民法院、最高人民法院审判第一审案件,应当由审判员三人至七人或者由审判员和人民陪审员共三人至七人组成合议庭进行。

人民陪审员在人民法院执行职务,同审判员有同等的权利。

人民法院审判上诉和抗诉案件,由审判员三人至五人组成合议庭进行。

合议庭的成员人数应当是单数。

合议庭由院长或者庭长指定审判员一人担任审判长。院长或者庭长参加审判案件的时候,自己担任审判长。

第二百二十五条　第二审人民法院对不服第一审判决的上诉、抗诉案件,经过审理后,应当按照下列情形分别处理:

(一)原判决认定事实和适用法律正确、量刑适当的,应当裁定驳回上诉或者抗诉,维持原判;

(二)原判决认定事实没有错误,但适用法律有错误,或者量刑不当的,应当改判;

(三)原判决事实不清楚或者证据不足的,可以在查清事实后改判;也可以裁定撤销原判,发回原审人民法院重新审判。

原审人民法院对于依照前款第三项规定发回重新审判的案件作出判决后,被告人提出上诉或者人民检察院提出抗诉的,第二审人民法院应当依法作出判决或者裁定,不得再发回原审人民法院重新审判。

第二百二十六条　第二审人民法院审理被告人或者他的法定代理人、辩护人、近亲属上诉的案件,不得加重被告人的刑罚。第二审人民法院发回原审人民法院重新审判的案件,除有新的犯罪事实,人民检察院补充起诉的以外,原审人民法院也不得加重被告人的刑罚。

人民检察院提出抗诉或者自诉人提出上诉的,不受前款规定的限制。

第二百二十七条　第二审人民法院发现第一审人民法院的审理有下列违反法律规定的诉讼程序的情形之一的,应当裁定撤销原判,发回原审人民法院重新审判:

(一)违反本法有关公开审判的规定的;

(二)违反回避制度的;

(三)剥夺或者限制了当事人的法定诉讼权利,可能影响公正审判的;

(四)审判组织的组成不合法的;

(五)其他违反法律规定的诉讼程序,可能影响公正审判的。

《最高人民法院关于适用〈中华人民共和国刑事诉讼法〉的解释》

第三百零五条　上诉人在上诉期满后要求撤回上诉的,第二审人民法院应当审查。经审查,认为原判认定事实和适用法律正确,量刑适当的,应当裁定准许撤回上诉;认为原判事实不清、证据不足或者将无罪判为有罪、轻罪重判等的,应当不予准许,继续按照上诉案件审理。

被判处死刑立即执行的被告人提出上诉,在第二审开庭后宣告裁判前申请撤回上诉的,应当不予准许,继续按照上诉案件审理。

【典型案例目录检索】

1. 周某挪用公款案

宋英辉主编:《刑事诉讼法案例教程》,知识产权出版社2005年版。

2. 高某教育设施重大安全事故案

参见王新清主编:《以案说法——刑事诉讼法篇》,中国人民大学出版社2006年版。
【参考阅读的文献资料】
1. 陈卫东:《刑事诉讼法》,武汉大学出版社2010年版。
2. 宋英辉主编:《刑事诉讼法学》,北京师范大学出版社2010年版。
3. 陈卫东:《刑事二审程序论》,中国方正出版社1997年版。
4. 樊崇义主编:《刑事诉讼法学研究综述与评价》,中国政法大学出版社1991年版。
5. 宋英辉主编:《刑事诉讼法案例教程》,知识产权出版社2005年版。

第二节 第二审程序的提起

根据我国《刑事诉讼法》第231条、第232条的规定,提起第二审程序的形式有两种:上诉和抗诉。刑事诉讼中的上诉,指具有上诉权的主体,在第一审刑事判决、裁定宣告后的一定期限内,申请上一级审判机关进行重新审理的诉讼活动。抗诉,指人民检察院对人民法院所作的判决、裁定认为确有错误,提出要人民法院重新审理的诉讼行为。我国刑事诉讼法中的抗诉,分为第二审程序的抗诉和审判监督程序的抗诉两种。这一章中的抗诉仅指第二审程序的抗诉。

上诉、抗诉的提起,除了法定的期限以外,还必须有符合法定资格的主体、方式、要件等,上诉的理由在特定情况下也会对上诉、抗诉的成立产生影响。

一、提起第二审程序的主体

(一)提起上诉的主体

上诉主体,又称上诉权人,即依法享有上诉权的人。我国《刑事诉讼法》第216条规定:"被告人、自诉人和他们的法定代理人,不服地方各级人民法院第一审的判决、裁定,有权用书状或者口头向上一级人民法院上诉。被告人的辩护人和近亲属经被告人同意,可以提出上诉。附带民事诉讼的当事人和他们的法定代理人,可以对地方各级人民法院第一审的判决、裁定中的附带民事诉讼部分,提出上诉。对被告人的上诉权,不得以任何借口加以剥夺。"根据这一规定,我们将我国的上诉主体分为两类:独立的上诉主体和非独立的上诉主体。

1. 独立上诉主体

独立上诉主体,指有权独立提出上诉的主体,包括:被告人、自诉人、附带民事诉讼的当事人以及他们的法定代理人。

被告人作为刑事诉讼的主体之一,是被追究刑事责任的对象,是刑事诉讼的中心,整个刑事诉讼都是围绕着他进行的。被告人是否有罪、有罪时应受何种刑法处罚构成了刑事诉讼裁判的实质内容,案件的诉讼过程和审判结果与他们的切身利益息息相关。正是由于被告人在刑事诉讼中的特殊地位,法律着重强调保护他的上诉权。我国《刑事诉讼法》第216条特别强调:"对被告人的上诉权,不得以任何借口加以剥夺。"

法定代理人是根据法律的规定为无行为能力或限制行为能力人代为行使诉讼权利的人。《刑事诉讼法》第106条规定"'法定代理人'是指被代理人的父母、养父母、监护人和负有保护责任的机关、团体的代表。"但在刑事诉讼中,无刑事责任能力的精神病人和十四周岁以下的未成年人,即使行为造成危害达到犯罪的程度,也不能列为被告人。所以,刑事被告人的法定代理人只能是为已满十四周岁但不满十八周岁的未成年人以及在刑事诉讼中已丧失诉讼行为能力的人,诸如间歇性精神病人代行诉讼权利的人。被告人的法定代理人虽然不是当事人,但是由于其居于被告人的保护人地位,法律确认法定代理人的意思表示与被告人一致,其行为与被告人的行为具有同样的法律效力。所以法定代理人同被告人一样,具有独立的上诉权。

自诉人、附带民事诉讼的原告和被告以及他们的法定代理人也具有独立的上诉权。其中,附带民事诉讼的原告和被告,只有权就一审裁判中的附带民事部分提出上诉,无权涉及刑事部分。当事人在诉讼中因未成年、患精神病成为无行为能力或限制行为能力的人,依法由其法定代理人代为诉讼,代为独立行使上诉权。

2. 非独立上诉权主体

非独立上诉权主体,指附条件才能行使上诉权的主体,包括辩护人和近亲属。附条件就是指要经过报告人的同意。关于辩护律师是否享有独立上诉权的问题,考察世界各国的相关规定发现,有些国家规定辩护律师有上诉权,但不得与被告人的明示意思相反。而另一些国家规定在某些情况下应直接赋予辩护律师独立的上诉权。我国理论界对于律师是否享有独立上诉权的问题历来存在较大的争议。肯定说认为:应当赋予律师独立上诉权,没有独立上诉权与《刑事诉讼法》所设立的律师的独立地位和职责是相悖的。赋予律师独立的上诉权,有利于通过抗衡手段保障法律的正确实施,维护被告人的合法权益。否定说则认为:只有被告人对是否犯罪和罪行轻重最清楚,法律若允许律师行使独立上诉权,可能会出现律师无理纠缠的现象;同时,赋予律师独立上诉权也不具有可操作性,因被告人享有拒绝律师辩护的权利,即使法律赋予辩护律师独立上诉权,也会因被告人拒绝律师辩护或另行委托辩护人而使辩护律师的上诉权难以行使。[①] 笔者认为较为可行的立法建议是,赋予辩护律师一定的上诉请求权,即辩护律师可以独立提出上诉,无需征得被告人明示同意。但被告人可以向法院撤回律师所提出的上诉请求。这样设计既不损害被告人的诉讼主体权益,也能够最大限度发挥辩护律师的辩护功能。因为司法实践中,往往被告人自己并不懂法,推定被告人能够对自己的罪行作轻重判断的提法是不确当的;同时,在目前我国法治尚不十分健全的情况下,律师队伍作为具有丰富专业知识和诉讼经验的群体,允许他们在认为一审判决确有错误且已损害被告人合法权益的情况下行使独立的上诉请求权是必要的也是可行的,只要符合为了维护被告人的合法权益这个前提,就应当在适用上诉不加刑的原则下赋予辩护人以独立的上诉请求权,一方面,律师不会不考虑声誉和职责贸然提出上诉请求,并一方面,又可以使因犹豫不决而不敢提出上诉的被告人获得上诉的机会。

被告人的近亲属也拥有非独立的上诉权。根据《刑事诉讼法》第106条的规定,近亲属是指夫、妻、父、母、子、女、同胞兄弟姐妹,他们在征得独立上诉权主体同意的前提下,也可以依法行使上诉权。

被害人上诉权的一个有争议的问题。虽然我国刑事诉讼法规定被害人是当事人之一,并且,裁判结果也与被害人的利益息息相关,但是,法律却没有赋予被害人提出上诉的

---

① 甄贞主编:《刑事诉讼法学研究综述》,法律出版社2002年版,第499-500页。

权利,而只赋予被害人向人民检察院申请抗诉的权利。① 加强对被害人包括上诉权在内的各项诉讼权利的立法保护,是当前实现司法公正的必然要求。近年来,随着国际范围内对被害人权利保障意识的不断加强,一些国家开始赋予被害人以相对的上诉权,即被害人可以向行使控诉权的机关申诉,请求检控机关提起上诉,除请求显属无理外,检控官均应提起上诉。但上诉人仍然是检察官。如《意大利刑事诉讼法典》第572条规定,被害人包括未设立为民事当事人的被害人,可以要求公诉人提出任何刑事效力的上诉。一些国家则规定公诉案件的被害人有独立的上诉权。如《俄罗斯刑事诉讼法》第325条第1款规定,公诉案件的受害人和他的法定代理人都有权对刑事判决依诉讼程序提起上诉。

在我国,被害人是否享有独立的上诉权,至今仍存在一定的争议。② 理论界目前有两种观点,即"否定说"和"肯定说"。"否定说"认为:(1)赋予被害人直接上诉权势必改变原审的法律关系,改变诉讼结构,被害人作为控方参加诉讼至少在形式上使案件由公诉转为自诉。③ (2)赋予被害人独立上诉权,使上诉不加刑原则的适用受到一定限制。(3)被害人因感情因素等易滥用上诉权,会降低诉讼效率,增加诉讼成本。同时,也可能导致被告人因此不敢提出上诉,从而降低上诉率,不利于人民法院对下级人民法院的审判监督。"肯定说"则认为:(1)赋予被害人上诉权有利于被害人合法权利的维护,也有利于弥补检察机关工作上的不足。④ (2)赋予被害人上诉权并不违背上诉不加刑原则,也不是限制被告人的上诉权。

立法上,我国《刑事诉讼法》没有规定公诉案件被害人享有独立的上诉权。《刑事诉讼法》第218条规定:"被害人及其法定代理人不服地方各级人民法院第一审的判决的,自收到判决书后五日内,有权请求人民检察院提出抗诉。人民检察院自收到被害人及其法定代理人的请求后五日以内,应当作出是否抗诉的决定并且答复请求人。"由此可见,立法中,我国对被害人申请抗诉时,只要提不出充足的理由,人民检察院一般就不会提起抗诉。这同域外检控机关对被害人申诉除了明显无理外,一般都应提起上诉的规定相比,显然更为保守。

基于上述现实情况,赋予被害人依法直接行使上诉权,以便使被害人与其作为诉讼当事人的地位更为适应,就显得十分必要。公诉案件中被害人的合法权益受到犯罪分子侵犯的程度通常比自诉案件要大,让被害人的合法权益通过法律救济程序得到保护是减少被害人私力救济、树立司法权威的一个重要途径。当然,为了避免被害人上诉权的滥用给司法效率和上诉不加刑原则带来冲击,应当对被害人行使上诉权作出一定程度的限制,只有当人民检察院不提起抗诉的情况下,被害人才享有独立上诉权,被害人的上诉理由不被二审人民法院接纳时,不得影响上诉不加刑原则的适用。

当前,我国刑事诉讼法主要考虑到被害人并非公诉案件起诉主体,如果赋予被害人上诉权,就会造成一、二审的诉权主体不连续。同时,若赋予被害人上诉权,在上诉成立的条件上就不应该有区别。一旦被害人可以无条件提起上诉,客观上就会使刑事诉讼中专门用来保护被告人上诉权充分行使的上诉不加刑原则受到直接冲击,从而导致被告人不敢

---

① 万毅、林喜芬主编:《刑事诉讼法》,清华大学出版社2010年版,第392页。
② 陈卫东:《刑事二审程序论》,中国方正出版社1997年版,第125页。
③ 刘根菊:"关于公诉案件被害人权利保障问题",载《法学研究》第19卷第2期(总第109期)。
④ 黄太云:"刑事诉讼制度的重大改革",载《中国法学》1996年第2期。

上诉。事实上,我国刑事二审程序主要因被告人的上诉启动,若被告人不敢上诉,将直接影响二审案件提起的数量,这将使我国的二审程序应有的功能不能得到充分的发挥。这的我国目前未赋予被害人上诉权的一项重要的客观原因。

【典型案例】

【案例 16 - 2 - 01】

2003 年 1 月 9 日晚 8 时许,被告人高某经过某村的一个破庙时将抽完的烟头扔到地上。该庙外面摆放了一些干草,因为烟头尚未熄灭,火苗慢慢燃起,顺势烧到了破庙。当地群众发现失火,立即聚集人手救火。由于当天风势较大,造成火势十分凶猛,人们无法靠近破庙。过了一阵,忽然从火中冲出一个全身烧着的人,人民迅速地将其身上的火扑灭,但此人已被严重烧伤。经查,被烧伤者陈某系一名乞丐,长期在破庙里居住,失火时他已经睡着,所以没能及时逃离。高某得知此事之后向公安机关投案自首,并对自己的行为深表悔恨。一审法院以失火罪判处高某有期徒刑 3 年。判决宣告后,被害人陈某不服,认为对高某的判决畸轻,向上级人民法院提起上诉,市中级人民法院驳回了陈某的上诉请求。

【法理与法律适用分析】

《刑事诉讼法》第 216 条明确规定了上诉权主体,其中不包括公诉案件的被害人。同时,《刑事诉讼法》第 218 条规定:"被害人及其法定代理人不服地方各级人民法院第一审的判决的,自收到判决书后 5 日以内,有权请求人民检察院提出抗诉。人民检察院自收到被害人及其法定代理人的请求后 5 日以内,应当作出是否抗诉的决定并且答复被害人。"可见,公诉案件的被害人不服一审判决时,可以通过请求人民检察院提起抗诉来救济自己的权益。

法律之所以没有赋予公诉案件被害人以上诉权,是因为在公诉案件中,被害人尽管是当事人,但只是辅助的控诉人,而不是控诉职能的主要承担者,并且检察机关本身就是国家利益和被害人利益的维护者。因此,在一审判后,是否要提起第二审程序也应由行使控诉职能的检察机关决定。另一方面,法律又赋予了被害人申请抗诉的权利,从而弥补检察机关可能出现的差错,也使被害人的权利得到充分的保障。

(二)提起抗诉的主体

世界上多数国家规定检察机关可以对原审法院的裁判基于一定的理由提出上诉。但检察机关作为上诉的主体不是绝对的,往往受到某种限制。英美法系国家基于"一事不再理"的原则,对起诉方的上诉限制很严。如美国,就总体而言,检察官没有上诉权,只有个别州赋予检察官上诉权。他们认为,允许检察官上诉,特别是对无罪判决提出上诉,无疑是违反宪法规定的"一事不再理"原则的。① 大陆法系国家的刑事诉讼一般允许起诉方提出上诉,对之限制较少。

在我国,检察机关作为抗诉的主体,可以通过二审抗诉启动第二审程序,但这一抗诉主体具有不完全独立性。《刑事诉讼法》第 217 条规定:"地方各级人民检察院认为本级人民法院第一审判决、裁定确有错误的时候,应当向上一级人民法院提出抗诉。"同时《刑事诉讼法》第 221 条又规定,对一审裁判提出抗诉的人民检察院,应当将抗诉书抄送上一级人民检察院;上一级人民检察院如果认为抗诉不当,可以向同级人民法院撤回抗诉,并且

---

① 王以真主编:《外国刑事诉讼法学》,北京大学出版社 1994 年版,第 263 页。

通知下级人民检察院；上级人民检察院如果认为抗诉有理，则予以支持。抗诉主体的这一特性，是由我国检察机关实行上下级的领导体制所决定的，客观上，对抗诉的准确性起着保障的作用。

二、提起二审程序的期限、理由

（一）上诉、抗诉的期限

任何诉讼权利的行使都必须有一定的期限，上诉、抗诉也不例外。上诉、抗诉期限就是上诉或抗诉主体行使上诉、抗诉权利的法定期限。在这个法定期限内，有关权利主体可以行使、放弃、撤回其上诉、抗诉的权利。同时，在这个期限内，一审裁判并不发生既判力和执行力。

《刑事诉讼法》第219条规定："不服判决的上诉和抗诉期限为十日，不服裁定的上诉和抗诉期限为五日，从接到判决书、裁定书的第二日起算。"在上述法定期限内，有关主体如果不行使上诉权或抗诉权，一旦期限届满，一审裁判就会发生法律效力。就普通刑事案件而言，即可交付执行机关执行。对附带民事判决或裁定的上诉、抗诉期限，应当按刑事部分的上诉、抗诉期限确定。如果附带民事部分是另行审判的，上诉期限应按照民事诉讼法的规定执行。

上诉、抗诉期限是法定期间，事关上诉主体的诉讼权利和刑事诉讼的效率，构成刑事诉讼程序的重要内容。因此，任何组织和个人不得任意改变。人民法院自身不能改变法律对诉讼期间的规定：当事人和人民检察院的上诉或抗诉同样应当在法定的期限内进行。但根据《刑事诉讼法》第104条的规定："当事人由于不能抗拒的原因或者有其他正当理由而耽误了上诉期的，在障碍消除后五日以内，可以申请继续进行应当在期满以前完成的诉讼活动。前款申请是否准许，由人民法院裁定。"这是关于期限耽误的特殊规定。

（二）上诉、抗诉的理由

1. 上诉理由

上诉理由，指当事人提出上诉的事实根据和法律依据。为了切实保障当事人的上诉权，世界各国对上诉理由并无十分严格的限制。但是由于有些国家在第二审程序中实行部分审查的原则，上诉的理由往往决定了法院上诉审内容的范围。如果没有写明上诉理由，一般认为对全案裁判内容不服。如《德国刑事诉讼法典》第318条规定："对上告可以限制在一定的上告事项上。没有给予限制或根本没有说明理由的时候，视原判决的全部内容被要求撤销、变更。"也有一些国家把是否写明上诉理由作为上诉的法定条件之一。如日本的控诉审，是对原判决是否适当进行审查的审查审，所以控诉申请人控诉的理由必须主张原判决有瑕疵。[①] 在实行三审终审制的国家，第三审因系法律审，上诉理由一般都由法律明文规定，成为法定的上诉理由。如《德国刑事诉讼法典》第338条就详细规定了上诉的各种法定理由。

我国第二审程序的启动，并不要求上诉必须有上诉理由，法律也没有规定上诉的法定理由。只要当事人不服一审裁判的，如果符合上诉的其他法定条件的，人民法院不得以无上诉理由而拒绝受理上诉。

---

① 王以真主编：《外国刑事诉讼法学》，北京大学出版社1994年版，第399页。

2. 抗诉理由

抗诉理由,指人民检察院提起抗诉的根据。抗诉是国家检察机关代表国家提出的,应当具有一定的合理性,不能带有随意性,以体现国家检察机关执法的严肃性。所以,我国《刑事诉讼法》第217条规定,抗诉必须是人民检察院认为本级人民法院的第一审判决或裁定"确有错误"。根据司法实践和有关的司法解释,所谓"确有错误"主要指以下几种情形:(1)认定事实不清、证据不足的;(2)有确实、充分证据证明有罪而判无罪,或者无罪判有罪的;(3)重罪轻判,轻罪重判,适用刑法明显不当的;(4)认定罪名不正确,一罪判数罪、数罪判一罪,影响量刑或者造成严重的社会影响的;(5)免除刑事处罚或者适用缓刑错误的;(6)人民法院在审理过程中严重违反法律规定的诉讼程序的。

【典型案例】

【案例16-2-02】

许某,洗系某货运公司司机,2003年2月3日,由于因故耽搁了启程时间,对方又急用一批货,一路超速行使,在经过某街的十字路口时眼看着绿灯变成红灯,仍抱侥幸心理向前冲。正巧盲人胡某过街,许某见状便急刹车,但是由于车速过快,将胡某刮倒。许某见此情形慌乱不知所措,想到自己还得送货,便开车逃跑,后被公安机关抓获。胡某经鉴定为轻伤。2月28日,一审法院依法开庭审理,以交通肇事罪判处许某有期徒刑4年。判决宣告后,人民检察院经调查发现该案审判长古某在审理过程中存在贪污受贿行为,可能影响案件的公正判决,遂于3月4日向中级人民法院提出抗诉。

【法理与法律适用分析】

我国《刑事诉讼法》对人民检察院提出一审抗诉规定了明确的抗诉理由。

《刑事诉讼法》第217条规定:"地方各级人民检察院认为本级人民法院第一审判决、裁定确有错误的时候,应当向上一级人民法院提出抗诉。"据此,我国《刑事诉讼法》将一审抗诉理由限定为人民检察院"认为本级人民法院第一审判决、裁定确有错误"。

关于"确有错误"的范围,根据相关司法解释,人民检察院认为同级人民法院的一审判决、裁定有下列情形之一的,应当提出上诉:(1)认为事实不清、证据不足的;(2)有确实的证据证明有罪判无罪或者无罪判有罪的;(3)重罪轻判、轻罪重判、量刑不当的;(4)认定罪名不正确,一罪判数罪、数罪判一罪,影响量刑或者造成严重社会影响的;(5)免除刑事处罚或者适用缓刑错误的;(6)人民法院在审理过程中严重违反法律规定的诉讼程序的;(7)审判人员在审理案件期间,有贪污贿赂、徇私舞弊、枉法裁判行为的。本案中,人民检察院抗诉的理由符合上述第七种情形,因此上级人民法院应当受理。

三、提起第二审程序的途径和方式

(一)上诉、抗诉的途径

一般而言,上诉有两种途径:一是向原审法院提出;二是直接向二审法院提出。

根据我国《刑事诉讼法》第220条的规定,上诉有两种途径:向原审人民法院提出或向第二审人民法院提出。对被告人、自诉人、附带民事诉讼的原告人、被告人通过原审人民法院上诉的,原审人民法院在三日以内将上诉状连同案卷、证据移送上一级人民法院,同时将上诉状送交同级人民检察院和对方当事人。如果直接向第二审人民法院提起上诉的,第二审人民法院应在三日以内将上诉状交原审人民法院送交同级人民检察院及对方当事人。

抗诉的途径,根据《刑事诉讼法》第221条的规定,地方各级人民检察院对第一审(同级)人民法院的判决、裁定的抗诉,应当通过原审人民法院提出抗诉书,并将抗诉书抄送上一级人民检察院。原审人民法院应当将抗诉书连同案卷、证据移送上一级人民法院,并将抗诉书副本送交当事人。由此可见,我国抗诉的途径只有一种。

(二)上诉、抗诉的方式

各国立法为了维护上诉审的严肃性,多采取书面上诉、抗诉原则,但是从充分保护当事人上诉权的角度考虑,一般也允许口头提出上诉。根据我国《刑事诉讼法》第216条、第221条的规定,上诉人有权用书面或口头方式提出上诉;而抗诉只能用书面形式,即应当制作抗诉书,而不能采用口头形式。

四、上诉、抗诉的效力

(一)上诉、抗诉的效力内容

上诉、抗诉作为一种诉讼法律行为,必然引起一定的法律后果,即产生诉讼上的拘束力。具体来说,上诉、抗诉的效力内容包括以下几个方面:

1. 阻却第一审裁判既判力的发生。地方各级人民法院的一审裁判,在经过上诉期或抗诉期后就会发生法律效力,应当具有既判力。但上诉、抗诉行为的发生,就会阻却第一审裁判的生效,不产生既判力。不过上诉、抗诉并不能阻却第一审裁判的所有效力。事实上,一审裁判作为一审人民法院审判行为的后果,它一经作出,就具有了形式上或程序上的法律约束力,任何人,包括一审人民法院都不能任意将其撤销或变更。另外,根据《刑事诉讼法》第249条的规定,第一审人民法院判决被告人无罪、免于刑事处罚的,如果被告人在押,在宣告判决后应当立即释放。这也是第一审裁判产生的法律后果。

2. 管辖的转移。由于上诉、抗诉的提起,此案中原审人民法院的管辖便自动转移到上一级人民法院。此时,上一级人民法院不能将此案交由下级人民法院审判,下级人民法院必须将案件、证据材料等全部移送上级人民法院。

(二)上诉、抗诉的效力范围

在我国,上诉、抗诉的效力范围应是原裁判的全部,而不仅作用于上诉、抗诉的理由或者请求的范围。这是与我国第二审程序实行全面审查的原则相一致的。不过,如果仅对第一审裁判的附带民事诉讼部分提出上诉、抗诉的,这种上诉、抗诉的效力则不及于刑事部分;反之,则不然,仅对刑事部分上诉、抗诉的,其效力仍及于附带民事部分。

(三)上诉、抗诉的撤回

撤回上诉和抗诉,是行使上诉权和抗诉权的一种形式。《刑事诉讼法》并没有规定上诉、抗诉撤回及其法律后果。理论上应解释为在上诉、抗诉期届满前,上诉权人或检察机关可以撤回上诉或抗诉。即使权利人对此有反复,即撤回上诉、抗诉后,又要求上诉、抗诉的,只要上诉、抗诉期未届满,也应当允许。但提起上诉、抗诉后,超过了上诉、抗诉期,再要求撤诉,则不属于撤回上诉、抗诉的问题。这种行为是否准许,由人民法院审查后裁定。

【典型案例】

【案例16-2-03】

被告人黄某系某园林管理局一商店员工,张某系黄某的徒弟,也在该商店工作。1997年黄某在盘点本店货物时多次发现短少货款,共计3,000余元。黄怀疑是张某所为,后张某再一次行窃时被黄某发现。黄某考虑到自己和商店的荣誉以及张某的前途,在张某交出所盗货款并保证以后不再盗窃的情况下,没有报案。1998年张某又一次盗窃本店的营业款时被公安机关查获归案。检察院对黄某以包庇罪向某区人民法院提起公诉。法院审理认为黄某明知他人盗窃3,000余元的犯罪事实,不仅不报案而且还以垫款入账等手段包庇犯罪分子,已构成包庇罪,判处拘役6个月。

上诉期内,黄某的父亲在征得其同意后,向某市中级人民法院提出口头上诉,但中级人民法院告知他应当通过原审人民法院提出上诉。黄父又向一审法院提出口头上诉,但一审法院告知其应当提交上诉状,否则不予受理。黄父请人写了上诉状递交到法院时,一审法院又以上诉期满为由不予受理。

【法理与法律适用分析】

根据《刑事诉讼法》第220条的规定,刑事诉讼的被告人、自诉人、附带民事诉讼的原告和被告既可以通过原审人民法院提出上诉,也可以直接向第二审人民法院提出诉讼。(1)通过原审人民法院提出上诉的,原审人民法院应当首先审查提起上诉的人是否有权提出上诉,对被告人的辩护人、近亲属提出的上诉,应审查其提出上诉是否经被告人同意;其次,审查上诉是否逾期。经审查上诉合法的,应当在3日以内将上诉状连同案卷、证据材料移送上一级人民法院;同时将上诉状副本送交同级人民检察院和对方当事人。(2)直接向第二审人民法院提出上诉的,二审法院应当在3日内将上诉状交原审人民法院,原审人民法院经审查认为上诉合法的,应将案卷、证据移送二审法院,同时将上诉状副本送交同级人民检察院及对方当事人。无论向原审人民法院还是向第二审人民法院提出上诉,法院都不应当以管辖为由推诿责任、拒绝受理,任何推诿的做法都是对有上诉权人的上诉权的侵犯,是违法行为。

《刑事诉讼法》第216条规定:"被告人、自诉人和他们的法定代理人,不服司法各级人民法院第一审的判决、裁定,有权用书状或者口头向上一级人民法院上诉。"由此可以看出,上诉的方式有两种:书面上诉和口头上诉。《最高人民法院关于适用〈中华人民共和国刑事诉讼法〉的解释》第299条规定,上诉权人有权在法定期限内以书面或者口头形式,通过本院或者直接向上一级人民法院提出上诉。由此可见,有上诉权的人无论采用哪一种方式上诉,人民法院都应该受理,而不应对口头上诉不予受理。

本案中,第二审人民法院以上诉应当通过一审法院提出为由不予受理上诉人的上诉,是不符合法律规定的。一审法院以没有上诉状为由拒绝受理口头上诉的做法也是错误的,应予纠正。被告人可以以一审法院违法导致上诉期满为由向法院申请继续行使期满以前应当完成的诉讼活动,人民法院应当允许。

【法条链接】

《刑事诉讼法》

第二百一十六条 被告人、自诉人和他们的法定代理人,不服地方各级人民法院第一审的判决、裁定,有权用书状或者口头向上一级人民法院上诉。被告人的辩护人和近亲属,经被告人同意,可以提出上诉。

被告人、自诉人、附带民事诉讼的原告人和被告人直接向第二审人民法院提出上诉的,第二审人民法院应当在三日以内将上诉状交原审人民法院送交同级人民检察院和对方当事人。

第二百一十七条　地方各级人民检察院认为本级人民法院第一审的判决、裁定确有错误的时候,应当向上一级人民法院提出抗诉。

第二百一十八条　被害人及其法定代理人不服地方各级人民法院第一审的判决的,自收到判决书后五日以内,有权请求人民检察院提出抗诉。人民检察院自收到被害人及其法定代理人的请求后五日以内,应当作出是否抗诉的决定并且答复请求人。

第二百二十条　告人、自诉人、附带民事诉讼的原告人和被告人通过原审人民法院提出上诉的,原审人民法院应当在三日以内将上诉状连同案卷、证据移送上一级人民法院,同时将上诉状副本送交同级人民检察院和对方当事人。

附带民事诉讼的当事人和他们的法定代理人,可以对地方各级人民法院第一审的判决、裁定中的附带民事诉讼部分,提出上诉。

对被告人的上诉权,不得以任何借口加以剥夺。

《最高人民法院关于适用〈中华人民共和国刑事诉讼法〉的解释》

第二百九十九条　地方各级人民法院在宣告第一审判决、裁定时,应当告知被告人、自诉人及其法定代理人不服判决、裁定的,有权在法定期限内以书面或者口头形式,通过本院或者直接向上一级人民法院提出上诉;被告人的辩护人、近亲属经被告人同意,也可以提出上诉;附带民事诉讼当事人及其法定代理人,可以对判决、裁定中的附带民事部分提出上诉。

【典型案例目录索引】

1. 高某失火案

宋英辉主编:《刑事诉讼法案例教程》,知识产权出版社2005年版。

2. 许某交通肇事案

宋英辉主编:《刑事诉讼法案例教程》,知识产权出版社2005年版。

3. 黄某包庇案

参见陈卫东:《刑事诉讼法案例分析》,中国人民大学出版社2001年版。

【参考阅读的文献资料】

1. 甄贞主编:《刑事诉讼法学研究综述》,法律出版社2002年版。
2. 陈卫东:《刑事二审程序论》,中国方正出版社1997年版。
3. 王以真主编:《外国刑事诉讼法学》,北京大学出版社1994年版。
4. 陈卫东:《刑事诉讼法案例分析》,中国人民大学出版社2001年版。
5. 万毅、林喜芬主编:《刑事诉讼法》,清华大学出版社2004年版。
6. 刘菊根:"关于公诉案件被害人权利保障问题",载《法学研究》第19卷第2期。

第三节　第二审程序的审理

一、二审程序的审理方式

审理方式,是指人民法院审理案件时所采用的方法和形式。① 从世界各国的规定来看,第二审理方式有三种:直接审理、书面审理和庭外调查审理。

---

① 宋英辉:《刑事诉讼法学》,北京师范大学出版社2010年版,第347页。

直接审理,也即开庭审理,是指在合议庭的主持下和检察人员、诉讼参与人的参加下,人民法院依照法定程序和方式在法庭上对案件进行审理。开庭审理最能体现刑事审判的公平、公开、公正的价值追求,所以世界各国的第二审主要采取这种审理方式。我国《刑事诉讼法》第 223 条规定:"第二审人民法院对于下列案件,应当组成合议庭,开庭审理:(一)被告人、自诉人及其法定代理人对第一审认定的事实、证据提出异议,可能影响定罪量刑的上诉案件;(二)被告人被判处死刑的上诉案件;(三)人民检察院抗诉的案件;(四)其他应当开庭审理的案件。"可见,直接审理是我国第二审程序审理方式的基本原则。

书面审理,指不再传唤证人、鉴定人进行证据调查,只对第一审裁判适用法律进行审查,作出裁判,但仍须开庭。[①]这种审理方式一般只适用于三审终审制的第三审,即法律审。这里应当注意,这种书面审理方式和我国 1979 年的《刑事诉讼法》中规定的书面审理不同。我国的书面审理是指不开庭,不传唤当事人、证人,合议庭只根据全部案卷材料进行审查,然后评议,作出裁判。这种书面审理违背了直接言词的原则,当事人的辩护权利无法实现,审判人员的认识局限于间接材料,其弊端是显而易见的。我国 1996 年《刑事诉讼法》将这种审理方式予以取消。

庭外调查审理,指刑事诉讼法规定的一种独特的审理方式。它是介于开庭审理与不开庭的书面审理的一种审理方式。现行《刑事诉讼法》第 223 条第 2 款规定:"第二审人民法院决定不开庭审理的,应当讯问被告人,听取其他当事人、辩护人、诉讼代理人的意见。"这就是调查讯问的审理方式。这种审理方式依《刑事诉讼法》的规定,适用于事实清楚的上诉案件。即二审人民法院的合议庭经过阅卷、调查、讯问,认为第一审事实清楚,证据确实充分,基于诉讼经济的考虑,可以决定不开庭审理。虽然现行《刑事诉讼法》并没有对于哪些情况下法院决定不开庭审理作出具体规定,但根据《最高人民法院关于适用〈中华人民共和国刑事诉讼法〉的解释》第 324 条中规定,第二审案件依法不开庭审理的,应当讯问被告人,听取其他当事人、辩护人、诉讼代理人的意见。合议庭全体成员应当阅卷,必要时应当提交书面阅卷意见。采用这种审理方式审理案件,应当遵循以下程序:[②]

1. 合议庭成员共同阅卷,并制作阅卷笔录。

2. 讯问被告人,听取其供述和辩解以及对一审裁判的意见。共同犯罪案件,对没有上诉的被告人也应当讯问。

3. 听取其他当事人、辩护人、诉讼代理人意见。

4. 合议庭评议和宣判。经过上述程序,合议庭认定的事实与第一审认定的没有变化,证据充分的,可以开庭审理即作出相应的处理决定,并予以公开宣判。

因此,可以看出我国目前第二审采用开庭审理是原则,不开庭审理是开庭审理的例外的审理方式。第二审人民法院若采取开庭审理的方式审理上诉或抗诉案件的,既可以到案件发生地进行,也可以到原审人民法院的所在地进行。在第二审程序中,被告人除自行辩护外,还可以继续委托第一审辩护人或者另行委托辩护人辩护。共同犯罪案件,只有部分被告人提出上诉或者人民检察院只就第一审人民法院对部分被告人的判决提出抗诉的,其他同案被告人也可以委托辩护人辩护。[③]

---

① 陈光中主编:《外国刑事诉讼程序研究》,法律出版社 1988 年版,第 289 页。
② 张军、陈卫东:《新刑事诉讼法教程》,人民法院出版社 2012 年版,第 323 页。
③ 张军、陈卫东:《新刑事诉讼法教程》,人民法院出版社 2012 年版,第 321 页。

【典型案例】
【案例16-3-01】
王某,原系某市常务副市长。2002年7月,该市某村因长期降雨致使大量农田被淹没,上级主管部门马上拨款救灾。当时,该市兴修电力的工程因一直没有款项来源而搁置,导致经常发生停电状况,不仅给人们生活带来不便,也影响了工业生产。王某遂利用职务之便,擅自将救灾款的一部分挪用来支援维修电力的施工,结果该村因救灾不到位而导致农田绝产。一审人民法院以挪用特定款物罪判处王某有期徒刑4年。王某提出上诉。二审法院通过阅卷,并讯问了被告人,听取有关人员意见,认为原审判决事实认定清楚,量刑准确,遂在未开庭审理的情况下驳回上诉,维持原判。王某认为第二审法院的做法违反了公开审判的原则,向高级人民法院提出申诉,请求再审。

【法理与法律适用分析】
我国刑事第二审程序以开庭审理为原则,辅之以一定条件下的不开庭讯问式审理方式。对此,《刑事诉讼法》第223条明确列举了应当组成合议庭开庭审理的案件,并且规定对不开庭审理的案件,应当讯问被告人,听取其他当事人、辩护人、诉讼代理人的意见。据此,本案中第二审法院未经开庭而作出裁判的做法是有法律依据的。

当然,对第二审案件进行开庭审理,有利于更好地促进审判公正,保障当事人的诉讼权利,也能最大限度的发挥第二审程序纠错的功能。但是,我们依然要考虑到诉讼效率的问题。因此,在适当的情况下,案件不进行开庭审理,而采取阅卷、讯问被告人、听取其他当事人意见等方式了解案件情况,有利于节约司法资源,提高诉讼效率,同时也不妨碍案件的公正处理。

二、第二审程序中各方的诉讼地位

由于我国第二审和第一审在审理方式和审理范围上基本一致,且根本目的都是为了查清案件事实,明确被告人的刑事责任。所以第二审程序中各方的诉讼权利和地位与一审区别不大。诉讼结构仍然要坚持控辩平等,审判中立的基本格局。不过,人民检察院和被告人在第二审程序中的地位仍有一些特殊性,体现在以下两个方面:

(一)第二审法庭审理中的人民检察院
《刑事诉讼法》第224条规定:"人民检察院提出抗诉的案件或者第二审人民法院开庭审理的公诉案件,同级人民检察院都应当派员出庭。"可见,在第二审程序中人民检察院有出庭与不出庭两种情况。在人民检察院不派员出庭的案件中,检察机关虽不再行使公诉职能,但仍是法律监督者。因此,人民检察院还可以主动要求阅卷并提出书面意见,人民法院也可以要求人民检察院阅卷并提出书面意见,以更好地发挥检察机关的法律监督职能。

在人民检察院应当派员出庭的案件中,检察机关的法律地位具有双重性,从其出庭履行的职能分析,其既是履行公诉职能的主体,同时又是履行法律监督职能的主体,但侧重点应当在法律监督方面。目前,关于二审程序中检察人员的法律地位,我国法学理论界和司法实务界存在不同的意见。[①] 但二审中的检察机关应当履行法律监督职能的认识则是一致的。

---

① 参见陈卫东:《刑事二审程序论》,中国方正出版社1997年版,第218页。

检察人员第二审出庭的任务有以下几个方面：
1. 支持抗诉或者听取上诉意见，对原审人民法院作出的错误判决或者裁定提出纠正意见。
2. 维护原审人民法院正确的判决或者裁定，建议法庭维持原判。
3. 维护诉讼参与人的合法权利。
4. 对法庭审理案件有无违反法律规定的诉讼程序的情况制作笔录。
5. 依法从事其他诉讼活动。

（二）第二审程序中的被告人

第二审中的被告人可分为，提起上诉的被告人与未提起上诉的被告人；对他的判决提出抗诉的被告人和未对他的判决提出抗诉的被告人等。因此，被告人在二审程序中可能同时拥有多种身份，即上诉人、被告人、被抗诉人、被上诉人等。其基本权利虽与第一审程序相同，但是，作为上诉人的被告人还享有上诉不加刑原则的保障。在共同犯罪案件中，人民检察院只对部分被告人的判决提出抗诉的，对其他原审被告人，也不得加重刑罚。另外，这些原审被告人同样也可以委托辩护人辩护，参加法庭调查和法庭辩论。

三、二审程序的审理对象和范围

（一）二审程序的审理对象

在我国，第二审程序的审理对象，指在诉讼参与人的参加下，第二审人民法院依照法定的程序进行的诉讼活动所指向的目标。刑事诉讼的最终目标是依法解决被告人的刑事责任问题。但是，由于各个诉讼阶段的性质、任务不同，所以其具体目标，即诉讼对象也不同。第一审的审理对象是人民检察院的起诉指控；审判监督程序的审理对象是已经生效的判决和裁定。而根据《刑事诉讼法》第216条、第217条的规定，第二审程序的审理对象是第一审人民法院未生效的判决、裁定。

明确第二审程序的审理对象，具有十分重要的意义。第二审法院对上诉、抗诉案件的审理，如果简单地重复第一审程序的话，则抹杀了第二审程序与第一审程序的区别，就会在实际操作中，忽视第二审程序特有的审判监督职能和被告人权利保障的职能；忽视第二审程序在审判组织、上诉不加刑、全面审查、充分保障被告人上诉权等问题上的一系列规定。

（二）第二审程序的审理范围

《刑事诉讼法》第222条规定："第二审人民法院应当就第一审判决认定的事实和适用法律进行全面审查，不受上诉或者抗诉范围的限制。共同犯罪的案件只有部分被告人上诉的，应当对全案进行审查，一并处理。"由于我国第二审程序实行全面审理的原则，所以，第二审程序的审理范围可以概括为全案审查。何谓全案审查，根据刑事诉讼法及相关司法解释的规定，主要体现在以下五个方面：（1）从案件的性质看，审理附带民事诉讼的上诉案件，应当对包括刑事部分在内的全案进行审查；（2）从诉讼主体看，共同犯罪案件，只有部分被告人上诉的，或者人民检察院只对部分被告人的判决提出抗诉的，第二审人民法院要对全案进行审查；另外若上诉的被告人死亡，其他被告人未上诉的，第二审法院仍应对全案进行审查；（3）从审查的内容看，第二审人民法院既要审查第一审裁判认定的事实是否清楚、证据是否充分，又要审查其适用的法律是否正确，其中包括实体法和程序法的适用;(4)从诉讼请求看,第二审人民法院既要审查上诉、抗诉所持理由和根据,又要审查未被上诉、抗诉所涉及的第一审裁判的其他内容;(5)从证据审查看,第二审程序依法可以对案件外的事实予以调查,当事人也可以在上诉后提出新的事实和证据,二审法庭将查证属实的新证据作为第二审人民法院定案的根据并作出裁判。

四、二审程序审理的特殊环节和审理期限

在刑事诉讼法的规定中,第一审程序是最全面、最完整的程序,是整个刑事诉讼审判程序的基础。其他审理程序没有特殊规定的,都应参照第一审程序的规定。所以,《刑事诉讼法》第231条规定:"第二审人民法院审判上诉或者抗诉案件的程序,除本章已有规定的以外,参照第一审程序的规定进行。"根据这一规定,第二审程序审理应与第一审基本相同。但是在具体操作过程中,还应注意以下几个方面:

(一)对上诉、抗诉的审查

首先,接受上诉、抗诉的人民法院要审查上诉、抗诉是否在法定的期限内;抗诉的理由是否符合法律的规定等。其次,第二审人民法院对第一审人民法院移送的上诉、抗诉的案卷、证据,应当其是否包括如下内容:移送上诉、抗诉案件函;上诉状或者抗诉书;第一审判决书或者裁定书八份(每增加一名被告人增加一份);全部案件材料和证据。如果前款材料齐备,第二审人民法院应当收案;材料不齐备的,应当通知第一审人民法院及时补充。

(二)法庭调查和法庭辩论

根据《最高人民法院关于适用〈中华人民共和国刑事诉讼法〉的解释》第322条的规定,对于开庭审理的上诉、抗诉案件,在法庭调查阶段,审判人员宣读第一审判决书、裁定书后,上诉案件由上诉人或者辩护人先宣读上诉状或者陈述上诉理由,抗诉案件由检察员先宣读抗诉书;既有上诉又有抗诉的案件,先由检察员宣读抗诉书,再由上诉人或者辩护人宣读上诉状或者陈述上诉理由;在二审中出庭的检察人员和辩护人需要出示、宣读、播放一审中已移交人民法院的证据的,出庭的检察人员和辩护人员可以申请法庭出示、宣读、播放。法庭调查的重点要针对上诉或抗诉的理由,全面查清事实、核实证据。

在法庭辩论阶段,上诉案件,先由上诉人、辩护人发言,后由检察员、诉讼代理人发言;抗诉案件,先由检察员、诉讼代理人发言,后由被告人、辩护人发言;既有上诉又有抗诉的案件,先由检察员、诉讼代理人发言,后由上诉人、辩护人发言。

(三)涉案财物和证据的处理

根据《刑事诉讼法》第234条和相关司法解释的规定,对于有关涉案财物和证据的处理主要应注意以下几个方面:公安机关、人民检察院和人民法院对查封、扣押、冻结的犯罪嫌疑人、被告人的财物及其孳息,应当妥善保管,以供核查,并制作清单,随案移送;任何单位和个人不得挪用或者自行处理;对被害人的合法财产,应当既是返还;对违禁品或者不宜长期保存的物品,应当按照国家有关规定处理;对作为证据使用的实物应当随案移送,对不宜移送的,应当将其清单、照片或者其他证明文件随案移送;人民法院作出的判决,应当对查封、扣押、冻结的财物及其孳息作出处理;人民法院作出的判决生效以后,有关机关应当根据判决对被查封、扣押、冻结的财物及其孳息进行处理;对于扣押、冻结的与本案无关的财物,已列入清单的,人民法院应当通知扣押、冻结的机关依法处理;对被查封、扣押、冻结的赃款赃物及其孳息,除依法返还被害人的以外,一律上缴国库;司法工作人员贪污、

挪用或者私自处理查封、扣押、冻结的财物及其孳息的,依法追究刑事责任;不构成犯罪的,给予处分。

(四)二审法院办理上诉、抗诉案件的期限

根据《刑事诉讼法》第232条规定:"第二审人民法院受理上诉、抗诉案件,应当在二个月内审结。对于可能判处死刑的案件或者附带民事诉讼的案件,以及有本法第156条规定的情形之一的,经省、自治区、直辖市高级人民法院批准或者决定,可以延长二个月,因特殊情况还需要延长的,报请最高人民法院批准。"但是最高人民法院受理上诉、抗诉案件的审理期限,由最高人民法院决定。

二审案件的审理期限,应当从收到下级人民法院依照《刑事诉讼法》第220条或者第221条的规定移送案件材料之日起计算,终止于二审审判的宣告之日。对于第二审人民法院发回原审人民法院重新审判的案件,审理期限根据《刑事诉讼法》第230条的规定:"原审人民法院从收到发回的案件之日起,重新计算审理期限。"因而其审理期限仍然按照《刑事诉讼法》关于一审案件审理期限的规定执行。

【典型案例】

【案例16-3-02】

2010年12月11日下午2时许,被告人陈大荣驾驶一辆粤A129KD号牌小客车沿本市广花路由北往南行驶至广州王老吉药业股份有限公司对出路口时,遇钟某凤骑一辆无牌自行车在人行横道线内由西往东横过公路,由于陈大荣驾车忽视行车安全,行经人行横道时未减速慢行,刹车不及导致小客车车头碰撞钟某凤致其重伤,后陈大荣驾驶粤A129KD号牌小客车逃离现场。经公安机关认定,被告人陈大荣在该起事故中承担全部责任。经法医鉴定,被害人钟某凤的损伤达到一级伤残。2011年3月24日,被告人陈大荣到公安机关投案自首。

广州市白云区人民检察院以被告人陈大荣犯交通肇事罪,向广州市白云区人民法院提起公诉。广州市白云区人民法院经一审审理认为:被告人陈大荣违章驾驶,造成一人重伤的重大交通事故,应负事故的全部责任,并在事故发生后逃逸,其行为已构成交通肇事罪。被告人陈大荣犯罪后有自首情节,可以从轻处罚,于2011年7月26日广州市白云区人民法院作出认定被告人构成交通肇事罪,判处被告人陈大荣有期徒刑三年的有罪的一审判决。一审宣判后,被告人陈大荣向广州市中级人民法院提起上诉,其以及其辩护人提出以下上诉意见:(1)其为初犯,没有前科;(2)其归案后认罪态度好,能如实供述案件的相关事实,且有自首情节,依法可从轻处罚;(3)其家属在案发后对本案受害人的家属作出了相应的赔偿;(4)本案交通事故的对方是智力残障人士,其本人或家属也存在一定过错;(5)其行为虽然构成交通肇事罪,但并不属于交通肇事后的逃逸行为,依照法律规定,应在三年以下有期徒刑或者拘役的量刑档考虑量刑。建议考虑以上情况,请求对其从轻处罚并对其适用缓刑。

广州市中级人民法院经二审审理认为:上诉人陈大荣违章驾驶,造成一人重伤的重大交通事故,应负事故的全部责任,并在事故发生后逃逸,其行为已构成交通肇事罪。上诉人犯罪后有自首情节,依法可从轻处罚。一审认定事实清楚,证据确实、充分,定罪准确,审判程序合法。但鉴于上诉人陈大荣的交通肇事行为只造成一人重伤的后果,其逃逸行为已作为交通肇事罪的定罪要件,故不能再作为交通肇事罪的法定加重情节在量刑时重复评价,因此,对上诉人的量刑应在三年以下有期徒刑或者拘役这一量刑幅度内进行,同时,由于上诉人具有自首情节,且事后进行了一定的经济赔偿,依法可从轻处罚,一审判决量刑偏重,故予以改判。因此2011年10月11日,广州市中级人民法院作出维持第一审判决定罪部分的判决,并同时撤销原判对于被告人的量刑判决并依法予以改判被告人陈大荣有期徒刑两年。

【法理与法律适用分析】

按照全面审查的基本原则,在本案的审理过程中,主要争议的问题在于:(1)被告人陈大荣的逃逸行为应该认定为交通肇事罪的定罪情节还是加重处罚情节;(2)该逃逸行为是否构成"交通肇事后逃逸"。

交通肇事罪是一种过失犯罪,人身危险性相对较小,这类犯罪的社会危害性主要表现在伤亡人数、财产损失等危害后果以及是否逃逸等情节方面,罪行的大小也因行为人过错程度的大小、行为所造成的危害后果的大小以及是否具有逃逸情节而不同。《最高人民法院关于审理交通肇事刑事案件具体应用法律若干问题的解释》(以下简称《交通肇事解释》)中根据行为人伤亡后果及财产损失后果的严重程度及行为人对事故应负责任的大小,结合肇事者是否具有逃逸等情节,区别规定了不同的定罪与量刑标准。根据该《交通肇事解释》的第2条、第3条、第5条的规定,逃逸行为既可单独适用,成为定罪情节,也可与其他情节结合适用,成为加重处罚情节:

本案中,被告人陈大荣违章驾驶,造成一人重伤的重大交通事故,负事故的全部责任,并在事故发生后逃逸,其逃逸行为正好符合《交通肇事解释》第2条第2款所规定的第六种情形,故应当认定为定罪情节。

根据《交通肇事解释》第3条的规定:"交通肇事后逃逸"是指行为人具有该解释第2条第1款规定和第2款第(1)至(5)项规定的情形之一,在发生交通事故后,为逃避法律追究而逃跑的行为,即前述逃逸行为作为加重处罚情节中的第一种情形。

就本案而言,被告人陈大荣在明知其已造成重大交通事故的情况下,为逃避法律的追究而选择逃离事故现场,直到三个多月以后才到公安机关自首。其逃逸行为看似符合"交通肇事后逃逸"的基本要件,实则不然。由于本次交通事故所造成的后果为一人重伤,根据《交通肇事解释》第2条第2款的规定,被告人陈大荣的逃逸行为仅能作为其构罪的基本要件,缺乏此一要件,不构成犯罪。因此,陈大荣的逃逸行为缺乏"交通肇事后逃逸"的前提条件,故不可认定为"交通肇事后逃逸"。

根据《交通肇事解释》第2条第2款第(6)项的规定,交通肇事致一人重伤,负事故全责或主责,并具有为逃避法律追究逃离事故现场情形的,以交通肇事罪定罪处罚。这一规定显然已将"为逃避法律追究逃离事故现场"的行为列为了交通肇事罪基本犯的构成要件。与此同时,《交通肇事解释》第3条在阐释法定加重量刑情节之一的"交通肇事后逃逸"时,明确排除了《交通肇事解释》第2条第2款(6)项规定的情形。因此,"为逃避法律追究逃离事故现场"的行为在已构成交通肇事罪基本犯的构成要件的情况下,根据"禁止对同一事实重复评价"的原则,不应再作为加重处罚的"交通肇事后逃逸"情节进行评价。

本案中,一审法院在将被告人陈大荣的逃逸行为作为其构成交通肇事罪的基本要件进行评价的基础上,再次将该行为作为其构成"交通肇事后逃逸"情节加以评价,从而在三年以上七年以下的量刑幅度选择对其量刑,尽管宣告刑为该量刑档最低的三年有期徒刑,但亦违反了禁止重复评价的基本原则。二审法院对此进行了纠正,对被告人改判两年有期徒刑,此一做法无疑是正确的。符合"上诉不加刑"的原则,保障了被告人的合法权益。

【法条链接】

《刑事诉讼法》

第二百二十三条　第二审人民法院对于下列案件,应当组成合议庭,开庭审理:

(一)被告人、自诉人及其法定代理人对第一审认定的事实、证据提出异议,可能影响定罪量刑的上诉案件;

(二)被告人被判处死刑的上诉案件;

(三)人民检察院抗诉的案件;

(四)其他应当开庭审理的案件。

第二审人民法院决定不开庭审理的,应当讯问被告人,听取其他当事人、辩护人、诉讼代理人的意见。

第二审人民法院开庭审理上诉、抗诉案件,可以到案件发生地或者原审人民法院所在地进行。

第二百二十五条　第二审人民法院对不服第一审判决的上诉、抗诉案件,经过审理后,应当按照下列情形分别处理:

(一)原判决认定事实和适用法律正确、量刑适当的,应当裁定驳回上诉或者抗诉,维持原判;

(二)原判决认定事实没有错误,但适用法律有错误,或者量刑不当的,应当改判;

(三)原判决事实不清楚或者证据不足的,可以在查清事实后改判;也可以裁定撤销原判,发回原审人民法院重新审判。

原审人民法院对于依照前款第三项规定发回重新审判的案件作出判决后,被告人提出上诉或者人民检察院提出抗诉的,第二审人民法院应当依法作出判决或者裁定,不得再发回原审人民法院重新审判。

第二百二十六条　第二审人民法院审理被告人或者他的法定代理人、辩护人、近亲属上诉的案件,不得加重被告人的刑罚。第二审人民法院发回原审人民法院重新审判的案件,除有新的犯罪事实,人民检察院补充起诉的以外,原审人民法院也不得加重被告人的刑罚。

人民检察院提出抗诉或者自诉人提出上诉的,不受前款规定的限制。

《最高人民法院关于适用〈中华人民共和国刑事诉讼法〉的解释》

第三百一十条　第二审人民法院审理上诉、抗诉案件,应当就第一审判决、裁定认定的事实和适用法律进行全面审查,不受上诉、抗诉范围的限制。

第三百一十一条　共同犯罪案件,只有部分被告人提出上诉,或者自诉人只对部分被告人的判决提出上诉,或者人民检察院只对部分被告人的判决提出抗诉的,第二审人民法院应当对全案进行审查,一并处理。

第三百二十五条　审理被告人或者其法定代理人、辩护人、近亲属提出上诉的案件,不得加重被告人的刑罚,并应当执行下列规定:

(一)同案审理的案件,只有部分被告人上诉的,既不得加重上诉人的刑罚,也不得加重其他同案被告人的刑罚;

(二)原判事实清楚,证据确实、充分,只是认定的罪名不当的,可以改变罪名,但不得加重刑罚；

（三）原判对被告人实行数罪并罚的，不得加重决定执行的刑罚，也不得加重数罪中某罪的刑罚；

（四）原判对被告人宣告缓刑的，不得撤销缓刑或者延长缓刑考验期；

（五）原判没有宣告禁止令的，不得增加宣告；原判宣告禁止令的，不得增加内容、延长期限；

（六）原判对被告人判处死刑缓期执行没有限制减刑的，不得限制减刑；

（七）原判事实清楚，证据确实、充分，但判处的刑罚畸轻、应当适用附加刑而没有适用的，不得直接加重刑罚、适用附加刑，也不得以事实不清、证据不足为由发回第一审人民法院重新审判。必须依法改判的，应当在第二审判决、裁定生效后，依照审判监督程序重新审判。

《最高人民法院关于审理交通肇事刑事案件具体应用法律若干问题的解释》

第二条　交通肇事具有下列情形之一的，处三年以下有期徒刑或者拘役：

（一）死亡一人或者重伤三人以上，负事故全部或者主要责任的；

（二）死亡三人以上，负事故同等责任的；

（三）造成公共财产或他人财产直接损失，负事故全部或者主要责任，无能力赔偿数额在三十万元以上的。

交通肇事致一人以上重伤，负事故全部责任或者主要责任，并具有下列情形之一的，以交通肇事罪定罪处罚：

（一）酒后、吸食毒品后驾驶机动车辆的；

（二）无驾驶资格驾驶机动车辆的；

（三）明知是安全装置不全或者安全机件失灵的机动车辆而驾驶的；

（四）明知是无牌证或者已报废的机动车辆而驾驶的；

（五）严重超载驾驶的；

（六）为逃避法律追究逃离事故现场的。

第三条　"交通运输肇事后逃逸"，是指行为人具有本解释第二条第一款规定和第二款第（一）至（五）项规定的情形之一，在发生交通事故后，为逃避法律追究而逃跑的行为。

第五条　"因逃逸致人死亡"，是指行为人在交通肇事后为逃避法律追究而逃跑，致使被害人因得不到救助而死亡的情形。

交通肇事后，单位主管人员、机动车辆所有人、承包人或者乘车人指使肇事人逃逸，致使被害人因得不到救助而死亡的，以交通肇事罪的共犯论处。

【典型案例目录索引】

1. 王某挪用特定款物罪

宋英辉主编：《刑事诉讼法案例教程》，知识产权出版社2005年版。

2. 陈大荣交通肇事案

载 http://www.pkulaw.cn/fulltext_form.aspx?Db=pfnl&Gid=118315547&keyword=&EncodingName=&Search_Mode=accurate.

【参考阅读的文献资料】

1. 宋英辉：《刑事诉讼法学》，北京师范大学出版社2010年版。

2. 陈光中主编：《外国刑事诉讼程序研究》，法律出版社1988年版。
3. 张军、陈卫东：《新刑事诉讼法教程》，人民法院出版社2012年版。
4. 陈卫东：《刑事二审程序论》，中国方正出版社1997年版。

第四节　第二审程序的裁判

一、第二审裁判的种类和运用

第二审法院作出的终审裁判一般可以分为两类：驳回型裁判和撤销型裁判。驳回型裁判，即驳回上诉的裁判。它又分为程序性驳回和实体性驳回两种。程序性驳回适用于不符合法定条件的上诉；实体性驳回适用于符合法定的上诉条件，但经过上诉审理终结后认为上诉无理由，原裁判认定事实、适用法律均正确的上诉。撤销型裁判，即撤销原裁判的裁判。它具体又表现为两种形态：一是变更型，适用于上诉审法院审理终结后，认为上诉理由成立，原裁判认定事实或适用法律错误的案件，第二审法院对直之直接改判；另一种是发回重审型，适用于上诉审法院发现原审法院裁判事实不清、证据不充分或原审违反诉讼程序的案件，第二审法院将它发回原审法院重审。

通常第二审法院还可以采用审理中裁定或者终局性裁定，解决某些特殊的诉讼问题，以终止或终结第二审程序。

根据《刑事诉讼法》第225条的规定，第二审程序的裁判主要有三种：驳回上诉或者抗诉，维持原判；撤销原判予以改判；撤销原判，发回重审。由此可见，我国采取了驳回型和撤销型的二元裁判形态。至于第二审程序的中止审理或终结审理，《刑事诉讼法》没有明确规定，通常比照一审程序的中止和终结情形执行。

（一）维持原审裁判

《刑事诉讼法》第225条第1款第1项规定："原判决认定事实和适用法律正确、量刑适当的，应当裁定驳回上诉或者抗诉，维持原判"。可见，第二审人民法院维持原审判决同时具备两个条件：一是认定事实正确；二是适用法律正确、量刑适当。

维持原判用裁定的形式，裁定应着重写明驳回上诉、抗诉的理由及维持原判的根据。另外，如果原审人民法院的判决书在叙述犯罪事实、情节上不够准确或者文字有错误，即使不影响原判决的正确性，也应当在裁定中予以更正，以确保生效裁判的严肃性。

（二）变更原审裁判

《刑事诉讼法》第225条第1款第2项、第3项规定："原判决认定事实没有错误，但是适用法律有错误，或者量刑不当的，应当改判"；"原判决事实不清或者证据不足的，可以在查清事实后改判"。可见，属于二审人民法院改判情形的有三种：其一，原判决适用法律有错误；其二，原判决量刑不当；其三，原判决事实不清或者证据不足，二审予以查清的。这里应当注意，原判决事实不清或者证据不足的，也可以发回重审。那么，何时直接改判，何时发回重审，法律没有明确。实践中直接改判的主要是次要的事实不清或证据不足，而且是第二审人民法院能够自行查证，否则，应发回原审人民法院重审。

第二审人民法院改判时要用判决的形式，应着重写明原判适用法律错误或量刑不当之处，应当适用什么法律或应当处什么刑罚。如果原判决事实不清或证据不足，应当具体指出不清、不足之处,并根据查证属实的事实和证据作出直接改判的判决。另外,对于人民检察院抗诉的案件,第二审人民法院审查后,认为应当判处被告人死刑的,应按照《刑事诉讼法》第225条规定直接改判,而不是以管辖错误发回重审。

(三)撤销原判,发回重审

根据《刑事诉讼法》第225条第1款第3项和第227条的规定,撤销原判,发回原审人民法院重审的情形有以下三种:其一,原判决事实不清;其二,原判决证据不足;其三,一审过程中违反法律规定的诉讼程序。违反法律规定的诉讼程序是指:(1)违反《刑事诉讼法》有关公开审判的规定的;(2)违反回避制度的;(3)剥夺或者限制了当事人的法定诉讼权利,可能影响公正审判的;(4)审判组织的组成不合法的;(5)其他违反法律规定的诉讼程序,可能影响公正审判的。

撤销原判,发回重审一般也是适用裁定形式,并应着重写明违反什么诉讼程序及其构成什么影响;同时应当写明撤销原判的理由及其发回重审的依据。另外,根据《刑事诉讼法》第228条的规定,原审人民法院对于发回重新审判的案件,应当另行组成合议庭,依照第一审程序进行审判。对于重新审判后作出的判决仍为第一审判决,当事人可以上诉,人民检察院也可以抗诉。第二审人民法院对不服第一审裁定的上诉或者抗诉,经过审查后,应当参照《刑事诉讼法》第225条、第227条和第228条的规定,分别情形用裁定驳回上诉、抗诉,或者撤销、变更原裁定。

第二审人民法院的判决、裁定和最高人民法院的判决、裁定,都是终审判决、裁定。

另外,根据《刑事诉讼法》第225条第2款的规定,发回重审以一次为限,对于原审人民法院对于依照前款第3项规定发回重新审判的案件作出判决后,被告人提出上诉或者人民检察院提出抗诉的,第二审人民法院应当依法判决或者裁定,不得再发回原审人民法院重新审判。这样规定是为了避免实践中一个案件反复、多次发回重审,两级法院相互之间踢皮球,从而节约司法资源,实现诉讼效率,使案件及时审结,维护被告人的合法权益。

(四)中止审理和终结审理的裁判

刑事案件的中止审理,指由于存在法律规定的特殊原因,应当暂时停止对该案的审理。根据《刑事诉讼法》第200条规定:"在审判过程中,有下列情形之一,致使案件在较长时间内无法继续审理的,可以中止审理:(一)被告人患有严重疾病,无法出庭的;(二)被告人脱逃的;(三)自诉人患有严重疾病,无法出庭,未委托诉讼代理人出庭的;(四)由于不能抗拒的原因。中止审理审理的原因消失后,应当恢复审理。中止审理的期间不计入审理期限。"这一规定同样适用于第二审程序。中止审理用裁定的形式作出。

人民法院在审判过程中,由于发生了某种特定的情况,使得对该案没有继续进行审理的必要或者可能时,从而结束对案件的审理活动,称为终结审理。在第二审程序中需要终结审理的情形有以下几种:犯罪已过追诉时效期限的;经特赦令免除刑罚的;告诉才处理的犯罪,自诉人撤回告诉的;被告人死亡的;其他法律、法令规定免予追究刑事责任的。终结审理同样也要用裁定的形式作出。

【典型案例】

【案例16-4-01】

江某系农村出身,大学毕业后与某市市长女儿林某结婚,留在该市市政府工作。因其岳父的关系,江某官运亨通,在其岳父退休时已身居市委组织部部长之位。随着社会地位的提高，江某开始嫌弃林某，并于2001年2月向林某提出离婚。林某在发现其与第三者发生性关系的情况下仍苦劝江某回心转意，为孩子维持一个完整的家，并表示如若江某不同意她就死在江某的面前。江某听后不仅没有回头，反而变本加厉地刺激林某。林某忍无可忍，当着江某的面吞下砒霜。江某将林某送到医院时，林某已经身亡。一审法院依照《刑法》第233条的规定以过失杀人罪判处江某有期徒刑5年。人民检察院对一审判决提出抗诉。第二审法院经审理认为原审法院认定事实正确，但适用法律错误，导致量刑不当，应当依法改判，遂依据《刑法》第232条以故意杀人罪判处江某无期徒刑。

【法理与法律适用分析】

《刑事诉讼法》第225条规定，第二审人民法院不服第一审判决的上诉、抗诉案件，经过审理之后，认为原判决认定事实没有错误，但适用法律有错误，或者量刑不当的，应当改判。据此，本案中，第二审法院认为一审法院对江某一案的判决认定事实没有错误，但适用法律有错误，应当依法予以改判。

立法作出如上规定是十分合理的。因为，案件事实是审理的基础，如果在一审法院已经将事实查清的情况下，还将案件再发回重审，必将会浪费很多的人力与物力。由第二审法院直接改判，坚持一审法院对案件事实作出的正确认定，仅对其适用法律或者量刑方面的错误进行纠正，既能够保证裁判的准确性，也符合诉讼经济原则的要求。

二、对附带民事诉讼以及自诉案件上诉的处理和裁判

在第二审程序中，对附带民事诉讼和自诉的处理除了上述三种方式之外，还可以适用调解、和解或者撤诉的方式对案件进行处理。这是由于附带民事诉讼和自诉案件应贯彻自愿、处分原则决定的。

（一）对附带民事诉讼的处理

附带民事诉讼的处理分为两种情况，一种是应当和刑事部分一并处理和裁判的，另一种是与刑事部分分开处理和裁判的。在司法实践中应当注意如下问题：

1. 一并处理和裁判的情形：第二审人民法院审理附带民事上诉案件，若发现刑事和附带民事部分都有错误应当依法改判的情况下，应当一并改判；第二审人民法院审理附带民事上诉案件，刑事部分已发生法律效力的，若发现第一审判决或者裁定中的刑事部分确有错误的，应当对刑事部分按审判监督程序指令再审，并将附带民事诉讼部分发回与刑事案件一并审理；若应当移送监狱执行的刑事被告人仍须作第二审中的附带民事诉讼的被告人参加诉讼时，为了便于审理，在第二审附带民事诉讼的被告人参加诉讼时，在第二审附带民事诉讼审结前，可暂缓执行。

2. 与刑事部分分开处理和裁判的情形：第二审人民法院审理的刑事上诉、抗诉案件，附带民事诉讼部分已经生效，若发现第一审判决或者裁定中的民事部分确有错误的，应当对民事部分按照审判监督程序予以纠正；在第二审附带民事部分审理中，原审民事原告人增加独立的诉讼请求或者第一审附带民事诉讼被告人提出反诉的，第二审人民法院可以根据自愿的原则就新增的诉讼请求或者反诉进行调解，调解不成的，告知当事人另行起诉。

（二）对自诉案件才处理

针对自诉案件的处理，应当注意由于自诉案件可以调解、和解、反诉，因此对第二审自诉案件调解结案的，应当制作调解书，第一审判决、裁定视为自动撤销。当事人自行和解

的,由人民法院裁定准许撤回自诉,并撤销第一审判决或裁定。在第二审程序中,自诉案件的当事人提出反诉的,人民法院应当告知其另行起诉。

三、第二审裁判的效力

目前我国实行两审终审制,因此第二审的判决和裁定为终审的判决和裁定。这意味着原审已经全部终结,人民法院代表国家的审判机关对案件的评价已经结束,其作出的判决和裁定具有权威性、强制性,除法律规定的特殊情况外,不得再对此案作出重复评价或是重复审理。具体而言,终局裁判在实体上具有执行力,当事人均要受到判决的约束,不得再就同一内容再行起诉;同时作为享有审判权的人民法院亦须尊重自己以国家名义作出的判断,不得就同一内容再行审理。这是既判力原则中"一案不二诉"和"一事不再理"的要求。

上述是有关第二审判决和裁定的一般情形,第二审判决、裁定因其具体内容和方式不同,其相应产生的法律效力也有区别:(1)驳回上诉、抗诉,维持原判,是刑事第二审裁判的标准形式。其效力主要体现在两个方面:一是终结此案件的普通程序;二是第一审裁判和第二审裁判立即生效,判决、裁定应当交付执行。这种裁判具有完全的既判力和执行力。(2)撤销原判、直接改判的法律效力具有三个方面的内容:一是宣告终结此案件的第二审诉讼程序,乃至整个普通诉讼程序;二是宣告第一审判决或裁定有错误而予以撤销;三是宣告第二审人民法院对于此案的实体问题所作的新的终审判决。这种判决、裁定同样具有完全的既判力和执行力。(3)撤销原判、发回重审的效力有其特殊性。首先,撤销原审判决、裁定的效力溯及第一审判决、裁定的全部内容;其次,发回重审的效力使案件回到第一审诉讼之初;再次,撤销原判、发回重审虽然是终审裁定,但它只是终结了该案的第二审诉讼阶段,而没有终结整个案件的普通诉讼程序。这种裁判是没有既判力的且执行力是不完全的。

【典型案例】
【案例 16-4-02】

2000年3月23日下午4时许,被告人夏某某驾驶某四轮方向盘式拖拉机到某村石灰厂煤渣加工场装运煤渣,因煤渣款及装车费与石灰厂收费员李某某发生争执。夏某某在未付清装车费情况下驾驶拖拉机径自离去。在该石灰厂打工的被害人梁某某见状迅速上前拦车,且边拦边退。夏某见有人拦车,仍未采取制动措施,而是继续驾车行驶,终将被害人梁某某撞到并碾压,致梁头部及右侧胸腹部、右下肢受伤,造成多发性肋骨骨折、血气胸、重度肝脏破裂、失血性休克导致多脏器功能衰竭而死亡。

案发后,被告人夏某某委托他人向公安机关投案。

某市人民检察院指控被告人夏某某犯故意杀人罪向某市中级人民法院提起公诉,附带民事诉讼原告人沈某某、朱某某依法提起附带民事诉讼,某市中级人民法院经审理,于2000年8月22日,作出一审刑事附带民事判决:被告人夏某某犯故意杀人罪,判处无期徒刑,剥夺政治权利终身。被告人夏某某赔偿附带民事原告人沈某某、朱某某人民币9,000元(已支付3,000元人民币)及牌号为浙A41069的拖拉机一辆。

某市中级人民法院同时告知被告人,如不服该判决,可在接到判决书的第二日起十日内,通过本院或者直接向某省高级人民法院提出上诉。书面上诉的,应当提交上诉状正本一份,副本二份。

被告人夏某某对刑事部分判决不服,提出上诉。原审附带民事诉讼部分盘踞已生效。

某省人民法院依法组成合议庭,公开开庭审理本案。

二审法院经审理查明,原判认定被告人夏某某故意杀人的事实,有李某某、汪某某的证言,公安机关现场勘查笔录,法官尸体检验报告等证据证实。被告人夏某某亦供认在案,所供与一审证据证明的情况基本相符。本案事实清楚,证据确实、充分。

二审法院认为,被告人夏某某明知其驾驶的拖拉机前有人拦车,仍不计后果地继续驾车行驶,撞倒并挤压他人致死,其行为已构成故意杀人罪。检察员认为原判定性正确的意见成立。夏某某及其二审辩护人称夏某某系过失致人死亡的意见不能成立。鉴于被告人夏某某能积极抢救被害人,犯罪后又能委托他人代为投案,有可视为自首的情节,依法可对其从轻处罚。夏某某及其辩护人请求二审对原审的量刑部分做出从轻改判的意见成立。原审判决定罪正确,审判程序合法,惟量刑不当,应予改判。依照《中华人民共和国刑事诉讼法》第189条第(2)项,《中华人民共和国刑法》第232条、第67条第1款、第56条第1款、第55条第1款,根据《最高人民法院关于处理自首和立功具体应用法律若干问题的解释》第1条之规定,判决如下:一、撤销(2000)杭刑初字第121号刑事附带民事判决对被告人的量刑部分,维持其余部分;二、被告人夏某某犯故意杀人罪,判处有期徒刑12年,剥夺政治权利3年。

【法理与法律适用分析】

本案中,一审刑事附带民事判决作出后,被告人针对附带民事诉讼部分提起上诉,上诉是否拘束刑事判决,不无疑问。根据我国刑事诉讼法的规定,当事人对一审就附带民事诉讼部分的裁定或判决不服,可以依法提起上诉,检察院可以抗诉。上诉、抗诉的期限,应当按照刑事诉讼部分的上诉、抗诉期限确定。如果附带民事诉讼部分是另行审判的,上诉期限应当按照民事诉讼法规定的期限执行。

刑事诉讼部分上诉、抗诉的案件,附带民事诉讼部分的判决不能生效,即刑事诉讼部分的上诉对附带民事诉讼部分有连带的上诉作用,因为刑事附带民事诉讼是以刑事诉讼为主的。附带民事诉讼部分上诉或者抗诉的,刑事诉讼部分如果已超过上诉、抗诉期限而没有上诉、抗诉的,判决应当生效,即附带民事诉讼部分的上诉、抗诉,对刑事部分没有约束力。但第二审人民法院在审理附带民事诉讼部分时,如果发现第一审判决的刑事诉讼部分确有错误,应当按照审判监督程序指令再审,并将附带民事诉讼部分发回重新审理。

因此,本案中,当事人对附带民事诉讼部分提起上诉,对刑事判决部分没有约束力,发生法律效力。

【法条链接】

《刑事诉讼法》

第二百二十五条 第二审人民法院对不服第一审判决的上诉、抗诉案件,经过审理后,应当按照下列情形分别处理:

(一)原判决认定事实和适用法律正确、量刑适当的,应当裁定驳回上诉或者抗诉,维持原判;

(二)原判决认定事实没有错误,但适用法律有错误,或者量刑不当的,应当改判;

(三)原判决事实不清楚或者证据不足的,可以在查清事实后改判;也可以裁定撤销原判,发回原审人民法院重新审判。

原审人民法院对于依照前款第三项规定发回重新审判的案件作出判决后,被告人提出上诉或者人民检察院提出抗诉的,第二审人民法院应当依法作出判决或者裁定,不得再发回原审人民法院重新审判。

《最高人民法院关于适用〈中华人民共和国刑事诉讼法〉的解释》

第三百一十三条 刑事附带民事诉讼案件,只有附带民事诉讼当事人及其法定代理人上诉的,第二审人民法院应当对全案进行审查。经审查,第一审判决的刑事部分并无不当的,第二审人民法院只需就附带民事部分作出处理;第一审判决的附带民事部分事实清楚,适用法律正确的,应当以刑事附带民事裁定维持原判,驳回上诉。

第三百二十五条 审理被告人或者其法定代理人、辩护人、近亲属提出上诉的案件,不得加重被告人的刑罚,并应当执行下列规定:

(一)同案审理的案件,只有部分被告人上诉的,既不得加重上诉人的刑罚,也不得加重其他同案被告人的刑罚;

(二)原判事实清楚,证据确实、充分,只是认定的罪名不当的,可以改变罪名,但不得加重刑罚;

(三)原判对被告人实行数罪并罚的,不得加重决定执行的刑罚,也不得加重数罪中某罪的刑罚;

(四)原判对被告人宣告缓刑的,不得撤销缓刑或者延长缓刑考验期;

(五)原判没有宣告禁止令的,不得增加宣告;原判宣告禁止令的,不得增加内容、延长期限;

(六)原判对被告人判处死刑缓期执行没有限制减刑的,不得限制减刑;

(七)原判事实清楚,证据确实、充分,但判处的刑罚畸轻、应当适用附加刑而没有适用的,不得直接加重刑罚、适用附加刑,也不得以事实不清、证据不足为由发回第一审人民法院重新审判。必须依法改判的,应当在第二审判决、裁定生效后,依照审判监督程序重新审判。

【典型案例目录索引】

1. 江某故意杀人案

参见宋英辉主编:《刑事诉讼法案例教程》,知识产权出版社2005年版。

2. 夏某某故意杀人案

刘家琛:《刑事诉讼法及司法解释案例评析》,人民法院出版社2005年版。

【参考阅读的文献资料】

1. 宋英辉:《刑事诉讼法学》,北京师范大学出版社2010年版。
2. 陈光中主编:《外国刑事诉讼程序研究》,法律出版社1988年版。
3. 张军、陈卫东:《新刑事诉讼法教程》,人民法院出版社2012年版。
4. 陈卫东:《刑事二审程序论》,中国方正出版社1997年版。
5. 王海军:"从程序正义原理看非法证据排除机制的完善",《法学杂志》2011年第2期。
6. 刘家琛:《刑事诉讼法及司法解释案例评析》,人民法院出版社2005年版。

第五节 对扣押、冻结在案财物的处理

根据我国《刑事诉讼法》第234条、《最高人民法院关于适用〈中华人民共和国刑事诉讼法〉的解释》及有关规定,公安机关、检察机关和审判机关对于扣押在案的财物,应当作以下处理:

一、妥善保管被查封、扣押、冻结的财物

1. 人民法院对查封、扣押、冻结的被告人财物及其孳息,应当妥善保管,并制作清单,附卷备查。任何单位和个人不得挪用或者自行处理。

查封不动产、车辆、船舶、航空器等财物,应当扣押其权利证书,经拍照或者录像后原地封存,或者交持有人、被告人的近亲属保管,登记并写明财物的名称、型号、权属、地址等详细情况,并通知有关财物的登记、管理部门办理查封登记手续。

扣押物品,应当登记并写明物品名称、型号、规格、数量、重量、质量、成色、纯度、颜色、新旧程度、缺损特征和来源等。

扣押货币、有价证券,应当登记并写明货币、有价证券的名称、数额、面额等,货币应当存入银行专门账户,并登记银行存款凭证的名称、内容。

扣押文物、金银、珠宝、名贵字画等贵重物品以及违禁品,应当拍照,需要鉴定的,应当及时鉴定。对扣押的物品应当根据有关规定及时估价。

冻结存款、汇款、债券、股票、基金份额等财产,应当登记并写明编号、种类、面值、张数、金额等。

2. 审判期间,权利人申请出卖被扣押、冻结的债券、股票、基金份额等财产,人民法院经审查,认为不损害国家利益、被害人利益,不影响诉讼正常进行的,以及扣押、冻结的汇票、本票、支票有效期即将届满的,可以在判决、裁定生效前依法出卖,所得价款由人民法院保管,并及时告知当事人或者其近亲属。

二、妥善处理作为证据使用的实物

1. 对作为证据使用的实物,包括作为物证的货币、有价证券等,应当随案移送。对人民检察院随案移送的被告人财物及其孳息,应当根据清单核查后妥善保管。任何单位和个人不得挪用或者自行处理。第一审判决、裁定宣告后,被告人上诉或者人民检察院抗诉的,第一审人民法院应当将上述证据移送第二审人民法院。

2. 对不宜移送的实物,应当根据情况,分别审查以下内容:

(1)大宗的、不便搬运的物品,查封、扣押机关是否随案移送查封、扣押清单,并附原物照片和封存手续,注明存放地点等;

(2)易腐烂、霉变和不易保管的物品,查封、扣押机关变卖处理后,是否随案移送原物照片、清单、变价处理的凭证(复印件)等;

(3)枪支弹药、剧毒物品、易燃易爆物品以及其他违禁品、危险物品,查封、扣押机关根据有关规定处理后,是否随案移送原物照片和清单等。

上述不宜移送的实物,应当依法鉴定、估价的,还应当审查是否附有鉴定、估价意见。

对查封、扣押的货币、有价证券等未移送的,应当审查是否附有原物照片、清单或者其他证明文件。

三、调查被查封、扣押、冻结的财物

法庭审理过程中,对查封、扣押、冻结的财物及其孳息,应当调查其权属情况,是否属于违法所得或者依法应当追缴的其他涉案财物。案外人对查封、扣押、冻结的财物及其孳

息提出权属异议的,人民法院应当审查并依法处理。

1. 经审查,不能确认查封、扣押、冻结的财物及其孳息属于违法所得或者依法应当追缴的其他涉案财物的,不得没收。

2. 经审查,确属违法所得或者依法应当追缴的其他涉案财物的,应当判决返还被害人,或者没收上缴国库,但法律另有规定的除外。

(1)对被害人的合法财产,权属明确的,应当依法及时返还,但须经拍照、鉴定、估价,并在案卷中注明返还的理由,将原物照片、清单和被害人的领取手续附卷备查;权属不明的,应当在人民法院判决、裁定生效后,按比例返还被害人,但已获退赔的部分应予扣除。

判决返还被害人的涉案财物,应当通知被害人认领;无人认领的,应当公告通知;公告满三个月无人认领的,应当上缴国库;上缴国库后有人认领,经查证属实的,应当申请退库予以返还;原物已经拍卖、变卖的,应当返还价款。

(2)对侵犯国有财产的案件,被害单位已经终止且没有权利义务继受人,或者损失已经被核销的,查封、扣押、冻结的财物及其孳息应当上缴国库。

四、处理被查封、扣押、冻结的财物及作为证据使用的实物

随案移送的或者人民法院查封、扣押的财物及其孳息,由第一审人民法院在判决生效后负责处理。

对查封、扣押、冻结的财物及其孳息,应当在判决书中写明名称、金额、数量、存放地点及其处理方式等。涉案财物较多,不宜在判决主文中详细列明的,可以附清单。

涉案财物未随案移送的,应当在判决书中写明,并写明由查封、扣押、冻结机关负责处理。人民法院应当在判决生效后十日内,将判决书、裁定书送达查封、扣押机关,并告知其在一个月内将执行回单送回。

对冻结的存款、汇款、债券、股票、基金份额等财产判决没收的,第一审人民法院应当在判决生效后,将判决书、裁定书送达相关金融机构和财政部门,通知相关金融机构依法上缴国库并在接到执行通知书后十五日内,将上缴国库的凭证、执行回单送回。

查封、扣押、冻结的财物与本案无关但已列入清单的,应当由查封、扣押、冻结机关依法处理。查封、扣押、冻结的财物属于被告人合法所有的,应当在赔偿被害人损失、执行财产刑后及时返还被告人;财物未随案移送的,应当通知查封、扣押、冻结机关将赔偿被害人损失、执行财产刑的部分移送人民法院。

【典型案例】

【案例16-5-01】

2002年9月,人民检察院对黄某、孙某、王某合伙盗窃案向人民法院提起公诉,与此同时有关机关依法将盗窃所得赃款、赃物进行扣押,并冻结3人的银行账户。一审人民法院经过审理,分别判处黄某、孙某、王某有期徒刑7年、4年和3年。被告人黄某提出上诉,第二审法院经过阅卷和听取相关当事人意见等方式,裁定驳回上诉,维持原判。判决生效后,由一审法院对扣押冻结财务进行处理,在返还被害人财产时发现部分财产缺失。经查,负责保管本案赃款、赃物的一审法院审判员郭某因赌博缺少赌本,将扣押在案的2万元人民币挪用。人民检察院经过自行侦查,以挪用公款罪对郭某提起公诉,人民法院依法判处郭某有期徒刑5年。

【法理与法律适用分析】

最高人民法院的司法解释对于扣押、冻结在案的财物的处理作出明确的规定,人民法院对于扣押、冻结在案的被告人的财物及其孳息,应当妥善保管,以供核查,任何单位和个人不得挪用或自行处理。据此,对扣押、冻结在案的财物,人民法院应当根据实际情况采取保管、返还、没收、上缴等不同的处理方式,如果参与办案的司法人员有贪污、挪用或者私自处理被扣押、冻结的在案财物及其孳息的,应当依法追究其相应的法律责任。

【典型案例】

【案例16-5-02】

被告人吴英于2003年至2005年在东阳市开办美容店、理发休闲屋期间,以合伙或投资等为名,向徐玉兰、俞亚素、唐雅琴、夏瑶琴、竺航飞、赵国夫等人高息集资,欠下巨额债务。为还债,吴英继续非法集资。2005年5月至2007年1月间,吴英以给付高额利息为诱饵,采取隐瞒先期资金来源真相、虚假宣传经营状况、虚构投资项目等手段,先后从林卫平、杨卫陵、杨卫江(均另案处理)等11人处非法集资人民币7.7亿余元,用于偿付集资款本息、购买房产、汽车及个人挥霍等,实际诈骗金额为3.8亿余元。

一审判决以集资诈骗罪判处被告人吴英死刑,剥夺政治权利终身,并处没收其个人全部财产。被告人吴英不服,提出上诉。浙江省高级人民法院经公开开庭审理后,裁定驳回被告人吴英的上诉,维持原判,并报请最高人民法院复核。

最高人民法院经复核后认为,第一审判决、第二审裁定认定被告人吴英犯集资诈骗罪的事实清楚,证据确实、充分,定性准确,审判程序合法,综合全案考虑,对吴英判处死刑,可不立即执行,裁定发回浙江省高级人民法院重新审判。

2012年5月21日下午,浙江省高级人民法院经重新审理后,对被告人吴英集资诈骗案作出终审判决,以集资诈骗罪判处被告人吴英死刑,缓期二年执行,剥夺政治权利终身,并处没收其个人全部财产。

吴英案发生后,公安机关即对吴英的资产进行了查封登记。吴英被扣押查封的资产主要有房子、汽车、珠宝、租用的店面房及仓库内的物资。截至2012年5月22日,资产处置组对可能升值的房产和公安机关追回扣押的珠宝均未作处置,至今仍查封在案。仅对易贬值损耗的部分汽车及物资作了依法处置,得款均存于吴英案专用账户。具体情况为:

(1)房子。吴英在东阳购置的房子有89套(处),案发前均已全部抵押给王某、宋某、陈某、卢某等债权人,该部分用房产抵押的借款,亦未作集资诈骗认定。吴英在湖北荆门市购置的房子26套(处),该批房子也因涉及未作犯罪认定的民事债权纠纷而被查封。吴英在诸暨的一处房产,因未付清房款而没有获得产权。

(2)珠宝。吴英向杭州一珠宝商购进1.2亿余元的珠宝用于送人、炫富或抵押借款,案发前仅支付货款2300万余元,案发后公安机关追回部分珠宝,目前仍扣押在案。

(3)汽车。公安机关扣押各类汽车共41辆,资产处置组为防止汽车久置贬值,依照法定程序,委托拍卖机构拍卖了30辆,得款人民币391.95万元,其他包括法拉利轿车在内的11辆车,因票证不全无法拍卖,仍扣押在案。

(4)租用的店面房及仓库内的物资。吴英租用的店面房及仓库涉及到20多名房东,需支付日均近1万元的租金,案发后,房东纷纷要求支付逾期房租,依合同收回房屋,供货商和装修工人也上访讨要货款及工资。为减少债权人的损失,资产处置组决定对继续产生租金的租房进行先期处理,或腾空屋内物品后归还房东,或进行经营权拍卖。对店内或仓库内的空调、废旧电视机、瓷砖等物资依法委托拍卖公司进行拍卖,以上共得款近200万元。

(5)本色概念酒店。该酒店的房子系吴英于2006年从他人处租得,进行了装潢,租期12年。吴英预付了两年房租,至2008年年底,拖欠房租及水电费等80余万元。经鉴定,本色概念酒店装潢工程造价1,090余万元,酒店内物品价值为270余万元。案发后,房东提出吴英违约,要求依合同无偿收回酒店。经资产处置组协调,房东同意对酒店的经营权进行拍卖,但依照法定程序,委托拍卖公司多次拍卖,均因报名人数不够而流拍。最终,处置小组根据相关拍卖法律法规,将酒店经营权以起拍价450万元协议转让给东阳百特概念酒店的沈某某,并由其一并抵付原拖欠的80余万元房租等欠费。

【法理与法律适用分析】

本案中,涉及到被查封、扣押、冻结的财物众多,在案件审理过程中,资产处置组对可能升值的房产和公安机关追回扣押的珠宝均作处置,截止到判决日仍查封在案;对易贬值损耗的部分汽车及物资作了依法处置;对房产权属进行调查,以进一步确定如何处理;对珠宝等部分财产进行拍卖,所拍卖款项用于返还被害人的借款。

【法条链接】

《刑事诉讼法》

第二百三十四条 公安机关、人民检察院和人民法院对查封、扣押、冻结的犯罪嫌疑人、被告人的财物及其孳息,应当妥善保管,以供核查,并制作清单,随案移送。任何单位和个人不得挪用或者自行处理。对被害人的合法财产,应当及时返还。对违禁品或者不宜长期保存的物品,应当依照国家有关规定处理。

对作为证据使用的实物应当随案移送,对不宜移送的,应当将其清单、照片或者其他证明文件随案移送。

人民法院作出的判决,应当对查封、扣押、冻结的财物及其孳息作出处理。人民法院作出的判决生效以后,有关机关应当根据判决对查封、扣押、冻结的财物及其孳息进行处理。对查封、扣押、冻结的赃款赃物及其孳息,除依法返还被害人的以外,一律上缴国库。

司法工作人员贪污、挪用或者私自处理查封、扣押、冻结的财物及其孳息的,依法追究刑事责任;不构成犯罪的,给予处分。

《最高人民法院关于适用〈中华人民共和国刑事诉讼法〉的解释》

第三百五十九条 人民法院对查封、扣押、冻结的被告人财物及其孳息,应当妥善保管,并制作清单,附卷备查;对人民检察院随案移送的被告人财物及其孳息,应当根据清单核查后妥善保管。任何单位和个人不得挪用或者自行处理。

查封不动产、车辆、船舶、航空器等财物,应当扣押其权利证书,经拍照或者录像后原地封存,或者交持有人、被告人的近亲属保管,登记并写明财物的名称、型号、权属、地址等详细情况,并通知有关财物的登记、管理部门办理查封登记手续。

扣押物品,应当登记并写明物品名称、型号、规格、数量、重量、质量、成色、纯度、颜色、新旧程度、缺损特征和来源等。扣押货币、有价证券,应当登记并写明货币、有价证券的名称、数额、面额等,货币应当存入银行专门账户,并登记银行存款凭证的名称、内容。扣押文物、金银、珠宝、名贵字画等贵重物品以及违禁品,应当拍照,需要鉴定的,应当及时鉴定。对扣押的物品应当根据有关规定及时估价。

冻结存款、汇款、债券、股票、基金份额等财产,应当登记并写明编号、种类、面值、张数、金额等。

【典型案例目录索引】
1. 郭某挪用公款案
参见宋英辉主编:《刑事诉讼法案例教程》,知识产权出版社2005年版。
2. 吴英集资诈骗案
载 http://news.rednet.cn/c/2012/05/22/2622052.htm.
【参考阅读的文献资料】
1. 陈卫东:《刑事诉讼法》,武汉大学出版社2010年版。
2. 宋英辉主编:《刑事诉讼法学》,北京师范大学出版社2010年版。

第六节 在法定刑以下判处刑罚的核准程序

我国《刑法》第63条规定:犯罪分子具有本法规定的减轻处罚情节的,应当在法定刑以下判处刑罚。犯罪分子虽然不具有减轻处罚的情节,但是根据案件的特殊情况,经最高人民法院核准也可以在法定刑以下判处刑罚。

《最高人民法院关于适用〈中华人民共和国刑事诉讼法〉的解释》规定,报请最高人民法院核准在法定刑以下判处刑罚的案件,应当按照下列情形分别处理:

1. 被告人未上诉、人民检察院未抗诉的,在上诉、抗诉期满后三日内报请上一级人民法院复核。上一级人民法院同意原判的,应当书面层报最高人民法院核准;不同意的,应当裁定发回重新审判,或者改变管辖按照第一审程序重新审理。原判是基层人民法院作出的,高级人民法院可以指定中级人民法院按照第一审程序重新审理;

2. 被告人上诉或者人民检察院抗诉的,应当依照第二审程序审理。第二审维持原判,或者改判后仍在法定刑以下判处刑罚的,应当依照前项规定层报最高人民法院核准。

报请最高人民法院核准在法定刑以下判处刑罚的案件,应当报送判决书、报请核准的报告各五份,以及全部案卷、证据。

对在法定刑以下判处刑罚的案件,最高人民法院予以核准的,应当作出核准裁定书;不予核准的,应当作出不核准裁定书,并撤销原判决、裁定,发回原审人民法院重新审判或者指定其他下级人民法院重新审判。发回第二审人民法院重新审判的案件,第二审人民法院可以直接改判;必须通过开庭查清事实、核实证据或者纠正原审程序违法的,应当开庭审理。

【典型案例】
【案例16-6-01】
2006年4月21日晚10时,许霆来到广州天河区黄埔大道某银行的ATM取款机取款。结果许霆发现,取出人民币1,000后,银行卡账户里只被扣1元;许霆随后先后取款多达171笔,合计人民币17.5万元。

2007年4月24日,许霆辞去其在广州的工作,携款潜逃。一年后,许霆在陕西宝鸡火车站被捕归案。2007年11月29日,广州中院一审以盗窃罪判处其无期徒刑。许霆随后提出上诉,2008年3月,广州中院认定许霆犯盗窃罪,判处有期徒刑5年。许霆再度上诉,2008年5月,广东省高院二审驳回上诉,维持原判。

【法理与法律适用分析】

许霆盗窃金融机构，数额特别巨大。没有法定减轻处罚的情节，反而在盗窃后携款逃匿，案发后又没有退赃。重审判决之所以对许霆在法定刑以下量刑，主要基于以下几点考虑：第一，许霆的盗窃犯意和取款行为是在自动柜员机出现异常的情况下发生的，与有预谋、有准备的盗窃犯罪相比，主观恶性相对较小。第二，许霆是利用自动柜员机出现异常，使用本人银行卡指令超出余额取款的方法窃取款项，与采取破坏性手段盗取钱财相比，犯罪情节相对较情。根据本案具体的犯罪事实、犯罪情节和对于社会的危害程度，如果依据法定量刑幅度就低判处其无期徒刑仍不符合罪责刑相适应原则。考虑到许霆案的特殊情况，依照我国《刑法》第63条第2款关于犯罪分子虽然不具有刑法规定的减轻处罚情节，但是根据案件的特殊情况，经最高人民法院核准，也可以在法定刑以下判处刑罚的规定，对其在法定刑以下量刑，判处有期徒刑五年。

【法条链接】

《刑法》

第六十三条 犯罪分子具有本法规定的减轻处罚情节的，应当在法定刑以下判处刑罚。

犯罪分子虽然不具有减轻处罚的情节，但是根据案件的特殊情况，经最高人民法院核准也可以在法定刑以下判处刑罚。

《最高人民法院关于适用〈中华人民共和国刑事诉讼法〉的解释》

第三百三十六条 报请最高人民法院核准在法定刑以下判处刑罚的案件，应当按照下列情形分别处理：

（一）被告人未上诉、人民检察院未抗诉的，在上诉、抗诉期满后三日内报请上一级人民法院复核。上一级人民法院同意原判的，应当书面层报最高人民法院核准；不同意的，应当裁定发回重新审判，或者改变管辖按照第一审程序重新审理。原判是基层人民法院作出的，高级人民法院可以指定中级人民法院按照第一审程序重新审理；

（二）被告人上诉或者人民检察院抗诉的，应当依照第二审程序审理。第二审维持原判，或者改判后仍在法定刑以下判处刑罚的，应当依照前项规定层报最高人民法院核准。

第三百三十八条 对在法定刑以下判处刑罚的案件，最高人民法院予以核准的，应当作出核准裁定书；不予核准的，应当作出不核准裁定书，并撤销原判决、裁定，发回原审人民法院重新审判或者指定其他下级人民法院重新审判。

第三百三十九条 依照本解释第三百三十六条、第三百三十八条规定发回第二审人民法院重新审判的案件，第二审人民法院可以直接改判；必须通过开庭查清事实、核实证据或者纠正原审程序违法的，应当开庭审理。

【典型案例目录索引】

许霆案

载 http://news.xinhuanet.com/newscenter/2008-03/31/content_7893923.htm.

【参考阅读的文献资料】

1. 甄贞主编：《刑事诉讼法学研究综述》，法律出版社2002年版。
2. 陈卫东：《刑事二审程序论》，中国方正出版社1997年版。
3. 陈卫东：《刑事诉讼法案例分析》，中国人民大学出版社2001年版。

第十七章 死刑复核程序

第一节 死刑复核程序概述

一、死刑复核程序的概念和特征

死刑复核程序,是指人民法院对判处死刑的案件依法报请有核准权的法院进行审查核准的一种特别程序。死刑复核程序,既包括对判处死刑立即执行案件的核准程序,也包括对判处死刑缓期二年执行案件的核准程序。

死刑复核程序是我国刑事司法程序中的一项特别审判程序,其具有以下重要特征:

1. 适用案件的特定性。与第一、第二审程序以及审判监督程序可适用多类刑事案件不同,死刑复核程序只能适用于作出死刑和死刑缓期执行判决、裁定的刑事案件。也即我国在刑事司法程序中专设了一项针对死刑或死刑缓期执行判决或裁定案件的效力核定的程序。

2. 诉讼阶段的特殊性。我国刑事诉讼的第一、第二审程序是在起诉之后、终审判决之前进行审理,审判监督程序则是在判决或裁定发生效力之后进行审理,而死刑复核程序则是在死刑或死刑缓期执行的一审或二审判决或裁定作出之后、生效并交付执行之前进行。

3. 死刑核准权的专属性。《刑事诉讼法》第 235 条明确规定:"死刑由最高人民法院核准。"《刑事诉讼法》第 237 条又规定:"中级人民法院判处死刑缓期二年执行的案件,由高级人民法院核准"。由此可见,判处死刑和死刑缓期执行案件的核准权由法律特别规定分别赋予最高人民法院和地方高级人民法院行使。

4. 程序启动的主动性。与第一、第二审程序的被动启动方式不同,死刑复核程序的启动不需要以起诉、上诉或抗诉为条件,除最高人民法院外,不论是一审判决后在法定上诉或抗诉期限内没有上诉或抗诉,还是二审作出死刑裁决,作出死刑判决或裁定的法院都必须主动将案件逐级报请有核准权的最高人民法院核准,否则死刑裁判就不能产生法律效力。同理,除地方高级人民法院判作出的死刑缓期二年执行的判决或裁定外,在死刑缓期二年执行的一审判决作出后,在法定的上诉或抗诉期限内若没有上诉或抗诉,中级人民法院应当主动报请高级人民法院核准。

5. 审查期限的不确定性。与刑事普通审判程序不同,作为特别审判程序的死刑复核程序并没有在法律上规定法定审理期限,因此,该项程序的审理期限具有不确定性。

二、死刑复核程序的性质和适用范围

(一)死刑复核程序的性质

就该项程序的属性而言,死刑复核程序是一种具有审判监督性质的特别审判程序。

首先,死刑复核程序是一种特别审判程序。刑事诉讼法在第三编"审判"中以第四章专章规定了死刑复核程序,这是从立法层面明确了死刑复核程序是一种具有审判功能属性的程序。同时,作为一种并非所有刑事案件都需适用的特殊程序,死刑复核程序又在适用对象、诉讼阶段、审理主体、审理期限等方面体现了与其他审判程序所不同的特质。

其次,死刑复核程序是一种带有审判监督性质的特别审判程序。死刑复核程序的审判监督性质,体现在它是对死刑案件认定事实、适用法律是否正确进行全面的审查,不受一审和二审判决裁定的限制。值得注意的是,死刑复核程序的监督是一种预防性的事前监督,即在死刑裁判生效前进行全面的审查,以确保死刑案件的审判质量,充分体现慎用死刑的政策。该项程序与审判监督程序也不同,审判监督程序是对已经发生法律效力但确有错误的刑事裁判进行的审理,因此,其所体现的是一种事后的审判监督。

(二)死刑复核程序的适用范围

我国《刑事诉讼法》第235条规定:"死刑由最高人民法院核准。"同时,《刑法》第48条第2款明确规定:"死刑除依法由最高人民法院判决的以外,都应当报请最高人民法院核准。死刑缓期执行的,可以由高级人民法院判决或核准。"因此,死刑复核程序的适用范围并非所有判处死刑的刑事案件,而是没有死刑核准权的人民法院判处死刑或死刑缓期执行二年的刑事案件才需要报请有核准权的人民法院核准。最高人民法院判处死刑立即执行或者死刑缓期执行的案件,无需经过死刑复核程序;高级人民法院判处死刑缓期二年执行的案件,也不需要经过死刑复核程序。

三、死刑复核程序的任务及意义

作为我国刑事诉讼程序中的一项特别审判程序,死刑复核程序具有其自身的诉讼任务,即对报请复核的死刑裁判在认定事实和适用法律上进行全面审查,并依法核准正确的死刑裁判,纠正、变更错误或者不当的死刑裁判,以确保正确适用死刑,贯彻慎重适用死刑的刑事司法政策。

死刑复核程序是决定刑事被告人生与死的特别审判程序,在我国仍然保留死刑的刑事司法环境中,该项程序的设立具有非常重要的意义:

第一,死刑复核程序的设立有利于在刑事诉讼过程中贯彻少杀、慎杀的方针,防止错杀无辜。在所有刑罚中,死刑是最为严厉的刑罚,一旦付诸实施,其行刑结果即具有不可逆性。如果错误或不当的死刑裁判得以执行,不仅被告人的生命无法挽回,司法的公信力也会大大降低,因此对死刑的适用应当坚持审慎的原则。死刑复核程序是从程序上对判处死刑的案件加设一道最后防线,使错误或不当的死刑裁判可以在生效并执行前获得纠正的机会,以防止错杀。

第二,死刑复核程序可以有效保障死刑案件和死刑缓期二年执行案件的承办水平,从而有效提高死刑案件的办案质量。死刑复核权由最高人民法院统一行使,可以避免各地对死刑适用标准产生不同的理解,最大限度保障死刑适用标准在全国范围内的规范适用;死刑案件的逐级报请复核,也有利于上级法院及时了解下级法院死刑案件的承办质量,并对下级法院的死刑案件的审判业务进行指导。

第二节 判处死刑立即执行案件的复核程序

一、死刑的核准权

死刑核准权是死刑复核程序最核心的内容,它是指有关人民法院对报请复核的死刑判决和裁定进行审查并决定是否核准的一种权限。

新中国成立以来,死刑核准权经历了以下几次变化:

1. 建国初期,死刑核准权由最高人民法院和高级人民法院分工行使。

建国之初,虽然当时我国的刑事法律体系尚未构建完备,但1954年的《人民法院组织法》规定,死刑案件需核准才能执行,死刑核准权由最高人民法院和地方高级人民法院共同分工行使。在当时的司法审判实践中,地方高级人民法院承担了更多死刑案件的核准任务。

2. 1957年7月后,死刑立即执行案件的核准权归由最高人民法院行使。

1957年7月15日,第一届全国人民代表大会第四次会议通过的《关于死刑案件由最高人民法院判决或者核准的决议》规定:"今后一切死刑案件,都由最高人民法院判决或者核准。"这一规定将死刑核准权收归至最高人民法院。

1966年"文化大革命"开始以后,受极左思潮的冲击,我国的法律制度受到了严重的破坏,死刑核准权制度也不例外。死刑案件的核准权被下放至省、自治区、直辖市革命委员会。

1979年7月1日,《中华人民共和国刑事诉讼法》正式通过,该法第144条明确规定,死刑立即执行的案件由最高人民法院核准。

3. 1980年2月后,死刑立即执行案件的核准权原则上仍由最高人民法院行使,但不断出现核准权下放的规定。

由于当时社会治安形势的复杂和犯罪数量的不断攀升,1980年2月12日,第五届全国人大常委会第十三次会议批准,在1980年内对现行的杀人、强奸、抢劫、放火等犯有严重罪行应当判处死刑的案件,最高人民法院可以授权省、自治区、直辖市的高级人民法院核准。

1981年6月,第五届全国人大常委会第十九次会议通过了《关于死刑案件核准问题的决定》,规定在1981年至1983年之间,除对反革命犯、贪污犯等判处死刑立即执行的必须依照刑事诉讼法的规定由最高人民法院核准外,其他死刑立即执行案件可以由高级人民法院核准。

1983年9月2日,修改后的《人民法院组织法》第13条规定:"死刑案件除由最高人民法院判处的以外,应当报请最高人民法院核准。杀人、强奸、抢劫、爆炸以及其他严重危害公共安全和社会治安判处死刑案件的核准,最高人民法院在必要的时候,得授权省、自治区、直辖市的高级人民法院行使"。依据该项规定,1983年9月7日,最高人民法院发布了《关于授权高级人民法院核准部分死刑案件的通知》,规定各地对反革命案件和贪污等严重经济犯罪案件判处死刑的,仍应由高级人民法院复核同意后,报最高人民法院核准;对杀人、抢劫、强奸、爆炸以及其他严重危害公共安全和社会治安判处死刑案件的核准权,授权由各省、自治区、直辖市高级人民法院和军事法院行使。

1991年至1997年之间,最高人民法院为贯彻执行《关于禁毒的决定》,以通知的形式分别授权云南、广东、广西、甘肃、四川和贵州的高级人民法院行使部分毒品犯罪案件的死刑核准权。

1997年9月26日,最高人民法院再次以"通知"的形式规定:"除本院判处死刑案件外,各地以《刑法》分则第一章规定的危害国家安全罪,第三章规定的破坏社会主义市场经济秩序罪,第八章规定的贪污贿赂罪判处死刑的案件,高级人民法院、解放军军事法院第二审或复核同意后,仍应报本院核准。对《刑法》分则第二章、第四章、第五章、第六章(毒品犯罪除外)、第七章、第十章规定的犯罪,判处死刑的案件(本院判决的和涉外的除外)核准权,本院依据《中华人民共和国人民法院组织法》第13条规定,仍授权由各省、自治区、直辖市的高级人民法院和解放军军事法院行使,但涉港澳台死刑案件在一审宣判前仍须报本院内核。对于毒品犯罪死刑案件,除已获得授权的高级人民法院可以行使部分案件核准权外,其他高级人民法院和解放军军事法院在二审或复核后,仍应报本院核准。"

4. 2007年1月1日之后,死刑立即执行案件的核准权统一由最高人民法院行使,死缓案件的核准权由高级人民法院行使。

自1980年2月12日被批准下放以后,死刑立即执行案件的核准权在二十余年时间里再未完整收回过,这虽然在当时严峻的社会治安形势下实现了从重从快打击各类严重危害社会治安及社会公共安全的犯罪的惩治效果,及时维护了社会秩序,但是由于下放权限过大,下放时间过长,并且高级人民法院对部分案件集合了二审审判权和死刑核准权,使案件不再真正经历核准程序,死刑核准权部分下放导致死刑适用问题上越来越多的弊端。另外,国际上所出现的废除死刑的呼声虽然没有被世界上所有国家所采纳,但由于我国政府在1998年10月5日已经加入了联合国《公民权利和政治权利国际公约》,该公约提出了慎用死刑的要求,这就促使我国必须在慎用死刑问题上表现出更加积极的姿态。

2006年10月31日,十届全国人大常委会第二十四次会议通过了《关于修改〈人民法院组织法〉的决定》,将《人民法院组织法》的第13条修改为:"死刑除依法由最高人民法院判决的以外,应当报请最高人民法院核准。"该决定自2007年1月1日起正式施行。

2006年12月13日,最高人民法院公布了《关于统一行使死刑案件核准权有关问题的决定》,明确废止了此前最高人民法院授权各高级人民法院和解放军军事法院行使部分死刑案件核准权的各类规定,并明确规定了死刑案件除依法由最高人民法院判决的以外,各高级人民法院和解放军军事法院依法判处和裁定的,应当报请最高人民法院核准。该《决定》也自2007年1月1日起正式施行。至此,死刑立即执行案件的核准权明确收归最高人民法院统一行使,死刑缓期二年执行案件的核准权由各地方高级人民法院行使。

二、报请复核的程序

我国《刑事诉讼法》第236条规定:"中级人民法院判处死刑的第一审案件,被告人不上诉的,应当由高级人民法院复核后,报请最高人民法院核准。高级人民法院不同意判处死刑的,可以提审或者发回重新审判。高级人民法院判处死刑的第一审案件被告人不上诉的,和判处死刑的第二审案件,都应当报请最高人民法院核准。"依据《刑事诉讼法》及

《刑诉解释》的相关规定,死刑立即执行案件的报请复核有以下几种情形:

1. 中级人民法院判处死刑的第一审案件,被告人未上诉、人民检察院未抗诉的,在上诉、抗诉期满后十日内报请高级人民法院复核。高级人民法院同意判处死刑的,应当在作出裁定后十日内报请最高人民法院核准;不同意的,应当依照第二审程序提审或者发回重新审判。

2. 中级人民法院判处死刑的第一审案件,被告人上诉或者人民检察院抗诉,高级人民法院裁定维持原判的,应当在作出裁定后十日内报请最高人民法院核准;高级人民法院按第二审程序提审后改判死刑缓期2年执行的,无需再经复核程序。

3. 高级人民法院判处死刑的第一审案件,被告人未上诉、人民检察院未抗诉的,应当在上诉、抗诉期满后十日内报请最高人民法院核准。

三、报请复核的原则要求和具体案件要求

(一)报请复核的原则要求

基于慎用死刑的原则和贯彻落实2007年1月1日起死刑核准权由最高人民法院统一行使的决策,2007年3月9日,最高人民法院、最高人民检察院、公安部和司法部联合印发了《关于进一步严格依法办案确保办理死刑案件质量的意见》,其中明文规定了办理死刑案件应遵循的原则要求:

1. 坚持惩罚犯罪与保障人权相结合。
2. 坚持保留死刑,严格控制和慎重适用死刑。
3. 坚持程序公正与实体公正并重,保障犯罪嫌疑人、被告人的合法权利。
4. 坚持证据裁判原则,重证据、不轻信口供。
5. 坚持宽严相济的刑事政策。

(二)报请复核的具体案件要求

1. 报请复核的死刑案件,应当一案一报。一案一报是指没有死刑核准权的法院每审结一起死刑案件,就应该将案件单独报请复核,而不能将多件死刑案件一并报请复核。一案一报是为了确保死刑复核程序运行的及时性、严肃性。最高人民法院《刑诉解释》第346条第1款规定:"报请复核的死刑、死刑缓期执行案件,应当一案一报"。

2. 同案审理的案件应当报送全案案卷和证据。最高人民法院《刑诉解释》第346条第2款规定:"同案审理的案件应当报送全案案卷、证据。"这是说,共同犯罪的案件,哪怕只有部分被告人被判死刑,也应当将全部案卷和证据报送有死刑核准权的法院。同案审理的案件报送全案案卷和证据,有利于确保有核准权的法院在死刑复核过程中了解全部案情、正确查明案件事实。

应当注意的是,最高人民法院对全案进行审查,不影响对未判处死刑的其他被告人的生效裁判的执行。同时,在复核过程中发现同案审理的未判处死刑的被告人的判决确有错误的,最高人民法院不能在死刑复核程序中直接纠正,而应当按照审判监督程序的有关规定加以纠正。

3. 报请复核的材料应当齐备。依据最高人民法院《刑诉解释》的相关规定,死刑案件复核时报送的材料应当包括:报请复核的报告,第一、二审裁判文书,死刑案件综合报告各五份以及全部案卷、证据。其中,死刑案件综合报告,第一、二审裁判文书和审理报告应当

附送电子文本。此外,司法解释第 346 条第 3 款还规定,曾经发回重新审判的案件,原第一、二审案卷应当一并报送。

以上材料中,报请复核的报告和死刑案件综合报告分别应当包括以下具体内容:

首先,报请复核的报告,应当写明案由、简要案情、审理过程和判决结果。

其次,死刑案件综合报告应当包括:

(1)被告人、被害人的基本情况。被告人有前科或者曾受过行政处罚的,应当写明。

(2)案件的由来和审理经过。案件曾经发回重新审判的,应当写明发回重新审判的原因、时间、案号等。

(3)案件侦破情况。通过技术侦查措施抓获被告人、侦破案件,以及与自首、立功认定有关的情况,应当写明。

(4)第一审审理情况。包括控辩双方意见,第一审认定的犯罪事实,合议庭和审判委员会意见。

(5)第二审审理或者高级人民法院复核情况。包括上诉理由、检察机关意见,第二审审理或者高级人民法院复核认定的事实,证据采信情况及理由,控辩双方意见及采纳情况。

(6)需要说明的问题。包括共同犯罪案件中另案处理的同案犯的定罪量刑情况,案件有无重大社会影响,以及当事人的反应等情况。

(7)处理意见。写明合议庭和审判委员会的意见。

四、案件的复核程序

(一)复核的审判组织

《刑事诉讼法》第 238 条规定:"最高人民法院复核死刑案件,高级人民法院复核死刑缓期执行的案件,应当由审判员三人组成合议庭进行。"也即死刑复核的审判组织不含人民陪审员。此外,合议庭成员适用刑事诉讼法关于回避的相关规定。

(二)复核的内容

死刑复核程序中,有核准权的法院应当对案件的事实认定和法律适用加以全面审查。依据最高人民法院《刑诉解释》第 348 条的规定:复核死刑、死刑缓期执行案件,应全面审查以下内容:

1. 被告人的年龄,被告人有无刑事责任能力、是否系怀孕的妇女。
2. 原判认定的事实是否清楚,证据是否确实、充分。
3. 犯罪情节、后果及危害程度。
4. 原判适用法律是否正确,是否必须判处死刑,是否必须立即执行。
5. 有无法定、酌定从重、从轻或者减轻处罚情节。
6. 诉讼程序是否合法。
7. 应当审查的其他情况。

(三)复核的方式

我国刑事诉讼法并未对死刑复核的审判方式加以明确,依据审判实践,死刑复核的审判方式可以概括为书面阅卷与调查讯问相结合的调查讯问式。具体而言,审判人员一般通过以下方式展开死刑复核:

1. 审查复核全部案卷和证据材料。"阅卷"是死刑复核的一种重要方式,审判人员通过全面审阅案卷和证据材料,能够发现原判认定事实是否清楚,适用法律是否正确,审判程序是否合法,法律手续是否完备等,有利于就死刑案件作出正确的复核裁定。审阅案卷和证据资料时,具体应审的内容参见前文所述《刑诉解释》第348条之7项内容。

2. 讯问被告人。《刑事诉讼法》第240条第1款规定,最高人民法院复核死刑案件,应当讯问被告人。由此可见,讯问被告人是死刑复核程序的必经程序和重要环节。讯问被告人,不仅有助于开展复核工作的人民法院全面了解案情,查明事实真相,而且有利于保障被告人的辩护权,使被告人能够当面陈述自己的辩护意见,有力维护其合法的诉讼权益。

3. 听取辩护律师的意见。《刑事诉讼法》第240条第1款规定:"最高人民法院复核死刑案件,应当讯问被告人,辩护律师提出要求的,应当听取辩护律师的意见。"据此,只要辩护律师提出要求,死刑复核机关就应当听取辩护律师的意见。同时,依据最高人民法院《刑诉解释》第356条的规定,死刑复核期间,辩护律师要求当面反映意见的,最高人民法院有关合议庭应当在办公场所听取其意见,并制作笔录;辩护律师提出书面意见的,应当附卷。

4. 审查最高人民检察院的意见。《刑事诉讼法》第240条第2款规定,在复核死刑案件过程中,最高人民检察院可以向最高人民法院提出意见。最高人民法院《刑诉解释》第357条也规定:"死刑复核期间,最高人民检察院提出意见的,最高人民法院应当审查,并将采纳情况及理由反馈最高人民检察院。"

根据最高人民检察院《刑事诉讼规则》第604条的规定,最高人民检察院发现在死刑复核期间的案件具有下列情形之一,经审查认为确有必要的,应当向最高人民法院提出意见:(1)认为死刑二审裁判确有错误,依法不应当核准死刑的;(2)发现新情况、新证据,可能影响被告人定罪量刑的;(3)严重违反法律规定的诉讼程序,可能影响公正审判的;(4)司法工作人员在办理案件时,有贪污受贿,徇私舞弊,枉法裁判等行为的;(5)其他需要提出意见的。

(四)制作复核审理报告

最高人民法院对报请核准死刑案件进行全面审查后,合议庭应当进行评议并写出复核审理报告。审核报告应当包括以下内容:

1. 案件的由来和审理结果。
2. 被告人和被害人简况。
3. 案件的侦破情况。
4. 原审判决要点和控辩双方意见。
5. 对事实和证据复核后的分析与认定。
6. 合议庭评议意见、审判委员会讨论决定的意见。
7. 需要说明的问题。

(五)向最高人民检察院通报复核结果

根据《刑事诉讼法》第240条第2款规定,最高人民法院应当将死刑复核结果向最高人民检察院通报。这一规定旨在强化人民检察院对死刑复核程序的法律监督。

五、案件复核后的处理

《刑事诉讼法》第239条规定:"最高人民法院复核死刑案件,应当作出核准或者不核准死刑的裁定。对于不核准死刑的,最高人民法院可以发回重新审判或者予以改判。"

依据最高人民法院《刑诉解释》第350条、第351条和第352条的规定,最高人民法院应当在复核死刑案件后,根据下列情形分别作出不同处理:

1. 原判认定事实和适用法律正确、量刑适当、诉讼程序合法的,应当作出核准裁定。

2. 原判认定的某一具体事实或者引用的法律条款等存在瑕疵,但判处被告人死刑并无不当的,可以在纠正后作出核准的判决、裁定。

3. 原判事实不清、证据不足的,应当裁定不予核准,并撤销原判,发回重新审判。

4. 复核期间出现新的影响定罪量刑的事实、证据的,应当裁定不予核准,并撤销原判,发回重新审判。

5. 原判认定事实正确,但依法不应当判处死刑的,应当裁定不予核准,并撤销原判,发回重新审判。

6. 原审违反法定诉讼程序,可能影响公正审判的,应当裁定不予核准,并撤销原判,发回重新审判。

7. 对一人有两罪以上被判处死刑的数罪并罚案件,最高人民法院复核后,认为其中部分犯罪的死刑判决、裁定事实不清、证据不足的,应当对全案裁定不予核准,并撤销原判,发回重新审判;认为其中部分犯罪的死刑判决、裁定认定事实正确,但依法不应当判处死刑的,可以改判,并对其他应当判处死刑的犯罪作出核准死刑的判决。

8. 对有两名以上被告人被判处死刑的案件,最高人民法院复核后,认为其中部分被告人的死刑判决、裁定事实不清、证据不足的,应当对全案裁定不予核准,并撤销原判,发回重新审判;认为其中部分被告人的死刑判决、裁定认定事实正确,但依法不应当判处死刑的,可以改判,并对其他应当判处死刑的被告人作出核准死刑的判决。

六、复核后的其他相关问题

1. 最高人民法院裁定不予核准死刑的,根据案件情况,可以发回第一审人民法院或者第二审人民法院对案件进行重新审判。

2. 最高人民法院裁定不予核准死刑,发回第一审人民法院重新审判的,第一审人民法院应当对案件进行开庭审理。

3. 最高人民法院裁定不予核准死刑,发回第二审人民法院重新审判的,第二审法院可以直接改判。必须通过开庭来查清事实、核实证据或者纠正原审程序违法的,应当开庭审理。第二审法院重新审判后仍然判处死刑的,应当按照死刑复核程序再次报请最高人民法院核准。

4. 高级人民法院依照复核程序审理后报请最高人民法院核准死刑,最高人民法院裁定不予核准,发回高级人民法院重新审判的,高级人民法院可以依照第二审程序提审或者发回原审人民法院重新审判。

5. 最高人民法院裁定不予核准死刑,发回重新审判的案件,原审人民法院应当另行组成合议庭审理。但以下两类案件可以不另行组成合议庭审理:

(1) 复核期间出现新的影响定罪量刑的事实、证据,最高人民法院裁定不予核准死刑,发回重新审判的案件。

(2) 原判认定事实正确,但依法不应当判处死刑,最高人民法院裁定不予核准,发回重新审判的案件。

【典型案例】

【案例 17-2-01】

被告人吴英，出生于浙江省东阳市，18岁辍学经商，从开办女子美容院起家，先后经营千足堂、服饰店等，完成了初期资金积累。2006年4月，被告人吴英成立东阳市本色商贸有限公司并不断扩大投资规模。2006年8月至10月，被告人吴英先后注册浙江本色集团及下属的概念酒店、投资公司、担保公司、建材城、汽车租赁、婚庆公司等8个公司，并以本色集团的名义购买大量的商铺、房产、汽车、建材、珠宝、酒店用品、床上用品等。据调查，自2005年3月开始，被告人吴英就以合伙或投资等为名向徐玉兰等人高息集资，随后又通过高额利息方式，以投资、借款、资金周转等名义，先后从林卫平等11人处集资7亿余元，用于偿还集资款本金、支付高额利息、购买房产、汽车及一些个人挥霍等。

2007年2月，吴英因涉嫌非法吸收公众存款被东阳市公安机关刑事拘留，本色集团也被查封。同年3月16日，吴英被批准逮捕。2009年12月18日，浙江省金华市中级人民法院一审认定，被告人吴英于2005年5月至2007年2月间，隐瞒事实真相，虚构资金用途，以高额利息或高额投资回报为诱饵，骗取集资款人民币773,39.5万元，实际集资诈骗人民币38,426.5万元。一审以集资诈骗罪判处被告人吴英死刑，剥夺政治权利终身，并处没收个人全部财产。

一审判决后，吴英不服一审判决，向浙江省高级人民法院提起上诉。浙江省高级人民法院二审审理后认为，吴英犯集资诈骗罪事实清楚，证据确实充分，集资诈骗数额特别巨大，并给国家和人民利益造成了特别重大损失，犯罪情节特别严重，应依法予以严惩。2012年1月18日，浙江省高级人民法院就被告人吴英集资诈骗案进行二审宣判，裁定驳回上诉，维持原审的死刑判决。

二审判决后，浙江省高级人民法院依法向最高人民法院提请死刑复核。2012年2月14日，最高人民法院新闻发言人通报称，最高人民法院已经受理了吴英死刑复核案，并将依照相关的死刑复核程序，认真核实犯罪事实和证据，严格以事实为依据，以法律为准绳，依法审慎处理好本案。2012年4月20日，最高人民法院在依法组成合议庭，审查全部案卷资料，并讯问被告人吴英后，最终裁定不核准死刑，将案件发回浙江省高级人民法院重审。

2012年5月21日，浙江省高级人民法院重审后以集资诈骗罪判处被告人吴英死刑，缓期二年执行，剥夺政治权利终身，并处没收全部个人财产。

【法理与法律适用分析】

最高人民法院《刑诉解释》第344条第1款第2项规定，中级人民法院判处死刑的第一审案件，被告人上诉或者人民检察院抗诉，高级人民法院裁定维持的，应当在作出裁定后十日内报请最高人民法院核准。在本案例中，一审法院判处被告人吴英死刑，被告人不服提起上诉后，二审法院裁定维持原判，则应当按照死刑复核程序将案件报请最高人民法院复核，在最高人民法院作出核准裁定前，该判决不产生法律效力。

最高人民法院复核死刑案件，应当审阅全部案卷资料，讯问被告人，全面审查案件事实认定与法律适用是否正确，并作出核准或不核准死刑的裁定。在本案例中，最高人民法院从慎用死刑的原则出发，依照法定程序对案件进行了认真复核，并依法作出不予核准死刑的裁定。最高人民法院的这一裁定既符合刑事诉讼法关于死刑复核的相关规定，也坚决贯彻了"严格控制和慎重适用死刑"的基本刑事司法准则，体现了我国对死刑适用政策的严控趋势。最高人民法院基于吴英案所反映出的我国民间信贷领域法制建设滞后问题所造成的发案背景,提出了对该案慎用死刑的基本裁决态度,这是我国最高审判机关对经济犯罪适用死刑政策具有重大里程碑意义的裁决。

最高人民法院《刑诉解释》第 353 条规定:"最高人民法院裁定不予核准死刑的,根据案件情况,可以发回第二审人民法院或者第一审人民法院重新审判。"本案例中,最高人民法院裁定不予核准死刑后,将案件发回浙江省高级人民法院重新审理,这一做法不仅符合法律规定,也符合死刑复核程序的立法精神。

【法条链接】

《刑事诉讼法》

第二百三十五条　死刑由最高人民法院核准。

第二百三十六条

……

高级人民法院判处死刑的第一审案件被告人不上诉的,和判处死刑的第二审案件,都应当报请最高人民法院核准。

第二百三十九条　最高人民法院复核死刑案件,应当作出核准或者不核准死刑的裁定。对于不核准死刑的,最高人民法院可以发回重新审判或者予以改判。

第二百四十条第一款　最高人民法院复核死刑案件,应当讯问被告人,辩护律师提出要求的,应当听取辩护律师的意见。

《最高人民法院关于适用〈中华人民共和国刑事诉讼法〉的解释》

第三百四十四条　报请最高人民法院核准死刑案件,应当按照下列情形分别处理:

……

(二)中级人民法院判处死刑的第一审案件,被告人上诉或者人民检察院抗诉,高级人民法院裁定维持的,应当在作出裁定后十日内报请最高人民法院核准;

……

第三百五十条　最高人民法院复核死刑案件,应当按照下列情形分别处理:

……

(五)原判认定事实正确,但依法不应当判处死刑的,应当裁定不予核准,并撤销原判,发回重新审判;

……

第三百五十三条　最高人民法院裁定不予核准死刑的,根据案件情况,可以发回第二审人民法院或者第一审人民法院重新审判。

【典型案例目录索引】

吴英非法集资案

苟渝绚:"关于经济犯罪废除死刑的思考——从吴英案说起",载于《经营管理者》,2012 年第 4 期。

【参考阅读的文献资料】

1. 叶青主编:《刑事诉讼法学》(第三版),北京大学出版社 2013 年版。

2. 赵秉志主编:《中国废止死刑之路探索:以现阶段非暴力犯罪废止为视角(中英文对照本)》,中国人民公安大学出版社 2004 年版。

3. 张远煌著:《中国非暴力犯罪死刑限制与废止研究》,法律出版社2006年版。
4. 刘树德著:《死刑片论:死刑复核权收归之际的思考》,人民法院出版社2007年版。

第三节 判处死刑缓期二年执行案件的复核程序

一、"死缓"的核准权

死刑缓期二年执行的核准权,是指有关人民法院对报请复核的死刑缓期执行判决和裁定进行审查并决定是否核准的权限。死刑缓期执行的裁定或判决只有经过复核程序并经有权核准的人民法院核准后,方能产生法律上的效力。我国刑事诉讼法第237条规定:"中级人民法院判处死刑缓期二年执行的案件,由高级人民法院核准。"据此,死刑缓期二年执行案件的核准权由地方高级人民法院行使。

在我国的刑罚种类中,死刑缓期二年执行并不是一个独立的刑种,而是对死刑的一种执行方式。虽然死刑缓期二年执行是一种不立即执行的死刑裁决,但对其的适用,我国刑事诉讼法仍然要求以严格审慎适用为原则。

建国以来,我国在立法上对死刑缓期执行案件的核准权规定也有过几次变化:

1. 建国初期,依据1954年颁布的《人民法院组织法》规定,缓期执行的死刑案件一般由地方高级人民法院核准。仅在刑事被告人对高级人民法院作出的死刑缓期执行终审裁定不服,并向上一级人民法院提出复核申请时,才由最高人民法院复核。

2. 1957年7月15日,第一届全国人大第四次会议通过的《关于死刑案件由最高人民法院判决或者核准的决议》规定:"今后一切死刑案件,都由最高人民法院判决或核准。"1958年5月,最高人民法院就死刑缓期执行的案件的核准权作出规定,凡是由高级人民法院判处或审核的死刑缓期执行案件,不再报最高人民法院核准。这是死刑立即执行和死刑缓期执行的核准权第一次分开由最高人民法院和高级人民法院行使。

3. 1979年7月1日,《中华人民共和国刑事诉讼法》正式通过,该法第146条明确规定:"中级人民法院判处死刑缓期二年执行的案件,由高级人民法院核准。"

1996年3月17日,第八届全国人民代表大会第四次会议正式通过《关于修改〈中华人民共和国刑事诉讼法〉的决定》,修改后的《刑事诉讼法》仍然沿用原《刑事诉讼法》关于死刑缓期执行案件核准权的规定。

2012年3月14日,第十一届全国人民代表大会第五次会议通过了《关于修改〈中华人民共和国刑事诉讼法〉的决定》,再次修改后的《刑事诉讼法》仍然规定,中级人民法院判处死刑缓期二年执行的案件,由高级人民法院核准。

二、报请复核的程序

最高人民法院《刑诉解释》第345条规定:"中级人民法院判处死刑缓期执行的第一审案件,被告人未上诉、人民检察院未抗诉的,应当报请高级人民法院核准。高级人民法院复核死刑缓期执行案件,应当讯问被告人。"一般而言,死刑缓期执行案件报请复核可能出现的情形主要有:

1. 中级人民法院判处死刑缓期执行的案件,若被告人不上诉、人民检察院也未抗诉的，上诉、抗诉期满后，中级人民法院应当报请高级人民法院核准。高级人民法院经审查复核后核准的，判决即发生法律效力。若高级人民法院审查后裁定不予核准的，则可视案件具体情况，或撤销原判、发回重审，或直接改判。

2. 中级人民法院判处死刑缓期执行的案件，若被告人提出上诉或人民检察院提出抗诉的，高级人民法院应当按照第二审程序审理。其中，人民检察院提起抗诉的案件，高级人民法院按照第二审程序审理后可依法改判死刑立即执行；被告人提起上诉的案件，高级人民法院按照第二审程序审理时则应当遵循"上诉不加刑"原则。高级人民法院按照第二审程序审理后维持原审死刑缓期执行判决的，二审宣判后即产生法律效力。

3. 因高级人民法院本身享有死刑缓期执行判决的核准权，因此，高级人民法院第一审判处被告人死刑缓期二年执行的案件，若被告人不上诉或者不抗诉的，上诉、抗诉期满后，判决即行生效，无需再经复核程序。

三、案件复核后的处理

高级人民法院复核死刑缓期执行的案件，应当由审判员三人组成合议庭进行。案件在复核后，应当依据最高人民法院《刑诉解释》第349条的规定，由相关高级人民法院按照下列情形分别作出处理：

1. 原判认定事实和适用法律正确、量刑适当、诉讼程序合法的，应当裁定核准。

2. 原判认定的某一具体事实或者引用的法律条款等存在瑕疵，但判处被告人死刑缓期执行并无不当的，可以在纠正后作出核准的判决、裁定。

3. 原判认定事实正确，但适用法律有错误，或者量刑过重的，应当改判。

4. 原判事实不清、证据不足的，可以裁定不予核准，并撤销原判，发回重新审判，或者依法改判。

5. 复核期间出现新的影响定罪量刑的事实、证据的，可以裁定不予核准，并撤销原判，发回重新审判，或者依据有关规定审理后依法改判。

6. 原审违反法定诉讼程序，可能影响公正审判的，应当裁定不予核准，并撤销原判，发回重新审判。

此外，依据司法解释的相关规定，高级人民法院复核死刑缓期执行案件，不得加重被告人的刑罚。高级人民法院审查后认为原判刑罚过轻，应适用死刑立即执行的，只能撤销原判，发回重审。这是因为，如果高级人民法院直接改判后加重被告人刑罚，就相当于剥夺了被告人的上诉权，不符合刑事诉讼法的立法目的。

【典型案例】

【案例17－3－01】

被告人李昌奎与被害人王家飞（女）曾有感情纠葛，2009年5月14日，李昌奎之兄李昌国与王家飞之母陈礼金因琐事发生打架，李昌奎得知此事后便于5月16日13时许从外地赶到家，途经被害人的二叔王廷金家门口时遇见19岁的被害人王家飞及其3岁弟弟王家红，李昌奎随即与王家飞发生口角，进而互相厮打，在厮打过程中，李昌奎将王家飞掐晕后抱到王廷金家厨房门口实施强奸，后又将被害人王家飞抱到王廷金家堂屋，王家飞醒来后跑向堂屋，李昌奎便提起一把条锄打击王家飞头部致王家飞当场倒地，随后又将王家飞拖入王廷金家堂屋左面第一间房内。之后，李昌奎又将王家飞3岁的弟弟王家红的手脚倒提后将其头颅猛撞门框,并将王家红置于王家飞右侧,并找来一根绳子将已经昏迷的王家红和王家飞的脖子勒紧后逃离现场。经法医鉴定,王家飞、王家红均系颅脑损伤伴机械性窒息死亡。案发次日,警方在路边的沙洞里发现了李昌奎遗留的裤子,通过对比其裤子上的血渍以及王家飞身体上的残留物质,进行DNA鉴定,认定李昌奎就是强奸杀人的凶手。2009年5月20日,出逃4天后的李昌奎向四川省普格县派出所投案自首。

2010年7月15日,云南省昭通市中级人民法院就该案开庭审理后认为,被告人李昌奎报复杀害王家飞、王家红,其间强奸王家飞的行为,已分别构成了故意杀人罪、强奸罪,对被告人李昌奎应实行数罪并罚。被告人李昌奎所犯故意杀人罪,犯罪手段特别残忍,情节特别恶劣,后果特别严重,其罪行特别严重,社会危害极大,应依法严惩,虽李昌奎有自首情节,但依法不足以对其从轻处罚。一审判决被告人李昌奎犯故意杀人罪,判处死刑,剥夺政治权利终身;犯强奸罪,判处有期徒刑5年,数罪并罚,决定执行死刑,并处剥夺政治权利终身。同时,一审判决由被告人李昌奎赔偿附带民事诉讼原告人经济损失共计人民币30,000元。

一审判决后,被告人提起上诉。2011年3月4日,云南省高级人民法院按照第二审程序审理后认为,原判认定事实清楚,定罪准确,审批程序合法,但对被告人李昌奎量刑失重。二审法院认为:被告人李昌奎在犯罪后到公安机关投案,并如实供述其犯罪事实,应属自首;在归案后认罪、悔罪态度好,并赔偿了被害人家属部分经济损失。故此,云南省高级人民法院二审判处李昌奎死刑缓期二年执行。该案二审判决后即行生效。

2011年8月22日,云南省高院在昭通市中级人民法院就李昌奎杀人、强奸一案进行再审,并当庭宣判:撤销原二审死缓判决,改判李昌奎死刑,剥夺政治权利终身,并依法报请最高人民法院核准。最高人民法院复核后认为,云南省高级人民法院再审判决认定的事实清楚,证据确凿、充分,定罪准确,量刑适当,审判程序合法,故依法裁定核准。2011年9月29日,昭通市中级人民法院在宣告了上述裁定后,对李昌奎执行了死刑。

【法理与法律适用分析】

本案例是我国死刑适用司法实践中引起社会普遍关注和广泛讨论的一个典型案例。

我国《刑事诉讼法》第237条规定:"中级人民法院判处死刑缓期二年执行的案件,由高级人民法院核准。"因此,死刑缓期执行的核准权由高级人民法院行使。本案例中,一审法院判决被告人李昌奎死刑后,被告人依法提起上诉,云南省高级人民法院按照二审程序审理后作出死刑缓期二年执行的终审判决,该判决宣判后立即生效,依法无需再经复核程序。此后,云南省高院再审改判李昌奎死刑,由于死刑核准权由最高人民法院统一行使,因此该判决需依法报请最高人民院复核,在最高人民法院裁定核准前判决不发生法律效力。最高人民法院在复核过程中全面审查了该案认定的事实是否清楚,适用法律是否适当以及审判程序是否合法,最后依法裁定予以核准。最高人民法院裁定核准李昌奎死刑后,再审的死刑判决才发生法律效力,被告人李昌奎方被原审人民法院依法执行死刑。

李昌奎杀人、强奸案的一审死刑判决并没有引起社会公众的关注,但李昌奎上诉后云南省高级人民法院二审作出的改判死刑缓期二年执行的判决,却引起全社会的广泛热议,讨论的焦点在于李昌奎该不该"杀"。其中也不乏专家学者呼吁以此案来推动我国死刑制度的改革,"刀下留人"。但应当提出的是,在我国当前以及今后相当时间内全面废止死刑尚不太可能实现的情况下,虽然应当贯彻"严格控制,慎重适用死刑"的刑事司法政策,但

"少杀、慎杀"不代表"不杀",对于犯罪性质和后果极其严重,犯罪手段特别残忍,犯罪情节特别严重的犯罪人,依法合理处以死刑才符合立法精神和社会的法治观。本案云南省高级人民法院二审改判李昌奎死刑缓期二年执行,由于高级人民法院具有死刑缓期二年执行判决的核准权,因此,该案的二审就应当非常慎重。但是,作为同时拥有二审判决权和死刑缓期二年执行判决核准权的二审法院似乎对我国当前的死刑适用政策存在一定的误读,其所作出的改判死刑缓期二年执行的判决与我国当前的刑事司法大环境是不够吻合的,以至于造成社会对二审改判死刑缓期二年执行的判决的强烈不满。云南省高级人民法院之后及时启动再审程序纠正了之前的二审错误判决,判决李昌奎死刑。

【法条链接】

《刑事诉讼法》

第二百三十五条　死刑由最高人民法院核准。

第二百三十七条　中级人民法院判处死刑缓期二年执行的案件,由高级人民法院核准。

第二百三十九条　最高人民法院复核死刑案件,应当作出核准或者不核准死刑的裁定。对于不核准死刑的,最高人民法院可以发回重新审判或者予以改判。

《最高人民法院关于适用〈中华人民共和国刑事诉讼法〉的解释》

第三百四十八条　复核死刑、死刑缓期执行案件,应当全面审查以下内容:

(一)被告人的年龄,被告人有无刑事责任能力、是否系怀孕的妇女;

(二)原判认定的事实是否清楚,证据是否确实、充分;

(三)犯罪情节、后果及危害程度;

(四)原判适用法律是否正确,是否必须判处死刑,是否必须立即执行;

(五)有无法定、酌定从重、从轻或者减轻处罚情节;

(六)诉讼程序是否合法;

(七)应当审查的其他情况。

第三百五十条　最高人民法院复核死刑案件,应当按照下列情形分别处理:

(一)原判认定事实和适用法律正确、量刑适当、诉讼程序合法的,应当裁定核准;

……

【典型案例目录索引】

李昌奎案

赵秉志、彭新林:"我国死刑适用若干重大现实问题研讨——以李昌奎案及其争议为主要视角",载《当代法学》2012年第3期。

【参考阅读的文献资料】

1. 陈光中主编:《刑事诉讼法学》,北京大学出版社2012年版。
2. 赵秉志主编:《死刑个案实证研究》,中国法制出版社2009年版。
3. 陈兴良著:《死刑备忘录》,武汉大学出版社2006年版。
4. 任志中著:《死刑适用问题研究》,知识产权出版社2012年版。

第十八章 审判监督程序

第一节 审判监督程序概述

一、审判监督程序的概念

审判监督程序，又称再审程序，是指人民法院、人民检察院对确有错误的已发生法律效力的判决、裁定，依法对该案进行重新审判的程序。审判监督程序不是每一个案件必经的程序，只有判决和裁定已经发生法律效力又确有错误的案件，才能适用这一程序。因此，审判监督程序是刑事诉讼中的一种特殊程序。

从性质上说，审判监督程序是一种补救程序。它是对已经生效的错误裁判的一种补救措施。已经发生效力的裁判具有普遍的约束力，一旦确立，便不得擅自更改。这是刑事诉讼中的一个基本原则。但是已经生效的裁判未必就是完全正确的。事实上，由于多种因素的影响，有时已经生效的裁判可能是错误的。裁判的既判力和现实变化性之间的矛盾，是刑事诉讼法所面临的一个两难选择。我国刑事诉讼法的审判监督程序就是为了解决这两者之间的矛盾而设立的。

二、审判监督程序的特征

1. 主体的特定性。根据刑事诉讼法规定，有权提起审判监督程序的主体是最高人民法院、上级人民法院、最高人民检察院、上级人民检察院，以及各级人民法院院长及其审判委员会。当事人及其法定代理人、近亲属不能成为审判监督程序的提起主体。

2. 法院的广泛性。根据刑诉法规定，有权按照审判监督程序审理案件的法院，可以是最高人民法院、上级人民法院以及原人民法院，可以不受原审级的限制。

3. 程序的重复性。按照审判监督程序重新审判的案件，如果原来是第一审案件，应当依照第一审程序进行审判。如果原来是第二审案件，或者是上级人民法院提审的案件，应当依照第二审程序进行。

4. 时效的两重性。人民法院依照审判监督程序审理后所作的裁判，受时效的两重性的限制。如果是改判无罪为有罪和加刑，而犯罪已过追诉时效期限的，则受追诉时效的限制，不再追究其刑事责任。如果是为被告人平反宣告无罪的，则又不受追诉时效的限制。

三、审判监督程序与审判中其他监督程序的区别

在刑事诉讼中，审判监督程序与第二审程序、死刑复核程序的目的和任务都是为了维持正确的裁判，纠正错误的裁判，保证国家审判权正确行使，实现司法公正。但审判监督

程序与第二审程序、死刑复核程序还是具有一定的区别。

1. 审判监督程序与第二审程序的主要区别有：

(1)审理的对象不同。审判监督程序的审理对象是判决、裁定已经发生法律效力，包括正在执行和已经执行完毕的案件；第二审程序的审理对象是第一审判决、裁定尚未发生效力的案件。

(2)提起的主体不同。有权提起审判监督程序的主体，包括最高人民法院、上级人民法院、本院的院长和审判委员会以及最高人民检察院、上级人民检察院；而有权提起第二审程序的主体，则是依法享有上诉权的当事人及其法定代理人，经被告人同意的辩护人和近亲属，以及依法享有抗诉权的检察机关。

(3)提起的理由不同。提起审判监督程序的理由，须认为生效裁判在认定事实、适用法律上有错误；而第二审程序对上诉理由未作任何限制，只要上诉人不服第一审裁判而依法提起上诉，上一级人民法院就须按第二审程序进行审理，检察机关按照第二审程序提出抗诉则须具备原裁判确有错误的理由。

(4)提起的期限不同。法律对提起审判监督程序的期限没有限制，只是在发现漏罪或者改判为有罪时，应在刑法规定的追诉时效内提起；而第二审程序的上诉、抗诉，则须在法定期限内提起，否则上诉、抗诉无效。

(5)审理案件的法院不同。按照审判监督程序审理案件的法院，既可以是原审人民法院，也可以是任何上级人民法院；但依第二审程序审理案件的法院，则只能是第一审人民法院的上一级人民法院。

2. 审判监督程序与死刑复核程序的主要区别在于：

(1)适用的案件范围不同。死刑复核程序只适用于判决、裁定尚未生效的死刑案件；审判监督程序适用于判决、裁定已经生效且认为确有错误的案件，其中包括已生效死刑裁判在内的一切刑事案件。

(2)提起的主体和理由不同。死刑复核程序由判处死刑的第一审或第二审人民法院主动将案件报请最高人民法院(死缓案件报请高级人民法院)而引起，不管被告人是否提出请求，死刑裁判必须经过复核程序后才发生法律效力；审判监督程序则只能是由有权提起的机关提起，并以认为生效裁判确有错误为前提。

(3)有权审理的法院不同。有权依照死刑复核程序对案件进行核准的只能是最高人民法院(高级人民法院核准死刑缓期二年执行的案件)；而各级人民法院都有权对下级和本级作出的生效错误裁判依照审判监督程序重新审判。

四、审判监督程序的意义

1. 审判监督程序是贯彻执行刑事审判工作"实事求是、有错必纠、不枉不纵"方针的重要法律保障。人民法院代表国家行使审判权，作出的判决裁定一经生效必须坚决执行，不能轻易改变，国家以强制力保证它的权威性和严肃性。然而，刑事案件的情况错综复杂，受主客观因素的影响，难以做到每个案件在认定事实或适用法律上都不发生错误，在已经发生法律效力的案件中，仍可能有极少数案件的判决裁定确有错误。对此，必须予以纠正，不能知错不改。审判监督程序就是"实事求是、有错必纠、不枉不纵"的司法工作方针的制度化、法律化的表现及保障，使刑事诉讼活动忠实于事实真相，忠实于法律。

2. 审判监督程序是上级人民法院对下级人民法院和人民检察院对人民法院审判工作依法实行监督的重要方式和有效措施。我国人民法院上下级之间的关系不是领导关系，而是监督关系，人民法院依法独立审判，上级人民法院对下级人民法院的审判工作不能直接下达命令，指示下级人民法院就某一案件应如何处理。法律规定审判监督程序，使最高人民法院和其他上级人民法院有权按照审判监督程序提审或者指令下级人民法院再审，纠正错误判决裁定，这样有利于原审人民法院或重新审理的其他人民法院从中总结经验教训，改进审判作风和方法，提高办案质量。最高人民检察院和其他上级人民检察院发现人民法院已生效判决、裁定确有错误，按照审判监督程序提出抗诉，行使审判监督权，可保证法律的统一正确实施。

3. 审判监督程序是人民群众对审判工作发挥监督作用的重要渠道。根据刑事诉讼法的规定，对已生效的判决和裁定，当事人及其法定代理人、近亲属可以提出申诉。有关国家机关、单位和公民等提出的纠正错误裁判的意见和要求，还可以成为提起审判监督程序的材料来源。这有利于发挥人民群众对审判工作的监督作用，帮助督促人民法院及时发现问题，纠正判决、裁定中的错误，平反冤假错案，提高办案质量。

【典型案例】

【案例 18-1-01】

刘涌，沈阳嘉阳企业集团有限责任公司董事长，2000 年 7 月 11 日被刑事拘留；2000 年 8 月 10 日被逮捕，2002 年 4 月 17 日被辽宁省铁岭市中级人民法院以故意伤害罪、组织领导黑社会性质组织罪、故意毁坏财物罪、非法经营罪、行贿罪、非法持有枪支罪、妨害公务罪数罪并罚决定执行死刑，剥夺政治权利终身，并处罚金人民币 1,500 万元，判处赔偿附带民事诉讼原告人扈艳人民币 1 万元、刘宝贵人民币 5,420 元，对刘涌聚敛的财物及其收益以及用于犯罪的工具依法追缴没收。2003 年 8 月 11 日辽宁省高级人民法院撤销原一审判决中对刘涌故意伤害罪的量刑部分及对刑事附带民事诉讼原告人扈艳的民事赔偿部分，数罪并罚改判刘涌死刑，缓期二年执行，剥夺政治权利终身，并处罚金人民币 1,500 万元，判处赔偿刘宝贵人民币 5,420 元，赔偿扈艳人民币 1 万元，对扈艳的赔偿与其他同案被告人共同承担连带责任。对刘涌组织领导黑社会性质组织犯罪聚敛的财物及其收益以及用于犯罪的工具依法追缴、没收。该判决发生法律效力后，2003 年 10 月 8 日最高人民法院作出再审决定，以原二审判决对刘涌的判决不当为由，依照审判监督程序提审该案。最高人民检察院出庭支持公诉。最高人民法院经审理后认为，原一审判决认定的案件事实清楚，证据确实充分，定罪准确，量刑适当。原二审判决定罪准确，但认定"不能从根本上排除公安机关在侦查过程中存在刑讯逼供情况"，与再审庭审质证查明的事实不符；原二审判决"鉴于其犯罪的事实、性质、情节和对于社会的危害程度以及本案的具体情况"，对刘涌所犯故意伤害罪的量刑予以改判的理由不能成立，应予纠正。2003 年 12 月 20 日最高人民法院依法作出改判，撤销辽宁省高级人民法院刑事附带民事判决中对再审被告人刘涌故意伤害罪的量刑及决定执行的刑罚；改判刘涌犯故意伤害罪判处死刑，剥夺政治权利终身，维持原二审对刘涌以组织领导黑社会性质组织罪、故意毁坏财物罪、非法经营罪、行贿罪、妨害公务罪、非法持有枪支罪的判决；决定执行死刑，剥夺政治权利终身，并处罚金人民币 1,500 万元；再审被告人刘涌组织领导黑社会性质组织犯罪聚敛的全部财物及其收益依法追缴，供其犯罪使用的工具，予以没收。

【法理与法律适用分析】

刘涌组织领导黑社会性质组织案可以说是2003年我国刑事司法审判中最具爆炸性的典型案件。黑社会性质组织的首要分子刘涌直接或者指使、授意他人持刀、持枪实施故意伤害罪,致使1人死亡,5人重伤并造成4人严重残疾,8人轻伤,手段特别残忍,情节特别恶劣,罪行极其严重,社会危害极大,其同时还犯有故意毁坏财物罪、非法经营罪、行贿罪、妨害公务罪、非法持有枪支罪。2002年4月被辽宁省铁岭市中级人民法院以故意伤害罪、组织领导黑社会性质组织罪等数罪并罚依法判处其死刑,剥夺政治权利终身。2003年8月该案又被辽宁省高级人民法院以该案在侦查过程中不能从根本上排除存在刑讯逼供的情况为由将死刑判决改成死缓判决并根据刑事二审终审制立即发生了法律效力。同年10月最高人民法院针对辽宁高院的改判立即根据刑事审判监督程序予以提审,并于同年12月又改判刘涌死刑。《刑事诉讼法》对刑事审判监督程序作出了具体规定,通常是指司法机关对确有错误的已发生法律效力的判决、裁定,依法对该案进行重新审判的程序。审判监督程序不是每一个案件必经的程序,只有判决和裁定已经发生法律效力又确有错误的案件,才能适用这一程序。事实上,由于多种因素的影响,生效判决或裁定有时可能是错误的。对于裁判的既判力和案件事实的客观性、现实变化性之间的矛盾,必须通过一个法律程序予以解决,还原事实真相,再依法作出正确的判决或裁定,这个法律程序就是刑事审判监督程序。

司法实践往往是检验法律效果的"试金石",刘涌组织领导黑社会性质组织案,先是中级法院依法作出死刑判决,刘涌上诉后辽宁高院又以在侦查阶段可能存在刑讯逼供为由改判死缓。案件生效后,最高人民法院认为辽宁省高院二审中存在错误,通过审判监督程序直接提审,最终在排除本案在侦查阶段可能存在的刑讯逼供问题后,又依法改判再审被告人刘涌死刑,此案最终得以正确处理。纵观案件的审判经过,一审正确判决,二审错误改判,再审再依法正确纠错,尤其是审判监督程序自然、流畅,实现了依法纠错的目的,最终还原了案件的客观事实,正确适用了法律、作出了正确的判决,实现了案件审判的政治效果、社会效果和法律效果的高度统一,回归了审判的公开、公平和公正。

【法条链接】

《刑事诉讼法》

第二百四十三条 各级人民法院院长对本院已经发生法律效力的判决和裁定,如果发现在认定事实上或者在适用法律上确有错误,必须提交审判委员会处理。

最高人民法院对各级人民法院已经发生效力的判决和裁定,上级人民法院对下级人民法院已经发生法律效力的判决和裁定,如果发现确有错误,有权提审或者指令下级人民法院再审。

最高人民检察院对各级人民法院已经发生法律效力的判决和裁定,上级人民检察院对下级人民法院已经发生法律效力的判决和裁定,如果发现确有错误,有权按照审判监督程序向同级人民法院提出抗诉。

人民检察院抗诉的案件,接受抗诉的人民法院应当组成合议庭重新审理,对于原判决事实不清楚或者证据不足的,可以指令下级法院再审。

【典型案例目录索引】
刘涌组织、领导黑社会性质组织案
——中华人民共和国最高人民法院刑事判决书(2003)刑提字第 5 号
载《刑事审判参考》2004 年第 1 集·总第 36 集。
【参考阅读的文献资料】
1. 江必新主编:《全国法院再审典型案例评注》,中国法制出版社 2011 年版。
2. 叶青主编:《刑事诉讼法学》(第三版),上海人民出版社、北京大学出版社 2013 年版。
3. 叶青:"从质效、机制角度加强刑事审判监督",载《检察日报》2012 年 4 月 4 日。
4. 陈光中、郑未媚:"论我国刑事审判监督程序之改革",载《中国法学》2009 年第 2 期。

第二节 申诉材料与审查处理

一、申诉材料来源

审判监督程序中的申诉,是指申诉权人对人民法院的生效裁判不服,以书状或者口头向人民法院或者人民检察院提出该裁判在认定事实或者适用法律上的错误并要求重新审判的行为。

提起审判监督程序的材料来源,是指对已发生法律效力的判决裁定发现有错误而提出有关证据及其资料等的渠道、来源。根据刑事诉讼法的规定和司法实践,这些材料来源主要有:

(一)当事人及其法定代理人、近亲属的申诉

《刑事诉讼法》第 241 条规定:"当事人及其法定代理人、近亲属,对已经发生法律效力的判决、裁定,可以向人民法院或者人民检察院提出申诉,但是不能停止判决、裁定的执行。"这一规定表明,当事人等对人民法院的生效判决、裁定认为有错误,可以向司法机关提出申诉,这既是法律赋予他们的权利,也是提起审判监督程序的主要材料来源,还是使确有错误的裁判得以纠正的重要途径。因为,当事人及其法定代理人、近亲属不仅是这些判决、裁定的直接、间接利害关系人,而且又是最了解案件情况、最有条件提出申诉的人。因此,人民法院和人民检察院对他们的申诉应当积极受理并认真对待,做到件件有着落。

(二)各级人民代表大会代表提出的纠正错案议案

人大代表与人民群众有着密切联系,在视察工作和调查访问中,能够了解到群众对人民法院判决、裁定正确与否的意见;在人民代表召开会议期间,可以有针对性地提出议案,因此也是提起审判监督程序的重要材料来源。各级人民法院对人大代表提出的议案,应当进行认真审查,并将处理结果报告权力机关。

(三)人民群众的来信来访

人民群众来信来访虽然不同于法律规定的当事人等提出的申诉,但是,它不是泛指人民群众对诉讼和非诉讼问题的一般反映,也不同于群众向党政机关反映情况和提出要求,而是他们对已生效的裁判认为有错误而提出的材料和意见。这些意见和材料,同样是提起审判监督程序的重要材料来源,是人民群众监督司法工作的重要方式。所以,人民法院

和人民检察院对人民群众的来信来访也应当重视,并进行认真审查及处理。

（四）公安司法机关通过办案或者复查案件对错案的发现

公安司法机关在办案过程中,经常发生"办一案破一片"或者"办此案发现彼案"的情况,它既是发现犯罪案件、抓获犯罪人的重要途径,同时也是纠正错案的重要渠道。特别是公安司法机关为了保证办案质量,在定期或不定期主动自查、互查或依上级批示进行总结检查、复查过程中发现错案,因此,公安司法机关通过办案、复查案件发现的错案,也是提起审判监督程序的重要材料来源。

（五）机关、团体、企业事业单位和新闻媒体等对生效裁判反映的意见

党政领导部门、各级党的纪检组织、国家监察机关和国家经济管理机关等,在社会调查和履行职责中,发现生效裁判可能有错误,向有关司法机关所作的建议、复查案件的文件及材料等,都是提起审判监督程序的材料来源。律师协会、律师事务所等在履行职务中发现有错误的生效裁判,并以法律意见书等形式向司法机关提出意见,当然也是提起再审的重要材料来源。对以上各种材料、意见等,司法机关都应予充分重视,及时查处。

二、申诉的法律效力和申诉理由

对申诉的效力,世界大多数国家的法律规定,申诉或请求申请虽经提出,但不能立即停止对原裁判的执行。如日本刑事诉讼法规定,请求再审不具有停止执行刑罚的效力(法院作出开始再审裁定的除外)。德国法律规定,判决的执行不得因申请再审而停止,但法院命令延期或暂停执行的除外。我国《刑事诉讼法》第241条明确规定,当事人等提出申诉,不能停止对原裁判的执行。之所以如此规定,一方面是因为要保持生效裁判的稳定性、严肃性,不能轻易改判;另一方面是因为这些案件情况复杂,而且时过境迁(如刑罚正在执行或已执行完毕),审查原判是否正确不能仅凭申诉就确定原判确有错误,因此,在未作出改判前不能停止对生效裁判的执行。

申诉与上诉在行为性质、诉讼程序、法律效力及后果等方面均有严格区别。上诉是上诉人在刑事诉讼过程中针对一审法院尚未发生法律效力的判决裁定,在法定的上诉期间内提起诉讼的活动。其效力不论提出上诉的理由是否正确,必然引起第二审程序并使一审裁判不能生效和执行。因此,上诉是阻止一审判决生效和启动二审程序的活动。申诉则不同,它是当事人等在案件的诉讼程序已经结束、人民法院的裁判已经生效并正在执行或已经执行完毕时提出请求的活动,该请求并不意味着其一经提出,审判监督程序即告开始和原生效裁判不再执行。因此,当事人等的申诉只是开启审判监督程序的材料来源,不具有直接提起再审的法律效力,自然就不能停止对生效裁判的执行。

申诉的理由,根据《刑事诉讼法》第242条的规定,有以下几种：

1. 有新的证据证明原判决、裁定认定的事实确有错误,可能影响定罪量刑的。这种情况是指有新的证据证明原裁判认定的事实不存在或严重失实,对原审被告人的定罪量刑有影响。最高人民法院在《关于规范人民法院再审立案的若干意见(试行)》第7条规定,对终审刑事裁判的申诉,具备下列情形之一的,人民法院应当决定再审：(1)有审判时未收集到的或者未被采信的证据,可能推翻原定罪量刑的；……将"新证据"界定为"审判时未收集到的或者未被采信的证据"。该项中的"可能影响定罪量刑"是2012年刑诉法修改时新增加的内容。之所以作此增加规定,是因为1996年刑诉法规定的"有新的证据证明

原判决、裁定认定的事实确有错误"在实践中导致了一些问题,主要是对"事实"的理解出现了偏差。实践中,对于新发现的事实是主要事实还是枝节事实,对定罪量刑有无影响没有任何限制。所以,当事人只要有新的证据证明原判决、裁定认定的任何事实与实际情况不符,哪怕它对定罪量刑毫无影响,也可据此要求人民法院重新审判。这样就可能导致再审程序被轻易启动,不仅浪费国家的司法资源,而且使生效裁判应有的稳定性、权威性及既判力受到损害。

2. 据以定罪量刑的证据不确实、不充分,依法应当予以排除,或者证明案件事实的主要证据之间存在矛盾的。即申诉理由能够说明原审理以对原审被告人定罪并判处刑罚的证据体系未达到"证据确实、充分"的证明标准,有的重要证据不真实,存在虚假;或者证据单一,缺乏相互印证;或者主要证据系采取非法方法收集,应当予以排除;或者证明案件事实的主要证据不充分,结论不唯一,不足以排除其他可能的。"依法应当予以排除"也是此次修法增加的。之所以作此增加,是因为此次修法已在我国刑事诉讼法中明确确立了"非法证据排除规则"。《刑事诉讼法》第54条规定:"采取刑讯逼供等非法方法收集的犯罪嫌疑人、被告人供述和采取暴力、胁迫等非法方法收集的证人证言、被害人陈述,应当予以排除。收集物证、书证不符合法定程序,可能严重影响司法公正的,应当予以补正或者作出合理解释;不能补正或者作出合理解释的,对该证据应当予以排除。""在侦查、审查起诉、审判时发现有应当排除的证据的,应当依法予以排除,不得作为起诉意见、起诉决定和判决的依据。"《刑事诉讼法》第55、56、57、58条又分别对检察机关对发现侦查人员非法收集证据的调查核实、人民法院审理案件时对可能系非法收集的证据的法庭调查、人民检察院对证据系合法收集的证明责任、经审理后对确认或不排除非法收集证据的处理作了全面的规定。"非法证据排除规则"在立法上予以确立,是我国刑事证据制度乃至刑事诉讼制度的一个重大进步,对于促进诉讼文明、加强人权保障、实现司法公正都将产生重大影响。正因为如此,以纠正错误裁判、促进司法公正为追求的再审程序中,也引入该规则的精神,将其作为再审理由之一。

3. 原判决、裁定适用法律确有错误的。即在对事实作出认定后适用法律规定进行定性及具体处理时存在错误,如罪与非罪不清、将此罪定为彼罪以及在对罪轻、罪重的法律适用出现错误而导致轻罪重判、重罪轻判等。这种情况下虽然事实认定没有什么问题,但由于适用法律的错误,使得处理结果也会发生错误。当然,这里所指的是适用法律"确有错误",如果法律适用本身并无错误,只是申诉人出现了理解上的错误,则不能作为理由启动再审。

4. 违反法律规定的诉讼程序,可能影响公正审判的。即程序不合法而可能对案件的公正审理造成影响的。该项理由也是2012年修法中增加的,目的在于转变实践中存在的重实体、轻程序的倾向,维护当事人诉讼权利。该内容的基本含义大致包括以下三个方面:(1)程序法定,即国家在追究犯罪行为人的刑事责任时,必须按法律预先规定的程序来进行,否则,将视违反程度之大小承担相应的不利后果,甚至使其诉讼行为归于无效。(2)程序正当。即法律规定的程序本身具有正当性和合理性,能够防止国家权力对公民和法人的合法权益形成不适当的侵害。(3)程序有效。即诉讼程序的运行有利于及时产生公正的诉讼结果,而不至于不能实现正义,或只能实现迟来的正义。当前,正当程序已成为人权保障最重要的法律依据和宪政的核心理念。当原生效裁判的过程违反了法律规定的诉讼程序,如合议庭组成不合法、违反了回避规定、违反了公开审判原则、限制被告人的辩护权行使、重要证据未经质证等,可能影响到案件的公正审理的,应当成为重新审判的理由。

5. 审判人员在审理案件的时候,有贪污受贿,徇私舞弊,枉法裁判行为的。只要有证据证明在诉讼过程中负责处理该案的审判人员有前述各种行为之一的,就可以成为提出申诉、申请案件再审的理由。

上述申诉的理由,只要具备其中之一的,人民法院就应当依照审判监督程序对案件进行重新审判。

三、审查处理

处理刑事申诉,首先要解决申诉管辖问题,即人民法院和人民检察院受理刑事申诉的分工;上下级人民法院、人民检察院受理刑事申诉的分工。

为了使上诉人真正行使申诉权利,避免出现申诉人向人民法院和人民检察院重复申诉以及避免两院互相推诿的现象,最高人民法院、最高人民检察院各自对受理申诉作了明确规定。根据2002年《最高人民法院关于规范人民法院再审立案的若干意见(试行)》、2002年《最高人民法院关于刑事再审案件开庭审理程序的具体规定》的有关规定,对不服人民法院已经发生法律效力的判决裁定,申诉人可向人民法院提出申诉;人民法院对刑事案件申诉人在刑罚执行完毕后两年内提出的申诉,应当受理,超过两年的,除可能原审被告人宣告无罪以及原审被告人在规定的期限内向人民法院提出申诉而人民法院未受理的以外,人民法院不予受理。

最高人民法院、最高人民检察院对各自受理申诉的管辖问题,一般采取分级负责、就地解决原则,由原审人民法院负责处理,对于重大、复杂或者多次申诉而未得到正确处理的,必要时可由上一级人民法院审查处理,下级人民法院也可请求移送上一级人民法院审查处理;各级人民检察院对于不服同级人民法院对申诉审查处理结果而仍向检察院提出的申诉,应当进行审查,需按审判监督程序提出抗诉的,应由上级人民检察院进行。

人民法院、人民检察院按申诉管辖接受申诉材料后,应进行申诉立案和审查。立案是对申诉材料进行审查,决定是否受理的活动。审查是办理申诉案件的一项重要工作。人民法院、人民检察院应在立案后对刑事申诉进行全面审查。审查刑事申诉必须做好两方面工作:一是查清案件事实。查清案件事实是正确适用法律,作出正确判决裁定的基础。因此,查清案件事实是审查申诉的首要任务。审查时,应调出原审卷宗进行初步审查,对申诉人提出的申诉理由、提供的事实及证据进行细致分析,与原判决裁定认定的事实、采用的证据对照以确定原判决裁定认定的事实是否清楚、明确,证据是否确实充分。二是审查适用法律、刑事政策是否正确。审查申诉案件中适用法律、刑事政策,需根据不同时期的不同类型案件区别对待。对刑法颁布适用后判处的案件,应根据刑法及司法解释进行审查;对刑法实施以前判处的有关案件,应根据当时的刑事政策及党和国家为纠正错误而制定的新的刑事政策,审查原判决适用政策是否正确。

通过对申诉材料的审查,对不同情况应分别处理。人民法院受理不服本院已经发生法律效力的判决裁定的刑事申诉,审查后认为原判决裁定正确的,应当维持原判决裁定,说服教育申诉人,使其息诉;对坚持无理申诉的可以用书面通知驳回。如果发现原判决裁定在认定事实或适用法律上确有错误需要重新审理,应按照审判决监督程序另行组成合议庭进行再审。二审人民法院对不服本院维持一审判决的刑事申诉,可交由一审人民法院进行审查;一审人民法院审查后应写出案情报告,提出处理意见,报二审人民法院审定;上级人民法院审查下级人民法院处理后的刑事申诉,认为应当维持原判决裁定的,可以由下级人民法院做好息诉工作,也可以直接做好息诉工作;对坚持无理申诉的,可以用书面通知驳回;认为原判确有错误需要改判的,可以提审或指令下级人民法院再审。

人民检察院审查申诉案件,认为原判决裁定正确的,驳回申诉,并制作驳回申诉通知书;认为原判决裁定确有错误,需要纠正,应制作改判建议书,建议人民法院重新审理。必要时由检察长提请检委会决定,报上一级人民检察院审理;上一级人民检察院经审查决定抗诉的,可以按照审判监督程序向同级人民法院提出抗诉。

需要注意的是,当事人及其法定代理人、近亲属,对已经发生法律效力的判决、裁定,可以向人民法院或者人民检察院提出申诉,但是不能停止判决裁定的执行。

人民法院、人民检察院受理申诉后,应当在3个月内作出决定,至迟不得超过6个月。

【典型案例】

【案例18-2-01】

熊水根,原系江西省玉山县樟村镇政府干部,1999年3月4日因犯故意杀人罪被逮捕,2000年2月24日被江西省上饶地区中级人民法院(1999)饶中刑初字第78号刑事附带民事判决以被告人熊水根犯故意杀人罪判处有期徒刑十年,赔偿安葬费等人民币五千元。一审判决后,被告人熊水根不服,附带民事诉讼原告人单某及单某之妹妹亦不服,分别提出上诉。2000年5月10日江西省高级人民法院作出(2000)赣刑一终字第112号刑事附带民事裁定,驳回上诉,维持原判。终审裁定宣判后,被害人亲属单某及其妹妹不服,向江西省高级人民法院及最高人民法院提出申诉,认为原判认定熊水根为故意杀人主犯,在不具有法定减轻情节下,判处其有期徒刑十年,量刑畸轻,赔偿数额过低。2003年8月6日,江西省高级人民法院(2002)赣刑监字第21号再审裁定,决定对本案进行再审。同年10月21日,江西省高级人民法院(2003)赣刑终字第2号刑事判决认为,原判认定熊水根教唆熊礼财故意杀人的事实清楚,证据确实充分。熊水根不能正确对待婚恋纠纷,蓄意教唆其弟熊礼财实施报复行为,熊礼财在其教唆下采用持刀行凶及爆炸的方法,故意杀死3人,情节极其恶劣,后果极其严重,严重危害了社会,依法应予严惩。原判对熊水根教唆他人故意杀人的行为,认定为故意杀人罪是正确的,但量刑畸轻。再审判决决定:撤销原一、二审判决、裁定中对被告人熊水根的量刑部分;维持原一审判决中的民事部分;以故意杀人罪判处被告人熊水根死刑,缓期二年执行,剥夺政治权利终身。

【法理与法律适用分析】

熊水根唆使他人故意杀人案是典型的因当事人及其近亲属申诉、人民法院依法提起审判监督程序的案件。本案被告人熊水根不能正确处理其与被害人单某的恋爱关系,通过书信,采用灌输、煽动、言辞激发等方法,故意唆使其胞弟熊礼财产生犯罪意图,致使熊礼财携带炸药、雷管、尖刀等作案工具在被害人单某家中杀死、炸死单某父亲、母亲和哥哥3人,熊礼财本人也被炸死。熊水根的教唆行为构成故意杀人罪,系本案的主犯,应依法严惩,但江西省上饶市中级人民法院认为鉴于本案的前因和具体情况可依法减轻处罚,以被告人熊水根犯故意杀人罪判处有期徒刑十年。被告人上诉后二审法院江西省高级人民法院维持了一审法院的判决,并发生了法律效力。被害人单某及其近亲属对生效的一、二审判决不服,根据刑事诉讼法的规定,依法向江西省高级人民法院、最高人民法院申诉。江西省高级人民法院再审后认为原判对熊水根教唆他人故意杀人的行为认定为故意杀人罪是正确的,但量刑畸轻,再审改判以故意杀人罪判处被告人熊水根死刑,缓期二年执行,剥夺政治权利终身。刑事案件的当事人(包括被告人和被害人)及其法定代理人、近亲属,对已经发生法律效力的判决和裁定,可以向人民法院或者人民检察院提出申诉,但是不能停止判决裁定的执行。对于已经发生法律效力的申诉案件,只要具有新的证据证明原判决、裁定认定的事实确有错误,可能影响定罪量刑的;据以定罪量刑的证据不确实、不充分,依法应当予以排除,或者证明案件事实的主要证据之间存在矛盾的;原判决、裁定适用法律确有错误;违反法律规定的诉讼程序,可能影响公正审判的;审判人员在审理该案件的时候,有贪污受贿,徇私舞弊,枉法裁判行为的情形之一的,人民法院均应当重新审判,并依法重新作出判决。本案正是因为被害人及其近亲属认为一、二审法院判处被告人熊水根有期徒刑十年的量刑畸轻,依法向二审法院和最高人民法院申诉,二审法院重新审理后改判被告人死缓的案件,实现了罪责刑的基本一致。

【法条链接】

《刑事诉讼法》

第二百四十一条 当事人及其法定代理人、近亲属,对已经发生法律效力的判决裁定,可以向人民法院、人民检察院提出申诉,但是不能停止判决裁定的执行。

第二百四十二条 当事人及其法定代理人、近亲属的申诉符合下列情形之一的,人民法院应当重新审判:

(一)有新的证据证明原判决、裁定认定的事实确有错误,可能影响定罪量刑的;

(二)据以定罪量刑的证据不确实、不充分,依法应当予以排除,或者证明案件事实的主要证据之间存在矛盾的;

(三)原判决、裁定适用法律确有错误的;

(四)违反法律规定的诉讼程序,可能影响公正审判的;

(五)审判人员在审理该案件的时候,有贪污受贿,徇私舞弊,枉法裁判行为的。

【典型案例目录索引】

熊水根故意杀人案

——如何认定教唆犯罪、确定对教唆罪犯适用法律

载《审判监督指导与研究》2003年第4卷第90页。

【参考阅读的文献资料】

陈光中主编:《〈中华人民共和国刑事诉讼法〉修改条文释义与点评》,人民法院出版社2012年版。

第三节 审判监督程序的提起

一、提起审判监督程序的主体

审判监督程序的开始必须依靠一定的主体行为。根据《人民法院组织法》以及《刑事

诉讼法》第 243 条的规定,有权提起并决定审判监督程序的主体只限于人民法院和人民检察院。当事人及其近亲属只有对生效的判决提出刑事申诉的权利,申诉人提出刑事申诉也并不必然引发刑事审判监督程序,只有经过人民法院或者人民检察院审查后,再决定是否再审。有权提起审判监督程序的主体是各级人民法院院长及审判委员会、最高人民法院和上级人民法院、最高人民检察院和上级人民检察院。

(一)各级人民法院院长及审判委员会

根据《刑事诉讼法》第243条第1款规定,各级人民法院院长对本院已经发生法律效力的判决和裁定,如果发现在认定事实上或者在适用法律上确有错误,必须提交审判委员会处理。对此,必须明确以下几点:

1. 对本院已经发生法律效力的判决、裁定提起审判监督程序的权力,应由院长和审判委员会共同行使,即院长负责提交审判委员会处理,由审判委员会讨论决定是否对案件进行重新审理。院长本人不能自行决定对案件的处理。

2. 审判委员会对院长提交讨论的本院生效判决裁定,讨论后决定再审的案件,应当另行组成合议庭。对于发现新的犯罪事实需要补充调查的,可以自行调查。对于原属本院第二审的案件,亦应另行组成合议庭再审;如果认为原判决裁定在认定事实方面有错误,如主要事实不清、证据不足或有新的犯罪事实需要重新调查的,应发回原审法院进行再审。

3. 各级人民法院院长及审判委员会提起审判监督程序的对象只能是本院生效的判决裁定,不能是上级或其他人民法院生效的判决裁定。如果院长发现原属本院第一审,但后来又经过上一级法院第二审的判决裁定确有错误,则第一审法院院长只能向第二审法院提出意见,由第二审法院决定是否提起再审。

4. 各级人民法院院长,提交本院审委会讨论的审判监督程序案件必须是本院在认定事实上或者在适用法律上确有错误的判决和裁定;对依照审判监督程序重新审结的案件,如果发现仍确有错误,可以提交审判委员会处理,也可以送请上一级人民法院依照审判监督程序处理。

(二)最高人民法院和上级人民法院

《刑事诉讼法》第243条第2款:"最高人民法院对各级人民法院已经发生效力的判决和裁定,上级人民法院对下级人民法院已经发生法律效力的判决和裁定,如果发现确有错误,有权提审或者指令下级人民法院再审"。这一规定表明,最高人民法院对于各级人民法院已经发生法律效力的判决裁定,如果发现确有错误,有权提起审判监督程序。其他人民法院则只能对其所属的下级人民法院行使审判监督权,发现下级人民法院已经发生法律效力的判决裁定确有错误时,有权提起审判监督程序。

最高人民法院、上级人民法院认为下级人民法院已经发生法律效力的判决裁定确有可能错误,应调卷审查。由院长或其指定的审判人员负责审查,经审查,如果认为原判决裁定并无错误,应以上级人民法院名义将审查结果通知下级人民法院;如果认为确有错误,应由院长提交审判委员会处理决定。审判委员会经过讨论后,根据不同情况分别作出处理。在审判实践中,对需要重新审判的案件,为便于就地解决问题,一般指令原审人民法院再审。如果属于重大疑难案件或者已经依照审判监督程序重新审判后仍有错误的案件,不宜再由原审人民法院审理的,或者原判决确有错误,但原审法院对申诉予以抵制,久拖不办的案件,最高人民法院或者上级人民法院可提审该案。提审或者指令下级人民法院再审应制作决定书。提审、指令再审决定书是为解决诉讼程序问题作出的具有法律约束力的决定,不同于一般的通知、函件。下级人民法院收到最高人民法院或者上级人民法院的提审或指令再审决定书后,必须将案件依法移送或组成合议庭重新审理,无须原审判委员会对此再做讨论。

(三)最高人民检察院和上级人民检察院

《刑事诉讼法》第243条第3项、第4项规定:"最高人民检察院对各级人民法院已经发生法律效力的判决和裁定,上级人民检察院对下级人民法院已经发生法律效力的判决和裁定,如果发现确有错误,有权按照审判监督程序向同级人民法院提出抗诉。人民检察院抗诉的案件,接受抗诉的人民法院应当组成合议庭重新审理,对于原判决事实不清楚或者证据不足的,可以指令下级法院再审。"

这一规定表明,最高人民检察院和上级人民检察院是提起审判监督程序的主体。人民检察院是国家的法律监督机关,对人民法院已经发生法律效力的判决裁定,如果发现确有错误,有权按照审判监督程序提出抗诉,这是人民检察院行使审判监督权的重要方面。

依照法律规定,只有最高人民检察院和上级人民检察院才有权对下级人民法院已经发生法律效力的判决裁定提出抗诉,一般由上级人民检察院向它的同级人民法院提出抗诉或者指示与作出原判决裁定的人民法院相应的上一级人民检察院提出抗诉。

地方各级人民检察院如果发现同级人民法院已经发生法律效力的判决裁定确有错误时无权向同级人民法院提出抗诉,也无权直接向上一级人民法院提出抗诉,而只能向上一级人民检察院报告,要求上一级人民检察院向同级人民法院提出抗诉。当然,司法实践中,地方各级人民检察院发现同级人民法院已经发生法律效力的判决裁定确有错误时,可向同级人民法院提出建议,要求重审。这种建议不具备抗诉的法律效力,但对人民法院及时发现和纠正错误的判决裁定具有积极作用。

人民检察院抗诉的案件,接受抗诉的人民法院应当组成合议庭重新审理,对于原判决事实不清楚或证据不足的,可以指令下级人民法院再审。对于人民检察院依照审判监督程序提起抗诉的案件,人民法院不能裁定驳回。最高人民检察院有权对最高人民法院生效的判决裁定,依法提出抗诉。最高人民法院对于最高人民检察院提出的抗诉,应当接受,作出相应处理。

二、提起审判监督程序的理由

我国《刑事诉讼法》第243条对提起审判监督程序的理由作了原则性的规定,即以"对人民法院已经发生法律效力的判决和裁定,发现在认定事实上或者在适用法律上确有错误"为理由,至于如何确定"确有错误",法律未作具体规定。从诉讼理论、原则分析,结合司法实践的实际,"确有错误"主要表现为如下几方面:

(一)认定事实确有错误

在认定事实上确有错误主要是指原判决裁定认定的主要事实或重大情节不清楚或者失实。主要有:(1)原判决裁定认定的主要事实有明显错误,与实际情况不符。(2)原判决裁定认定的主要事实或重大情节不清,案件证据不确实不充分,主要证据之间存在矛盾,不足以证明主要犯罪事实或重大情节。(3)在证据不确定不充分的情况下,据以认定的事实明显错误。(4)发现了足以证明原判决裁定认定的事实错误的新证据新事实,如发现的判决裁定依据的证据是伪造的,发现了被告人还有新的犯罪事实,等等。

(二)适用法律错误

原判决裁定适用法律确有错误,主要表现为适用法律不当,定性错误和量刑畸轻畸重。适用法律不当是指错用了法律、法律条款或司法解释,或者定罪量刑违反了刑事政策。定性定罪错误是指混淆了罪与非罪、此罪与彼罪以及一罪与数罪的界限。量刑畸轻畸重是指原判决刑罚超出了法定的量刑幅度。理解量刑畸轻畸重要注意以下几方面:(1)量刑畸轻畸重不是一般的量刑失当。前者超出了法定的量刑幅度,后者则没有超出法定的量刑幅度,只是在量刑幅度以内偏轻偏重,不应作为提起审判监督程序的理由。(2)量刑畸轻畸重不能单独作为提起审判监督程序的理由。正确适用法律包括正确选择法律条款和量刑。适用法律错误,对案件来说,量刑肯定错误;量刑错误也说明没有准确适用法律,量刑是适用法律的一个方面。(3)一审法院量刑过轻,二审法院鉴于只有被告人上诉,依据上诉不加刑原则作出维持一审判决的裁定,对此不能通过提起审判监督程序加重对被告人的刑罚。因为,审判监督程序的对象应当是确有错误的已经发生法律效力的判决裁定。二审人民法院根据上诉不加刑原则所作的维持原判决的裁定,在法律上应该认为是正确的。

(三)严重违反法律规定的刑事诉讼程序,影响判决裁定的正确性

适用法律错误,不仅指适用实体法上的错误,也包括适用程序法上的错误。然而关于严重违反刑事诉讼程序即《刑事诉讼法》第227条规定的情形,法律没有明确规定当事人可据此申请再审或司法机关提起再审。根据《刑事诉讼法》第227条规定的违反法律规定的诉讼程序之一的"应当撤销原判,发回原审人民法院重新审判"的精神,二审发现严重违反刑事诉讼程序时,应发回原审人民法院重新审判。那么,在裁判生效后发现违反法定程序的情况,理所当然应按照审判监督程序重新审判。如没有依法组成合议庭或合议庭成员不符合法定条件;非法剥夺了被告人的辩护权;依法应当回避的审判人员参加了审判;申诉人有证据证明审判人员在审理该案件的时候,有贪污受贿、徇私舞弊、枉法裁判行为等。原审严重违反诉讼程序也可作为提起审判监督程序也可作为提起审判监督程序的理由,不仅是为了纠正错误的判决裁定,同时也是严肃执法加强法制的需要。

三、提起审判监督程序的方式

依照《刑事诉讼法》第243条的规定,提起审判监督程序的方式是再审、提审或抗诉。

再审,包括决定再审和指令再审,是指原审人民法院根据本院审委会作出的对原审判决、裁定提起审判监督程序的决定,或上级人民法院要求本院对案件进行再审指令,另行组成合议庭,对案件进行重新审理。提审是指原审人民法院的上级人民法院经过审查发现原审人民法院已经发生法律效力的判决裁定确有错误,需要提起审判监督程序的,直接组成合议庭,调取原审案卷和材料,对案件进行审理。提审和再审都是人民法院对判决已生效的案件进行重新审理的活动。但二者之间有区别,前者是由原审人民法院的上级法院进行的,后者是由原审法院进行的。抗诉是指最高人民检察院对各级人民法院、上级人民检察院对下级人民法院的已生效的判决裁定,发现确有错误,提请同级人民法院重新审

理予以纠正的一种审判监督行为。对于人民检察院抗诉的案件,接受抗诉的人民法院应当组成合议庭重新审理,对于原判决事实不清或证据不足的,亦可以指令下级人民法院再审。

上级人民法院对需要提起审判监督程序的案件,在决定是由本院提审还是指令原审法院再审时,应考虑以下几个方面的因素:(1)再审案件一般以原审法院重新审理为宜。原属第一审人民法院审结的案件由第一审法院重新审理;原属第二审人民法院审结的案件由第二审法院审理。(2)重大、疑难、复杂案件可由上级人民法院提审。重大、疑难、复杂案件,有的案情复杂、涉及面广,原审法院重审难以解决问题;有的影响重大,影响范围大大超过原审法院管辖,上级人民法院提审较为适宜。(3)适用法律错误或严重违反诉讼程序的案件以上级法院提审为宜。原审裁判在适用法律上确有错误,往往是由于对法律的错误理解或原审法官之间的认识不统一造成的。相对而言,上级法院的业务水平高一些,由上级人民法院提审案件,有利于纠正错案。至于原审严重违反诉讼程序,导致判决裁定错误的,由上级法院提审可以防止走过场的现象发生,有利于对案件进行切实全面审查。特别是原审审判人员有贪污受贿、徇私舞弊、枉法裁判行为的,更应以提审为宜。

【典型案例】

【案例18-3-01】

1. 二审法院院长发现二审确有错误再审的案件

被告人苗秋生,1991年4月因犯抢劫罪,被判处有期徒刑四年,1994年12月2日刑满释放。1995年4月19日被收容审查,同年5月6日被逮捕。同案被告人张建新、闫海、刘仲勋、李春荣、李军红、张宝华、黄涛、张利军被判刑。

1997年9月9日唐山市中级人民法院(1997)唐刑初字第178号刑事判决,对被告人苗秋生、张建新以故意伤害罪,判处死刑,剥夺政治权利终身;以故意杀人罪,判处死刑,缓期二年执行,剥夺政治权利终身;以非法拘禁罪,判处有期徒刑三年。决定执行死刑,剥夺政治权利终身,对同案其他被告人均判处不同的刑罚。一审宣判后,张建新、苗秋生、李春荣、李军红均不服,提出上诉。二审审理中,唐山市中级人民法院在上报河北省高级人民法院的材料中称:"苗秋生于1997年10月20日向唐山市第一看守所管教汤贺标揭发检举齐志春杀人案,经查属实。唐山市新区公安分局已于1997年10月26日对犯罪嫌疑人齐志春刑事拘留,同年11月11日将其逮捕。此案正在进一步审理中"。1998年1月14日河北省高级人民法院(1998)冀刑一终字第31号刑事判决认为,上诉人苗秋生有重大立功表现经查属实,可以从轻、减轻处罚,改判苗秋生死刑,缓期二年执行。

本案判决发生法律效力后,河北省高级人民法院院长发现本案有新的证据证明二审判决认定的部分事实确有错误,依照原《中华人民共和国刑事诉讼法》第二百零四条第一项、第二百零五条第一款和最高人民法院《关于执行〈中华人民共和国刑事诉讼法〉》第三百零七条的规定,将本案提交审判委员会讨论。河北省高级人民法院于2000年12月19日作出(2001)冀刑监字第1号再审决定书,决定另行组成合议庭对本案进行再审。河北省高级人民法院再审查明:1.原一、二审判决认定,原审被告人苗秋生等人非法拘禁他人、故意打死一人,故意杀死一人的犯罪事实清楚,证据确实充分,足以认定;2.关于苗秋生立功问题的事实有误。原二审据以认定苗秋生检举齐志春犯罪,构成立功的材料是其辩护律师与看守所有关人员根据杨天兵的检举编造的。经查,齐志春的犯罪是杨天兵因偷牛被拘捕后于10月25日检举的,并非苗秋生检举。河北省高级人民法院再审认为,原二审以原审被告人苗秋生有重大立功表现为由,改判苗秋生死刑,缓期二年执行,确属错误。原审被告人苗秋生不具有重大立功表现,原二审判决认定苗具有重大立功表现所依据的是不真实材料。2001年7月3日河北省高级人民法院以(2001)冀刑再终字第2号刑事判决,认定原审被告人苗秋生犯故意伤害罪,判处死刑,剥夺政治权利终身;犯故意杀人罪,判处死刑缓期二年执行,剥夺政治权利终身;犯非法拘禁罪,判处有期徒刑三年,决定执行死刑,剥夺政治权利终身;依法报请最高人民法院核准。

2. 最高人民法院提审案件

马萍,澳大利亚国籍(护照号码:E7058220),原系天津澳中投资发展有限公司及天津冠博实业发展有限公司(原天津鑫万房地产开发有限公司)股东。2001年9月7日被刑事拘留,同年9月20日被逮捕,2003年6月10日被监视居住。

张牧,原系天津冠博实业发展有限公司股东。2001年9月7日被刑事拘留,同年9月20日被逮捕,同年10月25日被取保候审。2002年4月25日被逮捕。2003年6月10日被监视居住。张牧与马萍为夫妻关系。

2002年4月30日天津市第一中级人民法院(2001)津一中刑初字第177号刑事判决对马萍以高利转贷罪,判处有期徒刑六年,罚金人民币2,284万元,并处驱逐出境;对张牧以高利转贷罪,判处有期徒刑三年,罚金人民币1,827万元。违法所得人民币456.84万元予以没收。宣判后,马萍以认定高利转贷罪证据不足,应该宣告无罪为由,张牧以是从犯,应该从轻处罚为由提出上诉。2004年4月14日天津市高级人民法院(2002)津高刑终字第89号刑事判决维持一审对马萍、张牧的定罪及对马萍判处有期徒刑六年,并处驱逐出境部分;改判马萍罚金人民币1,900万元;改判张牧有期徒刑三年,缓刑三年,罚金人民币1,520万元。违法所得人民币67.95万元依法没收,上缴国库。上述判决发生法律效力后,马萍以其行为不符合刑法规定的高利转贷罪构成要件为由,向最高人民法院提出申诉。经最高人民法院认为,马萍的申诉理由符合原《中华人民共和国刑事诉讼法》第二百零四条第(三)项规定的重新审判的条件。依照原《中华人民共和国刑事诉讼法》第二百零五条第二款的规定,2006年4月12日最高人民法院作出(2004)刑监字第158-1号提审决定。最高人民法院认为,马萍、张牧处于牟取高于银行存款利息的目的,编造"个人综合消费"的理由,用个人名下美金408.4万元存单作质押,从中国工商银行北京市分行南礼士路支行西四储蓄所贷款人民币3,020万元,存入张世莉、徐广发指定的中国银行天津市支行凯旋门分理处,收取人民币312万元高息属实。但马萍、张牧的行为不构成高利转贷罪。马萍、张牧在中国银行天津市支行凯旋门分理处存款人民币5,500万元,其中包括银行贷款人民币3,020万元,办理的存款手续合法。马萍、张牧作为存款人与银行之间形成存款关系。张世莉、徐广发利用杨兆源提供的上述款项的存款证实书,伪造相关印章和张牧印鉴,骗取银行信贷资金,不能证明马萍、张牧的行为属于转贷性质。马萍、张牧的行为违反了《中华人民共和国商业银行法》的相关规定,但不构成犯罪。原判认定马萍、张牧行为构成高利转贷罪属于适用法律错误。辩护人提出马萍、张牧在银行存款系被他人骗走,其存款行为不构成犯罪的理由成立,应予采纳。2007年12月14日最高人民法院(2006)刑提字第1号判决撤销天津市第一中级人民法院(2001)津一中刑初字第177号刑事判决、天津市高级人民法院(2002)津高刑终字第89号刑事判决;宣告马萍、张牧无罪。

3. 最高人民检察院抗诉案件

忻元龙,浙江省宁波市人,2005年9月15日因涉嫌绑架罪被刑事拘留,2005年9月27日被逮捕。忻元龙因经济拮据而产生绑架儿童并勒索家长财物的意图。2005年8月18日下午,忻元龙驾车至慈溪市浒山街道团圈支路老年大学附近绑架了独自行走的9岁女孩被害人杨某某,并驶至宁波市东钱湖镇"钱湖人家"后山。当晚10时许,忻元龙从杨某某处骗得其父亲的手机号码和家中的电话号码后,又开车将杨某某带至宁波市北仑区新碶镇算山村防空洞附近,采用捂口鼻的方式将杨某某杀害后掩埋。8月20日,忻元龙乘到安徽省广德县拨打杨某某家电话,要求被害人父亲于当月25日下午6时前带60万元赎金到浙江省湖州市长兴县交换其女儿。而后,忻元龙又到安徽省芜湖市打勒索电话,因其误记电话号码,接听电话人操宁波口音,而被害人父亲讲普通话,怀疑公安人员已介入,遂停止了勒索。2005年9月15日忻元龙被公安机关抓获后即供述了绑架杀人经过,并带领公安人员指认了埋尸现场,公安机关起获了被害人杨某某尸骨,从其面包车上提取了杨某某头发两根。公安机关从被告人忻元龙处扣押波导1220型手机一部。2006年1月4日,宁波市人民检察院指控被告人忻元龙犯绑架罪向宁波市中级人民法院提起公诉。宁波市中级人民法院认为,被告人忻元龙以勒索财物为目的,绑架并杀害他人,其行为已构成绑架罪。被告人忻元龙犯罪手段残忍、后果严重,依法应予严惩,检察机关指控的罪名成立。2006年2月7日,宁波市中级人民法院(2006)甬刑初字第16号刑事附带民事判决以被告人忻元龙犯绑架罪,判处死刑,剥夺政治权利终身,并处没收个人全部财产;赔偿附带民事诉讼原告人杨宝凤、张玉彬应得的被害人死亡赔偿金317,640元、丧葬费11,380元,合计人民币329,020;供被告人忻元龙犯罪使用的浙B3C751通宝牌面包车一辆及波导1220型手机一部予以没收。被告人忻元龙对一审刑事部分的判决不服,向浙江省高级人民法院提出上诉。浙江省高级人民法院经审理认为:被告人忻元龙以勒索财物为目的,绑架并杀害他人,其行为已构成绑架罪,犯罪情节特别严重,社会危害极大,依法应予严惩。但鉴于本案证据存在的具体情况,对忻元龙判处死刑,可不予立即执行。2007年4月28日,浙江省高级人民法院(2006)浙刑一终字第146号判决撤销浙江省宁波市中级人民法院(2006)甬刑初字第16号刑事附带民事判决中对忻元龙的量刑部分,维持判决的其余部分;二、被告人忻元龙犯绑架罪,判处死刑,缓期二年执行,剥夺政治权利终身。

被害人杨某某的父亲不服,于2007年6月25日向浙江省人民检察院申诉,请求提出抗诉。浙江省人民检察院经审查认为:浙江省高级人民法院二审判决改判忻元龙死刑缓期二年执行确有错误,于2007年8月10日提请最高人民检察院按照审判监督程序提出抗诉。最高人民检察院认为被告人忻元龙绑架犯罪事实清楚,证据确实充分,依法应当判处死刑立即执行,浙江省高级人民法院以"鉴于本案具体情况"为由改判忻元龙死刑缓期二年执行确有错误,应予纠正。二审中认为"卖给忻元龙波导1220型手机的证人傅世红在证言中讲该手机的串号与公安人员扣押在案手机的串号不一致,手机同一性存有疑问"以及"是否存在中年妇女作案的可能"的两个疑点均可排除;被告人忻元龙精心预谋犯罪、主观恶性极深,犯罪后果极其严重,社会危害性极大;二审改判忻元龙死刑缓期二年执行不被被害人家属和当地群众接受。据此,2008年10月22日,最高人民检察院依照原《中华人民共和国刑事诉讼法》第二百零五条第三款之规定,向最高人民法院提出抗诉。2009年3月18日,最高人民法院指令浙江省高级人民法院另行组成合议庭,对忻元龙案件进行再审。2009年5月14日,浙江省高级人民法院另行组成合议庭公开开庭审理本案。法庭审理认为:被告人忻元龙以勒索财物为目的,绑架并杀害他人,其行为已构成绑架罪,且犯罪手段残忍、情节恶劣,社会危害极大,无任何悔罪表现,依法应予严惩。检察机关要求纠正二审判决意见能够成立。忻元龙及其辩护人要求维持二审判决的意见,理由不足,不予采纳。2009年6月26日,浙江省高级人民法院(2009)浙刑再字第3号刑事判决撤销浙江省高级人民法院(2006)浙刑一终字第146号刑事判决中对原审被告人忻元龙的量刑部分,维持该判决的其余部分和宁波市中级人民法院(2006)甬刑初字第16号刑事附带民事判决;原审被告人忻元龙犯绑架罪,判处死刑,剥夺政治权利终身,并处没收个人全部财产,并依法报请最高人民法院核准。

最高人民法院复核认为:被告人忻元龙以勒索财物为目的,绑架并杀害他人的行为已构成绑架罪。其犯罪手段残忍,情节恶劣,后果严重,无法定从轻处罚情节。浙江省高级人民法院再审判决认定的事实清楚,证据确实充分,定罪准确,量刑适当,审判程序合法。2009年11月13日最高人民法院裁定核准浙江省高级人民法院(2009)浙刑再字第3号以原审被告人忻元龙犯绑架罪,判处死刑,剥夺政治权利终身,并处没收个人全部财产的刑事判决。2009年12月11日,被告人忻元龙被依法执行死刑。

【法理与法律适用分析】

苗秋生等人故意杀人、故意伤害、非法拘禁、私藏枪支、窝藏案是二审法院判决生效后,二审法院院长发现本院生效判决在认定被告人立功事实上以及适用法律上确有错误而适用审判监督程序自行改判的案件。马萍、张牧高利转贷再审宣告无罪案是二审法院天津市高级人民法院认定被告人马萍、张牧犯高利转贷罪且判决生效后,当事人自己向最高人民法院申诉,最高人民法院认为原生效判决、裁定在适用法律上确有错误而提审并宣告无罪的案件。忻元龙绑架案在诉讼程序上更为完整,先是宁波市中级人民法院以被告人忻元龙犯绑架罪判处其死刑,被告人忻元龙不服,向浙江省高级人民法院上诉。浙江省高级人民法院二审以证据问题改判上诉人忻元龙死刑,缓期两年执行。二审判决生效后,被害人近亲属不服,向浙江省人民检察院申诉,请求提出抗诉。浙江省人民检察院经审查认为浙江省高级人民法院二审判决改判忻元龙死刑缓期二年执行确有错误,又提请最高人民检察院按照审判监督程序提出抗诉。最高人民检察院认为浙江省高级人民法院以"鉴于本案具体情况"为由改判忻元龙死刑缓期二年执行确有错误,依照法向最高人民法院提出抗诉。最高人民法院指令浙江省高级人民法院另行组成合议庭对忻元龙案件进行再审。浙江省高级人民法院再审后,又重新以绑架罪判处被告人忻元龙死刑,剥夺政治权利终身,没收个人全部财产,并报送最高人民法院死刑复核。最高人民法院最终核准了浙江省高级人民法院对被告人忻元龙的死刑判决。

上述三件刑事再审案件是依照原《中华人民共和国刑事诉讼法》第203条(当事人及其法定代理人、近亲属申诉)、第204条(法院因申诉而重新审判)、第205条(各级法院院长决定对本院的生效的错误裁判提交审委会后决定再审,最高法院对各级法院、上级法院对下级法院的生效错误裁判进行的提审或者指令下级法院再审,最高检察院对各级法院、上级检察院对下级法院的生效错误裁判向同级法院提出抗诉的再审)进行的再审案件,2012年的《中华人民共和国刑事诉讼法》第241条、第242条、第243条基本上沿用了原刑诉法的关于申诉、申诉应当具备的条件以及不同有权决定再审、提审和抗诉的主体、适用条件的相应规定。经过再审,分别最终认定苗秋生立功不能成立改判死刑立即执行、被告人马萍张牧宣告无罪、被告人忻元龙死刑立即执行,纠正了三件错误的生效判决,在案件的审理上实现了案件事实清楚、证据确实充分、适用法律正确、量刑适当,审判程序合法。

需要说明的是,2012年《中华人民共和国刑事诉讼法》增设规定了第244条,即上级人民法院指令下级人民法院再审的,应当指令原审人民法院以外的下级人民法院审理;由原审人民法院审理更为适宜的,也可以指令原审人民法院进行审理。按照原《刑事诉讼法》的规定,被指令的法院可以是原审人民法院、也可以是原审人民法院的上级法院,还可以是其他适合对案件重新进行审理的法院。对此,一直以来存在不同看法,有观点认为刑事再审都应当上调一级,宜由生效判决的上一级法院再审最为合理。2012年刑诉法的新规定,上级法院指令下级法院再审的,以指令原审法院以外的下级法院审理为原则,以指令原审人民法院审理为例外,只有在从案件再审的全面情况考虑由别的法院审理可能存在证据核查、当事人参加庭审等诸多方面的不便或困难,相比之下由原审人民法院审理更为适宜的,才指定原审法院审理。这样规定,既解决了对原审人民法院审理可能相对难以纠错的担忧,又使一些不适于指定其他法院再审的案件也能有机会指定原审法院审理,因而非常合理、科学。

【法条链接】
《刑事诉讼法》

第二百四十三条　各级人民法院院长对本院已经发生法律效力的判决和裁定,如果发现在认定事实上或者在适用法律上确有错误,必须提交审判委员会处理。

最高人民法院对各级人民法院已经发生效力的判决和裁定,上级人民法院对下级人民法院已经发生法律效力的判决和裁定,如果发现确有错误,有权提审或者指令下级人民法院再审。

最高人民检察院对各级人民法院已经发生法律效力的判决和裁定,上级人民检察院对下级人民法院已经发生法律效力的判决和裁定,如果发现确有错误,有权按照审判监督程序向同级人民法院提出抗诉。

人民检察院抗诉的案件,接受抗诉的人民法院应当组成合议庭重新审理,对于原判决事实不清楚或者证据不足的,可以指令下级法院再审。

第二百四十四条　上级人民法院指令下级人民法院再审的,应当指令原审人民法院以外的下级人民法院审理;由原审人民法院审理更为适宜的,也可以指令原审人民法院进行审理。

【典型案例目录索引】
1. 苗秋生等人故意杀人、故意伤害、非法拘禁、私藏枪支、窝藏案
载《审判监督指导与研究》2003年第1卷。
2. 马萍、张牧高利转贷再审宣告无罪案
载《审判监督指导》2008年第2辑。
3. 忻元龙绑架案
载《公检法办案指南》2011年第3辑。

【参考阅读的文献资料】
1. 陈卫东著:《刑事审判监督程序研究》,法律出版社2001年版。
2. 张军著:《新刑事诉讼法法官培训教材》,发林出版社2012年版。

第四节 依照审判监督程序对案件的重新审判

一、重新审判的方式

(一)重新审判的方式

根据刑事诉讼法的规定,审判方式有两种:开庭审理和不开庭审理。

1. 应当开庭审理的案件。开庭审理是指审判人员直接调查核实案件和证据,传唤当事人,通知证人、鉴定人、辩护人、公诉人到庭,经法庭调查和辩论后进行评议和宣判。与一审程序的审理方式基本相同。根据《刑事诉讼法》和《最高人民法院关于刑事再审案件开庭审理程序的具体规定(试行)》的有关规定,人民法院审理下列再审案件,应当依法开庭审理:(1)依照第一审程序审的;(2)依照第二审程序需要对事实或者证据进行审理的;(3)人民检察院按照审判监督程序提出抗诉的;(4)可能对原审被告人(原审上诉人)加重刑罚的;(5)有其他应当开庭审理情形的。

2. 不开庭审理的案件,即可以书面审理的案件。根据《刑事诉讼法》和《最高人民法院关于刑事再审案件开庭审理程序的具体规定(试行)》的有关规定,下列再审案件可以不开庭审理:(1)原判决裁定认定事实清楚,证据确实充分,但适用法律错误,量刑畸重的;(2)1979年《刑事诉讼法》施行以前裁判的;(3)原审被告人(原审上诉人)、原审自诉人已经死亡或者丧失刑事责任能力的;(4)原审被告人(原审上诉人)在交通十分不便的边远地区监狱服刑,提押到庭确有困难的;但人民检察院提出抗诉的,人民法院应征得人民检察院的同意;(5)人民法院按照审判监督程序决定再审,按本《再审开庭审理规定》第9条第(5)项规定,经两次通知,人民检察院不派员出庭的。

(二)重新审判的程序

再审案件一般根据原审结案件的审级来确定相应的审判程序。根据《刑事诉讼法》第245条规定,人民法院按照审判监督程序重新审判的案件,由原审人民法院审理的,应当另行组成合议庭进行。如果原来是第一审案件,应当依照第一审程序进行审判,所作的判决、裁定,可以上诉、抗诉;如果原来是第二审案件,或者是上级人民法院提审的案件,应当依照第二审程序进行审判,所作的判决、裁定,是终审的判决裁定。人民法院开庭审理的再审案件,同级人民检察院应当派员出席法庭。

"人民法院按照审判监督程序重新审判的案件,由原审人民法院审理的,应当另行组成合议庭进行。"这里包含四层意思:一是凡是按照审判监督程序重新审理的案件,只能采用合议庭这种审判组织形式审理;二是原合议庭人员应当回避,要求原参与过办案活动的审判人员集体回避再审活动;三是另行组成合议庭既适用于原审人民法院自行决定再审的案件,也适用于上级人民法院指令原审人民法院再审的案件;四是提审和接受抗诉的人民法院自行审理的再审案件,是原审法院的上级法院进行审理,上级法院之前并没有审理过该案,不存在另组合议庭的问题。新刑诉法和原刑诉法关于再审的程序规定的内容基本是一致的,再审没有独立的程序,并且重新实行两审终审制,即如果原来是第一审案件,应当依照第一审程序进行审判,所作的判决、裁定,可以上诉、抗诉;如果原来是第二审案件,或者是上级人民法院提审的案件,应当依照第二审程序进行审判,所作出的判决裁定是终审的判决裁定。

针对检察院出席再审法庭的问题,《刑事诉讼法》在第245条新增了一款规定:"人民法院开庭审理的再审案件,同级人民检察院应当派员出席法庭"。《最高人民法院关于刑事再审案件开庭审理程序的具体规定(试行)》中规定了再审开庭审理的程序,但没有明确规定在再审开庭审理时人民检察院是否必须派员出庭问题,只是在其第10条针对抗诉案件引起的再审案件规定检察院必须出庭。相反第6条规定:"人民法院按照审判监督程序决定再审,依法定程序经两次通知,人民检察院不派员出庭的,再审人民法院可以不开庭审理",这一规定似乎将再审案件中除人民检察院抗诉提起的按照审判监督程序再审的案件之外的其他案件是否开庭审理的决定权赋予了人民检察院,因为如果检察院接到通知后未出庭的,再审法院就可以不实行开庭审理,此规定实际上规定了除检察院抗诉以外的其他再审程序成为事实上的不开庭审理。2012年新刑诉法的修改,落实了开庭审理程序公开的原则,加大了人民检察院对再审案件的监督力度。"人民法院开庭审理的再审案件,同级人民检察院应当派员出席法庭"的含义有二:一是凡再审开庭审理的,检察院必须出席法庭参加庭审;二是出席法庭审理活动的只能是同级人民检察院,这是由审判管辖的规定确定的,只有同级人民检察院的检察人员才有资格出席同级人民法院的法庭。需要注意的是,依据法律,上级人民法院提审的或者原来是第二审的案件,按照第二审程序审理;而第二审程序中并不一律实行开庭审理,可以不开庭审理。凡再审不开庭的,不适用《刑事诉讼法》第245条第2款的规定。

(三)重新审理案件的强制措施和中止执行

《刑事诉讼法》第246条第1款规定,人民法院决定再审的案件,需要对被告人采取强制措施的,由人民法院决定;人民检察院提起抗诉的再审案件,需要对被告人采取强制措施的,由人民检察院决定。第2款规定,人民法院按照审判监督程序审判的案件,可以决定中止原判决裁定的执行。《刑事诉讼法》第246条是2012年《刑事诉讼法》修订中新增加的条文,规范了审判监督程序中强制措施的决定主体,增加规定了产品监督程序中原判决裁定的中止执行制度。

《刑事诉讼法》第246条第1款规定了在审判监督程序中强制措施的适用,内容包括:(1)审判监督程序启动后,根据案件需要可以适用强制措施。因为审判监督程序一旦启动,意味着案件重新进行诉讼,重新实行两审终审制。为了保证审判的顺利进行,需要对被告人限制其人身自由或者剥夺其人身自由的,符合强制措施的适用原理,强制措施因此可以再次适用。(2)有权决定采用强制措施的机关仅限于人民法院和人民检察院,其他国家专门机关如公安机关等,无权启动再审程序。(3)究竟哪个机关有权决定适用强制措施以及适用何种强制措施,由审判监督程序的启动主体决定。(4)"需要对被告人采取强制措施的"既可以针对有人身自由的被告人,如原判刑罚已经执行完毕,或者原判判决无罪的;也可以针对没有人身自由的被告人,例如原判有罪被告人正在服刑期间,出现了新证据证明原判决有错误、再审可能改判无罪的,再审时可以依法适用取保候审等。

《刑事诉讼法》第246条第2款增加规定了审判监督程序中原判决裁定的中止执行制度。《刑事诉讼法》第241条规定,当事人及其法定代理人、近亲属,对已经发生法律效力的判决裁定,可以向人民法院或者人民检察院提出申诉,但是不能停止判决裁定的执行。最高人民法院《刑诉解释》也规定,人民法院决定按照审判监督程序重新审理的案件,除人民检察院提起抗诉的外,应当制作再审决定书。再审期间不停止原判决裁定的执行。上述规定只是原则性的规定,过于死板,缺乏灵活性,不符合司法实践的需求。当人民法院启动审判监督程序后,可能已经有相当的证据,证明原判需要改判,如原有罪判决应改为无罪或者原无罪判决可能改判有罪,如果在再审阶段继续执行原判决裁定,可能会侵犯原审被告人的基本权利或者可能放纵犯罪,如佘祥林、赵作海案件,都是在作出故意杀人的终审判决、被告人已经执行十年以上刑罚后被害人突然现身,再审时如果继续羁押原审被告人当然没有道理,而应中止执行原判决,将原审被告人释放。同样,如果之前作出了无罪的终审判决,之后又发现有证据证明原审被告人有罪,也应暂时中止执行原判决,为防止其逃避妨碍审判活动的进行,视具体情况,符合适用强制措施条件的,应当对其适用相应的强制措施,以保证再审程序的顺利进行。因此,2012年《刑事诉讼法》修订中将2001年《最高人民法院关于刑事再审案件开庭审理程序的具体规定(试行)》第11条再审可能改判无罪的人民法院可以裁定中止执行原裁决、并可以取保候审的规定纳入修改的内容中,并在《刑事诉讼法》第246条第2款明确规定:人民法院按照审判监督程序审判的案件,可以决定中止原判决裁定的执行。

(四)再审的期限

再审的期限,指依照审判监督程序重新审理的案件,应当在法律规定的办案时间内审结的期限。《刑事诉讼法》第247条规定:"人民法院按照审判监督程序重新审判的案件,应当在作出提审、再审决定之日起三个月以内审结,需要延长期限的,不得超过六个月。接受抗诉的人民法院按照审判监督程序审判抗诉的案件,审理期限适用前款规定;对需要指令下级人民法院再审的,应当自接受抗诉之日起一个月以内作出决定,下级人民法院审理案件的期限适用前款规定。"按照上述法律规定,审判监督程序的审理期限分为两种情况:一种是作出提审、再审决定的案件,应从作出决定之日起3个月以内审结,最长不得超过6个月。审理抗诉案件的期限亦相同;另一种是对需要指令下级人民法院再审的,应当在接受抗诉之日起1个月以内作出决定。而被指令再审的下级人民法院的审理期限是3个月以内审结,最长不得超过6个月。即增加1个月的时间以便作出指令再审的决定。

(五)再审后的处理

人民法院根据审判监督程序审理的案件,应根据案件的不同情况,分别处理:(1)原判决裁定认定事实和适用法律正确、量刑适当的,应当裁定驳回申诉或者抗诉,维持原判。(2)原判决裁定认定事实没有错误,但适用法律错误,或者量刑不当的,应当改判。按照第二审程序审理的案件,认为必须判处被告人死刑立即执行的,直接改判后,应当报请最高人民法院核准。(3)应当对被告人实行数罪并罚的案件,原判决裁定没有分别定罪量刑的,应当撤销原判决裁定,重新定罪量刑,并决定执行的刑罚。(4)按照第二审程序审理的案件,原判决裁定认定事实不清或者证据不足的,可以在查清事实后改判,也可以裁定撤销原判,发回原审人民法院重新审判。原判决裁定认定事实不清,证据不足,经再审仍然无法查清,不能认定原审被告人有罪的,应当以证据不足、指控的犯罪不能成立,判决被告人无罪。

另外,还应明确两个问题:一是按照审判监督程序进行再审的自诉案件,应当依法作出判决和裁定,对其中附带民事诉讼部分,可以调解结案。二是再审改判宣告无罪并依法享有申请国家赔偿权利的当事人,宣判时合议庭应当告知其该判决发生法律效力后即有申请国家赔偿的权利。

【典型案例】
【案例 18-4-01】

谌某某，湖南省安化县邮政局职工，担任该局邮政储蓄金库外勤出纳，负责东坪城区各储蓄点头寸箱的发放和回收。2004年12月3日下午下班时，谌某某将头寸箱归库后离开金库。同日下午，金库内勤出纳李某某将装有10万元现金的白色邮袋遗忘在拉闸门内的走道上。12月4日上午7时许，谌某某到金库提取头寸箱，并打开拉闸门后，发现门内有一白色邮袋内装10万元现金。谌某某意识到这是李某某忘记入库的现金，遂将此款提到走道内的值班室桌上。随后，谌某某同值班经警将头寸箱发放至城区各储蓄点后返回金库，见钱仍放在桌上，李某某仍未来上班，便将钱连同邮袋提至自己的摩托车尾箱内藏匿后带离邮政局。随后，谌某某将此款交给好友刘某某保管，刘某某将此款藏匿在自己家中。当日上午，李某某上班后发现遗失10万元现金，在询问谌某某等人无果后，经经警队向公安机关报案。邮政局领导及公安机关问及此事时，谌某某仍矢口否认，并陆续挥霍该笔款项中的2,000余元现金。案发后，在刘某某家查获现金及存折共9.7万余元。赃款已全部追回。

湖南省安化县人民检察院以被告人谌某某犯侵占罪向湖南省安化县人民法院提起公诉。2005年4月28日安化县人民法院(2005)安刑初字第69号刑事判决认定被告人谌某某犯盗窃罪，判处有期徒刑十年，并处罚金人民币一万元。宣判后，谌某某提出上诉。2005年5月25日益阳市中级人民法院以(2005)益中刑二终字第34号刑事裁定，撤销安化县人民法院(2005)安刑初字第69号刑事判决，发回重审。安化县人民检察院撤回起诉后，以被告人谌某某犯盗窃罪提起公诉。2005年8月22日安化县人民法院(2005)安刑初字第235号刑事判决认定被告人谌某某犯盗窃罪，判处有期徒刑十年，并处罚金一万元。宣判后，谌某某提出上诉。2005年10月18日益阳市中级人民法院(2005)益终刑字第61号刑事判决，撤销安化县人民法院(2005)安刑初字第235号刑事判决，宣告上诉人谌某某无罪。

原审裁判发生法律效力后，湖南省人民检察院于2006年1月25日以湘检刑抗字(2006)01号刑事抗诉书向湖南省高级人民法院提出抗诉。湖南省高级人民法院于2006年7月6日作出(2006)湘高法刑再字第8号再审决定，指令益阳市中级人民法院另行组成合议庭对本案进行再审。益阳市中级人民法院于2006年11月21日作出(2006)益刑再字第6号刑事裁定，维持该院(2005)益中刑二终字第61号刑事判决。

湖南省人民检察院于2007年4月11日以湘检诉二抗字(2007)1号刑事抗诉书向湖南省高级人民法院提出抗诉，湖南省高级人民法院对本案进行了提审。湖南省高级人民法院再审认为，原审被告人谌某某以非法占有为目的，秘密窃取金融机构的公共财物，数额特别巨大，其行为构成盗窃罪；湖南省人民检察院抗诉提出"谌某某非法占有的公共财物仍处于管理者的合法控制和管理范围内，不属于遗忘物"，抗诉理由成立。因谌某某涉案盗窃数额特别巨大，依法应判处十年以上有期徒刑或无期徒刑，但谌某某是在发现该入库的10万元现金遗忘在通道上未入库后产生犯意，其行为与有预谋或者采取破坏手段盗窃金融机构的犯罪有所不同，其案发具有一定的偶然性，其主观恶性相对较小；且已退回全部赃款，未给单位造成损失。根据其犯罪情节和对社会的危害程度等特殊情况，对谌某某可在法定刑以下判处有期徒刑三年，缓刑四年，并处罚金人民币一万元。宣判后，湖南省高级人民法院依法报请最高人民法院核准对被告人谌某某法定刑以下的量刑。

最高人民法院经审理认为，被告人谌某某采取秘密手段，窃取公共财物数额特别巨大，其行为已构成盗窃罪。依据其盗窃数额，本应在有期徒刑十年以上判处刑罚。谌某某虽不具有法定减轻处罚情节，但鉴于其系因客观原因引发犯意，案发后认罪、悔罪态度较好，赃款已全部追回等特殊情况，可以对谌某某在法定刑以下判处刑罚。湖南省高级人民法院再审判决认定的事实清楚，证据确实、充分，定罪准确，量刑适当，审判程序合法。依照《中华人民共和国刑法》第六十三条第二款和《最高人民法院关于执行〈中华人民共和国刑事诉讼法〉若干问题的解释》第二百七十条的规定，裁定核准湖南省高级人民法院(2008)湘高法刑再终字第2号以被告人谌某某犯盗窃罪，在法定刑以下判处有期徒刑三年，缓刑四年，并处罚金人民币一万元的刑事判决。

【法理与法律适用分析】

谌某某盗窃再审案是从多个角度反映了刑事审判监督程序。本案首先经历了一审改判罪名、上诉、发回重审、重新以新的罪名起诉、再次判决、再上诉、二审无罪判决等程序，属于广义的二审程序。

判决生效后，省检察院根据刑事审判监督程序向省高院提出抗诉。省高院决定再审且指令原审中院另行组成合议庭再审。中院再审后维持了该院的无罪判决。因为是中院的判决，省检察院根据刑诉法的规定又向省高院抗诉。省高院遂决定对本案进行提审，认定谌某某构成盗窃罪，抗诉理由成立。但鉴于本案的实际情况对被告人在法定刑以下判三缓四，并报请最高法院核准这个程序属于审判监督程序，且是两次的审判监督程序，涉及到上级检察院因下级法院错误的生效判决向同级法院抗诉，上级法院指令下级原审法院另行组成合议庭再审；下级法院坚持错误，上级检察院是否可以继续抗诉、上级法院直接提审等典型的诉讼程序，且本案多次涉及了再审的诉讼期限等问题，基本上涉及了审判监督程序中提起主体、再审、抗诉、提审等主要规定，非常具有典型性。

【法条链接】

《刑事诉讼法》

第二百四十五条　人民法院按照审判监督程序重新审判的案件，由原审人民法院审理的，应当另行组成合议庭进行。如果原来是第一审案件，应当依照第一审程序进行审判，所作的判决、裁定，可以上诉、抗诉；如果原来是第二审案件，或者是上级人民法院提审的案件，应当依照第二审程序进行审判，所作的判决、裁定，是终审的判决裁定。

人民法院开庭审理的再审案件，同级人民检察院应当派员出席法庭。

第二百四十六条　人民法院决定再审的案件，需要对被告人采取强制措施的，由人民法院依法决定；人民检察院提出抗诉的再审案件，需要对被告人采取强制措施的，由人民检察院依法决定。

人民法院按照审判监督程序审判的案件，可以决定终止原判决、裁定的执行。

第二百四十七条　人民法院按照审判监督程序重新审判的案件，应当在作出提审、再审决定之日起三个月以内审结，需要延长期限的，不得超过六个月。

接受抗诉的人民法院按照审判监督程序审判抗诉的案件，审理期限适用前款规定；对需要指令下级人民法院再审的，应当自接受抗诉之日起一个月以内作出决定，下级人民法院审理案件的期限适用前款规定。

【典型案例目录索引】
1. 李昌奎案
参见《百度百科》、《百度文库》。
2. 谌某某犯盗窃罪法定刑以下核准案
——如何准确区分侵占罪与盗窃罪
载《审判监督指导2010年第1辑》。

【参考阅读的文献资料】
1. 张军主编:《〈中华人民共和国刑事诉讼法〉适用解答》,人民法院出版社2012年版。
2. 陈光中主编:《〈中华人民共和国刑事诉讼法〉修改条文释义与点评》,人民法院出版社2012年版。

第十九章　各种判决裁定的执行程序

第一节　执行程序概述

一、执行的概念和特点

刑事诉讼中的执行,是指人民法院将已经发生法律效力的判决和裁定交付执行机关,以实施其确定的内容,以及处理执行中的诉讼问题而进行的各种活动。

执行是刑事诉讼的最后阶段。但是,并非判决、裁定的整个执行过程和各种活动,都属于刑事诉讼的范畴。属于刑事诉讼的执行活动包括两个方面的内容:

1. 交付执行,即将生效判决、裁定所确定的内容付诸实施而进行的活动。
2. 变更执行,即解决执行过程中的刑罚变更问题所进行的活动。

至于监狱、看守所、未成年犯管教所和公安机关对犯罪进行的监管、教育、组织劳动生产等活动,是司法行政管理工作,不属于刑事诉讼的范畴。

执行的特点是稳定性、排他性、强制性。刑事执行是一种刑事司法活动,凡是已经生效的刑事判决和裁定,任何其他机关、社会团体和个人,都无权随意变更或撤销;对于一起案件,只能作出一个有效的判决;刑事判决和裁定一经发生法律效力,必须按照判决和裁定所确定的内容严格加以执行。

二、执行的依据

执行的依据是人民法院发生法律效力的刑事判决、裁定。不过,这里所说的执行依据,主要是指交付执行的依据。

无论是判决还是裁定,除了判决被告人无罪或免除刑事处罚的以外,其他判决、裁定必须是发生法律效力后才能交付执行,否则,便是违法。

根据我国《刑事诉讼法》第248条和有关法律的规定,下列判决和裁定是发生法律效力的判决、裁定:

1. 已过法定期限没有上诉、抗诉的判决和裁定,即地方各级人民法院作出的上诉期满而没有上诉或抗诉的第一审判决和裁定;

2. 终审的判决和裁定,即中级、高级人民法院第二审案件的判决和裁定,最高人民法院第一审和第二审案件的判决和裁定;

3. 最高人民法院核准的死刑的判决和高级人民法院核准的死刑缓期二年执行的判决。

【案例19-1-01】王明,系某国有股份有限公司经理。2000年某市检察院收到一封检举信,揭露该公司偷税100万元的事实。检察院经调查后,认为该公司确有偷税事实,依法应当追究刑事责任。在案件一审判决后,检察院认为一审法院对被告人王明量刑较轻,依法提起了抗诉。抗诉期满后,检察院即要求法院对该公司判处的罚金立即交付执行,而法院认为,人民检察院提起了抗诉,第一审的判决没有生效,对于罚金刑不应执行。

已生效判决、裁定的种类,根据执行机关和执行程序不同,大致可分为:
1. 判处死刑立即执行判决、裁定。
2. 判处死刑缓期两年执行、无期徒刑、有期徒刑、拘役判决、裁定。
3. 判处有期徒刑缓刑、拘役缓刑判决、裁定。
4. 判处管制、剥夺政治权利判决、裁定。
5. 判处罚金、没收财产、附带民事诉讼判决、裁定。
6. 宣告无罪、免除刑罚判决、裁定。这些不同种类的生效判决、裁定,执行的主体机关和执行程序各有不同。

【案例19-1-02】谢洪武案。谢洪武是广西玉林市兴业县高峰乡农民。1974年6月24日,他被公安部门以私藏反动传单为由送入看守所,在法院未对其作出有罪判决的情况下,谢洪武被羁押28年。据调查卷宗显示,除了一张1974年6月由当时县公安局长签发的拘留证外,谢洪武案并无他物。1996年,检察机关在调查新《刑事诉讼法》落实情况时发现谢洪武的冤情,后经6年查证,终将这一"四无案"(无卷宗、无判决、无罪名、无期限)事实查清。2002年10月30日,62岁的谢洪武终于被释放。

三、执行的主体机关

执行机关是指将刑事判决、裁定所确定的内容付诸实施的机关。在我国,执行机关包括人民法院、罪犯改造机关(监狱、未成年犯管教所等)和公安机关。

根据《刑事诉讼法》第251条、第260条和第261条的规定,死刑、罚金和没收财产的判决和裁定,以及无罪或免除刑罚的判决,均由人民法院自己执行。

根据《刑事诉讼法》第253条规定,对于被判处死刑缓期2年执行、无期徒刑、有期徒刑的罪犯,由公安机关依法将该罪犯送交监狱执行刑罚。对于被判处有期徒刑的罪犯,在被交付执行刑罚前,剩余刑期在三个月以下的,由看守所代为执行。对于被判处拘役的罪犯,由公安机关执行。

根据《刑事诉讼法》第254条、第258条的规定,管制、宣告缓刑、假释或者暂予监外执行的判决和裁定,由社区矫正机构负责执行。

根据《刑事诉讼法》第259条规定,剥夺政治权利由公安机关执行。

【法条链接】
《刑事诉讼法》
第二百四十八条 判决和裁定在发生法律效力后执行。
下列判决和裁定是发生法律效力的判决和裁定:
(一)已过法定期限没有上诉、抗诉的判决和裁定;
(二)终审的判决和裁定;
(三)最高人民法院核准的死刑的判决和高级人民法院核准的死刑缓期两年执行的判决。

【典型案例目录索引】
1. 吴革主编:《中国影响性诉讼2005》,法律出版社2006年版。
2. 刘世春主编:《偷税与反偷税最新案例》,中华工商联合出版社2002年版。

【参考阅读的文献资料】
1. 杨永明:"对我国刑事执行权配置模式的探讨",载《福建政法管理干部学院学报》2005年第1期。
2. 李忠诚:"刑事执行功能研究",载《中国法学》2003年第3期。
3. 国林:"论合理配置刑事执行权",载《政法论坛》2001年第3期。
4. 黄剑:"论刑事执行权的配置",载《法学与实践》2010年第2期。
5. 姚喜平:"刑事执行法律关系探析",载《西北政法学院学报》2001年第4期。

第二节 各种判决、裁定的执行程序

一、死刑立即执行判决的执行

【案例19-2-01】2008年7月1日,北京市民杨佳闯入上海市公安局闸北分局行刺,导致六名警察身亡、五人(四名警察及一名保安)受伤,袭警者杨佳随后在公安局内被制服并逮捕。在杨佳案的审理过程中,关于律师委任、犯罪嫌疑人精神病鉴定、审判透明度等程序争议频出。同年9月1日,上海市第二中级法院作出一审判决,以故意杀人罪判处杨佳死刑立即执行,剥夺政治权利终身。杨佳及其辩护人不服,提出上诉。同年10月20日,上海市高级法院作出终审裁定:驳回杨佳的上诉请求,维持一审原判,并依法报请最高法院核准。同年11月21日,最高法院核准了上海市高级法院维持杨佳死刑的二审判决。2008年11月26日,法院以注射的方式对杨佳执行死刑。

死刑是依法剥夺犯罪分子生命的刑罚,是刑罚中最严厉的刑种。为了防止无法挽回的错杀,《刑事诉讼法》第250条、第251条和252条以及《人民法院组织法》第12条,最高人民法院《刑诉解释》在死刑执行程序上作了严格而周密的规定。

1. 签发执行死刑的命令。最高人民法院判处的死刑立即执行的判决和经高级人民法院报请最高人民法院核准的死刑立即执行的判决,都应当由最高人民法院院长签发执行死刑的命令;最高人民法院授权高级人民法院核准死刑立即执行的判决,由高级人民法院院长签发执行死刑的命令。

2. 执行死刑前的准备工作。最高人民法院和高级人民法院的执行死刑命令,均由高级人民法院交付原审人民法院执行,原审人民法院接到执行死刑命令后,应当在7日以内执行。执行死刑的这一法定期限必须得到严格遵守,不得借故延期执行。原审法院在交付执行死刑前,应当做好以下准备工作:

(1)确定执行死刑的日期与地点。执行的地点选择在刑场或者指定的羁押场所内。执行死刑应严格控制刑场,除依法执行死刑的司法工作人员以外,其他任何人不准进入刑场。

(2)通知人民检察院派员临场监督。人民法院应当在交付执行死刑3日以前,通知同级人民检察院派员临场监督。担负现场监督职责的检察人员如发现有违法情况,应当立即纠正。

3. 执行死刑。关于执行死刑的方法，《刑事诉讼法》规定："死刑采用枪决或者注射等方法执行。""枪决"是用枪弹射击罪犯致其死亡的执行死刑的方法，是我国长期使用的一种行刑方法；"注射"是指通过注射致命性药物使罪犯死亡的执行方法。用注射方法执行死刑，具有执行方便、痛苦小、死亡迅速等特点，可以避免枪决时需占用很大场所，动用许多人力物力以及一枪难以毙命等缺点。

负责指挥执行的审判人员应当对罪犯验明正身。要认真细致地核对罪犯的有关情况，查明其确系该判决认定的应当对执行死刑的罪犯，还应当询问罪犯有无遗言、信札，并制作笔录。对于罪犯的遗言、信札，人民法院应及时进行审查，分别不同情况予以不同处理。

执行死刑应当公布。处决罪犯的布告要选择在适当范围内，适当地点张贴，以使人民群众了解情况。

执行死刑后，在场书记员应当写成笔录。笔录应当记明执行的具体情况。交付执行的人民法院应将执行死刑的情况以及所附执行死刑前后的照片，及时逐级报告核准死刑的最高人民法院。

4. 死刑执行的停止。《刑事诉讼法》第251条规定，下级人民法院在接到执行死刑命令后，发现有下列情形之一的，应当停止执行，并立即报告核准死刑的人民法院，由核准死刑的人民法院作出裁定：

（1）在执行前发现判决可能错误的。

（2）在执行前罪犯揭发重大犯罪事实或者其他重大立功表现，可能需要改判的。

（3）罪犯正在怀孕的。

《刑事诉讼法》第251条第2款又规定，前款第一项、第二项停止执行的原因消失后，必须报请最高人民法院再签发执行死刑的命令才能执行；由于前款第三项原因停止执行的，应当报请最高人民法院依法改判。

【案例19-2-02】杨某被单位辞退，故对单位领导极度不满，心存报复。2008年6月，杨某，纠集董某、樊某携带匕首闯至厂长贾某办公室，将贾某当场杀死。某市中级法院一审以故意杀人罪判处杨某死刑，立即执行，判处董某死刑缓期两年执行，判处樊某有期徒刑15年。被告人杨某经最高法院核准死刑并下达执行死刑命令后，下级法院发现杨某可能另案犯有伤害罪，故停止执行死刑，并且立即报告最高法院，由最高法院作出裁定。

二、死缓、无期徒刑、有期徒刑和拘役判决的执行

【案例19-2-03】2007年9月，张某私自将家中的房产证抵押贷款，款项被其出借和挥霍。父母发现后，对儿子进行了批评教育。张某因此怀恨在心，产生杀死父母的念头。2008年10月12日，张某托朋友弄来一包老鼠药，后来放入汤中，让父母食用。父母出现中毒症状后，他持水果刀猛刺父母，致其父母当场死亡。警方经过侦查，很快将犯罪嫌疑人张某抓获归案。2009年2月，安徽省淮北市中级法院一审以张某犯故意杀人罪，判处其死刑，剥夺政治权利终身。张某提起上诉后，安徽省高级法院经审理认为，鉴于被告人张某所犯的故意杀人罪发生在亲属之间，且其祖母及其他亲属多次要求不判处张某死刑立即执行。同时，张某归案后能坦白罪行，有悔罪表现，对其可判处死刑不立即执行。遂作出终审判决，以故意杀人罪判处被告人张某死刑，缓期两年执行。该判决经死刑复核程序核准后，本案由公安机关依法将罪犯张某转交监狱执行刑罚。

《刑事诉讼法》第 253 条第 1 款规定,对于被判处死刑缓期 2 年执行、无期徒刑、有期徒刑的罪犯,在"罪犯被交付执行刑罚的时候,应当由交付执行的人民法院在判决生效后十日以内将有关的法律文书送达公安机关、监狱或者其他执行机关。《监狱法》第 16 条规定,罪犯被交付执行刑罚时,交付执行的人民法院应当将人民检察院的起诉书副本,人民法院的判决书、执行通知书、结案登记表同时送达监狱。监狱没有收到上述文件的,不得收监;上述文件不齐全或者记载有误的,作出生效判决的人民法院应当及时补充齐全或者作出更正;对其中可能导致错误收监的,不予收监。上述这四种法律文书对于刑罚执行机关对罪犯正确执行刑罚,对罪犯进行教育改造,具有重要意义。有利于刑罚执行机关更全面地了解、揭露、证实犯罪,追诉罪犯的司法活动的全过程,明确了检察机关的起诉意见,更准确地把握罪犯实施犯罪活动的发展过程及其真实的思想脉络。

死刑缓期 2 年执行、无期徒刑、有期徒刑、拘役虽然都属于限制人身自由的刑罚,但由于犯罪性质不同、刑种不同、刑期不同、犯罪人是否成年不同,以上刑罚在执行方式、执行场所等方面都有所不同,《刑事诉讼法》第 253 条第 2 款、第 3 款分别规定,对判处死刑缓期二年执行、无期徒刑、有期徒刑的罪犯,由公安机关依法将罪犯送交监狱执行刑罚。对判处有期徒刑的罪犯,在被交付执行前,剩余刑期在三个月以下的,由看守所代为执行。对于被判处拘役的罪犯,由公安机关执行;对未成年犯应当在未成年犯管教所执行刑罚。

法律规定交付执行前余刑在三个月以下的有期徒刑罪犯由看守所代为执行,更为方便,有利于罪犯服刑改造。对于在看守所执行刑罚的罪犯,应当同未决的犯罪嫌疑人分管分押。

【案例 19-2-04】在一起共同犯罪案件中,主犯王某被判处有期徒刑 15 年,剥夺政治权利 3 年,并处没收个人财产;主犯朱某被判处有期徒刑 10 年,剥夺政治权利 2 年,罚金 2 万人民币;从犯李某被判处有期徒刑 8 个月,但剩余刑期不足三个月;从犯周某被判处拘役 6 个月。根据《刑事诉讼法》修正案第 253 条的相关规定,监狱负责执行死刑缓期两年执行、无期徒刑、剩余刑期在三个月以上的有期徒刑的刑罚。因此,在本案中,王某和朱某应由监狱执行刑罚;李某由于剩余刑期不足三个月,故由看守所代为执行;周某由公安机关执行拘役的刑罚。

【案例 19-2-05】安徽"第一女贪"案。张海英,女,系安徽省亳州市人,2001 年 4 月至 2004 年 7 月任原安徽省阜阳市地方铁路管理局局长、党委书记,2004 年 7 月至案发前任安徽漯阜铁路有限责任公司董事长、总经理。因涉嫌犯贪污罪于 2007 年 12 月 26 日被刑事拘留,2008 年 1 月 8 日被逮捕。阜阳市中级法院审理查明,张海英在担任原阜阳市地方铁路管理局局长、党委书记期间,在阜阳地铁局改制过程中,利用职务之便,通过虚报骗取、截留职工安置资金,隐匿国有企业收入和其他资产予以侵吞等方式,非法占有公共财物 20,140,368.43 元,其行为构成贪污罪。张海英在担任漯阜公司董事长、总经理期间,利用职务便利,非法将漯阜公司的资产和收入转移至个人设立并控制的公司,以及通过虚构项目套取公司资金和利用公司资产为个人贷款支付利息等方式占有公司财产的行为,严重侵犯了漯阜公司和其他股东的财产所有权,其行为构成职务侵占罪,其非法侵占公司资产 42,043,562.64 元。张海英还违反公司管理法规,利用职务之便,私自挪用漯阜公司的资产 18,932,000 元归个人使用,其行为构成挪用资金罪。张海英在职务晋升等事宜过程中,为谋取不正当利益,多次给予安徽省委原副书记王昭耀财物共计150,000元,其行为还构成行贿罪,且属情节严重。2009年1月23日,阜阳市中级法院作出一审判决,判处其无期徒刑,剥夺政治权利终身,并处没收个人全部财产;对张海英违法所得的全部财物,予以追缴。其后两次被安徽省高级法院发回重审。安徽省高级法院认为,张海英贪污、职务侵占、挪用资金犯罪所得的大部分款物已被追回,对其可酌情从轻处罚。张海英所犯行贿罪系在被追诉前主动向办案单位交代犯罪事实,对其行贿罪可减轻处罚。张海英一人犯有数罪,依法应予以数罪并罚。作出终审裁定,维持一审法院判决。

【案例19-2-06】高晓松醉驾案。2011年5月9日22时50分,著名音乐人高晓松在北京市东城区驾车与前车追尾,造成四车连撞,三人轻伤。10日凌晨1时30分,警方专业机构对高晓松进行抽取血液样本检测,结果为每百毫升血液中C_2H_5OH含量为243.04毫克,已经超过醉酒驾车标准3倍。因涉嫌危险驾驶罪,高晓松被北京警方依法刑事拘留。北京市东城区检察院依法提起公诉,东城区法院认为被告人高晓松违反法律规定,在道路上醉酒驾驶机动车,致四车追尾,三人受伤,其行为危害了公共安全,已构成危险驾驶罪,依法应予以刑罚处罚,指控被告人高晓松犯危险驾驶罪的事实及罪名成立。为严肃国法,维护公共安全,对被告人高晓松依照《中华人民共和国刑法》第一百三十三条之一,第五十二条,第五十三条,作出如下判决:被告人高晓松犯危险驾驶罪,判处拘役6个月,并处罚金4,000元。由看守所代为执行。

【案例19-2-07】2010年2月,张某被河西法院以受贿罪判处缓刑,接受社区矫正。法院认为张某的行为虽然触犯了法律,构成犯罪,但在案件审理过程中,张某能主动到检察机关投案自首,庭审中认罪态度较好,案发后,积极退赔全部赃款,这说明张某对自己的犯罪行为有一定的悔罪表现,应从轻或减轻处罚。另外,张某在国家大型企业有多年的基层领导工作,有一定的思想觉悟,犯罪的主观恶意性不大。故对其判处缓刑,在社区矫正中心派驻河西区桃园街道司法所接受社区矫正,得到社区矫正工作人员的尊重和帮助。

三、管制、宣告缓刑、假释、暂予监外执行的执行

《刑事诉讼法》第258条规定,对被判处管制、宣告缓刑、假释或者暂予监外执行的罪犯,依法实行社区矫正,由矫正机构负责执行。

社区矫正是与监禁矫正相对的行刑方式,是指将符合社区矫正条件的罪犯置于社区内,由专门的国家机关在相关社会团体和民间组织以及社会志愿者的协助下,在判决、裁定或决定确定的期限内,矫正其犯罪心理和行为恶习,并促进其顺利回归社会的非监禁刑罚执行活动。社区矫正工作是积极利用各种社会资源、整合社会各方面力量,对罪行较轻、主观恶性较小、社会危害性不大的罪犯或者经过监管改造、确有悔改表现、不致再危害社会的罪犯在社区中进行有针对性管理、教育和改造的工作。

在社区矫正对象的确定上,严格依法办事。目前社区矫正的五种对象,都是现行法律规定的对象,而不是新确定的犯罪分子。对这五种对象实行社区矫正,要严格依照现有的法定程序办理。例如,对犯罪分子判处缓刑,要按照刑法和刑事诉讼法的规定进行;对服刑罪犯实行假释,也要根据现行法律的规定进行。社区矫正工作的主要程序,都是现行法

律规定的程序。社区矫正工作的执行，是依照现行法律进行的。虽然监督、考察和帮教社区矫正对象的大量日常工作，是由司法行政部门承担的，但是，监督考察的法律程序仍然要由公安机关依照现行法律履行。在社区矫正工作中，人民法院、人民检察院、司法行政机关和公安机关根据现行法律的规定，履行各自的职能，既分工负责，又相互配合、相互支持，从而保证社区矫正工作的依法顺利进行。

【案例19-2-08】荣某系广西钦州市人，2012年3月28日晚8时30分左右，荣某喝酒后，驾驶一辆小轿车搭载朋友李某、谢某，从钦州港勒沟桥附近往金鼓新城方向行驶。车行至钦州港进港大道南方电网前路段时，被执勤交警拦下检查。经呼气测试，荣某的酒精含量相当高。随后，民警将荣某带至钦州市第一人民医院港区分院抽血检验，结果其血液乙醇含量为129mg/100ml，已属于醉驾。荣某醉驾虽未发生交通事故，但检察机关依然认为他的行为危害了公共安全，遂以危险驾驶罪对他提起公诉。钦州市钦南区法院开庭审理后，于2012年5月9日作出判决：荣某的行为构成危险驾驶罪，判处拘役4个月，缓刑6个月。此外，荣某还被判处附加刑：罚款5,000元，缓刑考验期间禁止饮酒。并禁止其在缓刑考验期限内"从事特定活动，进入特定区域、场所，接触特定的人"。

四、剥夺政治权利判决的执行

《刑事诉讼法》第259条规定，对被判处剥夺政治权利的罪犯，由公安机关执行。执行期满，应当由执行机关书面通知本人及其所在单位、居住地基层组织。公安机关执行时应宣布剥夺政治权利的期限和内容，并组织罪犯所在单位或居住地群众对其实行监督。在执行剥夺政治权利的刑罚时，要注意政治权利的范围，不能把不属于政治权利的其他权利也作为政治权利一起剥夺。

【案例19-2-09】药家鑫案。药家鑫，系西安音乐学院大三的学生。2010年10月20日深夜，驾车撞人后又将伤者刺了八刀致其死亡，此后驾车逃逸至郭杜十字路口时再次撞伤行人，逃逸时被附近群众抓获。后被公安机关释放。2010年10月23日，被告人药家鑫在其父母陪同下投案。2011年1月11日，西安市检察院以故意杀人罪对药家鑫提起了公诉。同年4月22日在西安市中级法院一审宣判，药家鑫犯故意杀人罪，被判处死刑，剥夺政治权利终身，并处赔偿被害人家属经济损失45,498.5元。药家鑫不服，以其罪行并非极其严重，系初犯、偶犯，且有自首情节，应依法从轻处罚为由提出上诉。陕西省高级法院经审理认为，一审认定药家鑫故意杀人犯罪的事实清楚，证据确实、充分。药家鑫开车撞倒被害人张妙后，为逃避责任将张妙杀死，其行为构成故意杀人罪。药家鑫在作案后第四天由其父母带领到公安机关投案，如实供述犯罪事实，构成自首，但药家鑫开车将被害人撞倒后，为逃避责任杀人灭口，持尖刀朝被害人胸、腹、背部等处连续捅刺，将被害人当场杀死，其犯罪动机极其卑劣，手段特别残忍，情节特别恶劣，属罪行极其严重，虽系初犯、偶犯，并有自首情节，亦不足以对其从轻处罚。对其上诉理由及辩护人的辩护意见不予采纳。陕西省检察院的意见正确，予以采纳。原审判决定罪准确，量刑适当，程序合法，故裁定驳回药家鑫的上诉，维持原判，并依法报请最高法院核准。2011年6月7日上午，药家鑫被执行死刑。

五、罚金、没收财产判决的执行

《刑事诉讼法》第260条规定，罚金判决由人民法院负责执行。被判处罚金的罪犯或者犯罪单位,应按照判决确定的数额在判决规定的期限内一次或分期缴纳。期满无故不缴纳的,人民法院应当强制缴纳。对于被判处罚金的自然人,期满无故不缴纳的,人民法院可以通知其所在单位扣发工资或采取查封、变卖罪犯个人财产等方式执行;对被判处罚金的罪犯单位,人民法院可以通知银行从其账户上直接划款。

被判处罚金的罪犯,因遭遇不能抗拒的灾祸缴纳罚金确实有困难,被执行人向法院申请减少或者免除的,执行法院经审查认定符合法定减免条件的,如果由于遭遇不能抗拒的灾祸缴纳确实有困难的,可以裁定减少或者免除。对于期满不缴纳罚金的罪犯,无论理由正当与否,都不能不经法定程序用其他刑罚代替罚金。罪犯缴纳的罚金,应按规定及时上缴国库,任何机关、单位和个人都不得挪作他用或者私分。

没收财产的判决,无论附加适用或者独立适用,都由人民法院执行;在必要的时候,可以会同公安机关执行。为防止执行前财产转移、损坏以及影响判决执行的情况发生,人民法院可以先采取查封、扣押、冻结被告人财产的措施。

没收财产的范围,只限于犯罪分子本人所有的部分财产或全部财产,不得没收属于罪犯家属所有或应有的财产。对查封前犯罪分子所负正当债务,如果需要用没收的财产偿还的,经债权人请求,由人民法院裁定在没收的财产中酌情偿还。如果在没收的财产中,有罪犯利用犯罪手段获得的他人财产,经原主申请,并经人民法院查证属实后,应将原物退还原主。对于没收的财产,应按有关规定及时上缴国库或财政部门,任何机关、个人都不得私自挪用、调换、压价私分或变相私分。

【案例19-2-10】陈连荣原为杭州打铁关社区党委书记,2004年8月,原社区下属企业杭州新星实业有限公司全额转给陈连荣。2005年起,陈连荣利用职务之便违法占地、违法建筑以及侵占集体资产等问题,开始引起社区居民的强烈不满。不断有居民对陈连荣进行举报,而举报人中,就有住在陈连荣对面的邻居沈水根。2007年12月15日晚5点多,沈水根在打铁关社区被两名男子用刀捅伤右腿后侧。后在冠心病与心血管疾病的基础上,因手术和外伤因素引发心跳、呼吸骤停,复苏后仍因脏器功能衰竭而死亡。2009年4月23日,杭州市中级法院对陈连荣和杭州新星实业有限公司3名女会计做出一审判决,陈因故意伤害罪、职务侵占罪被判无期徒刑,剥夺政治权利终身;三名女会计犯隐匿会计凭证、会计账簿罪,分别被判有期徒刑2年6个月和1年6个月。四名被告人对判决不服,上诉至浙江省高级法院,省高级法院发回杭州市中级法院重审。2010年10月22日,杭州市中级法院作出了发回重审后的一审判决。陈连荣犯职务侵占罪和故意伤害罪,两罪并罚,一审判处无期徒刑,剥夺政治权利终身,并处没收个人全部财产,退赔赃款3,186,033.73元,发还杭州市下城区文晖街道打铁关社区居民委员会;女会计徐丽敏、陆宇仙犯隐匿会计凭证、会计账簿罪,分别被判有期徒刑2年6个月和1年6个月。针对陈连荣判决结果比之前增加了一项:没收个人全部财产。

六、无罪判决和免除刑罚判决的执行

【案例19-2-11】1995年年底,河北省霸州市胜芳镇一户居民杨长林及儿子杨山、杨雪松三人均在家中被杀;2000年12月,同样在胜芳镇,镇税务稽查队长刘德成及妻王俊铃、儿子刘根三人在家中被人杀死。2001年9月27日,霸州市公安局以涉嫌故意杀人罪将原伟东刑事拘留,同年12月15日将其逮捕。陈瑞武、尚志红和杨洪义,因被怀疑和原伟东一起参与了对刘德成一家的灭门案,同时遭到逮捕。在这前后,另有3名犯罪嫌疑人也被拘留。2002年年底与2003年年初,廊坊市中级法院将两起灭门案合并审理。2003年6月一审判决陈瑞武、尚志红、杨洪义与原伟东犯故意杀人罪被判处死刑。七名被告人均不服,向河北省高级法院提起上诉。同年12月,省高级法院以"有的事实尚不清楚"为由,将该案发回重审。2004年6月2日,廊坊市中级法院进行了部分改判,除陈瑞武、原伟东等三人维持死刑外,尚志红被改判死缓,杨洪义被改判无期,其余两名被告人被判无罪。五名被判有罪的被告人再次上诉。2006年12月,河北省高级法院再次将案子发回重审。廊坊市中级法院2008年4月23日作出第二次重审判决,与4年前第一次重审判决一模一样。此时三人已在看守所里被关押了近8年。2009年5月14日,河北省高级法院直接提审此案。2009年11月12日,河北省高级法院作出一份编号为(2008)冀刑四终字第142号的终审判决书。该判决书显示,对第一起灭门案,"原判决认定基本事实清楚,基本证据确实",原伟东及另外一名被告故意杀人罪成立;对第二起灭门案,由于"各被告人在作有罪供述时,所供情节存在诸多矛盾……本起犯罪缺乏客观性证据",因此依法撤销了廊坊市中级法院对陈瑞武、尚志红、杨洪义的有罪判决,而宣告三人无罪。但是在两年之后的2011年11月4日,廊坊市中级法院才宣读了这份判决书。该院违反了刑事诉讼法无罪判决作出后,应当立即释放的相关规定。

【典型案例】

【案例19-2-12】

邓玉娇案。2009年5月10日,湖北省巴东县野三关镇招商办主任邓贵大、副主任黄德志在宾馆娱乐城消费时,对女服务员邓玉娇实行不法侵犯,后者奋力以水果刀拒之,致对方一死一伤。5月12日,巴东县公安局以涉嫌故意杀人罪对邓玉娇立案侦查。6月5日,巴东县检察院以故意伤害罪将邓玉娇起诉至巴东县法院。6月16日县法院作出对邓玉娇免于刑事处罚的判决。巴东县法院认为,邓玉娇在遭受邓贵大、黄德智无理纠缠、拉扯推搡、言辞侮辱等不法侵害的情况下,实施的反击行为具有防卫性质,但超过了必要限度,属于防卫过当。被告人邓玉娇故意伤害致人死亡,其行为已构成故意伤害罪。但案发后,邓玉娇主动向公安机关投案,如实供述罪行,构成自首。经法医鉴定,邓玉娇为心境障碍(双相),属部分(限定)刑事责任能力。据此,依法判决对邓玉娇免于刑事处罚。

《刑事诉讼法》第249条规定,第一审人民法院判决被告人无罪、免除刑事处罚的,如果被告人在押,在宣判后应当立即释放。据此,人民法院在宣判后应当立即通知公安机关,以便公安机关将被告释放。即使当事人及其法定代理人提出上诉或人民检察院提出抗诉,一审判决尚未生效,也不影响释放被告人的立即执行,不得等待判决生效后才予以执行。

第一审人民法院宣告被告人无罪和免除刑事处罚的判决,自诉人或者人民检察院认为有错误,提出了上诉或抗诉,经第二审人民法院依法审理后予以改判处刑的,应执行终审判决。如果对被告人判处拘役或徒刑,就应根据终审判决书将罪犯收押执行。

宣告无罪的被告人在释放后,对其因被错误逮捕而蒙受的损害,还可以根据《国家赔偿法》向赔偿义务机关提出损害赔偿、恢复名誉等请求。赔偿义务机关应当依法给予赔偿,为被害人消除不良影响,恢复名誉。

【法理与法律适用分析】

作为 2009 年中国影响性诉讼之一，其影响力在于网络力量扶助弱者，影响性诉讼考验政府应对。如果不是因为"官员与女服务生"这样力量对比悬殊的主体要素，如果不是因为官民有所断裂的社会大背景，邓玉娇案原本只是一个寻常的刑事案件。但恰恰是因为邓玉娇案具备了上述条件，这个普通刑事案件逐步酿成轰动全国的公共事件。

在本案中，邓玉娇在制止邓贵大、黄得智正在进行的不法侵害中，致一人死亡，其防卫行为明显超过必要限度，构成防卫过当。依照《刑法》第 21 条、第 234 条的规定，犯罪事实清楚，应当以故意伤害罪追究其刑事责任，但应当减轻或者免除处罚。同时，鉴于邓玉娇属尚未完全丧失辨认或者控制自己行为能力的精神病人，依照《刑法》第 18 条，可以从轻或者减轻处罚。此外，邓玉娇具有主动投案自首的情节，也可以从轻或者减轻处罚。根据《刑事诉讼法》第 249 条的规定，第一审人民法院判决被告人无罪、免除刑事处罚的，如果被告人在押，在宣判后应当立即释放。故法院对该案的判决是合理的。

邓玉娇能有"有罪免罚"的一审结果，源自舆论关注、声援等民意因素的重要作用和执法机关的高超应对。司法如何在民意与理性的博弈中寻求平衡，进而努力以良法和善政消弭弱者的怨气，是该案带给我们的启示与反思。

【法条链接】

《刑事诉讼法》

第二百四十九条　第一审人民法院判决被告人无罪、免除刑事处罚的，如果被告人在押，在宣判后应当立即释放。

第二百五十条　最高人民法院判处和核准的死刑立即执行的判决，应当由最高人民法院院长签发执行死刑的命令。

第二百五十二条　人民法院在交付执行死刑前，应当通知同级人民检察院派员临场监督。

死刑采用枪决或者注射等方法执行。

死刑可以在刑场或者指定的羁押场所内执行。

指挥执行的审判人员，对罪犯应当验明正身，讯问有无遗言、信札，然后交付执行人员执行死刑。在执行前，如果发现可能有错误，应当暂停执行，报请最高人民法院裁定。

执行死刑应当公布，不应示众。

执行死刑后，在场书记员应当写成笔录。交付执行的人民法院应当将执行死刑情况报告最高人民法院。

执行死刑后，交付执行的人民法院应当通知罪犯家属。

第二百五十三条　罪犯被交付执行刑罚的时候，应当由交付执行的人民法院在判决生效后十日以内将有关的法律文书送达公安机关、监狱或者其他执行机关。

对被判处死刑缓期二年执行、无期徒刑、有期徒刑的罪犯，由公安机关依法将该罪犯送交监狱执行刑罚。对被判处有期徒刑的罪犯，在被交付执行刑罚前，剩余刑期在三个月以下的，由看守所代为执行。对被判处拘役的罪犯，由公安机关执行。

对未成年犯应当在未成年犯管教所执行刑罚。

执行机关应当将罪犯及时收押，并且通知罪犯家属。

判处有期徒刑、拘役的罪犯，执行期满，应当由执行机关发给释放证明书。

第二百五十八条 对被判处管制、宣告缓刑、假释或者暂予监外执行的罪犯,依法实行社区矫正,由社区矫正机构负责执行。

第二百五十九条 对被判处剥夺政治权利的罪犯,由公安机关执行。执行期满,应当由执行机关书面通知本人及其所在单位、居住地基层组织。

第二百六十条 被判处罚金的罪犯,期满不缴纳的,人民法院应当强制缴纳;如果由于遭遇不能抗拒的灾祸缴纳确实有困难的,可以裁定减少或者免除。

第二百六十一条 没收财产的判决,无论附加适用或者独立适用,都由人民法院执行;在必要的时候,可以会同公安机关执行。

【典型案例目录索引】
1. 吴革主编,王振宇执行主编:《中国影响性诉讼(2008)》法律出版社2009年版。
2.《扬子晚报》,2009年3月11日。
3. 吴革主编,王振宇执行主编:《中国影响性诉讼(2009)》法律出版社2010年版。
4.《新民晚报》,2009年9月15日。
5.《青海法制报》,2008年5月9日。
6.《北京晨报》,2011年10月29日。
7.《南方都市报》,2011年5月18日。
8.《天津政法报》,2010年12月29日。
9.《南国早报》,2012年5月11日。
10."新华网",2011年6月7日。
11.《青年时报》,2009年12月29日。
12.《中国青年报》,2011年12月20日。

【参考阅读的文献资料】
1. 段启俊、曹利民:"论死缓制度的立法完善",载《法学杂志》2009年第12期。
2. 田宏杰、许成磊:"我国死刑缓期执行制度评析",载《西南政法大学报》2000年第4期。
3. 蒋昊:"试述假释执行中存在的问题及完善",载《法制与经济》2010年第12期。
4. 尚爱国:"暂予监外执行若干争议问题研究",载《人民检察》2008年第7期。
5. 孙文波:"财产刑执行的基本原则",载《人民司法》2006年第6期。

第二十章 执行的变更程序

第一节 死刑、死缓执行的变更

一、死刑执行的变更

《刑事诉讼法》第251条和252条在执行死刑的程序中规定了停止执行死刑和暂停执行死刑两种变更执行的情况。这些规定,体现了我国在适用死刑上的慎重态度。其目的,一是为了防止错杀,二是为了更好的体现我国一贯的"可杀可不杀的不杀"的刑事政策。

根据《刑事诉讼法》第251条和最高人民法院的相关规定,下级人民法院在接到最高人民法院或高级人民法院执行死刑的命令后,应当在7日以内交付执行,但是发现有下列情形之一的,应当停止执行,并且立即报告核准死刑的人民法院,由核准死刑的人民法院作出裁定:

1. 在执行前发现判决可能错误的。
2. 在执行前罪犯揭发重大犯罪事实或者其他重大立功表现,可能需要改判的。
3. 罪犯正在怀孕的。

指挥执行的审判人员,对罪犯应当验明正身,讯问有无遗言、信札,然后交付执行人员执行死刑。在执行前,如果发现可能有错误,应当暂停执行,报请核准死刑的人民法院裁定。

在停止执行死刑或者暂停执行死刑的决定做出后,执行死刑的人民法院应当立即报告核准死刑的人民法院,由核准死刑的人民法院院长签发停止执行死刑的命令,并指令原审人民法院或指定的人民法院查实有关情况后上报。经审查核实,如果认为原判是正确的,必须报请原核准死刑的人民法院院长再签发执行死刑的命令,才能执行死刑。如果认为原判决确有错误,或者罪犯检举、揭发重大犯罪事实或者有其他重大立功表现,依法可以减轻处罚的,应当报请核准死刑的人民法院,依照审判监督程序裁定撤销原判决,将案件发回第一审人民法院再审,或者由第二审人民法院重审,或者由核准死刑的人民法院提审,依法改判。如果查实罪犯确系正在怀孕的妇女,应当报请核准死刑的人民法院,依照审判监督程序裁定撤销核准死刑的裁定和原判决,发回原审人民法院再审,依法改判死刑之外的其他刑罚。

【案例20-1-01】2001年5月2日,26岁的被告人董伟与多人酒后到某舞厅,因琐事与死者宋阳争吵、厮打,董伟用道边的板砖连续击打宋头部,宋阳倒地后董伟逃离现场,宋阳医治无效死亡,2001年12月11日,陕西省延安市中级法院以故意杀人罪一审判处董伟死刑立即执行,董伟不服提起上诉。2002年4月27日,董伟的辩护律师朱占平得知二审作出维持一审死刑判决的裁定后,到最高法院进行申诉。在2002年4月29日董伟临刑前接到了最高法院延缓执行死刑的命令。经过129天的调查和审理,2002年9月5日,经原复核法院陕西省高级法院再次复核,共确认了10条证据,认为原审判决认定的基本犯罪事实清楚,基本证据确实、充分,定性准确,量刑适当,审判程序合法,再次作出"驳回上诉,维持原判"的裁定。

二、死缓执行的变更

【案例20-1-02】广西壮族自治区高级法院2011年9月20日公开开庭审理广西监狱管理局提起的减刑案件。2006年6月,北海市中级法院一审认为曾其健构成"以危险方法危害公共安全罪",对其判处死刑,缓期二年执行,剥夺政治权利终身。在本次审理中,广西监狱管理局称,曾其健在服刑期间能够认罪服法,遵守监规,接受教育改造,表现情况良好,2008年至2011年,连续7次获得联保互监小组无违规奖励,2008、2009年度获得监狱表扬,因此报请把无期徒刑减为有期徒刑18年。此前2009年曾其健已经由死缓减为了无期徒刑。曾其健的分管民警刘挺出庭作证,他认为,曾其健对自己的罪行能够认真悔过,平时的学习、考核成绩优秀,还在监狱组织的粤语培训班中担任中文教员,为其他服刑人员做翻译,礼貌待人,符合减刑的法定条件。经审判,曾其健由无期徒刑减为有期徒刑18年。

对于判处死刑缓期两年执行的罪犯,人民法院应当将执行通知书等有关的法律文书交付监狱等执行机关执行。对于被判处死刑缓期两年执行的罪犯,在两年考验期内或者期满后,可能由于其故意犯罪而被核准执行;也可能由于其没有故意犯罪,而被减轻刑罚。无论哪一种结果出现,都直接涉及执行中的刑罚变更问题。死刑缓期两年执行的变更程序是一个特殊的程序,其减刑从原则上来讲不属于减刑的程序;核准死刑,也非一般的核准死刑程序。因此,不论从哪一方面的变更来讲,它都是一个特殊的程序。

1. 变更的条件。《刑事诉讼法》第250条第2款规定,被判处死刑缓期二年执行的罪犯,在死刑缓期执行期间,如果没有故意犯罪,死刑缓期执行期满,应当予以减刑,由执行机关提出书面意见,报请高级人民法院裁定;如果故意犯罪,查证属实,应当执行死刑,由高级人民法院报请最高人民法院核准。这一规定明确将罪犯是否在考验期内故意犯罪作为死刑缓期两年执行变更的唯一条件。

2. 变更的程序。对被判处死刑缓期两年执行的罪犯在考验期内任何时候,如果故意犯罪,查证属实,应当执行死刑的,无需两年期满,应当由罪犯服刑监狱提出执行死刑的书面意见,报经主管的司法行政机关同意以后,由高级人民法院报请最高人民法院核准,并由最高人民法院院长签发执行死刑的命令,交由执行机关所在地的中级人民法院,按照执行死刑的程序执行。

对于死刑缓期两年执行的罪犯在考验期内没有故意犯罪的,所在的执行单位即应提出变更执行刑罚的意见及其理由,并报经当地的司法行政机关审批。司法行政机关对刑罚执行机关提出的变更刑罚的意见经审核同意的,应当再报请当地高级人民法院决定。

【典型案例】
【案例20-1-03】
王强,系江苏省南京市溧水人。王强自2009年6月与前妻严令花离婚后,多次到严住处滋事,冲砸财物,索要钱财,并威胁要加害严全家。2010年11月30日上午7时许,王强携带裁布剪刀再次前往严令花家中寻衅,双方发生口角,王强持剪刀猛捅严令花之弟严令勇左胸三刀,致严令勇当场死亡。2011年6月3日,南京中级法院对此案一审宣判,王强犯故意杀人罪,判处死刑,缓期两年执行,并赔偿死者家属各项损失60余万元,同时,法院还作出对其限制减刑的判决。据悉,这是《刑法修正案(八)》自2010年5月1日实施以来,南京首次适用限制减刑的判决。

【法理与法律适用分析】

本案体现了"宽严相济"的刑事政策。被告人王强论罪当处死刑,但鉴于本案系婚姻、家庭矛盾所引发,对该类犯罪的处理应当与发生在社会上的严重危害社会治安的其他故意杀人犯罪案件有所区别,因此对其适用了死缓,这是"宽"的一面。另外,王强曾因盗窃两次被判刑,本次又犯故意杀人罪,属于累犯,并且他没有对被害人亲属进行充分赔偿,也没有取得被害人亲属的谅解。法院综合这些情节,根据《刑法修正案(八)》的相关规定,决定对其限制减刑,这一判决体现了宽严相济刑事政策"严"的一面。南京市中级人民法院的判决非常合理。

2010年5月1日起实施的《刑法修正案(八)》规定,对累犯及因故意杀人、抢劫、绑架等9种情况犯罪的犯罪分子在判处死缓的同时,人民法院可根据犯罪情节等情况决定对其限制减刑。在此之前,判处死刑缓期两年执行后,最低服刑期限为14年;而在《刑法修正案(八)》施行后,对被告人判处死缓并限制减刑,那么被告人最低服刑期限一般为25年,即使在服刑期间有重大立功的,最低服刑期限也不能少于20年。两年的死刑缓期考验期不包括在内。实际上,这对被告人来说,客观上加大了处罚力度。

【法条链接】

《刑事诉讼法》

第二百五十条 最高人民法院判处和核准的死刑立即执行的判决,应当由最高人民法院院长签发执行死刑的命令。

被判处死刑缓期二年执行的罪犯,在死刑缓期执行期间,如果没有故意犯罪,死刑缓期执行期满,应当予以减刑,由执行机关提出书面意见,报请高级人民法院裁定;如果故意犯罪,查证属实,应当执行死刑,由高级人民法院报请最高人民法院核准。

第二百五十一条 下级人民法院接到最高人民法院执行死刑的命令后,应当在七日以内交付执行。但是发现有下列情形之一的,应当停止执行,并且立即报告最高人民法院,由最高人民法院作出裁定:

(一)在执行前发现判决可能有错误的;

(二)在执行前罪犯揭发重大犯罪事实或者有其他重大立功表现,可能需要改判的;

(三)罪犯正在怀孕。

前款第一项、第二项停止执行的原因消失后,必须报请最高人民法院院长再签发执行死刑的命令才能执行;由于前款第三项原因停止执行的,应当报请最高人民法院依法改判。

【典型案例目录索引】

1.《死刑核准程序应进一步改进和完善——董伟案件的几点反思》,载《河北法学》2003年第2期,

2."广西法制网",2011年9月21日。

3.《人民法院报》,2011年6月9日。

【参考阅读的文献资料】
1. 樊长春:"我国死刑执行程序的若干问题反思",载《法学杂志》2008年第6期。
2. 刘吉山:"刑罚变更执行监督存在的问题及解决对策",载《当代法学》2011年第5期。
3. 竹怀军:"死缓执行变更中若干疑难问题研究",载《韶关学院学报》2005年第1期。
4. 孙健:"死缓执行变更问题研究",载《重庆大学学报》2002年第4期。
5. 高贵君、马岩、方文军:"《关于死刑缓期执行限制减刑案件审理程序若干问题的规定》的理解与适用",载《人民司法》2011年第11期。
6. 方文军:"死刑缓期执行限制减刑制度的司法适用",载《法律适用》2011年第8期。

第二节 监外执行

【案例20-2-01】2011年9月27日早上,在江苏省南通市跃龙路城南新村路段,一辆白色宝马轿车将一名重庆籍打工男子撞死。肇事后,宝马车司机陆露没有下车查看,便疾驰逃离现场。直到当天下午2点,陆露才到公安机关投案,被南通市崇川区公安分局刑事拘留,同年10月11日变更为取保候审。经崇川区法院决定,2012年2月10日对陆露执行逮捕,因其怀孕未能羁押。2月10日,崇川区法院作出了一审判决,经审理,决定以交通肇事罪判处其有期徒刑两年六个月,陆露没有上诉,以怀孕为由向法院申请暂予监外执行。经法院查证,罪犯陆露确已怀孕,符合保外就医的医学条件,不宜收监执行。据此,崇川区法院决定将罪犯陆露暂予监外执行3个月。

监外执行,是指被判处无期徒刑、有期徒刑或者拘役的罪犯,本应在监狱或其他执行机关执行,由于出现了法律规定的某种特殊情形,不适宜在监狱或其他刑罚执行机关执行刑罚时,暂时采取的一种变通执行的方法。

《刑事诉讼法》第254条第1款规定,对被判处有期徒刑或者拘役的犯罪,有下列情形之一的,可以监外执行:(1)有严重疾病,需要保外就医的;(2)怀孕或者正在哺乳自己婴儿的妇女;(3)生活不能自理,适用暂予监外执行不致危害社会的。另外修正案还增加一款作为第2款:对于被判处无期徒刑的罪犯,有前款第二项情形的,可以暂予监外执行。即增加了怀孕或者生在哺乳自己婴儿的妇女若被判处无期徒刑也可暂予监外执行。对于符合监外执行条件的罪犯,如果认为保外就医可能有社会危险性的,也不能予以监外执行。对有的犯罪为了达到监外执行目的,企图通过自伤自残的欺骗方式谋得保外就医,同样也不能予以监外执行。对其中情节恶劣的,视情况还应追究其刑事责任。

对于罪犯确有严重疾病必须保外就医的,必须履行法定的手续,由省级人民政府制定的医院诊断并开具证明文件。对生效判决、裁定交付执行前,暂予监外执行由监狱或者看守所提出书面意见,报省级以上监狱管理机关或者设区的市一级以上公安机关批准。

另外,《刑事诉讼法》增加一条作为第255条:"监狱、看守所提出暂予监外执行的书面意见的,应当将书面意见的副本抄送人民检察院。人民检察院可以向决定或者批准机关提出书面意见。"决定或者批准暂予监外执行的机关应当将暂予监外执行的决定抄送人民检察院。人民检察院认为暂予监外执行不当的,应当自接到通知之日起一个月以内将书面意见送交决定或者批准暂予监外执行的机关,决定或者批准暂予监外执行的机关接到人民检察院的书面意见后,应当立即对该决定进行重新核查。

《刑事诉讼法》第257条细化了应当及时收监的条件:对暂予监外执行的罪犯,有下列情形之一的,应当及时收监:(一)发现不符合暂予监外执行条件的;(二)严重违反有关暂予监外执行监督管理规定的;(三)暂予监外执行的情形消失后,罪犯刑期未满的。

【案例20-2-02】2012年4月,广东省韶关市仁化县检察院认真履行法律监督职责,监督纠正一宗不符合暂予监外执行的案件。该案罪犯卢某于2011年12月被仁化县法院以受贿罪、巨额财产来源不明罪判处有期徒刑十年,随后被投送到监狱服刑。监狱以卢某患有高血压3级、2型糖尿病、痛风等疾病为由而暂不收监。仁化县看守所将卢某押送到某医院作罪犯疾病、伤残鉴定,医院作出其患有高血压病Ⅲ期(极高危)及2型糖尿病的鉴定结论。2012年1月21日,仁化县法院作出《暂予监外执行决定书》,同日,卢某被释放。群众反映卢某被暂予监外执行不恰当,要求检察机关予以监督。韶关市检察院对这一案件高度重视,要求仁化县检察院认真调查,跟踪监督。经初步调查发现,某医院在对卢某进行疾病鉴定时,没有按照司法鉴定的要求进行鉴定,误将高血压3级等同于高血压病Ⅲ期,出具了错误的鉴定结论,导致仁化县法院作出了暂予监外执行的决定。本案中,卢某系高血压3级,但目前没有因高血压引起严重器质病变,监狱有条件治疗,可以投监服刑。据此,同年2月13日,韶关市检察院向仁化县检察院下发《关于加强对罪犯卢某暂予监外执行的执行监督意见》。仁化县检察院当天向该县法院发出检察建议,督促法院对卢某的病情进行重新鉴定,根据新的鉴定结果重新作出裁定。仁化县法院采纳了检察建议,并邀请检察机关派员进行全程监督。执行机关委托经省政府指定的某医院对卢某重新进行疾病、伤残鉴定。最后鉴定结论为:高血压3级,否定了原"高血压病Ⅲ期"的鉴定结论。仁化县法院经过重新审查认为:罪犯卢某的疾病不符合监外执行(保外就医)严重疾病范围的规定,检察机关的检察建议于法有据,应予采纳,遂于2012年2月28日对卢某作出收监执行决定。次日,卢某被收押,投送到监狱服刑。

【典型案例】

【案例20-2-03】

被告人陈某因犯有玩忽职守罪被某区法院判处有期徒刑5年。陈某不服,在法定期限内提出上诉。该市中级法院依照第二审程序对陈某的玩忽职守案进行了重新审理,认为第一审判决量刑偏重,改判为有期徒刑3年。罪犯陈某在未被羁押之前有肝病,服刑期间病情恶化,经省级政府指定的医院医治不见病情好转,需要保外就医。该市监狱根据省级政府指定的医院的诊断证明,提出对罪犯陈某暂予监外执行的意见,报省监狱局批准,并事先同罪犯家属和居住地公安机关联系,办理了暂予监外执行手续,将提请暂予监外执行的罪犯陈某执行监督考查通知书和《犯人出监鉴定表》送给居住地公安机关,对罪犯陈某依法暂予监外执行。

【法理与法律适用分析】

本案中罪犯陈某可以适用监外执行。根据《刑事诉讼法》第254条规定,监外执行的适用对象为被判处有期徒刑或者拘役的罪犯。该条并明确规定具有下列情形之一的,可以暂予监外执行:(1)有严重疾病需要保外就医的。其中,该条对适用保外就医的罪犯作了严格的条件限制和程序性限制,即对于适用保外就医可能有社会危害性的罪犯,或者自伤自残的罪犯,不得保外就医;对于罪犯确有严重疾病,必须保外就医的,由省级人民政府指定的医院开具证明文件。(2)怀孕或正在哺乳自己婴儿的妇女。被判处无期徒刑的罪犯具备该项情形的,也可暂予监外执行。(3)生活不能自理,适用暂予监外执行不致危害社会的罪犯,可以暂予监外执行。就本案讲,罪犯陈某为判处有期徒刑的罪犯,属于适用监外执行的对象,且在服刑期间肝病恶化,经医治不见好转,需保外就医,因此属于上述三种情形之一,可以暂予监外执行。只要适用保外就医不具有社会危害或自伤自残,对于患有严重疾病,必须保外就医的由省级人民政府指定的医院开具证明文件,即可暂予监外执行。故法院的处理符合刑诉法的规定。

【法条链接】

《刑事诉讼法》

第二百五十四条 对被判处有期徒刑或者拘役的罪犯,有下列情形之一的,可以暂予监外执行:

(一)有严重疾病需要保外就医的;

(二)怀孕或者正在哺乳自己婴儿的妇女;

(三)生活不能自理,适用暂予监外执行不致危害社会的。

对被判处无期徒刑的罪犯,有前款第二项规定情形的,可以暂予监外执行。

对适用保外就医可能有社会危险性的罪犯,或者自伤自残的罪犯,不得保外就医。

对罪犯确有严重疾病,必须保外就医的,由省级人民政府指定的医院诊断并开具证明文件。

在交付执行前,暂予监外执行由交付执行的人民法院决定;在交付执行后,暂予监外执行由监狱或者看守所提出书面意见,报省级以上监狱管理机关或者设区的市一级以上公安机关批准。

第二百五十五条 监狱、看守所提出暂予监外执行的书面意见的,应当将书面意见的副本抄送人民检察院。人民检察院可以向决定或者批准机关提出书面意见。

第二百五十六条 决定或者批准暂予监外执行的机关应当将暂予监外执行决定抄送人民检察院。人民检察院认为暂予监外执行不当的,应当自接到通知之日起一个月以内将书面意见送交决定或者批准暂予监外执行的机关,决定或者批准暂予监外执行的机关接到人民检察院的书面意见后,应当立即对该决定进行重新核查。

第二百五十七条 对暂予监外执行的罪犯,有下列情形之一的,应当及时收监:

(一)发现不符合暂予监外执行条件的;

(二)严重违反有关暂予监外执行监督管理规定的;

(三)暂予监外执行的情形消失后,罪犯刑期未满的。

对于人民法院决定暂予监外执行的罪犯应当予以收监的,由人民法院作出决定,将有关的法律文书送达公安机关、监狱或者其他执行机关。

不符合暂予监外执行条件的罪犯通过贿赂等非法手段被暂予监外执行的,在监外执行的期间不计入执行刑期。罪犯在暂予监外执行期间脱逃的,脱逃的期间不计入执行刑期。

罪犯在暂予监外执行期间死亡的,执行机关应当及时通知监狱或者看守所。

【典型案例目录索引】
1.《南通日报》，2012年3月8日。
2.《兰州晨报》，2009年1月19日。
3.《韶关日报》，2012年4月11日。

【参考阅读的文献资料】
1. 尚爱国："暂予监外执行若干争议问题研究"，载《人民检察》2008年第7期。
2. 郑华："暂予监外执行监督的若干问题"，载《检察实践》2003年第2期。
3. 杨文艳、桂忠孝、崔杰："罪犯监外执行工作的实践与思考"，载《犯罪研究》2002年第5期。

第三节　减刑和假释程序

【案例20-3-01】2007年12月28日，苏州市中级法院召开了减刑听证会，公开审理了社区矫正对象张某的减刑案件。沧浪区检察院检察官张峻出庭进行法律监督。张某因交通肇事罪被判处有期徒刑三年，缓刑四年。在缓刑考验期内，张某自觉遵守监督管理规定和制度，按时向基层社区矫正机构和公安管理部门报告自己的活动情况，自觉接受帮助教育，并积极利用社会关系，为当地介绍外商前来投资落户，共引进外资10230万美元，为解决当地农民就业，提升产业层次做出了重要贡献。通过庭审调查等法律程序，苏州市中级法院合议庭最终依法作出减刑裁定：张某被裁定缩短缓刑考验期10个月。

减刑和假释是我国刑罚执行中的重要制度，体现了我国惩办与宽大相结合，惩罚与教育相结合的刑事政策。正确的适用减刑和假释，对于鼓励犯罪分子加速改造，实现刑事诉讼的任务，都具有重要意义。

根据《刑法》第78条第1款的规定，被判处管制、拘役、有期徒刑、无期徒刑的犯罪分子，在执行期间，认真遵守监规，接受教育改造，确有悔改表现的，或者有立功表现的，可以减刑；有重大立功表现的，应当减刑。《刑事诉讼法》第262条第2款规定："被判处管制、拘役、有期徒刑或者无期徒刑的罪犯，在执行期间确有悔改或者立功表现，应当依法予以减刑、假释的时候，由执行机关提出意见书，报请人民法院审核裁定，并将建议书副本抄送人民检察院。人民检察院可以向人民法院提出书面意见。"这一规定，明确了减刑、假释的程序。

1. 管辖法院

根据《监狱法》、最高人民法院《关于办理减刑、假释案件具体应用法律若干问题的规定》等有关法律规定，减刑、假释的案件应当分别由下列法院审核裁定：

(1) 被判处无期徒刑罪犯的减刑、假释，应当由罪犯所在监狱、未成年犯管教所提出书面意见，经省、自治区、直辖市的司法行政机关审核同意后，报请当地高级人民法院审核裁定。

(2) 被判处有期徒刑罪犯的减刑、假释，应当由监狱、未成年人犯管教所提出书面意见，报请当地中级人民法院审核裁定。

(3) 被判处有期徒刑，在交付执行时剩余刑期在三个月以下的的罪犯的减刑、假释，由看守所提出书面意见，经当地县级以上公安机关审查同意后，分别报请当地中级人民法院或基层人民法院审核裁定。

(4)被判处拘役的罪犯的减刑、假释,由拘役所提出书面意见,经当地县级公安机关审核同意后,报请当地基层人民法院审核裁定。

(5)被判处管制的罪犯的减刑、假释,由社区矫正机构提出意见,经当地县级公安机关审核同意后,报请当地基层人民法院裁定。

应当注意,如果原终审的人民法院的级别高于减刑、假释案件的管辖法院,则由原终审的人民法院管辖。人民法院按照审判监督程序重新审理的案件,维持原判决、裁定的,原减刑、假释裁定效力不变;改变原判决、裁定的,应由刑罚执行机关依照再审裁判情况和原减刑、假释情况,提请有管辖权的人民法院重新作出减刑、假释裁定。

2. 程序

监狱等执行机关在报请人民法院审核裁定减刑假释时,必须做到材料完备、手续齐全,以保证人民法院审理活动的顺利进行。最高人民法院《关于办理减刑、假释案件具体应用法律若干问题的规定》第24条规定:人民法院受理减刑、假释案件,应当审查执行机关是否移送下列材料:(1)减刑或者假释建议书;(2)终审法院的裁判文书、执行通知书、历次减刑裁定书的复制件;(3)罪犯确有悔改或者立功、重大立功表现的具体事实的书面证明材料;(4)罪犯评审鉴定表、奖惩审批表等;(5)其他根据案件的审理需要移送的材料。提请假释的,应当附有社区矫正机构关于罪犯假释后对所居住社区影响的调查评估报告。人民检察院对提请减刑、假释案件提出的检察意见,应当一并移送受理减刑、假释案件的人民法院。经审查,如果前三款规定的材料齐备的,应当立案;材料不齐备的,应当通知提请减刑、假释的执行机关补送。

人民法院审理减刑、假释案件,可以采用书面审理的方式。但下列案件,应当开庭审理:(1)因罪犯有重大立功表现提请减刑的;(2)提请减刑的起始时间、间隔时间或者减刑幅度不符合一般规定的;(3)在社会上有重大影响或社会关注度高的;(4)公示期间收到投诉意见的;(5)人民检察院有异议的;(6)人民法院认为有开庭审理必要的。

对于经查证核实,具备法定条件的,应裁定予以减刑、假释。减刑、假释裁定书应扼要写明罪犯确有悔改或立功表现的事实,引用刑法、刑事诉讼法等法律规定的有关条款,并注明减刑、假释的起止日期。《监狱法》规定,人民法院应当自收到减刑建议书或者假释建议书之日起1个月内予以审核裁定;案情复杂或者情况特殊的,可以延长一个月。减刑裁定书的副本或假释书的副本应当抄送人民检察院,并送交原审人民法院存卷。

在人民法院作出减刑、假释裁定前,执行机关书面提请撤回减刑、假释建议的,是否准许,由人民法院决定。人民法院的减刑或者假释裁定,应由作出裁定的人民法院直接宣告,直接宣告有困难的,也可委托罪犯服刑地的人民法院或者执行机关代为宣告,对于人民法院裁定假释的罪犯,监狱等刑罚执行机关应当按期假释,并发给假释证明书。减刑、假释的裁定,应当在裁定作出之日起七日内送达有关执行机关、人民检察院以及罪犯本人。

人民法院审理减刑、假释案件,应当一律予以公示。公示地点为罪犯服刑场所的公共区域。有条件的地方,应面向社会公示,接受社会监督。公示应当包括下列内容:(1)罪犯的姓名;(2)原判认定的罪名和刑期;(3)罪犯历次减刑情况;(4)执行机关的减刑、假释建议和依据;(5)公示期限;(6)意见反馈方式等。

人民法院发现本院或者下级人民法院已经生效的减刑、假释裁定确有错误,应当依法重新组成合议庭进行审理并作出裁定。人民检察院认为人民法院减刑、假释的裁定不当,应当在收到裁定书副本后 20 日以内,向人民法院提出书面纠正意见。人民法院应当在收到纠正意见后一个月以内重新组成合议庭进行审理,作出最终裁定。

3. 假释决定的执行

根据《刑法》第 81 条的规定,被判处有期徒刑的犯罪分子,执行原判刑期二分之一以上,被判处无期徒刑的犯罪分子,实际执行十三年以上,如果认真遵守监规,接受教育改造,确有悔改表现,没有再犯罪的危险的,可以假释。如果有特殊情况,经最高人民法院核准,可以不受上述执行刑期的限制。对累犯以及因故意杀人、强奸、抢劫、绑架、放火、爆炸、投放危险物质或者有组织的暴力性犯罪被判处十年以上有期徒刑、无期徒刑的犯罪分子,不得假释。《刑事诉讼法》第 258 条规定,对判处假释的罪犯,依法实行社区矫正,由社区矫正机构负责执行。对假释的犯罪分子,在假释考验期限内,依法实行社区矫正,如果在假释考验期内未再犯新罪,未发现漏罪,也没有尚未构成犯罪的违法行为,假释考验期满,就认为原判刑罚已经执行完毕,并公开予以宣告。

【典型案例】

【案例 20-3-02】

2006 年 4 月 21 日,许霆与朋友郭安山利用 ATM 机故障漏洞取款,许霆取出 17.5 万元,郭安山取出 1.8 万元。事发后,郭安山主动自首被判处有期徒刑一年,而许霆潜逃一年落网。2007 年 12 月一审,许霆被广州市中级法院判处无期徒刑。2008 年 2 月 22 日,案件发回广州市中级法院重审改判 5 年有期徒刑。2010 年 7 月 29 日,在高明监狱召开假释听证会后,佛山市中级法院作出了假释的裁定书:许霆在服刑考核期间获得嘉奖 1 次,2010 年 4 月被评为改造积极分子,已缴纳罚金 2 万元。佛山市中级法院决定对罪犯许霆予以假释。假释考验期自 2010 年 7 月 30 日起,至 2012 年 5 月 21 日止。

【法理与法律适用分析】

作为 2006 年中国十大影响性诉讼案例之一的许霆案,一直是社会关注的热点案件。依法理而言,违法者对其违法行为应承担相应的法律后果。对不同的违法行为应采取不同的法律制裁,并以不同的方式来承担法律责任。刑事责任被追究的同时,不能自然免除应承担的民事责任。许霆盗窃罪成立,被判处罚金,法理昭然,于法有据,但许霆案重审判决与假释裁定中还是存在一些问题值得我们深思。

许霆案判决追缴犯罪所得与罚金刑引出的第一个法律问题是:先向国家缴纳罚金,还是先赔偿被害人的经济损失?《刑法》第 36 条规定:"由于犯罪行为而使被害人遭受经济损失的,对犯罪分子除依法给予刑事处罚外,并应根据情况判处赔偿经济损失。""承担民事赔偿责任的犯罪分子,同时被判处罚金,其财产不足以全部支付的,或者被判处没收财产的,应当先承担对被害人的民事赔偿责任。"本条规定了赔偿经济损失与民事优先原则,许霆案既被法院判处罚金,又判令追缴犯罪所得并发还受害单位,当然依法应先由许霆赔偿受害单位银行的经济损失。现在的情况是,许霆先缴纳罚金而获假释,赃款却未退清,更谈不上赔偿损失问题。显而易见,此案判决追缴赃款以赔偿损失,与执行罚金之间存在与法律规定相违背的问题。

另一方面的问题是:追缴犯罪所得是否只能由法院行使?赃款未能追缴的情况在许霆案判决的量刑中是怎样考虑的?裁定假释时是否已经考虑其中?《刑法》第 64 条中规定:"犯罪分子违法所得的一切财物,应当予以追缴或者责令退赔;对被害人的合法财产,应当及时返还。"《最高人民法院关于刑事附带民事诉讼范围问题的规定》第5条规定:"犯罪分子非法占有、处置被害人财产而使其遭受物质损失的,人民法院应当依法予以追缴或者责令退赔。被追缴、退赔的情况,人民法院可以作为量刑情节予以考虑。"比较前后两个条文,可以看出,前者是规定在刑罚的具体运用——量刑章节中,但未规定追缴、退赔情况如何运用于量刑,后者弥补了刑法条文的不足。责令退赔或责令赔偿损失本来是解决民事责任的一种方式,但在刑事诉讼中,由于犯罪行为同时又是侵权行为,从法律维护合法权益的角度,为挽回被害人的经济损失,司法机关包括法院,在查明犯罪事实的过程中,应对犯罪所得予以追缴或责令退赔,这不是法院独享的职权。认为只有法院确定有罪,才能追缴违法所得或责令退赔,这实际上是对法律的误读。许霆将赃款非法占有、处置后一直没有退赔,司法机关也未能追缴,对许霆减轻处罚至五年有期徒刑后,在法院裁定许霆假释前,原先判决追缴犯罪所得并没有落实或执行到位,法院裁定假释时也没有考虑这种情况,这显然是不够妥当的。

【法条链接】

《刑事诉讼法》

第二百六十三条 人民检察院认为人民法院减刑、假释的裁定不当,应当在收到裁定书副本后二十日以内,向人民法院提出书面纠正意见。人民法院应当在收到纠正意见后一个月以内重新组成合议庭进行审理,作出最终裁定。

【典型案例目录索引】

1."江苏法院网",2011年11月1日。
2. 吴革主编:《中国影响性诉讼2006》,法律出版社2007年版。

【参考阅读的文献资料】

1. 刘方:"检察机关对减刑、假释程序监督的立法完善",载《西南政法大学学报》2010年第1期。
2. 蔡杰、肖伟:"减刑程序中检察参与机制的缺失与构建",载《人民检察》2007年第20期。
3. 彭海青:"我国减刑程序的诉讼化回归路径初探建",载《中国司法》2007年第3期。

第四节 对新罪、漏罪和申诉的处理

一、对新罪、漏罪的处理

【案例20-4-01】被告人唐奎仁曾因犯抢劫罪于2001年1月3日被云南省盐津县法院判处有期徒刑四年,2005年12月12日又因犯抢劫罪被盐津县法院判处有期徒刑七年,在云南省昭通监狱服刑期间于2009年1月12日因病被保外就医。2010年7月30日凌晨2时许,秘密窃取现金1,363.50元。云南省大关县法院认为,被告人唐奎仁秘密窃取他人现金,数额较大,应以盗窃罪追究其刑事责任。被告人唐奎仁曾因犯抢劫罪两次入狱服刑,在暂予监外执行期间又犯新罪,应将前罪未执行完毕的刑罚与新罪所判刑罚实行数罪并罚。被告人唐奎仁犯盗窃罪,判处有期徒刑七个月,并处罚金人民币1,000元。被告人唐奎仁犯抢劫罪剩余刑期为一年两个月十天,与新犯的盗窃罪刑期七个月并罚,总和刑期一年九个月十天,决定执行有期徒刑一年六个月,并处罚金人民币1,000元。

新罪,是指罪犯在服刑期间又犯的新罪行。漏罪,是指判决生效后在执行过程中发现的罪犯在判决宣告以前所犯的尚未判决的罪行。

《刑事诉讼法》第262条第1款规定:"罪犯在服刑期间又犯罪的,或者发现了判决的时候没有发现的罪行,由执行机关移送人民检察院处理。"发现了罪犯的新罪,都应依法追诉,这必然会涉及执行的变更问题。

在刑罚执行期间,如果发现了罪犯在判决宣告以前所犯的尚未判决的漏罪,或者罪犯实施了脱逃、组织越狱、伤害等新罪,由监狱等有管辖权的机关进行侦查。侦查终结后,写出起诉意见书,连同案卷材料、证据一并移送人民检察院。如果认为需要追究刑事责任,人民检察院应按管辖分工的不同,向有管辖权的基层人民法院或者中级人民法院起诉。人民法院应依法进行审判,将罪犯的新罪和漏罪所判处的刑罚与原判决尚未执行完毕的刑期,按数罪并罚的原则,决定应当执行的刑罚。

关于服刑罪犯脱逃后又犯罪是否办理逮捕手续的问题,应分别情况处理:(1)如果查明查获的犯罪分子确为服刑期间脱逃的罪犯,可由捕获的公安机关羁押,不必再办逮捕手续,看守所应当凭公安机关的羁押文件收押;(2)如果未查明犯罪人系服刑期间脱逃的罪犯,其行为又该逮捕的,可依法办理逮捕手续;(3)在办理服刑期间又犯新罪的案件的过程中,如果罪犯服刑期届满,所犯新罪够逮捕条件,应由人民检察院或人民法院批准或决定逮捕。

人民法院对新罪、漏罪审理后制作的判决书,除应送达罪犯交付执行的监狱外,还应送达原审人民法院和担负监所检察任务的人民检察院。

【案例20-4-02】李庄漏罪案。重庆市江北区检察院在对李庄漏罪提起公诉时,有充分证据指控李庄犯有辩护人妨害作证罪,应依法提起公诉,追究其刑事责任。但本案在庭审过程中,辩护方向法庭提交了新证据,与检察院指控李庄犯辩护人妨害作证罪的有罪证据矛盾。4月20日休庭后,江北区检察院对该新证据进行了认真核实,并经院检察委员会研究,认为现有证据发生变化导致指控事实和证据产生疑问。依据我国《刑事诉讼法》的相关规定,检察机关在办案过程中既重视认定被告人有罪的证据,也重视有利于被告人的无罪证据。因此检方在办案过程中本着对事实负责、对法律负责的态度,坚持依法办案、客观公正、不枉不纵的原则,决定依法将本案撤回起诉。江北区检察院对本案撤回起诉符合法律的相关规定,也体现了检察机关尊重事实,尊重法律,以事实为依据,以法律为准绳,客观公正的办案原则。

二、对错判申诉的处理

《刑事诉讼法》第264条规定,监狱和其他执行机关在刑罚执行中,如果认为判决有错误或者罪犯提出申诉,应当转请人民检察院或者原判人民法院处理。"根据规定,在执行刑罚中,监狱和其他执行机关如果发现对罪犯的判决有错误,应本着对法律高度负责的精神,及时将有关情况及意见向人民检察院或原判人民法院反映。在执行刑罚中,罪犯本人认为生效裁判有错误的,也可以向人民检察院或原判人民法院提出申诉,请求重新处理。所谓申诉,是指罪犯认为对自己的判决有错误,在服刑中提出撤销或变更原判刑罚的请求。对于罪犯的申诉材料,监狱或其他刑罚执行机关应当及时传递,不得扣压。

人民检察院或者原判人民法院对收到的申诉材料及意见,应当迅速审查。对于确有错误的,应依法提起审判监督程序,对案件进行再审。对于原判正确,申请没有理由的,可以驳回申诉，并将处理结果通知申诉人和有关执行机关。《监狱法》规定，人民检察院或人民法院应当自收到监狱提请处理意见书之日起6个月内将处理结果通知监狱。

【案例20-4-03】湖北省黄陂一家米厂老板熊东生因合同诈骗罪被判刑3年。出狱8年来，他坚持申诉，相信自己是清白的。直至2007年1月31日，湖北省高级法院认为熊东生一案符合再审立案条件，遂下达再审决定书：由省高级法院进行提审。同年2月7日，省高级法院下达刑事裁定书：撤销原一、二审判决，发回云梦县法院重审。同年7月14日，云梦县法院再审仍认定熊东生犯合同诈骗罪。9月30日，孝感市中级法院二审驳回熊东生的上诉，维持原判。熊东生仍不服，再次向省高级法院提出申诉。2008年10月19日，省高级法院再次作出再审决定，由该院提审本案。省高级法院认为，原判决认定熊东生以非法占有为目的，骗取胡金店粮管所货款证据不足，遂作出终审判决如下：撤销云梦县法院和孝感市中级法院对该案的刑事裁定，对熊东生宣告无罪。

【法条链接】
《刑事诉讼法》
第二百六十二条　罪犯在服刑期间又犯罪的，或者发现了判决的时候所没有发现的罪行，由执行机关移送人民检察院处理。

被判处管制、拘役、有期徒刑或者无期徒刑的罪犯，在执行期间确有悔改或者立功表现，应当依法予以减刑、假释的时候，由执行机关提出建议书，报请人民法院审核裁定，并将建议书副本抄送人民检察院。人民检察院可以向人民法院提出书面意见。

第二百六十四条　监狱和其他执行机关在刑罚执行中，如果认为判决有错误或者罪犯提出申诉，应当转请人民检察院或者原判人民法院处理。

【典型案例目录索引】
1. "云南法院网"，2011年3月21日。
2. 《新京报》，2011年4月20日。
3. 《楚天都市报》，2008年12月27日。

【参考阅读的文献资料】
1. 韦宝镇："判决生效前立功、漏罪或新罪程序问题研究"，载《中国刑事法杂志》2001年第5期。
2. 杨子良："被假释犯罪分子漏罪、新罪处理中的若干问题"，载《法律适用》2006年第21期。
3. 崔小龙："服刑罪犯有漏罪新罪如何处理"，载《检察日报》2007年8月2日。
4. 蒋晓轩："缓刑考验期内发现漏罪是逮捕还是收监执行"，载《江苏法制报》2008年1月22日。

第二十一章 未成年人刑事案件诉讼程序

第一节 未成年人犯罪案件诉讼程序概述

未成年人犯罪案件刑事诉讼程序是指由法律专门规定处理未成年人犯罪案件的特别刑事诉讼程序。

未成年人犯罪,是世界各国普遍存在的一个严重的社会问题。因此,世界各国刑事实体法对于未成年人的刑事责任和处罚原则都作了明确的规定,以确定未成年人犯罪和处理方法。虽然各国的这些规定不尽相同,但它们都是根据未成年人正处在成长发育的过程之中,生理、心理等方面尚未完全成熟,辨别是非能力和自我控制能力差,缺乏社会经验,富于幻想,容易受外界事物和环境的影响,具有较大的可塑性和接受教育的可能性,所以,刑事实体法对未成年人犯罪作出特别的规定。然而,只有刑事实体法的特别规定,而无与之相适应的特别程序法的规定,仍不能实现对未成年人犯罪予以特别处置的目的。正因为如此,从19世纪末20世纪初以来,一些国家相继公布了处理未成年人犯罪的特别程序法。如世界上第一个关于未成年人的专门立法——1899年美国伊利诺斯州少年法庭法、1905年英国儿童法、1912年法国青少年保护法(1945年改名为少年犯罪法)、1974年德国青少年刑法、1948年日本少年法和1949年少年审判规则,以及现今许多国家刑事诉讼法典中有关未成年人案件诉讼程序的专门规定,虽然它们的法律名称不尽相同,其内容有各自的特色,但也具有共同的特点。这就是在内容上冲破了传统的分类法。从未成年人专门法规来看,既有处理未成年人违法的规定,又有处理未成年人犯罪的规定;从刑事诉讼法典中规定的未成年人犯罪的诉讼程序而言,也不局限于传统的刑事诉讼程序,而特别设置刑事诉讼前的处理程序。对于未成年人的刑事责任能力,各国的立法规定不尽一致。根据我国《刑法》第17条的规定,已满16岁的人犯罪,应当负刑事责任。已满14岁不满16岁的人,犯故意杀人、故意伤害致人重伤或者死亡、强奸、抢劫、贩卖毒品、放火、爆炸、投毒罪的,应当负刑事责任。因不满16岁不予刑事处罚的,责令他的家长或者监护人加以管教;在必要的时候,也可以由政府收容教养。因此,我国少年犯罪的诉讼程序,是指对于已满14岁未满18岁的人犯罪案件的处理程序。它包括对于已满14岁未满18岁的人犯罪的侦查、起诉、审判和执行等刑事诉讼程序,也包括刑事诉讼程序前的调查和处理程序。这一程序,不仅从法律上确定行为人是否犯罪,更重要的是考虑到行为人是未成年人这一特点,着眼于对未成年人最适宜的处置。

在处理未成年人犯罪的问题上,我们党和国家制定了正确的方针,采取了适合我国实际情况的措施,我国有关法律在对未成年人犯罪的处理程序上也作出了一些规定,从1985年党中央提出"抓紧制定有关保护青少年的法律"之后,据1991年4月统计,已有上海、福建、湖南、北京、辽宁、贵州、河南、广东、山西、内蒙古、山东、黑龙江、天津、河北、宁夏、四川16个省、直辖市、自治区相继颁布、实施了地方性的未成年人保护条例,有的称《青少年保护条例》。

《中华人民共和国未成年人保护法》已由第七届全国人民代表大会常务委员会第21次会议于1991年9月4日通过,自1992年1月1日起施行,并于2006年12月29日由中华人民共和国第十届全国人民代表大会常务委员会第25次会议修订通过,2007年6月1日起施行。我国最高人民法院1991年2月1日施行《关于办理少年刑事案件的若干规定(试行)》,2001年4月12日施行《关于审理未成年人刑事案件的若干规定》,2006年1月23日施行《关于审理未成年人刑事案件具体应用法律若干问题的解释》。最高人民检察院2007年1月9日发布《人民检察院办理未成年人刑事案件的规定》。这些法律、司法解释及规定不仅包括了实体法、组织法方面的内容,也规定了未成年人犯罪如何审理、处置和如何教育、改造等程序法方面的一系列问题。与此同时,人民法院、人民检察院和公安机关在司法实践中也积累了丰富的经验。

修改前的《刑事诉讼法》没有对未成年人刑事案件设置专门的诉讼程序,有关程序规定主要散见于刑事诉讼法、未成年人保护法、预防未成年人犯罪法以及相关的司法解释或部门规定中。近年来,各地司法机关在办理未成年人刑事案件中对符合青少年身心特点、有益于教育挽救失足未成年人办案方式进行了积极探索,积累了丰富经验,取得了很好的效果。这次刑事诉讼法修改,立法机关将司法机关成功的经验上升为法律,形成了具有中国特色的未成年人司法制度。

与修改前的《刑事诉讼法》相比,修改后的《刑事诉讼法》在第五编特别程序中设置了未成年人刑事案件诉讼程序专章,共11个条文,使未成年人刑事案件诉讼程序在立法体例上相对独立,在内容上丰富、完善了未成年人刑事司法制度。修订后的《刑事诉讼法》首次以专章对未成年人刑事案件诉讼程序进行了规定,结束了之前我国未成年人刑事诉讼法律缺漏、重复、抵触等问题,提现了国家对未成年人的特殊保护,是我国未成年人立法的历史性突破。本章即针对未成年人的特点,专门规定了未成年人犯罪案件诉讼程序。不仅确定了"教育、感化、挽救"的方针和"教育为主、惩罚为辅"的原则,还设立了未成年人刑事案件的强制指定辩护、严格适用逮捕、分别处理、合适成年人参与、不公开审理、附条件不起诉、社会调查报告、犯罪记录封存等多项诉讼制度。这些规定不仅体现了国家对未成年人的人文关怀,对推动我国法治建设,维护社会稳定等也具有重要意义。

第二节 未成年人刑事诉讼的方针和原则

一、未成年人刑事诉讼方针

《未成年人保护法》第54条规定:"对违法犯罪的未成年人,实行教育、感化、挽救的方针,坚持教育为主、惩罚为辅的原则。"最高人民检察院《人民检察院办理未成年人刑事案件的规定》第2条规定:"人民检察院办理未成年人刑事案件,实行教育、感化、挽救的方针,坚持教育为主、惩罚为辅的原则。"最高人民法院《关于审理未成年人刑事案件具体应用法律若干问题的解释》也明确了"教育为主,惩罚为辅"的原则。我国是人民民主专政的社会主义国家,对于未成年人犯罪的处理,一贯实行"教育、感化、挽救"的方针。这从新中国成立初期党中央和中央人民政府法制委员会、最高人民检察院、最高人民法院和司法部历次有关批复、指示中得到具体的反映。特别是党的十一届三中全会以来,随着加强社会主义民主和健全社会主义法制,根据社会治安中出现的新情况,未成年人犯罪中出现的新问题,党和国家进一步明确了对于违法犯罪的未成年人的方针。

1979年8月17日,在中共中央转发中央宣传部等8个单位《关于提请全党重视解决青少年违法犯罪问题的报告》的通知中,明确地指出:"对于违法犯罪的青少年,我们的方针应着眼于教育、挽救和改造"。1981年8月,彭真在视察河北秦皇岛市劳动教养所时,针对大多数劳动教养对象是青少年的情况对该所的干部说:"你们对待劳教人员要像父母对待患有传染病的孩子一样,像老师对待有错误的学生一样,像医生对待病人一样,满腔热情地教育、感化和挽救他们,使他们养成学习习惯、劳动习惯。不要嫌弃他们。"并说:"你们把这项工作做好了,把他们教育好了,他们中间可能出很多人才。"

1983年9月20日,彭真在六届人大常委会第二次会议上的重要讲话中,在说明会议决定严惩严重危害社会治安的犯罪分子,对有关的部分法律规定作了修改、补充的同时,明确指出:"至于对那些有轻微违法犯罪行为的青少年孩子,还是要着重感化、教育、改造,把他们挽救过来。"

修订后的《刑事诉讼法》第266条规定,对犯罪的未成年人实行教育、感化、挽救的方针,坚持教育为主、惩罚为辅的原则。人民法院、人民检察院和公安机关办理未成年人刑事案件,应当保障未成年人行使其诉讼权利,保障未成年人得到法律帮助,并有熟悉未成年人身心特点的审判人员、检察人员、侦查人员承办。该条第1款规定了未成年人刑事案件诉讼活动的主导思想和基本准则。

由此可见,我国对于犯罪的未成年人,无论是过去、现在或将来,无论是在什么样的情势下,都要坚持教育、感化、挽救的方针。

首先,是基于未成年人是我们的希望,是祖国的未来。十年树木,百年树人。按照德育、智育、体育全面发展的要求,把我国下一代培养成为有社会主义觉悟的、有文化的劳动者,这是全党和全国各族人民的共同任务。这一工作的好坏,不仅关系到安定团结政治局面的长期巩固、关系到社会主义现代化建设的加速发展,而且直接影响着新一代人的成长,关系到我们党和国家的前途,关系到我们民族的盛衰。因此,关怀、爱护和教育包括有违法犯罪行为在内的未成年人,是我们党、国家和人民应尽的责任。

其次,对犯罪的未成年人采取教育、感化、挽救的方针,是根据未成年人具有较大的可塑性和接受教育的可能性的特点,相信并争取其中的绝大多数能够改好。从实践来看,犯罪的未成年人,大多数是属于轻微的或者一般的犯罪行为,这就需要我们对犯罪的未成年人进行教育、感化和挽救,一方面满腔热情地在生活上关心、体贴他们,在政治上爱护他们,在学习文化技术上帮助他们,使他们消除疑惧心理和对立情绪,真正相信党和政府是在教育、挽救自己;另一方面,对他们严格管理,严格要求,不做无原则迁就,这样,他们中的绝大多数是可以改造过来的。

再次,对犯罪的未成年人着眼于教育、感化、挽救,绝不是说对犯罪可以不作严肃认真的处理。邓小平指出:"对于绝大多数破坏社会秩序的人应采取教育的办法,凡是能教育的都要教育,但是不能教育或教育无效的时候,就应该对各种犯罪坚决采取法律措施,不能手软。"这就是说,坚持教育、改造为主,惩罚为辅,对极少数有严重罪行的犯罪分子,则必须依法严肃惩罚。这一点,对于未成年人犯罪同样适用。因为不这样办,就不利于社会主义民主和社会主义法制的加强,也难以教育、挽救绝大多数。当然,惩罚的目的之一,也是为了教育、改造犯罪分子,使之成为对社会有用的人。教育、感化、挽救的方针,是我们党和国家处理违法犯罪青少年的方针,也就是说,它既适用于处理一般违法的青少年,也完全适用于处理未成年人的犯罪。根据司法实践,仅就未成年人犯罪而言,在处理程序上,这一方针主要表现在如下三个方面:

1. 处理程序始终贯穿着教育、感化、挽救。通过设立未成年人刑事案件诉讼程序中的强制指定辩护、严格适用逮捕、分别处理、合适成年人参与、不公开审理、附条件不起诉、社会调查报告、犯罪记录封存等多项诉讼制度规定,将该原则贯彻于未成年人刑事案件诉讼程序的始终,贯穿于立案、侦查、起诉和审判的各个环节,对挽救未成年人,使其重新回归社会、远离犯罪,以及国家、社会的稳定和安宁生产都将产生积极的作用。

2. 规定了公安司法机关办理未成年人刑事案件的基本义务与应遵循的原则。公安司法机关在办理未成年人刑事案件的过程中,应当充分保障未成年犯罪嫌疑人、被告人依法享有的各项诉讼权利,尽职尽责地排除诉讼过程中阻碍未成年人刑事诉讼权利的各种障碍,保障未成年人获得法律帮助。此外,未成年人刑事案件的办理还应遵循专门化原则。相关办案人员也应该由熟悉未成年人身心特点的人担任,并且应当保持其工作的相对稳定性和专业性。

3. 注重维护犯罪的未成年人的身心发育和保护他们的合法权益,以利于他们将来的发展。无论是在刑事诉讼前的处理程序上,还是在刑事诉讼的各个阶段上,有关法律都作出相应的规定,立法的基本精神就在于保护未成年人的身心健康和他们的合法权益,并在实践中得到了切实的执行,体现了对犯罪的未成年人的教育、感化和挽救的方针。

二、未成年人刑事诉讼原则

(一)全面调查原则

全面调查的原则,不仅应当根据犯罪行为的严重程度而且应当根据他本人的情况,对未成年人犯罪行为的严重状况作出公正的估量,采取最恰当的处理方式,以达到教育、挽救、改造未成年犯罪人的目的。

此次新《刑事诉讼法》修改明确了办理未成年人刑事案件要进行社会调查。最高人民法院提出,在侦查、起诉、庭审和执行阶段对未成年犯罪嫌疑人、被告人的成长经历、犯罪原因、教育改造条件进行调查了解,形成书面报告,有利于采取适合未成年人身心发展特点的讯问、审理、执行方式,能够更全面保障未成年犯罪嫌疑人和被告人合法权益。社会调查是许多国家办理未成年人刑事案件的惯例,是未成年人刑事诉讼程序贯彻刑罚个别化和全面调查原则的具体表现。进行社会调查不仅可以有针对性地对违法犯罪的未成年人进行教育挽救,还可以促使其认罪悔改。社会调查报告还是侦查机关对涉罪未成年人采取取保候审,检察机关决定逮捕、起诉,法院定罪量刑以及刑罚执行和社区矫正的考量依据。

社会调查制度在一些关于未成年人的国际公约中普遍得到确立。《联合国少年司法最低限度标准规则》(也称《北京规则》)第16条规定,"所有案件除涉及轻微违法行为的案件外,在主管当局作出判决之前,应对少年生活的背景和环境或犯罪的条件进行适当的调查,以便主管当局对案件作出明智的审判。"

最高人民法院提出,近些年一些地方的人民法院对未成年人司法制度进行了有益的探索,目前大多数法院在审判未成年人案件时,均开展社会调查,对于未成年人的成长情况、犯罪原因等状况进行了解,这些目前在法庭上无法实现,需要社会调查来解决,或委托工、青、妇、教等单位协助调查,或聘任社会调查员开展调查,或由社区矫正组织负责调查。社会调查报告提供了分析犯罪原因的很好材料,对于法官有针对性地作出判决处理方式起到了非常重要的作用,建议这一做法在法律中肯定下来。

修改后的《刑事诉讼法》第268条以立法形式将社会调查肯定下来:"公安机关、人民检察院、人民法院办理未成年人刑事案件,根据情况可以对未成年犯罪嫌疑人、被告人的成长经历、犯罪原因、监护教育等情况进行调查。"

【案例21-2-01】2011年1月23日,范某某(1993年9月25日生)伙同朱凯(成年人,另案处理)以购买衣服、手机为诱饵,诱使其邻居黄某某(1997年4月10日生,某中学初二学生)同意卖淫。随后,朱将此事告知陈雯(成年人,另案处理),再由陈联系黄超群(成年人,另案处理),经黄超群介绍并将黄某某送至该县城桥镇锦绣宾馆,供嫖客陈云峰(成年人,另案处理)嫖宿。陈支付嫖资人民币2,000元。

本案中,范某某系未成年人,与成年人朱凯共同犯罪,公安机关将该案移送检察机关后,检察机关将该案分案处理,将未成年人起诉至少年庭,成年人起诉至刑庭,体现了对未成年人的特别保护。

(二)分别处理原则

分别处理的原则,是指在刑事诉讼过程中对未成年人和成年人犯罪分别适用不同的诉讼程序,区别对待、分别羁押和分别执行。

分别适用不同的诉讼程序,是指未成年人和成年人共同犯罪或者有牵连的案件,只要不妨碍诉讼,必须将未成年人和成年人在诉讼程序上分开进行。对于这一点,实践中做法不一,有分离处理的,也有合并处理的。而在合并处理的案件中,虽然也考虑到未成年人的特殊性,但诉讼程序往往是按照普通刑事案件的程序进行。为了在诉讼活动中,贯彻教育、感化、挽救的方针,切实保护未成年人的合法权益,以利于其今后的发展,必须确立分离处理的原则,并在侦查阶段尽可能将未成年人与成年人分离开来。

分别羁押,是指对于未成年人适用拘留、逮捕等强制措施时,要把未成年人与成年人分开羁押看管。分别执行,是指对于未成年罪犯生效的判决、裁定的执行,不能同成年罪犯在同一场所执行,以防止成年罪犯对未成年罪犯造成的不良影响。《未成年人保护法》第57条规定,对羁押、服刑的未成年人,应当与成年人分别关押。但目前我国在执行中除设有少年犯管教所外,在其他环节上尚存在一些问题,应当积极创造条件,以全面贯彻分别处理的原则。

【案例21-2-02】2011年4月6日,被告人蒋某某(17周岁)、万某(16周岁)伙同习某(未满16周岁,另案处理)至青浦区金米村金横63号102室,万某先扳断窗户木栅栏,伸手将室内桌上的一台笔记本电脑(价值人民币4,803元)窃出。随后,习某钻入室内,打开房门,三人共同将一辆摩托车(价值人民币3,995元)盗走。上述三人又分别于4月7日和11日两次结伙入户盗窃,分别窃得一部价值人民币195元的手机和现金人民币1,400

元。三人羁押于青浦区看守所,青浦区看守所设有专门的未成年人监房,将成年犯罪嫌疑人与未成年犯罪嫌疑人分别关押,并区别对待,分别管理。

此次《刑事诉讼法》修改明确了对犯罪嫌疑人、被告人严格适用逮捕措施和分案处理。近些年一些司法机关办理未成年人刑事案件的有益探索实践表明,对未成年犯罪嫌疑人、被告人根据案件具体情况,尽量少捕,少押,采取分案处理,更有利于教育挽救失足未成年人。修改后的《刑事诉讼法》第269条肯定了这一做法,该条规定,对于未成年犯罪嫌疑人、被告人,应当严格限制适用逮捕措施。人民检察院审查批准逮捕和人民法院决定逮捕,应当讯问未成年犯罪嫌疑人、被告人,听取辩护律师的意见。对被拘留、逮捕和执行刑罚的未成年人与成年人应当分别关押、分别管理、分别教育。

根据本条规定,"严格限制适用逮捕措施",是指对未成年犯罪嫌疑人、被告人尽量不适用逮捕措施,对于可捕可不捕的不捕;需要逮捕的,在决定逮捕前听取当事人与其辩护律师的意见。应当指出的是,"严格限制适用"不等于不适用,对法律的这个规定不要机械地理解为对未成年犯罪嫌疑人、被告人无论犯什么罪都不能采取逮捕措施。适用逮捕措施与否应当根据其所犯罪行的性质、情节的轻重,手段是否恶劣,其对所犯罪行是否悔罪,有无重新犯罪、危害社会的可能等多方面的因素综合考虑。本条规定"对被拘留、逮捕和执行刑罚的未成年人与成年人应当分别关押、分别管理、分别教育",则是"未成年人应当与成年人分案处理"原则的要求,体现了对未成年人的特殊保护,并有利于减少关押带来的羁押场所"交叉感染"弊端,有助于使未成年人顺利回归社会。应当强调的是,分案处理原则不应仅是办案机关在采取拘留、逮捕时应当遵守的原则,而应当是贯穿刑事诉讼始终的原则性规定。

(三)迅速简易原则

所谓迅速,是指依法在尽可能短的时间内将应当进行的工作完结,在未成年人案件的诉讼中,它要求迅速进行侦查、起诉和审判,从而缩短整个诉讼时间,从速结案。所谓简易,也就是简化。在整个诉讼中,它要求尽量简化诉讼程序。贯彻迅速简易原则,也是从未成年人的特点出发,保证未成年被告人免受长时间诉讼过程的侵扰和繁杂的诉讼程序的影响,尽可能地减轻紧张心理和抵触情绪,以利于对未成年被告人的教育、感化和挽救。

最后需要注意的是,迅速简易不是草率从事,不是超越法定的程序另搞一套,更不能忽视确保未成年被告人的诉讼权利,而只是相对于成年人案件的诉讼程序而言的。不然的话,这一原则就失去了应有的意义。

【案例21-2-03】2009年6月某日下午,同案人韩某、柯某(均已判刑)因琐事发生纠纷预谋打架斗殴。当晚10时许,韩某及其纠集的同案人邓某、谢某、余某(均已判刑)、韩某(另案处理)等人与柯某及其纠集的被告人宋某,同案人翟某、彭某(均已判刑)等人在上海市某路口互殴。期间柯某、彭某被韩某用事先准备的小刀刺伤,造成柯某右胸部穿透伤,右肺破裂,血气胸,经鉴定构成重伤;造成彭某左胸穿透伤、肺破裂,血气胸,失血性休克,经鉴定构成重伤。

因该案涉案人多,造成的后果严重,本案作为典型案例宣传时,隐去了涉案人的具体情况以及其他可以推断出涉案人情况的细节,在教育宣传的同时保护了涉案未成年人隐私。

(四)保密原则

对未成年人案件不公开审理是为了更有利于对他们的教育、感化、挽救,防止由于公开审判给他们造成不必要的精神创伤等。不公开审理的案件,并不意味着不公开宣判。根据我国《刑事诉讼法》的上述规定,不公开审理的未成年人案件,也要公开宣判。但是,为保护未成年人,我国目前实行的是相对不公开宣判原则。根据最高人民法院在2001年4月12日施行的《最高人民法院关于审理未成年人刑事案件的若干规定》第31条规定,对未成年人刑事案件宣告判决应当公开进行,但不得采取召开大会等形式。同时,对于依法不应当公开审理的未成年人刑事案件却公开审理的,人民检察院应当在开庭前提出纠正意见。

对未成年人犯罪案件,新闻报道、影视节目、公开出版物、网络等不得披露该未成年人的姓名、住所、照片、图像以及可能推断出该未成年人的资料。未成年人刑事案件的诉讼案卷材料,除依法查阅、摘抄、复制以外,未经审理案件的人民法院院长批准,不得查询和摘录,并不得公开和传播。根据我国《刑事诉讼法》第274条规定,审判的时候被告人不满十八周岁的案件,不公开审理。但是,经未成年被告人及其法定代理人同意,未成年被告人所在学校和未成年人保护组织可以派代表到场。但是我国《刑事诉讼法》在第196条第1款又规定:"宣告判决,一律公开进行。"

【典型案例】

【案例21-2-04】

犯罪嫌疑人季某(女,1991年11月6日生,无业)的母亲以自己的名义申请了上海银行信用卡,交由季某使用,后其母病故。2008年10月17日起,季某使用该信用卡进行透支消费,至2009年8月17日,该卡发生透支逾期。经银行多次催收,同年10月16日季某向卡内还款人民币1500元,因未达应还金额,银行继续对其进行多次催收,但直至2010年11月18日案发,季某始终未再还款,共拖欠透支款息共计人民币12,850元。

2010年11月18日,季某接电话传讯后至公安机关配合调查,并如实交代了上述事实。2010年12月3日,季某被公安机关以涉嫌信用卡诈骗罪取保候审。2011年7月22日,公安机关将本案移送检察机关审查起诉。2010年12月3日、2011年7月25日,季某的父亲先后两次为其偿还全部透支款息。

经过社会调查,发现季某平时爱打扮,喜欢攀比,特别热衷于名牌衣物。母亲病故后,家庭生活条件本就拮据的生活就更捉襟见肘了,但是季某还是不体量父亲,多次购买名牌衣物,导致犯罪。

【法理与法律适用分析】

此次新《刑事诉讼法》修改明确了办理未成年人刑事案件要进行社会调查。最高人民法院提出,在侦查、起诉、庭审和执行阶段对未成年犯罪嫌疑人、被告人的成长经历、犯罪原因、教育改造条件进行调查了解,形成书面报告,有利于采取适合未成年人身心发展特点的讯问、审理、执行方式,能够更全面保障未成年犯罪嫌疑人和被告人合法权益。公安机关、人民检察院、人民法院在办理未成年人案件的全过程中,既要对未成年人的犯罪进行调查,也要对未成年人进行特别调查。所谓对于未成年人的特别调查,可分为社会调查和生理调查。社会调查是就未成年人的人格、经历(包括个人的嗜好、兴趣、生活方式和受教育的方式等)和环境(家庭、社会环境)等因素进行调查,以分析其犯罪的原因;生理调查乃是就未成年人的智力、体力发育状况和精神障碍的程度等进行调查,以分析促使其犯罪的生理因素。通过这一系列调查,以便为对犯罪的未成年人作出最有效的处置提供科学的依据。经过社会调查,发现季某平时爱打扮,喜欢攀比,特别热衷于名牌衣物。母亲病故后,家庭生活条件本就拮据的生活就更就捉襟见肘了,但是季某还是不体量父亲,多次购买名牌衣物,导致犯罪。成年人案件中,这样的恶性案件,必然是以打击为主。在未成年人案件中,考虑其犯罪动机、心智发育的不成熟以及自我行为控制能力较差等原因,一般对其开展社会观护帮教工作,通过三个月左右的观护帮教,一方面考察其悔罪情况,另一方面通过帮助教育促使其改过自新,重新回归社会。

【法条链接】
《刑事诉讼法》
第二百六十六条 对犯罪的未成年人实行教育、感化、挽救的方针,坚持教育为主、惩罚为辅的原则。人民法院、人民检察院和公安机关办理未成年人刑事案件,应当保障未成年人行使其诉讼权利,保障未成年人得到法律帮助,并由熟悉未成年人身心特点的审判人员、检察人员、侦查人员承办。

第二百六十八条 公安机关、人民检察院、人民法院办理未成年人刑事案件,根据情况可以对未成年犯罪嫌疑人、被告人的成长经历、犯罪原因、监护教育等情况进行调查。

第二百六十九条 对于未成年犯罪嫌疑人、被告人,应当严格限制适用逮捕措施。人民检察院审查批准逮捕和人民法院决定逮捕,应当讯问未成年犯罪嫌疑人、被告人,听取辩护律师的意见。

对被拘留、逮捕和执行刑罚的未成年人与成年人应当分别关押、分别管理、分别教育。

【典型案例目录索引】
典型案例均由上海市检察机关提供真实案例。

【参考阅读的文献资料】
1. 樊崇义主编:《刑事诉讼法学》,中国政法大学出版社2009年版。
2. 叶青主编:《刑事诉讼法学》,中国人民大学出版社2012年版。
3. 卞建林主编:《中华人民共和国刑事诉讼法最新解读》,中国人民公安大学出版社2012年版。

第三节 未成年人案件的诉讼程序

一、立案前的程序

对于未成年人案件在刑事诉讼立案前的处理程序,是指公安机关(包括派出机构)在接受未成年人犯罪的材料,经过必要的调查后,认为有犯罪事实,但犯罪事实轻微或者较轻,不需要追究刑事责任而不经过刑事诉讼程序作出处理的程序,它包括:

(一)对于未成年人的特殊调查

对于未成年人案件的调查,根据司法实践和有关法律规定,公安机关(包括派出机构)在接受未成年人犯罪的材料,进行审查后,认为有犯罪事实,但犯罪事实轻微或者较轻不追究刑事责任的,往往不予立案,根据具体的犯罪事实作出诉讼前的处理,而在处理之前,对于未成年人的特别调查,由于其范围和内容没有明确的规定,往往进行得不够充分、确实,有些甚至影响到对于犯罪的未成年人作出最有效的处理。根据实践经验,特别调查的范围和内容,可以分为如下四个方面:

【案例 21-3-01】2008 年 6 月 17 日和 18 日,犯罪嫌疑人张某宝(1990 年 6 月 17 日生)伙同他人,两次在闵行区航华地区扬招出租车至偏僻地段,采用殴打、搜身等暴力手段劫走司机随身财物共计人民币 2,000 余元。闵行区院审查起诉该案时,发现张某宝两次实施犯罪,一次是在其生日当天,一次是在生日之后的第二日,遂根据相关法律,认定其一次犯罪时系未成年人,予以减轻处罚。

1. 未成年人的年龄(出生年、月、日)。查明未成年人的确切年龄,是为了解决他是否应当对所犯的罪行负刑事责任、可以对他采用的处理方法或者适用的刑罚方法。需要强调的是,未成年人案件的案卷中必须附有证实未成年人的确切年龄的书面文件,不能只根据未成年人的供述和法定代理人的证词。对于未成年人是否够一定的年龄,不是从他的生日起算,而是从生日的第二天起算。

如果没有证实未成年人年龄的书面文件,则应当通过法医鉴定,以确定他的年龄。由于法医鉴定往往只能确定大致的年龄,而无法测定具体的出生年月日,对于年龄的起算,应以鉴定所判断的该人最小年月份的最末一日为依据。对于没有充分证据证明被告人实施被指控的犯罪时已经达到法定刑事责任年龄且确实无法查明的,应当推定其没有达到相应法定刑事责任年龄。

2. 未成年人的生活和教育条件,促成未成年人犯罪的具体原因和条件。为了了解未成年人的生活和教育条件,必须查明:他的性格和爱好;他现在和过去在哪里学习、工作;他在家庭、学校和工作单位的表现;他的生活环境;他参加过什么社会活动;他过去是否受过什么处分;他的父母或者其他法定代理人的职业,他们是怎样履行教育子女的义务的;在学校或工作单位是否受到不利于他健康成长的因素的影响。如果未成年人在犯罪之前,既不在学校学习,也没有工作,也应查明这种状况持续的时间和原因。

3. 有无成年的教唆者和其他共犯。成年人用诱骗、授意、怂恿等方法,有意唆使未成年人犯罪和实施其危害社会的行为,是促成未成年人犯罪的因素之一。因此,对于有关教唆未成年人犯罪和实施危害社会行为的其他成年人的材料,应当作详尽的调查。查明这些情况,不仅对于解决教唆犯的刑事责任和确定对未成年人的处理方法是必要的,而且对于揭示和消除促成犯罪的具体原因也是必要的。

4. 为了查明上述情况,需要解决案件中某些专门性问题的时候,应当指派、聘请有专门知识的人进行鉴定。这里主要是指为了查明未成年人的人格、经历、素质和生活环境,需要有关专家和专门部门提供有关医学、心理学、教育学、社会学以及其他专门知识的鉴定结果,用以说明未成年人的智力发育程度、精神障碍程度和控制自己行为的能力。对于这一点,国外许多国家的法律都有明确的规定,如日本少年法第 9 条规定,进行调查"务必调查少年监护人或者有关人员的人格、经历、素质、环境,特别要有效地运用少年鉴别所提供的关于医学、心理学、教育学、社会学以及其他专门知识的鉴定结果。"虽然我国在这方面进行鉴定和有效地运用鉴定结果都还很不普遍,但已受到越来越多的人的重视。随着我国科学技术的发展,社会主义民主和社会主义法制的不断加强,它必将会广泛地被采用。

上述对于未成年人案件特别调查的范围和内容,不仅应当在诉讼前的处理程序上进行,也应当适用于侦查、起诉和审判等诉讼程序上。

二、立案前的处理

在我国,立案前的处理,是指对于不予刑事处罚的犯罪的未成年人,为了及时有效地制止其继续犯罪,而采取的教育、感化和挽救的处置方法。这种处理所采用的方法,是一种教育性的强制方法,主要有:帮助教育、工读学校教育和劳动教养。

(一)帮助教育

对确有轻微犯罪事实,经教育没有悔改表现,可能继续进行违法犯罪活动,但还不够或者不必予以刑事处罚、劳动教养和工读学校教育处理,而需要重点做好教育挽救工作的人,以进行帮助教育为主。它是把他们放在社会上,依靠社会力量,通过耐心细致的教育、感化工作,帮助他们认识并纠正过错,使之弃旧图新,改邪归正。

确定是否对某一未成年人进行帮助教育,由被帮教人所在街道、乡镇、学校或工矿等单位的党政组织会同公安机关审定。公安机关应当将被帮教人进行不正当活动的情况和材料及时告诉他们所在的学校、单位和街道组织,由他们进行认真严肃的批评教育,必要时可由公安机关出面责令其限期改过,促使他们改邪归正。

对于被帮教的对象,不要在群众中公布名单。对于有的已向群众公布过名单的,如不继续列入帮教对象时,应向群众宣布。

【案例21-3-02】2010年3月4日至18日,被告人张某某(成年人)纠集被告人沈某(男,1995年1月20日生,上海籍,在校学生)、胡某(男,1995年4月4日生,重庆籍)、吕伟(成年人)、蒋某某(成年人),并伙同被告人许某(男,1993年1月12日生,重庆籍)、杨某某(成年人)等人,经预谋,至本市多所学校门口,强拿硬要他人随身携带的手机。案件审理期间,沈某家属退赔近五千元,且沈某真诚悔罪,检察机关依法对其做出不起诉处理,并建议沈某原就读学校将其送入工读学校就读,进行行为矫治。

(二)工读学校教育

工读学校是一种教育挽救有轻微违法犯罪行为的学生的学校。对于有轻微犯罪事实,经多次教育不改,不适宜留在原学校学习,但又需要劳动教养的中学生(包括那些被学校开除学籍或自动退学、流荡在社会上的18周岁以下的未成年人),送入工读学校学习。工读学校坚持"挽救孩子,造就人才,立足教育,科学育人"的教育原则,在整个教学过程中,以转变学生的错误思想为主,同时进行文化知识和生产技能的教育,并让学生参加适当的生产劳动。通过工读学校教育,把受教育者改造成为有社会主义觉悟、有一定科学知识和生产技能,遵纪守法,身体健康的劳动者。

对需要进入工读学校接受教育的学生,由当地区、县教育局和公安机关共同审查批准。工读学校的学习期限一般为2~3年。

(三)劳动教养

对未成年人的劳动教养,是贯彻执行教育、挽救和改造方针,在严格管理的条件下,以思想政治教育为主,结合进行文化、科技教育和生产劳动锻炼,把他们教育改造成为遵守法纪、尊重社会公德、热爱祖国、热爱社会主义制度,并有一定文化科学知识、生产技能的建设社会主义现代化的有用之才。它是一种最严厉的强制性教育方法。

对于未成年人的劳动教养,由省、自治区、直辖市或大、中城市的劳动教养管理委员会审查批准,送劳动教养场所执行,根据《刑法》和国务院的有关规定精神,目前对于未成年人劳动教养的主要对象是:有流氓、盗窃、诈骗和其他违法犯罪行为,不予刑事处罚的人;聚众斗殴,寻衅滋事和其他破坏公共秩序,不予刑事处罚的人;有其他违法犯罪行为,情节较轻,后果不太严重,不予刑事处罚的人。劳动教养的期限,一般为1~3年,必要时可以延长1年。

最后需要说明的是,这里所谈到的帮助教育、工读学校教育和劳动教养,只是讲对于犯罪的未成年人适用的刑事诉讼前的处理方法。这些方法还适用于违法的未成年人,甚至有些方法对于已满18岁的人也是适用的。当然,适用的条件是不同的,不能混为一谈。

三、侦查程序

在纷繁复杂、形形色色的刑事案件中,当尚未发现行为人是未成年人的任何迹象之前,侦查工作是依照《刑事诉讼法》一般规定进行的。当确定被指控的人是未成年人时,侦查程序必须作出与之相适应的改变,除适用一般规定外,亦应按照特别规定进行。根据《刑事诉讼法》的规定和司法实践,下文仅就传讯未成年人的程序和未成年人的法定代理人的法律地位问题加以说明。

【案例21-3-03】2009年8月,被告人陈某某(男,15周岁,闲散人员)经朋友介绍认识了被害人施某某(女,12周岁),并在之后的交往中获悉施某某系初一学生,未满14周岁。同年11月初某日下午,两人在某小区车库偶遇,陈便向施提出性要求,施不从,陈通过哄骗等方式诱使施与其发生性关系。之后的近一个月内,陈与施先后发生5次性关系。区检察院在审查起诉期间,讯问被告人陈某某时均通知其父亲到场。2月11日,区法院开庭审理本案,法院按规定通知陈某某的父亲到庭参加庭审,并对其进行法庭教育。

(一)传讯未成年人的程序

我国《刑事诉讼法》第270条规定,对于未成年人刑事案件,在讯问和审判的时候,应当通知未成年犯罪嫌疑人、被告人的法定代理人到场。无法通知、法定代理人不能到场或者法定代理人是共犯的,也可以通知未成年犯罪嫌疑人、被告人的其他成年亲属,所在学校、单位、居住地基层组织或者未成年人保护组织的代表到场,并将有关情况记录在案。到场的法定代理人可以代为行使未成年犯罪嫌疑人、被告人的诉讼权利。实践证明,讯问、审判未成年犯罪嫌疑人、被告人时,通知他们的法定代理人到场,一方面可以切实地保护未成年犯罪嫌疑人、被告人的合法权益,同时保证诉讼活动的正常进行;另一方面,由于未成年人走上犯罪道路,往往与家庭的教育和影响有着直接的关系,讯问、审判时通知犯罪嫌疑人、被告人的父母等到场,也使他们亲自了解自己子女的犯罪事实和怎样走上犯罪的道路,自己有什么责任,从中应吸取哪些教训,如何针对自己子女的情况进行教育,以取得他们的支持和配合,共同来教育、挽救和改造未成年的犯罪人。

关于传讯犯罪嫌疑人、未成年被告人的程序,一些国家的有关法律对此都作出明确规定,但具体做法不同,大体上可分为两种。一是直接传唤。例如,日本《少年法》第11条规定,家庭法院进行案件调查或者审理的时候,如果认为需要,可以对少年或监护人发出传票,直接传唤。二是间接传唤,例如,在美国,按照一般规定,侦查员除必须在讯问少年之前通知其家长外,还必须将其所犯罪行的全部情况,详细告诉其家长。而在讯问少年的过程中,要求父母双方或一方出席讯问庭。

我国法律对于这一程序只作了原则性规定,在诉讼实践中,则往往是根据具体的情况,采取不同的做法。归纳起来,有如下三点:

1. 当犯罪嫌疑人或被告人为未满16岁的未成年人,或者16岁以上但被认为是智力落后的未成年人时,侦查机关认为必要,传唤、讯问未成年人时,一般都通知他的父母或者其他法定代理人到场。

2. 当犯罪嫌疑人或被告人为16岁以上的未成年人时,侦查中讯问未成年人时,一般不通知他的父母、养父母或监护人到场。如认为必要,往往是邀请该未成年人所在学校的教师或所在单位的代表参加。

3. 但是,无论上述何种情况,如果有材料说明未成年被告人的法定代理人是犯罪的教唆犯,或者他们的到场会带来隐匿或毁灭证据的危险的,则一律不通知法定代理人到场。

(二)未成年犯罪嫌疑人、被告人的法定代理人的法律地位

由于讯问、审判未成年犯罪嫌疑人、被告人时,可以通知他们的法定代理人到场,便客观存在未成年犯罪嫌疑人、被告人的法定代理人的法律地位的问题。根据《刑事诉讼法》规定,未成年犯罪嫌疑人、被告人的法定代理人对于审判人员、检察人员和侦查人员侵犯公民诉讼权利和人身侮辱的行为,有权提出控告;有权要求审判人员、检察人员和侦查人员回避;不服地方各级人民法院第一审的判决、裁定,有权用书状或者口头向上一级人民法院上诉。但是,对于在讯问、审判时到场的未成年犯罪嫌疑人、被告人的法定代理人的法律地位,尚未作出明确的规定。既然法律规定对未成年被告人的法定代理人可以到场,那么,对于未成年被告人的法定代理人在诉讼时的法律地位,就有进一步加以明确的必要。

根据我国的刑事诉讼相关立法以及我国的诉讼实践和实际情况,未成年人的法定代理人是对未成年人负有保护和教育责任的代理人。从原则上说,在诉讼活动中,未成年被告人的法定代理人到场,既要保护未成年人的合法权益,也应教育未成年人认清罪过,挽救自己的孩子。因此,法律既不能只规定法定代理人的权利而不规定他们的义务;也不能只规定他们的义务,不规定他们的权利,而应当对于他们的权利义务都作出明确规定,以便确定其在诉讼中的法律地位。根据一些司法机关的实际做法,除法律另有规定的以外,可将未成年被告人的法定代理人的实际诉讼地位(包括起诉、审判程序)归纳为如下几点:

1. 未成年犯罪嫌疑人、被告人的法定代理人在接到公安机关、人民检察院和人民法院的到场通知后,应按照通知的要求出席。

2. 未成年犯罪嫌疑人、被告人的法定代理人有权利,也有义务对有关事项作出说明,提出要求,并对将要采取的措施提出建议。如对于未成年犯罪嫌疑人、被告人的性格、爱好和生活环境等作出说明,提出委托辩护人的要求,建议对有关情况作出鉴定等。

3. 在必须作为证人而询问未成年犯罪嫌疑人、被告人的法定代理人时,其法定代理人应当如实地提供证据、证言。

4. 在讯问、审判未成年犯罪嫌疑人、被告人时,他的法定代理人经侦查人员、检察人员和审判人员的许可,可以向未成年犯罪嫌疑人、被告人发问。

5. 在讯问、审理终结时,到场的未成年犯罪嫌疑人、被告人的法定代理人有权了解讯问的笔录,并有权对笔录中所记载的是否正确和完全提出书面或者口头意见。

此次新《刑事诉讼法》修改确立了讯问和审判未成年人时的合适成年人在场制度。未

成年人由于其认知能力和表达能力的局限,在刑事诉讼中难以充分行使诉讼权利。修改后的刑事诉讼法针对未成年人的这种特点,为保障未成年犯罪嫌疑人、被告人的诉讼权利,确立了合适成年人在场制度,并参与到对未成年犯罪嫌疑人、被告人的讯问和审判活动中,代为行使未成年人的诉讼权利。这样做一方面可以弥补未成年人诉讼能力局限的不足,消除未成年人心理上的恐惧和抗拒,帮助未成年人与讯问人沟通,还可以对讯问过程是否合法、合适进行监督,防止在诉讼活动中,由于违法行为对未成年人合法权益造成侵害。修改后的《刑事诉讼法》第270条规定:"对于未成年人刑事案件,在讯问和审判的时候,应当通知未成年犯罪嫌疑人、被告人的法定代理人到场。无法通知、法定代理人不能到场或者法定代理人是共犯的,也可以通知未成年犯罪嫌疑人、被告人的其他成年亲属,所在学校、单位、居住地基层组织或者未成年人保护组织的代表到场,并将有关情况记录在案。到场的法定代理人可以代为行使未成年犯罪嫌疑人、被告人的诉讼权利。到场的法定代理人或者其他人员认为办案人员在讯问、审判中侵犯未成年人合法权益的,可以提出意见。讯问笔录、法庭笔录应当交给到场的法定代理人或者其他人员阅读或者向他宣读。讯问女性未成年犯罪嫌疑人,应当有女工作人员在场。审判未成年人刑事案件,未成年被告人最后陈述后,其法定代理人可以进行补充陈述。询问未成年被害人、证人,适用第一款、第二款、第三款的规定。"第274条规定:"审判的时候被告人不满十八周岁的案件,不公开审理。但是,经未成年被告人及其法定代理人同意,未成年被告人所在学校和未成年人保护组织可以派代表到场。"

需要指出的是,根据修改后的《刑事诉讼法》第270条规定,如果被害人、证人是未成年人,询问时也应当通知其法定代理人到场,法定代理人无法到场时应通知合适的成年人到场。

上述的实际做法,不仅起到保护未成年犯罪嫌疑人、被告人的合法权益,保证诉讼活动顺利进行的作用,而且维护了在讯问、审判中所获得的任何材料的最终效力,因而是行之有效的。

四、提起公诉程序

【案例21-3-04】同案人林某(已判刑)与被不起诉人郭某、"石柽周"(在逃)经事先预谋后,于2009年6月某日16时许,在本市中山公园附近见被害人张某拨打手机,遂由林某上前勾住被害人,谎称被害人的手机是其所有后,从被害人手中夺走诺基亚N81手机一只(经鉴定价值人民币1,782元)。随后林某将手机传给"石柽周",再由"石柽周"将手机交给被不起诉人郭某后逃离。在被害人的呼救下,林某被抓获。林某到案后,被不起诉人郭某主动向公安机关投案,并主动赔偿了被害人损失,检察机关依法对其相对不起诉。

提起公诉是刑事诉讼程序中的一个重要阶段。它是人民检察院对于公安机关侦查(或者检察院自行侦查)终结的案件,是否需要追究犯罪嫌疑人的刑事责任,经过审查,依法决定起诉、免予起诉或者不起诉的一项诉讼活动。我国《刑事诉讼法》中"提起公诉"一章的规定,对于未成年人案件同样是适用的。当然,由于未成年人案件的特殊性,人民检察院审查案件的时候,也应当查明对于未成年人特别调查的内容,在讯问未成年犯罪嫌疑人、被告人时,也应当依照法律的有关规定进行。

《刑事诉讼法》对附条件不起诉制度的以下几方面的问题作了明确规定:

1. 明确附条件不起诉的适用范围。《刑事诉讼法》第 271 条规定:"对于未成年人涉嫌刑法分则第四章、第五章、第六章规定的犯罪,可能判处一年有期徒刑以下刑罚,符合起诉条件,但有悔罪表现的,人民检察院可以作出附条件不起诉的决定。人民检察院在作出附条件不起诉的决定以前,应当听取公安机关、被害人的意见。"根据本条规定,附条件不起诉仅适用于涉嫌犯罪的未成年人,并且应当同时符合下列四个条件:一是未成年人所犯罪名为刑法分则第四章侵犯公民人身权利、民主权利罪、第五章侵犯财产罪、第六章妨害社会管理秩序罪中规定的罪名,在此范围之外的其他罪名,不得适用附条件不起诉。二是根据法律规定,该未成年人的罪行可能会被判处一年有期徒刑以下刑罚。应当指出的是,本条所说的"一年有期徒刑以下刑罚"是指对该未成年人一旦交付审判,法院对其可能适用的刑罚,而不是指其所犯罪的法定最高刑。三是犯罪事实已经查清,证据确实、充分,符合起诉条件。应当指出的是,对于事实不清、证据不够确实充分的,应当通过补充侦查查明犯罪事实,在犯罪事实查明之前,不得适用附条件不起诉;如果其犯罪情节轻微,依照刑法规定不需要判处刑罚或者免除刑罚的,人民检察院可以直接作出不起诉决定。四是未成年人具有悔罪表现。一般来说,"悔罪表现"在行动上可以具体表现为认罪态度好、向被害人赔礼道歉、对被害人积极赔偿等。人民检察院只有在上述几个条件同时具备时,才能对涉案未成年人作出附条件不起诉的决定。

2. 建立对附条件不起诉决定的制约、救济机制。公安机关提出,鉴于免予起诉制度当年在执行中出现的问题,对于附条件不起诉制度的实行应当建立制约、救济机制。对检察机关作出的附条件不起诉决定不服的,应当给予公安机关复议、提请复核的权力,被害人应当有申诉的权利,甚至可以到法院直接起诉的权利。经过慎重研究,《刑事诉讼法》第 271 条规定,对附条件不起诉的决定,公安机关要求复议、提请复核或者被害人申诉的,适用本法第 175 条、第 176 条的规定。即对于公安机关移送起诉的案件,人民检察院决定不起诉的,应当将不起诉决定书送达公安机关。公安机关认为不起诉的决定有错误的时候,可以要求复议,如果意见不被接受,可以向上一级人民检察院提请复核。对于有被害人的案件,决定不起诉的,人民检察院应当将不起诉决定书送达被害人。被害人如果不服,可以自收到决定书后七日以内向上一级人民检察院申诉,请求提起公诉。人民检察院应当将复查决定告知被害人。对人民检察院维持不起诉决定的,被害人可以向人民法院起诉。被害人也可以不经申诉,直接向人民法院起诉。人民法院受理案件后,人民检察院应当将有关案件材料移送人民法院。

3. 明确对被附条件不起诉人的考察机关和考验期。《刑事诉讼法》第 272 条规定,在附条件不起诉的考验期内,由人民检察院对被附条件不起诉的未成年犯罪嫌疑人进行监督考察。未成年犯罪嫌疑人的监护人,应当对未成年犯罪嫌疑人加强管教,配合人民检察院做好监督考察工作。附条件不起诉的考验期为六个月以上一年以下,从人民检察院作出附条件不起诉的决定之日起计算。被附条件不起诉的未成年犯罪嫌疑人,应当遵守下列规定:(1)遵守法律法规,服从监督;(2)按照考察机关的规定报告自己的活动情况;(3)离开所居住的市、县或者迁居,应当报经考察机关批准;(4)按照考察机关的要求接受矫治和教育。

4. 明确对被决定附条件不起诉的人作出起诉或者不起诉决定的情形。《刑事诉讼法》第 273 条规定,被附条件不起诉的未成年犯罪嫌疑人,在考验期内有下列情形之一的,人民检察院应当撤销附条件不起诉的决定,提起公诉:(1)实施新的犯罪或者发现决定附条件不起诉以前还有其他犯罪需要追诉的;(2)违反治安管理规定或者考察机关有关附条件不起诉的监督管理规定,情节严重的。被附条件不起诉的未成年犯罪嫌疑人,在考验期内没有上述情形,考验期满的,人民检察院应当作出不起诉的决定。

五、审判程序

一旦决定提起公诉的案件,就要进入审判程序。未成年人刑事案件的审判程序,除适用《刑事诉讼法》的一般规定外,《最高人民法院关于审理未成年人刑事案件具体应用法律若干问题的解释》也有一些特别的规定。

(一)审理

【案例 21 - 3 - 05】2010 年 9 月某日 10 时许,被告人周某在未取得驾驶证的情况下,驾驶一辆无号牌的广州五羊两轮摩托车沿上海市古北路由南向北行驶至天山路路口时违反交通信号灯指示通行,当行驶至古北路出天山路约 30 米处,由于其未在最右侧的机动车道且超过限速标志标明的速度行驶,与由西向东违反交通信号灯指示横过古北路行走至此的被害人孙某相撞。孙某被撞倒地后,被告人周某主动拨打"110"和"120",被害人孙某经送医院后抢救无效死亡。

经司法鉴定科学技术研究所司法鉴定中心鉴定被害人孙某的死亡原因符合道路事故致颅脑损伤。经上海市公安局长宁分局交通警察支队的道路交通事故认定书认定被告人周某负该起事故的主要责任。庭审过程中,法院通知青少年社工以合适成年人身份参加庭审,在庭审结束前由公诉人专门对被告人周某开展法庭教育,周某真诚悔罪,并表示尽己所能赔偿被害人。

判决:被告人周某犯交通肇事罪,判处有期徒刑八个月。

1. 人民法院受理未成年人案件后,应调查未成年被告人与案件有关的事实,被告人的品格、经历、身心状况、教育状况、家庭情况、社会环境和其他必要事项。特别要确定未成年人的年龄和评价其智力发育程度所必需的情况,要了解未成年人所处的环境和生活环境以及其他有关未成年人的情况。如前所述,在诉讼的各个阶段应对未成年人进行特别调查。尽管这种调查在审判前已经进行过,人民法院仍应进一步进行这一调查,以便使这种调查做到确实、充分、广泛和周到。

在审理方式、方法上,应当根据未成年被告人的生理和心理特点,注意疏导,寓教于审,惩教结合,以利于准确、及时、合法地查明被指控的犯罪事实,并且帮助他认识犯罪原因和犯罪行为的社会危害性。

【案例 21 - 3 - 06】2011 年 1 月 9 日,柳某某(16 周岁)、何某(17 周岁)、姚某兵(18 周岁)、刘某(17 周岁)共同预谋在居民小区入户盗窃,并约定二人一组,分头作案,得手后共同分赃。当天 17 时许,四人共同前往某小区作案。其中柳某某、何某从被害人吴某某家中窃得现金人民币 329 万元,遂电话联系仍在小区内闲逛的姚某兵和刘某,但因对环境不熟而未能会合。四人遂约定在某地铁站碰面,共同将赃款运至刘某的暂住处分赃。由于姚某兵事先曾告知其哥哥姚某军(成年人,与刘某同住)四人要外出盗窃,遂通知姚某军回暂住处,告知其盗窃得手并分给其二十万元"封口费"。当晚,姚某军替柳某某、姚某兵购买手机卡,用其身份证为二人办理宾馆住宿登记,并联系车辆帮助二人逃离本市。此外,上述四人在此前一周内,采用同样手段在多个居民小区三次入户盗窃,盗窃数额40余万元。

对于未成年人,检察机关在审理案件过程中为未成年人申请了法律援助律师为其提供法律帮助。法律援助律师全程参与诉讼,并在庭审过程中为四名未成年被告人提供辩护。

2. 切实维护未成年被告人的辩护权。我国《宪法》第125条规定,被告人有权获得辩护。《刑事诉讼法》第11条规定,被告人有权获得辩护,人民法院有义务保证被告人获得辩护。辩护,是被告人及其辩护人根据事实和法律,提出证明被告人无罪、罪轻或减轻、免除刑事责任的材料和意见,维护被告人的合法权益。由于未成年人在生理、心理上尚未成熟,受到教育的程度和社会生活知识不足,考虑到实际存在着的这种特殊情况,《刑事诉讼法》第34条第2款进一步规定:被告人是未成年人而没有委托辩护人的,人民法院应当指定承担法律援助义务的律师为其提供辩护。这就是说,未成年被告人不仅可以自己委托辩护人,如果未成年人没有委托辩护人的,人民法院应当为他指定辩护人为其进行辩护。这样既保证未成年被告人在审判阶段能够得到辩护人的帮助,使未成年人的合法权益得到切实的保护,也有利于人民法院客观地查明案件事实,正确地适用法律,以便作出公正、合法的处理。

我国1996年《刑事诉讼法》已明确了对于犯罪嫌疑人,包括已满14周岁不满16周岁的、16周岁以上的未成年被告人,可以在审判程序以前聘请律师参加诉讼的问题。《人民检察院办理未成年人刑事案件的规定》第16条第2款进一步规定,对未成年犯罪嫌疑人、未成年被害人或者其法定代理人提出聘请律师意向,但因经济困难或者其他原因没有委托辩护人、诉讼代理人的,人民检察院应当帮助其申请法律援助。强调提出在审判前未成年犯罪嫌疑人聘请律师担任其辩护人的理由,一是未成年人的生理、心理上发育不成熟,思想不稳定,语言表达能力差,缺乏社会生活知识,往往不能正确地供述自己的犯罪行为;二是未成年人及其法定代理人缺乏法律方面应有的知识。基于上述情况,未成年犯罪嫌疑人、被告人在审判前的其他诉讼阶段便委托或由相应的司法机关为其指定辩护律师进行辩护,往往能有助于审理的正常进行和对他们的教育、帮助。

另外,法定代理人是可以作为未成年被告人的辩护人参加诉讼的,但对此应当有所限制,不能只是根据未成年被告人或者他的法定代理人的要求,就决定法定代理人为被告辩护人。更重要的是,对于未成年人的管教是否有利。如果对管教可能带来不利,尽管未成年被告人或者他的法定代理人要求,也不应该由法定代理人为被告人进行辩护。否则,就违背了规定少年案件特别诉讼程序的初衷。

此次新《刑事诉讼法》修改明确规定了对未成年犯罪嫌疑人、被告人实行强制辩护。

由于年龄、智力发育程度的限制和法律知识的欠缺,很多未成年犯罪嫌疑人、被告人不知道如何行使诉讼权利。有辩护人的参与,能为其及时提供需要的法律帮助,有效保护其合法权益。

《刑事诉讼法》第267条规定,未成年犯罪嫌疑人、被告人没有委托辩护人的,人民法院、人民检察院、公安机关应当通知法律援助机构指派律师为其提供辩护。

与修改前的刑事诉讼法相比,修改后的刑事诉讼法将法律援助从审判阶段向前延伸至侦查阶段,将提供法律援助的义务机关从法院扩大到公安机关、人民检察院。根据本条规定,只要未成年犯罪嫌疑人、被告人没有委托辩护人的,公安机关、人民检察院和人民法院就应当通知法律援助机构指派律师为其辩护。

【案例21-3-07】2011年4月6日,被告人蒋某某(17周岁)、万某(16周岁)伙同习某(未满16周岁,另处)至青浦区金米村金横63号102室,万某先掰断窗户木栅栏,伸手将室内桌上的一台笔记本电脑(价值人民币4,803元)窃出。随后,习某钻窗入室,打开房门,三人共同将一辆摩托车(价值人民币3,995元)盗走。上述三人又分别于4月7日和11日两次结伙入户盗窃,分别窃得一部价值人民币195元的手机和现金人民币1,400元。人民法院依法对被告人蒋某某、万某不公开开庭审理,但是为保障其诉讼权利,通知了两名被告人的法定代理人到庭参加庭审。

对于未成年人案件,在法院审理案件时,一般不公开审理,以保证涉案的未成年人的合法权益。

3. 未成年人案件的不公开审理。《最高人民法院关于审理未成年人刑事案件的若干规定》第10条规定,对在开庭审理时不满十六周岁的未成年人刑事案件,一律不公开审理。对在开庭审理时不满十八周岁的未成年人刑事案件,一般也不公开审理。如果有必要公开审理的,必须经过本院院长批准,并且应限制旁听人数和范围。人民法院对于未成年人犯罪的案件,不公开审理,是为了更好地教育、挽救未成年的犯罪人。同时,未成年人在生理、心理上尚处于发育阶段,辨别是非能力、意志控制力较为薄弱,思想不够稳定,易于受到外界环境的影响,如果公开审理,不仅会对未成年被告身心造成不良的影响和后果,也有可能直接影响到被告人在法庭上的正确陈述,给法庭调查造成困难,不利于诉讼的正常进行。但对不公开审理的案件进行审理前,应当将不公开审理的理由当庭宣布。未成年人犯罪案件不公开审理,是指人民法院审理未成年人犯罪的案件,不向社会、群众公开,不允许群众旁听,不允许新闻记者旁听和报道审理的情况,也不应当在法制宣传中公布未成年犯罪人的姓名和照片。但是,不公开审理,不是不向被告人的法定代理人公开,因此,不能以未成年人犯罪的案件不公开审理为理由而不通知被告人的法定代理人到场。

根据法律规定,16周岁以上不满18周岁未成年人犯罪的案件,一般不公开审理。根据审判实践,这类案件中,个别需要公开审理的,通常应考虑如下的情况:(1)案件对社会有较大的影响,对群众有较大的教育意义;(2)未成年被告人在生理、心理上发育已趋于成熟,公开审理对其身心发育影响不大;(3)一般只是在一定范围内进行公开审理,不是完全的公开;(4)决定公开审理的,须经人民法院院长批准;(5)应限制旁听人数和范围。

4. 审理未成年人犯罪的案件,态度和语言要适合于未成年人的特点。在讯问、审理过程中,审判人员应当根据未成年被告人的智力发育程度和心理状态,注意气氛要缓和,做到因案审理,因人施教。审判人员的态度既要平缓又不失严肃,用词既要准确又通俗易懂,既要注重疏导又要防止诱供。

【案例21-3-08】2007年12月某日晚,被告人刘某至上海市天山西路某房产经纪公司,趁该公司下班无人之机,采用拉坏卷帘门、踢坏门把手的方式进入该公司,窃得价值人民币2600元的七喜牌欣怡U1200型台式电脑一台后逃离。赃物现已匿失。

2009年5月某日晚,被告人刘某与曾某(另行处理)至上海市某小区,撬开被害人陈某停放在此的出租车车门,从车内窃得摩托罗拉手机一部、人民币100余元后逃逸。赃物现已匿失,赃款被花用。

2009年6月某日晚,被告人刘某与黄某等人(另行处理)因盗窃被害人罗某停放在上海市某菜场停车棚内的赛峰牌电动车上的电瓶(价值人民币180元)被当场扭获,后被处以劳动教养。在劳教期间,被告人刘某主动交待了公安机关尚未掌握的盗窃事实。

闵行区人民检察院根据未成年人案件指定管辖的规定,将被告人刘某起诉至浦东新区人民法院少年庭。

对于未成年人犯罪,法庭在开庭审理时对未成年人案件专门由少年庭审理,并指派具有一定社会经验和熟悉未成年人身心特点的法官办理。

5. 设立专门审理未成年人案件的审判庭。目前我国法律对审理未成年人案件的审判庭正在日趋走向成熟。从上海市长宁区人民法院于1984年底成立第一个专门审理未成年人案件的合议庭以来,截至1990年6月,全国各级人民法院已经建立专门审理未成年人案件的少年法庭862个,其中有6个高级人民法院、144个中级人民法院、712个基层人民法院建立了少年法庭;还有14个高级人民法院建立了少年法庭指导小组。

未成年人审判庭单独建制后的实践表明,它有利于审判人员集中精力专门审理未成年人案件,免受兼办其他案件等干扰,提高办案质量,也有利于审判人员加强生理学、心理学、教育学等相关知识学习,从事程序法和实体法的研究和探索,提高对未成年犯罪人进行教育、感化、挽救工作的水平和效益。总而言之,人民法院设立专门审理未成年人案件审判庭,是刑事审判工作中的一个改革,是我国审判制度上的一项新的建设,应当予以加强和进一步推广。

(二)判决

未成年人刑事案件审理的结果,是依照不同的情况作出不同的判决。这里只谈谈经审理确定有罪的科刑判决及其有关的问题。

1. 不适用死刑。死刑是我国刑法中最严厉的处罚方法,同时刑法也把死刑不适用于未成年人,作为一种例外情况规定下来。《刑法》第49条规定,犯罪的时候不满18周岁的人,不适用死刑。《最高人民法院关于审理未成年人刑事案件具体应用法律若干问题的解释》第13条更进一步规定,未成年人犯罪只有罪行极其严重的,才可以适用无期徒刑。对已满十四周岁不满十六周岁的人犯罪一般不判处无期徒刑。这些规定,体现了尽量挽救和改造一切未成年犯罪人的精神。

2. 科刑应当从轻或者减轻。根据《刑法》第17条第3款规定,已满14周岁不满18周岁的人犯罪,应当从轻或者减轻处罚。《未成年人保护法》第54条亦规定,对违法犯罪的未成年人,应当依法从轻、减轻或者免除处罚。这一规定,不仅适用于主刑,也适用于附加刑,如《最高人民法院关于审理未成年人刑事案件具体应用法律若干问题的解释》第14条即规定,除刑法规定"应当"附加剥夺政治权利外,对未成年罪犯一般不判处附加剥夺政治权利。如果对未成年罪犯判处附加剥夺政治权利的,应当依法从轻判处。这些条款不仅是对犯罪的未成年人定罪量刑的法律依据,也充分体现了我们国家对未成年人历来坚持的教育、挽救和改造的方针。值得注意的是,若行为人在年满十八周岁前后实施了同种犯罪行为,在量刑时也应当考虑对年满十八周岁以前实施的犯罪,适当给予从轻或者减轻处罚。

3. 对未成年人的缓刑。缓刑,是属于传统的刑法范畴,但是,未成年人的缓刑和不定期刑,有的国家规定在刑法之中,有的国家规定在青少年刑事法律(包括刑法和刑事诉讼法)之中,有的则规定在少年法之中,呈现出多样化的状况。我国《刑法》对于未成年人适用缓刑没有特别的规定,但根据审判实践中提出的问题和参考外国法律的规定,根据未成年被告人的具体情况,作出最符合于该未成年人的实际的判决。对符合缓刑适用条件的未成年罪犯,应当依法适用缓刑。

4. 规定了未成年人犯罪记录封存制度。中央司改意见提出建立"未成年人轻罪犯罪记录消灭制度",以维护未成年人的合法权益。我国《刑法》第100条规定,依法受过刑事处罚的人,在入伍、就业的时候,应当如实向有关单位报告自己曾受过刑事处罚,不得隐瞒。犯罪的时候不满十八周岁被判处五年有期徒刑以下刑罚的人,免除上述报告义务。犯罪记录的存在,会给被判处刑罚的未成年人在升学、就业、生活等方面带来一些消极影响,甚至为他们重新犯罪埋下隐患。根据"教育、感化、挽救"的方针,以及"教育为主,惩罚为辅"的原则,我国的未成年人刑事司法应注重对未成年人的教育、改造和挽救,目的是使他们能较好地回归社会。未成年人犯罪记录封存制度不仅有效巩固了刑事诉讼过程中已经实现的对未成年人的教育功能,同时还体现了刑事司法制度对未成年人的人文关怀,也是贯彻落实宽严相济刑事政策的应有之义。这次《刑事诉讼法》修改,又建立了未成年人犯罪记录封存制度。其中第275条规定,犯罪的时候不满十八周岁,被判处五年有期徒刑以下刑罚的,应当对相关犯罪记录予以封存。犯罪记录被封存的,不得向任何单位和个人提供,但司法机关为办案需要或者有关单位根据国家规定进行查询的除外。依法进行查询的单位,应当对被封存的犯罪记录的情况予以保密。

法律同时规定了查询单位的保密义务,依法进行查询的单位,应当对被封存的犯罪记录的情况予以保密,其经查询获取的信息只能用于特定事项、特定范围。

当然,刑事诉讼法在确立未成年人犯罪记录封存制度的同时,也为合理的需求留有余地。法律规定了可以对未成年人犯罪记录进行查询的两种例外情形:其一,司法机关为办理案件需要,当司法机关办理具体案件需要从未成年犯罪嫌疑人、被告人的犯罪记录中获取线索、有关定罪量刑信息时,可查询其犯罪记录;其二,有关单位根据国家规定可进行查询,在这种情况下,相关单位必须根据法律规定,限于法定事由方能查询。

六、执行

判决发生法律效力后,即应执行,这一点未成年人案件也不例外。为了更好地教育、挽救和改造18周岁以下的犯罪人,我国建立了少年犯管教制度,在省、市、自治区一级设立少年犯管教所。几十年来,国家制定了一系列有关少年管教的法则,对少年犯管教所的设置、性质、任务、管教方针、教育改造的内容和方法、管教制度、对被管教人员的生活待遇,以及期满后的升学或就业等问题,都作了特别的规定,并在实践中不断地得到贯彻和执行。人民法院还根据实际情况,做好对少年犯的回访工作。

《未成年人保护法》第57条规定,对羁押、服刑的未成年人,应当与成年人分别关押。对少年犯应当设置少年犯管教所进行教育改造。第21条规定,少年犯管教所,管教13周岁以上未满18周岁的少年犯。设立少年犯管教所,专门管教犯罪的未成年人,是我国教育改造犯罪人的一个重要制度。这样做是为了避免将犯罪的未成年人和成年犯混在一起,从而有利于教育改造未成年人。少年犯管教所与其他劳动改造场所不同,贯彻对未成年罪犯"教育改造为主,轻微劳动为辅"的原则,对于未成年犯罪人着重进行思想政治教育、道德法制教育、文化教育和生产技术教育,并且根据他们的年龄和生理发育的情况,组织他们从事轻微的体力劳动,以培养他们的劳动观念和劳动习惯,学会一定的生产技能,为刑满释放后继续升学或者谋取适当的职业打下基础。在安排学习和劳动时,从改造出发,从他们出所后就业着想,并根据他们的年龄大小,规定不同的学习、劳动时间。对于不满16周岁的,一般半天学习时间、半天劳动;对于16周岁以上的,一般劳动时间要多于学习时间,以便从生产技能上为其将来就业打下基础。少年犯管教所设有固定的劳动场所,以便被管教的对象都能参加一定的生产劳动,以树立劳动观点,培养劳动习惯,学会一定的生产技能。

少年犯管教所有一套严格的科学文明的管理制度,并且有一定的强制性。但在管教中绝对禁止侮辱、打骂和虐待被管教的对象,禁止使用戒具,取消禁闭室、集训队、严管队,不使用武装看守,不设岗楼、不拉电网。少年犯管教所对被管教的对象在生活上一律实行供给制,主、副食的供应应当按照国家规定的定量标准加强管理,伙食、被服和日用必需品的供应稍高于成年犯的标准,并保证按时供应。他们的食宿和劳动场所,要求符合卫生标准,并有一定的医疗、卫生设备和医务工作人员。对被管教的未成年人要适当地开展文娱、体育活动,有足够的睡眠时间,以保证他们的身体健康,并力求在他们之中树立起一种诚实、勤俭、严肃、活泼的风气。

【典型案例】
【案例21-3-09】
被告人郭某(男,1995年6月9日生)因琐事对邻居侯某某不满,伺机报复。2010年12月10日5时许,孙某某、侯某某夫妻二人离开暂住处后,被告人郭某踹门入户,窃得农业银行卡等财物,并发现侯某某的女儿孙某某(2006年7月29日生)在屋内睡觉。为要挟侯某某告知银行卡密码,郭某将被害人孙某某强行带走。途中,因被害人不顺从,郭某将其抛入河中,致其溺水死亡。嗣后,郭某发短信息给孙某某,告知其女儿已被自己绑架,要求告知银行卡密码。后孙某某报警,郭某被警方抓获。

本案中,因陈某凯系未成年人,法院在判决时依法对其不适用死刑,判处其有期徒刑十年。

【法理与法律适用分析】
我国《刑事诉讼法》第275条规定,犯罪的时候不满十八周岁,被判处五年有期徒刑以下刑罚的,应当对相关犯罪记录予以封存。犯罪记录被封存的,不得向任何单位和个人提供,但司法机关为办案需要或者有关单位根据国家规定进行查询的除外。依法进行查询的单位,应当对被封存的犯罪记录的情况予以保密。犯罪记录封存制度给有过犯罪记录的未成年人,避免前科带来的负面影响,能够平等地享有与其他正常人一样的权利,使其真正改过自新,回归社会,提供了机会。本案中被告人孙某犯寻衅滋事罪,判处拘役五个月十五天。被告人朱某犯寻衅滋事罪,判处拘役五个月。符合"犯罪记录封存"的刑度要求:犯罪时不满十八周岁,被判处五年有期徒刑以下刑罚的,依照《刑事诉讼法》第15条规定免予追究刑事责任的未成年人刑事案件记录,也应当予以封存。此外,还应当封存在侦查、审查起诉和审理过程中形成的与未成年人犯罪相关的各种材料。司法机关封存符合条件的未成年人犯罪记录,不仅要对未成年犯罪嫌疑人、被告人的材料采取保密措施,妥善保存,非因法定事由不得向外界提供;在有关方面要求为未成年人出具有无犯罪记录证明时,司法机关不应当提供有犯罪记录的证明。

【法条链接】
《刑事诉讼法》

第二百六十七条　未成年犯罪嫌疑人、被告人没有委托辩护人的,人民法院、人民检察院、公安机关应当通知法律援助机构指派律师为其提供辩护。

第二百七十条　对于未成年人刑事案件,在讯问和审判的时候,应当通知未成年犯罪嫌疑人、被告人的法定代理人到场。无法通知、法定代理人不能到场或者法定代理人是共犯的,也可以通知未成年犯罪嫌疑人、被告人的其他成年亲属,所在学校、单位、居住地基层组织或者未成年人保护组织的代表到场,并将有关情况记录在案。到场的法定代理人可以代为行使未成年犯罪嫌疑人、被告人的诉讼权利。

到场的法定代理人或者其他人员认为办案人员在讯问、审判中侵犯未成年人合法权益的,可以提出意见。讯问笔录、法庭笔录应当交给到场的法定代理人或者其他人员阅读或者向他宣读。

讯问女性未成年犯罪嫌疑人,应当有女工作人员在场。

审判未成年人刑事案件,未成年被告人最后陈述后,其法定代理人可以进行补充陈述。

询问未成年被害人、证人,适用第一款、第二款、第三款的规定。

第二百七十一条　对于未成年人涉嫌刑法分则第四章、第五章、第六章规定的犯罪,可能判处一年有期徒刑以下刑罚,符合起诉条件,但有悔罪表现的,人民检察院可以作出附条件不起诉的决定。人民检察院在作出附条件不起诉的决定以前,应当听取公安机关、被害人的意见。

对附条件不起诉的决定,公安机关要求复议、提请复核或者被害人申诉的,适用本法第一百七十五条、第一百七十六条的规定。

未成年犯罪嫌疑人及其法定代理人对人民检察院决定附条件不起诉有异议的,人民检察院应当作出起诉的决定。

第二百七十二条　在附条件不起诉的考验期内,由人民检察院对被附条件不起诉的未成年犯罪嫌疑人进行监督考察。未成年犯罪嫌疑人的监护人,应当对未成年犯罪嫌疑人加强管教,配合人民检察院做好监督考察工作。

附条件不起诉的考验期为六个月以上一年以下,从人民检察院作出附条件不起诉的决定之日起计算。

被附条件不起诉的未成年犯罪嫌疑人,应当遵守下列规定:(一)遵守法律法规,服从监督;(二)按照考察机关的规定报告自己的活动情况;(三)离开所居住的市、县或者迁居,应当报经考察机关批准;(四)按照考察机关的要求接受矫治和教育。

第二百七十三条　被附条件不起诉的未成年犯罪嫌疑人,在考验期内有下列情形之一的,人民检察院应当撤销附条件不起诉的决定,提起公诉:(一)实施新的犯罪或者发现决定附条件不起诉以前还有其他犯罪需要追诉的;(二)违反治安管理规定或者考察机关有关附条件不起诉的监督管理规定,情节严重的。

被附条件不起诉的未成年犯罪嫌疑人,在考验期内没有上述情形,考验期满的,人民检察院应当作出不起诉的决定。

第二百七十四条　审判的时候被告人不满十八周岁的案件,不公开审理。但是,经未成年被告人及其法定代理人同意,未成年被告人所在学校和未成年人保护组织可以派代表到场。

第二百七十五条　犯罪的时候不满十八周岁,被判处五年有期徒刑以下刑罚的,应当对相关犯罪记录予以封存。

犯罪记录被封存的,不得向任何单位和个人提供,但司法机关为办案需要或者有关单位根据国家规定进行查询的除外。依法进行查询的单位,应当对被封存的犯罪记录的情况予以保密。

第二百七十六条　办理未成年人刑事案件,除本章已有规定的以外,按照本法的其他规定进行。

【典型案例目录索引】
典型案例均由上海市检察机关提供真实案例。
【参考阅读的文献资料】
1. 樊崇义主编:《刑事诉讼法学》,中国政法大学出版社2009年版。
2. 叶青主编:《刑事诉讼法学教学研究资料汇编》(第二辑),北京大学出版社2011年版。
3. 叶青主编:《刑事诉讼法学》,中国人民大学出版社2012年版。

第二十二章 单位犯罪追诉程序研究

第一节 单位犯罪案件诉讼程序概述

一、单位犯罪诉讼程序的概念

单位犯罪的追诉程序是指司法机关依法追究公司、企业、事业单位、机关、团体实施的危害社会行为的刑事责任的特殊诉讼程序。根据《最高人民法院关于审理单位犯罪案件具体应用法律有关问题的解释》中第1条规定，公司、企业、事业单位既包括国有、集体所有的公司、企业、事业单位，也包括依法设立的合资经营、合作经营企业和具有法人资格的独资、私营等公司、企业、事业单位。参照《刑事诉讼法》的有关规定，对被追究刑事责任的单位在检察机关向人民法院起诉前可称为"犯罪嫌疑单位"，进入审判阶段可称为"被告单位"。

二、单位犯罪的立案管辖

单位犯罪的立案管辖是指公安机关、人民检察院、人民法院在直接受理一审单位犯罪案件上的分工和权限。

1. 公安机关受理的单位犯罪案件。根据《刑事诉讼法》及有关司法解释的规定，公安机关受理的单位犯罪案件主要包括：(1)单位犯罪走私案件(如单位走私淫秽物品案，单位走私普通货物、物品案)；(2)单位妨害对公司企业的管理秩序案件(如单位虚报注册资本案，单位虚假出资、抽逃出资案，单位欺诈发行股票、债券案，公司、企业妨害清算案)；(3)单位破坏金融管理秩序案件(如单位非法吸收公众存款案，单位伪造、变造金融票证案，单位擅自发行股票或公司、企业债券案，单位内幕交易、泄露内幕信息案)；(4)单位危害税收征管案件(如单位虚开增值税专用发票、用于骗取出口退税、抵扣税款发票案，单位伪造、出售伪造的增值税专用发票案，单位偷税案，单位逃避追缴欠税案)；(5)单位扰乱市场秩序案件(如单位串通投标案，单位非法经营案，单位强迫交易案，单位逃避商检案等)。

【案例22-1-01】林某，系某金属制品公司(集体性质)会计。1997年10月，林某在给某房地产开发公司开具销售发票时，因单位资金紧张，为达到给单位少缴税款的目的，受单位负责人指示，采取重复填写多联发票的手段，在发票联如实填写所销货物的金额交给客户，存根联、记账联另行开具比发票联金额少的金额，存根联应付税收人员检查，记账联记账纳税，共隐瞒收入19.9万元，使单位少缴税款3万元。本案作为单位偷税案属于公安机关受理的单位犯罪案件。

2. 检察机关受理的单位犯罪案件。检察机关受理的单位犯罪案件主要包括：
(1)单位受贿案；(2)单位行贿案；(3)单位私分国有资产案；(4)单位私分罚没财物

案;(5)单位强迫职工劳动案件;(6)单位出版歧视、侮辱少数民族作品案等。

【案例22-1-02】2006年4月,沈阳市工商局接到群众举报,反映沈阳市第五人民医院破坏公平竞争的市场秩序,在120工作人员运送患者时给付好处费。随后,沈阳市工商局经济检查分局正式立案调查,并发现:2005年初至2006年初的一段时间里,在沈阳急救中心铁西分中心工作人员送病人时,沈阳五院采取给付服务费的方式,每运送一次住院病人给付医生、护士、司机各100元,以争取更多为患者诊治的机会。工商机关核实后认定,至2006年4月4日被查获时止,沈阳急救中心铁西分中心给沈阳五院运送病人5,362人次,这家医院采取上述方式诊治住院患者1,334人次,共获利189.3万元。在工商部门对沈阳五院查处后,沈阳市铁西区人民检察院于去年底对沈阳五院、沈阳五院原院长陈某、原门诊部主任南某均以涉嫌单位行贿罪,提起公诉。法院很快立案。

法院经审理查明,沈阳五院为增加患源,于2005年2月至2006年3月,向沈阳急救中心铁西分中心的工作人员行贿41万多元。陈某作为该单位直接负责的主管人员,指使南某采用虚报冒领奖金的方式,给120工作人员行贿。南某具体实施了上述行为。

法院经审理后认为,鉴于被告单位积极缴纳罚金,陈某、南某认罪态度较好,故依法对沈阳五院判处罚金5万元,判处陈某有期徒刑1年、缓刑1年,判处南某有期徒刑6个月、缓刑1年。本案沈阳五院犯单位行贿罪属于检察机关受理的案件范围。

3. 人民法院直接受理的案件。人民法院直接受理的单位犯罪案件一般为简单、轻微的自诉单位犯罪案件,主要包括:(1)生产、销售伪劣商品案;(2)侵犯知识产权案(如单位假冒注册商标案,单位销售假冒注册商标标识案,单位假冒专利案,单位侵犯著作权案,单位销售侵权复制品案,单位侵犯秘密等案件)。

【案例22-1-03】今年43岁的被告人方某系A县城关镇人,2003年4月份至今任A县某化工有限公司董事长兼总经理。2003年4月份,被告人方某到B县烟草公司推销复合肥产品,在与B县烟草公司经理谈妥后随安排分管生产的副经理生产复合肥作为B县烟田的肥料。后该公司在生产车间工艺落后,化验室不能正常开展工作的情况下,生产出烟田专用复合肥60.92吨,销售给B县烟草公司,销售金额达79,314.84元。后B县烟草公司将其中的60.88吨销售给烟农,烟农发现该批复合肥质量不合格,反馈给B县烟草公司,A县某化工有限公司知道后即与B县烟草公司协商,在该批售肥货款不要的情况下,又补偿给B县烟草公司5万元现金作为购其他肥料的费用,对烟农的烟田进行了补救。经检验该批烟田复合肥系不合格产品。

2003年9月底,A县某化工有限公司在企业流动资金极其困难,无法购买加工磷肥的主要原料磷半成品和拖欠外欠账无法偿还的情况下,被告人方某让用老渣池中的废料代替主原料生产磷肥,当年10月份共生产该种磷肥1,343.79吨,后将该批磷肥分别以抵账、抵职工工资和少量销售的方式处理掉,该批磷肥价值309,071.70元。经检验,该批磷肥为不合格产品。后A县受害农民将该公司直接起诉到法院要求追究其刑事责任。

A县法院经审理后认为,被告单位A县某化工有限公司故意生产不合格烟田复合肥冒充合格产品予以销售,销售金额7,931.84元,故意生产不合格磷肥1,343.79吨,货值金额309,071.70元,以抵账、抵职工工资和其他方式处理掉,被告人方某系故意生产、销售不合格产品的直接责任人员,其行为已分别构成生产、销售伪劣产品罪。被告单位及时给付现金购肥补救,没有使烟田受到损失,可以酌情从轻处罚。被告人方某能如实供述其犯罪事实，确有悔罪表现，适用缓刑不致再危害社会。依照《中华人民共和国刑法》第一百四十条、第一百五十条、第七十二条第一款之规定，该公司以犯生产、销售伪劣产品罪被判处罚金6万元，该公司董事长兼总经理方某犯生产、销售伪劣产品罪，被判处有期徒刑一年，缓刑一年，并处罚金4万元。

本案A县某化工有限公司犯生产、销售伪劣产品罪是简单、轻微的单位犯罪案件，属于人民法院直接受理的单位犯罪案件。

【典型案例】

【案例22-1-04】

周敏合同诈骗案——如何理解和把握一人公司单位犯罪主体的认定。

被告人周敏，女，1952年6月23日出生于上海市，系上海众超工艺品有限公司（以下简称众超公司）、上海一丰镐工艺品有限公司（以下简称一丰镐公司）法定代表人，于2009年6月15日因涉嫌合同诈骗犯罪被刑事拘留，2009年7月22日被逮捕，2010年3月12日被取保候审。上海市奉贤区人民检察院以被告人周敏犯合同诈骗罪，向上海市奉贤区人民法院提起公诉。被告人周敏对公诉机关指控的事实无异议，但提出其个人无诈骗故意。辩护人提出周敏的行为出于为单位利益考虑，公诉机关指控周敏个人犯合同诈骗罪的事实不清、证据不足。

上海市奉贤区人民法院经审理查明：2008年2月至2009年4月，被告人周敏在担任一人有限责任公司众超公司、一丰镐公司法定代表人并直接负责生产经营期间，先后与上海岷琪针织品有限公司、常州仕高针纺织品有限公司等多家单位发生玩具原材料买卖或加工合同业务，上述单位按约为周敏所在公司供货或完成加工业务，周敏经自己公司再生产加工、通过瑞宝公司等单位予以销售并收取货款后，采用将上述自己公司账户内的资金转入个人账户或以差旅费等名义提取现金等方式转移公司财产，却以尚未收到货款为由拒不支付各被害单位合计价值人民币（以下币种均为人民币）900,000余元的原材料货款及加工费等。在被害单位多次催讨后，被告人周敏采用隐匿等手段逃避。案发后，周敏支付部分货款后仍造成被害单位直接经济损失合计890,000余元。法院审理期间，周敏积极筹款894,000元退赔被害单位的经济损失。

上海市奉贤区人民法院认为，被告人周敏身为单位直接负责经营管理的人员，在本单位与被害单位发生货物买卖或加工合同业务并收受被害单位交付的数额巨大的货物后，转移本单位财产并隐匿，其行为已触犯刑律，构成合同诈骗罪。经查，现有证据不足以证明周敏在收取货款后系用于其个人开支，因此，公诉机关指控周敏系个人犯罪的证据不足。上海市奉贤区人民法院认为被告人周敏的行为符合单位犯罪的特征，属单位犯罪。为保护公私财产权利不受侵犯，依据《中华人民共和国刑法》第二百二十四条第四项、第二百三十一条、第七十二条、第七十三条第二款和第三款、第六十四条之规定，并综合考虑周敏的犯罪事实、情节、性质、危害后果、认罪悔罪态度、退赔经济损失，判决被告人周敏犯合同诈骗罪，判处有期徒刑三年，宣告缓刑五年，并处罚金四十六万元；被告人周敏的犯罪所得予以追缴并发还被害单位。一审判决后，被告人没有上诉，检察机关没有抗诉，判决已经发生法律效力。

【法理与法律适用分析】

我国1997年修订《刑法》第30条、第31条的规定，公司、企业、事业单位、机关、团体实施的危害社会的行为,法律规定为单位犯罪的,应当负刑事责任。单位犯罪的,对单位判处罚金,并对直接负责的主管人员和其他直接责任人员判处刑罚。刑法分则和其他法律另有规定的,依照规定。区分单位犯罪与个人犯罪在刑罚适用上具有重要意义:第一,单位犯罪以采用双罚制为原则,以单罚制为例外;而个人犯罪只处罚个人。第二,一般情况下单位犯罪对个人的处罚比自然人犯罪处罚要轻。单位犯罪定罪数额起点较高,一般为自然人犯罪数额的2~5倍。在个人和单位都可以成为犯罪主体的罪名中,单位犯罪的直接责任人员的法定刑通常也轻于自然人犯罪的法定刑。正因为如此,被告人在刑事审判中也往往主张自己的行为系单位犯罪中的行为。因此,在单位经集体研究决定或者由负责人员决定为单位利益而实施犯罪的场合下,判断是否构成单位犯罪往往是司法审判中的焦点问题。

2005年,修订后的《公司法》明确承认了一人公司的法人地位,公司法第58条第2款规定:"本法所称一人有限责任公司,是指只有一个自然人股东或者一个法人股东的有限责任公司。"公司法对一人公司的承认给刑法中单位犯罪的法律适用带来如下问题:一人公司犯罪的能否构成单位犯罪?在何种情况下应当以单位犯罪论处,何种情况下应当以个人犯罪论处?单从刑法条文来看,只要公司实施了法律规定为单位犯罪的行为,即可构成单位犯罪,并未限定公司的性质、规模、权属或者股东人数。不过,1997年修订《刑法》之时,公司法尚未承认一人公司之存在,因此,能否将一人公司理解为单位犯罪中所说的"公司",何种情况下一人公司的行为可以被作为单位犯罪处理,需要结合刑法规定单位犯罪的目的和一人公司的人格独立性进行法理上的判断。

刑法设置单位犯罪,根本上是因为单位具有独立的人格,具有独立于管理人或者所有人的意志。单位经集体决定或者负责人决定,为了单位利益而实施危害社会的行为,其本质是单位自己的行为而不仅仅是直接责任人的行为,应当由单位自己负责。单位犯罪必须是为了单位的利益而实施,因此,如果不处罚单位而只处罚直接责任人,则无异于认可单位可以从犯罪行为中获益,从而与法律的精神相违背。在现代社会,尤其在现代企业制度中,企业所有人与管理人分离是一种正常现象,企业相对于所有人具有完全独立的人格。具有独立人格的企业经过章程规定的决策程序实施单位犯罪的,就应当独立承担刑事责任,这是罪责自负原则的体现,也是法律对单位自我负责能力的认可。相反,如果公司实施了单位犯罪而无须独立承担责任,就不但意味着公司及其所有人可以从犯罪中受益,而且也意味着公司自我负责的独立人格的丧失。从这里可以清楚地看到,单位犯罪中的企业所有人或者股东是谁,完全是与刑事责任毫无关联的事实。

有无独立人格是单位行为能否被作为单位犯罪处理的决定因素。如果单位实质上没有独立人格,则即使具备了单位犯罪的形式特征,也不能构成单位犯罪。根据我国相关司法解释,个人为进行违法犯罪活动而设立的公司、企业、事业单位实施犯罪的,或者公司、企业、事业单位设立后,以实施犯罪为主要活动的,或者盗用单位名义实施犯罪,违法所得由实施犯罪的个人私分的,依照刑法有关自然人犯罪的规定定罪处罚。在前两种情况下,公司、企业、事业单位完全不符合单位章程的规定,实质上只是个人的犯罪工具,不具备独立人格。在后一种情况下,单位只是被他人盗用名义进行犯罪,并不是单位意志的体现,也不能构成单位犯罪。因此,以行为时有无独立人格作为判断单位犯罪成立与否的标准与司法解释的精神是完全契合的。

与其他单位一样,一人公司的行为能否构成单位犯罪的标准同样在于其是否具有独立人格。一人公司不是只有一个人的公司，而是指股东仅为一人（自然人或法人）并由该股东持有公司全部出资的有限责任公司。一人公司完全有可能具有独立的法人人格，其与传统有限责任公司唯一的区别仅仅是股东的个数不同。正如前文所述，股东的个数及身份与单位犯罪的成立毫无关系，一人公司完全有可能构成单位犯罪。一人公司的特殊性仅仅在于其只有一名股东，该股东持有公司的全部出资。由于只有一位出资人，出资人与公司之间容易产生关联交易而导致人格混同，一人公司的人格因为其股东的单一性而具有不稳定性；因此，判断具体犯罪行为中的一人公司是否具有独立人格，应当根据以下几项标准：是否具有独立的财产利益，是否具有独立的意志，是否具有公司法所要求的法人治理结构，是否依照章程规定的宗旨运转，是否依照法定的条件和程序成立。

在本案中，众超公司、一丰镐公司经合法注册成立，被告人周敏是该公司唯一股东和法定代表人。公司依照法律规定的条件和程序登记注册成立，成立之后依照章程规定的营利宗旨进行运转，公司在经营中具有相对独立的名义，具备公司法要求的治理结构，被告人周敏作为法定代表人为了公司利益实施合同诈骗行为，应当被视为公司的独立意志。同时，根据法院查明的情况，周敏依照法律程序办理手续实际出资，众超公司、一丰镐公司具有独立的财务状况，可以与周敏的个人财产明确区分，虽然进行了合同诈骗行为，但是现有证据不足以证明周敏在收取货款后系用于其个人开支。因此，公司具备独立的法人人格，具有承担刑事责任的能力。周敏作为公司法定代表人为了公司利益而进行合同诈骗活动，应当被视为公司的行为，构成单位犯罪。因此，上海市奉贤区人民法院认定被告人周敏应依法追究其作为"单位直接负责经营管理的人员"的刑事责任。

【法条链接】

《最高人民法院关于适用〈中华人民共和国刑事诉讼法〉的解释》

第二百七十八条　人民法院受理单位犯罪案件，除依照本解释第一百八十条的有关规定进行审查外，还应当审查起诉书是否列明被告单位的名称、住所地、联系方式，法定代表人、主要负责人以及代表被告单位出庭的诉讼代表人的姓名、职务、联系方式。需要人民检察院补充材料的，应当通知人民检察院在三日内补送。

【典型案例目录索引】

周敏合同诈骗案

——如何理解和把握一人公司单位犯罪主体的认定

载《刑事审判参考》2011年第5集（总第82集）。

【参考阅读的文献资料】

1. 杨晓静：《单位犯罪刑事诉讼程序研究》，载《河北法学》2000年第5期。
2. 尹伟博：《单位犯罪诉讼程序研究》，中南大学2010年硕士论文。

第二节　单位犯罪诉讼程序中的诉讼代表人制度

一、诉讼代表人制度的确立

单位作为刑事诉讼法律关系的主体无疑具有诉讼权利能力，依法享有《刑事诉讼法》所规定的诉讼权利及承担相应的诉讼义务，但仅有诉讼权利能力而不具有诉讼行为能力的主体不能实际参与到刑事诉讼法律关系中去,单位作为一个法律拟制主体,虽然依法享有诉讼权利能力,但由于其不具有人身性,无法和自然人一样通过自己的行为去取得权利和承担义务,这也意味着单位无法实际参与到刑事诉讼法律关系中去,其诉讼权利能力形同虚设,作为被追诉的对象,其合法的诉讼权利及实体权益也无法得到实现和保障,因此有必要从法律上保障其诉讼权利能力得以实现,使其能和自然人一样获得诉讼生命,参与到刑事诉讼中去,诉讼代表人制度也就应运而生。设立诉讼代表人制度,也是保障单位自身合法权益的需要。我国《刑法》规定对单位犯罪的处罚是以"双罚制"为主,以"单罚制"为辅。在实行"单罚制"的单位犯罪(如工程重大安全事故罪、消防责任事故罪)中,实际上只涉及自然人被告的刑事责任问题,单位未被追究刑事责任,因而也没有参加刑事诉讼的必要,因此,在实行"单罚制"的单位犯罪中不需要诉讼代表人的参与。而在实行"双罚制"的单位犯罪中,不仅追究自然人的刑事责任,而且还追究单位的刑事责任,在此种情况下,作为共同被追究刑事责任的双方,无论其利益是同向还是异向,都存在一个责任的分担问题,为防止自然人被告打着单位的旗号推卸责任,为保障单位自身的合法权益,有必要设立诉讼代表人制度。

我国《刑诉解释》第279条规定:"被告单位的诉讼代表人,应当是法定代表人或者主要负责人;法定代表人或者主要负责人被指控为单位犯罪直接负责的主管人员或者因客观原因无法出庭的,应当由被告单位委托其他负责人或者职工作为诉讼代表人。但是,有关人员被指控为单位犯罪的其他直接责任人员或者知道案件情况、负有作证义务的除外。"

【案例22-2-01】

公诉机关舞阳县人民检察院。

被告单位漯河市郾城区科学技术协会。

诉讼代表人刘爱玲,漯河市郾城区科学技术协会主席。

诉讼代理人楚继峰,男,汉族,1976年7月11日出生,漯河市郾城区科学技术协会办公室副主任。

被告人魏桥新,男,1960年2月26日出生,2007年12月至2010年3月任漯河市郾城区科学技术局局长兼党组书记。因涉嫌单位受贿犯罪于2011年9月30日被刑事拘留,10月3日被取保候审。

被告人李云红,女,1969年9月26日出生,2001年7月至2010年3月任漯河市郾城区科学技术局会计。因涉嫌单位受贿犯罪,于2011年10月10日被取保候审。

舞阳县人民检察院以舞检刑诉(2011)202号起诉书指控被告单位漯河市郾城区科学技术协会、被告人魏桥新、李云红犯单位受贿罪,于2011年12月5日向法院提起公诉。

法院经审理后认为,被告单位漯河市郾城区科学技术协会及被告人魏桥新作为被告单位直接负责的主管人员,被告人李云红作为被告单位的直接责任人员,为他人谋取利益,利用审核申报国家科普惠农先进单位和河南省"三创一带"先进单位的职务之便,索取他人财物现金共计120,000元,情节严重,其行为均已构成单位受贿罪,舞阳县人民检察院指控的罪名成立,判决如下:

一、被告单位漯河市郾城区科学技术协会犯单位受贿罪,判处罚金50,000元(罚金于本判决生效后三十日内向本院缴纳)。

二、被告人魏桥新犯单位受贿罪,免予刑事处罚。

三、被告人李云红犯单位受贿罪,免予刑事处罚。

四、对被告单位市郾城科学技术协会违法所得120,000元予以追缴(限于判决生效后三十日内缴纳)。①

本案中,被告单位漯河市郾城科学技术协会刘爱玲作为法定代表人代表被告单位出庭。

二、诉讼代表人的条件

诉讼代表人要能最大限度地维护单位的合法权益,因此诉讼代表人一般应符合以下条件:(1)未参与单位犯罪。若诉讼代表人参与了单位犯罪,一方面其自身可能被采取了强制措施,人身自由受到一定限制,无法充分有效地行使诉讼权利;另一方面由于其与单位主体之间存在责任的分担问题,可能有推卸责任之嫌。(2)熟悉单位的经营管理活动。单位犯罪一般发生在单位的经营管理活动中,由熟悉其经营管理活动的人担任诉讼代表人能较好地维护单位的合法权益;一般应由单位内部的高级职员或具有较高职务和身份的人担任。(3)品行良好,未涉嫌其他犯罪或被执行过刑罚。

【案例22-2-02】

公诉机关河南省安阳市殷都区人民检察院。

被告单位西安公路研究院江苏办事处,负责人李彦,该办事处主任。

诉讼代表人张焕浪,男,47岁,西安公路研究院江苏办事处副主任。

被告人李彦,男,陕西省西安公路研究院副院长兼江苏办事处主任,因涉嫌犯单位行贿罪于2009年7月24日被安阳市公安局殷都分局刑事拘留,同年8月7日被逮捕。

安阳市殷都区人民检察院以安殷检刑诉(2009)124号起诉书指控被告单位西安公路研究院江苏办事处、被告人李彦单位犯行贿罪,于2009年10月21日向安阳市殷都区法院提起公诉。

法院经审理后查明认为,被告单位西安公路研究院江苏办事处及被告人李彦在河南承揽高速公路机电设计、监理等工程过程中,违法国家规定,给予国家工作人员回扣人民币85万元,情节严重,其行为均已构成单位行贿罪。安阳市殷都区人民检察院指控被告单位西安公路研究院江苏办事处及被告人李彦单位行贿罪罪名成立。被告人李彦及其辩护人郝慧珍辩称,向受贿人齐邓林行贿的85万元中有50万元系延续被告人李彦在任以前其办事处与河南高速公路开发公司相关部门所签合同,而给予受贿人齐邓林的,不应由被告人李彦承担全部责任的意见,经查,该辩护意见与事实相符,本院予以采纳,可酌情对被告人李彦从轻处罚;被告人李彦认罪态度较好,亦可酌情从轻处罚。依照《中华人民共和国刑法》第三百九十三条、第七十二条第一款、第七十三条第二、三款之规定,判决:被告单位西安公路研究院江苏办事处犯单位行贿罪,判处罚金人民币100万元;被告人李彦犯单位行贿罪,判处有期徒刑二年,缓刑二年。②

本案诉讼代表人张焕浪作为西安公路研究院江苏办事处副主任,符合诉讼代表人的

---

① 摘自http://www.chinacourt.org/paper/detail/id/721764.shtml,2012年5月29日访问。

② 河南省安阳市殷都区人民法院刑事判决书(2009)殷刑初字第148号

三个条件即未参与单位犯罪,熟悉单位的经营管理活动,品行良好,未涉嫌其他犯罪或被执行过刑罚。

三、单位变更时诉讼代表人的确定

若单位自身情况发生变化,其诉讼代表人如何确定也是诉讼代表人制度中的一个关键问题,实践中单位变更的情形一般有三种,即单位分立、单位合并、单位终止。单位的分立有分解分立和分支分立两种形式,分解分立是指把原有的单位依法分为两个或两个以上的独立单位(法人),原有单位消灭;而分支分立指原有单位将其部分的财产或业务分出一部分或若干部分,原有单位依然存续,分出的部分依法成为新的单位。在分解分立的情况下,若已消灭的原单位的法定代表人未被追究刑事责任的,则仍由原单位的法定代表人作为诉讼代表人参加诉讼,若其被追究刑事责任的,可由分立后的单位的法定代表人作为诉讼代表人,若分立后的单位的法定代表人有二人以上,可协商决定一至二人参加诉讼,协商不成,由人民法院指定;若有关负责人都涉嫌犯罪的,可由人民法院在合适人选中指定。在分支分立的情况下,应由仍存续的原单位的法定代表人作为诉讼代表人,若其被追究刑事责任的,由原单位的其他负责人担任诉讼代表人,其他负责人也都被追究刑事责任的,可从分立后的法定代表人或其他负责人中选任。

【案例22-2-03】

公诉机关成都铁路运输检察院。

被告南充市蓝影旅游服务有限公司(以下简称蓝影公司),住所地南充市顺庆区人民中路81号,法定代表人李先明。

诉讼代表人李娜,1980年1月31日出生,蓝影公司总经理助理、股东。

辩护人黄晓萍,四川多元律师事务所律师。

被告人李先明,男,1949年10月1日出生于四川省资阳市,汉族,大专文化,蓝影公司法定代表人,执行董事,总经理。

被告人王志强,男,1966年8月13日出生于四川省南充市,汉族,中专文化,蓝影公司工作人员。

被告人林斌,男,1974年8月25日出生于四川省南充市,汉族,初中文化,蓝影公司工作人员。

成都铁路运输检察院以成铁检公刑诉(2006)038号起诉书指控被告蓝影公司、被告人李先明、王志强、林斌犯倒卖车票罪,于2006年5月29日向法院提起公诉。

法院经审理后认为,被告蓝影公司以营利为目的,倒卖火车票共计4,894张;其中,2005年倒卖4,087张,非法获利143,370元;2006年倒卖807张,票面数额165,144.5元,已达到最高人民法院《关于倒卖车票刑事案件有关问题的解释》第1条"变相加价倒卖车票,票面数额在5,000元或者非法获利在2,000元以上构成《刑法》第227条第2款规定的"倒卖车票情节严重"。其行为已触犯《中华人民共和国刑法》第227条第2款的规定,构成单位倒卖车票罪。本案中蓝影公司的一部分分离出去成立蓝景公司,已经分立为蓝影公司和蓝景公司,但蓝影公司仍然存在,仍应当承担单位犯罪的刑事责任。

在单位犯罪中,被告人李先明作为公司直接负责的主管人员参与倒卖4,894张,票面数额165,144.5元;被告人王志强作为公司直接责任人员参与倒卖807张,票面数额

165,144.5元；被告人林斌参与倒卖63张，票面数额13,992元，均已达到最高人民法院《关于倒卖车票刑事案件有关问题的解释》第1条"变相加价倒卖车票，票面数额在5,000元或者非法获利在2,000元以上构成刑法第227条第2款规定的"倒卖车票情节严重"，其行为已触犯《中华人民共和国刑法》第二百二十七条第二款的规定，构成倒卖车票罪，应当按照三被告人在单位犯罪中所起的作用判处刑罚。被告蓝影公司犯倒卖车票罪，判处罚金人民币30万元（于本判决生效后三日内缴纳）。被告人李先明犯倒卖车票罪，判处有期徒刑二年，并处罚金人民币20万元（于本判决生效后三日内缴纳）。被告人王志强犯倒卖车票罪，判处有期徒刑二年，缓刑三年并处罚金人民币20万元（于本判决生效后三日内缴纳）。被告人林斌犯倒卖车票罪，判处有期徒刑一年，缓刑二年并处罚金人民币15,000元（于本判决生效后三日内缴纳）。

本案属于单位分支分立的情形，在此情形下，仍存续的原单位蓝影公司为单位犯罪被告人，应由其诉讼代表人李娜作为诉讼代表人参加诉讼。

【典型案例】

【案例22-2-04】

A电器有限公司偷税案。

犯罪嫌疑人A电器有限公司，住所上海市闵行区沪闵路西北桥镇北。

法定代表人B，A电器有限公司董事长、总经理。

犯罪嫌疑人B，男，1958年9月2日生，汉族，广东省惠阳县人，系A电器有限公司董事长、总经理，住台湾省台南市崇学路20巷2号，因本案于1996年4月2日被取保候审。

上海市闵行区人民检察院以A电器有限公司、B涉嫌偷税罪向上海市闵行区法院提起公诉。

上海市闵行区法院经公开审理查明：

1993年9月至1996年3月间，犯罪嫌疑人在任A电器有限公司董事长、总经理，负责该公司经营的过程中，为逃避纳税义务，故意违反税务法规，通过开具自制发票、收据而隐匿冷库安装收入、冷柜销售收入及通过低税率申报纳税的方法，偷逃税款人民币255,244.79元，占同期应纳税额的37.7%。案发后，犯罪嫌疑人已退缴人民币30万元。

上海市闵行区法院认为：犯罪嫌疑人B在负责犯罪嫌疑人A电器有限公司的经营活动中，故意违反税务法规，采取隐匿收入或者进行虚假的纳税申报的方式，不缴或少缴应纳税款，其行为已触犯全国人大常委会《关于惩治偷税、抗税犯罪的补充规定》第一条第一款之规定，构成偷税罪，应予依法惩处。鉴于犯罪嫌疑人能认罪悔罪、积极退缴税款，故可通过酌情从宽处理。依照全国人大常委会《关于惩治偷税、抗税犯罪的补充规定》第一条第一款、第三条及《中华人民共和国刑法》[1]第四十八条、第四十九条、第六十七条第一款、第六十八条第二、第三款之规定，于1997年9月1日判决如下：

一、犯罪嫌疑人A电器有限公司犯偷税罪，判处罚金人民币10万元（于判决生效后十日内一次缴纳）；

二、犯罪嫌疑人B犯偷税罪，判处有期徒刑一年，缓刑一年。

一审宣判后，各犯罪嫌疑人均服判，没有提出上诉。

【法理与法律适用分析】

本案从刑事实体法的角度来看似乎不存在任何问题，但是从程序法的角度看大可质疑。本案将A电器有限公司及其直接负责的主管人员B都列为被告，无疑是正确的。由于，此单位偷税案件中，单位及其直接责任人员都有可能承担相应的刑事责任，应当赋予其参与诉讼的权利。但是，单位作为被告参与诉讼由于其自身的特性而与自然人不同。众所周知，单位是人格化的社会组织，其独立的人格和生命是由法律赋予的，单位行为和单位意志都必须依托特定成员的行为来实现。被告单位此诉讼过程中也应当依托具体的自然人来行使其诉讼权利，维护单位的实体权益。依据《刑诉解释》的规定，在单位犯罪案件审理过程中应当由单位的诉讼代表人代表单位出庭应诉，行使被告单位的诉讼权利并承担相应的诉讼义务。然而在本案中虽然列明了单位被告，但是未见任何人代表或代理单位参与诉讼，单位在整个案件审理过程中始终缺位，成了未经审判的被告、无法为自己辩护的犯罪人。我们认为，在被告单位未实际参与诉讼的前提下对单位进行缺席判决，不仅剥夺了被告单位的诉讼权利，严重违背了刑事诉讼法的基本原则，而且在一定程度上有可能影响对案件的正确定性（是单位犯罪还是假借单位名义的个人犯罪）。当然本案的发生和审理时间都在1997年刑法实施通过前，而刑事诉讼法对单位犯罪案件的审理程序也没有明确的规定，因此，本案的审理可通过视为对单位犯罪案件审理程序的一种探索，同样，对本案的质疑也是为了更好地保障被告单位的诉讼权益。

【法条链接】

《最高人民法院关于适用〈中华人民共和国刑事诉讼法〉的解释》

第二百七十九条 被告单位的诉讼代表人，应当是法定代表人或者主要负责人；法定代表人或者主要负责人被指控为单位犯罪直接负责的主管人员或者因客观原因无法出庭的，应当由被告单位委托其他负责人或者职工作为诉讼代表人。但是，有关人员被指控为单位犯罪的其他直接责任人员或者知道案件情况、负有作证义务的除外。

第二百八十条 开庭审理单位犯罪案件，应当通知被告单位的诉讼代表人出庭；没有诉讼代表人参与诉讼的，应当要求人民检察院确定。

被告单位的诉讼代表人不出庭的，应当按照下列情形分别处理：

（一）诉讼代表人系被告单位的法定代表人或者主要负责人，无正当理由拒不出庭的，可以拘传其到庭；因客观原因无法出庭，或者下落不明的，应当要求人民检察院另行确定诉讼代表人；

（二）诉讼代表人系被告单位的其他人员的，应当要求人民检察院另行确定诉讼代表人出庭。

第二百八十一条 被告单位的诉讼代表人享有刑事诉讼法规定的有关被告人的诉讼权利。开庭时，诉讼代表人席位置于审判台前左侧，与辩护人席并列。

【典型案例目录索引】

试论单位犯罪追诉程序中的诉讼代表人制度

载 http://www.110.com/falv/falvanli/xingshianli/xsssfal/2010/0723/166971.html，2012年5月1日访问。

【参考阅读的文献资料】

1. 张天勇："单位犯罪诉讼代表人制度的缺陷与完善"，载《福建法学》2008年第2期。

2. 邓晓霞："试论单位犯罪追诉程序中的诉讼代表人制度"，载《浙江省政法管理干部学院学报》2001年5期。

第三节 单位犯罪强制措施的运用

为了保障刑事诉讼活动的顺利进行,我国《刑事诉讼法》规定了对自然人所采取的强制措施,同样的在单位犯罪案件中为了保障刑事诉讼活动的顺利进行也有必要采取相应的强制措施。

一、财产担保

财产担保是指公安机关、人民检察院、人民法院责令犯罪嫌疑单位、被告单位或犯罪嫌疑单位、被告单位商请第三人交纳指定的保证金保证其不逃避侦查、起诉、审判并随传随到的一种强制措施。

【案例22-3-01】2007年年初,被告人冯某经营的焦作市某水泥有限公司因资金紧缺,指使公司员工为借款人、担保人,以虚假的信用资质在王封信用社分四次贷款480万元,经多次催收,借款人拒不还款。焦作市中站区人民检察院指控被告单位焦作市某水泥有限公司、被告人冯某犯骗取贷款罪,于2010年1月22日向焦作市中站区法院提起公诉。在审查起诉过程中,焦作市中站区人民检察院责令犯罪嫌疑单位焦作市某水泥有限公司交纳200万元的保证金。本案中焦作市中站区人民检察院为保证焦作市某水泥有限公司能够及时参加诉讼,而采取了责令焦作市某水泥有限公司交纳200万元保证金的强制措施。

二、查封、扣押财产和冻结银行存款

在保证金担保不足以防止对社会危害及诉讼危害产生时可采取查封、扣押犯罪嫌疑单位、被告单位的财产或冻结其银行存款的强制措施,适用该强制措施可有效防止单位转移财产或赃款、赃物,保障诉讼顺利进行及罚金刑的执行。

【案例22-3-02】2005年至2006年,被告单位新蔡县今是中学为新蔡县新华书店刘某某销售教辅提供帮助,2006年11月份,从中收取回扣120,800元,被告人杨文学安排该款不入单位账,后该款用于学校公务开支。被告单位今是中学在帐外收受回扣,其行为涉嫌单位受贿罪。新蔡县人民检察院依法冻结了新蔡县今是中学的120,800元银行存款。本案新蔡县人民检察院为了保障诉讼顺利进行及罚金刑的执行依法冻结了新蔡县今是中学的120,800元银行存款。

三、监视经营管理

监视经营管理是指公安机关、人民检察院、人民法院在单位犯罪的刑事诉讼中对犯罪嫌疑单位、被告单位的经营管理活动进行监督和检查,以防止其继续犯罪或者转移、伪造、销毁证据,保证单位犯罪刑事诉讼正常进行的强制措施。它类似于对自然人的监视居住。监视经营管理适用的条件与财产担保基本相同,如果犯罪嫌疑单位、被告单位无力交纳保证金,其他单位又不愿为其担保的,可以采用监视经营管理。

【案例22-3-03】天湖公司于2007年5月23日经依法登记成立,法定代表人为张某某。天湖公司成立后,为获得中国农业发展银行苏仙区支行的贷款,公司法定代表人即被

告人张小平于2008年3月1日主持召开公司股东大会,决定将公司的注册资金由60万元虚增到660万元,并决定由被告人周某某具体负责落实,被告人周某某采用伪造的《原料收购合同》及《购销合同》等材料完成虚增600万元注册资金后,被告单位天湖公司从中国农业发展银行郴州市苏仙区支行骗取贷款500万元,被告单位郴州天湖绿色食品有限公司、张某某、周某某已涉嫌骗取贷款罪。为防止单位郴州天湖绿色食品有限公司者转移、伪造、销毁证据,保证单位犯罪刑事诉讼正常进行的强制措施,郴州市公安局苏仙分局决定对郴州天湖绿色食品有限公司的经营管理活动进行监督和检查。本案中,为了防止郴州天湖绿色食品有限公司销毁证据,保证单位犯罪刑事诉讼正常进行,郴州市公安局苏仙分局决定对郴州天湖绿色食品有限公司监视经营管理。

四、中止经营活动(又称责令停业)

该强制措施要求单位在被追诉期间暂时中止一切经营活动,这是针对单位采取的各种强制措施中最为严厉的一种,因此在适用上应严格控制。

【案例22-3-04】被告人赵春才系新野县某纺织有限公司法定代表人。2006年6月,被告人赵春才在没有真实业务发生的情况下,通过介绍人徐德庆(已判决),让湖北省潜江市华棉有限公司为其虚开了两份增值税专用发票,金额分别为27,240,000元、48,928,000元,税额分别为3,133,800元、5,628,800元,用于抵扣新野县某纺织有限公司应纳税款8,762,600元。案发后,被告人赵春才补交了8,762,600元税款。由于犯罪情节严重,新野县检察院责令新野县某纺织有限公司中止经营活动。

本案中采取财产担保、扣押、冻结等强制措施不足以防止新野县某纺织有限公司违法犯罪,因此新野县检察院责令新野县某纺织有限公司中止经营活动。

【典型案例】
【案例22-3-05】
安阳市某房地产开发有限公司单位行贿案

安阳县人民检察院以安县检刑诉(2010)594号起诉书,指控被告人被告单位安阳市某房地产开发有限公司、被告人孟福田犯单位行贿罪向安阳县人民法院提起公诉。安阳县人民检察院责令被告单位安阳市某房地产开发有限公司交纳保证金1万元。

安阳县人民法院经审理查明,2010年,被告人孟福田在任安阳市某房地产开发有限公司执行董事期间,在办理阳光嘉苑土地规划许可证由安阳市石家沟村村民委员会变更为安阳市铜城置业有限公司时,让安阳市城市规划管理局任××给予帮助,并在变更后向任文喜行贿10万元。

安阳县人民法院经审理后认为,被告单位安阳市某房地产开发有限公司为谋取不正当利益而行贿,其行为已构成单位行贿罪;被告人孟福田作为被告单位执行董事,系直接负责的主管人员,其行为构成单位行贿罪,判决被告单位安阳市某房地产开发有限公司犯单位行贿罪,判处罚金15万元,限判决生效后十日内缴纳;被告人孟福田犯单位行贿罪,免予刑事处罚。①

---

① 根据河南省安阳县人民法院刑事判决书(2011)安刑初字第52号改编。

【法理与法律适用分析】

财产担保是指公安机关、人民检察院、人民法院责令犯罪嫌疑单位、被告单位或犯罪嫌疑单位、被告单位商请第三人交纳指定的保证金保证其不逃避侦查、起诉、审判并随传随到的一种强制措施。它类似于对自然人的取保候审。在适用这一强制措施时应注意以下几点：(1)有权决定财产担保的机关只能是公安机关、人民检察院、人民法院，其他任何机关、团体、个人都无权决定财产担保；(2)财产担保的对象是犯罪嫌疑单位和被告单位，保证金应由犯罪嫌疑单位、被告单位交纳，只有在其无力交纳或出于其他原因不能交纳的，才可由其提供其他保证人或单位代为交纳；(3)保证金的数额应因案而异，一般应根据犯罪嫌疑单位、被告单位的财产能力及犯罪的严重程度，特别是犯罪所造成的损失的程度和非法获利数额来定，保证金数额应与犯罪单位的社会危害性成正比。从具体程序上说，在适用财产担保这一强制措施时应首先由犯罪嫌疑单位、被告单位填写记载保证金及保证事项的保证书。如由他人提供保证金担保的，提供保证金的单位或个人亦应填写列明保证事项担保书，然后由责令提供担保的公安、司法机关签发《财产担保决定书》。犯罪嫌疑单位、被告单位在整个诉讼过程中如果没有违反有关财产担保的规定，没有干扰和妨碍刑事诉讼活动正常进行，那么刑事诉讼一结束，责令提供担保的公安机关、人民检察院、人民法院应将保证金退还。

本案中，为了保障刑事诉讼的正常进行，安阳县人民检察院责令被告单位安阳市某房地产开发有限公司交纳保证金1万元。

【法条链接】

《最高人民法院关于适用〈中华人民共和国刑事诉讼法〉的解释》

第二百八十条　开庭审理单位犯罪案件，应当通知被告单位的诉讼代表人出庭；没有诉讼代表人参与诉讼的，应当要求人民检察院确定。

被告单位的诉讼代表人不出庭的，应当按照下列情形分别处理：

（一）诉讼代表人系被告单位的法定代表人或者主要负责人，无正当理由拒不出庭的，可以拘传其到庭；因客观原因无法出庭，或者下落不明的，应当要求人民检察院另行确定诉讼代表人；

（二）诉讼代表人系被告单位的其他人员的，应当要求人民检察院另行确定诉讼代表人出庭。

第二百八十四条　被告单位的违法所得及其孳息，尚未被依法追缴或者查封、扣押、冻结的，人民法院应当决定追缴或者查封、扣押、冻结。

第二百八十五条　为保证判决的执行，人民法院可以先行查封、扣押、冻结被告单位的财产，或者由被告单位提出担保。

【典型案例目录索引】

河南省安阳县人民法院刑事判决书(2011)安刑初字第52号。

【参考阅读的文献资料】

1. 罗猛："单位犯罪诉讼中的三个问题"，载《检察日报》2008年5月21日。
2. 凤丹："单位犯罪的财产保全措施有必要设置"，载《检察日报》2011年7月13日。

第四节 单位犯罪中的自诉、上诉、抗诉

一、单位犯罪中的自诉

单位被害人既然和自然人被害人一样拥有诉讼主体资格,那么其在权益受到侵害并且案件属于法律规定的自诉案件范围时也应当可以像自然人一样提起自诉。根据我国最高人民法院《刑诉解释》,单位自诉案件应包括:(1)告诉才处理的案件,如单位被侮辱、诽谤案;(2)被害单位有证据证明的轻微刑事案件。如侵犯知识产权案件,单位作为被害人可直接向人民法院提起自诉;(3)被害单位有证据证明对被告人侵犯自己的财产权利的行为应当依法追究刑事责任,而公安机关或者人民检察院已作出不予追究的书面决定的,被害单位有权提起自诉。另外,如果公民个人向人民法院提起自诉,控告单位侵犯其人身、财产权利,单位则成为自诉案件中的被告。如在生产、销售伪劣商品案中,自然人就可向人民法院提起自诉控告单位侵犯其人身、财产权利,当然在这种自诉案件中,被告单位也可提起反诉。

【案例22-4-01】自诉人上海卡伯油漆有限公司诉被告单位上海侨世涂料有限公司、被告人周智平、杨俊杰侵犯商业秘密案。

被告人周智平、杨俊杰原分别为自诉人上海卡伯油漆有限公司的技术部经理和销售部经理,掌握自诉人生产的"买加牌"油漆产品的基础技术配方、原料明细、客户资料等商业秘密。2000年3月,周智平、杨俊杰向自诉人提出辞职,杨还带走了自诉人生产、销售的"买加牌"油漆产品的许可协议配套资料复印件等商业秘密资料。同年10月,周智平、杨俊杰以周妻赵亚、杨母张雅珍的名义注册成立被告单位上海侨世涂料有限公司,并由周、杨分别担任了该公司的技术部经理和销售部经理。同期,被告单位利用周智平、杨俊杰掌握和带走的上述资料生产、销售与自诉人同类的油漆产品并投向市场销售,造成自诉人经济损失人民币86万余元。据此,上海市嘉定区人民法院一审判决确认上海侨世涂料有限公司和周智平、杨俊杰均构成侵犯商业秘密罪,依法判处侨世公司罚金人民币20万元;判处周智平有期徒刑1年9个月,并处罚金人民币5万元;判处杨俊杰有期徒刑1年6个月,并处罚金人民币5万元。

本案上海卡伯油漆有限公司诉被告单位上海侨世涂料有限公司、被告人周智平、杨俊杰侵犯商业秘密案属于司法解释规定的被害单位有证据证明的轻微刑事案件,上海卡伯油漆有限公司作为被害人可直接向人民法院提起自诉。

二、单位犯罪中的上诉

我国追究单位犯罪的刑事责任是以"双罚制"为主,以"单罚制"为辅。在"单罚制"中只追究对单位直接负责的主管人员和其他直接责任人员的刑事责任,所以在上诉程序中适用自然人的有关规定。而在"双罚制"中,被追究刑事责任的主体是双重的,既有自然人又有被告单位,二者均为独立的诉讼主体,均有权在法定期限内对一审人民法院裁判提出上诉。

【案例22-4-02】
原公诉机关安阳市龙安区人民检察院。

上诉人(原审被告单位)河南省滑县劳动和社会保障局(该单位已于2010年4月合并组建为滑县人力资源和社会保障局)。住所地:河南省滑县道口镇道城路14号。

诉讼代表人李某林,河南省滑县人力资源和社会保障局局长。

辩护人范希魁,河南金太阳律师事务所律师。

上诉人(原审被告人)王自涛,男,1955年6月14日出生。

辩护人蔡红彬,大沧海律师事务所律师。

辩护人李思明,河南金太阳律师事务所律师。

安阳市龙安区人民法院审理安阳市龙安区人民检察院指控原审被告人王自涛犯贪污罪、受贿罪、单位受贿罪、非法持有弹药罪,原审被告单位河南省滑县劳动和社会保障局犯单位受贿罪一案,于2011年5月3日作出(2011)安龙法刑重初字第2号刑事判决,认定被告单位河南省滑县劳动和社会保障局犯单位受贿罪,判处罚金人民币50万元。认定被告人王自涛犯贪污罪,判处有期徒刑七年,并处没收个人财产人民币5万元;犯单位受贿罪,判处免予刑事处罚;数罪并罚,决定执行有期徒刑七年,并处没收个人财产人民币5万元。对被告人王自涛因贪污犯罪非法所得人民币92,942元,依法予以追缴。对被告单位河南省滑县劳动和社会保障局因非法收受滑县粮食局、滑县人寿保险公司、中国农业银行滑县支行财物共计人民币861,200元,依法予以追缴。鉴于滑县劳动和社会保障局已合并为滑县人力资源和社会保障局,非法所得款及罚金向滑县人力资源和社会保障局执行。被告单位河南省滑县劳动和社会保障局、被告人王自涛均不服,以其无罪为由,提出上诉。本院依法组成合议庭审理了本案。经河南省高级人民法院批准,延长审限一个月。现已审理终结。

法院经审理后认为,原判事实不清。依照《中华人民共和国刑事诉讼法》第189条第(三)项的规定,裁定如下:

一、撤销安阳市龙安区人民法院(2011)安龙法刑重初字第2号刑事判决;

二、发回安阳市龙安区人民法院重新审判。①

在本案中河南省滑县劳动和社会保障局通过上诉程序导致案件重新审理。

三、单位犯罪案件的抗诉

抗诉是人民检察院对人民法院的裁判实行有效法律监督的重要方式。对于单位犯罪的案件,地方各级人民检察院发现同级人民法院对被告单位或被告人(自然人)的处罚不当都可以依法提出抗诉。人民检察院的抗诉可以针对全案也可以只针对案中的某一部分。抗诉理由大致有以下几种:(1)原判认定事实确有错误;(2)原判适用法律错误;(3)原判定案的证据不确实、不充分;(4)原判对被告单位判处罚金以及对主管人员和其他直接责任人员量刑畸轻畸重;(5)原一审审判程序严重违法;(6)审判人员在审理案件时有贪污受贿、徇私舞弊、枉法裁判的;二审人民法院审理抗诉案件不受上诉不加刑的限制,在审理后依法作出裁判。

【案例22-4-03】浙江省萧山市人民检察院指控被告人杭州发达齿轮箱有限公司,为谋取不正当利益而向他人行贿,情节严重;采用金钱利诱等不正当手段,获取他人商业

---

① 摘自河南省安阳市中级人民法院刑事裁定书(2011)安刑一终字第332号。

秘密后予以生产使用,给被害人方造成377.6万余元的损失,属后果特别严重,其行为已构成单位行贿罪和侵犯商业秘密罪;作为该公司直接负责主管人员的张一奇,在追究其侵犯商业秘密罪的同时也应追究其在单位行贿行为中的刑事责任;被告人马鸿泽为谋私利,向其他国家工作人员介绍贿赂,情节严重,其行为已构成介绍贿赂罪;被告人张如喜、姚志兴利用自己职务之便非法收受他人贿赂,并为他人谋取利益,其行为均已构成受贿罪。

1999年12月29日,萧山市人民法院公开审理此案,认为公诉机关指控罪名成立。被告人张一奇在案发后能主动投案,如实供述犯罪事实,系自首,依法可以减轻处罚;且其行贿罪行为在被追诉前主动交代,依法可以免除处罚。被告人姚志兴在庭审时交代态度好,其家属在本院审理时能积极为其退赃,可酌情从轻处罚。判决:

一、被告人杭州发达齿轮箱有限公司犯单位行贿罪,判处罚金5万元;犯侵犯商业秘密罪,判处罚金10万元。两罪并罚,决定执行罚金15万元。

二、被告人张一奇犯侵犯商业秘密罪,判处有期徒刑二年,并处罚金10万元;对其在单位行贿犯罪中的行为,免予刑事处罚。两罪并罚,决定执行有期徒刑二年,并处罚金10万元。

三、被告人马鸿泽犯介绍贿赂罪,判处有期徒刑一年零六个月。

一审宣判后,萧山市人民检察院认为该判决适用法律条款存在错误、量刑不当,遂于2000年3月1日向杭州市中级人民法院提出抗诉。萧山市人民检察院的抗诉理由为:

一、原审判决在适用法律条款上存在错误。

原审判决以被告人杭州发达齿轮箱有限公司犯单位行贿罪,判处罚金5万元,而对直接负责主管人员的被告人张一奇则免予刑事处罚,违反了《中华人民共和国刑法》第三百九十三条的规定。同时原审判决又以被告人张一奇在追诉前主动交代犯罪事实,作为单位行贿犯罪直接责任人免予刑事处罚的理由,也有悖于事实和法律。根据庭审查明的事实,被告人张一奇是在被告人张如喜等人被公安机关抓获,已掌握其犯罪事实的情况下投案自首,而且行贿人在追诉前主动交代犯罪事实可以减轻或者免除处罚的规定是刑法第三百九十条对自然人犯行贿罪规定的条款,并不适用于刑法第三百九十三条规定的单位行贿犯罪。

二、量刑不当。

1. 由于被告人杭州发达齿轮箱有限公司单位行贿和其直接负责主管人员张一奇的犯罪行为,致使国有企业杭州前进齿轮箱集团有限公司遭受377.6万元的特别重大损失,后果严重,负有直接责任的被告人张一奇免予刑事处罚,显属不当。

2. 被告人张如喜身为国家工作人员,利用职务之便,多次将本厂图纸秘密提供给他人,并从中收受贿赂数额在5,000元以上不满5万元,给国家造成了特别巨大的损失,其受贿犯罪情节较为严重,对其处以一年零六个月有期徒刑也属偏轻。

被告人张一奇犯罪情节严重,被告人张如喜受贿犯罪给国家造成严重危害,应当依照刑法第三百九十三条、第三百八十五条、第三百八十三条第(三)项之规定,处以刑罚。

被告人发达公司及被告人张一奇、马鸿泽对一审判决不服,向杭州市中级人民法院提出上诉。

2000年3月23日,杭州市中级人民法院依法公开开庭审理了本案。该院经审理认为,萧山市人民检察院抗诉理由成立。上诉人发达公司及上诉人张一奇、马鸿泽的上诉理由均不能成立。原审认定事实清楚,定性准确,惟对上诉人张一奇犯罪行为,原审被告人张如喜犯受贿罪的量刑均属不当,且对上诉人张一奇罪行的适用法律不当,均应予纠正。判决如下:

一、驳回上诉人发达公司、上诉人张一奇、马鸿泽之上诉。

二、维持萧山市人民法院判决的第一项、第三项、第五项、第六项。

三、撤销萧山市人民法院判决的第二项、第四项。

四、上诉人张一奇犯侵犯商业秘密罪,判处有期徒刑二年,并处罚金人民币10万元;在单位行贿中负有直接责任,判处有期徒刑一年零六个月,数罪并罚,决定执行有期徒刑三年,并处罚金人民币10万元。

五、原审被告人张如喜犯受贿罪,判处有期徒刑三年。①

在本案中,萧山市人民检察院向杭州市中级人民法院提出抗诉的理由是该判决适用法律条款存在错误、量刑不当,案件也得到了改判。

【典型案例】
【案例22-4-04】
巩义市建设管理局安全监督站上诉案。
原公诉机关郑州市中原区人民检察院。
上诉人(原审被告单位)巩义市建设管理局安全监督站(处)。
住所地:河南省巩义市东区。
诉讼代表人李宗权,巩义市建设管理局安监处处长。
上诉人(原审被告人)杜太广,男,1966年1月4日出生于河南省巩义市,汉族,初中文化程度,捕前系巩义市建设管理局安监处处长。
辩护人李效祖,河南魁达律师事务所律师。

郑州市中原区人民法院审理中原区人民检察院指控被告单位巩义市建设管理局安全监督站(处)犯受贿罪、被告人杜太广犯受贿罪、贪污罪一案,于2009年11月20日作出(2009)中刑初字第725号刑事判决,原审被告单位巩义市建设管理局安全监督站(处)、被告人杜太广均不服,分别提出上诉。法院依法组成合议庭公开开庭审理了此案,郑州市人民检察院指派检察员张青海出庭履行职务,上诉人巩义市建设管理局安全监督站(处)诉讼代表人李宗权、上诉人杜太广及辩护人李效祖到庭参加诉讼,现已审理终结。

原审判决认定:被告单位巩义市建设管理局安全监督站(安监处)(以下简称安监站或安监处)系巩义市建设管理局的内设科室,负责所在辖区建筑工地的安全检查工作。2005年10月至2007年1月,被告人杜太广任安监站站长,2008年4月底至案发前,杜太广任安监处处长。安监站(安监处)将所管辖建筑工地的机械设备交由郑州市建筑施工垂直运输机械设备性能检测中心(以下简称检测中心)检测并收受检测中心钱财。杜太广在任安监站站长期间,先后多次到检测中心共领取66,330元现金;在任安监处处长期间,由杜太广本人或者安排赵建立到检测中心领取35,600元现金,以上共计101,930元。2008年中秋节前后,杜太广将其中的5,000元非法据为己有。

---

① http://www.luoyun.cn/DesktopModule/BulletinMdl/BulContentView.aspx?BulID=1179,2012年5月11日访问。

经审理查明:原审判决认定被告人杜太广将回扣款5,000元据为己有的事实清楚,证据充分。关于被告单位巩义市建设管理局安全监督站(处)及被告人杜太广、辩护人提出2008年5月12日被告人杜太广从检测中心领取回扣款9,050元证据不足的上诉理由,经查,原审判决认定被告人杜太广从检测中心领取9,050元事实的证据有证人李军、于忠巧的证言、证人李军的辨认笔录、以及检测中心会计制作的记账单等。经本院审核,证人李军、于忠巧的证言前后矛盾,记账单亦无会计签字,与制作者李军、于忠巧的证言亦相矛盾,应依法不予认定。与此相对应,被告人杜太广始终不供认从检测中心领取回扣款9,050元的事实,辩解称其当天参加局里在竹林宾馆组织的法律法规培训,并提供有工作笔记予以证明,且有证人证言予以印证。故原审判决认定被告人杜太广从检测中心领取回扣款9,050元证据不足。被告单位巩义市建设管理局安全监督站(处)、被告人杜太广及辩护人的诉辩理由成立。关于巩义市建设管理局安全监督站(处)提出其不构成单位受贿罪的上诉理由,经查,刑法规定的单位受贿罪,犯罪数额的最低标准为10万元人民币,因其收受检测中心回扣的数额不足10万元,亦无造成其他恶劣影响之情节,故不应定罪处罚。巩义市建设管理局安全监督站(处)的上诉理由成立。关于辩护人提出被告人杜太广有自首情节的辩护理由,经查,中原区人民检察院在侦查郑州市建筑施工垂直运输机械设备性能检测中心负责人黄保明涉嫌行贿暨巩义市建设管理局安全监督站(处)涉嫌受贿犯罪一案过程中,杜太广不仅如实交代了从该检测中心收取回扣款的情况,还如实交代了其将回扣款5,000元据为己有的事实,其行为符合最高人民法院《关于处理自首和立功具体应用法律若干问题的解释》第二条"如实供述司法机关尚未掌握的罪行,与司法机关已掌握的罪行属不同种罪行的,以自首论"的规定,对此,应当认定为自首。辩护人的该项辩护理由成立。

法院经审理后认为,被告人杜太广以非法占有为目的,以发通信补助为由,将公款5,000元占有己有,其行为已构成贪污罪,应予处罚,但鉴于其有自首情节,且赃款已退还,有明显的悔罪表现,可免于刑事处罚。原审判决认定巩义市建设管理局安检站(处)和被告人杜太广犯受贿罪证据不足。依照《中华人民共和国刑事诉讼法》第一百八十九条第(三)项、第一百六十二条第(三)项、《中华人民共和国刑法》第三百八十二条第一款、第三百八十三条第(三)项、第六十七条第二款之规定,判决如下:

一、撤销郑州市中原区人民法院(2009)中刑初字第725号刑事判决。

二、被告单位巩义市建设管理局安监站(处)无罪。

二、被告人杜太广犯贪污罪,免于刑事处罚。[①]

【法理与法律适用分析】

人民法院审理单位上诉案件应贯彻全面审查原则,就一审判决认定事实和适用法律进行全面审查,不受上诉、抗诉范围的限制。如果只有被告单位的主管人员或其他直接责任人员就其刑事责任问题提起上诉或者只有被告单位就其罚金刑提起上诉的,二审人民法院应该对全案进行全面审查,既审查自然人的刑罚适用又审查对被告单位的罚金是否妥当。本案中二审法院经过审理后认为,被告人杜太广以非法占有为目的,以发通信补助为由,将公款5,000元占为己有,其行为已构成贪污罪,应予处罚,但鉴于其有自首情节,且赃款已退还,有明显的悔罪表现,可免于刑事处罚。原审判决认定巩义市建设管理局安

[①] 摘自河南省郑州市中级人民法院刑事判决书(2010)郑刑二终字第167号。

检站(处)和被告人杜太广犯受贿罪证据不足。判决撤销郑州市中原区人民法院(2009)中刑初字第725号刑事判决,被告单位巩义市建设管理局安监站(处)无罪。原判决有罪单犯罪经过上诉改判无罪,依法保障了单位的合法权益。

【法条链接】

《最高人民法院关于适用〈中华人民共和国刑事诉讼法〉的解释》

第一条 人民法院直接受理的自诉案件包括:

(一)告诉才处理的案件:

1. 侮辱、诽谤案(刑法第二百四十六条规定的,但严重危害社会秩序和国家利益的除外);

2. 暴力干涉婚姻自由案(刑法第二百五十七条第一款规定的);

3. 虐待案(刑法第二百六十条第一款规定的);

4. 侵占案(刑法第二百七十条规定的)。

(二)人民检察院没有提起公诉,被害人有证据证明的轻微刑事案件:

1. 故意伤害案(刑法第二百三十四条第一款规定的);

2. 非法侵入住宅案(刑法第二百四十五条规定的);

3. 侵犯通信自由案(刑法第二百五十二条规定的);

4. 重婚案(刑法第二百五十八条规定的);

5. 遗弃案(刑法第二百六十一条规定的);

6. 生产、销售伪劣商品案(刑法分则第三章第一节规定的,但严重危害社会秩序和国家利益的除外);

7. 侵犯知识产权案(刑法分则第三章第七节规定的,但严重危害社会秩序和国家利益的除外);

8. 刑法分则第四章、第五章规定的,对被告人可能判处三年有期徒刑以下刑罚的案件。

本项规定的案件,被害人直接向人民法院起诉的,人民法院应当依法受理。对其中证据不足、可以由公安机关受理的,或者认为对被告人可能判处三年有期徒刑以上刑罚的,应当告知被害人向公安机关报案,或者移送公安机关立案侦查。

(三)被害人有证据证明对被告人侵犯自己人身、财产权利的行为应当依法追究刑事责任,且有证据证明曾经提出控告,而公安机关或者人民检察院不予追究被告人刑事责任的案件。

【典型案例目录索引】

河南省郑州市中级人民法院刑事判决书(2010)郑刑二终字第167号。

【参考阅读的文献资料】

"职务侵占罪单位能否作为自诉主体",载 http://news.9ask.cn/xszs/xz/201202/1618064.shtml,2012年5月11日访问。

第五节 单位犯罪中辩护权的行使

一、单位行使辩护权的方式

1. 自行辩护。即由单位的主管人员和直接责任人员以及诉讼代表人针对控方的指控所进行的论证单位无罪、罪轻、减轻或免除罪责的反驳和辩解,以维护单位的合法权益。但应该明确诉讼代表人是代表单位参加诉讼活动,为单位辩护是其职责所在,其身份仍然是诉讼代表人而非辩护人。

2. 委托辩护。是指犯罪嫌疑单位、被告单位与有资格充当辩护人的人订立委托协议,使其参加诉讼为单位进行辩护。辩护人辩护权的取得是基于单位与被委托人之间订立的委托协议。

3. 指定辩护。是指在犯罪嫌疑单位、被告单位没有委托辩护人而人民法院认为需要辩护人为其进行辩护的情况下,由人民法院指定辩护人为其进行辩护。指定辩护是维护和保障单位行使辩护权的一种补救措施,是完善辩护制度的体现。

【案例 22-5-01】

公诉机关济源市人民检察院。

被告单位济源市万宝金铅有限责任公司,法定代表人王国喜,住所地:济源市承留镇北石村。

诉讼代表人王信升,男,1949 年 7 月 31 日出生。

被告人王国喜,男,1961 年 12 月 24 日出生。

辩护人王小军、王菁菁,河南艳阳天律师事务所律师。

被告人王法佳,男,1986 年 1 月 8 日出生。

辩护人李艳丽,河南艳阳天律师事务所律师。

万宝公司(又名济源市万宝铅业有限公司)于 2002 年 11 月 5 日在济源市工商行政管理局注册成立,注册资金 88 万元,经营范围电解铅、加工销售,法定代表人王国喜,股东王国喜、吕同春、成六柱、王进才、卢魁元、王金和。

2006 年 10 月万宝公司进行了变更登记,注册资金为 125 万元,法定代表人王国喜,股东王国喜、王国才、成六柱、王进才、王信升。万宝公司变更后,因资金周转困难,在被告人王国喜的主持下多次召开股东及管理人员会议,王国喜在会上发动股东及管理人员,以 10.8% 至 20% 的高利息吸收公众资金到万宝公司存款,并下达了一定的吸收存款任务及奖励办法,参加会议的股东及管理人员均表示同意。从 2006 年至 2009 年,万宝公司未经中国人民银行批准陆续吸收社会不特定的人员到公司存款,并出具存款收据,在收据上注明存款期限及利率,共非法吸收公众存款 10,757,566 元。2006 年 11 月被告人王法佳在万宝公司工作,任现金保管(出纳),万宝公司上述所吸收的公众存款均由王法佳经手办理。

法院经审理后认为,被告单位万宝公司未经有关部门依法批准,以承诺在一定期限内以货币方式支付高息的方式,组织公司员工在社会上向不特定的对象吸收存款 10,757,566 元,数额巨大,严重扰乱了国家的金融管理秩序,其行为已构成非法吸收公众存款罪;被告人王国喜作为万宝公司的法定代表人,在公司资金出现困难时,多次主持召开公司股东及管理人员会议,要求公司相关员工到社会上吸收存款,对万宝公司非法吸收公众存款负有决定、批准、指挥责任,其行为已构成非法吸收公众存款罪;被告人王法佳作为万宝公司的现金保管(出纳),负责公司经营过程中的现金收支,在万宝公司非法吸收公众存款过程中,为存款户开具存款收据,具体实施了非法吸收公众存款的犯罪行为,在万宝公司非法吸收公众存款过程中起较大作用,其行为已构成非法吸收公众存款罪。判决如下:

一、被告单位济源市万宝金铅有限责任公司犯非法吸收公众存款罪,判处罚金200,000元。

二、被告人王国喜犯非法吸收公众存款罪,判处有期徒刑三年六个月,并处罚金100,000元。

三、被告人王法佳犯非法吸收公众存款罪,判处有期徒刑三年,缓刑四年,并处罚金50,000元。①

在本案中被告单位济源市万宝金铅有限责任公司采取的是自行辩护的方式,即委托诉讼代表人王信升进行辩护。

二、辩护人的范围

由于单位犯罪既可实行单罚制也可实行双罚制,在单罚制的情况下,自然人委托辩护人的范围适用《刑事诉讼法》中的有关规定,在双罚制的情况下,单位和自然人可分别委托。单位委托辩护人的范围一般可分为以下几类:(1)对单位直接负责的主管人员和其他直接责任人员;(2)犯罪嫌疑单位、被告单位授权委托的诉讼代表人;(3)律师;(4)由上级主管机关推荐的人以及人民法院许可担任辩护人的其他公民。

【案例22-5-02】

公诉机关河北省赵县人民检察院。

被告单位石家庄裕康乳业有限公司,住所地河北省赵县赵元路。

法定代表人杨某某,男,原石家庄裕康乳业有限公司经理。

诉讼代表人李合平,男,1950年8月18日出生,汉族,初中文化,赵县南柏舍镇河西寨村人,原石家庄裕康乳业有限公司办公室主任。

辩护人史占伟,冠宇律师事务所律师。

被告人杨某某,男,1951年9月24日出生,汉族,中专文化,中共党员,原石家庄裕康乳业有限公司经理。

辩护人姚海生,冠宇律师事务所律师。

法院经审理查明,被告单位石家庄裕康乳业有限公司于2008年5月份停产歇业。2008年9月份"三鹿婴幼儿奶粉事件"发生后,被告单位尚有约30吨原料奶粉未出售,存放在其租用的赵县康达粮业有限公司库房内。被告人杨某某意识到该30吨原料奶粉可能含有三聚氰胺,为避免被政府有关部门销毁给单位造成损失,在政府有关部门工作人员到裕康乳业公司检查时,故意隐瞒未报。该30吨原料奶粉一直存放在赵县康达粮业有限公司库房内。

被告单位石家庄裕康乳业有限公司曾于2007年从山西省阳泉市金福来乳业有限公

---

① 河南省济源市人民法院(2010)济刑初字第269号。

司(以下简称金福来公司)购进原料奶粉51吨,截止2008年5月被告单位停产前,尚欠金福来公司20余万元货款未付清。2009年11月份,金福来公司经理王志刚(另案处理)到被告单位催要欠款,被告人杨某某与王志刚商定,将被告单位存放在赵县康达粮业有限公司库房内的30吨原料奶粉,更换包装后由金福来公司运走,用以抵顶被告单位所欠金福来公司的20余万元货款。金福来公司将该30吨原料奶粉运回后,于2010年1月份将其中10余吨奶粉掺入鲜奶重新加工,分别销往湖南长沙、河北正定等地,2010年7月因三聚氰胺含量超标被查获。经对金福来公司剩余奶粉抽样检测,其中部分奶粉的三聚氰胺含量严重超标(243mg/kg)。

法院经审理后认为,被告单位系有限公司,被告人杨某某系该公司法定代表人、经理。被告人杨某某为了公司的利益,以公司名义,明知其销售的奶粉已经过期并可能含有危害人身安全的有毒添加剂三聚氰胺,仍然销售给其他食品企业,销售金额达20余万元,被告单位的行为,构成销售伪劣产品罪和销售有毒有害食品罪,应当依照处罚较重的规定定罪处罚,即构成销售伪劣产品罪。被告人杨某某作为该公司法定代表人、经理,直接实施上述犯罪行为,属直接负责的主管人员,其行为亦构成销售伪劣产品罪。判决如下:

一、被告单位石家庄裕康乳业有限公司犯销售伪劣产品罪,判处罚金人民币四十万元。

二、被告人杨某某犯销售伪劣产品罪,判处有期徒刑六年,并处罚金人民币二十万元。①

在本案中被告单位石家庄裕康乳业有限公司采取的是委托律师辩护的方式。

【典型案例】

【案例22-5-03】

漯河市福田农业装备有限公司行贿案。

公诉机关临颍县人民检察院。

被告单位漯河市福田农业装备有限公司,住所漯河市人民东路129号,法定代表人张某某。

诉讼代表人张某某,女,漯河市福田农业装备有限公司法定代表人。

被告人崔某某,男。

辩护人李国铭,河南顺意律师事务所律师。

2010年春节前后,被告人崔某某为感谢召陵农委在2009年中对漯河市福田农业装备有限公司产品的大力推荐,分三次以服务费的名义向召陵农委行贿共计20万元。

法院经审理后认为,被告人崔某某为使被告单位漯河市福田农业装备有限公司谋取不正当利益,以服务费的名义向漯河市召陵区农委行贿20万元。被告单位漯河市福田农业装备有限公司已构成对单位行贿罪。被告人崔某某作为被告单位漯河市福田农业装备有限公司直接负责的主管人员,其行为已构成对单位行贿罪。临颍县人民检察院指控被告单位漯河市福田农业装备有限公司、被告人崔某某犯对单位行贿罪,事实清楚,证据充分,罪名成立。法院判决被告单位漯河市福田农业装备有限公司犯对单位行贿罪,判处罚金30,000元,被告人崔某某犯对单位行贿罪,免予刑事处罚。②

【法理与法律适用分析】

我国《刑事诉讼法》规定犯罪嫌疑人、被告人除自己行使辩护权外还可以委托1~2人

---

① 摘自河北省赵县人民法院刑事判决书(2011)赵刑初字第8号。
② 河南省临颍县人民法院刑事判决书(2012)临刑初字第17号。

作为辩护人,可见辩护权是犯罪嫌疑人、被告人的法定诉讼权利。对被追究刑事责任的犯罪嫌疑单位、被告单位而言,辩护权行使的必要性和法定性也是不言而喻的。我国《刑事诉讼法》未对单位辩护作出规定,但在《刑诉解释》第282条规定,被告单位需要委托辩护人的,参照本解释有关辩护的规定办理,由此可见,我国有关自然人辩护的规定也可适用于单位。本案中被告单位漯河市福田农业装备有限公司行驶辩护权的方式是自行辩护,即由单位的法定代表人张某某作为诉讼代表人为单位犯罪进行辩护,而直接负责人员崔某某则采取委托律师辩护的方式为其进行辩护。

【法条链接】
《最高人民法院关于适用〈中华人民共和国刑事诉讼法〉的解释》
第二百八十二条　被告单位委托辩护人,参照适用本解释的有关规定。

【典型案例目录索引】
河南省临颍县人民法院刑事判决书(2012)临刑初字第17号。

【参考阅读的文献资料】
1. 于兴泉:"从一起合同诈骗罪的辩护看单位犯罪的几个问题",载http://www.66law.cn/lawarticle/4701.aspx,2012年5月10日访问。

2. 刘金林、张仁秀:"单位犯罪诉讼中聘请律师的两个问题",载《检察日报》2008年7月25日。

第六节　单位犯罪中的不起诉和简易程序

一、单位犯罪的不起诉

单位犯罪不起诉在不起诉的情形上与自然人有所不同。首先,人民检察院在审查起诉时发现被追究刑事责任的单位如果在被立案前就被依法宣告破产或者依法被解散、撤销的,应适用《刑事诉讼法》第173条第1款的规定作出不起诉的决定。另外,单位犯罪已过追诉时效期限的也适用该条款的规定由人民检察院作出不起诉的决定,以上两种情形可称为法定不起诉。但是值得注意的是,对犯罪嫌疑单位因其不存在而不追究并不影响对单位主管人员和其他直接责任人员刑事责任的追究。其次,对于被追究刑事责任的单位不能根据《刑事诉讼法》第173条第2款的规定作出相对不起诉的处理。因为这种不起诉具有从宽处理的性质,其适用必须具有特定的条件,即对于犯罪情节轻微,依照《刑法》规定不需要判处刑罚或免除刑罚的,而《刑法》规定不需要判处刑罚或免除刑罚的情形只适用于自然人而不适用于单位,因而对单位不存在相对不起诉的问题。最后,单位犯罪案件经二次退回补充侦查,人民检察院仍然认为证据不足,不符合起诉条件的可以作出不起诉的决定。

【案例22-6-01】某市检察机关在办理公安机关移送审查起诉的A公司涉嫌虚开增值税专用发票案过程中,A单位在立案前因经营不善被宣告破产,法人的主体资格归于消灭。某市检察机关根据高检院的规定,对实施犯罪行为的该单位直接负责的主管人员和其他直接责任人员追究刑事责任,对A单位不再追诉。在本案中A单位在立案前因经营不善被宣告破产,符合不起诉条件。

二、简易程序

我国《刑事诉讼法》及有关司法解释未对单位犯罪适用简易程序作出规定。理论界有人认为单位犯罪不宜适用简易程序,其理由是:(1)处刑较轻才适用简易程序,而对单位处以罚金并不表明罪行较轻;(2)单位犯罪大多涉及经济领域且案情复杂;(3)单位犯罪适用简易程序会妨碍诉讼代表人诉讼权利的行使。我们认为,简易程序设置的目的就是为了迅速审结案件以及时保障当事人、被害人的合法权益,同时也节省人力、物力、财力,提高办案效率,因此对一些情节简单、因果关系明确,不需要运用专门侦查手段就能查清的案件就应该适用简易程序审理。单位犯罪案件中有简单轻微的,也有严重复杂的,不能完全否定简易程序适用的必要性,单位犯罪只要符合《刑事诉讼法》关于简易程序规定的情形同样也可适用该程序。由于单位犯罪中"双罚制"涉及双重主体,为了统一简易程序适用的标准,我们可以以单位犯罪案件中自然人是否适用简易程序来确定整个案件是否适用简易程序,因为自然人与单位是密不可分的,都是同案被追究刑事责任的,自然人的犯罪事实清楚,单位犯罪的事实也就清楚。另外,在简易程序的审判中,诉讼代表人仍然可以通过陈述意见以及作最后陈述来维护单位的合法权益,简易程序的适用不会妨碍诉讼代表人诉讼权利的行使。

【案例22-6-02】某市检察院起诉被告单位现代工商事务所涉嫌虚报注册资本罪,现代工商事务所明知申请登记的人或单位没有注册资本,多次为其提供资金用于验资,帮助申请人或单位虚假注册资本共计人民币100万元,获赃款人民币3万元,欺骗公司登记主管部门,取得公司登记,虚报注册资本数额巨大,侵犯了国家对公司登记的管理制度,其行为已构成虚报注册资本罪。由于案件事实清楚、证据充分,被告单位承认自己所犯罪行,对指控的犯罪事实没有异议,对适用简易程序没有异议,本案适用简易程序审理,被告单位现代工商事务所被法院判处罚金人民币五万元。在本案中,被告单位现代工商事务所虚报注册资本罪事实清楚、证据充分,被告单位承认自己所犯罪行,因此适用简易程序审理。

【典型案例】

【案例22-6-03】

周某犯虚报注册资本罪。

被告人周某,女,1957年6月生,汉族,大专文化,原系华泰房地产旅游开发有限公司副董事长兼总经理。因涉嫌犯虚报注册资本罪被取保候审。

某市人民检察院在审查起诉中发现华泰房地产旅游开发有限公司由于涉嫌非法经营被吊销营业执照,于是对该单位不起诉,而对直接负责的主管人员周某犯虚报注册资本罪,向某市人民法院提起公诉。后法院判决被告人周某犯虚报注册资本罪,判处有期徒刑一年,缓刑二年。

【法理与法律适用分析】

对单位犯罪案件,涉嫌犯罪单位被撤销、注销、吊销营业执照或者宣告破产的,不能视同《刑事诉讼法》第十五条第(五)项规定的"犯罪嫌疑人、被告人死亡的"不追究刑事责任的情形,即不能因为涉嫌犯罪单位因上述原因归于消灭,而不再追究原单位直接负责的主管人员和其他直接责任人员的刑事责任。主要理由是:

1. 我国刑法规定对单位犯罪实行"双罚制",即一个犯罪行为,两个责任主体。作为责任主体之一的单位的消灭,不能因此就免除另一主体的罪责。《刑法》第三十条规定:"公司、企业、事业单位、机关、团体实施的危害社会的行为,法律规定为犯罪的,应当负刑事责任。"第三十一条规定:"单位犯罪的,对单位判处罚金,并对其直接负责的主管人员和其他责任人员判处刑罚。本法分则和其他法律另有规定的,依照规定。"对单位犯罪的规定是修订刑法新增加的一项重要内容。不能由于单位主体不存在,就简单推定另一个责任主体也当然不承担刑事责任。

2. 单位犯罪是修订刑法时确立的,而刑诉法的修改是在刑法修订之前,因而刑诉法没有涉及单位犯罪。根据《刑事诉讼法》第15条第(5)项规定,"犯罪嫌疑人、被告人死亡的",不再追究其刑事责任,案件将被撤销、不起诉、终止审理或作其他处理,而单位犯罪由于是两个责任主体,《刑事诉讼法》第15条第(5)项的规定不宜直接适用于涉嫌犯罪单位被撤销、注销、吊销营业执照或者宣告破产的情况。

3. 如果因为单位主体资格消灭,而放弃追究单位有关人员的刑事责任,可能导致不法分子规避法律规定,不利于有效打击犯罪。应当注意的是,单位犯罪大多发生在经济领域,他们具有一定的经济实力,还具有一般自然人所不具有的犯罪工具、场地、资源等等,其犯罪的计划性、组织性比较强,一旦其犯罪行为得逞,就往往给国家和人民造成巨额经济损失,严重破坏社会主义经济秩序。

根据最高人民检察院《关于涉嫌犯罪单位被撤销、注销、吊销营业执照或者宣告破产的应如何进行追诉问题的批复》(高检发释字[2002]4号)规定,涉嫌犯罪的单位被撤销、注销、吊销营业执照或者宣告破产的,应当根据刑法关于单位犯罪的相关规定,对实施犯罪行为的该单位直接负责的主管人员和其他直接责任人员追究刑事责任,对该单位不再追诉。批复明确"对单位不再追诉",而单位直接负责的主管人员和其他直接责任人员并不能因此就免除刑事责任。在具体操作中要根据批复的规定,以刑法有关单位犯罪的规定对该单位直接负责的主管人员和其他直接责任人员追究刑事责任,而不是以自然人犯罪对其进行追究,对其立案、侦查、批准逮捕和提起公诉。在办理具体案件中,要注意严格将实施犯罪时的该单位直接负责的主管人员和其他直接责任人员与其他没有参与犯罪活动的人员区分开来。因此本案检察机关对华泰房地产旅游开发有限公司不起诉,而对直接负责的主管人员周某犯虚报注册资本罪,向某市人民法院提起公诉。

【法条链接】

《刑事诉讼法》

第二百零八条　基层人民法院管辖的案件,符合下列条件的,可以适用简易程序审判:

(一)案件事实清楚、证据充分的;

(二)被告人承认自己所犯罪行,对指控的犯罪事实没有异议的;

(三)被告人对适用简易程序没有异议的。

人民检察院在提起公诉的时候,可以建议人民法院适用简易程序。

《最高人民法院关于适用〈中华人民共和国刑事诉讼法〉的解释》

第二百八十八条　审理单位犯罪案件,本章没有规定的,参照适用本解释的有关规定。

《最高人民检察院关于涉嫌犯罪单位被撤销、注销、吊销营业执照或者宣告破产的应如何进行追诉问题的批复》(高检发释字[2002]4号)

涉嫌犯罪的单位被撤销、注销、吊销营业执照或者宣告破产的,应当根据刑法关于单位犯罪的相关规定,对实施犯罪行为的该单位直接负责的主管人员和其他直接责任人员追究刑事责任,对该单位不再追诉。

【典型案例目录索引】

周云华虚报注册资本案

载"检察机关以自然人起诉的单位犯罪案件应如何正确处理?"《刑事审判参考》(总第16期)。

【参考阅读的文献资料】

张正孝:"单位犯罪后因政策性原因改制被注销其刑事责任如何承担",载 http://article.chinalawinfo.com/Article_Detail.asp?ArticleID=43128,2012年5月11日访问。

第二十三章　当事人和解的公诉案件诉讼程序

第一节　刑事和解程序概述

当事人和解的公诉案件诉讼程序是2012年《刑事诉讼法》新增的四种特别程序之一,其与刑事自诉案件、民事案件中的当事人和解、调解都有所不同。考虑到近年来学者、实务人士研究和实践的习惯,以及与境外有关司法区域的比较借鉴的需要,本书将该程序简称为刑事和解程序。

一、刑事和解制度的起源与发展

现代意义上的刑事和解最早起源于西方,并作为恢复性司法的主要形式之一。一般认为,基于对传统刑事司法弊病的反思和被害人保护运动的兴起,刑事和解制度起源于20世纪70年代的北美。1974年,加拿大安大略省发生了一系列破坏性案件,受害人达到20多人;在当地缓刑局和"门诺派教徒中央委员会"的努力下,实现了首例"犯罪人—被害人的和解程序"。20世纪70年代前后的美国也在不同程度上实施刑事和解计划;在印第安纳州,"门诺派教徒中央委员会"与当地的"监禁者与社区共同者组织"联合进行着"犯罪人—被害人的和解项目";各地的缓刑局也在少年司法中建立了和解计划,让受过培训的社区志愿者在少年犯罪案件中充当调解人;明尼苏达州的赔偿中心在实施犯罪人与被害人赔偿计划,以犯罪人的积极赔偿作为其是否假释的重要条件。

作为传统公权力领域的刑事司法,刑事和解中被害人的深度介入在开始并不受欢迎;不过随着20世纪90年代美国律师协会和新西兰的立法对刑事和解的认可,包括刑事和解在内的恢复性司法在世界各地逐渐得到发展,刑事和解成为当前世界性的司法潮流。在新西兰,当地土著人的"家庭群体会议"是刑事和解的最早形式之一,其通过刑事执法机构、被害人和加害人的家庭成员的共同参与以解决纠纷;1989年,新西兰正式将这一制度纳入少年司法,此后也在成年人司法中引入。在美国,除了初期的教会组织、缓刑机构和社区团体等组织的积极参与,后来还发展出专门的纠纷与解决中心,多元的参与成为美国刑事和解发展的重要推手。此外,刑事和解在发展之初就呈现形式的多样性,也使得在后来的发展中各种模式并存,刑事和解探索的力度更大;在最为典型的美式诉讼程序——辩诉交易中,刑事和解的理念也得到充分的贯彻,被害人的意愿与被害加害双方的谅解成为辩诉交易的重要考虑。在英国,发端于少年司法的刑事和解,其通过执法官员在犯罪人与受害人之间的穿针引线,形成一个双方可接受的赔偿方案,从而避免未成年犯罪人受到审判。在法国,上个世纪90年代出现了"和解普遍化"的运动,通过当事人之间的和解,从而快速处理案件,不再进行审判,减轻法院负担;为此,这种和解主要在侦查程序中进行,由中立的第三方进行调解,检察官根据双方的和解协议作出不起诉或不立案决定。德国的刑事和解制度虽起步较晚,但发展最快,其立法规定也是最为全面的,在《少年法院法》、《刑法典》和《刑事诉讼法典》中都有规定;只要犯罪人与被害人达成和解,为其行为的全部或大部分提供赔偿,或努力致力于去赔偿,就可以依法减免处罚。

现代意义上的刑事和解在中国的起源与发展要比西方晚。虽然还没有任何关于刑事和解最早雏形的具体考证,从当前关于刑事和解的有关地方制度看,2002 年北京市朝阳区人民检察院通过的《轻伤害案件处理程序实施规则(试行)》成为首例;从立法的一般常识看,只有经过一定的实践探索才会制度化,因此刑事和解的中国实践要早于这个时间。朝阳区人民检察院的轻伤害当事人协商处理模式,通过加害人主动与被害人联系,经双方自行协商达成赔偿协议并予以履行,被害人不再要求追究刑事责任,从而终结刑事诉讼;随后的 2003 年,北京市政法委员会发布了《关于北京市政法机关办理轻伤害案件工作研讨会纪要》文件,从而将该制度在全市范围内推广,并由此也引起了全国不少地区的效仿。与此同时,在南方的上海,杨浦区公安机关将加害方、被害方都有和解意愿的轻罪案件,委托给广布民间的人民调解委员会,由其主持调解;对于达成协议的,不再追究刑事责任。后来该种做法得到当地检察机关的认可与推广。另外,我国还广泛存在司法和解模式,即结合法律中规定的刑事附带民事诉讼,法官积极推动双方当事人和解,并对达成协议的案件犯罪人予以从轻处罚。

在各地公安司法机关积极推动刑事和解实践的同时,中央也在全局层次进行理论创新与司法政策的改变。2004 年,作为执政党的中国共产党在十六届四中全会上提出了将"构建社会主义和谐社会的能力"作为党的执政能力建设的基本任务之一,从而为刑事和解制度在中国的开展提供了政策支持;2005 年,在中共中央举办的省部级主要领导提高构建社会主义和谐社会能力专题研讨班上,确定了"和谐社会"的内涵,从而使司法制度与和谐社会直接联系,并成为和谐社会的标志之一。在此基础上,2006 年中国共产党的十六届六中全会上确立了"宽严相济"的刑事政策,从而为和谐社会下司法制度的建设提供了直接指引;同年底,最高人民检察院通过了贯彻该刑事政策的具体意见。刑事和解在"和谐社会"的执政党政策和"宽严相济"的刑事司法政策的指导下,不仅大大拓展了实践的领地,也为其制度化提供了可能。虽然刑事和解本身仍存在诸多争议,在 2012 年的《刑事诉讼法》修改中,刑事和解程序仍被作为一个独立的特别程序予以确立,从而使我国刑事和解的规范化、程序化、司法化发展到新的阶段。

二、刑事和解的概念和特征

(一)刑事和解的概念

刑事和解无论在国外还是在国内,其表现形式都是多样的,因此,要给刑事和解一个准确的描述也是困难的;有不少学者对其有刑事调解、刑事谅解与刑事和解等诸多定义,不过,鉴于我国《刑事诉讼法》已经对刑事和解制度作出了明确的界定,我们在此将只讨论法律规定的刑事和解。

传统的刑事公诉案件诉讼程序主要是在公安机关、检察机关和法院主导下进行的,虽然被害人在刑事公诉案件中也是当事人,但其权利受到很大的限制,其对犯罪嫌疑人、被告人刑事责任的追究,基本体现在协助检察机关控诉、提供陈述以作为证据等方面,其独立的利益并不被重视。此外,对犯罪行为给被害人造成的损失,被害人可以在刑事诉讼过程中提出附带民事诉讼,也可以在刑事程序进行完毕后,单独提出民事赔偿;但较多的刑事犯罪中,犯罪嫌疑人、被告人本身经济上并不富裕,甚至不少就是因贫困而犯罪,自然无法提供相应的赔偿。由此,经过刑事附带民事诉讼或民事诉讼的判决,被害人的胜诉几无悬念,但判决的执行成为难题。被害人或其近亲属在受犯罪行为侵害后,在生产和生活各方面都受到一定的影响;特别是在遭受人身伤害的情况下,往往需要较大数额的钱款用于物理治疗和心理抚慰。民事赔偿的无法执行和被害人对赔偿的迫切需求往往使得被害人将矛盾转向司法机关,因此出现大量的上诉、上访事件,给公安司法机关造成较大的压力。考虑到案件的危害程度,刑事和解逐渐成为轻伤害案件和交通肇事案的习惯性处理方式。

在我国,刑事和解是指在刑事诉讼过程中,犯罪嫌疑人、被告人真诚悔罪,以赔偿损失、赔礼道歉等方式获得被害人的谅解,双方自愿达成和解协议,公安司法机关审查确认,并对犯罪嫌疑人、被告人予以从宽处罚的案件处理方式。根据《刑事诉讼法》第 277 条的规定,"犯罪嫌疑人、被告人真诚悔罪,通过向被害人赔偿损失、赔礼道歉等方式获得被害人谅解,被害人自愿和解的,双方当事人可以和解"。

(二)刑事和解的特征

我国刑事和解的产生虽晚于西方,但也是自生自发的制度,是公安司法机关在司法实践中迫于被害人利益保护的现实需要而产生的,其具有自己的特征:

1. 刑事和解的主体是当事人。刑事和解是发生在犯罪嫌疑人、被告人与被害人之间的和解,不同于辩诉交易中控诉机关与辩护人之间的协商。当然,由于犯罪嫌疑人、被告人可能被羁押,其无法直接与被害人沟通,表达自己的和解意愿,因此,其近亲属可以在了解其和解意愿后代其进行和解;如果犯罪嫌疑人、被告人是未成年人,其法定代理人自然也可以主动进行和解;其委托或被指定的辩护人,也可以根据其意愿代为与被害人进行和解。同样,考虑到被害人也可能因犯罪行为而死亡、丧失辨认或控制能力,其近亲属、法定代理人可以代其进行和解,其诉讼代理人也可以根据其授权进行刑事和解。

2. 刑事和解的前提是认罪。我国法律中明确规定刑事和解需要犯罪嫌疑人、被告人"真诚悔罪";既然是对自己罪行的悔恨、懊悔,自然要以承认该罪行为前提。刑事和解一方面是为了保障被害人的权益,另一方面也促进社会关系的重新恢复,从而真正解决纠纷。但如果犯罪嫌疑人、被告人不承认犯罪行为,其就没有支付民事赔偿的义务,也就失去和解的事实基础;而在加害人不承认犯罪行为是其所为情况下的和解,被害人并没有得到应有的尊重,其接受的赔偿、赔礼道歉不仅难以抚慰其受害心理,而且也是对其的新的伤害。不仅如此,认罪也是犯罪嫌疑人、被告人和解自愿性的一种反映。当然,认罪只是前提,并非是只要认罪就一定可以和解;在不具备事实的情形下,刑事和解可能导致对真正罪犯的放纵,因此,公安司法机关还要对刑事和解协议进行审查。

3. 刑事和解的案件限于轻微案件。刑事和解制度在我国的地方实践已有 10 多年,基本上也是以相对轻微案件为主。刑事和解制度在我国还存在众多的理论争议,如,现实中的和解主要是加害人向被害人支付金钱赔偿,而且被害人出于报复,一般会提出较高的数额,而加害人为了换取被害人的谅解,在案件处理上有利于自己,也会倾向于支付高额的钱款,从而使得刑事和解中花钱买刑的阴影不散;由此,通过支付一定的金钱可以在刑罚上获得一定的减免,也造成了对刑法中"法律面前人人平等"基本原则的冲击,刑法一般预防的目的也有所减弱。如此,刑事和解制度在我国初设,考虑到民众的接受程度,也只限制在民间纠纷引起的、可能判处三年有期徒刑以下的人身、财产损害的案件,以及渎职以外的、可能判处七年以下有期徒刑的过失犯罪案件。

4. 刑事和解的协商是自愿的。刑事和解中公安司法机关虽然可以建议、推动当事人双方的和解,但和解应当出于当事人的自愿而非公安司法机关的压力。从刑事和解制度在我国的产生看,虽然公安司法机关主要是从避免自身的办案风险和维护社会稳定的角度考虑,但保障被害人的权益是这一制度的着力点,这是刑事和解制度正当性的基本要求。当事人是其自身利益的最佳判断者。在刑事和解中可能会出现被害人漫天要价和加害人坚决反对等现象,公安司法机关可以委托其他机构对双方进行一定的调解,也可以为当事人提供必要的法律咨询,但不能为了和解而压制当事人的要求,否则,既可能无法平复受害人的受害心理,还可能使当事人产生司法不公的印象,埋下社会关系不稳的新种子。

5. 刑事和解的内容是非刑事事项。不同于刑事自诉案件和民事案件,刑事公诉案件正是因为其严重侵害了社会公共利益、国家利益,检察机关才作为国家利益、公共利益的代表主动提起诉讼,要求审判机关对犯罪人予以刑事惩罚。在公诉案件中,检察机关代替自诉人承担指控者的角色,而被害人除了提供"被害人陈述"协助指控外,虽仍是当事人,但没有其他职能;刑事责任的提请与确定都是国家机关的职权,被害人并不享有。因此,在刑事公诉案件中,被害人在刑事事项已经没有任何权利,自然也不可以刑事责任的追究与否与犯罪嫌疑人、被告人进行协商。当前我国的刑事和解协商的主要内容就是民事赔偿,也涉及赔礼道歉等内容。

6. 刑事和解协议对案件处理影响的有限性。刑事和解是当事人双方对刑事案件中的非刑事事项的协商,主要涉及民事赔偿问题,不能涉及对犯罪嫌疑人、被告人的刑事惩罚。对当事人双方达成的和解协议,公安司法机关经过自愿性、合法性审查后,依法予以确认,并作为案件处理的依据之一。从刑事和解适用的案件范围看,最高可能判处的刑期达到七年;如果仅仅因当事人双方和解而对这些案件一律不起诉、不处罚或定罪免罚,不仅导致司法机关的自由裁量权过大,而且刑罚减免的幅度也过大,可能会严重损及司法公平。为此,当前我国的刑事和解协议只能作为一个从宽处罚的情节,且是法定的从宽处罚情节。

三、刑事和解的理论基础与价值

(一)刑事和解的理论基础

1. 国外关于刑事和解的理论基础

刑事和解制度成为显学之后,不少学者对其理论基础进行研究;当然,对外国刑事和解的理论进行介绍是不可缺少的环节。根据有关学者的介绍,美国学者约翰·R·戈姆在《刑事和解计划:一个实践和理论构架的考察》中提出了对刑事和解的三种主要理论,即平衡理论、叙说理论和恢复正义理论。

(1)平衡理论。该理论将被害人作为经济上的理性人、被害人对公平正义有合理的期待两方面作为前提,认为刑事和解只是被害人选择的一种平衡公平正义的方式。

在一般情况下,任何人包括被害人都有对公平正义的合理期待;但当公平正义被犯罪行为破坏后,被害人总有恢复或再平衡这种公平正义。在这种平衡的过程中有很多方式,包括诉讼方式;但各种平衡方式的成本和收益是不同的,因此,被害人需要在各种方式之间进行选择,如私了、诉讼或刑事和解。考虑到现代社会下私了的可能性越来越低,公力救济的诉讼成为主要的方式;但这种方式下被害人的地位难以得到保障,而且诉讼存在的冗长程序、社会公开等问题都可能给被害人增加平衡的不确定性。刑事和解通过被害人与犯罪嫌疑人、被告人之间的直接协商,为被害人对公平正义的期待提供了一种渠道,平衡的风险和效率都较高,因此,刑事和解成为被害人的一种选择。

(2)叙说理论。该理论将叙说作为被害人自我疗伤的方式,通过在加害人面前的叙说,从而宣泄负面情绪,也让加害人分担这一痛苦,从而达到心理创伤的恢复。

相对于平衡理论更多从经济学的角度来论证刑事和解的合理性,叙说理论将刑事和解的过程视为被害人心理治疗的过程。被害人被犯罪行为侵害后,其心理总会留下不同程度的创伤;对加害人的刑事惩罚是对被害人心理的间接治疗,参加心理医生的治疗也是一种方式,但这些方式都不如直接面对加害人下的叙说对被害人心理的抚慰。刑事和解下,加害人自愿认罪、真诚悔罪;被害人通过叙说伤害的过程,从而重构犯罪事件。两个亲历者通过这种叙说进行互动,从而达到情绪渲染、心灵沟通,最终使加害人与被害人产生共鸣,既使得加害人重新认识自己行为给他人造成的伤害,感同身受,也使得受害人痛苦得到加害人的体会、分担,情绪得到释放,心理压力得到不同程度的缓和。

(3)恢复正义理论。该理论将犯罪视为对社会和被害人的侵害,而刑事和解就是致力于加害人、被害人与社会三者关系的平衡、恢复与优化。

犯罪不仅是对法律的违反,对国家权威的藐视,它更是对受害者的侵害。相对于传统的报应性正义,恢复正义关注的面更广,不仅顾及社会利益,也照顾到受害者利益的恢复;不仅关注对犯罪人的惩罚,更是关注其回归和未来;施加于犯罪人的惩罚不再仅仅强调国家的强制,也强调受害人的参与,更强调犯罪人的接受。刑事和解则是这种恢复正义的实现手段;加害人与受害人的协商,不仅是受害人的物质损失与心理创伤得到弥补,也使得加害人与受害人的关系得到缓解、修复,甚至比以前的关系更为改善;通过和解后的惩罚,既维护了法律的必要权威,也增强了这种惩罚的可接受性,从而更有利于加害者的回归;无论是加害者与受害者的关系,还是加害者与社会的关系,都会因这种和解而得到恢复,甚至优化,是一种更为优越的正义。

2. 我国刑事和解的理论基础

刑事和解制度在我国发展较晚,目前还没有纯粹的中国式的原创理论。从中国刑事和解产生的现实来看,其理论基础更类似于平衡理论。

从目前较为公认的事实是,中国的刑事和解制度具有与中国传统的和合文化、调解传统具有契合性,但刑事和解也并不是源于此;近十多年对西方刑事和解及恢复性司法的介绍,为我们推广刑事和解提供了理论基础,也为我们的改革借鉴提供了实践经验。当然,中国的刑事和解制度也并非是移植西方制度的结果,而是自生自发的中国司法实践的产物。

不可否认的是,犯罪行为具有严重的社会危害性,不仅给既定的秩序造成破坏,也使得法律权威受到损害,更对直接对象造成人身、财产等方面的侵害。如果说社会秩序、法律权威的损害可以通过对犯罪人予以刑事惩罚、以重新彰显这种权威、恢复社会秩序,但对被害人的侵害赔偿却远远不够。被害人提请国家保护,要求惩罚犯罪人,这对其报复心理有一定的回应,从而对其心灵的创伤有一定程度的弥合;但这是一种暴力方式的回应,只会加重被害人的暴戾心理,弥合的程度是有限的。物质损失虽可以通过刑事附带民事诉讼或民事诉讼解决,但现实中许多犯罪人并没有多少财物可以用于这种赔偿;在国家补偿制度还没有建立的情况下,被害人常常因犯罪侵害处于困境,上诉、上访是其不得已的自力救济行为,从而给社会秩序造成一定的影响;更为严重的,还存在部分被害人因此也走上了犯罪道路。无论是上诉、上访造成的秩序不稳,还是犯罪引起的秩序破坏,其结果都将增加公安司法机关的办案压力;在构建"和谐社会"治国政策和实施"宽严相济"的刑事政策指引下,各级公安司法机关一方面积极进行对被害人补偿的试点,另一方面也默默推动刑事和解制度的试验。

刑事和解制度通过被害人与加害人的和解,可以达到三方利益的平衡。一般加害人主动认罪,赔礼道歉,对被害人的心理起到一定程度的补偿,这是金钱补偿所无法替代的,也会为金钱赔偿的数额达成一致提供一定的帮助;加害人给予被害人的金钱赔偿,不仅使得被害人的物质损失得到弥补,也使得其得到额外的心理补偿,关键是这种和解下的赔偿一般是立即执行或很快执行的,这是当前的刑事附带民事诉讼所不具备的。对加害人来说,真诚悔罪不仅是对其自身的反省,但更重要的是,其通过赔偿损失、赔礼道歉等,很可能获得被害人的谅解,从而在案件处理上更为优惠,甚至可以避免牢狱之灾,显然非常乐意。对公安司法机关来说,被害人得到赔偿,加害人刑罚得到一定程度的减免,双方都更易于接受公安司法机关作出的处理,刑罚的执行也更容易,社会关系也更易稳定。当然,这种和解也在一定程度上促进了社会关系的恢复,也是公安司法机关所追求的和解目的之一,但只是和解的附带目的;刑事和解的形式主要是赔偿、赔礼道歉,对社会利益的关注仍然相当有限,如要求加害人无偿公共服务、交纳罚金等对社会利益补偿的形式都还没有规定。

(二)刑事和解制度的价值

刑事诉讼的基本价值无非是公正和效率,刑事和解制度对这两方面的价值都有促进作用。

从公正价值角度看,刑事和解制度无论对实体公正还是程序公正都有积极意义。刑事和解下,犯罪人虽因赔偿与赔礼道歉等,在刑事责任上得到一定程度的从宽处理,似乎违反了罪行法定、罪责刑相适应原则,也是对刑法面前人人平等原则的破坏,但犯罪人的主动认罪本身就反映了其主观恶性相对较小;对其犯罪行为造成的损害积极弥补,也减少了犯罪的危害程度,这些本身都是刑罚必须考虑的因素;不对这些因素予以适当考虑,反而是对刑法基本原则的违反。的确,对于经济条件较为困难的犯罪人来说,其可能获得被害人谅解的方式就较少,这也是刑事和解的不足,但这绝不是致命的。刑事和解也不是以赔偿为唯一方式,即使是赔偿,也准许分期支付;而且随着刑事和解制度的发展,应当会出现更多的和解方式,从而为所有人都能提供合适的条件。对被害人的经济赔偿,不仅是对其精神的一种安慰,对其物质损失的尽快赔偿,也是实体公正的重要表现;而在许多没有和解的情况下,附带民事诉讼的判决无法得到执行,将使被害人的利益无法得到保障。

在刑事和解下,相对于刑事普通程序,被害人参与的程度更深,其主体地位得以体现,是对被害人当事人地位的一次深化。犯罪人虽然在普通刑事程序中也有较好的保障,但其主动挽回损失、积极弥补自己过失的机会相对较少,特别是在羁押的情况下;刑事和解则为其提供了参与诉讼、影响诉讼的新途径,也是其诉讼主体地位的扩张。更为重要的是,刑事和解下双方当事人参与,并通过和解协议的协商从而影响刑事责任,增强了案件处理结果的可接受性。

从效率价值角度考虑,刑事和解对诉讼效率的直接作用并不明显,但从长期来说,还是有积极意义。刑事和解下,无论是否会造成不同诉讼阶段期限的延长,但至少会使得公安司法机关投入更多的精力去审查核实等,从而从个案处理角度看并不经济。但这只是刑事效率的一部分,不能因此而"不见森林"。刑事和解下,双方当事人不仅在民事责任上一致,在刑事责任上也有一定的预期;公安司法机关对协议予以认可,并在作出决定时给予考虑,从而使得整个案件的处理体现了三方利益,增强了案件处理的可接受性,因此,检察机关抗诉或当事人申诉、上诉、上访的可能性大大减小,从而使得社会关系尽快恢复,社会秩序尽快稳定,刑法的一般预防起到很好的作用。不仅如此,刑事和解下,被害人的利益得到较好的保障,容易使其从犯罪侵害中恢复,也不致于从被害变成加害;犯罪人由于刑罚上的从宽处理,更容易回归社会,有利于降低重新犯罪率。这两方面都将有利于减少社会的整体犯罪率,对司法效率的提高起到了积极作用。

【典型案例】

【案例27-1-01】

犯罪嫌疑人陈某与李某为妯娌关系,陈某因在母亲的赡养等问题上与被害人李某一直存在矛盾。2006年2月某天下午,李某驾驶汽车至陈某家,两人再次因赡养费等问题发生口角并导致纠纷,陈某顺手抄起家中一把剪刀掷向李某,正巧打中李某的左脸,经法医诊断为轻伤。

2006年6月10日公安机关以犯罪嫌疑人陈某涉嫌故意伤害罪移送检察机关审查起诉。检察机关在收到案件后审查发现双方系亲属关系,且该案件事实清楚、情节简单,犯罪嫌疑人认罪态度较好,并后悔不已。于是,检察机关找到双方的家庭成员,与他们反复谈心,两家在检察机关的主持下,并在家族兄弟成员的参与下,达成调解协议,内容包括担负李某的医药费、误工费等;后公诉机关在听取被害人李某的意见时,李某表示手足情深,陈某也是一时激动,没有必要因为这件事就让她付出如此沉重的代价。因此,检察机关决定对陈某免除刑事起诉。(有删节)

【法理与法律适用分析】

刑事司法实践中,大部分的案件都属于轻微刑事案件,社会危害性相对较小;对这类案件一律依照普通刑事程序进行,最终被告人将面临牢狱之灾,从而贴上罪犯的标签,生活、工作及声誉都受到不小的影响,甚至是终生受害。被害人的报复心理得到一定程度的满足,可能还通过附带民事诉讼获得了赔偿的裁决,但一方面这种报复增加了整个社会的戾气,另一方面裁决可能无法执行。结果,当事人双方可能都对这种结果不满,而且还相互仇恨,隐藏了社会关系不稳的种子。刑事和解制度的运用,通过当事人双方的协商,给予加害人事后补救的机会,给予受害人及时"获救"的机会,从而为双方当事人关系的化解、利益的最大化提供了机会,真正实现案结事了,社会的和谐。

本案本来就是亲属之间为生活琐事而造成,双方都没有深仇大恨,一旦严格按照2012

年前的《刑事诉讼法》执行,不仅可能真正造成兄弟反目,赡养老人之事更难以达成一致。且不论检察机关在案件中的积极主动的行为是否合适,但通过刑事和解,特别是在陈某的积极悔罪、赔偿和李某的诚心谅解下,当事人在事后都心平气和的协商,并愿意作出进一步的妥协,不仅两家关系恢复融洽,赡养等问题也已解决,很好得实现了和解制度的保障权益与恢复关系的功能、公正与效率的价值,这也是普通刑事程序所无法或很难达到的效果。

【法条链接】

《刑事诉讼法》

第二百七十七条 下列公诉案件,犯罪嫌疑人、被告人真诚悔罪,通过向被害人赔偿损失、赔礼道歉等方式获得被害人谅解,被害人自愿和解的,双方当事人可以和解:

(一)因民间纠纷引起,涉嫌刑法分则第四章、第五章规定的犯罪案件,可能判处三年有期徒刑以下刑罚的;

(二)除渎职犯罪以外的可能判处七年有期徒刑以下刑罚的过失犯罪案件。

犯罪嫌疑人、被告人在五年以内曾经故意犯罪的,不适用本章规定的程序。

《人民检察院刑事诉讼规则(试行)》

第五百一十条 下列公诉案件,双方当事人可以和解:

(一)因民间纠纷引起,涉嫌刑法分则第四章、第五章规定的犯罪案件,可能判处三年有期徒刑以下刑罚的;

(二)除渎职犯罪以外的可能判处七年有期徒刑以下刑罚的过失犯罪案件。

上述公诉案件应当同时符合下列条件:

(一)犯罪嫌疑人真诚悔罪,向被害人赔偿损失、赔礼道歉等;

(二)被害人明确表示对犯罪嫌疑人予以谅解;

(三)双方当事人自愿和解,符合有关法律规定;

(四)属于侵害特定被害人的故意犯罪或者有直接被害人的过失犯罪;

(五)案件事实清楚,证据确实、充分。

犯罪嫌疑人在五年以内曾经故意犯罪的,不适用本节规定的程序。

犯罪嫌疑人在犯刑事诉讼法第二百七十七条第一款规定的犯罪前五年内曾故意犯罪,无论该故意犯罪是否已经追究,均应当认定为前款规定的五年以内曾经故意犯罪。

第五百一十三条 双方当事人可以就赔偿损失、赔礼道歉等民事责任事项进行和解,并且可以就被害人及其法定代理人或者近亲属是否要求或者同意公安机关、人民检察院、人民法院对犯罪嫌疑人依法从宽处理进行协商,但不得对案件的事实认定、证据采信、法律适用和定罪量刑等依法属于公安机关、人民检察院、人民法院职权范围的事宜进行协商。

【典型案例目录索引】

陈某因赡养纠纷故意伤害亲属案

载宋英辉、袁金彪主编:《我国刑事和解的理论与实践》,北京大学出版社2009年版,第200页。

【参考阅读的文献资料】

1. 宋英辉、袁金彪主编:《我国刑事和解的理论与实践》,北京大学出版社2009年版。
2. 陈光中、葛琳:"刑事和解初探",《中国法学》2006年第5期。

3. 向朝阳、马静华:"刑事和解的价值构造及中国模式的构建",载《中国法学》2003年第6期。

第二节 刑事和解的程序

刑事和解并非是与刑事司法程序并列的独立制度,其仍然是司法程序的一部分,刑事和解的协议也要受到公安司法机关的审查确认,并将对公安司法机关处理案件产生一定的影响,因此,作为特别诉讼制度,刑事和解也具有法治化、程序化的特点。

2012年《刑事诉讼法》首次对刑事和解作出了专门的规定,涉及第277-279条,其大致内容如下:

一、刑事和解适用的案件范围

根据《刑事诉讼法》第277条的规定,刑事和解适用的案件总体较为轻缓,具体包括下列两类:

第一类,涉嫌刑法分则第四章、第五章规定的犯罪案件,也即侵犯公民人身、民主权利和侵犯公民财产权利的犯罪。但这类案件也并非都可以刑事和解,只有是民间纠纷引起的、可能判处三年有期徒刑以下刑罚的。只有同时符合上述条件,这类案件才可以刑事和解。

根据《公安机关办理刑事案件程序规定》第323条的规定,下列情形不属于民间纠纷引起的犯罪:雇凶伤害他人的、涉及黑社会性质组织犯罪的、涉及寻衅滋事的、涉及聚众斗殴的、多次故意伤害他人身体的以及其他不宜和解的情形。

该类犯罪主要是针对故意犯罪而言的。由于故意犯罪中,犯罪嫌疑人、被告人体现的主观恶性更强,产生的社会危害相对更大;为了起到应有的警示效果,故意犯罪中的刑事和解只限制在很小的案件范围内。

第二类,除渎职犯罪外的过失犯罪案件,且这类案件应当是可能判处七年有期徒刑以下刑罚的。过失犯罪相对于故意犯罪,犯罪嫌疑人、被告人的主观恶性较小,对犯罪结果也没有积极的追求,事后也积极去防止危害的发生或扩大,因此,相对较为严重的犯罪也允许刑事和解。这个条件要比故意犯罪下的案件范围更宽。渎职犯罪是刑法分则第九章规定的犯罪,这类犯罪中国家机关工作人员利用职务上的便利或者徇私舞弊、滥用职权、玩忽职守,妨害国家机关的正常活动,损害公众对国家机关工作人员职务活动客观公正性的信赖,致使国家与人民利益遭受重大损失。对渎职犯罪予以从严掌握,体现了对国家工作人员的严格要求。

不过,即使符合上述的任何一类,但如犯罪嫌疑人、被告人在五年内曾经故意犯罪的,则也不得和解。根据《人民检察院刑事诉讼规则(试行)》第510条规定,这个限定可以作如下解释,前次犯罪无论是否已被追究刑事责任,都属于这里的"五年以内曾经故意犯罪";前次犯罪应与该次犯罪的间隔超过五年,在这个期限内的不得适用刑事和解;前次犯罪必须是故意犯罪类型,不属于过失犯罪类型,该次犯罪的过错类型不作限制。

当然,既然是犯罪嫌疑人、被告人与被害人的和解,则该类犯罪必须有直接的侵害对象,即被害人;如果属于没有被害人的案件,则案件自然也无法和解。检察机关虽可以代表国家侦查、起诉犯罪嫌疑人、被告人,但检察机关不可以作为被害人;即使在一些涉及国家财产、集体财产遭受损失的犯罪案件中,检察机关可以提起附带民事诉讼,但作为被害人与犯罪嫌疑人、被告人的和解并不合适。

二、刑事和解的条件

根据《刑事诉讼法》第 277 条的规定,刑事和解一般需要满足下列条件:犯罪嫌疑人、被告人真诚悔罪;犯罪嫌疑人、被告人向被害人赔偿损失、赔礼道歉等;被害人谅解犯罪嫌疑人、被告人;被害人自愿和解。

我们可以从两个方面去理解这个条件。从态度上来看,犯罪嫌疑人、被告人要真诚悔罪;这是犯罪嫌疑人、被告人对自己所犯罪行的态度,也是刑事和解的前提性条件;没有对罪行的很好认识与反思,其也不可能获得被害人谅解。被害人要愿意:一是愿意接受对方的悔罪态度,即谅解,二是愿意和解;针对犯罪嫌疑人、被告人的认罪及其态度,被害人只有谅解了,才可能与其协商和解内容;但即使接受了其态度,但也不见得会愿意与其协商或向公安司法机关请求对其从宽处理,因此愿意和解也是被害人和解的前提条件。

从行动上来看,犯罪嫌疑人、被告人应当通过赔偿损失、赔礼道歉等方式表达自己的认罪和对罪行的反思。赔偿损失、赔礼道歉是犯罪嫌疑人、被告人对其犯罪行为给被害人造成损害的基本赔偿,是和解的基本内容;但和解的行动不限于这两种形式,只要不违反法律和公序良俗,具体的形式可以根据需要由双方协商。结合《侵权行为法》的规定,犯罪嫌疑人、被告人可以采取停止侵害、排除妨碍、消除危险、返还财产、恢复原状、赔偿损失、赔礼道歉、消除影响和恢复名誉等方式。被害人应作出明确的谅解表示。被害人受到犯罪侵害后,可能义愤填膺,也可能沉默不语;针对犯罪嫌疑人、被告人的和解意愿与行动,被害人也可能有同样的反应。如果明确反对,自然不能和解;如果没有表示,也不能视为默认谅解。只有在明确表达谅解的基础上,当事人双方才可能进行和解;当然,和解的意愿可以不用单独明确表示,如果进行和解的协商就是和解意愿的表示。

此外,刑事和解还需要案件事实清楚,证据确实、充分。虽然《刑事诉讼法》对该条件并没有明确规定,但公安司法机关就刑事和解的规范中都明示或默示要求具备该条件。对犯罪嫌疑人、被告人在刑事程序作出的任何处理都是国家刑罚权的一种体现,应当以基本的犯罪事实为基础,这是国家权力行使具备正当性的前提。刑事和解虽不是就刑事责任进行的协商,但一方面以刑事犯罪的存在作为前提,另一方面协商的结果也将对刑事惩罚产生一定的影响;如果犯罪嫌疑人、被告人的认罪及其争取被害人谅解的各种行为都不是对自己犯罪事实的反思、回应,不仅是对刑事司法的亵渎、对法律权威的侵犯,更有可能涉及对有关公民权利的侵害,也可能使真正的罪犯逍遥法外。

三、刑事和解协议的达成

刑事和解是在犯罪嫌疑人、被告人与被害人之间协商。被害人死亡的,其法定代理人、近亲属可以与犯罪嫌疑人、被告人和解;被害人失去行为能力或部分失去行为能力的,其法定代理人可以代为和解。犯罪嫌疑人、被告人是限制行为能力人的,其法定代理人可以代为和解;犯罪嫌疑人、被告人如果被羁押的,其法定代理人、近亲属在征得其同意的情况下,也可以代为和解。考虑到刑事和解的内容都是民事内容,不涉及刑事责任等问题,这里的无行为能力者与限制行为能力者应当按照民法的有关规定予以认定;在未成年人具备完全民事行为能力的情况下,其与对方当事人的和解,其法定代理人或其他成年亲属应当在场。

其他社会主体也可以适当介入刑事和解。虽然刑事和解主要是当事人之间的协商,但在侦查阶段,当事人的和解需要经县级以上公安机关负责人批准。在符合条件时,检察机关可以建议当事人和解,告知其相关权利义务,还可以提供法律咨询。人民法院在案件符合和解条件时,也可以告知当事人自行和解的权利,并在必要时主持和解。人民调解委员会、村民委员会、居民委员会、当事人所在单位或同事、亲友等组织或个人也可以参与调解,促成和解。

刑事和解的协商内容主要是民事事项。双方当事人可以对赔偿损失、赔礼道歉等事项协商,也可以对被害人及其法定代理人或者近亲属是否要求或同意公安司法机关对犯罪嫌疑人、被告人的从宽处理进行协商,但对涉及刑事案件证据的采信、事实的认定、法律的适用、罪名的确定和刑事责任的量化等内容不得商量,即使商量了,也不具有任何法律效力,不应对公安司法机关的案件处理产生任何影响。

公安司法机关必须对刑事和解进行审查。刑事和解需要符合法定的案件范围和条件,也需要遵循一定的程序,这是刑事和解正当性、当事人权利以及刑事案件处理公正性的保证。公安司法机关对刑事和解进行审查,应着力于刑事和解的自愿性与合法性等刑事和解的条件,如双方是否自愿和解;犯罪嫌疑人、被告人是否真诚悔罪,是否向被害人赔礼道歉,经济赔偿数额与其所造成的损害和赔偿能力是否相适应;被害人及其法定代理人或者近亲属是否明确表示对犯罪嫌疑人予以谅解;是否符合法律规定;是否损害国家、集体和社会公共利益或者他人的合法权益;是否符合社会公德。① 公安司法机关应当告知当事人刑事和解后的案件处理,以及当事人双方在案件中享有的权利义务,听取双方当事人的意见,必要时还需要听取双方当事人的亲属、当地居民委员会或村民委员会以及其他了解情况的相关人员的意见,并制作相关的笔录。作为例外,当事人在审前程序中达成和解协议的,除非当事人提出异议,否则人民法院并不审查。在审判阶段当事人达成的刑事和解,人民法院还要听取起诉检察机关的意见。

经过审查后,如果符合刑事和解的条件,公安司法机关应当主持制作和解协议书。协议书的大体内容一般包括案件的基本情况;犯罪嫌疑人、被告人对自己的罪行予以承认、反思并接受指控,向被害人赔偿损失、赔礼道歉;赔偿损失的,应有确定数额、履行方式及期限等可行性内容;被害人对犯罪嫌疑人、被告人予以谅解,并要求或同意公安司法机关对其依法从宽处理。②

对于由公安机关主持下达成的和解协议,应经县级以上公安机关负责人批准。和解协议

---

① 这是《人民检察院刑事诉讼规则(试行)》第 515 条作出的详细规定,《刑事诉讼法》对审查内容只作了粗略的要求,即对自愿性与合法性的审查,但具体审查内容并不明确。这里作出的详细规定实际上超越了自愿性与合法性的范畴;如需要被害人的法定代理人或近亲属的谅解,这只在被害人不具有完全行为能力的情况下具有合理性,因此,这并不符合《刑事诉讼法》规定。如此,考虑到检察机关的审查在公安机关的审查之后,这个审查内容可能对公安机关的审查具有一定的引导作用,但法院的审查在检察机关审查之后,法院是否也会遵循其规定,不得而知。

② 在公安部颁布的部门规章、最高人民检察院和最高人民法院颁布的司法解释中,关于刑事和解协议的内容其实都不相同,但主要内容是一致的。我们在此只关注其中的共同的和主要的内容。

由参与的当事人及其他参加人员签名,公安司法机关一般不盖印章。① 和解协议应附卷备案。

四、刑事和解的影响

双方当事人达成和解协议的,犯罪嫌疑人、被告人应及时履行。考虑到公安机关对案件的处理并没有裁量的权利,只能将当事人达成协议的情况及协议附卷移送检察机关作出处理,犯罪嫌疑人、被告人在侦查阶段可以没有履行或完全履行,但原则上仍应尽快履行。但由检察机关作出处理的,犯罪嫌疑人、被告人最迟应在检察机关作出从宽处罚的决定前履行;一次性履行有困难的,应在被害人同意并提供有效担保的情况下,分期履行。和解协议无论是在审判阶段达成的、还是到审判阶段没有履行完毕的,都应当即时履行。

刑事和解协议对当事人有约束力。依法自愿达成的刑事和解协议对双方当事人有约束力;当事人在不起诉决定作出前反悔的,可以另行达成和解;无法达成和解的,视为没有和解。当事人在作出检察机关作出不起诉决定后反悔的,或和解协议已经履行完毕后反悔的,除和解违反自愿、合法原则,协议应当履行。和解协议履行完毕的,被害人或者其法定代理人、近亲属又提起附带民事诉讼的,人民法院不予受理,但和解违反自愿、合法原则例外;在受理附带民事诉讼后双方愿意和解,但被告人又无法即时履行全部赔偿义务的,法院应制作民事调解书。犯罪嫌疑人或者其亲友等以暴力、威胁、欺骗或者其他非法方法强迫、引诱被害人和解,或者在协议履行完毕之后威胁、报复被害人的,应当认定和解协议无效。

刑事和解协议对公安司法机关有约束力。刑事和解协议达成后,公安机关可以在移送检察机关审查起诉时,向其提出从宽处理的建议。人民检察院在审查逮捕或审查起诉时,对公安机关的从宽处理建议应当充分考虑。对于审查逮捕的,可以作为犯罪嫌疑人社会危害性大小的考虑因素,经审查不需逮捕的,可以作出不批准逮捕的决定;在审查起诉阶段,也可以据此依法变更强制措施。在审查起诉决定时,可以作为是否需要判处刑罚或免除刑罚的考虑因素,从而作出不起诉决定,或提起公诉时,向法院提出从宽量刑的建议。当然,对检察机关的这种效力是以刑事和解协议的自愿、合法为前提;如果犯罪嫌疑人或者其亲友等以暴力、威胁、欺骗或者其他非法方法强迫、引诱被害人和解,或者在协议履行完毕之后威胁、报复被害人的,检察机关应当认定和解协议无效;对已经作出不批准逮捕或者不起诉的决定,人民检察院根据案件情况可以撤销原决定,对犯罪嫌疑人批准逮捕或者提起公诉。对法院来讲,和解协议达成并履行完毕的,不再支持当事人的反悔,也不再受理被害人方提出的附带民事诉讼,除非和解协议本身违反自愿性、合法性。法院在作出裁决时,应当根据和解协议对被告人从轻处罚;被告人符合非监禁刑适用条件的,法院应当适用非监禁刑;判处法定最低刑仍然过重的,法院可以减轻处罚;在综合全案后,认为犯罪情节轻微不需要判处刑罚的,法院还可以免除被告人的刑事处罚;不过,对于共同犯罪案件,如出现部分被告人与被害人达成和解协议的,在对该部分被告人从宽处罚的同时,也应注意全案的量刑平衡。

【典型案例】
【案例 27-2-01】
2007 年 12 月 29 日晚 23 时许,夏某某来到前妻住处看望女儿。由于话不投机,和前

---

① 和解协议书的签名和盖章在公安部的部门规章、司法机关的解释与《刑事诉讼法》中规定并不一致。《刑事诉讼法》和部门规章中都没有规定,但在最高人民法院的司法解释中,和解协议要审判人员签名,但不加盖法院印章;在最高人民检察院的司法解释中,检察人员不签名,也不加盖单位印章。

妻发生了争吵。前妻回到娘家,见姐姐哭泣,弟弟王某当即赶到姐姐家和前姐夫发生争执扭打;双方在扭打中,夏某某顺手摸起床边的一把水果刀朝王某腰部捅了一刀(经鉴定,为重伤),夏某某很快因为涉嫌故意伤害被关押。案件移送检察院审查起诉后,王某对夏的怒气还未消,执意要求司法机关严惩夏某某;关在号房里的夏某某则对自己的行为后悔不已,但夏某某也告诉承办检察官,自己在案发过程中也被王打了。经过医院检查,发现夏某某眉骨外伤性骨折,伤情鉴定为轻伤。案情随即出现前所未有的复杂性。前姐夫夏某某把小舅子打成了重伤,小舅子同时把前姐夫打成了轻伤,依照法律规定,双方之间应各承担一定的责任。

见双方持这样的态度,承办案件的检察官多次对双方进行劝解,最终感化双方。在两人的态度发生转变后,检察官随后给夏某某办理了取保候审手续,夏某某十分感动,出监后不久即与王某达成了和解协议,以最快的速度把赔偿款筹齐交给王某,并且表示对王某造成自己轻伤一事不予追究。检察机关随后建议公安机关按照刑事和解的相关规定,对王某轻伤害一案撤销案件,对此王某十分感动,表示愿意谅解夏某某。检察机关对夏某某伤害一案提起诉讼后,建议法院对夏某某从轻处罚。法院审理后,判处夏某某有期徒刑3年,缓刑3年。

【法理与法律适用分析】

该案发生在《刑事诉讼法》修改前,案发地的检察机关适用刑事和解制度处理该起刑事案件也只是适用当地的一些规定,但放在现行《刑事诉讼法》视野下检视,过程可能有很多不妥,值得当下警惕。

刑事公诉案件的和解区别于刑事自诉案件,并特别强调和解范围的有限性,主要就是因为公诉案件主要侵犯国家利益,不同于主要侵犯个人利益,也无法和解,为此,法律严格限制公诉案件和解的案件范围。根据本案的情况,其应当属于因民间纠纷引起的涉及人身伤害的案件;不过,从夏某某对王某造成的伤害看,属于故意伤害他人,并致人重伤的情形。根据《刑法》的规定,故意伤害致人重伤的,处三年以上十年以下有期徒刑;如此,本案首先就不符合案件范围的限制。其次,《刑事诉讼法》对检察机关在刑事和解过程中的具体角色并不明确,只是对和解达成后的审查、制作协议等有规定;《人民检察院刑事诉讼规则(试行)》明确规定检察机关"可以建议当事人进行和解,并告知相应的权利义务,必要时可以提供法律咨询",但显然不能主导,也没有明确其可以积极主动的促成和解。原则上,检察机关也不应主导或促成这种和解,但可以为这种和解提供便利,如法律咨询、委托合适的组织或个人调解等;检察机关不应向当事人表达自己明确的和解意思,从而影响当事人和解的自愿性。本案中,承办人员看到案情的复杂和当事人的态度,多次对双方进行劝解,并不合适。再次,从强制措施的采取看,按照《人民检察院刑事诉讼规则(试行)》的规定,双方当事人达成和解协议的,检察机关才可以"依法变更强制措施";但本案中,在当事人双方的态度发生转变后,承办人员就给夏某某办理了变更手续,原则上讲并不合适。不过,考虑到《刑事诉讼法》关于强制措施的适用与变更的规定,只要不符合关押的条件,无论是拘留还是逮捕,检察机关一旦发现就应当变更强制措施。再次,从案件的处理来看,根据《刑事诉讼法》和《人民检察院刑事诉讼规则(试行)》的规定,刑事和解下侦查机关只有建议权,并不能直接撤销案件;对于因刑事和解而应从宽处理的,检察机关应当在审查起诉阶段不起诉或向法院建议从宽处理。在本案中,检察机关因当事人的和解而向公安机关建议撤销王某轻伤害一案并不妥当;如本来就是轻伤害案件,在夏某某表示不予追究王某时,公安机关应当立即撤销案件;只有公安机关不予撤销而坚持立案,检察机关才可以发出立案监督;如属于公诉案件,也只有到审查起诉阶段,检察机关才有权处理,公安机关予以立案处理并没有问题。最后,从处理效果来看,刑事和解制度的设立就是希望达到的保护当事人、特别是被害人的合法权利,恢复被破坏的社会关系。本案通过刑事和解,虽然从和解的过程及其处理上与当前的规定并不完全符合,但是实现了刑事和解的目的,被告人(其实夏某某和王某都是)得到了谅解,也得以从宽处罚,被害人王某既快速得到赔偿,也可以免除刑事处罚,从而当事人的利益都得到了最大程度的维护,双方的关系也不因伤害案件而恶化。

【典型案例】

【案例27-2-02】

2006年10月23日晚9时许,在某商务楼做保安的陆某在自家小区内的一家棋牌室打牌时与同在打牌的吴某发生言语冲突,进而互相扭打。陆某在扭打过程中胫骨骨折,鉴定为轻伤。陆某要求吴某赔偿2.7万元,否则就追究其刑事责任。

派出所在征得双方当事人同意的基础上,将案件委托区联调委驻法院人民调解工作室调解。工作室调解员经多次分别与双方电话交谈、面谈并走访当事人单位,陆某的情绪才算稳定下来。同年11月12日,调解员主持召开了调解会,双方艰难地就赔偿数额达成一致,但在签订协议时,由于吴某提出自己目前无法一次性给付2万元,协议书约定:吴某分期支付2万元,协议签订当天支付2千元,其余的在15日内付清。双方在协议书上签名后,吴某当场付给陆某2千元;公安机关根据根据和解协议,撤销了案件。15天很快过去了,任由陆某反复催讨,吴某一直以手头紧为由予以拖延;后来陆某上访至区司法局,投诉调解员。(有改编)

【法理与法律适用分析】

该案同样发生在现行《刑事诉讼法》生效前,对其的分析则以现行的法律为基础。

根据《刑事诉讼法》的规定,当事人可以在侦查阶段对刑事案件进行和解,公安机关应当在听取当事人和其他有关人员意见的基础上,对刑事和解进行审查,并制作协议书。根据《公安机关办理刑事案件程序规定》、《人民检察院刑事诉讼规则(试行)》的规定,和解协议在侦查或审查起诉阶段达成的,应及时履行协议,至迟应在人民检察院作出处理决定前履行;确实难以一次性履行的,在被害人同意并提供有效担保的情况下,可以分期履行。

在本案中,由于受害人只是造成轻伤,属于轻微刑事案件;在当事人双方达成刑事和解的协议后,公安机关根据被害人的要求,可以撤销案件。对于和解协议,由于加害人吴某经济困难,无法一次性支付赔偿,现行法律也允许其分期履行,但应当获得被害人的同意并提供必要的担保;从本案调解的过程也可以看出,当事人双方对赔偿金额的分歧,也应当对协议的履行持有一定的担心。公安机关仅根据和解协议,可能忽视了对当事人及其他相关人员意见的听取,从而没有对吴某的履行能力或履行诚意给予必要的警惕,造成后来的和解困局。当然,刑事和解只是对民事赔偿达成协议,被害人既可以就该协议向法院提起民事诉讼,也可以就刑事案件要求公安机关处理或自行向法院提起刑事自诉。

【法条链接】

《刑法》

第二百三十四条 故意伤害他人身体的,处三年以下有期徒刑、拘役或者管制。

犯前款罪,致人重伤的,处三年以上十年以下有期徒刑;致人死亡或者以特别残忍手段致人重伤造成严重残疾的,处十年以上有期徒刑、无期徒刑或者死刑。本法另有规定的,依照规定。

《刑事诉讼法》

第十五条 有下列情形之一的,不追究刑事责任,已经追究的,应当撤销案件,或者不起诉,或者终止审理,或者宣告无罪:

(一)情节显著轻微、危害不大,不认为是犯罪的;
(二)犯罪已过追诉时效期限的;
(三)经特赦令免除刑罚的;
(四)依照刑法告诉才处理的犯罪,没有告诉或者撤回告诉的;
(五)犯罪嫌疑人、被告人死亡的;
(六)其他法律规定免予追究刑事责任的。

第二百七十七条 下列公诉案件,犯罪嫌疑人、被告人真诚悔罪,通过向被害人赔偿损失、赔礼道歉等方式获得被害人谅解,被害人自愿和解的,双方当事人可以和解:

(一)因民间纠纷引起,涉嫌刑法分则第四章、第五章规定的犯罪案件,可能判处三年有期徒刑以下刑罚的;
(二)除渎职犯罪以外的可能判处七年有期徒刑以下刑罚的过失犯罪案件。

犯罪嫌疑人、被告人在五年以内曾经故意犯罪的,不适用本章规定的程序。

第二百七十八条 双方当事人和解的,公安机关、人民检察院、人民法院应当听取当事人和其他有关人员的意见,对和解的自愿性、合法性进行审查,并主持制作和解协议书。

第二百七十九条 对于达成和解协议的案件,公安机关可以向人民检察院提出从宽处理的建议。人民检察院可以向人民法院提出从宽处罚的建议;对于犯罪情节轻微,不需要判处刑罚的,可以作出不起诉的决定。人民法院可以依法对被告人从宽处罚。

《人民检察院刑事诉讼规则(试行)》

第五百一十四条 双方当事人可以自行达成和解,也可以经人民调解委员会、村民委员会、居民委员会、当事人所在单位或者同事、亲友等组织或者个人调解后达成和解。

人民检察院对于本规则第五百一十条规定的公诉案件,可以建议当事人进行和解,并告知相应的权利义务,必要时可以提供法律咨询。

第五百一十六条第一款 经审查认为双方自愿和解,内容合法,且符合本规则第五百一十条规定的范围和条件的,人民检察院应当主持制作和解协议书。

第五百一十九条 人民检察院对于公安机关提请批准逮捕的案件,双方当事人达成和解协议的,可以作为有无社会危险性或者社会危险性大小的因素予以考虑,经审查认为不需要逮捕的,可以作出不批准逮捕的决定;在审查起诉阶段可以依法变更强制措施。

第五百二十条 人民检察院对于公安机关移送审查起诉的案件,双方当事人达成和解协议的,可以作为是否需要判处刑罚或者免除刑罚的因素予以考虑,符合法律规定的不起诉条件的,可以决定不起诉。

对于依法应当提起公诉的,人民检察院可以向人民法院提出从宽处罚的量刑建议。

《公安机关办理刑事案件程序规定》

第一百七十三条 经过审查,对告诉才处理的案件,公安机关应当告知当事人向人民法院起诉。

对被害人有证据证明的轻微刑事案件,公安机关应当告知被害人可以向人民法院起诉;被害人要求公安机关处理的,公安机关应当依法受理。

人民法院审理自诉案件,依法调取公安机关已经收集的案件材料和有关证据的,公安机关应当及时移交。

第三百二十四条　双方当事人和解的,公安机关应当审查案件事实是否清楚,被害人是否自愿和解,是否符合规定的条件。

公安机关审查时,应当听取双方当事人的意见,并记录在案;必要时,可以听取双方当事人亲属、当地居民委员会或者村民委员会人员以及其他了解案件情况的相关人员的意见。

第三百二十六条　和解协议书应当包括以下内容:

(一)案件的基本事实和主要证据;

(二)犯罪嫌疑人承认自己所犯罪行,对指控的犯罪事实没有异议,真诚悔罪;

(三)犯罪嫌疑人通过向被害人赔礼道歉、赔偿损失等方式获得被害人谅解;涉及赔偿损失的,应当写明赔偿的数额、方式等;提起附带民事诉讼的,由附带民事诉讼原告人撤回附带民事诉讼;

(四)被害人自愿和解,请求或者同意对犯罪嫌疑人依法从宽处罚。

和解协议应当及时履行。

《人民检察院刑事诉讼规则(试行)》

第五百一十四条　双方当事人可以自行达成和解,也可以经人民调解委员会、村民委员会、居民委员会、当事人所在单位或者同事、亲友等组织或者个人调解后达成和解。

第五百一十七条　和解协议书约定的赔偿损失内容,应当在双方签署协议后立即履行,至迟在人民检察院作出从宽处理决定前履行。确实难以一次性履行的,在被害人同意并提供有效担保的情况下,也可以分期履行。

第五百二十二条　犯罪嫌疑人或者其亲友等以暴力、威胁、欺骗或者其他非法方法强迫、引诱被害人和解,或者在协议履行完毕之后威胁、报复被害人的,应当认定和解协议无效。已经作出不批准逮捕或者不起诉决定的,人民检察院根据案件情况可以撤销原决定,对犯罪嫌疑人批准逮捕或者提起公诉。

【典型案例目录索引】

1. 安徽省首例刑事和解经典案例

——载 http://news.9ask.cn/xsss/xshj/xshjal/200909/238928.html(中顾法律网),2013年7月7日访问。

2. 吴某因口角纠纷故意伤害案

——载宋英辉、袁金彪主编:《我国刑事和解的理论与实践》,北京大学出版社2009年版,第217-218页。

【参考阅读的文献资料】

1. 叶青主编:《刑事诉讼法学》,上海人民出版社2013年版。
2. 宋英辉、袁金彪主编:《我国刑事和解的理论与实践》,北京大学出版社2009年版。
3. 郑丽萍:"新刑诉法视域下的刑事和解制度研究",《比较法研究》2013年第2期。

第二十四章 刑事赔偿程序

第一节 刑事赔偿概述

一、刑事赔偿的概念和意义

刑事赔偿是国家赔偿制度的一部分。国家赔偿，是指国家对国家机关及其工作人员违法行使职权给公民、法人和其他组织造成的损害给予赔偿的活动。主要有行政赔偿、刑事赔偿、涉外赔偿、民事诉讼和行政诉讼中的国家赔偿等。刑事赔偿作为一项先进的法律制度，是在19世纪末20世纪初随着社会的进步、法制的健全和人权思想的发展而发展起来的。它是指侦查、检察、审判、监狱管理机关及其工作人员，在行使职权时违法侵犯公民、法人和其他组织的合法权益并造成损害时，由国家承担经济赔偿的制度。因此，它是现代文明国家走向法治化、民主化的重要标志之一。在我国，确立和完善刑事赔偿制度，是民主和法治内在精神的体现和必然要求，具有非常重要的意义：一方面，它能使冤狱得昭、错案得以纠正，同时使无辜蒙冤者因刑事侵害所遭受的损失得到一定的经济赔偿；另一方面，可以预防和减少冤假错案，有效地促进司法机关依法行使职权，严肃执法。此外，这一制度还有利于化解矛盾，消解消极因素，维护和促进社会的安定。

应当指出的是，1994年5月12日第八届人大常委会第七次会议审议通过并于1995年1月开始正式实施的《中华人民共和国国家赔偿法》，标志着我国比较完备的国家赔偿法律制度的确立，体现了"政府侵权同样承担赔偿责任"的宪法原则，因之曾被认为是我国民主法制建设的一件大事。但，现实却远非这么简单。应松年教授指出："赔偿案件之少，赔偿数额之低，获赔之困难，已经让不少人对这部法律失去了信心。"还有，不少执法者在出现冤假错案后，为了逃避因国家赔偿带来的种种不利后果，一捂再捂，将本应无罪释放的犯罪嫌疑人、被告人超期羁押；或者搞"司法平衡"、官官相护，将无罪的结果改为免予刑事处罚，以逃避国家赔偿。凡此种种，即使国家赔偿法是一部良法，也很难收到良效，反而使冤假错案不能得到及时纠治，一错再错，良法反倒成了"祸首"，导致恶性循环一再发生。由此可见，良法要有良效，执法是极其重要的一个环节。2010年4月29日第十一届全国人民代表大会常务委员会第十四次会议通过《关于修改〈中华人民共和国国家赔偿法〉的决定》，修改后的《国家赔偿法》2010年12月1日起施行。

二、刑事赔偿责任的构成要件

根据相关法律规定，构成刑事赔偿责任要具备以下四个条件：
1. 主体要件

刑事赔偿责任的侵权主体是行使侦查、检察、审判、监狱管理职权的机关及其工作人员。

只有具有侦查、检察、审判和监狱管理职权的国家机关及其工作人员才是刑事赔偿责任的侵权主体。在我国行使侦查权的国家机关为公安机关、国家安全机关、军队保卫部门和检察机关，行使检察权的国家机关为人民检察院，行使审判权的国家机关为人民法院，行使监狱管理职权的国家机关为公安看守所以及劳改队、少管所、监狱等司法行政机关。其他任何国家机关、企事业单位和个人均不能构成刑事赔偿责任的侵权主体。

2. 行为要件

刑事赔偿责任侵权主体的行为是行使职权的行为，也就是说，作为侵权主体的行为只能是在行使职权时的行为引起的损害后果才能产生刑事赔偿，与行使职权无关的个人行为、民事行为所造成的损害，不在刑事赔偿之列。

职权行为，是指客观上与行使职权相关联的行为，这里不能狭窄地理解为职权内的行为。例如，刑讯逼供并不是司法工作人员职责权限内的行为，但它是司法工作人员在办理案件过程中，与其行使职权有联系的行为，因此法律规定应予赔偿。

3. 法律要件

只有违法行使职权的行为才能引起刑事赔偿。职权行为的违法与否是决定国家应否赔偿的重要前提，只有违法行使职权的行为才能引起刑事赔偿。对合法履行侦查、检察、审判、监狱管理职权的行为不能要求赔偿。例如，对于有证据证明有犯罪事实的人进行逮捕，对于被生效判决确认为有罪的人判刑等。

违法行使职权既包括违反实体法，例如无罪判有罪；也包括违反程序法，例如违法查封、扣押、冻结或者追缴与本案无关的合法财产等；既包括积极的作为，例如违法使用武器、警械；也包括消极的不作为，例如对犯罪嫌疑人、被告人或者对被判刑人超期羁押等。

违法行使职权是客观标准，不论行为人主观上是故意还是过失，有无过错。这一规定既有利于保护受害人的合法权益，也便于实践中确认和掌握。

4. 损害结果要件

赔偿是以损害事实的存在为前提，没有损害结果，就无需赔偿。刑事诉讼中违法行使职权造成的损害是多方面的，既包括人身自由被限制或剥夺、身体伤害、死亡，财产遭受损失，也包括名誉权、荣誉权的损害。就损害程度来说，也有轻重之分。这里需要特别指出的是，刑事赔偿必须有损害事实，并且违法行使职权的行为与损害事实的发生具有因果关系，其中需要赔偿的损害后果必须是特定的。

【典型案例】

【案例 24-1-01】

胥敬祥，河南鹿邑县杨湖口乡闫胥庄农民，1992年4月1日被鹿邑县公安局刑事拘留；1992年4月13日被鹿邑县人民检察院批准逮捕，1997年被鹿邑县人民法院以抢劫罪、盗窃罪判处有期徒刑16年；2003年3月25日周口市中级法院终审裁定维持一审判决；2005年1月10日河南省高级法院认定胥敬祥犯罪事实不清，撤销一、二审判决、裁定发回鹿邑县法院重审；2005年3月15日鹿邑县检察院向胥敬祥送达不起诉决定书。至此，河南农民胥敬祥蒙冤入狱13年被无罪释放。同年6月21日，胥敬祥以错捕错判为由，向河南省周口市中级人民法院递交了国家赔偿申请书，请求周口市中级人民法院、鹿邑县人民

法院、鹿邑县人民检察院共同赔偿。2009年,胥敬祥终于从三家义务赔偿机关领取了总计529936.68元的国家赔偿款。

【法理与法律适用分析】

胥敬祥案件是2005年度被多家新闻媒体披露的全国"三大冤(错)案"之一,胥敬祥本人在几乎没有任何有效证据的情况下被错捕、错判,入狱13年于2005年3月15日被无罪释放。《国家赔偿法》对刑事赔偿作出了具体规定,通常是指侦查、检察、审判、监狱管理机关及其工作人员,在行使职权时违法侵犯公民、法人和其他组织的合法权益并造成损害时,由国家来承担具体的经济赔偿。刑事赔偿制度的存在和完善有利于保障受侵害主体的权益,对进一步促进公安机关、国家安全机关、检察机关、审判机关、监狱管理机关,依法行使职权具有重要意义。

司法现实往往是检验法律效果的"试金石",胥敬祥案自检察机关发现问题后,作出4次无罪抗诉,最终河南省高级人民法院裁决撤销原判、发回重审,此案最终得以正确处理。综观整个纠错过程及最终获得赔偿可谓一波三折,这反映了我国的国家赔偿,尤其反映在刑事赔偿目前还处于起步阶段,有关赔偿程序还有待进一步完善。

【法条链接】

《国家赔偿法》

第二条　国家机关和国家机关工作人员违法行使职权侵犯公民、法人和其他组织的合法权益造成损害的,受害人有依照本法取得国家赔偿的权利。

【典型案例目录索引】

卜新光国家赔偿案
——公安机关在刑事追诉过程中违法查封、扣押、冻结、追缴财产的刑事赔偿
载《最高人民法院公告》2012年第2期。

【参考阅读的文献资料】

1. 祝铭山:《刑事司法赔偿——典型案例与法律适用》,中国法制出版社2004年版。
2. 叶青、陈海锋:"由赵作海案引发的程序法反思",载《法学》2010年第6期。
3. 陈德鹏、邓立军、武哲:"刑事赔偿案件现状分析及对策",载《人民检察》2009年第22期。
4. 刘志远:"刑事错案与刑事赔偿",载《人民检察》2006年第9期。
5. 应松年、杨小君:"国家赔偿若干理论与实践问题",载《中国法学》2005年第1期。
6. 王晋、刘志远:"刑事赔偿法律修改的实践分析",载《人民检察》2007年第18期。

第二节　刑事赔偿范围

一、侵犯人身权的赔偿范围

《国家赔偿法》规定了行使侦查、检察、审判、监狱管理职权的机关及其工作人员在刑事诉讼中侵犯人身权应予赔偿的五种情形,它可以分为两类:一类是羁押判刑赔偿;另一类是侵犯公民生命健康权的赔偿。其中羁押判刑赔偿主要有:

1. 违反刑事诉讼法的规定对公民采取拘留措施的,或者依照刑事诉讼法规定的条件

和程序对公民采取拘留措施,但是拘留时间超过刑事诉讼法规定的时限,其后决定撤销案件、不起诉或者判决宣告无罪终止追究刑事责任的。我国《刑事诉讼法》第80条规定了拘留的条件,因此,没有证据证明公民有正在预备犯罪、实行犯罪或者犯罪后即时被发觉的,被害人或者在场亲眼看见的人指认他犯罪的,在身边或者住处发现有犯罪证据的,犯罪后企图自杀、逃跑或者在逃的,有毁灭、伪造证据或者串供可能的,不讲真实姓名、住址,身份不明的,有流窜作案、多次作案、结伙作案重大嫌疑等上述情形之一,而对公民进行了拘留的,受害人有权请求国家赔偿。

2. 对公民采取逮捕措施后,决定撤销案件、不起诉或者判决宣告无罪终止追究刑事责任的。有证据证明有犯罪事实是适用逮捕的首要条件,因此,没有证据证明某人实施了犯罪行为就批准或者决定并执行了逮捕的,随后决定撤销案件、不起诉或者判决宣告无罪终止追究刑事责任的,应当承担赔偿责任。

3. 依照审判监督程序再审改判无罪,原判刑罚已经执行的。这里的"原判刑罚"是指原判剥夺人身自由或者生命的刑罚,不包括管制、拘役和有期徒刑缓刑及剥夺政治权利。因为管制是在社会上监督改造的刑罚,没有剥夺犯罪嫌疑人的人身自由;拘役和有期徒刑缓刑,是有条件地不执行原判刑罚。"已经执行"包括已经全部执行或者部分执行。原判刑罚生效执行后,如果经审判监督程序再审改判无罪,就确认了已经执行的刑罚是错判,理应予以赔偿。

上述羁押判刑赔偿的共同特点在于:

(1)它一般要以公安司法机关依法定程序作出的生效司法文书为前提,对认定为有罪的人羁押、判刑的不能予以赔偿。

(2)它一般是指对受害人实际剥夺了人身自由,进行了羁押。因此,对于办案过程中对犯罪嫌疑人、被告人采取了拘传、取保候审、监视居住的强制措施,结案后认定无罪的,由于没有羁押,不属于赔偿的范围。另外,对于没有犯罪事实的人错误作出逮捕决定,但由于各种原因没有执行,后来纠正的,由于没有造成实际损害,也不予赔偿。

侵犯公民生命健康权的赔偿主要是指:

1. 刑讯逼供或者以殴打、虐待等行为或者唆使、放纵他人以殴打、虐待等行为造成公民身体伤害或者死亡的。这是指行使侦查、检察、审判、监狱管理职权的机关的工作人员使用肉刑和变相肉刑亲自或者放纵他人摧残虐待犯罪嫌疑人、被告人或者罪犯,造成其身体伤害或者死亡。

2. 违法使用武器、警械造成公民身体伤害或者死亡的。武器、警械是指枪支、警棍、手铐、警绳和其他警械。关于武器、警械的使用条件及其强度,国务院《人民警察使用警械和武器条例》、公安部《关于执行〈人民警察使用武器和警械的规定〉应注意的几个问题的通知》、最高人民法院、最高人民检察院、公安部、国家安全部、司法部《关于人民警察执行职务中实行正当防卫的具体规定》等文件都作了明确而严格的规定。

如果人民警察和国家审判机关、检察机关、公安机关、国家安全机关和司法行政机关及其他依法执行职务的人员违反有关法律规定使用武器、警械造成公民身体伤害或者死亡的,应当予以赔偿。

侵犯公民生命健康权的赔偿和无罪羁押判刑赔偿的区别在于:

(1)它不以受害人是否有罪为必备条件,因为生命健康权是公民最基本的人权,即使是罪犯,其生命健康权也是受法律保护的,因此,对其刑讯逼供、殴打以及违法使用武器、警械的,也要赔偿。

(2)它必须以对受害人的生命健康造成特定的损害后果为前提,即必须造成公民伤害或死亡。

二、侵犯财产权的赔偿范围

根据《国家赔偿法》的相关规定,刑事诉讼中违法行使职权侵犯公民、法人或其他组织的财产权应予赔偿的有两种情况:

一是违法对财产采取查封、扣押、冻结、追缴等措施的。这是指查封、扣押、冻结了与案件无关的财物或存款,超出法定范围查封、扣押财物或冻结存款,追缴的财物不是犯罪分子的违法所得,而是其合法的收入,没收的财物不是违禁品,不是犯罪分子用以作案的个人物品等。

二是依照审判监督程序再审改判无罪,证明原判确属错误。如果原判罚金、没收财产已经执行了的,则除退还罚金、没收财产部分外,国家还应赔偿公民因此而受到的损害。

罚金是人民法院判处罪犯向国家缴纳一定数额金钱的财产刑罚,它主要适用于惩罚贪财图利的罪犯。如果公民、法人和其他组织无犯罪事实而被错误判处罚金并已经执行的,受害人有权请求获得国家赔偿。没收财产是指人民法院判处的强制将罪犯个人所有财产的一部分或全部无偿收归国家所有的财产刑罚。如果公民、法人和其他组织无犯罪行为,而对其财产加以没收,就构成了对其财产权的侵犯。受害人已被人民法院依照审判监督程序改判无罪,原判决已被依法撤销,而原判的没收财产的刑罚已经执行时,受害人就可以要求国家赔偿。

三、不适用刑事赔偿的情形

在刑事诉讼中,属于下列情形之一的国家不承担赔偿责任:

1. 因公民自己故意作虚假供述,或者伪造其他有罪证据被羁押或者被判处刑罚的。这是指公民在意志自由的情况下,以使侦查、起诉、审判发生错误为目的,或为他人承担罪责,使真正的犯罪分子逃脱法律制裁而故意作虚假的有罪供述,或者伪造其他有罪证据的情况。对这种情况不予赔偿是各国刑事赔偿的通例。但是,由于司法工作人员刑讯逼供、威胁等行为迫不得已、屈打成招、承认自己有罪或者提供所谓"证据"而被羁押或者被处刑罚的,不能认定为故意作虚假供述或者伪造有罪证据,国家对该公民受到的损害仍应承担赔偿责任。

2. 依照《刑法》第17条、第18条的规定,不负刑事责任的人被羁押的。这是指实施了《刑法》所禁止的危害社会的行为,因其未达到刑事责任年龄或不具有刑事责任能力而不负刑事责任,但公安司法机关在未弄清行为人的年龄和实际责任能力前曾对其羁押的,行为人不能请求赔偿。

3. 依照《刑事诉讼法》第15条、第173条第2款规定不追究刑事责任的人被羁押的。这是指对于情节显著轻微,危害不大,不认为是犯罪的,犯罪已过追诉时效的,经特赦令免除刑罚的,依照刑法告诉才处理,没有告诉或者撤回告诉的,犯罪嫌疑人、被告人死亡的,其他法律规定免予追究刑事责任的人曾被羁押的,国家不予赔偿。对于犯罪情节轻微,依照刑法规定不需要判处刑罚或者免除刑罚的,人民检察院依法作出不诉处理的,国家不予赔偿。

根据这一规定,对《国家赔偿法》第17条第(2)项错误逮捕的赔偿应当理解为该公民的行为既不构成犯罪,也不属于情节显著轻微、危害不大,不认为是犯罪的违法行为,才予以赔偿。

4. 侦查、检察、审判、监狱管理机关的工作人员实施的与行使职权无关的个人行为。
5. 因公民自伤、自残等故意行为致使损害发生的。
6. 法律规定的其他免除国家赔偿的情况。

这主要是指民法通则、刑法等法律规定的国家对特定情况下的损害不承担赔偿责任。包括不可抗力和意外事件;第三人的过错行为;正当防卫行为;超过赔偿请求时效等等。

【典型案例】

【案例24-2-01】

2011年5月,刘某和赵某因故发生纠纷,刘某将赵某打伤,致使赵某左侧第九根肋骨骨折,经县公安局法医鉴定为轻伤。县公安局以刘某涉嫌故意伤害罪对其予以拘留,并经县人民检察院批准,县公安局对刘某执行逮捕。羁押20余日后,赵某伤情被市公安局法医鉴定为轻微伤,县公安局以刘某不构成犯罪为由将其释放,刘某随后提起刑事赔偿请求。

【法理与法律适用分析】

上述案例是刑事赔偿中有关拘留或逮捕是否应当获得赔偿的一个较为典型的案例。本案的处理有两种意见。第一种意见认为,张某应当获得刑事赔偿。理由是,羁押的前提是犯罪嫌疑人的行为构成犯罪,张某的行为不构成犯罪却被拘押,应根据国家赔偿法的相关规定获得赔偿。第二种意见认为,张某不应当获得国家赔偿。理由是,张某的行为具有社会危害性,根据国家赔偿法第十九条的规定,国家不承担赔偿责任。

国家赔偿法第十七条、第十八条和第十九条采用列举的方式规定了应当获得国家赔偿和国家不承担赔偿责任的情形。其中第十七条是关于侦查、检察、审判、监狱管理机关及其工作人员在行使职权时侵犯人身权应当给予赔偿的规定。第十八条是关于侦查、检察、审判、监督管理机关及其工作人员在行使职权时侵犯财产权应当给予赔偿的规定。第十九条则明确了国家不承担赔偿责任的情形。由此国家不承担赔偿责任的情形可以归纳为以下四类:一是存在犯罪行为但从实体法的角度不负刑事责任或者不处罚的情形;二是存在犯罪行为但从程序法的角度应当撤销案件、不起诉或者宣告无罪的情形;三是上述有关机关的工作人员个人行为造成犯罪嫌疑人人身损害、财产损失后果的情形;四是因公民自己的故意行为造成被羁押、被判刑或其他损害结果发生的情形。

【法条链接】

《国家赔偿法》

第十七条 行使侦查、检察、审判职权的机关以及看守所、监狱管理机关及其工作人员在行使职权时有下列侵犯人身权情形之一的,受害人有取得赔偿的权利:

(一)违反刑事诉讼法的规定对公民采取拘留措施的,或者依照刑事诉讼法规定的条件和程序对公民采取拘留措施,但是拘留时间超过刑事诉讼法规定的时限,其后决定撤销案件、不起诉或者判决宣告无罪终止追究刑事责任的;

(二)对公民采取逮捕措施后,决定撤销案件、不起诉或者判决宣告无罪终止追究刑事责任的;

(三)依照审判监督程序再审改判无罪,原判刑罚已经执行的;

(四)刑讯逼供或者以殴打、虐待等行为或者唆使、放纵他人以殴打、虐待等行为造成公民身体伤害或者死亡的;

(五)违法使用武器、警械造成公民身体伤害或者死亡的。

第十八条　行使侦查、检察、审判职权的机关以及看守所、监狱管理机关及其工作人员在行使职权时有下列侵犯财产权情形之一的,受害人有取得赔偿的权利:

(一)违法对财产采取查封、扣押、冻结、追缴等措施的;

(二)依照审判监督程序再审改判无罪,原判罚金、没收财产已经执行的。

第十九条　属于下列情形之一的,国家不承担赔偿责任:

(一)因公民自己故意作虚伪供述,或者伪造其他有罪证据被羁押或者被判处刑罚的;

(二)依照刑法第十七条、第十八条规定不负刑事责任的人被羁押的;

(三)依照刑事诉讼法第十五条、第一百四十二条第二款规定不追究刑事责任的人被羁押的;

(四)行使侦查、检察、审判职权的机关以及看守所、监狱管理机关的工作人员与行使职权无关的个人行为;

(五)因公民自伤、自残等故意行为致使损害发生的;

(六)法律规定的其他情形。

【典型案例目录索引】

李伏运请求国家赔偿案——再审被宣告无罪的刑事司法赔偿
载《最高人民法院公报》(2004年卷)

【参考阅读的文献资料】

1. 瓮怡洁:《刑事赔偿制度研究》中国人民公安大学出版社2008年版。
2. 向泽选、武晓晨、陈雪芬:《刑事赔偿案例与问答》,群众出版社2002年版。
3. 倪慧芳、高洁峰:"刑事赔偿归责原则探析——以刑事赔偿判例为视角",载《云南大学学报》(法学版)2010年第3期。
4. 杨小军:"我国刑事赔偿范围辨析",载《人民检察》2007年第18期。
5. 张传伟:"从刑讯逼供看刑事赔偿制度之缺陷与制度重构",载《法学杂志》2008年第6期。
6. 陈学权:"刑事错案的三重标准",载《法学杂志》2005年第4期。
7. 李先赋:"伤害他人(轻微伤)被逮捕羁押能否获得刑事赔偿",载《人民检察》2007年第20期。

第三节　刑事赔偿程序

一、刑事赔偿请求人和刑事赔偿义务机关

(一)刑事赔偿请求人

受害的公民、法人和其他组织是赔偿请求人,有权要求赔偿。受害的公民、法人和其

他组织是指合法权益因行使侦查、检察、审判、监狱管理职权的机关及其工作人员违法行使职权的行为而遭到损害的公民、法人和其他组织。

受害的公民死亡的,其继承人和其他有扶养关系的亲属有权要求赔偿。

受害的法人和其他组织终止的,承受其权利的法人和其他组织有权要求赔偿。

(二)刑事赔偿义务机关

《国家赔偿法》第21条对刑事赔偿义务机关作了明确规定:

1. 行使国家侦查、检察、审判、监狱管理职权的机关及其工作人员在行使职权时侵犯公民、法人和其他组织的合法权益造成损害的,该机关为赔偿义务机关。这是确定刑事赔偿义务机关的一般原则,体现了谁侵权、谁承担赔偿义务的精神。根据这一原则,违法对财产采取查封、扣押、冻结、追缴等措施,作出该决定的机关为赔偿义务机关;司法工作人员刑讯逼供或者以殴打等暴力行为或者唆使他人以殴打等暴力行为造成公民身体伤害或者死亡的和违法使用武器、警械造成公民身体伤害或者死亡的,该司法工作人员所在的公安司法机关为赔偿义务机关。

2. 对公民采取拘留措施,依照本法的规定应当给予国家赔偿的,作出拘留决定的机关为赔偿义务机关。根据《刑事诉讼法》的规定,公安机关、国家安全机关、军队保卫部门和人民检察院有权决定拘留,因此对于错误拘留的,上述机关就是赔偿义务机关。

3. 对公民采取逮捕措施后决定撤销案件、不起诉或者判决宣告无罪的,作出逮捕决定的机关为赔偿义务机关。按照这一规定,如果逮捕是由人民法院决定的,人民法院是赔偿义务机关;如果逮捕是由人民检察院批准或者决定的,人民检察院为赔偿义务机关。

4. 再审改判无罪的,作出原生效判决的人民法院为赔偿义务机关。二审改判无罪,以及二审发回重审后作无罪处理的,作出一审有罪判决的人民法院为赔偿义务机关。按照这一规定,再审改判无罪的,作出原生效判决的人民法院为赔偿义务机关。如果原生效的是一审判决,那么该第一审人民法院为赔偿义务机关;如果原生效的是上诉审判决,那么该上诉审人民法院为赔偿义务机关。

二、刑事赔偿程序

刑事赔偿程序是在违法行使侦查、检察、审判和监狱管理职权的侵权事实被确认之后,提起赔偿和审查解决赔偿问题的步骤和方法。

赔偿请求人要求赔偿,应当先向赔偿义务机关提出,也可以在申请行政复议或者提起行政诉讼时一并提出。刑事赔偿按照以下程序进行:

(一)赔偿义务机关先行处理程序

刑事赔偿由赔偿义务机关先行处理,既便于赔偿请求人提出请求,及时取得赔偿,减少不必要的周折,又能够在社会公众面前树立认真履行赔偿义务的良好形象。

1. 赔偿义务机关主动赔偿。根据《国家赔偿法》第22条第1款的规定,赔偿义务机关对有该法第17条、第18条规定情形之一的,应当本着有错必纠、对人民负责的精神,主动给予赔偿。

2. 赔偿请求人提出赔偿请求。赔偿请求人要求赔偿的,应当先向赔偿义务机关提出。要求赔偿应当递交申请书,申请书应当载明以下事项:

(1)受害人的姓名、性别、年龄、工作单位和住址,法人或者其他组织的名称、住所和法定代表人或者主要负责人的姓名、职务。受害公民已经死亡的,申请书中除应载明受害人的上述事项外,还应载明赔偿请求人的上述事项,并提交与受害人有继承或扶养关系的证明。受害的法人或者其他组织终止,由承受其权利的法人或者其他组织提出赔偿要求的,还需载明其承受已终止的法人或者其他组织权利的事实,并提交有关证明。

(2)具体的要求、事实根据和理由。赔偿要求包括赔偿方式和赔偿数额。赔偿请求人因不同的侵权行为造成多种损害后果的,例如,既被错误拘留、又因刑讯逼供而致伤、合法财产被追缴等,可以同时提出数项请求。"事实根据"是指提出所受损害状况的证明,如医院诊断证明、医疗费单据、病假证明等。"理由"是根据受损害状况对赔偿要求加以论证或说明。此外,赔偿请求人有确认行使侦查、检察、审判、监狱管理职权的机关及其工作人员违法行使职权造成损害的书面决定的,应当提供。

(3)申请的年、月、日。

赔偿请求人书写申请书确有困难的,可以委托他人代书,也可以口头申请,由赔偿义务机关记入笔录。

对于二审改判无罪,作出一审判决的人民法院和批准逮捕的人民检察院为共同赔偿义务机关的,赔偿请求人可以向其中的任何一个赔偿义务机关要求赔偿,该赔偿义务机关应当先予赔偿。

3. 赔偿义务机关受理、审查和作出决定。赔偿义务机关收到赔偿请求人的赔偿申请书或者口头申请后,应当进行审查,分别不同的情况予以处理:

(1)经过审查,对事实清楚、符合法定赔偿条件、应予赔偿的,应根据《国家赔偿法》第4章的规定,赔偿义务机关应当自收到申请之日起两个月内,作出是否赔偿的决定。赔偿义务机关作出赔偿决定,应当充分听取赔偿请求人的意见,并可以与赔偿请求人就赔偿方式、赔偿项目和赔偿数额依照本法第四章的规定进行协商。赔偿义务机关决定赔偿的,应当制作赔偿决定书,并自作出决定之日起十日内送达赔偿请求人。共同赔偿的案件,赔偿请求人可以向共同赔偿义务机关中的任何一个赔偿义务机关要求赔偿,该赔偿义务机关应当先予赔偿。

(2)对赔偿请求已过法定时效或请求人不具有法定资格的,通知其不予受理;对不属于本机关赔偿的,应告知请求人向负有赔偿义务的机关提出申请;对申请材料不齐备的,可以告知请求人补充有关材料。对本机关负有赔偿义务的,还需进一步查明侵权的起止时间和造成损害的程度。在审查中,必要时可以调取有关的案卷材料。认为证明材料不足或不能证明有关赔偿的事实时,可以要求赔偿请求人补充证明材料,也可以自行调查。赔偿义务机关决定不予赔偿的,应当自作出决定之日起十日内书面通知赔偿请求人,并说明不予赔偿的理由。赔偿义务机关在规定期限内未作出是否赔偿的决定,赔偿请求人可以自期限届满之日起三个月内,向人民法院提起诉讼。

(二)赔偿复议程序

赔偿义务机关是行使侦查、检察、监狱管理权的机关,如果逾期不予赔偿或者赔偿请求人对赔偿数额有异议的,赔偿请求人可以自期间届满之日起30日内向其上一级机关申请复议。逾期不予赔偿,包括赔偿义务机关作出了不予赔偿决定、受理后到期不予答复和不予受理等情形。对赔偿数额有异议,包括对赔偿方式和对具体的赔偿金额有异议。

复议机关收到复议申请后,应及时调取案卷和有关材料进行审查,对事实不清的,可以要求赔偿义务机关补充调查,也可以自行调查。对赔偿请求人尚未向赔偿义务机关提出赔偿要求的,告知其先向赔偿义务机关提出。对赔偿义务机关作出赔偿决定的期间尚未届满而请求人提出复议申请的,应告知赔偿请求人督促赔偿义务机关在期间届满前作出赔偿决定,待期间届满后再提出复议申请。

复议刑事赔偿申请,实行一次复议制。

复议机关对复议申请进行复议后,应分别情况作出复议决定:原决定事实清楚,适用法律正确的,予以维持;原决定认定事实不清,适用法律或赔偿方式、数额不当的,作出新的赔偿决定。

复议机关应自收到复议申请之日起2个月内作出决定。

赔偿义务机关是人民法院的,如果逾期不予赔偿或者请求人对赔偿数额有异议,赔偿请求人可以在2个月期间届满之日起30日内直接向上一级人民法院赔偿委员会申请作出赔偿决定,而不必经过复议程序。

(三)赔偿委员会的决定程序

1. 赔偿委员会决定程序的启动。赔偿请求人不服复议决定的,可以在收到复议决定之日起30日内向复议机关所在地的同级人民法院赔偿委员会申请作出赔偿决定;复议机关逾期不作决定的,赔偿请求人可以自期限届满之日起30日内向复议机关所在地的同级人民法院赔偿委员会申请作出赔偿决定。

应当明确,赔偿委员会不具有确认侵权事实的职权。请求人要求确认侵权事实的,赔偿委员会应当不予受理。

2. 赔偿委员会的设置。中级以上的人民法院设立赔偿委员会,由人民法院3~7名审判员组成。

3. 赔偿决定程序。赔偿决定程序是解决刑事赔偿争议的一种非诉讼的特殊程序,不适用民事诉讼法或者行政诉讼法规定的诉讼程序。在赔偿决定程序中,没有原告、被告,只有申请人和被申请人;不实行开庭审理,而是书面审理,必要时可向赔偿义务机关或赔偿请求人调查了解情况;采取特别的审理组织——赔偿委员会,既不能独任审理,也不采取合议庭的形式;赔偿委员会审理终结,不用判决和裁定结案,而是采用赔偿决定结案;不实行两审终审,而是一次终局,赔偿委员会作出的赔偿决定,是发生法律效力的决定,必须执行。

赔偿委员会作赔偿决定,实行少数服从多数的原则。赔偿委员会认为重大、疑难的案件,必要时由赔偿委员会主任报请院长提交审判委员会讨论决定,审判委员会的决定,赔偿委员会应当执行。

人民法院赔偿委员会处理赔偿请求,赔偿请求人和赔偿义务机关对自己提出的主张,应当提供证据。被羁押人在羁押期间死亡或者丧失行为能力的,赔偿义务机关的行为与被羁押人的死亡或者丧失行为能力是否存在因果关系,赔偿义务机关应当提供证据。赔偿委员会分别下列情形依法作出决定:赔偿义务机关决定或者复议机关复议决定适用法律正确,赔偿方式、赔偿数额适当的,应当决定予以维持;赔偿义务机关决定、复议机关适用法律不当的,应当撤销原决定,依法作出决定;赔偿方式、赔偿数额不当的,应当作出变更决定;确有《国家赔偿法》第17条、第18条规定情形之一,赔偿义务机关或者复议机关逾期未作出决定的,应当依法作出赔偿或者不予赔偿的决定;赔偿请求人申请赔偿事项属于《国家赔偿法》第19条规定的国家不承担赔偿责任的情形之一,或者已超过法定时效的,应当作出不予赔偿的决定。

(四)刑事赔偿中的追偿制度

刑事赔偿中的追偿制度又称求偿权制度,是指刑事赔偿义务机关在赔偿请求人损失后,对具有法定情形之一的工作人员的一种经济上的惩罚,其目的在于督促其司法工作人员严格执法,增强责任感和负责精神,恪尽职守,同时还可以减少国家因赔偿所遭受的损失,减轻财政负担。

根据《国家赔偿法》第31条的规定,刑事赔偿中的追偿对象是:

1. 有《国家赔偿法》第17条第(4)项、第(5)项规定的行为的司法工作人员,具体指:刑讯逼供或者以殴打等暴力行为或者唆使他人以殴打等暴力行为造成公民身体伤害或者死亡的;违法使用武器、警械造成公民身体伤害或者死亡的。这两项规定的行为是法律明令禁止的,司法工作人员明知故犯,造成公民身体伤害或死亡,应当由他们承担部分或全部赔偿费用。

2. 在处理案件时有贪污受贿、徇私舞弊、枉法裁判行为的司法工作人员。这些行为是执法犯法,以权弄法,是司法活动中的一种腐败现象,它损害了法律的尊严,破坏了司法的廉洁和公正。因此应当对其进行追偿,实行经济上的惩罚。

此外,对于具有上述情形的责任人员,有关机关应当依法给予行政处分;构成犯罪的,应当依法追究刑事责任,以制裁违法、渎职行为,促进公安司法机关依法行使职权,严格执法。

三、刑事赔偿方式和计算标准

(一)赔偿方式

1. 支付赔偿金。这是指向赔偿请求人支付一定数额的货币。主要适用于对人身造成损害的赔偿,对应当返还的财产,因损毁无法恢复原状或者已经灭失的以及侵犯财产权造成其他损失的,也应支付赔偿金。支付赔偿金这种方式适用范围广,便于计算,在具体执行上简便易行,所以是国家赔偿的主要方式。

2. 返还财产。这是指赔偿义务机关将财产归还给对该财产享有所有权的受害人的赔偿形式。返还财产既可以使损害得到直接赔偿,有时还可以避免或减少精神损害,是一种比较简便易行的赔偿方式。返还的财产可能是金钱,也可能是原物,但必须以原财产存在为前提。侵犯财产权,能够返还财产的,应当返还财产。

3. 恢复原状。这是指赔偿义务机关对应当返还的财产造成损毁,能够进行修复的,通过修复使之恢复到受损害前的形状和性能。

除上述方式以外,根据《国家赔偿法》第35条的规定,赔偿义务机关对于依法确认有该法第3条或者第17条规定的情形之一,并造成受害人名誉权、荣誉权损害的,应当在侵权行为影响的范围内,为受害人消除影响,恢复名誉,赔礼道歉。造成严重后果的,应当支付相应的精神损害抚慰金。

(二)赔偿计算标准

1. 侵犯公民人身自由赔偿的计算标准。《国家赔偿法》第33条规定,侵犯公民人身自由的,每日的赔偿金按照国家上年度职工日平均工资计算。这一规定,考虑到能使受害人所遭受的损失得到适当弥补,又能为国家的经济状况和财政承受和负担,同时便于计算和简便易行。

"上年度"是指赔偿义务机关、复议机关或者人民法院赔偿委员会作出赔偿决定时的上年度,复议机关或者人民法院赔偿委员会决定维持原赔偿决定的,按作出原赔偿决定时的上年度执行。国家上年度职工日平均工资数额,应当以职工年平均工资除以全年法定工作日数的方法计算。年平均工资以国家统计局公布的数字为准。

2. 侵犯公民生命健康权赔偿的计算标准。

(1)造成公民身体伤害的,应当支付医疗费,以及赔偿因误工减少的收入。减少的收入每日的赔偿金按照国家上年度职工日平均工资计算,最高额为国家上年度职工年平均工资的5倍。

(2)造成部分或者全部丧失劳动能力的,应当支付医疗费,以及残疾赔偿金。残疾赔偿金根据丧失劳动能力的程度确定。部分丧失劳动能力的最高额为国家上年度职工年平均工资的10倍;全部丧失劳动能力的为国家上年度职工年平均工资的20倍。造成全部丧失劳动能力的,对其扶养的无劳动能力的人,还应当支付生活费。

(3)造成死亡的,应当支付死亡赔偿金、丧葬费,总额为国家上年度职工年平均工资的20倍。对死者生前扶养的无劳动能力的人,还应当支付生活费。前述生活费的发放标准参照当地民政部门有关生活救济的规定办理。被扶养的人是未成年人的,生活费给付至18周岁止;其他无劳动能力的人,生活费给付至死亡时止。

3. 侵犯财产赔偿的处理。

(1)处罚款、罚金、追缴、没收财产或者违反国家规定征收财物、摊派费用的,返还财产。

(2)查封、扣押、冻结财产的,解除对财产的查封、扣押、冻结,造成财产损坏或者灭失的,依照下列(3)、(4)两项规定赔偿。

(3)应当返还的财产损坏的,能够恢复原状的恢复原状,不能恢复原状的,按照损害程度给付相应的赔偿金。

(4)应当返还的财产灭失的,给付相应的赔偿金。

(5)财产已经拍卖或者变卖的,给付拍卖或者变卖所得的价款;变卖的价款明显低于财产价值的,应当支付相应的赔偿金。

(6)吊销许可证和执照、责令停产停业的,赔偿停产停业期间必要的经常性费用开支。

(7)返还执行的罚款或者罚金、追缴或者没收的金钱,解除冻结的存款或者汇款的,应当支付银行同期存款利息。

(8)对财产权造成其他损害的,按照直接损失给予赔偿。

四、赔偿费用的来源和支付

(一)赔偿费用的来源

《国家赔偿法》第37条规定,赔偿费用,列入各级财政预算,具体办法由国务院规定。国务院1995年1月25日发布的《国家赔偿费用管理办法》第6条对此作出了具体规定:国家赔偿费用,列入各级财政预算,由各级财政按照管理体制分级负担。各级政府应当根据本地区的实际情况,确定一定数额的国家赔偿费用,列入本级财政预算。国家赔偿费用由各级财政机关负责管理。当年实际支付国家赔偿费用超过年度预算的部分,在本级预算预备费中解决。

(二)赔偿费用的支付

赔偿义务机关应当自收到支付赔偿金申请之日起七日内,依照预算管理权限向有关的财政部门提出支付申请。财政部门应当自收到支付申请之日起十五日内支付赔偿金。

(三)赔偿费用的申请与核拨

赔偿义务机关申请核拨国家赔偿费用或者申请返还已经上交财政的财产,应当根据具体情况,提供下列的有关文件副本:赔偿请求人请求赔偿的申请书;赔偿义务机关作出的赔偿决定;复议机关的复议决定书;人民法院的判决书、裁定书或赔偿决定书;赔偿义务机关对有故意或者重大过失的责任者依法实施追偿的意见或者决定;财产已经上交财政的有关凭据;财政机关要求提供的其他文件或者文件副本。

财政机关对赔偿义务机关的申请进行审核后,应当及时核拨已经支付的国家赔偿费用;财产已经上交财政,应当依法返还赔偿请求人的,应当及时返还,然后再由赔偿义务机关返还给赔偿请求人。

赔偿义务机关向赔偿请求人支付赔偿费用或者返还财产,赔偿请求人应当出具收据或者其他凭证,赔偿义务机关应当将收据或者其他凭证的副本报送同级财政机关备案。

赔偿义务机关赔偿损失后,依据《国家赔偿法》第16条和第31条向责任者追偿的国家赔偿费用,应当上缴同级财政机关。

五、刑事赔偿请求时效

国家赔偿请求时效,是指赔偿请求人向赔偿义务机关请求国家赔偿的法定期间。在法律规定的期间内,赔偿请求人行使赔偿请求权,就能得到法律保护,反之,就丧失依法定程序获得赔偿的权利。规定赔偿请求时效,有利于督促权利人及时行使赔偿请求权,使赔偿义务机关和人民法院及时处理国家赔偿案件,稳定社会关系和社会秩序。

赔偿请求时效既不能太长,造成权利长期不行使,社会关系长期处于不稳定状态,也不能太短,使赔偿请求人来不及行使自己的赔偿请求权。《国家赔偿法》第39条根据我国的实际情况,规定赔偿请求人请求国家赔偿的时效为2年。这一请求时效自国家机关及其工作人员行使职权时的行为被依法确认为违法之日起计算。这就是说,确认违法事实的时间不包括在赔偿请求时效之内,因为在此之前,有关公民、法人和其他组织是否享有赔偿请求权还没有依法确认。确定违法之日,公民还在被羁押的,羁押期间不计算在赔偿请求时效内,因为此时其人身自由被剥夺,无法向赔偿义务机关提出请求。赔偿请求人在赔偿请求时效的最后6个月内,因不可抗力或者其他障碍不能行使请求权的,时效中止。从中止时效的原因消除之日起,赔偿请求时效期间继续计算。这里的时效中止是指在时效进行过程中,出现了特定的法定事由阻碍权利人行使权利,法律规定暂时停止时效的进行,待阻碍时效进行的原因消除后,时效期间继续进行。

【典型案例】

【案例24-3-01】

仇惠南原系泗阳县复合肥厂聘任厂长,泗阳县人民检察院以仇惠南有挪用公款嫌疑而对其采取人身限制措施,其逮捕过程被录像在泗阳电视台"泗阳新闻"节目和有线广播中播放。后泗阳县人民检察院认定仇惠南构成挪用公款罪。仇惠南不服,向淮阴市人民检察院提出申诉。淮阴市人民检察院作出复查决定书,认定仇惠南不构成挪用公款罪。另查明,泗阳县人民检察院在办案中,将仇惠南的财产18,050元作为"赃款"予以追缴。仇惠南在羁押期间,花去医疗费590.45元。故赔偿请求人仇惠南向淮阴市中级人民法院委员会提出赔偿申请,请求泗阳县人民检察赔偿其各项经济损失16万余元,退还被退缴的现金18,050元,并为其消除影响,恢复名誉,赔礼道歉。

【法理与法律适用分析】

本案主要涉及国家赔偿请求的申请、权利和义务主体的确定以及赔偿申请程序等与国家赔偿相关的法律问题。刑事赔偿的前提为存在错误的司法行为,公民等主体的合法权益受损,该错误行为与权利受损之间存在有因果联系。从本案来看,泗阳县人民检察院对请求权人的错捕错拘行为,限制其人身自由,并没收所谓赃款近两万,侵害了其人身自由和财产权利,故国家赔偿具有法定依据。按照国家赔偿法的相关规定,对其符合规定的各项损失予以赔偿,并为其消除影响、恢复名誉、赔礼道歉。

【法条链接】

《国家赔偿法》

第二十一条 行使侦查、检察、审判职权的机关以及看守所、监狱管理机关及其工作人员在行使职权时侵犯公民、法人和其他组织的合法权益造成损害的,该机关为赔偿义务机关。

对公民采取拘留措施,依照本法的规定应当给予国家赔偿的,作出拘留决定的机关为赔偿义务机关。

对公民采取逮捕措施后决定撤销案件、不起诉或者判决宣告无罪的,作出逮捕决定的机关为赔偿义务机关。

再审改判无罪的,作出原生效判决的人民法院为赔偿义务机关。二审改判无罪,以及二审发回重审后作无罪处理的,作出一审有罪判决的人民法院为赔偿义务机关。

第三十九条第二款 赔偿请求人在赔偿请求时效的最后六个月内,因不可抗力或者其他障碍不能行使请求权的,时效中止。从中止时效的原因消除之日起,赔偿请求时效期间继续计算。

【典型案例目录索引】

黄景嘉刑事赔偿案

——因错误逮捕而导致的刑事赔偿

载《最高人民法院公报》2002年第6期。

【参考阅读的文献资料】

1. 刘志远:《中国刑事赔偿原理与实务》,中国人民公安大学出版社2011年版。
2. 刘志远:《刑事案件国家赔偿实务指南》,中国法制出版社2010年版。
3. 向泽选:"我国刑事赔偿制度的困境与出路",载《政法论坛》2007年第4期。
4. 王晋、付晓雅:"关于完善刑事赔偿程序的理性思考",载《法学杂志》2008年第6期。

第二十五章 依法不负刑事责任的精神病人的强制医疗程序

第一节 强制医疗程序概述

【典型案例】
【案例 25-1-01】
福建南平武疯子案。2010 年 3 月 23 日上午 7 时 20 分许,福建省南平市实验小学校门口发生一起恶性案件,一名 40 多岁的盲人持刀沿学校周边路上一路砍杀,造成 8 名儿童死亡,5 名儿童重伤。行凶者被学校门卫和路过的一名老师、一名晨练者和一名司机合力制服。据报行凶者原是一名社区医院的医生,因为精神疾病遭辞退后为报复制造了这起惨案。

这起惨案告诉我们对于具有暴力威胁的精神病人进行强制医疗,通过治疗使其复归社会,消除人身危险性是保障国家、社会和公民合法权益的重要举措,具有重大意义。

一、强制医疗程序的含义

依法不负刑事责任的精神病人的强制医疗程序(以下简称"强制医疗程序")是《刑事诉讼法》中新增加的内容。这主要是指国家对于实施暴力行为,危害公共安全或者严重危害公民人身安全,经法定程序鉴定依法不负刑事责任且有继续危害社会可能的精神病人实施的,限制其人身自由,对其进行隔离并强制进行医学治疗,帮助其恢复健康、复归社会的制度。

二、强制医疗程序的性质

强制医疗程序的性质是一种保安处分措施。保安处分是国家刑事法律和行政法规所规定的,对实施了危害行为的无责任能力人、限制责任能力人以及其他有相当人身危险性的人所采取的,代替或者补充刑罚而适用的,旨在消除行为者的危险状态、预防犯罪、保卫社会安全的各种治疗、矫正措施的总称。[1] 虽然强制医疗与刑罚、刑事强制措施有相似之处,如这三种制度都有产生限制或者剥夺被适用者人身自由的效力。但是,这三种制度适用的对象和目的是不同的。其中,强制医疗程序的适用对象是经法定程序鉴定确认不负刑事责任的精神病人,主要目的是为了防止其继续危害社会,并通过医学治疗使其康复并回归社会;刑罚的适用对象是被判决有罪的犯罪人,主要目的是对其犯罪行为进行惩罚,

---

[1] 苗有水著:《保安处分与中国刑法发展》,中国方正出版社 2001 年版,第 1 页。

起到刑法特殊预防和一般预防的效果;刑事强制措施的适用对象是尚未确定刑事责任的被追诉对象,主要目的是为了保障刑事诉讼程序的顺利进行。可见,强制医疗程序与刑罚、刑事强制措施的本质区别在于其针对的是不负刑事责任的精神病人,是一种既不同于刑罚,也不同于强制措施的保安处分措施。

三、强制医疗程序的基本原则

（一）处分法定原则

强制医疗具有保安处分的性质,这一程序的适用将对于精神病人的人身自由进行限制。人身自由是人的基本权利之一,属于法律保留的范围,为此,对于强制医疗的适用需要由法律予以明确规定,具体而言,强制医疗的适用条件、决定程序、执行程序、解除程序等均应由法律规定。

（二）比例原则

强制医疗的主要目的在于防止具有暴力威胁的不负刑事责任的精神病人继续危害社会,其主要功能在于防卫而非惩罚。这一程序将限制精神病人的人身自由,并对其强制性的进行医学治疗。这是基于社会公共利益的考虑对于被适用者人身自由的限制。但是,这种限制不应当没有边界,而是应当严格遵守比例原则,将强制医疗造成的危害限定在最低范围内。

（三）处分均衡原则

不同的精神病人,其精神状况和暴力危险程度是不同的。依据我国《刑法》第18条将我国的精神病人的刑事责任能力分为三个类别:第一类为完全无刑事责任能力的精神病人,依据《刑法》第18条第1款的规定,这主要是指不能辨认或控制自己行为的精神病人,在必要时,可以由政府进行强制医疗;第二类为限制刑事责任能力的精神病人,依据《刑法》第18条第3款的规定,尚未完全丧失或者控制自己行为的精神病人犯罪的,应当负刑事责任,但是可以从轻或者减轻处罚;第三类为完全有刑事责任能力的精神病人,依据《刑法》第18条第2款的规定,间歇性精神病人在精神正常的时候犯罪应当负刑事责任。为此,在适用强制医疗的时候,应根据不同的精神病人采用不同的治疗手段,做到处分均衡。

（四）正当程序原则

强制医疗将限制被适用者的人身自由,人身自由作为人的基本权利之一,对其进行限制需要通过正当程序进行。依据《公民权利和政治权利国际公约》第9条第1款规定:"人人有权享有人身自由和安全。任何人不得加以任意逮捕或拘禁。除非依照法律所确定的根据和程序,任何人不得被剥夺自由。"强制医疗的决定需要由中立的第三方作出,而不能由行政机关进行裁决。同时,在裁决过程中,应当保障被申请人的法律赋予其的诉讼权利。

四、强制医疗的功能

（一）强制医疗程序有利于保护精神病人的合法权益

精神病患者中虽然有部分具有暴力倾向的危险分子,但他们仍然都是社会的弱势群体。放任这些精神病患者流荡于社会,一方面可能使他们为社会所排斥,人身安全得不到保障;另一方面,也可能使他们为不法分子所利用,从事违法活动,如有些人利用一些"武疯子"侵犯他人；或者被迫从事劳动，如河南某地的砖厂中，专门雇佣智障儿童进行劳作，这些儿童受到了非人道的待遇。强制医疗通过将患有精神疾病且具有人身危险性的精神病人隔离并强制进行医疗，能够使得这些患者远离来自于社会的威胁，同时也能够努力使其恢复健康，复归社会。

（二）强制医疗程序有助于保障非精神病人不受非法拘禁

英国学者格尔德在《牛津精神病学教科书》中曾这样说过："在20世纪，精神病学曾被个别精神科医生误用，更严重的是有的精神科医生和雇佣他们的机构出于政治或商业目的滥用精神病学，对持不同政见者及其支持者进行诊断和强制医疗。"[1]精神病是一种医学疾病，对于精神病的鉴定需要具有相关资质的专业人员进行。由于在法律上对于精神病的界定存在争议，正如上文所述，这也为某些具有特殊目的的人所利用，一些本不具有精神病或者具有精神疾病并未达到需要强制医疗程度的人，因为强制医疗而被非法拘禁。由于强制医疗关乎公民的基本人权，若运用不当，特别是被不法之徒利用，将正常人作为精神病人进行强制治疗，将会给被送治人带来严重的人身伤害和精神创伤，极易侵犯公民的基本人权。为此，强制医疗程序的科学化和正当化是非常必要的。强制医疗程序不仅需要有专业医学人员的专业鉴定支持，更需要通过正当法律程序，即通过司法审查、庭审对抗等方式进行。强制医疗的正当程序化有助于保障心智健全的人不受强制医疗的威胁和侵害。

【案例25-1-02】徐武事件。徐武，43岁，武汉市青山区人，是武汉一家大型国企的保卫科消防员，几年前认为单位"同工不同酬"、"克扣工资"，从而与单位打了两三年官司。最后在单位愿意调解并补齐报酬差额3万元的情况下，被他拒绝，进入诉讼阶段。在诉讼请求被法院驳回之后，徐武多次去武汉和北京的各大政府部门申诉。在2006年的一天，他找到北京大学一个法律援助中心进行咨询，当他走到校门的时候，被警察带走，送回武汉，后被送到武钢第二职工医院精神科，在里头一住就是4年多。后徐武在好友的帮助下成功逃脱并南下广州，在广州市精神病医院做神经心理测试等相关检查。检查的结论为徐武只有"抑郁症"，并没有精神病。

从该案因徐武"被精神病"而被行政机关限制人身自由达4年多。这主要是由于2012年新《刑事诉讼法》颁布以前，我国的强制医疗由行政机关决定，而非由中立的第三方司法机关进行，在缺乏监督与制约的情况下，难免会造成行政机关滥用这种权力来达到一定的诸如解决涉诉、上访和地区维稳等问题。但是，这种行为对于被错误强制医疗人的人身自由和其他合法权益造成了极大的侵害，对于国家的权威和公信力造成非常大的损害。

（三）强制医疗程序有助于维护社会的公共利益

强制医疗程序正当程序化的核心在于限制权力，防止国家公权力的滥用。强制医疗程序的正当程序化能够阻止"被精神病"情况的发生，有助于人权保障；也能够防止因强制医疗的滥用造成社会的恐慌，这也有助于维护社会的公共利益。

---

[1] ［英］格尔德等著：《牛津精神病学教科书》，刘协和等译，四川大学出版社2004年版，第76页。

第二节 强制医疗程序的适用条件

一、适用强制医疗程序的精神病人依法不负刑事责任

强制医疗程序的适用对象为依法不负刑事责任的精神病人。我国精神病人刑事责任能力的规定主要是在《刑法》第18条中，不负刑事责任的精神病人主要是指不能辨认或者不能控制自己行为的精神病人。如果为限制刑事责任能力的精神病人或者完全有刑事责任能力的精神病人则应当分别为从轻或者减轻处罚，或者予以刑罚处罚。

二、适用强制医疗程序的精神病人实施了暴力行为，危害公共安全或者严重危害公民人身安全的行为

强制医疗程序中的精神病人实施了暴力行为，危害公共安全或者严重危害公民人身安全的行为。其中，暴力行为是指以人身、财产为侵害目标，采取暴力手段，对被害人的身心健康和生命财产安全造成极大的损害，直接危及人的生命、健康与自由的一种行为。一般来说，暴力行为主要有杀人、伤害、抢劫等，对于公民的人身权益、财产权益将造成巨大损害。公共安全主要是指广大群众的生命健康和公私财产的安全。危害公共安全主要是指对不特定多数人的生命健康或重大公私财产安全造成损害。人身安全从广义上讲包括生命、健康、自由、住宅、人格和名誉等，从狭义上讲主要是生命和健康。严重危害人身安全主要包括杀人、伤害、绑架等行为。

三、适用强制医疗程序中的精神病人需要经法定程序的鉴定

确定一个人是否是依法不负刑事责任的精神病人的结论需要由具有专业知识和技能的精神病学专家作出。由于人民法院并非具有鉴定精神病的专业机构，其在审理依法不负刑事责任的精神病人的强制医疗的案件时，应当将被申请人交由专业的精神病鉴定机构进行鉴定，并参考鉴定机构的鉴定意见作出裁判。

四、适用强制医疗程序中的精神病人有继续危害社会的可能

强制医疗程序的适用对象需要为有继续危害社会可能的精神病人，当依法不负刑事责任的精神病人在实施了暴力行为，危害公共安全或者严重危害公民人身安全的行为后，如果其因重伤、重病或者其他情况丧失了行动能力，使其不具有危害社会的可能的情况下，可以不适用强制医疗程序，但应当由其近亲属或者监护人严加看管。

第三节 强制医疗决定的作出

一、强制医疗程序的决定机构

我国《刑法》第18条规定了"精神病人在不能辨认或者不能控制自己行为的时候造成危害结果，经法定程序鉴定确认的，不负刑事责任，但是应当责令他的家属或者监护人严

加看管和医疗;在必要的时候,由政府强制医疗"。可见,《刑法》中规定的强制医疗的决定机构为政府。《人民警察法》对于《刑法》的规定进行了具体化,该法第14条规定:"公安机关的人民警察对严重危害公共安全或者他人人身安全的精神病人,可以采取保护性约束措施。需要送往指定的单位、场所加以监护的,应当报请县级以上人民政府公安机关批准,并及时通知其监护人。"可见,在新《刑事诉讼法》颁布以前,我国精神病人的强制医疗主要是由公安机关决定的。在新《刑事诉讼法》颁布以后,该法第285条规定:"根据本章规定对精神病人强制医疗的,由人民法院决定。"这使得对于依法不负刑事责任的精神病人进行强制医疗的决定权由行政机关转移到司法机关。这是刑事司法正当程序的体现。由中立的第三方人民法院决定不负刑事责任精神病人强制医疗有利于保障强制医疗程序的公正性,防止行政权的不当运用;也有利于保护精神病人的合法权益,使其得到良好的治疗,能够使得这些患者远离来自社会的威胁,同时也能够努力使其恢复健康,复归社会。

二、强制医疗程序的提起

强制医疗程序是不同于普通刑事诉讼程序的特别程序,强制医疗程序的对象为不负刑事责任的精神病人,其目的是为了防止这些精神病人继续危害社会,而非追究其刑事责任。为此,这一程序的提起采用的方式并非起诉,而是申请。依据新《刑事诉讼法》第285条的规定,能够提起强制医疗程序的主体为人民检察院,公安机关、精神病人的法定代理人或者利害关系人均不享有提起的权利。人民检察院获得提起强制医疗程序的渠道主要包括两种:公安机关移送和人民检察院在审查起诉过程中自行发现。当公安机关发现精神病人符合强制医疗条件时,应当写出强制医疗意见书,移送人民检察院。公安机关的强制医疗意见书是指公安机关发现精神病人符合强制医疗条件,而移送人民检察院处理的法律文书。该法律文书中应当写明需要强制医疗的人的基本情况,案件认定的犯罪事实,鉴定情况,处理的意见和理由以及所依据的法律条款等。另外,依据新《刑事诉讼法》第285条的规定,人民法院在审理案件过程中发现被告人符合强制医疗条件的,可以作出强制医疗的决定。在人民法院自行发现的情况下,其首先应当裁定终止原审理程序,进而进入对于强制医疗的审理程序。原审理程序的自诉人认为该裁定有误的,有权进行上诉;原审理程序的公诉机关有权进行抗诉。

【案例25-3-01】邹宜均案。邹宜均因与其母亲、二哥之间存在家庭经济纠纷。2006年10月被母亲及二哥以扫墓为名诱出家门。途中,被几个自称是公安的陌生男子强行带走,中途换了几辆车,被秘密地送到一辆早已等候的救护车上,最后送入白云医院接受强制医疗。而后,邹宜均的律师黄雪涛持《授权委托书》(邹宜均出事之前签署的,授权黄雪涛律师在邹宜均丧失自由的情况下代为行使特定的民事权利)前往白云医院要求探视。但却遭到医院的拒绝。白云医院坚持"医院只对送人进来的人负责",表示只有邹宜均的母亲和二哥同意后才能探视。而邹宜均的母亲和二哥拒绝了黄雪涛律师的探视要求,理由是不能影响邹宜均的治疗。后在媒体压力下,邹宜均家人与医院共同召开新闻发布会,三个月后方"释放"回家。在各界的关注下,经权威机构在阳光下对邹宜均鉴定,得出的结论是邹根本没有任何精神疾病,根本就是其亲属和医院共同勾结起来制造的一起人间悲剧。后邹在湖北削发为尼,2009年3月,已经出家,法号"果实"的邹宜均将其母亲、二哥以及广州白云心理医院一并告上法庭,要求三方赔偿精神损失费和名誉损失费合计1万元,并赔礼道歉。

在新《刑事诉讼法》颁布以前,我国强制医疗程序提起的主体并未有法律的明确规定,这导致了强制医疗的启动不具有规范性,邹宜均案中,邹宜均的近亲属以邹具有精神病为缘由将其送入精神病院,接受治疗,达到限制其人身自由,并以此来解决他们之间的经济纠纷,这是对邹的人身及财产权益的重大侵犯。强制医疗程序提起主体的不明确也是重要原因之一。新《刑事诉讼法》中明确人民检察院为强制医疗程序的提起主体,这使得我国的强制医疗程序启动进一步规范化,具有十分重要的意义。

三、临时性保护措施

由于强制医疗程序的适用对象为实施暴力行为,危害公共安全或者严重危害公民人身安全的,有继续危害社会可能的依法不负刑事责任的精神病人。这类精神病人具有社会危害性,在人民法院作出强制医疗的决定之前,如果放任其在社会上随意行动,将给公民、社会和国家带来不确定的威胁,可能造成严重的后果。对于这类精神病人临时性保护措施既可以防止其继续危害社会,又可以保护其自身的人身、财产等合法权益。依据新《刑事诉讼法》第285条的规定,实施临时性保护措施的机关为公安机关,临时性保护措施的时间节点为人民法院作出强制医疗决定前。

第四节 强制医疗的审理

一、强制医疗的审判组织及审限

依据《刑事诉讼法》第286条的规定:"人民法院受理强制医疗的申请后,应当组成合议庭进行审理。"可见,强制医疗的审判组织是合议庭而非独任庭。合议庭是指由数名审判人员或审判员和陪审员集体审判案件的基本组织形式。适用合议庭审理案件,有利于集思广益,有利于办案人员之间互相监督,使裁判更为公正合理。强制医疗决定的作出需要非常专业的知识,其中适用合议庭,有利于吸收具有精神病学专业知识及丰富临床经验的医师或者教授等专业人员担任人民陪审员,他们能为法庭最终作出正确的裁判提供科学的医学鉴定意见。从而可以保障强制医疗审理的公平、公正。

依据《刑事诉讼法》第287条第1款的规定:"人民法院经审理,对于被申请人或者被告人符合强制医疗条件的,应当在一个月以内作出强制医疗的决定。"可见,强制医疗的审限为一个月。同时,依据该法第147条的规定,对犯罪嫌疑人做精神病鉴定的期间不计入办案期限。强制医疗的一个月审限中,对于被申请人进行精神病鉴定的期间不计入。《刑事诉讼法》规定强制医疗的审限为一个月,一方面有利于防止审判拖延,保护被申请人的合法权益;另一方面也有利于避免精神病人再实施危害社会的行为,从而维护国家、社会、公众的合法权益。

二、强制医疗的审理内容

强制医疗的审理对象为实施暴力行为,危害公共安全或者严重危害公民人身安全,有继续危害社会可能的,经依法鉴定不负刑事责任的精神病人。为此,在强制医疗的审理过程中,审理的内容主要包括被申请人是否是在患有精神病的情况下实施了暴力行为、危害公共安全的行为或者严重危害公民人身安全的行为,是否因精神病而依法不负刑事责任,是否因精神病仍有继续危害社会的危险等几个方面。上述几个方面必须同时具备时,方可对于被申请人进行强制医疗。

为了确定被申请人是否为精神病人,主要的方法有两种:第一种如上文所述,即在合议庭中引入专家陪审员,由具有精神病学专业知识及丰富临床经验的医师或者教授等专业人员担任人民陪审员,为法庭最终作出正确的裁判提供科学的医学鉴定意见。第二种方式为由人民法院委托专业的精神病鉴定机构,由该机构的专业人员和专家对于被申请人的精神状况进行调查和评估,并出具相关精神病鉴定意见。法官可以参考鉴定意见,结合自身的审判经验对于被申请人是否进行强制医疗作出最终的裁判。

三、强制医疗的被申请人的权利保障及程序救济

在强制医疗程序中,被申请人法定诉讼权利的保障是非常重要的。这主要是由被申请人特殊的生理条件决定的。由于被申请人是精神病人,其辨认能力和控制能力是有欠缺,甚至是丧失的。他无法如正常人一般对于自己的行为进行陈述和辩解,无法充分行使自身的诉讼权利,也无法很好的维护自身的合法权益。为此,新《刑事诉讼法》第286条规定:"人民法院审理强制医疗案件,应当通知被申请人或者被告人的法定代理人到场。被申请人或者被告人没有委托诉讼代理人的,人民法院应当通知法律援助机构指派律师为其提供法律帮助。"在审理强制医疗案件时,人民法院应当保障被申请人或者被告人法定代理人在此权,保障其享有律师的法律帮助权等法律赋予的诉讼权利。

由于强制医疗是与一般刑事诉讼程序不同的特别程序,在人民法院作出强制医疗的决定后,被决定强制医疗人、被害人及其法定代理人、近亲属对强制医疗决定的救济手段并非上诉,而是向上一级人民法院申请复议。上一级人民法院应当在法定的期间内作出回复。

第五节 强制医疗的执行和解除

一、强制医疗的执行

被决定强制医疗的精神病人应当在安康医院进行治疗,在尚未建立安康医院的地区,应当由当地的精神病医院进行强制医疗。据中国疾病预防控制中心精神卫生中心2009年公布的数据显示,我国各类精神疾病患者人数在1亿人以上,重性精神病患人数已超过1600万。这意味着我国每13人中有一位精神疾病患者,不到100人中就有一位重性精神病患者。精神疾病在中国疾病总负担中排名首位,约占疾病总负担的20%,而精神疾患的发病率仍呈增加趋势,据世界卫生组织推算,到2020年中国神经精神疾病负担将上升至疾病总负担的25%。同时,精神病患者违法危害公共安全或者他人人身安全的情况也十分严峻,如震惊全国的"邱兴华案","杀人恶魔"邱兴华因琐事在山西汉阴铁瓦殿道观持刀斧连杀十人,手段残忍,在逃期间又杀死一人、重伤二人。面对严峻的形势,加强安康医院的建设,使得精神病人能够得到良好的管护和治疗是非常重要的。

二、强制医疗的解除

强制医疗的目的并非在于对暴力犯罪且继续具有危险性的不负刑事责任的精神病人进行惩罚,而是要通过治疗消除其人身危险性,这在本质上是治疗。由于人身自由的限制除了被判处无期徒刑的情况外,不应当是无限期的。为此,应当有解除强制医疗的配套制度。依据《刑事诉讼法》第288条的规定:"强制医疗机构应当定期对被强制医疗的人进行诊断评估。对于已不具有人身危险性,不需要继续强制医疗的,应当及时提出解除意见,报决定强制医疗的人民法院批准。被强制医疗的人及其近亲属有权申请解除强制医疗。"可见,决定强制医疗的人民法院享有解除权;强制医疗机构、被强制医疗人及其近亲属享有申请解除权。解除强制医疗的条件为被强制医疗人已不具有人身危险性且无强制医疗的必要。

第六节 强制医疗程序的法律监督

依据《刑事诉讼法》第8条的规定:"人民检察院依法对刑事诉讼实行法律监督。"人民检察院是我国的法律监督机关,对刑事诉讼全过程实行法律监督,及时发现并纠正刑事诉讼中的违法行为,保证法律的正确实施。这是我国《宪法》规定的法律监督原则在刑事诉讼中的具体体现。依据新《刑事诉讼法》第289条的规定:"人民检察院对强制医疗的决定和执行实行监督。"具体而言,人民检察院对于强制医疗的监督主要体现在以下两个方面:

第一,人民检察院对于作出强制医疗的决定进行监督,主要包括:人民检察院对于审判程序是否合法进行监督,对于当事人合法的诉讼权益是否得到保障进行监督,对于人民法院是否在审限内作出决定进行监督,对于人民法院解除强制医疗是否合法进行监督等。

第二,人民检察院对于强制医疗的执行活动进行监督,主要包括:人民检察院对于强制医疗机构的执行活动是否合法进行监督;对其是否依法定期对被强制医疗人进行诊断评估进行监督;对其是否已不具有人身危险性,不需要强制医疗以及是否及时向人民法院提出解除意见等进行监督。

【参考阅读的文献资料】

1. 苗有水著:《保安处分与中国刑法发展》,中国方正出版社2001年版,第1页。
2. [英]格尔德等著:《牛津精神病学教科书》,刘协和等译,四川大学出版社2004年版。
3. 叶青主编:《刑事诉讼法学》(第三版),上海人民出版社2013年版。

第二十六章 犯罪嫌疑人、被告人逃匿、死亡违法所得的没收程序

第一节 违法所得没收程序概述

【典型案例】

【案例26-1-01】

杨秀珠贪污受贿出逃案。杨秀珠,1947年出生,原温州市长助理、温州市副市长。杨是温州永嘉县人,早年曾为饮食店开票员。1984年任温州市规划局副局长,从此平步青云。1994年杨调任金温铁路指挥部温州段总指挥兼温州市市长助理,次年出任温州市主管城建的副市长,1998年调任浙江省城市建设厅副厅长,2003年因贪污受贿案发,携家逃亡美国,2005年在荷兰被捕。在其从从政到案发被捕的20多年中,杨贪污受贿金额高达2.532亿元,其中最终被追回为4,240多万元,冻结7,000多万元的资产或房产。但是,仍有1亿多涉案金额无法追回。这给国家人民都造成了极大的损失。

【案例26-1-02】

中行高山案。2004-2005年间,黑龙江省中国银行河松街支行行长高山伙同其小学同学北京世纪绿洲投资有限公司董事长李东哲,首先以高息的诱饵吸引众多手握财权的"硕鼠"前来觅食;之后,通过沈阳西塔的地下钱庄把钱转移到国外。此案涉及东北高速在哈尔滨河松街支行的两个账户中共计存款余额2.9337亿元;东北高速子公司——黑龙江东高投资开发有限公司存于该行的530万元资金;黑龙江辰能哈工大高科技风险投资有限公司所存的3亿多元资金;黑龙江社保局1.8亿元资金;同时,东高投资存在大庆市农业银行的履约保证金2,427.98万元均悉数被卷走。全部失款总额超过10亿元,是2005年第一宗金融要案。案发后,中国警方虽然追回了43辆汽车、51套住房和写字楼物业等资产,但仍有相当于8700万加元(相当于约5亿人民币)的现金不知去向。由于我国当时并未设立犯罪嫌疑人、被告人逃匿、死亡案件违法所得没收程序,高山等犯罪嫌疑人利用违法所得在国外逍遥了2年多的时间,这给国家、人民造成了极大的损失。

面对严峻的腐败形势,我国腐败分子转移赃款外逃的现象日益增多。为了逃避法律惩罚,一些贪污贿赂犯罪分子将赃款转移到境外,提前做好外逃准备,在作案后或事发前潜逃境外,企图利用某些国家与我国政治法律方面存在的差异逃避追诉。由于在新《刑事诉讼法》颁布以前,我国并无犯罪嫌疑人、被告人逃匿、死亡案件违法所得的没收程序,这使得犯贪污贿赂犯罪、恐怖活动犯罪等重大犯罪的犯罪嫌疑人、被告人一旦逃匿或者死

亡,法院就无法对于其违法所得进行判决,这一法律漏洞给了犯罪嫌疑人、被告人逍遥法外的机会,也给国家、人民造成了极大的损害。

违法所得没收程序,指的是国家司法机关根据法律的规定,针对贪污贿赂、恐怖活动等性质严重的犯罪,在犯罪嫌疑人、被告人逃匿或者死亡后,依据法定的程序,运用国家强制力对其违法所得予以没收的制度。

在1996年《刑事诉讼法》以前,我国刑事诉讼中没有未定罪没收财产的法律制度,也没有相关司法解释对此作出规定。刑事司法实践中,常常出现贪污贿赂、恐怖活动犯罪等案件犯罪嫌疑人、被告人逃匿或者死亡后,其违法所得无法追缴的法律问题,造成案件审理的迟延和正义无法实现。

1996年《刑事诉讼法》第15条、第142条第3款和第198条有相应的规定。如对于已经死亡的犯罪嫌疑人、被告人,不追究其刑事责任,已经追究的,应当撤销案件,或者不起诉,或者终止审理,或者宣告无罪。对于死亡、逃匿的犯罪嫌疑人和被告人的违法所得如何处理,1996年《刑事诉讼法》没有作出规定。司法实践中,相关司法解释确定了一些处理犯罪嫌疑人、被告人逃匿、死亡后的违法财产处理程序,也存在一些在法院未定罪的情况下没收财产的规定,主要涉及犯罪嫌疑人在诉讼过程中死亡和检察机关作出不起诉决定后如何没收相关财物的问题,如1998年最高人民法院、最高人民检察院、公安部、国家安全部、司法部、全国人大常委会法制工作委员会《关于刑事诉讼法实施中若干问题的规定》第19条、2012年公安部《公安机关办理刑事案件程序规定》第231条、2012年最高人民检察院《人民检察院刑事诉讼规则》第239条、1998年最高人民法院《关于执行〈刑事诉讼法〉若干问题的解释》第294条,人民检察院、公安机关可以申请人民法院裁定通知冻结犯罪嫌疑人存款、汇款的金融机构将上述款项上缴国库或者返还被害人。但是上述规定限于正在进行的案件,那些尚未起诉的案件在法律上缺乏启动上缴或者返还被害人程序的依据。

本次修法在《刑事诉讼法》第五编"特别程序"中的第三章"犯罪嫌疑人、被告人逃匿、死亡案件违法所得的没收程序"中共规定了4个条文。作为《刑事诉讼法》修正案新增的一项特别程序,不定罪的财产没收程序,解决了犯罪嫌疑人、被告人不到案,无法通过正常的刑事司法渠道追缴其违法所得的问题。

第二节 违法所得没收程序的功能、性质及特点

一、违法所得没收程序的功能

违法所得没收程序是一种特殊程序,其作用首先在于剥夺犯罪收益,解决因犯罪嫌疑人逃匿、死亡后引起的难以处理其违法所得的问题。依据该程序,国家司法机关可以请求犯罪嫌疑人、被告人潜逃或财产所在地国家或地区加以司法协助,维护被害人和国家的利益。违法所得没收程序使得犯罪嫌疑人、被告人通过逃匿或自杀而逃脱追缴,将财产留给包括近亲属在内的利害关系人的愿望落空,部分地实现惩罚功能,从而部分地实现正义。任何人都不应该从犯罪中获利,所获收益必须被没收用以补偿犯罪受害者,包括个人或国家,这就是违法所得没收程序的理论基础。

违法所得没收程序也有助于解决犯罪嫌疑人、被告在犯罪期间转移财产而在逃匿后

利用犯罪所得作为继续实施犯罪行为的经济基础的情况,切断其资金链条。所以,对赃款赃物的有效追缴不但能够有力打击犯罪,挽回犯罪所造成的经济损失,实现"无人应从犯罪中获益"的法律精神,而且能够斩断犯罪资金链条,兼具社会防卫和预防犯罪之功效[①]。如果在该类案件涉案人员潜逃或者死亡后,没收其违法所得,就会削弱犯罪人员的经济条件,剥夺其再犯罪的能力,使其在经济上没有出头之日,从而对现实和潜在的犯罪分子形成强大的威慑。就 1996 年《刑事诉讼法》来说,由于没有设立没收违法所得的程序,不能强制剥夺潜逃、死亡犯罪分子的财产,惩罚对贪污贿赂等相关犯罪分子来说并不是十分可怕的事,因为在他们看来,因犯罪行为而获得的收益和因潜逃所失去的前途、自由相比,其收益要远远大于风险。在这种侥幸和低成本高收益心理的支配下,许多人铤而走险,视国家法律于无物,在犯罪的道路上越走越远。最新修订的刑事诉讼法确立违法所得没收程序,就是向社会明确宣告,即使犯罪后逃匿、死亡不能对犯罪嫌疑人、被告人进行定罪,也有对其违法所得进行追缴可以依据的法律制度,这会使得潜在的犯罪分子认识到,无论犯罪所得处于何处,均存在被没收的可能性。这有助于从心理上阻止犯罪动机的萌发,这种可能性对有贪利动机的犯罪,尤其是腐败犯罪起到威慑和遏制的一般预防的作用。

二、违法所得没收程序的性质和特点

违法所得没收程序从形式上来看是一种刑事特别程序。不具备普通刑事程序的所有内容,是一种旨在提高诉讼效率,减少诉讼迟延的程序。违反所得没收程序在性质上属于未经定罪而没收违法所得的程序,其前提是犯罪嫌疑人、被告人已经构成犯罪,即触犯了刑法。从刑事程序上来讲,适用违反所得没收程序审理的案件一般是经由侦查机关侦查后确定犯罪嫌疑人、被告人有犯罪事实的案件。按照我国刑事诉讼程序的规定,侦查机关发现有犯罪行为后应当进行侦查,并将侦查终结的案件移送审查起诉,再由人民法院依法审判后确定具体的罪名和刑罚,但由于犯罪嫌疑人、被告人逃匿、死亡致使案件无法审查起诉乃至审判的情况,因此,违法所得没收程序在性质上是一种弥补因犯罪嫌疑人、被告人逃匿、死亡而造成无法在审判阶段对其进行定罪量刑的立法缺陷的刑事特别程序。

犯罪嫌疑人、被告人逃匿、死亡案件违法所得没收程序是具有一定的司法性质的刑事特别程序,虽然违法所得没收程序不同于严格的刑事审判程序,不以根据犯罪嫌疑人、被告人的实施的特定犯罪事实确定刑罚为目的,而是不定罪的财产没收程序。违法所得没收程序有自己的特点:

1. 违法所得没收程序对物不对人,普通刑事诉讼程序是一种对人的诉讼,而违法所得没收程序是一种针对物的特别诉讼活动,本质上是一种对物的诉讼。

2. 违法所得没收程序不以对被告人定罪为前提,违法所得没收程序独立于对人的刑事诉讼程序,因而无需建立在对被告人定罪的基础之上。事实上,违法所得没收程序正是在反思传统没收制度必须以定罪为前提而导致的缺陷的基础上发展起来的。在传统没收制度下,即使能够证明某些财物属于犯罪所得,在未发现或认定犯罪人的情况下却无从适用,如果犯罪嫌疑人或被告人在逃、失踪或者死亡,由于刑事诉讼因此处于停顿状态或被终止,也无法实现对犯罪所得的没收。

[①] 宋英辉、何挺:"区际追赃合作中的独立财产没收",载《人民检察》2011 年第 5 期。

3. 违法所得没收程序的启动只能由人民检察院提出申请,人民法院进行审理,控诉和审判职能分离,体现了司法职权的合理配置,公安机关可以向检察机关提出没收违法所得的建议。

4. 违反所得没收程序的启动后审理的方式,是由人民法院组成合议庭进行审理,人民法院进行审理必然遵循证据裁判主义原则,没有足够的证据不可以裁定没收犯罪嫌疑人、被告人的违法所得。

5. 在审理过程中,犯罪嫌疑人、被告人的近亲属和其他利害关系人有权申请参加诉讼,也可以委托诉讼代理人参加诉讼。利害关系人参加诉讼的,人民法院应当开庭审理并作出裁定。

6. 对于人民法院的裁定利害关系人或者人民检察院可以对法院作出的裁定提出上诉、抗诉。

第三节 违法所得没收程序案件范围

没收程序是在被追诉人不在案、未就其刑事责任得出终局判决的情况下对其违法所得、其他涉案财产作出的永久性的处置。虽然并非刑罚,但因涉及被追诉人及其他利害关系人的利益的剥夺或处置,必须严格限制在那些亟需严厉惩治、且采用这一制度确能达到打击犯罪之预期目的的案件类型之内。关于违反所得没收程序适用案件的范围,我国《刑事诉讼法》第280条规定的是"对于贪污贿赂犯罪、恐怖活动犯罪等重大犯罪案件"。可见,对适用没收程序的案件类型我国在立法上采取了列举式概括的方法,在明确贪污贿赂犯罪和恐怖活动犯罪两种类型可以适用没收程序的同时,还采用了概括的方法将其他重大犯罪案件纳入了该程序的适用范围。

一、贪污贿赂罪

贪污贿赂罪指的是国家工作人员或国有单位实施的贪污、受贿等侵犯国家廉政建设制度,以及与贪污、受贿犯罪密切相关的侵犯职务廉洁性的行为。刑法分则第八章以及分则其他章节中规定的依照刑法第八章有关罪名处理的犯罪,该罪共有12个具体罪名。这12个罪名可以划分为两类,第一类是贪污犯罪,包括贪污罪、挪用公款罪、巨额财产来源不明罪、隐瞒境外存款罪、私分国有资产罪和私分罚没财产罪;第二类是贿赂犯罪,包括受贿罪、单位受贿罪、利用影响力受贿罪、行贿罪、对单位行贿罪、介绍贿赂罪、单位行贿罪。

二、恐怖活动犯罪

恐怖活动犯罪是指个人或单位基于意识形态方面的政治目的,针对不特定对象或某些具有政治、民族、宗教等象征意义的特定对象,以足以引起极大的社会恐慌的手段实施的危害行为。我国《刑法》中多次出现"恐怖活动"相关的罪名,例如组织、领导、参加恐怖组织罪、资助恐怖活动罪。2001年全国人大常委会通过了专门应对恐怖活动犯罪的《刑法修正案(三)》。从该修正案可以看出,下列罪名都可能成为恐怖主义犯罪:放火罪、决水罪、爆炸罪、投放危险物质罪、非法制造、买卖、运输、储存危险物质罪、盗窃、抢夺枪支、弹药、危险物质罪、抢劫枪支、弹药、爆炸物、危险物质罪、洗钱罪、投放虚假危险物质罪、编造、故意传播虚假恐怖信息罪。

三、对于重大犯罪案件,刑事诉讼法的规定比较模糊

我们认为,至于"等重大犯罪案件",可以看作刑事诉讼法的一种立法技术。刑事诉讼法不可能穷尽所有应当适用该程序的犯罪类型,用"等",表示对于"重大性"相当的犯罪,也可以适用这一程序,以避免频繁地修订法律,方便刑事诉讼法适应社会发展。对于"重大犯罪案件"在掌握上,应当理解为社会危害严重、社会影响恶劣、造成的损害结果重大的案件。即除了上述两类犯罪案件外,其他重大犯罪案件应当包括诸如黑社会性质组织犯罪、危害国家安全犯罪、走私犯罪、邪教组织犯罪、洗钱犯罪等等。也就是说,除了两类明确规定的犯罪之外,其他犯罪只要是对国家和社会已经或者可能造成重大危害的刑事案件,其涉案人员潜逃或者死亡,人民检察院在初步查清案件事实的基础上都可启动没收违法所得的程序。对此,可以参考适用最高人民法院《关于处理自首和立功具体应用法律若干问题的解释》第7条第2款的规定,重大犯罪案件一般是指犯罪嫌疑人、被告人可能被判处无期徒刑以上刑罚或者案件在本省、自治区、直辖市或者全国范围内有较大影响的案件。

第四节 违法所得没收程序的适用条件

关于违法所得没收程序的适用条件,根据《刑事诉讼法》第280条的规定,没收违法所得程序适用于"犯罪嫌疑人、被告人逃匿,在通缉一年后不能到案,或者犯罪嫌疑人、被告人死亡"。即在下列两种情况下适用:(1)犯罪嫌疑人、被告人潜逃,在通缉一年后不能到案;(2)犯罪嫌疑人、被告人死亡。这两种情况都要求依照刑法规定应当追缴犯罪嫌疑人、被告人违法所得及其他涉案财产的。

1. 对于犯罪嫌疑人、被告人潜逃的情况,要求必须要在通缉一年后不能到案。侦查机关应已经查明犯罪嫌疑人、被告人具有一定的犯罪事实证明行为人已经构成犯罪,在公安机关、检察院或者法院采取强制措施之前或者办理案件期间逃匿,经过公安机关通缉时间达一年之后仍未到案。如果通缉一年不能到案,则可以推定犯罪嫌疑人、被告人无法到案,依法必须及时地对违法所得作出处理,从而有效维护国家以及相关当事人的利益。因此,即使存在犯罪嫌疑人、被告人逃匿的情况人民检察院就可以提起违法所得没收申请。如果侦查机关通缉逃匿的犯罪嫌疑人、被告人未满一年便不能启动违法所得没收程序,此时司法机关应当中止审理,或者犯罪嫌疑人、被告人在一年内到案后按照普通刑事诉讼程序处理犯罪嫌疑人、被告人的违法所得,即根据《刑事诉讼法》第99条由被害人或者其法定代理人、近亲属提起附带民事诉讼,如果是国家财产、集体财产遭受损失的,由人民检察院提起附带民事诉讼;根据《刑事诉讼法》第234条第3、4款的规定,人民法院的判决应当对查封、扣押、冻结的财物及其孳息作出处理,有关机关必须执行,除依法返还被害人的以外,一律没收,上缴国库。

2. 对于犯罪嫌疑人、被告人死亡的情况。在刑事诉讼过程中,已经查清的犯罪事实、证据能够证明犯罪嫌疑人、被告人应当被追究刑事责任,但犯罪嫌疑人、被告人已经在诉

讼过程中死亡。此时,应当根据《刑事诉讼法》第15条第5项的规定,犯罪嫌疑人、被告人死亡的,不追究刑事责任,已经追究的,应当撤销案件,或者不起诉,或者终止审理,或者宣告无罪。尽管犯罪嫌疑人、被告人不需要承担任何刑事责任,他们的违法所得有必须及时处理。没收违法所得程序弥补了通过普通刑事诉讼程序处理违法所得时间、程序成本较高的缺陷,可以不需要判决被告有罪的情况下即可追缴违法所得或者将其返还给被害人。

违反所得没收程序作为一种特殊的刑事程序,只有出现上述两种情况中的其中一种时,检察院才能向法院提出没收违法所得的申请,从而启动刑事案件违法所得的没收程序。

第五节 违法所得的范围及管辖

一、违法所得的界定

对于违法所得范围的界定,各国不尽一致。《联合国反腐败公约》第2条第5项对"犯罪收益"作了较具代表性的解释,即:"通过实施犯罪而直接或间接产生或者获得的任何财产"。《联合国反腐败公约》第31条还规定了犯罪收益的三种转换形态:(1)替代收益,即由犯罪所得全部或部分转变或转化的其他财产;(2)混合收益,即犯罪所得已经与从合法来源获得的其他财产相互混合;(3)利益收益,即由犯罪所得、犯罪所得转变或转化而成的财产或者已经与犯罪所得相混合的财产所产生的收入或其他利益。

根据我国《刑事诉讼法》第280条的规定,违法所得应该是"依照刑法规定应当追缴其违法所得及其他涉案财产"。即属于刑法规定应当追缴的违法所得和其他涉案财产,必须是与犯罪事实有关的违法所得,而且这些违法所得属于法律明确规定应当予以没收的非法财产或者其他违法所得。我国刑法总则和分则中多次使用到"违法所得"的用语,如我国《刑法》第64条规定:"犯罪分子违法所得的一切财物,应当予以追缴或者责令退赔;对被害人的合法财产,应当及时返还;违禁品和供犯罪所用的本人财物,应当予以没收。没收的财物和罚金,一律上缴国库,不得挪用和自行处理。"该条规定了在对犯罪分子处以刑罚的同时,对犯罪分子违法所得的一切财产应当予以追缴或责令退赔,对违禁品和供犯罪所用的本人财物,应当予以没收。另外在分则第175、180、217条等罪名中使用了这一概念。在《刑事诉讼法》规定的特别没收程序中,违法所得应当理解为逃匿或者死亡的犯罪嫌疑人、被告人因实施犯罪行为而直接或者间接获得的利益。

二、违法所得没收程序的管辖

从刑事诉讼理论上讲,刑事诉讼的管辖包括职能管辖和审判管辖,后者又包括级别管辖、地区管辖等。

1. 职能分工。违法所得没收程序涉及公检法三机关之间职能上管辖分工,《刑事诉讼法》第280条规定,人民检察院可以向人民法院提出没收违法所得的申请。公安机关认为有前款规定情形的,应当写出没收违法所得意见书,移送人民检察院。可见,人民检察院具有启动没收程序的职权,是启动违法所得没收程序的申请主体,同时公安机关有权向人民检察院提出没收违法所得的意见由人民检察院决定是否向人民法院提出申请,而人民法院则是审判机关。

按照上述规定,公安机关或者检察院侦查部门在案件的侦查过程中,如果发现犯罪嫌疑人逃匿或者死亡,无论是对于已经采取侦查措施被查封、扣押、冻结的财产,还是尚未采取侦查措施的违法所得,都无权作出实质性的处理决定,只能根据案件情况,写出没收违法所得意见书,移送检察院处理。在违法所得没收程序中,检察院是违法所得没收程序的唯一启动主体。违法所得没收与刑事诉讼中其他违法所得没收不同的是,它是在犯罪主体已经不存在的条件下所采用的。适用的前提是刑事犯罪案件部分已经中止或者终止,追究犯罪嫌疑人、被告人的刑事诉讼已经无法正常进行。所以,在这种情况下,应当没收的财物既不能随案件主体移送到法院审判环节,又不能放弃对违法所得的处理,必须采用特别的起诉方式。法院只能在检察院提出申请之后,才能立案审理。法院应当实行不告不理的原则,这一原则是建立在程序正义基础之上的。

2. 级别管辖和地域管辖。《刑事诉讼法》第281条第1款规定:"没收违法所得的申请,由犯罪地或者犯罪嫌疑人、被告人居住地的中级人民法院组成合议庭进行审理。"该款规定了违法所得没收程序的地域管辖和级别管辖。在审判管辖上,我国刑事诉讼法对于犯罪嫌疑人、被告人逃匿、死亡案件违法所得案件只规定了级别管辖和地区管辖。没收违法所得及其他涉案财产的申请,在级别管辖上,由中级人民法院作第一审。在适用的案件类型上,该特殊程序的管辖的规定与中级人民法院管辖的第一审刑事案件的一般性规定并不完全一致。《刑事诉讼法》第20条规定:"中级人民法院管辖下列第一审刑事案件:(一)危害国家安全、恐怖活动案件;(二)可能判处无期徒刑、死刑的案件。"根据刑事诉讼法第280条,适用犯罪嫌疑人、被告人逃匿、死亡案件违法所得没收程序必须是"贪污贿赂犯罪、恐怖活动犯罪等重大犯罪案件"。此外,第20条的规定只是一般性的、最低限度的,如果这些案件是全省(自治区、直辖市)性的重大刑事案件,则应当根据第21条由高级人民法院管辖;如果这些案件是全国性的重大刑事案件,则应当根据第22条由最高人民法院管辖。然而,根据刑事诉讼法第281条,犯罪嫌疑人、被告人逃匿、死亡案件没收违法所得及其他涉案财产的申请,必须由中级人民法院进行第一审。

在地区管辖上,该类案件由犯罪地或者犯罪嫌疑人、被告人居住的法院受理。这也与《刑事诉讼法》第24条规定的"以犯罪地人民法院管辖为主,犯罪嫌疑人、被告人居住地人民法院管辖为辅"的地区管辖原则有所差别。在处理犯罪嫌疑人、被告人逃匿、死亡案件违法所得时,犯罪地法院和犯罪嫌疑人、被告人的居住地法院是平行关系,不存在主辅的问题。这考虑到犯罪地便于人民法院调查、核实证据,犯罪嫌疑人、被告人的违法所得往往在居住地,因此后者同等重要。

第六节 违法所得没收的具体程序

根据刑事诉讼法的规定,违法所得没收程序大体上可以概括为如下六个阶段:"启动与受理"、"公示"、"合议庭审理"、"对违法所得进行裁定"、"上诉和抗诉"、"终止审理与回转"。

一、启动与受理

《刑事诉讼法》第280条第1款规定:"对于贪污贿赂犯罪、恐怖活动犯罪等重大犯罪案件,犯罪嫌疑人、被告人潜逃,在通缉一年后不能到案,或者犯罪嫌疑人、被告人死亡,依照刑法规定应当追缴其违法所得及其他涉案财产的,人民检察院可以向人民法院提出没收违法所得的申请"。违法所得没收程序的启动权由人民检察院掌握,并且在决定是否启动没收程序上,检察机关可以根据便宜主义原则作出决定,人民检察院可以根据案件的实际情况,选择是否提出没收违法所得的申请或继续通缉犯罪嫌疑人、被告人。第280条第3款规定了人民检察院在提出没收申请时应该承担举证的义务:"没收违法所得的申请应当提供与犯罪事实、违法所得相关的证据材料,并列明财产的种类、数量、所在地及查封、扣押、冻结的情况。"检察机关必须提供证据证明申请的合法性,没有证据不能认定犯罪事实和违法所得。证据材料不仅包括与犯罪事实相关的证据材料,也包括与违法所得相关的证据材料。

没收违法所得及其他涉案财产的申请,应当向犯罪地、犯罪嫌疑人或者被告人住所地的中级人民法院提出。根据《刑事诉讼法》第281条第1款的规定:"没收违法所得及其他涉案财产的申请,由犯罪地或者犯罪嫌疑人、被告人居住地的中级人民法院组成合议庭进行审理"。没收违法所得的申请,由犯罪地或居住地中级人民法院受理。另外,在人民法院受理案件后的审判方式上,由于违法所得没收程序是未经定罪的一个特殊程序,为保障案件的正确审理,实现没收违法所得和保护无辜人利益的双重目的,在审理方式上,该程序不允许采取独任法官审理,对于检察机关提出的申请复核受理条件的,人民法院应当组成合议庭进行审理,需要合议庭对案件进行慎重讨论后加以决定。。因此,违法所得没收程序具有相当的正式性。

二、公告

违法所得中,有一部分涉及其他利害关系人的合法利益,有一部分涉及被追诉人本人与其近亲属的财物的权属划分。如果一概排除他们在没收问题上的请求权,将导致利益的失衡。由于违法所得没收程序是在犯罪嫌疑人、被告人逃匿、死亡后启动的,而案件的审理也就缺乏犯罪嫌疑人、被告人的参与,为使犯罪嫌疑人、被告人知晓司法机关已经启动没收程序,并且将该事项告知犯罪嫌疑人、被告人的近亲属或者其他可能的利害关系人,刑事诉讼法规定了人民法院受理没收申请后的公告期间。根据《刑事诉讼法》第281条第2款的规定,人民法院受理没收违法所得的申请后,应当发出公告。公告期间为六个月。在这六个月期间,犯罪嫌疑人、被告人的近亲属和其他利害关系人有权申请参加诉讼,也可以委托诉讼代理人参加诉讼。该公告期间的规定可以使得犯罪嫌疑人、被告人的近亲属和其他利害关系人有足够的时间了解案情,对于没收程序提出异议,从而使审判者有机会更加全面客观地审查与犯罪事实、违法所得相关的证据材料、财产的种类、数量、所在地以及是否应当查封、扣押、冻结这些财产。不仅如此,犯罪嫌疑人、被告人的近亲属和其他利害关系人还有权委托诉讼代理人维护利益。

三、审理

《刑事诉讼法》第281条第3款的规定:"人民法院在公告期满后对没收违法所得的申请进行审理。利害关系人参加诉讼的,人民法院应当开庭审理。"对于这个法条,可以理解为对于公告期间的没收申请,人民法院组成的合议庭应当进行审理,在是否开庭的问题上,只有在利害关系人对检察机关提出没收的财产提出异议并参加到没收程序中去的时候,人民法院才必须开庭审理案件。

此处,对于如何开庭审理相关开庭步骤、证明规则、证明标准等的规定不够详细。这尤其体现在作为刑事诉讼规则核心的证明标准没有规定,即这种证明标准是否与证明被告有罪的标准相同,是否需要达到案件事实清楚,证据确实充分的标准,排除了合理的怀疑。我们认为,尽管人民法院在该程序中需要审查犯罪事实相关的证据材料,它也明显有别于普通的审判程序。对于诉讼效率的追求也使得审理过程相对简略,证明标准低于排除合理怀疑的要求,这些情况需要在今后的刑事诉讼法实施过程中加以规范。

四、裁定

根据《刑事诉讼法》第282条的规定,人民法院经审理,对于经查证属于违法所得的财产,有两种处理方式:(1)对于被害人的财产,应当依法返还被害人;(2)除此以外,应当裁定予以没收。人民法院经审理,不能认定是违法所得的,应当裁定解除查封、扣押、冻结措施。在案件审理后的处理方式上,由于人民法院并没有对被告是否犯罪、所犯何罪作出认定,所以审理的结果不可以是判决,而是应当以裁定的方式结案,并且裁定处理的结果是可以上诉、抗诉的。具体而言,依法返还被害人财产和予以没收的裁定属于实体性裁定,而解除查封、扣押、冻结措施是程序性裁定。

五、上诉与抗诉

根据《刑事诉讼法》第282条规定,对于人民法院作出的裁定,犯罪嫌疑人、被告人的近亲属、利害关系人可以提出上诉。人民检察院可以提出抗诉。为保护犯罪嫌疑人、被告人的近亲属即利害关系人的利益,避免一裁终局造成无法救济的情况,刑事诉讼法规定犯罪嫌疑人、被告人的近亲属或者其他利害关系人的上诉权利。这样没收违法所得程序案件的裁定与定罪量刑的判决一样,具有可救济性,救济的渠道也与普通程序一致,即可以通过近亲属、利害关系人上诉,检察院抗诉的形式寻求对裁定的准确性和公正性再次审查。由于违法所得的没收程序不以定罪为基础,适用相对宽松的证明规则,对作为起诉方的政府部门限制较少,在大幅提升打击犯罪和没收犯罪收益效率的同时,也极易损害公民的财产权利,刑事诉讼法上诉、抗诉的制度设置,重视对第三者或者无辜者利益的保护态度,是刑事诉讼法保障人权目的在违法所得的没收程序中的具体体现。

六、终止与回转程序

违法所得的没收程序是在犯罪嫌疑人、被告人没有参与庭审的情况下进行的,缺乏本人的直接辩护,在这种情况下,没收的裁定有可能是错误的。因此,在犯罪嫌疑人、被告人归案后,该特别程序所实施的条件不再成立,人民法院应当终止违法所得没收程序,与对犯罪嫌疑人、被告人的刑事案件一并依据普通刑事诉讼程序审理,从而更加准确地认定案件的事实,作出公正的判决,妥善地处理违法所得问题,周全地保障犯罪嫌疑人、被告人的合法权益。诉讼的过程具有一定的不可知性和动态多变性,人民法院对于案件事实的认识也可能发生变化,没收犯罪嫌疑人、被告人财产可能存在错误。由于没收的客体是财产，而不是人身权利，没收的财产本身可以量化为货币，因此更具有可回溯性，返还或者赔偿的救济方式具有可操作性。

这是违法所得没收程序与其他刑事程序的一个明显区别特点，就是人民法院审理刑事案件违法所得的没收程序结果的不确定性，以及作出裁定的非终局性。根据《刑事诉讼法》第283条规定，在逃的犯罪嫌疑人、被告人自动投案或者被抓获的，人民法院应当终止审理。犯罪嫌疑人、被告人逃匿后又重新出现，可以成为法院审理这类案件的中止理由。更为明显的是法院对这类案件作出裁决的非终局性。在法院的其他一般判决或者裁定中，只要属于一审裁决后没有上诉或者抗诉的判决、裁定，或者二审作出的判决、裁定，都具有终结性。对这些判决、裁定所确定的内容，都应当毫无偏差地执行。而法院根据违法所得没收程序所作出的裁定就不一样。《刑事诉讼法》第283条第2款明确规定："没收犯罪嫌疑人、被告人财产确有错误的，应当予以返还、赔偿。"可以这样说，法院对类似案件作出的裁决，在相当多的情况下将处于不确定的状态。

第七节 违法所得没收程序的强制措施

违法所得没收程序是一种刑事特别程序，针对的对象是逃匿、死亡的犯罪嫌疑人、被告人的违法所得及其他涉案财产。司法实践中，犯罪嫌疑人、被告人在案发前后往往会采取多种方式转移、隐蔽犯罪所得，尤其是在逃匿后，犯罪嫌疑人、被告人为隐藏、毁灭有关犯罪事实的证据以及获得逃匿期间的活动资金，更加会采取各种手段转移、隐蔽犯罪所得。为此，需要一定的强制措施在裁定前控制、固定犯罪嫌疑人、被告人的违法所得及其他涉案财产，保证在裁定后能够将违法所得和其他涉案财产按照裁定的内容进行处理，基于保障违法所得没收程序能够落到实处，刑事诉讼法规定了在违法所得没收程序中人民法院可以采取的强制措施，即《刑事诉讼法》第280条第4款规定："人民法院在必要的时候，可以查封、扣押、冻结申请没收的财产。"赋予了人民法院一定的强制手段去处置被申请没收的财产。对于这个条款的理解，首先是强制措施的类型，查封、扣押和冻结是人民法院可以采取的三种强制措施类型，人民法院可以根据案件的实际情况决定采取哪种强制措施。其次，应当注意强制措施的对象，只能是检察机关所申请的予以没收的财产范围，对于不属于检察机关提出的违法所得没收申请的范围的其他财产，包括犯罪嫌疑人、被告人的合法财产以及其他人的财产，都不能实施查封、扣押或者冻结。

【参考阅读的文献资料】

宋英辉、何挺："区际追赃合作中的独立财产没收"，《人民检察》2011年第5期。

图书在版编目（CIP）数据

案例刑事诉讼法学/叶青主编.—北京：中国法制出版社，2013.8
ISBN 978-7-5093-4751-5

Ⅰ.①案… Ⅱ.①叶… Ⅲ.①刑事诉讼法-案例-中国-教材 Ⅳ.①D925.205

中国版本图书馆CIP数据核字（2013）第185873号

策划编辑/刘峰（52jm.cn@163.com） 责任编辑：谢雯 封面设计/蒋云羽

案例刑事诉讼法学
ANLI XINGSHI SUSONG FAXUE

主编/叶青
经销/新华书店
印刷/三河市紫恒印装有限公司
开本/787×1092 毫米 16 印张/35.25 字数/685千
版次/2013年8月第1版 2013年8月第1次印刷

中国法制出版社出版
书号 ISBN 978-7-5093-4751-5 定价：68.00元

北京西单横二条2号 邮政编码100031 传真：66031119
网址：http://www.zgfzs.com 编辑部电话：66010493
市场营销部电话：66033296 邮购部电话：66033288